越南、柬埔寨、老挝和泰国北部

本书作者

菲利普·唐（Philip Tang） 蒂姆·彼沃（Tim Bewer） 格雷格·布鲁姆（Greg Bloom）
奥斯汀·布什（Austin Bush） 尼克·雷（Nick Ray） 理查德·沃特斯（Richard Waters）
希纳·威廉姆斯（China Williams）

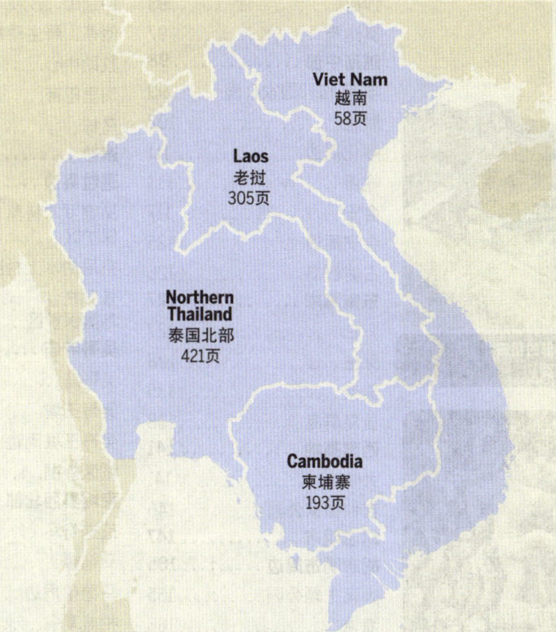

中国地图出版社

计划你的行程

NAIHEI / GETTY IMAGES ©

越南北部的稻田
（见82页）

TRAVELSTOCK44 - JUERGEN HELD / GETTY IMAGES ©

柬埔寨吴哥女王宫
（见240页）

在路上

目录

欢迎来湄公河地区

湄公河，这个充满异域风情的名字点燃了你所有的想象力，吴哥窟、下龙湾和琅勃拉邦等标志性景点都在这里。

大河流经的区域

作为世界最著名的河流之一，湄公河发源于青藏高原，环绕着亚洲最多元的几处地理地貌，蜿蜒注入南海。这条引人注目的河流一路南下，途经老挝偏远的国家公园和气势磅礴的瀑布，流过泰国古老的城镇和21世纪的现代化都市，养育了柬埔寨的淡水江豚并带走了被遗忘的寺庙传说，还滋润了越南错落有致的翠绿色的湄公河三角洲。雄浑壮阔的湄公河，岛屿数以千计，可以坐在船上，走马观花地看个遍，也可以住在当地人家中，细细品味个中滋味。

激动人心

在这些地方，探险总是如影随形。越南高地可供摩托骑行闯荡，南海上可以玩风筝冲浪。在柬埔寨和泰国北部，你可以徒步深入雨林，邂逅长臂猿等珍稀野生动物。想要那种较为温和的刺激，不妨骑车探索吴哥，或是找一家大象保护区，与大象一同散步。老挝中部是攀岩胜地，柬埔寨与越南南部海岸是潜水乐园，清迈和波罗芬高原的原始森林是滑索秘境。何种探险，悉听尊便。

旧亚洲，新亚洲

感受新旧亚洲共存。上一刻你身在曼谷，乘坐轻轨前往现代化的购物中心；下一刻你会在柬埔寨骑着大象穿过丛林。在城市里，生活节奏快速运转，与之相伴的是滚滚车流和小贩的叫卖声。在乡村，时间似乎是停止的，身着传统服饰的农民在田间耕种，僧侣沿街化缘，几个世纪以来，乡村的韵律未曾改变。

湄公河精神

在湄公河地区旅行，旅途本身与目的地同样重要。不管是寻访某个偏远的少数民族村落，还是探索某个喧嚣大都市里的后街小巷，一路上总能经历前所未有的“感官大爆炸”。探寻各个少数民族，学习他们的文化和生活方式。这里的人民是不屈不挠的，这里的体验是令人难以忘怀的，这里的故事是无法复制的。在你的旅途中，湄公河和她的子民会走进你的灵魂。那就顺其自然，让湄公河精神流入你的血脉吧。

我为什么热爱越南、柬埔寨、老挝和泰国北部

本书作者 格雷格·布鲁姆(Greg Bloom)

我与湄公河地区结缘始于1997年。坐上一班从曼谷出发的夜车，第二天早上我就到了万象。这里游客稀少，车辆不多，无疑是地球上最令人放松的地方。接下来的一个月里，我一路北上，旅途冗长且令人昏昏欲睡，途中雾气昭昭的山路和雨季焦糖色的河水让人难忘。10年后，我再次返回，这次是为了在柬埔寨定居，那些兴旺的寺庙、绿油油的稻田、反着亮光的水牛和湄公河生活的其他经典元素，现在已经成了我日常生活的一部分。

关于作者的更多信息见598页。

上图：老挝琅勃拉邦香通寺（见334页）的小沙弥

越南、柬埔寨、老挝和泰国北部亮点

曼谷(泰国)
待一晚远远不够(424页)
吴哥寺庙(柬埔寨)
这一地区的最佳景点(234页)
马德望(柬埔寨)
旧殖民地的魅力和丰富的短途旅行(242页)
阁骨岛(泰国)
回归泰国岛屿(462页)
金边(柬埔寨)
"亚洲珍珠"重现(196页)
胡志明市(越南)
越南最喧闹而美好的一面尽在此处(147页)
四千美岛(老挝)
享受老挝慵懒的生活方式(398页)
腊塔纳基里省(柬埔寨)
柬埔寨荒凉的东部地区(263页)
会安(越南)
文化和美食随处可见(117页)
THAILAND
泰国
VIET NAM
越南
CAMBODIA
柬埔寨
ANDAMAN SEA
安达曼海
Gulf of Thailand
泰国湾
SOUTH CHINA SEA
南海
MERGUI ARCHIPELAGO
KRUNG THEP (BANGKOK)
曼谷
PHNOM PENH
金边
T. P. Ho Chi Minh
胡志明市
Danang 岘港
Hoi An
会安
Nakhon Sawan
Chaiyaphum
Khorat (Nakhon Ratchasima)
呵叻(那空叻差是玛)
Ubon Ratchathani
乌汶
Yasothon
益梭通
Khao Yai National Park
考艾国家公园
Ayutthaya
大城
Kanchanaburi
北碧(干乍那武里)
Nakhon Pathom
佛统
Chachoengsao
差春骚(北柳)
Chonburi
春武里
Rayong
罗勇
Ko Samet
沙美岛
Chanthaburi
庄他武里(尖竹汶)
Ko Chang
阁昌岛(象岛)
Ko Kut
阁骨岛(骨岛)
Koh Kong
戈公岛
Koh Kong
戈公
Battambang
马德望
Siem Reap
暹粒
Temples of Angkor
吴哥寺庙
Tonlé Sap
洞里萨湖
Kompong Thom
磅同
Kompong Chhnang
磅清扬
Kompong Cham
磅湛
Sihanoukville
西哈努克市
Kampot
贡布
Si Phan Don
四千美岛
Mekong River
湄公河
Tonlé Srepok
Bolaven Plateau
波罗芬高原
Central Highlands
Kon Tum
昆嵩
Pleiku
波来古
Qui Nhon
归仁
Buon Ma Thuot
邦美蜀
Ninh Hoa
宁和
Nha Trang
芽庄
Dalat
大叻
Cam Ranh
金兰
Phan Rang & Thap Cham
藩朗-塔占
Tay Ninh
西宁
Cu Chi
古芝
Mytho
美萩
Vung Tau
头顿
Ben Tre
槟知
Tra Vinh 茶荣
Can Tho
芹苴
Soc Trang
朔庄
Mekong Delta
湄公河三角洲
Bac Lieu
薄寮
Chau Doc
朱笃
Vinh Long
永隆
Phu Quoc Island (Viet.)
富国岛(越)
Prachuap Khiri Khan
巴蜀
Ko Pha-Ngan
阁帕岸岛
Ko Samui
阁沙梅岛
Surat Thani
素叻他尼(万伦)
Thung Song
童颂
Similan Is
锡米兰群岛
Sihanoukville
Ha Tien
Takeo
Prey Veng
Svay Rieng
Kratie
Sen Monorom
Ban Lung
Stung Treng
Muang Khong
Champasak
Sukhuma
Sanamxai
Dak To
Hoai Nhon
Khong Sedon
Sanasombun
Se Don
Si Saket
Surin
素林
Buriram
Roi Et
Prathai
Chaturat
Chai Badan
Sing Buri
Lopburi
Saraburi
Suphanburi
Sangkhlaburi
Khao Laem Lake
Mae Nam Chao Phraya
昭披耶河
Mae Nam Mun
Mae Nam Chi
Prachinburi
Si Kaew
Aranya Prathet
Sisophon
Thkov
Tbeng Meanchey
Pailin
Pursat
Trat
Khlong Yai
Sre Ambel
Phnom Udong
Cardamom
Samut Sakhon
Chumphon
Ko Tao
Zadetkyi Khun
Isthmus of Kra
Surin Is
Takua Pa
Nakhon Si Thammarat
Nong Bua
Manasarakham
Amnat Charoen
Songkhon

越南、柬埔寨、老挝和泰国北部 Top 20

1

吴哥寺庙（柬埔寨）

1 吴哥寺庙（见234页）是全球最壮观的景观之一，这里的景色让人词穷。你可以漫步于世界上最大的宗教建筑吴哥窟、最古怪的寺庙巴戎寺，或是展现自然力量的塔布隆寺。暹粒是探索这个世界著名寺庙群的大本营，这里有绝佳的餐厅和酒吧。参观完寺庙，你可以去探访洞里萨湖的水上村庄，尝试四轮摩托车或者动力悬挂滑翔机等刺激的运动，以及参加一系列兴趣培养活动，如烹饪课和观鸟。图为巴戎寺（见238页）。

琅勃拉邦（老挝）

2 坐落在湄公河与南坎河（Nam Khan）交汇处的这座永恒的寺庙之城（见332页）是每一位旅行作家的梦想。这里有丰富的皇家历史、身着藏红花色僧袍的僧侣、令人惊叹的河景、世界一流的法国料理和全东南亚最好的精品酒店。你可以租一辆自行车去探索热带半岛上的旧街小巷，参加烹饪课程，或者从无数物美价廉的水疗中心里挑选一家，做个按摩，放松一下。做好调整行程的准备，多留几天吧。图为香通寺（见334页）。

ARTIE PHOTOGRAPHY / GETTY IMAGES ©

2

WESTUDIO / SHUTTERSTOCK ©

下龙湾（越南）

3 喀斯特山峰和掩蔽其中的波光粼粼的海水使下龙湾（见82页）成为越南最著名的旅游景点之一，而且2000多座岛屿为周围带来了绝佳的风景。一定要订一艘过夜游轮，在这处世界自然遗产为自己留出足够的时光——在缥缈的晨雾中早早起床，划着皮艇进入岩穴或潟湖。如果你渴望探索更多喀斯特景观，可以去游客较少但同样美丽的兰下湾。

曼谷（泰国）

4 这座“天使之城”是东南亚最喧闹的城市之一。城中物超所值的住宿、香辣便宜的食物、无与伦比的购物体验和吵闹却不失趣味的夜生活都是你放缓行程的理由。曼谷（见424页）也是通往湄公河区域的门户。这里机票价格低廉，火车舒适，还有现代化的长途汽车及其他便利舒服的交通选择，伴你到达下一个目的地。你所要做的只是说走就走。图为摊贩制作街头小吃。

四千美岛（老挝）

5 传奇并非空穴来风，多年以来老挝的吊床圣地一直在接待疲惫的旅客。分布在湄公河畔的热带岛屿四千美岛（见398页）不仅是太阳崇拜者的快乐天堂，也为其他游客提供了更多的选择。漂流或者骑行穿过稻田，和当地人一起划皮艇或者钓鱼，最后来一趟日落游船之旅，去看看罕见的伊洛瓦底江豚，结束美好的一天。图为东德岛（见401页）。

会安（越南）

6 美丽而古老的港口会安（见117页）是越南最国际化的城市，充满了越南美食餐厅、时尚酒吧、咖啡馆、奇特的精品店和专业的裁缝铺。你可以到古城密集狭窄的小巷中感受历史，疯狂购物，参观寺庙和佛塔，以平民的开销享受帝王级的大餐，顺便学习当地烹饪。然后，你可以造访壮丽的安邦海滩，沿着河边漫步，再骑车原路返回。是的，会安应有尽有。图为卖灯笼的商店。

丰芽-格邦国家公园（越南）

7 看过如画的郁郁葱葱的石灰岩丘陵、碧绿的小溪和传统的村庄，然后进入全球最令人敬畏的洞穴体系——比如由河水雕琢的丰芽洞、充满空灵之美的天堂洞，以及世界上最大的洞穴、大教堂般的杭松洞——你就会明白为什么丰芽-格邦国家公园（见99页）是越南最值得游览的国家公园。这里的住宿条件也得到了显著改善。由于来此地有些另辟蹊径的意味，这里成了体验越南乡村壮美景色的绝佳地点。图为杭松洞（见100页）。

素可泰（泰国）

8 素可泰（见501页）拥有泰国最震撼的历史公园之一，能带你穿越回800年前的时空。骑上自行车探索这座昔日王都的遗迹，在残破的寺庙、优雅的佛像与生机盎然的鱼池间蜿蜒而行，从容惬意。大有可观的博物馆和那些性价比傲视全国的住处，更是锦上添花。这里本身就不是那种拥挤的热门目的地，但如果你偏要另辟蹊径，那就去西萨查那莱-查令历史公园——攀爬某条古代石阶的时候，身边可能空无一人。图为素可泰历史公园（见501页）。

BARTU JUAN / SHUTTERSTOCK ©

ELITE STUDIO / SHUTTERSTOCK ©

蒙多基里和腊塔纳基里(柬埔寨)

9 在这里，柬埔寨低地无垠的稻田和甘蔗地消失在东北旷野上连绵起伏的群山之间。花上几天到濒临退化的森林和少数民族村落中徒步，这里仍然盛行万物有灵论和祖先崇拜，仍然有大象出没——尽管在野外不容易看到，但在当地那几个保护区里就可以与它们互动。再加上不时可见的长臂猿和声如雷鸣的瀑布，这场探险一定十分完美。

金边(柬埔寨)

10 柬埔寨的首都(见196页)是一座喧闹而迷人的城市，它已经摆脱了过去的阴影，准备拥抱更美好的未来。金边自称拥有这一区域最美的河岸景致。它呈现出一派欣欣向荣的景象，众多设计师餐馆、时髦的酒吧和酒店不断迎接热爱挑战的旅行者。你可以在激动人心的国家博物馆和压抑的堆尸陵种族屠杀博物馆中体验情绪的起伏，了解柬埔寨历史最美好和最阴暗的一面。这颗曾经的“亚洲明珠”已经准备好再次闪亮了。图为皇宫(见196页)。

胡志明市(越南)

11 胡志明市(见147页)日渐国际化,但仍然保持着不容置疑的越南风格,昔日西贡的内在力量感染着大城市的新移民。胡志明市从不鼓励中庸:要么你被卷入其中,为摩托车的滚滚车流着迷;要么你会觉得整个过程难以接受。沉浸在丰富的历史、可口的食物和越南最具活力的夜生活中吧,这里永远热力四射,你可以松开衣领,尽情享受。图为范五老地区的Đ Bui Vien(见154页)。

柬埔寨南部诸岛

12 南部诸岛(见280页)位于西哈努克市近海海域,风貌仿佛20世纪80年代刚刚被旅行者发现的泰国海岛,现在早已不再是秘密了。今日之龙岛、龙桑洛恩岛,正是昔日之苏梅岛、潘安岛,既能满足你对东南亚避世天堂的幻想,也有足够的活力让"派对动物"尽兴。柬埔寨南海岸一线,岛屿大约20座,除了这两座大岛,更为偏远的小岛上也藏着无人知晓的海滩,上面常常只有一家孤零零的度假村,感受美妙如故。图为龙岛(见280页)。

11

12

GUOZHONGHUA / SHUTTERSTOCK ©

RAY HEMS / GETTY IMAGES ©

高棉寺庙小径(泰国)

13 如果你想参观吴哥窟，又想避开人群，可以考虑沿着泰国东北部这条“非正式的吴哥寺庙小径”走一走，这条小路起始于披迈历史公园（见467页），终点是帕侬龙。这一区域的高棉遗址从保存完美的到已变成砖石瓦砾的，应有尽有，可以租用交通工具来探索。在为这里的历史感所惊叹之余，来游览不仅能感受惬意的乡村生活，还能体验独特的文化。图为披迈历史公园。

马德望(柬埔寨)

14 远离现代化的金边和暹粒的马德望（见242页）才是真正的柬埔寨。桑克河岸的这座小城是柬埔寨保存最完好的殖民地时期城镇之一。街道两旁那些优雅的老商铺，如今改头换面，从画廊到公平交易认证的咖啡馆，再到骑行社，什么花样都有，一言以蔽之，迷人！环绕着马德望的是柬埔寨的乡村和古老的寺庙，虽然没有吴哥窟那么壮观，幸好也不似吴哥窟那么拥挤。

万荣(老挝)

15 万荣（见325页）是老挝这个拥有喀斯特地貌的国家的河畔明珠，坐落在南松高耸的悬崖下，带有轻松的户外氛围。自从几年前热爱派对的人群离开之后，这里又恢复了平静。更多家庭游客来到了这里，参与精心组织的活动，如滑索、徒步、探洞和攀岩——不要忘了重头戏：轮胎漂流。低端客栈和快餐店纷纷关门，更为时尚的精品酒店和美味餐厅应运而生。此时不来，更待何时？

DITTY_ABOUT_SUMMER / SHUTTERSTOCK ©

阁骨岛（泰国）

16 人少水蓝、沙滩又宽又长的岛屿天堂一直没找到吗？来阁骨岛（见462页）试试。这里除了有片片美丽的沙滩，海中的浮潜体验也很好，藏在瀑布中的岛屿等你徒步探访。最妙的是，阁骨岛的生活节奏慢到了极致，游客到此，很快也会跟着悠闲起来。岛上没有夜店的喧嚣，耳边唯有大海的天籁，寻清净者正得其所。

河内老城区（越南）

17 不要担心，每一个初到河内的人都会感到巨大的冲击。河内老城区（见60页）拥有数百年历史，买卖兴隆，喧闹躁动，仿佛迷宫，充满了历史的回响和21世纪的能量。你可以探索河内街头美食的色香味，坐在一张小椅子上，吃一份越南特色牛肉河粉，然后加入人群，坐在街角的露天酒吧里享受清新爽口的越南生啤。

芒咸洞群（老挝）

18 这里是历史的里程碑。芒咸（见353页）地区自然风光优美，1964~1973年美军轰炸期间，这里是巴特寮共产党的大本营。当时老挝是世界上被轰炸得最严重的国家，领导人都钻进天然洞穴以寻求保护。语音导览可以让你身临其境。当出自吉米·亨德里克斯（Jimi Hendrix，美国著名吉他演奏家）之手的轰炸机轰鸣声盘旋在头顶时，你会忍不住想要冲进“红色王子”茂盛的花园里寻求庇护。

清莱（泰国）

19 金三角鸦片贸易的日子已经结束，但清莱（见504页）仍然充满诱惑，只不过是以一种轻松的方式，比如徒步旅行和自助游探索。这里也是体验文化的好去处。你可以去阿卡族（Akha）村庄拜访，也可以在湄公河地区华人的村落中寄宿。从湄公河到山区，清莱也许是泰国最美的府，还是通往老挝和中国的便利口岸。图为湄思乐（见510页）的一位阿卡族女性。

坦贡洛溶洞（老挝）

20 高耸的石灰岩山下方，赫然出现一个水洞，张开血盆大口把你吞了进去，船夫摇着吱呀作响的长尾船，把你带入无尽的黑暗——这是你最恐惧的梦魇，却在游览坦贡洛溶洞（见376页）时成为了现实。溶洞位于偏远的甘蒙省，在地下绵延7.5公里，洞室大如教堂，垂满石钟乳，仿佛冥界阴间，体验震撼至极，穿出溶洞、光明再现之时，定会令你欣喜不已。以班贡洛村为大本营游览溶洞最为方便。

19

20

行前参考

更多信息见“生存指南”（见553页）。

货币

柬埔寨：瑞尔（r）
老挝：基普（k）
泰国：泰铢（b）
越南：盾（d）

语言

柬埔寨：高棉语
老挝：老挝语
泰国：泰语
越南：越南语

签证

柬埔寨：落地签证US$30
老挝：落地签证US$30~42
泰国：落地签证，出行前查询最新政策
越南：US$20（提前办理）

现金

自动柜员机在泰国和越南使用广泛，在柬埔寨和老挝的大多数省会（首府）城市也很常见。大多数中档和高档酒店都接受维萨卡、万事达卡、美国运通卡和银联卡（62开头）。

手机

手机在这些国家都可以漫游，但是费用昂贵。在所有这些国家都可以买到当地SIM卡和解锁手机。

时间

中南半岛时间比北京时间晚1小时。

何时去

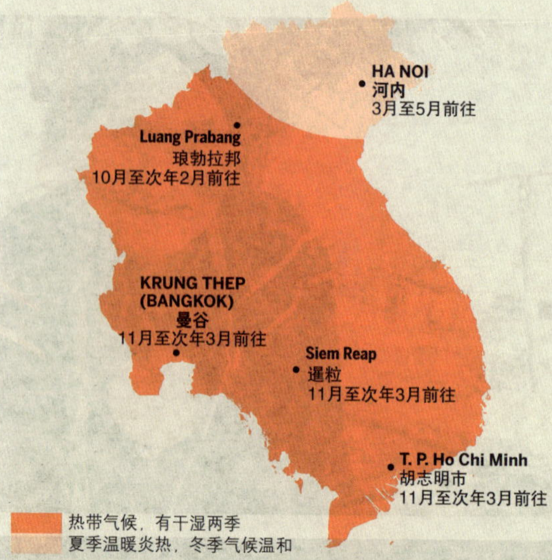

旺季（12月至次年3月）

➡ 湄公河南部地区凉爽干燥。

➡ 河内及老挝和越南的山区较冷。

➡ 注意1月或2月的春节，此时大家都在路上。

平季（4月和5月，以及10月和11月）

➡ 低地地区4月至5月天气闷热。

➡ 10月和11月非常适合徒步，山色青翠，气候怡人。

➡ 泼水节（4月）超级火爆，但其间柬埔寨、老挝和泰国的许多商户都会关门。

淡季（7月至9月）

➡ 雨季会带来郁郁葱葱的景色，且让人免受太阳的炙烤。

➡ 暹粒等旅游区和海滩地区的酒店都会狠狠打折。

➡ 泰国仍然非常忙碌，西方游客络绎不绝地来过暑假。

网络资源

Amazing Thailand（http://www.amazingthailand.org.cn/）泰国旅游局官方中文网站。

Vietnam Tourism（http://www.vietnamtourism.com/cn/index.php）越南旅游局官方中文网站。

老挝旅游网（www.laomekongonline.com/）老挝旅游局官方网站。

Lonely Planet（www.lonelyplanet.com）上有目的地信息、酒店预订、旅行者论坛等内容与服务。

Mekong Tourism（www.mekongtourism.org）区域旅游资讯和趋势的最新信息。

Golden Triangle Rider（www.gt-rider.com）湄公河地区的摩托车骑行网站。

重要号码

从其他国家向柬埔寨、老挝、泰国和越南拨打电话时，请去掉移动电话号码或区号最前面的0。

柬埔寨	☎855
老挝	☎856
泰国	☎66
越南	☎84

汇率

柬埔寨瑞尔	CNY1	KHR650
老挝基普	CNY1	LAK1317
泰铢	CNY1	THB5.24
越南盾	CNY1	VND3482

当前汇率请见www.xe.com。

每日预算

经济：低于US$50

- 宿舍床位：US$2~3
- 便宜客房：US$5~10
- 当地美食和街头小吃：US$1~2
- 当地长途汽车和火车：每100公里US$2~3

中档：US$50~150

- 酒店空调房间：US$15~50
- 体面的本地餐厅一餐：US$5~10
- 短程出租车：US$2~3
- 本地导游每日：US$20

高档：高于US$150

- 精品酒店或度假中心：US$50~500
- 高档餐厅加饮品：US$25~75
- 租用四轮驱动车每日：US$60~120
- 高端探险游：US$100~200

当地交通

在整个湄公河地区，火车、飞机、汽车和船都是可行的选择。

长途汽车 该地区最可靠的代步工具，有可能是你的主要交通工具。

飞机 各大城市之间有许多地区及国内航线连接。柬埔寨和老挝的国内航线相对较少。

火车 火车在泰国和越南可以成为长途汽车的替代品；在柬埔寨停运数十年，刚刚恢复；在老挝，不存在。

船 随着路况的改善，船运逐渐退出舞台。

小汽车 包车租车价格便宜，租车自驾人气渐长。

摩托车 非常适合当地的旅程，租金便宜且使用广泛。

当地交通工具 便宜的突突车和摩的非常适合短途出行。

负责任的旅行

- 湄公河地区的很多地方仍然很贫穷，所以你可以考虑为拜访过的国家贡献一点儿力量。比如待得久一些，走得远一些，不报旅行团，或者只选择那种有助于缓解贫困、不影响生态环境的当地旅行社；尽量选择当地人开的餐馆用餐；选择“社区型”旅游开发项目或者家庭寄宿（见560页）。如果旅游时间较短，不妨多去当地市场购物，多去那种帮扶当地弱势群体的餐厅和商店消费。
- 遇到儿童乞讨不要给钱，因为就算给了，八成也落不到他们手中，而是会进了乞丐头领或人贩子的腰包。可以考虑给吃的，至少这能让这些孩子直接受益。
- 相关儿童福利组织更是建议什么都不要给，不要让他们从小就养成依赖的习惯。当地有许多致力于消除贫困的组织，想出力的话可以考虑向其捐款。
- 详情参见www.thinkchildsafe.org。

更多**当地交通**信息请见568页。

如果你喜欢

庙宇和陵墓

柬埔寨的寺庙都是重量级的，老挝和泰国境内也散落着优雅的庙宇和古老的佛塔。越南的皇家陵墓和佛塔似乎属于湄公河流域以外的另一个世界。

柬埔寨吴哥 独一无二，令其他所有寺庙相形见绌。（见234页）

老挝香通寺 琅勃拉邦众寺王冠上的明珠，寺庙的屋顶庄严地低垂到地面。（见334页）

越南顺化 越南皇帝在顺化周边建造了很多辉煌的建筑。不要错过嗣德陵和明命陵。（见103页）

泰国素可泰 泰国第一个本土的王国旧都。（见501页）

柬埔寨柏威夏古塔寺 高棉寺庙中最雄伟的一座，威武地盘踞在扁担山的峭壁上。（见251页）

老挝占巴塞瓦普庙 古代高棉人曾经一度称霸湄公河大部分区域，占巴塞瓦普庙曾是他们的一处堡垒。（见396页）

柬埔寨班迭奇马 这里是探险家的乐园，丛林中隐藏着一座座袖珍寺庙，古迹破败不堪，半遮半露。（见242页）

美丽的海滩

越南、柬埔寨和泰国都拥有漫长而秀丽的海岸线，其间分布着隐秘的潟湖、海湾、热带岛屿和绵延不断的细沙。

泰国阁骨岛 人烟稀少的天堂岛屿，海水蔚蓝，沙滩广阔狭长。（见462页）

越南富国岛 最著名的长滩上白沙无尽，星星海滩形如新月，更为安静。（见172页）

柬埔寨利阿国家公园 安宁寂静，白沙连绵，空旷无人，距离派对圣地西哈努克市只有30分钟路程。（见280页）

越南美奈 沿岸是大片空旷的海滩，铺满了吱吱作响的细沙，有高耸的沙丘。（见135页）

柬埔寨龙岛 新兴的背包客目的地，长长的海岸线上散布着许多空旷的海滩。（见280页）

泰国沙美岛 拥有14处华丽的白色沙滩，距离泰国首都只有半天行程，难怪会成为曼谷旅居者的大爱。（见453页）

美食

没有什么比湄公河美食之旅更能够调剂生活的了。你可以通过一堂烹饪课来学习生意经。

泰国曼谷 湄公河地区当之无愧的美食之都。（见437页）

柬埔寨金边 享受来自全球各地的美食，或者去公益餐厅用餐，为当地尽一份力。（见205页）

越南河内 探索河内著名的街头小吃，如烤肉粉或蟹肉粉。（见69页）

老挝万象 这里不仅是老挝的首都，也是美食之都，连老挝的家庭烹饪都带着一丝法国气息。（见314页）

泰国清迈 品尝泰北美味，在当地十多家烹饪学校里找一家学习厨艺。（见491页）

越南胡志明市 美食家的天堂，路边摊、时尚美食餐厅、美味绝伦的越南小馆和国际美食应有尽有。（见156页）

老挝琅勃拉邦 去传统餐馆Tamarind学习制作蕉叶蒸鱼。（见330页）

徒步旅行

泰国是最早的徒步热门目的地，但近年来湄公河地区的所有国家都能提供不错的徒步路线，沿路可以欣赏山区美景并体验少数民族文化，如果幸运，还可以看到稀有的野生动物。

越南沙巴 和健谈的苗族导游一起探索周边少数民族村寨，欣赏绿油油的水稻梯田。（见93页）

上图： 柬埔寨龙岛（见280页）
下图： 越南的牛肉粉

泰国考艾国家公园 在泰国最古老的国家公园徒步旅行，观看大象、猴子、蛇和令人毛骨悚然的爬虫。（见468页）

老挝南哈河国家保护区 这个国家公园在老挝率先倡导提供负责任的徒步旅行，原始森林令人震撼。（见360页）

泰国清莱 这一带民族多样，徒步体验傲视全国。（见505页）

柬埔寨蒙多基里省 清晨徒步寻访长臂猿，或是参加"象谷"项目，与象群漫步。（见261页）

越南菊芳国家公园 徒步穿过居住着各种野生动物的森林，可以到达这个国家公园中的部落村庄。（见81页）

老挝丰沙里省 在老挝的最北端，徒步探访缤纷多彩的山地部落。（见366页）

柬埔寨戈公保护走廊 参加芝柏这种开创性生态旅游项目，在野生动物丰富的豆蔻山脉徒步。（见270页）

文化之旅

老挝琅南塔 在老挝少数民族文化的腹地，进行社区型旅游活动，品尝少数民族美味。（见360页）

柬埔寨马德望 欣赏柬埔寨马戏团的演出，在演员闪转腾挪的表演中追寻马戏之源。（见242页）

泰国清莱 探索周边山地部落文化，寻访兰纳王国历史。（见504页）

越南会安 在这座惊艳的古代港城，欣赏葡、西、日、中、法的建筑遗产。（见117页）

柬埔寨腊塔纳基里省 在一位部落族人的带领下徒步，在维拉差国家公园某个少数民族村民家中过夜。（见263页）

老挝丰沙湾 住在周边苗族人的家里，参观古老的石缸平原。（见346页）

越南巴贝国家公园 徒步累了，就去岱依族开的乡村客栈或是质朴的民居里住一晚。（见89页）

夜生活

曼谷能被好莱坞写进电影《宿醉》，夜生活的精彩自然不用多说，但当地其他几个中心城市，在爱玩爱闹方面也不容小觑。

泰国曼谷 曼谷是"24小时派对"的发源地，睡觉是这里一件可有可无的事。（见441页）

柬埔寨金边 柬埔寨的首都很带劲儿，欢乐时光畅饮，加泡吧和蹦迪，能让你不亦乐乎。（见210页）

越南胡志明市 天台鸡尾酒吧和热辣的夜店是西贡夜生活的燃料，最近又流行起了一种可以无所不为的"啤酒夜店"。（见159页）

泰国清迈 背包客酒吧、啤酒馆和啤酒花园兼而有之，现场音乐演出无数。（见492页）

柬埔寨暹粒 这座寺庙之城既然有一条"酒馆街"，自然也是一座派对之城。（见229页）

越南芽庄 这座热闹的海滨城市里，能逍遥快活的地方不胜枚举。（见134页）

老挝万象 彻夜疯狂的风潮已成往事，河畔开启了一家家时尚惬意的酒吧酒馆。（见317页）

市场和购物

从少数民族的高地集市到河流上漂浮的批发商，湄公河地区的市场与其他地方迥然不同。

越南北河 亚洲最多姿多彩的市场之一，可以看到花苗族独特的民族服装。（见92页）

老挝琅勃拉邦 被烛光点亮的工艺品夜市中，多彩的纺织品、纸灯笼和民族图案如同一条无尽的丝带。（见342页）

泰国清迈 清迈夜市能让你买到手软，更能给你一种美妙的文化体验。（见493页）

越南湄公河三角洲水上市场 早早起床体验三角洲著名的水上市场。（见169页）

柬埔寨金边 俄罗斯市场是金边首屈一指的购物目的地，只要是柬埔寨有卖的东西，这里肯定能买到。（见212页）

老挝芒新 前来做生意的少数民族村民为清晨的新市场注入了活力。（见364页）

自行车和摩托车

骑摩托车非常受欢迎，热门线路包括越南和老挝传奇的胡志明小道。自行车爱好者北上可至大部分山脉，南下可至平坦的湄公河河畔小路。

越南西北环线 这条连接奠边府与沙巴的路线荟萃了美丽的山区风光、河谷和部落村庄。（见99页）

老挝琅多 以此为大本营，选择负责任的当地旅行社，在美景中展开骑行探险。（见354页）

泰国素可泰 通过两轮交通工具探索泰国的第一个首都，以及其200座寺庙和佛塔。（见501页）

柬埔寨柏威夏省 从崩密列到失落的孔蓬思维圣剑寺，可以说是柬埔寨的"66号公路"，骑行新手勿扰。（见251页）

老挝他曲 从这里租一辆越野摩托车，沿着环线前往坦贡洛溶洞。（见378页）

养生与按摩

柬埔寨暹粒 从多日养生修习课，到痒痒的小鱼水疗，花样不要太多。（见223页）

老挝琅勃拉邦 老挝康体养生界的中心，惊艳的水疗馆不计其数。（见335页）

泰国曼谷 以性价比和密集度而论，曼谷完全可以说是世界按摩之都。（见429页）

越南芽庄 芽庄的天然地热泥浴越来越受到养生达人的青睐。（见129页）

老挝占巴塞 那座与小城同名的水疗馆Champasak Spa致力于为当地年轻女性解决生计问题，应该支持。（见395页）

每月热门

最佳节庆

越南春节/中国春节，1月/2月

高棉/老挝/泰国新年，4月

火箭节，5月

亡人节，9月/10月

水灯节，11月

1月

众多游客来此躲避寒冬，旅游进入旺季。对狂欢者们来说，1月也是重要的月份——一个月的时间中将罕见地出现两个新年庆典。

越南春节（Tet）

最隆重的日子！越南农历新年是集圣诞节、新年于一体的盛大节日。这个时期旅游非常困难，交通工具上全部满员，许多商店关门。节日从1月下旬或2月初开始。

中国春节

基本上和越南春节是同一时间，这个节日是金边、曼谷这类主要城市的头等大事。商店通常会关门几天，舞龙表演揭开全城庆典的序幕。

2月

仍然属于这一区域的旺季，沿海地区到处都是来晒太阳的游客。内陆第一季大米丰收已经结束，但是越南和泰国的部分地区已经开始播种第二季了。

占巴塞瓦普庙节（Bun Wat Phu Champasak）

为期3天的占巴塞瓦普庙节介于儿童狂欢节和音乐节之间。主要的庆典是佛教仪式，活动在僧侣黎明游行接受布施中达到高潮。当晚还有围绕着寺庙的秉烛绕行活动。

万佛节（Makha Bucha）

农历三月的满月日是万佛节，这天是佛祖一生最神圣的三个日子之一。这天纪念的是佛祖向1250名自发前来的得道高僧讲经。节日的主要活动是参观寺庙。

花卉节（Flower Festival）

在这一为期3天的活动中，清迈将尽情展示花卉之美，装饰华丽的花车游行是节日的亮点。

4月

一年中最热的时候，所以一定要预订带空调的房间。整个地区都迎来了新的一年。在老挝和泰国，相伴而生的打水仗是保持凉爽的有效方式。

泼水节（Songkran）

泼水节即泰国新年，是一场全国范围内百无禁忌的打水仗，只有目睹才能相信。曼谷和清迈是最喧闹的战场。和老挝及柬埔寨新年一样，节日总在4月中旬。

老挝新年（Bun Pi Mai）

老挝新年是老挝历中最热闹有趣的一天，人们打扫房屋和佛像，全国上下都会开展为期一周的打水仗，水枪、水桶齐上阵。享乐的同时也要保护好自己的相机。

柬埔寨新年（Chaul Chnam）

比起邻居老挝和泰国，柬埔寨的新年要温和得多，但很多农村还是以打水仗揭开序幕。这是一个家庭性节日，在城市工作的人们回到故乡，与远房亲戚相聚。

解放日（Liberation Day）

1975年4月30日，是西贡被更名为胡志明市的日子。现在，越南共产党每年都会庆祝这一天，但南方的节日气息没有那么浓重。

5月

湄公河地区的许多地方迎来了最炎热的日子，不过可以逃到越南北部去享受春天般的气候。此时是淡季，游客人数下降，价格也下跌。

御耕节（Chat Preah Nengkal）

这一传统的农业仪式标志着水稻种植季节的开始，由王室躬身垂范，5月初在金边举行。仪式上，如果御牛吃东西，就会大丰收；如果御牛拒绝食物，可能就代表了干旱。这一仪式也在曼谷的皇宫中举行。

火箭节（Rocket Festival）

村民手工制作竹火箭，然后点燃升空，希望能带来降雨和水稻大丰收。泰国东北部和老挝会庆祝这一节日。伴随着音乐、舞蹈和民间戏剧，活动可能会变得非常狂野。不同的村庄有不同的庆祝日期。

浴佛节（Visaka Bucha）

浴佛圣日通常在每年的5月份，这天纪念的是佛祖诞生、得道和涅槃，活动主要集中在寺庙里。

6月

湄公河大部分地区开始进入雨季。此时每天都会有大雨，但大部分时间应该是干燥的。河流水位开始回升。

顺化文化节（Hue Festival）

越南最大的文化活动（www.huefestival.com），每两年举行一次，包括2018年和2020年。活动内容大多是艺术、戏剧、音乐、马戏和歌舞表演，其中许多是国际活动，节日在顺化皇城内举行。

鬼面节（Phi Ta Khon）

在泰国东北的丹赛，这一天是绘制Bun Phra Wet的神圣佛教节日。狂欢者会把自己装扮成鲜艳华丽的“灵魂”，挥舞着木质阳具沿街游行，沉醉在米酒之中。节日日期每年不同。

7月

淡季中的小高峰，夏季有很多游客远离家乡，来这里度过漫长的暑假。有持续降雨。

守夏节（Khao Phansaa）

季风降雨初到时，佛教僧侣会到柬埔寨、老挝和泰国的寺庙中静修。这是青年男子出家的传统时间，僧侣此时也会回到寺院中修行冥想。参拜者会为寺院提供蜡烛和捐赠物品，并参加祝圣仪式。

9月

雨季的高峰，如果曼谷或金边这样的地方会被淹没，那么就是在这个时候了。越南偶有台风横扫肆虐。

亡人节（Pchum Ben）

亡人节是柬埔寨缅怀逝者的节日，通过向寺庙内的常住僧人提供食物来表示对逝者的尊重。中元节（Trung Nguyen）是越南的相似节日，通常比亡人节提前一个月。

10月

降雨慢慢减少，农民开始为收获的季节做准备。此时有一系列的节庆活动，僧侣们也结束了静修，寺庙开始热闹起来。

送水节（Bon Om Tuk）

柬埔寨的泼水节，活动主要在金边举行，以庆祝阇耶跋摩七世（Jayavarman Ⅶ）在1177年大胜占族军队及洞里萨河大逆转。由于2010年发生了踩踏事件，347人不幸遇难，此后数年活动取消，如今则再度兴起。

解夏节（Ork Phansaa）

佛教徒斋戒（守夏节之后的三个农历月）的最后一天，节日的标志是献伽亭（gà tǐn）仪式，即向僧侣赠送崭新的僧袍。解夏节期间还会发生奇特的自然现象：那伽火球（naga fireballs）。

11月

阴凉、干燥的季节开始，此时是欣赏青葱景色的理想时节。在这一地区的最北端，气温开始下降。

水灯节（Loi Krathong）

加入泰国的水灯节，在河上放出漂浮的蜡烛。节日一般在11月初举行。在清迈，香蕉叶船会被漂浮的纸灯笼替代。

塔銮节（Bun Pha That Luang）

塔銮节在11月的满月日开始，活动地点在万象，持续一个星期，庆祝活动涉及音乐表演、饮酒、向塔銮方向游行和烟花表演，此时成千上万的游客将涌向首都。

素林大象嘉年华（Surin Elephant Roundup）

11月的第3个周末，泰国以最盛大的大象表演来赞美这些北部省份最著名的居民。大象嘉年华以丰富多彩的大象游行开始，在大象水果自助餐中达到高潮。

12月

旅游旺季到来，天气晴好。除非你碰巧攀登越南最高的番西邦峰，否则遇见白色圣诞节的机会非常渺茫。

圣诞节

湄公河大部分地区都会以各自的方式庆祝圣诞，越南因为拥有相当数量的天主教徒，庆祝活动更是遍及全国，只不过圣诞节并不是越南的法定假日。发艳和胡志明市这种地方届时会举行午夜弥撒，参与者数千，来此旅行别有风味。

斋月（Ramadan）

泰国南部以及柬埔寨和越南两国的占族人居住区都会在10月、11月或12月迎来斋月。斋月要求穆斯林从日出到日落放弃食物、饮料、香烟和性爱。

老挝国庆节（Lao National Day）

12月2日的国庆节以游行和演讲的方式庆祝1975年老挝结束了君主制。届时，全国各地都飘扬着老挝国旗和共产党党旗。庆祝活动是人人参加的。

吴哥窟国际半程马拉松（Angkor Wat International Half Marathon）

12月第一个周末举行，以不可思议的吴哥寺庙群做背景，主赛事为21公里半程马拉松，参加者来自世界各地，大量观众到场欢呼打气。另有3公里和10公里两种次级赛事。

旅行线路

2周 经典之旅

在湄公河地区肥沃的腹地穿行，游览大都市，参观最具代表性的景点吴哥窟。

正如很多东南亚旅行一样，你的行程也是从**曼谷**开始。在这座天使之城适应环境、景观、声音和无与伦比的美食后，乘坐飞机或大巴前往**暹粒**，这里是拜访不可思议的**吴哥寺庙**的门户。

众寺之王吴哥窟是世界上最大的宗教建筑，巴戎寺中有神秘莫测的佛像面孔，塔布隆寺隐匿在密林中。

雨季，乘船从暹粒前往充满殖民地风情的**马德望**是不可错过的行程。从马德望继续向南，乘坐长途汽车抵达迥然不同的**金边**，然后乘坐大巴或船经过**朱笃**和**湄公河三角洲**到达**胡志明市**。

现在正好应该享受一些海滩时光。乘坐大巴去南海边的**美奈**或者**芽庄**，然后北上**河内**——可以坐飞机，但时间充裕的话，也可以选择陆路交通，顺便去看看历史悠久的**会安**和**顺化**。最后去**下龙湾**，在喀斯特岩石间玩玩海洋皮划艇，或是享受乘船观光。

越南下龙湾（见82页）

PEOPLE'S REPUBLIC OF CHINA
中华人民共和国
MYANMAR
缅甸
Bac Ha
北河
Sapa
沙巴
Dien Bien Phu
奠边府
Luang Namtha
琅南塔
Bokeo Nature Reserve
博胶自然保护区
Nam Ha NPA
南哈河国家保护区
Gibbon Experience
长臂猿体验
Nong Khiaw
琅多
Mai Chau
枚州
HA NOI
河内
Cat Ba Island
吉婆岛
Lan Ha Bay
兰下湾
Halong Bay
下龙湾
Vieng Xai
芒咸
Tha Ton
他通
Chiang Rai
清莱
Pai 拜县
Chiang Mai
清迈
Luang Prabang
琅勃拉邦
LAOS
老挝
VIET NAM
越南
THAILAND
泰国

TPM13THX / SHUTTERSTOCK ©

GIL.K / SHUTTERSTOCK ©

4周 高原探险

这条线路沿崎岖惊险的北线，从泰国北部一路带你到越南的下龙湾，穿越湄公河地区最高的山峰，近距离接触丰富多彩的山地部落，还有各种户外探险供你选择。

凡是可以叫得出名字的运动，**清迈**应有尽有——山地自行车、皮划艇、绳降、徒步和高空滑索。沿着蜿蜒的盘山路到达**拜县**，这处山间的世外桃源证明了嬉皮路线依旧盛行。然后去往**他通**，从那里乘船前往下游的**清莱**。清莱是负责任的徒步游的大本营。过境老挝，到**博胶自然保护区**参加**长臂猿体验**，继续向东前往**琅南塔**，在**南哈河国家保护区**内外体验徒步、骑行和漂流。

向南到达湄公河河畔美丽的**琅勃拉邦**，沉浸在其文化氛围中，然后掉头向北前往**琅多**，乘船或是划皮划艇游览南乌河，进一步领略喀斯特地貌的奇妙。从这里开始一段向东的内陆冒险，直至越南。途中你会经过**芒咸**和巴特寮洞穴，后者类似石头版本的古芝隧道。到达**校州**边境后，可以尝试沿**奠边府**的西北环路，欣赏不可思议的风光和奇冠越南的山口。

古老的法国避暑胜地**沙巴**是通往这一地区少数民族社区的门户。可以考虑留出一段行程去**北河**，这里是多彩的花苗族的家园，有非常适合徒步的乡村。然后向南前往**河内**，到了那里你会庆幸自己的民族风情纪念品是直接从少数民族同胞那里买来的，而非购自老城区的设计师精品店。

这些冒险还不能满足你？那就出发去**下龙湾**吧。乘一艘本地小船走水路去**兰下湾**，欣赏这处游人罕至的“新”下龙湾。这里可以乘船和划皮划艇，能像鲁滨孙一样露营，还隐藏着很多漂亮的洞穴。然后暂别海水，登上**吉婆岛**壮观的石灰岩。有经验的攀岩者将在这里找到富有挑战性的路线，新手也可以得到相应的指导。

上图：在泰国清迈（见487页）玩漂流
下图：越南北河（见92页）的苗族妇女与儿童

6周 漫游湄公河

这趟旅行沿着著名的湄公河顺流而下，从老挝北部一路到达河流末端的越南湄公河三角洲。沿途你会体验湄公河流经的4个国家不尽相同的风光、文化和冒险。

离开喧嚣的**曼谷**，直奔金三角附近的**清莱**，这里是老挝、缅甸和泰国的三国交界处。跨过湄公河，在**会晒**进入老挝，感受时光倒流。坐一艘慢船沿湄公河而下，到达**琅勃拉邦**，中途在**巴本**过夜。离开水路之前到**万荣**放松一下，领略神奇的氛围。

继续向**万象**前进，再次回到伟大的河道。老挝的首都是一个咖啡馆、餐厅、酒吧遍布的安静城市，这样的地方在之后的行程中不太会遇到。登上长途车，沿着河流向东南行进，到达**巴色**前可以在**他曲**和**沙湾拿吉**停留。在陵伽钵婆山下参观威严的**占巴塞瓦普庙**，去探访**波罗芬高原**上的瀑布与村落，或者前往**四千美岛**享受那里的悠闲惬意。

穿过边境进入柬埔寨。如果你错过了四千美岛的东昆岛的伊洛瓦底江豚，在边境的**柏朗科**，或者再花几小时向南到湄公河畔闲适的小镇**桔井**，也都可以看到它们。从桔井出发可以考虑去**蒙多基里省**，那里是大象的家园，有山区部落和最原始的自然风光。

在农村度过几周之后，**金边**会让你非常开心。在这里，湄公河融进了另一处重要的区域航道：洞里萨湖。日落时分可乘坐游船，或者加入河滨走廊的有氧运动人群中。在这里充好电后可以再次出发，跳上快船顺流而下到达湄公河三角洲的门户——越南的**朱笃**。拜访三角洲的商业中心**芹苴**后，迅速离开，去**胡志明市**尽情玩乐，然后可以去**永隆**附近的家庭寄宿过夜，深入感受湄公河三角洲的生活，也可以到充满热带风情的**富国岛**放松一下，作为自己一路追溯中南半岛母亲河应得的犒赏。

INTREKERS / SHUTTERSTOCK ©

GALYNA ANDRUSHKO / SHUTTERSTOCK ©

上图：老挝四千美岛（见398页）

下图：越南芹苴（见169页）的水上市场

PEOPLE'S REPUBLIC OF CHINA
中华人民共和国
Hainan Dao
海南岛
MYANMAR
缅甸
Huay Xai
会晒
Pak Beng
巴本
Luang Prabang
琅勃拉邦
Chiang Rai
清莱
Vang Vieng
万荣
LAOS
老挝
VIENTIANE
万象
Mekong River
湄公河
Tha Khaek
他曲
Savannakhet
沙湾拿吉
THAILAND
泰国
VIET NAM
越南
Pakse
巴色
Wat Phu Champasak
占巴塞瓦普庙
Bolaven Plateau
波罗芬高原
Si Phan Don 四千美岛
KRUNG THEP (BANGKOK)
曼谷
CAMBODIA
柬埔寨
Preah Rumkel
柏朗科
Tonlé Sap
洞里萨湖
Kratie
桔井
Mondulkiri Province
蒙多基里省
PHNOM PENH
金边
Vinh Long
永隆
T. P. Ho Chi Minh
胡志明市
Chau Doc
朱笃
Gulf of Thailand
泰国湾
Phu Quoc Island(Viet.)
富国岛(越)
Can Tho
芹苴

另辟蹊径：越南、柬埔寨、老挝和泰国北部

帕田国家公园(泰国)

在一处悬崖上，你可以看到广阔的湄公河逐渐缩小为一条荒凉的岩石河道，进入公园的小径经过部分史前壁画(482页)

芝柏(柬埔寨)

这里备受赞誉的生态游项目提供徒步、山地自行车、皮划艇，以及在戈公省郁郁葱葱的豆蔻山脉观鸟等活动(270页)

柏威夏古塔寺(柬埔寨)

通过陆路来到这座泰国边境的雄伟山顶寺庙朝圣，因为路况不断改善，到达这里变得越来越容易(251页)

波罗芬高原(老挝)

骑上骏马经过咆哮的瀑布、少数民族村落和繁茂的热带雨林，之后在达洛与背包客们共享快乐时光(404页)

越南沙巴（见93页）的水稻梯田

计划你的行程

户外探险

茂密的丛林、沉静的山脉、无尽的水路、高耸的悬崖和接连不断的急转弯，湄公河地区无限的冒险潜力能充分刺激你的肾上腺素。来这里的旅程本身就是一段漫长的探险，但各类体验将把这趟行程提升至全新的高度。

NINA LISHCHUK / SHUTTERSTOCK ©

最佳户外活动

最佳徒步

沙巴 景色最美，广受欢迎。

南河国家保护区 在古老的森林中进行负责任的徒步旅行。

清莱 迷人的山地部落。

腊塔纳基里省 在维拉差国家公园中“消失”几天。

最佳自行车骑行

湄公河三角洲 穿过越南鱼米之乡的乡村小路。

素可泰 蹬着自行车踏板驶入泰国历史。

芒斯 骑过少数民族村寨。

吴哥 经过古代奇迹。

最佳摩托车骑行

蒙多基里省 山区和丛林骑行。

琅南塔 壮观的风光、富饶的森林和少数民族村寨。

难府 大面积丛林和公园等你探索。

奠边府 一路伴着风景骑过山路。

最佳潜水和浮潜

昆岛群岛 深入水下探险。

芽庄 越南最受欢迎的潜水点。

西哈努克市 在柬埔寨由此远离海岸潜水。

Ko Rang 泰国西部海湾最棒的海洋公园。

徒步

徒步在这4个国家都非常受欢迎。你可以徒步一日或数天前往山区的少数民族部落，花上半天时间穿过丛林去看原始瀑布，或是向该地区最高的山峰番西邦峰（3143米）发起攻势。沿路风景绝佳——老挝、泰国和越南的常见景色是跌宕起伏的高地山谷、层层稻田和高耸的石灰岩。

徒步游团费一般包括所有食物、导游、交通、住宿和公园门票，团员人数较多的话，每人每天大约US$25起。前往偏远地区的专业长途徒步游价格可高至几百美元。某些徒步路线可能需要办理专门的许可证，特别是打算在老挝、越南部分偏远山村过夜的情况。

柬埔寨

柬埔寨东北部的徒步以蒙多基里省和腊塔纳基里省为起点，这里有充满野性的自然风光、为数不少的瀑布和少数民族。腊塔纳基里省偏僻的维拉差国家公园为多日徒步游提供了更多选择。豆蔻山脉附近的戈公有一些较为容易的徒步路线。

老挝

穿过老挝山区和森林的徒步之旅是这里最不容错过的活动。归功于各类扶贫项目，现在这里有十几个甚至更多的游览区域可供选择。琅南塔开发了一个备受赞誉的生态旅游项目，可以在南哈河国家保护区参观当地的少数民族村寨。在老挝南部，靠近巴色的色边河国家保护区是体验多日徒步的好地方，途中还可以体验传统独木舟或是观察鸟类。东纳达的徒步游沿途风光秀美，

徒步者安全指南

- 不要偏离已有的徒步路线，因为在柬埔寨、老挝和越南的部分地区仍有地雷和未爆炸弹药（UXO）。
- 值得雇用导游，他们收费不高，可以讲当地语言并了解区域文化。
- 狗有攻击性，一根结实的棒子可能会派上用场。
- 有护踝的靴子是很有必要的投资。
- 如果在这里的疟疾流行区徒步，要携带蚊帐。
- 使用质量好的袜子和防护剂，以减少蚂蟥的伤害。
- 如果你体质较弱，需要携带净水剂。
- 买一些小吃或能提供能量的零食，以防在长时间徒步时吃不到饭。

在越南沙巴（见93页）骑摩托

由沙湾拿吉的生态游组织机构（见385页）组织。

泰国

徒步旅行在北部城市清迈和清莱很受欢迎，常与白水漂流和大象体验结合在一起。拜县也逐渐成为徒步的新目的地。许多徒步线路由负责任的组织经营，旨在利用可持续发展的旅游帮助贫困的少数民族，但其中也有浑水摸鱼之徒。难府北部的普考山国家公园，中央就是2000米高的普考山，在里面徒步，一日也可，多日也行，沿途可见瀑布、洞穴和少数民族村庄。

越南

越南的徒步圣地是沙巴。这里的景色非同凡响，旅行者可以看到雄伟的山脉、碧绿的稻田和迷人的部落村庄。由于主要的徒步路线太受欢迎，村民们时不时就会看到徒步小队经过。北河地势较低且少雨，这里的徒步路线还未被过度开发。丰芽-格邦国家公园则是新兴的徒步导览游目的地。会安的探险游旅行社也提供城镇西边部落地区有趣的徒步体验。

自行车骑行

对于坚定的自行车骑行爱好者，越南和老挝北部山区是终极的目的地。泰国北部的素贴山国家公园里拥有非常刺激的下坡路，可以在清迈租山地车、请导游前去体验。在柬埔寨南豆蔻山脉的芝柏，以及湄公河畔的桔井和上丁，都可以租到山地车或者报名参加相关导览游。越南西南高地上的大叻也是山地骑行游不错的大本营。

那些喜欢温和运动的人会发现，在湄公河沿岸村庄蜿蜒骑行令人回味无穷，特别是在老挝琅勃拉邦和万象周边，以及越南的湄公河三角洲地区。会安古镇目前白天禁止机动车通行，自然成了骑行者的天下。绕着吴哥寺庙骑行是不错的参观方式。泰国东北部也值得一去，这要归功于良好的路况和交通灯。

整个地区租用自行车的价格为每天US$1~3，质量较好的山地自行车的费用

泰国清道（见496页）徒步

为US$10~25。说到骑自行车旅行，曼谷的Spice Roads（www.spiceroads.com）是公认的湄公河地区和全亚洲的专家，但每个国家都有不错的本地运营商。

摩托车骑行

对那些渴望冒险的人来说，骑着摩托车进入偏远地区是难以忘怀的体验。两个轮子的机动性无与伦比，可以穿越那些连最强悍的四轮驱动车都无法行驶的道路，与开车或者乘坐长途车相比，骑摩托车也会让你更加贴近乡间，感受乡村的气息、人物和景色。即使沿途风景再优美，也要记得小心看路。

这四个国家都有越野骑行的胜地，比如老挝中部的"环游路线"、越北和泰北高地，以及柬埔寨那些串联荒寺的小道。这些仅仅是其中一部分而已。历史悠久的胡志明小道，在某些人看来是战争虚无的象征，在越野骑手眼中却是无上至宝。老越边境上的土路崎岖难行，交错成网，值得挑战。柬埔寨的豆蔻山脉，小道复杂犹如迷宫，在骑行界堪称传奇，只不过一定别迷路，否则就会像孤独星球的一位作者那样，忍受丛林过夜的寒冷。想玩点稍微容易些的（比如铺装路骑行），又不想牺牲冒险的感觉？那选择可就太多了，老挝波罗芬高原的南线就是其中之一。

专业的摩托骑行社会组织多日骑行，利用冷门道路前往较为偏远的地区。旅行费用每日US$50起，比较好的行程价格可以达到US$150，花费取决于住宿费用。大多数旅行社都不能组织跨国骑行，但河内的Explore Indochina（www.exploreindochina.com）是个例外，可以带你从越南骑进老挝甚至是柬埔寨。

总部设在万象的Midnight Mapper（www.laosgpsmap.com）是一家GPS服务商，旅行者可以租用路线被编入程序的卫星导航设备。Golden Triangle Rider（www.gt-rider.com）能就骑行探索湄公河地区那些较为偏远的角落（包括金三角和胡志明小道）提供优质信息。

这一地区随处都可以租到摩托。在泰国

OLESYA KUZNETSOVA / SHUTTERSTOCK ©

在老挝骑自行车

租车通常需要驾照，在老挝、柬埔寨和越南则基本用不上。更多信息参见567页“交通指南”一节中的相关内容。

乘船游览

湄公河横穿这一区域的心脏地带，因此乘船游览很自然地成了这里的卖点。旅行者也可以沿着丛林间的支流去拜访柬埔寨和老挝偏远的少数民族村寨。

皮划艇和漂流

尽管湄公河地区的白水漂流与皮划艇活动尚处于开发的婴儿期，而且河流在一年中大多数时候水势都比较温柔，但雨季可就不太一样了。雨季期间，大叻附近的Langbian河上就有激流，难度2~4级。芽庄的旅行社也能组织漂流。在泰国北部，清迈周边的河流在7月至次年3月会出现激流（难度2~5级）。如果你打算从清迈或者曼谷开启一场真正刺激的漂流探险，泰缅边境一带在8月至10月就会出现激流，难度3~4级，当地有多家旅行社可以组织相关活动。注意，季风季大雨过后，当地河流可能会发生“闪洪”，危险性很高。选择旅行社时，一定要仔细查看对方设备的安全性和流程的规范性。

较为温和的河流漂流以及皮划艇活动在整个地区都很火爆。泰国难府或拜县的两日到3日漂流游就值得一试。老挝北部琅南塔一带也有类似的旅行团，在老挝南部的四千美岛划皮划艇更是不容错过。万荣的南松河是皮划艇和轮胎漂流活动的胜地，甘蒙省的非凡洞穴坦贡洛溶洞也可以划皮划艇探索。在越南，除了丰芽附近的河流和洞穴，会安一带的河流也是皮划艇活动的美妙地点。在柬埔寨，你可以上丁为基地，划皮划艇，从老挝边境上有江豚出没的小湖出发，顺流而下，深入鸟类成群的沼泽森林，见证湄公河最华美的一面。在桔井、马德望和贡布等柬埔寨城镇的河流上，你能收获更为温柔的皮划艇体验。

过去几年，海上皮划艇活动越来越受旅行者欢迎。在越南，标准的下龙湾之旅包括划皮划艇经过喀斯特岩石，你也可以请一位皮划艇专家带你驾船环绕雄伟的石灰岩尖峰，然后再去偏远的海湾过夜。附近的兰下湾游客味儿更轻，你可以划着皮划艇寻访隐秘的海湾与沙滩。海上皮划艇目的地在柬埔寨比比皆是，包括欧特斯海滩、龙岛和龙桑洛恩岛，泰国阁昌岛也不错。

潜水和浮潜

与印度尼西亚和菲律宾相比，湄公河区域的潜水和浮潜的机会都比较有限，但越南的潜水旅游行业正在壮大，柬埔寨也有所行动。

昆岛群岛无疑是越南最好的潜水和浮潜场所，这里有丰富的海洋生物和精美的珊瑚礁，甚至可以进行沉船潜水，但这里比越南其他地区成本更高。越南最受欢迎的潜水目的地是芽庄，这里有大量口碑绝佳的潜水学校——当然也有几个滥竽充数的，PADI资质都是假的，所以一定只选择那种教练专业、设备良好、口碑过硬的潜水学校。富国岛有美丽的珊瑚花园，里面住满了海洋生物，

上图：船行湄公河
下图：在越南下龙湾（见82页）划皮划艇

MIHTIANDER / GETTY IMAGES ©

潜水和浮潜费用

体验水肺潜水 US$70~95

两次休闲潜水 US$70~85（昆岛群岛为US$160）

PADI开放水域潜水 US$325~500

浮潜一日游 US$20~40

不过能见度可能会是个挑战。会安也有潜水学校可以带你前往可爱的占婆群岛潜水，观赏水下动植物体验尤佳。

在柬埔寨，最好的潜水地点是远离南部海岸的岛屿。西哈努克市有几家潜水运营商，但最好还是选择离龙岛或龙桑洛恩岛近的地方住下，方便活动。在船上过夜可以选择Koh Tang或Koh Prins。泰国这边的朗岛无人居住，是阁昌岛周边最佳潜水目的地。

DMITRY POLONSKIY / SHUTTERSTOCK ©

风筝冲浪和帆板运动

越南的美奈海滩占据着亚洲追风运动无可争议的头把交椅。在美奈，旅行者全年都可以进行风筝冲浪，这在东南亚实属罕见，但最好的季节还是旱季（11月至次年4月）。芽庄和头顿（紧邻胡志明市）也是不错的选择。柬埔寨的欧特斯海滩和贡布也刮起了风筝冲浪的新风。

如果你以前从来没有接触过风筝冲浪，可以先参加一个体验课程（US$80~100），再报名参加更长的课程。为期3天的课程费用为US$400~500。

冲浪

遗憾的是，《现代启示录》（*Apocalypse Now*）的经典海浪镜头其实是在菲律宾拍摄的。湄公河区域几乎没有出名的冲浪地点，但如果真的需要，一年中的某个时候还是可以找到合适的地方的，不过能不能找到冲浪板是个问题。

越南有3000公里长的海岸线，显然是冲浪的热门选择。最值得尝试的地方是岘港，这里有些风浪，一些冲浪商店出租冲浪板，租赁费用每天US$5~20，2小时的冲浪课程费用为US$25。美奈和头顿偶尔也有大浪，都能租到冲浪板。旺季为12月至次年3月，海浪虽小但较稳定。7月到11月的海浪变化多端，偶尔台风过境会带来超过2米高的海浪（但大雨之后要注意污染）。

在柬埔寨，我们听说西哈努克市的欧特斯海滩在6月到10月的雨季可以见到海浪，此时西南季风盛行，但海浪基本都会拍在岸边。这里可以租到一些普通冲浪板和立式桨板。

攀岩

说到有组织的攀岩活动，泰国清迈选择最多，但湄公河地区的喀斯特山岩随处可见，老挝和越南的攀岩运动也在发展中。在越南，公认的业界先锋是Asia Outdoors（见86页），他们的总部设在吉婆，提供专业的装备，并为初学者提供指导，为攀岩狂人组织行程。大叻也有几个不错的探险旅游经营

在越南美奈（见135页）体验风筝冲浪

商，可以提供登山和峡谷漂流。柬埔寨南部的Climbodia（见286页）能进行攀岩培训，能在贡布周边的喀斯特山区组织攀岩。

老挝的万荣有东南亚最好的攀岩条件，有200条线路可以爬上石灰岩峭壁，其中不少配有挂片（大部分攀岩线路的评级都在4a和8b之间）。Adam's Rock Climbing School（见328页）教练出色，设施安全。琅多吸引了探险专业机构Green Discovery（见338页），你可以在他们专业的指导下攀爬石灰岩。他曲的Green Climbers Home（见379页）攀岩学校开辟了大约250条路线，难度从初级贯穿到专家级。

在该地区攀岩花费为US$25~30。如果

湄公河地区高空滑索

高空滑索在湄公河地区已经开始"起飞"。老挝是这一活动的先锋，今天仍是无可争议的王者。老挝博胶自然保护区的长臂猿体验（见369页）率先使用高空滑索来探索丛林。旅行者不仅可以悬挂在滑索上滑过充满长臂猿啼声的丛林，晚上还可在树屋中过夜。

附近勐赛的Nam Kat Yorla Pa Adventure Park和南部巴色的Green Discovery（见379页）也推出了类似的惊险滑索加树屋过夜项目。冒险运动乐园万荣同样有几个能玩滑索的地方，包括非常刺激的Vang Vieng Challenge（见328页）。琅勃拉邦附近的丛林飞跃（见335页）除了滑索，还打造了悬索桥设施。Flight of the Gibbon（见487页），在柬埔寨暹粒以及泰国清迈、潘安岛（Koh Pha Ngan）和曼谷周边都开设了项目，都能体验到吓人的树顶滑索。这些滑索一日游适合亲子一同体验，融入了森林保护教育，与周边森林野化长臂猿的项目息息相关。

在下龙湾一带进行更专业的攀登，价格也会有所提高。

观赏野生动物

在这里观看野生动物可不像在非洲的塞伦盖蒂（Serengeti）平原上那样简单，但你仍然可以在湄公河一带经历世界级的偶遇。

长臂猿是最大的吸引力。想亲眼看到长臂猿，必须要早早到达猿群的栖息地——大多数情况下都得在黎明之前——所以如果可以的话，最好前一天晚上在栖息地附近过夜。理想的观察地点包括越南的吉仙国家公园，以及柬埔寨东部的Cambodian Gibbon Ecotours和Jahoo Gibbon Camp。此外，这一地区还有几家致力于保护长臂猿栖息地的树顶滑索项目（见41页），体验时有机会看到野生或是重归自然的长臂猿。

泰国偏远的考艾国家公园里茂密的丛林是世界上最大的季雨林之一。在这里，你可以跟踪害羞的野生动物，其中包括200多只大象。老挝也有丰富的野生动物资源，野生大象数量称最湄公河地区，少量老虎也生活在这里，只不过看到它们几乎是不可能的。

观鸟在湄公河地区也很流行。柬埔寨是全世界观赏6种极度濒危鸟类——大鹮、白肩黑鹮、南亚鸨和3种鹫的最佳地点。普列托尔鸟类保护区是观察湿地鸟类的绝佳去处。获过嘉奖的Sam Veasna Center能组织相关旅行团前往所有一流观鸟目的地。泰国考艾国家公园的观鸟体验同样非凡。

泰国考艾国家公园（见468页）里的大犀鸟

何时去

对于大多数旅行活动来说，湄公河地区的旱季（大多为11月至次年5月）最理想。雨季徒步会特别困难，而且几乎肯定会被蚂蟥骚扰。但雨季河水上涨，反倒很适合皮划艇以及乘船观光。骑行全年都可以，只不过在雨水尤其多的9月和10月初相当考验人。

在淡水中生存的伊洛瓦底江豚是地球上最稀有的哺乳动物，湄公河流域现存的江豚数量少于100只。在老挝与柬埔寨的边境乘坐皮划艇，或继续南下到柬埔寨东部的桔井附近，可以发现它们的踪影。

最后一点，湄公河地区现已建立了数十个大象保护区，让那些经过驯化的大象可以在自然环境中安享退休生活，你有机会与它们进行互动，其中包括老挝的大象保护中心和柬埔寨的象谷项目。更多信息参见564页。

计划你的行程
带孩子旅行

孩子们可以在湄公河地区尽享快乐，因为在这里，孩子们总会受到人们的关注，几乎所有人都希望和他们一起玩耍。对那些来自遥远异域的孩子来说更是如此，无论他们走到哪里，都会立刻变成小明星。

孩子们的湄公河流域

湄公河流域的居民天性保守，但和小家伙们却会一下子就熟络起来。从市场到街边摊档等各类场所的当地人莫不如此，只有太过自命不凡或人满为患的国际标准餐厅里是个例外。

随着年纪增长，儿童对陌生人的戒备心理不断加强，这可能会导致一些冲突。湄公河流域的人们对孩子们总是持亲近态度，动不动就会掐掐脸蛋、拍拍屁股。对于孩子们来说，久未谋面的姑妈或姨婆这么做尚可容忍，但街上随便碰到谁都来这么一下，一天经历十几次就很讨厌了。你很快就会发现，一旦出现这类互动，孩子们就会恨不得你扛着他们赶快走。

关于在路上的各类安全问题，请参见Lonely Planet的《带孩子旅行》，其中包含了很多应对旅途的实用建议。该书还简要介绍了儿童健康安全注意事项和孕期旅行的一些建议。

儿童设施——如安全座椅、餐厅儿童凳或换尿布设施——在湄公河地区基本是看不到的。高端旅行社安排的行程里有时可以准备儿童座椅，但多数时候家长只能找替代办法。要么就得学着当地人家，让小孩子坐在自己大腿上。除了国际标准的中档和高档酒店之外，住宿场所都不提供婴儿床。但很多酒店

带孩子旅行最佳目的地

曼谷

天使之城化身小天使的城市，不过有些体验还是需要你主动发掘。你可以乘船游览运河，或者在购物中心里寻找乐趣。

吴哥寺庙

如果你的孩子是《古墓丽影》的粉丝，一定不要错过吴哥寺庙。塔布隆寺的茂密丛林、巴戎寺的诡谲风格，还有吴哥窟的对称造型各擅胜场。别忘记留些时间给水上村庄和骑行探索。

越南的海岸线

如果孩子们想去海滩玩耍，越南是满足他们心愿的理想之地。会安融浓郁的文化气息和热闹的沙滩氛围于一体，芽庄的乘船游行程美妙绝伦，大些的孩子们则可以去美奈玩帆板和滑沙。

琅勃拉邦

琅勃拉邦的文化气息吸引了成千上万的成年游客慕名前来，同时，这里也为小游客们提供各种娱乐活动，包括划皮划艇、骑行和观赏野生动物。瀑布也妙趣横生，提供了丛林沐浴的好机会。

乐于加床或提供床垫，仅象征性地收取一点儿费用。

婴儿配方奶粉和尿布可以在较大城镇的小集市或超市中买到，但一般都是中小号、小号和超小号。想买大些的尺码，你得去大城市中的主要超市。尿疹药膏在药店有售。在公共场所哺乳非常普遍，这一点无须担心文化冲突。

有些餐厅仅有筷子，越南的餐厅更是如此。可以带上塑料的餐叉和汤匙以备不时之需。

健康和安全

在多数时候，家长们无须担心，但还是要恪守一些基本原则（如勤洗手等），以免感染疾病。

痢疾、伤寒和肝炎在这一地区很常见，为避免病从口入，务必时时刻刻关注婴儿们往自己嘴里塞了些什么奇怪的东西。补水和防晒也非常重要。

一定要告诫孩子们别去和动物玩耍，狂犬病在泰国相当普遍。“可爱”的猴子会咬人，它们在身边出没时需要小心提防。蚊子、白蛉会把孩子们叮咬出大包。天黑前就要使用适合儿童的驱蚊剂，在偏远地区住宿的话别忘了蚊帐，雨季时更应重点防范。柬埔寨和越南的一些海滩有白蛉，这种昆虫看似无害，但被其叮咬之后非常麻烦。主要是挨叮之后瘙痒难耐，如果创口感染还可能会引起其他并发症。不妨在叮咬处贴橡皮膏，鼓励孩子们用指头揉，别用指甲抠。

柬埔寨、老挝和越南的一些乡村地区还有地雷和未爆炸的弹药，因此这里并非带孩子旅行的理想目的地。无论你怎么叮嘱，也难以保证孩子们不去路边玩耍。

当地交通

许多孩子都喜欢乘坐交通工具，而湄公河区域的交通堪称别具一格。如果孩子们没坐过火车卧铺，泰国和越南就是他们开眼尝鲜的好地方。与乘坐长途汽车不同，孩子们在火车上可以跑来跑去，你也可以让他们睡在下铺，一路观看各个车站的风景。

坐船十分有趣，当然前提是有救生衣，途中还要保持警觉。河流之旅通常不会令人晕船，沿岸景色也非常壮观。就我们的经验来说，下龙湾景色之美无与伦比，任何年龄段的孩子都会为之倾倒，青少年也不例外。对许多孩子来说，过夜的行程堪称一场探险，你们可以乘船从会晒前往琅勃拉邦，或者从金边前往胡志明市，感受夜间的湄公河。

当地交通工具对孩子们的吸引力非同小可，当然也需要你暂且把家长健康安全守则抛在一旁。柬埔寨、老挝和越南的人力车（Cyclo）是探索当地的传统方式，突突车或者其他相似的交通工具也会令孩子们兴奋不已，不过有时候可能要提醒司机们注意车速。

带着幼儿四处走的话困难重重，人行道和步道非常拥挤，没办法推婴儿车，大型SUV才能容纳的婴儿车更是没有用武之地。可以考虑带遮阳篷的折叠式婴儿车，这种推车可以在消防栓和芒果摊之间来去自如，搭乘突突车时也易于收纳。婴儿背带有用，但要注意孩子的头部高度不要超过你的头部高度：街上悬挂的各种东西都可能成为障碍。

这一地区的城市里交通混乱，人行道拥挤，不过孩子们如果熟悉城市环境的话，对这些情况也能应付自如。湄公河流域的城市喧哗吵闹，会给年纪小的孩子们带来各种感官负担。出发前一定要确保孩子们认同你的安全守则，一旦到了熙熙攘攘的街道上，再想让他们认真倾听可就难了。

国家速览

曼谷是许多湄公河地区探险的起点或终点，它是到达多山的泰国北部、东部海滨及向东前往老挝和柬埔寨的方便跳板。

老挝是中南半岛上含蓄的内陆国家，但多样的少数民族和国家公园使这里成了生态旅游的宠儿。柬埔寨最出名的是暹粒的吴哥寺庙，但也拥有南部海岸的众多海滩、首都金边的精美食物和在东部山区观看野生动物的机会。一系列优秀的、以社区为基础的生态旅游项目带来的收入将用于帮助偏远地区。

越南正在迅速追赶泰国，鳞次栉比的城市、精心设计的餐厅和超豪华海滩度假胜地直指未来，但是战争遗址和少数民族传统的生活方式也提醒着人们不要忘记过去的时光。

越南

海滩
美食
历史

怡人海滩

越南有优美的海岸线，会安、美奈和芽庄是大热门，但这里还有长达数百公里的空旷海滩等待探索，其中包括富国岛和昆岛等岛屿。

口福之享

你不必成为美食家便可以体验到越南料理的美味。扫荡街上丰盛的当地小吃，沿着蜿蜒漫长的海岸线探索大海的馈赠，或者参加烹饪课程了解厨房的秘密。

历史名城

探索千年河内繁华的老城区，搜寻顺化皇城的墓葬和帝国遗迹，浏览会安小巷里的画廊、咖啡馆和令人愉快的酒吧。在越南，每个城市都有各自的故事，让人眼花缭乱。

见58页

柬埔寨

建筑
公益
自然

古寺

如果你听够了吴哥窟，不要忘记去看前吴哥时代的都城三波坡雷古，这是这一区域的第一座寺庙城，或者可以去柏威夏省参观那些隐匿在丛林里的寺庙。

回馈社会

在柬埔寨有很多回馈你所访问社区的方法。你可以在豪华的培训餐厅就餐来帮助曾经流落街头的孩子，购买由残疾女裁缝制作的服装，或者深入农村尝试社区家庭寄宿。

生态旅游

柬埔寨最有名的是寺庙，自然爱好者在这里也能找到丰富精彩的活动，比如丛林徒步、邂逅罕见的灵长类动物、收获世界级的观鸟体验。仅仅在暹粒周边就有众多选择，你可以玩丛林滑索，乘船深入奇妙的普列托尔鸟类保护区，或者去Phnom Kulen National Park过足瀑布瘾。

见193页

老挝

自然
山地部落
活动

森林保护区

老挝大约有20个国家保护区，每平方公里的森林覆盖率高过东南亚任何一个国家，等待你的探索。受到好评的生态徒步游将带你深入云豹、野生大象和亚洲虎栖息的丛林世界。

少数民族文化

超过65个部落构成了老挝多姿多彩的民族世界。在崎岖的北部，你会在农村寄宿项目中接触到泛灵论，并观察到自20世纪以来就几乎没变的各种文化。

空中滑索

你可以像长臂猿一样滑过绿色山谷里的索道，零距离接触大自然，体验令人瞠目结舌的丛林美景。晚上可以睡在树屋中，等待长臂猿黎明前的啸声。

见305页

泰国北部

美食
购物
社区

点燃味蕾

准备好开启你的味蕾，因为你所听说的关于泰国食品的传说都是真的。从香辣炒菜到刺激的沙拉，泰国人对辣椒情有独钟。

尽情血拼

相信我们，泰国人做生意的方式是你前所未见的。从曼谷的巨型购物中心到清迈周末更安静的步行街，离开泰国时你肯定会满载而归。

当地风情

泰国内陆诚挚邀请你骑着摩托车欣赏这里的乡村景致。你可以居住在稻田之乡的寄宿家庭中，也可以徒步探访山区部落村庄。出发前一定要带上一本泰语常用语手册和一颗入乡随俗的心，这样一定会收获难以磨灭的记忆。

见421页

在路上

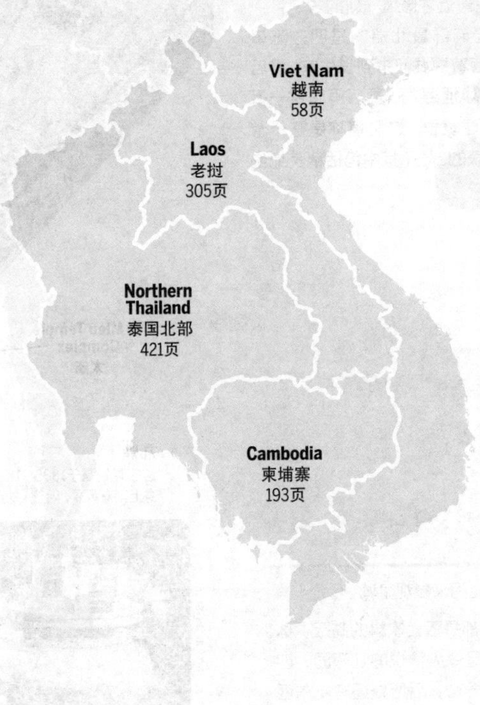
Viet Nam
越南
58页
Laos
老挝
305页
Northern
Thailand
泰国北部
421页
Cambodia
柬埔寨
193页

顺化皇城

探索景区

精心修复的宫殿和佛塔与废墟和残破的建筑碎片构成了不协调的组合。穿过皇城的外墙，可以由南侧进入皇城内城。步行游览是最佳选择，按逆时针方向沿建筑物展开你的探索之旅吧。

直接穿过庄严的❶午门会看到售票处。当你走进这座城中城时，迎面而来的恢宏景象会让你心跳加速，肃穆感油然而生。正前方是❷太和殿，国王曾端坐于高高的王座上接见来访使客。继续向前，你会经过一个小庭院，通往❸官吏厅，官员们曾在这两个大厅办公并准备各种仪式。

东北方向是皇家剧院阅是堂，这里每天都会有几场传统舞蹈表演。接下来你就会看到由绍治皇帝下令修建的御书房（太平楼），其曾用于休息放松。这座建筑的东面是美丽的几暇园。在花园小径漫步，四周点缀着数百棵盆景和盆栽，这里也是最近才修缮一新的。

守护着该建筑群最北端的是四方无事楼。从那里可以顺着护城河来到长生宫，然后转而向南便到了❹延寿宫。最后再欣赏一番精心修复的太庙建筑群。这里堪称是整个游览过程中最有收获的部分，其中包括精美绝伦的❺九鼎。

独家贴士

➡ 预留半天的时间来参观皇城。

➡ 景区内到处都是贩卖饮料的商贩，休息的最佳去处是令人愉悦的几暇园、四方无事楼和延寿宫，后两处还有吃东西的地方。

PETER STUCKINGS / SHUTTERSTOCK ©

延寿宫

延寿宫位于皇城一个美丽的角落，建筑低矮，配有一个池塘，曾是历代皇太后的寝宫，最早的建筑结构可以追溯到1804年。

九鼎

这些青铜鼎于1835~1836年由明命帝下令铸造，鼎身上刻有风景、河流、花朵和动物等饰纹。

LULU AND ISABELLE / SHUTTERSTOCK ©

四方无事楼

四方无事楼高两层，伫立在护城河之上，原为大内北部的防御兵营，建筑上融欧洲和越南元素为一体（楼顶的龙饰精美细腻，尤为可观）。

官吏厅

为了保护精美细致的天花板以及壁画，东厅在联合国教科文组织的资助下正在进行维护施工。

MICHAEL RUNKEL / GETTY IMAGES ©

午门

高大威严的午门是皇城的正门，下层设有防御工事，上层在建筑结构上更为精美，历史可以追溯到1883年。

太和殿

太和殿的柱子由铁木打造，上面刷了12层亮漆，红底金纹，妙不可言，不可不看。原建一度濒于崩塌，幸好在20世纪90年代进行了修复，才保留至今。

PETER STUCKINGS / SHUTTERSTOCK ©

吴哥寺庙

三日游

吴哥寺庙恢宏、壮观，难以用语言形容。这是世界上最大的宗教建筑遗址，有数目众多的寺庙和一座长期废弃的、有围墙的城池。这座城池可能是东南亚第一座大都市，远远早于曼谷和新加坡。

从吴哥最早的都城之一罗洛寺群出发，绕大圈，途经佛教-印度教融合的❶圣剑寺和装饰华丽的❷龙蟠水池。

第二天，绕小圈，黎明时分从参观❸塔布隆寺开始，然后继续前往金字塔形状的塔高寺、佛教寺院班迭哥迪和巨大的❹皇家浴池。

接下来去远处的女王宫（吴哥艺术桂冠上的宝石）和淹没在远方丛林中的崩密列。

将最好的留到最后一天，在❺吴哥窟欣赏日出，在寺庙里吃早餐，以便在人少的时候仔细欣赏这座奇妙的建筑。下午，参观巨大的❻吴哥王城，这里有神秘的❼巴戎寺。

用三天时间游览吴哥？这只适用于初访者。

独家贴士

➡ 想要避开人群，清早去皇家浴池，日出以后去吴哥窟，午饭时间去女王宫。

➡ 如今，三日通票可以在一周内三个不连续的日子使用，但你需要在买票时提出这个要求。

ADAM LAWS / SHUTTERSTOCK ©

巴戎寺（Bayon）
传奇的阇耶跋摩七世建造的这座超现实的国寺里，216
脸孔俯瞰着众生，显示着宗教和皇家的威严。

吴哥窟（Angkor Wat）
世界最大的宗教建筑，在最神圣的背景下欣赏日出，然后
索那些美丽而虔诚的浅浮雕。

TOM ROCHE / SHUTTERSTOCK ©

EFIRED / SHUTTERSTOCK ©

DREAMLOVEYOU / SHUTTERSTOCK ©

旲哥王城（Angkor Thom）
旲哥王朝最后一座伟大的都城，其数目众多的
寺庙和宏大的规模同样令人赞叹。

圣剑寺（Preah Khan）
是一座敬奉佛、梵天、湿婆神和毗湿奴的寺庙。巨大的走廊像是经过了镜子的反射，没有止境。

龙蟠水池（Neak Poan）
假设拉斯维加斯采用了吴哥主题，这将为游泳池的设计提供绝佳蓝图：一座小塔矗立湖中，周围环绕着4个小水池。

塔布隆寺（Ta Prohm）
号"古墓丽影寺"，或称"夺宝奇兵寺"也很当。大自然的力量令人敬畏，顽强的树根紧住残存的石头。

皇家浴池（Sra Srang）
曾经是皇家浴池，令其他浴池相形见绌，是欣赏日出或日落的好地方。

STEVE ESTVANIK / SHUTTERSTOCK ©

玉佛寺和大皇宫

探索曼谷最显赫的宗教和王权古迹

花几个小时就可以搞定这次游览。第一站是一处佛教寺庙群，通常被称为玉佛寺。该区域的四周环绕着一个有顶的行人通道，其内墙上绘有❶、❷《拉玛坚》壁画。178块连续壁画最初是在拉玛一世(1782~1809年在位)时期绘制的，以印度史诗《罗摩衍那》为题材，描绘了罗摩为拯救被绑架的妻子(悉多)而进行斗争的画面。

看完史诗故事，穿过一个由❸夜叉护卫的大门，就可以到达里面的庭院。这里最重要的建筑就是主殿，或者叫作❹加冕大厅，玉佛寺的❺玉佛就供奉在这里。

接下来，向东去往所谓的上层露台(Upper Terrace)，其实就是一片被抬高的区域，上面有❻三座主要佛塔的尖顶。中间的建筑是藏经楼

ALINA_ZAINEA / GETTY IMAGES ©

金娜丽

这些优雅的半人半鸟生物是从印度佛教传说中走出来的，她们就伫立在皇家寺院的外面。

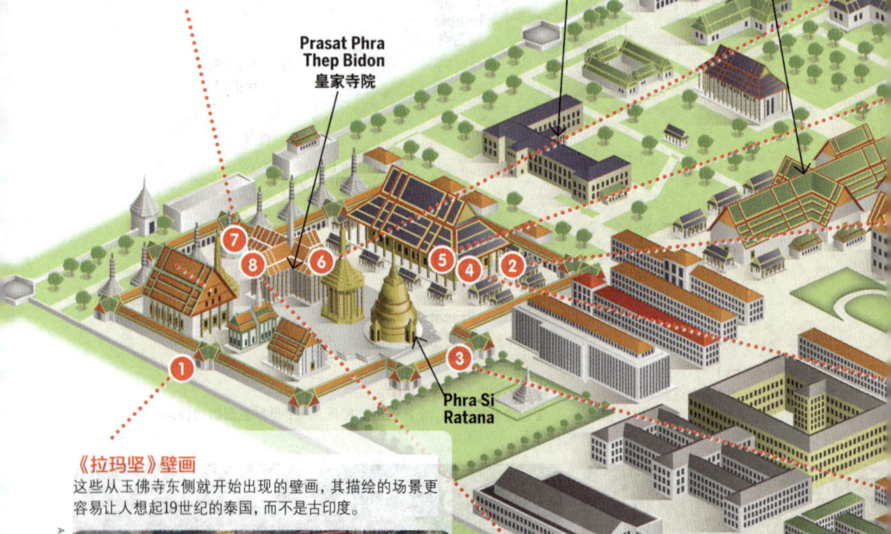

《拉玛坚》壁画

这些从玉佛寺东侧就开始出现的壁画，其描绘的场景更容易让人想起19世纪的泰国，而不是古印度。

ANTONIO D'ALBORE / GETTY IMAGES ©

哈努曼

一排排从印度神话故事中走出来的顽皮的猴子，托举着位于皇家寺院附近的两个小佛塔的底部基座。

（Phra Mondop），用来放置佛教经卷。这一区域也是玉佛寺几个重要神话人物的所在地，包括美丽诱人的半人半鸟❼**金娜丽**和几个扮着鬼脸的猴神❽**哈努曼**。

穿过西门，就来到了大皇宫的所在地。这里只有少数建筑对外开放。最值得一提的是❾**Chakri Mahaprasat**。它建于1882年，大殿的外观融合了西方和传统泰国建筑的风格，尤为独特。

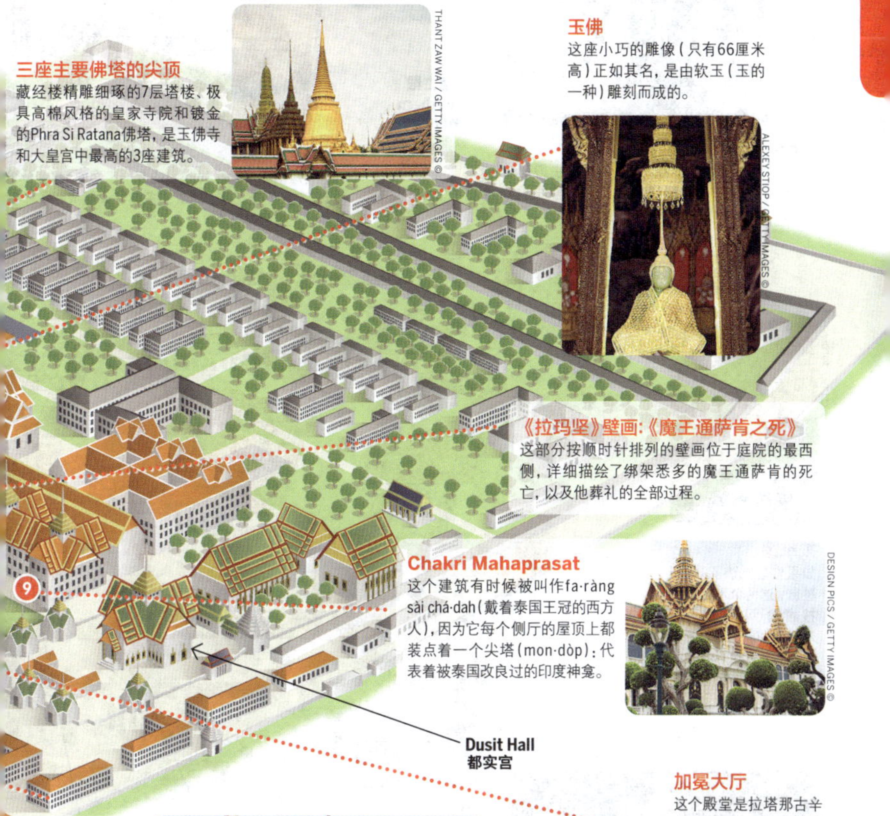

三座主要佛塔的尖顶

藏经楼精雕细琢的7层塔楼、极具高棉风格的皇家寺院和镀金的Phra Si Ratana佛塔，是玉佛寺和大皇宫中最高的3座建筑。

THANT ZAW WAI / GETTY IMAGES ©

玉佛

这座小巧的雕像（只有66厘米高）正如其名，是由软玉（玉的一种）雕刻而成的。

ALEXEY STIOP / GETTY IMAGES ©

《拉玛坚》壁画：《魔王通萨肯之死》

这部分按顺时针排列的壁画位于庭院的最西侧，详细描绘了绑架悉多的魔王通萨肯的死亡，以及他葬礼的全部过程。

Chakri Mahaprasat

这个建筑有时候被叫作fa·ràng sài chá·dah（戴着泰国王冠的西方人），因为它每个侧厅的屋顶上都装点着一个尖塔（mon·dòp）：代表着被泰国改良过的印度神龛。

DESIGN PICS / GETTY IMAGES ©

加冕大厅

这个殿堂是拉塔那古辛（Ratanakosin）建筑学院的早期范例，将大城遗留下来的传统风格同更现代的中国和西方风格结合在一起。

夜叉

每个通往玉佛寺庭院的入口都由一对庞大而警惕的夜叉守卫。夜叉是印度神话中的食人魔或巨人。

ZZVET / GETTY IMAGES ©

卧佛寺

步行游览卧佛寺的大佛

合适的起点在主殿，这里有卧佛寺的最重要雕像——巨大的❶卧佛。除了佛像巨大的身形之外，还要注意的就是佛像脚部的❷珍珠母镶嵌图案。主殿的内墙有壁画，讲述佛祖的生平。在建筑南端有108个铜钵，花20B可以买108枚硬币，每个钵里投一枚可以祈求好运。

从主殿出来，向东经过由两座❸巨大石像守卫的门，到达寺庙的其他区域。正北方是四座高耸的❹皇家佛塔。

继续向东，穿过两条相连的❺佛像画廊，画廊

PHOTO BY VICHAN SRISEANGNIL / GETTY ©

Phra Ubosot

建于拉玛一世统治时期，如今壮观的主殿是拉玛三世（1824~1851年）在位时期修复的结果。

KISZON PASCAL / GETTY ©

佛像画廊

两个环绕Phra Ubosot的有顶走廊中，镀金佛像达394尊之多，其中许多具有大城或素可泰时期的经典风格。

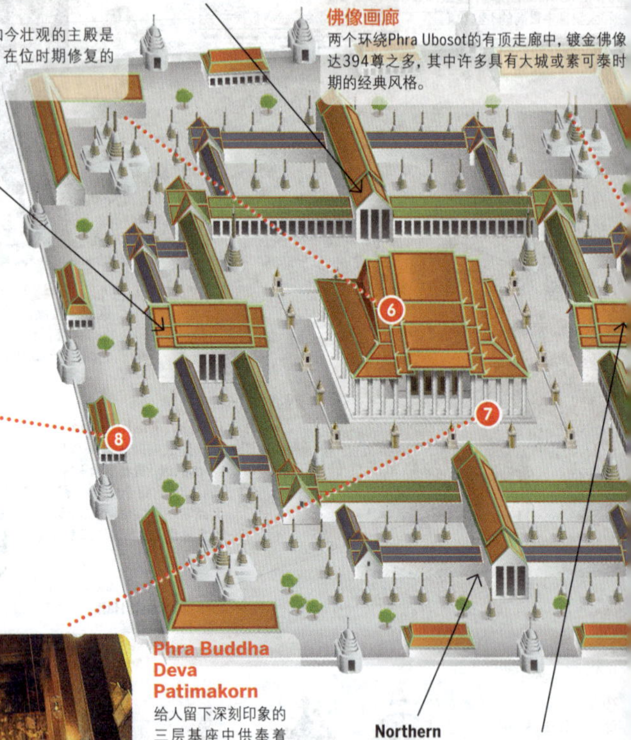

PIDJOE / GETTY ©

按摩馆

如果你感觉热了，腿脚酸胀，这两个带空调的按摩馆可以让你一边享受清凉，一边体验高品质、价格相对低廉的泰式按摩。

OASIZZ / GETTY ©

Phra Buddha Deva Patimakorn

给人留下深刻印象的三层基座中供奉着拉玛一世的骨灰，基座之上是由这位君王带回寺里的大城时期佛像。

把四座主殿连接起来，两座主殿内供奉有素可泰时期的佛像。这些一并构成❻Phra Ubosot的外围，这座巨大的主殿是卧佛寺第二座引人注目的建筑。该建筑的基座周围有浮雕，里面是佛像❼Phra Buddha Deva Patimakorn。

卧佛寺经常被人称作泰国的第一所大学，一个附属于卧佛寺的泰国传统医学院一直继承着传统，在寺庙的东端有两座❽按摩馆。

几座小型佛塔和岩石花园散布在寺庙东侧。

TAKEPICSFORFUN / GETTY ©

皇家佛塔
以彩色瓷砖为装饰，是拉塔那古辛风格的经典代表，这四座佛塔代表了查克里王朝的前四位国王。

SAMART BOONYANG / GETTY ©

卧佛
以长46米、高15米的砖结构作为造型的核心，以灰泥和金箔作为佛像的材料。壮观的卧佛表示佛祖进入涅槃（即佛祖圆寂）。

IMAGE SOURCE / GETTY ©

巨大石像
这些巨大花岗岩雕像表现了从京剧角色到马可波罗等众多人物，在19世纪时传到泰国，当时是作为货运帆船的压舱石。

珍珠母镶嵌图案
在卧佛的脚掌部位描绘了108个表示吉祥的lák·sà·nà（法相），即佛祖的身体特征。

KAMPEE PATISENA / GETTY ©

PINNEE / GETTY IMAGES ©

1. 老挝菜（见411页）
汤粉是老挝的标准早餐。照片里这碗是香辣椰浆口味的。

2. 四千美岛（见398页）
风景如画的群岛是迷人的放松之地。

3. 和尚
身穿藏红色僧袍的老挝僧人是这个国家最常见的亮点。

4. 坦普坎溶洞（见327页）
费劲地爬一段路，来到这座位于万荣附近的美丽小湖泊，这里是放松戏水的完美地点。

3

ELIZA13 / BUDGET TRAVEL ©

越南

人口9530万/☎84

包括 ➡

最佳就餐

- Chim Sao（见71页）
- Hanh Restaurant（见105页）
- Tim Ho Wan（见72页）
- Banh Mi Huynh Hoa（见158页）

最佳住宿

- Tam Coc Garden（见80页）
- Sofitel Metropole Hotel（见68页）
- Mui Ne Backpacker Village（见136页）
- Mia Resort Nha Trang（见132页）

为何去

越南的异域风情浓郁至极，魅力完全无法抗拒，色彩鲜艳而不乏微妙，建筑风貌气派恢宏，战争遗址震撼人心。

自然馈赠给了越南北部以高耸入云的山脉，赋予了湄公河三角洲宛如碧玉般的稻田，还赐予了越南蜿蜒的海岸线和迷人的沙滩。在这里旅行，你可以见到骑着水牛的小孩，看到山地部落制作的精美无比的纺织品，听到100万辆摩托车发出的嗡嗡声，吃到一些世界上最棒的食物。

从旅行成本方面讲，越南的性价比高得没话说：下馆子便宜得让人吃惊，越南的生啤（bia hoi）绝对是世界上最便宜的啤酒，水疗也是划算得不能再划算了。

这个充满活力的国家发展迅速，而这里的生活依旧怡然自得。快准备好开始你人生中最难忘的一段旅程吧。

何时去

河内

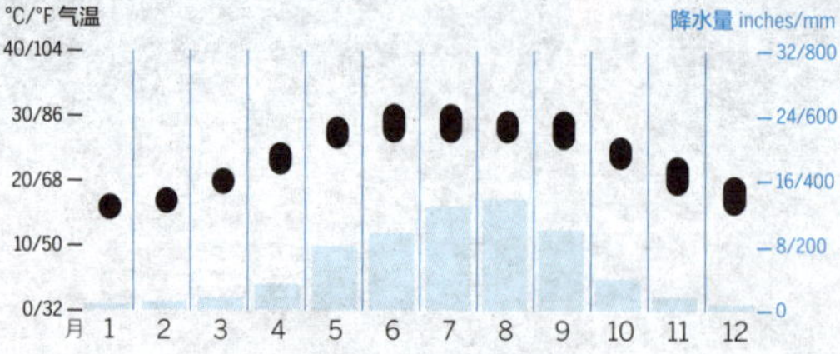

12月至次年3月 顺化以北天气凉爽，冬季的季风给这里带来了云和小雨。

4月至5月 总的来讲可能是游览整个国家的最佳时节。

7月至8月 气温舒适，中部海岸地区迎来了旅游旺季。

越南亮点

1 **会安**（见117页）在鹅卵石小巷构成的迷宫里展开一场时空穿越之旅。

2 **河内**（见60页）充满魅力的河内融合了巴黎的优雅和亚洲的节奏。

3 **下龙湾**（见82页）摄人心魄的自然奇观。

4 **丰芽-格邦国家公园**（见99页）探索这片遍布着众多非凡洞穴的石灰岩高地。

5 **胡志明市**（见147页）感受这座城市狂野的能量与热闹的夜生活。

6 **西北高地**（见91页）探索壮丽的自然景观，山间点缀着部落村庄。

7 **吉婆岛**（见84页）在喀斯特地貌之中爬山和坐船。

8 **美奈**（见135页）在原始沙滩上发呆，或在滔天的波浪中玩风筝冲浪。

9 **昆岛群岛**（见138页）拜访田园诗般的海滩，体验潜水。

10 **顺化**（见102页）在这座皇城里追寻历代帝王的足迹。

河内(HA NOI)

景点

因为战火的摧残,也因为政府闭关锁国的政策一直持续到了20世纪90年代,越南的首都河内错过了极佳的发展机遇,但如今正在奋起直追。城市的街道上挤满了摩托车,你不让我,我不让你,嘀嘀嘀的喇叭声响个不停,但法国和中国对这里的影响随处可见,让人得以一窥河内人的雄心、自豪与百折不挠的精神。

老城区里销售山寨商品的商贩无处不在,从他们的包围中"杀"出来,便能看到老城区原来的样子。一边是扯着嗓子叫卖自家土产的乡下人,一边是优哉游哉的城里人,有的在早餐摊上吃米粉,有的在还剑湖畔晨练太极拳,还能看见几个留着山羊胡的老大爷凑在一起下棋。

珍馐佳肴随处可见,市场尽可流连,当地不断发展壮大的艺术圈值得探索,住宿方面更是物美价廉。你一定要过来会一会这里的人,访一访这里的历史,看一看这座处于变化之中、觉醒之际的城市。

老城区

老城是河内古老的中心区,商贸活动在此延续了1000多年,势头丝毫不减。一听到"老城"二字,你眼前难免会浮现出一条条老街,街上点着灯,两侧是木头建造的店铺和作坊,可惜河内的老城区并没有这么浪漫。作为河内的灵魂所在,这里散发着一种粗犷的市井气息,抛却偏见而来,才能大有所得而返。

★白马寺 佛教寺庙

(Den Bach Ma, Bach Ma Temple; 见70页地图; P Hang Buom和P Hang Giay交叉路口; ⏲周二至周日 8:00~11:00和14:00~17:00) 免费 白马寺位于老城区的核心地带,规模不大,据说是城中最古老的寺庙,但目前大部分结构只能追溯到19世纪,其中的孔子祠是在1839年补建的。白马寺最初建于11世纪。当时,李太祖(Ly Thai To)求助于一匹白马来帮自己选择建造城墙的地址,白马将他带到此地,于是为了纪念这匹马,便在这里建造了白马寺。

穿过寺庙古老而又美丽的木门,你可以看到传说中那匹白马的雕像,还有一顶漂亮的红漆灵轿。

纪念馆 历史建筑

(Ngoi Nha, Memorial House; 见70页地图; 87 P Ma May; 5000d; ⏲9:00至正午和13:00~17:00)这座传统的商人宅邸是老城区修复得最好的建筑之一,装饰简朴而不失美丽。共两进院落,房屋围院而建,里面满是精美家具。留意观察房屋间高高的台阶,这种传统设计被认为可以阻断邪气的流动。

这里有工艺品和小饰品出售,包括银饰、篮子、越南茶具等,也经常能看到一位书法家或是其他匠人在此献艺。

同春市场 市场

(Cho Dong Xuan, Dong Xuan Market; 见70页地图; P Hang Khoai和P Dong Xuan交叉路口; ⏲7:00~21:00)河内最大的室内市场,最初由法国人建造于1889年,在1994年几乎被大火烧了个精光。里面的东西应有尽有,新鲜的农副产品、活禽活畜、廉价服装、纪念品、生活用品和传统工艺品都能买到。

龙边桥 桥

(Cau Long Bien, Long Bien Bridge; 见62页地图) 免费 龙边桥(建于1899~1902年)是河内人顽强坚毅的象征,在越南战争期间曾被数次炸毁,越南人民每次都会快速地将其修好。桥梁的设计者是古斯塔夫·埃菲尔(Gustave Eiffel,大名鼎鼎的埃菲尔铁塔就是他的作品),火车、踏板摩托和行人都可通行,目前正在施工,以期维护原貌。夜间会亮起彩灯,尤为壮观。

还剑湖周边

★华卢监狱博物馆 历史建筑

(Hoa Lo Prison Museum; 见66页地图; ☎04-3824 6358; P Hoa Lo和P Hai Ba Trung交叉路口; 成人/儿童 30,000d/免费; ⏲8:00~17:00)这里是华卢监狱的遗址,越南战争期间囚禁在这里的美国战俘给它起了个颇具反讽意味的雅号"河内希尔顿"。直至20世纪50年代中期,这里一直都是监狱,多数展品也与之相关,主要展示了越南人民反法独立的抗争史。展品最令人不寒而栗的是一座用来处决越南革命者的法国断头台。另外一些展品展示了“越战”期间囚禁于华卢监狱的美军飞行员的生活。

囚犯中包括佩蒂·彼得森（Pete Peterson，他在1995年成了越南统一后的第一任美国驻越大使）和参议员约翰·麦凯恩（John McCain，2008年美国总统大选共和党的提名候选人）。1967年麦凯恩驾驶的飞机被击落，河内当地人将他从白丝湖（Truc Bach Lake）中救起，这里展示了他的飞行服和一张记录救援情况的照片。

监狱地界广大，由法国人修建于1896年，根据最初的设计，最多只能关押450人左右，但资料显示到了20世纪30年代，这里竟然收监了将近2000人。作为监狱来说，华卢的表现一直差强人意，多年来一共有数百人成功越狱，其中许多都是从下水道格栅钻出去溜掉的。

通晓多国语言的人会注意到，这里的法语标志不如英语标志详尽。

★还剑湖 湖泊

（Hoan Kiem Lake；见66页地图）传说在15世纪中期，上天赐给了黎太祖（Ly Thai To）一把神剑，他凭此剑将中国的军队赶出了越南。胜利后，一只巨大的金龟衔住神剑，钻入湖中，把剑交还天神，于是就有了“还剑湖”这个名字。

周五至周日每天19:00到午夜，还剑湖周边机动车禁行，那时候的还剑湖就成了一个在公共广场上举办的游园会，游览起来最有意思。

每天清晨6:00左右，当地居民会来到岸边打太极拳。

湖南端的小岛上有一座破败的**龟塔**（Thap Rua；见66页地图），塔顶有一颗红星，常被用作河内的标志。

★越南妇女博物馆 博物馆

（Vietnamese Women's Museum；见66页地图；☎04-3825 9936；www.baotangphunu.org.vn；36 P Ly Thuong Kiet；30,000d；⏲8:00~17:00）这座现代博物馆精彩地展现了女性在越南社会中扮演的角色。注释了英文和法文的展品，纪念战争时期诸位女英雄的种种事迹，是博物馆中最打动人心的部分。馆内也收藏了政治宣传海报，以及越南少数民族的服饰、篮筐制品和纺织图案，如果嫌文字介绍过于繁复，可以用这些藏品大饱眼福。网站上有近期特别展的介绍。

★越南国家历史博物馆 博物馆

（Bao Tang Lich Su Quoc Gia，National Museum of Vietnamese History；见66页地图；☎04-3824 2433；http://baotanglichsu.vn；1 P Trang Tien；成人/学生 40,000/15,000d；⏲8:00至正午和13:30~17:00，每月第一个周一闭馆）博物馆建于1925~1932年，建筑上颇为壮观，前身是法国远东学院。其设计师Ernest Hebrard率先在越南建筑中融入了中国和法国的设计元素。其中的亮点展品有来自东山文明（公元前3世纪至公元3世纪）的铜器、高棉（Khmer）和占婆（Champa）王国的印度教雕像、越南封建王朝的珠宝，以及介绍法国占领时期和共产党的相关展示。

玉山寺 佛教寺庙

（Den Ngoc Son，Ngoc Son Temple；见66页地图；Hoan Kiem Lake；成人/学生 20,000/10,000d；⏲7:30~17:30）这座河内旅行者最多的寺庙坐落于还剑湖北部一座小岛上，由一条依照越南古典风格建造的雅致红桥与湖岸相连。寺庙供奉着13世纪抗击蒙古的将领陈兴道（Tran Hung Dao）、医师守护神关帝（La To）和主掌科举的文昌君（Van Xuong）。

烈士纪念碑 纪念碑

（Martyrs' Monument；见66页地图）这座纪念碑是拍照的好地方，上面描绘着一名女子和两名男子，女子持剑，两名男子分别拿着枪和火炬，目的是纪念为了越南独立英勇牺牲的烈士。

越南革命博物馆 博物馆

（Bao Tang Cach Mang Viet Nam，Museum of Vietnamese Revolution；见66页地图；☎04-3825 4151；216 Đ Tran Quang Khai；成人/学生 40,000/20,000d；⏲8:00至正午和13:30~17:00，每月第一个周一闭馆）博物馆于1959年正式向公众开放，内有超过4万件展品，慷慨激昂地讲述了越南内部冲突和革命的历史，从反法解放运动，直至越南共产党和越南社会主义共和国的建立。

Ha Noi 河内

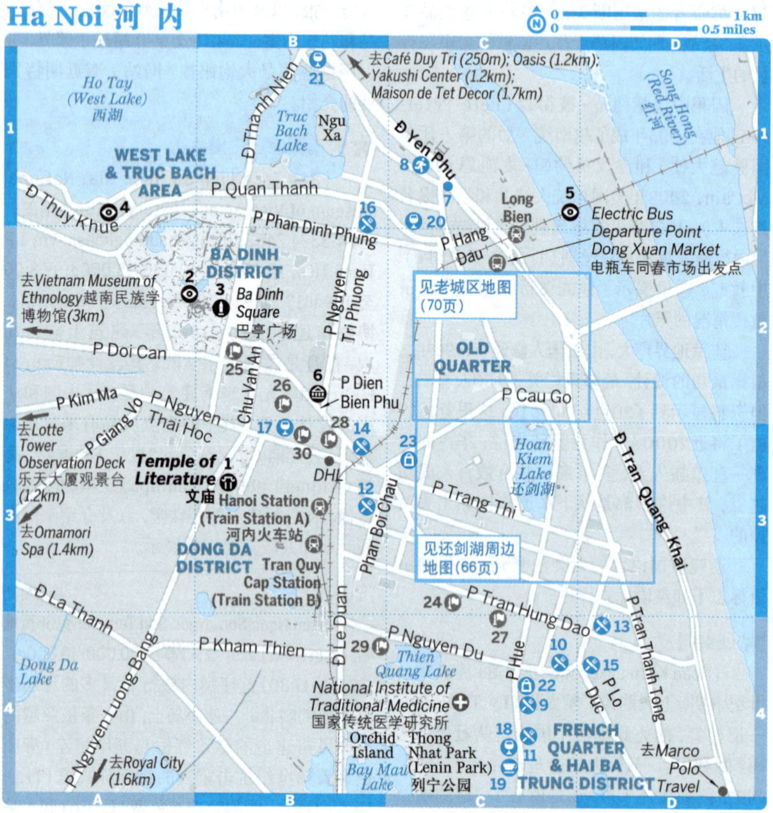

圣约瑟夫天主教堂 主教座堂

（Nha To Lon Ha Noi, St Joseph Cathedral; 见66页地图; P Nha Tho; ⏲5:00至正午和14:00~18:00）河内这座令人瞩目的新哥特式天主教堂建成于1886年，高耸的教堂正面是一个小广场，最具特色的是双子塔楼、华丽的圣坛和精美的彩色玻璃窗。访客仅在弥撒仪式期间才可以经正门入内。教堂左侧的门上设有标牌，上有弥撒的时间安排。

其他时间，访客先要穿过河内总教区（Diocese of Hanoi）所在地（距离教堂一个街区，地址是40 P Nha Chung），找到大教堂的侧门，侧门右上角设有门铃。

其他地区

★文庙 孔庙

（Van Mieu Quoc Tu Giam, Temple of Literature; 见62页地图; ☎04-3845 2917; P Quoc Tu Giam; 成人/学生 30,000/15,000d; ⏲8:00~17:00）文庙于1070年由李圣宗（Ly Thanh Tong）下令修建，用于供奉孔子。内有一汪池水唤作“天光井”，还有一座低檐宝塔以及孔子及其门徒的雕塑。文庙建筑群是越南少有的保存完好的传统建筑之一，用以纪念越南最杰出的学者和文人。1076年，越南第一所大学在此落成，当时只接收贵族来此求学。

★越南民族博物馆 博物馆

（Vietnam Museum of Ethnology; ☎04-3756 2193; www.vme.org.vn; Đ Nguyen Van Huyen; 成人/优惠 40,000/15,000d，导游 100,000d; ⏲周二至周日 8:30~17:30）博物馆展品非凡，聚焦越南少数民族，包括从全国各地收集来的部落艺术品、工艺品和日常用品，还能看到传统

Ha Noi 河内

重要景点

1 文庙......B3

景点

2 胡志明陵......A2
3 胡志明纪念堂......B2
4 西湖......A1
5 龙边桥......C1
6 越南军事历史博物馆......B2

活动、课程和团队游

7 Free Wheelin' Tours......C1
8 Huong Sen......C1

就餐

9 Banh Mi Pho Hue......C4
10 Bun Cha Huong Lien......C4
11 Chim Sao......C4
12 La Badiane......B3
13 Nha Hang Ngon......D4
14 Old Hanoi......B3
15 Pho Thin......D4
16 Quan An Ngon......B1
Quan An Ngon......（见12）

饮品和夜生活

17 Bar Betta......B3
18 Cama ATK......C4
19 Cong Caphe......C4
20 Manzi Art Space......C1
21 Summit Lounge......B1

购物

22 Hom Market......C4
23 Mai Gallery......C3

实用信息

24 柬埔寨大使馆......C3
25 加拿大大使馆......B2
26 中国大使馆......B2
27 法国大使馆......C4
28 德国大使馆......B3
29 老挝大使馆......B4
新加坡大使馆......（见26）
30 泰国大使馆......B3

村落民房。展览配有清晰明了的越南语、法语和英语的解说注释。博物馆位于Cau Giay区，距离河内中心城区约7公里，打车单程大概200,000d，如果你对人类学感兴趣，那就应该前来一探。

你也可以从还剑湖东边的P Dinh Tien Hoang上乘坐14路公交车（4000d），在Nghia Tan站下车后朝Đ Nguyen Van Huyen方向步行两个街区（约600米）即是博物馆。

★乐天大厦观景台 观景点

（Lotte Tower Observation Deck；☎04-3333 6016；www.lottecenter.com.vn/eng/observation/visit_information.asp；54 Lieu Giai, Ba Dinh；成人/学生 白天 230,000/170,000d，夜间130,000/110,000d；⏲9:00~22:00）乐天集团的大楼是当地地标建筑，2014年建成开放，位于河内巴亭（Ba Dinh）区的西北角。大厦65层设有观景台，独揽全城最佳风景，脚下熙熙攘攘的河内尽陈眼前。你可以看看老城区的规模，再看看新区的大小，两者相较，足见河内发展之迅猛。大厦里还有一家酒店和五花八门的餐厅，天台上开有一家酒吧，低层有一家百货商场。

从老城区打车前往大厦，大约要20分钟。

西湖 湖泊

（Ho Tay；见62页地图）河内最大的湖，周长15公里，周围都是市郊的高档社区，包括外籍人士聚集地Tay Ho区。西湖南侧的Đ Thuy Khue有一排海鲜餐厅，东边的Xuan Dieu街上，餐厅、咖啡馆、精品店和高档酒店林立。不同于老城区的躁动，西湖周边的氛围很是宁静。环湖有一条小路，非常适合骑行。

胡志明陵 古迹

（Ho Chi Minh Mausoleum Complex；见62页地图；☎04-3845 5128；www.bqllang.gov.vn；入口在P Ngoc Ha和P Doi Can交叉路口）对于许多越南人来说，胡志明陵都是一个圣地。陵园中不让车辆通行，有植物园、纪念碑、纪念馆和佛塔，常常挤满了人，都是从全国各地到这里缅怀"胡伯伯"的。陵园建筑群包括胡志明纪念堂、胡志明故居、主席府、胡志明博物馆和独柱寺。

胡志明纪念堂 纪念碑

（Lang Chu Tich Ho Chi Minh, Ho Chi Minh's

Mausoleum；见62页地图；☎04-3845 5128；www.bqllang.gov.vn；⊙12月至次年9月周二至周四、周六和周日 8:00~11:00 最晚入场时间 10:15）免费 胡志明纪念堂遵循了列宁、斯大林和毛泽东纪念堂的建造传统，是一座用大理石建造的纪念性建筑。与他本人要求简单火化的意愿相悖，1973~1975年，越南人用全国各地收集来的材料建造了这座纪念堂。在纪念堂深处的水晶棺里安放着胡志明的遗体，经过防腐处理，显得脆弱苍白。每年9月4日至11月4日期间，纪念堂一般会关闭，将遗体送往俄罗斯进行保养。

参观时要着装得体，穿短裤、背心或戴帽子的人不许进入。在进去之前可能会有人要求你寄存包、相机和手机。在纪念堂中严禁交谈、手插兜和拍照。参观的队伍能七拐八拐地排上数百米，进入纪念堂参观后，队伍会以慢而稳的脚步进行参观。

如果走运的话，你会目睹纪念堂外警卫换岗的场景——那种仪式感足以媲美英国白金汉宫外的卫兵交接。

越南军事历史博物馆 博物馆

（Bao Tang Lich Su Quan Su Viet Nam，Vietnam Military History Museum；见62页地图；☎04-733 6453；www.btlsqsvn.org.vn；28a P Dien Bien Phu；门票 30,000d，照相费 20,000d；⊙每天 8:00~11:30以及周二至周四和周六日 14:00~16:00）由于门口陈列着众多兵器，这座军事历史博物馆十分醒目。馆中展示了前苏联和中国的装备，还有在多年战争期间缴获的法国和美国制造的武器。其中最引人注意的藏品是一架前苏联建造的米格-21喷气式战斗机，在从奠边府被击落的法国飞机和美国F-111战斗机残骸中间耀武扬威。

活动

★Omamori Spa 按摩

（☎04-3773 9919；www.blindlink.org.vn/spa；102 B1，Alley 5，P Huỳnh Thúc Kháng，Dong Da；60分钟按摩 190,000d起）这家水疗馆规模小，魅力大，地方远，需要打车前往。经营方是一个非营利性组织，专为盲人提供就业培训和岗位。盲人按摩师英语说得非常好。如果你从未体验过专业的盲人按摩，感受一定会非常深刻：盲人技师温柔的手法以及对于身体的感知力是普通技师所不具备的。定价合理，水平一流，不接受小费。

Yakushi Center 按摩

（☎04-3719 1971；www.yakushicenter.com；20 P Xuan Dieu，Quang An，Tay Ho；养生项目 210,000d起；⊙9:00~19:30）这家绝妙的养生馆位于市郊时尚的Tay Ho区，周边居民以外籍人士为主。除了能治病、放松的按摩，这里还推出有各种越南和中国传统养生项目。技师能说英语，开始前会与你进行短暂沟通。必须预约。

Huong Sen 按摩

（见62页地图；☎04-3825 4911；http://huongsenhealthcare.com；78 Đ Yen Phu；按摩 250,000d起；⊙9:30~22:30）非常专业，设施不错，工作人员能说英语，美体养生服务种类繁多，包括按摩浴和蒸汽浴。官网上有完整的服务项目名录。

Annam Foot Spa & Massage 按摩

（见66页地图；☎0913 211 558；71 P Hang Bong；按摩 250,000d起；⊙10:00~22:00）开在老城区的中心，有好几层，定价合理，位置好找。

Royal City 游泳、滑冰

（☎04-3974 3550；http://royalcity.com.vn；72a P Nguyen Trai，Thanh Xuan；水上乐园和溜冰场 130厘米以下/以上的人100,000/170,000d；⊙11:00~21:00）大型商场Royal City Mega Mall（越南最大的购物娱乐商场）里有一个"Vinpearl Water Park"水上乐园和"Vinpearl Ice Rink"溜冰场，开业于2013年，很多人喜欢带孩子过来。商场里还有一家保龄球馆、一家影城和游戏区，以及爸爸妈妈们可以购物的地方。距离老城区西南约7公里。

Ho Tay Water Park 游泳

（Cong Vien Ho Tay；☎04-3718 4222；www.congvienhotay.vn；1.3米以下/以上 80,000/150,000d；⊙4月至11月周三至周一 9:00~21:00）这片水上乐园距离老城区北5公里，位于西湖北岸，内设多个泳池和水上滑梯，还有一条人工河，特别想游泳的人不妨前来过瘾。炎热的

夏日午后，这里会非常热闹，安全性和卫生性未必能让所有人满意。

非政府组织资源中心 志愿者服务

（NGO Resource Centre；☎04-3832 8570；www.ngocentre.org.vn；Room 201，Bldg E3，6 Dang Van Ngu，Trung Tu Diplomatic Compound，Dong Da，Hanoi）这家NGO资源中心，在数据库里录入了所有在越南服务的非政府组织，你可以从中寻找相关志愿工作机会。关于志愿服务的更多信息，参见566页。

团队游

Sophie's Art Tour 文化游

（☎0168 796 2575；www.sophiesarttour.com；团队游 US$55起）这里组织的团队游极具魅力，以多位艺术家的生活为焦点，展现了他们在20世纪和21世纪越南巨变中的思考、抗争、观察和创作。不单是艺术爱好者会喜欢，想深入了解越南独特而复杂的历史文化的人也会有所收获。

Gay Hanoi Tours 步行游览

（☎0947 600 602；www.facebook.com/gayhanoitour；半日游 US$75起）老板河内人Tuan绝非等闲之辈，能组织各种个性化的小型团队游，探索这座古城少有人知的真实面。Tuan是一名同性恋，团队游并非以同性恋为主题，任何性取向的旅行者都可以通过他独特的视角观察他挚爱的家乡。

Hanoi Kids 步行游览

（☎0976 217 886；www.hanoikids.org；随喜捐赠）该志愿者组织会从河内当地希望提高英语水平的青少年中进行挑选，与旅行者配对担任导游。游览可根据旅行者的需要进行调整，可以游览河内的景点，如文庙和华卢监狱博物馆，也可以品尝街头小吃，逛一逛市场。在到达河内前，最好提前几周在网上报名。

Free Wheelin' Tours 团队游

（见62页地图；☎04-3926 2743；www.freewheelin-tours.com；62 Đ Yen Phu，Ba Dinh；⊙10:00～19:00）能组织摩托车和越野车旅行团游览越南北部，包括明斯克摩托（Minsk）越南东北8日游。

节日和活动

越南春节 文化节

（Tet，又称作Tet Nguyen Dan，是越南的农历新年；⊙1月末或2月初）越南春节前的一周，在P Hang Luoc上有花卉市场。新年开始的第一天，七亩湖（Bay Mau）边的列宁公园（Thong Nhat Park）会举办为期两周、多姿多彩的花卉展览和比赛。

越南国庆节 文化节

（Vietnam's National Day；⊙9月2日）在胡志明纪念堂前的巴亭广场（Ba Dinh Sq）上会举行集会和焰火表演。还剑湖上还会举办划船比赛。

住宿

大多数中低档消费的旅行者会选择去热闹的老城区以及邻近的还剑湖地区。想住在宁静郊区里那种奢华的住处，可以到南边的法国区甚至更远的区域寻找。

老城区

May De Ville Backpackers 青年旅舍 $

（见70页地图；☎04-3935 2468；www.maydevillebackpackershostelvietnam.com；1 Hai Tuong，P Ta Hien；铺/双 US$6/25；❄@📶）离Ta Hien酒吧街步行不远，是河内最好的青旅之一。宿舍一尘不染，床也结实，还配有1间电影放映室。双人间也很划算。

Hanoi Hostel 青年旅舍 $

（见70页地图；☎0972 844 804；www.vietnam-hostel.com；91c P Hang Ma；铺/双/标三 US$6/25/30；📶）一家安静的私营青旅，规模小，远离河内青旅聚集区。这里经营有序，卫生干净，能随时为你组织各种团队游，还能为想继续前往中国或者老挝的旅行者提供大量信息。

Hanoi Rendezvous Hotel 酒店 $

（见70页地图；☎04-3828 5777；www.hanoirendezvoushotel.com；31 P Hang Dieu；铺/标单/双/标三 US$10/27/30/40；❄@📶）周围有好几个热闹的街头美食区，房间很大，店员友善，能组织不错的团队游带你前往下龙湾、吉婆岛和沙巴。

Around Hoan Kiem Lake 还剑湖周边

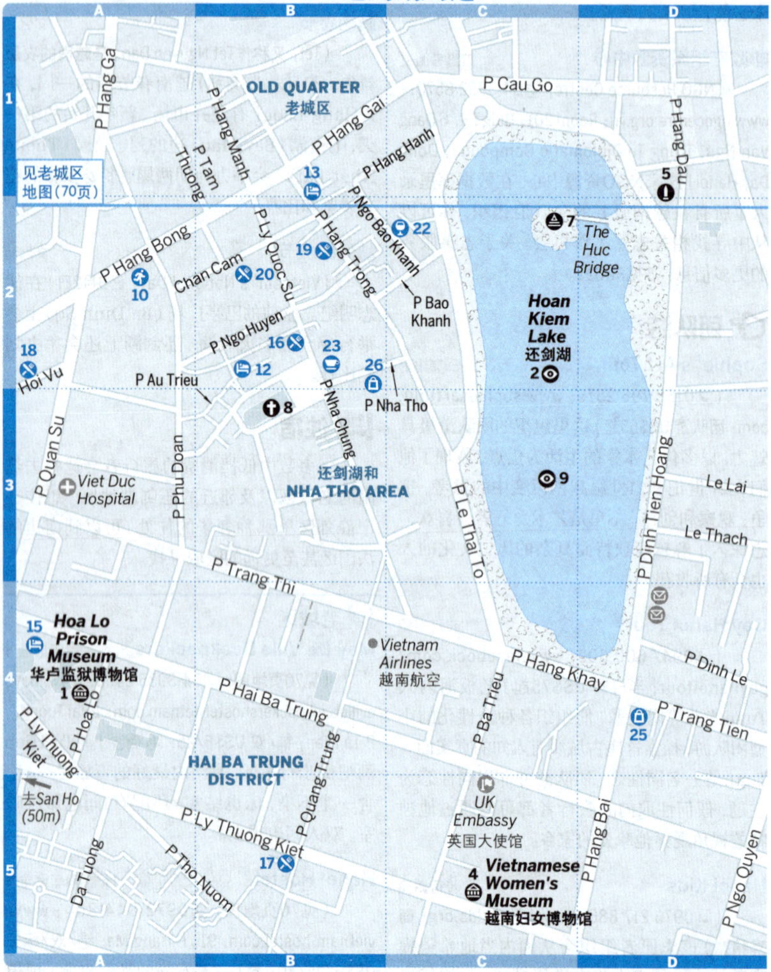

★ Art Trendy Hotel 酒店 $$

（见70页地图；☎04-3923 4294；www.hanoitrendyhotel.com；6 Hang But；双/标双US$30/65；）位于老城区西缘，地段安静。客房时尚，相对来说比较大，每位工作人员都非常能干，素质一流，态度友好。每间房都配有一台笔记本电脑，免费早餐包括热乎乎的法棍、煎蛋、米粉和新鲜水果。

★ La Beaute de Hanoi 酒店 $$

（见70页地图；☎04-3935 1626；http://la-beautehanoihotel.com；15 Ngo Trung Yen；双/套US$41/62起；）酒店开业于2014年，共18间客房，墙面白色米色相间，略微泛红，有有线电视，Wi-Fi很快，较大的套房和家庭间配有独立小阳台。位于一条安静的小巷里，距离热闹的P Ma May很近，地段绝妙。

Art Hotel 酒店 $$

（见70页地图；☎04-3923 3868；www.hanoiartboutiquehotel.com；65 P Hang Dieu；标单/双 US$25/35起；）酒店的服务员年轻、友善、热情，地段非常不错，绝对是家好店。房间很大，配有干净的卫生间和木地板，

酒店方圆30米内能吃到一些河内最棒的街头小吃。

★ La Siesta Hotel & Spa 精品酒店 $$$

（见70页地图；☎04-3926 3641；www.hanoilasiestahotel.com；94 P Ma May；双/套US$85/125起；❄📶）酒店服务超凡，房间标准一流，大小各异（甚至有超炫的双层复式间），地段更是棒，位于P Ma May上，门口众多餐厅和酒吧，不愁无事可做。如果嫌闹，那就到酒店白天开放的水疗馆里逍遥快活去。

Around Hoan Kiem Lake
还剑湖周边

◎ 重要景点
- 1 华卢监狱博物馆 A4
- 2 还剑湖 C2
- 3 越南国家历史博物馆 F4
- 4 越南妇女博物馆 C5

◎ 景点
- 5 烈士纪念碑 D1
- 6 越南革命博物馆 F4
- 7 玉山寺 C2
- 8 圣约瑟夫天主教堂 B3
- 9 龟塔 C3

活动、课程和团队游
- 10 Annam Foot Spa & Massage A2

住宿
- 11 Conifer Boutique Hotel E4
- 12 Especen Hotel B2
- Golden Lotus Hotel .... （见13）
- 13 Golden Lotus Luxury Hotel B1
- 14 Sofitel Metropole Hotel E4
- 15 Somerset Grand Hanoi A4

就餐
- 16 Banh Goi B2
- 17 Fanny Ice Cream B5
- 18 Hanoi Social Club A2
- 19 Jalus Vegan Kitchen B2
- 20 Madame Hien B2
- 21 Moto-san Uber Noodle F4

饮品和夜生活
- 22 GC Pub C2
- 23 Hanoi House B2
- 24 Tadioto F4

购物
- 25 Thang Long D4
- 26 Three Trees B2

还剑湖周边

Especen Hotel 酒店 $

（见66页地图；☎04-3824 4401；www.especen.vn；28 P Tho Xuong；双 US$13~25；❄@📶）一家经济型酒店，靠近圣约瑟夫天主教堂，房间宽敞明亮，性价比高，周围环境在老城区里称得起"静谧"二字。共两栋楼，彼此间不过是走路的距离。

小心欺诈

在河内旅行，尽管没有必要草木皆兵，但骗局的确很常见，而且许多都是"连环套"。大多数骗局都与低价酒店和旅行团有关，事态的发展偶尔会相当恶劣。有旅行者曾向我们反映，因为拒绝入住某个房间或是参加某个团而遭到对方的语言攻击和暴力威胁。遇到这种情况，一定要保持冷静，选择忍让，小心火上浇油。

机场那里有一些出租车以及小巴司机拉帮结派，把不明就里的旅行者送到他们不想去的酒店。这种酒店一定是某个热门酒店的"山寨货"，一旦住进去，宰你没商量。出租车欺诈行为也越来越常见。在河内各长途汽车站趴活的出租车，许多都把表调得飞快，一定不要坐。

有些擦鞋的小孩和人力车夫，和客人谈好了价格，收钱时却会突然加上一两个零。此时，态度一定要坚决，之前讲好了多少钱，就给多少钱。

在还剑湖边，要是有态度友好、侃侃而谈的陌生人上前搭讪，也要小心。这些骗子的伎俩各有不同，有些会说自己是学生，希望能和你喝点东西，或者吃顿饭——同性恋群体也可能成为他们的目标。一旦赢得了你的信任，对方就会提出一起去KTV、蛇肉馆等消费场所，到店之后，账单转眼间就会飙到几百美元。这种"托儿"风度迷人，所以你尤其要小心，相信自己本能的判断。

也有男性旅行者向我们反映，晚上在老城区被女性搭讪，本以为是一场艳遇，结果突然冒出几个男同伙，用枪逼着受害者去自动柜员机那里取钱给他们，直到分文不剩。遇事一定留个心眼，深夜从酒吧返回住处时尽量结伴。

★ Golden Lotus Luxury Hotel 酒店 $$

（见66页地图；☎04-3828 5888；www.goldenlotushotel.com.vn；53-55 P Hang Trong；双/套 US$65/100起；❄@📶🏊）酒店时尚而不缺氛围，客房拥有木制装潢细节、精美的丝绸织物、当地艺术品和高科技设施。标准间自然光线不是很好，但超大的套房都配有超大的露台。天台上还有泳池！老店Golden Lotus Hotel比这家新店稍微便宜一点点，老店的住客同样可以享用新店的泳池。

Golden Lotus Hotel 酒店 $$

（见66页地图；☎04-3938 0901；32 P Hang Trong；双/套 US$45/80起；❄📶🏊）酒店共12层，红木装潢的客房相当怡人，只是背后的客房采光不好。可以的话建议选择套房。住客可以免费享用旁边Golden Lotus Luxury Hotel的天台泳池。

Artisan Boutique Hotel 精品酒店 $$

（见70页地图；☎04-3938 1900；www.artisanboutiquehotel.com；24 P Hang Hanh；双/套 US$28/110起；❄📶）澳大利亚人和越南人合开的一家最棒的"合资企业"之一，距离还剑湖咫尺之遥，最值得称道的就是酒店的服务员：办事麻利，体贴友好，平易近人。有些客房似乎缺少"关爱"，但所有客房都配有步入式淋浴间，设计细节也很有品位。阁楼间（Penthouse）性价比高得没话说，就怕你抢不到。地段好，服务好，价格合理。

B&B Hanoi Hotel 青年旅舍 $

（见70页地图；☎04-3935 2266；www.bbhanoihotel.com；16 Hang Trung；双 US$30起；❄📶）一家干净的青旅，最近进行了重装，工作人员待人友好，工作积极，步行不远就是还剑湖东北岸。鲜花、水果和越南咖啡让人感觉宾至如归。

★ Sofitel Metropole Hotel 酒店 $$$

（见66页地图；☎04-3826 6919；www.sofitel.com；15 P Ngo Quyen；房间 US$220起；❄@📶🏊）河内最高档的酒店，殖民风情浓郁，法国殖民时期的正面外墙经过修复，大堂配有红木护墙板，自带高档餐厅。老配楼（Heritage Wing）中的客房散发着无与伦比的殖民风格，歌剧楼（Opera Wing）拥有现代的奢华，但缺少老楼的个性。即便不住在这里，也可以到Bamboo Bar里来喝一杯。

其他地区

★ Somerset Grand Hanoi 公寓 $$

（见66页地图；☎04-3934 2342；www.somerset.com；49 P Hai Ba Trung；公寓 US$107起；❄📶🏊）一栋偌大的酒店式塔楼公寓，不同配置和位置的公寓间，价格差别极大，但提前订房的话还是可能捡到便宜的。单就配置和位置而言，配有厨房和洗衣设施的公寓（从开间到三室都有）最具性价比，最适合拖家带口的旅行者。

★ Conifer Boutique Hotel 酒店 $$

（见66页地图；☎04-3266 9999；www.coniferhotel.com.vn；9 P Ly Dao Thanh；双 US$70起；❄📶）一家非比寻常的小酒店，藏在法国区一条恰人小巷之中，对面是一座破败中更显风采的法国殖民时代别墅。客房偏小，但设施齐全，设计精心。临街客房拥有很大的封闭式阳台，特别适合在午后暴雨之际观望风景，贵也一定要拿下。

★ Fraser Suites Hanoi 公寓 $$$

（☎04-3719 8877；http://hanoi.frasershospitality.com；51 Xuan Dieu，Tay Ho；公寓 US$187起；🏊）奢华高档的酒店式公寓，设施齐全，挨着西湖，周围很热闹，对于想在河内多待几天的"会玩儿"的旅行者来说，乃是完美之选。户外人工造景水池非常漂亮，魅力值在全城首屈一指。

就餐

老城区

Quan An Ngon 越南菜 $

（见62页地图；☎04-3734 9777；www.ngonhanoi.com.vn；34 P Phan Đinh Phung；餐 70,000~150,000d；⏰11:00~23:00）一家小餐厅，室内环境优美，主打越南街头小吃，物有所值。

Highway 4 越南菜 $$

（见70页地图；☎04-3926 0639；www.highway4.com；3 P Hang Tre；餐 120,000~275,000d；⏰正午至深夜）这里是一家连锁餐厅的老店，善于对越南菜进行改良，使其适合西方人的口味，因而名头很响，只不过来的人越来越多，自然有些众口难调。这家在河内目前共有4家分店，具体位置参见官网。可以大家分享的小盘菜、冰啤酒和搞怪的装潢是这里的卖点。

Cha Ca Thang Long 越南菜 $$

（见70页地图；☎04-3824 5115；www.chacathanglong.com；19-31 P Duong Thanh；烤鱼套餐 180,000d；⏰10:00~15:00和17:00~22:00）你可以来这里一展厨艺，用些许虾酱和大量香料制作鲜嫩的烤鱼。烤鱼（cha ca）是河内名吃，姜黄和小茴香两味作料放的很多。附近那家烤鱼餐馆名气更大，坐大巴来的游客全往那边去，但味道实际上不如这家。

Quan Bia Minh 越南菜 $$

（见70页地图；7a P Dinh Liet；餐 90,000~130,000d；⏰8:00至深夜）这家越南啤酒馆拥有价格合理的越南菜，服务也非常好，因而已经发展成了老城区的一家人气名店。店名中的"Minh"（明）指的就是这里的老板娘明女士。不妨在室外找一张桌子，来一杯冰啤酒，欣赏眼前喧嚣躁动的市井生活。

Green Tangerine 创意菜 $$

（见70页地图；☎04-3825 1286；www.greentangerinehanoi.com；48 P Hang Be；餐 US$12~20；⏰中午至深夜；🚭）餐厅开在一栋法国殖民时代的房子里，修复精美，环境雅致，内有一片石砖庭院，20世纪50年代的旧日风情扑面而来。主打法越融合菜，虽说不是道道美味，但你完全可以过来喝杯咖啡或是其他饮品。含两道菜的午餐套餐（218,000d）很划算。

还剑湖周边

Jalus Vegan Kitchen 严格素食 $

（见66页地图；☎04-3266 9730；2nd fl，46 Hang Trong；餐 30,000~60,000d；⏰周二至周日 8:00~22:00；❄📶✍）餐厅地段隐蔽，风格时尚，内设松木餐桌，有可口的椰子、奇亚籽思慕雪，有素食汉堡，也有使用严格素食奶酪制作的比萨、乳蛋饼和方饺。那些用了柠檬草和香料的菜肴具有明显的越南风味，餐厅有时还会推出纯越南风味套餐。

★ Hanoi Social Club 咖啡馆 $$

（见66页地图；☎04-3938 2117；www.facebook.com/TheHanoiSocialClub；6 Hoi Vu；餐

Old Quarter 老城区

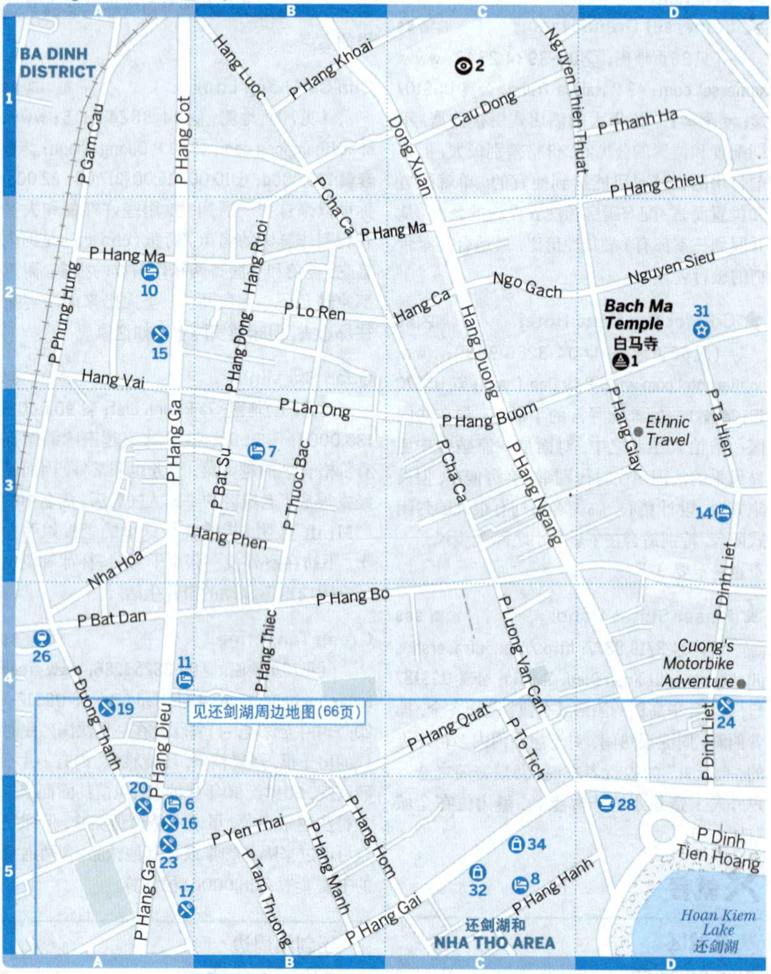

95,000~175,000d; ⏲8:00~23:00)分3层，风格搞怪，家具复古，是城中最国际范儿的咖啡厅，也是艺术家的聚会地点。早餐提供辣味香肠配土豆饼，午餐和晚餐提供意大利面、汉堡和肉卷等。素菜特色是好吃的芒果咖喱。位于安静巷弄里，是一天结束时享用咖啡、啤酒或者葡萄酒的好地方。定期举办小型音乐会等活动，详情参见其Facebook页面。

Madame Hien 越南菜 $$$

(见66页地图；☎04-3938 1588; www.facebook.com/madamehienrestaurant; 15 Chan Cam; 餐 95,000~350,000d起，套餐 360,000d起；⏲11:00~22:00)这家店位于一栋重修的19世纪别墅内，店名纪念的是法国厨师迪迪埃·乔尔卢(Didier Corlu)的越南祖母。这里有河内街头小吃的精致版本。不了解河内美食的人，不妨点一份“36行街”套餐(535,000d)长长见识。

其他地区

★ **Moto-san Uber Noodle** 面条 $

(见66页地图；☎04-6680 9124; 4 P Ly Dao

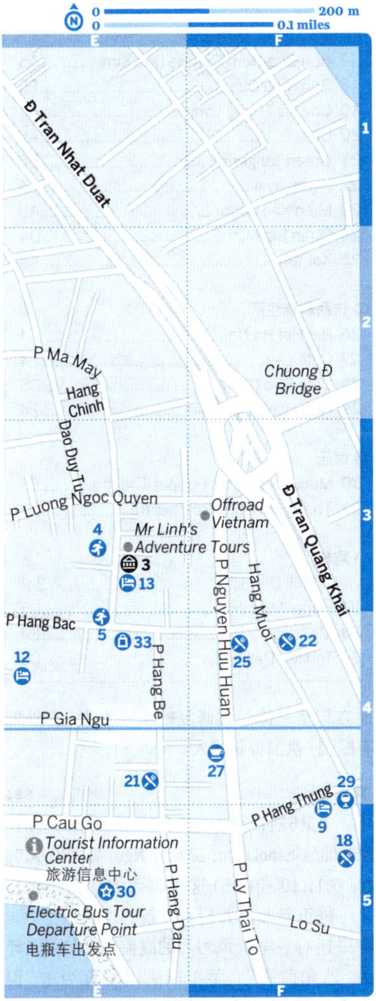

Thanh；餐 45,000~70,000d）这家面摊的老板是河内艺术家、记者、设计师Nguyen Qui Duc（著名的Tadioto画廊酒吧也是他的买卖，详情参见74页），总共才8个座位，感受却很妙。菜单很简单，除了味增汤（miso）和拉面，分酱油（shōyu）拉面和咸味（shio）拉面，还有炖猪肉法棍三明治（banh mi thit ko），里面用的是来自越南中部巨辣无比的辣酱（可选）。日本清酒和啤酒自然少不了。

Quan An Ngon 越南菜 $

（见62页地图；☎04-3942 8162；www.ngonhanoi.com.vn；18 Phan Boi Chau；餐 70,000~150,000d；⏲7:00~23:00）该品牌连锁餐馆店面都不大。这家店供应越南各地小吃。最好在繁忙的午餐和晚餐时间之外来试试，或者也可以去它最新开业的**分店**，位于紧靠老城区北边的一座可爱的法式别墅中（见69页）。

Oasis 熟食店 $

（☎04-3719 1196；www.oasishanoi.net；24 P Xuan Dieu；⏲8:00~18:00）老板是意大利人，供应美味可口的面包、奶酪和萨拉米香肠（salami），还有自制的意大利面和酱料。店址位于河内市中心以北，开在Tay Ho区餐饮一条街（即P Xuan Dieu）上。

Fanny Ice Cream 冰激凌 $

（见66页地图；www.fanny.com.vn；51 P Ly Thuong Kiet；冰激凌 49,000d起；⏲8:00~21:00）想在河内品尝法式冰激凌和雪芭，这里是首选。店家有一款"大米味"（com）冰激凌，里面用了当地刚刚收获的糯米，只有特定时节才能吃到，味道美妙，遇到了不能不试。也有姜味、绿茶味等很有创造力的口味。

Bun Cha Huong Lien 越南菜 $

（见62页地图；24 P Le Van Hu；餐 最高90,000d；⏲10:00~20:00）2016年5月，时任美国总统奥巴马与明星大厨安东尼·波登（Anthony Bourdain）亲自到店用餐，让这家餐厅一夜成名。里面总有人排队，服务员会冲着过往路人大声吆喝："Obama bun cha!"（奥巴马吃过的拌猪肉粉！）店家还推出了"奥巴马套餐"（Combo Obama），含一碗拌猪肉粉、一例海鲜春卷和一份河内啤酒，全价US$3.80。拌猪肉粉的味道称不上全城第一，但还是值得到此体验一下。

★Chim Sao 越南菜 $$

（见62页地图；☎04-3976 0633；www.chimsao.com；63-65 Ngo Hue；餐45,000~120,000 d；⏲11:00~23:00）找一张楼下的桌子坐下，或者选择楼上一处更有传统气息的地方落座，都能享用这里味道非凡的越南菜，其中有些菜肴的灵感源自越南北部的少数民族。这里营养开胃的香肠、新鲜爽口的沙拉和杨桃鸭肉，都是出类拔萃。可以叫上朋友一起来，这样就能尽情探索菜单上的诸多美食啦。

Old Quarter 老城区

★Tim Ho Wan 点心 $

（☎04-3333 1725；36th fl, Lotte Tower, 54 P Lieu Giai, Ba Dinh；粤式小吃69,000~95,000d）香港传奇级的小吃连锁“添好运”在河内开分店了，就在乐天大厦36层。别委屈自己，一定要在窗边订个位置，有几个朋友带上几个，饿着肚子过来，我们保证你不会失望。

★Maison de Tet Decor 咖啡馆 $$

（☎0966 611 383；http://tet-lifestyle-collection.com；156 Tua Hoa, Nghi Tam, Tay Ho；餐180,000d起；⏲7:00~22:00）主打美味、健康、（尽可能）有机的全天然食品（wholefoods），技艺精湛，位于一栋别墅之内，地方不小，通透怡人，俯瞰西湖，地段之妙，冠绝河内。

Nha Hang Ngon 越南菜 $$

（见62页地图；☎04-3933 6133；26a P Tran Hung Dao；餐80,000~130,000d；⏲7:00~21:30）餐厅主打来自越南各地的正宗美食，当地人和旅行者都喜欢。吃的东西是街头小吃，吃的地方却是一栋经过修复的法式别墅，室外配有庭院，氛围很是怡人。

★La Badiane 各国风味 $$$

（见62页地图；☎04-3942 4509；www.labadiane-hanoi.com；10 Nam Ngu；餐280,000d起；⏲11:30~21:45）这家雅致的法式小馆位于一栋重新装修并粉刷一新的法国别墅内，中央还有一座微风习习的庭院。店名可以译为“八角茴香”。菜单以法国菜肴为主，但也有做得不错的亚洲菜和地中海菜。菜单中的亮点有熏辣椒配鲈鱼扁意面（sea-bass tagliatelle with smoked paprika），以及虾肉浓汤配芥末番茄烤面包（prawn bisque with wasabi tomato bruschetta）。375,000d起的三道菜午餐套餐绝对物超所值。

★Old Hanoi 越南菜 $$$

（见62页地图；☎04-3747 8337；www.oldhanoi.com；4 Ton That Thiep；餐90,000~179,000d；⏲11:00~14:00和17:00~22:00）一家小资情调的餐厅，所在建筑是一栋经过修复的法国殖民时代别墅，外面带一个惬意宜人

河内十佳街头小吃

解读河内老城区的街头小吃绝非易事，但是无论如何都是值得坚持不懈地加以探索的。河内最棒的食物无疑来自挤满人行道的无数小摊。这些摊位上都有冒着烟的炭炉，周围摆着很小的蓝色塑料凳，精明的当地人排起长龙等待着美食。许多摊位已经营了数十年之久，通常只卖一种食物。经过多年对于食谱的不断完善，食物的美味也就不足为奇了。值得注意的是，实际的营业时间可能会有变化，价格也会有调整，一般吃一顿要25,000~70,000d，主要看你吃什么。

老城区

Bun Cha Nem Cua Be Dac Kim（见70页地图；67 P Duong Thanh；⏲11:00~19:00）要是来河内游玩却没有品尝一下烤肉米粉（bun cha；配菜为"nem cua be"，即海蟹春卷），那就算白来了。这里就是品尝这种经典街头小吃的最佳去处。

Banh Cuon（见70页地图；14 P Hang Ga；⏲8:00~15:00）这里无须点菜，只要你能挤进去，就会有人给你端上一盘纤薄轻巧的卷筒粉（banh cuon，蒸大米煎饼中填着猪肉末、蘑菇丁和虾丁的馅料）。

Bun Bo Nam Bo（见70页地图；67 P Hang Dieu；⏲11:00~22:00）干拌牛肉粉（Bun bo nam bo）是一道源自越南南部的菜肴，不过在北部也十分受欢迎。里面还有豆芽、大蒜、柠檬草和青芒果，管饱。

Xoi Yen（见70页地图；P Nguyen Huu Huan和P Hang Mam交叉路口；⏲7:00~23:00）这里既能吃到早餐，也是解酒的好去处，特色是糯米盖浇饭，浇头包括香甜的亚洲香肠（Asian sausage）、溏心煎鸡蛋和慢火炖猪肉（slow-cooked pork）。

Mien Xao Luon（见70页地图；87 P Hang Dieu；⏲7:00~14:00）朴实无华的摊位的装饰就是堆成小山的炸鳗鱼（fried eels），这种脆脆的小美味共有3种不同的吃法。推荐品尝那种加了鸡蛋、豆芽和葱，配上粉条爆炒的吃法。

Che（见70页地图；76 P Hang Dieu；⏲7:00~15:00）冬天可以尝尝生姜豆沙（che banh troi tau，芝麻和姜配上蜜绿豆），夏天则来试一试什锦冰（che thap nam，椰奶、花生碎、莲子和苹果干配蜜绿豆）。

还剑湖周边

Bun Rieu Cua（见70页地图；40 P Hang Tre；⏲7:00~22:30）这家店人气超旺，一定要早来，因为这里唯一的菜品辣蟹汤牛肉米粉（bun rieu cua）只在7:00开门之后的几小时里供应。堪称河内经典。

Banh Ghoi（见66页地图；52 P Ly Quoc Su；⏲10:00~19:00）这个朴实无华的摊位藏在圣约瑟夫大教堂旁边的一棵榕树下，出售炸猪肉粉卷（banh ghoi）。这种让人欲罢不能的油炸点心里填满猪肉、粉条和蘑菇制作的馅料。

其他地区

Banh Mi Pho Hue（见62页地图；118 P Hue；⏲8:00~21:00）河内到处都有卖法棍三明治（Banh mi）的摊贩，只是没有胡志明市多得那么夸张。这个地方常常挤满了当地人，不用想，一定好吃。

Pho Thin（见62页地图；13 P Lo Duc；⏲5:00~21:00）来这家狭窄又质朴的小屋，坐下来品尝这里绝佳的牛肉米粉（pho bo）。这种经典的河内体验数十年来未曾改变。

的院子，室内的餐桌上铺着雪白的桌布，明星大厨戈登·拉姆齐（Gordon Ramsay）就曾是餐厅的座上宾。供应传统的河内以及越南特色菜，厨艺精湛，多人用餐更划算。

饮品和夜生活

从龌龊的地下酒吧、西式酒馆、时尚的休闲吧和咖啡馆，到数以百计的啤酒馆，河内的酒吧界可谓不拘一格。老城区里喧嚣的P Ta Hien以及还剑湖西北侧的Ngo Bao Khanh都很受旅行者的青睐。这些地方一般从周五到周日更热闹，那几天老城区的商户按照规定可以一直营业到凌晨2:00。

Tadioto 酒吧

（见66页地图；☎04-6680 9124；www.tadioto.com；24b P Tong Dan；⏲7:00至午夜）位于法国区的一个幽暗古怪的殖民地风情酒吧，现在成了河内地下艺术圈最新的聚集地，老板就是Nguyen Qui Duc。里面满眼都是红色（座套和门上的铸铁格栅都是红的），摆着经过艺术家再创造的装饰艺术风格家具，用回收材料做成的铁艺制品随处可见。能调制很时尚的鸡尾酒，甜味莫吉托是其中的亮点。

Manzi Art Space 酒吧

（见62页地图；☎04-3716 3397；www.facebook.com/manzihanoi；14 Phan Huy Ich；⏲咖啡馆 9:00至午夜，商店 10:00~18:00）这里位于老城区以北，既是一个摩登的美术馆，也是一个时尚的咖啡馆兼酒吧，值得前来一探。那栋经过修复的法式别墅里会举办内容丰富的展览，涉及绘画、雕塑和摄影作品，而小巧的庭院式花园则是喝咖啡或是品尝葡萄酒的绝好去处。自带一个小商店，销售当代越南艺术家的作品。

Cama ATK 酒吧

（见62页地图；www.cama-atk.com；73 P Mai Hac De；⏲周三至周六 18:00至午夜）从还剑湖往南步行，就可以找到这家波希米亚范儿的酒吧。经营方是河内艺术和音乐鉴赏俱乐部（CAMA），活动花样繁多，包括日本放克音乐、夜店DJ打碟，还有实验短片放映和雷鬼音乐，可以登录官网了解近期节目安排。

GC Pub 小酒馆

（见66页地图；☎04-3825 0499；7 P Ngo Bao Khanh；⏲正午至午夜）河内头号同性恋酒吧，经营时间长，被视为河内同性恋群体的"大本营"，平时显得冷清无聊，但周末夜间会非常热闹。酒水定价合理，工作人员爱聊爱侃，本地的客人鱼龙混杂，（尤其是喜欢打桌球的）同性恋旅行者大可以进来待待。

Café Duy Tri 咖啡馆

（☎04-3829 1386；43a P Yen Phu）自1936年开业起就在此处营业，是河内的一家经典老店。想去3楼的阳台，必须要通过又小又窄的梯子和楼道，让人感觉像是来到了小人国。这里的酸奶冰咖啡（ca phe sua chua）非常好喝，一不小心便会成为你最爱的夏日饮品。从老城区北边的竹白湖（Truc Bach Lake）向东走两个街区，便是咖啡馆所在的P Yen Phu。

Cong Caphe 咖啡馆

（见62页地图；http://congcaphe.com；152 P Trieu Viet Vuong）咖啡馆播放的音乐不拘一格，摆放着许多俗气的革命年代纪念品，不妨进来点一杯加了炼乳的冰咖啡（caphe sua da）。全城各处都有这家的分店，官网上有各分店地址。

Cafe Pho Co 咖啡馆

（见70页地图；4th fl, 11 P Hang Gai）河内隐藏最深的秘境之一，俯瞰还剑湖，景色无与伦比。先穿过一家丝绸店和一个古玩点缀的院子，爬到顶层即是咖啡馆。最后一段楼梯曲折难行，爬楼前就要点好咖啡和小吃。如果想试试既新奇又美味的东西，那就尝一下这里的滑蛋咖啡（caphe trung da，咖啡上面铺着一层蛋黄泡沫，口感如丝绸般顺滑）。

Bar Betta 酒吧

（见62页地图；☎0165 897 9073；www.facebook.com/barbetta34；34 Cao Ba Quat；⏲9:00至午夜）这栋法国殖民时期的别墅装饰复古，充满爵士时代的氛围，并结合了优质的鸡尾酒、咖啡和清爽的音乐，让人心旷神怡。15:00~19:00啤酒买一赠一，20:00开放的天台对于闷热的河内夜晚来说更是必不可少的。

Summit Lounge 酒吧

(见62页地图; Sofitel Plaza 20楼, 1Đ Thanh Nien; ⌚16:30至深夜)来到这家位于20层的休闲酒吧,点一杯(价格不菲的)鸡尾酒或者啤酒,在天台上找个地方欣赏竹白湖和远方城市,景色妙不可言。

Bia Hoi Ha Noi 生啤

(见70页地图; 2 P Duong Thanh)一家生啤馆,位于老城区西侧P Nha Hoa和P Duong Thanh交叉路口,很有当地特色。这家的排骨味道全城第一,可以用来下酒。

Nha Hang Lan Chin 生啤

(见70页地图; P Hang Tre和P Hang Thung交叉路口)这家是品尝当地生啤的好地方,午餐人气在全城数一数二。

Cafe Lam 咖啡馆

(见70页地图; ☎04-3824 5940; www.cafelam.com; 60 P Nguyen Huu Huan)一家经营多年的老牌咖啡馆——"越战"时期,不少"有才没钱"的画家在这里用作品抵账,日积月累,咖啡馆竟然拥有了一个小型画廊。现在来到这里,你很可能会看到穿着匡威、骑着Vespa摩托的俊男美女,用劲头奇大的黑咖啡(caphe den)给自己充电。

Hanoi House 咖啡馆 $

(见66页地图; ☎04-2348 9789; 2nd fl, 47a P Ly Quoc Su; ⌚8:30~23:00; 📶)一家时尚不羁的咖啡馆,楼上能看到圣约瑟夫天主教堂的美丽景色。可以在细长的阳台上悠然小坐,喝上一杯美味果汁或是河内最好的姜茶。

☆ 娱乐

市水上木偶剧院 剧院

(Municipal Water Puppet Theatre; 见70页地图; ☎04-3824 9494; www.thanglongwaterpuppet.org; 57b P Dinh Tien Hoang; 成人/儿童 100,000/60,000d; ⌚每天下午4场演出,周日9:30加演)水上木偶剧是孩子们的至爱。节目单有多语言介绍,好让观众能够了解每一幕演的是什么故事。尽管每天都有多场演出,但还是应该早早订票,10月至4月更要如此。

Thang Long Ca Tru Theatre 现场音乐

(见70页地图; ☎0122 326 6897; www.catruthanglong.com; 28 P Hang Buom; 210,000d; ⌚周二、周四和周六 20:00)这里位于老城区中一座重修过的房子里,环境温馨,举办越南传统音乐的音乐会。歌筹民歌(Ca tru)起源于越南北部,这里音乐会的特色是汇集了100多种歌筹旋律。这种艺术形式已被联合国教科文组织认定为濒危的非物质文化遗产。

🔒 购物

在历史悠久的老城区,你能找到服装、化妆品、太阳镜、乐器、下水管配件、草药、珠宝、宗教用品、香料、咖啡,以及许许多多其他物品。这里所有名牌商品,基本上都是假货。

艺术品和手工艺品

河内的艺术圈方兴未艾,还剑湖与歌剧院之间的P Trang Tien聚集了许多私人画廊,里面US$40就能买到当地艺术家创作的原创油画。

想购买织物、漆器等越南传统手工艺品,可以去P Hang Gai、P To Tich、P Hang Khai和P Cau Go等街上的商店中挑选。想买刺绣桌布、T恤和壁挂,可以去P Hang Gai及其延长线P Hang Bong。

Mai Gallery 艺术品

(见62页地图; ☎04-3828 5854; www.maigallery-vietnam.com; 113 P Hang Bong; ⌚9:00~19:00)这家由当地艺术家Mai经营的小店,是购买艺术品前增进对越南艺术的了解的好去处。

Mekong+ 手工艺品

(见70页地图; ☎04-3926 4831; http://mekong-plus.com; 13 P Hang Bac; ⌚8:00~20:00)这家商店中售卖的美丽被子,是由参与了非营利社区发展项目的农村妇女手工制成的。

Hanoi Moment 手工艺品

(见70页地图; ☎04-3926 3630; www.hanoimoment.vn; 101 P Hang Gai; ⌚8:00~21:00)这里简直是高档越南纪念品的绿洲,有各种漆器和珠宝,同周边小店的T恤相比显得有点格格不入。竹子、石头和瓷等材质同样被发挥到了极致。

书籍

Thang Long
书籍

（见66页地图；53-55 P Trang Tien；⏲9:00~18:00）这是河内市里最大的书店之一，有法语和英语书籍，各国报纸和杂志，还有很多与河内历史相关的书籍。

服装和丝绸制品

想购买丝绸或是定制服装，P Hang Gai是一个很好的去处。

Tan My Design
服装

（见70页地图；☎04-3938 1154；www.tanmydesign.com；61 P Hang Gai；⏲8:00~20:00）销售时髦的服装、珠宝和饰品，更妙的是自带一家搞怪的咖啡馆，逛累了可以去歇歇。店内的家居用品和床上用品绝对值得一看。

Three Trees
服饰

（见66页地图；☎04-3928 8725；15 P Nha Tho；⏲9:00~19:00）这里有些设计得非同寻常的珠宝，令人惊叹不已，其中许多精致项链可用作特别礼品。

市场

同春市场
市场

（Dong Xuan Market；见70页地图；Dong Xuan；⏲6:00~19:00）这个市场在河内的老城区，具体为还剑湖北岸900米处，地方大，并非主要面向游客。摊位数以百计，如果你想体验一下河内街头的真实生活是何种滋味，这里无疑会令你流连忘返。市场周围同样还有众多熙熙攘攘的商铺。

Hom Market
市场

（见62页地图；P Hué和P Tran Xuan Soan交叉路口；⏲6:00~17:00）这个综合性市场位于P Hué和P Tran Xuan Soan交叉路口的东北角上，各种商品应有尽有。如果你想买布做衣服，这里拥有绝佳的当地布料。

ℹ 实用信息

紧急情况

下列电话通常能转英语人工服务。

救护车	☎115
火警	☎114
报警	☎113

上网

大多数经济型和中档酒店都有可以上网的免费公用电脑，好一些的地方设在客房里，差一些的设在大堂里。河内的咖啡馆和酒吧基本都有免费Wi-Fi，网吧现在已不多见，所以最好带上平板电脑或者智能手机。许多旅行社都卖无限流量的SIM卡，价格不到US$10。

医疗服务

国家传统医学研究所（National Institute of Traditional Medicine；见62页地图；☎04-3826 3616；29 P Nguyen Binh Khiem；⏲7:30~11:30和13:30~16:00）能提供越南传统医疗服务。

SOS国际诊所（SOS International Clinic；☎04-3826 4545；www.internationalsos.com/locations/asia-pacific/vietnam；51 Xuan Dieu；⏲24小时）提供英语、法语、德语、日语服务，也有牙科诊所。地点靠近西湖，位于河内中心区北5公里处。

越德医院（Benh Vien Viet Duc, Viet Duc Hospital；见66页地图；☎04-3825 3531；40 P Trang Thi；⏲24小时）这家位于老城区的医院可以处理紧急手术。医生可以讲英语、法语和德语。

现金

河内有许多自动柜员机，还剑湖周边的几条主路上有一些国际银行，可以去那里兑换现金。某些自动柜员机设有3,000,000d的提现额度。澳新银行（ANZ）、花旗银行（Citibank）和汇丰银行（HSBC）的自动柜员机，提现额度一般更高。带有银联标志的ATM均可提取越南盾现金。

越南外贸股份商业银行（Vietcombank；见66页地图；☎04-3826 8045；198 Đ Tran Quang Khai）该行总部大楼距离还剑湖东几个街区，建筑十分高大，内有一台自动柜员机，多数货币服务都可在此办理。

邮政

DHL（见62页地图；☎04-3733 2086；www.dhl.com.vn；49 P Nguyen Thai Hoc）

国内邮局（Domestic Post Office, Buu Dien Trung Vong；见66页地图；☎04-3825 7036；75 P Dinh Tien Hoang；⏲7:00~21:00）可办理国内邮政业务，也销售集邮品。

国际邮局（International Postal Office；见66页地图；☎04-3825 2030；P Dinh Tien Hoang和P Dinh

Le交叉路口；⊙7:00～20:00）入口就在国内邮局右边。

旅游信息

旅游信息中心（Tourist Information Center；见70页地图；☎04-3926 3366；P Dinh Tien Hoang；⊙9:00～19:00）有城市地图和旅行宣传手册，但是由于是私人经营的，所以经常推销其组织的团队游。你可以在老城区的咖啡馆和酒吧里找到优质的当地信息类杂志*The Word*。

旅行社

河内的旅行社数以百计，其中许多名声不佳。一些住处自营旅行社，在这种地方订房前一定要弄清楚，确保没有附加条件，比如必须要报他家组织的团。

通过客栈或酒店报名的旅行团，档次一般非常低。最好直接和旅行社联系，这样能更明确地了解到自己花什么钱能享受到什么样的服务。建议选择那种主打小型团、线路比较小众、自己有车的旅行社。

热门旅行社的名号可能会被盗用，因此一定要仔细核对地址和网站。

Cuong's Motorbike Adventure（见70页地图；☎0913 518 772；www.cuongs-motorbike-adventure.com；46 P Gia Ngu；⊙8:00～18:00）口碑极好，能组织摩托骑行游前往越北各地。门口有一台亮粉色的明斯克摩托，留心寻找。**Ethnic Travel**（见70页地图；☎04-3926 1951；www.ethnictravel.com.vn；35 P Hang Giay；⊙周一至周六9:00～18:00，周日10:00～17:00）在越南北部地区组织非主流小型团队游。有些团秉持"低冲击"理念，只选择公共交通工具，只在当地人家中过夜。有些团则以活动为主题，包括徒步、骑行或烹饪。能组织拜子龙湾团队游。沙巴也有营业点。

Handspan Adventure Travel（见70页地图；☎04-3926 2828；www.handspan.com；78 P Ma May；⊙9:00～20:00）组织下龙湾和环吉婆岛海上皮划艇游、越野车观光游、山地骑行游和徒步游。也可以带你游览木州（Moc Chau）、巴贝国家公园等偏远的地区，在越北开展有"社区型"旅游项目，其"珍宝号"帆船（Treasure Junk）是下龙湾里唯一一艘真正的帆船。在沙巴和胡志明市也有营业点。

Marco Polo Travel（见62页地图；☎04-3997 5136；www.marcopoloasia.com；Room 107b，N14-49 Nguyen Khoai，Hanoi；⊙9:00～17:00）这家旅行社提供下龙湾和巴贝湖（Ba Be Lakes）的皮划艇游。在越南北部附近还有好玩的山地自行车游和徒步旅行探险。

Mr Linh's Adventure Tours（见70页地图；☎04-642 5420；www.mrlinhadventure.com；83 P Ma May）很专业，主打越南北部边远地区的探险游，路线不落俗套。巴贝湖旅行团夜间会在当地人家中过夜，值得推荐。

Vega Travel（见70页地图；☎04-3926 2092；www.vegatravel.vn；P Ma May和24a P Hang Bac交叉路口；⊙8:00～20:00）由家族经营，线路遍及越北以及全国，组织有序，所配导游和司机非常出色，收益用以资助沙巴和白马周边的少数民族幼儿园。这家的下龙湾旅行团乘坐的是私人船只，性价比超高，也可提供定制游。

ℹ 到达和离开

飞机

与胡志明市相比，河内的国际直航航班不多，但是你可以从这里飞到新加坡、香港或是曼谷，之后转往任何你想去的地方。

捷星航空（Jetstar Airways；☎1900 1550；www.jetstar.com）澳洲廉价航空公司，票价相当低廉，航线覆盖越南16座机场。

越捷航空（Vietjet Air；☎1900 1886；www.vietjetair.com）一家私营航空公司，国内外航线越来越多。

越南航空（Vietnam Airlines；☎1900 545 486；www.vietnamair.com.vn；25 P Trang Thi；⊙周一至周五8:00～17:00）从河内辐射全国，河内至大叻、岘港、奠边府、胡志明市、顺化和芽庄等热门航线每天都有飞机。

长途汽车

河内与旅行者相关的大型长途汽车站共有4个，管理都比较有序，设有售票处，票价和时刻固定，只是有些拥挤，有时还比较混乱。旅途较长的话，为了弄到座位，建议出发前一天就购票。通过旅行社代购一般更为方便，但手续费自然免不了。大多数酒店和旅行社也能代购旅游小巴的车票，热门目的地包括下龙湾和沙巴，价格比普通公共大巴一般要高30%到40%，但可以免费到酒店接客人。

Open Tour大巴线路遍及全国，许多都以河内

从河内发出的长途汽车

嘉林长途汽车站

目的地	车程(小时)	票价(d)	车次
巴贝	5	150,000	正午
白雀(下龙市)	3.5	130,000	每30分钟1班
海防	2	70,000	班次频繁
谅山	5	90,000	每45分钟1班
老街	9	320,000	18:30、19:00(卧铺)
芒街	9	230,000	大约每小时1班
沙巴	10	250,000	18:30、19:00(卧铺)

甲八长途汽车站

目的地	车程(小时)	票价(d)	车次
大叻	35	470,000	9:00、11:00
岘港	12	380,000	正午至18:30卧铺大巴班次频繁
东河	8	380,000	正午至18:30卧铺大巴班次频繁
洞海	8	380,000	正午至18:30卧铺大巴班次频繁
顺化	10	380,000	正午至18:30卧铺大巴班次频繁
芽庄	32	710,000	10:00、15:00、18:00
宁平	2	70,000	7:00~18:00频繁发车

美亭长途汽车站

目的地	车程(小时)	票价(d)	车次
高平	10	120,000	每45分钟1班
奠边府	8	365,000	11:00、18:00
河江	8	200,000	班次频繁
和平	2	40,000	班次频繁
山萝	7	190,000	班次频繁

为终起点。

嘉林长途汽车站(Gia Lam Bus Station; ☎04-3827 1569; 132 Ngo Gia Kham Đ)车辆发往河内东北方向目的地。距市中心东北3公里,位于红河(Song Hong)对岸。

甲八长途汽车站(Giap Bat Bus Station; ☎04-3864 1467; Đ Giai Phong)车辆发往河内以南方向目的地,有较为舒适的卧铺大巴。距河内火车站南7公里。

美亭长途汽车站(My Dinh Bus Station; ☎04-3768 5549; Đ Pham Hung)车站距河内西7公里,车辆发往河内以西、以北方向的目的地,想去老挝继续旅行的人可在此乘坐卧铺大巴到奠边府。想去河江或是枚州,这个车站也是首选。

Nuoc Nam长途汽车站(Nuoc Nam Bus Station)有车发往吉婆岛。位于Hoang Mai的Đ Ngoc Hoi,距离甲八汽车站南约2公里。

小汽车和摩托车

租小汽车最好通过旅行社或酒店。价格几乎都包含司机,因为越南许多公路和路口没有路牌,带司机是必需的。北部地区的道路养护良好,但车道狭窄,常有坑洼和盲弯,平均时速不过35~40公里。雨季,有关人员会清理滑坡,修复桥梁,交通很可能发生严重延误。一定要租越野车。

日租金大约US$110起(含司机和汽油)。交费前一定弄清楚，租金是否已经包含了司机个人的食宿开销。

Offroad Vietnam（见70页地图；☎0913 047 509；www.offroadvietnam.com；36 P Nguyen Huu Huan；⏲周一至周六 8:00~18:00）这里可以租到结实牢靠的本田越野摩托车（每日US$20起）和公路摩托车（US$17）。租赁的摩托车数量有限，因此建议提前预订。这家公司的主要业务是运营出色的团队游，并主要接待英语国家的旅行者。团队游有两种团型，一是只出导游，食宿自理，二是一价全包。

火车

大多数旅行社都可以代购火车票，虽然要收服务费，但如果亲自去火车站买票，语言不通就是大问题，所以这个钱还是应该花的。而且，像前往顺化、胡志明市和老街（沙巴）等热门目的地的车票，旅行社一般都有预留，所以更容易买到。

如果你已经报名参加了前往沙巴的旅行团，套餐包含火车私人包厢，那就需要在Tran Quy Cap火车站旅行团办事台那里用相应凭据换取车票。

河内最大的火车站**河内火车站**（Ga Hang Co，火车站A；☎04-3825 3949；120 Đ Le Duan；⏲售票厅 7:30~12:30和13:30~19:30）位于P Tran Hung Dao街的西端。这里的火车都开往南边的目的地。2号售票台的工作人员能说英语，外国人购票可以去那里。为了保证有座或是有铺位，建议至少提前一天购票。

红河东边有一个嘉林火车站（Gia Lam Train Station），西边（即靠近市区这一边）有一个隆边火车站（Long Bien Train Station），两个车站的列车都开往东边的目的地（海防方向），具体在哪里乘车一定要确认。开往中国南宁的列车也会从这两个站发车。注意，南宁方向的国际列车不可以在谅山或同登（Dong Dang）上车。

河内火车站主入口右侧有一个独立的售票厅，销售北去老街（沙巴）和中国的列车车票。去往中国的列车车票必须在13号售票台购买。注意，往北去的列车都从另一个车站发车（就在河内火车站后面），名叫**Tran Quy Cap火车站**（火车站 B；☎04-3825 2628；P Tran Quy Cap；⏲售票厅 4:00~6:00和16:00~22:00）。

ℹ 当地交通

抵离机场

新开通的快速公交大巴86路（30,000d，1小时，每20~30分钟1班，5:10~22:30）较为舒适，起点在河内火车站以及还剑湖北侧游客信息中心外，终点是河内的内排国际机场（Noi Bai International Airport）。

Airport Taxi（☎04-3873 3333）旗下的出租车推出了点对点机场接送服务，单程US$20，含中途过桥费。注意，其他出租车公司的司机可能会要求你付过桥费，上车前先问清楚。

自行车

许多老城区的客栈和咖啡馆都出租自行车，价格每天约US$3。在河内这种交通状况下骑车，只能祝你好运了——切记安全第一！

公交车

河内的公交车四通八达，价格低到爆（3000d），但却很少有旅行者乘坐。

人力三轮车

在老城区依然有一些人力三轮车车夫，如果路程不长的话，倒是体验这座城市的一个好方法（只不过要忍受尾气）。要先讲好价再上车，并要确认对方报的是包车价，而不是按人头计算。短途大约50,000d，夜间价格会上涨。

电瓶车

河内拥有一条奉行环保理念的**电瓶车**（Electric Bus；Dong Xuan；每车 每小时 300,000d，可乘6人；⏲8:30~22:00）线路，车型类似高尔夫球车，事实上，这是了解这个城市非常棒的一种交通方式。电瓶车线路经过老城区和还剑湖周边，

从河内发出的火车

目的地	硬座	软座	硬卧	软卧
岘港	430,000d起	630,000d起	782,000d起	954,000d起
胡志明市	790,000d起	1,160,000d起	1,340,000d起	1,692,000d起
顺化	374,000d起	545,000d起	675,000d起	894,000d起
芽庄	692,000d起	998,000d起	1,240,000d起	1,647,000d起

共设14站，仿佛一条白龙，在摩托车和行人构成的车流人流中缓缓而行。

摩的

想在河内打一辆摩的（当地叫xe om）非常容易。市中心内辗转，价格一般15,000d到20,000d，到胡志明陵这种较远的地方要35,000d到40,000d。但要是你们多于两个人，打好几辆摩的一起去一般还没有坐出租车划算。

出租车

1公里或2公里起步价约20,000d，之后每公里大概要15,000d。一些出租车公司会把计价器调得很快，所以尽量选择以下这些较为可靠的公司：**Hanoi Taxi**（☎04-3853 5353）、**Mai Linh Taxi**（☎04-3822 2666）、**Thanh Nga Taxi**（☎04-3821 5215）或**Van Xuan**（☎04-3822 2888）。

河内周边（AROUND HA NOI）

宁平（Ninh Binh）

你可以宁平为门户，前去探索越南最具特色的石灰岩地貌（比如三谷），或是去菊芳国家公园徒步，拜访那棵震撼的千年古树。这一带少有西方旅行者问津，但却很受越南本土游客的青睐，因而许多景点都存在过度商业化的问题。

食宿

Xuan Hoa Hotel 1 酒店 $

（☎030-388 0970；www.xuanhoahotel.com；31d P Minh Khai；房间 US$15~30；❄@📶）酒店待客友善，共两栋楼，这里介绍的是1号楼。楼内专门设有一个客房，可供住客寄存行李，退房后也可免费淋浴。酒店提供餐饮，吃饭前不妨到旁边一片小湖的湖畔喝杯啤酒。店家可免费送住客前往长途汽车站和火车站。附近的2号楼地段安静，客房设有阳台。

Xuan Hoa Hotel 2 酒店 $

（☎030-388 0970；www.xuanhoahotel.com；3d P Minh Khai；房间 US$6~15；⊜❄@📶）待客友善，客房安静、舒适、干净。就餐要去旁边的1号楼。

★ Nguyen Shack 别墅 $$

（☎030-361 8678；www.nguyenshack.com；靠近Mua Cave，Hoa Lu district；别墅 US$22~55；📶）距离三谷大约5公里，位于河畔，拥有一座座茅草顶小屋别墅，氛围惬意慵懒，是河内喧嚣躁动的完美解药。你可以躺在吊床上发呆，坐在田园风情的露台上垂钓，或是骑上自行车探索周边。自带一家餐厅和酒吧。

★ Tam Coc Garden 精品酒店 $$$

（☎096-603 2555；www.tamcocgarden.com；Hai Nham village，Hoa Lu district；双 US$145~175；P❄📶🏊）一家美妙的精品酒店，是宁平一带最有禅意的地方，环境静谧，阳台上可赏四周稻海。郁郁葱葱的花园里共有8座石木结构的平房别墅，另有普通客房可选。在周边骑行或是徒步探索了一天，可以到酒店那片不大的泳池里好好放松一下。

Trung Tuyet 越南菜 $

（14 Đ Hoang Hoa Tham；餐 40,000~75,000d；⏲7:00~22:00；✎）一家热闹的小餐厅，老板一家待客热情，饭菜分量大，有素食可选，很受旅行者的青睐。餐厅距离火车站不远，如果饭后就要动身，老板甚至肯把你送过去。

ℹ 实用信息

医院（Benh Vien Da Khoa Tinh；☎030-387 1030；Đ Hai Thuong Lan Ong；⏲24小时）市内最大的医院。

邮局（Đ Tran Hung Dao；⏲周一至周五 7:00~18:00，周六 8:00~13:00）

越南工商银行（Vietin Bank；Đ Tran Hung Dao；⏲周一至周五 7:00~14:30，周六 7:30至正午）有自动柜员机，面前的街上还有一家越南工商银行的支行。

ℹ 到达和离开

河内的甲八长途汽车站有长途大巴发往宁平（65,000d起，2.5小时），每15分钟1班，末班19:00。也有班车大巴发往海防（85,000d，3小时，每1.5小时1班）和下龙市（120,000d，3.5小时，每天两班）。

宁平是Open Tour巴士线的一站，可以乘坐这种巴士前往河内(US$6,2小时)和顺化(US$14,10小时)。可提供酒店点对点接送。

宁平是越南南北干线铁路上的一站,有火车连接河内和胡志明市,但速度不如汽车。

宁平长途汽车站(Đ Le Dai Hanh)靠近Lim Bridge,就在通往发艳(Phat Diem)的高架桥下方。

宁平火车站(Ga Ninh Binh; 1 Đ Hoang Hoa Tham)宁平的火车站刚刚造好,顶着绿色的屋顶,是统一号快线(Reunification Express)上的一站,有火车连接河内、荣市和顺化等地。

三谷(Tam Coc)

到了三谷,一定要记得乘坐小舟(起步价150,000d,外加每名成人/儿童 120,000/60,000d; ⏲7:00~15:30),沿着Ngo Dong河悠然而行。两旁宁静的稻田间,石灰岩体兀然而立,风光美得让人窒息,号称"稻田上的下龙湾"。划船既是欣赏此等风景的唯一方式,也能为你展现三谷最美的一面。船上曝晒,要有所准备。

清晨和下午晚些时候游人较少,建议那时候过来。船夫用脚划桨,带你接连游览三谷的三个洞穴,全程约2小时,每船最多可坐两人。

三谷距离宁平西南9公里。宁平的酒店能组织相关团队游,你可以借助自行车或摩托车独自前往。酒店可以为你推荐景色优美的小路作为骑行路线。河内的旅行社也推出三谷一日游,价格大约US$25起。

菊芳国家公园(Cuc Phuong National Park)

菊芳国家公园是越南最重要的自然保护区之一,内有两条石灰岩山脉,贯穿3个省份。1962年,胡志明宣布在这里设立越南第一个国家公园,并称:"森林即黄金。"野生动物非常不容易见到,不要期望过高。

这个公园还是少数民族孟族(Muong)人的家园,政府在20世纪80年代后期把它们从公园中部的山谷迁移到西部边缘。

景点

菊芳国家公园 国家公园

(Cuc Phuong National Park; ☎030-384 8006; www.cucphuongtourism.com; 成人/儿童 40,000/20,000d)这里创立于1962年,是越南最重要的保护区之一,尽管越南的野生动物数量在最近几十年里直线下降,但公园222平方公里的热带原始森林仍然拥有惊人的生物多样性:目前鸟类307种,哺乳动物133种,爬行动物122种,植物2000种。

濒危灵长类动物救助中心 野生动物保护区

(Endangered Primate Rescue Center; ☎030-384 8002; www.eprc.asia; ⏲9:00~11:30和13:30~16:00)该中心由法兰克福动物学会(Frankfurt Zoological Society)监管,现有约150只猴子,包括12种叶猴、3种长臂猿和2种懒猴。这些动物或是在中心里繁育的,或是从非法交易中抢救回来的。中心可以组织自然保护主题团队游。持中心门票也可免费参观海龟保护中心。

这里至今成功繁育的灵长类动物,数量不下100只,种类多达9种,世界上第一只人工繁育的吉婆叶猴和灰腿白臀叶猴都是在这里诞生的。灵长类动物脱离野生环境就很难重回自然,所以从1993年中心成立至今,这里总共才将大约30只长臂猿和叶猴放归到了半野生区域中生活(其中一个区域就在中心附近)。持中心门票可参观海龟保护中心。

海龟保护中心 野生动物保护区

(Turtle Conservation Center; ☎030-384 8090; www.asianturtleprogram.org; 30,000d; ⏲9:00~11:00和14:00~16:45)中心有1000多只陆栖、半水栖和水栖龟。越南25种本地海龟中在这里可以找到20种,很多是从走私贩手中解救的。在越南和中国,食用海龟肉被认为可以延年益寿,因此才有了走私贩卖海龟的勾当。有些海龟在水箱和孵化器里,有些则生活在半野生环境中的池塘里。介绍濒危海龟的英语信息牌内容丰富。持中心门票可免费参观濒危灵长类动物救助中心。

中心成功繁育并放归了11种不同的海龟,其中有6种是本地物种。每年大约有60只海龟被放归野外。

食宿

国家公园内就可以住宿,附近还有一家豪华度假村。周末和节假日建议提前订房。游客中心和莫湖也可以进行露营（每人US$4）。公园中心和莫湖那里有几家简单的餐厅和小吃商店。

到达和离开

菊芳国家公园位于宁平西45公里。河内的甲八汽车站有大巴直达菊芳，15:00开车，9:00从菊芳放回。在宁平可以打摩的或出租车前往。

河内的旅行社能带你游览菊芳，一般都会附带宁平一带的其他景点。

越南北部（NORTHERN VIET NAM）

越南北部，景色称雄。这里是越南天高云淡的一片所在，高山连绵起伏，稻田层层叠叠，越北赖以闻名的喀斯特地貌更是别处无有。

每个人来这儿都要看看下龙湾石灰岩峰兀立于海面的景色，但这种喀斯特地貌其实在内陆地区也能找到，从巴贝国家公园一直到西北高原四季常青的山区，都延续了这种地貌。

越北的文化同样精彩纷呈，其多样性不输自然风光。这里是山地部落文化的中心，

值得一游

拜子龙湾

拜子龙湾（Bai Tu Long Bay）紧邻下龙湾东北边，现为拜子龙国家公园（Bai Tu Long National Park；100,000d），名气虽然不如“邻居”，壮观的海岛美景却丝毫不输。因为这里的旅游开发刚刚起步，海湾与岛屿未遭污染，风貌原始，体验比下龙湾更为惊艳。和下龙湾一样，想尽情品味这片“山岩星列于海面”的美景，最好的方式就是参加乘船游。

包括Ethnic Travel（见77页）在内的河内旅行社都能组织乘船游探索拜子龙地区，过夜游US$115起。你也可以从下龙市的白雀旅游码头包船游览拜子龙湾，租金约每小时300,000d起，时间大约5小时。

沙巴城外的稻田间便有一个个安逸的少数民族村落。热闹的高原市场，因为瑶族猩红的头饰和黑苗族湛蓝的服饰，更加让人眼花缭乱。

下龙湾（Halong Bay）

下龙湾气势磅礴，神秘莫测，令人心潮澎湃，位于北部湾内，3000多座小岛从碧玉般的海面破水而出，简直不可思议。从远处看，石灰岩小岛共同创造出了一幅神秘非凡的海洋景观，美得令人赞叹不绝。

景点

★下龙湾 国家公园

（Halong Bay；150,000d）下龙湾位于北部湾之中，一座座石灰岩柱从碧玉般的海水里破水而出，其间还点缀着一个个头顶森林的小岛。1994年，这里被认定为世界遗产，星星点点的小岛颇为壮观，上面还有一个个风浪侵蚀出的洞穴，是天上才有的风景，无怪乎成了越南北部首屈一指的热门目的地。

体验这种震撼风光最热门的方式，就是参加过夜乘船游。

传说当年有一条巨大的山龙，一头撞向海岸，摇摆的龙尾在陆地上辟出了一条条沟壑，形成一片嶙峋地貌，山龙随后潜入海中，海水涌入，只剩下尖塔状的石林露出水面，这片神奇的海景由此诞生。科学则将这里的成因归结于岩溶侵蚀，听起来颇煞风景，但丝毫无损于下龙湾如诗如画的风景。

下龙湾全年游客络绎不绝，5月底至8月初期间最热闹。1月至3月，天气凉爽，细雨蒙蒙，雨后的雾天能见度可能会降低，但却增添了几分缥缈的气息。5月至9月，经常会有热带暴风雨，这期间全年不休的旅游船需要视天气情况改变它们的游览线路。

活动和团队游

Vega Travel 乘船游

（见70页地图；☎04-3926 2092；www.vegatravel.vn；河内P Ma May和24a P Hang Bac交叉路口；过夜乘船游 单人舱/双人舱 US$130/240起；⊙8:00~20:00）组织的下龙湾过夜游性价比高，船舱设施不错，较为舒适，也推出了兰

不要错过

船游喀斯特

欣赏下龙湾喀斯特风景，最热门的方式就是参加乘船游。报名参加那种超级便宜的团，貌似划算，实则不然。优质团价格只高一点，体验却要好上很多。至少也要检查船上的基本安全配置。救生衣是应该提供的。

大多数乘船游团费都包含往返河内的交通费、下龙湾门票和餐饭。好一点的过夜游一般还会包含皮划艇项目（配导游）。饮料，甚至是饮用水都另外收费，只收现金。

在河内报名的下龙湾旅游团，不太正规的一日游价格可以低到每人US$60，两夜游价格大约要US$220。价格介于US$110和US$130之间的过夜游一般比较划算靠谱，但想去距离下龙市更远的水域看看，还是需要参加时间更久的团。许多宣称是“两日游”的团，实际上只是过夜游而已。

乘坐豪华的中式平底帆船游览喀斯特风景，体验极佳。但要注意，花大价钱并不代表你一定会避开成群的游客。如果你想清净地体验喀斯特风景，可以考虑参加吉婆岛附近兰下湾的乘船游，那里较为原始，还有美丽的沙滩。

下湾和吉婆岛两夜游，含皮划艇、骑行和徒步活动。

Handspan Adventure Travel 乘船游

（见70页地图；☎04-3926 2828；www.handspan.com；78 P Ma May, Hanoi；过夜乘船游 双人舱 US$354起；⌚9:00~20:00）这家的“珍宝号”是下龙湾里唯一一艘如假包换的观光帆船。别的船柴油机的轰鸣声时时不绝，这艘船却能让你安安静静地浏览喀斯特地貌，再开一瓶冰凉的河内啤酒，简直像是置身天堂。

Indochina Sails 乘船游

（☎04-3984 2362；www.indochinasails.com；过夜乘船游 双人舱 US$478起）拥有两艘经过改造的传统平底帆船，长42米，住宿达到3星级标准，另有一艘规模较小的船只。所有船只都配有迷人的木质船舱和甲板观景台。含河内到下龙湾的交通。

实用信息

下龙湾旅游信息中心（Halong Bay Tourist Information Centre；☎033-384 7481；www.halong.org.vn；Bai Chay Tourist Wharf, Đ Halong；⌚7:00~16:00）为官方机构，办公地点在下龙市的白雀（Bai Chay）旅游码头。工作人员能说英语，可以提供非常不错的下龙湾地区地图（20,000d）。

下龙市（Halong City）

下龙市（白雀）的发展并不算成功。下龙市地处下龙湾咽喉要道，地理位置绝好，可城市里却乱哄哄的，海岸线上不时就会出现一群毫无特色的高层酒店。

许多游客根本就不来下龙市，而是更喜欢在下龙湾度过一夜。游客数量减少使得竞争逐渐激烈，意味着经济型酒店的价格是越南最便宜实惠的。现在来自中国和韩国的游客越来越多，经过一天的海湾游后，他们更喜欢来到陆地娱乐景点，比如赌场和卡拉OK。

活动

乘船一日游 乘船游

（Đ Halong；7:00~18:00）Tuan Chau渡船码头（Tuan Chau Ferry Pier）那里有两条下龙湾一日乘船游线路可选。1号线（Route One；100,000d，4小时）绕行附近几个岛屿，游览木桩洞（Hang Dau Go）和天宫洞（Hang Thien Cung）。2号线（Route Two；150,000d，6小时）更加深入下龙湾，可以到惊讶洞（Hang Sung Sot）和天涛岛（Dao Titop）。

住宿

Light Hotel 酒店 $

（☎033-384 8518；www.thelighthalong.vn；108a Đ Vuon Dao；房间 350,000~450,000d；❄📶）现代化的客房面积不小，超级干净，极具性价比，再加上有几个热心的工作人员能说英语，可以算是下龙市最好的经济型住处了。

从下龙市发出的长途汽车

目的地	票价(d)	车程(小时)	车次
盖龙(云屯岛)	35,000	1.5	8:00~18:00每30分钟1班
海防	60,000	2	6:20~17:00班次频繁
河内	100,000	4	5:45~18:00班次频繁
谅山	110,000	5.5	6:00、11:45、12:15
芒街	80,000	4	6:20~15:00每40分钟1班
宁平	100,000	4	5:30、11:30
沙巴	400,000	12	7:00、18:00

Halong Backpacker Hostel 青年旅舍 $

(☎033-361 9333; www.halongbackpackerhostel.com; 41 Đ Anh Dao; 铺/标双 US$5/17; ❄📶)别把这家青旅和Đ Vuon Dao上的那家"Halong Backpacker's Hostel"搞混了。这里的宿舍不大,光线好,有6个床位,楼下是家热闹的酒吧。

Novotel 酒店 $$$

(☎033-384 8108; www.novotelhalongbay.com; 160 Đ Halong; 房间 US$110起; ❄@📶)这家诺富特酒店在设计上融入了亚洲和日本当代细节元素。房间设计独特,配柚木地板、大理石卫生间,生活区用滑动屏风隔开,简直绝了。酒店设施还包括一座椭圆形无边泳池和一家不错的餐厅。

ℹ 到达和离开

白雀长途汽车站位于白雀中心区南6公里,所有长途汽车都从那里发车。前往三谷,可选择宁平方向的大巴。注意,许多开往下龙市的大巴,标志写的都是"白雀"(Bai Chay),而不是"下龙市"(Halong City)。

吉婆岛(Cat Ba Island)

吉婆岛是下龙湾最大的岛屿,崎岖不平,峭壁丛生,密林覆盖,近年来见证了旅游业的飞速发展。吉婆镇是岛上的中心城镇,曾经可爱迷人的海湾现在环立着一座座样式丑陋的混凝土酒店,但是岛上其他地方大多无人涉足,野趣如昔。平静美丽的兰下湾就在海边,很快你就会忘记吉婆镇的过度开发。

为了保护岛上多样的自然生态系统,政府在1986年把吉婆岛将近一半的部分(总面积354平方公里)以及附近90平方公里的水域划为国家公园。大部分的海岸线由岩石峭壁组成,但还是有一些藏在小海湾里的沙滩和小渔村。

星罗棋布的湖泊、瀑布和洞穴装点着壮丽的石灰石山峦,最高的山高出海平面331米。岛上最大的湖是艾克湖(Ech Lake;面积为3公顷)。

景点

★兰下湾 海湾

(Lan Ha Bay; 30,000d)兰下湾位于吉婆镇的南部和东部,里面大约有300座岛屿和石灰石岩体,与下龙湾相比,风景更美,更有无数白沙沙滩,因而更具魅力。

兰下湾距下龙市较远,乘船来此的游客并没有那么多,所以独具一种安静避世的风情。最好在吉婆镇报名参加帆船游和皮划艇游来此游览。

炮台 古迹

(Cannon Fort; 40,000d; ⏲日出至日落)负责任地说,这座炮台拥有全越南最美的风景。站在这里,丛林遍布、山峦起伏的吉婆岛,停泊在港口里、密密麻麻、五颜六色的渔船,远方喀斯特山岩点缀的大海,全都尽收眼底,景色震撼。

从吉婆镇走到炮台入口大门要10分钟,一路很陡,从大门走到炮台又要20分钟,也很难走。也可以从吉婆镇打摩的(15,000d)过来。

吉婆国家公园 公园

（Cat Ba National Park；☎031-216 350；30,000d；⏰日出至日落）吉婆国家公园是32种哺乳动物的美丽家园，包括世界上最珍稀的灵长类动物金头叶猴——金头叶猴全世界仅存65只，其中多数都生活在这里。公园里也有一些不错的徒步小路，其中有一条通往山顶的小路长18公里，极具挑战。公园办事处位于忠庄（Trung Trang），可以从吉婆镇码头乘坐一辆绿色的QH公共汽车前往，或是打摩的过去（单程约80,000d），也可以租一辆摩托车游玩一天。

导游服务并不是强制性的，但是他们绝对能帮助你更好地了解这片遮天蔽日的茂密树林。大多数游客都随旅行团一同游览公园，Cat Ba Ventures（见86页）组织的相关一日游就很不错，但你也可以在公园办事处自行聘请护林员当导游。公园里有一个忠庄洞（Hang Trung Trang），内有多个洞室，参观起来很是方便，但需要提前联系护林员以确定它是否开放。记得带着手电筒。

公园里有一条18公里的徒步小道很有挑战，需要徒步6个小时，最好有导游陪同。你可以乘船或巴士先到达小路起点，徒步结束后再乘船回城，但这都需要提前安排。想徒步的话同样可以联系公园办事处那里的护林员或是吉婆镇的Cat Ba Ventures和Asia Outdoors（见86页）。记得穿上合适的登山远足鞋，带上雨衣和足够的水。独自远足者可以在越海（Viet Hai；一个偏僻的少数民族村庄，毗邻公园边界外侧）的售货亭购买一些简单的食物，而许多徒步旅行团会在那里停下来休息吃午餐。这段徒步行程并不轻松，而且雨后路面更加湿滑难走。公园里也有路程较短、较为容易的徒步路线。

很多徒步旅行的终点都是越海。那里有出租船返回Ben Beo码头（每艘船大约200,000d）。从Ben Beo出发的公共船（每人50,000d）工作日6:00、周末7:00发船。

公园中能够比较容易看到的哺乳动物有猕猴、鹿、麝猫以及巨松鼠等，能够观察到鹰、犀鸟和布谷鸟等70种鸟类。吉婆国家公园位于一条水禽主要迁徙路线之上，这些候鸟会在海滩红树林中觅食筑巢。公园中有记录的植物达千余种，其中包括118种树和160种具有药用价值的植物。

吉婆岛市场 市场

（Cat Ba Island Market；⏰7:00~19:00）市场位于吉婆镇港口北端，张牙舞爪的螃蟹、体型超大的虾以及堆积如山的鲜果全有，独具当地风情。

胡志明纪念碑 纪念碑

（Ho Chi Minh Monument；紧邻Đ Nui Ngoc）这座纪念碑立于吉婆镇码头对面的一座小山之上。山名“第一山”，起得很有想象力。

活动

吉婆岛是冒险运动的一个绝佳大本营——岛内岛外，水上水下，都有乐趣。

山地自行车

酒店就能为你租到中国制造的山地车（每天约US$6），Blue Swimmer出租的山地车质量较好，价格每天US$15。

其中一条不错的骑行路线是穿过吉婆岛中心，经过医院洞，前往西海岸的红树林和养蟹场，随后绕路经过滩涂和荒凉的海滩回到吉婆镇。

攀岩

如果想玩攀岩，吉婆岛和兰下湾可是绝佳的去处。那些喀斯特岩壁不但攀岩体验超凡，风景更是十分震撼。因为石灰岩棱角不甚锋利，攀爬时双手不会那么难受，而且雨天晴天基本都可以玩。

一些没有经验的当地人会主动接近吉婆岛的旅行者，提出带他们去攀岩，如果你是攀岩新手，最好还是选择当地攀岩运动的先锋Asia Outdoors，聘请那里经验丰富的教练。

来吉婆岛攀岩的人，大多数都是新手，但因为教练的指导水平非常高，许多人试过一次，就对这项运动死心塌地。

帆船和皮划艇

皮划艇是独自探索吉婆岛海岸的理想方式，吉婆镇的许多酒店和旅行社都出租皮划艇（半日租金约US$8）。兰下湾海流强劲，变幻莫测，划皮划艇探索湾中的石灰岩体，最好有导游陪同，尤其是经验不足的人。

皮划艇

大多数下龙湾乘船游都可以让你在喀斯特岩岛间划皮划艇。活动时间大约1小时，通常你可以划艇穿过喀斯特洞穴，游览潟湖，或是拜访海湾中的一个水上村庄。

特别喜欢玩皮划艇的人可以联系河内的Handspan Adventure Travel（见77页）或者吉婆岛的Blue Swimmer，这两家旅行社的团组织专业，导游有资质，游览的是游客较少的兰下湾。

徒步

吉婆岛大部分地区都是受到保护的热带森林。多数徒步路线都在吉婆国家公园里。

团队游

几乎吉婆岛的每家酒店都能组织兰下湾乘船游。过夜游一般US$80起，根据我们得到的反馈，某些团空间拥挤，食物不卫生，所以最好选择价格较高的团。

★ Asia Outdoors 攀岩

（031-368 8450；www.asiaoutdoors.com.vn；Noble House, Đ 1-4, Cat Ba Town；半天/全天攀岩 US$67/86；8:00~19:30）越南攀岩活动的先行者，为喜欢冒险的旅行者提供一站式服务。组织攀岩方面绝对是行家，带队的教练执照证书件件不缺，也能组织攀岩加皮划艇过夜套餐游（US$132），晚上就睡在自家的船上。还有立式桨板游（US$37）。

有经验的攀岩者可以在这里租用攀岩装备，交流攀岩经验，或是买一本《越南：攀岩者指南》（*Vietnam: A Climber's Guide*；US$20），这本书由Asia Outdoors的埃里克·费尔延奇克（Erik Ferjentsik）编写，除了介绍攀岩活动，也有不少关于吉婆旅游的好建议。

Cat Ba Ventures 乘船游

（031-388 8755, 0912 467 016；www.catbaventures.com；223 Đ 1-4, Cat Ba Town；过夜乘船游 每人 US$130；8:00~19:00）老板和员工都是当地人，能组织兰下湾和下龙湾乘船游、皮划艇一日游（US$30），以及吉婆国家公园导览徒步游。Tung先生的服务热情周到，很多读者都向我们推荐这家。这里的工作人员，对于吉婆可谓无所不知，关于你前往下一个目的地的交通，也能提供大量信息。

Blue Swimmer 探险游

（031-368 8237, 0915 063 737；www.blueswimmersailing.com；Ben Beo Harbour；过夜帆船游 每人US$182起；8:00~18:00）这家的老板Vinh也是著名旅行社Handspan Adventure Travel的创始人之一。这家旅行社很有环保意识，能组织水平一流的帆船游和皮划艇游，也有徒步和山地骑行探险游（某些团会在当地人家中过夜）。店面位于Ben Beo港，报名处位于吉婆镇Green Bamboo Forest餐厅，欢迎前来咨询。

住宿

大多数普通酒店聚集在（或紧邻）吉婆镇海岸一带。岛上其他地区和兰下湾几座近海孤岛上也有几家有意思的住处。房费波动极大，6月和7月可能会翻倍。到了8月，一些酒店仍然坚守高价，但也有一些酒店只在周五和周六晚上才会提高价格。

吉婆镇

Cat Ba Sea View 酒店 $

（031-388 8201；www.catbaseaviewhotel.com；220 Đ 1-4；房间 US$15，带海景 US$25；）客房色调明亮，整洁得不得了，装饰假花很有时尚感，更添风情。所有房间都不小，但海景房的面积比普通房间还要大上许多。每层都设有一个小小的公共阳台，所以就算不肯多花钱住海景房，也能欣赏到海港美景。

Cat Ba Central Hostel 青年旅舍 $

（0913-311 006；http://fb.me/Catba Central Hostel；240 Đ 1-4；铺/双 US$5/13；）老板Kong开的这家青旅氛围友善，正在快速成为吉婆一带最热门的青旅。宿舍（28床位1间，14床位1间，6床位2间，其中1间仅限女性入住）里每张床都配有独立的储物柜和电源插座。

Cat Ba Dream 酒店 $

（☎031-388 8274; www.catbadream.com.vn; 226 Đ 1-4; 房间 US$13, 带海景 US$15; ❄📶）服务员有点没精打采的，但房间不错，后面的房间小巧时尚，正面的海景房面积较大，独享海湾绝美景色（606号房最好）。实际房费一定要参考我们给的数据，酒店门市价要高出5倍。

Thu Ha 酒店 $

（☎031-388 8343; Đ 1-4; 房间 US$12~17; ❄📶）一个不大的家庭酒店，房间干净卫生，陈设朴实。一定要争取住正面的海景房，一醒来就能看到大海。

Sea Pearl Hotel 酒店 $$

（☎031-368 8567; www.seapearlcatbahotel.com.vn; 219 Đ 1-4; 房间 US$36~54; ❄📶）都这个价位了，卫生间真该重新弄弄，但总的来说，这里仍然是个不错的选择。客房装潢走古典范儿，面积不小，舒适，服务员专业热情。

Hung Long Harbour Hotel 酒店 $$

（☎031-626 9269; www.hunglonghotel.vn; 268 Đ 1-4; 房间 US$45~65; P❄📶）位于吉婆镇静谧的东南端，有非常宽敞的房间，很多房间都可以欣赏到优美的风景。豪华间不值得考虑，因为反倒是标准间才配阳台。

Cat Ba Beach Resort 度假村 $$$

（☎031-388 8686; www.catbabeachresort.com; Cat Co 2; 平房别墅 约US$105起; ❄📶）度假村位于吉婆2号海滩的远端，有一片修剪精心的草坪，棕榈树星星点点，草坪上的平房别墅使用石头和茅草建造，很不起眼。帆板想玩儿就玩儿，桑拿想洗就洗，还有一个微风徐徐的开放式海景酒吧餐厅。

吉婆岛周边

Ancient House Homestay 家庭寄宿 $

（☎0915 063 737, 0916 645 858; www.catba-homestay.com; Ang Soi village; 合住独栋 每人 US$15, 私享独栋 每两人 US$60; 📶）这家老宅是从河内郊区小心翼翼地整体搬迁到这里的，位于小村Ang Soi一条无名小巷中，距离吉婆镇约3公里。房间内部有高高的天花板，装饰着古董，外部是精心打理的花园。这里不接待散客，最好通过Blue Swimmer（见86页）订房。提出要求，可提供午餐和晚餐套餐（每人US$9）。

Whisper of Nature 别墅 $$

（☎031-265 7678; www.vietbungalow.com; Viet Hai village; 铺/双 含早餐 US$15/30; ❄📶）这里简简单单，是热爱自然的人放松逍遥的好地方。用水泥和茅草盖起来的平房别墅建在森林边上，周围有树木和菜园。前往这里本身就是一场探险，最后一段骑行路的路边景色葱郁喜人。订房时可以询问交通方式。

就餐

想要氛围，那就一定找家水上餐厅吃顿海鲜大餐。想要实惠，可以去市场前面的美食摊，或者从海岸那里往里走一个街区，在那条与环形的Đ Nui Ngoc相交的街上寻找。

Green Bamboo Forest 越南菜 $

（Đ 1-4; 餐 50,000~150,000d; ⏲7:00~23:00; 📶）小馆位于海岸，服务友好，经营有道，待客友善，也是Blue Swimmer（见86页）的团队游预订代理机构。有不少美味的海鲜可选，米饭米粉种类丰富。幽静的地段更是锦上添花。

Buddha Belly 素食 $

（Đ 1-4; 餐 30,000~80,000d; ⏲10:00~21:00; 🅥）紧挨着吉婆市场，满眼都是竹子，用蔬菜和豆腐烹制的菜肴花样多，味道好，因为奶制品和蛋类一概不用，而且调味品放的也少，所以更是严格素食者的首选。30,000d的套餐每天都不一样，性价比超高。

Green Mango 各国风味 $$

（☎031-388 7151; www.greenmango.vn; Đ 1-4; 餐 110,000~220,000d; ⏲8:00~22:00; 📶）从牛排、海鲜，到意面和比萨，什么都有，还包括几样亚洲菜。服务员待客友好，是吃晚餐的好地方，来这儿喝杯葡萄酒或鸡尾酒也相当惬意。

Quang Anh 海鲜 $$

（☎031-388 8485; Ben Beo Pier; 餐 200,000d起）说是水上餐厅，实际上更像一片鱼塘，地点就在Ben Beo码头那里，你从水中选好了海鲜，店家当即就进行烹制，烤、炸、蒸都行。按重量收费，不同海鲜价格不同，大约每人200,000d就能吃饱。

Vien Duong 越南菜 $$

(12 Đ Nui Ngoc；餐 120,000d起；⏲11:00~23:00）在Đ Nui Ngoc沿街的海鲜餐馆中，这家的人气非常高，经常挤满了越南本土游客，前来品尝当地产的螃蟹、鱿鱼以及热腾腾的海鲜火锅。如果想在晚上静静地吃顿饭，这里就不是佳选了。

饮品和夜生活

Oasis Bar 酒吧

（Đ 1-4；⏲正午至23:00；📶）酒吧就在海岸街的正中心，里面有台球桌想玩就玩，服务员满脸笑容，所以很多人都爱来这儿舒舒服服地坐坐，喝一两杯啤酒。食物也不错，可以垫补一下。

Rose Bar 酒吧

（15 Đ Nui Ngoc；；⏲正午至次日3:00；📶）酒吧提供便宜的鸡尾酒（US$2）、欢乐时光专享的各种特惠饮品和水烟（shisha），能迎合众多离家远行的背包客的口味。

啤酒摊 生啤

（Đ 1-4）吉婆镇渔港入口附近有一片啤酒摊，晚上到那里喝生啤，花费少少，欢乐多多。

实用信息

Asia Outdoors（见86页）可以提供最客观的旅游信息；Cat Ba Ventures（见86页）也能帮上你不少忙。两家公司的网站上都能找到当地信息。

到达和离开

吉婆港与吉婆岛北边的Gia Luan港之间有一趟**QH Green Bus**（20,000d）公交巴士线连接，途中会经停国家公园办事处。

抵离河内最简便的方式就是选择**Hoang Long Bus Company**（☎031-268 8008；http://hoanglongasia.com；Đ 1-4；车票 250,000d）公司的大巴。你可以坐这种车先到海防，然后乘坐小巴到附近的Dinh Vu港，乘坐40分钟渡船即可到达吉婆岛上的Cai Vieng港（也称“Phu Long”）。从港口那里坐小巴很快就能到吉婆镇。

5月至9月，河内的Nuoc Nam长途汽车站（位于城南）有大巴连接吉婆镇，河内的发车时间为5:20、7:20、11:20和13:20，吉婆镇的发车时间为7:15、9:15、13:15和15:15。10月至次年4月班次减少，河内的发车时间为7:20和11:20，吉婆镇的发车时间为9:15和13:15。

吉婆镇码头有水翼船发往海防（250,000d，1小时），发船时间为8:00、10:00、14:00和16:00。

当地交通

夏季，吉婆镇开通有一趟游客专车（基本上就是一辆辆超大号的高尔夫球车），接驳1号和2号海滩（每人10,000d）。

吉婆岛很适合骑行探索，大多数酒店都出租自行车和摩托车（日租金都是US$5起）。如果想去海滩或者国家公园，安全起见，一定要选择收费停车场。

海防（Haiphong）

海防是越南北部最平易近人的城市，空气中弥漫着懒散闲适的感觉，林荫大道两旁矗立着一座座殖民地时代修建的优雅建筑。市中心是咖啡迷的天堂，小巧精致的咖啡馆遍地都是，桌子常常都摆到了人行道上，坐在那里打望过往众生，完美至极。大多数旅行者只是把海防当作中转站，先从河内坐长途车过来，再搭乘渡船去游览吉婆岛。

食宿

Bao Anh Hotel 酒店 $

（☎031-382 3406；www.hotelbaoanh.com；20 P Minh Khai；双/标双 含早餐 400,000/600,000d；❄📶）酒店重新进行了装潢，有大片大片的白墙，洁白的床上用品也是新的。酒店地段不错，位于一条阴凉的街道上，周围尽是法国梧桐树和热闹的咖啡馆。如果你想品尝一些比咖啡更浓烈的饮品，从这走不远还能找到一些不错的啤酒屋。前台态度友好，能说英语，可以砍价。

Com Vietnam 越南菜 $

（☎031-384 1698；4a P Hoang Van Thu；餐 40,000~60,000d；⏲11:00~21:00）这家餐馆在

当地十分火爆，供应价格合理的当地海鲜和越南特色菜。面积不大，干净朴素，带有一个小院。

★ **Nam Giao** 越南菜 $$

（22 P Le Dai Hanh；餐 90,000~300,000d；⏲7:00~23:30）海防最有氛围的餐厅，藏在一栋破败的殖民时代建筑里。里面的各个房间都摆满了亚洲艺术品、古老的雕花橱柜和古董，菜式不算丰富，但烹饪考究，比如香气袭人的蕉叶海鲈鱼和肉色焦红、鲜嫩多汁的砂锅五花肉煲。

Phono Box 咖啡馆 $$

（79 P Dien Bien Phu；餐 100,000~250,000d；⏲9:00~23:00；📶）餐厅里砖墙外露，用怀旧的音乐主题物品作装饰，常常播放着爵士乐，对于爱喝咖啡和啤酒的人来说，是个很有情调的聚会地点。也供应西餐，以牛排和其他肉菜为主。

ℹ 实用信息

P Minh Khai街上的咖啡馆有免费Wi-Fi。市中心分布有一些自动柜员机。

ℹ 到达和离开

吉碑机场（Cat Bi airport）位于海防市中心东南6公里处。**越南捷星太平洋航空**（Jetstar Pacific Airways；☎1900 1550；www.jetstar.com）、**越南航空**（Vietnam Airlines；☎031-381 0890；www.vietnamair.com.vn；30 P Hoang Van Thu）和**越捷航空**（VietJet；☎1900 1886；www.vietjetair.com）每天都有航班飞往胡志明市和岘港。越捷航空的客运量最大。机场新建了一条跑道，偶尔有一些飞往富国、大叻和芽庄的国内航班从那里起飞，很快就会开通中国、日本、泰国和韩国的国际航线。

海防的Ben Binh港有一班快速水翼船发往吉婆镇码头（250,000d，1小时），发船时间为7:00、9:00、13:00和15:00。

海防有3个长途汽车站：

乐隆长途汽车站（Lac Long Bus Station；P Cu Chinh Lan）距离海防市中心最近，Ben Binh港就在附近，对于想乘船前往吉婆的人来说非常方便。车辆发往海防北边的目的地以及河内。

Nien Nghia长途汽车站（Niem Nghia Bus Station；Đ Tran Nguyen Han）车辆发往海防南边的目的地，包括宁平（120,000d，3.5小时，每30分钟1班）。也有车发往河内（70,000d，2小时，班次频繁）。

Thuong Ly长途汽车站（Thuong Ly Bus Station；☎031-352 9558；http://benxethuongly.net）这个比较新的汽车站位于市中心西北，有大巴发往河内（70,000d，2小时，班次频繁）。

注意，原来的三北长途汽车站（Tam Bac Bus Station）已经关闭，那里发往河内的班车都已改到了其他汽车站，包括距离三北仅10分钟车程的Thuong Ly汽车站。

海防火车站每天都有慢速列车沿一条支线铁路前往河内的隆边火车站（48,000d，2小时30分，6:05、8:55、14:55、18:40）。

巴贝国家公园（Ba Be National Park）

山高水深，拥有瀑布、湖泊和洞穴，巴贝国家公园（☎0281-389 4721；每人 20,000d；⏲5:00~21:00）是一片美得不可思议的风景胜地。这里险峰环立（最高的有1554米），公园内部为热带雨林，生长着数百种植物。森林中的野生动物包括熊、猴、蝙蝠和许多种蝴蝶。这里也有13个部落村庄，以住在高脚屋里的岱依族为主，瑶族和苗族人数较少。

公园建立于1992年，是越南第八个国家公园，通常也被称为"巴贝湖群"。这里的景色壮观神奇，上有1554米的石灰岩高峰，下有壁立陡深的河谷，上面生长着四季常青的茂密森林，瀑布洞穴点缀其间，公园正中心则由巴贝湖群坐镇。

沿公路往公园方向行驶，刚过了Cho Ra镇会遇到一个检查站，公园门票钱就在那里交，继续行驶大约15公里便是公园管理处。

巴贝（意为"三湾"）事实上是三个彼此相连的湖泊，总长8公里，宽约400米。湖中生活着不下100种淡水鱼。其中两片湖水被两道高高的白垩岩壁分开，岩壁中间也有水，宽度100米，人称"Be Kam"。

公园地处热带雨林区，有550余种有名字的植物。政府给村民发放补贴，不让他们去砍伐树木。这里的野生动物多达数百种，其中包括65种哺乳类动物（多数很难见到）、353种蝴蝶、106种鱼类和4种乌龟，以及濒临灭绝的越南蝾螈（salamander），甚至还有缅甸蟒蛇(Burmese python)。巴贝的鸟类繁多，有记录的达233种，其中有体型庞大的大冠鹫(crested serpent eagle)和凤头蜂鹰(oriental honey buzzard)。这里禁止狩猎，但是允许村民们捕鱼。

当地的旅游办公室(tourist office；☎0281-389 4721；www.babenationalpark.com.vn；Bo Lu village)服务非常热情，涵盖巴贝一切旅游活动，能组织皮划艇、划船、徒步和骑行等活动(也有四种活动的套餐游)，还能带你前往国家公园深处露营。

巴贝的村民家庭寄宿计划开展得非常成熟，旅行者可以住在传统的高脚屋里体验湖畔乡村生活。大多数寄宿家庭都位于Pac Ngoi村。所有寄宿家庭都能热水洗浴，只要提前预订就能提供餐饭(50,000~80,000d)。Bo Lu和Coc Toc两个村庄更为宁静，里面也有几家寄宿家庭。

巴贝国家公园办公室能为自由行旅行者安排寄宿家庭，但你也完全可以不通过办公室，临时到村中寻找。

你还能选择住在附近的Cho Ra镇，从那里前来探索公园。

ℹ 到达和离开

巴贝国家公园距河内240公里，距北泱61公里，距Cho Ra18公里。

多数旅行者游览巴贝都是跟随旅行团，或是从河内包车前往(无须越野车)。

枚州(Mai Chau)

枚州地处田园诗般的河谷，周围小山环绕，是远离河内的繁忙和嘈杂的世外桃源。小小的枚州城没有什么吸引力，但一出城便是成片成片的稻田，其间坐落着一个个泰族小村庄，旅行者可在村中的传统高脚屋里过夜，醒来时，耳边水流汩汩，鸟鸣悠悠，正是乡里天籁。

大部分村民是白泰族，与泰国、老挝和中国的部落是远亲。他们大多不再穿着传统服饰，但是泰族的妇女都是纺织能手，制作了大量传统样式的纺织品。当地人不会强买强卖，讲价时应该要注意礼貌。

因为枚州现在人气太高，有的团队游游客觉得这里缺少地方风情。如果你在寻找刺激的探险，枚州不能满足你的要求，但是这里非常适合骑车、徒步和休闲放松。

景点和活动

大多数旅行者来这儿只是为了在高脚屋里住一晚，再沿着稻田中的小路步行(或骑车)前去探访一座座少数民族村庄。大多数高脚屋寄宿家庭出租自行车，让你可以按照自己的节奏探访河谷，也能为你安排一位当地导游，导游费大约US$10。

广受欢迎的18公里徒步路线从枚州的乐村(Lac village，又称Ban Lac)出发，到达6号公路(Hwy 6)一道山口附近(海拔1000米)的夏灵村(Xa Linh village)。乐村是白泰族的家园，而夏灵的居民则是赫蒙族。一天走完很耗费体力，因此大部分的人都会在村庄里过夜。为返回枚州的旅途安排一位导游和一辆小汽车在山口处与你碰面。需要注意的是，这段徒步路程中海拔攀升了600米，而且雨后道路泥泞湿滑。

在枚州可以咨询3~7天的稍长的徒步旅行。其他选择还有皮划艇和山地自行车游览，请在Mai Chau Lodge咨询。

河内许多旅行社都能组团前往枚州，价格不贵。

住宿

枚州经济型旅游业的开发相当成功，随便什么旅游团，都会带你到乐村或者Pom Coong村的高脚屋寄宿家庭里过夜，河内本地人周末也非常喜欢来枚州休闲，所以可能的话，尽量选择工作日前来。

泰族高脚屋 家庭寄宿 $

(每人 80,000~200,000d)乐村和Pom Coong村中的寄宿家庭不胜枚举，几乎每个来枚州的旅行者都会选择在这种高脚屋里住一晚。虽说是在少数民族村庄里过夜，但屋子里有电，有抽水马桶，能洗热淋浴，有铺盖卷，还能提供蚊帐。住宿一晚加晚餐和早餐，价格大约250,000d。

★ Mai Chau Nature Lodge 别墅 $$

(☎0946-888 804；www.maichaunatureplace.com；Lac village；铺 US$5，双带风扇

US$36; ⓦ）位于乐村，态度友善，与周边寄宿家庭相比能让你稍微多享受到一点隐私。共有9座平房别墅，配有吱呀作响的竹木家具。也有宿舍。争取弄一座后面的平房别墅，这样一醒来就能看到翠绿的稻田。免费提供自行车探索周围的乡村。

Mai Chau Lodge 酒店 $$

（☎0218-386 8959；www.maichaulodge.com；房间 US$86~145；❄@ⓦ≋）这家酒店最受团队游欢迎，现代化的房间配有木质地板和名牌灯具，装饰有当地的纺织品。一间茅草屋顶的餐厅俯瞰着一面小湖和一个游泳池。可供选择的活动包括游览洞穴、烹饪课程、导览步行游、皮划艇游和山地自行车游览。

到达和当地交通

河内的美亭汽车站（My Dinh bus station）有直达大巴发往枚州（100,000d，3.75小时），发车时间为6:00、8:30和11:00。如果你想住在乐村或Pom Coong，和司机说一声就行，对方会把你放在一个十字路口，距离两个村庄步行很近。进入枚州城可能需要缴纳7000d的门票，但售票亭常常无人值班。

返回河内的长途车发车时间为9:00、11:00和13:00。寄宿家庭的主人可以为你订车票，也能联系司机到村中接你上车。

老街（Lao Cai）

对于旅行者来说，老街是河内和沙巴之间火车旅行的中转站，也是北上中国昆明之前的一个补给站。这座兴旺的小城紧挨着中越边境，到沙巴大概只有半个小时的车程，所以不值得在此耽搁，但它为在此过夜的想去中国的旅行者提供了一切所需。

老街火车站旁边有自动柜员机和酒店，还有许多有免费Wi-Fi的餐厅。这些餐厅其实就是一站式旅行服务中心，能卖火车票，有便宜的床位出租，等车的时候还可以过来喝些东西。

到达和当地交通

老街往返河内，几乎所有人都选择乘坐火车，这是最安全、最舒适的选择。

老街火车站每天有4班火车发往河内。最便宜的是LC4列车（硬座/软座 130,000/215,000d，10小时），9:50发车。另外3班全是卧铺车（425,000d，8小时），其中，SP8列车13:15发车，SP2列车20:20发车，SP4列车21:10发车。

河内和沙巴的酒店以及旅行社都可以帮你订车票，你也可以自己到火车站订票。

有几家私营企业包下了主要列车上的几节车厢，提供私人包厢服务，包括**ET Pumpkin**（☎0438-295 571；www.et-pumpkin.com；卧铺 US$42）、**Livitrans**（☎0437-350 069；www.livitrantrain.com；卧铺 US$34）和**Victoria Express**（www.victoriahotels-asia.com），后者只面向沙巴Victoria Sapa Resort的住客。

老街和河内之间新开通了一条收费快速路，让长途大巴的交通时间缩短了几小时，但目前只有卧铺大巴可选。老街的长途汽车站位于Đ Pha Dinh Phung街尾，距离火车站西两个街区。

如果打算从老街前往沙巴，可以乘坐黄红相间的小巴或是大巴（30,000d，30分钟），这种车每小时至少一班，首班5:20，末班18:00，发车地点

前往中国：老街至昆明

前往边境 老街（越南）/河口边境口岸（中国）距老街（Lao Cai）火车站约3公里，可从那里乘坐摩的（约25,000d）或出租车（约50,000d）前往。

到达边境 每天，边境口岸于越南时间7:00~22:00开放。注意，北京时间要比越南时间快1小时。通关手续一般耗时1小时。中越两国以红河为界，河上有一座公路桥和一座铁路桥连接。

继续前行 河口新建的长途汽车站距边境站约6公里。汽车站有按时发车的长途车前往昆明，其中卧铺长途车19:20和19:30发车，次日7:00左右抵达昆明。每天也有4班火车出发。

在老街火车站面前的停车场。有些揽客的人会把你往他们自家经营的小巴车上引，收费100,000d，高得过分。

红河桥（Red River Bridge）桥边的一个小巴车站有车发往北河（70,000d，2.5小时），每天7班，发车时间分别为6:30、8:15、9:00、11:30、12:00、14:00和15:00。

北河（Bac Ha）

北河平日里慵懒悠闲，周日市场一开集，立即变得色彩缤纷，买卖火爆，从周围山区和河谷里赶来的村民把城中小巷挤得水泄不通。等到交易结束，一日游游客坐上大巴返回沙巴，小城打个哈欠，倒头就睡，只等下一个周日的到来。

尽管北河周围的乡村地区与沙巴相比同样绿意盎然，同样迷人有趣，同样适合徒步，但也不知为什么，到目前为止，这里仍然少有徒步客问津。清晨，镇上尽是炊烟的味道，主街上一个叫卖的商贩也看不到，小巷里倒是有些鸡和猪闷头儿踅摸东西吃。别处盖房子早就用水泥了，这里的那些土坯房却还在坚守传统。

景点

★北河市场

市场

（紧邻Ð Tran Bac；⌚周日日出至14:00）周日市场是北河非常吸引人的地方。市场上销售的手工艺品种类日益繁多，但大体上买卖双方都是本地人。北河市场对当地山地部落居民来说非常有吸引力，尤其服饰极具特色的花苗族。如果可以的话，周六你可以在北河留宿一晚，那么你能赶在从沙巴启程来的数以百计的一日游游客之前，到达北河市场。

> **美服秀**
>
> 花苗族女性的服饰，层层叠叠，好不绚丽！她们在脖子上会别上一种非常华丽的装饰，既像项圈，也像披肩，外面再罩上围裙一样的衣服。两者都是由多股彩线紧密编制而成，通常带有穗边。此外，袖口和脚踝两处也有装饰，头上还有一块格纹头巾（桃红色、柠檬绿两色较为常见），都非常精致复杂。

辛城市场

市场

（Sin Cheng Market；⌚周三 5:00~14:00）这个市场位于Si Ma Cai，属于偏僻的边境地区，距离北河镇40公里，每周开集一天，热闹喧嚣，周边村庄里生活的侬族和土老族都会过来。

可里市场

市场

（Coc Ly Market；⌚周二 8:30~13:30）市场会把居住在周围山区的瑶族、花苗族、岱依族和侬族（Nung）人们吸引过来，很值得一逛。地点距北河西南约35公里，沿途路况不错。北河的旅行社有游览这里的一日游团。

龙平市场

市场

（Lung Phin Market；⌚周日 6:00~13:00）位于芹求市场和北河之间，离城12公里左右。这个集市不如其他市场那么热闹，当地风情更为纯正，从沙巴坐旅行团大巴到北河下车后，尽可以直接来这里逛逛。

食宿

因为周末会有前来逛周日市场的游客，房费会上涨约20%。

★Ngan Nga Bac Ha Hotel

酒店 $$

（☎0203-880 286；www.nganngabachahotel.com；117 P Ngoc Uyen；房间 含早餐 US$30~37；❄📶）酒店待客友好，楼下的餐厅人气很高，做的火锅（lau）很好吃，生意超好。客房是全城最划算的经济型住处：面积不小，点缀有一些温馨而不失个性的装饰细节。前面的客房配阳台，值得争取。

Congfu Hotel

酒店 $$

（☎0203-880 254；www.congfuhotel.com；152 P Ngoc Uyen；标单 US$27，双 US$29~32，标三 US$34~38；❄@📶）这家酒店的客房粉刷如新，床褥洁白，就是卫生间有些疏于打理。推荐105、108、205和208号房，里面都有落地窗，俯瞰北河市场。楼下有一家餐厅（餐60,000d起）。能安排徒步游。

Hoang Yen Restaurant

越南菜 $

（ÐTran Bac；餐 60,000~120,000d；

⏰7:00~22:00；📶）菜单中有不错的早餐、200,000d的套餐和便宜的啤酒。

实用信息

城中有一家越南**农业与农村发展银行**（Agribank；P Ngoc Uyen；⏰周一至周五 8:00~15:00，周六 至11:00，自动柜员机24小时），带自动柜员机。

到达和离开

从沙巴报名参加北河的旅游团，每人大概需要花费US$20。返程的时候，你可以在老街提前下车，然后乘坐晚上的火车前往河内。

北河长途汽车站不在城镇中心，在Na Co河对岸。4:30有一班车发往河内（11小时），正午和20:30有卧铺大巴发往河内（300,000d，7小时）。6:00~16:00之间每小时有一班车发往老街（70,000d，2.5小时）。从老街开过来的长途车一般都会在城镇中心落客。

沙巴（Sapa）

沙巴从1922年法国人修建的避暑山庄，现已发展为越南西北部的旅游中心。

沙巴面前是一条陡深的山谷，四周高山耸立，地理位置得天独厚，晴朗天气下景色绝佳。可惜这种壮美的风景经常被缭绕山峰的浓雾覆盖，但即使天色阴郁，当地山地部落的居民仍能为这座城镇带来鲜活的色彩。

如果你觉得这里应该是一座古风古貌的高山小镇，那可就想错了。这里的现代旅游业开发缺少规划，对于建筑物限高方面的规定近乎是一纸空文，所以城内的楼房是越盖越高。

但是你也不会是为了参观城镇才来沙巴的。这里是越南北部最佳徒步大本营，周围乡村地区尽是层层叠叠的水稻梯田和与世隔绝的山地部落村庄。一旦踏出城镇，进入绿油油的乡间，你自会明白沙巴真正的魅力。

景点

★沙巴博物馆 博物馆

（Sapa Museum；103 P Cau May；⏰7:30~11:30和13:30~17:00）免费 博物馆出色地展示了沙巴地区的历史和民族文化，包括殖民地时期历史。通过一件件布满灰尘的展品，你可以了解到该地区不同少数民族之间的区别，所以到了沙巴，一定要先来这里快速看一看——只不过某些介绍文字模糊不清。地点位于Sapa Tourism背后。

站尊山口 观景点

（Tram Ton Pass）这道山口位于沙巴至莱州的公路之上，位于番西邦峰北侧，距离沙巴15公里，海拔1900米，是越南最高的山口，山口两侧天气迥异，各观景点景色奇美。沿路开到距离沙巴12公里的位置，还有一座100米高的银水瀑布（Thac Bac），大多数人也会在此停车赏景。

山口沙巴这一侧，常常阴冷多雾，莱州那一侧海拔要低几百米，常常温暖晴朗。沙巴是全越南最冷的地方，莱州却是国内最热的地方之一，两地距离如此之近，实在令人费解。

沙巴教堂 教堂

（Sapa Church；⏰周日6:00开始举行弥撒仪式）沙巴教堂是由法国人用石头修建的，规模不大，只在周日弥撒期间以及某些晚间祷告活动时对外开放。教堂也是市中心的一个地标。

沙巴市场 市场

（Đ Ngu Chi Son；⏰6:00~14:00）原先的沙巴市场位于城镇中心，可惜的是后来被搬到了长途汽车站旁边一座专门建造的现代化建筑里，但好在热闹依旧，缤纷不减，各种新鲜农副产品都有，还有一片血淋林的鲜肉区。大多时候，周围山地部落的村民也都会来这儿售卖手工艺品。周六人最多。

活动

如果想进行较长距离的徒步，并在村庄住一宿，找一个说当地语言以及了解那里地形和文化的人非常重要。我们推荐找一个少数民族导游，这样也可以让他们获得生计来源。注意，在非正式经营的家庭寄宿中住宿是不合法的。忽视这一点可能会给店主和你自己带来麻烦。一定要联系那种值得信赖的旅行社，一定要问清住宿地点的合法性。

★Sapa O' Chau 徒步

（☎020-377 1166；www.sapaochau.com；8 Đ

Sapa 沙巴

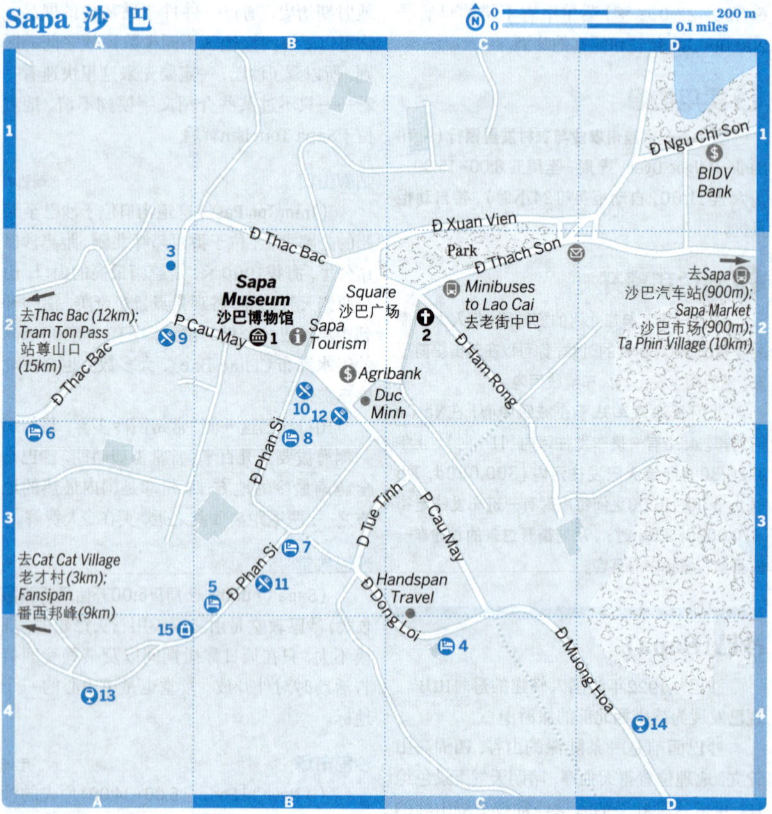

越南 沙巴

Sapa 沙巴

重要景点

1 沙巴博物馆 B2

景点

2 沙巴教堂 C2

活动、课程和团队游

Hill Station Signature Restaurant .... （见 11）
Indigo Cat .... （见 5）
3 Sapa O'Chau A2
Sapa Sisters .... （见 8）

住宿

4 Amazing Hotel C4
5 Cat Cat View Hotel B3
6 Go Sapa Hostel A3
7 Phuong Nam Hotel B3
8 Sapa Graceful Hotel B3

就餐

9 Baguette & Chocolat A2
10 Barbecue Restaurants B2
11 Hill Station Signature Restaurant B3
12 Little Sapa B2

饮品和夜生活

13 Cafe in the Clouds A4
14 Hmong Sisters D4

购物

15 Hemp & Embroidery A4
Indigo Cat .... （见 5）

Thac Bac; ⏲6:30~18:30)🍃一家一流的当地旅行社，能组织一日徒步游、时间更久的徒步探险加家庭寄宿、北河市场游和番西邦峰徒步游。这里还能组织更为深入的文化游，住在当地农民家，学习了解手工艺品。旅行社部分收益用以培训一家学习中心里的苗族儿童。

番西邦峰（Fansipan） 徒步

沙巴周围环绕着黄连山（Hoang Lien Mountains），被法国人称为东京高山（Tonkinese Alps）。云雾缭绕的越南最高峰番西邦峰（3143米）就在这些山脉之中。对于身体健壮、装备得当的徒步客来讲，番西邦峰全年都可以攀爬，但是不要低估它的挑战。山上气候非常潮湿，而且湿滑危险，气温一般都很低。

现在，这里开通了一条6282米长的缆车线（往返 成人/儿童 600,000/400,000d），游人乘缆车越过Muong Hoa山谷直达峰顶只需15分钟，峰顶还新建了一片商铺。打车前往缆车起点要100,000d多一点。方便倒是方便，但缆车也在一定程度上破坏了番西邦峰荒蛮孤寂之美。

只有徒步登顶，眼前的美景才最能带给你满足感。从沙巴到番西邦峰峰顶，步行距离19公里。这一带地形崎岖不平，而且经常出现恶劣天气。来回的旅程一般需要3天，许多经验丰富的徒步旅行者2天就可以，但是你的身体一定要健壮才行。第一天上午步行穿过山地部落村庄之后，沿线的风景就只剩下森林、群山以及偶尔出现的野生动物了，比如猴子、山羊和鸟等。天气方面，10月中旬至12月中旬是最佳时间。3月野花烂漫，也不错。如果沙巴天气情况不佳，一定不要徒步登山，因为番西邦峰能见度有限，很容易出危险。

你不需要任何的绳索或爬山技巧，只需要有耐力。途中的几个露营基地有几处简单的休息区，不过最好自己带好睡袋、防水帐篷、食物、炉子、雨衣、指南针和其他各式野外生存装备。现在，有一些营地受到垃圾废弃物的影响，所以一定要带走你所有的垃圾。雇用一位信誉好的导游很关键（有人也说这也是当地法律的要求），同样也建议你找一个挑夫。

通过当地的旅行社安排登山，双人行程的费用是每人约US$150，4人组行程每人US$125，最大的6人组行程比较合算，每人US$100。

老才村 徒步

（Cat Cat; 40,000d）老才村在沙巴以南3公里，是步行能到达的最近的村庄。村子很漂亮，当地售卖纪念品的商贩态度非常友善，大多数旅行者不会有厌烦的感觉。去的时候是下坡，坡陡景美，回来虽是上坡，好在摩的特别多。

Hill Station Signature Restaurant 烹饪

（☎0203-887 112; 37 Đ Phan Si; 每人US$29; ⏲9:00开门）这里开设的3小时烹饪课非常好，由一位会说英语的赫蒙族厨师讲授，上课前会进行30分钟的市场采购，内容包括5道当地菜肴，其中有自制豆腐、熏水牛肉和苗族血肠，也有机会品尝当地米酒。建议前一天晚上进行报名。

Indigo Cat 手工艺品

（☎0982 403 647; www.facebook.com/indigocatsapa; 46 Đ Phan Si; 课程 100,000~200,000d; ⏲9:00~19:00）本是一家工艺品商店，下午会开设培训班，让你学习传统的赫蒙族纺织和刺绣技巧。培训班上课地点在Ta Ven村。详情可到其在沙巴的商店里咨询。

🛏 住宿

Sapa Graceful Hotel 青年旅舍 $

（☎0203-773 388; www.gracefulhotel.com; 9 Đ Phan Si; 铺 US$5~6; 📶）一家小巧精致的青旅，很有家的感觉，每晚都有啤酒买一赠一的欢乐时光活动，很知道怎么把背包客吸引过来。宿舍很小，但大厅里配有舒服的沙发和成摞的书籍，**Sapa Sisters**（☎0203-773 388; www.sapasisters.com; 9 Đ Phan Si; ⏲8:00~17:00）的办事处也在这里，所以还能提供大量徒步活动相关信息。

Go Sapa Hostel 青年旅舍 $

（☎0203-871198; www.gosapahostel.com; 25 Đ Thac Bac; 铺/双 US$5/20; @📶）来这儿得从沙巴中心区往山上走，有多间8床位宿舍（配储物柜），围着一个公用院子排列开来。较贵的宿舍配独卫，某些还配有迷你阳台。

店家准备了洗衣机和免费电脑，还能出租自行车。

Phuong Nam Hotel 酒店 $

(☎0203-871 286; www.phuongnamhotelsapa.com; 33 Đ Phan Si; 铺/房间 含早餐 US$8/20; 📶)表面上看是一家平淡无奇、用混凝土建造的酒店，其实性价比还是很高的，有两间4床位宿舍出租，床很大。独立间设施简单，但很新很干净。周末，独立间的价格会被夸张地提到US$35一晚，那时候还是算了。

Cat Cat View Hotel 酒店 $$

(☎0203-871 946; www.catcathotel.com; 46 Đ Phan Si; 房间 含早餐 US$35~60, 家庭公寓 US$100-180; ❄@📶)这家家族经营的酒店规模很大，房型很多，共有9层，舒适的客房主打松木家装，许多客房走出去就是一片公用露台，可以欣赏景色。公寓间很宽敞，适合阖家或结伴而来的旅行者。

Amazing Hotel 酒店 $$$

(☎020-386 5888; http://amazinghotel.com.vn; Đ Dong Loi; 房间/套 US$161/209起; P🚭❄@📶🏊)这家四星级酒店名字里带着"惊奇"二字，面前云雾缭绕的山谷景色也绝对令人惊奇。大堂和餐厅满眼都是玻璃窗，朴实悦目的客房也可赏景，天台健身房和泳池俯瞰沙巴，惊奇之景可谓无所不在。因为开在城镇中心，地段也让人惊奇。其中一层开设有夜店，选择客房时最好避开。

Topas Ecolodge 生态度假屋 $$$

(☎0203-872 404; www.topasecolodge.com; 小屋 US$115~180; @📶)🌿这里俯瞰深壑的河谷，距离沙巴18公里，有可爱的石质茅草平房度假屋，每一个屋子都有朝前的阳台，壮美的风景尽收眼底。整个项目遵循可持续和环境友好原则，使用太阳能。可以组织徒步、骑自行车和市场观光游。

就餐

Little Sapa 越南菜 $

(18 P Cau May; 餐 50,000~80,000d; ⏰8:00~22:00; 📶🖊)在旅游业氛围很重的P Cau May街上，这里是性价比较高的餐厅之一，也有不少当地人来吃。不要去点那些毫无特色的西餐，选择越南菜吧。

烧烤店 越南菜 $

(Đ Phan Si; 餐 约70,000~120,000d; ; ⏰正午至23:00) Đ Phan Si北端有几家轻松自在的餐厅主打烤肉和烤蔬菜。不妨随便找张简陋的餐桌，拉一把长条椅，坐下开吃。

沙巴市场 越南菜 $

(Sapa Market, Đ Ngu Chi Son; 菜肴 约30,000d; ⏰6:00~13:00)这里有一大批当地美食摊，如果厌倦了酒店早餐，或是想吃顿便宜又地道的午餐，可以来这里试试，只是走过来需要绕过一片湖，距离不算近。

★ Hill Station Signature Restaurant 越南菜 $$

(www.thehillstation.com; 37 Đ Phan Si; 餐 60,000~180,000d; ⏰7:00~23:00; ❄📶🖊)装潢主打酷酷的禅宗范儿，景色绝美，供应各色越南苗族菜肴，包括柠檬爆炒猪肉、蕉叶叫花鳟鱼和传统的苗族血肠。这里的当地大米酒和玉米酒套餐，也值得旅行美食家们留意。千万别错过精致的虹鳟鱼米皮卷，你可以把它看作沙巴的"寿司"。

Baguette & Chocolat 咖啡馆 $$

(☎020-387 1766; Đ Thac Bac; 蛋糕 30,000d起，小吃和餐 70,000~160,000d; ⏰7:00~22:00; 📶)🌿一家由别墅改造成的咖啡馆，早餐很不错，法棍和美味的柠檬馅饼都值得推荐。许多服务员都是Hoa Sua School的学生。这所学校专门为弱势青少年进行餐饮和酒店服务方面的就业培训。

饮品和夜生活

Cafe in the Clouds 啤酒花园

(☎020-377 1011; 60 Đ Phan Si; ⏰6:00~23:00; 📶)酒吧有一个大露台，眼前便是山谷，身边常有云雾，空气清新凉爽，坐在那里沉思入定，此等感受沙巴少有，世间难觅。价格一定很高吧？其实酒水的定价相当合理，食物也不赖，而且Wi-Fi速度超快。

Hmong Sisters 酒吧

(☎0915 042 366; 31 Đ Muong Hoa; ⏰正午至深夜; 📶)宽敞的酒吧里有台球桌和火盆，

音乐动听优美，但在安静的夜晚，感觉有些人影稀疏。不过酒吧价格合理，什么时候都值得进来坐坐。

购物

Hemp & Embroidery 工艺品

（www.facebook.com/hempandembroidery；50 Đ Phan Si；⊙9:00~20:00）待客超级友好，迷人的老板娘是苗族人，销售的精美纺织品全是在沙巴地区制作的。床单和坐垫罩精美非凡，值得浏览，做生意毫无勉强逼迫之意，令许多旅行者倍感欣慰。

Indigo Cat 工艺品

（www.facebook.com/indigocatsapa；46 Đ Phan Si；⊙9:00~19:00）一家由赫蒙族人经营的手工艺品商店，店内有各式各样的当地手工艺品，如手提包、衣服、枕头和腰带等。许多商品上那些时尚的设计元素都是店家的原创。商品明码标价，让你省去了砍价的麻烦。其中一位老板叫Pang，英语很好，她的孩子们非常讨人喜欢。

实用信息

越南农业与农村发展银行（Agribank；P Cau May；⊙周一至周五8:00~15:00，自动柜员机24小时）

越南投资发展银行（BIDV Bank；☎020-387 2569；Đ Ngu Chi Son；⊙周一至周五 8:00~15:00，周六至11:00，自动柜员机24小时）

邮政总局（Đ Ham Rong；⊙周一至周五 8:00~18:00）也可到此拨打国际电话。

Sapa Tourism（☎020-387 3239；www.sapa-tourism.com；103 Đ Xuan Vien；⊙7:30~11:30和13:30~17:00）热心的工作人员能讲英语，可以就交通、徒步以及天气等方面提供详细信息。上网15分钟内免费，其官网上也有大量有用的信息。

旅行社

Duc Minh（☎020-387 1881；www.ducminhtravel.com；10 P Cau May）能讲英语，服务友好，可以为旅行者安排交通，组织山地部落村庄徒步游以及番西邦峰登山活动。

Handspan Travel（☎020-387 2110；www.handspan.com；Chau Long Hotel, 24 Dong Loi）组织徒步游和山地自行车骑行，前往各个村落和市场。

到达和离开

前往老街的小巴 沙巴有小巴和大巴发往老街（30,000d，30分钟），每半小时一班，首班6:00，末班18:00，发车地点是沙巴教堂附近的一个巴士站点，车身红黄相间，车窗上有价格表。

沙巴长途汽车站（Sapa Bus Station；Đ Luong Dinh Cua）沙巴长途汽车站位于城镇东北。河内方向的大巴（250,000d，10小时）7:30、8:30、16:00和17:00发车。另有两班卧铺大巴发往河内（300,000d，6小时），走的是新修的快速收费公路，发车时间为21:00和22:00。这里每天还有10班大巴发往老街，首班6:30，末班17:15。

奠边府（Dien Bien Phu）

1954年5月7日，在奠边府附近的乡村地区，法国殖民军队在一场决定性战役中被越南独立同盟会（Viet Minh）击败，其印度支那帝国时日无多。

奠边府镇位于心形的曼青河谷（Muong Thanh Valley）中，周围环绕着茂密的森林。在前往奠边府的路途中，道路穿过茂密的森林和险峻的山地，景色令人惊叹不已。城市本身坐落于宽广干旱的平原中，略显平凡单调，内有林荫大道和气派的市政建筑。

景点

★A1高地 纪念碑

（A1 Hill；Đ 7-5；3000d；⊙7:00~11:00和13:30~17:00）这里是奠边府战役中的战略要地，法国人称其为艾里安高地（Eliane），越南人称其为A1高地，现在陈列着一些坦克和一座纪念碑，纪念越盟为了夺取高地而付出的代价。法军防线中心区域可见错综复杂的战壕，也是后来重建的。现场几乎没有背景信息介绍。

★奠边府博物馆 博物馆

（Dien Bien Phu Museum，☎0230~382 4971；Đ 7-5；15,000d；⊙7:00~11:00和13:30~16:30）这所博物馆现代风格的建筑颇具未来感，为纪念1954年的奠边府战役而建。博物馆布展合理，藏品不拘一格。在军火和枪药的旁边，有一个属于法国司令德卡斯特里上校(Colonel de Castries)的浴缸、一辆可以运输330千克军需品的自行车，以及照片和文件，其中一些配有英语翻译。

食宿

长途汽车站一带有那种简陋的客栈，一些房间里有吓人的爬虫。从汽车站走几个街区，在Tran Dang Ninh上能找到条件更好的中档住处。P Nguyen Chi Tranh上的餐厅简朴实惠，吃的都是现成的，摆在台子上，从鸡肉到炸蚂蚱，什么都有，想吃哪个用手点就行。汽车站对面有一些价格便宜、气氛欢乐的米粉摊(菜肴约30,000d; ⏲8:00~22:00)，也有几家朴实的餐厅，有些地方能喝到美味的鲜榨甘蔗汁。

★ Ruby Hotel 酒店 $

(☎091 365 5793; www.rubyhoteldienbien.com; 紧邻Đ Nguyen Chi Thanh; 标单/双/标三 400,000/500,000/600,000d)奠边府最值得推荐的住处，待客友好，所在小巷有路牌指示。客房配有新床和平板电视，卫生间配有大花洒，整体上很舒服。即使是孤身旅行，也可以要一个双人间犒劳一下自己，因为单人间相当小。

Yen Ninh 越南菜 $

(P Be Van Dan; 餐 35,000~70,000d; ⏲8:00~22:00; ✎)一家低调的小馆儿，专做素食，有好吃的面食和实惠的越南风味豆腐、素肉盖饭。

实用信息

Đ Hoang Van Thai街上有网吧。

城里有一家**越南农业与农村发展银行**(☎0230~382 5786; Đ 7-5; ⏲周一至周五 8:00~15:00，周六 至11:30，自动柜员机24小时)，有一台24小时自动柜员机。

到达和离开

河内与奠边府之间有6号公路和279号公路连接，路程480公里，车程大约11小时。

奠边府长途汽车站(12号公路旁)位于Đ Tran Dang Ninh街角，南下河内的班车非常多，清晨还有发往老挝的过境车。

越南航空(☎0230-382 4948; www.vietnamairlines.com; Đ Nguyen Huu Tho; ⏲7:30~11:30和13:30~16:30)每天有两班飞机往返奠边府和河内。航空公司办事处在机场附近，距镇中心1.5公里，在前往孟来(Muong Lay)的公路旁。

越南中部 (CENTRAL VIET NAM)

越南中部是越南版图的中心，这里拥有丰富的历史景点和人文景观，以及非常迷人的沙滩和闻名遐迩的国家公园。顺化的皇城、皇陵和超美味的街头小吃令人惊叹不已。你也可以欣赏会安河畔令人愉悦的独特古城风姿，参观非军事区(DMZ)的军事基地，游览快速发展的岘港——越南最具活力的城市之一。不要忽略景色壮观的丰芽地区，这里有三大岩洞胜景(包括世界上最大的洞穴)，华美的风景中还隐藏着一段引人入胜的战争故事，越来越多的旅行者都把这里看作必来之处。平日忙忙碌碌的你，完全有权利到安邦金色沙滩上尽享清闲，或者学习烹饪越南中部的菜肴——其烹饪手法在越南菜中最为复杂。

随着公路情况的改善，以及顺化和岘港国际机场的日益完善，前往这片魅力十足而又丰富多彩的地方比过去要容易得多。

从奠边府发出的长途汽车

目的地	票价(d)	车程(小时)	车次
河内	290,000~310,000	11.5	4:30~21:00班次频繁
莱州	130,000	6~7	6:15、7:00、8:00、9:00、10:00、12:30、13:15
孟夸(老挝)	110,000	7~8	5:30
孟来	62,000	3~4	14:30、15:00、16:00
山萝	105,000	4	4:30、8:00、正午、14:00

两个轮子闯越南

从河内到老街，穿越奠边府再回到首都河内的西北环路，沿途景色秀丽，而且车辆相对较少，因此更多的旅行者选择摩托骑行。对于更为勇敢无畏的人来说，选择向北通往中国的路线，穿越景色壮观的河江省和高平省，是越南旅游的最新探索方式。

应该先在河内安排骑行。可以考虑加入团队游——比如Offroad Vietnam（见79页）——或雇一位了解旅游路线、能帮你解决交通和沟通困难的导游。首先要确保熟悉你的车辆，并且查明当前的路况和路线。

租车公司会提供一份装备清单。必备物品包括一个结实的头盔、当地SIM卡（出现紧急情况时可以在你的手机里使用的）、雨具、备件、修理箱（有火花塞、扳钳、内胎和四条胎匙）、打气筒和清晰的地图。戴上护膝、护肘和手套是个好主意。

越南的公路像是人间地狱，因此让火车替你承担向北到达老街的漫漫旅途吧。如果你是卧铺，请把摩托车寄存在货物车厢。你必须把里面的汽油排空（只留一点点）。

慢慢来，不要着急，尤其是雨天——平整的柏油马路会立刻变成泥泞的道路。千万不要在强烈的暴风雨期间或雨刚停时骑车，此时发生山体滑坡的概率比较大。许多山区公路都是新建的，悬崖路堤并不稳定，预计平均每小时骑行35公里就可以。停车只选择安全的酒店停车位，尽量到汽油较纯的加油站加油。

如果时间不足或体力不支，记住一点：许多汽车公司允许你把自行车放在公交车车顶，但是要事先征得自行车租车公司的允许。

丰芽-格邦国家公园（Phong Nha-Ke Bang National Park）

2003年，丰芽-格邦国家公园（☎052-367 7021; http://phongnhakebang.vn/en）免费被联合国教科文组织列为世界遗产。这座壮观的国家公园有亚洲最古老的喀斯特山地，大约形成于4亿年前。这里有成百上千的洞穴系统（它们当中有很多在规模和长度上都异常壮观）和壮阔的地下河流，可谓洞穴爱好者的人间天堂。

直到20世纪90年代末期，由英国洞穴研究协会（British Cave Research Association）和河内大学（Hanoi University）领头，人们才算是开始认真探索这里。洞穴学者第一个深入的洞穴是丰芽洞（Phong Nha Cave），这是世界上最长的洞穴系统之一。2005年天堂洞（Paradise Cave）被发现；2009年一个洞穴研究小组发现了世界上最大的洞穴——杭松洞（Hang Son Doong）。2015年，另外两个洞穴系正式获准向公众开放。

尽管地下洞穴是这里毋庸置疑的亮点，但地上的魅力同样不小。不管是森林徒步，了解战争历史，还是骑着山地车探索乡野，这里很值得待上三四天的时间。

丰芽-格邦国家公园占地885平方公里，大多数山地上覆盖着几乎原生的热带常绿森林，其中超过90%为原始森林。公园毗邻老挝的Hin Namno生物多样性保护区，两者共同形成了一片相互连接的栖息地保护区，令人叹为观止。目前丰芽记录在案的有100多种哺乳动物，其中包括10种灵长类动物，还有老虎、大象、亚洲的一种珍稀羚羊——越南苏拉羚（saola）以及81种爬行动物、两栖动物和300多种鸟类。

过去，越南军方对该地区实行严格管制，限制外人进入。由于公园内布满了很多未爆弹，对进入地区实行严格管制有理有据。严格地讲，你必须通过有资质的旅行社报名才能入内徒步，但胡志明公路（或称20号公路）从公园地界中穿过，所以你也可以乘车（摩托车或小汽车）自行沿路游览。

丰芽地区正在飞速变化之中。山泽村（Son Trach village，人口3000）是这里的中心村镇，里面有一台自动柜员机，住宿和就餐的选择越来越多，与越南中部其他部分的交通也正在改善。

景点

★杭松洞（Hang Son Doong） 洞穴

杭松洞（意为"山河洞"）是世界已知最大的洞穴，也是东南亚最为壮观的景点之一。2013年，越南政府才批准外人入洞探索，而且限制非常严格。目前，只有山泽村的Oxalis旅行社获得了越南总统的特批，可以组织旅行团游览这里。

杭松洞可不是什么一日游目的地。这里的位置非常偏僻，团队游全程7天，每团随行的挑夫就大约有16名，价格每人US$3000，每团徒步者最多10人。

★黑暗洞 洞穴

（Hang Toi；每人 350,000d）先来一次水面滑索，然后游泳进入洞穴，随后探索一条伸手不见五指、泥水涟涟的通道——这么好玩儿，难怪其他旅行者会向你推荐黑暗洞团队游。出了洞穴，你还会乘坐皮划艇，舒舒服服地抵达一个码头，在那里继续体验滑索落水的刺激。

★土兰洞 洞穴

（Tu Lan Cave；www.oxalis.com.vn；两日游5,500,000d）土兰洞团队游先会带你进行乡村徒步，接着前去游泳（戴着头灯，穿着救生衣）穿过两条壮阔的地下暗河洞穴后，映入眼帘的是一个田园诗般的河谷。接着再徒步穿过茂密的森林，抵达一处"沙滩"，河流在这里汇合，是一个理想的露营地。在巨大的洞穴里游泳更加欢畅。良好的体能还是很有必要的。土兰位于山泽以北65公里处，只有参加导览游才能前去参观。

丰芽洞和乘船游 洞穴

（成人/1.3米以下儿童 150,000/25,000d，每船最多14人 320,000d；⏲7:00~16:00）乘船通过丰芽洞的旅行非常精彩，就是游客味有点重。旅行团客船从山泽村出发，一路开到丰芽洞大开的洞口，沿途可见水牛、石灰岩山峰和教堂尖顶。进洞后，客船熄火，悄无声息地穿过一个个灯光明艳的洞室。返程时，旅行者可以选择参观仙山洞（门票 80,000d）。仙山洞位于山腰，需要步行爬上去（330级台阶），洞内有占婆祭坛遗迹。

售票处和出发码头位于山泽村。全程大约2小时。

杭法洞 洞穴

（Hang Va；www.oxalis.com.vn；每人8,000,000d）这个洞穴2012年被发现，2015年开始向游客开放，可参加两天一夜游到此游览。先是坐船沿着地下河游览Hang Nuoc Nut，夜间在杭法洞洞口附近的丛林营地中过夜，第二天进洞游览。洞中有一片壮观的石笋区，一根根石笋在晶莹的水中半没半显，可谓杭法洞的亮点。整个旅程许多地方都需要用到绳索和安全带。

团队游

★Oxalis Adventure Tours 团队游

（☎0919 900 423；www.oxalis.com.vn；Son Trach）Oxalis是洞穴和徒步旅行探险方面毋庸置疑的专家，也是唯一一个获准带团参观杭松洞的旅行机构。员工们英语说得很流利，享誉世界的英国洞穴探险家霍华德和德布·林伯特对他们进行过培训。

Jungle Boss Trekking 徒步

（☎094-374 8041；www.junglebosshomestay.com；Phong Nha village，Son Trach；每人US$75）老板叫Dzung，人送外号"丛林老大"，本是非军事区的人，在丰芽待了8年，是这一带很有经验的一名导游。他的英语说得很好，能组织非常刺激的一日游探索胡志明小道和国家公园中较为偏僻的"无人谷"（Abandoned Valley）。团员需要具备中上水平的体力。

Phong Nha Farmstay Tours 探险游

（☎052-367 5135；www.phong-nha-cave.com；Cu Nam）这家农场寄宿也能组织洞穴团队游（与Oxalis合作），但开着美国Jeep或是苏联乌拉尔挎斗摩托、一蹦一颠地带你探索周边的风景、了解战争历史的这种团同样有意思。这里组织的"国家公园团队游"（National Park Tour；每人 1,450,000d）也很有人气，会用小巴带旅行者参观天堂洞、黑暗洞和胡志明小道。

Hai's Eco Conservation Tour 徒步

（☎096 260 6844；www.phong-nha-bamboo-cafe.com；每人 1,300,000d）能组织非常有趣的一日游参观丰芽野生动物救援康复

中心(Wildlife Rescue and Rehabilitation Centre;里面的动物主要是来自周围地区的猕猴,也有蛇类和鸟类),含丛林徒步环节,所以需要具备一定的体力。团费含午餐烧烤,结束时还有机会在一个天然水潭中凉快地游游泳。老板Hai晚上一般会待在他的咖啡馆Bamboo Café里面,你可以过去找他聊聊。

住宿

Easy Tiger 青年旅舍 $

(☎052-367 7844;www.easytigerphongnha.com;Son Trach;铺 160,000d;❄@📶🏊)这家青旅位于山泽,有4床位宿舍出租,还有一张台球桌,能提供出色的旅游信息,自带酒吧Jungle Bar(见101页)也很好。这里的游泳池和啤酒花园是徒步探洞之后理想的放松去处。床上竟然铺着仿真豹皮当床罩,有点辣眼睛。这里为住客免费提供自行车和地图,探索美妙的Bong Lai河谷。建议邮件订房。

★ Phong Nha Farmstay 客栈 $$

(☎052-367 5135;www.phong-nha-cave.com;Cu Nam;房间 800,000~1,200,000d,家 1,000,000~2,000,000d;🚭❄@📶🏊)这家农场寄宿让丰芽闻名于世,俯瞰一望无际的稻田,景色宁静。房间虽然不大却很整洁,房间内有高高的天花板,阳台是共用的。酒吧餐馆供应亚洲和西式食物,氛围欢乐友好,偶尔还有电影放映和现场音乐演出。能组织非常不错的团队游游览周边,免费出租自行车。

地点位于Cu Nam村,距离山泽以东9公里。

Phong Nha Lake House Resort 酒店 $$

(☎052-367 5999;www. phongnhalakehouse.com;Khuong Ha;铺/家 US$10/70,双 US$42~60;❄📶🏊)这家湖边度假村让人印象深刻,老板夫妇一位是澳大利亚人,另一位是越南人。度假村里有一间非常好的宿舍(配有质量不错的床、蚊帐、独立卫生间和高高的天花板),还有宽敞有格调的别墅。除了一个泳池,这里不久前还推出了湖景平房度假屋,所以更称得起是这一带最舒适的住处了。这里的木头餐厅是越北河江省的传统风格。

位于山泽以东7公里处。

Oxalis Home 酒店 $$

(☎052-367 7678;www.oxalis.com.vn;Son Trach;双 山景/河景 1,200,000/1,500,000d;🚭❄📶)一家河畔酒店,是Oxalis旅行团的住处,但也接待其他旅行者。客房面积很大,或有河景,或有同样壮观的喀斯特山景。住客可免费使用自行车和皮划艇——酒店拥有一片面积不大的专用沙滩,可以划皮划艇。自带咖啡馆Expedition Café独享绝美河景。

Pepper House 客栈 $$

(☎016 7873 1560;www.facebook.com/PepperHouseHomestay;Khuong Ha;铺/别墅 200,000/1, 400,000d;❄📶🏊)老板是在越南生活了很久的澳大利亚人戴夫(Dave),绰号"多面手"(Multi),老板娘Diem是当地人。他们开的这家客栈待客友好,周围一派田园风光,拥有一个不大的泳池,泳池周围立着几座别墅,里面新推出了双人间供客人选择。正房里也有较为简朴的宿舍。好吃的食物和冰啤酒自然少不了。

距离山泽以东6公里。

餐饮

Bamboo Cafe 咖啡馆 $

(www.phong-nha-bamboo-cafe.com;Son Trach;餐 35,000~80,000d;⏰7:00~22:30;📶)位于山泽主街上,氛围轻松自在,装潢五颜六色,店外有一个凉爽的木板露台,饮食定价合理,新鲜水果做成的思慕雪非常好喝,还有多种素食可选。你在这里也常常能够找到友好的Hai(见本页),他能够组织生态环保游。

Mountain Goat Restaurant 越南菜 $$

(Son Trach;山羊肉 150,000d起;⏰11:00~21:00)山泽的一家河畔餐厅,主打烤制和蒸制的山羊肉(de)——记得搭配柠檬草一起吃。也有香辣鸡和冰啤酒等食物饮料。从丰芽洞客船站沿河步行150米,过了教堂即是。

Jungle Bar 酒吧

(Son Trach;⏰7:00至午夜;📶)开在Easy Tiger(见101页)店内的酒吧咖啡馆,是山泽最热闹的地方,有便宜的啤酒和台球桌,每周有四个晚上会举行现场音乐演出。店内装饰

有多国国旗，"爱国青年"可以把本国的国旗也挂上去。即使你不住在Easy Tiger，也能从这里获得大量的当地信息。

顺化（Hue）

顺化是越南学术、文化和宗教的心脏。宫殿和佛塔，陵墓和寺庙，文化和美食，令人感怀的历史和令人心碎的爱情——这里从不缺少充满诗意的描述。

作为世界遗产的顺化是阮朝的首都，旅行者来这里主要是为了参观颓败而又华丽的皇陵和残破而又气派的皇城。

顺化拥有如此魅力，很大一部分原因是因为它位于香河（Perfume River）河畔。晴天的时候，这里美得如同一幅画卷，即使是天气不太好的日子，这里也充满情调。今天，这座城市新旧元素大量交织，现代化的时尚酒店高高地耸立在摇摇欲坠的百年老城墙之间。

城中有一些"强势"的商贩，不过不算什么大麻烦，顺化总体上仍是一座安静而又保守的城市，夜生活不静不闹刚刚好。

景点

顺化多数主要景点都在皇城护城河内和内城（Imperial Enclosure）里。城市其他地方也零星分布有博物馆和佛寺。皇陵（见103页）都在顺化南部。买一张顺化旅行套票（package tour ticket；成人/儿童 360,000/70,000d）比较划算，持票可参观皇城以及嘉隆陵、启定陵和明命陵。

皇城内

建于1804~1833年的顺化皇城（Kinh Thanh）依然是顺化的心脏。皇城城墙厚2米，长10公里，外侧有护城河（30米宽，4米深），建有10座城门，可谓坚不可摧。

皇城分区布局明确。内城和紫禁城是越南皇室生活的核心，西南部是寺庙建筑群，西北部是起居区，东北部是花园区，北部则是芒差堡（Mang Ca Fortress，现在依然是座军事基地）。

★顺化皇城内城 古迹

（Imperial Enclosure；成人/儿童 150,000/30,000d；⏲7:00~17:30）内城是一座城中城，6米高、2.5公里长的城墙把皇帝的寝宫、寺庙、宫殿和一些重要的建筑环绕在内。原来的内城今天只有一小部分被保留了下来。在与法国人和美国人的战争中，这里遭到了严重轰炸，148座建筑只有20座得以幸存。内城非常迷人，值得用半天的时间好好探索一下，但是因为标识做得不够好，自行参观有点儿麻烦。修复重建施工正在持续进行中。

参观的途中会遇到很多碎石、瓦砾、残垣和杂草。尽管如此，悠闲漫步其间时，感受还是很美妙的，一些游客较少的地方特别有氛围。周围散布着一些小咖啡馆和卖纪念品的小摊。

参观内城里的景点，最好从午门开始，沿逆时针方向游览。

午门（Ngo Mon Gate） 城门

内城的主入口就是午门，正对旗塔（Flag Tower）。中间配黄色大门的通道，以及莲花池上的那座桥，都是过去帝王专享的，其他人只能走两侧的通道绕行池塘。城门的顶上是五凤楼（Ngu Phung），再上面一层有一对巨大的钟鼓。

太和殿（Thai Hoa Palace） 宫殿

太和殿（1803年）殿宇宽阔，顶部气派华丽，由80根漆雕柱支撑。这里曾经是皇帝公务接待和举行重要庆典活动的地点。每逢重要场合，皇帝会坐在高高在上的宝座上，正对着从午门进入大殿的访客。这里禁止拍照，不过一定要去看令人印象深刻的视听演示，它对整个皇城及其建筑和历史进行了非常不错的综述。

官吏厅（Halls of the Mandarins） 历史建筑

官吏厅位于太和殿殿后院落两侧，曾是司礼人员的办公地点，用以准备皇家仪式。右侧的大厅展示了一些有趣的老照片——包括维新帝（Vua Duya Tan）少年加冕时的照片——还有镀金的佛像和各种皇帝用过的古玩。院后是**勤政殿**（Can Chanh Palace）的遗址，那里有两条重建的长廊，上绘闪亮的红漆，令人赞叹。

太平楼 历史建筑

（Emperor's Reading Room，Thai Binh Lau）

这个精致却摇摇欲坠的两层小楼是皇帝的御书房，1947年法国重新占领顺化期间，这是紫禁城唯一一个未被损坏的地方。楼外的拼贴而成的阴阳图华丽奇异，仿佛是高迪的手笔，内部风格肃穆内敛，对比强烈。内部近期经过修复，一楼空间很小，那里的环廊现已对旅行者开放。楼外两侧各有一首启定帝写的诗，还能看见"御书房"三个大字。

阅是堂 历史建筑

（Royal Theatre, Duyen Thi Duong; ☎054-351 4989; www.nhanhac.com.vn; 表演 50,000~100,000d; ⏲表演时间 9:00、10:00、14:30和15:30）阅是堂就是皇家剧院，原建于1826年，后为越南国家音乐学院（National Conservatory of Music）所用，现在的建筑是在原址上重建的。即便是没有演出的时候，游人也可以到华贵的椅子上坐坐，或是参观一下里面的展览。展品都是越南传统戏剧中使用的面具和乐器，配有英文介绍，非常有趣。文化演出时长45分钟。

几暇园（Co Ha Gardens） 花园

这些美妙的花园位于内城的东北角，是由阮朝的前四位皇帝下令修建的，但后来荒废凋零。近年来，花园经过重建再现美丽，其中点缀着一些小凉亭和池塘。这是整个皇城中最安静的地方之一，2017年初才完成了最后阶段的考古发掘和修复工作。

紫禁城 遗迹

（Forbidden Purple City, Tu Cam Thanh）紫禁城位于内城的正中心，曾经壮丽宏伟的建筑今天几乎不复存在了。曾经，这里是一座城中城，只为皇帝个人所用，唯一允许入内的仆人就是太监，因为他们不会秽乱宫闱。紫禁城在历次战争中损毁殆尽，留下的遗址现在也摇摇欲坠、杂草丛生。

延寿宫（Dien Tho Residence） 历史建筑

延寿宫（1804年）现已部分荒废，但仍美丽惊人，曾经是阮朝后妃们的居所和处理事务的地方。正殿里有一个照片展，阐述了宫殿之前的功用，这里还展示带有刺绣的皇家服饰。宫外有一座凉亭立于荷花池上，现在成了一家咖啡馆，很值得进来坐坐，休息一下。

★太庙（To Mieu Temple Complex） 佛教寺庙

这片围墙内的建筑群位于内城的西南角，现已经过精心修复，震撼人心。南边的显林阁（Hien Lam Pavilion）原建于1824年，共3层，十分威严。庭院的另一侧就是庄重肃穆的太庙（To Mieu Temple），里面供奉着历代皇帝的牌位，每个牌位上面都挂着该帝王的画像。

显林阁和太庙之间放置着九鼎（Nine Dynastic Urns dinh），1835~1836年铸造，每一尊鼎都用以纪念一位阮朝皇帝。

九门神炮（Nine Holy Cannons） 古迹

九门神炮（1804年）位于皇城之中，靠近旗台两侧的城门处，是宫殿和皇帝象征性的守卫者，由嘉隆帝下令建造，最初就是用来当摆设的。其中靠近端门（Ngan Gate）的四门炮代表四季，靠近彰德门（Quang Duc Gate）的五门炮代表五行（金、木、水、火、土）。

皇城外

阮朝（1802~1945年）统治者的奢华陵墓群，依香江江岸依次排列，距顺化城南2到16公里。以下3座皇陵尤其震撼，不过其他皇陵也值得一游。

嗣德陵 陵墓

（Tomb of Tu Duc; 成人/儿童 100,000/20,000d）该墓建于1864~1867年，是游人最多、最壮观的皇陵之一。嗣德帝（Emperor Tu Duc）亲自设计了这座陵墓，作为自己生前和死后的住所。建造嗣德陵耗资巨大，而且强征民役，因而差点引发叛乱，只是风声泄露，被扼杀于萌芽。嗣德陵位于顺化以南5公里处，在Duong Xuan Thuong村的Van Nien山上。

明命陵 陵墓

（Tomb of Minh Mang; 成人/儿童 100,000/20,000d）这座雄伟陵墓素以其建筑风格和壮美的森林环境著称。该墓设计于明命帝在位时期（1820~1840年），于继任者绍治帝（Thieu Tri）时期建成。

明命陵位于香河西岸的安邦村（An Bang village），距顺化12公里。

启定陵 陵墓

（Tomb of Khai Dinh；成人/儿童 100,000/20,000d）这座位于半山腰的陵墓融合了越南和欧洲元素。外部极为宏伟，多被黑色的混凝土覆盖，无意间营造出一种哥特式风格，而内部则色彩缤纷，犹如一场马赛克大爆炸。启定帝（Khai Dinh）是越南的倒数第二位皇帝，1916~1925年在位，通常被认为是法国人的傀儡。建造他的华丽陵墓耗费了11年。启定陵位于Chau Chu村，距顺化10公里。

★天姥寺（Thien Mu Pagoda） 佛教寺庙

免费 建于山上，俯瞰香江，距皇城西南4公里，是越南的一张名片，和皇都一样都是顺化的知名标志。其中有一座高21米的八角形佛塔，名为福缘塔（Thap Phuoc Duyen），建于1844年绍治皇帝（Emperor Thieu Tri）治下。塔有7层，每层都供奉着一位来世佛（manushi-buddha）。建议抢在旅游团前面，在上午前来参观。

皇家美术博物馆 博物馆

（Royal Fine Arts Museum；150 Đ Nguyen Hue；⏲夏季 6:30~17:30，冬季 7:00~17:00）免费 最近修复过的博物馆位于受到巴洛克建筑风格影响的安定宫（An Dinh Palace）之中，1918年由启定帝（Khai Dinh）下令修建，充满精致的壁画、花饰图案和视觉陷阱细节。保大皇帝（Emperor Bao Dai）在1945年退位前便与家人生活在这里。你在馆内可以看到非凡的陶器、绘画、家具、银器、瓷器和皇家服饰，就是讲解注释较少。

妙谛国寺 佛教寺庙

（Dieu De National Pagoda，Quoc Tu Dieu De；102 Đ Bach Dang）免费 该寺俯瞰东巴运河（Dong Ba Canal），建于绍治皇帝在位期间（1841~1847年），以其4座低塔而知名，寺门两边各一座，大殿两侧也各有一座。大殿正门两侧的楼阁里有雕塑，可见地位仅次于菩萨的十八罗汉（La Ha）和为佛祖护法的八大金刚（Kim Cang）。在中间一排台子的后面是释迦牟尼，两侧各有佛像守护。

报国寺 佛教寺庙

（Bao Quoc Pagoda；Ham Long Hill）免费 位于香江南岸的小山山顶上，建于1670年。登上宽宽的台阶，便是其独特的三重庙门。右手边的建筑自1940年至今都是僧人修行中心。

团队游

多数酒店和旅行者咖啡馆都能组织拼团一日游（每人US$5~20）。比较好的团，先会在早上乘船游江，在寺庙等处停留，午饭后坐小巴参观主要皇陵，最后返回顺化。如果想减少开支，你可以从泊船处租辆摩托车前往皇陵，或是在炎热天气下步行前往。

Hue Flavor 美食游

（☎0905 937 006；www.hueflavor.com；每人 US$49）组织小吃主题游带你领略顺化美味，非常不错。乘坐的交通工具是三轮车（cyclo），时长4小时，大约一共可以品尝15种美食。

Stop & Go Café 乘车游

（☎054-382 7051；www.stopandgo-hue.com；3 Đ Hung Vuong）提供极为个性化的摩托车和汽车观光游。为期一整天的非军事区汽车观光游由一名越南老兵陪同，4人团队每人花费约为US$30，相当划算。前往会安的导览游中途会在海滩停留，也值得推荐。注意，当地有其他一些旅行社名号与这家类似，实际毫无关系，报名时注意地址。

Cafe on Thu Wheels 团队游

（☎054-383 2241；minhthuhue@yahoo.com；10/2 Đ Nguyen Tri Phuong）出租自行车，组织摩托车、小巴和小汽车团队游游览顺化及非军事区周边，价格都不贵。也能提供前往会安的客运服务，摩托车US$45，小汽车US$55。

住宿

★Canary Boutique Hotel 精品酒店 $

（http://canaryboutiquehotel.com；Lane 8，43 Đ Nguyen Cong Tru；房间 US$18~28；⊖❄@🛜）地方这么干净，服务这么专业，早餐不但好还能免费再续，组织的团队游价格实在，房费还这么低，实在令人惊喜。更惊喜的是，房间里竟然安设了浴缸，虽说浴缸并非必需，但逛了一整天皇城，泡过了附近那些酒吧，回来泡个澡，这可是锦上添花的美事。酒店所在小巷不太好找，找不到的话可以去主路上的兄弟企业Canary Hotel那里询问。

★ Home Hotel 酒店 $

（054-383 0014；www.huehomehotel.com；8 Đ Nguyen Cong Tru；房间 US$17~24；）工作人员真的非常友善，让人宾至如归，氛围青春时尚，建筑有好几层，客房很大。正对Đ Nguyen Cong Tru 的客房配有一个不大的阳台，配有玻璃门，能欣赏河景，值得推荐。没有电梯。

★ Beach Bar Hue 酒店 $

（0908 993 584；www.beachbarhue.com；Phu Thuan beach；铺 US$10；）位于华美的Phu Thuan海滩（距离Thuan An东南约7公里），沙滩上暂时还没有小贩出没。酒店拥有4床位平房宿舍，品质一流。自带一个搞怪的酒吧，由竹子和茅草搭建而成，提供饮料和小吃。

Jade Hotel 客栈 $

（054-393 8849；http://jadehotelhue.com；17 Đ Nguyen Thai Hoc；房间 含早餐 US$17~33；）非常不错，服务水准绝对的高，工作人员很贴心，很热情。床垫柔软舒适，还有一个绝佳的大堂休闲吧可以供你消磨时间。

Hue Backpackers 青年旅舍 $

（054-382 6567；www.vietnambackpackerhostels.com；10 Đ Pham Ngu Lao；铺 US$8~12，房间 US$18，全部含早餐；）由于位于中心地带，员工热情友好，提供很好的旅行信息，自带一家氛围欢乐的餐厅，因而成了背包客的圣地。宿舍经过了精心设计，带有空调和储物柜。

Huenino 客栈 $

（054-625 2171；www.hueninohotel.com；14 Đ Nguyen Cong Tru；房间 含早餐 US$18~25；）这家温馨的旅馆由家庭经营，时尚的家具、艺术品让这里充满艺术气息，客房略小但配迷你吧、有线电视和高品质床。提供丰盛的早餐。

Star City Hotel 酒店 $

（054-383 1358；http://starcityhotelhue.com；2/36 Đ Vo Thi Sau；房间 US$18~26；）这家5层楼的酒店带有一部电梯，干净宽敞的房间配有电视和空调，房价也很便宜。酒店远离街道，不会有交通噪声的问题。

Orchid Hotel 酒店 $$

（054-383 1177；www.orchidhotel.com.vn；30a Đ Chu Van An；房间 含早餐 US$33~47；）这家现代化酒店深谙经营之道，服务热情，口碑颇佳且名副其实，酒店经营者花费了很多心思。客房非常好：所有客房都有强化木地板、颜色鲜亮的靠垫和一台DVD放映机，一些更贵的房间甚至配有按摩浴缸，可以边泡澡边欣赏城市景色。免费早餐不错（鸡蛋现点现做），对小朋友们也是照顾有加。

Moonlight Hotel Hue 酒店 $$

（054-397 9797；www.moonlighthue.com；20 Đ Pham Ngu Lao；房间 US$50~75，套 US$80~135；）是顺化酒店业中的新生代，价格适中，房间标准却非常高。每个房间都有锃亮的木地板、大理石贴片的卫生间（配浴缸）和奢华的家具。再多花点儿钱，就可以升级到一间带阳台的房间，欣赏到香江美景。自带一个室内小泳池，天台酒吧Sirius（见109页）酒水不错。

Villa Louise 精品酒店 $$$

（0917 673 656；www.villalouisehue.com；Phu Thuan beach；双 US$75~135，别墅 US$120~244；）这里有美妙的别墅和普通客房，自带两个泳池。别墅按照传统越南风格打造，装饰精心。

就餐

顺化的素食文化源远流长。每逢农历初一和十五，东巴市场里的摊位就会供应素食。

顺化的街头小吃也很不错。

★ Hanh Restaurant 越南菜 $

（0905 520 512；11 Pho Duc Chinh；餐 30,000~100,000d；10:00~21:00）餐厅生意兴隆，是初次体验顺化特色菜的首选。点一份含5道菜的花式套餐（100,000d），里面包括美味的虾饼（banh khoai）、米糕（banh beo；上有虾和小葱，蒸制而成的米糕）和妙

Hue 顺化

A
B
C
D
1
2
3
4
5
6
7
Tinh Tam Lake 静潭湖
Đ Tinh Tam
Đ Nhat Le
Đ Ngo Si Lien
Đ Mai Thuc Loan
Đ Nguyen Dieu
Đ Le Thanh Ton
Đ Dang Dung
Đ Nguyen Chi Dieu
THE CITADEL 皇城
Đ Phung Hung
Đ Tue Tinh
Đ Dang Thai Than
Đ Doan Thi Diem
Đ Han Thuyen
Đ Dinh Cong Trang
Đ Tong Duy Tan
Đ Le Truc
3
6
8
15
Imperial Enclosure 1
顺化皇城内城
10
4
16
To Mieu Temple Complex
太庙
2
12
Đ 23 Thang 8
9
11
Đ Le Huan
Phu Xuan Bridge
富春桥
7
13
28
Đ Ton That Thiep
Đ Le Duan
Đ Nguyen Huy Tu
去Thien Mu Pagoda
天姥寺(4.5km)
Đ Le Loi
Đ Le Lai
去火车站(200m);
Bao Quoc Pagoda报国寺(500m)

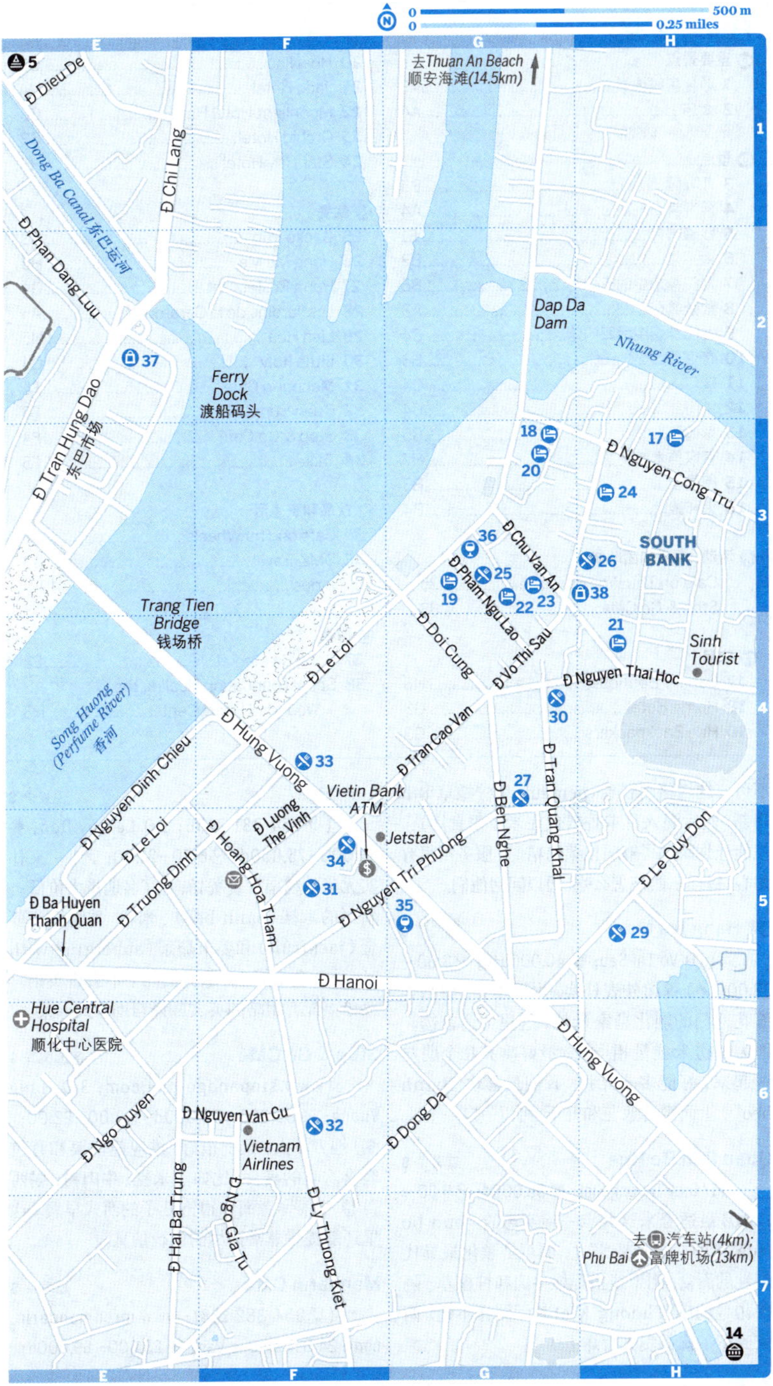
0 500 m
0 0.25 miles
E
F
G
H
5
Đ Dieu De
Dong Ba Canal 东巴运河
Đ Chi Lang
Đ Phan Dang Luu
去Thuan An Beach 顺安海滩(14.5km)
Dap Da Dam
Nhung River
37
Ferry Dock
渡船码头
Đ Tran Hung Dao
东巴市场
18
20
17
Đ Nguyen Cong Tru
24
SOUTH BANK
36
Đ Chu Van An
26
Đ Pham Ngu Lao
25
19
22
23
38
Trang Tien Bridge
钱场桥
Đ Doi Cung
21
Sinh Tourist
Đ Le Loi
Đ Vo Thi Sau
Đ Nguyen Thai Hoc
Song Huong (Perfume River)
香河
30
Đ Hung Vuong
33
Đ Tran Cao Van
Đ Nguyen Dinh Chieu
Vietin Bank ATM
27
Đ Ben Nghe
Đ Tran Quang Khai
Đ Luong The Vinh
Đ Le Loi
Đ Hoang Hoa Tham
Jetstar
34
Đ Le Quy Don
Đ Truong Dinh
31
Đ Nguyen Tri Phuong
Đ Ba Huyen Thanh Quan
35
29
Đ Hanoi
Hue Central Hospital
顺化中心医院
Đ Hung Vuong
Đ Ngo Quyen
Đ Nguyen Van Cu
32
Đ Dong Da
Vietnam Airlines
Đ Hai Ba Trung
Đ Ngo Gia Tu
Đ Ly Thuong Kiet
去汽车站(4km);
Phu Bai富牌机场(13km)
14
1
2
3
4
5
6
7

Hue 顺化

重要景点

1 顺化皇城内城 A3
2 太庙 A4

景点

3 几暇园 B3
4 延寿宫 A4
5 妙谛国寺 E1
6 太平楼 B3
7 九门神炮中的五门炮 B5
8 紫禁城 A3
9 九门神炮中另四门炮 C4
10 官吏厅 B3
11 端门 C4
12 午门 B4
13 彰德门 B5
14 皇家美术博物馆 H7
15 阅是堂 B3
16 太和殿 B4

活动、课程和团队游

Cafe on Thu Wheels （见35）
Stop & Go Café （见33）

住宿

17 Canary Boutique Hotel H3
18 Home Hotel G3
19 Hue Backpackers G3
20 HueNino G3
21 Jade Hotel H4
22 Moonlight Hotel Hue G3
23 Orchid Hotel G3
24 Star City Hotel H3

就餐

25 Gecko Pub G3
26 Hang Me Me H3
27 Hanh Restaurant G4
28 Les Jardins de la Carambole A5
29 Lien Hoa H5
30 Little Italy G4
31 Mandarin Café F5
32 Quan Bun Bo Hue F6
33 Stop & Go Café F4
34 Ta.ke F5

饮品和夜生活

35 Café on Thu Wheels G5
36 DMZ Travel G3
Sirius （见19）

购物

37 Dong Ba Market E2
38 Spiral Foundation Healing the Wounded Heart Center H3

不可言的烤猪肉春卷（nem lui；用柠檬草串串烤制，然后混入草本香料包在米皮里食用），就能让你瞬间了解顺化菜的精髓。服务员很有耐心，每样东西该怎么吃，可以问问他们。

★ Hang Me Me 越南菜 $

（16 Đ Vo Thi Sau；餐 40,000d起；⏲8:00~23:00；☑）餐馆外表朴实，水平顶尖，想品尝五花八门的顺化皇家米糕，这里可谓首选。因为一份米糕量相当大，最好凑齐几个朋友一起来，好能多吃几种。我们最喜欢“banh beo”，上面撒着葱花和虾干，可以一口一个。

Quan Bun Bo Hue 越南菜 $

（17 Đ Ly Thuong Kiet；餐 35,000d；⏲6:00~14:00）最适合来这儿点一碗实惠的“bun bo Hue”（即“顺化米线”），那可是顺化最具代表性的面食，用米线搭配嫩牛肉和柠檬草。隔壁19号的Ly Thuong Kiet餐厅同样不错。两家到下午就都卖光打烊了。

Lien Hoa 素食 $

（☎054-381 2456；3 Đ Le Quy Don；餐 50,000~75,000d；⏲6:30~21:00；☑）一家朴实无华的越南素食餐馆，出了名地量大价低。新鲜的米糕（banh beo）、米粉、香脆炸菠萝蜜（jackfruit）和姜末茄条（aubergine with ginger）全都好吃。服务员几乎不会讲英语，菜单上配有粗略的英文翻译帮助客人点菜。

Stop & Go Café 各国风味 $

（www.stopandgo-hue.com；3 Đ Hung Vuong；餐 35,000~90,000d；⏲7:00~22:00；📶）地方不大，氛围很好，供应越南菜和背包客喜欢吃的美食，比如蒸米糕、牛肉粉、墨西哥卷、比萨、意面和很饱肚子的西式早餐。这里还能提供非常详尽的旅行信息。

Mandarin Café 越南菜 $

（☎054-382 1281；www.mrcumandarin.com；24 Đ Tran Cao Van；餐 25,000~69,000d；

)店主Cu先生还是位摄影师，墙上便由他的震撼大作装饰，几年来主要接待背包客。这家餐厅氛围轻松，有许多素食和早餐可选。这里也是一家旅行社，能组织顺化一带的旅行团。

Gecko Pub 咖啡馆 $$

(9 Đ Pham Ngu Lao; 餐 30,000~110,000d; 8:00至午夜;)Pham Ngu Lao街上有许多咖啡馆和餐厅，这家我们最喜欢。店内氛围惬意自在，服务友好，装潢主打高端时尚的亚洲风，还拥有全城最好的室外临街就餐区。西餐和越南人气美食都有，花样百出。这里的莫吉托鸡尾酒在越南中部也是数一数二。

Les Jardins de la Carambole 创意菜 $$

(054-354 8815; www.lesjardinsdelacarambole.com; 32 Đ Dang Tran Con; 餐 120,000~300,000d; 7:00~23:00;)这家法式餐厅很有档次，位于皇城附近的一栋华美的殖民地时期建筑内，能留给你一段难忘的用餐体验。菜品主打经典法国菜，但推出的越南菜花式套餐很受旅行团的欢迎。丰富的葡萄酒单提供多种选择，服务员非常专业。这里是享受浪漫大餐的不二选择。你甚至可以坐人力车前来，不经意间时光仿佛就倒退到了印度支那时代。

Ta.ke 日本菜 $$

(34 Đ Tran Cao Van; 餐 50,000~135,000d; 10:30~22:00;)一家非常地道的日本餐厅，室内挂着灯笼和书法，装潢很有品位，寿司、天妇罗和日式鸡肉串等菜肴也很迷人。店内带空调，从顺化越来越喧嚣的街道上走进来，顿觉安静祥和。

Little Italy 意大利菜 $$

(054-382 6928; www.littleitalyhue.com; 10 Nguyen Thai Hoc; 主菜 59,000~139,000d; 8:00~22:00;)这家意式餐厅面积很大，意大利人气美食种类相当丰富，意面、烤饼(calzoni)、比萨和海鲜都有。饮料方面除了各种啤酒，还有专供的西西里葡萄酒，味道很妙。

饮品和夜生活

Sirius 酒吧

(www.moonlighthue.com; 20 Đ Pham Ngu Lao; 10:00~22:00)位于Moonlight Hotel Hue酒店(见105页)顶层，是全城日落小酌的最佳去处。再点点儿烧烤小吃(包括牛肉、鱿鱼、大虾等; 55,000d起)，来些啤酒或是一杯鸡尾酒，看看香江日落美景，齐活了。

DMZ Travel 酒吧

(www.dmz.com.vn; 60 Đ Le Loi; 7:00至次日1:00;)一家人气常年不减的江畔酒吧，台球桌免费使用，有冰凉的Huda啤酒及各种鸡尾酒(推荐西瓜莫吉托)。晚上经常有活动。也供应西餐和当地食物(午夜前)、思慕雪以及果汁。欢乐时光从15:00持续到20:00。酒吧天花板上有一张颠倒的非军事区地图，还能看到一架美军直升机。

Café on Thu Wheels 酒吧

(054-383 2241; lnhin60@yahoo.com; 3/34 Đ Nguyen Tri Phuong; 7:00~23:00;)墙上到处都是涂鸦，气氛欢乐友好，食物和思慕雪超棒。老板一家友好热情，能组织精彩的团队游(见104页)，还提供书籍和杂志供客人阅读。

购物

Spiral Foundation Healing the Wounded Heart Center 工艺品

(054-383 3694; www.spiralfoundation.org; 23 Đ Vo Thi Sau; 8:00~18:00)这里旨在变废为宝，各种可爱的手工艺品都是由残疾工匠制作的——比如，用塑料制作的搞怪包包和用回收啤酒罐做的画框。收入用于资助

皇家米糕

皇家米糕是顺化特产，形状大小不一，但都是用大米磨成的粉制作的，非常好吃。最常见的叫banh khoai(类似越南南部的banh xeo，但更小，更紧实)，里面有馅儿，炸得酥脆。也有蒸米糕、糯米糕等，一般上面都会点缀些虾，吃的时候要蘸甜甜的鱼露。分量超小的banh beo、裹在蕉叶里的banh nam、透明的banh loc都不要错过。还有一种窝头一样的米糕叫banh it，蒸制过程中要用到树叶，除了甜甜的绿豆味，还有不少咸香风味可选。

罹患心脏病的儿童进行手术。

东巴市场
市场

（Dong Ba Market, Đ Tran Hung Dao; ⏲6:30~20:00）紧邻Trang Tien桥北侧，是顺化最大的市场，各种产品应有尽有。

实用信息

顺化中心医院（Benh Vien Trung Uong Hue; ☎054-382 2325; 16 Đ Le Loi; ⏲6:00~22:00）一家口碑很好的当地医院。

邮局（8 Đ Hoang Hoa Tham; ⏲周一至周六 7:00~17:30）

Sinh Tourist（☎054-384 5022; www.thesinhtourist.vn; 37 Đ Nguyen Thai Hoc; ⏲6:30~22:00）可以在此预订Open Tour的巴士，以及前往老挝和越南许多目的地的长途汽车车票。

越南工商银行自动柜员机（Vietin Bank ATM; 12 Đ Hung Vuong）位于市中心。

到达和离开

顺化有捷星航空（Jetstar; ☎1900 1550; Đ Hung Vuong; ⏲周一至周六）和**越捷航空**（VietJet; ☎1900 1886; www.vietjetair.com）的飞机往返胡志明市，有**越南航空**（☎054-382 4709; 23 Đ Nguyen Van Cu; ⏲周一至周六）飞往河内与胡志明市。

顺化的主要汽车站位于市中心东南4公里，有车连接岘港以及南边的胡志明市。

皇城西北边还有一个**安和长途汽车站**（An Hoa Bus Station; Hwy 1），车辆发往顺化以北的目的地，包括东河（44,000d，2小时，每半小时一班）。

安和长途汽车站每天11:15有一班车（车的风挡玻璃上标有“Phuc Vu”的字样）前往Phong Nha Farmstay和山泽（150,000d，4小时）。

16:30，49 Đ Chu Van An那里有Hung Thanh的Open Tour巴士发往丰芽（约135,000d，5小时）。6:30左右，Đ Vo Thi Sau的Why Not?门前有Tan Nha的大巴发往丰芽。

Open Tour长途汽车固定在顺化设站。多数都可以在市中心的酒店接送乘客。到顺化的时候，可能会遇到给酒店揽客的人，态度咄咄逼人。

顺化火车站（Hue Train Station; ☎054-382 2175; 2 Đ Phan Chu Trinh）是统一号快线上的常规站点。

当地交通

顺化的富牌国际机场（Phu Bai Airport）位于城南14公里处。从机场到市中心，打**出租车**（☎054-389 8989）大约要220,000d。越南航空开通有机场小巴班车（50,000d），将乘客从机场送至其位于市区的办事处，下车后步行15分钟即是顺化的酒店聚集区，那里有出租车和摩的候客。

骑着自行车游览顺化和皇陵，其乐无穷。酒店出租自行车费用约为每天US$3。

顺化交通一览

目的地	飞机	长途汽车	小汽车和摩托车	火车
岘港	无	60,000d，3小时，班次频繁	2.5~4小时	US$4~8，2.5~4小时，每天7班
洞海	无	85,000d，4小时，班次频繁	3.5小时	US$5~11，3~5.5小时，每天7班
河内	1,000,000d起，1小时，每天3班	260,000d，13~16小时，每天9班	16小时	US$25~42，12~15.5小时，每天6班
胡志明市	480,000d起，1.25小时，每天4班	490,000d，19~24小时，每天9班	22小时	US$33~55，19.5~23小时，每天5班
宁平	无	250,000d，10.5~12小时，每天8班	11小时	US$19~35，10~13小时，每天5班
荣市	无	150,000d，7.5~9小时，班次频繁，末班13:00	7小时	US$23~38，6.5~10小时，每天5班

顺化周边（Around Hue）

非军事区（Demilitarised Zone, DMZ）

1954~1975年，滨海河（Ben Hai River）曾是北越和南越之间的缓冲区。非军事区以南的区域发生过最血腥的战斗，而这些战斗场面出现在美国第一场电视直播战争中，这使得广治（Quang Tri）、石堆（The Rockpile）、卡森（Khe Sanh）、Lang Vay和汉堡高地（Hamburger Hill）这些名字在西方世界变得家喻户晓。

大多数遗址已经被清除干净，这片土地重新进行了绿化或种上了橡胶和咖啡树。只有滨海、永睦和卡森建了小型博物馆。除非你是参加过越南战争的老兵或是军事爱好者，不然游览时难以体会个中含义——所以更该请一位知识丰富的导游。

景点

永睦隧道 古迹

（Vinh Moc Tunnels；20,000d；⏲7:00~16:30）是非常震撼的隧道群，曾经这里是一座北越村庄，美军无情的轰炸使村民不得不躲到了地下。90多户村民挖出了三层的庞大隧道体系，全长近2公里。地上虽然炮火连天，地下仍可柴米油盐。隧道大部分区域都对游客开放，而且原封不动地保留了下来（但里面的电灯则是后来安设的）。

一位讲英语的导游会陪着你参观这里，向你指明12个入口在哪里，之后你就来到了对着南海的美丽沙滩上。博物馆里有关于隧道生活的照片和一些遗物，还有一张隧道网的地图。

永睦隧道常会被拿来与古芝隧道相比。后者更为局促潮湿，而且属于军事地道，并非是给平民使用的。

从1号公路到永睦要在滨海河以北6.5公里一个名叫Ho Xa的村子处拐下公路。之后沿着这条路向东行驶13公里就到了。

汉堡高地（Hamburger Hill） 古迹

免费 1969年5月，为了争夺一座900米高山，美军和北越军队之间展开了一场激烈的战役，有600名北越士兵和72名美国士兵牺牲。而汉堡高地（Ap Bia）就是这场战役的遗址。今天，你需要一张特别通行证（US$25，只能在Aluoi镇办理）和一位导游的陪同才能进去参观战壕和地堡的遗迹。汉堡高地位于Aluoi西北方向8公里处，距离14号公路大约6公里远，距离老挝不足2公里。

山下有一个简单的游客中心（提供英文地图和旅游信息），从这里出发，沿着一条6公里长的小径可直达山上。带些水，而且确保一定沿着小径的主线走。这里的安保措施非常严密，边防战士肯定会检查你的通行证。

石堆（Rockpile） 古迹

从9号公路就能看见这里，这个230米高的喀斯特地表岩石顶端曾有一个美国海军陆战队的瞭望台，附近还有美军的一个远程火炮基地。沿9号公路前行，东河（Dong Ha）以西29公里即可到达石堆。

白马国家公园(Bach Ma National Park)

白马国家公园（Vuon Quoc Gia Bach Ma；☎054-387 1330；www.bachmapark.com.vn；成人/儿童40,000/20,000d）在法国殖民时期曾是一个避暑山镇。高达1450米的白马山（Bach Ma mountain）顶峰就在公园内，距海岸仅18公里。这里凉爽的气候吸引了法国殖民者，他们从1930年便开始在这里建造度假别墅，到1937年，数量已达139座，因而被称为“越南中部的大叻”。

今天的白马国家公园可以徒步，可以观鸟，有滑索，还有一座佛塔，游人可在相对凉爽的天气中一一体验探索。

这里生长着1400余种植物，其中包括罕见的蕨类植物和兰花，占到了越南植物物种的五分之一。公园有132种哺乳动物，其中3种直到20世纪90年代才被世人所知：类似羚羊的苏拉羚（saola）、长山麂（Truong Son muntjac）和越南大麂（giant muntjac）。这里还有9种灵长类动物，其中包括少量罕见的红臀叶猴（redshanked Douc langur）。人们希望将来野象能穿过老挝边境回到公园中来。

活动

杜鹃花径（Rhododendron Trail，从公

值得一游

坟墓和沙丘

顺安海滩(Thuan An Beach)位于顺化市中心北15公里处,一路上香江时时相伴。从海滩继续往东南方向走,有一条安静美丽的、车辆极少的海岸公路(特别适合骑行)。公路会绕行一座狭长的海岸小岛,往内陆方向看,可以看到三江-海桥(Tam Giang-Cau Hai)潟湖,大海方向则是美得惊人的沙滩和沙丘。这条超凡的海岸线几乎没被开发过,但是9月至次年3月之间海水澎湃汹涌,不适合游泳。

公路从顺安海滩延伸出来,蜿蜒逶迤,两旁一会儿是村庄,一会儿是可以捕虾的潟湖,一会儿是菜园。海滩沿线还有数千座坟墓和家庙,安息在里面的大多是希望落叶归根的越侨。沿着坟墓和沙丘之间的小径便可到达海滩。随便挑一个地方,你就能拥有自己的一片沙滩。

在壮丽的富顺海滩(Phu Thuan beach,顺安东南约7公里处)上,有一家搞怪的Beach Bar Hue(见105页)和一个迷人的别墅Villa Louise(见105页)。别墅的泳池、餐厅和沙滩也对非住客开放——需缴纳100,000d的入场费,不过可以用海滩酒吧中的餐饮消费折抵。从顺化到富顺,打车大约250,000d,摩的大约125,000d。

过了Beach Bar Hue再走约8公里,有一个小型占族神庙遗址府田(Phu Dien),就在海滩边上的沙丘中,被用一个玻璃亭子保护起来。这里还有几家海鲜大排档。

再往东南走是一条狭窄的硬面路,蜿蜒经过一个个渔村、养虾场、巨大的沙丘,以及小村永兴(Vinh Hung),最终到达Thuon Phu An,那里是另一条河的河口,也有一排海鲜餐厅,距离顺安40公里。走过这里的Tu Hien桥,你可以继续前行绕过巨大的海桥潟湖东端,一直到达1号公路。

路Km 10处起始)通向一道壮观瀑布的上游河段,共689级台阶,拾级而下,终点可以游泳。五湖径(Five Lakes Trail)途经好几个池塘(可以游泳),终点是一道小瀑布。登山径(Summit Hike)不算太长,通向一个观景点,天气晴朗时,在那里可以俯瞰森林、Cau Hai潟湖和海滨的壮丽景色。该地区仍遗有未爆炸武器弹药,因此一定要沿着徒步路径行走。

由于公园里的哺乳动物多是夜行动物,要想看到它们需要付出极大的努力和耐心。公园里非常适合观鸟,但拂晓时分就得起床,因为只有这个时间才是观鸟的最佳时机。公园中记录了358种鸟,其中包括美妙的冠鸾(crested argus pheasant)。

公园入口处设有**游客中心**(visitor centre;www.bachmapark.com.vn),里面有展览介绍公园中的动植物,也能提供徒步手册。你还可以在此报名参加乡村游和观鸟游,并聘请英语、法语导游(每天300,000d到500,000d)——推荐Cam先生。

顺化的旅行社**Oriental Sky Travel**(☎0985 555 827;www.orientalskytravel.com)也值得推荐,他家能组织从顺化到白马国家公园的旅行团,配小汽车和导游,常规团型为过夜团。

食宿

公园入口附近有一些客栈和有限的露营地点,山顶附近有别墅。应该在爬山前到游客中心那里办理食宿(因为将所需物资送到住宿地点需要一定时间)。

到达和当地交通

白马位于郎姑(Lang Co)以西28公里、顺化东南40公里处。沿1号公路行至Cau Hai镇时可以看到前往公园的路口路标。也可以经由富禄镇(Phu Loc)进入公园。

你可以从岘港(80,000d,2小时)或顺化(60,000d,1小时)乘坐长途车先到Cau Hai,然后打摩的(25,000d)行驶约3公里到达公园入口。

公路从公园入口处的游客中心一直通往山顶附近,一路都是蜿蜒陡峭的上坡路,全长15公里。从山顶走下来需要3~4个小时,你需要带上水和防晒霜。也可以从游客中心那里乘坐私人车辆前往山顶，能坐6人的小巴当天往返包车需要900,000d。人多的时候，旅行者通常可以拼车省钱。如果要在山顶过夜，6人往返包车费用为1,300,000d。注意，公园允许小汽车进入，所以不妨从顺化随旅游团一同来此，或是租一辆配司机的小汽车（往返大约US$50）。公园不允许摩托车进入，但游客中心附近设有一个安全的停车场，摩托车可以停在那里。

岘港（Danang）

越南没有哪个地方能够比岘港变化得更快。几十年来，它一直被看作穷乡僻壤，但现在这里正在发生翻天覆地的变化。漫步在汉江（Han river）边，你会发现一座座崭新的现代化酒店、公寓和餐馆。壮观的新桥横跨汉江，城北的地标性建筑D-City拔地而起。往南边走，你会发现整条中国海滩（China Beach）上，酒店和度假村的开发项目正在如火如荼地进行中。

尽管如此，除了一家非常不错的博物馆和造型奇特惊人的桥，这里几乎没有什么传统意义上的旅游景点。因此，对于大多数旅行者来说，花几天时间享受享受岘港的海滩、餐厅和夜生活大概也就够了。建议报名参加一个夜间团队游，那时的岘港霓虹闪烁，景色最美。城里的街头小吃也值得仔细探索。

景点

★龙桥 桥

（Cau Rong, Dragon Bridge; 24小时）龙桥造型犹如一条优雅的金龙，龙头靠近汉江南岸，每周周六和周日21:00开始，龙头便会喷水吐火，让这里成为全城最大的"秀场"。汉江东岸至桥北一段有一排咖啡馆，是最佳观景地点，你也可以参加乘船游，从江水西岸的Đ Bach Dang出发，尽情欣赏岘港绚丽多姿、霓虹闪烁的夜景。每天晚上都有人拿这条变色金龙做背景玩自拍。

★占族雕塑博物馆 博物馆

（Bao Tang, Museum of Cham Sculpture; 1 Đ Trung Nu Vuong; 40,000d; 7:00~17:00）这家精美的博物馆坐落在几栋融合了法国殖民时期风格与占族元素的建筑物内，是全世界收藏占族文物最多的博物馆，由法国远东学院（École Française d' Extrême Orient）于1915年设立。馆中陈列着300多件展品，包括祭坛、林伽、揭路荼（garuda，鹰头人身的金翅鸟）、飞天、甘尼许（Ganesha，象头神）以及带有湿婆（Shiva）、梵天（Brahma）和毗瑟挐（Vishnu）形象的展品。这些展品的历史可追溯到公元5世纪至15世纪。文字介绍很少，建议租一个MP3语音导游（20,000d），租借时需要出示护照或驾照等身份证明，或者缴纳US$50押金（可退）。

团队游

Funtastic Tours 团队游

（0903 561 777; www.funtasticdanang.com; 每人 US$45）组织者是一群爱玩爱闹的年轻人，来自岘港Funtastic连锁青旅，能组织旅行者乘坐小汽车，探索街头小吃或进行观光游览。老板Summer Ly是一位当地美食博主，曾登上过《纽约时报》，网站www.danangcuisine.com上有他对岘港旅游提出的种种建议。

Danang Food Tour 美食游

（www.danangfoodtour.com; 每人 US$45）组织者是一个住在岘港的外国人，对美食痴迷不已，能带你在早上和晚间探索当地美食，行程相当精彩。可以登录网站了解他眼中的"岘港最佳"，内容很不错。

住宿

住在龙桥西边的江畔地区，热闹的餐饮和夜生活唾手可得。住在汉江对岸美溪海滩（My Khe Beach）附近，你就省去了打车往返海滩的钱，那里的住处淡季还会打折，但总的来说不是很热闹有趣。

沿江一带的现代化酒店犹如雨后春笋，青旅虽然新开了几家，可数量仍然远远不够。

★Memory Hostel 青年旅舍 $

（0511-374 7797; http://memoryhostel.com; 3 Đ Tran Quoc Toan; 铺 US$8; ）龙桥以及优秀的餐饮和夜生活场所距离这里一步之遥，青旅名叫"回忆"，也的确能带给人美好的回忆。店内装潢文艺，风格多元，干净卫

Danang 岘港

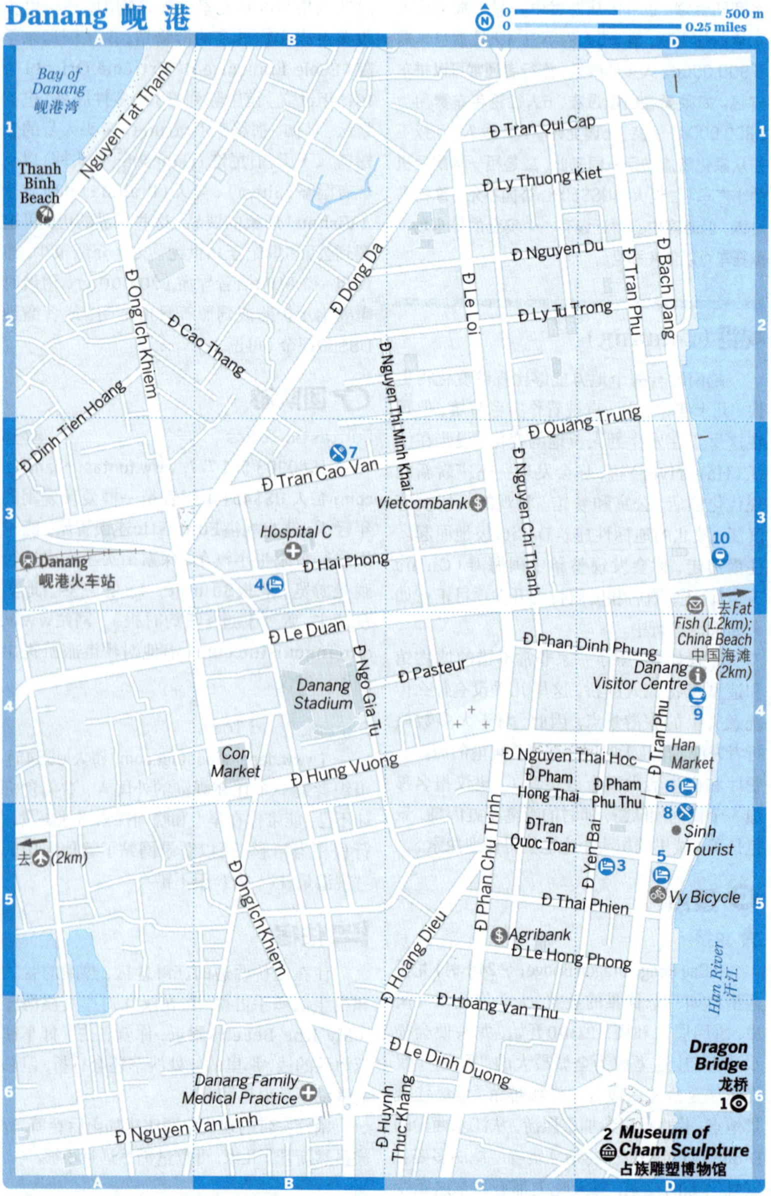

生，床铺设有隐私帘，不想出门也很舒服。堪称岘港经济型住处中的佼佼者。

Funtastic Danang Hostel 青年旅舍 $

（☎0511-389 2024；www.funtasticdanang.com；115 Đ Hai Phong；铺 US$6.50，双和标双 US$19；❄@📶）岘港第一家专业青旅，办的非常不错，工作人员年轻有活力，独立间和宿舍五颜六色，还有一个舒服的公共休闲区，闲来无事可以到那里看看电影。记得问问这里组

Danang 岘港

织的街头小吃主题游（见113页）。

Dai A Hotel 商务酒店 $$

（☎0511-382 7532；51 Đ Yen Bai；双 含早餐 US$21~35；@📶）邻近汉江，早餐不错，床也舒服，但缺少性格，房间较小，好在高层客房卫生性和私密性很高，不受街道噪声所扰。工作人员英语讲得不错，能安排前往会安的交通。

Sun River Hotel 酒店 $$

（☎0511-384 9188；www.sunriverhoteldn.com.vn；132-134 Đ Bach Dang；房间 900,000~1,800,000d；❄@📶）一家迷人的江畔酒店，客房一尘不染，卫生间超炫（有些淋浴设施很有未来感）。注意，标准间都没有窗户，只有VIP间才有江景。

New Moon Hotel 酒店 $$

（☎0511-382 8488；www.newmoonhotel.vn；126 Đ Bach Dang；房间 550,000~1,000,000d；❄@📶）一家现代迷你酒店，房间价位齐全，相当有吸引力，全配有平板电视、迷你吧、无线网和独立大理石浴室。河景房外的景色美得不可思议。

就餐

岘港的餐饮界，国际性与日俱增。街头小吃也很棒，卖烤猪肉（bun cha）、盖饭（com）和米粉（mi quang）的摊位都能找到。强烈建议那些真正的美食家报名参加一场美食主题游，充分体验岘港美食的妙处。

★ Fatfish 创意菜 $$

（www.fatfishdanang.com；439 Đ Tran Hung Dao；餐 80,000~290,000d；⏰周二至周日 9:00~23:30；📶）一家时尚的餐厅兼休闲吧，位于汉江东岸，是周边餐饮业的领军人物。供应创意多多的亚洲融合菜、比萨和木火烧烤，佐餐的精酿啤酒产自胡志明市的Pasteur Street Brewing Company（见159页），口感浓郁。不管是吃几道小吃，还是多花些时间享用一顿正餐，来这里都不错。

建议提前订位，赶在周末21:00前到此就餐，这样就能近距离欣赏到旁边龙桥（见113页）的喷火表演了。餐厅周围正在建设一个船坞和木板路，整个区域无疑将成为岘港最火爆的餐饮区。

Waterfront 各国风味 $$

（☎0511-384 3373；www.waterfrontdanang.com；150-152 Đ Bach Dang；餐 150,000~350,000d；⏰9:00~23:00；❄📶✎）一家江畔餐厅兼休闲吧，从头到脚挑不出毛病来。你可以把这里当作一个时尚酒吧，点杯冰凉的新西兰"白苏维浓"（sauvignon blanc）或是进口啤酒。想获得一次难忘的美食体验也应该来这里试试（记得订木板露台上的座位，可以欣赏到优美的河景）。菜品上的亮点有进口肉类、亚洲海鲜、美味素食和绝妙的精品三明治。

Le Bambino 法国菜 $$

（☎0511-389 6386；www.lebambino.com；122/11 Đ Quang Trung；餐 140,000~430,000d；⏰周一至周六 11:30~13:30，每天 16:30~22:00；📶）一家很有氛围的夫妻店（丈夫是法国人，妻子是越南人），菜品很不错，有法国经典菜、酒馆简餐、烤肉（推荐烤肋排）和几种越南人气美食。你可以在餐厅内部吃饭，也可以在水池边用餐，这里丰富的葡萄酒和奶酪都是不容忽视的美味佳肴。

饮品和夜生活

Cong Caphe 咖啡馆

（1 Đ Bach Dang；饮料 40,000d起；⏰7:00~

23:00; 📶) 河内那家装潢古怪的革命主题咖啡馆在岘港开了这家分店，是江畔喝咖啡的最好去处——推荐味道超赞的酸奶咖啡——也可以在白天晚些时候来这儿尝尝价格公道的啤酒或鸡尾酒。吸烟的顾客不少，所以尽量找一个靠窗的座位。

Memory Lounge 休闲酒吧

(www.loungememory.com; 7 Đ Bach Dang; 饮料 US$5起; ⌚8:00~22:00; 📶) 这家酒吧兼餐厅就在汉江对岸，靠近汉江桥（Song Han Bridge），餐厅区价格超高，水平却每每低于预期，所以酒吧区更值得推荐。来这儿喝咖啡也不错，但喝啤酒更对得起眼前的江景。注意，晚上常常会有越南乐队及歌手表演。

实用信息

越南农业与农村发展银行 (202 Đ Nguyen Chi Thanh; ⌚周一至周六 7:30~15:30) 配有自动柜员机。

岘港游客中心 (Danang Visitor Centre; ☎0511-3863 595; www.tourism.danang.vn; 32A Đ Phan Dinh Phung; ⌚7:30~21:00) 工作人员能说英语，真的很有帮助，能提供不错的地图和旅游手册。作为岘港官方旅游服务机构，其网站在越南堪称一流。

岘港家庭医疗服务 (Danang Family Medical Practice; ☎0511-358 2700; www.vietnammdical practice.com; 50-52 Đ Nguyen Van Linh; ⌚7:00~18:00) 由一位澳大利亚医生经营，设住院部。

C医院 (Hospital C, Benh Vien C; ☎0511-382 1483; 122 Đ Hai Phong; ⌚24小时) 岘港4家医院中最先进的一家。

邮政总局 (64 Đ Bach Dang; ⌚7:00~17:30) 在汗江桥（Song Han Bridge）附近。

越南外贸股份商业银行 (Vietcombank; ☎0511-381 7441; 140 Đ Le Loi) 岘港唯一可以兑换旅行支票的银行。

到达和当地交通

岘港是前往会安的主要门户，是前往占婆群岛的跳板之一，设有一座国际机场，铁路网也很发达。所有酒店和青旅的工作人员都能帮你安排抵离会安、其他景点以及机场的交通。你也可以从岘港的机场或火车站直接前往会安。

飞机

岘港机场 (☎0511-383 0339) 位于市中心西面2公里处，无机场大巴，打车单程约60,000d。

捷星太平洋航空 (Jetstar Pacific; ☎0511-358 3538; www.jetstar.com) 有飞机连接胡志明市和河内，捷星亚洲航空（Jetstar Asia）有飞机连接新加坡。

自行车

Vy Bicycle (☎0914 575 450; www.facebook.com/vy.bicycle; 202 交通。inh Phung; ⌚8:00~20:00) 这家自行车租赁店位于汉江市区一侧，如果你打算骑车过江，探索东岸的海滩，来这里租车很方便。

长途汽车

Sinh Tourist (☎0511-384 3258; www.

岘港交通一览

目的地	飞机	长途汽车	小汽车和摩托车	火车
洞海	无	120,000d, 6.5小时，每天7班	6~7小时	US$12~20, 5.5~8.5小时，每天6班
河内	US$42起，1小时10分钟，每天9班	365,000d, 16~19小时，每天7班	19小时	US$35~50, 14.5~18小时，每天6班
胡志明市	US$47起，1小时15分钟，每天18班	380,000d, 19~25小时，每天9班	18小时	US$35~55, 17~22小时，每天5班
顺化	无	55,000d, 3小时，每20分钟1班	2.5~4小时	US$4~7, 2.5~4小时，每天6班
芽庄	US$45起，30分钟，每天2班	230,000d, 10~13小时，每天8班	13小时	US$20~35, 9~12小时，每天5班

thesinhtourist.vn; 154 Đ Bach Dang; ⏲7:00~22:00)运营的Open Tour长途汽车，发车地点在公司位于Đ Bach Dang的办事处（靠近龙桥），每天有两班车前往顺化（90,000d，2.5小时），两班车前往会安（80,000d，1小时）。该公司也能提供前往老挝旅行的建议。

岘港的城际长途汽车站（Intercity Bus Station; ☎0511-382 1265; Đ Dien Bien Phu）距离市中心西3公里，规模很大，从那里坐**出租车**（☎0511-356 5656）到江畔要70,000d。

火车

坐火车从岘港到顺化是全越南最精彩的体验之一，沿途海岸线景色震撼，非常值得选择这段探索之旅。

岘港火车站（202 Đ Hai Phong）有火车连接越南南北干线铁路上的所有目的地。

会安（Hoi An）

优雅而古老的会安是最地道、最迷人的越南小城。这里曾经是越南的一个主要港口，历史得以完美地保存，随处可见美丽的建筑，河畔风光独好，令人流连忘返。交通堵塞及环境污染这些21世纪的“魔咒”，在会安几乎看不到。

古镇的古风古貌令人难以置信，保留有摇摇欲坠的日本商宅、中国寺庙和古代茶店。当然，这里的住宅和稻田也正被旅游产业逐渐取代，如今到处都能见到休闲酒吧、精品酒店、旅行社和大量的裁缝铺。然而，在市场附近和轮南岛（Cam Nam Island）上，生活的变化并不大。走上几公里，你就能获得绝妙的自行车、摩托车或乘船体验，越南中部最迷人的恬静风光和海滩同样近在咫尺。

景点

会安　古镇

（Hoi An Old Town; www.hoianworldheritage.org.vn; 120,000d，含5个景点）根据联合国教科文组织的规定，会安的800多幢历史建筑都被保存下来，所以古镇很大程度上依然保持着几百年前的样貌。

向游人开放的建筑有18座，需持有会安古镇门票才能进去参观，门票收入用于资助古镇保护工作。

持票可参观5个历史景点，包括博物馆、会馆和古宅，也能在**手工作坊**（Handicraft Workshop; 9 Đ Nguyen Thai Hoc; 凭古镇门票免费参观）观看传统音乐表演。门票的有效期为10天。

★日本廊桥　桥

（Cau Nhat Ban, Japanese Covered Bridge; ⏲24小时）免费 这座美丽的小桥是会安的标志。16世纪90年代，生活在会安的日本人在这里建了一座桥，方便他们前往河对岸的华人居住区。几百年来，日本设计风格相对来说没有发生变化。法国人为了方便机动车辆通行曾将桥上的拱廊全部拆除，但1986年，拱廊按原先的风格进行了复建。此桥计划整体搬迁进行修复，如果你打算专程造访，旅行前一定要弄清楚。

冯兴古宅　历史建筑

（Phung Hung Old House; 4 Đ Nguyen Thi Minh Khai; 凭古镇门票免费参观; ⏲8:00~19:00）距日本廊桥仅有几步之遥，这座古宅宽阔的门廊装饰着精致的灯笼、壁挂和刺绣，给人一种温馨的感觉。走出去是一个阳台，还有一个令人印象深刻的悬式祭坛。

广东会馆　历史建筑

（Quang Trieu Hoi Quan, Assembly Hall of the Cantonese Chinese Congregation; 176 Đ Tran Phu; 凭古镇门票免费参观; ⏲8:00~17:00）广东会馆建于1786年，一个高大通透的门廊通往一尊雕像，雕像上面镶嵌着一条龙和一条鲤鱼，做工华丽。主祭坛上供奉着关公。后花园中有一尊龙的雕像更加令人惊叹。后面还有一座山羊雕像，那是羊城广州的象征。

★福建会馆　寺庙

（Phuc Kien Hoi Quan, Assembly Hall of the Fujian Chinese Congregation; 35 Đ Tran Phu对面; 凭古镇门票免费参观; ⏲7:00~17:30）原本是一个传统的会议厅，后来被改建为一座天后宫（Thien Hau，供奉福建本土神祇妈祖），其绿瓦三重牌楼建于1975年。

右手边的壁画描绘的就是天后妈祖，灯笼照路，踏海而行，正去营救一艘在波涛中挣扎的船。对面的壁画描绘的是17世纪从中国

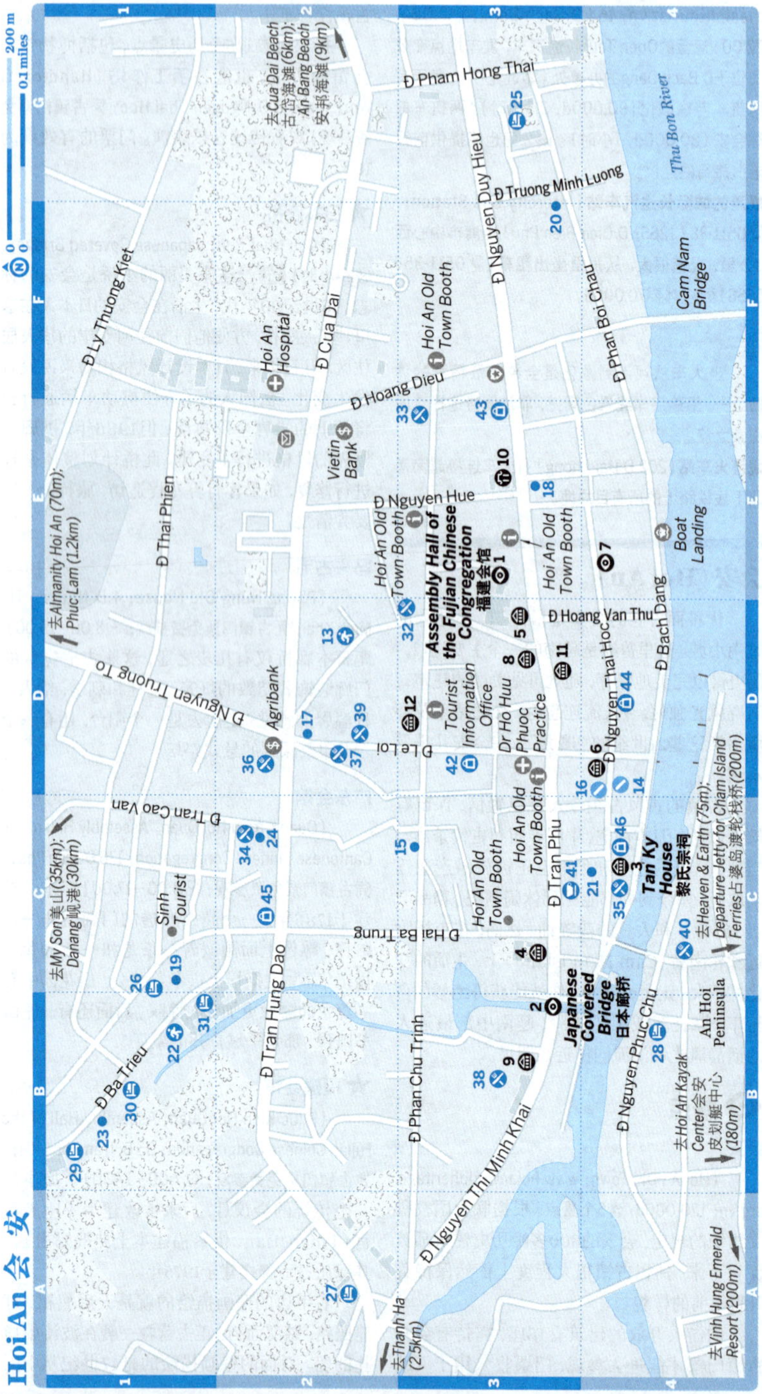
Hoi An 会安
200 m
0.1 miles
Đ Pham Hong Thai
Đ Truong Minh Luong
Đ Nguyen Duy Hieu
Thu Bon River
Cam Nam Bridge
Đ Phan Boi Chau
Đ Hoang Dieu
Đ Cua Dai
Hoi An Hospital
Hoi An Old Town Booth
Vietin Bank
Đ Nguyen Hue
Đ Ly Thuong Kiet
Đ Thai Phien
去Cua Dai Beach 古岱海滩(6km); An Bang Beach 安邦海滩(9km)
去Almanity Hoi An (70m); Phuc Lam (1.2km)
Assembly Hall of the Fujian Chinese Congregation 福建会馆
Boat Landing
Đ Hoang Van Thu
Đ Bach Dang
Đ Nguyen Truong To
Agribank
Tourist Information Office
Dr Ho Huu Phuoc Practice
Đ Nguyen Thai Hoc
Đ Le Loi
Đ Tran Cao Van
Đ Tran Phu
Tan Ky House 黎氏宗祠
去Heaven & Earth (75m); Departure Jetty for Cham Island Ferries占婆岛渡轮栈桥(200m)
去My Son美山(35km); Danang岘港(30km)
Sinh Tourist
Đ Hai Ba Trung
Đ Tran Hung Dao
Japanese Covered Bridge 日本廊桥
An Hoi Peninsula
Đ Nguyen Phuc Chu
Đ Ba Trieu
Đ Phan Chu Trinh
Đ Nguyen Thi Minh Khai
去Hoi An Kayak Center会安皮划艇中心(180m)
去Thanh Ha (2.5km)
去Vinh Hung Emerald Resort (200m)

Hoi An 会安

重要景点

1	福建会馆	E3
2	日本廊桥	B3
3	黎氏宗祠	C4

景点

4	广东会馆	C3
5	中华会馆	D3
6	Diep Dong Nguyen House	D4
7	手工作坊	E4
8	陶瓷贸易博物馆	D3
9	冯兴古宅	B3
10	关帝庙	E3
11	均胜古宅	D3
12	陈家祠	D3

活动、课程和团队游

13	Ba Le Beauty Salon	D2
14	Blue Coral Diving	D4
15	Cactus Tours	C3
16	Cham Island Diving Center	D4
17	Herbs and Spices	D2
18	Hoi An Love of Life	E3
19	Hoi An Motorbike Adventures	C1
20	Hoi An Photo Tour	F3
21	Morning Glory Cooking School	C4
22	Palmarosa	B1
23	Phat Tire Ventures	B1
24	Vespa Adventures	C2

住宿

25	Ha An Hotel	G3
26	Hoa Binh Hotel	C1
27	Hoang Trinh Hotel	A2
28	Little Hoi An	B4
29	Phuong Dong Hotel	B1
30	Thien Nga Hotel	B1
31	Vinh Hung Library Hotel	B1

就餐

32	Bale Well	D3
33	Banh Mi Phuong	E3
34	Cafe Zoom	C2
35	Cargo Club	C4
	Cocobox	（见6）
36	Ganesh Indian Restaurant	D2
37	Little Menu	D2
38	Nu Eatery	B3
39	Streets	D2
40	Vy's Market	C4

饮品和夜生活

	Dive Bar	（见16）
41	Hoi An Roastery	C3
	Q Bar	（见16）

购物

42	A Dong Silk	D3
43	Friendly Shop	E3
44	Hoang Kim	D4
45	Kimmy	C2
46	Yaly	C4

流落到会安的6个福建家族的族长。

★黎氏宗祠　历史建筑

（Tan Ky House；101 Đ Nguyen Thai Hoc；凭古镇门票免费参观；⏲8:00至正午和14:00~16:30）宗祠由一个越南裔家族建于两个世纪前，堪称建筑瑰宝，受到了族人精心的呵护，至今已历经七代。

可以观察日式和中式元素对建筑的影响。起居处的天花板便体现了日式风格，由三根房梁支撑，一个落在另一个下面，高度也依次变短，这便是典型的日式"蟹壳顶"。天花板下的雕刻描绘的是一对绸带包裹的交叉日本刀，刀象征力量，绸带象征灵活。

陈家祠　历史建筑

（Tran Family Chapel；21 Đ Le Loi；凭古镇门票免费参观；⏲7:30至正午和14:00~17:30）宗祠为祭奠先祖而建，可追溯到1802年。建造者是Tran Tu，他是陈氏家族成员之一，曾官至司礼，还当过驻华使节。他的画像就在家祠右侧。

建筑体现了中华文化（龟状屋顶）、日本文化（三重梁）和越南世俗文化（弓箭式的建筑细节）的影响。

关帝庙　寺庙

（Chua Ong，Quan Cong Temple；24 Đ Tran Phu；凭古镇门票免费参观；⏲8:00~17:00）建于1653年，是一座不大的儒家寺庙，拜祭的是中国备受景仰的将军关羽，他被奉为忠义耿直的象征而受人膜拜。关公像就立在庙后的主位上，看起来大腹便便，以木为架，上覆纸浆壳（papier-mâché），表面部分镀金。每有人来此烧香上供，庙里的人就会郑重地敲响一只铜碗，声音好似钟鸣。

中华会馆 历史建筑

（Chua Ba, Chinese All-Community Assembly Hall; ☎0510-861 935; 64 Đ Tran Phu; ⊙8:00~17:00）免费 中华会馆建于1773年，供生活在会安的福建、广东、海南、潮州和客家人使用。入口的右边是"二战"期间在越南抗战中捐躯的华裔英雄的画像。大殿经过精心修复，供奉着天后，殿内香烟缭绕，神祇狰狞，雕龙处处，红漆艳艳，令人如入感官旋涡之中，难以招架。

陶瓷贸易博物馆 博物馆

（Museum of Trading Ceramics; 80 Đ Tran Phu; 凭古镇门票免费参观; ⊙7:00~17:30）所在木屋经过翻新，展出的工艺品来自亚洲各地，数量不多，也有从埃及辗转至此的新奇展品。尽管展品反映了会安辉煌的商贸历史，但如果对这方面了解不多，很可能会觉得没意思。这里还举办了会安古宅修复展，可以让参观者"恶补"一下古城建筑知识。

均胜古宅 历史建筑

（Quan Thang House; 77 Đ Tran Phu; 凭老城区门票免费参观; ⊙7:00~17:00）这座古宅由一位中国船长修建，至今已有300年的历史。照例，这座建筑也糅合了日本和中国的元素。庭院四周房间的墙壁上、屋顶梁上和蟹壳状屋顶下（在院子旁边的大厅里）都雕刻着孔雀和花朵，雕工特别精美。

锦金岛（Cam Kim Island） 岛屿

会安公共建筑和会安商人老宅上那些精细的装饰细节，都是锦金岛Kim Bong村木雕大师们的手笔。会安出售的大部分木雕也都产于此岛。

可以从会安Đ Bach Dang上的码头（见118页地图）乘船前往锦金岛（30,000d，30分钟）。无论是村庄还是小岛，都洋溢着质朴的乡村风情，骑行探索一天很是有趣。

活动

潜水、浮潜和皮划艇

Cham Island Diving Center 潜水

（☎0510-391 0782; www.vietnamscubadiving.com; 88 Đ Nguyen Thai Hoc; 浮潜一日游US$44，浮潜/潜水过夜游 US$82/112）由友好且经验丰富的团队经营，这家潜水店的箴言是"没有烦恼，只有气泡"。他们的潜水船很大，还有一艘快艇摆渡。也能组织占婆群岛一日游和过夜游。

Blue Coral Diving 潜水

（☎0510-627 9297; www.divehoian.com; 77 Đ Nguyen Thai Hoc）友好专业，有一艘18米长的潜水准备船，另配有一艘快艇。浮潜游US$40，还有PADI培训。

Hoi An Kayak Center 皮划艇

（☎0905 056 640; www.hoiankayak.com; 125 Đ Ngo Quyen）皮划艇（自划）租金每小时US$10，2小时皮划艇导览游每人US$25。

按摩和水疗

Countryside Charm 水疗

（Duyen Que; ☎0510-350 1584; http://spahoian.vn; 512 Đ Cua Dai; 1小时按摩 US$20起; ⊙8:00~22:00）该养生中心位于海滨路，这里虽然设施平平，但员工训练有素。可以免费到会安接客人到店。

Ba Le Beauty Salon 水疗

（☎0905 226 974; www.balewellbeautysalon.com; 45-11 Đ Tran Hung Dao; ⊙9:00~19:00）老板讲着一口流利的英语，在英国接受过培训，提供相对便宜的修眉、蜡膜、面部护理、指甲护理以及足部保养。

Palmarosa 水疗

（☎0510-393 3999; www.palmarosaspa.vn; 90 Đ Ba Trieu; 按摩和养生项目 220,000d起; ⊙10:00~21:00）非常专业的水疗馆，提供按摩（包括泰式和瑞典式），推油推盐，面部、手部和足部护理等服务。

课程

Green Bamboo Cooking School 烹饪

（☎0905 815 600; www.greenbamboo-hoian.com; 21 Đ Truong Minh Hung, Cam An; 每人US$45）老师Van女士是位迷人的当地厨师，能说英语，提供最具个性化的课程。每班最多招10人，授课地点就在她宽敞的自家厨房里。可学的菜谱五花八门，有素食可选。地点距离城镇中心东5公里，靠近Cu Dai海滩，可以免费到会安接学员。

Herbs and Spices 烹饪课

（☎0510-393 6868；www.herbsandspicesvn.com；2/6 Đ Le Loi；每人 US$35~59；⏰10:30、16:30和20:00）课程非常不错，有三种菜谱可选，与一些同类烹饪班相比，班型更小，动手机会更多。

Morning Glory Cooking School 烹饪课

（☎0510-224 1555；www.msvy-tastevietnam.com；106 Đ Nguyen Thai Hoc；半天课US$25~32）会安首家烹饪培训机构。校长Trinh Diem Vy在镇上开了几家餐馆，上课的不是她就是

游览会安周边

Vespa Adventures（☎0938 500 997；www.vespaadventures.com；134 Đ Tran Cao Van；每人 $US65~76）组织的团队游，很可能是探索会安周边最好玩、最时髦的方式，你可以坐在意大利风情浓郁的复古摩托车后座上。上午和下午出发的团都有，还有一个很有人气的"Streets & Eats" 夜间街头小吃游，能让你吃到很多美味，喝到冰啤酒。旅游团从Cafe Zoom（见123页）出发。

Hoi An Free Tour（☎0905 164 397；www.hoianfreetour.com）与学生们一起骑自行车在会安周边游玩。通过这种方式，你接触到了当地人，了解了乡村生活，学生们则练习了英语。团队游本身是免费的，但除了租车钱和渡船费，还应该资助一下当地社区发展，这些加在一起大概要100,000d。

Phat Tire Ventures（☎0510-653 9839；www.ptv-vietnam.com；62 Đ Ba Trieu）组织前往美山（My Son）遗迹的精彩的山地自行车游，取道乡间小径，附带参观庙宇。也能组织刺激的冒险游，含绳降和攀岩。

Hoi An Photo Tour（☎0905 671 898；www.hoianphototour.com；42 Đ Phan Boi Chau；每人US$45）由经验丰富的摄影师Etienne Bossot带队，水准一流。日出团和日落团人气最高，那时候拍摄会安渔民与稻田，最能捕捉下光影的微妙。摄影老手和菜鸟都会有所收获，也能组织专业的私人和夜间摄影课。偶尔会推出摄影主题3日游，前往会安周边更偏僻的地方，详情参见官网。

Hoi An Love of Life（www.hoian-bicycle.com；12 Đ Tran Quy Cap；团队游 US$29；⏰7:00~20:00）能组织会安内外的骑行游，主题很有趣，包括农场、海滩及河流或陶艺及灯笼匠人。会安城内打着"Love of Life"旗号的骑行团旅行社不止一家，这家的招牌上有一颗心，注意别选错了。

Cactus Tours（☎235 350 5017；www.hoian-bicycle.com.vn；66 Đ Phan Chu Trinh；团队游US$29；⏰9:00~20:30）骑行团很不错，沿着安静的乡间小道，穿过菜园和渔村。也能组织会安步行游。也叫"Love of Life"。

Heaven & Earth（☎0510-386 4362；www.vietnam-bicycle.com；57 Đ Ngo Quyen，An Hoi；团队游 US$12~49）骑行团经过精心规划，不会太耗费体力，带你探索Song Thu河三角洲地区。最近还推出了山地骑行游，带你挑战当地小道，还要经过颤巍巍的竹桥。

Taste of Hoi An（☎0905 382 783；www.tasteofhoian.com）沿街步行会遇到很多商贩，之后去会安一家古老的（内设空调！）排屋尽情地享用午餐。

Hoi An Motorbike Adventures（☎0905 101 930；www.motorbiketours-hoian.com；111 Đ Ba Trieu）专门经营经典小众的明斯克（Minsk）摩托车观光游览。导游对地形了如指掌，旅途中可以沿着美丽的乡间小路以及河边小道游玩。

她的一位徒弟。课程主要内容是烹饪当地菜品，包括会安米粉（cao lau）和会安"白玫瑰"（banh vac；会安特色虾饺，上面撒着炸酥了的葱花，品相精美，味道精妙）。每班最多可达30人，而且有些人认为整个培训过于程式化。

节日和活动

月圆节 文化节

（Full Moon Festival；⊙17:00~23:00）农历每月的十四日，会安会庆祝月圆节，这一天的古镇妙趣横生。机动车禁入古镇，街市上卖起了手工艺品、纪念品和食物，到处张灯结彩。节日当天还有传统戏剧表演和音乐盛会。

住宿

会安各个价位都不缺高性价比的住处。古镇里只有两家酒店，古镇外有许多值得推荐的住处——因为古镇里的商家晚上很早就都打烊了，所以没有必要住在那里。最好的住处很快就会被订光，所以越早下手越好。

Hoi An Backpackers Hostel 青年旅舍 $

（☎0510-391 4400；www.vietnambackpackerhostels.com；252 Đ Cua Dai；铺/标单/标双/双 含早餐 US$7/18/36/36；❄@📶）越南一个巨型青旅集团在会安新开的连锁，处处考虑到了背包客的需求。自行车和早餐——偶尔还包括啤酒——都是免费的，户型从宿舍到独卫独立间都有。能组织旅行团探索会安街头小吃，自带的酒吧气氛特别活跃，常有欢乐时光促销活动。

Hoang Trinh Hotel 酒店 $

（☎0510-391 6579；www.hoianhoangtrinhhotel.com；45 Đ Le Quy Don；房间 含早餐 US$22~35；❄@📶）经营良好的酒店有热情且乐于助人的店员，让旅行者有宾至如归的感觉。房间都是老式的越南风格，但宽敞干净。免费提供丰盛早餐和长途汽车站接站服务。

Hoa Binh Hotel 酒店 $

（☎0510-391 6838；www.hoabinhhotelhoian.com；696 Đ Hai Ba Trung；铺 US$8，房间 US$16~20，全含早餐；❄@📶🏊）有很不错的现代客房，全配迷你吧、有线电视和空调，还有一间不错的宿舍。免费早餐比较可口，但可惜泳池不是露天的。

Phuong Dong Hotel 酒店 $

（☎0510-391 6477；www.phuongdonghoian.com；；42 Đ Ba Trieu；标单/双/标三 US$13/16/20；❄@📶）虽然并不豪华但是个靠谱的经济型酒店：朴实的房间配有舒服的床垫、阅读灯、冰箱和空调，性价比很高。店主也出租摩托车，价格划算。

★Vinh Hung Emerald Resort 酒店 $$

（☎0510-393 4999；www.vinhhungemeraldresort.com；Minh An, An Hoi；房间 US$51~77，套 US$80；✈❄📶🏊）这家新开的酒店设计精美，位于会安河畔，房间为现代主义风格，性价比高。建筑中央围有一片可爱的水池，客房要么可以俯瞰水池，要么配有露台可以俯瞰河水。酒店配有一个健身中心和一个小型水疗馆。

Ha An Hotel 历史酒店 $$

（☎0510-386 3126；www.haanhotel.com；6-8 Đ Phan Boi Chau；房间 1,320,000~2,398,000d；❄@📶）优雅有格调，说是酒店，更像是一座殖民地时期的宅邸。客房总有与众不同的怡人细节——或是一张壁挂毯，或是一幅画，所有房间都能欣赏到酒店中心花园的美丽景致。服务人员热情贴心，训练有素，住在这里可谓一次别样的体验。位于法国区，从城镇中心走过来大约10分钟。

Thien Nga Hotel 酒店 $$

（☎0510-391 6330；thienngahotel.com；52 Đ Ba Trieu；房间 US$23~35；❄@📶🏊）这里的房间走简约风格，多数都宽敞、简洁且透气，房间配阳台，只有卫生间有点儿过于普通。如果可以的话，建议订一间背街的房间，这样可以欣赏到花园景致。工作人员笑容可掬，热情体贴，早餐十分丰盛。可惜泳池不是露天的。

★Hoi An Beach Rentals 度假别墅 $$$

（www.hoi-an-beach-rentals.com；An Bang；每栋 US$180~230；❄📶）安邦村（An Bang）有三栋可爱的度假别墅，都可以做饭，装潢都走高端亚洲风，不远处就是又长又白的安邦海滩，海滩上能找到不错的酒吧和餐厅。

"Temple House"（可住5人，US$230）是三个度假房中最大、最惊艳的一个，配有一个绿意浓浓的花园，尽头是一个俯瞰海滩的私家凉亭。"Annam House"（可住6人，US$200）由一个村民住房改造而成，内有三间卧室，外有一个美丽的花园。旁边的"CoChin House"（可住4人，US$180）是一座传统越南风格的木房子，配有一个很大的花园和一个私家观景台。

Almanity Hoi An 精品酒店 $$$

（☎0510-366 6888；www.almanityhoian.com；326 Đ Ly Thuong Kiet；双 US$152起；❄📶🏊）这里有古香古色的装潢和设施现代的客房，算得上是全城最轻松惬意的酒店了。尽管地处城镇中心，多个花园和泳池却造就了悠闲自在的氛围，酒吧里的欢乐时光活动常常会持续3个小时，更有各种水疗、按摩服务供君选择。"Spa Journey"水疗套餐非常划算，可上网关注。

Little Hoi An 酒店 $$$

（☎0510-386 9999；www.littlehoian.com；2 Đ Thoai Ngoc Hau；房间/套 US$65/81起；❄📶🏊）新酒店坐落在古镇对面的安会（An Hoi），环境幽静，地理位置极其优越，给人一种典雅的感觉。房间着实舒适无比，配有高档家具，独立卫浴非常时尚。员工热情好客，自带一家不错的餐厅和一个小型水疗馆。泳池面积不大，带有顶棚。

Vinh Hung Library Hotel 酒店 $$$

（☎0510-391 6277；www.vinhhunglibraryhotel.com；96 Đ Ba Trieu；房间 含早餐 1,554,000~2, 664,000；❄@📶🏊）一家精致的迷你酒店，客房时尚，配有大床、黑木家具、写字台和卫星电视。某些房间带阳台，所有房间的卫生间都时尚迷人。天台泳池是晒太阳、放松的完美去处。

就餐

★ Streets 越南菜 $

（☎0510-391 1949；www.streetsinternational.org；17 Đ Le Loi；主菜 75,000~145,000d；⏲8:00~22:00）这里雇用的都是经过餐饮酒店业培训的弱势青年，食客口中的美味也许得益于店家心中的善念。即便不考虑这个因素，这里的米粉（cao lau）也能得满分，"白玫瑰"虾饺更可以给A+。虽然店内时时热闹，而且略显闷热，但进来点杯鸡尾酒多坐一会儿也很舒服。

Banh Mi Phuong 越南菜 $

（2b Đ Phan Chu Trinh；越南法棍 20,000~30,000d）一家卖越南法棍三明治（banh mi）的苍蝇馆子，凭什么人这么多？因为面包坯厚实有嚼劲，因为夹的蔬菜很新鲜，因为炭烤猪肉（thit nuong）、牛肉等馅料分量很足，又因为有明星大厨背书。

Cafe Zoom 咖啡馆 $

（www.facebook.com/cafezoomhoian；134 Đ Tran Cao Van；餐 70,000~120,000d；⏲7:00~23:00；📶）一家酷酷的酒吧咖啡馆，门外摆着复古的Vespa摩托，很好认，Vespa Adventures（见121页）旅行社友好的工作人员也在这里办公。冰啤酒定价合理，还有汉堡和塔可等西方常见美味，店中播放的经典歌曲很好听，你可以一边跟着哼，一边思考到底要参加哪种Vespa骑行游。

Cocobox 咖啡馆 $

（www.cocoboxvietnam.com；94 Đ Le Loi；果汁和思慕雪 60,000~75,000d；⏲周一至周六 9:00~22:00）一家咖啡馆、熟食店"二合一"，面积不大，清爽的冷榨果汁最拿手。我们最喜欢"西瓜人果汁"（Watermelon Man），里面有西瓜、百香果、柠檬和薄荷。咖啡、沙拉和小吃也不赖——推荐意大利青酱鸡肉三明治。

旁边的"农场商店"（Farm Shop）卖的是越南精作农副产品，包括本地产的蜂蜜和胡志明市的苹果酒。

Vy' s Market 越南菜 $

（www.msvy-tastevietnam.com/the-market/；Nguyen Hoang, An Hoi；餐 80,000~120,000d；⏲8:00~23:00；📶）为那些注重饮食卫生的人们提供干净的街头小吃体验。面积很大，有众多小吃餐台烹饪越南全国各地的人气美食。店内打造的像一个院子，长凳就是座位，点菜要通过电子屏。饮品包括啤酒、印度

吃在会安

会安是个美食之乡，这里有很多独一无二的美食不容错过。

"白玫瑰"（banh vac）品相精致，味道丰富，虾饺上面撒着酥脆的洋葱，带有淡淡的香气。包子（Banh bao）是另一道蒸点。这个起源于中国的点心，用绞碎的猪肉或鸡肉与洋葱、鸡蛋和蘑菇混合在一起做馅。会安米粉（Cao Lau）是用日式面条佐以香料、绿叶蔬菜和豆芽，再放上几片烤猪肉制成的，是一道令人赞不绝口的美食。其他当地特色美食还包括炸云吞（hoanh thanh）和越南煎饼（banh xeo）——把蔬菜包进酥脆的咸味煎饼里，用新鲜的米纸包起来。大多数的餐馆都会供应这些菜品，但是水平参差不齐。

奶昔、思慕雪和果汁，要是不尝尝这里的肉桂冰激凌或柠檬草冰激凌，那可就白来了。

★ Cargo Club 各国风味 $$

（☎0510-391 1227；www.msvy-tastevietnam.com/cargo-club；107 Đ Nguyen Thai Hoc；餐70,000~160,000d；⏲8:00~23:00；📶）很了不得的一家咖啡馆餐厅，供应越南菜和西餐，位于河畔，地段绝妙（上层露台景色惊艳）。闲来无事，到这儿把菜单上的菜品尝个遍，一定大有收获。早餐堪称传奇（一定要尝尝本尼迪克蛋），法式蛋糕也是一绝，高端菜肴和鸡尾酒同样很好。

★ Nu Eatery 创新菜 $$

（www.facebook.com/NuEateryHoian；10a Đ Nguyen Thi Minh Khai；主菜 80,000d；⏲周一至周六 正午至21:00）藏在日本廊桥附近，店面不大，装潢朴素，但莫被外表欺骗。这里可是我们在会安最喜欢的餐厅，供应的应季拼盘令人拍手叫绝。推荐五花肉包搭配含有烤凤梨、椰子和文旦柚的沙拉，自制冰激凌有柠檬草味、姜味和辣椒味可选，同样不容错过。

Bale Well 越南菜 $$

（45-51 Đ Tran Cao Van；餐 150,000d；⏲11:30~22:00）位于一条小巷之中，旁边有口有名的古井，这家当地小店以一道菜而闻名：沙嗲烤猪肉。你还可以用新鲜的蔬菜搭配烤猪肉，卷成春卷来吃。餐厅现在全球知名，店内自然比较拥挤。

Ganesh Indian Restaurant 印度菜 $$

（☎0510-386 4538；www.ganesh.vn；24 Đ Tran Hung Dao；餐 70,000~155,000d；⏲11:00~22:30；📶🖉）口味地道、价格划算的北印度料理餐厅，泥炉烤出来的馕香味扑鼻，大厨做出来的火辣咖喱令人交口称赞。和许多咖喱餐厅不同，这家很有氛围感，还有多种素食可供选择。再来一份印度酸奶（lassi）或者啤酒，感觉不要太舒服！

Little Menu 越南菜 $

（www.thelittlemenu.com；12 Đ Le Loi；餐115,000~225,000d；⏲9:30~23:00；📶）讲英语的山（Son）是一位魅力十足的老板，经营的这家小餐厅人气很高，店里设有开放式厨房，菜肴品种不多。套餐225,000d，里面的蕉叶烤鱼和鸭肉春卷值得一试。菜肴经过改良，口味适合大众。

🍷 饮品和夜生活

会安当地有关部门对于深夜喧闹的监管相当严格，很多小巷在22:00之后就是一片漆黑，所以总的来说这里的夜生活并不丰富。

Dive Bar 酒吧

（88 Đ Nguyen Thai Hoc；⏲8:00至午夜；📶）会安最好的酒吧，气氛之所以这么好，是因为这里热情的服务、播放的当代电子乐和舒服的休闲沙发。有一张台球桌和酒吧小吃，后面还有一个鸡尾酒花园酒吧。

Hoi An Roastery 咖啡馆

（www.hoianroastery.com；135 Đ Tran Phu；⏲8:00~22:00）一家酷酷的小店，有单品咖啡，蛋糕、果汁和思慕雪也是顶呱呱，就算开在波特率或是墨尔本的潮人聚集区也不会不搭调。共有200种咖啡饮料，你可以选择一款给自己"充充电"，顺遍打望熙熙攘攘的Tran Phu街。

Q Bar

休闲吧

（94 Đ Nguyen Thai Hoc；⏲正午至午夜；📶）这里有超赞的灯光设计、休闲音乐和电子乐，也有全城最棒的鸡尾酒（就是有些贵，大约要120,000d）和无酒精鸡尾酒（mocktail）。主顾多为时尚潮人。

购物

会安的服装产业知名已久，旅行者的需求使得小小的古镇里迅速出现了许多裁缝店。模仿西方设计的鞋子以及鱼龙混杂的皮具也很多，但品质参差不齐。购买定制服饰可以选择Yaly（☎0510-391 0474；www.yalycouture.com；47 Đ Nguyen Thai Hoc；⏲8:00~21:00）或A Dong Silk（☎0510-391 0579；www.adongsilk.com；40 Đ Le Loi；⏲8:00~21:30）。

会安还有十几家艺廊，大多集中在日本廊桥附近和Đ Nguyen Thi Minh Khai沿线。

Friendly Shop

鞋

（www.friendlyshophoian.com；18 Đ Tran Phu；⏲9:00~21:00）在会安属于比较不错的裁缝店，现在也开始制作鞋包。

Hoang Kim

服装

（☎0510-386 2794；57 Đ Nguyen Thai Hoc；⏲8:00~21:00）会安一家老字号裁缝店，在顾客中口碑极佳。

Kimmy

服装

（☎0510-386 2063；www.kimmytailor.com；70 Đ Tran Hung Dao；⏲7:30~21:30）老板一个是越南人，另一个是加拿大人，官网建设得很好，可以网上下单。

实用信息

会安是越南治安比较好的城镇之一，但是深夜抢包、偷窃和针对女性的袭击（非常少见）也时有发生。许多街道21:30之后会熄灭路灯，最好不要在那时候孤身步行回住处。也有人反映在某些酒吧里饮料被人下药。

越南农业与农村发展银行（Agribank；12 Tran Hung Dao；⏲周一至周五 8:00~16:30，周六 8:30~13:00）能兑换现金，有自动柜员机。

Dr Ho Huu Phuoc Practice（☎0510-386 1419；74 Đ Le Loi；⏲11:00~12:30和17:00~21:30）这位医生能说英语。

会安警察局（☎0510-386 1204；84 Đ Hoang Dieu）

邮政总局（6 Đ Tran Hung Dao；⏲7:00~17:00）位于古镇边缘。

游客信息处（Tourist Information Office；☎0510-366 633；www.quangnamtourism.com.vn；47 Đ Phan Chau Trinh；⏲8:00~17:00）工作人员英语说得好，对旅行很有帮助。

越南工商银行（Vietin Bank；☎0510-386 1340；4 Đ Hoang Dieu；⏲周一至周五 8:00~17:00，周六 8:30~13:30）能兑换现金，有一台自动柜员机。

到达和离开

会安有非常方便的Open Tour巴士班车连接顺化（US$12，4小时）和芽庄（普通/卧铺 US$14/19，11~12小时）。大多数住处都可以代订车票。

前往岘港（1小时）的话，最方便的方式就是让你的住处帮你联系一辆大巴（110,000d）上门来接，或者联系**Sinh Tourist**（☎0510-386 3948；www.thesinhtourist.vn；587 Đ Hai Ba Trung；⏲6:00~22:00；80,000d）。会安的长途汽车北站紧邻Đ Le Hong Phong，从城镇中心步行15分钟，坐摩的要15,000d，那里有黄色长途大巴发往岘港（20,000d）。从岘港返回会安的末班车大约18:00发车。

距离会安最近的机场在岘港，车程45~60分钟。

当地交通

会安最适合步行探索，因为古镇中心区在8:00~11:00以及15:00~21:00的时间段里机动车禁行（自行车不禁）。从会安往东到格泰海滩（Cua Dai Beach），一路景色优美。租摩托车，不带司机/带司机每天大约US$6/12。坐出租车去安邦海滩大约70,000d。摩的什么时候都比出租车要贵。

Hoi An Taxi（☎0510-391 9919）是一家不错的当地出租车公司。

Mai Linh（☎0510-392 5925）一家全国性出租车公司，服务可靠。

会安周边（Around Hoi An）

安邦海滩（An Bang Beach）

格泰海滩（Cua Dai）是离会安最近的海

滩，但由于开发过度，沙滩消失殆尽。位于格泰海滩以北3公里处的安邦海滩（An Bang Beach）正在快速成为越南最热门、最好玩的海滩之一，现在仍然沙粒细密，远景辽阔，眼前除了海水，只有远方的占婆群岛，而且沙滩并没有出现格泰那种严重的侵蚀退化现象。想轻松惬意地游览这一带，不妨住在安邦海滩，白天到会安玩。安邦距离会安很近，骑自行车只要20分钟，坐出租车只要5分钟（70,000d）。

美山（My Son）

有人把美山（100,000d; ⏲6:30~16:00）比作"越南的吴哥窟"，这实际上是溢美之词，有失公允，因为美山的遗址规模要比吴哥窟小（而且更加残破不堪），总面积大约只有200平方米，但这里仍然是越南最大的占婆遗址之一，单独来看别有一番风味。

会安的酒店可以组织美山一日游（US$5~10），乘坐的小巴一般8:00开车，13:00~14:00返回。有些团返回时要坐船，发船时间要比小巴晚一个小时。

还有一种"日出观光团"，实际上并不能让你看到美山的第一缕阳光，但优点是游览期间游人不多。

占婆群岛（Cham Islands）

占婆群岛距离会安海边大约15公里远，坐落在一片蔚蓝色海洋之中，由若干花岗岩岛屿构成，美得令人窒息，游览起来很是美妙。过去，占婆群岛不对外开放，一直处于军队的严密监管之下，但是现在旅行者可以参加这里的一日游、潜水、珊瑚礁浮潜，或是在此留宿。

占婆群岛的海底世界丰富多彩，有135种软硬珊瑚以及各种各样的海洋生物。占婆群岛已被正式设为海洋公园进行保护。捕鱼和采燕窝（做汤）是这里的两大重要产业。

目前有计划将占婆群岛打造成越南中部的"富国岛"，海岸地区度假村开发项目已然敲定。

食宿

占婆群岛只有简朴的客栈（位于白朗，Bai Lang）。如果可以的话，我们建议你选择在白香（Bai Huong）的寄宿家庭里过夜，好能充分体验群岛风情。会安的潜水学校能组织占婆群岛过夜游，让你露营过夜。注意，目前持中国护照和香港、澳门护照的人都不可在占婆群岛过夜。

白朗是群岛上最大的村镇，里面有几家餐厅。白香是一个小村，里面只有两家咖啡馆，大多数人都是在寄宿家庭里用餐。

★白香的寄宿家庭　家庭寄宿 $

（☎www.homestaybaihuong.com; 每人120,000d，餐 30,000~70,000d）你可以住在白香村村民的家中。寄宿家庭为旅行者们提供带蚊帐的床铺，浴室里配有马桶和冷水淋浴，还供应美味可口的家常菜。家庭寄宿项目与9个家庭合作，让他们可以从当地旅游业中获得收入。注意，当地人不会讲英语或只会讲一点英语，而且通常只在18:00~22:00时段供电。

Luu Ly　客栈 $

（☎0510-393 0240; Bai Lang village; 房间 无独卫 300,000d）客房小但整洁，配蚊帐、电视和风扇（客栈有一部发电机，停电时也可供电），总的来说很不错。一日三餐大约200,000d。

Thu Trang　客栈 $

（☎0510-393 0007; Bai Lang village; 房间 无独卫 300,000d）位于小岛最大的村庄白朗，就坐落在鲸鱼庙旁，整洁，干净，简朴。可提供餐饭（一日三餐大约200,000d）。

Cham Restaurant　越南菜 $

（☎0510-224 1108; 餐 50,000~120,000d; ⏲10:00~17:00）餐馆距离白朗西南约2公里处，坐落在一片风景惊艳的沙滩上，供应味道鲜美的越南菜肴以及种类齐全的海鲜。大多数会安过来的一日游旅行团也会游览这片海滩。

Ngan Ha　海鲜 $

（☎0510-3862 178; Bai Lang village; 主菜 70,000~150,000d）白朗一家比较新的餐馆，海鲜定价合理——有多种鱿鱼菜肴，偶尔也有龙虾——阳台上可以观赏到港口景色。如果村中其他客栈客满，可以选择这里的客房（300,000d）过夜。

到达和离开

发往占婆群岛的公共客船会在白朗村靠岸。会安每天有一班客船发往占婆群岛（2小时，每天7:00），发船地点位于Đ Nguyen Hoang上的小码头。外国人一般要交150,000d。记得携带护照及签证复印件，因为船长需要凭此办理相关许可证。从白朗返回会安的船，大约11:00开船。

前往占婆群岛的旅行团，报价US$25~40，但大多数一日游安排得特别紧，让你无暇品味占婆之美。会安那两家专业的潜水学校也能组织占婆群岛一日游，体验最佳——他们也能组织露营过夜游。

东南海岸（SOUTHEAST COAST）

这片海岸线曾经是占婆文明的腹地，如今波光粼粼，白沙诱人，是越南最佳海滩度假目的地。

如果你脑中的天堂就是躺在绿松石般的海水前，纠结于"是做个全身按摩还是来杯莫吉托"，那你就来对地方了。旁边不远处还有令人热血沸腾的活动供你选择，如潜水、浮潜、冲浪、帆板和风筝冲浪，这与之前的沉静愉悦的旅行是截然不同的体验。

芽庄和美奈最有名，但那里的游人也是铺天盖地。多拿出几天好好去探索，你就能找到那些隐秘的海湾，那些孤独的灯塔，那种似乎处处都能光着脚走的地方。想真正体验一把荒野生存的感觉，充满传奇的昆岛群岛就是与世隔绝的终极目的地。

归仁（Quy Nhon）

归仁（读作"hwee ngon"）是一个又大又兴旺的海滨城市，拥有一条漂亮的海岸线，处处都有美妙的沙滩，林荫大道非常气派。迷人的海滨风光、干净整洁的街道再加上新鲜的海鲜，这样的归仁值得一来。

景点和活动

★城市海滩（Municipal Beach） 海滩

归仁的海岸线从东北部的港口一直延伸到南部山区。这里有美丽的沙滩，在最近几年进行了大规模整修，几乎和芽庄一样美，但游客数量却远不及芽庄。

白保海滩 海滩

（Bai Bau；10,000d）白保海滩距离白晒（Bai Xep；距离归仁16公里）南仅2公里，是一个美丽的新月形白沙滩，不足150米宽，旁边有岩石海岬庇护，后面是连绵起伏的群山。周末和越南假日期间会很热闹，但是在每周中间几天，你基本可以独享海滩。

Quynhonkids English Club 团队游

（☎0122 820 3228；www.facebook.com/quynhonkids）由一群友好的当地人经营，他们特喜欢和老外用英语聊天，很愿意带着旅行者骑着摩托车去乡村观光，或是到山间徒步，或是一起踢足球，不收团费，出油钱就成。

食宿

★Life's a Beach 客栈 $

（☎0162 993 3117，0963 289 096；http://lifesabeachvietnam.com；To 2，Khu Vuc 1，Bai Xep；铺 US$7，房间 US$42~57，全含早餐；❄📶）🍃由西方人经营，气氛欢乐友好，旅行者趋之若鹜，有一种青旅的氛围，很适合来这儿分享旅行故事，再到旁边那片美丽的沙滩海湾上好好放松放松。房型多元，有宿舍、平房和一个树屋，还有晚餐聚餐（US$7）、烧烤和篝火活动（雨季可以玩桌游，喝啤酒）。

★C.ine 海鲜 $$

（☎056-651 2675；94 Đ Xuan Dieu；菜肴50,000~150,000d；⏲11:00~22:00）这家海鲜餐厅很受欢迎。这里的餐桌上铺着方格桌布，拥有海湾美景。尽情享受这里的美味佳肴，推荐香甜的软壳蟹、酸辣鱼汤和青芒果海虾沙拉。

饮品和夜生活

Cafe Xua & Nay 咖啡馆

（5 Đ An Duong Vuong；饮料 25,000d起；⏲6:30~21:30；📶）一家沙滩咖啡馆，开在越南传统风格的木房子里（建于1832年），供应地道的咖啡、茶饮、小吃和果汁。过来吹吹海风，看看夜幕下的大海，很有感觉。

Barbara's: The Kiwi Connection 咖啡馆

(☎056-389 2921; www.barbaraquynhon.weebly.com; 12 Đ An Duong Vuong; ⌚7:00~22:00; 📶)这里曾经是归仁的一家名店，经营多年，可惜世易时移，现在换了新东家。供应的西餐平平无奇，但你仍可以晚上到这儿来喝杯啤酒(15,000d)、果汁或是伯爵红茶。

实用信息

Binh Dinh Tourist(☎056-389 2524; 10 Đ Nguyen Hue; ⌚7:30~16:00)国营旅行者服务处，别期待能得到太多帮助。

邮政总局(197 Đ Phan Boi Chau; ⌚6:30~22:00)

越南外贸股份商业银行(Vietcombank; 148 Đ Le Loi; ⌚周一至周六 7:30~15:00)有自动柜员机。

到达和离开

归仁有飞机连接河内与胡志明市。富吉机场(Phu Cat airport)距离城北32公里，**越南航空**(☎056-382 5313; www.vietnamairlines.com; 1 Đ Nguyen Tat Thanh)的乘客可以乘坐该航空公司开通的机场小巴班车(50,000d)，城内的站点在越南航空的办事处那里。

归仁长途汽车站(Quy Nhon Bus Station; ☎056384 6246; Đ Tay Son)位于城南。这里频繁有车发往广义(78,000d, 4小时，每小时1班)、芽庄和波来古(85,000d, 4小时，每天6班)等中部高地上的城镇。车站也有长途车一路开往老挝的巴色(400,000d起，20小时，每周3班)，中途在Bo Y过境。

归仁火车站(Quy Nhon Train Station; ☎056-382 2036; Đ Le Hong Phong)是一条支线铁路的终点站，距离南北干线铁路10公里，只有速度非常慢的地方列车经停，不建议乘坐。

芽庄(Nha Trang)

芽庄高楼林立，充满激情，从不羞于展现自己身为海滩度假胜地的魅力。这里景色惊艳无比——三面小山环立，犹如一条项链，一面是长长的新月形海滩，碧蓝色的海水中热带岛屿星罗棋布。

芽庄从本质上讲是一座派对之城，主要针对的是来自俄罗斯和中国的游客。但这里也有较为悠闲的活动，你可以享受一次传统水疗养生服务，来一把泥浴，参观城镇中心那些拥有数百年历史的占婆宝塔。

景点

★芽庄海滩(Nha Trang Beach) 海滩

芽庄6公里长的黄金海滩划出一道壮阔的弧形，是该城旅游的一张王牌。海滩沿线用绳索划设出了多个游泳区，不用担心摩托艇或船只的干扰。碧蓝色的海水令人欲罢不能，海岸步行道也是散步的好地方。

海滩边有两个热门的休闲去处，分别是Sailing Club(见134页)和Louisiane Brewhouse(见134页)。如果你往南走，海滩会变得更安静，也许还能找到一片自己的专属海滩。

★婆那加占婆塔群 佛教寺庙

(Po Nagar Cham Towers, Thap Ba, Lady of the City; 门票 22,000d，导游 50,000d; ⌚6:00~18:00)建于7~12世纪占婆时代的古塔依然香火不断，是占族、华裔和越南佛教徒的祭拜之处。最初本有七八座婆那加占婆塔，现在仅剩4座，其中的北塔(Thap Chinh)高28米，历史可以追溯到公元817年，阶梯式的塔顶好像金字塔，石砌的内部上覆拱顶，门内有

归仁交通一览

目的地	飞机	长途汽车	小汽车和摩托车	火车(软座)
岘港	无	105,000~160,000d，6.5小时，每天14~17班	7小时	203,000d起，5.5小时，每天5班
胡志明市	620,000d起，1小时，每天3班	220,000~380,000d，16小时，每天10班	18小时	393,000d起，11小时，每天4班
河内	700,000d起，1.5小时，每天1班	480,000d起，23小时，每天7班	约26小时	665,000d起，20小时，每天4班

前厅，是最为恢宏的一座塔。

宝塔矗立在一个花岗岩小丘之上，位于芽庄市中心以北2公里处，Cai River岸边。

龙山寺 佛教寺庙

(Long Son Pagoda; ⏲7:30~11:30和13:30~17:30) 免费 这座醒目的宝刹建于19世纪末，游人可以沿着险陡的台阶爬上去。入口处和寺顶装饰有用琉璃瓦镶嵌拼成的龙，主殿的风格则是对传统装饰主题的现代解读。

寺后有一尊巨大的**白色佛像**(Kim Than Phat To)，坐于莲花之上。佛像基座四周雕有7个半身像，雕塑的是包括释广德(Thich Quang Duc)在内的7位于1963年自焚的和尚。

亚历山大·耶尔森博物馆 博物馆

(Alexandre Yersin Museum; ☎058-382 2355; 10 Đ Tran Phu; 26,000d; ⏲周一至周五7:30~11:00和14:00~16:30，周六 8:00~11:00) 亚历山大·耶尔森博士(1863~1943年)于1895年在芽庄建立了巴斯德研究所(Pasteur Institute)。他生于瑞士，能说一口流利的越南语，为越南引进了橡胶树和能提取奎宁的树种。此外，他在香港时还发现了老鼠身上携带的鼠疫病原体。

在这个有趣的小博物馆里，你可以看到耶尔森当时使用的图书馆和办公室，展品包括实验设备(如天文观测工具)和一个有趣的3D图片镜。团队游讲解可使用法语、英语和越南语，其间会播放一段介绍耶尔森的传记短片。

龙城艺术馆 画廊

(Long Thanh Gallery; ☎058-382 4875; www.longthanhart.com; 126 Đ Hoang Van Thu; ⏲周一至周六 8:00~17:30) 免费 这家画廊是黑白摄影发烧友的天堂，展示了越南最知名的摄影师龙城(Long Thanh)的作品。自1964年拍摄了第一张作品开始，龙城一直通过黑白照片对越南日常生活的片段进行着独特的展现和有力的描绘，其富有感染力的作品捕捉到了越南的国家灵魂。

涂奠庆画廊 画廊

(Do Dien Khanh Gallery, DDK Gallery; ☎058-351 2202; www.ddk-gallery.com; 126B Đ Hong Bat; ⏲8:00~21:00) 免费 涂奠庆(Do Dien Khanh)是一位颇有才华的摄影师，而且热情好客，作品涉及越南的自然与生活，其为芽庄周边的占族人创作的肖像美得令人久久难以忘怀。出售影印版。

国家海洋博物馆 博物馆

(National Oceanographic Museum; ☎058-359 0037; 1 Cau Da; 成人/儿童 30,000/12,000d; ⏲6:00~18:00) 坐落于一座宏伟的法国殖民地时期的建筑中，位于芽庄南端的Cau Da港口区。外表乏味沉闷，内有约60,000瓶浸泡的海洋动物标本，以及鸟类标本和海洋哺乳动物标本，还陈列着当地船只和渔具。水族箱里可以看到迷人的珊瑚礁鱼(和鲨鱼)，3头获救的海豹现在也生活在这里(不会给游客进行娱乐表演)，还能看到一副鲸鱼骨架。展览配有很好的英文介绍，着重环保教育，不是为了吸引游客，绝无哗众取宠之嫌，令人倍感清新。

活动

芽庄是潜水、冲浪、花式滑水、帆伞、白水漂流和山地自行车运动的胜地。乘船游览海湾和Cai River也是很不错的一日游体验。

★Vietnam Active 探险运动

(☎058-351 5821; www.vietnamactive.com; 115 Đ Hung Vuong) 活动种类繁多，组织水准很高，包括漂流、皮划艇和山地骑行主题游以及水肺潜水(经SSI和PADI认证)，具体价格取决于每团人数。也开设哈他瑜伽(hatha yoga)和阿斯汤加瑜伽(ashtanga yoga)课程，骑车骑得腿脚酸疼的你可以来这儿放松一下。出租高质量自行车(每天US$5起)。

★I Resort 温泉

(☎058-383 8838; www.i-resort.vn; 19 Xuan Ngoc, Vinh Ngoc; 套餐 250,000d起; ⏲8:00~18:00) 一家高端温泉水疗会馆，是完美的享乐之所，想在芽庄周边找个地方痛痛快快地洗泥浴，来这里最美妙。会所拥有地热矿物泥浴池和可爱的普通浴池，甚至还有瀑布。周边乡村环境非常优美，可以眺望远山，自带一个不错的餐馆和水疗兼按摩中心。最

Nha Trang 芽庄

少也值得拿出半天时间到这里享受一下。推出各种泥浴/水疗套餐。

地点距离城镇中心西北7公里。可以派摆渡车到城区酒店接客人（单程20,000d），请提前电话联系。

莫岛(Hon Mot)

浮潜

莫岛正好位于木岛(Ebony Island)和蚕岛(Hon Tam)中间，面积很小，是非常受欢迎的浮潜地点。

Nha Trang 芽庄

◉ 重要景点

1 芽庄海滩 ……D3

◉ 景点

2 亚历山大・耶尔森博物馆 ……D1
3 涂奠庆画廊 ……C4
4 龙城艺术馆 ……B1

活动、课程和团队游

5 Lanterns Tours ……C5
Vietnam Active ……（见13）
6 Vietnam Bike Tours ……C3

住宿

7 Galliot Hotel ……A5
8 Golden Summer Hotel ……B6
9 Happy Angel Hotel ……C4
10 King Town Hotel ……A5
11 Le Duong ……B6
12 Mojzo Inn ……A6
13 Ngoc Thach ……B6
14 Sunny Sea ……B5

就餐

15 Au Lac ……C3
16 Kiwami ……C4
17 Lanterns ……C5
18 Mix ……B5
19 Yen's Restaurant ……A6

饮品和夜生活

20 Crazy Kim Bar ……A5
21 Louisiane Brewhouse ……D6
22 Sailing Club ……D6
23 Skylight Bar ……D3

购物

24 Lemongrass House ……C4
25 XQ ……B5

燕岛 乘船游

（Hon Yen, Bird's-Nest Island）又称海燕岛（Salangane Island）或燕窝岛，你从芽庄海滩上看到从海里冒出来的"疙瘩"就是这里。这座岛屿和庆和省近海其他岛屿是越南最好的金丝燕（salangane）燕窝产地，当地人会踩着颤颤巍巍的竹梯到上面采集燕窝。岛上有一个僻静的小海滩。从芽庄出发乘坐小船大约需要3小时到达，距离17公里。

100 Egg Mud Bath 温泉

（Tam Bun Tram Trung; ☎058-371 1733; www.tambuntramtrung.vn; Nguyen Tat Thanh, Phuoc Trung; ⊙8:00~19:00）温泉的名字来源于这里鸡蛋形状的"私人浴缸"，情侣和儿童可以在里面享受玩泥巴的乐趣。这里还有各种各样的涂泥、敷泥和推泥服务。整个地方面积很大，散布着一些浴池和浴缸（里面可以放香草和精油），还有一个餐馆和（人造）瀑布。全套套餐含所有服务设施，价格500,000d。

地点距离芽庄西南6公里。从城区西南边的Cau Binh Tan桥出发，沿着Đ Nguyen Tat Thanh前行直至Phoc Trung，过了干线公路就是，标牌指示清晰。

团队游

★ Lanterns Tours 文化游

（☎058-247 1674; www.lanternsvietnam.com; 34/6 Đ Nguyen Thien Thuat; 团队游 US$25）由一家非营利性餐厅推出的团队游（US$25），带你参观旅行者味儿很淡的小城宁和（Ninh Hoa），内容很有趣，包括参观当地市场，和一个当地家庭共进午餐。组织的芽庄小吃步行游（200,000d），也值得强烈推荐，随团可以吃到虾饺（banh tai vac）、香蕉糯米糕（che chuoi nuong）等7种当地特色菜。

Vietnam Bike Tours 骑行游

（☎0905 779 311; www.vietnambikeurs.com; 17/14 Đ Hoang Hoa Tham）组织团队游骑行探索当地乡村和海岸地区，非常好，包含泥浴和渔村观光，导游耐心又有经验。各种水平的骑行团都有。

住宿

Mojzo Inn 青年旅舍 $

（☎0988 879 069; www.facebook.com/mojzoInn; 120/36 Đ Nguyen Thien Thuat; 铺 US$7, 房间 US$19~23; ❄@🛜）好吧，店名听上去像家鸡尾酒吧，但这里实际上是一家搞怪的青旅，而且几乎挑不出毛病。宿舍设

计得很好，还有一个摆放着靠垫的公共休闲区。工作人员在服务方面绝对是耐心十足。

Sunny Sea 酒店 $

(☎058-352 2286; sunnyseahotel@gmail.com; 64B/9 Đ Tran Phu; 房间 250,000~300,000d; ❄@📶)紧邻海滩，面前这条小巷里挤满了低端酒店，唯独这家档次较高，相当划算。主人是当地一对热情的夫妇(医生配护士)，工作人员超级热心。客房打理得非常干净，床垫很有弹性，配迷你吧和现代化卫浴，某些客房带阳台。

Ngoc Thach 酒店 $

(☎058-352 5988; http://ngocthachhotel.com; 61 Quan Tran, Đ Hung Vuong; 房间 400,000~600,000d; ❄📶)一家迷人的迷你酒店，周围非常热闹，客房宽敞现代，有些带阳台，性价比不低。有电梯。

Golden Summer Hotel 酒店 $$

(Ha Vang; ☎058-352 6662; www.goldensummerhotel.com.vn; 22-23 Đ Tran Quang Khai; 房间 US$28~40; ❄@📶)一家时尚的酒店，大堂设计尤其有风格，客房迷人现代，全都有很不错的艺术装饰品点缀，比如，墙上挂着很有内涵的摄影作品。位置绝佳，海滩和各式餐馆都只有几步之遥。

Le Duong 酒店 $$

(nhatrangleduonghotel.com; 5 & 6 Quan Tran, Đ Hung Vuong; 房间 US$20~38; ❄📶)一家现代化的酒店，离餐厅和夜生活区很近，共50间明亮宽敞的客房，配淡色家具、白色床褥、有线电视和冰箱。价格会根据供需状况进行一定程度的浮动。

King Town Hotel 酒店 $$

(☎058-352 5818; www.kingtownhotel.com.vn; 92 Đ Hung Vuong; 房间 US$23~40; ❄@📶🏊)这家在淡季打折很凶，再加上客房宽敞，天台泳池能赏城景，所以极具性价比。淡季之外也值得考虑。

Galliot Hotel 酒店 $$

(☎058-352 8555; http://galliothotel.com; 61a Đ Nguyen Thien Thuat; 房间 US$38~54; ❄@📶🏊)这家新酒店靠近城市中心，地段便利，走几步就有一群酒吧和餐厅。客房很漂亮，房型很多——最便宜的没有窗户，不推荐。天台泳池是休闲避暑的完美去处。

★ Mia Resort Nha Trang 酒店 $$$

(☎058-398 9666; www.mianhatrang.com; Bai Dong, Cam Hai Dong; 公寓/别墅450,000/605,000d起; 🚭❄@📶🏊)酒店无与伦比，前面有一片私家海湾沙滩，后有小山，地理位置非比寻常。

客房宽敞现代，既可在巨大的浴缸里泡澡，也可以到室外露天淋浴。"Ocean Villa"别墅配私人泳池，"Garden Villa"别墅离海滩更近。服务一流，配一家顶级水疗馆和一个惊艳的海边餐厅。

Fusion Resort Nha Trang 度假村 $$$

(☎058-398 9777; http://fusionresortnhatrang.com; Nguyen Tat Thanh; 套/别墅 含早餐和水疗 US$215/373起; ❄@📶🏊)想"穷奢极欲"地住一把，就别往别的地儿找了。度假村2015年开业，最大的卖点就是免费水疗养生服务(能保证每位住客每天享受两次)。度假村规模巨大，套房和别墅都带海景，许多都配专属无边泳池。地点距离芽庄南30公里，位于海洋公路旁，有免费机场班车。

Happy Angel Hotel 精品酒店

(☎058-3525 006; 11 Nguyen Thien Thuat; 铺/双 US$7/24; ❄📶)家具时尚，卫浴亮丽，阳台可爱，处处彰显匠心，价格又低，实在让人开心。位于主街旁一条安静的小路里，步行可至海滩。

✕ 就餐

芽庄是美食爱好者的天堂，各国料理不胜枚举。

想吃地道的越南菜，推荐潭市市场，那里有五花八门的美食摊，其中也有素食(com chay)可选。

潭市市场 越南菜 $

(Dam Market; Đ Trang Nu Vuong; 餐 15,000~50,000d; ⏲6:00~16:00)想要地道的就餐体验，可以试试这个市场，里面的摊位五花八门，那个"美食广场"里能吃到素食(com chay)。

Yen's Restaurant 越南菜 $

（☎0933 766 205；http://yensrestaurantnhatrang.com；3/2a Đ Tran Quang Khai；菜肴55,000~120,000d；⊙8:00~23:00；📶）餐厅很有格调，热情好客，有各种美味的砂锅、咖喱、粉面、米饭和炒菜可选。轻快的传统音乐和身着奥黛的女服务员更是锦上添花。

Au Lac 素食 $

（28c Đ Hoang Hoa Tham；餐15,000~30,000d；⊙10:00~19:00；✍）一家半素食/素食老店，靠近Đ Nguyen Chanh街角，朴实无华，菜肴方面蔬菜少，素肉多。拼盘（15,000d）应该是芽庄最超值的食物了。

★Mix 希腊菜 $$

（☎0165 967 9197；77 Đ Hung Vuong；餐90,000~180,000d；⊙周四至周二 11:00~22:00）老板是希腊人Christos，面善心善，菜价适中，水准却非常高，餐厅总是顾客盈门，也不知是怎么做到的，实在是一位经营奇才。所有菜肴都是现吃现做的，品相精美，亮点包括海鲜和肉类拼盘、沙拉和希腊羊肉串（souvlaki）。

★Lac Canh Restaurant 越南菜 $$

（44 Đ Nguyen Binh Khiem；菜肴30,000~150,000d；⊙11:00~20:45）一家闹哄哄、烟呛呛、脏兮兮的餐馆，就餐体验超级有趣。晚上一般都会挤满食客，人们用桌上的烤炉自己烧烤。这里主打烤牛肉，之前已用大量香料进行了腌制，也有其他肉类和海鲜。打烊时间较早。

Nha Trang Xua 越南菜 $$

（☎058-389 6700；Thai Thong，Vinh Thai；菜肴40,000~210,000d；⊙8:00~21:00；📶👪）典型的越南菜馆，开在乡村里一个美丽而古旧的房子中，周围环绕着稻田和莲花池。这里的手写菜单十分精美，店内摆着愣头愣脑的木桌子，弥漫着乡土风情。特色菜有火锅、越南沙拉、五香牛肉（five-spice beef）和鱼（推荐蕉叶烤黑鱼）。

Thap Ba 海鲜 $$

（Thap Ba；餐40,000~200,000d；⊙18:00~22:00）这条街很有名气，在晚上会变身为“海鲜一条街”，蛤蜊、螃蟹和大虾都有，可蒸可烤，味道很好。

Lanterns 越南菜 $$

（www.lanternsvietnam.com；34/6 Đ Nguyen Thien Thuat；菜肴48,000~117,000d；⊙7:30~21:30；📶✍👪）🍃这家餐馆资助当地的孤儿院并提供奖学金。这里主要供应的是越南风味菜肴，特色包括咖喱、砂锅和热气腾腾的火锅（两人210,000d）。供应的“街头小吃”系列也不差，还有意面等国际美食。开设的烹饪课和美食团队游口碑不错。14:00~16:00时段用餐可享八折优惠。

★Kiwami 日本菜 $$$

（☎058-351 6613，0956 130 933；www.

素食与严格的素食主义者

对于素食主义者来说，好消息是越南的素食选择现在比从前要丰富，坏消息是即便如此，选择也不是很丰富。越南人是顽固的肉食动物，虽然也爱吃蔬菜，但天上飞的、地上爬的、海里游的显然更合他们的胃口。

但如果想在越南旅行期间不吃一口肉，其实也是可能的，前提是你肯把那些不讲英语的素食小馆儿找出来。大多数城镇都有卖素食（当地叫com chay）的地方，一般都在寺庙附近或者市中心里。这种餐厅大多面向当地佛教徒，装潢简朴。许多用的都是“素肉”，由豆制品和麸质制作而成，味道和肉菜一样美，实际上没一点荤腥。很多地方午餐时间是素食自助，午餐后就打烊。

根据佛教传统，许多摊贩和餐馆在农历初一和十五两天也都会推出素食。在其他时间，素食主义者应该要小心，因为就算是完全用蔬菜做成的菜，里面也很可能会放了鱼露或虾酱。所以最好提前告诉厨师自己是一个持斋的佛教徒——哪怕你不是——这样越南人一下子就明白你的意思了。

kiwamirestaurantsushi.info.vn; 136 Bach Dang; 餐 250,000~600,000d; ⏲周四至周二 正午至22:00; ❄)一家氛围私密、菜肴地道的日本小馆儿，挑不出毛病。餐厅有一位专业的寿司师傅坐镇——你可以坐在酒吧凳上，看着他施展厨艺，也可以选择靠墙的隔间。不管是刺身还是鸡肉串，最具人气的日本菜这里都有，都好。午餐时间还推出了寿司套餐和便当（145,000~210,000d）。

饮品和夜生活

在派对酒吧里要看好财物，提防有人往你的饮料中下药。

Louisiane Brewhouse 自酿酒吧

（☎058-352 1948; 29 Đ Tran Phu; 每杯40,000d; ⏲7:00至午夜; 📶）最有"调调"的精酿啤酒馆。铜质大酒桶正对着下方迷人的泳池，一直可以望到远处那片专属沙滩，景色美翻了。供应6种自酿啤酒，包括一款红艾尔和一款味道超赞的"witbier"（比利时黑拉格）。

Skylight Bar 酒吧

（http://skylightnhatrang.com; Best Western Premier Havana Nha Trang, 38 Đ Tran Phu; 门票含酒水 100,000d; ⏲16:30~23:00; 📶）酒吧开在43层，傲视全城，是一家在芽庄震撼登场的新店，经营团队来自洛杉矶。四方美景尽收眼底，鸡尾酒品质无双（120,000~150,000d），有水烟，有雪茄，有DJ，还有泳池派对。周六想找个地方消遣一下，这里就是首选。

Sailing Club 酒吧，夜店

（www.sailingclubnhatrang.com; 72-74 Đ Tran Phu; ⏲7:00至次日2:00; 📶）这家海滩夜店在芽庄非常有名，常有DJ和乐队现场助兴，主顾都是时尚爱玩儿的帅哥靓妹。周四、周五和周六会在外面点起篝火，大家都会聚集到沙滩上（如果天气允许的话）。每周第一天举行"女士之夜"活动。

Crazy Kim Bar 酒吧

（http://crazykimvietnam.wordpress.com; 19 Đ Biet Thu; ⏲9:00至深夜; 📶）这里是"别碰孩子"（Hands Off the Kids）运动的大本营，致力于遏制针对儿童的性侵害，并会拿出部分收益为其助力，值得称道。定期举办主题派对夜，有超级带劲儿的鸡尾酒桶（60,000d）、子弹酒、廉价啤酒以及可口的小吃。欢乐时光活动期间（正午至20:30）"La Rue"牌啤酒买一送一。

购物

★ Lemongrass House 美容产品

（https://fb.com/lemongrasshouse.vn; 38 Đ Nguyen Thi Minh Khai; ⏲10:00~22:00）🍃一家绝妙的小店，销售超赞的面霜（270,000d）、面膜、洗发护发品、精油和多种茶叶。所售商品使用的都是天然原料，都是在泰国小批量生产的。

XQ 工艺品

（☎058-352 6579; www.xqvietnam.com; 64 Đ Tran Phu; ⏲8:00~20:00）这里被设计成了传统村庄的模样，包括一个刺绣坊和艺廊，你可以前来欣赏匠人工作。

实用信息

邮政总局（4 Đ Le Loi; ⏲周一至周五 6:30~20:00, 周六至13:00）

巴斯德研究所（Pasteur Institute; ☎058-382 2355; www.pasteur-nhatrang.org.vn; 8-10 Đ Tran Phu; ⏲7:00~11:00和13:00~16:30）可提供医疗咨询和疫苗注射服务，位于亚历山大·耶尔森博物馆（见129页）内。

Sinh Tourist（☎058-352 2982; www.thesinhtourist.vn; 90C Đ Hung Vuong; ⏲6:00~22:00）可靠，专业，能组织便宜的当地团队游——其中的城市观光游259,000d（不含各景点门票）——以及乘船岛屿游，也营运Open Tour长途汽车。

越南外贸股份商业银行（Vietcombank; 17 Đ Quang Trung; ⏲周一至周五 7:30~16:00）有一台自动柜员机。

到达和当地交通

金兰国际机场（Cam Ranh International Airport; ☎058-398 9913）距离芽庄南30公里，**越南航空**（☎058-352 6768; www.vietnamairlines.com; 91 Đ Nguyen Thien Thuat）有航班连接莫斯科，韩亚航空（Asiana）有航班连接首尔。国内航线方面，越南航空有飞机连接胡志明市、河内和岘港。

芽庄交通一览

目的地	飞机	长途汽车	小汽车和摩托车	火车
大叻	无	US$7，5小时，每天15班	4小时	N/A
岘港	US$31起，1小时，每天1班	US$11~15，12小时，每天13~15班	11小时	US$15~21，9~11小时，每天6班
胡志明市	US$21起，1小时，每天8班	US$10~15，11小时，每天13班	10小时	US$11~16，7~9小时，每天7班
美奈	无	US$7，5小时30分钟，仅Open Tour巴士	5小时	N/A
归仁	无	US$6.50，6小时，每2小时1班	6小时	US$5.50~8，4小时，每天6班

Nha Trang Taxi（☎058-382 6000）是芽庄的官方出租车公司，车身为绛紫色，从机场到市区要380,000d。从市区到机场可以和司机提前谈好价格，不打表大概300,000d，打表反倒更贵。**Mai Linh**（☎058-382 2266）也是一家可靠的出租车公司。

芽庄南方长途汽车站（Phia Nam Nha Trang Bus Station; Đ 23 Thang 10）是芽庄主要的城际大巴车站，距离**芽庄火车站**（☎058-382 2113; Đ Thai Nguyen; ⌚售票处 7:00~11:30、13:30~18:00和19:00~21:00）西500米。每天都有一班长途大巴北上岘港。前往藩朗和胡志明市等南边目的地的车辆班次频繁。

美奈（Mui Ne）

曾几何时，美奈不过是一条与世隔绝的沙滩，只有勇往直前的旅行者才会寻访至此，露营过夜。今天，这里开了一长排海滩度假村（幸好建筑不高），毗邻大海，花园围绕。原先的渔村还在，但旅行者人数现在已经超过了当地人。今天的美奈明显正在朝着高端化方向发展，餐厅越来越酷，商店越来越潮，但是总的来说这里依然是冲浪客（以及风筝冲浪客）的平民乐园。

景点

沙丘　　海滩

美奈巨大的红色沙丘和白色沙丘非常有名。其中的“白沙丘”（doi cat trang）距离美奈东北24公里，景色更为壮观，沙子白中透黄，在几乎常年不断的海风的塑造下，形成了撒哈拉一般的风貌。“红沙丘”（doi hong）距离Hai Long更近。但是这里毕竟是越南，而非撒哈拉中心的马里，所以很难体验到沙漠的荒凉宁静。

会有小孩苦苦地求你从他们那租一个塑料沙橇去滑沙，你要有心理准备。除非你身体轻如超模，否则一次也就能滑几米远。

婆沙奴占婆塔　　印度教遗址

（Po Shanu Cham Towers; Km 5; 5000d; ⌚7:30~11:30和13:00~16:30）婆沙奴占婆塔群位于美奈以西，耸立在藩切（Phan Thiet）附近的一座小山上。眺望远方，山下小镇一览无余，墓地中的墓碑仿佛糖果。塔群建于9世纪，目前由三座塔构成，三塔皆已破败不堪。这里还有一座小佛塔，以及一家画廊兼商店。

活动

美奈是南越冒险运动的中心。这里的水肺潜水和浮潜没什么可玩的，但与芽庄和会安相比，美奈雨少浪大，从8月至12月都可以冲浪。

★ Forester Beach Spa　　水疗

（☎062-374 1899; 82 Nguyen Dinh Chieu; 1小时按摩 320,000d）档次要比那些便宜的水疗馆高，设计很好，按摩室是一个个又小又漂亮的竹屋，紧挨着海岸，享受呵护时会渐渐沉醉在海浪声中。技师训练有素，常有打折优惠。

Manta Sail Training Centre　　帆船

（☎0908 400 108; http://mantasailing.

Mui Ne Beach 美奈海滩

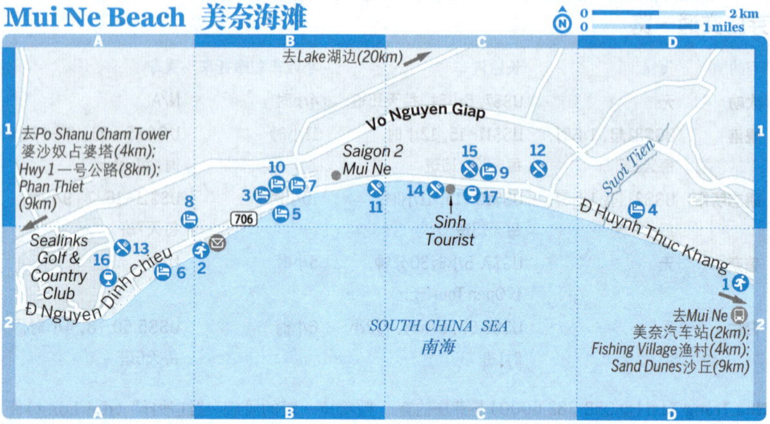

Mui Ne Beach 美奈海滩

活动、课程和团队游

Forester Beach Spa .... （见5）
1 Manta Sail Training Centre D2
2 Surfpoint Kiteboarding School B2
Taste of Vietnam .... （见5）

住宿

3 Coco Sand Hotel B1
4 Duy An Guesthouse D1
5 Full Moon Beach Hotel B1
6 Mia Resort A2
7 Mui Ne Backpacker Village B1
Mui Ne Hills Budget Hotel .... （见8）
8 Mui Ne Hills Villa Hotel A1
9 Song Huong Hotel C1
10 Xin Chao B1

就餐

11 Bo Ke B1
12 Com Chay Vi Dieu C1
13 Ganesh A2
14 Nhu Bao C1
Sandals .... （见6）
15 Sindbad C1

饮品和夜生活

16 Deja Vu A2
Dragon Beach .... （见11）
Joe's Café .... （见5）
17 PoGo C1

org; 108 Đ Huynh Thuc Khang; 帆船培训 每小时US$66）一家新开的帆船航海学校，水平超高，提供经国际帆联认证的帆船培训（从初级到专业竞赛级都有）、花式滑水活动（每小时US$100，含船费）和立式桨板租赁。工作人员非常专业，也出租低价客房。

Surfpoint Kiteboarding School 风筝冲浪、冲浪

（☎0167 342 2136; www.surfpoint-vietnam.com; 52a Đ Nguyen Dinh Chieu; 3小时课程 含全套装备 US$150; ⏰7:00~18:00）教练员训练有素，学习过程气氛友好，难怪这里在整个美奈会有如此之高的口碑。5小时培训课程需US$250。风浪允许的情况下，也可以组织软板冲浪课（US$50起）。出租短板。

课程

Taste of Vietnam 烹饪

（☎0916 655 241; www.muinecookingschool.com; Sunshine Beach Resort, 82 Đ Nguyen Dinh Chieu; 2.5小时课程 US$30; ⏰课程8:45~12:30）这里的越南菜烹饪课很有名气，在海滩进行。US$35培训课程含市场观光（总共3.5小时）。早饭一定别多吃，因为这里可供品尝的小吃太多了。

住宿

★ **Mui Ne Backpacker Village** 青年旅舍 $

（☎062-374 1047; www.muinebackpackervillage.com; 137 Đ Nguyen Dinh Chieu; 铺/房间US$5/25起; ⊖❄📶🏊）一家设计精心的新青旅，野心勃勃地抢占了当地背包客市场，凭借

迷人的泳池、酒吧餐厅和欢乐友好的氛围人气狂飙。所有宿舍都带空调、独立床位（不是上下铺哟！）和储物柜。另有18间独立间，要么配阳台，要么配小院儿。

Mui Ne Hills Budget Hotel 酒店 $

（062-374 1707；www.muinehills.com；69 Đ Nguyen Dinh Chieu；铺/房间 US$5/19起；）物有所值。有几间空调独卫宿舍，独立间配高质量家装，拥有当代装饰细节。距离主街北约300米，通往酒店的小路极陡。

Coco Sand Hotel 客栈 $

（0127 364 3446；http://cocosandhotel.com；119 Đ Nguyen Dinh Chieu；房间 US$13~21；）一家非常热情的客栈，中间是一个阴凉的庭院花园（设有吊床），房间四周分布，性价比极高。位于主街旁一条小巷里，环境幽静。店家也出租摩托车，价钱公道。

Song Huong Hotel 酒店 $

（062-384 7450；www.songhuonghotel.com；241 Đ Nguyen Dinh Chieu；标单/双 含早餐 US$12/15；）非常好客的家族酒店，远离主路的喧嚣，本身是座现代风格的私宅，客房明亮宽敞而且通风好。

Duy An Guesthouse 客栈 $

（062-384 7799；87a Đ Huynh Thuc Khang；标单/双 US$10/15；）一家传统客栈，店主为人友善，待客有道（可以尝尝他的野蜂蜜酒）。地点靠近主街东端，院子很阴凉，自带餐厅也不错。

Mui Ne Hills Villa Hotel 精品酒店 $$

（062-374 1707；www.muinehills.com；69 Đ Nguyen Dinh Chieu；房间 US$35~50；）以前叫Mui Ne Hills 1，是一座精致的别墅式酒店，在酒店的游泳池可以远眺海滩美景。客房极其超值，所有房间都采用当代设计风格，设施也很完善，但酒店员工和老板在服务上花的心思才是点睛之笔。通往酒店的小路很陡，尘土飞扬（但距离海滩最美的一段很近）。

Xin Chao 精品酒店 $$

（062-374 3086；www.xinchaohotel.com；129 Đ Nguyen Dinh Chieu；房间 US$30~45；）这家现代化酒店令人印象深刻，位于远离喧嚣的海岸主路，店主就是风筝冲浪手。酒店在设计上花了许多心思，房间围绕着后面的一个游泳池排列，此外小型公共休闲区（内有台球桌）和一个路边酒吧餐厅更加提升了酒店的魅力。

Full Moon Beach Hotel 酒店 $$

（062-384 7008；www.fullmoonbeach.com.vn；84 Đ Nguyen Dinh Chieu；房间 含早餐 US$56~70；）酒店在设计上颇具艺术性，认真的老板从未停止过对酒店设施的升级，以求跟上竞争的步伐。酒店的游泳池掩映于竹叶间，房间配四柱大床和陶砖，还有一个海景酒吧。

★ Mia Resort 精品酒店 $$$

（062-384 7440；www.miamuine.com；24 Đ Nguyen Dinh Chieu；房间 US$135，平房别墅 US$158~266，全含早餐；）一家超级时尚的海滩酒店，堪称美奈住宿界的“翘楚”。处处弥漫着安静祥和，友好高效的服务更是锦上添花，住宿体验逍遥自在。面朝大海的泳池不大，但却是休闲的好地方。自带餐厅Sandals供应的自助早餐极其丰盛，你一定喜欢。

就餐

美奈现在是越南餐饮价格最高的地方之一。餐厅无数，天南海北的旅行者基本上都能找到钟意的味道。

Com Chay Vi Dieu 素食 $

（15B Đ Huynh Thuc Khang；餐 25,000d；7:00~21:00；）一家简简单单的路边餐馆，供应的越南素食价格低廉，非常值得推荐，也有好喝的思慕雪（20,000d）。正对着Little Paris度假村的“埃菲尔铁塔”。店家不讲英语，想吃哪个指哪个。

Sindbad 中东菜 $

（www.sindbad.vn；233 Đ Nguyen Dinh Chieu；主菜 50,000~70,000d；11:00至次日1:00；）看起来就像个烤串摊，水平超高，有烤肉夹馍、烤肉串和希腊沙拉这种地中海人气美食。价格非常便宜，分量非常大，开门较晚。

Nhu Bao 海鲜 $

（☎0914 531 767；146 Đ Nguyen Dinh Chieu；主菜50,000~180,000d；⊙9:00~21:30）一家长盛不衰、实实在在的越南海鲜餐厅，门口摆着咕嘟咕嘟冒泡的鱼缸，露天就餐区架着棚子，面积很大，一直延伸到海边。这家做的螃蟹最有名。

★ **Sandals** 各国风味 $$

（☎062-384 7440；www.miamuine.com/dine；Mia Resort, 24 Đ Nguyen Dinh Chieu；餐120,000~370,000d；⊙7:00~22:00；📶）这家出色的餐厅是全镇最有氛围的地方，入夜后尤其浪漫，餐桌或列在一个沙滩泳池四周，或置于一座典雅的餐厅之中。侍者饮食知识丰富，细心热情。菜品从意面到越南砂锅应有尽有，品质超凡，烹饪考究，品相出色。早餐自助十分美妙，值得专程前来一试。

Ganesh 印度菜 $$

（www.ganesh.vn；57 Đ Nguyen Dinh Chieu；主菜60,000~160,000d；⊙11:00~22:00；📶🌿）这家印度餐厅水平一流，味道正宗，菜品丰富，有许多种素食可选，包括分量很大的塔喱（thali）。蒜味烤馕（garlic naan）值得细细品尝。

大排档 海鲜 $$

（Bo Ke；Đ Nguyen Dinh Chieu；主菜40,000~120,000d；⊙17:00~22:00）大排档在当地叫"bo ke"，海滩沿线有很多。

🍷 饮品和夜生活

★ **PoGo** 酒吧

（☎0912 000 751；www.thepogobar.com；138 Đ Nguyen Dinh Chieu；⊙8:30至次日2:00）很了不得的一个酒吧，独占海滩宝地，有沙发床供客人休闲，周末有DJ助兴，定期举办夜间电影放映活动。服务员非常友好，也供应正餐。

Joe's Café 酒吧

（http://joescafemuine.com；86 Đ Nguyen Dinh Chieu；⊙7:00至次日1:00；📶）这里氛围很像小酒馆，有现场音乐演出（每晚19:30开始），如果嫌其他酒吧的铁克诺太闹，不妨到这里坐坐。白天来也行，酒吧区友好欢乐，供应许多特价饮料，食物种类也很丰富。

Deja Vu 酒吧

（21 Đ Nguyen Dinh Chieu；⊙正午至次日1:00；📶）一家比较时尚的酒吧餐厅，位于美奈大道靠近藩切的一头，提供水烟、鸡尾酒和各国风味菜肴。套餐80,000d。

Dragon Beach 酒吧、夜店

（120-121 Đ Nguyen Dinh Chieu；⊙13:00至次日4:00）一家海边酒吧夜店，有西方和当地DJ助兴，主打电子舞曲、bass、浩室音乐和铁克诺音乐。这里还有一个木板休闲露台，边上铺有坐垫，能抽水烟。欢乐时光为20:00~22:00。

ℹ 实用信息

邮局（44 Đ Nguyen Dinh Chieu；⊙周一至周五9:00~16:30）位于瑞士村（Swiss Village），地段便利。

ℹ 到达和当地交通

大多数公共长途巴士只会经停藩切，抵离美奈最方便的方式就是乘坐Open Tour长途汽车。几家长途汽车公司每天都有车往返胡志明市（109,000~119,000d，6小时）、芽庄（109,000d起，5小时）和大叻（119,000d，4小时）。Open Tour卧铺长途汽车一般更贵：去胡志明市可以联系**Sinh Tourist**（www.thesinhtourist.vn；144 Đ Nguyen Dinh Chieu；⊙7:00~22:00），车费109,000d。

Phuong Trang每天有4班舒适的长途汽车往返美奈和胡志明市之间（120,000d）。

Mai Linh（☎062-389 8989）的出租车很可靠，但夜间用车应该提前电联，或者让餐厅和酒吧的人帮忙叫车。

Saigon 2 Mui Ne（☎0126 552 0065；www.saigon2muine.com；165/1）醉意醺醺的舞蹈和沙滩上的游戏吸引着人们来这里，这家公司可以出租小汽车/小巴带你去胡志明市（5~6小时），费用大约US$100/125，口碑不错，值得信赖。

昆岛群岛（Con Dao Islands）

昆岛群岛与大陆一海相隔，是越南的星级旅行目的地之一。15座大小岛屿连成一线，其中最大的一座叫昆山岛（Con Son），岛屿

周围环列着可爱的沙滩、珊瑚礁和风景怡人的海湾，岛上依然有不少茂密的森林。除了徒步、潜水、探索荒凉的海岸公路与沙滩，这里的野生动物观察体验也不同凡响，巨松鼠（black giant squirrel）和当地特有的弓指壁虎（bow-fingered gecko）都能看到。

昆山岛在法国殖民统治和南越执政时期用以关押政治犯，监狱超过十几所，囚犯数以千计，幸好有奇美的自然风景，才得以“成功转型”。

景点

昆山岛共有11所监狱，可以去其中最大的富海监狱追忆那段远去的历史。

★白德笃（Bai Dat Doc） 海滩

这是昆山岛上最好的海滩，有1公里长的白沙，形如新月，背靠青山，占尽一个“美”字。沙滩缓缓入海，水中又无污染，非常适合游泳。尽管Six Senses酒店在这里建造了一些豪华平房小屋，但这里并不是酒店的专属海滩，公路旁有几个地方都通向海滩。

运气非常好的话，可以在附近的海角处看到儒艮戏水。

★拜耕（Bay Canh） 岛屿

拜耕位于昆山岛东面，有美丽的沙滩、古老的森林、红树林、珊瑚礁和海龟（有的季节可见），可以说是周围岛屿中魅力最全面的一座。拜耕岛的东端建有法国殖民时代的灯塔，现在仍在使用，走上2小时即可到达，尽管需要登上325米高的陡坡，但是沿途风光非凡。一旦登上峰顶，风景一览无余，令人心旷神怡。

保庄超（Bai Dram Trau） 海滩

海滩景色奇美，但位置偏僻，通往海滩的土路路口距离昆山岛机场1公里。海滩沙质柔软，长700米，为半月形，背后是一棵棵木麻黄树，两端的岩石海岬上覆树林。最好在落潮期间来此游览。

近海礁石附近可以浮潜，海滩上有3个异常简陋的海鲜大排档（营业时间都是从正午到黄昏）。

白利沃（Bai Loi Voi） 海滩

位于昆山镇的北侧，海滩宽阔，沙子中混有砾石，贝壳很多，有木麻黄树可以遮阳。其实，昆山镇中心Con Dao Resort那里就有一片不错的沙滩。

白安海（Bai An Hai） 海滩

位于昆山镇南面，背靠青山，非常迷人，只是附近停泊着很多渔船。

知隆（Tre Lon） 岛屿

喜欢更为荒凉原始的海滩，可以到群岛中的那些小岛上寻找。这座岛屿在昆山岛西边，上面就有一片美丽的白沙海滩。

活动

昆岛群岛拥有全越南最原始的海洋环境。全年都可潜水，但1月至6月的潜水条件最理想，能见度很高，被认为是最佳时间段。

昆山岛上有许多徒步路线可选，因为岛内大部分区域依然被茂密的森林覆盖。进入森林的话一定要雇一名国家公园导游（180,000~300,000d）。

★Dive! Dive! Dive! 潜水

（☎064-383 0701; www.dive-condao.com; Đ Nguyen Hue; ⊙8:00~21:00）教练员拉里（Larry）从2011年至今一直生活在昆岛，对于在海岛珊瑚礁潜水，经验非常丰富。这家潜水学校秉持环保理念，提供RAID课程培训，也可以提供昆岛群岛的丰富信息。店家对珊瑚礁实行常年监控保护，清除珊瑚礁里的渔网和垃圾。

Bamboo Lagoon 徒步

（Dam Tre）这里叫竹湖，可以从机场跑道附近的一条小路路口出发步行前去探访，沿途风景很美，要穿过密林和红树林，经过一条山顶小溪，全程2小时，走起来很轻松，但必须有当地导游带路才能找到。湖水中的浮潜体验不错。

Ong Dung Bay 徒步

出镇往北走几公里，经过Ma Thien Lanh Bridge桥，可见一条徒步小路，沿路再行1公里（单程大约30分钟），穿过雨林便是这片海湾，无须导游领路。海湾那里没有沙滩，只有岩石海滩，但距离岸边大约300米远的海水中有一片不错的珊瑚礁。

Ma Thien Lanh Bridge 徒步

这座桥在通往Ong Dung Bay的小路起点附近，是在法国统治时期由囚犯修建的，今已残破不堪。

食宿

同样的住宿标准，岛上的价格大概是内陆的两倍。

★ Red Hotel 酒店 $

（☎064-363 0079；17B Đ Nguyen An Ninh；房间 350,000~650,000d；❄📶）一家不错的经济型迷你酒店，客房宽敞干净，周围很热闹，挨着夜市，吃饭不愁找不到地方。工作人员热情好客，就是几乎不懂英语。

Nha Nghi Thanh Xuan 客栈 $

（☎064-383 0261；44 Đ Ton Duc Thang；房间 350,000~500,000d；📶）客栈被刷成了海洋蓝，房间配优质床垫和羽绒被，楼上的房间光线好，通风好。店员几乎不会说英语。

Thien Tan Star Hotel 酒店 $$

（☎064-363 0123；http://thientanstarhotel.com；4 Đ Nguyen Duc Thuan；房间 800,000~1,500,000d；❄📶）这家海滩酒店位于昆山最热闹的地段，周围什么都有。客房装潢简约，墙面粉刷成白色，有迷你吧、平板电视和优质床品，非海景房更便宜。

★ Six Senses Con Dao 精品酒店 $$$

（☎064-383 1222；www.sixsenses.com；Dat Doc Beach；别墅 US$651起；❄@📶🏊）酒店自成一派，惊艳无双，独占昆山岛最佳海滩，距离昆山镇东北4公里。这里也是越南最高端的度假村之一，约50座实木打造的沙滩独栋，面朝大海，装潢融现代设计与高端的乡村风格于一体，每栋都配专属泳池、巨型浴缸和两部自行车。服务员训练有素。

就餐方面，酒店有一个氛围随意的咖啡馆，可以去里面吃点帕尼尼，还有一家华丽的海滨餐厅。潜水游、帆船游和徒步游全能组织，自带水疗馆室内外都可享受阿育吠陀养生服务。

Bar200 Con Dao 咖啡馆 $

（http://divecondao.com；Đ Pham Van Dong；餐 35,000d起；⏰8:00~22:30；📶）城里的旅行者都爱来这儿聚，氛围欢乐自在，老板对于昆山岛了如指掌。供应好喝的咖啡（包括意式浓缩和卡布奇诺）和西方常见小吃，比如汉堡、比萨、三明治和燕麦早餐。晚上，啤酒和鸡尾酒开始“酒流成河”。

夜市 市场 $

（Đ Tran Huy Lieu和Đ Nguyen An Ninh交叉路口；小吃 20,000~90,000d）Đ Tran Huy Lieu和Đ Nguyen An Ninh的交叉路口那里有一个小型夜市，吃的便宜，想省钱可以去那里。

实用信息

有事可以去找Dive! Dive! Dive!（见139页）的Larry，他对于昆岛群岛非常了解。

BQL Cang Ben Dam Huyen Con Dao（☎064-383 0619；Đ Quy Hoach, Ben Dam pier；⏰8:00~11:30和13:00~17:00）这里销售昆山岛与头顿（Vung Tau）之间的渡船船票。**国家公园办事处**（National Park HQ；☎064-383 0669；www.condaopark.com.vn；29 Đ Vo Thi Sau；⏰7:00~11:30和13:30~17:00）国家公园部分区域属军事管制区，所以你一定先到这里来咨询一下，看看岛上具体哪些可

少年烈士

如果北风轻拂，或许你会闻到昆山公墓里一座坟墓那里传来的香火。那是越南全民偶像——武氏六（Vo Thi Sau）的坟墓。

武氏六是一名在法国统治昆岛期间被处死的青年反法战士，她很小的时候就投身政治运动。14岁时，她用手榴弹炸死了一名法国上尉。几年后，第二次暗杀失败，她被逮捕，送往昆岛，并就地处决，年仅19岁。

午夜时分参观墓地，你会发现成群的人聚集在她的墓旁，烧香祈祷上供。武氏六于1952年1月23日凌晨遇害，越南人相信，午夜是向这位民族女英雄的精神致敬的吉时。

以游览或徒步。这里还免费发放岛屿徒步介绍手册，某些小道配有英越双语标注。自带一个展览厅，介绍当地森林及海洋生物的多样性、环境威胁以及环保举措。

越南工商银行（Vietin Bank; Đ Le Duan; ⏲周一至周五8:00~14:00，周六至正午）有自动柜员机，不能兑换外币。

到达和当地交通

昆岛机场（Con Dao Airport）很小，距离昆山镇中心大约15公里，每天有3~5班飞机连接胡志明市，由**越南航空服务公司**（Vasco; ☎038-330 330; www.vasco.com.vn; 44 Đ Nguyen Hue）和越南航空联运。

机场那里有很多酒店摆渡车等候，基本上不用预约也能坐，司机收费50,000d，一般会把你放在你的酒店或镇中心那里。

昆山岛上的出租车不多，打表价格高得吓人（每公里大概20,000d！），如果想前往镇外的地方，最好提前商量好价格，而且砍价要狠。

西南高地（SOUTHWEST HIGHLANDS）

这片乡村地区充满野趣：长满松树的山丘耸立在过度耕种的农田旁并延伸至远方，一片片咖啡种植园中蜿蜒着荒凉的颠簸小路。

想寻找自然之大者吗？那就去吉仙国家公园（Cat Tien National Park），看看那里的长臂猿、鳄鱼和行踪缥缈的老虎。

大叻原来是法国人的一个避暑山庄，现在依然保留了许多殖民地时期的魅力，非常适合用作游览周边地区的大本营。身处这座气候凉爽的探险运动圣城，你可以在白天进行各种骑行和徒步活动来寻求刺激，在晚上到这里颇具情调的餐厅酒吧里放松身心。

大叻（Dalat）

大叻是越南的一个“异类”。别处常年酷暑，这里四季如春，日平均气温徘徊在15℃~24℃。小城里看不到那种革命年代的冷峻建筑，倒是点缀着法国殖民时代的优雅别墅。城外乡野不见稻田，而是种满了草莓，长满了鲜花。

法国人给这里留下的那些避暑别墅，让大叻拥有了一种欧洲小镇的氛围，号称“小巴黎”（Le Petit Paris），乃是蜜月之都，很受越南本土游客的青睐。对于旅行者来说，这里温和的气候非常适合进行户外活动，惊险刺激也行，游山玩水也行。

景点

也许是山区凉爽的空气赋予了这里一种独特的艺术气质，俗气而又可爱。

春香湖 湖泊

（Xuan Huong Lake）这座香蕉形状的湖是在1919年随着一道水坝的建成才出现的，得名自17世纪反抗专制的越南诗人春香，现已成了大叻的标志，人气很高，是慢跑和约会的胜地。环湖有7公里长的铺装路，途经花园、高尔夫球场、夜市和Dalat Palace酒店，风景很美。

★疯狂房子 建筑

（Hang Nga Crazy House; ☎063-382 2070; 3 Đ Huynh Thuc Khang; 40,000d; ⏲周一至周五8:30~19:00）这是一座天马行空的超现实主义建筑，本身是一座私人住宅，设计得极为可爱，具有夸张大胆的艺术魅力。错综复杂的绿植上有一座座雕刻作品般的房间，彼此间由一条条极其细窄的桥连接，整体设计大量使用熔岩流泻的造型，用色狂野，窗户好像蜘蛛网，长长的扶手好像丛林中的蔓藤，种种元素拼接在一起，却又浑然一体。只有高迪和托尔金在嗑药之后联手设计，才能造出这样一个地方。

带孩子的人要注意，这里的通道复杂危险，窄桥很高而且护栏很低，梯子也陡，对于儿童来说非常不安全。

大叻天主教堂 主教座堂

（Dalat Cathedral; Đ Tran Phu）教堂建于1931~1942年，当时供城中的法国人和度假客做礼拜所用，造型犹如糖果房子。尖顶上立有十字架，十字架上有一个风标，距离地面47米。弥撒时间之外，教堂基本上不开放。

达坦拉瀑布 瀑布

（Datanla Falls; 成人/儿童 20,000/

Dalat 大叻

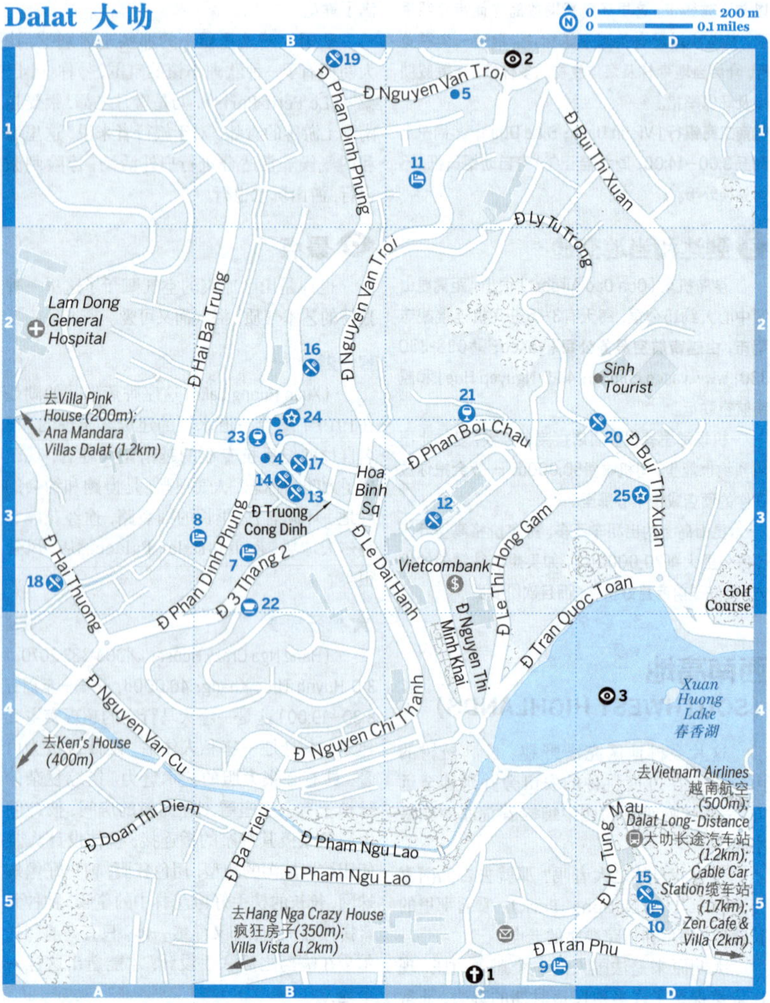

10,000d，滑车 单程/往返 40,000/50,000d）这是距离大叻最近的瀑布，因此有许多旅游团光顾。瀑布本身很美，只是水势不猛，拜访瀑布可以步行下山，也可以乘坐刺激的滑车。地点位于大叻以南7公里处，沿Hwy 20驶过泉林湖（Tuyen Lam Lake）出口再行大约200米右转即是。

灵宝塔 建筑

（Chua Linh Son，Linh Son Pagoda；120 Đ Nguyen Van Troi）宝塔建于1938年，颜色赭红，融中法建筑风格于一体，造型可爱。塔内有一口青铜大钟，据说熔炼时掺入了黄金，分量之重足以防盗。

☞ 团队游

★ Phat Tire Ventures 探险游

（☎063-382 9422；www.ptv-vietnam.com；109 Đ Nguyen Van Troi；⊙8:00~19:00）专业经验非常丰富的探险游组织者，山地自行车骑行游US$49起，徒步US$39起，皮划艇US$39起，溪降US$75，绳降US$57，雨季还可进行

Dalat 大叻

景点
1 大叻天主教堂......C5
2 灵宝塔......C1
3 春香湖......D4

活动、课程和团队游
4 Groovy Gecko Adventure Tours......B3
5 Phat Tire Ventures......C1
6 Pine Track Adventures......B3

住宿
7 Dalat Central Hostel......B3
8 Dalat Cozy Nook Hostel......B3
9 Dalat Hotel du Parc......C5
10 Dalat Palace......D5
11 Sleep In Dalat Hostel......C1

就餐
12 Central Market......C3
13 Da Quy......B3
14 Goc Ha Thanh......B3
15 Le Rabelais......D5
16 Nhat Ly......B2
17 Quan Trang......B3
18 Restaurant Ichi......A3
19 Trong Dong......B1
20 V Cafe......D3

饮品和夜生活
21 100 Roofs Café......C2
22 An Cafe......B3
23 Hangout......B3

娱乐
24 Beepub......B2
25 Escape Bar......D3

白水漂流（US$67）。能组织多日骑行团，也有吉仙国家公园探险游。

Dalat Happy Tours 美食游

（☎0912 893 091；www.dalathappytours.com；小吃团队游 US$4）在大叻周边玩儿得那么猛，不妨参加这个有趣的夜间小吃团队游，补充一下卡路里。导游Lao很友善。旅游团18:30从大叻市中心的Hoa Binh电影院出发，沿途可以品尝到越南煎饼（bahn xeo）、水牛尾火锅、好吃的烤串、“大叻比萨”、兔肉咖喱、烫烫的米酒等。团费不含小吃。

Groovy Gecko Adventure Tours 探险游

（☎063-383 6521；www.groovygeckotours.net；65 Đ Truong Cong Dinh；⏲8:00~19:00）由一个年轻有活力的团队经营的旅行社，经验丰富，攀岩、蹦极或山地自行车骑行US$38起，一日徒步游US$25起，两日徒步游US$65起。

Pine Track Adventures 探险游

（☎063-383 1916；www.pinetrackadventures.com；72b Đ Truong Cong Dinh；⏲8:00~19:00）由充满活力的当地人经营，组织溪降（US$50起）、激浪漂流（US$68）、徒步、自行车骑行等活动，也有一些非常不错的多种运动旅游套餐。6日游（US$635）能带你探索大叻周边景点，并一路骑行到美奈。

住宿

★Dalat Central Hostel 青年旅舍 $

（Hotel Phuong Hanh；☎0989 878 879；80 Đ Ba Thang Hai；铺 US$5，房间 US$15~25；❄📶）不像青旅，倒像是经济型酒店，但仍引得众多驴友前来投奔。宿舍分8床位和12床位两种，面积超大，上下铺很舒服，配隐私帘，也有一间女性专用宿舍。独立间很大，配三角形浴缸。

★Ken’s House 青年旅舍 $

（☎063-383 7119；http://kenhousedalat.com；D59 Hoang Van Thu；房间 US$12~22；🚭❄📶）这家青旅墙上爬着藤蔓，还能看到巴黎风光和丛林风情，床上有图纹被，绝对是大叻色彩最丰富的青旅。友好的工作人员常会冷不丁搞一场火锅派对或者晚餐聚餐，不要错过。

Sleep In Dalat Hostel 青年旅舍 $

（☎0913 923 379；83/5b Đ Nguyen Van Troi；铺 US$5，双 US$18~30；📶）一家友好热情的青旅，藏在一条窄巷里，保你不受主街喧嚣之扰。店里养着一条名叫“Ben”的腊肠犬，没事儿老爱瞎转悠。晚餐由老板Linh掌勺，大家坐在一起吃，这可是结识驴友的好机会。组织的蹦极游口碑爆棚。独立间有独卫，宿舍配共用卫浴（干净）。

Dalat Cozy Nook Hostel 青年旅舍 $

（0949 691 553；45/5a Đ Phan Dinh Phung；铺 含早餐 US$6；）有两间非常干净的男女混住宿舍，里面有大叻最舒服的上下铺床位，外国背包客云集于此。店主很热心，组织的晚餐聚餐很欢乐，是彼此交流旅行见闻的绝好机会。

Villa Pink House 酒店 $

（063-381 5667；ahomeawayfromhome_dalat@yahoo.com；7 Đ Hai Thuong；标单/双/标三 US$16/20/30；）由一家人妥善经营的店，许多房间的景色很棒。酒店由和蔼的Rot先生管理，他可以安排大叻周围乡村的摩托车旅行。

★ Villa Vista 精品酒店 $$

（063-351 2468；http://villavistadalat.com；93 Ngo Thi Sy, Phuong 4；房间 US$91起；）一座建在山上的庄园，下方山谷中的大叻城一览无余。只有4间客房，装潢精美，效仿19世纪法国风格（但还有平板电视和大花洒）。老板Tim和Huong人很好，做的早餐很棒，还能与你分享大叻的掌故。

Dalat Hotel du Parc 酒店 $$

（063-382 5777；www.dalathotelduparc.com；7 Đ Tran Phu；房间1,000,000~2,350,000d，套 2,200,000~3,150,000d；）酒店建于1932年，重新装潢过程中尊重了原貌，使你能够以颇具吸引力的价格享受殖民地时期的风貌。大堂里气派的电梯为整个酒店奠定了基调，客房宽敞，内有高档家装和抛光木地板。自带水疗馆、健身中心和一家一流餐厅，配套一样不缺。

Zen Cafe & Villa 客栈 $$

（0994 799 518；www.zencafedalat.com；27c Pham Hong Thai；房间 US$25~48；）开在一栋百年历史的法国别墅里，房间既宽敞又有特色，周围是宁静的花园，地势很高，得享山景。老板Axel和Mai Dung两人会给你讲述当地奇闻逸事，自带咖啡馆做的咖啡味道美妙。

★ Ana Mandara Villas Dalat 精品酒店 $$$

（063-355 5888；www.anamandara-resort.com；Đ Le Lai；房间 US$139~165；）整片区域洋溢着典雅气息，分布着7栋法国殖民地时期的别墅，都经过了精心修复。内部搭配仿古家具，住客可在房内用餐。大多数别墅的客厅里设有壁炉，所有别墅都有辽阔的美景。水疗馆十分华美。位于大叻市郊。

Dalat Palace 历史酒店 $$$

（063-382 5444；www.dalatpalace.com；12 Đ Tran Phu；双/套 US$189/413起；）这家酒店可谓酒店中的贵妇人，面前的春香湖一览无余，进门的车道很宽阔，上面停着几辆雪铁龙老爷车，装潢大量使用木壁板，到处散发着往昔的华贵气息。法国殖民地时期的那种奢侈在这里得以完好保存，房间内配有兽脚浴缸、壁炉、枝形吊灯和绘画装饰。不过有些时候，酒店很是冷清，因而缺少氛围。关注网上订房优惠。

就餐

“大叻比萨”（banh trang nuong；也就是烤米皮）是一种人气看涨的街头小吃，吃起来比听起来好，建议不加奶酪/奶油。

★ Trong Dong 越南菜 $

（063-382 1889；220 Đ Phan Dinh Phung；餐 80,000~120,000d；11:30~15:00和

值得一游

丹布里瀑布

丹布里瀑布（Dambri Falls；门票10,000d；7:00~17:00）距离大叻南130公里，从大叻前往保禄和胡志明市的路上会经过这里。这是越南高度最高（90米）、最壮观、交通最方便的瀑布之一，即使在旱季也大有可观。瀑布顶部拥有超凡美景，可以搭乘垂直缆车（5000d）或沿陡峭小路徒步登顶。

沿20号公路从保禄向北行驶18公里，即是丹布里瀑布的出口。

另有一条陡峭的石阶小路，下行至丹布里瀑布面前，也可欣赏瀑布美景，再往下走，还有一条规模较小的达萨拉瀑布（Dasara Falls）。

17:30~21:30; 📶) 这家温馨的餐厅由一个非常好客的团队运营，菜肴很有创意，甘蔗蘸虾酱、la lut叶包牛肉以及火辣的柠檬草辣椒鱿鱼尤其可口。

Quan Trang 越南菜 $

(☎063-382 5043; 15 Tang Bat Ho; 菜肴40,000d; ⌚13:30~19:00) 这家做的当地特色肠粉 (banh uot long ga)，水平数一数二，要不要吃，你自己决定吧。拌着酱汁的肠粉很香，里面的肝如果不喜欢也很容易挑出来，更有鲜嫩鸡柳、草本香料和辣椒提味。店内装潢充满塑料感，很难看，顾客这么多，自然是冲着味道来的。

Da Quy 越南菜 $

(Wild Sunflower; 49 Đ Truong Cong Dinh; 餐 50,000d起; ⌚8:00~22:00) 由Loc经营，他为人友好、会讲英语，这里气氛高雅，价格亲民。推荐传统的砂锅和火锅，比这里的西餐有意思。

中央市场 越南菜 $

(Cho Da Lat; 餐 20,000d起; ⌚7:00~15:00) 中央市场也叫大叻市场，想在白天吃点便宜的东西，就到市场的上层。市场旁边的Nguyen Thi Minh Khai沿线，晚上有美食摊。

★ Restaurant Ichi 日本菜 $$

(☎063-355 5098; 1 Đ Hoang Dieu; 餐 120,000~300,000d; ⌚周二至周日 17:30~22:00) 大叻唯一一家正宗的日本餐馆，面积不大，灯光柔和，店内播放爵士乐。辣辣的金枪鱼包饭、照烧鸡肉串和天妇罗做得都超好吃，便当盒饭很划算，甚至还有很小众的纳豆。你可以坐在吧台（上有全球各地的威士忌）前面，欣赏寿司师Tommo君施展厨艺。

Goc Ha Thanh 越南菜 $$

(53 Đ Truong Cong Dinh; 餐 100,000~150,000d; ⌚7:00~22:00; 📶✍) 一家轻松惬意的饭馆，竹制家具很吸引人，老板是来自河内的一对热情夫妇。主打菜包括椰肉咖喱、火锅、砂锅、炒豆腐和粉面。

V Cafe 各国风味 $$

(☎063-352 0215; www.vcafedalatvietnam.com; 1/1 Đ Bui Thi Xuan; 餐 99,000~145,000d; ⌚7:00~22:30; 📶✍) 这里像是家法国小酒馆，很有情调，供应国际美食，包括加尔各答风味咖喱鸡肉、素食千层面、家常风味匈牙利红烩牛肉和墨西哥风味炸玉米粉饼。墙上装饰着照片，很有氛围，每晚19:30~20:45有音乐演出。

Nhat Ly 越南菜 $$

(☎063-382 1651; 88 Đ Phan Dinh Phung; 餐 55,000~160,000d; ⌚11:00~21:00) 餐桌上铺着格子桌布，供应实惠可口的高地特色美食，比如堪称奢华的火锅、烤肉和海鲜。推荐啤酒蒸蟹（每公斤320,000d）。顾客里当地人很多，这种餐厅错不了。

★ Le Rabelais 法国菜 $$$

(☎063-382 5444; www.dalatpalacehotel.com; 12 Đ Tran Phu; 餐 600,000~1, 700,000d; ⌚7:00~22:00) 一家殖民地风格的餐馆，是Dalat Palace酒店的特色餐馆，室内装潢华贵无比，露台俯视着湖岸，感受震撼。晚餐套餐 (1,700,000d) 样样不缺，其他时段前来可以单点。菜肴做得完美无缺，推荐焦烤鸭胸配橙子和烤羊排。

🍷 饮品和夜生活

★ 100 Roofs Café 酒吧

(Duong Len Trang; ☎063-837 518; 57 Đ Phan Boi Chau; ⌚8:30至午夜) 酒吧的设计与疯狂房子一脉相承，房间和雕塑错综复杂，灯光昏暗，在这里喝酒会有一种超现实的感觉。店家声称，甘道夫和他的那些霍比特人朋友曾经来喝过酒，真的假的不说，店内氛围的确有中土世界的感觉。更妙的是欢乐时光活动优惠很大，天台上还有一个仙境一般的花园。

An Cafe 咖啡馆

(☎0975 735 521; www.ancafe.vn; 63bis Ba Thang Hai; ⌚6:00~22:00; 📶) 咖啡馆好似一个新潮的树屋，俯视着面前的十字路口。有好喝的拿铁、果汁和冰抹茶，室内设有时尚的木隔间，室外的花园里有长条秋千椅。主顾多是大叻的潮人，等过足了打望的瘾，你还可以用店家的蜡笔和纸涂鸦，或是到天井那里闻闻咖啡豆。

Hangout 酒吧

（71 Đ Truong Cong Dinh; ⏲11:00至午夜; 📶）一家深夜人气酒吧，当地人和外地背包客都爱来，气氛轻松，设有台球桌，啤酒不贵。酒吧主人能说一口流利的英语，能提供很有用的当地信息。

☆ 娱乐

★ Escape Bar 现场音乐

（www.escapebardalat.com; Basement, Muong Thanh Hotel, 4 Đ Phan Boi Chau; ⏲16:00至午夜; 📶）出色的现场音乐酒吧。酒吧主人、蓝调吉他手哥蒂斯·金（Curtis King）每天晚上都和不同的乐队在这里表演（21:15开始）。演奏的多是Hendrix、老鹰乐队、The Doors等乐队的经典曲目，但因为有乐手的临场发挥，每首老歌都能焕发出新的生命力。也欢迎玩音乐的旅行者上台表演。酒吧的装修呈现出一种20世纪70年代的风尚，与音乐搭配得天衣无缝。

Beepub 现场音乐

（74 Đ Truong Cong Dinh; ⏲17:30至午夜）每晚都有音乐演出，再加上便宜的酒水和那张台球桌，所以当地人和外国人都不肯错过。人多的时候，店主本人也会在火爆的即兴表演时段登台助兴，但晚间偶尔会有DJ坐镇，那时候的音量极其刺耳。

ℹ 实用信息

林同总医院（Lam Dong General Hospital; ☎063-382 1369; 4 Đ Pham Ngoc Thach; ⏲24小时）提供急诊。

邮政总局（14 Đ Tran Phu; ⏲7:00~18:00）大叻的邮局。

Sinh Tourist（☎063-382 2663; www.thesinhtourist.vn; 22 Đ Bui Thi Xuan; ⏲8:00~19:00）组织的团队游值得信赖，包括城市观光游，也可预订Open Tour长途汽车的票。

越南外贸股份商业银行（6 Đ Nguyen Thi Minh Khai; ⏲周一至周五 7:30~15:00，周六 至13:00）能兑换旅行支票和外币。

ℹ 到达和当地交通

飞机

莲姜机场（Lien Khuong Airport）位于大叻市区南30公里处，越南航空开通有机场大巴接驳航班，单程40分钟，40,000d。市区的站点在Ngoc Phat Hotel门口，地址10 Đ Ho Tung Mau，提前航班起飞时间2小时发车。你的住处可以联系大巴上门接你去机场（但很少有住处会主动向你推荐这一服务），接你自然也会接别人，这部分时间加在一起大概要30分钟。

越南航空（☎063-383 3499; www.vietnamairlines.com; 2 Đ Ho Tung Mau）每天有航班飞往胡志明市和河内。

长途汽车

大叻长途汽车站（Ben Xe Lien Tinh Da Lat; Đ 3 Thang 4）距离春香湖（Xuan Huong Lake）南1.5公里。大多数巴士都隶属**Phuong Trang**（☎063-358 5858; https://futabus.vn）公司，车辆时尚现代，提供点对点接送，线路覆盖周边所有主要目的地。

出租车

有一家客运公司专门开通了机场和市区之间的出租车班车，车费180,000d。自己打车到机场，不打表可以讲到200,000d，打表大约430,000d。

Mai Linh（☎063-352 1111; www.mailinh.vn）的绿色出租车随处可见，服务可靠。

吉仙国家公园（Cat Tien National Park）

野生动物爱好者一定不要错过这里。公园中的动物种类丰富至极，拥有100种哺乳动物（包括印度野牛）、79种爬行动物和41种两栖动物，昆虫更是不可思议，仅蝴蝶就有大约400种。鸟类不下350种，其中包括罕见的橙颈鹧鸪（orange-necked partridge）和戴氏鹇（Siamese fireback）。

👁 景点

吉仙国家公园 自然保护区

（Cat Tien National Park; ☎061-366 9228; www.namcattien.org; 成人/儿童 50,000/20,000d; ⏲7:00~22:00）🌿公园占地72,000公顷，是越南最优秀的自然宝库之一，由低地热带雨林构成，生物多样性十分震撼，徒步、山地骑行以及观鸟体验在越南南部称最。由于公园可容纳的游客数量有限，需提前致电预约。请注意：只有非常幸运的旅行者才能在公园里看到大型哺乳动物，因而不要期望看到犀牛或老虎。

★ 道仙濒危灵长类动物中心　自然保护区

（Dao Tien Endangered Primate Species Centre；www.go-east.org；成人/儿童含乘船300,000/150,000d；⏲团队游 8:30和14:00）该中心坐落于同奈河（Dong Nai River）的一个岛上，是一个动物康复机构，里面生活着遭到非法贩卖的金颊长臂猿、小懒猴（来自越南和柬埔寨）、灰腿白臀叶猴（black-shanked douc）和银叶猴（silvered langur）。中心的最终目标是将这些灵长类动物放归森林。这里可以看到在半野生环境里生活的长臂猿，听到它们不可思议的叫声。

住宿

★ Ta Lai Long House　客栈 $

（☎0935 160 730；www.talai-adventure.vn；铺 450,000d；❄📶）一家出色的传统风格度假屋，由西方人及当地的斯丁族人（S' Tieng）和麻族人（Ma）负责管理。客房设在一个构造精巧的狭长木屋里，里面有精心挑选的床上用品和现代化设施，客栈能组织许多活动。客栈位于Ta Lai村，从公园总部骑车过来12公里。

River Lodge　度假屋 $

（☎0973 346 345；房间 US$12；❄📶）从渡船站步行过来250米，也叫Green Bamboo Lodge，里面集中修建了多座竹砖结构的茅草顶度假屋（内置空调和风扇），俯瞰翻滚的河水。老板一家很友善，他们开的餐厅水准不低。

吉仙国家公园　客栈 $$

（Cat Tien National Park；☎061-366 9228；cattienvietnam@gmail.com；铺/双/标三 80,000/200,000/680,000d起，双人帐篷200,000d；❄📶）国家公园总部的房间设施简单但价格昂贵，带有一个卫生间。这里还为情侣准备了双人帆布帐篷，也有可以合住的大帐篷（含有12个铺位）。公园总部附近有两个可以吃饭的地方，一个是简朴的食堂，另一个是稍高档的餐厅。

★ Forest Floor Lodge　度假屋 $$$

（☎061-366 9890；www.forestfloorlodge.com；豪华帐篷或度假屋 US$125起；❄📶）这家生态度假村位于国家公园内，颇有情调，堪称越南保护区住宿行业的标杆。这里有3座漂亮的游猎帐篷，俯瞰翻滚的河水，传统木屋里的房间更大，很时尚。度假村位于道仙濒危灵长类动物中心对面，因而经常能听到或看到岛上的长臂猿。

ℹ 到达和离开

前往吉仙国家公园，可以先坐船渡过兰加湖（Langa Lake），再步行。大叻Phat Tire Ventures（见142页）旅行社组织的生态旅行团选择的就是这条路线，口碑很好。

你也可以从大叻乘坐任何一班胡志明市方向的长途大巴（每30分钟1班），在20号公路上的“Vuon Quoc Gia Cat Tien”路口处下车（距离大叻和胡志明市都是4小时左右的车程，价格190,000~200,000d）。路口距离公园24公里，可以打摩的前往（约170,000d，但一定要狠狠砍价）。周边的住处可以派车到主路上接送。

Sinhbalo Adventures（见163页）有从胡志明市到吉仙的旅行团，值得推荐。

胡志明市

（T.P.HO CHI MINH）

胡志明市是是越南最为炫目的地方，能量满满，商业兴隆，文化繁荣，堪称越南发展的领头羊。整座城市犹如混乱的旋涡，当地人个个生龙活虎，旅行者至此也会难以自持，进入彀中。

从最美妙的酒店到最便宜的客栈，从最高档的餐厅到最美味的小吃摊，从最高大上的商店到最接地气的市场，胡志明市可以说是一座能量之城和发现之城。

你可以沿着时光凝滞的小巷漫步，拜访香火缭绕的寺庙，再走到时尚现代的摩天大楼下，去商场里浏览各种名牌。城中的建筑见证了过去那个时代的战乱纷争，也收纳了今天这个时代的光怪陆离，两个时代水乳交融，汇成一个令人兴奋的巨型城市，这才是胡志明市真正的魅力所在。

景点

统一宫及周边

★战争遗迹博物馆 博物馆

（Bao Tang Chung Tich Chien Tranh, War Remnants Museum；见149页地图；☎08-3930 5587；28 Đ Vo Van Tan, Đ Le Quy Don街角；15,000d；⊙7:30至正午和13:30~17:00）这里在西方旅行者中人气居高不下，因为世界上很少有博物馆能将战争的残酷以及人民遭受的巨大伤害展现得如此淋漓尽致。这里记录的许多暴行此前都已被广泛曝光，不过西方旅行者很少有机会能像在这里这样，亲耳聆听美军军事行动的受害者讲述自己的遭遇。

尽管某些展览在立场上有些片面，但其中许多曝光美军暴行的照片由美方提供，这些令人警醒的照片中，就有记录了臭名昭著的美莱村大屠杀的照片。

外面展示了美军的装甲车、大炮碎片、炸弹和步兵武器。院子一角专门介绍法国和南越政府在富国岛和昆山岛上设立的臭名昭著的监狱。所展文物中有最有代表性的法国刑具断头台，还有用来关押越共囚犯的监牢，惨无人道的"老虎笼"。

博物馆底层用于展示国际反战争运动的宣传画和照片。这些具有正能量的展览抵消了楼上骇人展览的阴影。

即使是主战的人也会因美国炸弹和汽油弹对孩子造成影响的照片感到震惊。你还有机会看到投入战争中的实验武器（这曾是军方的秘密），比如镖弹（flechette），一种内有上千个小飞镖的炮弹。

楼上是安魂展（Requiem Exhibition）。汇集了具有传奇色彩的战争摄影师提姆·佩之（Tim Page）的作品、震撼人心的收藏文件、冲突时期双方被杀的摄影作品，还有拉里·巴罗（Larry Burrows）和罗伯特·卡帕（Robert Capa）的作品。

博物馆所在建筑原为美国信息服务大楼，展览配有越南文和英文注释。

★统一宫 历史建筑

（Dinh Thong Nhat, Reunification Palace；见149页地图；☎08-3829 4117；www.dinhdoclap.gov.vn；Đ Nam Ky Khoi Nghia；成人/儿童 30,000/5000d；⊙7:30~11:00和13:00~17:00）这片政府建筑建于20世纪60年代，周围环绕着皇家棕榈树，风貌与周边很不协调，内部各展室空空如也，氛围诡异，步行参观的感受十分强烈。1975年4月30日，北越的坦克攻占了这里，西贡随即沦陷，统一宫的时间仿佛也定格在了那一刻。尽管这里与那段历史密不可分，但建筑本身那些俗丽的细节以及当时的装饰图样反倒更为吸引旅行者。

统一宫底层是一间间会议室，楼上则是一间间气派的会客厅，用以接待国内外的名流。后面是总统的住所，里面的模型船、马尾和象脚值得一观。二层有一间棋牌室，里面摆着一件很俗气的圆形皮椅、一个酒桶形的吧台和汽车轮毂造型的灯具，中间的牌桌桌腿好似喇叭裤，周围摆着时尚的三腿座椅。此外，内部还设有一间电影院和一个天台夜店，自带直升机坪——即便是电影《007》中的邦德和《王牌大贱谍》中的Austin Power也未必见识过。

最迷人的还要算是统一宫的地下室。那里有一个电信中心和战时避难所，地道复杂犹如迷宫，巨大的老式电扇呼呼生风，古老的电报机一动不动。末端的几间房间里用越南语、英语、法语、汉语和日语等视频介绍了统一宫及其历史。视频最后会播放越南国歌，此时参观者应该起立，否则很不礼貌。

只要统一宫没有举行任何官方接待或会议活动，旅行者都可以入内参观。开放期间，有英语和法语导游值班。

★美术博物馆 艺术馆

（Bao Tang My Thuat, Fine Arts Museum；见149页地图；97a Đ Pho Duc Chinh；10,000d；⊙周二至周日 9:00~17:00）这座优雅的殖民地时期建筑黄白相间，建于1929年，设有外廊，内有通透的走廊，里面到处都是殖民地时期的装饰细节。馆内大量使用贴砖装饰，也有几面精美的彩色玻璃（只是有些破败），胡志明市最古老的一座电梯也在这里。墙上挂着许多令人赞叹的艺术品，其中还有一些颇有内涵的现代作品。除了当代艺术作品（而且不难猜想，其中大多都以战争为题材），馆内也有一些来自4世纪的古老展品。

T. P. Ho Chi Minh 胡志明市

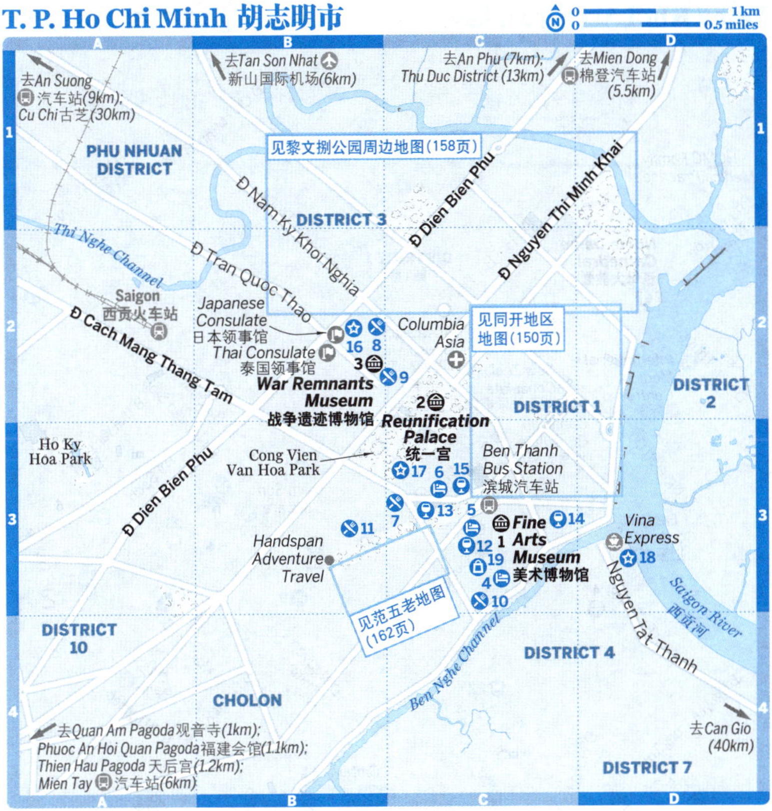

T.P. Ho Chi Minh 胡志明市

重要景点

1 美术博物馆 C3
2 统一宫 C2
3 战争遗迹博物馆 B2

住宿

4 Blue River Hotel 2 .... C3
Saigon Central Hostel .... （见4）
5 Town House 23 .... C3
6 Zoolut Stay 278 .... C3

就餐

7 Banh Mi Huynh Hoa C3
8 Beefsteak Nam Son B2
9 Hum Vegetarian Cafe & Restaurant C2
10 Quan Ut Ut C3
11 Vegetarian Lien Huong B3

饮品和夜生活

12 Air 360 .... C3
13 Chill Skybar C3
14 Heritage Republic C3
15 OMG C3

娱乐

16 Acoustic B2
17 Galaxy C3
18 Observatory D3

购物

19 Dan Sinh Market C3

Dong Khoi Area 同开地区

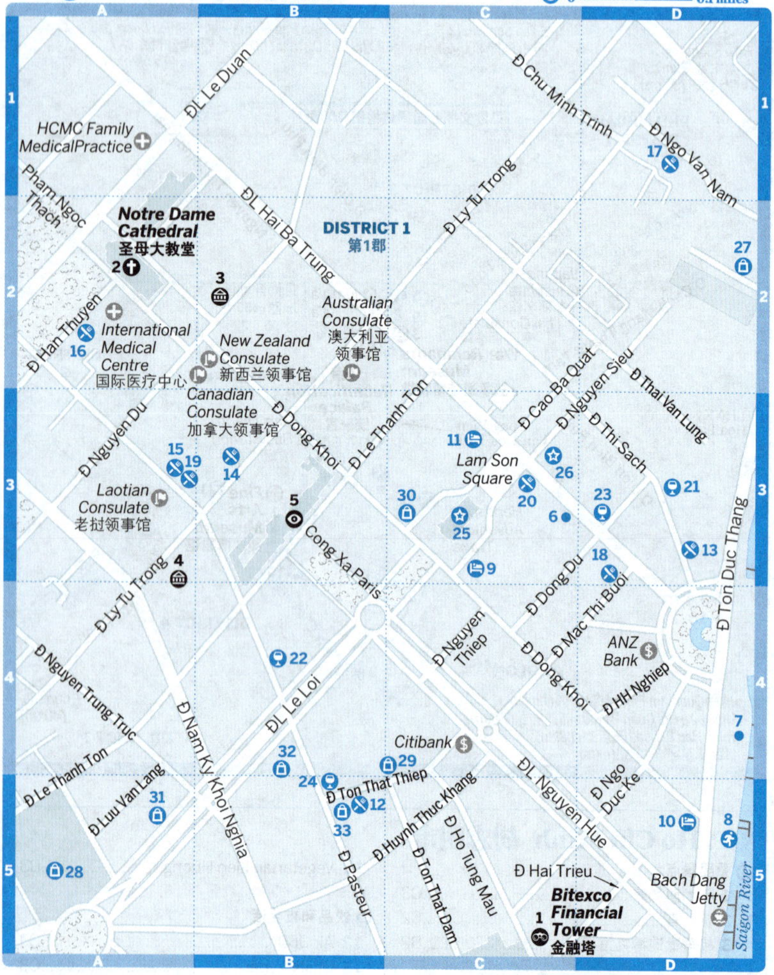

同开地区

★ 圣母大教堂 主教座堂

（Notre Dame Cathedral；见150页地图；Đ Han Thuyen）圣母大教堂修建于1877~1883年，位于胡志明市政府驻地的心脏部位，面对Đ Dong Khoi，为周边带来一抹亮色。这座新罗马式教堂用砖石建造而成，高40米的方形塔楼上有铁顶，是一座以圣母玛利亚命名的天主教堂。室内墙壁上镶嵌着还愿石板，原先的彩色玻璃部分得以保留。周一至周六的9:00~11:00有说英语的员工免费为参观者讲解景点信息。周日9:30举行弥撒仪式。如果前门上锁，就去建筑旁边正对统一宫（Reunification Palace）的侧门试试。

★ 中央邮局 历史建筑

（Central Post Office；见138地图；2 Cong Xa Paris；⏲7:00~21:30）邮局就在圣母大教堂对面，是法国殖民时代建筑的典范，造型十分抢眼，由古斯塔夫·埃菲尔（Gustave Eiffel）设计修建于1886~1891年。宏伟的大堂墙壁上画着越南南部、西贡和堤岸迷人的历史地图，而马赛克组成的胡志明像则占据着拱形大厅

Dong Khoi Area 同开地区

重要景点

1 金融塔 C5
2 圣母大教堂 A2

景点

3 中央邮局 B2
4 胡志明市博物馆 A3
5 人民委员会建筑 B3

活动、课程和团队游

6 GRAIN Cooking Classes C3
7 Indochina Junk D4
8 Les Rives D5

住宿

9 Caravelle Hotel C3
10 Majestic Hotel D5
11 Park Hyatt Saigon C3

就餐

12 3T Quan Nuong B5
Fanny （见12）
13 Hum Lounge & Restaurant D3
14 Huong Lai B3
15 Nha Hang Ngon A3
16 Propaganda A2
17 Quan Bui D1
18 Racha Room D3
19 Secret Garden A3
Square One （见11）
20 Xu C3

饮品和夜生活

21 Apocalypse Now D3
EON Heli Bar （见1）
M Bar （见10）
22 Pasteur Street Brewing Company B4
23 Republic Lounge D3
Saigon Saigon Bar （见9）
24 Shrine B5

娱乐

25 Municipal Theatre C3
26 Saigon Ranger C3

购物

27 3A Alternative Art Area D2
28 Ben Thanh Market A5
29 Chung Cu 42 Ton That Thiep C4
30 Mai Lam C3
31 Mekong Quilts A5
32 Saigon Centre B4
33 Saigon Kitsch B5

的尽头。要留意室内华丽的瓷砖地板和壮观的绿漆铁艺装饰。

胡志明市博物馆 博物馆

（Bao Tang Thanh Pho Ho Chi Minh, HCMC Museum；见150页地图；www.hcmc-museum.edu.vn；65 Đ Ly Tu Trong；15,000d；⌚8:00~17:00）一座恢宏的新古典主义风格建筑，建于1885年，曾经被称为嘉隆宫（Gia Long Palace），后来曾叫作革命博物馆（Revolutionary Museum）。博物馆的建筑美丽惊艳，通过展示介绍考古发掘出的人工制品、陶瓷器、老地图以及各民族婚姻传统，讲述了这座城市的故事。大量展品都旨在反映越南艰苦的独立之路，在楼上尤为集中。

★金融塔 观景点

（Bitexco Financial Tower；见150页地图；www.saigonskydeck.com；2Đ Hai Trieu；成人/儿童200,000/130,000d；⌚9:30~21:30）这座摩天大楼由Carlos Zapata操刀设计，共68层，高262米，可谓傲视四方。据说大楼在造型上效仿的是莲藕，但看起来很像一个CD架子上硬被塞进了一个小手鼓。那个“小手鼓”实际上是位于48层的西贡观景台（Saigon Skydeck），上面有一个直升机场。你可以挑一个晴朗的日子来这里看日落，或是去EON Heli Bar（见160页）小酌一杯。

人民委员会建筑 知名建筑

（People's Committee Building, Hôtel de Ville；见150页地图；ĐL Nguyen Hue）胡志明市华丽的人民委员会建筑是城市最显眼的标志性建筑之一，是胡志明市人民委员会的所在地。大楼原为Hôtel de Ville，修建于1901~1908年，位于ĐL Nguyen Hue西北角，内部富丽堂皇，可惜目前不对公众开放。2015年，ĐL Nguyen Hue的中段被打造成了一片热闹的步行商业街，两端各新建了一座胡志明像——胡志明诞辰125周年的献礼。

黎文捌公园周边

★玉皇殿

道观

（Jade Emperor Pagoda，Phuoc Hai Tu或Chua Ngoc Hoang；见158页地图；73 Đ Mai Thi Luu；⏲7:00~18:00，每农历初一或十五 5:00~17:00）免费 寺庙建于1909年，供奉道教最高神祇玉皇大帝，是胡志明市最为绚丽、最有氛围的寺庙之一。道观里面立满了各个玄妙神灵和古怪人物的塑像。刺鼻的香火萦绕在空气之中，让人无法看清精细无比的木雕。屋顶的砖瓦装饰精细，内部塑像由纸浆塑造而成，经过加固，来自佛教、道教传说。

走进大殿，右手边一位神将身高4米，脚踩青龙，左手边的神将脚踩白虎，这两个塑像的面貌尤其凶恶狰狞。

正殿中的玉皇大帝华袍覆体，香火萦身，威严不可侵犯，面前香客云集，两侧由四大金刚（Tu Dai Kim Cuong）为其护法——据说四位神将身体坚硬犹如金刚石，因而以金刚命名。

★历史博物馆

博物馆

（Bao Tang Lich Su，History Museum；见158页地图；Đ Nguyen Binh Khiem；15,000d；⏲周二至周日 8:00~11:30和13:30~17:00）这座著名的博物馆由印度支那研究会（Société des Études Indochinoises）建于1929年，在建筑上融合了中式和法式建筑的特点，馆内收藏的大量文物展现了越南文化的发展变迁，内容从青铜时代的东山（Dong Son，兴起于公元前2000年）文明和扶南（Funan，1~6世纪）文明，再到占婆、高棉时代，直至今天的越南。博物馆就在胡志明市植物园和动物园正门内。

亮点包括来自柬埔寨吴哥窟的珍贵遗址、精美的佛像藏品和一具在第五区（District 5）的Xom Cai出土的女尸。这位当地妇女死于1869年，尸体保存极其完好。这里还展出了一些饰板，上面嵌有贝壳制成的汉字图案，极其精致。

堤岸区

★平西市场

市场

（Cho Binh Tay，Binh Tay Market；www.chobinhtay.gov.vn；57a ĐL Thap Muoi；⏲6:00~19:30）堤岸区的主市场上有一个大钟塔和一个带花园的中心广场。这里是商业批发市场，但是也很受旅行团追捧。该市场最早于19世纪80年代由法国人建立，出生于广东的慈善家Quach Dam捐款重建，现在美术博物馆（见148页）里还有他的纪念雕像。市场里的小吃摊上有早餐和咖啡，待客很热情。

天后宫

道观

（Thien Hau Pagoda，Ba Mieu，Pho Mieu，Chua Ba Thien Hau；710 Đ Nguyen Trai）免费 这座华丽的19世纪道观供奉的是天后妈祖，香烟缭绕，总能吸引各色信徒和旅行者。据说，天后能够乘着飞毯驾着云彩行走在大海上，前去搭救在远洋遇险之人。

★福建会馆祠堂

道观

（Phuoc An Hoi Quan Pagoda，Quan De Mieu；184 Đ Hong Bang）免费 前面绿树成荫，里面的寺庙有红、金、绿、黄等装饰颜色，相映成趣。这里建于1902年，是城中装饰最漂亮的寺庙之一。这里的特色是精细的黄铜祭典装饰和武器，还有祭坛上的木雕、墙壁、柱子、悬灯和盘香。记得在外面观赏屋顶上的陶瓷画，每幅画上都有密密麻麻的人像。

观音寺

佛教寺庙

（Chua Quan Am，Quan Am Pagoda；12 Đ Lao Tu）免费 是堤岸区香火最旺、色彩最丰富的寺庙之一，建于19世纪初。“观音”的全名为“观世音菩萨”，意为这是一位“观听人世求助之音”的菩萨。

草药铺

地区

（Traditional Herb Shops；Đ Hai Thuong Lan Ong）Đ Luong Nhu Hoc和Đ Trieu Quang Phuc两条街之间有很多传统草药铺值得一逛，那种独特的味道一定让你久久难忘。除了鼻子里的草药香气，眼前所见、耳中所闻同样精彩。

大胡志明市地区

觉林寺

佛寺

（Chua Giac Lam，Giac Lam Pagoda；118 Đ Lac Long Quan，Tan Binh District；⏲6:00至正午和14:00~20:30）觉林寺被认为是胡志明市最古老的寺庙（1744年），周围是一片宁静祥和的

花园，恍如世外。“觉林”者，“觉悟于林间”也。正面花园中有一株高大的菩提树（佛教徒心目中的神树），是1953年由一位斯里兰卡僧人赠予该寺的礼物。

祈祷每天都有，时间为4:00~5:00、11:00至正午、16:00~17:00和19:00~21:00。

觉林寺距堤岸区约3公里，最好乘坐出租车或摩的前往。

活动

Aveda

水疗

（08-3519 4679；www.facebook.com/avedaherbal；Villa 21/1 Đ Xuan Thuy；9:00~20:00）位于河对岸的第2郡，不算近，但这里的印度阿育吠陀水疗和按摩养生服务非常能够舒缓身心，值得前来。

莲谭水上公园

水上乐园

（Dam Sen Water Park；www.damsenwaterpark.com.vn；3 Đ Hoa Binh，District 11；成人/儿童 16:00前 150,000/100,000d，16:00后 130,000/90,000d；周一至周六 9:00~18:00，周日 8:30~18:00）乐园内有戏水滑梯、水流湍急（或缓慢）的河流，以及秋千。

Indochina Junk

乘船游

（见150页地图；08-3895 7438；www.indochinajunk.com.vn159/21 Đ Bach Dang）这家推出有午餐加晚餐西贡河乘船游，坐的是很有感觉的平底木帆船，饭菜为套餐（US$15~35），出发地点是Vuon Kieng码头（Renaissance Hotel对面）。

Les Rives

乘船游

（见150页地图；0128 592 0018；www.lesrivesexperience.com；Bach Dang jetty；日落乘船游 成人/儿童 1,399,000/980,000d，湄公河三角洲乘船游 成人/儿童 2,499,000/1,799,000d）该旅行社的日落乘船游（最少两人）16:00发船，沿运河航行至城市之外。湄公河三角洲乘船游7:30出发，用时7~9小时。这里还能用船将你送往古芝隧道（Cu Chi Tunnels；成人/儿童 1,899,000/1,299,000d）。其他团队游包含乘坐三轮车观光或烹饪课环节。

Oasis Saigon

游泳

（见162页地图；40/15 Đ Bui Vien；US$8；6:30-22:00）位于范五老地区一条小巷中，地段简直绝了。泳池不大，正好可以对抗城市的酷暑。可提供饮食（40,000~90,000d）。Beautiful集团旗下酒店的住客免费。

课程

GRAIN Cooking Classes

烹饪课

（见151页地图；08-3827 4929；www.grainbyluke.com；Level 3，71-75 ĐL Hai Ba Trung；每人 US$48起；周一至周六 9:00至正午和14:00~17:00）这里的烹饪课程由越南裔澳大利亚大厨Luke Nguyen设计并监管。内容为四道菜全餐，菜式定期调整，主打应季食材，Luke本人全年都会亲临指导某些班的学员。上课时间参见官网。

团队游

Vespa Adventures

团队游

（见162页地图；0122 299 3585；www.vespaadventures.com；169a Đ De Tham；每人 US$69起）这一团队游可以让你骑着Vespa复古踏板摩托车进行城市观光，出发地点在Café Zoom（见158页），有导游陪同，很有意思，也有越南南部多日团队游。推出的“Saigon After Dark”城市夜间观光游，融美食、饮料和音乐于一体，超级好玩。

Back of the Bike Tours

团队游

（08-2221 5591；www.backofthebiketours.com；US$48起）这里组织的4小时街头小吃游非常受欢迎，骑着摩托车带你品尝本地美味，也有观光游带你浏览胡志明市各景点。导游非常优秀。

Saigon Riders

团队游

（0919 767 118；www.saigonriders.vn；US$29起）组织各种摩托车骑行团游览胡志明市以及周边地区，包括古芝全天骑行游。也有时间更长的湄公河三角洲过夜游。

节日和活动

西贡人力车挑战赛

慈善比赛

（Saigon Cyclo Challeng；www.saigonchildren.com；3月中旬）不管你是职业还是业余的人力车夫，都可以一较快慢。比赛筹集的钱款将拨给当地慈善机构帮助弱势儿童。

住宿

住在第1郡最方便：往东是同开地区，那里的住处较为时尚高端，城中最好的餐厅酒吧近在咫尺；往西是范五老地区，那里的住处价格低廉；滨城市场位于两地之间，住宿档次也在两地之间。

同开地区

同开地区汇集了胡志明市的顶级酒店，但也散布着一些很不错的中档酒店。

Zoolut Stay 278 精品酒店 $$

（见149页地图；☎08-3825 6039；www.zoolutstay.com；271 Đ Le Thanh Ton；双 含早餐 US$28~70；）地段不凡，精品酒店的装潢，低档酒店的价位。时尚的黄色调让这里显得又清爽又干净。普通客房很大，但“快乐房”（Fun Room）面积超小，将将能容下一张双人床，只适合单身旅行者——或是两位身材苗条的情侣。免费饮水机、保险箱和现代化的卫生间都是亮点。

Park Hyatt Saigon 酒店 $$$

（见150页地图；☎08-3824 1234；www.saigon.park.hyatt.com；2 Lam Son Sq；房间US$310起；）2015年进行了大规模翻新，是胡志明市最好的酒店之一。酒店地处黄金地段，位于胡志明市剧场对面。服务品质堪称典范，员工衣着考究，房间设施豪华。享乐服务设施包括一个迷人的泳池和备受称赞的Xuan Spa水疗馆。这里的几家餐厅备受赞誉，价格却不是太高，其中的Opera主打意大利菜，**Square One**（www.saigon.park.hyattrestaurants.com/squareOne；餐 240,000d起；正午至14:30和17:30~22:30；）供应越南菜和国际美食。

Caravelle Hotel 酒店 $$$

（见150页地图；☎08-3823 4999；www.caravellehotel.com；19 Lam Son Sq；房间 US$185起；）这里是胡志明市战后最先重新开业的奢华酒店之一，五星级的Caravelle绝对有档次。整栋楼共24层，非常优雅。每层都有两个房间比其他房间要大（可向店方询问），最贵的房间和套房位于酒店标志性的侧翼中。天台酒吧Saigon Saigon Bar（见160页）可以让你边喝鸡尾酒，边观赏壮观风景。

Majestic Hotel 酒店 $$$

（见150页地图；☎08-3829 5517；www.majesticsaigon.com；1 Đ Dong Khoi；标单/双 含早餐 US$135/150起；）一家建于1925年的河畔酒店，堪称业界元老，殖民地风情浓郁，住宿体验十分浪漫，只是性价比不算太高。炎热的午后，可以去院子里的泳池中泡一泡，微风徐徐的夜晚，可以到天台酒吧里品一品鸡尾酒。房费含早餐和果篮。

范五老地区

这里是胡志明市低端住处的聚集区，数量不下100家。Đ Bui Vien是背包客“大动脉”，但周边也不缺中档住处，价格常常很低，性价比超高。从家庭客栈（US$15~35），到迷你酒店（US$30~55），再到为数不多的青旅宿舍（US$7起），选择超多！

★**Lily's Hostel** 青年旅舍 $

（见162页地图；☎0948 213 181；lilyhostel.hcm@gmail.com；35/5 Đ Bui Vien；铺/双 US$8/26；）范五老地区最新的现代青旅之一，典雅舒心的装潢营造出了一种温馨如家的氛围。开在一条安静小巷之中，紧挨着热闹的Đ Bui Vien，轻而易举地融合了青旅与精品客栈两种感觉。某些独立间配平板电视和迷你吧。

The Hideout Hostel 青年旅舍 $

（见162页地图；☎08-3838 9147；www.vietnamhideouthostels.com；281 Đ Pham Ngu Lao；铺 US$8；）范五老一家现代青旅，主打“社交牌”，就是想让旅行者能交朋友。宿舍干净如新，色彩明亮，隔壁Hideout Bar每天免费供应两杯啤酒。青旅每周组织3次“串酒吧”（pub crawl）活动，住客免费（非住客US$2）。

Long Hostel 青年旅舍 $

（见162页地图；☎08-3836 0184；longhomestay@yahoo.com；373/10 Đ Pham Ngu Lao；铺/双 US$7/19；）客栈颇受旅客欢迎，装饰简单但干净整洁，有12个房间。位于太平市场附近的一条小巷深处，老板一家亲切热心。提供五床位和六床位宿舍间。

MyHotel 酒店 $

（见162页地图；☎08-3837 2016；100/2a3 Đ Tran Hung Dao；双 US$20~30；🚭❄📶）酒店地段安静，远离背包客聚集区的喧嚣，客房经过重新装修，很舒服，设施现代，干净卫生，工作人员能讲英语，也很热心。可惜老毛病并没有解决，大多数房间的隔音都不好，要是你不介意隔壁传来的交谈声，选择这里没问题。

Town House 23 客栈 $

（见149页地图；☎08-3915 1491；www.townhousesaigon.com；23 Đ Dang Thi Nhu；铺 $US11，房间 US$32~37；🚭❄@📶）所在街道很安静，开着一排咖啡馆，步行不远即是热闹的范五老。这里设施现代，设计精良，融青旅和客栈于一体。装潢特别时尚，前台的工作人员也很热情。注意，有些房间不带窗户。

Giang Son 客栈 $

（见162页地图；☎08-3837 7547；www.guesthouse.com.vn；283/14 Đ Pham Ngu Lao；房间 US$20~30；❄@📶）客栈又高又细，每层只有3个房间，配有屋顶露台，服务很好，唯一缺点就是没电梯。建议升级到一间有窗户的房间。

Hong Han Hotel 客栈 $

（见162页地图；☎08-3836 1927；http://honghanhotelhcm.com；238 Đ Bui Vien；房间 含早餐 US$18~30；❄@📶）一家细高狭长的客栈（7层，无电梯），临街的房间景致很棒，背街的房间更小更安静，价格更便宜。1层露天就餐区供应早餐。

Bich Duyen Hotel 客栈 $

（见162页地图；☎08-3837 4588；bichduyenhotel@yahoo.com；283/4 Đ Pham Ngu Lao；房间 US$22~25；❄@📶）共15间客房，干净整洁，待客热情。US$25的房间有窗户，值得多花钱。没电梯。

Diep Anh 客栈 $

（见162页地图；☎08-3836 7920；diepthéanh@hcm.vnn.vn；241/31 Đ Pham Ngu Lao；房间US$21~26；❄@📶）这家客栈要比范五老街一带的多数客栈高一个档次。因为又高又窄，所以楼上的房间光线和通风都很好。店员彬彬有礼，把客栈打理得有模有样。

Madame Cuc 127 客栈 $

（见162页地图；☎08-3836 8761；www.madamcuchotels.com；127 Đ Cong Quynh；双 含早餐 US$25~39；❄@📶）店主是热情的Cuc女士，店员友善。店主一共开了3家客栈，这家是最早开的，也比其他两家好很多。房间干净宽敞。

Green Suites 酒店 $$

（见162页地图；☎08-3836 5400；www.greensuiteshotel.com；102/1 Đ Cong Quynh；标单 US$22~29，双 $US26~33，全含早餐；❄@📶）这家位于Đ Cong Quynh旁的一条安静小巷中，紧邻Đ Bui Vien南侧。酒店整洁宽敞，舒适宜人，采用豌豆绿为主色调。只不过铺着瓷砖的客房虽然干净，却缺少绿色植物。

其他地区

Saigon Central Hostel 青年旅舍 $

（见149页地图；☎08-3914 1107；saigoncentralhostel@gmail.com；54/6 Đ Ky Con；铺/双 US$6/26；❄@📶）一个家庭客栈，待客友善，开在一条安静的小巷中，周边当地风情更浓，但离范五老地区、同开地区和滨城市场步行仍然很近。

Blue River Hotel 2 客栈 $

（见149页地图；☎08-3915 2852；54/13 Đ Ky Con；房间 US$12~20；❄@📶）客栈前是一片竹林，离同开和范五老很近，但又不受游人喧扰。氛围安静，待客友好，位于一条安静的胡同尽头，方便体验当地都市生活。价格更低廉的房间没有窗户。

★ **Ma Maison Boutique Hotel** 酒店 $$

（☎08-3846 0263；www.mamaison.vn；656/52 Cach Mang Thang Tam, District 3；标单 US$60~70，双 US$70~110；❄@📶）这家待客友善的酒店位于一条繁忙的主干路旁的安静小巷内，实际地点在机场和市中心的中间，但装饰风格却让你感觉置身法国乡间。楼不算高，外观为现代风格，但木质护窗板却为其平添了一分柔和，客房里有法国田园风格的漆面家具，配有品质一流的卫浴，很有种法国的派头。

★ **Villa Song** 精品酒店 $$$

（☎08-3744 6090；www.villasong.com；

187/2 Đ Nguyen Van Huong, District 2; 房间US$159~220, 套 US$350~460; ⊕❄☎✉)位于第2郡, 周围是花园, 面前有河景, 风格走法国范儿, 是西贡最舒适惬意的精品酒店之一。客房和套房都很浪漫, 里面是印度支那时代风格, 装饰有当代越南艺术品, 酒店自带的河畔酒吧Song Vie地段没得比。这里的水疗馆口碑也很好, 还能组织豪华快艇游。

开通有免费小巴摆渡车, 约30分钟可至市中心。

就餐

河内可能会觉得自己更有文化, 但说到吃, 在越南唱主角的还得说是胡志明市。这里不但有美味的本土菜, 更有众多完善成熟的国际餐厅, 印度菜、日本菜、意大利菜和融贯东西的创新菜全都不缺。考虑到与法国的历史渊源, 胡志明市自然也有众多优秀的法式餐厅, 从随意的法式酒馆到高档的法式大餐, 一应俱全。

不错的餐馆聚集区有同开地区和旁边的第3区, 前者的高档餐厅相当密集。范五老一带的一些餐馆试图满足每一类游客的口味, 饭菜性价比不低, 但基本上让人印象不深, 只有少数是例外。其他区域也有几家好馆子, 欢迎那些不怕麻烦的美食爱好者前去探访。

市场的小吃摊上也能吃到好吃的东西。滨城市场(Ben Thanh Market)的夜市尤其好。

素食餐厅最集中的区域是范五老地区, 而且佛教寺庙附近一般也都能找到。

统一宫及周边

Beefsteak Nam Son 越南菜 $

(见149页地图; 157 Đ Nam Ky Khoi Nghia; 餐60,000d起; ⊙6:00~22:00; ☎)环境朴实, 却有味道一流、价位合理的牛排, 这家餐厅可谓上上之选。菜品包括当地风味牛排, 其他牛肉类菜品如味道鲜辣的顺化拌牛肉粉(bun bo Hue)、进口加拿大菲力牛排, 甚至还有低胆固醇的鸵鸟肉。

★ Propaganda 越南菜 $$

(见150页地图; ☎08-3822 9048; www.propagandasaigon.com; Đ 21 Han Thuyen; 餐105,000~185,000d; ⊙7:30~22:30)一家人气酒馆儿, 可观赏公园景色, 五颜六色的壁画和革命主题怀旧海报颇为抢眼。菜肴主打越南各地的经典小吃, 就餐氛围热闹嘈杂。沙拉尤其好——推荐野生辣椒青芒果沙拉配烤鸡——如果楼下太挤, 那就到楼上坐。

★ Hum Vegetarian Cafe & Restaurant 素食 $$

(见149页地图; ☎08-3930 3819; www.hum-vegetarian.vn; 32 Đ Vo Van Tan; 餐 80,000~190,000d; ⊙10:00~22:00; ✎)就算不是素食主义者, 这家幽静高雅的餐厅也值得你关注。从迷人的服务, 到美味的越南菜, 再到环境优雅的室外餐桌, 可以说在这里用餐的每一个细节都值得品味。这家新开的分店(见157页)距离市中心更近, 气氛同样轻松惬意。

同开地区

Huong Lai 越南菜 $

(见150页地图; ☎08-3822 6814; www.huonglai2001saigon.com; 38 Đ Ly Tu Trong; 餐70,000~180,000d; ⊙正午至15:00和18:00~22:00)想吃品相精美、味道正宗的越南菜, 必须要来这里。餐厅是一个法国殖民地时期的老商店, 房顶高, 通风好, 就餐环境与众不同。店员或是来自弱势家庭, 或是曾经的街头流浪儿, 餐厅为他们提供培训、教育和住所。

Secret Garden 越南菜 $

(见150页地图; 8th fl, 158 Đ Pasteur; 餐55,000~80,000d; ⊙8:00~22:00; ✎)餐厅开在胡志明市一座老旧的公寓楼天台上, 楼梯不好走, 但餐厅很是美妙。菜园里有一群鸡跑来跑去, 东啄西啄, 周围立着一座座佛像, 满眼亚洲风情, 家常口味的菜肴很好吃, 还能一边吃一边欣赏城景。服务有时候有点太过随意, 但为了口福, 忍一忍也就算了。

Fanny 冰激凌 $

(见150页地图; www.fanny.com.vn; 29-31 Đ Ton That Thiep; 每勺40,000d起; ⊙8:00~23:00; ☎)Fanny位于一栋豪华法式别墅的一层, 能制作一系列法越风味冰激凌, 健康又独特, 其中椰子、八角茴香和绿茶等口味最让我们觉得新奇。

★Nha Hang Ngon
亚洲菜 $$

（见150页地图；☎08-3827 7131；160 Đ Pasteur；餐 60,000~260,000d；⏰7:00~22:00；📶）这里是胡志明市最受欢迎的地方之一，聚集了很多本地人和外国人，共三层，环境时尚，小吃荟萃。中间是一个树木繁茂的花园，周围摆着一圈儿美食摊，每个摊位专做一种传统小吃，越、泰、日、中都有，保证每种小吃都地道。

★Racha Room
泰国菜 $$

（见150页地图；☎0908 791 412；www.facebook.com/theracharoom；12-14 Đ Mac Thi Buoi；菜肴 195,000~320,000d；⏰11:30至午夜）全城最时尚新潮的餐厅之一。菜式五花八门，有酒吧小吃（40,000~150,000d）和可以"分而食之"的菜肴，以泰国街头小吃为主，也捎带准备了周围邻国的一些特色菜。亚洲风情鸡尾酒更让这里成了全城一流酒吧之一。记得赶在17:00~19:30的欢乐时光期间进来坐坐。

Hum Lounge & Restaurant
素食 $$

（见150页地图；☎08-3832 8920；www.humvegetarian.vn；2 Đ Thi Sach；餐 80,000~190,000d；⏰10:00~22:00；📶✍）一家地处市中心的花园餐厅，是胡志明市"老字号"Hum Vegetarian Cafe & Restaurant新开的分店，越南风味素食做得是一把好手。餐厅环境葱郁典雅，菜肴包括木瓜香蕉花沙拉、椰子蒸蘑菇以及回味无穷的大料肉桂溜豆腐。

Quan Bui
越南菜 $$

（见150页地图；☎08-3829 1545；http://quan-bui.com；17a Đ Ngo Van Nam；主菜 69,000~169,000d；⏰8:00~23:00；❄）新兴餐饮街Đ Ngo Van Nam上的一家新店，老式风情装潢很有特色。旁边不少餐馆都主打日本菜，但这家做的是地道的越南菜，服务员是一群年轻潮人。这里的鸡尾酒——来自小巷对面的兄弟酒吧——全城数一数二，楼上的餐厅有空调，禁烟。

3T Quan Nuong
烧烤 $$

（见150页地图；☎08-3821 1631；29 Đ Ton That Thiep；餐 85,000~280,000d；⏰17:00~23:00）一家微风徐徐的露天越南烧烤餐厅，位于Temple Club的天台上，是胡志明市很多食客的必去之地。你可以随意挑选喜欢的肉类、鱼、海鲜和蔬菜，然后拿到桌子上自己烤制。

Xu
越南菜 $$

（见150页地图；☎08-3824 8468；www.xusaigon.com；1层，75 ĐL Hai Ba Trung；周一至周五含3道菜午餐套餐 295,000d，餐 115,000~320,000d，含8道菜花式套餐 850,000d；⏰11:30至午夜）既是餐厅，也是休闲吧，超级时尚，供应越南创新菜。价格不低，但服务一流，葡萄酒单也很有档次，可以说物超所值。再加上创意酒吧小吃（70,000~150,000d）以及极品鸡尾酒，难怪这里会成为全城最有情调的休闲吧之一。

🍴黎文捌公园周边

Pho Hoa
越南菜 $

（见158页地图；260c Đ Pasteur；餐 60,000~75,000d；⏰6:00至午夜）这家老店比多数餐厅高档，但绝对物有所值，深受本地人青睐。桌上除了炸油条（gio chao quay）、苏塞饼（banh xu xe；绿豆沙糯米椰子糕）和扎肉（cha lua；香蕉叶包猪肉香肠），还摆着许多香草、辣椒和青柠檬。

Banh Xeo 46A
越南菜 $

（见158页地图；☎08-3824 1110；46a Đ Dinh Cong Trang；中份/大份 70,000/110,000d；⏰10:00~21:00✍）本地人总喜欢前往专做某一道特色菜的餐厅用餐。这家有名的餐厅主打越南煎饼（banh xeo），味道冠绝全城。越南煎饼用米糊摊成，里面塞满了豆芽、大虾和猪肉（也有素食可选），是一种人人皆知的美食。也有超好吃的春卷（goi cuon；猪肉和大虾做馅儿，很爽口）。

Cuc Gach Quan
越南菜 $

（见158页地图；☎08-3848 0144；www.cucgachquan.com.vn/en；10 Đ Dang Tat；餐 75,000~200,000d；⏰9:00至午夜）餐厅由一栋老别墅精心改造而成，走进餐厅的人都猜得到老板本身就是一位建筑师。内部装潢是典雅的田园风格，食物同样是既精致又实在。地址位于第1郡最北端，位置隐秘，但酒香不怕

Around Le Van Tam Park 黎文捌公园周边

Around Le Van Tam Park
黎文捌公园周边

重要景点

1	历史博物馆	D1
2	玉皇殿	C1

就餐

3	Banh Xeo 46A	B1
4	Cuc Gach Quan	A1
5	Pho Hoa	A2

娱乐

西贡水上木偶剧院	（见1）

实用信息

6	柬埔寨领事馆	B2
7	中国领事馆	B2
8	荷兰领事馆	C2
9	法国领事馆	C2
10	德国领事馆	B2
11	英国领事馆	C2
12	美国领事馆	C2

巷子深，所以顾客盈门，一定要提前订位。

范五老地区

★ Banh Mi Huynh Hoa 越南菜 $

（见149页地图；26 Le Thi Rieng；法棍三明治33,000d；⏲14:30~23:00）一个苍蝇馆子，主打法棍三明治（banh mi），猪肉夹得那叫一个多，味道那叫一个好，好吃得不可思议，从白天忙到晚上，主顾都是骑摩托车过来的当地人。只能站在街边吃。

Vegetarian Lien Huong 素食 $

（Com Chay Lien Huong；见149页地图；☎08-3925 0547；149/31a Le Thi Rieng；餐 40,000~110,000d；⏲8:00~22:00；❄✎）一家街角素菜馆，不在主路上，外表虽不起眼，做菜却很有创意，值得一探。店家独创的菜肴堪称亮点，比如青香蕉菌汤柠檬草米线火锅。配有英文菜单，对每一道菜的健康功效都有很好的介绍。性价比高。

Coriander 泰国菜 $

（见162页地图；16 Đ Bui Vien；餐 75,000~180,000d；⏲11:00~14:00和17:00~23:00）淡色的木家具和廉价的竹壁纸让人不敢恭维，但这里的泰国菜的确种类丰富，味道地道。美妙的泰国煎豆腐一份就能吃饱，绿咖喱口感刺激，砂锅海鲜炒饭水平出众。

Five Oysters 越南菜 $

（见162页地图；www.fiveoysters.com；234 Đ Bui Vien；餐 35,000d起；⏲9:00~23:00）一家轻快亮堂的餐厅，擅长烹饪海鲜，服务态度友好，地处背包客聚集区，经常人满为患。推荐牡蛎（30,000d）、烤八爪鱼、海鲜汤、螺肉饼、米粉、炒面、辣椒油烤鲭鱼等。价格低廉的啤酒也让这里成了范五老地区的热点。

Café Zoom 汉堡包 $

（见162页地图；www.facebook.com/cafezoomsaigon；169a Đ De Tham；餐 55,000~90,000d；⏲7:00至次日2:00）这家店“供”着一个Vespa经典摩托车，非常热闹，是欣赏“浮

世绘”的完美地点。菜肴方面，汉堡包很不错，馅料很独特，也有塔可和多种意大利、越南人气美食。Vespa Adventures（见121页）组织的一流团队游也会从这里出发。

Margherita 各国风味 $

（见162页地图；175/1 Đ Pham Ngu Lao；餐35,000~100,000d；⏲8:00~22:00）Margherita是一家经久不衰的老字号餐厅，提供越南、意大利、墨西哥风味的菜肴，价格非常便宜。面前的小街在范五老地区也算是比较热闹的了，可以抢一个室外座位，点一杯鲜榨果汁，打望街上过往众生。

Mon Hue 越南菜 $

（见162页地图；www.nhahangmonhue.vn；201 Đ De Tham；餐45,000~120,000d；⏲6:00~23:00；）餐厅共8家分店，用顺化著名的本帮菜犒劳胡志明市的食客。这家分店地段便利，有空调，对没机会去旧都的旅行者来说，是品尝顺化菜的好地方。

★Quan Ut Ut 烧烤 $$

（见149页地图☎08-3914 4500；www.quanutut.com；168 Đ Vo Van Kiet；餐180,000~300,000d；⏲16:00~23:30）店名大意为“猪叫餐馆”，氛围随意，有河景，无菜不“猪”，略带美式烧烤的感觉。巨大的烤炉就架在街头，肋排、辣香肠和五花肉烤得都很好，烤甜玉米和烤菠萝等配菜也很好吃。大个儿的汉堡也不错，甚至还能喝到老板自酿的啤酒。

Baba's Kitchen 印度菜 $$

（见162页地图；☎08-3838 6661；www.babaskitchen.in；164 Đ Bui Vien；餐80,000~210,000d；⏲11:00~23:00；）Baba's餐厅让Đ Bui Vien弥漫着印度菜浓郁的味道和美妙的香气。这里有许多素食菜肴，良好的氛围与美食一样诱人。如果喜欢非常辛辣的食物，可以尝试一下印度咖喱肉，服务生可能会提醒你这种菜“特别辣”。服务也相当好。

饮品和夜生活

统一宫及周边

Chill Skybar 鸡尾酒吧

（见149页地图；www.chillsaigon.com；26 & 27th fl, AB Tower, 76a Đ Le Lai；⏲17:30至深夜）城中最高端的天空酒吧之一，也是唯一一个着装要求比较严格的地方。当地的精英人士很喜欢过来，开一瓶轩尼诗干邑或是尊尼获加蓝牌，坐上很久。来的时候一定换上自己最干净的一条长裤，那件印着“Beer Lao”或者“万荣漂流”的T恤最好还是别穿过来了。

Air 360 酒吧

（见149页地图；www.air360skybar.com；21st fl, Ben Thanh Tower, 136-138 Đ Le Thi Hong Gam；⏲17:30至次日2:00）一家现代风格的天空酒吧，建议在17:00~20:00的欢乐时光期间前来——此时夕阳最美，原本昂贵的酒水还有给力的折扣。食品以冷肉酱、冷餐肉和肉类熟食为主。步行不远就是范五老，周围全是热闹的背包客酒吧。

同开地区

★Pasteur Street Brewing Company 精酿啤酒

（见150页地图；www.pasteurstreet.com；144 Đ Pasteur；小杯/大杯啤酒45,000/95,000d起；⏲11:00~22:00；）这家店拥有多种非凡的精酿啤酒，证明越南并非只是“333”牌拉格啤酒的天下。酿酒过程会加入柠檬草、毛荔枝和茉莉等当地原料，每天总有多达6款啤酒供应。酒吧小吃也很好——推荐辣辣的纳什维尔风味炸鸡——在酿酒厂楼上装潢时尚的品酒室里供应。

★Heritage Republic 休闲酒吧

（见149页地图；☎0906 227 576；http://fb.me/heritagerepublic；10 Đ Pasteur；⏲24小时；）这里很小，很容易让人忘记时间。白天，你可以点一杯思慕雪，坐在老式沙发里放松，和店内那几条斗牛犬套套近乎，时间一下子就跳到了晚上。那时候，这里会化身为全城最酷的酒吧，时尚的主顾们会到街头享用啤酒和鸡尾酒。店家在白天会给一身黑衣的顾客打折。

Shrine 鸡尾酒吧

（见150页地图；☎0916 806 093；www.shrinebarsaigon.com；64 Đ Ton That Thiep；⏲周

一至周六 11:00至次日1:00，周日 16:00至午夜）店内装饰着一个个高棉雕塑模型，和附近那些粗俗的体育酒吧和陪酒酒吧相比，更有档次，更有调调。店家最自豪的就是自家调酒师调制出的鸡尾酒（100,000~200,000d），创意多，酒劲儿大。食物种类丰富，凸显亚洲风味，既有酒吧小吃（85,000~230,000d），也有分量较大、需要大家分享的菜肴（220,000~460,000d）。

Apocalypse Now 夜店

（见150页地图；☎08-3824 1463；www.facebook.com/apocalypsenowsaigon；2c Đ Thi Sach；⏲19:00至次日4:00）这里昵称"Apo"，自1991年一直经营至今，依然是城中必逛的一家夜店。店内规模很大，有一个大舞池和一个露天庭院，主顾形形色色，有旅行者、侨民、越南的成功人士，偶尔还能遇到"小姐"。音乐声震耳欲聋。周末入场费150,000d，包含一杯免费饮料。

M Bar 酒吧

（见150页地图；www.majesticsaigon.com/mb.php；1 Đ Dong Khoi；⏲16:00至次日1:00）位于Majestic Hotel（见154页）酒店89层，可赏无遮河景，拥有一种殖民时代风情，是享受日落小酌的好地方。

Republic Lounge 酒吧

（见150页地图；63/201 Đ Dong Du；⏲10:00至次日2:00）一家安静的同性恋酒吧，主顾多是当地人，年轻时尚，彬彬有礼。平时少有人来，周五和周六晚上才叫热闹。鸡尾酒一下肚，大家就会跳起舞来，偶尔举办变装秀的时候，他们也会在台下加油喝彩。

EON Heli Bar 酒吧

（见150页地图；52nd fl，Bitexco Financial Tower，2 Đ Hai Trieu；⏲11:30至次日2:00）这家时尚酒吧位于52层，俯瞰全城，可以找一个靠窗的位置，欣赏落日美景。

Bliss Pub 酒吧

（见162页地图；24-26 Đ Bui Vien；⏲18:00至次日4:00）位于背包客聚集区，风格现代随意，有水烟和鸡尾酒，当地人和外地人都爱来。

Saigon Saigon Bar 酒吧

（见150页地图；www.caravellehotel.com；19 Lam Son Sq；⏲11:00至次日2:00；📶）想欣赏市中心绝美夜景，一定要在日落时分到这里喝点东西。酒吧有现场音乐演出、凉爽的微风和一种低调的奢华。

OMG 酒吧

（见149页地图；www.facebook.com/omgsaigon；Tan Hai Long Hotel，15-19 Đ Nguyen An Ninh；啤酒/鸡尾酒 90,000/160,000d起；⏲11:00至次日1:00）这个天台酒吧靠近滨城市场，名字有点傻气，但体验很不错，不像城中其他一些天空酒吧那么装。食物方面很有冒险精神，就连白汁鳄鱼肉配日本青芥辣和芒果这种菜都有！

范五老地区

View 酒吧

（见162页地图；www.ducvuonghotel.com；8th fl，Duc Vuong Hotel，195 Đ Bui Vien；⏲周一至周五 10:00至午夜，周六日 至次日2:00）不像其他天台酒吧位置那么高，但也没有那么装腔作势，而且远没有那么贵。你可以望着脚下热闹的范五老好好发发呆，供应的食物性价比也很高。

其他地区

★**Saigon Outcast** 酒吧

（www.saigonoutcast.com；188 Đ Nguyen Van Huong；⏲10:00~23:45）位于河对岸的第2郡，用搞怪的街头艺术作装饰，是个多面手，现场音乐、DJ、晚间电影放映和泡吧都行。花园酒吧"大大咧咧"的，能喝到鸡尾酒、自酿啤酒和当地苹果酒，周日上午偶尔还会举办一个很有意思的露天市场。官网上有近期活动安排。从第1郡打车过来大约要150,000d。

☆ 娱乐

想了解胡志明市娱乐活动的最新信息，可以参考优秀的月刊杂志*Word HCMC*（www.wordhcmc.com）或者全国性杂志*AsiaLIFE Magazine*（www.asialifemagazine.com）。

Acoustic 现场音乐

（见149页地图；☎08-3930 2239；www.

facebook.com/acousticbarpage; 6e1 Đ Ngo Thoi Nhiem; ⏲19:00至午夜; 📶)全城首屈一指的现场音乐演出场馆，别被店名（“不插电”）误导，小舞台上的表演大多都是插电的，而且极其疯狂。店内常常人满为患，可见当地粉丝对此乐此不疲。这里位于一个小巷尽头，旁边有一辆倒置的大众甲壳虫。鸡尾酒入口柔和，后劲却很大。

Saigon Ranger 现场音乐

（见150页地图；www.facebook.com/saigonranger; 5/7 Đ Nguyen Sieu; ⏲周二至周日15:00至深夜）地处市中心，距离蓝山公园步行很近，是一个氛围非常粗犷的现场音乐和表演场馆，周二至周日每天节目都不一样。台上的音乐人也是不拘一格，摇滚、蓝调和拉丁都能听到，大多数演出21:00左右开始。

Observatory 现场音乐

（见149页地图；www.facebook.com/theobservatoryhcm; 5 Đ Nguyen Tat Thanh; ⏲周三至周日 18:00至次日6:00）花样百出，从现场乐队表演，到国际DJ，什么都有。现在迁到了新址，位于第4郡，过了河就是。

西贡水上木偶剧院 木偶剧

（Saigon Water Puppet Theatre; 见158页地图; History Museum, Đ Nguyen Binh Khiem; 100,000d）西贡水上木偶剧院位于历史博物馆（见152页）内，规模不大，演出9:00、10:00、11:00、14:00、15:00和16:00开始，每场大约20分钟。

胡志明市剧场 音乐厅

（Municipal Theatre, Opera House; 见150页地图; ☎08-3829 9976; Lam Son Sq）属于法国殖民地时期建筑的歌剧院现在是胡志明市芭蕾舞团（HUMC Ballet）和芭蕾舞交响乐团（Ballet & Symphony Orchestra; www.hbso.org.vn）的主剧场，也会举办到访艺术家们的表演。

Galaxy 电影院

（见149页地图; www.galaxycine.vn; 116 Đ Nguyen Du; 电影票 90,000~150,000d）全城最佳影院之一，好莱坞大片和越南本土热门电影都有。

购物

同开地区

Mekong Quilts 工艺品

（见150页地图; ☎08-2210 3110; www.mekong-quilts.org; 1楼, 68 ĐL Le Loi; ⏲9:00~19:00）🌿销售精美的丝绸被，都是农村的穷苦人手工制作的，以获得稳定的收入。

Chung Cu 42 Ton That Thiep 服装

（见150页地图; 42 Đ Ton That Thiep; ⏲多数商户 9:00~21:00）本是一栋公寓楼，现在部分被改造成了时尚的精品店，里面卖的服装时尚又不贵，多是年轻潮牌，网红名品。胡志明市潮流文化大爆炸，似乎就是从这里开始的。精品店都在楼上，一直延伸到后面第二栋楼那里。

Saigon Kitsch 礼品和纪念品

（见150页地图; 33 Đ Ton That Thiep; ⏲9:00~22:00）一家五颜六色的商店，由法国人经营，专售仿造的政治宣传品，咖啡杯、杯垫、拼图和T恤上都有革命主题图案。用越南废弃包装品打造的笔记本电脑内胆包和平板电脑套也很酷。

滨城市场 市场

（Cho Ben Thanh, Ben Thanh Market; 见150页地图; ĐL Le Loi, ĐL Ham Nghi, ĐL Tran Hung Dao和Đ Le Lai; ⏲5:00~18:00）滨城市场地处市中心，和周边街道一起构成了胡志明市最具活力的地区之一。这里堆积着西贡人日常吃、穿、用的东西，纪念品也非常丰富。摊贩态度坚决，要价一般比别的地方高，所以要狠狠讲价（哪怕对方标着“概不还价”）。

美食摊位味道不错，一般营业至下午3点左右。逛市场的时候一定要注意自己的随身物品和电子产品。

市场关门后，市场外会出现一个小型夜市，一直持续到午夜。

Mai Lam 服装

（见150页地图; www.mailam.com.vn; 132-134 Đ Dong Khoi; ⏲9:00~21:00）这家店活力四射，色彩缤纷，灵感无限，专门销售漂亮（昂贵）的男女针织服装及配饰。

Pham Ngu Lao 范五老

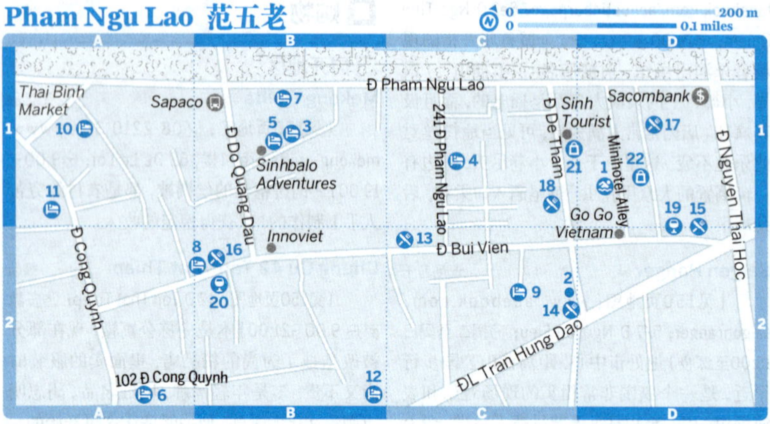

Pham Ngu Lao 范五老

活动、课程和团队游
1 Oasis Saigon D1
2 Vespa Adventures C2

住宿
3 Bich Duyen Hotel B1
4 Diep Anh C1
5 Giang Son B1
6 Green Suites A2
7 Hideout Hostel B1
8 Hong Han Hotel B2
9 Lily's Hostel C2
10 Long Hostel A1
11 Madame Cuc 127 .... A1
12 MyHotel B2

就餐
13 Baba's Kitchen C2
14 Café Zoom C2
15 Coriander D1
16 Five Oysters B2
17 Margherita D1
18 Mon Hue C1

饮品和夜生活
19 Bliss Pub D1
20 View B2

购物
21 Ginkgo C1
22 SahaBook D1

Saigon Centre 购物中心

(见150页地图；http://saigoncentre.com.vn；65 ĐL Le Loi；⏲9:30~21:30)一个时尚的商场大厦，里面有炫丽的国际名店和咖啡馆，地下有一个日式美食广场。

范五老地区

SahaBook 书籍

(见162页地图；www.sahabook.com；175/24 Đ Pham Ngu Lao；⏲周一至周五 9:00~17:30)主打旅行指南和旅行读物，包括正版的Lonely Planet旅行指南——正版的地图清晰可辨，不像街边盗版的那么模糊不清。

Ginko 服装

(见162页地图；www.ginkgo-vietnam.com；254 Đ De Tham；⏲8:00~22:00)这家有趣的服装店在范五老有三家分店，走高端路线，出售风格张扬、色彩鲜亮的T恤和帽衫，有的带有汉字图案以及搞笑的英文标志。

其他地区

Dan Sinh Market 市场

(见149页地图；104 Đ Yersin；⏲7:00~18:00)也叫作战争纪念品市场(War Surplus Market)。里面多是卖五金的摊位，但也能淘到正品军靴和锈迹斑斑的身份识别牌(可能是假的)。也出售便携式防毒面具、野战担架、雨具、蚊帐、水壶、行李袋、斗篷、靴子和防弹衣等。

3A Alternative Art Area 艺术品

（见150页地图；3a Đ Ton Duc Thang）如果你特别想要了解西贡发展演变的过程，一定要来这一片艺术区。里面有许多街头艺术、画廊和有趣的家居用品商店，时尚的咖啡馆和酒吧也越开越多。周末，许多人会来这里拍摄时尚大片或婚纱照。

实用信息

医疗服务

哥伦比亚亚洲医院（Columbia Asia；见149页地图；☎08-3823 8888；www.columbiaasia.com/saigon；8 Alexandre de Rhodes；⏲急诊8:00~21:00）位于市中心圣母大教堂附近。

胡志明市家庭医疗服务（HCMC Family Medical Practice；见150页地图；☎24小时急救 08-3822 7848；www.vietnammedicalpractice.com；Diamond Department Store后，34 ĐL Le Duan；⏲24小时）管理有序的医疗服务机构，河内与岘港也有分支。

国际医疗中心（International Medical Centre；见150页地图；☎08-3827 2366；www.cmi-vietnam.com；1 Đ Han Thuyen；⏲周一至周五 8:30~19:00，周六 9:00~13:00）一家非营利性机构，有能说英语的法国大夫。

SOS国际诊所（International SOS；见158页地图；☎08-3829 8520；www.internationalsos.com；167a Đ Nam Ky Khoi Nghia；⏲24小时）

现金

澳新银行（ANZ Bank；见150页地图；☎08-3829 9319；11 Me Linh Sq）有自动柜员机。

花旗银行（Citibank；见150页地图；115 ĐL Nguyen Hue）银行位于Sun Wah Tower的大厅里，持花旗银行卡每天可提现8,000,000d（其他银行卡2,000,000d）。

西贡商信银行（Sacombank；见162页地图；☎08-3836 4231；www.sacombank.com；211 Đ Nguyen Thai Hoc）位于背包客聚集区，地段便利，有一台24小时自动柜员机。

邮政

联邦快递（FedEx；☎08-3948 0370；www.fedex.com；6 Đ Thang Long, Tan Binh District；⏲周一至周五 7:30~18:00，周六 至16:30）提供私人邮递服务。

邮局（Buu Dien Quan 5；☎08-3855 1763；3 Đ Mac Cuu, District 5）一座淡黄色建筑，上面有钟。

旅行社

Buffalo Tours（见158页地图；☎08-3827 9170；www.buffalotours.com；157 Đ Pasteur；⏲周一至周五 8:30~17:00，周六 至14:30）高端旅行社。

EXO Travel（☎08-3519 4111；www.exotissimo.com；261-263 Đ Phan Xich Long, District 2；⏲周一至周六 9:00~18:00）中南半岛旅游专家，水平一流。

Go Go Vietnam（见162页地图；☎08-3920 9297；www.gogo-vietnam.com；40/7 Đ Bui Vien）管理有序，资质出色，可以办理签证延期和更新，组织的一日游性价比高。

Handspan Adventure Travel（见149页地图；☎08-3925 7605；www.handspan.com；10层，Central Park Bldg, 208 Đ Nguyen Trai）总部在河内，组织的旅行非常不错，水平很高，可以从这家位于胡志明市的分部报名。

Innoviet（见162页地图；☎08-6291 5407；www.innoviet.com；1st fl, 161 Đ Bui Vien；⏲8:00~21:00）一家低端旅行社。

Sinh Tourist（见162页地图；☎08-3838 9593；www.thesinhtourist.vn；246 Đ De Tham；⏲6:30~22:30）一家低端旅行社，人气很高。

Sinhbalo Adventures（见162页地图；☎08-3837 6766；www.sinhbalo.com；283/20 Đ Pham Ngu Lao；⏲周一至周六 7:30至正午和13:30~18:00）就定制旅游而言，这是个不错的选择。Sinhbalo专门经营自行车旅行项目，也组织有创意、迎合小众口味的旅行，前往湄公河三角洲、中央高地和更远的地区。最受欢迎的套餐游包括湄公河两日游和湄公河自行车三日游。

到达和离开

飞机

胡志明市的机场叫新山一机场（Tan Son Nhat Airport），众多航空公司的国内航班在此起降。

捷星太平洋航空（☎1900 1550；www.jetstar.com/vn/en/home）有航班连接河内、海防、荣市、顺化、富国、芽庄、邦美蜀、洞海和岘港。

越南航空服务公司（Vietnam Air Service Company, Vasco；☎08-3845 8017；www.vasco.com.vn）有航班连接迪石、昆岛群岛和金瓯（Ca Mau）。

越南航空（☎08-3832 0320；www.vietnamairlines.com）有航班连接河内、海防、荣市、洞海、顺化、岘港、归仁、芽庄、大叻、邦美蜀、波来古、迪石和富国岛（Phu Quoc Island）。

船

白藤码头（Bach Dang jetty；见150页地图；Đ Ton Duc Thang）位于市区末端，靠近市中心。

Vina Express（见149页地图；☎08-3825 3333；www.vinaexpress.com.vn；5 Đ Nguyen Tat Thanh, District 4；成人/儿童 周一至周五 200,000/100,000d，周末和节假日 250,000/120,000d）有水翼船发往头顿（约1.25小时），发船地点在第4郡胡志明博物馆附近的西贡码头，发船时间为每天8:00、10:00、正午、14:00、16:00和18:00，周六9:00加开一班。

长途汽车

胡志明市和柬埔寨之间有许多国际巴士连接，多数都从范五老地区出发。**Sapaco**（见162页地图；☎08-3920 3623；www.sapacotourist.vn；325 Đ Pham Ngu Lao）每天有9班直达长途汽车前往金边（230,000d，6小时，6:00~15:00有车），也有1班前往暹粒（Siem Reap；450,000d，12小时，6:00发车）。

An Suong长途汽车站（Ben Xe An Suong；District 12）该车站投入使用时间较短，位于胡志明市西边，距离市中心很远，车辆连接胡志明市西北方向的目的地，包括西宁（Tay Ninh）和古芝。注意，如果你打算游览西宁和古芝的隧道/地道，真不应该选择公共长途巴士，因为许多规模较小的隧道/地道遗址距离主路都不近，辗转起来极其不便。前往该车站，沿着Đ Cach Mang Thang Tam和Đ Truong Chinh一路向西即可，具体位置靠近1号公路（Quoc Lo 1）的高架桥。

堤岸长途汽车站（Cholon Bus Station；District 5）、滨城长途汽车站（Ben Thanh Bus Station）和滨城市场那里有1路公交车连接堤岸长途汽车站以及堤岸区的平西市场（Binh Tay Market）。堤岸长途汽车站有152路公交车连接新山一国际机场。

棉登长途汽车站（Ben Xe Mien Dong；☎08-3829 4056）位于平盛郡（Binh Thanh District），从市中心沿13号公路（Quoc Lo 13；即Đ Xo Viet Nghe Tinh的延长线）行驶约5公里即是，距离Đ Xo Viet Nghe Tinh和Đ Dien Bien Phu的交叉路口北将近2公里。车站规模极大，非常繁忙，车辆前往胡志明市北边的目的地。注意，快线大巴从车站东侧发车，当地巴士从车站西侧发车。

棉泰长途汽车站（Ben Xe Mien Tay；☎08-3825 5955；Đ Kinh Duong Vuong）的车辆前往胡志明市南边所有目的地——基本上就是湄公河三角洲地区——除了空调快线大巴，还有高档小巴。车站规模很大，位于平政县（Huyen Binh Chanh）的An Lac，距离胡志明市西大约10公里。

小汽车和摩托车

酒店和旅行者咖啡馆几乎都可以帮你租车。范五老地区旅行社的报价普遍最低，在那里租摩托车，日租金US$10~12，但想在胡志明市骑摩托车，最好有一定的驾驶经验。租车时要检查对方提供的头盔的质量。

Saigon Scooter Centre（☎08-6681 2362；www.

前往柬埔寨：胡志明市至金边

前往边境 **Moc Bai（越南）/Bavet（柬埔寨）边境口岸** 十分忙碌，是胡志明市和金边之间最快捷的陆路通道。范五老一带的旅行者咖啡馆销售前往金边（US$10~15）的过境长途车车票，汽车从范五老出发，营运时间为6:00~15:00。可靠的长途汽车公司包括Mekong Express（www.catmekongexpress.com）、Sapaco（www.sapacotourist.vn）和较为便宜的Kumho Samco（www.kumhosamco.com.vn）。要为整个旅程留出6小时的时间，包括办理通关手续的时间。

到达边境 柬埔寨可落地签（US$30，需护照尺寸的照片一张）。从胡志明市坐大巴到Moc Bai要2小时，那里是一个很大的免税购物区。从Moc Bai步行不远就是柬埔寨境内的Bavet，那里全是赌场。

继续前行 多数旅行者购买的都是从胡志明市到金边的全程车票，从边境口岸到金边需4小时。

胡志明市交通一览

目的地	飞机	长途汽车	火车
大叻	50分钟，US$41起	7小时，US$11~15	无
河内	2小时，US$62起	41小时，US$39~49	30小时，US$47~69
顺化	80分钟，US$48起	29小时，US$26~37	18小时，US$17~44
芽庄	55分钟，US$22起	12小时，US$10~20	6.5小时，US$14~32

saigonscootercentre.com；20 Cong Hoa，Tan Binh District；⊙周二至周五 正午至17:00，周六10:00~16:00）一家踏板摩托活动中心，诚信可靠，有经过修复的Vespa以及Lambretta经典摩托车，可以按日租用，日租金US$10起，长期租赁可享折扣。多花一些钱可以享受异地还车服务，在胡志明市和河内之间的任意地点都可以。

火车

西贡火车站（Ga Sai Gon；☎08-3823 0105；1 Đ Nguyen Thong，District 3；⊙售票处 7:15~11:00和13:00~15:00）有列车连接胡志明市北边的多个海滨城市。

当地交通

抵离机场

新山一国际机场（Tan Son Nhat Airport）位于市中心西北7公里处。

巴士

当地有两趟机场专线巴士：

109路（20,000d，50分钟，5:30至次日1:30，每15~20分钟一班）连接机场与背包客聚集区范五老地区，途经滨城长途汽车站。

49路（40,000d，40分钟，5:30至次日1:30，每15~30分钟一班）连接机场与范五老地区，途经滨城长途汽车站。

两趟线用的都是现代化黄色空调大巴，搭载行李不加价。从机场出来，穿过中央广场右转就可以找到两趟线的站牌，那里有工作人员售票，能讲英语。

想省钱的话，机场那里还有另一趟空调巴士连接市区（152路；6000d，搭载行李额外收费，价格不等，6:00~18:00，每15分钟1班），在Đ De Tham（范五老地区）沿线，以及Đ Dong Khoi沿线各国际酒店门前都设站，终点在堤岸长途汽车站（见164页）。

出租车

一定要选择Mai Linh或Vinasun的出租车，尤其要小心那种名字和颜色相似的山寨出租车。从机场的出租车候客区到同开地区，打车费大约170,000d，外加15,000d的机场驶入费。用美元支付也可以。从市区打车到机场，应该让你的酒店帮你叫一辆靠谱的出租车。大多数酒店也都能派车到机场接站，价格US$5~20。

自行车

许多经济型酒店和咖啡馆都能出租自行车（US$2）。停车要去自行车存放处，防止被盗。

人力车

人力车是城中很有趣的一种出行方式，但是向游客要高价是常事。短途一般应为30,000~40,000d。

摩托车

新手一定不要在胡志明市骑摩托。范五老地区各处都能租到摩托车，日租金US$10~12。

出租车

打表出租车在街上随处可见，但如果想去小众目的地，最好提前电话叫车。起步价大约12,000d（首公里）。从同开到范五老，车费大约25,000d（US$1）。有些出租车的计价器被做过手脚，跳得很快，但**Mai Linh Taxi**（☎08-3838 3838）和**Vinasun Taxi**（☎08-3827 2727）这两家值得信赖。优步在胡志明市也越来越流行。

摩的

打摩的，一定要提前谈妥价格。从范五老到同开，车费不应超过30,000d。

胡志明市周边（AROUND T.P.HO CHI MINH）

大南主题公园（Dai Nam Theme Park）

在迪士尼乐园里放上一些怪力乱神的佛

教雕塑，再加一些历史介绍，然后进行一些政治宣传，也就有了大南主题公园（Lac Canh Dai Nam Van Hien, Dai Nam Theme Park; ☎0650 351 2660; www.laccanhdainamvanhien.vn; 成人/儿童100,000/50,000d; ⏰8:00~18:00）这样一个地方，俗得简单粗暴，却又俗得缤纷多彩。公园距离胡志明市大约30公里，位于13号公路沿线，共分4个主题区，外有巨大的墙壁围绕，由真人大小的士兵人像把守。

公园里有超级刺激的过山车（螺旋弯、O形弯全有）、激流勇进和室内冰雪世界，也为年纪更小的孩子们准备了许多飞车游乐项目。公园的动物园占地12.5公顷，在我们看来是大胡志明市地区唯一值得游览的动物园。里面的动物包括老虎、狮子、白犀牛和熊。旁边的一个人工沙滩浴场（成人/儿童100,000/60,000d）设有面积很大的淡水区和咸水区，可以让小朋友们好好凉快凉快。

滨城长途汽车站每天都有一班18路公交车开往大南，公园的停车位也十分充足。

海滩

胡志明市周边有几个海滩度假村，距离市中心距离并不远，只不过想玩海滩的人多数都会直奔美奈。如果时间有限，可以考虑乘坐水翼船前往头顿。

古芝（Cu Chi）

如果非要选一个地方来象征越南人不屈不挠的精神，那么这个地方一定是古芝。20世纪60年代，凭借古芝隧道（Cu Chi Tunnels; 成人/儿童110,000/30,000d），越共控制了距离胡志明市仅有30~40公里的大片农村地区，这里因而成了一个传奇。在建设的全盛时期，隧道系统从南越首都一直延伸到柬埔寨边境，仅古芝地区的隧道就长达250公里，仿佛一片地下迷宫。壮观的隧道系统有两部分对外开放（之前对原址进行了扩大和翻修）。其中一处靠近小村Ben Dinh，另一处位于Ben Duoc，比Ben Dinh还要远15公里，门票略微便宜一些。大多数旅行者都会选择Ben Dinh，因为那里更方便旅游大巴通行。即便你不打算潜入隧道，也可以来这里了解聪明勇敢的越南人反抗侵略的种种故事，体验同样有趣。

两处隧道遗址那里都有射击场，你可以拿起真正的AK-47等机关枪，装上子弹一顿扫射。不过要注意，射击价格按子弹收费，使用自动武器的话，子弹打得飞快，钱包瘪得也快。

ℹ 到达和离开

游览古芝隧道，目前最方便的方式就是参加相关导览游，因为竞争很激烈，所以团费相当低廉，具体视团员人数和所选隧道而定。Les Rives（见153页）推出的旅行团可以让你乘船前往古芝，比较独特。这种乘船游每天两次，单次5小时，含酒店接客、餐饭、零食饮料、导游和隧道门票。Saigon Riders（见153页）能组织摩托车骑行团，每人US$79（最少两人），也值得考虑。

湄公河三角洲（MEKONG DELTA）

湄公河三角洲是越南的米仓，满眼的绿色层次变幻微妙无比。这片水乡与雄浑的湄公河息息相通，大河、小河、运河仿佛动脉，纵横交错，不计其数，水上有船只，有住房，还有市场。

当地的城镇商贸兴旺，乡村地区却安闲幽静，两下对比十分鲜明。水牛在稻田里嬉戏，泥黄色的水面上，船只满载椰果，缓缓而行，骑上车沿着狭窄的乡间小路探索，时时处处都能感受到当地人的热情好客，美味的河鱼自然也少不了。

三角洲内还有红树林，里面的鸟类多姿多彩，其间还点缀着越共地堡，还有富丽堂皇、势若参天的高棉宝塔与佛教寺庙。不远处的岛屿拥有白沙海滩，洋溢着热带风情，昔有海盗藏身，今有旅行者避世。

薄寮（Bac Lieu）

小城薄寮鲜有游人问津，城镇西南6公里有一处薄寮鸟类保护区（Vuon Chim Bac Lieu, Bac Lieu Bird Sanctuary; ☎0781-383 5991; 20,000d; ⏰7:30~17:00）比较有名气，里面生活着50多种鸟类，其中包括大量体态优雅的白鹭。雨季期间（5月至10月）鸟类数量最多，有些鸟类会在此筑巢，直到1月前后才会离开。

你应该在保护区入口处聘请向导（几乎不会讲英语），**薄寮旅游办公室**（Bac Lieu Tourist Office；☎0781-382 4272；www.baclieutourist.com；2 Đ Hoang Van Thu；⊙7:00~11:00和13:00~17:00）也能为你安排车辆和导游。

朔庄和金瓯之间的长途巴士会经停薄寮。

美萩（My Tho）

美萩是湄公河三角洲的门户，是前江省（Tien Giang Province）的省会，也是一座重要的集市城镇，但这里并没有三角洲著名的水上市场，想逛的话需要动身去芹苴。

美萩距离胡志明市不远，很多人都会从那里来此进行一日游，体验水乡生活，游船每天你来我往，但大多都会跳过小镇本身，而是带旅行者去参观周围的岛屿和村庄里的作坊。在城镇的河畔散步很是美妙，城镇本身，包括那个热闹的市场（Đ Trung Trac），步行探索起来也很轻松。

团队游

美萩游船站 乘船游

（My Tho Tourist Boat Station；8 Đ 30 Thang 4）游船站位于河畔，所在建筑相当显眼，内有多家旅行社驻守，，可以组织乘船游前往附近岛屿，或穿行迷宫般的小运河。团型不同，游览的地点也不同，通常包括一家椰子糖工厂、一家养蜂场（试试那里的香蕉酒）和一个兰花花园。

住宿

Song Tien Annex 酒店 $

（☎073-387 7883；www.tiengiangtourist.com；33 Đ Thien Ho Duong；房间 US$27~30；❄📶）先说优点：酒店位于城镇中心，地段便利，阳台上可赏河景，卫生间配兽脚独立浴缸（这在越南打着灯笼都找不着），工作人员态度非常好（只不过不懂英语，交流得靠比画）。再说缺点：装潢老旧，屋里时不时就会爬过虫子。

★ **Island Lodge** 精品酒店 $$$

（☎073-651 9000；www.theislandlodge.com.vn；390 Ap Thoi Binh, Xa Thoi Son；房间 US$175；❄📶🏊）酒店开在岛上，氛围之幽静超乎想象。共12间客房，环境私密，设施豪华，工作人员满面笑容，服务专业。设有一个河畔泳池供你打望往来的船只，提供高端餐饮，客房明亮，配有当代艺术品和竹架床。

前往这里，先从美萩往槟知方向走，过桥后拐入Thoi Son方向的公路，再行约3公里即是。

就餐

美萩有一种知名的特色米粉，名叫“美萩三鲜粉”（hu tieu My Tho），菜码包括新鲜的海鲜、干海鲜、猪肉、鸡肉、杂碎和新鲜草本香料。可以做汤粉，可以做干粉，也有素食粉。

Chi Thanh 中国菜、越南菜 $

（☎073-387 3756；279 Đ Tet Mau Than；餐 50,000~100,000d；⊙10:00~21:00）店面小，人气火，生意不断，主打好吃的中餐和越南菜（牛肉、鸡肉、猪肉、鱿鱼、螃蟹、米粉、火锅都有）。配有英文菜单。

Hu Tieu Chay 24 越南菜 $

（24 Đ Nam Ky Khoi Nghia；主菜 15,000~24,000d；⊙8:00~21:00；🌿）供应当地特色米粉，有素食可选。

Hu Tieu 44 越南菜 $

（44 Đ Nam Ky Khoi Nghia；汤粉 25,000d；⊙8:00~21:00）供应适合“肉食动物”的米粉。

到达和当地交通

前往槟知坐长途巴士很慢，最好选择出租车（约260,000d）或摩的（约120,000d）。美萩有长途巴士发往槟知（10,000d，25分钟，班次频繁）、芹苴（70,000d，2.5小时，每天多班）和胡志明市（80,000d，1.5小时，每小时1班）。

前江长途汽车站（Ben Xe Tien Giang；42 Đ Ap Bac）距离美萩西北约2.3公里，沿主干线1A公路向胡志明市方向行驶即可找到。从车站打摩的到美萩大约40,000d。

槟知（Ben Tre）

槟知风景如画，面积很小，河畔冷清安逸，矗立着一座座古老的别墅，城镇中心往南是一个村子，两地间有一座桥梁连接，步行探索都很轻松。槟知也是组织乘船游览的好地方，乘船游尤其适合那些想逃离团队游汽车喧嚣的旅行者。另外，城镇的滨河路以及河水两岸的小巷也都非常适合骑行探索。

团队游

★ Mango Cruises 团队游

（☎0902 880 120；www.mangocruises.com）胡志明市发过来的团千篇一律，但这里的旅行团却能带你探索槟知内外游人少至的小路和运河。一日游花样不少，既能骑行，也能品尝当地特色菜，还能参观米皮儿等当地主食的制作过程。也有较长的团队游，比如，游船一日游和三角洲多日乘船游。

食宿

★ Mango Home Riverside 精品酒店 $$

（☎075-351 1958；www.mangohomeriverside.com；双/套 US$45/57；❄📶）周围是一片椰子树和芒果树，位于湄公河支流岸边，外墙是可爱的芒果色，是一对加拿大-越南跨国夫妇开的民宿，温馨惬意。客房很宽敞，配空调，有些配有室外卫生间，还有吊床供住客逍遥。饭菜很好，晚上寂静无比。距离城镇10公里，可电话联系对方进城来接。

Oasis Hotel 酒店 $$

（☎075-383 8800；http://bentrehoteloasis.com；151c My An C，My Thanh An；双 720,000~855,000d，家1,080,000d；；❄📶🏊）酒店不大，一身亮黄，自带酒吧和泳池，人气很高，总叫人宾至如归，老板是一对新西兰-越南跨国夫妇，为人非常热心。位于河水南边的村庄里，最好从城镇打的前往。有免费自行车供住客探索周围乡村。

美食摊 越南菜 $

（菜肴 约15,000d；⏲19:00~22:00）槟知市场里有美食摊位，能吃到吡吡作响的肉串和海鲜串，也有米粉。

到达和离开

永隆方向的长途大巴可以把你放在Pha Dinh Kao渡船码头，乘渡船过河即是槟知。

槟知长途汽车站（Ben Xe Thanh Ben Tre；Đ Dong Khoi）距离城镇中心西北2.5公里。开往胡志明市的最后几班车在16:00~17:00发车。Thinh Phat公司的大巴非常舒适。

永隆（Vinh Long）

永隆是永隆省的省会，位于美萩和芹苴之间，是当地主要的交通枢纽。可以住在永隆，前去享受周边的岛屿生活，游览丐陂水上市场，到周围众多果园和乡村家庭寄宿中体验一番。

丐陂水上市场（Cai Be Floating Market；⏲5:00至正午）仍然是永隆乘船游最大的亮点，但因为三角洲地区桥梁越建越多，更多的人开始选择陆路来运输货物，所以水上市场的规模现在小了很多。6:00左右的市场最好逛。批发商会开着大船停到这里，每家都专门销售特定的果蔬，还会用长长的木杆把少量货品挂起来招揽生意。从永隆坐船前往水上市场要1小时。

河边有一个天主教堂，规模很大，拍照很美，是当地著名景点。

大多数来永隆的人都会顺便游览周围的运河或果园。前往三角洲的旅行团一般都会在这里上船游览周边岛屿，在永隆停泊一夜后再继续前往芹苴。

食宿

Ngoc Sang 家庭寄宿 $

（☎070-385 8694；95/8 Binh Luong，Dao Trinh Nhat，An Binh；每人 250,000d；❄📶）这家乡村寄宿家庭正对着运河，待客友善，大多数旅行者都会爱上这里。家中的老奶奶有几道当地菜做得超赞，住客可免费使用自行车。主人家还能组织清晨乘船游，体验不错。整个地方弥漫着一种悠闲恬静的感觉。不过这家人很腼腆，不太喜欢和住客凑热闹。

永隆市场 越南菜 $

（Cho Vinh Long；Đ 3 Thang 2；餐 10,000d）

这里是品尝当地水果和春卷（nem）等实惠小吃的绝佳地点。

到达和当地交通

永隆省长途汽车站（Ben Xe Khach Vinh Long; Hwy 1A）每小时有一班大巴发往芹苴（50,000d，1小时）和胡志明市（105,000d，3小时）。车站位于城镇南2.5公里，沿公路向芹苴方向行驶即是。打车到车站约130,000d，打摩的价格减半。从胡志明市前往这里，可以选择Phuong Trang和Mai Linh这两家大型客运公司的大巴，因为他们在永隆车站设有免费城镇摆渡巴士。

芹苴（Can Tho）

芹苴是湄公河三角洲最大的城市，也是这一地区的中心，对游览了一路穷乡僻壤的旅行者来说感觉竟像是来到了一座大都市。

作为湄公河三角洲的政治、经济、文化和交通中心，芹苴兴旺繁荣，热闹的河滨地区拥有一座座人工花园，窄巷宽街相映成趣，外国人的数量也可以说是湄公河三角洲最多的。

你也可以把芹苴当成大本营，前去参观附近的水上市场。那些在城市周边众多河道上坐船的旅行者，主要都是为了逛水上市场。

景点

★丐冷水上市场 市场

（Cai Rang Floating Market; ⏲5:00至正午）丐冷水上市场距离芹苴6公里，位于朔庄方向。这是湄公河三角洲最大的水上市场。市场里有一座桥梁，是摄影的绝佳之地。最好在6:00～7:00游览市场，为了避开一船船的旅行者，绝对值得早起。这是一个批发市场，周围多是来此进货的小商贩，商船上高高的杆子上挂着什么，就说明船上主要卖的是什么。

从公路上也能看到丐冷水上市场，但乘船（US$10～15）前来更为有趣。从芹苴市内的市场地区出发，乘船到这里大约需要45分钟。或者你可以开车前往Cau Dau Sau小码头（位于Dau Sau Bridge附近），从那里到达市场只需要10分钟左右。

★丰田水上市场 市场

（Phong Dien Floating Market; ⏲5:00至正午）丰田是湄公河三角洲最有人情味儿也是最好的水上市场。这里的机动船不多，需要站立操控的桨船较多，当地商贩一边做买卖，一边聊闲天儿。这儿没有丐冷水上市场那么拥挤，旅行者也要少很多。早上5:00～7:00这里最热闹，再晚就没什么看头了。市场位于芹苴西南20公里处，可以自行乘船前来，但现在许多旅行社都推出了6小时水上市场观光游，丐冷和丰田都能逛到，结束后沿着比较僻静的水道返回芹苴。

团队游

★Hieu's Tour 文化游

（☎0939 666 156; www.hieutour.com; 27a Đ Le Thanh Ton）导游Hieu年轻有活力，能说英语，能组织一流的团队游游览芹苴周边，包括清晨出发的水上市场观光游（只去丐冷US$23，两个都去US$30），骑行游，美食游，甚至还能去更远的**海盗岛**（Pirate Island; Quan Dao Ha Tien; Hai Tac）。Hieu很愿意为旅行者介绍真正的三角洲文化，而且计划打造一个水上家庭寄宿。

食宿

★Nguyen Shack Can Tho 客栈 $$

（☎0966 550 016; www.nguyenshack.com; Ong Tim Bridge, Thanh My, Thuong Thanh; 铺/双配共用卫生间 US$9/25，平房 US$49～69; 📶🌿）名叫"小屋"（Shack），实际上由多座乡村风情的茅草顶度假平房构成，俯瞰Ong Tim河，距离芹苴6公里。服务员和住客处得和哥们儿似的，背包客往往来了就舍不得走。更妙的是，这里可以组织非常有趣的乘船游和骑行游，而且距离丐冷水上市场很近。

★Kim Tho Hotel 酒店 $$

（☎071-381 7517; www.kimtho.com; 1a Đ Ngo Gia Tu; 房间 935,000～1,670,000d; ❄📶）酒店很时尚，接近精品酒店的水平，大堂里用迷人的织物做装潢。每个房间都很有格调，卫生间装潢精致。低层的房间较便宜，较贵的房间配硬木地板，更贵的河景房也很划算。12层设有一家天台咖啡吧。

★ **Nem Nuong Thanh Van** 越南菜 $

（☎071-0382 7255; Nam Ky Khoi Nghia和30 Thang 4交叉路口; 餐 45,000d; ⏲8:00~21:00）当地知名小店，只做春卷，味道冠绝全城。春卷需要你自己卷，馅料由店家提供，包括猪肉香肠、米皮、青香蕉、杨桃、黄瓜和各种新鲜草本香料，然后蘸上一种类似花生酱的东西吃，蘸酱的配方密不外传。绝对的“一招鲜”！

★ **L' Escale** 越南菜、各国风味 $$

（☎071-381 9139; http://nambocantho.com; 1 Đ Ngo Quyen, Nam Bo Boutique Hotel; 餐 200,000~500,000d; ⏲6:00~22:30; ）位于Nam Bo酒店顶层，眼前河景诱人，室内灯光浪漫柔和，非常适合带着爱人到这儿你侬我侬。葡萄酒很不错，论杯销售，菜肴烹饪精湛，推荐凤梨砂锅鱼、蒜蓉菠菜炒虾和熏鸭肉沙拉。

★ **Spices Restaurant** 越南菜、各国风味 $$$

（☎071-0381 0111; Cai Khe, Ninh Kieu, Victoria Can Tho Resort; 餐 200,000~680,000d; ⏲6:00~22:00; ）一家高档餐厅，高雅却不沉闷拘束，俯瞰河水的座位最好，前餐不妨选择那道品相漂亮的沙拉（含三款：青木瓜、香蕉花和青芒果），或者双人开胃拼盘，主菜可以来一道炸大象鱼或是猪肉馅儿鱿鱼。想念家乡味道的西方旅行者可以尝尝羊羔腿和焦烤鸭肉。甜点也非常美妙。

实用信息

Can Tho Tourist（☎071-382 1852; www.canthotourist.com.vn; 50 Đ Hai Ba Trung; ⏲8:00~19:00）工作人员很热心，能说英法两种语言，提供不错的城市地图和这一地区的景点综合性信息。

医院（Benh Vien; ☎071-382 0071; 4 Đ Chau Van Liem）有急诊服务。

到达和当地交通

飞机

芹苴国际机场（Can Tho International Airport; www.canthoairport.com; Đ Le Hong Phong）有**越南航空**（☎071-384 4320; 64 Đ Nguyen An Ninh）、越捷航空和越南航空服务公司的航班往返大叻（1小时，每周2班）、岘港（1.5小时，每天1班）、河内（2.25小时，每天3班）和富国（1小时，每天1班）。

机场位于市中心西北10公里，打的到市区大约220,000d。

船

芹苴有多班客船连接湄公河三角洲内的城镇，其中一班前往金瓯的水翼船（300,000d, 3~4小时）途经Phung Hiep。

长途汽车

芹苴最大的**长途汽车站**（Ben Xe 91B; Đ Nguyen Van Linh）距离市中心西北2.5公里，所有长途大巴现在都从那里发车。从车站进城，摩的大约50,000d，出租车可达100,000d。

朱笃（Chau Doc）

朱笃横跨后江河[Hau Giang River，也称巴瑟河（Bassac River）]两岸，大批沿江往返柬埔寨和越南的旅行者都会经过这里。

朱笃是个可爱的小城，居住着相当数量的华人、占族人和高棉人。其文化多元性从城中的清真寺、寺庙和教堂，以及附近的朝圣地便可见一斑，即便你不想前往柬埔寨，也尽可以前来游览。乘船渡江前去参观那里的占族聚居区是来这里旅行的一个亮点，而繁忙的市场和迷人的滨江地区也足够你流连数日，尽情放松。

食宿

Trung Nguyen Hotel 酒店 $

（☎076-356 1561; 86 Đ Bach Dang; 标单/双 US$12/17; ）这里算是比较不错的经济型酒店，有一些中档客房。比起同档酒店，房间装饰得更好，阳台可以俯视下面的市场。酒店位于交叉路口，周边非常热闹，记得带耳塞，或者要一间不临街的客房。

★ **Murray Guesthouse** 客栈 $$

（☎076-356 2108; www.murrayguesthouse.com; 11 Truong Dinh; 标单/双 US$26/45; ）老板是一对新西兰-越南跨国夫妇，墙壁上挂着的艺术品都是他们从世界各地收

集来的，客栈非常美妙，大大提升了整个朱笃的住宿水准。客栈的公共休闲区里有一张斯诺克台球桌和一个"诚信吧台"（即无人看管，客人自取酒水，然后留下相应的钱款），天台上绿意醉人，床很舒服，早餐中的米粉味道越南第一。老板很愿意给你的旅行出谋划策，也出租自行车。

★ **Victoria Chau Doc Hotel** 酒店 $$$

（☎076-386 5010; www.victoriahotels.asia; 32 Đ Le Loi; 房间/套 US$150/205起; ）朱笃最豪华的酒店，散发着殖民地时期的旧日风情，工作人员身着奥黛。酒店位于江畔的最佳地段，大气的房间配有黑木地板和家具以及迷人的浴缸。泳池俯瞰忙碌的江河，楼上有一个小型水疗馆。面向住客推出了各种团队游。

★ **Memory Delicatessen** 各国风味 $$

（57 Đ Nguyen Huu Canh; 餐 60,000~200,000d; ⏲7:00~22:00; ）一家很有调调的咖啡馆餐厅，吸引了不少当地的潮人，各种国际美食五花八门，令人难忘，比萨超好吃，用的是进口馅料，加了椰奶和柠檬草的蔬菜咖喱香气逼人，更有多种鲜榨果汁和创意奶昔作搭配。甜点除了自制冰激凌，其他的并不推荐。

ℹ 到达和离开

朱笃长途汽车站（Ben Xe Chau Doc; Đ Le Loi）位于城镇东侧，距离中心区约2公里，所在的Đ Le Loi再往前就变成了91号公路。所有长途巴士都从这里出发，只有Hung Cuong公司发往胡志明市的大巴除外。

Hang Chau（☎朱笃 076-356 2771，金边 855-12-883 542; www.hangchautourist.com.vn; 每人US$25）该国际巴士线连接朱笃与金边，朱笃这边7:30发车，金边正午发车，单程约5小时，车费含午餐。

Tourist Boats（Đ Le Loi）可以在这里租船游河。

河仙（Ha Tien）

河仙虽说也算是湄公河三角洲的一部分，但是由于地处泰国湾（Gulf of Thailand），与稻田河流遍布的三角洲感觉截然不同。这里点缀着一座座奇绝的石灰岩体，下方洞穴交织。城镇本身拥有一座座破败的殖民时代别墅和一个多姿多彩的河畔市场，整体上散发着一种悠闲慵懒的魅力。

近期，河仙新增了4趟前往富国的汽车渡船，前往富国及柬埔寨的旅行者因而不断涌入，小城的幽静终将一去不复返。

城镇东北4公里，有一个**石洞寺**（Chua Thanh Van, Thach Dong Cave Pagoda; ⏲6:30~17:30），是一个建在洞穴里的佛寺。一间间洞室并不好走，可以看到一些墓碑和神坛，分别供奉着玉皇大帝、观世音菩萨和建立该寺庙的两个和尚。寺庙入口处的左边是咒碑（Stele of Hatred，越南语为Bia Cam Thu），形状像举起的拳头，用来纪念1978年3月14日130个高棉族人惨遭屠杀的事件。

城里有一家**Oasis Bar**（☎077-370 1553; www.oasisbarhatien.com; 30 Đ Tran Hau; 餐60,000~150,000d; ⏲9:00~21:00; ），你可以去喝喝冰啤酒，品品用法压壶做出来的咖啡，获得客观的旅行信息，或是翻看*Evening Standard*、*Observer*和*Daily Mail*等刊物。这里全天供应英式早餐全餐，也有法棍三明治、希腊沙拉、芒果奶昔等。

Ha Tien Tourism（☎077-395 9598; Đ Tran Hau; ⏲8:00~17:00）可以代订交通票，包括前往富国的船票和前往柬埔寨的巴士票，也能代办柬埔寨签证（US$35）。门脸上有一个"Food & Drink"的霓虹招牌，留心寻找。

ℹ 到达和离开

前往富国的渡船，会在城镇河对岸那里停靠。

河仙长途汽车站（Ben Xe Ha Tien; Hwy 80）近来迁到了新地点，车站规模更大，建筑都是新的，距离桥南1.5公里，挨着一家医院。发往胡志明市的大巴，发车时间或者在7:00~10:00，或者在18:00~22:00。

前往迪石，Trang Ngoc Phat（www.taxihatien.vn）公司的大巴最舒服。

迪石（Rach Gia）

迪石算是个新兴小镇，繁忙的港口和越侨（Viet Kieu）的投资让这里富得流油。当地也有相当数量的华人和高棉人。如果你来这里不只是为了坐船到富国岛，不妨探索一下小镇热闹的水畔和繁忙的小巷，小巷中还藏着一些便宜的海鲜餐馆。城中有一个法国殖民时代的博物馆和一座寺庙，有时间也可以去逛逛。

食宿

An An Hotel 酒店 $

（☎0917 888 957；13-14 Đ Lo G Huynh Thuc Khang；房间 300,000~350,000d；❄📶）酒店服务友善，价格便宜，客房虽然有些暗，却很宽敞，而且靠近中央长途汽车站，坐长途大巴的话很方便。

Palace Hotel 酒店 $$

（☎0913 864 730；16a Đ Hoa Bien；双/标三US$28/34起；❄📶）距离富国岛方向的渡船码头步行只要10分钟，比较贵的双人间面积大，带海景，便宜的房间要差一点，但也很舒服。小住一晚没问题。

Quan F28 越南菜、海鲜 $

（28 Đ Le Thanh Thon；餐 40,000d起；⏲11:00~22:00）距离汽车站很近，晚上很热闹，虾、螺、血蚶等带壳的东西都有。

实用信息

Kien Giang Tourist（Du Lich Lu Hanh Kien Giang；☎077-386 2081；ctycpdulichkg@vnn.vn；5 Đ Le Loi；⏲7:00~17:00）省级官方旅游机构。

到达和当地交通

飞机

越南航空每天都有航班往返胡志明市和富国岛（旺季）。**迪石机场**（Rach Gia Airport）距离城中心东南约10公里，位于80号公路沿线，打车到市区单程约150,000d，时间大约20分钟。

船

渡船码头（Ban Tau Rach Gia Phu Quoc）有快速渡船发往富国岛。

Rach Meo渡轮码头（Ben Tau Rach Meo；☎077-381 1306；Đ Ngo Quyen）距离城南约2公里，每天有3班快艇前往金瓯（300,000d，3~5小时）。

长途汽车

迪石中央长途汽车站（Ben Xe Khach Rach Gia）紧邻市中心北侧，车辆主要发往河仙。Trang Ngoc Phat公司的大巴最舒服，Mai Linh其次。

富国岛（Phu Quoc Island）

富国岛周围环绕着白沙海滩，岛上大片地方依然被茂密的热带丛林覆盖，曾经是一个沉睡的岛屿，现在已然飞速变成了西方旅居者和日光浴爱好者的必到之地。除了长滩上林立的度假村和已经开始开发的东海岸，这里仍然拥有足够的空间供人探索和隐居。你可以在珊瑚礁潜水，在海湾

从湄公河前往柬埔寨

落地签 目前，柬埔寨签证费官方价格为US$30，但如果想通过所谓的“快线”（express line）过关，就要准备好多交US$5，不排快线的队，不一定要等多久。

过境进入柬埔寨时，身边最好携带美元现钞。尽管签证费可以用越南盾支付，但对方使用的汇率非常不划算。入境柬埔寨后，有自动柜员机可以提取美元。

河仙至白马

前往边境 Xa Xia/Prek Chak边境口岸将越南的河仙与柬埔寨南海岸的白马市（Kep）和贡布（Kampot）连接在一起，因此从富国经河仙前往柬埔寨或是反向旅行都便捷了许多。河仙有几家客运公司的小巴发往柬埔寨，发车时间在13:00左右，目的地包括白马市（US$9，1小时，47公里）、贡布（US$12，1.5小时，75公里）、西哈努克市（US$15，4小时，150公里）和金边（US$15，4小时，180公里）。Ha Tien Tourism（见171页）可以代买车票，也能代办柬埔寨签证。

旺季，小巴车早早就被订满了，此时过境，如果行李不多，不妨打一辆摩的，一路到达白

玩皮划艇，乘摩托车探索小路，或者仅仅是懒洋洋地躺在沙滩上，享受按摩，品尝海鲜。

富国不是湄公河三角洲的一部分，不像三角洲那样盛产水稻。这里最有价值的作物是黑胡椒，但这里的岛民自古以来都是靠海吃海，尤其以生产高质量鱼露（nuoc mam）而闻名全越南。

景点

阳同 村庄

（Duong Dong）阳同是岛上最大的村镇和渔港，位于岛屿西岸中部，面向本国旅行者的低端酒店、街边美食摊、酒吧和商店随处可见。镇上的旧桥是上佳的取景地点，从桥上可以捕捉到一艘艘简陋渔船涌入狭小水道时的画面，那个脏兮兮、乱糟糟的农副产品市场，逛起来也很有意思。

长滩 海滩

（Bai Truong，Long Beach）长滩犹如一条美丽的丝带，从阳同西海岸一直延伸到安泰（An Thoi）港。开发主要集中在海滩北端靠近阳同这一带，各类度假村的躺椅和藤伞在海滩上随处可见，而且只有这里的海滩才没垃圾。由于海滩朝西，所以日落时分美景惊人。

如果想前往长滩靠近岛屿南端那些偏远区域，必须要骑摩托车或自行车。

星星海滩 海滩

（Bai Sao，Sao Beach）星星海滩美若画卷，因白沙和婀娜的海岸线显得格外迷人，海水清澈得就像矿泉水，距离岛屿南端的主要航运港口安泰港只有几公里。海滩上有两家餐厅，你可以躺在折叠椅上逍遥或者参与一些水上活动。如果要骑摩托车来这里，出发前一定要加满油。

富国国家公园 自然保护区

（Phu Quoc National Park）富国岛90%的面积都是森林，政府设立了国家公园，对这里的树木以及旁边的海洋环境进行保护。富国国家公园是越南南部仅存的第一大森林保护区，于2010年被联合国教科文组织认定为生物圈保护区。富国岛北部有一个森林保护区（Khu Rung Nguyen Sinh），那里的森林最茂盛，林中的土路很是颠簸，需要摩托车或是山地自行车才能应付。这里并没有真正的徒步小道。

泰海滩 海滩

（Bai Dai，Tai Beach）位于岛屿北部，相对比较偏僻，仍保留有一种孤寂的热带风情。

通海滩 海滩

（Bai Thom，Thom Beach）从泰海滩前往通海滩的公路会经过Ganh Dau，一路景色很美，穿过密林时可以隐约看到下面迷人的海岸景色。

马或者贡布，Oasis Bar（见171页）可以为你推荐可靠的摩的司机。如果是自行联系摩的，一定要在到达终点后再交钱，否则可能被对方丢在边境。

继续前行 你可以乘坐越南当地巴士到达口岸，过境后再搭乘柬埔寨的当地巴士，但多数旅行者会选择直达过境小巴，因为价格只贵一点儿，舒适性却要高很多。

朱笃至金边

前往边境 对想去金边的旅行者来说，Tinh Bien/Phnom Den边境口岸不如新开的Xa Xia口岸方便，但是对那些想挑战另类过境体验的人来说，也是有一定吸引力的。朱笃有从芹苴发来的过路巴士经由这一口岸前往金边（US$25，5~6小时），经过朱笃的时间大约为7:30，可通过朱笃的Mekong Tours（☎84 90 201 1200；www.mekongvietnam.com；14 Đ Nguyen Huu Canh；⏰8:00~20:00）订票。一定要反复确认大巴在朱笃的停靠地点。通向边境口岸的道路仍然很颠簸。

继续前行 多数旅行者会从朱笃乘坐直达过境大巴。

鱼露厂 工厂

(Fish Sauce Factory; www.hungthanhfishsauce.com.vn; Duong Dong; ⊙8:00~11:00和13:00~17:00) 免费 Nuoc Mam Hung Thanh是富国岛最大的鱼露制造厂，离阳同市场仅几步之遥。乍一看，眼前巨大的木桶会让你误以为来这里是品酒的，但是一闻到发酵的鱼露时，你就被拉回了现实。建议随导游一同参观，除非你懂越南话。

活动

富国岛周边的水下活动很多，但是只能在旱季进行（11月至次年5月）。两次休闲潜水的价格为US$70~90，具体视所选潜水学校和潜水地点而定；为期4天的PADI开放水域认证考试培训，价格为US$340~380；浮潜US$30~35。

Flipper Diving Club 潜水

(☎077-399 4924; www.flipperdiving.com; 60 Đ Tran Hung Dao; ⊙7:00~19:00) 靠近村镇中心，提供多语种的PADI培训，从入门潜水游到全程培训课，样样都有。非常专业，分店遍布世界各地，教练很善于指导新手。

Rainbow Divers 潜水、浮潜

(☎0913 400 964; www.divevietnam.com; 11 Đ Tran Hung Dao; ⊙9:00~18:00) 岛上第一家潜水学校，提供PADI培训，很有名气，能组织各种潜水游和浮潜游。你可以随时来这家门店咨询，长滩上许多度假村也都能帮你代报名。某些装备比较陈旧，有待更换。

团队游

Jerry's Jungle Tours 乘船游、徒步

(☎0938 226 021; www.jerrystours.wixsite.com/jerrystours; 112 Đ Tran Hung Dao; 一日游US$30起) 在富国岛一带组织活动，包括乘船群岛探险、浮潜、钓鱼、海岛一日及多日游、摩托车观光、徒手攀岩、观鸟、徒步和文化观光。

John's Tours 乘船游

(☎0918 939 111; www.johnsislandtours.com; 4 Đ Tran Hung Dao; 团队游每人 US$12~40) 在许多酒店和度假村都设有网点，乘船游活动包括浮潜、跳岛游和钓鱿鱼。

Anh Tu's Tours 乘船游

(☎0913 820 714; anhtupq@yahoo.com) 可进行浮潜、钓鱿鱼、海岛游和摩托车租赁。

住宿

富国岛上的住宿价格会随着季节和游客人数发生大幅度浮动。总的来说，设施和服务对不起价格。12月至1月的旺季必须提前订房。

阳同

Sea Breeze 酒店 $

(也称Gio Bien; ☎077-399 4920; www.seabreezephuquoc.com; 62a Đ Tran Hung Dao; 风扇间 US$15起，空调间 US$25~40; ❄📶) 酒店线条婀娜，客房干净、现代、迷人，临街的客房较吵。早上，屋子里的光线格外明亮，喜欢早起无妨，想要赖床可就困难了。

长滩

★ **Langchia Hostel** 青年旅舍 $

(☎0939 132 613; www.langchia-village.com; 84 Đ Tran Hung Dao; 铺/双 US$7/30; ❄📶🏊) 这家青旅是单身旅行者的最爱，被点赞无数，工作人员友好热心，热闹的酒吧里配有台球桌，还有一个泳池可享清凉。宿舍床位带蚊帐和独立电扇。早餐另外收费，但相当好吃。

Son Vinh Guesthouse 客栈 $

(☎0967 000 525; 113 Đ Tran Hung Dao, Duong Dong; 房间 US$22~25) 客栈自带花园，提供机场免费接送，步行不远即是长滩，服务员还很友好，总的来说是一个不错的经济型住处。可惜床很硬，而且装潢破旧。

Sunshine Bungalow 酒店 $$

(www.sunshinephuquoc.com; Đ Tran Hung Dao; 平房 US$48~60; ❄📶) 由一个越南家族经营的酒店，待客友好，距离海滩仅80米。客房宽敞明亮，周围环境郁郁葱葱，老板极其热心，能说一些英语和德语。

Lan Anh Garden Resort 度假村 $$

(☎077-398 5985; www.lananhphuquoc.com.vn; KP7 Tran Hung Dao; 双 US$45~64, 家

US$96；❄📶🏊）一家又小又迷人的度假酒店，服务员友好专业，客房围着一个小水池分布，出租摩托车。楼上的客房带有微风徐徐的外廊，强烈推荐。官网订房可享优惠。

Lien Hiep Thanh Hotel 酒店 $$

（☎0934 995 882；www.lienhiepthanhresort.com；118/12 Đ Tran Hung Dao；房间 US$42~73；❄📶）酒店待客友好，紧守海滩，树木成林，有维护良好的普通客房和小屋。可以的话一定要多掏些钱，订一个面朝海滩的小木屋。缺点是海滩不算很干净，而且餐厅比较一般。

★ **La Veranda** 度假村 $$$

（☎077-398 2988；www.laverandaresort.com；118/9 Đ Tran Hung Dao；房间 US$250~434，别墅 US$422~595；❄@🏊）这家棕榈树影下的酒店是岛上最为优雅的一个住处，设计上采用殖民地时期风格，因为规模不大，所以保持了一种私密感。自带泳池很迷人，还设有儿童戏水区，另有一家时尚的水疗馆，而且所有客房配的都是名牌卫浴。旁边的海滩美若处子，吃饭可以去酒店草坪上的咖啡馆，也可以选择楼上的餐厅**Pepper Tree Restaurant**（餐 250,000~700,000d；⏲6:00~23:00；📶🖉）。

岛上其他地方

★ **Bamboo Cottages & Restaurant** 度假村 $$

（☎077-281 0345；www.bamboophuquoc.com；房间 US$95~130；❄@）老板一家很友好，养了一群没心没肺的狗狗，永保海滩基本上为酒店独享。亮点是一家开放式餐厅酒吧，走出去就到了海滩。迷人的柠檬色别墅四周被草坪包围，内有私人露天浴室，带太阳能热水器。老板一家还设立了一个奖学金帮助当地贫困儿童。

住客可使用皮划艇、浮潜装备和自行车，规定时间内免费。

Freedomland 家庭寄宿 $$

（☎077-399 4891；www.freedomlandphuquoc.com；2 Ap Ong Lang, Xa Cua Duong；平房 US$50~120；⏲10月至次年6月；📶）这里没有电视，鼓励住客摒除杂念，专心交友——好玩的集体晚餐尤其吸引人。所在地环境隐蔽，散布着11间设施简单的别墅（配蚊帐、风扇和太阳能淋浴）。树木间挂着吊床供人逍遥，步行前往海滩只要5分钟。单身旅行者很喜欢这里，所以建议提前电联看看有无空房。雨季不营业。

★ **Chen Sea Resort & Spa** 度假村 $$$

（☎077-399 5895；www.centarahotelsresorts.com；别墅 US$224~497；❄@📶🏊）酒店环境幽静安闲，内有可爱的别墅，配下沉式浴池（有些为浴缸）和宽阔的外廊，设计模仿古代的陶土顶民房。四四方方的无边泳池面积很大，水色蔚蓝，正对一片美丽的沙滩。地段虽偏，却不愁无事可做：能骑行，能划皮划艇，能坐双体船出海，而且自带一家水疗馆和一个开放式餐厅。

就餐

阳同

Dinh Cau Night Market 越南菜 $

（Đ Vo Thi Sau；餐 70,000d起；⏲17:00至午夜；🖉）阳同的夜市是全岛最有氛围的就餐之地，摊位有十几个，能吃到各种美味的越南海鲜、烧烤以及素食。这些摊位主要面向旅行者，水平有高有低，但当地人嘴里不容沙子，所以哪家当地人多就去哪家。

Buddy Ice Cream 各国风味 $$

（6 Đ Bach Dang；餐 80,000-180,000d；⏲8:00~22:00；📶）这家咖啡馆有镇上最酷的音乐，提供旅游信息咨询，还有新西兰冰激凌组合、烤三明治、炸鱼薯条、解渴的果汁、奶昔、冰沙、全天供应的早餐、舒服的沙发，以及图书交换服务。

长滩

Heaven Restaurant 越南菜 $

（☎0975 542 769；135 Đ Tran Hung Dao；餐 30,000~130,000d；⏲8:00~23:00；🖉）一家家族经营的小馆子，椅子都是塑料的，外表对不起店名中的“天堂”二字，但饭菜味道美翻天，而且性价比还高。柠檬草鸡肉等越南菜食材新鲜，分量十足，素食选择非常多，能带给每一种口味的顾客“天堂级”的就餐体验。

Winston' s Burgers & Beer 汉堡包 $

(☎0126 390 1093; 121 Đ Tran Hung Dao; 汉堡包 70,000d起; ⏲13:00~22:00)酒吧的店名很直接，卖的就是汉堡——味道超好——和啤酒。也有五花八门的鸡尾酒，都是由Winston本人调制的。你可以在这儿坐坐聊聊天，或是和酒友下一盘四子棋。几乎没有素食。

Alanis Deli 咖啡馆 $

(☎077-399 4931; 98 Đ Tran Hung Dao; 煎饼 80,000d起; ⏲8:00~22:30; 📶)焦糖煎饼超好吃，也有美味早餐套餐，咖啡不错(小贵)，服务非常友好。

★**Mango Bay Restaurant** 各国风味 $$

(☎077-398 1693; Mango Bay Resort, Ong Lang Beach; 餐 210,000~330,000d; ⏲7:00~21:00; ✍)在这里的木板露台上找个座位，尝一尝酸角蓝花蟹，再赏一赏海景，此等就餐体验算是当地最佳了。餐厅也有澳洲牛排、蜂蜜鸭胸和许多泰国美食。氛围安静祥和，自带酒吧酒水丰富，更是锦上添花。

★**Nha Ghe Phu Quoc Crab House** 海鲜 $$

(☎077-384 5067; 21 Đ Tran Hung Dao; 餐 200,000~780,000d; ⏲11:00~22:00; ❄📶)能找到一家螃蟹做得这么好的餐厅，你真应该"蟹天蟹地"。推荐青胡椒酱软壳蟹、蟹肉鱼酱香米饭(com ghe)和美式法风青蟹。还不解馋？那就点一道超大份的海鲜套餐，鱿鱼、螃蟹、大虾和香肠都有，邀请爱人和朋友一同分享，对方一定不会"壳"气。

★**Spice House at Cassia Cottage** 越南菜 $

(www.cassiacottage.com; 100c Đ Tran Hung Dao; 餐 190,000~300,000d; ⏲7:00~10:00和11:00~22:00)来这家餐厅，最好在日落时分，坐在海滩旁的高桌旁，点一份木瓜沙拉、蒜香烤虾、肉桂秋葵、可口的咖喱鱼或者蒌叶包烤牛肉串，好好享受一下。

🍷 饮品和夜生活

★**Le Bar** 酒吧

(118/9 Đ Tran Hung Dao; ⏲6:00~23:00; 📶)贴砖地板富有格调，家具为装饰艺术风格，整体上散发着一种殖民地时期的美丽，典雅但却不显张扬，位于La Veranda楼上，属于休闲酒吧，落日时分到露台上来口小酒。

Coco Bar 酒吧

(118 Đ Tran Hung Dao; ⏲10:00至深夜)一家路边酒吧，椅子摆放在人行道上，音乐不时从屋里飘来。主顾形形色色，有外地旅行者，有法国旅行家，有当地酒友，也有靠打台球骗钱的老千，不妨和他们聊聊天。

ℹ 实用信息

阳同和长滩上的许多度假村都有自动柜员机。

ℹ 到达和离开

飞机

富国国际机场(Phu Quoc International Airport; www.phuquocairport.com)距离阳同东南10公里。

越南航空(☎077-399 6677; www.vietnamairlines.com; 122 Đ Nguyen Trung Truc)有航班连接迪石(500,000d起，每天1班)、芹苴(500,000d起，每天1班)和胡志明市(450,000d起，每天10班)。

船

有快船从富国开往河仙(1.5小时)和迪石(2.5小时)。富国岛上的旅行社可提供最新的客船时刻表，也可预订船票。Duong Dong Express和Superdong等5家船运公司运营有快船，从迪石发往富国岛东岸的Bai Vong渡船码头(350,000d)，服务几乎没有差别，大多数8:00发船，13:00从富国岛返回迪石。

河仙有两班汽车渡船发往富国岛东北部的Da Chong码头(每名乘客/摩托车/小汽车185,000/80,000/700,000d)，每天8:00和8:20发船，13:00从富国岛返回河仙。当地计划加开两班汽车渡船应对客流量的增长。

Bai Vong渡船码头(Pha Bai Vong)有渡船发往迪石和河仙。

Duong Dong Express(☎富国 077-399 0747，迪石 077-387 9765)一家水翼船客运公司，在迪石码头以及阳同那里都设有办事处。大多数旅行社都能帮你代订他家的船票而且不会额外收费。

Superdong(河仙)(☎077-395 5933; www.superdong.com.vn; 10 Đ 30/4; 每名乘客 230,000d)运营有河仙至富国的快船(1.5小时)，河仙的发船

时间为7:30、8:00和13:15,从富国返回的发船时间为8:30、9:45和13:00。

ℹ当地交通

打摩的一定要在出发前谈好价格。短途20,000d应该就够了。路途远的话,5公里差不多60,000d。从阳同到Bai Vong大约70,000d。

大多数酒店和度假村都出租摩托车,每天120,000d(半自动摩托)至150,000d(全自动摩托)。租金较低的摩托,驾驶前一定要好好检查车况。

阳同城外有一条路况不错的铺装路,向南可至岛屿南端的An Thoi,向北可至岛屿西北端的Cape Ganh Dau。阳同与汽车渡船码头之间有一条两车道干线公路连接。除了这两条公路,岛上其他公路多为土路或碎石路,坑洼颠簸,骑自行车非常痛苦。打车可以联系值得信赖的**Mai Linh**(☎077-397 9797),他们的司机总是会打表。从阳同打车到文海滩码头大约要250,000d。

了解越南

今日越南

持续的发展造就了今天的越南。变化在大城市最为明显,钢铁和玻璃打造的高层建筑定义了天际线,新兴的中产阶级有了足够的消费能力,可以享受空调生活和海外旅行。然而新诞生的繁荣经济却并没有带给乡村地区太多变化,而对于高地上数百万少数民族人民来说,生活仍是一场日复一日的斗争。

越南概貌

"越战"结束至今已有四十余载,越南取得了长足的进步。当年的越南虽然胜利统一,却是百废待兴,全国人民夜以继日地努力着,克服了重重障碍(包括美国对越南施行长达19年之久的贸易封锁)。人均收入从1993年的98美元,增长到了2015年的2000美元。在制造业强有力的推动下,越南跻身当今世界上增长最快的十个经济体之一。新兴企业数量正在快速增加。然而,这种快速的经济发展却与政治变革脱节。国有经济约占全国经济的五分之二,仍处于统治地位——规模进入前200名的越南企业,其中有100家为国有企业(涉及石油生产、造船、水泥和煤炭等行业)。

腐败问题更是与发展如影随形。"透明国际"(Transparency International)组织2014年经过评估将越南列为透明度最低的亚太国家。腐败丑闻天天不断,9名Vinashin造船公司的高管就曾经因为给公司欠下45亿美元的债务,使公司濒临倒闭而被捕入狱。大多数越南人已经对腐败习以为常,因为在这个国家,大到当公务员,小到连接互联网,几乎什么事情都得花钱托人。

旅游业苦恼:偶遇困境抑或一路下滑?

在国内旅游行业呼吁多年之后,越南政府终于在2015年年中(在一定程度上)放宽了签证管控,使得几个欧洲国家的公民可以更为方便地入境越南。越南的旅游业在经历了数年几何级增长之后,近来开始下滑,对于国家经济十分重要的服务业因而大受影响。进一步推行签证改革是否能够刺激旅游业,无人保证。旅游业下滑的原因相当复杂,这种下滑是暂时性的还是长期性的也不好说。其中,俄罗斯游客(因为卢布贬值)和中国游客(因为紧张的政治关系)数量的减少最为明显。

越南旅游业管理者正在思考如何解读这些"亮红灯"的数据,半路却杀出了一项由欧盟出资进行的调查,结果显示只有6%到过越南的游客表示愿意再到这里旅游,在媒体界引起了轩然大波。越南国家旅游局大吃一惊,立即下令展开一场"反调查",旨在得出更高的游客满意度。但有一个事实是无法否认的:海外游客大多认为越南的公路交通并不安全,基础设施建设不佳,街头摊贩死缠烂打,商店老板宰人没商量,而且靠谱的旅游信息少得气人。不少人批评越南国家旅游局及其分支机构,只顾兜售团队游从中获利,却无心为自助游游客提供信息。越南旅游业目前明显有许多问题需要解决,越南国家旅游局对此责无旁贷。

复杂的邻居

从表面上看,越南与中国之间具有很多共同点:两国在文化传统方面渊源颇深,拥有共同的边界,而且都由共产党领导,但中越关系直到1990年才迎来和平。2015年11月，随着习近平主席访问河内，两国紧张局势得到进一步缓和。

中越两国共识颇多。双边贸易额持续增长，在2014年已高达580亿美元，中文也是越南第二热门的外语。两国还签订了多项投资和基础设施建设方面的合作协议，但解决领土争议的前景仍不明朗。

历史

越南人的祖先是首次在红河三角洲种植水稻的农民。越南随后与古代中国展开了几千年的斗争，直到19世纪才成为了一个统一的国家，但很快又面临法国殖民主义的羞辱及随后美国干预的破坏。动荡不安的历史却也赋予了越南人坚韧不屈的性格。今天，种种迹象表明这个国家仍处于发展之中，前途乐观。

早期越南

公元1世纪至6世纪，越南南部地区是印度化柬埔寨扶南国的一部分，以精美的艺术和建筑闻名。当时的越南以吴哥博瑞为中心，应该是由一些分散的封建城邦构成，并非统一的帝国。为方便交通和灌溉水稻，扶南人修建了体系繁复的运河。扶南主要的港口城市是湄公河三角洲的奥克·艾奥，这里的考古发掘表明当时的越南与中国、印度尼西亚、波斯和地中海都有往来。后来真腊帝国取代扶南王国，沿湄公河扩展。

在2世纪末，今岘港附近出现了一个信奉印度教的占婆（Champa）王国。和扶南一样，占婆王国将梵语视为神圣的语言，极大地吸收借鉴印度艺术和文化。到了8世纪，占婆王国的疆土已经向南扩至了今芽庄和番朗地区。占婆人并非安分守己之辈，将战火烧遍了中南半岛的整条海岸，与北部的越南人以及南部的高棉人冲突不断。越南与高棉后来发展成了强国，夹在中间的占婆最终只得以亡国收场。

中国的影响

中国在公元前2世纪征服了红河三角洲，并在之后的几个世纪里，试图让这里臣服于中央政权之下。3世纪至6世纪，虽然发生过许多小规模的斗争反抗，但都没有成功。

早期的越南人从中国学到了很多东西，包括先进的沟渠灌溉技术（用以种植水稻）、儒教、道教和大乘佛教。中国和印度的僧人们带来了两大文明社会的科学和医学知识，越南很快就培养出自己的医生、植物学家和学者。

1418年，富有的慈善家黎利拒绝成为中国明朝的官员，随即发动了蓝山起义。1425年，当地多个地区发动叛乱，黎利前往乡村召集人马，最终击败明朝的军队。

葡萄牙天主教徒

1516年，首批葡萄牙水手在岘港登陆，随后一批多米尼加传教士也接踵而至。在接下来的几十年里，葡萄牙人开始与越南贸易往来，在费福（今会安）与日本人和中国人一样建立了商业殖民地。除菲律宾（被西班牙统治400年）以外，天主教会对越南的影响大于亚洲任何国家。

法国的占领

法国在越南的军事活动始于1847年，作为对绍治帝监禁天主教传教士的回应，法国海军攻击了岘港。1859年初西贡失陷。1862年嗣德帝签署条约，把交趾支那的东部三省（法国殖民时期越南南部地区）割让给法国。

到1883年，法国人强迫越南签署《保护国条约》（*Treaty of Protectorate*）。当时的法国殖民统治专横残暴。1925年，胡志明组织领导共产党人开始反抗法国统治，最终成功。

法国殖民当局开展了雄心勃勃的公共建设工程，比如建设西贡——河内铁路和湄公河三角洲沼泽地的排水工程。这些项目由沉重的政府税收出资，对农村经济造成了灾难性的影响。这些行动因法国支付的工资少得可怜和越南工人可怕的遭遇而变得声名狼藉。

第二次世界大战期间，在反抗日本占领方面唯一起到关键作用的就是共产党掌控的越盟（Viet Minh）。到“二战”结束时，胡志明领导的越盟已经控制了大多数的国土，并宣布了越南的独立。法国人打算回来并重新控制越南，但很快就遭到了武装反抗，进而升级为全面的战争。1954年5月，越盟军队在奠边府击溃法军。

1954年年中，《日内瓦条约》(*Geneva Accords*)规定双方以滨海河(Ben Hai River)为界暂时停火。1956年，南越天主教反共领导人吴庭艳(Ngo Dinh Diem)拒绝举行全国大选，而滨海河成了南越和北越的分界线。

越南战争

1960年前后，北越河内政府改变了其与南越吴庭艳政府的对抗政策，从“政治对抗”升级为“武装对抗”。全国解放阵线(National Liberation Front，简称NLF)由此诞生，这支共产党领导的游击队军队有一个更响亮的名字——“越共”(Viet Cong，简称VC)。

不受欢迎的吴庭艳在1963年被自己的部队刺杀。随着河内政府1964年命令北越军队(North Vietnamese Army，简称NVA)向南越渗透，西贡政权岌岌可危。1965年，美国向越南派出了第一支作战部队，随后又从韩国、澳大利亚、泰国和新西兰借兵，希望造成一种北越在与世界为敌的表象。在这一阶段，美国一直躲在幕后暗中操控，早在1954年对法国的军事援助就已经超过了20亿美元。

1968年，就在越南庆祝农历新年之时，越共发动突袭，史称“春节攻势”(Tet Offensive)，战局也从此发生了大逆转。几年来，美国政府一直坚称自己正在赢得这场战争，可是事到如今，许多美国人已失去了信心，开始要求政府停战和解。1973年签署的《巴黎条约》(*Paris Agreements*)要求南北停火，美国作战部队全部撤出越南，并要求越南释放美军战俘。

重新统一

1975年4月30日，南越政府向北越军队投降，西贡被正式更名为胡志明市。共产党重新统一越南，结束了一个多世纪的殖民压迫，但很快也开始实行大规模内部压迫，在之后的15年里引发难民潮，数十万南越人逃离祖国。由于越南对华人的迫害，以及其在1978年底对柬埔寨的入侵，中国政府被迫于1979年对越反击。这场战争仅持续了17天，但是由此带来的中越之间的不信任感却持续了十多年。

冷战之后

1991年苏联解体，越南开始与西方国家寻求互利。20世纪90年代，外资开始涌入，越南也成了东盟(Association of Southeast Asian Nations，简称ASEAN)成员国。1995年，美国与越南建立了外交关系，2000年，比尔·克林顿(Bill Clinton)成了第一位访问越南的美国总统。2006年，乔治·W.布什(George W Bush)如法炮制出访越南，到了2007年，越南被接纳成为世界贸易组织(World Trade Organization，简称WTO)的一员。2016年，美国前总统奥巴马又一次访问越南。

尽管南海局势仍然紧张，越南与中国的关系也大为改善。越南经济的飞速发展吸引了中国的关注，两国之间的商贸和旅游业蓬勃兴旺起来。

民族和文化

民族

老一代越南人饱受战火洗礼，和世界几大强国接连交手而不落下风，因此骄傲自豪，对国家充满挚爱之情，珍视每一寸自己为之战斗的土地。但新一代越南人不想继续遵循共产党定下的陈规旧例，希望在这片土地上能够过得逍遥快活。

和亚洲其他地区一样，家庭是越南人生活的中心，四世同堂的情况并不鲜见。由于贫穷，也由于越南正从一个以农业为主的社会转变为一个工业化程度更高的国家，现代越南家庭的结构正在发生变化，越来越多的人都在涌向大型城市寻求发展。越来越多的越南女性为了上学选择推迟结婚，女性约占全国大学生的50%，占全国劳动力的52%，但担任领导职务的女性比例并不高。

人口中84%为越南人(即京族，Kinh)，2%是华人，高棉人、占族人等50多个少数民族主要生活在中部高地地区。对于这些山区少数民族的偏见仍然存在，尽管民众的态度正在缓慢转变，但他们在越南媒体中的形象仍然是原始落后的“外人”。

宗教

几个世纪以来，儒教、道教、佛教与中国世俗哲学和越南古老的原始崇拜彼此交融，形成了越南独特的宗教信仰，统称为“三教”（Tam Giao）。许多越南人都认为自己信奉这套宗教体系，但如果问他们的话，他们一般会说自己是佛教徒。越南也有相当多的人信仰天主教（占总人口的8%~10%）。

高台教（Cao Daism）是越南特有的一个有意思的教派，创立于20世纪20年代。该教结合了东西方的世俗哲学和宗教哲学，教义的基础是创立者吴文昭（Ngo Minh Chieu）所感受到的通灵感悟。

越南也有少数穆斯林（约6万人）和印度教信徒（约5万人）。

艺术

当代艺术

在河内和胡志明市，你可以观看到现代舞、古典芭蕾以及话剧表演。

当代越南画家和摄影家的作品，风格广泛多元，让你得以了解今天越南人的内心。

青年文化在胡志明市活力最强，因为音乐人和艺术家在那里拥有更大的自由。嘻哈、摇滚、朋克、雷鬼和DJ表演都有，只是声势不大。热门的越南乐队包括摇滚乐队微波（Microwave）、金属乐队无限黑暗（Black Infinity）、朋克乐队Giao Chi和另类寻根摇滚乐队6789。Skank The Tank和Sub Elements是国内雷鬼音乐界的领军人物，主要活跃于河内。

建筑

越南人不善土木，这点可比不了邻居高棉人。早期的越南建筑大多是用木材以及其他不适合热带气候的脆弱材料制成的。但也有例外，那就是越南古代占婆时期建造的令人称奇的古塔，这种塔在越南中部尤其多，美山一带的占婆古塔是个旅游大热门。

文学

知名越南当代作家阮辉铁（Nguyen Huy Thiep）在短篇小说集《上将退役》（*The General Retires and Other Stories*）中详细描述了越南人的生活经历。Duong Van Mai Elliot的回忆录《神圣寡妇：越南人一家的四代》（*The Sacred Willow: Four Generations in the Life of a Vietnamese Family*）曾荣获普利策奖提名。

其他值得一提的书籍包括：格雷厄姆·格林（Graham Greene）的经典著作《安静的美国人》（*The Quiet American*），书中描绘了20世纪50年代法国殖民帝国解体之时的越南；罗伯特·坦普勒（Robert Templer）的《影与风》（*Shadows and Wind*）；越裔美籍作家Andrew X Phan的纪传体小说《鲶鱼与曼陀罗》（*Catfish & Mandala*）。比尔·海顿（Bill Hayton）的《越南：腾飞之龙》（*Vietnam: Rising Dragon*）也对今天的越南做出了诚恳的评判。

雕塑

传统越南雕塑艺术大都反映宗教主题，属于建筑物的装饰点缀，在古刹、寺庙和陵墓建筑中尤其多见。

占婆文明为其印度教和佛教庙宇创造出了雕工极其精美的砂石人像。岘港的占族雕塑博物馆中收藏的占族雕塑规模最大。

水上木偶

水上木偶（roi nuoc）是越南一门古老的艺术，起源于越南北部，至少有1000年的历史。在这种由稻农创造出的戏剧中，表演者操纵木质人偶，舞台就是积水的稻田。水上木偶在表演时会有传统乐器配乐，河内是观看这种表演最好的地方。

饮食

水果

除了常见的东南亚美味水果，越南也有自己的特产——青火龙果（trai thang long）。整体颜色依然是普通火龙果的亮粉色，但是上面的“鳞片”是青绿色的。这种水果主要生长在芽庄附近的海岸地区，果肉呈白色，里面长满可以吃的黑籽儿，味道有点儿像猕猴桃。

正餐

米粉（pho）是越南饮食的招牌，一天中无论何时都可以吃到，但主要是当早餐。另一种美味就是米饭类食物（Com，包括炒饭和盖饭）。基本你走到哪儿都能看到写着“pho”和“com”的标牌。其他值得一试的粉面类食物包括顺化拌牛肉粉（bun bo Hué，内有柠檬草）和三鲜粉（hu tieu，加了鲜海鲜、干海鲜、猪肉、鸡肉、下水和新鲜草本香料）。

春卷（北越叫nem，南越称cha gio）也是特色美食。吃的时候通常都蘸鱼露，不过许多外国人更愿意蘸酱油（北越叫xi dau，南越称nuoc tuong）。

因为信奉大乘佛教的和尚都是严格的素食者，所以素食（an chay）也就成了越南菜不可或缺的一部分。

小吃

越南到处都有街边小吃摊和游商，即便在凌晨时分依然可见，卖的东西有甜薯、粥、雪糕等。

越南也有许多其他零食，比如：

Bap xao 辣椒、小虾炒鲜玉米粒。

Bo bia 米皮里面卷上新鲜生菜、切成薄片的越南香肠，以及小得几乎看不见的虾米，蘸着一种甜味的花生酱吃。

Sinh to 一种奶昔，用牛奶、糖或酸奶制成，还会加上新鲜的热带水果。

甜点

许多黏黏的小吃都是用糯米做的，比如banh it nhan dau就是用糯米加糖和豆酱制成的，卖的时候会包在香蕉叶里。

多数外国人都更喜欢越式冰激凌（kem）或酸奶（yaourt），品质一般都不差。

“che”也值得一试，这是一种清爽的甜汤，用甜豆（黑豆或绿豆）或是甜玉米粒制成，盛在玻璃杯中，上面再加些冰和椰奶。

饮料

酒精饮料

你一定要记住越南语中“bia hoi”这个词，意思是生啤。它很可能是世界上最便宜的啤酒，一杯最低价格只要5000d左右，是个人都喝得起。而且卖啤酒的地方通常也会卖便宜的食物。

越南也获得授权可以酿造几款外国啤酒，包括虎牌（Tiger）、嘉士伯（Carlsberg）和喜力（Heineken）。

全国性及地方啤酒品牌包括北方地区的“Halida”和“Hanoi”牌，中部的“Huda”和“Larue”牌，以及南部地区的“BGI”和“333”（ba ba ba）牌。

葡萄酒和烈酒也有卖，但价格较高。自产土酒更便宜，但有时都不能饮用。

非酒精饮料

不管你喝什么软饮，一定要喝煮过的或是瓶装的。游客密集的地方，冰块一般来说还算卫生，别的地方就不好说了。

越南的咖啡（ca phe）可是好东西，而且到处都可以品尝得到。

越南也能喝到许多种国外品牌的软饮。当地好喝的软饮包括soda chanh（即加了柠檬和糖的苏打矿泉水）和nuoc chanh nong（甜甜的热柠檬汁）。

环境

越南的环保意识不高。快速的工业化、森林退化和污染是这个国家面临的主要问题。

伐木和农耕都不讲究可持续发展，再加上美军在战争中大量喷洒落叶剂，这些都加剧了越南的森林退化问题。不但生物多样性遭到了破坏，很多少数民族的生计也变得更加艰难。

在过去的10年中，越南经济和人口的快速增长，从工业产值、摩托车保有量和建筑数量暴涨上便可见一斑，但也使得本已压力巨大的环境雪上加霜。

土地

越南沿中南半岛的东岸绵延1600多公里。其陆地面积为329,566平方公里，比意大利稍大，比日本略小。

越南人很爱对你讲，自己的国家长得像一支在越南随处可见的竹扁担（don gang），两头挑着米筐，北边一头是红河三角洲，南边则是湄公河三角洲，都是大米产区。

越南有几种很有意思的地质景观，其中最独特的就是壮观的喀斯特地貌（即石灰岩山峰，峰下有洞，洞中有河）。越南北部就有一系列令人赞叹的喀斯特景观，尤其是在下龙湾、三谷（Tam Coc）和丰芽一带。

野生动植物

好消息是，尽管对森林灾难性的破坏时有发生，越南的野生动植物群依然不可思议地独特和多元。从1997年至2007年的十年，世界自然基金会（World Wildlife Fund）对湄公河沿岸（包括越南部分）进行了细致调查，一共发现了1068个新物种，将这一地区列入了保护国际基金会（Conservation International）世界前五名生物多样性的热点区域名单中。越南的很多地区都未受到调查或几乎不为人所知，因此很有可能更多的物种将会被发现。

坏消息来了：尽管生物多样性如此之高，偷猎、猎捕以及栖息地的消减，正让现存的野生动植物面临有史以来最严重的威胁。越南的三种标志性动物——大象、中南大羚和老虎已经处在灭绝的边缘。而且几乎可以确定的是，最后一只越南野生犀牛已于2010年在吉仙国家公园被杀。

每一种知名动物的濒危处境被曝光，背后其实还有数百个没那么知名的物种被受到利益驱使（或是饥饿逼迫）的人们在森林和保护区内杀掉。许多猎杀者都是少数民族，生活贫困，而且还有“靠林吃林”的传统。

国家公园

越南有31座国家公园，约占总国土面积的3%。北部地区最好玩、最方便游览的包括吉婆、拜子龙、巴贝和菊芳。

南部的丰芽-格邦、白马、尧东（Yok Don）和吉仙国家公园也都非常值得游览探索。

生存指南

ℹ 出行指南

签证

持普通护照的中国公民，无论是从国内还是第三国出发前往越南，须事先办好签证。越南分别在北京、上海、广州、南宁、昆明及香港设有大使馆及领事馆，办公时间为周一至周五9:00~13:00，14:30~17:30，请就近选择。你也可以通过旅行社办理签证，需要的基本材料包括护照、申请表、2张2寸（3.5cmx4.5cm）白底彩照。很多旅行者都选择在网上（如淘宝网）办理，比较方便。办理时长一般为3~5个工作日，也可加急。签证有效期3个月，可停留30~90天。

越南驻华大使馆（☎010-65327038；北京光华路32号）

越南驻上海总领事馆（☎021-68555871；海市浦东大道900号华辰金融大厦3层）

越南驻南宁总领事馆（☎0771-5510560；广西南宁市金湖路55号亚航财富中心27层）

越南驻昆明总领事馆（☎0871-63522669；云南昆明北京路155号附1号红塔大厦5层）

越南驻广州总领事馆（☎020-83305910；广东广州市侨光路8号华厦大酒店B座2楼）

越南驻香港总领事馆（☎00852-25914510；香港湾仔道230号佳诚大厦15楼）

如从陆路出境到越南，要办理健康证与防疫证，在就近的涉外卫生检疫局办理即可。但是，根据一些背包客的亲身经验，健康证并非强制性要求，短期旅行一般不需要注射疫苗。中方边检均会放行，而越方边检往往会以健康证为借口收取20元的小费。旅行者也可以在广西的北海、防城港、百色及崇左的合法组团社办理出入境通行证，从陆路出境到越南进行边境旅游。选择邮轮边境旅游的旅行者则可以在海南的三亚、海口办理出入境通行证（可异地办理）。

对于许多国家的公民来说，办理越南签证非常复杂，要求经常变化，一定要关注最新情况。越南政府为了刺激旅游业，现在已经增加了免签国数量并降低了签证费。

如果你计划在越南停留超过15天并且是西方国家公民，那么仍然需要提前办理签证（或是通过代理办理“批准入境函”）。某些国家公民如果停留时间不足15天可以享受免签。

旅游签证有效期分30天和90天两种。30天单次入境签证，签证费US$20。90天多次入境签证，签证费US$70。

办理签证原来有两种方式：一是通过网上的签证代理，二是通过越南使领馆。近来许多旅行者又多了电子签证这条路。

签证延期

只要出钱就能盖章延签。旅游签证延期官方价格不过US$10，但必须通过旅行社来代办。整个流程可能要7天，只可延长30或90天，具体视原有签证而定。

你可以在任何一个大城市办理签证延期，但如果不在所抵达的城市办理——越南的官僚主义就喜欢玩这套——费用就要提升到大约30美元。实际上，在胡志明市、河内、岘港和顺化办理签证延期最顺利。

多次入境签证

如果中途离开越南前往柬埔寨或老挝，重新入境越南时可以不必重新申请签证，但前提是你在离开越南前持有的是多次入境签证。

如果你持有单次入境签证进入越南，那么在河内或胡志明市办理多次入境签证手续最为简单，但必须通过签证代办机构或旅行社。代办机构会收取约US$50的服务费，签证费另算，耗时可长达7天。

落地签证

大多数乘飞机来越南的旅行者现在都喜欢落地签，因为这种方法费用低，速度快，而且不用非得把宝贵的护照寄往大使馆。但这只适用于乘坐飞机、经越南五大国际机场入境的旅行者，不适用于陆路口岸通关。办理方法很简单：在线填写申请表，支付代理费（大约20美元），随后就能以电子邮件的形式收到一张落地签批准函，上有越南移民局的签字/盖章；持打印件在海关处单独排队，过关时以美元现金支付签证盖戳费即可。单次入境签证盖戳费25美元，多次入境签证50美元。网上签证代理机构很多，我们建议你只选择知名代理，下面这两家就又专业又高效：

Vietnam Visa Choice（www.vietnamvisachoice.com）在线客服的母语都是英语，保证让你在指定时间内收到签证。

Vietnam Visa Center（www.vietnamvisacenter.org）服务多元，能力可靠，临时决定来越南的人可以选择这里的两小时快签服务。

电子签证

2017年初，越南移民局试行了一项电子签证服务，让旅行者可以在线办理签证。包括英、美在内的40个国家的公民都有资格申请。电子签证为30天单次入境签证（不可延期），价格25美元，3日到5日出签。因为是试行，所以相关情况可能会发生变化，而且有人反映网上办理时遇到了故障。了解最新情况以及申办电子签证，可前往www.immigration.gov.vn。

保险

在越南旅行一定要上保险，因为大病的治疗费用让人望而却步。投保覆盖偷盗、财物损失和医疗状况的旅行险是最佳选择。

有些险种会专门将一些“危险活动”排除在理赔范围外，比如骑摩托车、潜水甚至是徒步，投保时应留意，而且要确认自己所投保险包含发生严重伤害时可紧急将投保人运送回国的条款。

在越南驾驶机动车，需要投保越南的车险（见191页）。

可在www.lonelyplanet.com/bookings上投保世界各地的旅行险。你可以随时购买保险、扩展保险范围或办理理赔，即使你已经开始旅行。

安联、中国平安、美亚等保险公司是中国旅行者通常购买保险的选择。

货币

越南官方货币是越南盾（简写“d”）。美元接受度也很高，但乡村地区不如城市。近年，越南盾一直较为稳定，23,000d约合US$1。

越南没有给小费的习惯，但给了对方也会欣然接受，尤其是导游。

自动柜员机

自动柜员机到处都是，国内几乎每个城镇都有。使用Maestro/Cirrus普通的借记卡，或者维萨/万事达的借记卡或信用卡取现，不会有任何问题。不过要注意的是，取现交易费非常高[一般要25,000~50,000d；花旗银行的自动柜员机，针对花旗银行卡，不收取交易费；澳新银行（ANZ）的ATM对本行银行卡取现也免费]，而且提现上限很低：多数最多只能取2,000,000d左右，越南农业与农村发展银行的自动柜员机最多可取6,000,000d，澳大利亚联邦银行为10,000,000d。带有银联标志的ATM机均可提取越南盾现金。

砍价

对于打摩的或是人力车这种没有明码标价的情况，你是可以砍价的。在游客集中的区域，对方的报价可能是正常价格的5倍，不过也并不是每个人都想宰你。在游客不多的地区，对方一般会对外国人和本地人一视同仁，不过砍价还是可以的。

信用卡和借记卡

大城市和许多旅游区都接受维萨卡和万事达卡，但低档客栈和米粉摊这种地方可不能刷卡。有时会有交易费（约3%）。

多数城市中的越南外贸股份商业银行分行都可以用信用卡提现，一般要收取3%以上的交易费。

越南境内超过九成商户和几乎全部ATM机可受理银联卡。银联业务开通时间为2005年12月，当地银联服务热线120-11581。

电源

常见电压为220伏/50赫兹，但少数地方用的是110伏/50赫兹，所以比较混乱。插座通常为为双孔圆头。

使领馆

一般来说，使馆是不会那么同情犯罪被捕的人。遇到真正紧急的情况，你可能会从使领馆那里得到一些帮助，但这也只是万不得已的选择。

如果护照被偷，换护照可能需要一些时间，因为有些使馆在越南不会签发新护照，只能从大区使馆送过来。

中国大使馆（见62页地图；☎04-8845 3736；http://vn.china-embassy.org/chn；46 P Hoang Dieu, Hanoi）

中国领事馆（见158页地图；☎08-3829 2457；http://hcmc.chineseconsulate.org；175 Đ Hai Ba Trung, HCMC）

柬埔寨大使馆（见62页地图；camemb.vnm@mfa.gov.kh；71a P Tran Hung Dao, Hanoi）

柬埔寨领事馆（见158页地图；☎08-3829 2751；camcg.hcm@mfa.gov.kh；41 Đ Phung Khac Khoan, HCMC）

老挝大使馆（见62页地图；☎04-3942 4576；www.embalaohanoi.gov.la；22 P Tran Binh Trong, Hanoi）

老挝领事馆（见150页地图；☎08-3829 7667；93 Đ Pasteur, HCMC）

泰国大使馆（见62页地图；☎04-3823 5092；www.thaiembassy.org；3-65 P Hoang Dieu, Hanoi）

泰国领事馆（见149页地图；☎08-3932 7637；www.thaiembassy.org/hochiminh；77 Đ Tran Quoc Thao, HCMC）

旅游信息

和世界多数地区的旅游局相比，越南的旅游局奉行的是另外一套哲学：这些国有机构骨子里都是旅行社，主要是想鼓动你报团，并从中获利。不要指望从这些地方获得自助游相关信息。

越南最大的国家旅游服务机构Vietnam Tourism（www.vietnamtourism.com）以及Saigon Tourist（www.saigon-tourist.com）就属于此类，而现在越南大多数省份都至少有一家类似的机构。私人旅行社、背包客咖啡馆和同行的旅伴都是比这些官方机构更好的信息来源。

河内和胡志明市的一些官方游客服务中心还是很不错的。

活动

越南的道路、江河、大海和高山为喜欢冒险的人提供了充足的条件。

Asia Outdoors（☎031-368 8450；www.asiaoutdoors.com.vn）这家最拿手的就是登山培训，不过也有安排合理的划船、皮划艇、骑行和徒步主题游。

Handspan Adventure Travel（☎04-3926 2828；www.handspan.com）如果想在下龙湾里划皮划艇，那么可以联系这家专业的旅行社。这里也组织非常专业的观光游，导游资质很高，还经营两家海滩营地。

Sinhbalo Adventures（www.sinhbalo.com）主打骑行游，带你前往湄公河三角洲以及更远的地方，也能发团前往中部及北部高地。

营业时间

午餐对越南人来说是一件大事，正午到13:30，国内几乎所有地方都会停工——当然不包括吃午饭的地方。

工作时间一年中几乎没有变化。

银行 工作日8:00~15:00，周六至11:30

政府机构和博物馆 7:00或8:00至17:00或18:00，一般博物馆会在周一闭馆，有些地方会午休。

饭馆 11:30~21:00

商店 8:00~18:00

寺庙和佛塔 5:00~21:00

节假日

若恰逢周末，节假日会被推至下周一。

新年（Tet Duong Lich）1月1日

越南春节(Tet)1月或2月举行，是一场为期3天的全国性节日。

越南共产党建党节(Thanh Lap Dang CSVN)2月3日，越南共产党就是在1930年的这一天成立的。

雄王节(Hung Vuong)农历三月初十(3月或4月)。

解放日(Saigon Giai Phong)全国性节日，4月30日举行。1975年的这一天，北越军占领西贡。

国际劳动节(Quoc Te Lao Dong)5月1日。

胡志明诞辰(Sinh Nhat Bac Ho)5月19日。

佛诞节(Phat Dan)农历四月初八(一般在6月)。

国庆节(Quoc Khanh)9月2日。1945年的这一天，胡志明发表了《越南独立宣言》。

住宿

越南的住宿性价比超高。大城市和主要旅游中心有各种各样的住处，从青年旅舍的宿舍床位到豪华酒店都有。农村和偏远城镇的选择较少，通常只有客栈和中档酒店可选。

卫生总体是不错的，很少有特别脏乱的地方——即使偏远的农村地区也有一些不错的廉价酒店。语言交流往往是个问题(特别是在偏远闭塞的地方，很少有员工能讲英语)，但通常都能够理解对方。也许正因如此，越南的服务水平普遍来讲不是特别高。

房费有的地方喜欢以越南盾报价，有的喜欢美元。有些地方针对刷卡会收取一定比例的手续费。大多数客房价位都较低，宿舍间按人收费。每年淡季时通常会有折扣。某些酒店(尤其是位于海岸地区的酒店)在旅游旺季(7月和8月)以及节假日期间会提价。

入住时几乎都要提供护照。你不用非得把护照押在住处，但至少要提供护照影印件，包括详细信息和签证。

家庭寄宿

在越南部分地区，家庭寄宿很流行。由于政府对外国人登记过夜有严格的规定，所有地方都必须有正式授权。

家庭寄宿比较成熟的区域包括湄公河三角洲、枚州的白泰族(White Thai)村落、巴贝和占婆群岛。

一些专业旅行社和摩托车团队游组织方已与偏远的山村建立了良好的关系，把家庭寄宿作为他们行程的一部分。

住宿价格区间

下列价格为高峰期独卫双人间的价格。除非另有指明，否则书中给出的价格都含税且不包括早餐。

$ 低于525,000d(¥150)

$$ 525,000~1575,000d(¥150~450)

$$$ 高于1,575,000d(¥450)

餐饮

下列价格为一顿普通餐饭的价格(不含酒水)。除非另外说明，否则价格中已包含税费。

$ 低于107,000d

$$ 107,000~323,000d

$$$ 高于323,000d

地图

*Tap Ban Do Giao Thong Duong Bo Viet Nam*是现行最棒的道路交通图册，但是其中并未收录最新修建的道路。该地图册可在Fahasa(胡志明市、河内和岘港都有分店)等书店中买到，价格220,000d。

越南街道名都以Pho、Duong或Dai Lo开头，在地图上分别简写作P、Đ和ĐL。

电话

国际电话

一般来说，用手机拨打国际电话最便宜，花费最低可至每分钟US$0.15。

此外，越南任何一部电话都可以拨打国际电话：先拨☎171或178，再拨国家代码加具体号码即可。打给大多数国家，通话费都不过才每分钟US$0.60。许多低档酒店现在还推出了网络电话服务，价格更低。

许多酒店都有Skype软件和摄像头供住客使用。

国内电话

河内、胡志明市和海防的电话号码为8位。全国其他地区为7位。电话区号按省划分。

任何一家酒店或餐厅的电话一般都可以拨打当地电话，通常还是免费的。国内长途通话的收费也很合理。

手机

开通国际漫游的中国移动、联通和电信的手机均可在越南使用，但建议购买越南电信运营商的SIM卡。

另据越南信息和通信部通讯局信息，自2018年9月15日起，有约6000万的11位手机号码，转换成10位数。本次转换对原是10位数的手机号码没有影响，11位的手机号码前4位数需对应更改为新的3位号段，后7位不改变。

越南现有五大电信：Viettel、Mobifone、Vinaphone、Vietnamobile和Gmobile。各运营商经营的手机号段前4位对应更改信息如下表所示：

电信运营商	更改前	更改后
Mobifone	0120	070
	0121	079
	0122	077
	0126	076
	0128	078
Vinaphone	0123	083
	0124	084
	0125	085
	0127	081
	0129	082
Viettel	0162	032
	0163	033
	0164	034
	0165	035
	0166	036
	0167	037
	0168	038
	0169	039
Vietnamobile	0186	056
	0188	058
Gmobile	0199	059

如遇到11位手机号码打不通，可参考上表，尝试替换更改后的号段拨号。

电话区号

2015年1月，越南政府宣布将对全国的电话区号进行变更（涉及63个省份中的59个）。尽管企业界对此很有抵触，但电话区号变更已经开始，由于每个省变更时间不同，如果电话打不通，记得查询新的区号，替换书中原有的区号（即连字符之前的数字）。

从国外拨打越南国内电话，不要拨区号前的零。越南移动电话号码都以09或01开头。

国家代码	☎84
国际接入码	☎00
查号	☎116
报警	☎113
信息咨询	☎1080

时间

格林尼治时间/世界协调时间（GMT/UTC）加7小时即为越南时间。因为靠近赤道，越南不实行夏时制。

比北京慢1小时。

厕所

越南的厕所一般都是坐便式，但是在某些廉价酒店和长途汽车站，偶尔也会遇到蹲便式。酒店卫生间里一般都配厕纸，但是在路上的时候最好还是自己备上。

旅行安全

总体来说，在越南旅行非常安全。警察执法严格，社会秩序良好，我们很少收到过拦路抢劫、入室抢劫或性侵犯的举报。当然，有些城市存在诈骗和骚扰的问题，特别是河内、胡志明市和芽庄（也可以算上会安）。事实上，最大的风险是交通：越南的交通事故生率奇高，司机作风相当彪悍，如果打算在混乱的公路上骑摩托或自行车，一定要小心小心再小心。

战争给越南留下了许多遗弹，包括火箭弹、炮弹、迫击炮弹、地雷等，自1975年至今，已有几千越南人因此致残或是丧命。一定要沿着正规道路走，遇到可能是战争遗留物的东西也千万千万别碰。

法律事宜

如果遗失了护照或签证等特别重要的物品，你需要联系警方。警察很少会找外国人的麻烦，也很少会向你索贿，不过，本国人可就没这种待遇了。

另外，越南政府正在严厉打击新兴的毒品交易，如果触犯相关法律，你可能会面临监禁或/和高额罚金，贩毒甚至会被判死刑。

带孩子旅行

儿童在越南会过得很愉快，主要因为他们会吸引到很多关注，几乎人人都想逗一逗他们。但这种关注有时令人不知所措，尤其是对金发碧眼的女孩儿来说。

大城市有许多孩子们感兴趣的东西，但在大多数小城镇和农村地区，他们可能会时不时感到无聊。有些海滩很不错，但在海中要密切留意游玩时间，因为主要的海岸线会有一些大的离岸流。有些受欢迎的海滩有警告标志和救生员，但在较安静的海滩，父母应该先试一下水流。拿富国岛为例，有的海滩风平浪静，但有的风浪很大。

当地菜一般都不太辣，孩子们通常都会喜欢。水果的种类多得惊人，春卷小朋友一般也爱吃。大多数酒店也能提供西方常见食物（比萨、意大利面、汉堡和冰激凌）。

去之前多带一些指数高的防晒霜，因为在越南不是到处都有的（而且价格比你在本国买要高）。

LGBTIQ旅行者

相对来说，LGBTIQ群体在越南基本不会遇到什么麻烦。越南法律没有明文禁止同性关系和同性性行为，来自普通人的纠缠也很少。

河内和胡志明市都有同性恋夜生活圈，后者尤其热闹，但总体上规模不大，同性恋仍然被认为是一种见不得人的事。

以同性伴侣身份入住酒店完全没有问题，但要注意，越南人不喜欢在公众场合过于亲密，同性恋异性恋都一样。

2012年以来，河内和胡志明市都举行过越南同性恋骄傲游行（Viet Pride; www.vietpride.com）。河内的同性恋骄傲系列活动于每年7月末或8月初举行，为期数天，具体活动包括电影放映、论坛、派对和一场自行车拉力赛。

说个有意思的事：美国驻越南大使泰德·奥休斯（Ted Osius）就是一名男同性恋者，性格外向的他常常带着自己的丈夫和孩子们一起参加官方活动，而且能讲越南语，所以被许多越南同性恋者视为偶像。

同性恋旅行者可以在Utopia（www.utopia-asia.com）上能找到许多有用的旅行信息和相关联系方式。同性恋交友应用软件Grindr在越南也很火。

女性旅行者

相对来说，女性不会在越南遭遇性质恶劣的骚扰。尽管有些问题需要注意，但每年孤身来越南旅行的女性数以千计，体验都非常好。大多数越南女性生活自由充实，可以追求自己的事业。男女可以自由交往，没有男尊女卑的风气。

许多越南女性在着装方面都比较保守，把自己遮盖得非常严实（部分原因也是为了防晒）。如果不是在海滩上，最好不要穿无袖衫或是超短裤，那样就太惹人注目了。

摄影

越南的内存卡很便宜，这真是太幸运了，因为值得一拍的东西实在太多，即便是业余摄影师也可以大拍特拍。彩色胶片和黑白胶片可以在河内和胡志明市买到，但在其他地方就别指望了。

越南的相机价格很合理，所有其他摄影器材在大城市也都很容易买到。

不要拍摄机场、军事基地和边境检查站。拍摄躺在水晶棺里的胡志明这种事连想都不要想！

拍摄任何人，尤其是山区部落的人，需要耐心并非常尊重当地风俗。要谨慎、礼貌地拍摄他人。一定要先礼貌地询问对方，对方拒绝就不要拍摄。如果答应寄照片，就一定要做到。

志愿服务

越南进行志愿服务的机会相当有限，因为这里的专职社会服务人员非常多。

非政府组织资源中心（NGO Resource Centre；见65页）的数据库中有所有在越南服务的非政府组织名称及相关信息，可以登录网站进行了解。**国际民众服务组织**（Service Civil International; www.sciint.org）的网站上有越南志愿服务机会的链接，其中包括由"越战"双方老兵创立的Friendship Village（www.vietnamfriendship.org），旨在帮扶橙剂受害者。还有一家可持续发展研究中心（The Center for Sustainable Development Studies; http://csds.vn），通过国际交流和培训等方式着手解决相关发展问题。

有志参加志愿服务的人也可以联系下列机构：

KOTO（www.koto.com.au）该组织在河内和胡志明市开有餐厅，致力于为街头流浪儿提供就业机会。来这里服务要求最短3个月。

能在越南提供工作机会的国际机构包括英

国的Voluntary Service Overseas(www.vsointernational.org)、澳大利亚的Australian Volunteers International(www.australianvolunteers.com)、新西兰的Volunteer Service Abroad(www.vsa.org.nz)以及总部设在美国的International Volunteer HQ(www.volunteerhq.org)。后者在河内开展了种类多样的志愿服务计划。网站www.unv.org上还能查到联合国志愿服务计划的详细信息。

工作

越南各地由西方人经营的酒吧和餐馆都会有些临时工作。此类工作都是你干活,他给钱,没有什么合同。潜水学校和主打冒险运动的旅行社经常需要教练,但对大多数旅行者来说,主要的工作机会是教外语。

在越南找工作只能四处打听,因为招聘广告很少见。

英语是最受越南学生欢迎的外语。汉语和法语也有一定的需求。

私人语言中心教师(每小时US$10~18)和家教(每小时US$15~25)这两类最容易找,收入在胡志明市和河内比其他地方高。

越南公立大学也会聘请一些外籍教师。

到达和离开

多数旅行者会乘飞机或大巴进入越南,但是也可选择中国和越南之间的几趟列车,或是从柬埔寨沿湄公河乘船前来。

飞机票、团队游和火车票可通过lonelyplanet.com/bookings进行网上报名或购买。

进入越南

越南各国际机场的入境手续一般要比陆路边境口岸简单。沿陆路从柬埔寨和中国进入越南,现在相对来说也很方便。沿陆路从老挝进入越南可能会挺麻烦。

飞机

机场

越南有5个国际机场。其他一些机场——比如顺化的机场——名义上是"国际机场",实际上并没有开通海外航线,只有零星的国际包机。

金兰国际机场(Cam Ranh International Airport;☎058-398 9913)位于芽庄南部36公里处,有航班连接香港、成都和首尔。

岘港机场(Danang Airport;☎0511-383 0339)有国际航班连接巴色、沙湾拿吉和万象等老挝境内的机场;目的地还包括吉隆坡、暹粒、新加坡、东京以及中国的香港、广州和南宁。

内排机场(Noi Bai Airport,三字码HAN;☎04-3827 1513;www.hanoiairportonline.com)位于首都河内。

富国国际机场(Phu Quoc International Airport;www.phuquocairport.com)有航班连接河内、胡志明市和新加坡。

新山一国际机场(Tan Son Nhat Airport;☎08-3848 5383;www.tsnairport.hochiminhcity.gov.vn/vn;Tan Binh District)胡志明市的机场。

吉碑国际机场(Cat Bi International Airport)海防的机场,距离下龙市西60公里,有航班连接中国、泰国、韩国和富国岛。

航空公司

越南航空(www.vietnamairlines.com.vn)为国有航空公司,航班连接17个国家,以东亚为主,但也包括英国、德国、法国和澳洲的航线。

该航空公司飞机数量不多,机型为空中客车和波音,近年来安全记录不错。

越南其他航空公司包括捷星航空(见77页)、越南航空服务公司(见189页)和越捷航空(见77页)。

北京、上海、广州、南宁和香港等城市有到河内和胡志明市的直飞航线,成都和香港等城市也有到胡志明市的直飞航线,广州有到岘港的直飞航线。

东方航空(www.ceair.com)每日有航班从上海往返河内和胡志明市,还有定期航班从南宁往返河内,从成都、福州往返胡志明市(经停上海)。

南方航空(www.csair.com)每日有航班从广州往返河内和胡志明市,还有从重庆往返河内和胡志明市的定期航班(经停广州)。

中国国际航空公司(http://www.airchina.com.cn)有北京直飞往返胡志明市的航班。

陆路和水路

越南与柬埔寨、中国和老挝相邻,与每个邻国间都有不少允许外国人通行的口岸,开放程度较十年前大有改善。

柬埔寨

越柬边境线很长,有7个边境口岸。所有口岸都可现场办理柬埔寨落地签证，有效期1个月，价格US$30，但除了Bavet口岸，其他口岸都普遍存在抬价现象。柬埔寨边检通常会索取2美元小费，尽可能拒绝。

柬埔寨边境口岸官方开闸时间为每天8:00~20:00。

口岸	越南起点城镇	柬埔寨接驳城镇
Le Thanh至O' Yadaw（见266页）	波来古	班隆
Moc Bai至Bavet（见218页）	胡志明市	金边
Tinh Bien至Phnom Den（见218页）	河仙，朱笃	茶胶，金边
Vinh Xuong至Kaam Samnor（见218页）	朱笃	金边
Xa Xia至Prek Chak（见291页）	河仙	白马，贡布

中国

目前中越之间有3个边境口岸允许外国人出入境：友谊关、老街和芒街。

外国人需要提前办理中国签证。

北京时间比越南时间快1个小时。

边境口岸	越南起点城镇	中国接驳城镇
同登至凭祥	谅山	南宁
老街至河口（见91页）	老街	河口
芒街至东兴	芒街	东兴

老挝

老越之间有7个陆路边境口岸。所有口岸都可落地办理有效期30天的老挝签证。

搭乘两国城际直达过境长途汽车是最佳选择，因为这样可以很大程度上减少可能出现的麻烦。如果你想搭乘当地长途汽车分阶段抵达目的地，那么越南段会遇到陷阱（比如严重宰客）。一些狡猾的司机甚至会在半途中把车停下，和你重新商量价格。

边境两边的地方交通状况不佳，所以除非时间多，耐心足，否则不要从偏僻的口岸入境。

边境口岸	越南起点城镇	老挝接驳城镇
Bo Y至Phou Keau	Kon Tum、波来古	阿速坡
Cau Treo至Nam Phao（见377页）	荣市	Lak Sao
Lao Bao至Dansavanh（见382页）	东河，顺化	Sepon，沙湾拿吉
Nam Can至Nong Haet	荣市	丰沙湾
西庄至Sop Hun（见367页）	奠边府	孟夸

当地交通

飞机

越南国内航线覆盖广泛，新航线不断增加，票价适中（如果预订）。捷星航空（见77页）、越南航空服务公司（Vasco；☎038 422 790；www.vasco.com.vn）、越捷航空（见77页）等航空公司接受国际信用卡或借记卡订票。

但是要注意，航班取消的情况较为常见，所以从地方机场到国际机场转乘国际航班，最好不要买同一天的票，尽量提前一天。越南航空的航班取消率最低，但票价一般比其他航空公司要高。越南航空官网上的一些低价票，在其他订票网站上是搜不出来的，最好直接到官网上订票。

新山一国际机场（胡志明市）从机场打车到市中心大约30分钟（价格约190,000d）。机场有152路空调巴士连接市区（6000d，每15分钟一班，6:00~18:00，单程约40分钟）。

内排机场（河内）从机场打车到市中心400,000d，单程约50分钟。捷星航空的机场班车（35,000d）与越南航空的机场小巴班车（50,000d）每小时一班。机场有17路公交车开往隆边长途汽车站，票价5000d。

自行车

酒店和一些旅行社都能出租自行车，日租金US$1~3，质量再好些的每天至少US$6。像会安、顺化和芽庄这种规模较小的城市，非常适合骑行探索（雨季当然不行）。公路旁有无数修车点，扎胎什么的都不怕。

船

越南众多河道都有可以通航的河段，其中，湄公河及其支流最为重要。在会安、岘港、顺化、三谷甚至是胡志明市，你都可以参加乘船一日游欣赏沿途美景。

坐船出海也是可以的。所有来北越的旅行者都一定会乘船游览下龙湾中的岛屿。越中的占婆群岛十分美妙，可以从会安乘船游览。南越芽庄的近海岛屿以及昆岛群岛也是热门乘船游目的地。

长途汽车

越南的长途汽车网四通八达，甚至可以到达偏远地区。各长途汽车公司经营的现代化长途汽车在每条主要公路上都看得到。乡村地区的长途车，大多坐起来非常不舒服。

大多旅行者一次越南长途汽车站都没去过，他们更喜欢搭乘Open Tour长途汽车，这种长途汽车更方便，更适合旅行者。

不管你乘坐的是什么档次的长途汽车，在越南的行驶速度都不会很快，因为路上的摩托车、卡车和行人实在太多了。在1号公路等主干道上的时速一般只有50公里。

长途汽车站

一个城市一般都有几个汽车站，每个站都有特定的发车方向（或南或北）或客运类别（当地或是长途，快车或是慢车）。

汽车站都看起来管理无序，但现在许多车站的售票处都会明示实际价格和出发时间。

预订和价格

对于多数发车频繁、乘客较多的城际长途汽车，一般都不需要预订车票，但提前一天购票总没有坏处。购票一定要去售票处，因为长途汽车司机会乱要价。

而在许多乡村线路上，外国人一般会被索要高价，可能超过正常票价的2~10倍。一般100公里的路程，正常票价为US$2~3，你可以拿这个做参考。

豪华大巴

大型城市之间一般都有现代化豪华空调大巴连接，肯定有座，空间充足，有些配有舒适的可调节座椅，距离特别远的话还可以选择软卧大巴。卧铺大巴与火车价格相仿，大可以作为备选。

豪华大巴禁烟，有的甚至还有Wi-Fi（但别指望速度能有多快）。缺点是多数大巴配有电视（放的多是拳来脚往的功夫片），有些甚至装了可怕的卡拉OK。建议带上静音耳塞和眼罩。

豪华大巴在沿途各大城市会停车用餐。

Mai Linh Express（☎0985 292 929；www.mailinhexpress.vn）可靠守时，豪华大巴干净舒适，线路覆盖全国，包括河内至胡志明市（经停1号公路沿线所有大型城市）、河内至海防以及胡志明市至大叻。也有车辆连接中央高原的城市。

The Sinh Tourist（☎08-3838 9597；www.thesinhtourist.vn）服务高效，巴士覆盖全国，有卧铺车，可网上订票。网站上的特价车票值得留意。

Open Tour长途汽车

在越南各地的背包客聚集地，你都能看到"Open Tour"或"Open Ticket"标志的大巴。这种空调大巴主要面向国外经济型旅行者，主要在胡志明市与河内之间往返（但也有其他路线，比如胡志明市—美奈—大叻—芽庄），乘客可以选择在沿途任何一个大型城市上下车。

价格合理。从胡志明市到河内的Open Tour长途汽车全程票价格为US$30~75（视具体客运公司和线路而定，你选择的经停站越多，票价越高）。

这种大巴一般从城市中心区出发（比如热门青旅门前），省去了乘客前往汽车站的麻烦。有些大巴还会经停途中景点。缺点就是身边的人也都是背包客，接触不到什么当地人。

The Sinh Tourist的口碑很好，电子化订票系统保证乘客有座，大巴也很舒适。

公交车

在越南的城市里，出租车、人力车和摩的都很便宜，再加上语言沟通的问题，所以很少有旅行者会选择乘坐公交车。尽管如此，在河内和胡志明市坐公交并没有那么麻烦，大可以拿上一张公交线路图去体验一下。

小汽车和摩托车

如果有属于自己的交通工具的话，你的旅程就能有最大的灵活性，不仅可以探访偏远地区，而且可以随时停车。汽车租赁都是带司机的。摩托车租赁性价比高，可带司机也可自驾。

驾驶执照

持有国际驾照（IDP）的外国人，现在可以在越南自驾，但必须投保当地车险，否则会被视为无照驾驶。

可事实上，外国人在当地租车，租车公司几乎一定会强制性配备司机。万一对方允许你自驾，严格地来说也需要你出示国际驾照。

加油

无铅汽油每升20,500d。

即便是在最偏僻的所在，你通常也能在路边找到卖汽油的人。有些人为了赚黑心钱会往油里兑东西，所以尽量选择正规加油站。

租车

租车主要要考虑安全、车况、租车公司的可靠性以及你的预算。

小汽车和小巴

在当地租车自驾在越南并无可行性——考虑到当地的交通状况，这其实是一件好事——租车带司机的地方倒是非常多。如果能找人拼车，租一辆配司机导游的汽车还是一个非常现实的选择，即便是经济型旅行者也负担得起。

河内、胡志明市以及各旅游热点地区的各种旅行社都能为旅行者租到带司机的汽车进行观光。越南西北部的公路路况不佳，必须租越野车。

标准小汽车日租金US$80~120，越野车US$120~135。

摩托车

摩托车几乎在什么地方都能租到，比如咖啡馆、酒店和旅行社。有些地方会要求抵押护照，还车后归还。争取和对方签一份书面协议，明确自己所租车辆、租金价格和赔偿等问题。

在北部山区骑行，最好租一辆动力稍好的公路摩托或是越野摩托。许多当地人都愿意给旅行者当摩托车司机兼导游，每天收费大约US$20。

摩托自驾的话，半自动踏板摩托日租金US$5~7，全自动踏板摩托US$6~10，越野摩托和公路摩托US$20起。

保险

如果已购买了短期意外保险，航空意外险就没有必要另行购买了，因为意外险通常已经包括了在交通工具上的意外伤害。

如果你是租车带司机，租车公司负责为车辆投保。如果租的是摩托车，车主应该已经为车辆投保了。如果打算买车自驾，可以通过Baoviet（www.baoviet.com.vn）为车辆投保，三者加自燃加盗抢共87,000d。

许多租车公司都会让你签一份协议，明确摩托车被盗后的赔偿金额。旅行时只要能找到有人看守的停车场，一定要把车辆停在那里。

不投保就敢在越南租摩托骑，这可是蠢到家了。如果受伤严重，治疗费用可能会让人倾家荡产。

道路状况和危险

道路安全绝对不是越南的优点。城市之间的两车道干线公路现在越来越危险。主路上的高速正面撞击事故屡见不鲜。

总的来说，主要高速公路都是铺装路，维护保养得较好，但是季节性洪水可能会造成损害。大型台风可能会在路面上留下“炮弹坑”。某些偏远地区还有非铺装路，雨后便成了泥潭，应付它们最好选择越野车或摩托车。山路尤其危险：滑坡、落石以及失控的车辆可能会影响你旅行的心情。

市内交通

人力车 人力车夫主要在游客集中的地区，有些勉强能说几句英语。一定要砍价，而且在上车前必须先讲好。在大多数城镇，短途应该为10,000~30,000d。

出租车 所有的城市里都有打表计价的出租车，按照国际标准来讲可以说是非常便宜，也是夜间的一种安全出行方式。每公里一般要10,000~15,000d。建议只和声誉较好或是有口碑的公司打交道，**Mai Linh**（www.mailinh.vn）和**Vinasun**（www.vinasuntaxi.com）就是两家很好的全国性出租车公司。

摩的 摩的（xe om）到处都有，价格和人力车差不多。司机主要聚集在街角、市场、酒店和长途汽车站周边，等他们找你比你去找他们还要容易。

火车

全国铁路线由**越南铁路总公司**（Duong Sat Viet Nam; ☎04-3747 0308; www.vr.com.vn）负责运营，车辆老旧，但服务相当可靠，可让你轻松舒适地在国内游玩。夜间乘长途汽车在1号公路上行驶可是一段惊悚的经历，与之相比，乘坐空调卧铺列车要好得多，更何况还能欣赏到身边赏心悦目的景色。

路线

除了胡志明市—河内这条主铁路线，河内也有三条支线连接北部地区：一条向东延伸至港城海防，另一条向东北延伸，经谅山直至中国南宁，还有一条向西北延伸至老街（那里可以转车前往中国昆明）。

河内和胡志明市之间所谓的"快车"，单程一般也要32~36小时。

类别和价格

SE级列车最现代化，速度最快。TN开头的列车又慢又旧。

主要有4个档次的车票：硬座、软座、硬卧、软卧，每个档次还分有空调和无空调两种。目前，只有较快的直达列车才配空调。某些SE列车现在配备了Wi-Fi（但网速和越南火车车速一样，都不算快）。硬座车厢通常很挤，建议白天乘坐，但是有许多人会在里面吸烟。

订票

你可以通过越南铁路的订票网站（http://dsvn.vn；但在本书调研期间，付费只可以使用越南信用卡）网上购票。不过你也可以通过旅行社Bao Lau（www.baolau.vn）的网站进行订票。这个网站很给力，上面会显示空余坐票、卧铺票信息，接受国际信用卡付费。购票后，你的邮箱里会收到电子车票，打印即可使用，每张票要收40,000d的手续费。

长途坐票和卧铺票可以提前60~90天购买（距离越短，提前天数越少）。大多数情况下，提前一两天购票都没问题，但节假日出行高峰除外。对于卧铺票来说，最好能提前一周以上购票。

Bao Lau的官网上可以查询列车时刻表、票价等相关信息，也能在线购票。Vietnam Impressive（www.vietnamimpressive.com）也是一个可靠的私营票务代理，可以免费把票邮递到你在越南的酒店（邮递到国外需要收费）。

许多旅行社、酒店和咖啡馆也可以帮你买火车票，要收一点儿手续费。

柬埔寨

人口 1600万/☎855

包括 ➡

最佳餐饮

- Jaan Bai（见248页）
- Cuisine Wat Damnak（见229页）
- Romdeng（见205页）
- Sailing Club（见289页）
- Fishmarket（见286页）

最佳住宿

- Raffles Hotel Le Royal（见203页）
- Grand Hotel d' Angkor（见227页）
- Suns of Beaches（见281页）
- Oasis Bungalow Resort（见268页）

为何去

在柬埔寨，你可以走进吴哥窟这个众神之域，近距离接触灵性、象征主义和对称美学的完美融合。你还可以走进监狱博物馆亲身感受曾经的红色高棉政权犯下的残酷罪行。这就是柬埔寨，一个既有光辉历史，又有黑暗过去的国度，它用自己神秘的吸引力，给每一个到来的旅行者施下魔咒。

柬埔寨被美丽的沙滩和热带岛屿围绕，母亲河湄公河哺育着这片美丽的土地，保护着几片仅存的绿色原野。去柬埔寨的旅行既是一场冒险，也是一趟休闲的度假。它位于东南亚温暖的心脏地带，虽然地域并不广阔，但可以为你带来超乎想象的经历。

除了那些被人津津乐道的热门景点外，柬埔寨最珍贵的财富依然是它的人民。尽管高棉人曾经历过巨大的苦痛和灾难，但是他们从未失去极富感染力的乐观心态和温暖灿烂的微笑。

何时去

金边

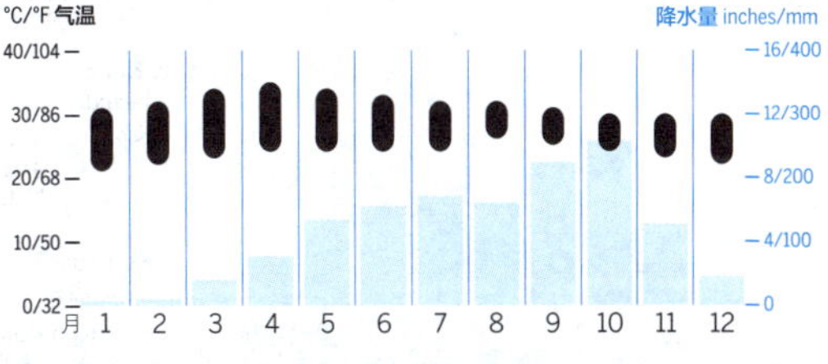

11月至次年2月 多风的季节，气候凉爽宜人，最适合旅游。

4月至5月 高棉的新年节庆是在4月中旬，气温常常超过40℃。

7月至9月 这是绿色的季节，片片稻田闪烁着微光，花费也会低一些。

柬埔寨亮点

❶ **吴哥窟**（见235页）探索世界第八大奇迹。

❷ **金边**（见196页）领略著名的“亚洲明珠”，这里有引人注目的博物馆、美丽的河岸景色和时髦的夜生活。

❸ **西哈努克市**（见271页）在附近的岛屿游玩，享受这里的享乐主义氛围。

❹ **马德望**（见242页）漫步在郁郁葱葱的乡间，爬到山顶去参观寺庙或者探索洞穴。

❺ **蒙多基里**（见261页）拜访连绵起伏的丘陵、雷鸣般的瀑布和土生土长的少数民族。

❻ **贡布**（见283页）在河畔小镇度过悠闲、静谧的时光。

❼ **柏威夏古塔寺**（见251页）去令人敬畏的山顶寺庙朝圣。

❽ **桔井**（见256页）骑车或乘船去探索具有田园风情的湄公河群岛以及江豚池。

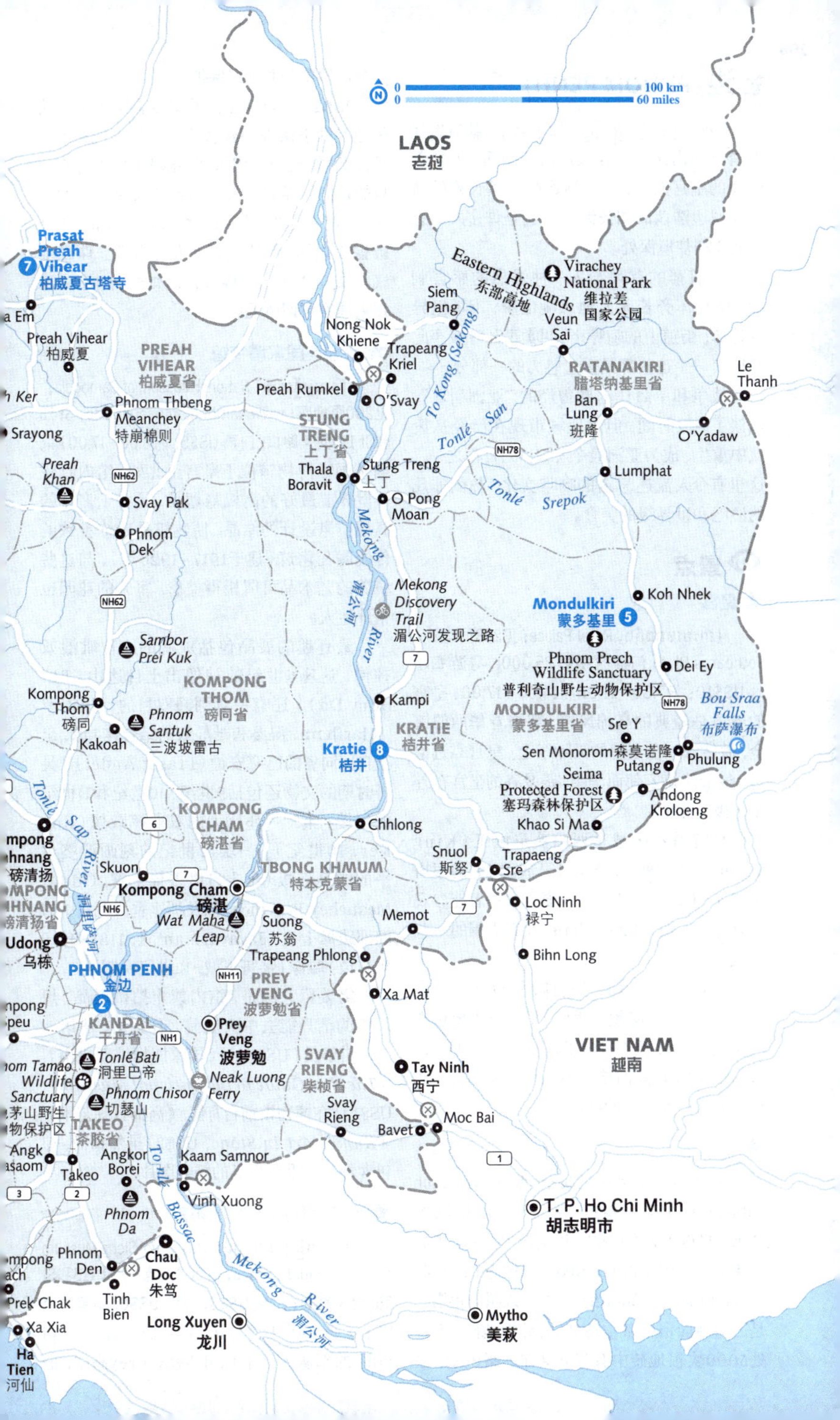

0 100 km
0 60 miles
LAOS
老挝
Prasat Preah Vihear
7
柏威夏古塔寺
Eastern Highlands
东部高地
Virachey National Park
维拉差国家公园
Siem Pang
Nong Nok Khiene
Trapeang Kriel
Veun Sai
To Kong (Sekong)
Preah Vihear
柏威夏
PREAH VIHEAR
柏威夏省
RATANAKIRI
腊塔纳基里省
Le Thanh
Preah Rumkel
O'Svay
Ban Lung
班隆
O'Yadaw
Phnom Thbeng Meanchey
特崩棉则
Srayong
STUNG TRENG
上丁省
Tonlé San
NH78
Preah Khan
NH62
Thala Boravit
Stung Treng
上丁
Lumphat
Tonlé Srepok
Svay Pak
O Pong Moan
Phnom Dek
Mekong
湄公河
River
Mekong Discovery Trail
湄公河发现之路
NH62
Koh Nhek
Mondulkiri
蒙多基里
5
Sambor Prei Kuk
Phnom Prech Wildlife Sanctuary
普利奇山野生动物保护区
Dei Ey
7
KOMPONG THOM
磅同省
Kompong Thom
磅同
Phnom Santuk
三波坡雷古
Kakoah
Kampi
MONDULKIRI
蒙多基里省
NH78
Bou Sraa Falls
布萨瀑布
KRATIE
桔井省
Sre Y
Kratie
8
桔井
Sen Monorom森莫诺隆
Phulung
Putang
Tonlé Sap River
洞里萨河
Seima Protected Forest
塞玛森林保护区
Andong Kroloeng
KOMPONG CHAM
磅湛省
6
Chhlong
Khao Si Ma
Snuol
斯努
Trapaeng Sre
Skuon
7
TBONG KHMUM
特本克蒙省
Kompong Cham
磅湛
Loc Ninh
禄宁
NH6
Wat Maha Leap
Suong
苏翁
7
Memot
Udong
乌栋
Trapeang Phlong
Bihn Long
PHNOM PENH
金边
2
NH11
PREY VENG
波萝勉省
Xa Mat
KANDAL
干丹省
NH1
Prey Veng
波萝勉
VIET NAM
越南
Tonlé Bati
洞里巴帝
Neak Luong Ferry
SVAY RIENG
柴桢省
Tay Ninh
西宁
Phnom Chisor
切瑟山
Svay Rieng
Moc Bai
TAKEO
茶胶省
Bavet
Angkor Borei
Kaam Samnor
1
Takeo
Tonlé Bassac
3
2
Vinh Xuong
Phnom Da
T. P. Ho Chi Minh
胡志明市
Chau Doc
朱笃
Phnom Den
Mekong River
湄公河
Prek Chak
Tinh Bien
Xa Xia
Long Xuyen
龙川
Mytho
美萩
Ha Tien
河仙

金边(PHNOM PENH)

一听到金边(ភ្នំពេញ)这个名字，脑海里就不禁浮现出洋溢着异域风情的画面。闪烁着微光的皇宫尖顶、身着飘逸的橘黄长袍的僧人和城边浩荡的湄公河——这是许多人幻想中的亚洲梦境深处。

柬埔寨的首都给人一种强烈的感官刺激。摩托车旁若无人地风驰电掣；市场里异香扑鼻；街道上的喧哗声、叫卖声和呼喊声此起彼伏——这些都是金边魅力的一部分。

战争和革命让这颗曾经的“亚洲明珠”黯淡了一段时间，但这座城市现在已经从废墟中重生，成为亚洲最令人瞩目的首都之一。这里有令人流连忘返的咖啡文化、热闹非凡的酒吧和世界级的美食。

景点

★皇宫 宫殿

(ព្រះបរមរាជវាំង, Royal Palace; 见208页地图; Sothearos Blvd; 门票 含摄影 25,000r, 导游 每小时 US$10; ⏲7:30~11:00和14:00~17:00)皇宫的屋顶是经典的高棉风格，装饰着华丽的镀金，傲然耸立在金边的天际线上。皇宫靠近河边，整个建筑宏伟而华丽，跟曼谷的皇宫在外型上极为相似。

皇宫有些区域是西哈莫尼国王(King Sihamoni)的寓所，不对外开放。毗邻的银塔(Silver Pagoda)对游人开放。旅行者能参观的只有君王殿(throne hall)及其周围的一些建筑。

参观者的穿着必须得体，短裤必须过膝盖，上衣的袖子必须过手肘，不然就需要租衣服穿上。周日，住在乡村的高棉人会来朝圣，这时的皇宫非常拥挤，但融入当地人的生活也不失为一种有趣的体验。

★银塔 佛教寺庙

(Silver Pagoda; 见208页地图; Samdech Sothearos Blvd; 持皇宫门票; ⏲7:30~11:00和14:00~17:00)坐落在皇宫建筑群内，这座华丽的建筑又名Wat Preah Keo或玉佛寺(Temple of the Emerald Buddha)，之所以叫作银塔，是因为地面覆盖着重达5吨的纯银地砖。入口处5000块银地砖中有些可供你一睹风采，但多数已被覆盖并加以保护。

1892年，当时在位的诺罗敦国王下旨效仿曼谷的玉佛寺兴建银塔，后来又于1962年重建此塔。红色高棉时期，银塔被保护起来，目的是向外界展示政府对珍贵文化遗产的关注。越南入侵造成塔内半数以上的物品丢失、被盗或损坏，但残余部分仍很壮观。珠光宝气的文物展示出高棉文化之灿烂与丰富，这在柬埔寨可谓凤毛麟角。

★柬埔寨国家博物馆 博物馆

(សារមន្ទីរជាតិ, National Museum of Cambodia; 见200页地图; www.cambodiamuseum.info; St 13和St 178交叉路口; 门票 US$5; ⏲8:00~17:00)柬埔寨国家博物馆位于皇宫正北处，馆内收藏了世界上最好的高棉雕塑品，是一千多年的高棉精湛设计的结晶。博物馆是一栋雅致的传统陶瓦建筑(建于1917~1920年)，与这些精美的艺术品可谓相得益彰。室外的花园也格外迷人。

最有趣的展品包括威武的八臂毗湿奴神像，这座6世纪的神像出土自达山(Phnom Da)；还有一尊圆睁双目的诃里诃罗(Harihara，湿婆和毗湿奴的结合体)像，出土自磅同省的巴塞安德(Prasat Andet)。吴哥时期的文物还包括9世纪、10世纪和11世纪的湿婆神像、一座巨大的双猴摔跤像(Koh Ker，10世纪)、一块12世纪的刻画湿婆生平的漂亮石板(出土自奥多棉芷省，Oddar Meanchey Province)以及那座垂头沉思中的阇耶跋摩七世(Jayavarman Ⅶ，1181~1219年在位)雕像(吴哥王城，12世纪晚期)。

需要留意的是，馆内禁止拍摄展品，想照相的话只能去中央庭院。有英语、法语、日语讲解员(US$6)。《国家博物馆新指南》(*The New Guide to the National Museum*，US$10)在博物馆前台有售，《高棉石刻艺术》(*Khmer Art in Stone*，US$2)虽然精简，却包含着一些重要作品的精美图片。

★堆尸陵种族屠杀博物馆 博物馆

(សារមន្ទីរប្រល័យពូជសាសន៍, Tuol Sleng Museum of of Genocidal Crimes; 见208页地图; St 113和St 350交叉路口; 门票 US$3，导游 US$6，语音导览 US$3; ⏲7:00~17:30)1975年，波尔布特(Pol Pot)的军队占领了Tuol Svay Prey高中，把

它改建成了堆尸陵监狱（即S-21）。很快这里就变成了全国最大的关押和拷问犯人的集中营。

后来，监狱被改造为监狱博物馆，成为红色高棉政权犯下滔天罪行的铁证。1975～1978年，关押于此并被送往钟屋杀人场（见197页）行刑的囚犯超过17,000名。和纳粹一样，红色高棉的领导人将自己的残暴行径都细心地记录了下来，S-21里的每个囚犯都有被拍照，有的是在受刑前，有的是在受刑后。监狱博物馆内的展品包括一间又一间展厅的黑白照片，几乎都是以后来被杀害的男女老少为主题。你可以通过犯人胸前的号码牌判断出照片拍摄于哪一年。来自澳大利亚、新西兰、美国的几名外国人被杀前也被关押在这里。不妨请位讲解员告诉你照片背后的故事。馆内新增了语音导览服务。

馆内许多展品由**柬埔寨档案中心**（Documentation Center of Cambodia，DC-Cam；www.dccam.org）提供。该档案中心于1995年在耶鲁大学柬埔寨种族屠杀项目的支持下建立专门研究和记录红色高棉的罪行。1997年，档案中心成为独立机构，研究者们花费多年心血翻译监狱博物馆内发现的悔过书和各类文件，勘定大批处死犯人的埋尸位置，并保存能够证明红色高棉罪行的证据。

每天10:00和15:00，这里会放映柬埔寨裔法国导演潘礼德（Rithy Panh）的电影《一个柬埔寨的悲剧》（*Bophana*，1996年），电影讲述了美丽的少女Hout Bophana与一名红色高棉政权领导人Ly Sitha坠入爱河并最终在S-21监狱被处决的故事。时长1小时的电影发人深省，值得一看。周一和周五14:00及周三9:00，还有柬埔寨档案中心的幻灯片放映。

塔山寺　佛寺

（វត្តភ្នំ，Wat Phnom；见200页地图；Norodom Blvd at St 94；门票 寺庙 US$1，博物馆 US$2；⏲7:00～18:30，博物馆 7:00～18:00）坐落于金边唯一的一座“山”上（其实只是一座只有27米高的小丘，上有林木覆盖）。据说，此地的第一座佛塔建于1373年，供奉由湄公河河水冲来的四尊佛像。城市的名字（Phnom Penh，即“Penh之山”）便是取自佛像的发现者，一名叫作Penh的妇人。

塔山寺有许多乞丐、顽童，有许多妇女售卖饮料，还有小孩售卖装在笼子里的鸟，场面可能非常混乱。鸟虽然是供买来放生之用，但它们都受过训练，还是会飞回主人的笼子里。

乌那隆寺　佛寺

（វត្តឧណ្ណាលោម，Wat Ounalom；见200页地图；Samdech Sothearos Blvd；⏲6:00～18:00）**免费** 乌那隆寺是柬埔寨的佛教中心。寺庙建于1443年，包括44座建筑，在波尔布特执政时期遭受到了严重的破坏，但是现在已经恢复了生机。柬埔寨佛教领袖和大批僧人居住于此地。

钟屋杀人场　博物馆

（វាលពិឃាតជើងឯក，Killing Fields of Choeung Ek；门票 含语音导游 US$6；⏲7:30～17:30）1975～1978年，S-21监狱中被关押、折磨的大约1,7000名老弱妇孺被转移到钟屋杀人场处死。如今这里非常宁静，参观者可以从文物中了解几十年前发生在这里的恐怖行径。

1980年，人们在这个前身是龙眼果园的地方发现了一个万人坑，挖掘出了8985具遗骸，其中许多都是被五花大绑并蒙住双眼的。129个万人坑中尚有43个未被挖掘。已被发掘的坟坑中遍布着碎骨和布片。1988年建造的纪念塔（Memorial Stupa）中有玻璃展箱，里面按性别和年龄陈列着8000多名受害人的头骨。

可以通过语音导览聆听幸存者们的故事，此外已有钟屋卫兵兼行刑人Him Huy讲述他们如何花样百出地杀死手无寸铁的无辜平民包括妇孺。这里还有一个博物馆，介绍红色高棉领导人及对其审判的信息。每年5月9日，钟屋杀人场都会举行悼念仪式。

钟屋位于城区以南约7.5公里处，有清晰的英语路标。乘坐突突车（remork-moto）的费用约US$10（司机可能会多要）。**Phnom Penh Hop On Hop Of**（☎016 745880；www.phnompenhhoponhopoff.com；1/2 名乘客 US$15/25，不含门票）组织的巴士游有接送服务，可在8:00或13:30在酒店门口等候。

Phnom Penh 金边

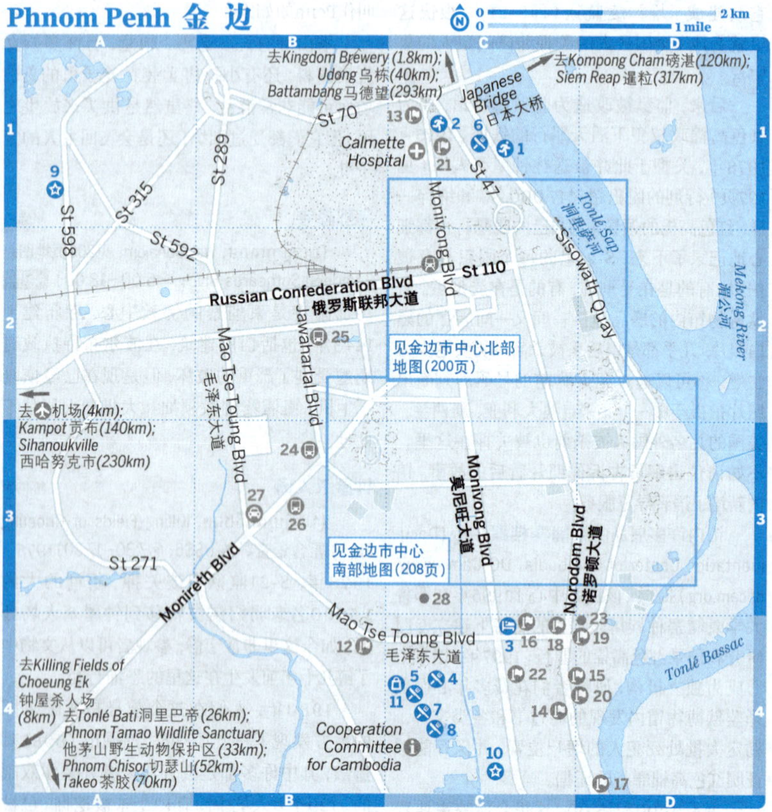

活动

每天清早和黄昏，柬埔寨人汇聚在城里的几处场所跳起广场舞。可以在公园或河边观看这一奇特而有趣的景象，也可以加入其中感受其乐趣。

游船

Koh Dach Boat Trips 乘船

(见200页地图; Sisowath Quay; 每人US$10) 每日前往丝岛(Koh Dach)的乘船游，8:30、9:30和13:30在游船码头发船(最少4人)。

Cruising Boats 乘船

(见本页地图) 洞里萨湖(Tonlé Sap)和湄公河上的游船人气极高。最好在日落时乘坐，可以观赏火红的太阳慢慢消失在皇宫金色尖顶背后的美景。在游船码头以北500米处的河边有许多游船可供出租，想坐游船的时候可以现场租用，每小时约US$20，具体价格得看你的砍价功力和人数。可以自带饮品，也可以在船上购买啤酒和软饮料。

烹饪课程

Cambodia Cooking Class 烹饪课程

(见208页地图; ☎023-220953; www.frizz-restaurant.com; 预订处 67 St 240; 半天/全天 US$15/23) 在St240的Frizz餐厅学习高棉美食的艺术，餐厅距俄罗斯大使馆不远，可在屋顶边上课边享受徐徐凉风。需要提前一天报名。

骑自行车

Vicious Cycle 骑自行车

(见200页地图; ☎012 430622; www.grasshopperadventures.com; 23 St 144; 公路/山地自行车 每天 US$4/8; 👪) 这里有许多不错的山地自行车和其他自行车可供出租。连接在自行车上的

Phnom Penh 金边

活动、课程和团队游

1 Cruising Boats C1
2 O Spa C1

住宿

3 Rambutan Resort C4

就餐

4 Brooklyn Bistro C4
5 Café Yejj C4
6 Chinese House C1
7 Sesame Noodle Bar C4
8 Sumatra C4

娱乐

9 Apsara Arts Association A1
10 Sovanna Phum Arts Association C4

购物

11 Russian Market C4

实用信息

12 中国大使馆 B4
13 法国大使馆 C1
14 印度大使馆 C4
印度尼西亚大使馆 .... (见14)
15 日本大使馆 D4
16 老挝大使馆 C4
17 马拉西亚大使馆 D4
18 缅甸大使馆 C4
19 菲律宾大使馆 D4
20 泰国大使馆 D4
21 英国大使馆 C1
22 越南大使馆 C4

交通

23 柬埔寨吴哥航空 D4
24 Kampot Express B3
25 Kim Seng Express B2
26 Olympic Express B3
27 Psar Dang Kor Taxi Park B3
28 Two Wheels Only C3

儿童座椅租金为US$3。Vicious是享有盛誉的Grasshopper Adventures在金边的分店。

按摩和禅修

Bodia Spa 水疗

(见200页地图; ☎023-226199; www.bodia-spa.com; Samdech Sothearos Blvd和St 178交叉路口; 按摩 US$32起; ⊙10:00~23:00)堪称金边最好的按摩和水疗馆, 紧邻河畔, 室内布置充满禅意。护理用品来自Bodia Nature团队, 均用当地原材料制作。

Seeing Hands Massage 按摩

(见200页地图; ☎016-856188; 12 St 13; 按摩 US$7⊙7:00~22:00) Seeing Hands总店, 是金边性价比最高的按摩场所之一, 可以帮助你缓解肢体酸痛。你不但可以自己享受, 还可以帮助那些盲人按摩师维持生计。

Nail Bar 按摩

(见200页地图; www.mithsamlanh.org; Friends n' Stuff store, 215 St 13; 30/60分钟按摩 US$4/7; ⊙11:00~21:00) 这里的修甲、足部护理、足部按摩、手部按摩和美甲的服务都很便宜, 营业所得会捐献给Mith Samlanh组织为流浪儿童进行就业培训。

Spa Bliss 水疗

(见208页地图; ☎023-215754; www.blissspacambodia.com; 29 St 240; 按摩 US$23起) 金边的老牌水疗馆之一, 位于人来人往的St 240街上一栋漂亮的法式建筑里。

Daughters 水疗

(见200页地图; ☎077 -657678; www.daughtersofcambodia.org; 321 Sisowath Quay; 1小时足底按摩 US$10; ⊙周一至周六 9:00~17:30) 这里提供手部和足部按摩服务, 员工是一些生活困难的妇女, 她们都经过了非政府组织提供的短期职业培训。有15~30分钟的按摩服务可以选择。

O Spa 水疗

(见198页地图; ☎023-992405; www.ospacambodia.com; 4B St 75; 按摩 US$20起; ⊙11:00~22:00) 就像一片宁静的绿洲, 提供令人神清气爽的热石按摩, 也提供巴厘岛式和泰式按摩服务。

音乐

Cambodian Living Arts 文化

(CLA; 见208页地图; ☎017 998570; www.cambodianlivingarts.org; 128 Samdech Sothearos

Central Phnom Penh North 金边市中心北部

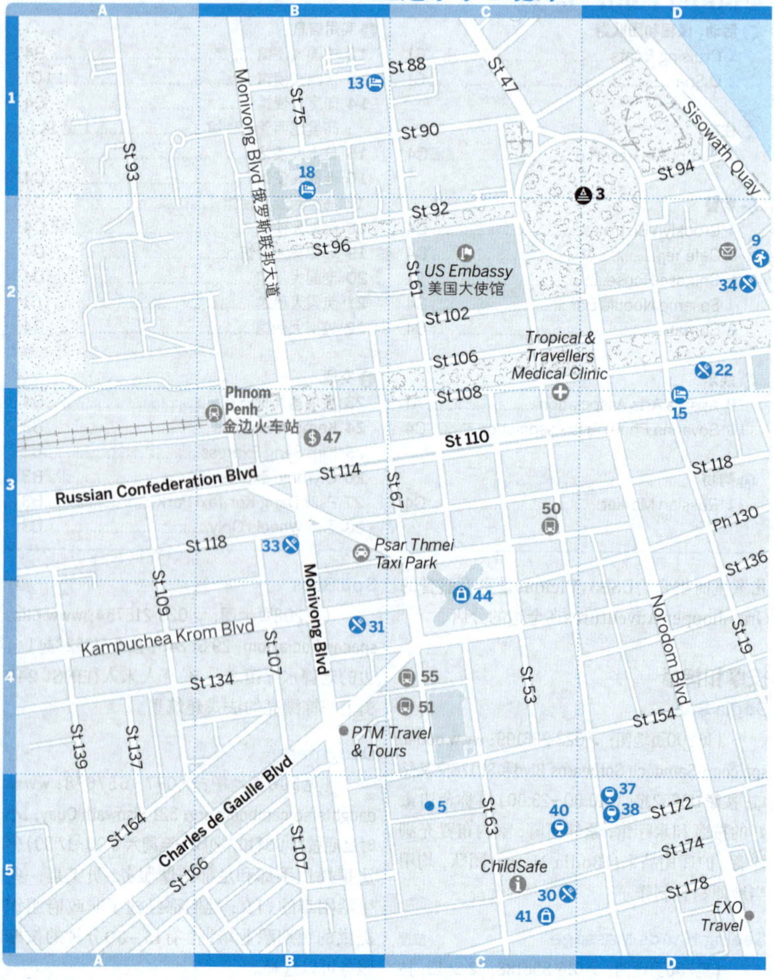

Blvd）这里帮助老一辈柬埔寨乐师对年轻人及弱势群体进行传统音乐、舞蹈和其他艺术活动的培训。参加Living Arts Tours可以旁听许多培训课程。其中最有趣的当属**Pinpeat ensemble class**（⏲周一至周五 10:45~12:15），该课程在破旧的现代主义建筑"白楼"中举行，学员们在那里学习从前吴哥王室用于仪式、舞蹈和化妆剧的伴奏音乐。

游泳

Himawari Hotel 游泳

（见208页地图；☎023-214555；313 Sisowath Quay；平日/周末 US$7/8）城里最好的酒店泳池之一。距湄公河岸不远。门票含健身房。

Kingdom Resort 游泳

（☎023-721514；www.thekingdomresort.net；紧邻 NH1；成人/儿童 US$5/3）对于想要在城外短途徒步（6公里）的游人而言，这里是个理想的游泳场所，有巨大的泳池和几座水滑梯。

团队游

Cyclo Centre 团队游

（见200页地图；☎097 700 9762；www.cyclo.

org.kh; 95 St 158; 每小时/每天 US$3/12起) 这项团队游是为了扶持金边的人力三轮车（cyclo）司机，你可以在游览时尽情欣赏金边的景点。另外也提供串酒吧或文化体验等主题游。

Cambodia Expeditions 团队游

(www.cambodiaexpeditions.com) 该团队非常专业，自1998年以来一直运营柬埔寨摩托车团队游与拉力赛等项目，也会组织游览柬埔寨北部的一些美妙行程。

Kingdom Brewery 团队游

(☎023-430180; 1748 NH5; 团队游 US$6; ⊙周一至周五 13:00~17:00) 仅需US$6，便可游遍Kingdom Brewery酒厂。这个行程会附赠两瓶啤酒，而且不需要提前预订，直接去就行了，就在NH5上的日本大桥（Japanese Bridge）北边1公里处。

住宿

跟柬埔寨的其他地方一样，金边的住宿性价比很高，有数百家价格不一的客栈和酒店任你选择。

金边曾经的背包客聚集地是万谷湖（Boeng Kak），但是由于2011年万谷湖被沙子填平，那里已经今不如昔了，现在的背包客主要聚集在4个区域：St 19和St 13之间的St 172（背包客聚集最多的区域）、河岸附近的St 258、热闹的Monivong Blvd路以西的The Psar O Russei区，以及独立纪念碑以南Boeng Keng Kang（BKK）区的St 278（也称为Golden St）。

金边市中心北部

★ Eighty8 Backpackers 青年旅舍 $

(见200页地图; ☎023-500 2440; www.88backpackers.com; 98 St 88; 铺 US$6.40~8，双 US$10~34; ❄@📶🏊) 带泳池的青年旅舍肯定是派对场所，这里每月的第一个周五就有盛大的派对。宽敞的别墅中有各类多人间和私人客房。庭院中间有酒吧，配有台球桌，泳池旁有各种休闲设施。多人间有空调房和风扇房，还有专门的女性多人间。

11 Happy Backpacker 青年旅舍 $

(见200页地图; ☎088-777 7421; www.11happybackpackers.com; 87-89 St 136; 铺 US$5，房间 US$8~18; ❄@📶) 金边最早营业的背包客住宿场所之一，宽敞的屋顶酒吧兼作餐馆，有舒适的椅子和桌球台。白天安静，晚上热闹。贴有白色瓷砖的房间设施实用，又很干净。电影院Flicks 2就在楼下，看电影非常方便。

Velkommen Backpackers 青年旅舍 $

(见200页地图; ☎077-757701; www.velkommenbackpackers.com; 17 St 144; 铺 US$6,

Central Phnom Penh North 金边市中心北部

重要景点
1 柬埔寨国家博物馆 E5

景点
2 乌那隆寺 F4
3 塔山寺 D1

活动、课程和团队游
4 Bodia Spa F4
5 Cyclo Centre C5
6 Daughters F4
7 Koh Dach Boat Trips E2
8 Nail Bar E4
9 Seeing Hands Massage D2
Vicious Cycle .... （见20）

住宿
10 11 Happy Backpacker E3
11 Amanjaya Pancam Hotel F4
12 Blue Lime E5
13 Eighty8 Backpackers B1
14 Foreign Correspondents' Club F4
15 La Maison D'Ambre D3
16 Monsoon Boutique Hotel E3
17 Natural House Boutique Hotel E4
18 Raffles Hotel Le Royal B1
19 Sun & Moon Urban Hotel E3
20 Velkommen Backpackers E3
21 Velkommen Guesthouse E3

就餐
22 Armand's The Bistro D2
23 Blue Pumpkin F3
24 Bopha Phnom Penh Restaurant E2
Daughters Cafe .... （见6）
25 Friends E5
26 Happy Herb Pizza F4
27 Metro F3
28 Pop Café F5
29 Psar Kandal E4
30 Romdeng C5
31 Sam Doo Restaurant B4
32 Sher-e-Punjab E3
33 Thai Huot B3
34 Van's Restaurant D2

饮品和夜生活
35 Blue Dragon F5
36 Chow F4
Elephant Bar .... （见18）
FCC .... （见14）
37 Heart of Darkness D5
38 Howie Bar D5
39 Oskar Bistro E3
40 Pontoon C5

娱乐
Traditional Dance Show .... （见1）

购物
41 Ambre C5
42 D's Books F4
43 Night Market E2
44 Psar Thmei C4
45 Smateria F4

实用信息
46 澳盛皇家银行 F3
CAB Bank .... （见46）
47 加华银行 B3
U-Care Pharmacy .... （见4）

交通
Blue Cruiser .... （见57）
48 CTT Net E3
49 Giant Ibis E2
50 Golden Bayon Express C3
51 GST C4
Hang Chau .... （见57）
52 Mekong Express E2
53 Neak Krorhorm E2
54 Orient Express 1907 .... E2
55 Phnom Penh Sorya C4
56 Seila Angkor E4
57 游船码头 E2
Victoria Hotels .... （见57）
58 Virak Buntham E2

房 US$10~30；❄📶）高人气旅舍Velkommen营业已近十年。多人间有空调，私人客房大小不一，形状各异。楼下的酒吧兼餐馆提供丰富的旅游信息。马路正对面是**Velkommen Guesthouse**（☎077-757701；www.velkommenguesthouse.com；18 St 144；房 US$20~45；❄📶），提供更时髦的客房。

★ Blue Lime 精品酒店 $$

（见200页地图；☎023-222260；www.bluelime.asia；42 St 19z；房 含早餐 US$55~95；❄@📶🏊）Blue Lime的客房精致简约，极为诱人。房费较贵的那些房间配有独立泳池、

四柱大床和混凝土双人椅。主楼楼上的房间价格更便宜，但魅力不减。不接待儿童。

★ Foreign Correspondents' Club 精品酒店 $$

（FCC；见200页地图；023-210142；www.fcccambodia.com；363 Sisowath Quay；房 含早餐 US$75~95；）这家老牌旅馆是重温战时记者兴奋而忙碌心境的理想场所。客房有精致的木质装饰，室内摆放着艺术品和高级家具，墙上贴有旧时的《金边邮报》（*Phnom Penh Post*）。豪华房带有怡人的阳台，能看到美丽的河景。

Sun & Moon Urban Hotel 设计酒店 $$

（见200页地图；023-961888；www.sunandmoonhotel.com.kh；68 St 136；房 US$69~129；）金边最时尚的高层建筑之一，提供大牌设计师设计的客房，墙上有几何图案，家具以红色调为主。令人印象尤为深刻的是屋顶的无边际游泳池，可将周遭景致尽收眼底，另有Cloud 9 Sky Bar。

Natural House Boutique Hotel 酒店 $$

（见200页地图；097-263 4160；52-54 St 172；房 含早餐 US$20~35；）St 172附近最好的US$20左右的房间就在这里。所有的房间都有豪华的床上用品和小厨房。对面的Bistro Corner供应早餐，与酒店同属一个日本老板经营。

Monsoon Hotel 精品酒店 $$

（见200页地图；023-989856；www.monsoonhotel.com；53-55 St 130；房 含早餐 US$30~45；）这一小片绿洲位于混乱的St 130街上，稍不注意就会走过了。房间里有漂亮的壁画，水泥墙和地板是经过打磨的。以这种价格享受精美的室内设计和靠近河的地理位置，可以说是非常划算的。

★ Raffles Hotel Le Royal 酒店 $$$

（见200页地图；023-981888；www.raffles.com/phnom penh；Monivong Blvd和St 92交叉路口；房 US$299起；）这里曾是旅游业黄金年代的酒店业贵族，与曼谷的Oriental、新加坡的Raffles同为亚洲最奢华的酒店。经典的殖民风格建筑在金边无人不知，服务与品位更是锦上添花。1970年至1975年间，许多著名记者曾下榻此地。最近的客人中则不乏巴拉克·奥巴马、安吉丽娜·朱莉等知名人士。酒店有两个游泳池、一个健身房、一个水疗馆，以及数间豪华酒吧和餐厅。

★ La Maison D' Ambre 精品酒店 $$$

（见200页地图；023-222780；www.lamaisondambre.com；123 St 110；套间 含早餐 US$100~190；）由于与大牌时装Ambre的关系，这座设计酒店非常适合追求时尚的人士。各种主题套房以令人赞不绝口的当代艺术、太空时代的灯具和漂亮的厨房为特色。最为美妙的是屋顶的迷幻酒吧Fifth Element，拥有塔山寺的好风景和时尚的家具，是个吃早餐或者饮酒赏落日的好去处。

Amanjaya Pancam Hotel 精品酒店 $$$

（见200页地图；023-214747；www.amanjaya-suites-phnom-penh.com；1 St 154；房 含早餐 US$130~180；）拥有无敌河景与宽敞时尚的客房，铺有深色木地板，并带有高棉风格的窗帘和热带风情的装饰。美妙的酒吧Le Moon位于屋顶，时髦的咖啡馆K West则在一楼。

金边市中心南部

★ Mad Monkey 青年旅舍 $

（见208页地图；023-987091；www.madmonkeyhostels.com；26 St 302；铺 US$6~8，房 US$16~30起；）这家色彩丰富、朝气蓬勃的青年旅舍很受欢迎。宽敞的多人间里有空调，可以容纳20个人。小一点儿的多人间里有大的双层床，每张床可以睡两人。私人客房的时髦程度对得起价格，但没有电视，而且其中很多都没有窗户。屋顶酒吧可以俯瞰安静的St 302，周一18:00~20:00啤酒免费。

Top Banana Guesthouse 青年旅舍 $

（见208页地图；012 885572；www.topbananahostels.weebly.com；9 St 278；铺 US$4起，房 US$12~18；）开业15年之后进行的装修令客房条件得到极大的改善，此外也有多人间。最大的卖点在于地处俯瞰兰卡寺（Wat Langka）和St 278的优越地理位置，以及舒适的户外休闲区。建议预订。附近的One Up

Banana Hotel（见208页地图；☎023-211344；www.1uphotelcambodia.com；Z9-132 St 51；房US$29~49；❄@📶）更高档。

St 63 Hostel 青年旅舍 $

（见208页地图；☎015-647062；179 St 63；铺 US$8~10；❄@📶）位于城里时尚区域BKK 1的精致小旅舍。多人间的床铺宽度高于平均水平，房间里有阅读灯和充电插座。这里有女生专用宿舍，另有价格为US$10的四人间，并提供免费的洗衣服务。

★ Rambutan Resort 精品酒店 $$

（见198页地图；☎017 -992240；www.rambutanresort.com；29 St 71；房 含早餐 US$55~150；❄📶🏊）这栋充满20世纪60年代风格的酒店经营良好，欢迎同性恋旅客。这栋别墅曾经属于美国大使馆，原先的高楼旁修建了新的侧楼，楼边有一个靴子形状的游泳池。酒店有19间客房，水泥地面给酒店增加了一丝独特的工业气息。房间内设施齐全，品质一流。

★ Pavilion 精品酒店 $$

（见208页地图；☎023-222280；www.thepavilion.asia；227 St 19；房 含早餐 US$60~110，公寓US$120~150；❄@📶🏊）Pavilion位于一栋高雅的法式别墅内，极具艺术氛围，是金边精品酒店中的翘楚。所有的房间里都有诱人的四柱床、漂亮的家具、私人电脑和iPod基座。有些新房间中还有私人跳水泳池。住客可免费使用竹制自行车。不接待儿童。

★ Villa Langka 精品酒店 $$

（见208页地图；☎023-726771；www.villalangka.com；14 St 282；房 含早餐 US$48~120；❄@📶🏊）金边最早的带泳池精品酒店之一，虽然业内竞争日趋激烈，但这里仍是当地最受欢迎的酒店。48个房间里充满后现代主义的装饰，房间大小和装饰风格各不相同。树木繁茂的水池区域让人赏心悦目。

Khmer Surin Boutique Guesthouse 精品酒店 $$

（见208页地图；☎012-731909；www.khmersurin.com.kh；11A St 57；房 含早餐 US$40~65；❄📶）这家客栈位于一栋豪华的别墅，毗邻同名的老字号餐厅。19个房间中有平板电视、摆有植物的阳台，还有古色古香的家具和让大多数四星级酒店都自叹弗如的卫生间。

Anise 酒店 $$

（见208页地图；☎023-222522；www.anisehotel.com.kh；2C St 278；房 含早餐 US$42~69；❄@📶）如果你对绿树成荫、池水粼粼的精品酒店不感兴趣，可以考虑这座金边最好的中档高层酒店。房间里有当地生产的纺织品、木质装饰和DVD机等物品。价格较贵的房间非常大。所有价位的客房都提供免费的洗衣服务。

Kabiki 精品酒店 $$

（见208页地图；☎023-222290；www.thekabiki.com；22 St 264；房 含早餐 US$55~120；❄@📶🏊）城里最适宜家庭旅行者的旅馆，有植被茂盛的宽阔花园，迷人的泳池旁带一个儿童嬉水池。家庭房配双层床，多数房间有独立的花园露台。

Plantation 精品酒店 $$$

（见208页地图；☎023-215151；www.theplantation.asia；28 St 184；房 含早餐 US$80~350；❄@📶🏊）这是MAADS 集团最大、最豪华的一间酒店，高高的天花板、时尚装饰、户外卫生间和阳台应有尽有。酒店里还有两个泳池，以及时常举行艺术展的庭院。

La Rose Suites 精品酒店 $$$

（见208页地图；☎023-222254；www.larose.com.kh；4B St 21；套间 US$180~400；❄@📶🏊）时尚的精品酒店，位于热闹的小巷St 21路旁。客房全是套间，精致而宽敞，另有两个适宜家庭旅行者的双卧室公寓。浴室装饰高雅，有水磨石大浴缸和花洒。

Psar O Russei区

Narin Guesthouse 客栈 $

（见208页地图；☎023-991955；50 St 125；房 带风扇/空调 US$12/17；❄@📶）金边最好的客栈之一（我们第一次下榻此地还是在1995年）。里面的房间都很舒服，卫生间也装修得非常好，价格合理。还有一个舒适轻松的露天餐厅可以消磨时间。

Terrace on 95 精品酒店 $$

（见208页地图；☎023-996143；43 St 95；

房 US$35~45；❄📶）这家透着民宿私密氛围的酒店位于一栋修复完美的传统建筑内，共有6间布置精美的客房，楼上的K'nyay（见207页）提供素食。楼下的房间共享一处室外庭院。

就餐

金边市中心北部

Blue Pumpkin 咖啡馆 $

（见200页地图；☎023-998153；www.bluepumpkin.asia；245 Sisowath Quay；主菜 US$3~8；⏰6:00~23:00；❄📶）供应健康早餐、意面、三明治和金边最好吃的冰激凌，晚餐时可以一边享用美食一边观看人们在河畔跳广场舞。城里分店很多，其中一家在Kids City（见208页地图；www.kidscityasia.com；Sihanouk Blvd；⏰8:00~21:30；👪）。

Thai Huot 超市 $

（见200页地图；103 Monivong Blvd；⏰7:30~20:30）这个地方适合想念家乡味道的法国旅行者，有Bonne Maman牌果酱和城里最美味的奶酪。它在BKK还有一家分店（见208页地图；St 63和St 352交叉路口；⏰7:30~20:30）。

★ Sam Doo Restaurant 中国菜 $

（见200页地图；☎017-427688；56-58 Kampuchea Krom Blvd；主菜 US$2.50~15；⏰7:00至次日2:00；❄📶）餐馆位于中央市场附近一栋房子的楼上，很多华裔高棉人宣称这里的食物是金边最好的。招牌菜Sam Doo炒饭、酱油姜丝蒸鱼（trey chamhoy）、火锅和点心都值得一试。

Metro 创意菜 $$

（见200页地图；☎023-222275；271 Sisowath Quay；小份 US$4~10，大份 US$8~26；⏰9:30至次日1:00；📶）装潢设计和大胆独特的菜肴让这里成了河边最火爆的餐厅之一。红蚁牛肉和龙舌兰酒黑椒对虾等小份菜肴仅够品尝，大份菜肴包括牛排和蜜汁酱油烤鸡。另外，也供应美味的本尼迪克蛋。

Sher-e-Punjab 印度菜 $$

（见200页地图；☎023-216360；16 St 130；主菜 US$3~8；⏰11:00~23:00；🖉）很多居住在

在金边为慈善事业"就餐"

城里有些援助组织经营的餐馆，为其在柬埔寨开展的工艺项目提供资金。由丰盛餐食带来的收入也用于支持柬埔寨重建，以及帮助餐馆工作人员积累宝贵的工作经验。

Friends（见200页地图；☎012-802072；www.tree-alliance.org；215 St 13；餐前小吃 US$4~7，主菜 US$6~10；⏰11:00~22:30；📶）这是金边最受欢迎的餐厅之一，非常值得一去。推荐美味的餐前小吃、可口的冰沙和创意鸡尾酒。两份小吃或一道主菜就能填饱肚子。它同时为无家可归的儿童提供培训，帮助他们进入服务业。需要预订。

Romdeng（见200页地图；☎092 219565；www.tree-alliance.org；74 St 174；主菜 US$5~8；⏰11:00~21:00；📶）位于一栋华丽的殖民时期建筑之中，旁边有小泳池。特色是柬埔寨农家菜，如著名的蕉叶包烤鱼（amok，用椰子和香茅烤制的鱼肉，包裹上香蕉叶）、双色柚子沙拉和老虎虾咖喱等。胆子够大的话还可以品尝油炸狼蛛和树蚁，搭配牛肉和罗勒叶。服务人员一般是流浪儿童和他们的老师。

Daughters Cafe（见200页地图；www.daughtersofcambodia.org；321 Sisowath Quay；三明治 US$4~5.50；⏰周一至周六 9:00~18:00；❄📶）这家奇妙的咖啡馆位于Daughters游客中心的顶楼，里面供应汤、冰沙、原味咖啡、纸杯蛋糕和创意主菜，这里的服务员都是被解救的拐卖受害者，经过Daughters组织的培训后重新融入社会。

Hagar（见208页地图；☎023-221501；www.hagarcatering.com；44 St 310；自助午餐 US$7.50；⏰7:00~14:00；❄📶）这家自助餐厅的收益全部都会用来资助贫穷和被虐待的妇女。平时基本上都是亚洲创意菜或烧烤，但是周二的午餐则可以吃到一流的意式自助餐。

金边的印度人喜欢来这里吃咖喱，用唐杜里（tandoori）烹饪法制作的菜肴尤为美味。性价比极高的对虾咖喱也不遑多让。

Bopha Phnom Penh Restaurant

柬埔寨菜 $$

（见200页地图；☎023-427209；www.bopha-phnompenh.com；Sisowath Quay；主菜US$5~15；⏰6:00~22:30；📶）这家餐馆也叫Titanic，位于河边，店里有吴哥风格的雕刻品和典雅的柳条家具，装修设计也让人印象深刻。这里供应的许多柬埔寨菜式充满异国风情，尤其是水牛肉。如果你无意尝试这些的话也可以点西餐。

Pop Café

意大利菜 $$

（见200页地图；☎012-562892；371 Sisowath Quay；主菜 US$6~12；⏰11:00~14:00和18:00~22:00；❄）老板Giorgio十分热情，让你觉得像是来到他家做客，可以品尝正宗的意大利菜肴。薄而脆的比萨、自制的意大利面和意大利土豆团子让你觉得仿佛置身罗马。

Happy Herb Pizza

比萨 $$

（见200页地图；☎012-921915；345 Sisowath Quay；中份比萨 US$6~9；⏰8:00~23:00；📶）金边老字号。店名里有"happy"不是说他们会给你免费赠送，而是因为有大麻比萨（pizza à la ganja）。不加大麻的比萨也很好吃。这里是边畅饮便宜啤酒，边观赏河畔众生相的理想场所。

★ Van's Restaurant

法国菜 $$$

（见200页地图；☎023-722067；www.vans-restaurant.com；5 St 13；主菜 US$15~45；⏰11:30~14:30和17:00~22:30；❄）餐厅位于前东方汇理银行（Banque Indochine）内，这是金边最为宏伟的建筑之一，至今仍可看见昔日的金库门。餐厅在楼上，环境十分优雅。菜肴在摆盘上极费心思，推荐海蜇虾馄饨、嫩牛肉和无骨鹌鹑。商务午餐（US$15）包含一杯葡萄酒和一杯咖啡。

★ Chinese House

创意菜 $$$

（见198页地图；☎023-991514；45 Sisowath Quay，St 84路口；主菜 US$6~60；⏰周一至周四11:00至次日1:00，周五和周六 至次日2:00，周日 至午夜；📶）餐馆所在的中式房子是金边殖民地时期留下的杰作之一，单是建筑就值得专程前往一看。重新设计的菜单包括当代亚洲风味菜肴，如牛颊肉和蒸剑鱼等，另有东西方风味融合的创意意面和午餐特价菜肴。楼下的空间兼做鸡尾酒吧，装饰时尚，常有音乐活动。

Armand's The Bistro

法国菜 $$$

（见200页地图；☎092-305401；33 St 108；餐 US$12~25；⏰周二至周日 18:00开始营业）这里有金边最好吃的牛排，老板Armand（就是店名）往牛排上浇酒点燃，然后端上桌子。这种烹饪方法叫作flambé style。肉质无可匹敌，应该说餐厅黑板上所列的菜肴都是人间美味。这里座位有限，因此最好预订。

金边市中心南部

★ The Shop

咖啡馆 $

（见208页地图；☎023-986964；39 St 240；主菜 US$3.50~6；⏰7:00~19:00，周日 至15:00；📶✍）如果你怀念西式小吃，就来这家咖啡馆吃一顿吧。店里的三明治和沙拉样式多变，采用野生扁豆、蘑菇和羊羔肉等健康的创意食材制作。糕点、蛋糕和巧克力美味可口，令人欲罢不能。

★ Boat Noodle Restaurant

泰国菜 $

（见208页地图；☎012-774287；57 Samdech Sothearos Blvd；主菜 US$3~7；⏰7:00~21:00；📶）老字号餐馆，供应的泰国高棉风味菜肴堪称全城最佳。店前就餐区域的装饰融传统与现代于一体，也可以选择店后的传统木屋享用美食。汤面可口，另有鱼糕、香辣的咖喱等多种当地特色菜肴。

★ Asian Spice

亚洲菜 $

（见208页地图；☎012-237113；79 St 111；主菜 US$2~4；⏰6:00~21:00；📶）除了招牌菜新加坡风味叻沙（laksa），你还能在这里品尝到许多辣得恰到好处的印尼菜和马来西亚菜，此外也有一些欧洲风味菜肴。这家是金边性价比最高的餐厅之一。

Ramen & Gyoza Bar Masamune

日本菜 $

（见208页地图；☎012-734163；Bassac Lane，M47 St 308；主菜 US$2.50~10；⏰11:30~

15:00和17:30至午夜）这家新开张的日本拉面馆位于时尚的Bassac Lane区域，供应的汤面和干面令人垂涎欲滴。US$7～8的午餐套餐性价比极高。到了夜间，这里兼做酒吧，供应清酒，有现场音乐。

The Vegetarian 素食 $

（见208页地图；158 St 19；主菜 US$2~4；⏲周一至周六 10:30~20:30；✎）金边性价比最高的餐馆之一，菜肴分量足。招牌是面条和炒饭。餐馆位于绿树成荫的Sihanouk Blvd中段路旁，环境优美。

★Malis 柬埔寨菜 $$

（见208页地图；☎023-221022；www.malis-restaurant.com；136 Norodom Blvd；主菜 US$6~20；⏲7:00~23:00；❄📶）金边最好的高棉菜餐厅，在时髦的Malis你可以坐在室外用餐。这里的原创菜品有竹筒牛肉粒、贡布胡椒虾虎鱼、传统风味的汤和沙拉。精品早餐很受欢迎，套餐价格便宜，仅售US$3～4。晚餐需预订。

★K' nyay 柬埔寨菜、纯素食 $$

（见208页地图；☎011 454282；43 St 95；主菜US$4~7；⏲周二至周五 正午至22:00，周六和周日 8:00~22:00；📶✎）精品酒店Terrace on 95（见204页）楼上的漂亮餐馆，供应传统的柬埔寨肉类菜肴，也有纯素菜肴以及面向一日游游客的纯素午餐盒饭。香蕉或南瓜咖喱都非常可口，值得品尝。也可以考虑在参观附近的监狱博物馆时，顺路来喝点儿奶昔。

★Yi Sang Riverside 中国菜 $$

（见208页地图；Sisowath Quay；主菜 US$3~20；⏲6:00~23:00；❄📶）位于河畔，是

当地美食

市场

金边的街头食物不如曼谷的那样脍炙人口，但如果你有一些冒险精神，又想省下大笔钱，那么街头食物就是理想的选择。早上，街边食肆里有许多当地人吃早饭，因此非常热闹。往食客扎堆儿的地方去准没错。

金边的许多市场里都有大型美食区，白天会供应当地人最爱的汤面和炒面等。大部分菜肴都不贵，价格大概在US$1~2。强烈推荐俄罗斯市场（见213页），里面有一个很大的美食街，很容易找到，可以吃到超多柬埔寨的特色美食。16:00前后，市场西侧的大型停车场有摊贩供应海鲜烧烤等美食。中央市场（见213页）和Psar O Russei（见213页）也是很不错的选择。

紧邻河畔的**Psar Kandal**（见200页地图；St 144和St 154之间）是傍晚的好去处，许多柬埔寨人会到这里点外卖。

如果觉得市场里太热，或者不喜欢人多，不妨留意街边挑着担子或推着小车的商贩。另一个全天营业的人气选择是Wat Botum Park对面的**咖喱面摊**（见208页地图；St 7）。

高棉烧烤

夜幕降临的时候，散布在市区各处的餐厅就会点亮他们的霓虹灯招牌，招呼当地人进去喝生啤、吃美食。成条的烤肉或海鲜是这些地方的主打菜，但你也可以吃到炒面、米饭、咖喱以及其他当地人喜欢的炒菜，此外还有一些素食选择。

许多烧烤餐厅提供烧烤炉（phnom pleung），可以自己动手烤肉。另外一个特色是soup chhnang dei（用陶罐自行煮汤），结伴去吃格外有趣。

Sovanna（见208页地图；2C St 21；主菜 US$2~8；⏲6:00~11:00和15:00~23:00）拥有种类极其丰富的烧烤食品，因而成为当地人最爱的烧烤餐厅，一些老外也会来这里吃。这里也适合品尝柬埔寨的传统早餐菜肴bei sait chrouk（猪肉饭）。

Red Cow（见208页地图；126 Norodom Blvd；主菜 US$2.50~7；⏲16:00~23:00）这家餐厅把一切食材都拿来烤：鳝鱼、茄子、蛙、猪大肠、鹌鹑，还有咖喱和其他传统高棉菜。

Central Phnom Penh South 金边市中心南部

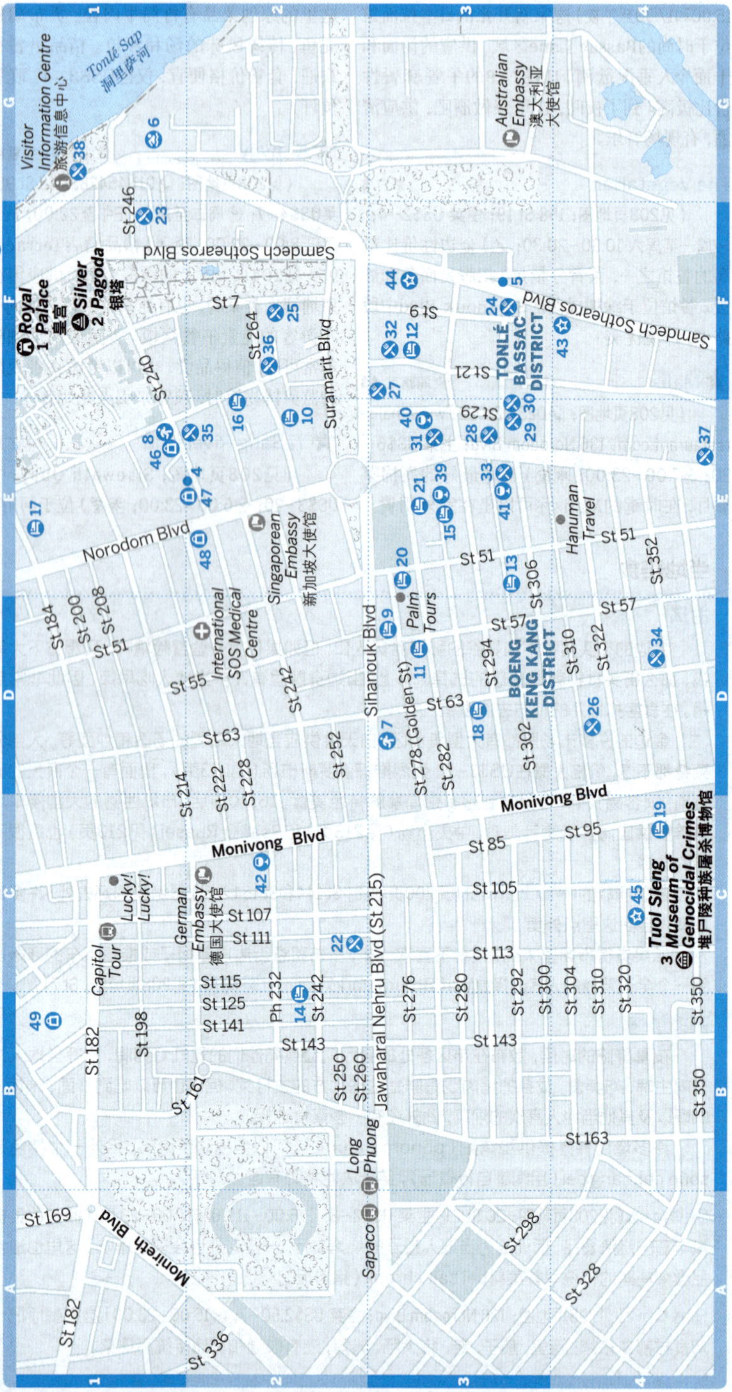

Central Phnom Penh South 金边市中心南部

重要景点
1 皇宫 F1
2 银塔 F1
3 堆尸陵种族屠杀博物馆 C4

活动、课程和团队游
4 Cambodia Cooking Class E2
5 Cambodian Living Arts F3
6 Himawari Hotel G1
7 Kids City D3
8 Spa Bliss E1

住宿
9 Anise D3
10 Kabiki E2
11 Khmer Surin Boutique Guesthouse D3
12 La Rose Suites F3
13 Mad Monkey E3
14 Narin Guesthouse B2
15 One Up Banana Hotel E3
16 Pavilion E2
17 Plantation E1
18 St 63 Hostel D3
19 Terrace on 95 C4
20 Top Banana Guesthouse E3
21 Villa Langka E3

就餐
22 Asian Spice C2
23 Backyard Cafe F1
24 Boat Noodle Restaurant F3
25 Curry Noodle Stalls F2
26 Hagar D4
27 Java Café F3
K'nyay （见19）
28 Malis E3
29 Meat & Drink E3
Piccola Italia Da Luigi （见29）
30 Ramen & Gyoza Bar Masamune E3
31 Red Cow E3
32 Sovanna F3
33 Sushi Bar E3
34 Thai Huot D4
35 The Shop E2
36 The Vegetarian F2
37 Topaz E4
38 Yi Sang Riverside G1

饮品和夜生活
39 Battbong E3
40 Botanico Wine & Beer Garden E3
41 Che Culo E3
Cicada Bar （见30）
D-22 （见42）
42 Eclipse C2
Hangar 44 （见29）
Harry's Bar （见29）
Library （见30）
Seibur （见30）

娱乐
43 Cambodia Living Arts Yike Class F4
Flicks （见19）
44 Meta House F3
45 Showbox C4

购物
46 Couleurs d'Asie E1
47 D's Books E2
48 Monument Books E2
49 Psar O Russei B1

城里为数不多的可在河边用餐的场所之一，特别适宜一边喝鸡尾酒一边赏日落。这里既有咖喱米粉（nam ben choc）等卖相漂亮的柬埔寨街头美食，也有许多点心和国际风味菜肴。

Java Café
咖啡馆 $$

（见208页地图；☎023-987420；www.javaarts.org；56 Sihanouk Blvd；主菜 US$4~8；⊙7:00~22:00；❄📶）这间咖啡馆的生意一直都很好，因为这里有一个凉风习习的阳台，菜式也富于创新，有清脆的沙拉、美味的自制三明治、汉堡和来自世界各地的优质咖啡。楼上同时也是一个画廊，楼下是面包店。

Backyard Cafe
纯素食 $$

（见208页地图；☎078-751715；www.backyardeats.com；11B St 246；菜肴 US$4~7；⊙周一 7:30~16:30，周二至周日 7:30~20:00；❄📶🖉）时尚、健康的咖啡馆，是体验金边素食的理想场所。生食包括填馅牛油果和纯素拼盘。令人垂涎欲滴的甜品也是采用纯素食材制作的。

Piccola Italia Da Luigi
比萨 $$

（见208页地图；☎017 323273；36 St 308；比萨 US$5~10；⊙11:00~14:00和18:00~22:00）

引领St 308饮食风潮的餐馆，位于路旁，食客如云，据称供应金边最好吃的比萨。如果你想尝尝美味的意大利餐前开胃小吃的话，店里还有一个熟食铺。建议预订。

Sushi Bar 日本菜 $$

（见208页地图；☎023-726438；2D St 302；寿司套餐 US$6起；⏰11:00~22:00；❄📶）挑剔的人会对这里便宜的寿司嗤之以鼻，但生意这么好，肯定是有原因的。想要吃顿生鱼片便餐的话，来这里就对了。可以坐在楼下的吧台、户外露台或楼上的包间。

Topaz 法国菜 $$$

（见208页地图；☎023-221622；www.topaz-restaurant.com；162 Norodom Blvd；菜肴 US$8~50；⏰11:00~14:00和17:30~22:30；❄📶）金边早期的创意餐馆之一，位于一栋雅致的别墅，有倒影池和步入式酒窖。供应经典的巴黎风味菜肴，包括美味的勃艮第蒜香焗蜗牛，喜欢生食的话可以点鞑靼牛肉。

俄罗斯市场附近

Café Yejj 咖啡馆 $

（见198页地图；☎092-600750；170 St 450；主菜 US$3.50~6；⏰8:00~21:00；❄📶✍）🍃开放空调的法式小馆式咖啡馆位于俄罗斯市场楼上，适合歇歇脚。供应意大利面、沙拉和卷饼，也供应摩洛哥炖羊羔肉和墨西哥辣味牛肉（chilli con carne）等高档菜肴。咖啡馆宣传公平交易和负责任的雇用理念。

Sesame Noodle Bar 面条 $

（见198页地图；☎089-750212；www.sesamenoodlebar.com；9 St 460；主菜 US$2.50~5；⏰周二至周日 11:30~14:30和17:00~21:30；📶）这里是俄罗斯市场区最时尚的小餐馆，由一个日本人和一个美国人合伙经营。凉面（可以选择素面或各种鸡蛋面）上铺着一个鸡蛋、焦糖肉或烤豆腐。菜肴都非常棒。

Sumatra 印度尼西亚菜 $

（见198页地图；67 St 123；主菜US$2.50~5；⏰11:00~20:00；📶✍）素食菜肴平均价格约为US$3，的确物美价廉，不过食量大的话可能点双份才能吃饱。香辣的*balado*（番茄辣椒酱）很好吃。餐馆最近在装修，可以在花园里的铁皮屋顶下或空调房中就餐。

★ **Brooklyn Bistro** 各国风味 $$

（见198页地图；☎089-925926；20 St 123；菜肴 US$3~17；⏰11:00~22:00；❄📶）时髦的美式小馆，极受金边懂行的外籍人士青睐。16寸的比萨堪称全城最大，另外还供应美味鸡翅、可口的美式三明治，以及我们在这一地区吃过的最好的纽约奶酪三明治。

饮品和夜生活

金边有绝好的酒吧和夜店，至少要找一个晚上疯狂一下。城里有许多适合逛街的地带，深夜玩乐的去处大多都集中在St 51和St 172的交叉路口，似乎人人都要玩到很晚才会回去。Golden St（St 278）人气很旺，河边也有很多酒吧。St 308与毗邻的Bassac Lane则是另一新兴热点区域。沿着河畔继续向北，酒吧街一副乌烟瘴气的做派，而St 104和St136有不少舞女酒吧，那里女招待们的主要工作便是与客人打情骂俏。

★ **FCC** 酒吧

（Foreign Correspondents' Club；见208页地图；363 Sisowath Quay；⏰6:00至午夜；📶）"F"在金边的名气很大，它位于一座漂亮的殖民建筑中，景色优美、空气清爽。去柬埔寨一定不能错过这里。酒吧的欢乐时光是17:00~19:00，以及22:00至午夜。如果主吧台太挤的话可以去屋顶，周末那里经常会有现场音乐演出。日间与夜间均供应美味餐食。

★ **Pontoon** 夜店

（见200页地图；www.pontoonclub.com；80 St 172；周末入场费 US$3~5，周一至周五 免费；⏰21:30至深夜）金边最早的夜店，几年来不断从一个码头迁往另一个码头，可谓店如其名，现在终于找到了长期的落脚点。店里有当地顶级DJ，偶尔也有外国大牌艺人的表演。星期四是同性恋主题之夜，凌晨1:00会有人妖秀。毗邻的夜店Pontoon Pulse气氛更为休闲，有电子音乐烘托气氛。

Botanico Wine & Beer Garden 精酿啤酒

（见208页地图；☎077 943135；www.craftbrewhouse.org；9B St 29；⏰周一至周六 9:00~21:00；📶）这家小酒馆将美式精酿啤酒带到了

金边，供应Irish Red、IPA及各种自酿啤酒。酒馆位于曲折小巷旁一座青翠欲滴的隐秘花园。每月特色包括瑜伽和啤酒，另有猪肘之夜等优惠活动。

Oskar Bistro 酒吧

（见200页地图；www.oskar-bistro.com；159 Sisowath Quay；⏲17:00至次日2:00；📶）新开张的美食小馆，完美地将酒吧和餐厅的特色融为一体。供应创意鸡尾酒和多达55种烈酒，另有DJ播放美妙的音乐。餐食供应至23:00，是个吃夜宵的好去处。

Elephant Bar 酒吧

（见200页地图；Raffles Hotel Le Royal，St 92；⏲正午至午夜；📶）若论迷人气氛，鲜有酒吧能媲美这间莱佛士酒店旗下的酒吧。80多年来，这里吸引了无数的记者、政客、富豪和名人。欢乐时光（16:00~21:00）里，新加坡司令（Singapore sling）和其他许多饮品全都半价。

Heart of Darkness 夜店

（见200页地图；www.heartofdarknessclub.com.kh；26 St 51；⏲20:00至深夜）金边的老字号夜店，以吴哥风情为主题装饰，近年来越发不像酒吧，倒有几分夜店的模样。每晚营业，吸引着各类人群（客户群体真是令人大开眼界）。每个人都应该至少来这里玩一次，感受一下这家传说中的夜店的美妙气氛。

Howie Bar 酒吧

（见200页地图；32 St 51；⏲19:00至次日6:00）这里的氛围友善、有趣又充满惊喜，如果附近的酒吧都客满了，不妨来更酷的Howie酒吧。凌晨时这里仍聚集着大批外籍人士、旅行者和当地人，气氛非常欢乐。

Battbong 酒吧

（见208页地图；☎069-291643；St 288 Alley East；⏲18:00至深夜；📶）新开张不久的地下酒吧，位置有些难找。到了巷子尽头的可口可乐贩卖机可以找到一个不显眼的门铃。穿过这扇门就可以进入这家颇有"垮掉一代"风格的酒吧，这里供应瓶装啤酒、杯装葡萄酒，以及一些烈酒。允许吸烟，因此酒吧里常常烟雾缭绕。

Seibur 酒吧

（见208页地图；St 308；⏲17:00至次日1:00）Bassac Lane众多小酒吧中最小的一家，气氛私密，是个饮酒的理想去处。

Blue Dragon 酒吧

（见200页地图；391 St 184；⏲17:30至次日1:00）位置无与伦比，可以看到附近的皇宫，晚上河畔凉风习习、令人惬意。供应啤酒、葡萄酒和烈酒。

Eclipse 酒吧

（见208页地图；Phnom Penh Tower，445 Monivong Blvd；⏲17:00至次日2:00）位于24层的户外酒吧，是旱季时享受清风和开阔视野的理想场所。雨季到来时，两层楼下的时髦酒吧兼餐厅**D-22**（⏲7:00至午夜）可予人同样美妙的感受。

Che Culo 酒吧

（见208页地图；www.checulocambodia.com；6B St 302；⏲周一至周六 11:00至深夜；📶）BKK区的一处宜人的小酒吧，采用复古瓷砖和壁龛的装饰，气氛私密。好喝的鸡尾酒在17:00至19:00的欢乐时光时段味道更佳。日间和夜间都供应意面类餐食。

Chow 酒吧

（见200页地图；277 Sisowath Quay；⏲7:00~23:00）位于Quay酒店楼顶的时髦酒吧，有河景、徐徐清风以及游泳池，16:00

当地知识

BASSAC LANE的酒吧

St 308边上有一条向南的小巷叫作Bassac Lane，是来自新西兰的Norbert与Munns的创意产物，这兄弟俩对于美酒和设计的品位不俗。小巷里的酒吧风格各异，数量超过12家。Meat & Drink总店供应创意卷饼和汉堡；Seibur店面不大，一派私密气氛；Harry's Bar新开张不久，格调高雅；Hangar 44有定制的摩托车。小巧的Cicada Bar堪称杜松子酒殿堂。Bassac Lane已经成为金边的新波希米亚区，绝对值得一游。

至20:30是欢乐时光时段（US$6的饮品半价）。鸡尾酒创意十足，包括加了姜汁和柠檬草的混合酒精饮料，以及百香果口味的凯匹林纳。

☆ 娱乐

想要知道金边有什么新开张的娱乐场所，可参阅免费月刊*AsiaLife*。《金边邮报》（*Phnom Penh Post*）每周五的“7 Days”副刊也提供娱乐信息。

★ Traditional Dance Show 表演艺术

（Fruitful；见200页地图；☎023-986032；www.cambodianlivingarts.org; National Museum, St 178；成人/儿童 US$15/6；⏲10月至次年3月 周一至周六 19:00，5月至9月 周五和周六 19:00）Cambodian Living Arts（见199页）排演的*Plae Pakaa*不容错过，该表演有三个不同的节目轮流演出，时长1小时。*Children of Bassac*是传统舞蹈表演，*Passage of Life*展示高棉人生活中的各种庆典和仪式（婚丧嫁娶等），*Mak Therng*则是传统yike舞剧。

★ Meta House 电影院

（见208页地图；www.meta-house.com; 37 Samdech Sothearos Blvd；⏲周二至周日 16:00至午夜；📶）这家露天电影院由德国人经营，几乎每天都会放映柬埔寨或世界各地的艺术电影、纪录片或是短片。晚场电影开场时间为16:00（免费）及19:00（票价不定）。有时放完电影还会有主创人员参加的问答环节。观影时可以点德式香肠、类似比萨的“火焰薄饼”等食物边吃边看。

Showbox 现场音乐

（见208页地图；11 St 330；⏲11:00至次日1:00；📶）这家凌乱的音乐酒吧常有现场音乐和开放麦克风之夜，同时也是一家人气夜店，偶尔演出喜剧。记得留意特别优惠，比如每天18:30至19:00有免费啤酒供应。

Cambodia Living Arts Yike Class 戏剧

（见208页地图；65 Samdech Sothearos Blvd）Cambodia Living Arts的戏剧表演者Ieng Sithul面向年轻的弱势群体开设的传统戏剧课程，每天上课，也向游客开放。

Flicks 电影院

（见208页地图；www.theflicks-cambodia.com; 39B St 95；票价 US$3.50；📶）这里每天至少都会放两部电影，放映室里有空调，环境非常舒适。你买一张票就可以看两部电影。

Apsara Arts Association 舞蹈

（见198页地图；☎012 979335; www.apsara-art.org; 71 St 598；票价 US$6~7）这里基本上都会在周六19:00进行表演（先打电话确认），古典舞蹈和民间舞蹈都有。周一至周六7:30至10:30、14:00至17:00，旅行者可以观看学生训练（建议捐款US$3）。但是，你要记得：这是一间培训学校，尽量不要发出噪声，照相也尽量不要用闪光灯。位于金边北端的Tuol Kork区。

Sovanna Phum Arts Association 表演艺术

（见198页地图；☎023-987564；www.shadow-puppets.org; 166 St 99, St 484和St 498之间；成人/儿童 US$5/3）每周五和周六19:30都有传统的皮影戏表演，偶有古典舞和传统鼓表演。50分钟的皮影戏表演结束后，会邀请观众亲手操纵皮影。另开设皮影艺术、皮影制作、传统舞、民族舞和传统高棉乐器等课程班。

购物

Monument Books 书店

（见208页地图；111 Norodom Blvd；⏲7:00~20:30）金边存书最多的书店，所有关于柬埔寨的书这里都有卖，还有实用的地图和旅游书。

D's Books 书店

（见200页地图；7 St 178；⏲9:00~21:00）首都最大的连锁二手书店，有很多不同种类的书。Norodom Blvd 以东有一家分店（见208页地图；79 St 240；⏲9:00~21:00）。

Ambre 服装

（见200页地图；☎023-217935；www.romydaketh.net; 37 St 178；⏲10:00~18:00）柬埔寨顶级时装设计师Romyda Keth将这栋法国殖民地时期留下的华丽别墅变成了展示自己的丝绸收藏的完美场所，不管是建筑还是展品都令人惊艳。

Couleurs d' Asie

时装和饰品

(见208页地图; www.couleursdasie.net; 33 St 240; ⌚8:00~19:00)想要买礼物的话就来这里吧,儿童服饰、丝绸、珠宝、包、小装饰品、香皂、护肤品、焚香、精油……应有尽有。

Smateria

饰品、儿童用品

(见200页地图; 7 St 178; ⌚9:00~21:30)出售服装,不过主打商品仍是用渔网和其他回收材料制作的各种包包,如新奇的儿童背包等。在BKK的St57还有一家分店。

★中央市场

市场

(ផ្សារធំថ្មី, Psar Thmei, Central Market; 见200页地图; St 130; ⌚6:30~17:30)用艺术风格装饰的地标建筑,Psar Thmei为"新市场"之意,因位置和规模又被称为"中央市场"。这座巨大的穹顶建筑跟巴比伦的金字形神塔很像,有人说它甚至可以跻身世界十大穹顶。建筑设计使市场内部通风良好,即便外面阳光炽热,走进市场仍会感到凉爽宜人。

这里无疑是最值得一逛的市场。但柬埔寨人都知道,这里的商品多数价格偏高。

俄罗斯市场

市场

(Psar Tuol Tom Pong, Russian Market; 见198页地图; St 155; ⌚6:00~17:00)如果你去金边的话,绝对不能错过这个闷热的市场。这里是购买纪念品和打折名牌服装的好地方。虽然不能保证都是真货,但在众多山寨货中肯定有打着本地工厂标签的真品。Banana Republic、Billabong、Calvin Klein、Colombia、Gap、Gant和Next等品牌售价不足欧美国家商店中价格的三分之一。这里之所以被外国游客称为俄罗斯市场,是因为20世纪80年代时,有许多苏俄摊贩售卖手工艺品和古董(多为赝品),如小型佛像、木雕槟榔木盒子、丝绸、银器、乐器等。因为每天都要与成百上千的游客打交道,摊贩们都很会要价,所以一定要狠狠地砍价。若是饿了,市场中也有一些不错的食品摊。

夜市

市场

(Psar Reatrey, Night Market; 见200页地图; St 108和Sisowath Quay交叉路口; ⌚周五至周日 17:00~23:00)周五、周六和周日的晚上开市,像是位于户外的俄罗斯市场,不过更凉快。商贩们的要价都很高,所以一定要狠狠杀价。有趣的是,来这儿购物的高棉人比外国人还多。

Psar O Russei

市场

(见208页地图; ⌚6:30~17:30)面积比城里其他的著名市场都大,数百个摊位出售食品、传统首饰、进口洁具、二手服装等所有你能想象得到的各种商品。市场所在的建筑是个巨大的迷宫,从外面看就像大型购物中心。

ℹ 实用信息

危险和麻烦

金边并非人们想的那样危险,但还是小心为好。虽然确实发生过持枪抢劫,但概率很小。然而,抢包和抢智能手机(见215页)仍是大问题,当受害者被从自行车或者摩托车上拖拽下来时,经常会受伤。

晚上出门不要带包,以免成为劫匪的目标。如果你在白天骑摩托车,有些警察可能会因轻微交通违法行为对你罚款,如在有禁止左转标志的路口左转。别忘了从一开始对话就必须直视他们的眼睛,否则他们会没完没了。

许多乞丐会在金边靠河的位置——尤其是有室外座位的地方乞讨,中央市场和俄罗斯市场里也有这种现象,但在熙熙攘攘的街上一般比较少见。

紧急情况

如遇突发急病,或许有必要转移到曼谷救治。

救护车	☎急救119; ☎英语服务023-723840
火警	☎紧急情况118
警察	☎紧急情况117; ☎英语服务097 778 0002

上网

Wi-Fi普及以来,网吧在这里已不如从前般随处可见,但主要的背包客聚集区(St 258、St278、St172等)仍有几家。多数网吧能拨打Skype或类似的网络电话。

医疗服务

卡尔梅特医院(Calmette Hospital; 见198页地图; ☎023-426948; www.calmette.gov.kh; 3 Monivong

Blvd；⏲24小时）当地最好的医院，提供最为全面的医疗服务，有一个重症监护病房，但最好还是在会讲高棉语的人士陪同下前往。

柬埔寨国际救援中心（International SOS Medical Centre；见208页地图；☎012 816911，023-216911；www.internationalsos.com；161 St 51；⏲周一至周五 8:00~17:30，周六 8:00至正午，24小时紧急救援）配备国际医生和牙医的一流诊所，当然价格也不菲。

热带和旅行者诊所（Tropical & Travellers Medical Clinic；见200页地图；☎023-306802；www.travellersmedicalclinic.com；88 St 108；⏲周一至周五 9:30~11:30和14:30~17:00，周六 至11:30）诊所经营近20年，盛名在外，老板是一位英国全科医生。

U-care药店（U-Care Pharmacy；见200页地图；26 Samdech Sothearos Blvd；⏲8:00~22:00）这是家国际药房，位置便利，紧邻河畔。

现金

美元在金边通用，所以基本上不需要兑换柬埔寨货币瑞尔。在中央市场和俄罗斯市场周边的珠宝摊可以将许多其他外国货币兑换成美元或瑞尔。许多高级酒店提供24小时货币兑换服务，但通常只面向住店客人。到处都有配备自动柜员机的银行和货币兑换处，商场和超市的汇率不错，河边沿线有几十台自动柜员机。

澳新皇家银行（ANZ Royal Bank；见200页地图；265 Sisowath Quay；⏲周一至周五 8:30~16:00，周六正午）在全城设有自动柜员机，包括超市和加油站，每笔交易收取US$5手续费。

CAB Bank（见200页地图；263 Sisowath Quay；⏲8:00~21:00）位置便利，营业时间长；可兑换各种外币支票（手续费3%）。银行内有一个西联汇款（Western Union）办事处（城里还有几家）。

加华银行（Canadia Bank；见200页地图；St 110和Monivong Blvd交叉路口；⏲周一至周五 8:00~15:30，周六 至11:30）加华银行的自动柜员机遍布全城，收取US$4的手续费。总行可以兑换多国货币的旅行支票，手续费为兑换金额的2%，用万事达卡和维萨卡提取现金免收手续费。该银行也是Money Gram的代理机构。

邮局

中央邮局（Central Post Office；见200页地图；St 13和St 100交叉路口；⏲8:00~18:00），就在塔山寺东边一栋法国殖民时期的建筑中，该建筑是金边的地标。

旅游信息

旅游信息中心（Visitor Information Centre；见208页地图；Sisowath Quay；⏲周一至周六 8:00~17:00；📶）位于Chatomuk Theatre所在的Yi Sang Riverside附近的河畔，里面的信息不算很丰富，但有许多免费的设施，比如无线网络和干净的厕所，而且有空调。

ChildSafe（见200页地图；☎023-986601，热线012 311112；www.childsafe-cambodia.org；71 St 174；⏲周一至周五 8:00~17:00）在金边设立中心帮助游客们了解儿童行乞、孤儿院团队游的危害，以及童工及儿童面临的其他风险（各项建议见www.thinkchildsafe.org）。在三轮车上和酒店里也可以看到Childsafe的标志：该机构致力于保护柬埔寨的儿童。

旅行社

城里有许多旅行社。下面的几家是购买机票和咨询柬埔寨国内游的最佳选择，此外还能安排本地交通，并提供多种语言的导游服务。

EXO Travel（见200页地图；☎023-218948；www.exotravel.com；66 Norodom Blvd）组织柬埔寨全国与湄公河流域的团队游。

Hanuman Travel（见208页地图；☎023-218396；www.hanuman.travel；12 St 310）拥有多国语言的导游，提供柬埔寨各地的各类团队游。

Palm Tours（见208页地图；☎023-726291；www.palmtours.biz；1B St 278；⏲8:00~19:00）Volak和她的团队专业、能干，可以通过他们订车票（不收手续费），或享受其他服务。

PTM Travel & Tours（见200页地图；☎023-219268；www.ptmcambodia.com；200 Monivong Blvd；⏲周一至周六 8:00~17:30）预订离开机票的理想选择。

ℹ 到达和离开

飞机

很多国际航空公司都提供抵离**金边国际机场**（Phnom Penh International Airport，PNH；☎023-862800；www.cambodia-airports.com）的航班。在国内航班方面，如今有三家航空公司提供往返金边和暹粒的航班。**柬埔寨吴哥航空公司**（Cambodia Angkor Air；见198页地

抢包

在金边，针对外国人的背包和手机抢劫已经成为很大的问题，重点作案区域包括河边和热门市场周围繁华的区域。劫匪作案没有什么规律可言，飞车党一般是两人合作，随时可能出现在各个地方。在抢劫过程中，无数外籍人士和游客因为摔下自行车而受伤，2007年，一位年轻法国女性甚至被从疾驰的摩的后座拖倒，摔到汽车轮下而殒命。包一定要贴身背好（比如双肩背包），别松松垮垮地挎着。昂贵的相机不要挂在脖子上，贵重物品要贴身藏好，财不外露。在路旁行走、横穿马路，以及搭乘突突车或摩的时更要加倍小心。劫匪都是老手，得手只需要一个机会。

图；☎023-666 6786；www.cambodiaangkorair.com；206A Norodom Blvd）每天有4～6班飞往暹粒的航班（单程US$60起，30分钟），而新兴的**百善航空**（Bassaka Air；☎023-217613；www.bassakaair.com）和**柬埔寨巴戎航空**（Cambodia Bayon Airlines；☎023-231555；www.bayonairlines.com）每天则有至少1班飞机飞往暹粒（单程US$40起）。

船

有沿洞里萨河到暹粒与沿湄公河到越南朱笃的快船，发船地点在St 104东边路口的**游船码头**（见200页地图；93 Sisowath Quay）。没有沿湄公河前往磅湛和桔井的公共船运。每年8月至次年3月旅行者可乘坐快船前往暹粒（US$35，5～6小时），但更主流的选择仍是长途汽车，因为后者票价更便宜，也更舒适。

长途汽车

从金边出发的空调长途车可以到达柬埔寨国内的主要城镇。大多数长途汽车从公司办事处出发，一般都在中央市场（Psar Thmei）附近，或在St 106和Sisowath Quay的交叉路口附近。提前购票可以免却烦恼，但也不一定非要如此。

长途汽车的车况和价格都不一样，一般来说，Capitol Tour和Phnom Penh Sorya公司最便宜；Giant Ibis、Mekong Express、Orient Express 1907等公司的客车更高端，价格也更高。

大多数长途汽车都会在沿途的大城镇停靠，接送乘客，如开往暹粒的车会在磅同（Kompong Thom）停靠，开往马德望的车会在菩萨（Pursat）停靠，开往桔井（Kratie）的车会在磅湛（Kompong Cham）停靠。但是，不管在哪里上车，一般都要支付全程票价。去往胡志明市的长途车线路也非常受欢迎。

Capitol Tour（见208页地图；☎023-724104；14 St 182）提供前往朱笃的车船联运。8:00出发，全程6~7小时。

Giant Ibis（见200页地图；☎023-999333；www.giantibis.com；3 St 106；📶）运营VIP长途汽车和快速面包车。前往暹粒的大型客车座位有充足的腿部空间和Wi-Fi。该公司的部分利润用于大朱鹭的保护事业。

GST（见200页地图；☎023-218114；13 St 142）提供全国长途汽车服务。

Long Phuong（见208页地图；☎097 311 0999；www.longphuongcambodia.com；274 Sihanouk Blvd）运营前往胡志明市的长途汽车。

Mekong Express（☎023-427518；www.catmekongexpress.com；Sisowath Quay）有前往胡志明市、暹粒和西哈努克市的VIP长途汽车。

Olympic Express（见198页地图；☎092 868782；70 Monireth Blvd）有前往南部海岸等地的快捷面包车。

Orient Express 1907（见200页地图；☎090-896666；18 St 108）运营前往暹粒的VIP长途汽车。

Phnom Penh Sorya（见200页地图；☎023-210359；St 217和St 67交叉路口，Psar Thmei）提供全国长途汽车服务。

Sapaco（见208页地图；☎023-210300；www.sapacotourist.com；309 Sihanouk Blvd）提供前往胡志明市的长途汽车。

Virak Buntham（Kampuchea Angkor Express；见200页地图；☎016-786270；1 St 106）有前往暹粒、西哈努克市与戈公的夜班长途汽车。

快捷面包车

12座至14座的快捷面包车前往暹粒和西哈努克市等热门目的地，很省时间，但人很多，而且司机会开得飞快，因此不适合胆小的旅行者。

从金边出发的交通工具

长途汽车

目的地	车程(小时)	票价(US$)	公司	班次
班隆	11	12	PP Sorya	仅上午有车
曼谷	12	18~23	Mekong Express、PP Sorya、Virak Buntham	每天1班
马德望(日间)	5~6	5~6	GST、PP Sorya	每天数班
马德望(夜间)	6	8~10	Virak Buntham	每晚4班
胡志明市	7	8~13	Capitol Tour、Long Phuong、Mekong Express、PP Sorya、Sapaco、Virak Buntham(夜班长途汽车)	约15:00前每天数班
贡布(直达)	3	5~6	Capitol Tour	每天2班
贡布(途经白马)	4	6	PP Sorya	7:30、9:30、14:45
白马	3	5	PP Sorya	7:30、9:30、14:45
戈公	5.5	7	Olympic Express、PP Sorya、Virak Buntham	每天2~3班(正午之前)
磅湛	3	5	PP Sorya	16:00前每小时1班
桔井	6~8	8	PP Sorya	6:45、7:15、7:30、9:30、10:30
波贝(日间)	8	9~11	Capitol Tour、Gold VIP、PP Sorya	正午前班次频繁
波贝(夜间)	7	10~11	Gold VIP、Virak Buntham	每天至少1班
柏威夏市	7	10	GST、PP Sorya	仅上午有车
森莫诺隆	8	9	PP Sorya	7:30
暹粒(日间)	6	6~8	多数公司	班次频繁
暹粒(VIP)	6	13~15	Giant Ibis、Mekong Express、Orient Express 1907	7:45、8:45、12:30
暹粒(夜间)	6	10	Virak Buntham	18:00、20:00、23:00、0:30
西哈努克市	5.5	5~6	Capitol Tour、GST、Mekong Express、PP Sorya、Virak Buntham	班次频繁
上丁	9	10	PP Sorya	6:45、7:30

快捷面包车

目的地	车程(小时)	票价(US$)	公司	班次
马德望	4.5	10~12	Mekong Express、Golden Bayon	每天数班
贡布	2	8~9	Giant Ibis、Kampot Express、Olympic Express	每天3班
白马	2.5	8	Olympic Express	7:15、13:30
森莫诺隆	5.5	11	Kim Seng Express	7:00、7:30、11:00、13:30
暹粒	5	10~12	Golden Bayon、Mekong Express、Mey Hong、Neak Krohorm、Olympic Express、Seila Angkor	每天3~5班
西哈努克市	4	10~12	CTT Net、Giant Ibis、Golden Bayon、Mekong Express、Mey Hong	每天2~4班

有几家大型汽车公司也运营面包车，其中最有名的是Mekong Express。如果要坐面包车，最好提前预订。

CTT Net（见200页地图；☎023-217217；223 Sisowath Quay）

Golden Bayon Express（见200页地图；☎023-966968；3 St 126）

Kampot Express（见198页地图；☎077 555123；2 St 215）

Kim Seng Express（见198页地图；☎012 786000；506 Kampuchea Krom Blvd）前往蒙多基里省的森莫诺隆。

Mey Hong Transport（☎023-637 2722）可打电话让他们派车来接。

Neak Krorhorm（见200页地图；☎092 966669；4 St 108）

Seila Angkor（见200页地图；☎077 888080；43 St 154）

合乘出租车、皮卡车和小巴

从金边乘合乘出租车或小巴可以去大多数地方。去贡布、白马和茶胶（Takeo）的出租车都从**Psar Dang Kor**（见198页地图；Mao Tse Toung Blvd）出发，而去往其他地方的小巴和合乘出租车则从中央市场（见200页）的西北角出发。去柬埔寨和越南边境的车从Chbah Ampeau出租车站（Hwy 1）发车，出租车站在城市南边、莫尼旺桥（Monivong Bridge）的东侧。客满发车，你可能要等很久（如果下午乘坐的话甚至要等到第二天），不然就得为空座买单。

乘坐当地的小巴和皮卡车并不好玩，如果有较大的空调车或较快的合乘出租车，最好不要选择这两种交通工具。当然，如果你计较一两块钱的差价，它们确实是更好的选择。

当地交通

自行车

城里的一些客栈出租自行车，每天租金US$1~2，但还是先看看混乱的交通状况再决定。一旦你适应了这种无序的状态，骑自行车倒不失为探索当地交通的一种有趣方式。也有些商店（见198页）出租公路自行车和山地自行车。

小汽车和摩托车

如果你习惯了混乱的交通状况，骑摩托车畅游金边以及周围地区将是一种让身心自由的体验。

城里提供摩托车出租的场所不计其数。100CC排量的本田摩托车日租金US$4~7，250CC排量的越野摩托日租金US$12~30。你得用护照做抵押，驾照或其他身份证件没用。记住：租金高低跟车况好坏成正比。

金边的旅行社、客栈和酒店可以代办小汽车租赁。车型从小汽车（最低US$25）到四驱车（最低US$60）都有，可供你在金边周边驾驶。但如果你想去更远的地方，租金会涨得很高。

Little Bikes（见200页地图；☎ 017 329338；97 St 154）高品质的越野摩托车租金 US$18起，125cc的摩托车 每天/每周租金 US$7/30。

Lucky! Lucky!（见208页地图，☎023-212788；413 Monivong Blvd）摩托车 每天 US$4~7，租多日的话有优惠。山地车US$12起。

Two Wheels Only（见198页地图；☎012-200513；www.twocambodia.com；34L St 368）有车况良好的摩托车出租（摩托车/越野摩托车 每天US$5/25）。

Vannak Bikes Rental（见200页地图；☎012 220970；46 St 130）有600cc高性能的山地车出租，每天的租金为US$15~30；小一点儿的摩托车US$5~7。

三轮车、摩的和突突车

乘坐三轮车是游览城市中心的悠闲方式，不过如果路途较远，三轮车就不是那么方便了。乘坐三轮车全天观光的费用约US$10。短途的单程费用与摩的相近。

等候在外国人经常出入的地方的摩的司机通常会说英语，有的还能说点法语。大部分短途出行收费2000~3000r左右，如果你从市区的这头到那头，至少得花US$1。

突突车有发动机，有车厢，是金边的旅行者的主要出行选择。平均费用是摩的的两倍。

出租车

出租车价格便宜，每公里3000r，但别想能在街上拦到出租车。打电话给 **Global Meter Taxi**（☎011 311888）、**Choice Taxi**（☎010 888010, 023-888023）或**Taxi Vantha**（☎012 855000）等出租车公司叫车。

金边周边（AROUND PHNOM PENH）

基里隆国家公园（Kirirom National Park）

这个树木葱笼的高山公园（门票US$5）真的可以让你忘却尘世的一切烦恼。位于金边西南方向，开车只需2个小时即达。蜿蜒的小径穿过松林通往层层叠叠的雨季瀑布，站在悬崖上俯瞰豆蔻山（Cardamom Mountains），景色格外壮观。如果你想探险，这个公园里还有很不错的山地自行车路线。

在园区高处，你会发现许多步行小径和泥土道路，通往一座座雨季时形成的小型瀑布和湖泊，以及寺庙和废弃建筑，不过你还是

前往越南：从东南边界过境

金边至朱笃

离开柬埔寨，风景最优美的路线就是坐船从湄公河到Kaam Samnor，这里位于金边以南偏东南100公里处，然后穿过边境到达越南的Vinh Xuong，沿着Tonlé Bassac河的支流乘船或深入内陆前往朱笃（Chau Doc），再继续前往湄公河三角洲和越南各地。

很多公司都组织通过各种方式前往朱笃的团队游，可以单坐船，也可以车船结合，具体价格取决于船速和服务等级。Capitol Tour（见215页）8:00从金边发团，需要换乘长途汽车，行程6~7小时。Hang Chau（☎088 878 7871；US$25）正午从游船码头发团，全程乘船；更高端、速度稍快的Blue Cruiser（☎023-633 3666；www.bluecruiser.com；US$35）13:30发团；Victoria Hotels（www.victoriahotels.asia；US$95）也有船在金边和Victoria Chau Doc Hotel之间往返，每周数班。这些公司的行程约需4小时（包括流程缓慢的边检），而且只使用船载客至朱笃。背包客栈和旅游公司提供价格较便宜的车船组合游。所有的船都从金边的游船码头（见200页地图；93 Sisowath Quay）出发。

由于不可办理落地签证，建议向金边的越南大使馆咨询以了解详情。如果从越南前往柬埔寨，则可以办理柬埔寨落地签证。

金边至胡志明市

前往边境 20年来，越南和柬埔寨间的Bavet/Moc Bai边境口岸始终车来车往，熙熙攘攘。

去胡志明市最简单的办法就是从金边乘坐国际长途汽车（US$8~13，7小时），很多汽车公司都有这趟班次。

到达边境 排长队等待过境的情况在两国都非常常见，需提前准备好越南签证（如果不免签的话）以便过境。

继续前行 即便不坐国际长途汽车，另觅他途去胡志明市或其他地方也不难。

茶胶至朱笃

前往边境 柬埔寨和越南的Phnom Den/Tinh Bien口岸（⏲7:00~17:00）位置偏僻，几乎无人问津。它位于柬埔寨茶胶（Takeo）东南约50公里处，从这里可以去越南朱笃。多数旅行者喜欢乘船沿湄公河在Kaam Samnor或者河仙附近最近开放的Prek Chak口岸过境，一路南下。

从茶胶可以合乘出租车（10,000r）、自己打车（US$25）或坐摩的（US$10）去边境（48公里）。

到达边境 从越南前往柬埔寨的话，要注意这里不能使用电子签证。

继续前行 过境之后，旅行者就要靠越南的摩的和出租车前往30公里外的朱笃了，做好跟司机狠狠砍价的心理准备。摩托出租车的价格为US$5~10，出租车要US$20左右。

需要地图或导游才能前往。金边的一位山地自行车爱好者为公园的小径和道路绘制了相当好的地图，最好能想法子获取一份。

Mik先生是公园护林员和导游，经常在信息中心东北约500米的繁忙停车场附近的烧烤棚出没。

可以花US$10，请他带你徒步两小时登上Phnom Dat Chivit（“生命终点”山），站在峭壁上远眺西边的象山（Elephant Mountains）和豆蔻山，景色壮美。

去基里隆国家公园最便捷的方式是在金边租自行车骑行前往，也可以包辆合乘出租车进行一日游，后者的往返费用为US$80。

切瑟山（Phnom Chisor）

切瑟山（ភ្នំជីសូរ; 门票US$2）是一座吴哥时代的古庙，位于茶胶省一处孤零零的山上，在山顶可以看到优美的田园风光。去切瑟山要么早上早点儿去，要么下午晚点儿去，因为在正午炎炎烈日下爬山会非常辛苦。切瑟山位于金边以南约55公里处。

主庙矗立在山顶东侧。塔由红矾土和砖石建造，横梁为砂岩质，包围整个寺庙建筑群的是2.5米宽、有窗户的壁画长廊，部分墙体已经损坏。铭文的历史可以追溯到11世纪，那时这里被称作Suryagiri。

切瑟山西边的平原上是庙宇Sen Thmol（就在切瑟山脚下）、Sen Ravang和从前的圣水池Tonlé Om。从切瑟山开始，三者朝着吴哥的方向排成一条直线。900年前这里举行敬神仪式时，国王、婆罗门和随从就是从这个方向登上400级台阶前往Suryagiri的。

如果你体力不足，无法登上柏威夏寺或巴扬寺（茶胶附近）等庙宇，那么切瑟山将是你的第二选择（同样拥有一座庙宇和无敌景观）。主庙附近有一个现代佛教小庙，是僧侣们的居所。

在金边租摩托车前往切瑟山，再游览洞里巴帝或他茅山野生动物救助中心非常合宜。雨季或天热时，合乘出租车则是较为舒适的选择。也可以乘坐去茶胶的长途汽车，在金边以南约49公里处的路口换乘摩的。

他茅山野生动物救助中心（Phnom Tamao Wildlife Rescue Centre）

这处奇妙的野生动物保护区（成人/儿童US$5/2; ⏲8:00~17:00; 👪）🍃是长臂猿、马来熊、大象、老虎、狮子、鹿、巨蟒和鸟儿的家园。它们都是从偷猎者和虐待动物的主人手中救出来的，在这里得到良好的照顾和庇护，也成了可持续繁殖项目的一部分。这些动物只要康复，就会被就地放归大自然。

保护区位于金边以南，面积很大，以东南亚的标准而言，动物们的生活条件相当不错。保护区内有很多可供漫游的区域。多年来，在野生动物联盟（www.wildlifealliance.org）、放生黑熊（www.freethebears.org）等国际野生动物非政府组织的帮助下，这里得到了极大的改善和发展。保护区面积广阔，给人的感觉就像一个笼养与放养结合的动物园。

中心内有多种濒危物种的繁育项目，拥有全球最大的带冠长臂猿和马来熊豢养种群，珍稀的暹罗鳄和大秃鹳数量也很多。其他受欢迎的区域包括一片生活着相当数量老虎的区域，以及举行丰富多彩活动的大象栖息地——有时能看到它们在此刷漆。此外还有一个步行区，可以观赏短尾猿、鹿和各种鸟类。

在柬埔寨，野生动物很难被人类看到，因为大型哺乳动物都生活在这个国家的偏僻地区。他茅山是了解柬埔寨动物多样性的最佳地点。如果你不喜欢动物园，你也许就不会喜欢这个野生动物保护区，但是要知道，这些动物是从动物贩子和盗猎者手中抢救出来的，它们需要栖息地。来到这里的旅行者应该为保护柬埔寨多样而奇妙的野生动物贡献一份小小的力量。

野生动物联盟和放生黑熊都有提供旨在募集资金的他茅山专属体验活动。野生动物联盟提供探秘行程，包括前往饲养与哺育区域参观。放生黑熊则可以安排“Bear Care Tour”，旅行者可以加入中心内的动物保护团队照料黑熊。这些团队游费用都包含了金边到中心的交通。也可以考虑在金边租摩托车或小汽车，将洞里巴帝或切瑟山一并游览。

洞里巴帝(Tonlé Bati)

洞里巴帝(门票US$3)是Ta Prohm(តាព្រហ្ម)、Yeay Peau(យាយពៅ)两个吴哥时代古庙和一个湖滨野餐区的统称。如果前往他茅山和切瑟山,这里还是值得绕道一看的。

这里有多家位于水上吊脚楼中的野餐餐馆,你可以花上2000r租个汽车轮胎在湖里漂游。周末的时候洞里巴帝挤满了当地人,就不要去凑热闹了。

从金边的独立纪念碑沿NH2向南走33公里,就会看到道路右侧有指示洞里巴帝的路标。从那里到洞里巴帝的入口还有1.8公里。

大多数人会租用私人交通工具来这儿。从金边出发的摩的/突突车往返US$12/25。多花US$5可继续前往他茅山,将切瑟山列入行程的话花费更多。

也可以考虑乘坐去茶胶方向的PP Sorya长途汽车(每天4班,争取搭乘7:00或10:30发车的班次),然后在洞里巴帝的路口下车。但返回金边就很麻烦。最好提前购买茶胶至金边的长途汽车票,或者乘坐摩的。

乌栋(Udong)

金边附近另一处盛名在外的景点就是乌栋,它曾是柬埔寨的首都,历经几任政权,不过许多人来这里为的是禅修场所,如Cambodia Vipassana Dhura Buddhist Meditation Center(☎Mr Um Sovann 016 883090;www.cambodiavipassanacenter.com;捐赠US$25)。外国人可以在此地跟随得道僧尼禅修一日或数日。每天7:00~9:00和14:00~17:00的禅修课程免费。禅修之余可以在藏经阁盘桓,阁内藏有数十本佛教典籍,还有数目众多的盗版Lonely Planet图书。

以寺庙标准而言,套间客房相当舒适,不过没有床垫(充其量只是柳条编的席子)。提供早餐和午餐,但没有晚餐。在此地禅修,费用不定,可以按照心意任捐款,每天US$25是个差不多的数目。

该禅修中心位于Phnom Preah Reach Throap西面登山台阶的起点附近。

暹粒(SIEM REAP)

作为寺庙群的后勤保障基地和门户,暹粒(读作see-em ree-ep,សៀមរាប)注定是不平凡的。旅行者们到这里为的当然是参观寺庙,不过若是看够了佛寺的话,城里及周边也有许多活动可供消遣。如今的暹粒再度复兴,成为时尚柬埔寨的中心,到处都是背包客派对胜地、时尚酒店、世界级餐饮场所、豪华水疗、美妙商店和当地团队游,无论是美食爱好者还是对探险情有独钟的人都能得偿所望。柬埔寨首屈一指的马戏团等创意文化产业同样令人着迷。

吴哥值得细细品味,不适合走马观花,而暹粒是你安排吴哥旅程的基地。以为在吴哥玩3天就够了?再想想吧,与吴哥近在咫尺的暹粒也值得你去瞧一瞧。

景点

★吴哥国家博物馆 博物馆

(សារមន្ទីរអង្គរ, Angkor National Museum; ☎063-966601; www.angkornationalmuseum.com; 968 Charles de Gaulle Blvd; 成人/1.2米以下儿童US$12/6; ⊙8:30~18:00, 10月至次年4月 8:30~18:30)吴哥国家博物馆赫然屹立于通往吴哥的路旁,是高棉文化与恢宏吴哥艺术的现代展示场所。展品以年代、宗教和皇室为主题,参观者所到之处,都会留下深刻的印象。经过简短的介绍后,参观者将进入富有禅意的“千佛厅”(Gallery of a Thousand Buddhas),厅内有各种精美的佛像。其他展览涵盖了包括扶南和真腊在内的前吴哥时期、高棉各国王、吴哥寺庙,以及碑文。

博物馆里有触屏式视频、史诗评说,还有欣赏吴哥窟日出全景电影的机会。但是,虽然科技手段先进,与金边的国家博物馆相比,这里的雕塑展品有点少。考虑到吴哥所有寺庙通票才US$20,该博物馆的门票US$12略贵。话虽如此,这里仍不失为初次来访的旅行者前往吴哥寺庙之前,大概了解吴哥与高棉帝国的理想去处。语音导览US$3。

吴哥手工业学校 艺术中心

(អាទីសង់អង្គរ, Artisans Angkor-Les Chantiers Écoles; www.artisansdangkor. com; ⊙7:30~

暹粒三日游

吴哥寺庙当然是你行程的重点，但也要留出时间在暹粒休憩一番，花至少半天的时间在周边探索更为偏僻的寺庙，领略当地的乡村生活。首先游览“大环线”上的重要景点，包括宏伟的混合了佛教与印度教风格的圣剑寺（见240页）、装饰华丽的水上寺庙盘蛇寺（见240页），以及塔颂寺（Ta Som；见236页地图；⏲7:30~17:30）、东梅奔（Eastern Mebon；见236页地图；⏲7:30~17:30）和比粒寺（Pre Rup；见236页地图；⏲5:00~19:00）。再到巴肯山（见239页）与大批游客一同观赏落日下的吴哥窟美景。入夜后，去观看柬埔寨马戏团（见230页）的精彩演出。

第二天出城到景色秀美的女王宫区域。一边徒步一边欣赏高布斯滨（见240页）壮美的自然与人文景观，接着游览小巧、雕刻精美的女王宫（见240页），再探索偏僻的林间寺庙崩密列（见241页），或者早些回到城区，在客栈享受按摩，或在美妙的泳池旁度过休闲的时光。

最好的景点留到最后一天：先去吴哥窟（见235页）看日出，然后沿着“小环线”——吴哥王城（见235页）游览沿途的重要景点，如气势恢宏的巴戎寺（见238页）、气氛浪漫的塔布隆寺（见239页）。最后去Pub St或别处逍遥一晚，结束暹粒行程。

18:30）免费 暹粒是柬埔寨传统文化复兴的中心，在红色高棉及其多年的统治下遭受重创，风雨飘摇。手工业学校是一所专门面向柬埔寨贫困青少年开设的学校，传授漆器制作、石雕、木雕、传统丝绸画等各种高棉传统手工技艺。7:30至18:30有免费导览游，可供深入了解传统工艺。手工业学校位于一条小路深处，Sivatha St上有清晰的路标。

手工业学校丝绸农场 农场

（Les Chantiers Écoles Silk Farm；⏲7:30~17:30）手工业学校经营着一座丝绸农场，出产的丝绸制品质量堪称全国最佳，包括服装、室内装饰品和各种配饰。在这里可以看到种植桑树、养蚕、织丝、染色等丝绸制作的全部环节。每天有免费团队游，9:30和13:30分别有一趟班车从暹粒的手工业学校出发前往农场。该养蚕场在暹粒以西约16公里处的Puok村里，紧邻通往诗梳风（Sisophon）的公路。

★柬埔寨地雷博物馆 博物馆

（សារមន្ទីរគ្រាប់មីនកម្ពុជា，Cambodia Landmine Museum；☎012 598951；www.cambodialandminemuseum.org；门票 US$5；⏲7:30~17:00）由自发扫雷者Aki Ra创立的博物馆，包括地雷、迫击炮、枪械及各式武器在内的丰富展品诉说着这个国家的战后伤疤。馆内还有一块模拟的地雷区，参观者可以自己尝试扫雷（地雷的引爆装置已被拆除）。该博物馆的门票收入用于举行各种活动促进国民对地雷问题的重视。博物馆距暹粒约25公里，就在女王宫（Banteay Srei）附近。

女王宫蝴蝶中心 野生动物保护区

（សួនមេអំបៅបន្ទាយស្រី，Banteay Srei Butterfly Centre；www.angkorbutterfly.com；成人/儿童US$4/2；⏲9:00~17:00）这里是东南亚最大的全封闭蝴蝶中心，有30多种柬埔寨蝴蝶。孩子们喜欢这里，因为可以看到从卵、毛虫、茧到蝴蝶的整个变化过程。该中心尝试为乡村贫困人口提供生计，中心内饲养的蝴蝶大多来自周围的荔枝山（Phnom Kulen）。该蝴蝶中心在暹粒至女王宫的途中，距女王宫约7公里，位于路左侧。

芬芳吴哥植物园 花园

（Senteurs d' Angkor Botanic Garden；见236页地图；Airport Rd；⏲7:30~17:30）芬芳吴哥植物园就像由威利·旺卡（Willy Wonka）打造而成的花园，给你带来奇妙的感官体验，你还可以品尝沏好的茶与特色咖啡。

活动

高尔夫

Angkor Wat Putt 高尔夫

（见236页地图；☎012 302330；www.

Siem Reap 暹粒

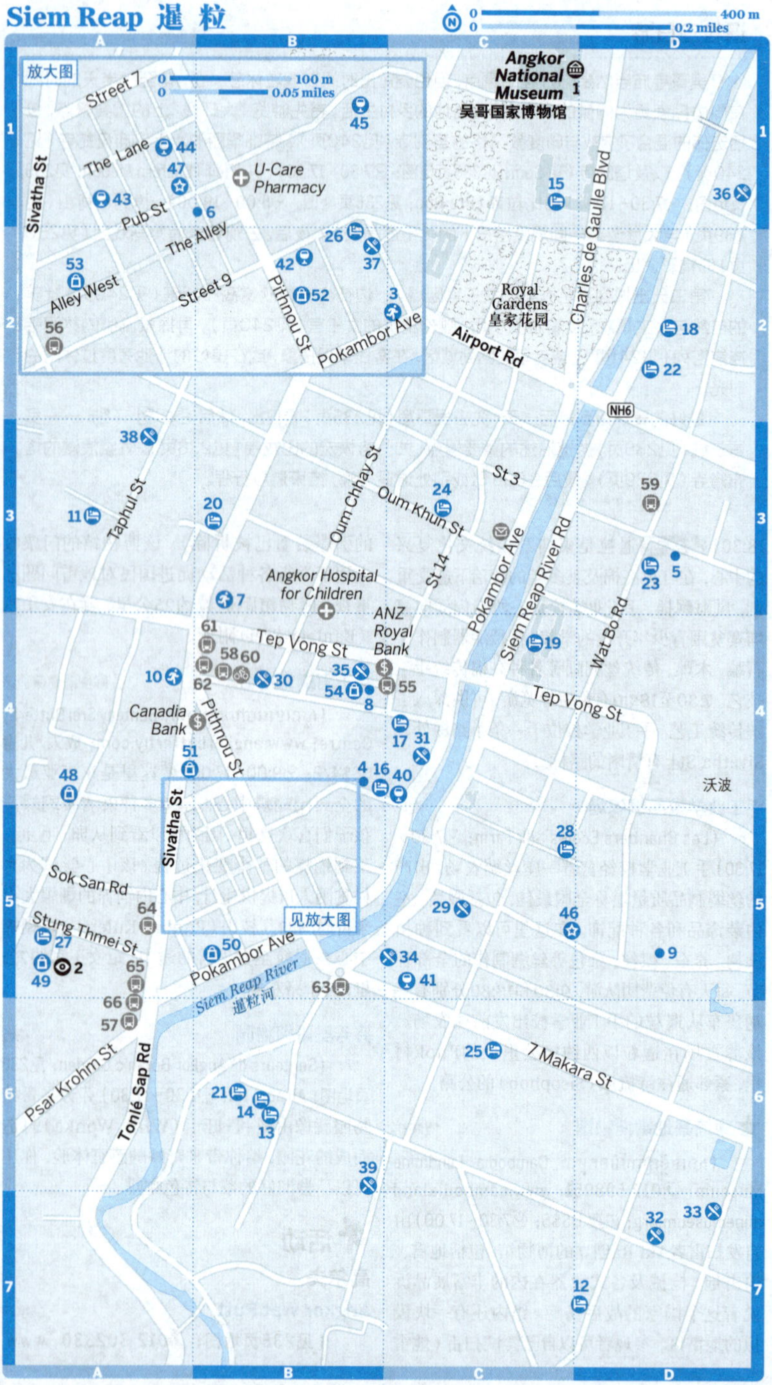

400 m
0.2 miles
放大图
100 m
0.05 miles
Street 7
The Lane
Sivatha St
Pub St
The Alley
Alley West
Street 9
Pithnou St
Pokambor Ave
U-Care Pharmacy
Angkor National Museum
吴哥国家博物馆
Royal Gardens
皇家花园
Charles de Gaulle Blvd
Airport Rd
NH6
St 3
Oum Chhay St
Oum Khun St
St 14
Taphul St
Pokambor Ave
Siem Reap River Rd
Wat Bo Rd
Angkor Hospital for Children
ANZ Royal Bank
Tep Vong St
Canadia Bank
Pithnou St
Sivatha St
沃波
Sok San Rd
Stung Thmei St
见放大图
Pokambor Ave
Siem Reap River
暹粒河
Psar Krohm St
Tonlé Sap Rd
7 Makara St

Siem Reap 暹粒

重要景点

1 吴哥国家博物馆 C1

景点

2 吴哥手工业学校 A5

活动、课程和团队游

3 Bodytune C2
4 Cambodian Cooking Cottage B4
5 KKO（Khmer for Khmer Organisation）Bike Tours D3
6 Le Tigre de Papier B1
7 Lemongrass Garden B3
8 PURE! Countryside Bicycle Tour B4
9 Sam Veasna Center D5
10 Seeing Hands Massage 4 A4

住宿

11 Auberge Mont Royal A3
12 Blue Lizard D7
13 Downtown Siem Reap Hostel B6
14 Golden Banana B&B B6
15 Grand Hotel d'Angkor C1
16 Happy Zone Inn B4
17 Ivy Guesthouse 2 C4
18 La Noria Guesthouse D2
19 La Résidence d'Angkor C4
20 Mad Monkey B3
21 Rambutan Resort B6
22 Rosy Guesthouse D2
23 Seven Candles Guesthouse D3
24 Shinta Mani C3
25 Siem Reap Hostel C6
26 Steung Siem Reap Hotel B2
27 Tareach Angkor Villa A5
28 Viroth's Hotel C5

就餐

29 Banllé Vegetarian Restaurant C5
30 Blossom Cafe B4
31 Chanrey Tree C4
32 Cuisine Wat Damnak D7
33 Haven D7
34 King's Road C5
35 Little Red Fox B4
36 Marum D1
37 New Leaf Book Cafe B2
38 Sugar Palm A3
39 Tangram Garden B6

饮品和夜生活

40 Barcode C4
41 Full Frontal C5
42 Laundry Bar B2
43 Mezze Bar A1
44 Miss Wong A1
45 YOLO Bar B1

娱乐

46 Apsara Theatre C5
47 Temple Club A1

购物

48 Angkor Night Market A4
49 Artisans Angkor A5
50 Monument Books B5
51 Rajana A4
52 Senteurs d'Angkor B2
53 Spicy Green Mango A2
54 trunkh B4

交通

55 Asia Van Transfer C4
56 Capitol Tour A2
57 Giant Ibis A6
58 Gold VIP B4
59 Golden Bayon Express D3
60 Green e-bikes B4
61 Liang US Express B4
62 Mekong Express B4
63 Neak Krohorm B5
64 Phnom Penh Sorya A5
65 Rith Mony A5
66 Virak Buntham A6

angkorwatputt.com；成人/儿童 US$5/4；⏲7:30~22:00）备受高尔夫爱好者青睐，与城外的大型高尔夫球场相比，这个14洞的微型球场具有鲜明的本地特征，打球时需要绕开一些迷你寺庙和创意障碍。一杆进洞的话可以获得一瓶啤酒。

Phokheetra Country Club 高尔夫

（☎063-964600；www.sofitel.com；场地费 US$100）每年举办亚洲公开赛，球道修剪整齐，草地中间有一座吴哥古桥。

按摩和瑜伽

暹粒的足部按摩服务很受欢迎，当你想到吴哥寺庙前的那些陡峭的台阶，对这种情况便也不会觉得奇怪了。在老市场（Psar Chaa）西北边的街上，至少有6家以上的足部按摩店，每小时US$6~8。有一些按摩店很正宗，有一些则不然。所以，在你踏进按摩店之前要好好研究一番。

除了足部按摩之外，试试Dr Fish的鱼疗（fish spa），它们会吃掉你的死皮，清洁你的皮肤。有些人爱死这样的感觉了，但对另外一些人来说，这种轻痒简直就是一种折磨。Dr Fish的总店在吴哥夜市，不过类似这样的按摩店像雨后春笋般在暹粒开起来，Pub St与老市场也有不少。

Krousar Thmey 按摩

（见236页地图；www.krousar-thmey.org；Charles de Gaulle Blvd；1小时按摩 US$7；⏲9:00~21:00）盲人按摩店，跟免费的洞里萨展览（Tonlé Sap Exhibition）在同一个地方。后者包括“Seeing in the Dark”互动展览，在一位弱视学生的导览下了解失明者的感受。

Bodytune 水疗

（☎063-764141；www.bodytune.co.th；293 Pokambor Ave；1小时按摩 US$12~20；⏲10:00~22:00）提供大众喜爱的泰式水疗，河边的位置很适合放松身心。

Lemongrass Garden 水疗

（☎012 387385；www.lemongrassgarden.com；105B Sivatha St；1小时按摩 US$12~20；⏲11:00~23:00）地处市中心，提供一系列的水疗服务，价格适中，另外还提供45分钟的儿童按摩（US$7）。

Peace Cafe Yoga 瑜伽

（见236页地图；☎063-965210；www.peacecafeangkor.org；Siem Reap River Rd；每堂课US$6）这里同时也是一家很受欢迎的咖啡馆，每天早上8:30和晚上18:30有瑜伽课，包括阿斯汤伽（Ashtanga）和哈他（Hatha）瑜伽。

Seeing Hands Massage 4 按摩

（☎012 836487；324 Sivatha St；每小时 风扇/空调 US$5/7）来这里欣赏盲人如何接受按摩艺术的培训。小心山寨按摩店，已经有人开始利用盲人谋利了。

课程

Cooks in Tuk Tuks 烹饪

（见236页地图；☎063-963400；www.therivergarden.info；Siem Reap River Rd East；每人 US$25）课程从每天上午10点开始，先是逛Psar Leu市场，然后回到安静的River Garden酒店上专业的烹饪课。

Cambodian Cooking Cottage 烹饪

（☎077 566455；reservation@angkorw.com；Wat Preah Prohm Roth St；每人 US$25）成熟的烹饪课程，授课地点在Wat Preah Prohm Roth附近的一座小屋，费用含摆盘装饰、一本菜谱、一张DVD，以及一些可以带走的香料。

Le Tigre de Papier 烹饪

（☎012 265811；www.angkor-cooking-class-cambodia.com；Pub St；每人 US$12）每天10:00、13:00、17:00开始上课，课程内容包括逛市场。

团队游

Sam Veasna Center 观鸟

（简称SVC；☎063-963710；www.samveasna.org；每人US$100起）位于暹粒的沃波（Wat Bo）地区，堪称柬埔寨观鸟团队游的权威，拥有经过专业训练的英语导游、功能强大的望远镜，以及遍布柬埔寨北部的营地和鸟类栖息地网络。通过生态旅游为当地社区提供收入，以此作为禁止村民狩猎和砍伐森林的回报。

在暹粒，SVC组织前往位于洞里萨湿地的普列托尔鸟类保护区（见233页）的行程，这个活动人气很高。此外，也会安排距暹粒约100公里的昂德罗本特莫保护区行程，该地是全球为数不多的珍稀鸟类赤颈鹤观赏地点之一。所有团队游费用均包括交通、门票、向导费用、早餐、午餐和饮用水。

普列托尔团队游的部分收益用于教育儿童及村民保护鸟类和独特的泛洪森林环境的重要性。行程包括参观当地社区的环节。一日游则包括接送服务，6:00前后开始，天黑返回。

Osmose 观鸟

（☎063-765506；www.osmosetonlesap.net；5人/2人团队 每人 US$95/165）提供普列托尔（见233页）的一日游项目，费用包含交通、门票、向导、早餐、午餐和饮用水。双筒望远镜按需提供。也可为观鸟狂热者安排过夜行程。团队游的部分收益用于教育儿童及村民保护鸟类和独特的泛洪森林环境的重要性。行程包括参观当地社区。一日游则包括接送服务，6:00前后开始，天黑返回。

Prek Toal Tours & Travel 团队游

（☎077 797112；www.prektoal-tours.com；观鸟 5人/2人团队 每人 US$65/128）由当地村民经营，安排前往普列托尔水上村庄的一日游或家庭寄宿过夜行程。也可以选择游览普列托尔鸟类保护区（见233页）。

KKO（Khmer for Khmer Organisation） 自行车团队游

（☎093-903024；www.kko-cambodia.org；St 20和Wat Bo Rd交叉路口；团队游 US$35~50）组织沿着吴哥小路或前往西池（Western Baray）乡村的慈善自行车游，KKO会用所得收益为人们提供教育和职业培训。

PURE! Countryside Bicycle Tour 自行车团队游

（☎097 2356862；Hup Guan St；每人US$25~35）位于Srey Ma礼品店外，提供体验暹粒当地人生活的半日游，包括与当地家庭共进午餐。全部收入用来支持Pure的教育和职业培训项目。需提前数日预订，以便旅行社通知当地家庭。

Siem Reap Food Tours 餐饮

（☎012 505542；www.siemreapfoodtours.com；每人 US$75）由一名美国美食作家和一名热爱单口喜剧的苏格兰厨师安排的与美味佳肴的邂逅活动。可选上午行程，游览当地市场和Preah Dak的*naom banchok*面摊，也可选晚间行程，逛逛街边摊贩以及当地烧烤餐馆。

住宿

暹粒的住宿场所之多样堪称柬埔寨全国之冠。家庭经营的客栈数量不计其数，价格约为US$5~20，适合预算不多的旅客。想住中档价位酒店的人可以选择林林总总的精品住宿，价格US$30~70。至于高端酒店，没有你花不出去的钱，但配备泳池的高性价比中端酒店比比皆是，基本不需要破费许多。

老市场区

这是暹粒最具活力的地区，餐厅、酒吧和精品店鳞次栉比。在这里，生活永远不会寂寞，想寻找宁静的话就来错地方了。

Garden Village Guesthouse 客栈 $

（见236页地图；☎012 217373；www.gardenvillageguesthouse.com；434 Sok San Rd；铺 US$4，房 US$8~25；）老式的背包客住宿，位于欣欣向荣的Sok San Rd区域，服务态度友好，算得上是城里最便宜的住处之一。怡人的泳池和池畔酒吧是你结识新朋友的好地方。住客多时，中间两座房子也会辟作客房。

Downtown Siem Reap Hostel 青年旅舍 $

（☎012 675881；www.downtownsiemreaphostel.hostel.com；Wat Dam Nak区；铺 US$6~8，房间 US$12~18；）考虑到花园里有个小泳池，价格相当诱人。价格更高的多人间或客房有空调。非住客花US$6买些吃喝也可以在这里游泳。

Happy Zone Inn 客栈 $

（☎012 993484；www.happyzonevilla.com；Wat Preah Prohm Roth St；房 带风扇/空调 US$10/13起；）地处市中心，坐落在与Wat Preah Prohm Roth平行的一条小巷的隐蔽处，气氛友好，有各种客房，包括三人间和四人间。提供机场、港口或长途汽车站的免费接站服务。

★ **Golden Banana B&B** 客栈 $$

（☎063-761259；www.golden-banana.com；Wat Dam Nak地区；标单/双 含早餐 US$33/40；）这家最早的Golden Banana透着一股精品酒店范儿，客房设在寺庙般的亭子里，有中式和高棉式装饰。漂亮的泳池旁供应早餐，住客多时，附近的配楼也会开放。

Rambutan Resort 度假村 $$

（☎063-766655；www.rambutans.info；Wat Dam Nak地区；房 含早餐 US$69~79；）之前一直是Golden Banana B&B旗下的一员，如今已脱离该品牌成为气氛美妙的度假村，占据两座令人惊叹的别墅，里面有宽敞、时尚的客房，庭院中还有一座宜人的泳池。适合同性恋旅行者。

Steung Siem Reap Hotel 酒店 $$

(☎063-965167; www.steungsiemreaphotel.com; Psar Chaa附近; 房 含早餐 US$65起; ❄@📶🏊)酒店的装潢与老市场区法国殖民地时期风格很一致：高高的天花板、百叶窗和铁艺阳台。三星房间里有木质装饰。地理位置无与伦比。

Sivatha St地区

Sivatha St西边有很多经济型客栈和中档精品酒店。随着高昂的租金迫使许多经济型和中端酒店搬离市中心，紧邻Sivatha St南端的Sok San Rd正迅速成为暹粒的住宿首选。

★ **Mad Monkey** 青年旅舍 $

(www.madmonkeyhostels.com; Sivatha St; 铺 US$7~9，房 US$16~26; ❄@📶)暹粒以Monkey为名的住宿场所先驱，这家经典的背包客客栈有豪华多人间，配备空调和超宽的双层床，也为注重隐私的房客提供性价比不错的客房，另有不容错过的屋顶酒吧，要是再有个沙滩酒吧的话，这里就完美了。

★ **Ivy Guesthouse 2** 客栈 $

(☎012 800860; www.ivy-guesthouse.com; Psar Kandal St; 房 带风扇 US$6~8，带空调 US$15; ❄@📶)友好、舒适的客栈，有休闲区域和酒吧，氛围生气勃勃。餐厅是镇上酒店中的最高水准，有丰富的素菜菜式，另有仅需US$1的Tapas Fridays。

Funky Flashpacker 青年旅舍 $

(见236页地图; ☎070 221524; www.funkyflashpacker.com; Funky Lane; 铺 US$7，房 US$16~35; ❄@📶🏊)暹粒首屈一指的背包客派对场所。整座楼下的庭院全被泳池占据，常有水球对决，屋顶酒吧挤满喝多了廉价酒水的年轻醉鬼。美妙的青年旅舍，没有一刻是消停的。

Auberge Mont Royal 酒店 $$

(☎063-964044; www.auberge-mont-royal.com; 标单/双 含早餐 US$42/54起; ❄@📶🏊)Auberge位于一栋典型的殖民地风格的别墅内，房间漂亮，价格也公道，游泳池和水疗设施让它从同类酒店中脱颖而出。

东岸

暹粒河东岸的这个新兴区域拥有一些富有社会责任的客栈，也有几家时髦的精品酒店。与Wat Bo Rd北端平行的小巷聚集着多家客栈，对于没有预订的散客来说是不错的住宿选择。

★ **Rosy Guesthouse** 客栈 $

(☎063-965059; www.rosyguesthouse.com; Siem Reap River Rd; 双 不带浴室 US$9，带浴室 US$16~35; ❄📶)🍃客栈老板是一个英国人，共有13间带电视机和DVD机的客房。楼下是气氛活跃的酒馆，供应美味小吃，会定期举行一些支持当地产业的活动，包括高人气的问答之夜。

Siem Reap Hostel 青年旅舍 $

(☎063-964660; www.thesiemreaphostel.com; 10 Makara St; 铺 US$9~11，房 含早餐 US$34~45; ❄@📶🏊)这家老牌的昊哥背包客旅馆全天开放，装修很漂亮，宿舍维护良好，房间绝对是新一代背包客的宠儿，另外这里还配有一家热闹的酒吧兼餐馆和一个室内泳池。前台提供丰富的旅行信息。

Seven Candles Guesthouse 客栈 $

(☎063-963380; www.sevencandlesguesthouse.com; 307 Wat Bo Rd; 房 US$20~38; ❄@📶)🍃这是一家慈善客栈，收入会捐给当地一个促进乡村教育的基金会。房间有热水、电视和冰箱，另有雕花装饰。

Blue Lizard 青年旅舍 $

(☎096 7710052; www.bluelizardhostel.com; Wat Dam Nak area; 铺 带风扇/空调 US$4/6，双 US$5; ❄📶)位于一条小巷之中，多数交流需用白板（美国老板失聪），是暹粒最安静的青年旅舍之一。价格之低廉也在城里数一数二，有些多人间床位可睡两人，仅需US$4。旅舍最近有所升级，新增了一处休闲区和酒吧。

★ **La Noria Guesthouse** 客栈 $$

(☎063-964242; www.lanoriaangkor.com; Siem Reap River Rd; 房 US$49~69; ❄@📶🏊)温馨可爱的La Noria是一家老牌客栈，它坐落在一个枝叶繁茂的热带植物园中，并带有一个游泳池。房间用传统的风格装饰，有外

廊，但没有电视和冰箱。姐妹酒店Borann与这里几乎一模一样。房费按季节变化。

餐馆品质不俗，每周三有受训于非政府组织Krousar Thmey（见224页）的贫困儿童进行的传统表演（US$7）。

Tareach Angkor Villa 酒店 $$

（☎063-963986；www.tareachangkorvilla.com；房 含早餐 US$25~40；❄@📶🏊）Sok San Rd地区新开张的酒店，对于预算充足的背包客而言，这里是个性价比很高的选择，房间明亮又现代，配备平板电视和时髦浴室。另有一座不大的室内泳池。酒店的经营者是柬埔寨人。

★ **Viroth's Hotel** 精品酒店 $$$

（☎063-766107；www.viroth-hotel.com；St 24；房 含早餐 US$86~118；❄@📶🏊）旧貌换新颜的Viroth's既时尚又复古，共有30间客房，有精美的现代装饰。令人赞叹的建筑中有一座长20米的泳池、一个健身房和一处水疗。酒店最初仅有7间客房，如今仍以Viroth's Villa为名继续经营。

La Résidence d'Angkor 度假村 $$$

（☎063-963390；www.residencedangkor.com；Siem Reap River Rd；房 含早餐 US$220起；❄@📶🏊）这里有全暹粒最具品位的54间木房，房间有超大的浴缸和外廊。可以到漂亮的泳池游上几个来回。度假村有一个叫作Kong Kea Spa的水疗馆，还新建了一栋侧楼，两个地方均用超当代主义风格装饰。

河边和皇家花园

这里属于暹粒的高端住宿区，有许多豪华酒店和精品度假村，也是曾经的皇室住所所在地。

★ **Grand Hotel d'Angkor** 酒店 $$$

（☎063-963888；www.raffles.com；1 Charles de Gaulle Blvd；房 含早餐 US$220起；❄@📶🏊）酒店建于1932年，以其悠久的历史闻名。这里曾接待过卓别林、戴高乐、杰奎琳·肯尼迪和克林顿等名人。你可以来这个华丽典雅的酒店，体验一把殖民地时期游客的感觉。客房里有浓厚的怀旧气息，浴室里的免费洗漱用品种类之多令人眼花缭乱。

Shinta Mani 度假村 $$$

（☎063-761998；www.shintamani.com；Oum Khun St；房 含早餐 US$170~284；❄@📶🏊）🍃Shinta Mani由著名的建筑师比尔·班斯利（Bill Bensley）设计，度假村的中央有一个诱人的水池，各具风格的客房分布在Shinta Mani俱乐部中。这个度假村凭借其负责任的旅游服务获得过几项国际奖项。

城区外围

别对城区外围望而却步，这里有几家最令人难忘的精品酒店，通常只需在市中心乘坐短途突突车即可到达。

Sala Bai Hotel & Restaurant School 酒店 $$

（见236页地图；☎063-963329；www.salabai.com；Tonle Sap Road，Wat Svay；房 含早餐 US$30~50；⏲7月中旬至10月中旬暂停营业；❄@📶）🍃于2016年迁至东岸，位于Wat Dam Nak以南1.5公里的一座杂乱别墅内。这家酒店兼贫困青少年培训学校有6个宽敞的极简主义客房，房间里有混凝土地面和精品卫浴。豪华客房可轻松容纳3人。

酒店里还有一间高档培训餐厅。约1300名Sala Bai的毕业学员遍布暹粒及其他地方的酒店行业。

★ **Templation Angkor** 度假村 $$$

（见236页地图；☎063-969345；www.templation.asia；Rok Rak St；US$98~298；P⊖❄🏊）长期主导金边度假酒店产业的Plantation集团来到暹粒，带来了服务优质、品位非凡的又一杰作。这处度假村占据市中心以北、河流以西的数英亩土地，拥有宽阔的泳池及33座时髦的水泥石头结构别墅，有些带私人泳池。

HanumanAlaya Villa 精品酒店 $$$

（见236页地图；☎063-760582；www.hanumanalaya.com；Siem Reap River Rd West；房 US$60~150；❄@📶🏊）城里最具柬埔寨传统特色的精品酒店，坐落在一个带游泳池的郁郁葱葱的花园内。房间以古董和手工艺品装饰，此外也有平板电视、迷你吧台和保险柜等现代设备。品位同样不俗的姐妹酒店

HanumanAlaya Boutique就在附近，整修后已正常营业。

就餐

逞粒美食值得细细地品味，无论是街头小吃，还是亚洲风味和高级西餐，皆是美味佳肴。你能吃到全世界各地的美食，而且与世界潮流保持同步。可以在城里品尝高棉食物的精妙，也可以在探访偏远省份之前（或之后）吃一顿家常美味。有些顶级的餐馆还有回馈社区的项目，或者提供职业培训。

Little Red Fox 咖啡馆 $

（Hup Guan St；菜肴 US$2~8；周四至周二 6:00~17:00；）这家漂亮的小咖啡馆在暹粒居民中的人气长期爆棚，顾客们赌咒发誓店里使用当地产的咖啡豆烘焙的Feel Good是城里最好喝的咖啡。再加上精美早餐、创意果汁与空调，这里的确令人流连忘返。楼上新开设的部分很是时髦，常有客人一边喝咖啡，一边在笔记本电脑上忙活。

Banllé Vegetarian Restaurant 素食 $

（www.banlle-vegetarian.com；St 26；菜肴 US$2~4；周三至周一 11:00~21:30；）位于一栋传统木屋内，有自己的有机蔬菜园，是健康餐饮的理想之选。供应各国风味及柬埔寨本国菜肴，包括素食的amok，以及芳香扑鼻的水果与蔬菜奶昔。

★ **Mie Cafe** 柬埔寨菜、各国风味 $$

（见236页地图；069 999096；www.miecafe-siemreap.com；Angkor Conservation附近；主菜 US$4~8；周三至周日 11:00~14:00和17:30~22:00）令人印象深刻的柬埔寨餐馆，供应不失创意的传统风味菜肴。餐馆坐落在通往吴哥道路旁的一栋木屋里，美味的套餐价格为US$24。菜肴从细嫩的腌猪排骨到墨鱼汁意式饺子等应有尽有。

★ **Sugar Palm** 柬埔寨菜 $$

（www.thesugarpalm.com；Taphul St；主菜 US$5~9；周一至周六 11:30~15:00和17:30~22:30；）餐馆在一栋漂亮的木房子里，供应加了香草和香料的char kreung（咖喱柠檬草）等传统佳肴。老板兼厨师Katana曾在《美食大冒险》（*Great Escape*）中教戈登·拉姆齐（Gordon Ramsay）做amok。

在暹粒为慈善事业就餐

暹粒有些餐馆本身饭菜味道就不错，而且支持公益事业或参与培训未来的柬埔寨旅游业从业人员。如果你在这样的培训场所就餐，那么就能给受训者一次磨炼职业技能的机会。

Marum（www.marum-restaurant.org；Wat Polanka区；主菜 US$3.25~6.75；周一至周六 11:00~22:30；）餐馆位于一栋漂亮的木房子里，旁边有一个大花园。供应许多素食和海鲜菜式，以及令人垂涎的甜点。红树辣椒炒牛肉和迷你鳄鱼肉汉堡是这里的名菜。该餐馆是Tree Alliance培训餐馆集团的成员；就餐体验不容错过。

另外这里有个相当好的商店，与餐馆一样，这里也非常适合儿童。

Haven（078-342404；www.haven-cambodia.com；Chocolate Rd，Wat Dam Nak地区；主菜 US$3~7；周一至周六 11:30~14:30和17:30~21:30，8月歇业；）Haven无愧于它的名字，确实是一个美食天堂，你可以在这里尝到东西方的融合菜式。其中青芒果鱼排尤为好吃。餐馆所得收入用于帮助即将成年的孤儿迈入社会、开始工作。建议预订。

Blossom Cafe（www.blossomcakes.org；St 6；纸杯蛋糕 US$1.50；周一至周六 10:00~17:00；）这家优雅的咖啡馆将纸杯蛋糕提升到了艺术的级别，48种口味定期轮换供应，同时供应创意咖啡、茶和果汁。咖啡馆所得收入用来帮助本国女性进行职业培训。

New Leaf Book Cafe（Psar Chaa附近；主菜 US$3~6；7:30~22:00）这里的收入全部用来资助暹粒省的非政府组织。供应家常菜、意大利风味面包卷和一些当地的柬埔寨特色菜。

King’s Road 各国风味 $$

（www.kingsroadangkor.com；Siem Reap River Rd East；⏲7:00至午夜）暹粒河东岸的高端餐饮选择，你可以浏览每天开放的“柬埔寨制造”精品摊档，之后从漂亮的传统木屋里的15家餐厅中选择一家就餐，柬埔寨菜（Embassy）、中餐（Emperors of China）、意大利菜（Terrazza）等都值得一试。毗邻的咖啡馆Hard Rock Cafe中有现场音乐演奏。

Chanrey Tree 柬埔寨菜 $$

（www.chanreytree.com；Pokambor Ave；主菜 US$5~12；⏲11:00~14:00和15:30~22:00；❄）酷而现代的Chanrey Tree是柬埔寨料理的新面孔，菜品定位时尚，摆盘充满表现力，与此同时菜肴仍然保留了传统柬埔寨烹饪的精髓。推荐茄子配猪排骨或填馅烤青蛙。

Tangram Garden 各国风味 $$

（www.tangramgarden.com；Wat Dam Nak Village；主菜 US$6~9；⏲周一至周六 18:00~21:30；📶🥗👪）Wat Dam Nak 附近的室外花园餐馆，专营烤肉、创意素食菜肴和高棉主食。周五的晚上常有晚餐加柬埔寨主题电影或柬埔寨艺术表演套餐（晚餐/表演套餐US$25）。

★ Cuisine Wat Damnak 柬埔寨菜 $$$

（☎077 347762；www.cuisinewatdamnak.com；Wat Dam Nak地区；5/6道菜 US$24/28；⏲周二至周六 18:30~22:30，21:30后不接受点单）餐馆位于一栋风格传统的木屋里，获得过名厨Johannes Rivieres的高度赞扬。提供最新奇的高棉美食体验。应季套餐主打刚从市场采购的新鲜食材，每周都会变化，素食者可以提前预约。

🍷 饮品和夜生活

从冷清又杂乱的村庄到国际旅游胜地，经历了翻天覆地变化的暹粒已经在东南亚夜生活地图上稳居一席。

多数酒吧都有欢乐时光的优惠时段，有些高档酒店的酒吧间也不例外。FCC Angkor（Pokambor Ave）与Grand Hotel d’Angkor（见227页）等酒店拥有极具传奇色彩的酒吧。

Full Frontal 鸡尾酒吧

（King’s Rd；⏲10:00~22:30）兼作画廊的酒吧，常有创意人士一边就艺术与诗歌高谈阔论，一边啜饮用烈酒调制的鸡尾酒。这里的艺术气息与内部的创意装饰相得益彰，有华丽的瓷砖点缀。阁楼有空调。老板Jess是吴哥摄影节（Angkor Photo Festival；www.angkor-photo.com）的幕后推手。

Laundry Bar 酒吧

（St 9；⏲16:00至深夜；📶）灯光朦胧，装饰品位不凡，这里是城里最诱人的酒吧之一。客人边喝酒边欣赏电子音乐。周末或有客座DJ打碟的夜晚人会很多。欢乐时光持续到21:00。

YOLO Bar 酒吧

（Wat Preah Prohm Roth St；⏲17:00至深夜；📶）位于一条小巷当中的高人气背包客酒吧，主营量大便宜的鸡尾酒，公用笔记本电脑播放自创音乐。值得前往感受一下，正如店名所说，你只活一次（You Only Live Once）嘛。

Barcode 酒吧

（www.barcodesiemreap.com；Wat Preah Prohm Roth St；⏲18:00至深夜；📶）极有品位的同性恋酒吧，顾客中有许多都市型男；这里的鸡尾酒相当可口，21:30开始的变装秀也非常好看。每天17:00~19:00是欢乐时光时段。

Mezze Bar 酒吧

（www.mezzesiemreap.com；St 11；⏲18:00至深夜；📶）Mezze位于喧嚣的Pub St的上方，是暹粒最具嬉皮气息的酒吧之一。楼下是一间当代风格的休闲酒吧，有原创艺术装饰品和驻场DJ，周日是萨尔萨之夜。

Miss Wong 酒吧

（www.misswong.net；The Lane；⏲17:00至深夜；📶）Miss Wong将带你回到20世纪20年代时髦的上海滩。鸡尾酒是这儿的招牌，也是你打发夜晚时光的利器，菜单中新增了中式点心。欢迎同性恋客人。这里深受富有的外国侨民喜爱。

✩ 娱乐

有些餐馆和酒店在晚上提供柬埔寨文

化表演，虽然跟金边皇家芭蕾舞团（Royal Ballet）的水准无法相提并论，但在外行人看来，也足够优雅迷人了。票价通常包括自助餐的费用。

★柬埔寨马戏团 马戏团

（Phare the Cambodian Circus；见236页地图；☎015 499480；www.pharecircus.org；Sok San Rd西端；成人/儿童 US$18/10，前排座位US$35/18；⏲每天 20:00）堪称柬埔寨的“太阳马戏团”（Cirque du Soleil），不同于传统的马戏团，它在表演艺术上钻研得更深，同时在每一部作品的背后都含蓄地表现了社会现实。柬埔寨马戏团是柬埔寨的顶级马戏、戏剧和表演团体Phare Ponleu Selpak的下设表演机构，于2013年在暹粒开放，凭借其独树一帜的风格而成为旅行者在暹粒不可错过的娱乐选择。

Apsara Theatre 舞蹈

（☎063-963561；www.angkorvillageresort.asia/apsara-theatre；St 26；演出 US$27；⏲19:30）位于一座雄伟的木亭之中，建筑外观看起来很像寺庙。票价含晚餐。旅游团的频繁光顾让这里经常人满为患。

Rosana Broadway 卡巴莱

（见236页地图；☎063-769991；www.rosanabroadway.com；NH6；演出 US$25~45；⏲每天19:30）将曼谷风格的百老汇式表演引入暹粒，既有当地文化舞蹈，也有人妖卡巴莱歌舞，票价高昂。

Temple Club 舞蹈

（Pub St；📶）楼上从19:30开始有免费的传统舞蹈表演，需要在此消费，不过食物和酒水的价格都很便宜。

购物

市场摊贩往往漫天要价，因此一定要记得砍价。King's Road（见229页）的社区市场每天正午至22:00营业，汇聚售卖“柬埔寨制造”的商家，可以看到许多当地出色的艺人和工匠，其中不乏有社区责任感的人士。

★Artisans Angkor 手工艺品

（www.artisansdangkor.com；⏲7:30~18:30）🌿位于吴哥手工业学校（见220页）的漂亮商店，从石制、木制的吴哥雕像复制品到家装用品，出售的商品应有尽有。Angkor Cafe中的Angkor Wat对面还有一家分店，在金边和暹粒的国际机场也有店面。

所有利润都用来资助手工业学校及吸纳更多柬埔寨年轻人参与培训，手工艺人在培训项目中占股20%。

★trunkh. 礼品和纪念品

（Hup Guan St；⏲10:00~18:00）老板眼光独到，提供各类或稀奇、或时尚、或原创的物品，包括漂亮的衬衫、抱枕、首饰、海报和T恤等，另出售正宗的柬埔寨水牛钟等另类纪念品。

AHA Fair Trade Village 手工艺品

（见236页地图；☎078 341454；www.aha-kh.com；Rd 60，Trang Village；⏲10:00~19:00）🌿想购买当地出产的纪念品（与老市场的舶来品不同），就来这家手工艺品市场吧。该市场稍显偏僻，但有20多个商贩出售种类繁多的传统商品。

每月第2个和第4个周六有高棉文化表演，此时商贩更多，还能欣赏到传统音乐和舞蹈。商贩中的Mordock Ceramics提供2小时的陶艺课程。

Spicy Green Mango 时装和饰品

（www.spicygreenmango.com；Alley West；⏲10:00~22:00）小小的精品服装店，衣服和配饰都很有趣。所在的老房子颇有普罗旺斯风情。

吴哥夜市 市场

（Angkor Night Market；www.angkornightmarket.com；⏲16:00至午夜）位于Sivatha St附近，是暹粒最早的夜市，引发各地争相效仿，但这里仍是最好的夜市，有摊贩出售各类手工艺品、纪念品和丝绸制品，值得一逛。Night Market A（南端）的Island Bar有现场音乐，毗邻的Night Market B则有Brick House bar。

你也可以去Dr Fish做鱼疗，或者观看讲述红色高棉或地雷之殇的3D大片（US$3）。

芬芳吴哥 手工艺品

（Senteurs d'Angkor；☎063-964801；

Pithnou St; ⌚7:30~22:30)位于老市场对面，出售品种丰富的丝绸和雕刻，此外也有传统美容产品和香料。所有商品都是本地制作的。店里有Kaya Spa水疗。这家商店致力于为柬埔寨乡村地区的贫困和残疾人士提供培训和就业机会，店里的商品也从当地农民那里采购。旗下的植物园(见221页)位于Airport Rd。

Rajana 手工艺品

(☎063-964744; www.rajanacrafts.org; Sivatha St; ⌚周一至周六 8:00~23:00)出售稀奇古怪的木头和金属制品、设计精美的银质与黄铜弹壳首饰、手工制作的卡片等。商店的宗旨是促进公平贸易，并为柬埔寨人提供就业机会。

Monument Books 书籍

(Pokambor Ave; ⌚9:00~21:00)老市场附近新开的书店，书目丰富。机场另有一家分店。

实用信息

多数餐厅、酒吧和酒店提供可靠的免费Wi-Fi，网吧正在迅速消失。尚存的几家网吧中上网费用约为每小时US$0.50；也可以使用价格便宜的网络电话。

就换汇而言，市场(通常在首饰摊或专门的货币兑换点)比银行更加便捷。

吴哥儿童医院(Angkor Hospital for Children, AHC; ☎063-963409; www.angkorhospital.org; Oum Chhay St和Tep Vong Sts交叉路口; ⌚24小时)如果孩子生病，可以来这家国际标准的儿科医院。这里也为成人提供24小时急诊服务。接受捐款。

澳盛皇家银行(ANZ Royal Bank; Achar Mean St)提供信用卡预借现金和兑换旅行支票服务(可接受大多数币种)。市内有几家分行和许多自动柜员机(每笔收取手续费US$5)。

加华银行(Sivatha St)提供信用卡预借现金(US$4)和旅行支票兑换服务(可接受大多数币种，收取2%的手续费)。

邮政总局(Main Post Office; Pokambor Ave; ⌚7:00~17:30)现在的服务质量好多了，但你最好还是看着你的信件盖上邮戳。另有一个办理EMS快递的柜台。

皇家吴哥国际医院(Royal Angkor International Hospital; 见236页地图; ☎063-761888; www.royalangkorhospital.com; Airport Rd)曼谷医院新建的国际附属机构，常与保险公司打交道，因此收费较高。

U-Care药店(U-Care Pharmacy; ☎063-965396; Pithnou St; ⌚8:00~22:00)这家小药店有点儿像泰国和英国的Boots药店，店员会说英语。

到达和离开

飞机

暹粒国际机场(Siem Reap International Airport; 见236页地图; ☎063-962400; www.cambodia-airports.com)是通往吴哥寺庙的门户。**柬埔寨巴戎航空公司**(Cambodia Bayon Airlines; 见279页)从暹粒飞往金边(US$50)和西哈努克市(US$93起)的国内航班票价往往最为低廉，也可以乘坐**天空吴哥航空**(Sky Angkor Airlines; 见279页)的航班。

船

暹粒和金边(US$35，5~6小时)或马德望(US$20，根据季节不同4~8小时)之间每天有快

自暹粒出发的交通工具

目的地	小汽车和摩托车	长途汽车	船	飞机
泰国曼谷	8小时	US$15~28，10小时，班次频繁	无	US$90起，1小时，每天8班
马德望	3小时	US$5~8，4小时，班次频繁	US$20，6~8小时，7:00	无
磅同	2小时	US$5，3小时，班次频繁	无	无
金边	4~5小时	US$6~15，6小时，班次频繁	US$35，5小时，7:00	US$40起，30分钟，每天9班
波贝	3小时	US$5~8，3小时，班次频繁	无	无

艇往来。开往金边的船只票价有点宰人——汽车速度跟船一样，但价格便宜得多。开往马德望的航线沿途风景优美，但船只经常出故障。

长途汽车

长途汽车站/出租车站（见236页地图）在市中心东面3公里、NH6以南近1公里处，是所有长途汽车的终点站。汽车票可以在客栈、酒店、长途汽车办事处、旅行社和售票亭购买。一些长途汽车公司会用小巴到旅客入住的酒店上门接客。到暹粒后，乘客刚一下车就会被急着拉客的摩的司机团团围住，做好心理准备。

暹粒的长途汽车公司：

Asia Van Transfer（AVT；☎063-963853；www.asiavantransfer.com；Hup Guan St）

Capitol Tour（☎012 830170；www.capitoltourscambodia.com）

Giant Ibis（☎095 777809；www.giantibis.com）

Gold VIP（☎070 988888；off Sivatha St）

Golden Bayon Express（☎063-966968）

Larryta Express（见236页地图；☎066 202020）

Liang US Express（☎092 881183；Sivatha St）

Mekong Express（☎063-963662；https://catmekongexpress.com；14 Sivatha St）

Nattakan（见236页地图；☎078 795333；nattakan.sr@gmail.com）

Neak Krorhorm（Siem Reap River Rd East）

Phnom Penh Sorya（☎096 766 6577；Sivatha St）

Rith Mony（☎063-677 0333）

Virak Buntham（☎017 790440）

合乘出租车

合乘出租车和其他交通工具沿部分主干道前往各大城市，速度比长途汽车略快。可以乘坐出租车抵达金边（US$10，5小时）、磅同（US$5，2小时）、诗梳风（US$5，2小时）和波贝（US$7，3小时）。如果要前往位于班迭奇马的寺庙，需要去诗梳风换乘（要尽早动身）。

前往泰国：暹粒至曼谷

前往边境 最早的波贝（Poipet）/亚兰（Aranya Prathet）边境口岸（⏰7:00~20:00）是目前柬埔寨和泰国之间最忙碌的边境，也是人们往返曼谷和暹粒通常都会选择的通道。但多年来此地名声不太好，常有针对游客的骗钱事件发生，尤其常常发生在那些从泰国来的游客身上。

暹粒和马德望都有很多班往返于波贝的长途汽车和合乘出租车。到了界桩旁边的大环岛处再下长途汽车。购买直通曼谷的车票（通常需要在边境换乘其他汽车）可以省却许多麻烦，也不必担心到了泰国后找不到入境的汽车。有几家长途汽车公司提供暹粒直达曼谷的Mo Chit汽车站（见231页）的服务。

到达边境 两边过境的人流量非常大，场面壮观，环境嘈杂，等候两个小时甚至更长时间都是家常便饭，旺季更是拥挤漫长。远离人潮的方式就是尽早到达。如果不想排队过境，交点"贵宾费"，花200B贿赂一下管理人员就可以省去排队了。柬埔寨的过境官员可能会告知你离境税费的问题，但实际上是不需要的。进入泰国，大多数国家的公民都可以获得15天的免费豁免签证。

从泰国入境的话，未过边境前千万不要理会任何所谓的"柬埔寨"移民局官员——这些人都是骗子。进入柬埔寨的官方旅游签证费用为US$30，但一般都会收取US$35。如果不介意长时间等待的话，你也可以礼貌地坚持只按官方标准缴费。出行前办理电子签证（US$37）虽然不省钱，但可以有效缓解你的压力。

继续前行 泰国边境有通往曼谷胜利纪念碑（230B，4小时，6:30~16:30每30分钟1班）的小巴。也可以花费100B乘坐突突车或sŏrngtăaou（皮卡车，15B）到7公里外的亚兰，那里5:00~15:00都有通往曼谷Mo Chit车站和东部汽车站的班车（229B，5~6小时）。既然花了100B，一定要让突突车司机带你到大车站，而不是离边境1公里的小车站（很普遍的骗局）。也可以搭乘6:40或13:55的火车（6小时）到曼谷。

当地交通

如提前预约，暹粒的许多酒店和客栈可派车到机场免费接住店客人。乘坐在航站楼旁边等候的正规出租车，费用为US$9。乘坐摩的到市中心为US$3，突突车的价格为US$7。

如从客栈购买船票，费用包含码头至市中心的摩的或面包车费用。不然的话，从码头到市中心的摩的/突突车/出租车的费用约需US$3/7/15。

市中心周边的短程摩的观光费用为2000r左右，如果想去更远一点的吴哥或机场，费用约为US$1起。

城里的一些客栈和老市场周围几家商铺提供出租自行车的服务，通常每天US$1~2。可以考虑**Green e-bikes**（见241页）或**White Bicycles**（www.thewhitebicycle.org；每天US$2）。如果需要租摩托车，**Angkor e-Tuk Hostel**（见236页地图；☎088 824 1919；Siem Reap River Rd East）出租马力强劲的电动突突车（每天US$24）。

暹粒周边（AROUND SIEM REAP）

昂德罗本特莫保护区（Ang Trapeng Thmor Reserve）

这个鸟类保护区（អាងត្រពាំងថ្ម；门票US$10）是全球屈指可数的赤颈鹤（巴戎寺的浅浮雕就有这种鸟类的图案）观赏场所之一。这种极为珍稀的鸟类身披灰色羽毛，长着一双修长的腿，红色头颈非常显眼。

该保护区位于红色高棉统治时期的劳改犯人修建的水库旁边，设施很简陋，但景色特别优美。需要自带双筒望远镜，因为保护区不会提供。

保护区就在班迭棉吉省（Banteay Meanchey Province）边界上的Phnom Srok地区，距离暹粒约100公里。沿通往诗梳风的公路行进约72公里，然后在Prey Mon处向北走22公里，沿途将经过几个以丝绸织造出名的村庄。也可以参加Sam Veasna Center（见224页）安排的观鸟行程（4人团体每人US$100），这或许是前往保护区最便捷的方式。

空尼的水上村庄（Floating Village of Chong Kneas）

ភូមិបណ្តែតចុងឃ្នាស

最近几年，著名的水上村庄空尼变得人满为患。大批的旅游团大有占领村庄之势，而当地人为骗游客的钱则使出了浑身解数。船票贵得离谱，每人要US$20，这还不包括US$3的门票。不过，实际上你也可以与其他人合租一条船，也只要US$20。

了解情况的旅行者会避开空尼，选择去普列托尔（Prek Toal）或空邦鲁（ព្រៃលិចទឹកកំពង់ភ្លុក；每人 US$20）这种相对较远但更令人印象深刻的地方。空邦鲁是一个建在高高的桩子上的村子，给人感觉超凡脱俗，从空尼坐船过去需要1小时。

普列托尔鸟类保护区（Prek Toal Bird Sanctuary）

洞里萨湖三大生物圈之一的普列托尔（ជម្រកសត្វស្លាបទឹកព្រែកទាល់；门票 US$20）是令人赞不绝口的鸟类保护区，也是三个生物圈中最值得一去、交通最方便的选择。保护区的面积虽然不大，却生活着大量的珍稀鸟类，如小秃鹳、大秃鹳、白鹮鹳、斑嘴鹈鹕等，因此是鸟类爱好者的乐园。即便是对鸟类一窍不通的人都会惊叹于这些鸟儿宽阔的翼幅和它们建造的巨大巢穴。

旺季（12月至次年2月上旬）时，大量的鸟类聚集于此地，令人联想起希区柯克电影《群鸟》（*The Birds*）中的场景。当在其他地方找不到水时，鸟类就会迁徙到这里。2月之后，这里虽然仍有大批鸟类栖息，但过低的水位使游客无法进入保护区。9月也能看到鸟，但数量可能没有那么多。真正的观鸟爱好者都知道，观鸟的最佳时间是在清晨或傍晚，这意味着你得一大早前往，或者在普列托尔的环境办公室过夜，这里提供条件简陋的单人间，价格 US$15（双人间US$20）。

暹粒有几家生态旅行社组织前往普列托尔的行程，包括Sam Veasna Center（见224页）、Osmose（见224页）和Prek Toal Tours & Travel（见225页），后者由普列托尔的村民经

国际长途汽车

就国际长途汽车而言，除了几班去曼谷的客车以外，多数都需要在边境换乘。有些大肆宣传的去往曼谷的“夜班车”根本没必要乘坐，因为波贝边境口岸每天7:00才会开放。

Nattakan（见232页）是最早提供前往曼谷的长途汽车服务的公司，如今依然非常可靠，前往曼谷的直达长途汽车（US$28，7.5小时，8:00和9:00出发），包括边境口岸的快速通道——考虑到旺季时长长的等候队伍，这一点可能是巨大优势。

从曼谷到暹粒的直达长途汽车晨间在多地发车，车票从550B到1000B不等。

前往胡志明市或老挝南部的巴色或四千美岛不可避免地要换乘1到2次，而且等候时间较长。要去巴色的话，最好乘面包车到上丁换乘，Asia Van Transfer（见232页）可以帮你处理换乘手续。要注意的是，任何宣称去老挝的长途汽车都要绕路经过磅湛，时间会增加6个小时，还有可能在桔井过夜。别怪我们事先没警告过你哟。

营。团队游费用包括交通、门票、向导、早餐、午餐和饮用水。双筒望远镜按需提供，Sam Veasna Center在保护区内设立的观测塔上还有专用的观测镜。上述三家旅行社都可以为真正的观鸟爱好者安排过夜行程。一日游行程则包括酒店的接送服务，约6:00出发，夜幕降临时返回。

如果不跟团，先坐20分钟摩的（约US$3）或出租车（单程US$15）到水上村庄空尼（根据到达时间的不同，到新码头可能有额外收费），然后坐船去环境办公室（往返US$55，单程1小时）。有小船（US$30含园区向导）从这里进入保护区，这段水路需要花上1个多小时。向导手中有标有鸟类名称的英文小册子，但他们不太会说英语，旅行社的团队游行程则有提供英语解说的好处。

进入保护区还可以顺便游览迷人的**水上村庄普列托尔**，此地比游客扎堆的空尼更值得一游。保护区的部分门票收入用于教育儿童与村民，使其了解保护鸟类与独特泛洪森林环境的重要性。

去普列托尔务必要带上防晒霜和遮阳帽，乘船在烈日下游览一整天可不是闹着玩的。

吴哥寺庙
（TEMPLES OF ANGKOR）

欢迎来到人间天堂。吴哥（ប្រាសាទអង្គរ）是须弥山（Mt Meru）在人间的化身，印度教的须弥山相当于古希腊神话中的奥林匹斯山，是众神的居住地。这里是对人类创造性的大智慧和对宗教大虔诚的完美融合。柬埔寨过去的每位国王都希望他们所建的寺庙在大小、规模和对称性上超越祖先所建的，一代又一代积累下来，造就了现今世界上最大的宗教建筑群——吴哥窟。

对于所有高棉人来说，吴哥寺庙是灵感的源泉和民族的骄傲，激励着他们在经历了各种劫难之后仍能努力重建自己的生活。今天，这些寺庙是所有柬埔寨人的朝拜圣地，而到访的旅行者也都不想错过这些寺庙的惊人魅力。吴哥是世界上最令人惊叹的古迹，它融合了长城的宏伟壮观、泰姬陵的精致细腻，以及金字塔的象征意义和对称统一的特点。

门票

旅行者可以购买一日通票（从之前的US$20一路涨到US$37）、三日通票（US$62）或一周通票（US$72）。持三日通票的旅行者可以在一周内非连续三日进入吴哥，持一周通票的旅行者可以在一月内非连续七日进入吴哥。

吴哥的**售票处和主入口**（见236页地图；Rt 60）于2016年移到暹粒会议中心（Siem Reap Convention Centre）外、城区北部的旧检票站以东约2公里处的新址，属于一个新建筑群。该建筑群也包括了票价昂贵的吴哥全景博物馆（Angkor Panorama Museum；门票高达每人US$20）和**吴哥管理局**（Apsara Authority, Authority for Protection & Management of Angkor & the Region of Siem Reap; www.apsaraauthority.gov.kh）总部。

购买通票时要拍摄数码照片，所以在高峰时

段排队比较慢。每天17:00后购票的旅行者当天可以免费进入吴哥，通票于次日生效。通票可以参观暹粒地区内所有的遗迹，但不包括圣山荔枝山（US$20）或崩密列（US$5）和贡开（US$10）这些偏远的建筑群。

多数主要寺庙有穿着制服的门卫检票，所以逃票几乎没有可能。如今通往中心区域的寺庙（包括吴哥窟、吴哥王城和塔布隆寺）的所有道路都有人值守；7:00~17:00，无通票的外国游客会被要求离开并绕道。

高棉吴哥导游协会（Khmer Angkor Tour Guide Association；☎063-964347；www.khmerangkortourguide.com）是吴哥所有执证导游的代理机构。可以以每天US$20~40的费用预约英语或法语导游；也有导游会讲意大利语、德语、西班牙语、日语和中文等其他语言，不过费用更高，数量也很少。

吴哥窟（Angkor Wat）

★ 吴哥窟 印度教寺庙

（អង្គរវត្ត；见236页地图；吴哥通票1/3/7日US$37/62/72；⏲5:00~17:30）吴哥窟是高棉人智慧的极致表达，任何到访者在第一眼看到它时都会被震慑得目瞪口呆，地球上可以与之媲美的古迹实属凤毛麟角。

吴哥窟是苏利耶跋摩二世（Suryavarman Ⅱ，1113~1152年在位）修建的，周围有一道很宽的护城河。它是最具人类创造力的遗迹，中心寺庙建筑群的外围环绕着一圈800米长的浮雕，高达55米的中心塔使整个吴哥窟看上去庄严无比。

吴哥窟是柬埔寨的灵魂所在，亦是国家象征、高棉文明的结晶和民族自豪感的源泉。其建筑高大雄伟，护城河之宽足以令欧洲城堡周围的壕沟相形见绌，吴哥窟自修建以来从未被废弃过，一直沿用至今。

将灵性与对称完美融合的吴哥窟独具一格，是人类宗教建筑的不朽典范。如果是第一次前往，沿内部引道前行时，心中的激动之情再难在别处体验到。它是吴哥保存最好的寺庙，值得反复游览，每次都能发现从前未曾察觉的细节。

吴哥窟在很多方面有别于吴哥的其他寺庙，其中最显著的一点是它面向西方。西方象征死亡，于是很多学者曾经推断吴哥窟最初可能是作为一座坟墓而存在的。这一观点得到了寺内精美的浅浮雕的印证，它们都是按照逆时针方向设计的，这是古代印度葬礼的习惯。不过毗湿奴也和西方有关。如今人们普遍认为，吴哥窟很可能既是一座寺庙，同时也是苏利耶跋摩二世的陵墓。

吴哥窟以其迷人的apsaras（飞天）而闻名。吴哥窟的墙上雕刻着3000多个形象各异的飞天仙女，设计师们从中发现了37种不同的发型。千百年来，许多精美的雕刻被蝙蝠的排泄物严重腐蚀，好在如今它们已被**德国仙女保护项目**（German Apsara Conservation Project，GACP；www.gacp-angkor.de）修复。该组织在吴哥窟的西北角设立了一个小信息亭，出售带有漂亮的吴哥图案的黑白明信片和照片。

在吴哥窟游览最少需要2小时，如果你想要在解说员的介绍下细细品味浅浮雕讲述的故事，再游览到巴甘（Bakan），至少需要半天的时间。巴甘位于建筑上层，游客参观有时间限制。

就餐

Khmer Angkor Restaurant 柬埔寨菜 $

（见236页地图；主菜US$3~6；⏲6:00~18:00）人气餐馆，就在独一无二的吴哥窟对面。

Blue Pumpkin 咖啡馆 $$

（见236页地图；Angkor Cafe；菜肴 US$2~8；⏲7:00~19:00；❄）吴哥窟之外的Blue Pumpkin分店，位置便利，供应三明治、沙拉和冰激凌，另有美味的水果奶昔，如有需要。所有美食都可以打包。

吴哥王城（Angkor Thom）

很难想象还有比吴哥窟更大更美的建筑，吴哥王城（អង្គរធំ，意为“大城”）的各部分构成了一座恢宏大气的建筑群。吴哥王城占地面积达10平方公里，规模空前，是名副其实的“大城”。

吴哥王城以阇耶跋摩七世（Jayavarman Ⅶ）兴建的神秘国寺——巴戎寺为中心，周围

Temples of Angkor 吴哥寺庙

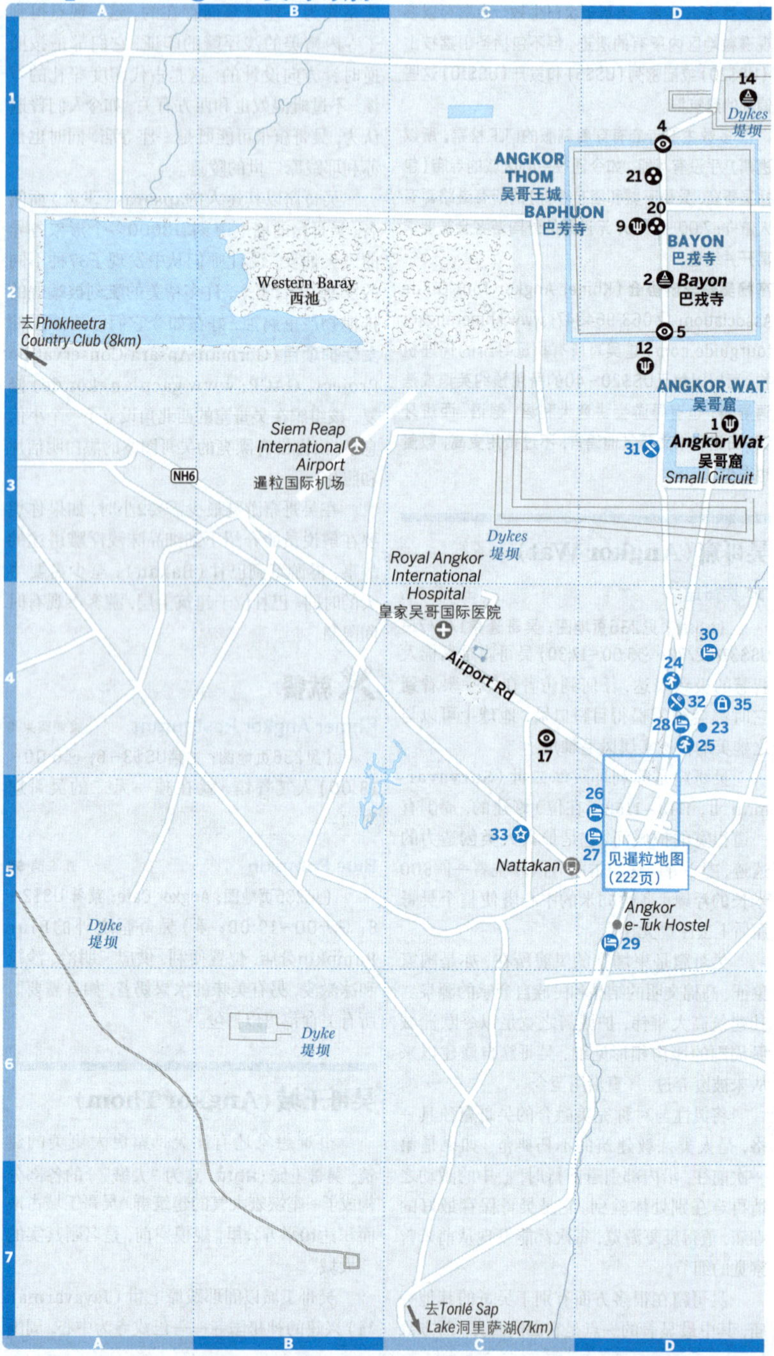

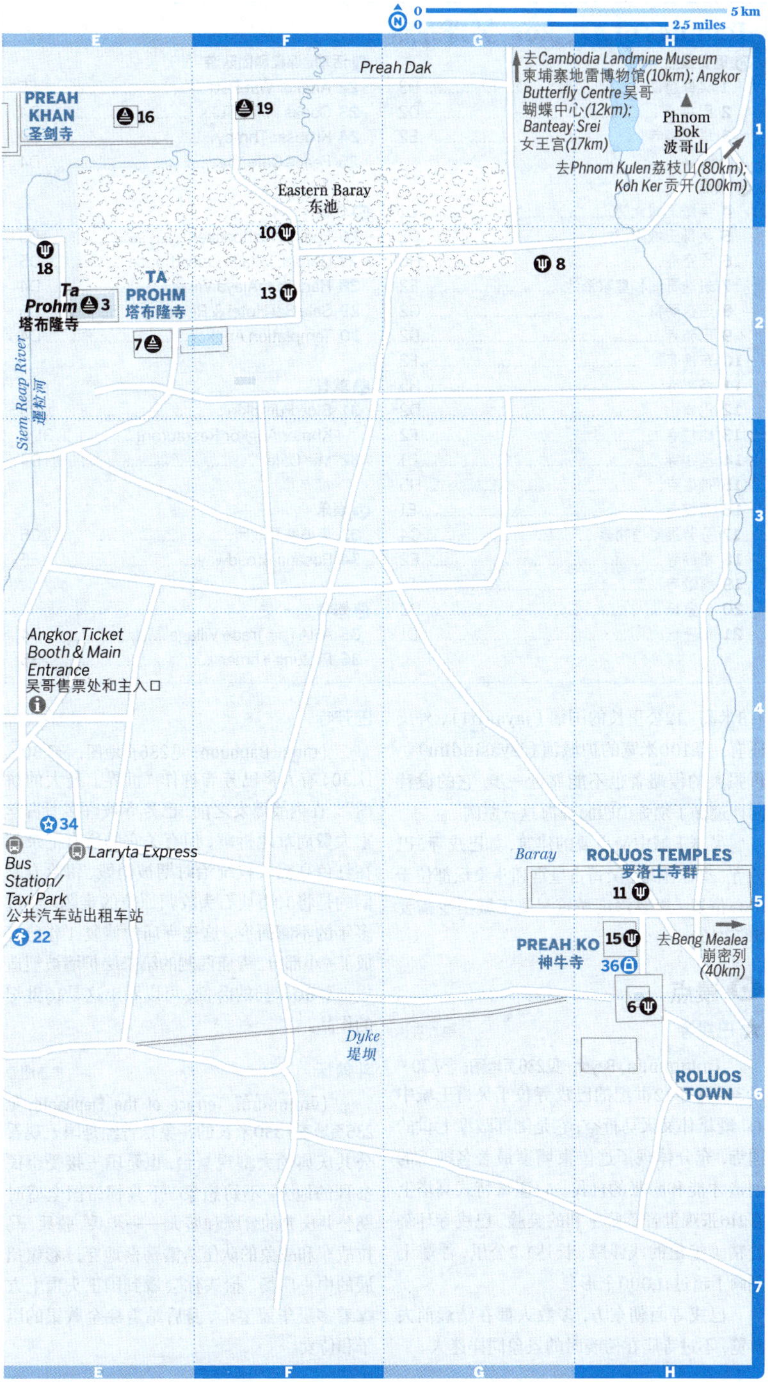
0 5 km
0 2.5 miles
E
F
G
H
Preah Dak
去Cambodia Landmine Museum
柬埔寨地雷博物馆(10km); Angkor
Butterfly Centre吴哥
蝴蝶中心(12km);
Banteay Srei
女王宫(17km)
Phnom
Bok
波哥山
去Phnom Kulen荔枝山(80km);
Koh Ker贡开(100km)
PREAH
KHAN
圣剑寺
16
19
Eastern Baray
东池
10
18
8
TA
PROHM
塔布隆寺
Ta
Prohm 3
塔布隆寺
13
7
Siem Reap River
暹粒河
Angkor Ticket
Booth & Main
Entrance
吴哥售票处和主入口
34
Bus
Station/
Taxi Park
公共汽车站出租车站
Larryta Express
22
Baray
ROLUOS TEMPLES
罗洛士寺群
11
PREAH KO
神牛寺
15
36
去Beng Mealea
崩密列
(40km)
6
Dyke
堤坝
ROLUOS
TOWN
1
2
3
4
5
6
7

Temples of Angkor 吴哥寺庙

有8米高、12公里长的围墙（jayagiri），外层还有一条100米宽的护城河（jayasindhu）。再强大的侵略者也不能靠近一步。它的设计同样遵循了须弥山四面环海这一惯例。

吴哥王城中最重要的建筑，如巴戎寺、巴芳寺、皇家围地、吴哥古皇宫和斗象坛都位于中心位置。想要深度游览吴哥王城至少需要半天时间。

景点

★巴戎寺

佛教寺庙

（ប្រាសាទបាយ័ន, Bayon; 见236页地图; ⏲7:30~17:30）建于12世纪的巴戎寺位于吴哥王城中心，既雄伟又天马行空，它是阇耶跋摩七世的国寺，充分体现了这位柬埔寨最著名国王的创造才能和膨胀的自我。54座哥特式高塔上有216张观世音菩萨平和的笑脸。巴戎寺环绕着精美绝伦的浅浮雕，长达1.2公里，浮雕上刻画了超过11,000个形象。

巴戎寺面朝东方，多数人都在清晨前去游览，不过寺庙在傍晚时的景象同样迷人。

巴芳寺

印度教寺庙

（បាពួន, Baphuon; 见236页地图; ⏲7:30~17:30）有人将巴芳寺称作“世界上最大的拼图”。在内战爆发之前，巴芳寺被许多考古学家大费周章地拆解，但有关它的所有记录都在红色高棉政权统治时期被销毁，留给专家们的是将30万块石头放归原位的难题。经过多年的不懈研究，这座寺庙的修复工作已完成了一小部分。寺庙西侧的第二层护墙被塑造成一尊60米长的卧佛，可以看出这是16世纪的作品。

斗象坛

考古遗迹

（ទីលានជល់ដំរី, Terrace of the Elephants; 见236页地图）350米长的斗象坛曾经是国王观看公共庆典的大型观景台，也是国王接受臣民参拜的地方。不妨想象一下高棉帝国全盛时期公共庆典的奢靡和盛大——步兵、骑兵、马拉战车和战象的队伍浩浩荡荡地穿过彩旗招展的中央广场。抬头你会看到国王头顶上方撑着多层华盖宝伞，身后站着穿金戴银的臣子和侍女。

癞王坛

考古遗迹

（ទីលានព្រះគម្លង់, Terrace of the Leper King; 见236页地图）癞王坛在斗象坛的北边，它建于12世纪，是一个高7米的平台。平台上有一座裸体（但不性感）雕像。前面的护墙上有至少5幅精美的雕刻图案。在平台南侧的底部，有一条通道通往另一个隐秘平台，其上有精心维护的雕刻。

吴哥王城南门

大门

（见236页地图）吴哥王城的南门最受游客青睐，因为它修复完整，装饰着许多头像（多数是复制品）。南门位于通往吴哥王城的主干道上，游客络绎不绝。

到达和离开

如果从吴哥窟前往，你将从南门进入吴哥王城。从塔布隆寺前往的话，你将经过东门。通过巨大的北门（见236页地图）可往来于王城与吴哥大环线（Grand Circuit）上的寺庙之间。

吴哥王城周边（Around Angkor Thom）

景点

★ 塔布隆寺

佛教寺庙

（តាព្រហ្ម, TaProhm; 见236页地图; 吴哥通票1/3/7日 US$37/62/72; ⏲7:30~17:30）斑驳的树影、摇摇欲坠的塔楼和墙、粗壮的树根——这里是电影《夺宝奇兵》（*Raiders of the Lost Ark*）的拍摄地。塔布隆寺无疑是吴哥最具艺术气氛的遗迹，也是每位旅行者清单上的必游项目。它的吸引力在于，和吴哥其他寺庙不同，它已经被丛林所吞噬，看起来就像当初欧洲探险家首次发现吴哥寺庙的情形一样。这么说当然有些夸张，事实上，寺庙周围的林木已经得到了清理，只有那些最大的古树还留在原处，人们对其定期修剪，而不是像崩密列那样处于原始状态。但无论如何，参观塔布隆寺都是一次与众不同的经历。这个地方见证了一轮富有诗意的循环：首先是人类征服了自然，迅速建立起自己的领地，接着自然又以一种缓慢的节奏将其毁灭，一切又回到了最初的样子。如果说吴哥窟和巴戎寺展现的是古代高棉人的智慧，那么塔布隆寺向我们展现的则是丛林非凡的生长能力和强大的力量。

塔布隆寺的修建从1186年开始，最初被称为Rajavihara（国王修道院），是进献给阇耶跋摩七世母亲的一座佛教寺庙。在它的铭文中提供了有关供养这座寺庙的人以及居住者的信息，这在吴哥地区的寺庙当中并不多见。将近8万人被要求供养或维护寺庙，这中间有2700多位官员和615名舞者。

寺庙里有塔楼、封闭式庭院和狭窄的走廊。许多走廊已经无法通行，长期腐烂的树根将雕刻精美的石块掀翻在地，横七竖八地堆在一起，挡住了道路。墙壁上的浅浮雕被青苔、攀爬的植物以及走廊顶部生长出来的灌木所覆盖。几百年的古树高高耸立，浓密的枝叶遮挡着阳光，仿佛给整个寺庙盖上了一件绿色的罩袍。

在众多错综复杂的根系之中，庭院中心最东边楼塔（寺庙的山门）内的那棵树最受人喜爱，人送绰号“鳄鱼树”。另外，塔布隆寺中知名度最高的就是所谓的“古墓丽影树”，安吉丽娜·朱莉扮演的劳拉·克劳馥（Lara Croft）在树下捡起一朵茉莉花，然后穿过泥土掉入松林电影公司（Pinewood Studios）搭建的影棚。

过去也许还有可能爬上被毁坏的走廊，但如今这种行为已经被禁止，这既是为了保护寺庙，也是考虑到游人的安全。这里的许多巨石重达1吨以上，处于不稳定的平衡状态，一旦倒塌后果不堪设想。塔布隆寺目前正由一个印度考古学家团队与柬埔寨考古学家合作进行加固和修复。

要想观赏塔布隆寺最令人难忘的美景，要在早上大部分旅行者没到的时候前来。如果你特别想在迷宫一样的廊道里转转，再仔细看看长得颇有特点的树根，那就至少需要2小时。

巴肯山

印度教寺庙

（ភ្នំបាក់ខែង, PhnomBakheng; 见236页地图; 吴哥通票1/3/7日 US$37/62/72; ⏲5:00~19:00）巴肯山位于吴哥王城以南400米处，最吸引人的地方就是能站在山上欣赏吴哥窟的落日美景。多年以来，这里的情形既热闹又混乱，成群结队的旅行者爬上陡峭的山坡，却又找不到落脚的地方。如今在特定时段只允许300人上山，所以要尽量早去（16:00），才能保证有个位置看日落。巴肯山由耶输跋摩一世（Yasovarman Ⅰ，889~910年在位）修建，共有7层。

圣剑寺　佛教寺庙

（ព្រះខ័ន, PreahKhan, SacredSword；见236页地图；吴哥通票 1/3/7日US$37/62/72；⌚7:30~17:30）圣剑寺是吴哥最大的寺庙群之一——拱形长廊、精美的雕刻和布满青苔的巨石构成了错综复杂的迷宫。它与塔布隆寺形成了完美的对应，通常这里的旅行者相对较少。与塔布隆寺相同，圣剑寺也是带有围墙的塔形寺庙，侧翼建有走廊。与塔布隆寺不同之处在于，由于世界遗址基金会（World Monuments Fund, WMF; www.wmf.org）的持续修复，圣剑寺仍然保存完好。

盘蛇寺　佛教寺庙

（ព្រះនាគព័ន្ធ, Preah Neak Poan, Temple of the Intertwined Nagas；见236页地图；吴哥通票 1/3/7日 US$37/62/72；⌚7:30~17:30）盘蛇寺建于12世纪末，是阇耶跋摩七世的又一杰作。它规模虽然不大，但造型完美。寺庙有一个方形大水池，大水池周围环绕着4个小水池，中央有一座圆形的"小岛"，小岛周围盘着两条尾部相缠的神蛇（naga），盘蛇寺因此得名。

巴空寺　印度教寺庙

（បាគង, Bakong；见236页地图；⌚7:30~17:30）巴空寺是罗洛遗址群中面积最大、也是最有趣的寺庙。巴空寺是因陀罗跋摩一世（Indravarman I）修建用来供奉湿婆的寺庙。它代表着须弥山，是城市的中心寺庙。面向东方的寺庙包括一座砂岩结构的5层中央金字塔，底部是一个边长60米的正方形，两侧有8座砖和砂岩混合结构的塔，另外还有几座小型圣殿。中央塔下面的8座塔中有的还部分保留着最初的灰泥浮雕。

神牛寺　印度教寺庙

（ព្រះគោ, Preah Ko；见236页地图；⌚7:30~17:30）神牛寺是因陀罗跋摩一世在9世纪末兴建的供奉湿婆的寺庙。在880年，这里也被因陀罗跋摩一世用于祭祀成神的祖先。前排的宝塔与男性祖先或神相关，而后排的宝塔则与女性祖先或女神相关。狮子雕像守卫着寺庙。神牛寺的宝塔上有3头神牛（nandis），长期以来因风化受损而支离破碎。

洛雷寺　印度教寺庙

（លលៃ, Lolei；见236页地图；⌚7:30~17:30）洛雷寺的4座砖塔几乎与神牛寺的宝塔如出一辙（但保存状况更糟）。它位于一座大型水库的中心岛上，由这座城市的创建者耶输跋摩一世（Yasovarman I）修建，如今这里已经成为一片稻田。寺庙内佛龛上的砂岩石雕很值得观赏，此外，门柱上还刻有梵文。

根据其中的一段铭文记载，这4座宝塔建于893年7月12日，是因陀罗跋摩一世献给他的母亲、父亲和祖父母的。

购物

Prolung Khmer　手工艺品

（见236页地图；www.prolungkhmer.blogspot.com；⌚8:00~17:00）在神牛寺与巴空寺之间往来时，留意一下路旁的Prolung Khmer，这座陶器和纺织中心是柬埔寨与日本的合作培训项目，生产精美的棉质格子围巾与瓷器。

城区外围

景点

★女王宫　印度教寺庙

（បន្ទាយស្រី, Banteay Srei；吴哥通票 1/3/7日 US$37/62/72；⌚7:30~17:30）女王宫被誉为吴哥艺术王冠上的一颗明珠，它是一座供奉湿婆的印度教寺庙，由浅桃色的砂石打造而成，有着世界上最精湛的石雕艺术。女王宫于967年开始动工修建，是吴哥最小的一处景点，尽管面积不大，却声名显赫。女王宫保存得相当完好，寺内的许多石雕都是三维的。

高布斯滨　印度教圣陵

（ក្បាលស្ពាន, KbalSpean；吴哥通票1/3/7日 US$37/62/72；⌚7:30~17:30）位于吴哥东北方向密林深处的高布斯滨有蔚为壮观的河床石雕。这里通常又被称作"千林伽河"（River of a Thousand Lingas），而高布斯滨这个名字实际上是"桥头堡"的意思，是指这里的一座天然石桥。林伽（阳具的象征）被精巧地雕刻在河床之上，印度教神明的形象遍布整个区域。

1969年，人类学家让·布尔贝（Jean Boulbet）在当地一位隐士的带领下来到这里，高布斯滨才为世界所知。

荔枝山 山

（ភ្នំគូលែន，Phnom Kulen；门票 US$20）荔枝山被高棉人认为是柬埔寨最神圣的山，每逢周末和节假日，许多人都会来此朝圣。它在高棉帝国的历史上占有重要的地位，802年，阇耶跋摩二世（Jayavarman Ⅱ）在此册封自己为罗阇（devaraja，即神王），柬埔寨王国由此诞生。这里的景点包括一尊巨大的卧佛、几百个雕刻于河床处的林伽、一座令人难忘的瀑布和几座偏僻的寺庙。

崩密列 佛教寺庙

（បឹងមាលា，Beng Mealea；门票 US$5；⏲7:30~17:30）崩密列位于暹粒东北方向约68公里处，景色非常壮观。它是吴哥最神秘的寺庙之一，已经完全陷于荒野之中。这座巨大的寺庙采用了和吴哥窟一样的建筑平面图，在这里就仿佛置身于印第安纳·琼斯的电影之中。崩密列于12世纪由苏利耶跋摩二世兴建，设计风格与吴哥窟大致相同，周围是一条巨大的护城河，长1200米、宽900米。

贡开 印度教寺庙

（កោះកេរ；Koh Ker；门票US$10；⏲7:30~17:30）贡开位于柏威夏省（Preah Vihear）北部偏远的森林里，在928~944年曾是吴哥帝国的首都，现在此地已成为暹粒一日游的景点。大多数游客都会选择红庙（Prasat Krahom）作为起点，那里的过梁、门柱、细长的窗棂上都雕刻着漂亮精致的图案。这里最出名的是玛雅风格的Prasat Thom，这是一座砂岩表层的金字塔，宽55米、高40米，共有7层，站在上面可以将壮观的森林美景尽收眼底。贡开位于暹粒东北方向127公里处。

ℹ 到达和当地交通

中央寺庙区域距暹粒仅8公里之遥，可以乘小汽车或摩托车，甚至步行前往，如果选择后者需要有双结实的鞋子。想要得到终极的吴哥体验，不妨尝试混合交通方式，用一天时间乘坐摩的、突突车或小汽车游览偏远的景点，骑自行车游览中心区域的寺庙，再找个地方步行体会宁静的氛围。

自行车

骑自行车是游览寺庙的理想方式，这里山路很少，路况也不错，所以不需要有太多骑行经验。比起小汽车的车窗或飞驰摩的后座，骑行时领略到的风光更加美好。

White Bicycles（www.thewhitebicycles.org；每天US$2）由暹粒周边的几家客栈提供支持，租金收入直接用于社区项目。城里的许多客栈和酒店都提供自行车出租，租金每天US$1~2。**Green e-bikes**（☎095 700130；www.greene-bike.com；Central Market；每24小时 US$10；⏲7:30~19:00）等公司出租电动自行车，这种交通工具也是游览寺庙的人气选择。

小汽车

白天包车游览中心寺庙费用为US$25~35，可以通过暹粒的酒店、客栈和旅行社安排。

摩的

很多独立旅行者会选择乘坐摩的游览寺庙。摩的司机会在游客刚刚到达暹粒时就来揽客，他们往往对这里非常熟悉，而且态度友好，是游览寺庙时的良好同伴，每天费用约为US$10。

突突车

突突车就是拖着带篷车厢的摩托车，是吴哥当地很受欢迎的交通工具，结伴的旅行者可以坐在一起聊天。有些突突车司机是游览寺庙时的良好同伴。每天费用US$15 ~25。

步行

为什么不走着去探索呢？步行前往吴哥窟与吴哥王城的寺庙群非常方便，也是与当地村民交流的理想方式。不想沿公路走的旅行者，可以尝试沿着吴哥王城的城墙悠闲地漫步。步行全程约13公里，途中可以造访几座偏僻的小寺庙，还可以观赏鸟类。另一条步行路线从塔内寺（Ta Nei）穿过树林到塔高寺（Ta Keo），也值得一试。

柬埔寨西北部 (NORTHWESTERN CAMBODIA)

想要在没有大群游客的干扰下游览寺

庙？柬埔寨西北部的偏僻寺庙的确可以带给你不同的感受。立于山巅的柏威夏古塔寺自然是热门景点，但在藤蔓缠绕或丛林掩映之中的其他寺庙建筑群都是游览的理想场所。当结束对偏僻角落的探索时，还可以领略这一地区另一处惊喜——马德望。作为这一地区的主要城市，马德望安静悠闲，拥有殖民时期的建筑与欣欣向荣的艺术产业，在其周边一日游还可以游览众多美妙景点。长途跋涉之后，将这里作为小憩的据点真是再合适不过了。

班迭奇马（Banteay Chhmar）

班迭奇马（បន្ទាយឆ្មារ, Banteay Chhmar；门票US$5；⏲8:00~18:00）及周围的9座寺庙建在一个9世纪的寺庙旧址上，建造者是柬埔寨最喜欢建寺庙的国王阇耶跋摩七世（1181~1219年在位）。主寺是吴哥时代最宏伟、壮观的佛教寺院之一，最初曾有9公里的围墙。如今寺庙已被丛林湮没，气氛十分美妙，几座佛塔非常显眼，上面雕刻有与巴戎寺风格相似的著名四面观世音，雕像面带微笑，高深莫测。寺庙另一出名之处在于西墙南部外侧的精美浅浮雕，这些浮雕的总面积达2000平方米，描述的是凯旋与日常生活场景。

令人惋惜的是，有些浮雕已在1998年被贼人明目张胆地拆除并运往泰国；原来的八尊雕像只剩下两尊——一尊有22条手臂，另一尊有32条手臂，但精美的雕刻工艺依然清晰可见。被盗的部分被泰国方面截获，如今在金边的国家博物馆中展出。

最方便抵达的寺庙是Prasat Ta Prohm（ប្រាសាទតាព្រហ្ម）免费，它就藏在主寺南墙以南200米的灌木丛之中，这里有座佛塔，虽已摇摇欲坠，但上面的观世音像保存完好。

从暹粒出发，2小时的车程可到达这些偏僻的遗迹，这里还有一家出色的社区家庭寄宿和旅游项目。如果你有兴趣了解柬埔寨的乡村生活，想在寺庙建筑群中品味片刻的宁静，来这里准没错。

全球遗产基金会（Global Heritage Fund；www.globalheritagefund.org）正在协助班迭奇马开展保护工作。这里还依照社区旅游（community-based tourism，简称CBT）计划提供迷人的民宿，各种活动及寺庙导览游，收入用于帮助社区发展，可以通过社区旅游办公室预订。

在暹粒雇用私人交通工具到班迭奇马一日游非常方便。沿柏油公路NH56向寺庙以南61公里是诗梳风，从这里乘合乘出租车的话，通常只能抵达Thmor Puok，少部分可以继续前往班迭奇马（15,000r，1小时）和Samraong。从诗梳风乘摩的到班迭奇马的往返费用为US$15~20，出租车的往返费用为US$50~60。

食宿

社区旅游家庭寄宿项目 家庭寄宿 $

（CBT Homestay Program；☎012 435660，097 516 5533；www.isitbanteaychhmar.org；房间US$7）🍃多亏社区旅游办公市发起的家庭寄宿项目，旅行者才能在班迭奇马和附近的三个小村庄过夜。客房设在村民家里，有蚊帐、电扇（18:00~22:00）和浴室（楼下）。部分收入交给社区发展基金会。

Banteay Chhmar Restaurant 柬埔寨菜 $

（NH56；主菜 US$1.50~4）在寺庙东入口附近，条件简陋，是村里唯一能够现点现做的餐馆，供应的高棉菜肴非常好吃。

实用信息

社区旅游办公室（CBT；☎097 516 5533，012 435660；www.visitbanteaychhmar.org；NH56）除了安排家庭寄宿和导游，这个颇具前瞻性的机构还组织可供旅行者了解乡村生活的各种活动（如坐牛车、观看传统音乐演出等）以及乘坐当地交通工具游览外围寺庙的行程。办公室就在班迭奇马主入口对面偏南一点的位置。

马德望（Battambang）

马德望有吸引旅行者的独特魅力。殖民地建筑、河岸景色、悠闲的咖啡馆等不一而足。在这座友好的城市周边，还有古老的山顶寺庙与富有田园情趣的乡村等着你去探索。

景点

马德望的特别魅力就来自这些建于20世

纪初的建筑，在老城中心，当地店屋与法式殖民地建筑比肩而立。最精美的建筑大多位于河边（St 1），Psar Nath（St 1）南面的建筑尤其漂亮，而Psar Nath本身也是现代建筑中的一座丰碑。

Make Maek Art Space　　画廊

（☎017 946108；66 St 2½；建议捐赠 US$2）这座画廊兼工作室由当地备受尊敬的画家Mao Soviet打理，展出他的许多作品，也有来自其他大城市艺术家的绘画与摄影轮展。画廊位于一处俯瞰Battambang Traveller Shop的场所，经过整修之后非常漂亮，关闭两年之后，在2016年末重新开放。

Tep Kao Sol　　画廊

（☎017 982992；St 2；⏲时间不定）这是当地艺术家Loeum Lorn的画廊，他的出名之处是用色彩鲜艳的融化冰水进行创作，再进行拍摄。画廊不定期开放，顺路时不妨来碰碰运气。

Romcheik 5 Artspace　　画廊

（☎092 304 210；St 201A；US$2；⏲14:00～19:00）2015年由工作室扩建成真正的画廊，室内空间令人印象深刻，楼上永久展区展示着四位曾在Phare受训的画廊创建者的最新作品，楼下轮展则关注马德望最优秀的艺术家。

画廊位于桑克河（Sangker River）东岸，Bambu Hotel以北的一条小巷里。

三隆农寺　　纪念馆

（Wat Somrong Knong）三隆农寺位于马德望以北约4公里处，在19世纪建于前吴哥时期的寺庙建筑群上。红色高棉时期，这里用作监狱，在这里遭处决者据说约达万名。建筑群如今包括华丽的主佛塔、古代遗迹、若干现代建筑及缅怀在这里殒命的人的纪念馆。

建筑群的西南围墙之外是一座纪念神庙，装饰着描述红色高棉政权可怖暴行的浅浮雕。受害者的头骨放置在一个玻璃柜之内。

在渡轮码头以北1.7公里处过桥跨过桑克河，之后沿着河岸继续向北走1.7公里，右转进入一条狭窄土路。沿着土路再走500米就可抵达建筑群。如果从北面过来，在prahoc工厂附近的桥梁处向南走约2.5公里即可。

Pheam Ek　　村庄

村里的特产是包春卷的米皮。公路沿线有许多家庭作坊，你可以看到村民们将蒸熟的米浆摊在竹板上晾晒。这里的椰子据说特别甜。这座村庄位于马德望以北约6公里处，通往沃耶农寺的主干道路旁。

巴南寺　　寺庙

（ប្រាសាទភ្នំបាណន់，Prasat Banan；联票US$3）去巴南寺需要走358级台阶登上巴南山（Phnom Banan），但周围乡村的美妙景色绝对令人有不虚此行之感。巴南寺于11世纪由苏利耶跋摩一世之子乌迭蒂耶跋摩二世（Udayadityavarman Ⅱ）所建，有些当地人认为吴哥窟的设计灵感便是来自这座五佛塔的布局，但实际上这只是他们一厢情愿的猜测而已。每座塔的石刻门楣和中央大塔顶部的浅浮雕十分精美。一条以寺庙为起点的狭窄石头台阶路向南，通往山下的三个洞穴，当地导游可以带你进洞参观。

巴南寺位于马德望以南23公里。

活动

遗产徒步小径　　步行

免费 总部设在金边的Khmer Architecture Tours（www.ka-tours.org）以首都周边的专业徒步游著称，该组织已与马德望市政府合作，推出了两条深入马德望老城中心的遗产徒步游览路线，重点关注法国殖民时期的遗迹与20世纪60年代的现代主义建筑。欲了解详细信息，可至网站下载包括彩色地图与编号亮点的PDF文档。

Bric-à-Brac（见248页）及城里其他几处发放的*faceguide*免费小册子中也有地图。花上半天时间探索城市是非常好的体验。时间不多的话，可以考虑租自行车，约1个小时就能完成两条路线。

Green Orange Kayaks　　皮划艇

（☎855 12 718857；www.fedacambodia.org；Ksach Poy；半天 US$12）出租皮划艇，隶属非政府组织FEDA，该组织管理着马德望以南8公里Ksach Poy村的一个社区中心。提供半天自助皮划艇游的活动，出发地点是

Battambang 马德望

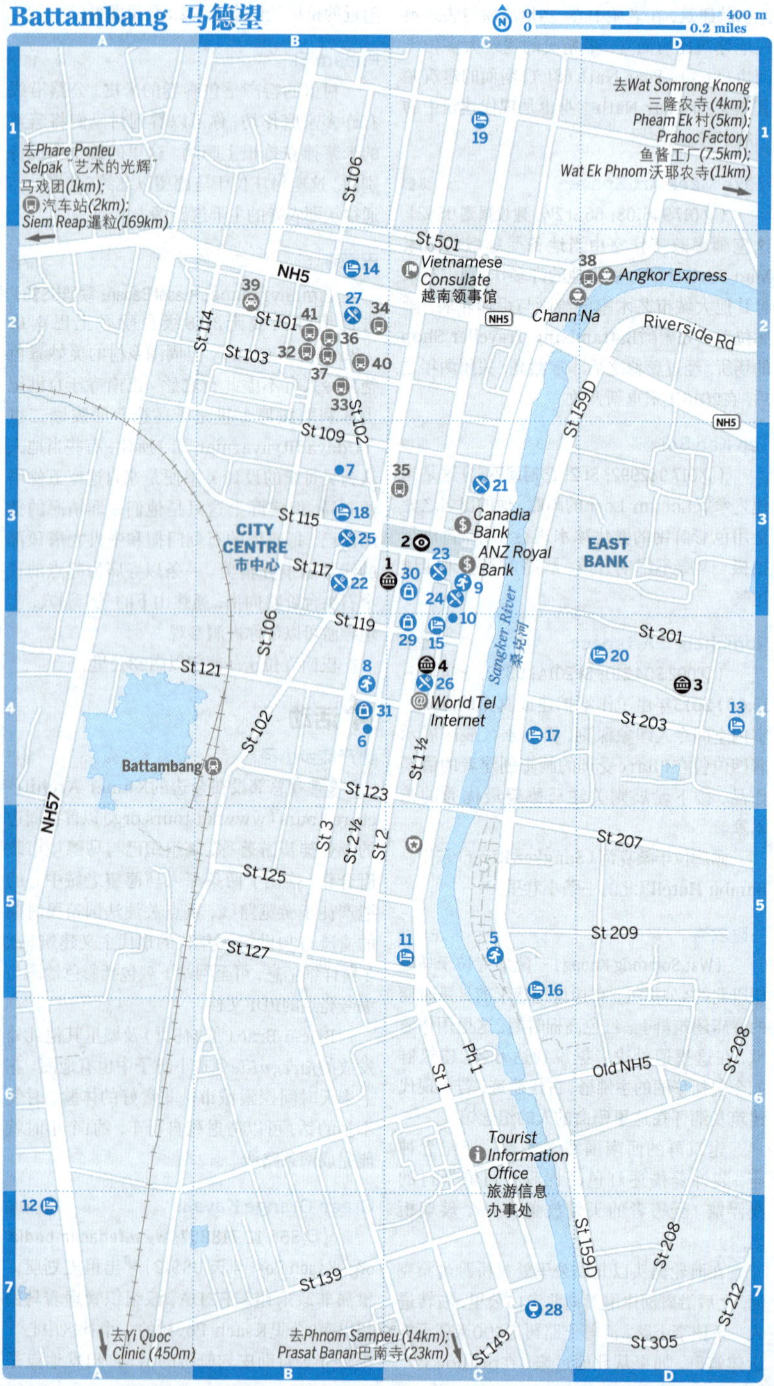

Battambang 马德望

Ksach Poy的Green Orange Café。你可以划着皮划艇沿桑克河回到马德望。建议聘请一位FEDA的学生导游（US$5）。强烈建议预订。FEDA还经营着同样位于Ksach Poy客栈的Green Orange Village Bungalow（☎012 207957；标三 每人 US$5）。可以找Ngarm帮忙。

Soksabike 骑车

（☎012 542019；www.soksabike.com；St 1½，半天 US$23~27，全天 US$34~40；⊙出发时间 7:30）Soksabike是一家社会企业，旨在让旅行者体验柬埔寨的乡村风情、接触当地人。半天/全天骑行全程 25公里/40公里，途中在制作米皮和prahoc（发酵鱼酱）的家庭作坊停留，还有参观当地人家的环节。团队游费用取决于人数。

该旅行社的合作方是位于同一条街上向北隔了几家的咖啡馆Kinyei（www.kinyei.org；1 St 1½；主菜 US$2.75~5.25；⊙7:00~19:00；）。

竹火车 火车

（往返 2名乘客及以上 每人 US$5，1名乘客 US$10；⊙7:00至黄昏）马德望的竹火车是世界上最独特的火车之旅之一。从马德望老法国大桥（Wat Kor Bridge）东侧3.7公里的O Dambong出发，竹火车向东南方颠簸行进7公里，到达终点O Sra Lav，一路是法国殖民地时期留下的蜿蜒的铁路和旋转的桥梁。

火车单程为20分钟，在O Sra Lav停靠20分钟。有一点值得注意，在本指南写作时，竹火车的线路据说要拆除，之后会在马德望省其他地区另建一条线路。最新进展建议咨询旅游局（见249页）。

Coconut Lyly 烹饪

（☎016 399339；www.coconutlyly.com；St 111；每人US$10）由在暹粒Paul Dubrule Cooking School受训的厨师Lyly授课。半天课程（9:00和15:30开始）包括参观Psar Nath、制作4道典型高棉菜肴（含菜谱），之后可以享用自己的劳动成果。这里还有家极好的餐馆，营业时间为8:00至22:00。

Gecko Moto 乘船游

（☎089 924260；St 1；⊙8:00~22:00）桑克河上的私人游船（每人US$6~8，含1或2杯啤酒）。

也提供摩托车出租，每天租金US$6~8。

Aerobics Classes 健康和健身

（St 159D；每人 1000r）每天6:00至7:00和17:00至19:00，不妨到马德望的东岸看看当地人如何用健美操燃烧卡路里。只需跟着跳上5分钟，你就明白高棉语的一些数字是怎样发音了。

Daitep Seeing Hand Massage 按摩

（☎078 337499；St 121；每小时 US$7；⊙7:00~22:00）经过培训的盲人按摩师为客人舒缓身心，室内有空调。

住宿

马德望多数经济型住宿选择都在Psar Nath附近，而多数中档和豪华酒店往往在东岸或市中心以外，需要乘短途突突车或摩的前往老城的旅游区。

市中心

★**Angkor Comfort Hotel** 酒店 $

（☎077 306410；www.angkorcomforthotel.com；St 1；房 带空调 US$15~25；）极具性价比。这家酒店的宽大客房一尘不染，床上铺着白色床单，另配平板电视和足够你所有电子设备充电的插头。现代化的浴室里有步入式淋浴间，而你只需花费背包客旅舍的价格就可以享受到所有这些中档酒店的设施。

Ganesha Family Guesthouse 客栈 $

（☎092 135570；www.ganeshaguesthouse.com；St 1½；铺 US$4.50；房 US$11~14；）马德望平价住宿场所中最出色的旅舍，有配备双人大床的明亮多人间，小巧的私人客房中有竹制家具和瓷砖浴室（只有冷水）。楼下的时尚咖啡馆里有台球桌。

Royal Hotel 酒店 $

（☎016 912034；www.royalhotelbattambang.com；St 115；标单/双 带风扇 US$7/10，带空调 US$15起；）马德望的老牌酒店，有着当之无愧的高人气。有些客房稍显老旧，但空调房间的面积比较宽敞，而且有冰箱和电视。员工对城市信息了如指掌。

Banan Hotel 酒店 $$

（☎012 739572；phaysodavy@yahoo.com；NH5；标准间/豪华间 含早餐 US$25/50起；

不要错过

PHARE PONLEU SELPAK

拥有国际知名度的马戏团**Phare Ponleu Selpak**（☎053-952424；www.phareps.org；US$14）是为柬埔寨儿童设立的一个多元艺术中心，也是马德望的标志性景点。尽管这个马戏团在暹粒也有演出，但是到这个独特表演的发源地马德望来观看演出绝对是值得的。演出每周2~4次，具体取决于旅游季节（可登录网站查询），都在19:00开始。

当地妇孺皆知的Phare并不像一般人以为的那样只是个马戏团，这个组织培养音乐家、视觉艺术家和表演艺术家。你在城里见到的很多演艺人员，比如**Choco l' art Café**（见248页）成名的Ke等，都是在这里生活并学习过的。白天，马戏团随时欢迎观光客们在导游的带领下进来**参观**（门票 US$5；⊙8:00~11:00和14:00~17:00），近距离旁听马戏、舞蹈、音乐、绘画和平面艺术设计等课程。

演出门票可在演出场地门口或全城多个票商处购买。从NH5上的Vishnu交通环岛出发，往西走900米后右转（北边），再走600米后即可到达。

)使用大量的木板装饰，这家酒店与众不同之处在于其热情友好的服务、设施现代、整洁又宽敞的客房，以及位于主楼和配楼之间的巨大泳池。豪华间有阳台。

Sanctuary Villa 精品酒店 $$$

(053-952323; www.thesanctuaryvillabattambang.com; Tea Cham Rath St; 房间 含早餐 US$140~265;)这家豪华酒店的环境宁静怡人，有7栋漂亮的别墅，屋内有传统的木家具、品位不俗的丝绸制品和小地毯——但其位置并非适合所有人。从NH5公路上的White Horse交通环岛出发，往北走500米后右转即可到达。

东岸

★Here Be Dragons 青年旅舍 $

(089 264895; www.herebedragonsbattambang.com; St 159D; 风扇/空调 US$3/5，房US$10/15起;)时尚、有趣的酒吧，郁郁葱葱的前花园，还有迎接客人到来的免费啤酒，这里无疑是顶级的背包客住宿选择。6人间有储物柜，采光良好的私人客房有色彩鲜艳的床具。旅舍的另一好处是优越的地理位置，它位于东岸的河边公园旁边，环境安静。

La Villa 精品酒店 $$

(053-730151; www.lavilla-battambang.net; St 159D; 标单/双 含早餐 US$70/75起;)这里是柬埔寨环境最浪漫的一家精品酒店，它的前身是一栋法国殖民地时期的别墅。酒店将别墅按20世纪30年代的复古风格进行了翻新。想要领略殖民地风情的话，不妨到这里一试。四柱床旁垂着轻薄的蚊帐，地板上仍是原来的地砖，艺术风格的装饰陈设随处可见，这里的老派氛围无与伦比。

Sangker Villa Hotel 酒店 $$

(097 764 0017; www.sangkervilla.com; 紧邻St 203; 房 含早餐 US$45~55起;)Sangker Villa缺乏马德望池畔精品酒店的那种精致的风格，但它的价格非常诱人，小泳池和酒吧后面有宁静的休闲区域，客房采光良好，装饰简洁，有现代化浴室。

★Bambu Hotel 酒店 $$

(053-953900; www.bambuhotel.com; St 203; 房间 含早餐 US$90起;)Bambu的房间为法国和高棉风格，宽敞且贴有华丽的瓷砖，浴室里有石雕装饰，带有精美的家具。创意餐厅堪称城市最佳，泳池旁的酒吧令人流连忘返。最重要的是，员工非常有礼貌，使这里从马德望众多的精品酒店中脱颖而出。酒店的人气极高，建议预订。

城区以外

Au Cabaret Vert 精品酒店 $$

(053-656 2000; www.aucabaretvert.com; NH57; 房间 含早餐 US$75起;)这家酒店位于城中心西南方向，需要乘短途突突车前往。酒店融汇当今时代氛围与殖民时代气息，非常漂亮。客房时髦，配备平板电视和淋浴喷头。游泳池是个天然洁净的小池塘，旁边有植被葱茏的花园，法国风味的美食堪称顶级。

就餐

★Lonely Tree Cafe 咖啡馆 $

(www.thelonelytreecafe.com; St 121; 主菜US$4~5.50; 10:00~22:00;)这家超级舒适的咖啡馆位于同名商店的楼上，有高高的竹子天花板，供应西班牙小吃式菜肴和一些高棉食物。餐厅所得收益用来支持文化保护和帮助残疾人等公益事业。

Vegetarian Foods Restaurant 素食 $

(St 102; 主菜 1500~3000r; 6:30~17:00;)这家简陋的小餐厅有全柬埔寨最好吃的素菜，包括白米粥、自制豆浆和仅售1000r的饺子。性价比非常高。

Buffalo Alley 创意菜 $

(St 1½; 小盘菜肴US$1.50~3，主菜US$3~4; 周一至周五 9:00~23:00，周六和周日 18:00至深夜;)当地学生开办的餐馆，服务热情，供应汉堡和一些美味的小吃，还有许多素食选择。健谈的老板们乐于教你一些高棉语，楼上有卡拉OK，特别热闹。

Lan Chov Khorko Miteanh 面条 $

(145 St 2; 主菜 4000~6000r; 9:00~21:00)中国厨师制作物美价廉的饺子，现做的面条至少有12种选择，包括猪肉或鸭肉汤等。

这里是马德望的老字号，因中国面条受到旅居于此的外籍侨民青睐。

Jewel in the Lotus 咖啡馆 $$

（St 2½；主菜 US$3.50~6；⏲8:00~18:00；📶✍）所在的店屋经过修复非常漂亮，这家街边咖啡馆供应一些中东风味的素食和纯素小吃，黑板上写着特价菜肴——通常有蔬菜比萨。这里兼做商店和画廊，旺季时还放映有趣的电影。

老板夫妇Darren Swallow和Khchao Touch对马德望的艺术界非常熟悉，毕业于Phare的Touch本人也是出色的艺术家。

Choco l'art Café 咖啡馆 $

（St 117；早餐和主菜 US$1.50~6；⏲周三至周一 9:00至午夜；📶）当地画家Ke与他的法国伴侣Soline共同经营着这家迷人的咖啡馆兼画廊，外国人和当地人都喜欢来这里喝喝酒，品尝美味的面包、意大利面和法式可丽饼（早餐供应）。偶尔会有现场音乐演出。

★ Jaan Bai 创意菜 $$

（☎078 263144；jaanbai@cambodianchildrenstrust.org；St 1½和St 2交叉路口；小盘菜肴 US$3，主菜 US$4~10；⏲周二至周日 11:00~22:30；📶✍）🌿Jaan Bai（高棉语的意思是“盛米的碗”）是马德望的美食圣地，餐厅内部是时尚的极简风格，墙上贴有法国和高棉风格的瓷砖，餐单也极具创新意识。可以点几道小盘菜肴品尝多样的口味，或者品尝可以大快朵颐的套餐：7道菜加葡萄酒每人US$15（2人起）。

你在这里就餐也是支持公益事业。Jaan Bai通过柬埔寨儿童信托基金会（Cambodian Children's Trust；www.cambodianchildrenstrust.org）给弱势青少年提供培训和工作机会。

Cafe Eden 咖啡馆 $$

（www.cafeedencambodia.com；St 1；主菜 US$4~7；⏲周三至周一 7:30~21:00，周二不营业；❄📶）🌿这家美国人经营的社会型企业，供应丰盛的早餐和下午茶，气氛轻松闲适。花样不多的午餐和晚餐菜单主打亚洲创意菜，有汉堡、墨西哥菜肴、城里最好吃的薯条和用果酱瓶装的美味奶昔，餐厅有空调。店后的精品店出售一些服装和手工艺品。

La Casa 意大利菜 $$

（St 115；主菜 US$5~10；⏲11:00~14:00和17:00~22:00）供应马德望最可口的薄皮比萨，以及极好的意面和沙拉。餐厅就在长途汽车办公室附近一栋漂亮的建筑里。

🍷 饮品和夜生活

Here Be Dragons 酒吧

（St 159D；⏲11:00至深夜；📶）早在生意兴隆的旅舍出现之前，这家以Dragons为名的酒吧就已经名声大噪。时至今日，这里依然坚持着以往的风格。酒吧经常欢闹到深夜，顾客中既有背包客也有外籍侨民。周三有酒吧竞猜，周五有乒乓球比赛，每月的第一个周四还有葡萄酒调配活动。

Riverside Balcony Bar 酒吧

（☎010 337862；St 1和St 149交叉路口；⏲周二至周日 16:00~23:00）这家酒吧坐落在河边一座华丽的木屋里，老板是外籍人士。这里是马德望最早的酒吧之一，也是日落时分喝一杯的好去处。这里的老板和菜式都经常变化。目前这里供应比萨（US$4~9，称得上是马德望最好吃的）和几道特价开胃菜。多人周末就餐需要预订，因为17:30起这里就座无虚席。

Libations Bar 酒吧

（112 St 2；⏲17:00~21:00；📶）位于Bric-à-Brac酒店的楼下，这家时髦的街边酒吧里有衣冠楚楚的顾客，供应创意鸡尾酒、精酿啤酒，以及按杯出售的葡萄酒和香槟。老板很健谈，可以提供当地许多旅行信息。楼上有三个艺术气息浓郁的漂亮包间。

🛍 购物

Bric-à-Brac 家居用品

（☎077 531562；www.bric-a-brac.asia；112 St 2；⏲11:00~20:00）位于同名酒店楼下的华丽商店，出售手工制作的食品、纺织品、古董和配饰。这里也制作世界上最精美的流苏。

Lonely Tree Shop 纺织品

（St 121；⏲10:00~22:00）🌿出售精美的真丝包、大件珠宝、时尚衬衣和裙子。绝对不是那种专门出售大路货的福利礼品店。

Jewel in the Lotus 二手店

（St 2½；⏲11:00~22:00）一家出类拔萃的饰品店，出售各种古董，流行玩意和大路货，还有本地艺术家的老照片和印刷品。即使不买，也值得看看。

实用信息

旅游办事处分发相当不错的城市地图（若非如此旅游办事处也没有存在的必要了），该地图有竹车和其他市中心外围景点的详细观光路线。

澳盛皇家银行（St 1；⏲周一至周五 8:30~16:00；自动柜员机24小时）

加华银行（Psar Nath；⏲周一至周五 7:30~15:30，周六 至11:30，自动柜员机24小时）提供免费提现和信用卡预借现金业务。

旅游信息办事处（Tourist Information Office；☎012 534177；www.battambang-town.gov.kh；St 1；⏲周一至周五 8:00~11:00和14:00~17:00）马德望的旅游办事处用处不大，但有时会发放免费地图。

World Tel Internet（St 2；每小时 2000r；⏲8:00~17:00）

Yi Quoc Clinic（☎053-953163，012 530171；紧邻NH57；⏲24小时）

到达和离开

船

通向暹粒的船（US$20，每天7:00）沿着狭窄的航道行进，穿过湿地保护区，整个航程在雨季需要5个小时，在旱季需要9个小时或更久。这趟柬埔寨最令人难忘的航行由**Angkor Express**（☎012 601287）和**Chann Na**（☎012 354344）隔日轮流运营。

旱季的时候，只有部分航段通行。最好坐在远离马达的位置，噪声会小一点。或许可以绕道去往**普列托尔鸟类保护区**（见233页），然后让船第二天来接你——只需多花US$5即可。注意，沿途的当地村庄不太喜欢这些快船，因为快船掀起的水浪有时会把村民的小船打翻，快船有时还会把村民的渔网刮破；许多乘客也抱怨说船上超载，有安全隐患，船上很少配备足量救生衣。

长途汽车

有些长途汽车抵离马德望市中心以西2公里的新**长途汽车站**（NH5）。去程旅行者可以乘坐长途汽车公司的免费班车前往车站，但抵达马德望的旅行者则需要花钱乘坐突突车（US$3）去市中心。然而，多数长途汽车仍然将公司办事处作为发车地点，大多数长途汽车公司都聚集在NH5公路和St 4交会处以南的中心地带。

对于前往金边的长途汽车而言，如果你手头紧，可以选择Capitol Tour，这家公司的票价往往是最低的，其次是Phnom Penh Sorya。想要更快的话，多家公司提供快速面包车（US$8~12，4.5小时），如Cambotra Express、Capitol Tour、Golden Bayon Express、Mekong Express和Virak Buntham等。

自马德望出发的长途汽车

目的地	车程（小时）	票价（US$）	公司	班次
曼谷，泰国	9	15~16	Mekong Express、PP Sorya、Virak Buntham	8:30、10:30、11:30、正午
磅湛	8	9~10	PP Sorya、Rith Mony	9:30、9:00
金边（日间）	6~7	5~12	所有公司	班次频繁
金边（夜间）	5~6	6~15	Capitol、Mekong Express、TSS、Virak Buntham	22:00至午夜多班
波贝	2.25	4~4.50	Capitol、PP Sorya、Rith Mony、TSS	16:30前多班
暹粒	3~4	4~6	Capitol、Golden Bayon Express、Mekong Express、Ponleu Angkor、PP Sorya、Rith Mony	15:00前多班

Virak Buntham运营前往金边的夜班卧铺长途汽车，但要注意，与其他所有夜班长途汽车相同，该公司的夜班车到达金边的时间也是在凌晨。

Mekong Express的面包车是去暹粒（US$6，3.5小时，8:00和14:00）最舒适的选择，而Golden Bayon Express的面包车（US$10，3小时，每天4班）的速度更快。

多数去曼谷的长途汽车要在边境换乘——往往是泰国境内的面包车。

Cambotra Express（☎017 866286; St 106）
Capitol Tour（☎012 810055; St 102）
Golden Bayon Express（☎070 968966; St 101）
Mekong Express（☎088 576 7668; St 3）
Rith Mony（☎092 288 8847; St 1）
Phnom Penh Sorya（☎092 181804; St 106）
Ponleu Angkor Khmer（☎096 4628671; St 106）
TSS Transport（☎011 892121; St 102）
Virak Buntham（St 106）

出租车

从**出租车站**（St 101和St 110交叉路口）可以合乘出租去往金边（每人50,000r，4.5小时）和菩萨（Pursat; 20,000r，2小时），发车地点是车站的东南角。你在这里也可以搭乘出租车去Psar Pruhm-Pong Nam Ron边境口岸附近的拜林（20,000r，1.25 小时）、波贝（20,000r，1.75小时）、诗梳风（20,000r，1.25小时）和暹粒（26,000r，3小时）。

合乘出租车最多搭乘6名乘客，如果包车的话，需要花费单人价格的6倍。

当地交通

能说英语和法语的突突车司机在马德望很多，他们也都很乐意带你四处游玩。去农沙帕山（Phnom Sampeau）等单一景点的半日游约需US$12，包括农沙帕山、巴南山和竹火车三处景点在内的全日游价格为US$16~20，这取决于你的讨价还价能力。乘摩的的话更便宜，只需要花突突车一半的价格。

乘摩的在城里游玩大约需要2000r，乘突突车的话起步价为US$1.50。

Gecko moto（见246页）和**Royal Hotel**（见246页）提供摩托车出租，价格为每天US$6~8。在Royal Hotel、**Soksabike**（见245页）、**Battambang Bike**（☎095 578878; www.battambangbike.com; St 2½; 团队游 US$25; ⏲7:30~19:00）和一些客栈都可以租到自行车，价格为每天US$2。

马德望周边（Around Battambang）

农沙帕山（Phnom Sampeau）

这座传说中的石灰岩山（ភ្នំសំពៅ; 联票US$3）位于马德望西南方向沿NH57的12公里处（拜林方向），这里以壮观的风景以及摄人心魄的夜间蝙蝠而闻名。

上山的路有两条，一条是水泥路，一条是陡峭的石阶路，如果想锻炼自己的脚力，可以选择后者。水泥路的坡度也不小，突突车开不上去。山脚附近，售票处周边的餐馆旁有讲英语的摩的司机等客，载你上山的往返车费为US$4。

走水泥路上山时，在半山腰有一条向上的岔路，通往农沙帕山万人坑（Killing Caves of Phnom Sampeau），如今这里是个朝圣地。植被中有道台阶通往一处有金色卧佛的山洞，卧佛旁边是一个玻璃做的纪念碑，里面存放着红色高棉时期受害者的遗骨。当年红色高棉军用棍棒把人打死，并从洞顶的天窗抛尸洞中。台阶起点处有个老纪念碑，就是一个用铁丝网和尼龙线做成的笼子，里面堆放了一些受害者的骨骸。

在山顶的寺庙群里可以找到几处观景点。从建于1964年的金色佛塔出发往下走，在刻有Eiy Sei浅浮雕的大门下方左转，进入一个深邃的峡谷。峡谷两边是茂盛的植物，在树底下沿着144级台阶往下走，穿过一座天然的大门，你会看见一个由钟乳石、藤蔓和蝙蝠构成的“迷失的世界”，门口有两个吴哥武士雕像。

山顶两座发射塔的西端附近有两门政府军留下的两门大炮，一门的铭文是俄语，另一门的铭文是德语。到了西侧几座发射塔附近，不妨抢在其他游客前到观景亭中占个位置观赏日落。向西可以眺望鳄鱼山（Phnom Krapeu），那里曾是红色高棉的根据地。

回到山脚下，每当黄昏时分（17:30前后），会有聚集的人群观看大批的蝙蝠从一个巨大的岩洞中涌出，飞向崖壁的北面。上百万只蝙蝠飞往洞里萨附近的觅食地，在空中往来不绝，这个壮观的景象会持续30分钟之久。

沃耶农寺 (Wat Ek Phnom)

宗教气氛浓厚的沃耶农寺（វត្តឯកភ្នំ; 门票US$2）在马德望的渡轮码头以北11公里处，隐藏在一座色彩鲜艳的现代佛塔和一尊巨大的佛像背后。它建于11世纪，部分建筑已经坍塌。寺庙长52米、宽49米，周围有残破的红砖墙和一座古代水库（baray）。在通往中央大殿的东门上，门梁描绘着印度教神话乳海翻腾（Churning of the Ocean of Milk）的场景，中央大殿的两侧上方有精美的浮雕。这里也是颇受柬埔寨人欢迎的野餐场所，特别是在节日期间。此外也常有为求子而来的妇女朝圣。

柏威夏省（Prasat Preah Vihear Province）

景点

★柏威夏古塔寺 佛教寺庙

（ប្រាសាទព្រះវិហារ, Prasat Preah Vihear; 成人/儿童 US$10/免费; ⏲售票 7:30~16:00，寺庙7:30~17:30）在所有吴哥遗址中，柏威夏古塔寺的地理位置最为独特壮观，它坐落在泰国边境附近的一处悬崖顶上，身在此地，可以将550米下方柬埔寨的平原风光尽收眼底。寺庙始建于耶输跋摩一世（889~910年在位）统治时期，建造工程历经七任高棉国王，到苏利耶跋摩二世（1112~1152年在位）时才告建成，千百年来一直是重要的宗教圣地。与同时期的其他山顶寺庙相同，这里也是须弥山的象征，供奉着印度教神祇湿婆。

近百年来，柏威夏古塔寺[泰国称之为考普维安（Khao Phra Wiharn）]一直是柬埔寨和泰国争夺的焦点。泰国曾占领该地区长达数百年之久，后来根据1907年签署的条约，将其归还给法国殖民统治下的柬埔寨。但争议却未就此平息，柬埔寨和泰国仍时时为寺庙的归属权剑拔弩张，最近的一次是在2008年至2011年，当时的军事冲突造成双方数十名士兵和若干平民死亡。

寺庙沿南北轴线布局，轴线上分布着五座十字形的圣殿（gopura），圣殿饰以精美的雕刻，相邻两座圣殿之间有长275米的空地。从停车场出发，步行上山，抵达建筑群北端摇摇欲坠的五号圣殿。这里有灰色砂岩打造的不朽台阶（Monumental Stairway），向下可以通往泰国边境。

从五号圣殿向南继续往上走就到了四号圣殿。圣殿南门上方的山形墙上有早期版本的乳海翻腾（印度教神话故事），这一主题后来在吴哥窟有更壮观的诠释。继续攀登，经过三号和二号圣殿，一直抵达一号圣殿。这里的展厅维护良好，窗户都是向内凹进去的，但中央圣殿仍是一片碎石。站在殿外的悬崖，可将柬埔寨北部平原一览无余，还可以看到远处屹立的圣山荔枝山（Phnom Kulen，487米）。这里是野餐的理想场所。

柏威夏古塔寺坐落在扁担山脉（Dangrek Mountains，625米）的一处悬崖之上，距南方的小镇Sra Em30公里，距暹粒约2.5小时车程。第一站可以先去信息中心（见252页）。

★磅斯威圣剑寺 佛教寺庙

（ប្រាសាទព្រះខាន់, Preah Khan of Kompong Svay; US$5）若论失落的世界那种动人的氛围，这个地处柏威夏市（Preah Vihear City）以南约90公里的偏僻寺庙群无与伦比。这里树木丛生，藤蔓缠绕，地处偏远的角落，十分静谧。你很可能独享寺庙，但到这儿来还是需要私人交通工具的。磅斯威圣剑寺是吴哥时期最大的围墙式寺庙——考虑到同时代的大型寺庙颇多，能在规模上称雄是相当不易的。

圣剑寺的历史扑朔迷离，但长期以来一直都是重要的宗教圣地，有些建筑的历史可以追溯到9世纪。吴哥王城的修建者苏利耶跋摩二世和阇耶跋摩七世曾多次居住在这里，这表明圣剑寺或许是吴哥帝国的第二大城市。

注意别把这里与吴哥的一座规模同样巨大的圣剑寺弄混了。这座圣剑寺占地面积达5平方公里，包括主寺与Prasat Damrei（ប្រាសាទដំរី）、Prasat Preah Thkol（ប្រាសាទព្រះថ្កោល）、Prasat Preah Stung（ប្រាសាទព្រះស្ទឹង, Prasat Muk Buon）等外围寺庙，保存完好

的观世音（巴戎寺风格）的头像极具辨识度。

主寺周围有一道护城河（现已干枯），与吴哥王城的护城河相似。寺庙里有几座半毁损状态的佛塔（*prang*），已湮没在树木植被中。在20世纪90年代中期，中央建筑尚属完整，但1995年之后，贼人们开始在每座佛塔下挖掘掩埋的佛像。饱受气钻和挖掘机破坏的古庙无力回天，许多佛塔倒塌，只留下我们今天看到的一片狼藉。

购买一张门票就可以参观建筑群内所有的寺庙。当地人说圣剑寺周边没有地雷，但为安全起见，还是沿着有路标的道路探索的好。

通往圣剑寺的道路已被整修，这意味着全年都可到此游览，不过还是旱季时最方便。可以从暹粒出发进行超长一日游，也可以在柏威夏市或磅同雇摩的或出租车前往。

若自驾前往，沿着平坦的NH62行驶，在柏威夏市以南约60公里、磅同以北约75公里的Svay Pak转向西，进入全年通行的土路（路上很多坑坑洼洼），之后抵达Ta Seng，此地距公路约30公里，距寺庙仅4公里，这最后4公里的路况还不错。

住宿

Preah Vihear Boutique Hotel 精品酒店 $$$

（☎088 346 0501; www.preahvihearhotels.com; Oknha Franna St, Sra Em; 双 含早餐 US$35~100; ❄📶🏊）这家时尚精品酒店的出现的确出乎意料，不过许多从暹粒前来参观寺庙的高端旅客倒是很乐意到此留宿一晚。床具豪华，长20米的室外泳池波光粼粼，的确可称精品。酒店位于城外1公里，通往柏威夏古塔寺的路旁。

US$35的客房紧邻停车场，设施简单，有空调，看似专为司机或导游准备，但也同样适合不想付高价的背包客。

实用信息

柏威夏古塔寺信息中心（Prasat Preah Vihear Information Centre; Kor Muy; ⏰7:00~16:30）到达柏威夏古塔寺之后的第一站，就是位于Kor Muy（Sra Em以北23公里）的信息中心，在这里买门票，雇英语导游（US$15），然后就可以乘坐摩的（往返US$5）或四驱车（往返US$25，最多6人）沿着6.5公里的山路去寺庙了。

购买门票时出示护照。去寺庙的前5公里坡度不大，但最后1.5公里非常陡；紧张不安的乘客或许想要下车步行，在下雨时更是如此。

到达和离开

Liang US Express 有早晨从Sra Em出发到金边（US$10，10小时）的长途汽车，途经威夏市和磅同。

Rith Mony（☎097 865 6018）有前往金边的早班长途汽车（US$10，10 小时），途经暹粒（20,000r, 3.5小时）。

磅同（Kompong Thom）

友好、繁华的商业城市磅同紧邻NH6公路，水流平缓的上森河（Stung Sen River）在市中心蜿蜒经过。磅同本身的景点乏善可陈，但它却是探索附近景点的大本营。从这里出发的半日游游览静谧的林间寺庙三波坡雷古（见253页）和逊夺山（见253页）非常方便，而城里的精品住宿和出色的餐饮，则使磅同成为前往磅斯威圣剑寺一日游漫长行程的理想中转站。

景点和活动

蝙蝠 野生动物

（Stung Sen St）在老法国总督宅邸（French Governor's Residence）旁边有三棵古老的桃花心木树，成百上千只翼展达40厘米的大蝙蝠（高棉语称chreoun）栖息于此。白天，它们像果实一样倒吊在树上，扑打着翅膀散热。到了黄昏时分（17:00或18:00前后）就可以看到它们飞出去觅食。

Im Sokhom Travel Agency 团队游

（☎012 691527; St 3）提供导游服务，包括骑车前往三波坡雷古。可以为旅行者预约前往三波坡雷古（US$10）或逊夺山和逊夺丝绸农场（US$10）的摩的。

食宿

Arunras Hotel 酒店 $

（☎062-961294; NH6; 标单/双 带风扇 US$5/8，双 带空调 US$15; ❄📶）酒店可谓当地酒店业的老大。它地处中心，有58间物有所值的

房间，采用中式装饰，员工机灵。楼下的人气餐馆供应美味的高棉菜肴。隔壁的Arunras Guesthouse比这家要稍微便宜些，有53个房间。对于慵懒的旅行者还有一项好处：长途汽车站几乎就在酒店门前。

★ Sambor Village Hotel 精品酒店 $$

（☎062-961391；www.samborvillage.asia；Prachea Thepatay St；房/套 含早餐US$60/90；❄@📶🏊）这家法国人开办的酒店是磅同第一家精品酒店，宽敞的小木屋式客房坐落在葱茏花园中，内有四柱床和时尚的卫浴，花园的芒果树下还有一个迷人的泳池。楼上的露台餐馆铺设着硬木地板，供应各国风味。可以免费使用山地自行车。酒店位于NH6公路以东约700米处。

Love Cafe 各国风味 $$

（Prachea Thepatay St；主菜 US$2.50～8.75；⊙周一至周六 15:00～21:00；📶）这家竹墙餐馆可谓供应治愈系美食的瑰宝。菜单品类齐全，比萨和汉堡非常好吃，各类冰激凌也不遑多让。

Kompong Thom Restaurant 柬埔寨菜 $$

（NH6；主菜 US$3～8；⊙6:30～21:00；📶📝）打着领结的侍者十分讨喜，加上俯瞰河流的小巧露台，这里堪称磅同最精致的餐馆，不过比起美妙的气氛，菜肴的味道还差了点儿。供应分量十足的经典高棉菜肴，招牌菜是水牛肉和炒鳝鱼。

ℹ 实用信息

旅游信息办事处（Stung Sen St；⊙周一至周五 8:00～11:00和14:00～17:00）分发介绍磅同景点的小册子。

加华银行（NH6；⊙周一至周五 8:00～15:30，周六 8:00～11:30，自动柜员机24小时）

ℹ 到达和离开

出租车站 合乘出租车是从磅同去金边（US$5）和暹粒（US$5）最快捷的方式。要去北边的柏威夏市的话，可以坐合乘出租车（US$5），但只有上午发车。多数出租车从NH6路旁Tela加油站以东一个街区的出租车站发车。

磅同周边 (Around Kompong Thom)

逊夺山 (Phnom Santuk)

这座海拔207米的圣山（ភ្នំសន្ទុក；US$2）在磅同以南15公里处，山顶林木茂盛，还有几座佛像和一排佛塔。常有佛教徒到此朝拜。想要登顶的话，需要攀登809级台阶——台阶上段生活着许多顽皮的猕猴，或者偷个懒，沿着2.5公里长的柏油路上山。逊夺山有许多色彩鲜艳的佛寺和佛塔，还有五花八门的新旧佛殿和纪念建筑。

三波坡雷古 (Sambor Prei Kuk)

三波坡雷古（សំបូរព្រៃគុក；www.samborpreikuk.com；门票 US$5）是柬埔寨最震撼人心的前吴哥时期纪念碑群，森林各处遍布着100多座砖砌的寺庙，还有些柬埔寨最古老的建筑，透着一股平静舒缓的气氛。从磅同出发，40分钟的车程可轻松抵达此地，林间的寺庙有砂石小路相连。这里有个社区旅游项目雇用当地导游，还为一心体验真正柬埔寨乡村生活的旅行者组织各种活动，安排家庭寄宿。

👁 景点

耶婆塔寺 印度教寺庙

（ប្រាសាទយាយព័ន្ធ，Prasat Yeay Peau，也称Prasat Yeai Poeun）湮没在森林之中，堪称气氛最美妙的寺庙。寺庙东门的砖石结构在一棵古树的巨大根系的撕扯下岌岌可危。西侧入口有大片树荫。

三波寺 印度教寺庙

（ប្រាសាទសំបូរ，Prasat Sambor）这里的主寺群（7世纪和10世纪），供奉的是湿婆的化身之一Gambhireshvara（其他供奉的是湿婆本尊）。几座塔上的砖雕保存较好，中间的塔周边有一系列巨大的yoni（象征女性生殖力）形象。

狮庙 印度教寺庙

（ប្រាសាទតោ，Prasat Tao）是三波坡雷古最大的建筑群，这里的两座大石狮子充分体现了真腊时代精细的雕刻工艺。这里还有精致的长方形水池Srah Neang Pov。

住宿

Isanborei 家庭寄宿 $

(☎017 936112; www.samborpreikuk.com; 铺/双 US$4/6)这个组织会竭力说服旅行者们在三波坡雷古多待一天。除了一家以社区为基础的寄宿民居,这里还提供烹饪课程和自行车出租(每天US$2),还组织旅行者乘坐牛车。

到达和离开

Isanborei提供突突车接送往返磅同的乘客(单程US$15)。身在磅同的话,可以致电该机构安排车来接你。从磅同乘坐摩的往返(不到1小时)费用为US$10。

柬埔寨东部(EASTERN CAMBODIA)

如果你一想到在野外徒步就心潮澎湃的话,那就一定要来柬埔寨东北部,那里有罕见的丛林大象、江豚,有无数湍急的瀑布、宁静的湖泊以及蜿蜒的河流。徒步、骑车、皮划艇还有大象探险,一切都在等待着你去发现。连绵的山脉和繁茂的森林是许多当地少数民族的家,这里有无限的乐趣等着你来发现。

磅湛及周边(Kompong Cham & Around)

这是一个安静的湄公河畔小城,在法国殖民地时期是重要的贸易重镇,现在是柬埔寨东北的交通枢纽。河边是磅湛的中心地带。整个磅湛省拥有许多风景如画的村庄,湄公河从中缓缓地流过。这里还是柬埔寨最好的丝绸产地之一。

景点

沃诺科巴吉 佛教寺庙

(វត្តនគរបាជ័យ, Wat Nokor Bachey; 门票US$2)沃诺科是一座融合不同风格的佛教寺庙,这座现代佛塔镶嵌在由红土和砂岩建造的大乘佛教佛龛里,其历史可以追溯到12世纪。寺庙就在通往金边公路附近的一条狭窄土路旁,市中心以西约2.5公里处。

沃哈吉(Wat Hanchey) 寺庙

沃哈吉是一座位于山顶的宝塔,在磅湛以北20公里处,在真腊时代曾是重要的宗教活动中心,如今在这里能够看到柬埔寨最美的湄公河风光。寺庙群散落着几座建于8世纪的建筑,其中有些已被美军的轰炸摧毁,只留下地基,此外还有一些古怪的水果与动物雕塑。这里的亮点是真腊时代的砖结构佛堂,门楣上有保存完好的古代梵文铭文。

沃玛哈粒(Wat Maha Leap) 寺庙

柬埔寨国内仅存的木塔之一。这座漂亮又神圣的佛塔位于城区东南,已有一百多年的历史,之所以没有被红色高棉政权破坏,是因为它被改造成了一家医院。黑色支柱是由整根木料制成的,有光彩夺目的镀金装饰。红色高棉用油漆盖住这些装饰以彰显其朴素的风格,但后来僧侣们又除去油漆,还原了它本来的华丽面目。

帕恩岛 岛屿

(កោះប៉ែន, Koh Paen)如果你想骑着单车悠闲地度过一天,那没有比帕恩岛更合适的地方了,这是一个位于湄公河上的幽静小岛,旱季时由一条雅致的**竹桥**与城区南郊相连,雨季时可以乘坐当地渡轮前往(带/不带自行车1500/1000r)。竹桥本身也是一处景点,每年由人们全手工架设,远处望去就像用火柴棍搭建的一样。

住宿

★ **Moon River Guesthouse** 客栈 $

(☎016 788973; moonrivermekong@gmail.com; Sihanouk St; 房 带风扇 US$7~11,带空调US$13~19; ❄📶)河畔新开张的客栈之一,设施齐全,有时尚又宽敞的客房,包括一些三人间。楼下的餐厅兼酒吧(主菜US$2~4)人气很高,供应丰盛的早餐,夜间也会吸引大批食客。

Daly Hotel 酒店 $

(☎042-666 6631; www.dalyhotel.net; 双/标双 US$18/20, VIP US$40; ❄📶)Daly是一家豪华的酒店,距离湄公河一个街区,是磅湛最好的高棉风格的高层酒店。房间宽敞,采光好,有壁挂平板电视和柔软的床上用品,浴室极为干净整洁。

餐饮

河边的餐馆气氛美妙，没有理由再到别处就餐。

★ Smile Restaurant 柬埔寨菜 $

（www.bsda-cambodia.org；Sihanouk St；主菜 US$3~5；⏲6:30~22:00；📶）这家非营利的餐厅是由佛教组织发展协会（Buddhism Society Development Association，简称BSDA）经营的。在非政府组织工作人员中很受欢迎，供应大分量的早餐和地道的高棉美食，如char k' dau（加香茅、辣罗勒叶和花生炒制）和黑椒鱿鱼等，也有西式菜肴。另外也出售BSDA制作的krama（传统高棉服饰）和小饰品。

Mekong Crossing 各国风味 $

（2 Pasteur St；主菜 US$2~5；⏲6:00~22:00；📶）占据了河畔的最佳位置，一直备受食客青睐，最近重新装修过，供应诱人的高棉咖喱饭菜和西餐，例如大汉堡和美味的三明治。在夜间也是人气酒吧，楼上最近新添了12间客房（带风扇/空调US$7/12）。

Lazy Mekong Daze 各国风味 $

（Sihanouk St；主菜 US$3~5.50；⏲7:30至最后一位顾客；📶）餐厅里有一种很惬意和谐的氛围，是晚上小聚的最佳选择。里面有一张台球桌以及一台播放体育比赛和电影的大电视，供应高棉、泰国和法国风味的美食。另有城里最好吃的比萨、辣味肉豆，冰激凌也相当诱人。

实用信息

加华银行（Preah Monivong Blvd；⏲周一至周五 8:00~15:30，周六 8:00~11:30，自动柜员机24小时）有自动柜员机，支持信用卡取现。

Mekong Internet（Vithei Pasteur St；每小时1500r；⏲6:30~22:00）Vithei Pasteur St上众多网吧中的一家。

到达和离开

金边在磅湛西南方120公里处。如果你要去北方的桔井或更远的地方，一定要确认走经过川龙（Chhlong）的柏油马路，因为如果从NH7公路走东边的斯努（Snuol）的话，会绕很多路。

除了长途汽车以外，还可以在中央市场（Psar Thmei）附近的**出租车站**乘坐合乘出租车（15000r）和拥挤不堪的当地面包车（10000r）去金边（Phnom Penh），车程2小时以上，具体取决于首都的交通状况。也可以乘坐快速面包车（US$6，2小时），车票可通过下榻的客栈预订。

前往桔井（US$5，2小时）和上丁（US$10，4小时）的晨间合乘出租车或小巴从位于主要交通环岛的**Caltex站**发车，人满即走。出租车站也有小巴。

磅湛与其他城镇之间的湄公河河段没有客船运营。

当地交通

坐摩的和突突车的费用分别为每天US$10~15和US$15~20，如果要去沃玛哈粒的话则要加价。司机的英语相当好，可以充作导游。坐突突车去沃汉吉或男人山（Phnom Pros）和女人

从磅湛出发的长途汽车

目的地	票价（US$）	车程（小时）	公司	班次
班隆	10	7	PP Sorya	10:00
马德望	7.50	7.5	Liang US Express、PP Sorya、Rith Mony	7:30和8:30
桔井（途经斯努）	4.50	4	PP Sorya	10:30和12:30
金边	4~5	3	Liang US Express、PP Sorya、Rith Mony	18:00前每小时1班
森莫诺隆	9	6	Minivans	晨间数班
暹粒	6.50	6	Liang US Express	7:30和8:30
上丁（途经斯努）	6.50	6	PP Sorya	10:00

前往越南

前往边境 对来往于柬埔寨东北部与胡志明市之间的人来说，走Trapeang Phlong/Xa Mat边境口岸（⌚7:00~17:00）过境非常方便。在磅湛可以在NH7高速路上坐任何一辆往东开去斯努的车，然后在磅湛东边偏东南55公里处，NH7上的Krek（或Kraek）环岛下车。然后再坐上摩的（US$3）沿着NH72公路往南开13公里就能到达乏味的Trapeang Phlong，那里就只有一个条纹路障以及几个铁皮棚作为标记。

到达边境 这个边境口岸很容易过，只要准备好越南签证就行了。

继续前行 到了越南之后，坐摩托车或者出租车往南走45公里就可以到达西宁（Tay Ninh）——司机索价比柬埔寨的还高，做好狠狠杀价的准备。

山（Phnom Srei）的往返费用为US$10（可以讲价）。河畔的多数客栈和餐馆提供摩托车（每天US$3~5）和自行车（每天US$1）出租。

桔井（Kratie）

桔井（读作kra-cheh）是一个生机勃勃的河畔小镇，是观赏伊洛瓦底江豚最热门的地区，这种江豚生活在湄公河流域，其数量正在不断减少。镇上有丰富的法国殖民地时期建筑。由于处在旅游交通要道上，往来于磅湛和老挝南部四千美岛的旅行者很自然地会在桔井停留。

景点和活动

甘比（Kampi）最适宜观赏伊洛瓦底江豚，该村位于桔井以北约15公里处，就在通往三波（Sambor）的路旁。坐摩的/突突车往返的费用大概是US$7/10，具体取决于司机在河边等候的时间。

湄公河龟类保护中心 野生动物保护区

（Mekong Turtle Conservation Centre；☎012 712071；www.mekongturtle.com；Sambor；成人/儿童 US$4/2；⌚8:30~16:30）位于沃索索莫洛（Wat Sorsor Moi Roi，意为百柱寺庙），桔井以北约35公里处。该保护区由保护国际（Conservation International；www.conservation.org）组织建立，里面生活着数种龟，包括2007年于湄公河流经此地河段发现的稀有的康托尔巨型软壳鳖（Cantor's giant softshell，身长可达2米）。人工孵化的小龟会先被照料10个月，然后再放归野外，有时这个任务会让旅行者一起来完成。放归通常在5月、6月和9月，具体日期可登录网站查询。

CRDTours 团队游

（Cambodia Rural Discovery Tours；☎099 834353；www.crdtours.org；St 3；⌚8:00至正午和14:00~17:30）🍃由柬埔寨农村发展团队（Cambodian Rural Development Team，简称CRDT）经营，主要提供湄公河发现之路（见259页）沿线上的可持续发展类团队游。甘比村以北20公里处的Koh Pdao岛上提供家庭寄宿、志愿者工作和各种体验活动。每天的费用一般为US$38~60，包含伙食费和团费。

Sorya Kayaking Adventures 皮划艇

（☎090 241148；www.soryakayaking.com；Rue Preah Suramarit；⌚7:00~21:00）有7艘双人艇和3艘单人艇，经营桔井以北的湄公河河段（11月至次年6月）和桔井以南的Te River（8月至10月）的半日游。湄公河的行程活动可以近距离观赏江豚，Te River行程则主打观景。

住宿

如果希望住在一个比桔井还安静的地方，可以考虑去空登岛，那里有家庭旅馆（每人US$4）和精品酒店。

Le Tonlé Tourism Training Center 客栈 $

（☎072-210505；www.letonle.org；St 3；房间 不带浴室 US$10~20；❄📶）🍃CRDT经营的美妙的经济型客栈，位于城中心的一栋漂亮的木屋之中。客栈注重设计，有丝绸枕套和床帷、赏心悦目的艺术品和照片装饰、木地板，以及宜人的休闲区域。房间有些暗，但有共用的精品酒店级浴室。另为当地弱势群体提供培训。

Koh Trong Community Homestay I 家庭寄宿 $

（Koh Trong；铺位 每人US$4，房间US$8）位于一栋老木屋之中，提供两间出色的卧室，有高级卫浴（坐式马桶）。从Rajabori Villas附近的渡轮码头向北走2公里即可达到。可以骑自行车，乘摩的（US$1）或牛车前往。

Silver Dolphin Guesthouse 青年旅舍 $

（012 999810；silver.dolphinbooking@yahoo.com；48 Rue Preah Suramarit；铺/标单/标三 US$2/4/12，双 US$6~14；）这里就算是最便宜的双人间也有电视、卫生间和家具，多人间非常大，天花板很高。你可以在楼上和楼下的两个河景阳台就餐。

Star Backpackers 客栈 $

（097 455 3106；starbackpackerskratie@gmail.com；Rue Preah Sihanouk；铺 US$2，双 US$5~6；）这家背包客客栈之前本来没落了，但是年轻的西班牙经理们给它刷上了五彩缤纷的油漆、设置了一个顶楼酒吧和许多吊床休息室、一间10床的多人间，使这里又重新恢复了生机。客栈就在Tokae Restaurant的上面。

Rajabori Villas 精品酒店 $$

（012 770150；www.rajabori-kratie.com；Koh Trong；房含早餐 US$65~150；）带泳池的精品住宿，有法国和高棉风格混搭的乌木别墅。这里是桔井地区的最佳住宿选择，价格自然不菲。酒店位于空登岛（Koh Trong）的北端，可以到渡轮码头免费接站，从桔井坐私人船过来的费用为US$4/5（白天/晚上）。

Arun Mekong 度假屋 $$

（017 663014；www.arunmekong.wordpress.com；Koh Trong；房 带/不带浴室 US$27/22起）Arun Mekong位于风景如画的空登岛北端，环境宜人，房间和别墅的装修很具品位。仅在18:00~23:00期间有电。某些时候夜晚会很热。

Le Bungalow 精品酒店 $$

（012 660902；www.rajabori-kratie.com；Rue Preah Suramarit；房间 带/不带浴室 US$65/31；）类似于精品家庭寄宿，位于一栋传统的木屋之中，装饰是殖民地时期的中柬混合风格。提供3个房间，其中2间配备

Kratie 桔井

活动、课程和团队游

1 CRDTours A1
2 Sorya Kayaking Adventures A2

住宿

3 Le Bungalow A3
4 Le Tonlé Tourism Training Center A1
5 Mekong Dolphin Hotel A1

就餐

6 Jasmine Boat Restaurant A4
7 Tokae Restaurant B4

现代浴室，另一间带露天浴室，适合带孩子的旅行者。

Mekong Dolphin Hotel 酒店 $$

（☎072-666 6666；www.mekongdolphinhotel.com；Rue Preah Sumamarit；房 US$15~50；❄📶）位于河畔的显眼位置，这座混凝土的高大建筑是城里最高档的酒店，河景房US$35，豪华套间US$50。这里甚至还有一个小健身房和桑拿浴室（如果你还觉得桔井不够热的话）。靠后面的房间更便宜些，品质也逊色得多。

餐饮

Tokae Restaurant 柬埔寨菜 $

（St 10；主菜 US$2~4；⏰6:00~23:00；📶）在墙上看到柬埔寨最大的tokae（壁虎）时，你就找到这家出色的小餐馆了。供应物美价廉的柬埔寨菜肴，如咖喱和amok（烤鱼），也有同样实惠的西式早餐和治愈系美食。这家餐厅在Star Backpackers客栈的下面，虽然是法国人开的，但这里主打的是便宜的柬埔寨菜。

Jasmine Boat Restaurant 各国风味 $$

（Rue Preah Sumamarit；主菜US$4~12；⏰7:00~22:00；📶）地理位置优越，可以俯瞰桔井繁忙的渡轮码头，这是城里唯一一处位于河畔的就餐选择。船形的餐馆供应各式菜肴，既有实惠的高棉风味，也有售价不菲的肉类熟食。日落时的确光彩夺目，但实际全天都适合小憩。

实用信息

加华银行（Rue Preah Suramarit；⏰周一至周五 8:30~15:30，自动柜员机 24小时）自动柜员机可以取款，还能兑换货币。

到达和当地交通

桔井在金边东北方向250公里（取道去川龙方向的公路）、上丁以南141公里处。

Phnom Penh Sorya（☎081 908005）每天都有3班开往金边（US$8，7小时）的长途汽车，这条路线是经过斯努的慢车路线。Rith Mony也有一班长途汽车，不过你得在路边拦车。快速面包车4小时车程后到金边，途经川龙（US$9，每天约6班），继续前往西哈努克市需要换乘。

到暹粒的Sorya长途汽车每日1班（US$11，9小时），需要在Suong换乘。还有1班快速面包车去金边（US$11，6小时，7:00）。去暹粒的合乘出租车（US$10）在6:00至8:00之间发车，午后可能也有几班。

Sorya（US$8，5小时，12:30前后）和Rith Mony（11:30）从金边出发到班隆（Ban Lung）的长途汽车途经此地。**出租车站**也有几班当地小巴前往班隆。Sorya有1班14:30发车的长途汽车去上丁（US$5，2.5小时），7:00还有1班小巴。去柏威夏市的小巴7:30发车（US$15，5小时）。去老挝必须在上丁换乘，可以通过桔井的客栈预订。

如果前往森莫诺隆（Sen Monorom），需要在出租车站乘坐当地的小巴（30,000r，4小时，清晨发车2至3班），也可以去斯努换乘。

上丁（Stung Treng）

上丁邻近湄公河和桑河（Tonlé San）的交汇点，这个宁静的城市并没有太多好玩的地方，但却是向北前往老挝，向南前往桔井，向东去腊塔纳基里，向西去暹粒的换乘之地。有些当地人把桑河称作"洞里公"（Tonlé Kong），因为它在城市以东10公里处与洞里公河（老挝称之为西公河，Sekong）汇合。城中心以北有座大桥跨过桑河，向北通往老挝边境，城南新建的湄公河大桥也发挥着重要的作用。

景点和活动

Mekong Blue 艺术中心

（មេគង្គប៊្លូ；☎012 622096；www.mekongblue.com；⏰周一至周六 7:30~11:30和14:00~17:00）🍃 Mekong Blue是一个位于市郊的丝绸纺织中心，隶属上丁妇女发展中心（Stung Treng Women's Development Centre），专门织造精美的丝绸制品，以供销售和出口。在该中心有机会看到染工和织工们的工作场景，他们当中多数都来自弱势群体。中心位于上丁市中心以东4公里处，桥下临河马路上。

Xplore-Asia 探险

（☎011 433836；074-973456；www.xplore-cambodia.com）提供各种小册子和旅行建议，

经营一日和数日的自行车和皮划艇团队游（沿湄公河发现之路），包括划皮划艇与伊洛瓦底江豚一起玩耍。提供皮划艇（每天US$10）、摩托车（每天US$10）和Trek山地自行车（每天US$5）出租。

食宿

Riverside Guesthouse 客栈 $

（012 257207；timtysou@gmail.com；房US$5~8；@）这是一家老牌的背包客集散地，里面的房间结构很简单，餐吧很受欢迎，可以俯瞰临河风光。

Mekong Bird Lodge 小木屋 $

（098 522203；ankgorlu@gmail.com；标单/双/标双 US$13/15/18）自诩为环保客栈，位于城北，俯瞰湄公河的一个平静的河段。有一个植被葱茏的热带花园，但还是极具乡村风情。结实的木头小屋非常宽敞，还有适合观赏日落的阳台，只是除了床之外没有其他家具。记得要蚊帐。要到这里，得从桑河大桥以北4公里处的路标左转再走1.5公里。

Golden River Hotel 酒店 $$

（074-690 0029；www.goldenriverhotel.com；房 US$15~35；@）城里服务最周到的酒店，有50间设施齐全的客房，配备冰箱和电视，浴室有热水。河景房价格稍贵。

Ponika's Palace 各国风味 $

（主菜 US$2~5；6:30~22:00）在老挝吃腻了肉末沙拉（laab）后想换换口味？来这里试试汉堡、比萨、英式早餐、印度食物和好吃的高棉咖喱吧。老板Ponika会说英语，为人友善。冰爽的啤酒消暑解渴。另外也提供自行车出租（US$1~2）。

实用信息

加华银行（周一至周五 8:30~15:30，自动柜员机 24小时）有接受国际卡的自动柜员机。

货币兑换：对于前往老挝的旅行者，四千美岛的汇率不划算，建议在上丁兑换老挝基普。换钱处位于上丁中央市场周边，推荐华人经营的换钱处。

Riverside Guesthouse（012 257207；kimtysou@gmail.com）为客人提供往返老挝、暹粒和其他地方的服务。还经营去柬老边境的乘船团队游（2人/4人 US$100/120），会经过伊洛瓦底江豚池。导游会说英语，可以安排全省的摩托车团队游，出租摩托车（US$5起）或自行车（US$1~2）。

旅游信息中心（074-210001；8:00~11:00和14:00~17:00）旅游信息中心位于桑河大桥附近，交通不便，而且很少营业。

不要错过

湄公河发现之路

花几天时间参加沿着湄公河发现之路各种各样的单车骑行和其他团队游是很值得的，也为之后前往上丁和桔井参与以社区为基础的湄公河旅游创造了良好的开端。这个项目最开始是在外国机构的支持下由柬埔寨政府运作，但现在已经完全由私人旅行社经营，主要的运营公司是上丁的Xplore-Asia（见258页）和桔井的CRDTours（见256页）。

湄公河发现之路值得我们给予支持，因为它帮助当地的渔业社区获得渔业以外的收入，并以此来保护这片水域里的伊洛瓦底江豚和其他珍稀动物。

有一本实用的小册子，里面有桔井和上丁地区的旅行路线和地图，但很难买到，问问旅行社能不能让你复印。这些旅行线路可以骑自行车或摩托车游玩，行程从几个小时到几天不等，你可以选择在村庄的家庭里寄宿。有些行程可能需要坐渡轮横穿过湄公河，参观一些湄公河上的岛屿，比如空登岛。

到达和当地交通

NH7公路向北通往老挝，向南通往桔井，如今这条路的路况不错。

最早一班的快速面包车在4:00发车，并且提供上门接客服务，这是去金边（US$10~13，7小时）最快的交通方式。通过**Riverside Guesthouse**或**Ponika's Palace**（见259页）预订车票。

Phnom Penh Sorya（092 181805）有开往金边的长途汽车（US$12，10小时），6:30发车，途经桔井（US$5，2.5小时）和磅湛（US$8，7小时）。此外，14:00前从市场区域发车去桔井的当地小巴班次频繁。

开往班隆的旅游小客车很舒服（US$6，2小

前往老挝：TRAPAENG KRIEL至NONG NOK KHIENE

前往边境 偏僻的Trapeang Kriel/Nong Nok Khiene边境口岸在上丁以北60公里处（开放时间6:00~18:00）。是中南半岛路上环线的重要口岸。多年来，这里有两国的过河设施，但现在已不再开放。金边与巴色之间的直达长途汽车也已停运。你得先到上丁，搭乘每天至少2班的面包车（正午和14:00）跨过边境，再继续前往四千美岛和巴色。要么你就只能在上丁包一辆出租车（约US$35~40）或摩的（约US$15）到达边境。

到达边境 老挝和柬埔寨都可以办落地签。老挝落地签费用是US$35~42，视国籍不同，费用也不同，另外还要附加US$2的费用（看你过境的时间，要么就是"加班费"，要么就是"手续费"，老挝边检十分强硬，$2的索贿难以免除）。柬埔寨的边境官员会将US$20的正常费用涨到US$25。多收的US$5叫作"茶钱"，可能是因为边境卫兵长期驻扎在偏远之地需要用茶来提神吧。此外，柬埔寨的边境官员还会收取US$1的入境体检费，所谓体检，也是敷衍了事；离境的手续费则为US$2（柬埔寨边检索贿，离境可以拒绝）。如果你坚持的话，这些费用可能不了了之，但抗议时间不宜过长，不然你乘坐的车辆就会丢下你开走了。

继续前行 边境口岸两侧都没有公共交通工具，如果你在边境附近下车了，要想到北边的纳卡桑村（Ban Nakasang）并继续前往东德岛（Don Det），乘出租车/三轮车需要花费150,000r/50,000K（US$12/US$4）。

时，8:00和13:00发车），早上在市场也会有当地的小巴（US$5，3小时），但挤满了人。

从塔拉博拉维（Thala Boravit）向西通往柏威夏市的新公路途经契普（Chhep），路况良好。

Asia Van Transfer（☎暹粒063-963853；www.asiavantransfer.com）有快速小型客车去暹粒，每天14:00发车（US$23，5小时），经停柏威夏市（US$12，3小时）。

去老挝境内东德岛（Don Det）与巴色（Pakse）的过境面包车正午和14:00发车。

上丁周边（Around Stung Treng）

柏朗科（Preah Rumkel）

出色的家庭寄宿与靠近柬老边境的Anlong Cheuteal伊洛瓦底江豚池使小村柏朗科成了生态旅游的胜地。这里有被列入拉姆萨尔国际重要湿地名录（Ramsar List of Wetlands of International Importance；www.ramsar.org）的湿地、大量岛屿、丰富的鸟类、众多源自老挝的溪流和瀑布，是湄公河上最具野趣也是最漂亮的区域。

站在柏朗科的河岸边就能清楚地看到6只在Anlong Cheuteal池（老挝语称Boong Pa Gooang）里嬉戏的伊洛瓦底江豚。观豚每人收费US$2。

柏朗科周边的短途旅游项目有到附近群山中远足，乘船/徒步观赏老挝倾泻而下的湄公河激流。这些湍急的水流惊人地展示了自然的力量，特别是在雨季。

去O' Svay或距离柬老边境更近的Anlong Morakot租一条长尾船，坐船游览Anlong Cheuteal并观赏伊洛瓦底江豚。往返江豚池的船费为US$25（可讲价），多加US$10即可继续向河上游前行，感受湄公河的险滩激流。

Anlong Morakot距离柬老边境仅4公里，从老挝出发的旅行者可以坐摩的前往（US$2，10分钟）。一定要安排好继续去上丁的交通——在边境或提前通过上丁的Xplore-Asia（见258页）和Riverside Guesthouse（见259页）预定。这些旅行社也可以派摩的到边境来接你，然后坐船去柏朗科。从这一区域去往上丁的出租车费用为US$45。

更好的办法是在Xplore-Asia租一只皮划艇，与伊洛瓦底江豚一起玩耍，然后顺流而下抵达O' Svay或经过栖息着大量鸟类的洪泛森林前往上丁。在O' Svay以南，全天的皮划艇费用为每人US$65，加US$20可去上游观赏江豚并感受湄公河的急流。

如果想要过夜的话，Mlup Baitong（ម្លប់បៃតង；☎金边012413857；www.mlup-baitong.org）有柏朗科社区家庭住宿项目。住宿条件简陋，每人需要US$3，需要餐食的话每餐多交US$3~4。

蒙多基里省（Mondulkiri Province）

蒙多基里（ខេត្តមណ្ឌលគិរី）位于柬埔寨东部的旷野，也是人口最少的省份，这里是远离低地的另一个世界，你不会看到稻田和棕榈树这样的景观。

这里是强悍的布农族人（Bunong）及其高贵大象的家园，这一片丘陵地带有翠绿迷人的山峰、松树林和雨林。环保人士在这里发起了几个优秀的生态旅游项目，但是这些项目面临伐木工、捕猎者、胡椒农和人脉广泛的投机商人的破坏。

森莫诺隆（Sen Monorom）

森莫诺隆周边地区有少数民族村落和美丽的瀑布、群山在这里交会，让这里成了一个理想的旅游目的地。森莫诺隆海拔有800多米，天气有时会很冷，记得带上保暖的衣服。

景点和活动

布萨瀑布 瀑布

（ទឹកជ្រោះប៊ូស្រា，Bou Sraa Waterfall；门票US$2.50）地处茂密的丛林深处，是柬埔寨最壮观的瀑布之一。这座举国皆知的双层瀑布上层高10米，下层高25米，后者飞流直下，气势磅礴。从森莫诺隆向东沿一条大半是柏油路面的公路行驶33公里就能到达，车程约1小时。

象谷项目 野生动物保护区

（Elephant Valley Project，简称EVP；☎099 696041；www.elephantvalleyproject.org；⏲周一至周五）提供原生态的大象体验。这个项目鼓励当地的象夫将他们过度劳累或受伤的大象送到这片面积达1600公顷的保护区。项目人气极高，一定要预订。可以参加全天（US$85）或半天行程（US$55）。周五和周六不接待过夜游客，周六和周日不对日间游客开放。

Sam Veasna Center 野生动物

（☎012 520828，071-553 9779；www.samveasna.org；Hefalump Cafe，Sen Monorom）与国际非政府组织野生动物保护协会（Wildlife Conservation Society，简称WCS；www.wcscambodia.org）合作，组织塞玛森林保护区（Seima Protected Forest）的野生动物和观鸟团队游，包括在位于森莫诺隆以西25公里处的出色的Jahoo Gibbon Camp（见263页）观赏珍稀的灵长类动物行程，可以向Pech咨询详情。

住宿

★**Nature Lodge** 客栈 $

（☎012 230272；www.naturelodgecambodia.

值得一游

布农族村庄

森莫诺隆周边的几座布农族村庄是高人气的游览目的地，不过游客频繁光顾的村庄现在看来也已融入现代社会。总体来说，你走得越远，看到的村庄就越淳朴。

布农族村庄的游览往往可以与瀑布或大象的近距离接触行程结合。每家客栈都有来往密切的村庄供游客参观，旅游带来的收入也可以通过这种方式平均分配。

想要深入感受布农族文化，可以关注**蒙多基里省资源和文献中心**（Mondulkiri Resource and Documentation Centre，MRDC；☎097 4087806；www.mondulkiri-centre.org）的网站，该网站由当地非政府组织蒙多基里省原住民发展协会（Mondulkiri Indigenous People Association for Development，MIPAD）运营。MIPAD也经营着**WEHH**（☎097 273 9566）的团队游项目，提供在Dak Dam社区近距离感受布农族文化的好机会。行程包括“布农族农场生活”“布农族手工艺”，以及在布农族生活的原始森林徒步等环节。费用每人US$55起，具体取决于团队人数。

com; 房 US$10~30;) 这个客栈坐落在城区附近的一个山顶上，风很大，客栈有30间坚固、带私人门廊的木头小屋，有热水淋浴和蚊帐。还有几座《海角一乐园》(*Swiss Family Robinson*)式的小屋，配备下沉式床铺和密室。华丽的餐厅有舒适的座椅，还有台球桌和酒吧，可供客人们放松休息和交换旅途见闻。

Indigenous Peoples Lodge 小屋 $

(012 725375; indigenouspeopleslodge@gmail.com; 双 US$5~15，四 US$20;) 由一个布农人家庭经营，是体验各式少数族裔民宿的理想场所，包括一座经历了一两次装修的传统的布农人茅草顶住宅。最便宜的房间有共用浴室，性价比很高。还能享受免费上网与免费城区交通服务。

Tree Lodge 小屋 $

(097 723 4177; www.treelodge-senmonorom.blogspot.com; 双 US$7~10，四 US$12~15;) 16座形状和大小不一的小屋位于后面的山坡之上。房间有阳台和迷人的露天浴室，但除了床以外没有任何能放东西的架子或家具。餐馆供应美味的高棉菜肴，另有吊床可供放松休息。这里的年轻家庭经营者非常友善，可以帮忙安排团队游，也提供大象体验项目**Mondulkiri Project** (www.mondulkiriproject.org; 1/2天团队游 每人 US$50/80)。

Happy Elephant 客栈 $

(097 616 4011; 铺 US$2，房 US$5~8起;) 年轻的法国-高棉夫妇Vivi和Mot经营着这个背包客客栈，酒吧兼餐厅Phat Gecko后面的山坡上有几间敦实的小屋（只供应冷水）。如果没有预订旅行社的话，他们也可以安排团队游与徒步活动。

Green House Guesthouse 客栈 $

(017 905 659; www.greenhouse-tour.blogspot.com; NH76; 铺 US$5，房间 US$15~25;) 这里与同名旅行社（大象体验每人US$35）是一家，有许多带冷水的标单客房，也有带空调的两卧室家庭套房。这里有时也被叫作Boran Southa Guesthouse。

★ **Mayura Hill Hotel & Resort** 酒店 $$$

(077 980980; www.mayurahillresort.com; 房 含早餐 US$100~120，套 含早餐 US$150;) 这家酒店提升了蒙多基里的住宿标杆，对于预算充裕的旅行者来说是个相当不错的选择。14个位于别墅中的房间有木头和丝绸装饰，品位不凡，家庭房中有儿童双层床。这里还有一个泳池和一块五人制足球场！餐厅堪称全城最佳。

餐饮

Hefalump Cafe 咖啡馆 $

(蛋糕 US$1~3; 周一至周五 7:00~18:00，周日 9:00~16:00;) 这个咖啡馆是几个非政府组织和保护团体共同合作经营的，同时也是一个当地布农族人的培训中心。供应当地的咖啡、茶、蛋糕、丰盛的早餐，很适合一边享受美味，一边规划探险行程。

The Hangout 酒吧 $

(088 721 9991) 这家客栈的屋顶酒吧是城里最热闹的，而且形形色色的活动不断，有桌上足球等酒吧项目，偶尔有爵士乐现场演奏。供应森莫诺隆最好吃的西餐，也有高棉菜肴。经营者是一对澳大利亚/柬埔寨夫妇，酒吧楼下有多人间和私人客房。

实用信息

Acleda Bank (NH76; 8:30~15:30，自动柜员机24小时) 可兑换大部分货币，自动柜员机只接受维萨卡。

到达和离开

NH76公路从森莫诺隆至斯努和金边（370公里）的路段路况相当好，途中经过广大的森林保护区。铁杆摩托车爱好者可能更喜欢从前法国殖民时期修建的"国王公路"(King's Highway)，这条路从Kao Seima 向东延伸，到距森莫诺隆25公里的Andong Kroloeng附近之前基本与NH76平行。

前往金边的长途汽车已经停运，可搭乘Kim Seng Express (011 229199; NH76)、Ritya Mondulkiri Express (092 963243; NH76)、Virak-Buntham等多家公司的面包车（US$12，5小时，班次频繁）。

广告上的暹粒行程（US$20，11小时）通常需要在Suong换一次车。去班隆（US$7，2小时，8:00和13:00）与桔井（US$9，3小时）的快速面包车可

通过客栈预订。

有直接开往桔井的当地小巴(30,000r,4小时)从出租车站发车。清晨肯定有一班,中午12:30还有两三班。晨间的客车需要预订。

腊塔纳基里省(Ratanakiri Province)

腊塔纳基里省(ខេត្តរតនគិរី)是一个热门的旅游胜地,拥有美丽的自然风光和包括嘉莱族(Jarai)、坦坡族(Tompuon)、布娄族(Brau)、克伦族(Kreung),以及老挝族(Lao)在内的许多少数民族。

班隆(Ban Lung) បានលុង

许多去腊塔纳基里省旅游的人都会以班隆作为第一站。因其赭红色的景色,这里被人亲切地称为"dey krahorm"(红土)。班隆很繁华,不像蒙多基里省的森莫诺隆那样具有世外桃源之美,好在距这里不远就有波伊龙等景点。住在附近村庄的高地少数民族会背着竹篓来班隆赶集。

景点

波伊龙 湖泊

(បឹងយក្សឡោម,Boeng Yeak Lom;门票US$2)波伊龙是整个柬埔寨最宁静、最漂亮的景点之一,这是一个湖水清澈碧蓝的火山口湖,位于伊龙(Yeak Lom)保护区的中心区域。湖泊周围有几个木头栈桥,特别适合游泳。这里有个小小的文化与环境中心(Cultural & Environmental Centre),里面有一些简单的展品,展现居住在这里的少数民族的民俗风情,同时还出租儿童用救生衣。

查翁瀑布 瀑布

(Chaa Ong;门票2000r)班隆以西有三座瀑布,其中最高、最壮观的当属25米高的查翁,它位于丛林峡谷之中,你可以爬到瀑布里面或脚下体验汹涌的水势。但这个瀑布在1月至5月会干涸。去往查翁的路口就在NH19公路右侧(向北)新的长途汽车站以西约200米处,沿这条土路走5.5公里即到。雨季时道路湿滑,自己骑摩托车去的话一定要三思而行。

卡田瀑布 瀑布

(Ka Tieng;门票2000r)班隆以西的三座瀑布之中最好玩的一座,这座瀑布从岩架上飞流而下,你可以一路攀至瀑布的背后。远处有些结实的藤蔓,可以抓住它们像人猿泰山那样摆荡。在新长途汽车站以西200米处,从NH19公路上左转走5.5公里来到一处三岔路口。沿右边的路走2.5公里即到。

维拉差国家公园 公园

(Virachey National Park;门票US$5)柬埔寨规模最大的保护区之一,东起越南,北至老挝,南西抵上丁省,占地面积达3325平方公

蒙多基里的猴子观光

野生动物保护协会(Wildlife Conservation Society,简称WCS)最近的一项报告估计,蒙多基里的塞玛森林保护区(Seima Protected Forest)里生活着20,600只黑臀叶猴和1000多只黄颊冠长臂猿,成为这两种动物在全世界最大的聚居地。**Jahoo Gibbon Camp**组织的行程可以沿着蜿蜒的小径穿越常绿林,观赏瀑布,沿途有很大概率邂逅白臀叶猴与猕猴。该组织为当地村民提供可持续的收入来源,并激励他们保护濒危灵长类动物及其栖息地。

长臂猿很害羞,要见到它们可不容易。但多亏了最近WCS与社区的实地研究,当地长臂猿族群比别处的更适应人类的来访。但想要观赏长臂猿的话,你需要天亮前就起床,因此强烈推荐在营地过夜。

持证的导游会和当地布农族导游一起陪同游客去追寻这些猴子的踪迹。价格大概为:一日游每人US$80,两日游US$150,费用包括前往营地的四驱车、导游费、餐费等。

想了解更多或者预订,请联系森莫诺隆Hefalump Cafe的Sam Veasna Center(见261页)经营团队。

Ban Lung 班隆

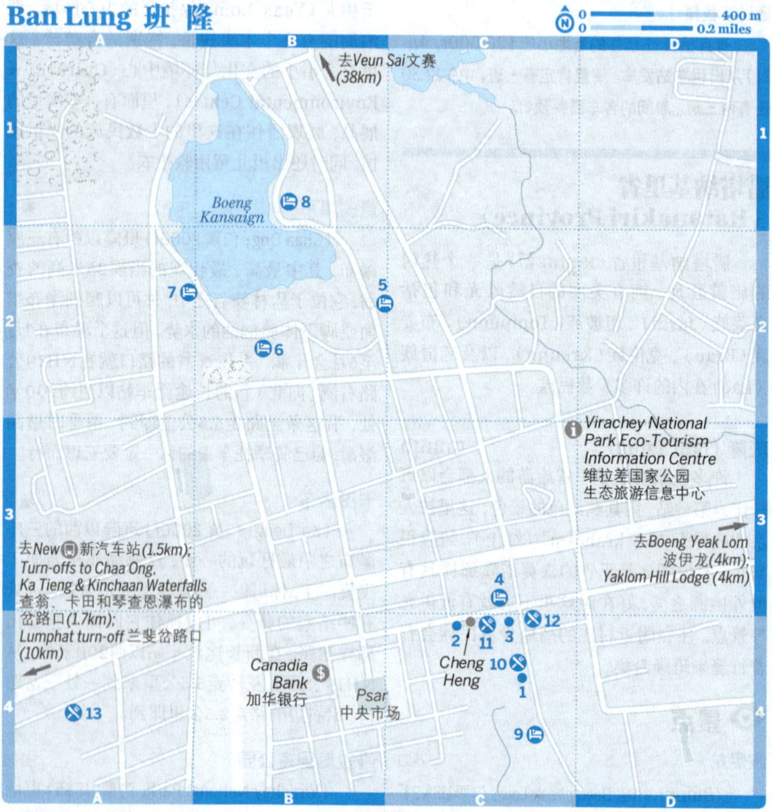

Ban Lung 班隆

活动、课程和团队游

1 Dutch Co Trekking Cambodia C4
2 Highland Tours C4
3 Parrot Tours C4

住宿

4 Bamboo Backpacker C3
5 Banlung Balcony B2
6 Flashpacker Pad B2
7 Ratanakiri Boutique Hotel A2
8 Terres Rouges Lodge B1
9 Tree Top Ecolodge C4

就餐

10 Cafe Alee C4
11 Everest C4
12 Green Carrot C4
Pteas Bay Khmer .... （见7）
13 Sal's Restaurant & Bar A4

里。维拉差拥有柬埔寨组织最完善的生态旅游项目，主打小规模的文化、自然与探险徒步游。该项目致力于为当地少数民族提供就业机会与收益来源。所有园区徒步必须通过班隆的维拉差国家公园生态旅游信息中心（见266页）安排。

团队游

Cambodian Gibbon Ecotours 野生动物（☎097 752 9960; www.cambodiangibbons.wordpress.com; 团队游 US$100起）保护国际（Conservation International，简称CI; www.conservation.org）组织开发的社区生

态旅游项目，就在维拉差国家公园之外，文塞（Veun Sai）的北边。行程包括在丛林中过夜，天不亮就起床观赏栖息在北部的金颊长臂猿。这些只在旺季时发团的1夜/2日行程费用为每人US$100~200，具体取决于团队人数和旅行社。班隆的多数旅行社都有保护国际的授权，可以安排行程。

Highland Tours 团队游

（097 658 3841；highland.tour@yahoo.com）Kimi和Horng夫妇是上了Le Tonlé Tourism Training Centre（见256页）的毕业生。毕业之后他们搬到高原经营各种团队游项目，包括有趣的一日游，以及在文塞与塔翁（Ta Veng）之间包含徒步和桑河竹筏漂流环节的多日游。

DutchCo Trekking Cambodia 团队游

（097 679 2714；www.trekkingcambodia.com）该省最富经验的徒步游经营机构之一，经营者是一位友好的荷兰人。经营有文塞北部卡维族村落和社区森林4日至5日徒步游，Kalai（文塞南部）周边1日至2日游等许多项目。

Parrot Tours 团队游

（0947 4035884；www.jungletrek.blogspot.com）组织在Itub以北众多长臂猿栖息森林的各种过夜徒步游。Sitha Nan是接受过国家公园培训的导游，拥有专业、丰富的当地知识。

住宿

★ Tree Top Ecolodge 小屋 $

（012 490333；www.treetop-ecolodge.com；双 US$7，有冷/热水的小屋 US$12/15；）这里是柬埔寨“狂野东部”的最佳住宿之一，氛围十分美妙。铺装粗旷的步道通往巨大小屋，里面有蚊帐，屋顶盖着茅草，阳台上有吊床，能够看到青翠的山谷。餐厅与小屋一样，也是采用硬木装饰，悬在一个树木葱茏的山谷上方。

Bamboo Backpacker 客栈 $

（015 406290；标单/双 US$3/5起；）同名素食餐厅后面的9个房间，价格极为低廉。共用4个浴室，有高高的天花板、蚊帐、矮桌和有品位的设计。有壁画装饰的餐厅（主菜US$2至US$4.50）因素食汉堡备受青睐。

Banlung Balcony 客栈 $

（097 911 0989；www.balconyguesthouse.net；Boeng Kansaign；铺 US$2，双 US$5~20；）换了经营者之后，这家老字号背包客客栈的主楼，以及位置令人艳羡的酒吧兼餐厅经历了大规模装修之后，生意蒸蒸日上，可以欣赏优美的湖畔落日美景。楼上的房间都有抛光木材装饰和高挑高，堪比精品酒店的标准，但价格非常实惠。

Flashpacker Pad 酒店 $

（092 785259；flashpackerpad@gmail.com；Boeng Kansaign；铺 US$8~15；）由Backpacker Pad经营，实际上是新式背包客级别的住宿，有平板电视，白色床单上有本地制作的长条饰布。记得选一间能够欣赏清晨薄雾笼罩的湖面的房间。酒店提供丰富的旅游和交通信息。性价比很高。

★ Terres Rouges Lodge 精品酒店 $$

（012 660902；www.ratanakiri-lodge.com；Boeng Kansaign；房/套 含早餐 US$55/80起；）在住宿业竞争激烈的当下，仍是柬埔寨最美妙的住宿场所之一。风扇标间采用经典的殖民地风格，装饰有美丽的柬埔寨家具和部落工艺品，还有一条很长的公用阳台。漂亮花园中的套房是巴厘岛风格的宽敞木屋，带有开放式浴室。

Ratanakiri Boutique Hotel 酒店 $$

（070 565750；www.ratanakiri-boutiquehotel.com；标准/湖景 房 含早餐 US$29/39，套 US$69；P）新开张的酒店，有美妙绝伦的湖景，服务周到。浴室墙壁有镶嵌石，床上的长条饰布是当地制造的，高棉风格的装饰还过得去，但在这里住宿主要还是为了湖景阳台与完善的现代设施。

就餐

★ Green Carrot 各国风味 $

（主菜 US$2~6；7:00~22:00；）店面局促的小馆，供应精致程度令人称奇的菜肴，包括丰盛的沙拉、三明治和卷饼，还有种类丰富的高棉经典美食。这里还有相当好的汉堡和价格很便宜的比萨。18:00~20:00的欢乐时光鸡尾酒买一赠一。

Cafe Alee 各国风味 $

（主菜 US$1.50~5.50；⏲7:00至最后一位顾客；📶📝）服务热情的咖啡馆，有城里最有趣的美食，包括五花八门的素食选择、丰盛的千层面和种类齐全的高棉菜肴。黑板上写着的特价菜肴值得一试。

Sal's Restaurant & Bar 各国风味 $

（☎097 5889655；主菜 US$2.50~7.50；⏲正午至14:00和17:00~22:00）这是一家热情的餐厅酒吧，在班隆小小的侨民群体中很受欢迎，如果想找个舒服的地方吃自己熟悉的美食，那就来这里吧。这里有印度咖喱、辣味墨西哥菜还有美味的汉堡。所有美食都是由当地餐饮界传奇人物Sal现场制作的，不想等位的话建议预订。

Everest 印度菜 $

（主菜 US$3~5；⏲7:00~23:00；📶）这里是班隆，菜肴的味道毕竟不及Brick Lane（伦敦的印度区），但在腊塔纳基里吃腻了柬埔寨菜、汉堡和意面之后，这里的印度风味菜肴倒是不错的调剂。

Pteas Bay Khmer 各国风味 $$

（Boeng Kansaign；主菜 US$4~15）Ratanakiri Boutique Hotel的木屋餐厅，位于Boeng Kansaign的岸边，环境令人着迷，无论白天还是晚上都很宜人。供应柬埔寨菜肴，自制意面和精选熟食。

ℹ 实用信息

加华银行（⏲周一至周五 8:30~15:30，自动柜员机 24小时）提供所有银行业务，有接受国际银行卡的自动柜员机。

维拉差国家公园生态旅游信息中心（Virachey National Park Eco-Tourism Information Centre；☎075-974013，周末 097 730 0979，周末 097 333 4775；virachey@camintel.com；⏲周一至周五 8:00至正午和14:00~17:00）组织维拉差国家公园内的徒步游。

ℹ 到达和离开

班隆的长途汽车站（NH19）很大，它位于城市西郊，班隆的交通环岛以东2.5公里处。客栈和旅行社可以安排城区的接站服务，非常方便。

Phnom Penh Sorya（☎077 880062）和Rith Mony有清晨出发去金边的长途汽车（US$9~10，11至12小时），车会经过桔井和磅湛，但这些客车取道途经斯努的慢速车道，比快速面包车（US$15，8小时，每天约6班）用时更久。如果从金边过来的话，可以致电旅行社或客栈，安排快速面包车接站。

现在也有去暹粒的长途汽车，但实际上非常麻烦，因为需要在磅湛换乘，而且往往是夜班车。最好清早就动身去山顶，再乘坐快速面包车经柏威夏市到暹粒。Tree Top Ecolodge（见265页）可以帮忙搞定行程（US$13，8小时，7:00）。

有快速面包车去老挝东德岛和巴色，7:30出发，在上丁（至东德岛US$17，7小时）换乘面包车时需要等待几小时。

当地的小巴和皮卡也在长途汽车站发车，前

前往越南：班隆至波来古

前往边境 2008年向旅行者开放的**O Yadaw/Le Thanh边境口岸**（⏲7:00~17:00）位于班隆以东70公里处的NH19公路上。从班隆出发，客栈会推荐你乘坐早上7:30的面包车去波来古（Pleiku；US$11，4.5小时），需要在边境换一次车。面包车会来客栈接乘客，这样比单独购票更方便。或者在班隆的新长途汽车站坐当地的小巴去O Yadaw，然后换乘摩的继续向前行驶25公里到达边境。

到达边境 过境的程序直接且简单，只要有越南签证就没问题，签证需要提前办理。

继续前行 过境到达越南后，你会发现道路十分平整，路边有等待客人的摩的司机。他们可以送你到Duc Co（20公里），在那里乘坐长途汽车可以前往波来古（15,000d）、归仁（Quy Nhon）和会安（Hoi An）。

往兰斐(10,000r,1小时)、O' Yadaw(12,000r,1.5小时)和腊塔纳基里省其他更偏僻的村庄。喜欢探险或受虐感觉的旅行者也可以选择车票便宜的当地小巴去桔井(25,000r)和金边(50,000r)。班隆的合乘出租车非常少见。

当地交通

城里多数客栈出租自行车(US$1~3)、摩托车(US$5~7)、小汽车(US$30起)和四驱车(US$50起)。

Cheng Heng(☎088 851 6104;⏰6:00~20:00)有250cc排量的越野摩托车出租(US$25),也有小排量的保养得很好的摩托车(US$6~8)。

市场周边有许多摩的,有些司机可以兼做导游。雇用英语流利的司机兼导游每天费用为US$15~20。去伊龙的摩的往返费用约US$4~5;至文塞往返费用US$15;去瀑布往返费用约US$6。

班隆终于也有了突突车,但城区里很少,以柬埔寨的标准来衡量的话,费用太高,是摩的的两倍。

南部海岸(SOUTH COAST)

柬埔寨的南部海岸有迷人、湛蓝、清澈的海水,隐逸的小岛和海滩,原始的红树林和旧时的殖民地小镇。丛林密布的山峦中隐藏着大象和黑熊。不管你是探险者,还是海边度假爱好者,都能在这里找到无穷的乐趣。

戈公市(Koh Kong City)

慵懒的戈公市曾是柬埔寨的"荒野西部",其孤立的边境贸易以走私、卖淫和赌博为主。现在它正朝着生态旅游迈进,寄望于开发豆蔻山脉以摆脱过去的乌烟瘴气。尘土飞扬的凌乱街道沿着科波河(Koh Poi)一直通往市中心以南几公里处的泰国湾海岸。

景点和活动

戈公最大的吸引力的是豆蔻山脉和戈公保护走廊探险的中转站,但城里也有几处景点。如果想游泳的话,Oasis Bungalow Resort(见268页)的泳池也对非住客开放(成人US$4,儿童US$2)。

日光浴爱好者可以去泰国湾北岸,泰国边境附近的几处海滩。

沃尼恩科寺 佛教寺庙

(វត្តនាងកុក, Wat Neang Kok)Koh Poi River右岸(西侧)的岩石岬角上装饰着一些真人大小的雕像,展示的是罪恶之人在佛教地狱里接受严厉惩罚的情景。这些雕像属于佛教寺庙沃尼恩科寺。过桥后右转走600米,过了收费站(摩托车收费1400r)后就到了。寺庙距离雕像群150米。

平夸索红树林保护区 自然保护区

(ជម្រកសត្វព្រៃបឹងក្រយ៉ាកនៅពាមក្រសោប, Peam Krasaop Mangrove Sanctuary;门票 5000r;⏰6:30~18:00)在260平方公里的保护区里,壮观的红树林生长在一个个冲积岛屿上,有些甚至不如一栋房子大,但它们可以保护海岸免受侵蚀,是鱼、虾和贝类繁殖的重要养料,还为许多鸟类提供了栖息之所。

要想感受脆弱的红树林的魅力,可以在600米长的海上混凝土红树林步道走走,你会看到一座15米高的瞭望塔。公园入口在戈公市东南方向5.5公里处,乘摩的/突突车的往返费用为US$5/10。

Ritthy Koh Kong Eco Adventure Tours 探险

(☎012 707719; www.kohkongecoadventure.com; St 1;⏰8:00~21:00)戈公的综合性旅行社,是城里开办时间最久的生态旅游运营商。旅程包括乘船游览戈公岛、观鸟和戈公保护走廊中阿伦谷(Areng Valley)的3天/2夜丛林徒步和露营之旅(每人US$110)。

住宿

随着越来越多的高棉家庭来戈公度假,碰上柬埔寨节假日,这里的酒店总是一房难求,房价也水涨船高。如果对住在城里不感兴趣,市区以东18公里处有一条塔太河(Tatai River),那里有一些生态住宿地。

Koh Kong City Hotel 酒店 $

(☎035-936777; http://kkcthotel.netkhmer.com; St 1;房 US$15~20;❄@📶)这家酒店实在是物超所值,一尘不染的房间里有一个大浴室、两张双人床、50个电视频道、一整套浴

Koh Kong City 戈公市

Koh Kong City 戈公市

活动、课程和团队游

Ritthy Koh Kong Eco Adventure Tours ……（见4）

住宿

1 99 Guesthouse ……B2
2 Asian Hotel ……A2
3 Koh Kong City Hotel ……A2
4 Ritthy's Retreat ……A2

就餐

Baan Peakmai ……（见2）
5 Café Laurent ……A2
6 Fat Sam's ……B3
7 Psar Leu ……A3
8 Seta Ice Cream ……A2

饮品和夜生活

9 Paddy's Bamboo Pub ……B3

室用品，还有免费的饮用水。在房价US$20的房间里，还可以看到河景。另有服务周到的员工。

Ritthy' s Retreat 客栈 $

（☎097 555 2789; ritthy.info@gmail.com; St 1; 铺 US$4, 房 US$6~15; ❄📶）老牌团队游经营者Ritthy开办了一家服务周到的客栈和餐厅，这里有宽敞的套房式多人间，铺位的宽度堪比双人床，此外还有很不错的宽敞的双人间。楼上的空调房价格更高，有可欣赏河景的半私人阳台，楼下的酒吧兼餐厅旁边是游泳池，是顶级的休闲场所。

99 Guesthouse 酒店 $

（☎035-936799; 99guesthouse@gmail.com; St 6; 标单/双带风扇 US$8/10, 带空调 US$13/15; ❄📶）由热情的Piseth经营，是理想的低价住宿选择，有各种采光良好、极为整洁的宽敞客房。酒店距河岸几个街区，非常安静。

Asian Hotel 酒店 $

（☎015-936667; www.asiankohkong.com; St 1; 房间 US$15~20; ❄@）跟街对面的竞争对手相比，这里看不到河景，好在客房宽敞、整洁、舒适，装饰是怀旧风格。前面（临街）的房间有阳台。

★ Oasis Bungalow Resort 小屋 $$

（☎092 228342; http://oasisresort.netkhmer.com; 双/标三 US$35/40; ❄📶🏊）位于市中心以北2公里的密林之中，的确名副其实。无边际泳池可以看到豆蔻山脉的景色，周围有5栋宽敞又通风的独栋小屋。这里是休闲或消除旅途疲惫的宁静港湾。按Acleda Bank银行旁的蓝色指示牌即可找到这里。

12月至次年1月的旺季，房费上涨至US$5。不得携带非房客入住的规定令这里成为戈公住宿业的一股清流。

Thmorda Garden Riverside Resort 度假村 $$

（☎035-6900324; www.thmordagarden.com; Neang Kok; 房间 US$35, 豪华 US$60; ❄📶）这座俯瞰桥梁的小度假村环境静谧，是想要休闲放松的旅行者的理想选择，有些人可能会觉得这里死气沉沉。标准客房非常局促，但位于半岛上紧邻科波河的位置足以值回房价。

餐饮

在当地市场Psar Leu（St 3; ⏰8:00~

23:00)的东南角，有既便宜又好吃的小吃摊；市场西南角有几个水果摊。你可以花几千瑞尔在河边卖小吃的推车上买到面条，也可以一边喝罐装啤酒一边看日落。

Baan Peakmai 亚洲菜 $

(St 1；主菜 7000~15，000r；⏲11:00~14:00和17:00~22:00；✎)装饰乏善可陈，还不如包食物的纸袋好看，不过别被餐馆的外观所蒙蔽，这里供应好吃的泛亚洲风味菜肴，菜量十足，服务高效。菜单中包括泰国、中国和高棉的经典菜肴，也有许多素食选择。

Fat Sam's 各国风味 $

(紧邻St 3；主菜 US$3.50~7；⏲周一至周六9:00~21:30，周日 16:00~21:30；☏)这是一家休闲酒吧餐厅，老板是威尔士人。提供精选啤酒、炸鱼和薯条、意大利面和墨西哥牛肉等，也有地道的高棉和泰国美食。另供应不错的啤酒和几款葡萄酒。

提供摩托车出租。

★ Café Laurent 各国风味 $$

(St 1；主菜 US$4~15；⏲周三至周一 10:30~23:00；☏)这家法国风情十足的咖啡馆兼餐厅位于水滨，就餐区域在水上的亭子里，你可以一边享用精致的高棉菜和西餐，一边欣赏日落美景。这里也供应法式牛排和不错的意面，还有大量新鲜的海鲜与亚洲经典美食，菜肴的卖相堪比高档餐厅。

Seta Ice Cream 各国风味 $$

(St 1；主菜 US$3.50~7.50；⏲6:00~21:00)这里不只有冰激凌，也供应美味的法国风味海鲜菜肴，如鱼羹、比萨、法棍，还有种类齐全的亚洲特色菜肴，以及分量可观的早餐(US$1.50~4.50)。热情的老板知识渊博，能讲流利的英语。

Paddy's Bamboo Pub 酒吧

社交型的旅舍酒吧，售价US$1的啤酒和池边餐桌偶尔会吸引大批客人，不过淡季时就不要浪费时间了。供应采用自家种植的食材制作的治愈系美食(主菜US$2~4)。

ℹ 实用信息

客栈、酒店和酒吧都是了解当地信息最好的地方。

这里广泛接受泰铢，因此并不一定要把泰铢兑换成美元或瑞尔。如果你想兑换货币的话，可以去Psar Leu周围的手机店。

加华银行(St 1；⏲周一至周五 8:00~15:30，周六8:00~11:30，自动柜员机24小时)

Sen Sok Clinic(☎012 555060；kkpao@camintel.com；St 3；⏲24小时)这里的医生会说英语和法语。

ℹ 到达和离开

Olympic Transport(☎011 363678；St 3)、**Rith Mony**(☎012 640344；St 3)和**Virak Buntham**(☎089 998760；St 3)是城里三家主要的长途汽车公司。大多数长途汽车都把乘客放在戈公市没铺路面的**长途汽车站**(St 12)，车站在小镇的东北边，那里停了许多等着宰客的摩的和突

前往泰国：戈公至达叻

前往边境 从柬埔寨的海滨城市戈公到泰国的海滨城市达叻需经过**占延(Cham Yeam)/合叻(Hat Lek)边境口岸**(⏲8:00~22:00)。在戈公坐出租车(US$10加过桥费)、突突车(US$8)或摩的(US$3)经过收费桥到达边境口岸。入境泰国之后，乘坐小巴去达叻，这里有长途汽车继续去曼谷。

到达边境 从合叻边境离开柬埔寨事实上不用费什么工夫。但从泰国那边过来则非常麻烦，签证滥收费很常见，目前通常需要多缴1300B。

继续前行 从合叻边境先坐小巴去达叻(120B)，然后在达叻转班车去曼谷(254B起，6小时)的东部、北部或东北部长途汽车站。长途汽车在6:00~23:30之间每小时1班。在达叻安排去象岛(Ko Chang)的交通工具。

入境柬埔寨的话，从边境到戈公的所有交通费用用美元支付比用泰铢划算。

值得一游

芝柏

河畔的小村芝柏（Chi Phat）曾因土地掠夺、非法伐木和盗猎行为臭名昭著，现在则有了野生动物联盟（Wildlife Alliance; www.wildlifealliance.org）开创的社区生态旅游项目（community-based ecotourism project，简称CBET; www.chi-phat.org），向旅行者提供了一个难得的机会，探索豆蔻山脉生态系统，并给从前的偷猎者们提供替代性收入，他们如今成了野生动物的保护者与导游。活动的类型极为丰富，从观鸟皮划艇游到徒步加山地自行车等不一而足。

值得留意的是，村里只在5:00~9:00和18:00~21:00供电，所以要带上手电。

芝柏有13个家庭寄宿（房间US$5），其中许多都是传统高棉吊脚木屋，可供旅行者了解乡村生活。房间舒适，设施简单，浴室与主人一家共用。有些家庭寄宿配蹲式厕所和传统淋浴（蓄雨水的水箱和塑料桶）。可以提供晚餐（US$2.50）。

突车。坐摩的和突突车到市中心只需3分钟，车费US$1/2就够了，多的别给。长途汽车在城里的公司办事处发车。

长途汽车前往以下目的地：

曼谷 Virak Buntham和Rith Mony的长途汽车前往曼谷（US$20~22，8小时），途经象岛（US$15~18，含去该岛的渡轮），需要在边境换乘面包车。

金边 三家长途汽车公司都有去金边的长途汽车（US$7~8，6小时）和面包车（US$10~12，5小时），最后一班在13:30前后发车。

西哈努克市 Virak Buntham运营直达长途汽车（US$8，5小时，8:00发车），Olympic Transport运营直达面包车（US$10，4.5小时，13:15发车）；选择搭乘其他长途汽车前往西哈努克市及贡布和白马，可能需要在途中中转，请事先咨询清楚。

需要注意的是，Virak Buntham和Rith Mony都声称运营暹粒至戈公的夜班长途汽车，但要绕很远的路，而且要在西哈努克市换乘，许多背包客对此非常不满。

在长途汽车站旁的**出租车停车场**（St 12）可以搭乘合乘出租车到金边（US$11，5小时），偶尔有合乘出租车去西努哈克市（US$10，4小时）和安东杜（Andoung Tuek; US$5，2小时）。与别处相同，最好在清晨乘车。

当地交通

Ritthy Koh Kong Eco Adventure Tours（见270页）有自行车出租，半天/全天租金 US$1/ US$2。

市中心的短途摩的2000r；突突车费用翻倍，但宰客现象屡见不鲜。

也可以从多数客栈、Ritthy Koh Kong Eco Adventure Tours（见270页）和**Jungle Cross**（☎015 601633; www.junglecross.com; 越野摩托车租金 每天 US$25; ⏰9:00~18:00）租摩托车。

戈公保护走廊（Koh Kong Conservation Corridor）

沿着NH48的两侧，戈公保护走廊从戈公市一直延伸到磅逊湾（Gulf of Kompong Som，西哈努克市西北的海湾）。它串联起柬埔寨许多自然名胜，如传说中豆蔻山脉的南段，其生物多样，景色令人叹为观止。

景点和活动

塔太瀑布（Tatai Waterfall） 瀑布

在雨季，塔太瀑布咆哮的急流从4米多高的岩石壁上奔涌而下。旱季水位会下降，但瀑布旁的池塘全年都可以游泳。从与世隔绝、高大的豆蔻山脉流下的水非常清澈。你可以坐汽车或是摩托车去塔太瀑布。通往瀑布的岔路在NH48公路旁，戈公东南方向15公里、塔太大桥西北方向2.8公里处。

公路到瀑布的路程约2公里，路况糟糕。半路上你会看到一条小溪，雨季水位最高的时候，可能需要步行涉水而过，走完最后1公里到瀑布。从戈公出发，坐摩的/突突车去塔太瀑布的往返费用为US$10/15，如果只去塔太大桥的话，费用就会便宜些。

戈公岛（Koh Kong Island） 岛屿

从柬埔寨最大的岛俯视大海，看见的海

水是那样的清澈，甚至能辨认出水下两三米深处沙子的纹理。岛上有驻军，登岛受到严格的控制。你必须参加从戈公或塔太出发的导览乘船游。费用每人US$20，含午餐和浮潜装备，过夜行程US$55，包括海滩露营或家庭寄宿。只能在10月至次年5月前往该岛。

Neptune Adventure 生态旅游

（☎088 777 0576；www.neptuneadventure-cambodia.com）老牌生态旅游运营商，总部在位于塔太河畔的**Neptune River Bungalows**（小屋 含早餐 US$35~50），提供的丛林徒步游十分值得推荐，也提供包括徒步、皮划艇和划船等环节在内的综合探险活动。日间团队游的费用为每人US$10~25。

住宿

★ Rainbow Lodge 生态度假屋 $$

（☎012 160 2585；www.rainbowlodgecambodia.com；Tatai River；标单/双/家 含全餐 US$75/100/140；）有丛林住宿的风范，享受可持续住宿的同时，无须牺牲舒适享受。小屋采用太阳能和生物燃料供能，距河流较远，走高架步道从树冠中穿行可达。中心区域有一个时髦的露天休闲区域，酒吧令人难忘。

Four Rivers Floating Lodge 度假村 $$$

（☎097 758 9676；www.ecolodges.asia；Tatai River；双 含早餐 US$259；）令人赞叹的豪华露营地，12个帆布帐篷设在停泊在塔太桥（Tatai Bridge）下游方向6公里、塔太河支流河口的趸船上。帐篷里大量使用柳条和乌木装饰，营造出一派殖民时期的气氛，浴室也是同类设施中最为豪华的。房费含抵离塔太桥的渡船（20分钟）。渡船码头在桥梁的西北侧。

西哈努克市（Sihanoukville）

如果参加最美城镇评比，西努哈克市断然不会获得任何奖项，不过凭借周边海岸线上的白沙海滩和阳光明媚的群岛，这里仍然成了柬埔寨最热闹的海滨度假胜地。

景点

★ 欧特斯海滩 海滩

（ឆ្នេរអូរត្រេះ，Otres Beach）经过奥克提尔海滩（Ocheuteal Beach）和王宫山（Phnom Som Nak Sdach）所在的岬角，就来到了令人叹为观止的欧特斯海滩。这里的木麻黄树林一眼望不到头，景色之美堪比泰国南部。欧特斯海滩虽然已非从前那般人迹罕至，但海水仍比别处更为干净，比西努哈克市的任何地方都更让人感到放松。这里的海滩足够长，一直向南走，不难找到一片属于自己的私人领域。

欧特斯海滩早已进入大开发商的视野，不过目前还没有进行大规模的建设，小打小闹的开发带来了数十家不大的度假村和海滩小屋，包括几家高端的精品酒店。欧特斯分为三个区域，1区历史最久，也最热闹，向南约2公里的2区安静得多，两个区域之间被“长滩”（Long Beach）隔开，那是一块被圈起来的度假村建设用地。内陆方向是气氛悠闲的欧特斯村（Otres Village），将来会成为河流入海口。

欧特斯海滩在情缘海滩（Serendipity）地区以南5公里的地方。坐摩的或突突车过去的费用为US$2/5（晚上要贵一些）。如果自行前往，可以沿着海滩旁的道路向东南方向走，绕开小山，走内陆的柏油路。从市中心出发的话，从Psar Leu沿Omui St往东走5公里即可。

索卡海滩 海滩

（ឆ្នេរសុខា，Sokha Beach；见277页地图）西哈努克市最美丽的海滩，长1.5公里，位于独立海滩（Independence Beach）与情缘海滩之间。在海滩上漫步，细沙在脚下发出很大的声响。海滩的东端向公众开放，人并不多，其余的地方为高档度假村**Sokha Beach Resort**（见277页地图；☎034-935999；www.sokhahotels.com；Thnou St；房/套 US$171/210起；）的一部分。旅行者可以在索卡附近享受沙滩的乐趣，但要买些吃的喝的。你还可以在度假村的泳池中游泳（US$5）。

活动

Blue Lagoon Kitesurf Centre 水上运动

（☎085 511145；Otres 1；1小时课程 含装备 US$50，3天课程 US$295；⏲9:00~19:00）这个风筝冲浪中心出租装备，也开设风筝冲浪培

Sihanoukville 西哈努克市

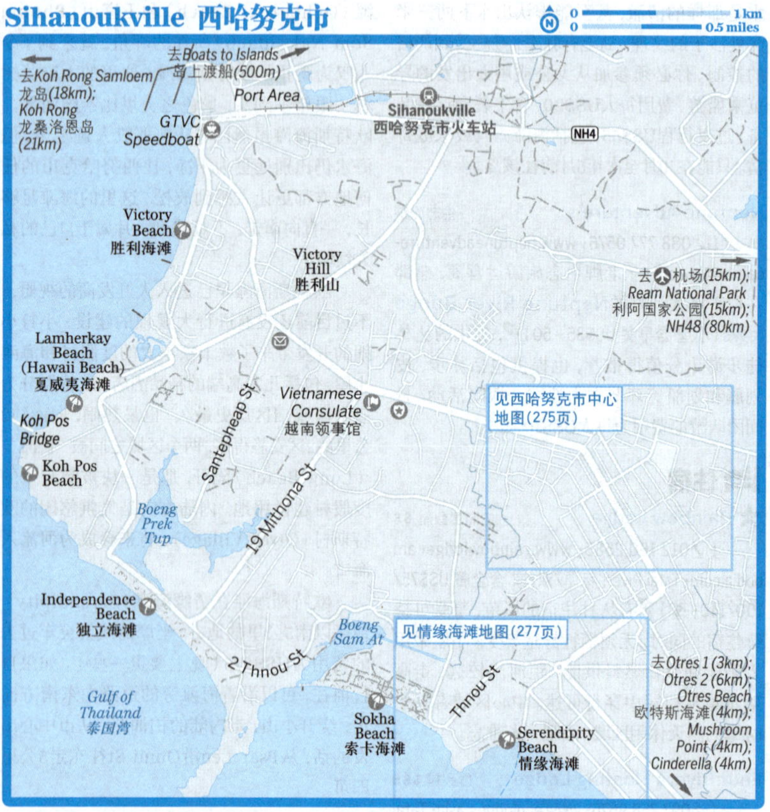

训课程。中心如今位于主干道旁，德国老板还经营门前供应香肠的餐车。

Dive Shop 潜水

（见277页地图；☎034-933664；www.diveshopcambodia.com；Serendipity Beach Rd；PADI发现水肺潜水 US$95，1次/2次套餐 US$65/80；⏲9:00~19:00）五星级PADI潜水中心，提供各级别课程，也组织龙桑洛恩岛（Koh Rong Sanloem）的日落海滩周边的趣味潜水和船宿行程。

EcoSea Dive 潜水

（见277页地图；☎012 654104；www.ecoseadive.com；Serendipity Beach Rd；日间2次潜水套餐 US$80~85；⏲9:00~19:00）提供PADI和SSI课程。休闲潜水的价格很有竞争力，总部设在龙桑洛恩岛的M' Pai Bay。

Hurricane Watersports 水上活动

（☎017 471604；sydney.victor@yahoo.fr；Queenco Palm Beach Resort, Otres 1；⏲9:00~18:30）出租站立式桨板（每小时US$8）、帆板（基础/高性能 每小时US$12/25）、海上皮划艇（单人/双人 每小时S$6/8）和浅水划水板（不妨试试弹性绳索浅水划水）。5月至10月，欧特斯海滩有时适合冲浪；你也可以在这里租到冲浪板和俯伏冲浪板。

Relax 水疗

（见277页地图；☎085 352213；Serendipity Beach Rd；每小时 US$10起；⏲10:00~21:00）这里的高棉、薰衣草、茉莉等精油和足部按摩的评价很好。也提供美容、修脚和脱毛等服务。

Sala Santepheap 按摩

（见275页地图；Starfish Bakery，紧邻7

Makara St；每小时 US$6~10；⌚7:00~18:00）在Starfish Bakery的花园里，接受过Starfish Project培训的视障或残疾理疗师提供高棉、泰式、推油、足部和印度式头部按摩。收益用于支持公益项目。

住宿

位置，位置，还是位置。西哈努克市的每个区域都独具特色，吸引着不同的顾客。我们这里列出的都是旺季（约11月至次年3月）的价格。6月至10月房费下降，情缘海滩与欧特斯海滩更是如此，但有些住宿的价格在柬埔寨节假日期间会大幅上涨。

情缘海滩地区

背包客住宿区主要聚集在Serendipity Beach Rd旁，这条路从情缘海滩向山上延伸，在Golden Lions Roundabout与Ekareach St交会。附近俱乐部的噪声会一直持续到深夜。多数住宿场所都会受到干扰，越往东走越不受影响，但睡眠质量不高的人最好住在安静的地区。

★Chochi Garden 客栈 $

（见277页地图；☎015 560545；www.chochigarden.com；Serendipity Beach Rd；房 带风扇/空调 US$15/25；⊖❄📶）情缘海滩终于有了精品背包客客栈。意大利-日本夫妇Francesca和Taka创造了距繁华地段最近的安静绿洲。店前是美妙的酒吧兼餐厅，客房位于草木茂盛的花园中，设施简单，有些带棕榈茅草屋顶和粉刷漂亮的窗花，此外花园里还有许多舒适的座位。

One Stop Hostel 青年旅舍 $

（见277页地图；☎096 339 0005；www.onederz.com；Golden Lions Roundabout；铺 含早餐 US$8；❄@📶🏊）6床和8床多人间粉刷雪白，坐落在一个带泳池、有玻璃墙的庭院周围，这里是物美价廉的明证。68张床位都有阅读灯和行李储存箱，所有宿舍都配备空调。

不尽如人意的一点是，双层床的下层铺位基本都在地上。

Big Easy 青年旅舍 $

（见277页地图；☎081 943930；www.thebigeasy.asia；Serendipity Beach Rd；铺 US$4，房 US$6~10；📶）Big Easy是一个集住宿、美味餐饮和热闹的摇滚酒吧于一体的经典背包客旅馆。客房条件简陋，但你多数时间都会流连在酒吧，这里气氛美妙，偶尔有现场音乐演奏和英超联赛直播。欢乐时光从17:00持续至20:00，也可以安排串酒吧活动。

Cloud 9 小屋 $$

（见277页地图；☎098 215166；www.cloud9bungalows.com；Serendipity Beach；双/标三 US$40/50起；📶）这家度假村是情缘海滩上最豪华、时尚的一个地方，但这不仅仅是因为它远离人群喧嚣，这里有位于海滨的舒适热带酒吧和我们非常喜爱的高棉风格简朴木屋，里面有风扇和能看到大海的阳台。

Tamarind 精品酒店 $$

（见277页地图；☎097 5002429；www.the-tamarind.com；23 Tola St；双/标三 含早餐 US$60/80；⊖📶🏊）西哈努克市总算有了带泳池的精品酒店，可以与暹粒和金边相抗衡。极其宽敞的客房完美无瑕，有私人阳台、雪白的墙壁、平板大屏电视，以及恰到好处的时髦家具。葱郁的花园和小泳池为酒店营造出一派私密的氛围。

Holiday Villa Nataya 酒店 $$

（见277页地图；☎034-935061；www.holidayvillahotels.com；Serendipity Beach Rd；房 含早餐 US$50起；❄📶🏊）庭院中有一个略显怪异的泳池，周围的房间是逃离Serendipity Beach Rd喧嚣的宁静港湾，里面有柔软的床铺、巨大的平板电视、迷人的艺术品和讨喜的蓝灰色配色。建议多花些钱住带阳台的海景房间。

常有降价至US$30的促销活动，令这里成为西哈努克市最为划算的住宿选择。

Coolabah Resort 酒店 $$

（见277页地图；☎017 678218；www.coolabah-hotel.com；14 Mithona St；房 US$42~80；❄@📶🏊）因拥有情缘海滩手脚最麻利的员工而备受好评。房间装饰中规中矩，有时髦的艺术品和现代浴室，大小各异，还包括家庭房。

酒吧是情缘海滩最适合放松并畅饮啤酒的场所。

Serendipity Beach Resort 酒店 $$

（见277页地图；☎034-938888；www.serendipitybeachresort.com；Serendipity Beach Rd；房间 US$37~75；❄@📶🏊）请忽略酒店丑陋的外表，因为室内其实非常美。房间很大，装修得很漂亮，这样算来房价可以说非常便宜了。酒店里有一个巨大的游泳池（有些部分处于建筑物的影子里）。

Above Us Only Sky 小屋 $$$

（见277页地图；☎089 822318；www.aboveusonlysky-cambodia.com；Serendipity Beach；小屋 US$80~100起；❄📶）度假村里的五座别墅装潢为极简主义风格，有地砖和可以尽览海景的玻璃门，但你更多时候会待在舒适的阳台上，轻松地坐在藤椅上遥望大海。海岸边的岩石上开设了一家酒吧兼餐厅，这也是这里的亮点之所在。

欧特斯海滩和欧特斯村 (Otres Beach & Otres Village)

欧特斯不大但很有趣，是西哈努克市的休闲海滩。海滩分成两个部分，中间隔着长2.5公里的空旷海滩。多数小屋和客栈都在欧特斯1区，而再往南的2区则安静得多，是精品度假村聚集地。

内陆方向的欧特斯村河口处也散布着几处气氛轻松的住宿场所。

Wish You Were Here 青年旅舍 $

（☎097 241 5884；Otres 1；铺 US$6，房不带浴室 US$12~16；⊖📶）这栋摇摇晃晃的木房是欧特斯最时尚的休闲去处。房间简朴，但楼上的阳台让人特别想懒洋洋地躺着，楼下的酒吧兼餐厅气氛美妙，音乐优美动听，侍者服务周到。

即便不住在这里，也值得来喝一杯或品尝澳大利亚风味的肉馅饼（US$4.50~7）和玉米卷饼（US$3~4.50）。

Otres Orchid 小屋 $

（☎034-6338484；www.otresorchid.com；Otres 1；小屋 带风扇/空调 US$20/35；❄📶）性价比很高，距离海滩不远的花园中有简朴的小屋，价格都很合理。风扇房比空调房更便宜，阳台上有吊床。

★ **Mushroom Point** 小屋 $

（☎097-712 4635；mushroompoint.otres@gmail.com；Otres 1；铺 US$8，小屋 US$25~30；📶）蘑菇形状的露天多人间赢得了柬埔寨最具创意奖。喜欢多一些隐私的人会对带有蚊帐的双人间感到满意。蘑菇形状的茅草屋装饰漂亮，外面有吊床可供休闲。海滩上有更多小茅屋和一间酒吧。

Papa Pippo 小屋 $$

（☎010 359725；www.papapippo.com；Otres 1；小屋 US$30~35）这些舒适的传统海滨平房位置优越，紧邻沙滩。透过玻璃门可将海景一览无余，平房内部有粉刷过的木头墙壁的地砖，设计各有特色。

Sunset Lounge 度假村 $$

（☎097 734 0486；www.sunsetlounge-guesthouse.com；South Ochheuteal；房/小屋 US$32/48；❄📶）位于奥克提尔海滩最南端海风劲吹之地，这个世外桃源般的精品度假村适合不喜欢欧特斯海滩喧嚣的房客。有厚床垫、梦幻般的遮荫阳台、迷人的浴室和声名在外的餐厅，这里是城里性价比最高的住宿选择，值得小小地挥霍一把。步行去奥克提尔海滩中心区域需30分钟，而步行去欧特斯海滩仅需10分钟。

Sok Sabay 精品酒店 $$

（☎016 406080；www.soksabayresort.com；Otres Village；房 US$50；⊖❄📶🏊）这家新开张的精品酒店有泳池，非常时尚，是远离尘俗的好选择，同时也增强了欧特斯村住宿的竞争力。房间有嵌入式竹墙，阳台上有减震良好的家具。餐厅俯瞰村庄，与欧特斯海滩的Chez Paou（见277页）是姐妹餐馆，由同一个老板经营。

Tamu 精品酒店 $$$

（☎088 901 7451；www.tamucambodia.com；Otres 2；房 含早餐 US$110~170；❄📶🏊）超现代风格的精品酒店，有简单却不失时尚的房间，庭院中有一个水池。选个池畔的房间可以使用巴厘岛式的户外浴室。海滩上还有

Sihanoukville City Centre 西哈努克市中心

Sihanoukville City Centre 西哈努克市中心

一个面向所有人开放的餐馆。

Secret Garden
度假村 $$$

（☎097-649 5131; www.secretgardenotres.com; Otres 2; 独栋房 含早餐 US$109; ）欧特斯第一家高档精品度假村，如今仍是这里最好的度假村之一。漂亮的房子坐落在一个有游泳池的精美花园之中，有明亮清新的装饰，马路对面的海滨酒吧兼餐馆有阳光休闲区。

就餐

最具国际特色的美食集中在情缘海滩地区，但商业中心也有几家能给人带来惊喜的不错的餐馆，主市场Psar Leu周边还有些便宜的食肆。想要在海滨餐厅体验浪漫的氛围，去欧特斯准没错。

情缘海滩地区

要想享受美妙的氛围，没有什么比在水上就餐更浪漫的了。你可以去情缘海滩的度假村看看。向内陆方向走两个街区，是正在向餐饮街发展的Tola St，这里在晚上有许多烧烤餐馆。

Dao of Life
严格素食 $

（见277页地图；Serendipity Beach Rd；主菜US$3.50～6；⏲9:00～21:00；）装饰着中式灯笼，有许多回收家具，供应美味的创意纯素餐食。素食汉堡（红薯和芸豆制作）特别好吃，可以尝尝香酥可口的孜然芫荽炸豆丸子等健康菜肴。

每周三播放电影，此外也经常举办与当

地社区有关的公益活动。

★ Sandan
柬埔寨菜 $$

（见277页地图；2 Thnou St；主菜 US$4~10；周一至周六 7:00~21:00；）这家一流的餐馆大致模仿了备受欢迎的金边餐厅Romdeng（见205页）。这是当地非政府组织M'lop Tapang为柬埔寨的弱势人群额外提供的职业培训项目。主要特色是略显高端的柬埔寨创意菜。店里有儿童玩乐区，偶有文化演出。

Ku-kai
日本菜 $$

（见275页地图；144 7 Makara St；主菜 US$4~6；10月至次年7月 周二至周日 17:00~21:00；）位于情缘海滩至市中心的一条小巷中段，备受内行的外籍人士的青睐。店里灯光朦胧，气氛美妙，供应日式简餐，包括刺身拼盘，以及调味清淡的牛肉或豚角煮盖饭。

Sushi Bar Shin
日本菜 $$

（见277页地图；Serendipity Beach Rd；寿司拼盘 US$9.50；11:30~22:00）最近从欧特斯的旧址迁到情缘海滩的主干道旁，主打各种新鲜制作的寿司，以及天妇罗与其他几种菜肴。店里的现代日式装饰令就餐体验更加美好。

Mick & Craig's
各国风味 $$

（见277页地图；www.mickandcraigs.com；Serendipity Beach Rd；主菜 US$4~7；7:00~22:00；）这家老牌客栈和餐厅是品尝全球经典美食的好地方。印度风味套餐只要US$6。周四和周五的烧烤之夜还有猪排。

如果想要看看书的话，这里还有个相当不错的藏书室。

市区周边

Starfish Bakery & Café
有机菜 $

（见275页地图；www.starfishcambodia.org；紧邻7 Makara St；三明治 US$2.50~4.50；7:00~18:00；）这间花园咖啡馆由非政府组织经营，环境舒适、放松，主要供应分量十足的西式早餐、烘焙的蛋糕和馅饼，以及丰盛的墨西哥和中东风味的新式三明治。在树荫遮蔽的露台上喝杯咖啡可以令人暂时忘却西哈努克市的喧嚣。所得收入用于支持可持续的开发项目。

Cabbage Farm Restaurant
柬埔寨菜 $

（见275页地图；小份/大份主菜 8000/15,000r；11:00~22:00）当地人称这家餐厅为Chom Ka Spey，对这里的海鲜和辛辣调料都赞不绝口。在这里可以体验地道的高棉美食。Sereypheap St有英文标牌指路。

Mom's Kitchen
柬埔寨菜 $

（Otres 1；主菜 US$2.50~5；7:00~21:00）随意找个路边的座位坐下，大嚼后面小店里女厨师们制作的便宜又好吃的盖饭和面条。这里没什么花哨的菜式，都是食材新鲜、美味可口的高棉家常菜。

Psar Leu
市场 $

（见275页地图；7 Makara St；7:00~21:00）要想在西哈努克市吃到最便宜的美食，就去Psar Leu里面和周边的美食摊。小吃摊就在对面，紧挨着贡布出租车站，24小时营业。

Gelato Italiano
冰激凌 $

（见275页地图；St 109；主菜 US$2~5，冰激凌 US$1；7:30~21:30；）这家咖啡馆由Don Bosco Hotel School（034-934478；www.donboscohotelschool.com；Ou Phram St）的学生经营，主打意式冰激凌，也有一些咖啡、甜品、小吃、比萨和创意十足的亚洲菜肴，就餐区域宽敞明亮。性价比很高。

★ Chez Paou
各国风味 $$

（Otres 1；主菜 US$5~22；7:00~22:00；）这家精致的餐馆独具欧特斯风格，就在海滨，供应精选牛排、意面和汉堡，但真正的主打菜还数鲜贡布胡椒烤黄貂鱼、茴香酒烧对虾和螃蟹两吃等高棉风味（需要预订）。

Papa Pippo
意大利菜 $$

（Otres 1；主菜 US$5~7；9:00~21:30；）位于海滨，为欧特斯海滩带来了意大利风情。它家的自制意大利面是海滨地区最好吃的，此外还有许多艾米利亚罗马涅地区（店主的老家）风味的经典菜肴。

比萨一直供应至凌晨。

饮品和夜生活

当地酿制的吴哥啤酒随处可见，每杯仅

Serendipity 情缘海滩

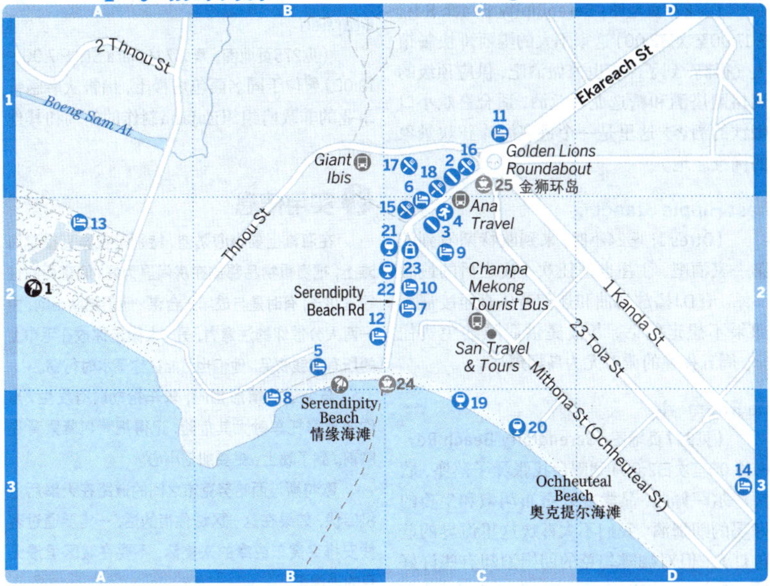

Serendipity 情缘海滩

景点

1 索卡海滩 A2

活动、课程和团队游

2 Dive Shop C1
3 EcoSea Dive C2
4 Relax C2

住宿

5 Above Us Only Sky B2
6 Big Easy C2
7 Chochi Garden C2
8 Cloud 9 .... B3
9 Coolabah Resort C2
10 Holiday Villa Nataya C2
11 One Stop Hostel C1
12 Serendipity Beach Resort B2
13 Sokha Beach Resort A2
14 Tamarind D3

就餐

15 Dao of Life C2
16 Mick & Craig's C1
17 Sandan C1
18 Sushi Bar Shin C1

饮品和夜生活

19 Dolphin Shack C3
20 JJ's Playground C3
21 La Rhumerie C2
22 Maybe Later C2

购物

23 Tapang C2

交通

Buva Sea .... （见24）
Island Speed Ferry Cambodia ...（见24）
24 Serendipity Pier C2
25 Speed Ferry Cambodia C1

售US$0.50。

Serendipity Beach Rd的许多酒店都有热闹的酒吧，Big Easy（见273页）是我们认为最令人震撼的酒吧。向下坡方向走到海滩，右转之后会看到情缘海滩岩石上几家度假村的休闲酒吧，Above Us Only Sky（见274页）值得一试。

若论轻轻松松地在海滩饮啤酒看日落，欧特斯海滩无出其右，这里的许多酒吧如今都营业至深夜。

Maybe Later 酒吧

(见277页地图；Serendipity Beach Rd；⏲17:00至次日2:00)这家不大的墨西哥快餐馆人气很高，到了深夜也兼做酒吧，供应顶级的玛格丽塔酒和精选龙舌兰酒，适合喜欢小口啜饮的酒客。这里是一个逃离海滩狂欢景象的优雅之地。

Last Hippie Standing 酒吧

(Otres 1；⏲24小时)来到欧特斯看到的第一家酒吧，往往也是狂欢一夜之后的最后一站。有DJ播放舞曲和迷幻音乐直至凌晨，如果不想走的话，老板提供简陋的免费住宿。周五夜晚的派对尤为乌烟瘴气。

La Rhumerie 酒吧

(见277页地图；Serendipity Beach Rd；⏲18:00至次日2:00)到吧台找张凳子落座，欣赏萨尔萨舞曲，品尝混入贡布胡椒和生姜的好喝的朗姆酒。我们不太喜欢这里诡异的蓝色灯光，但对咖啡勾兑的朗姆酒却有些许好感。不喜欢朗姆酒的话，这里也供应平均水平的鸡尾酒。

JJ' s Playground 酒吧

(见277页地图；Ochheuteal Beach；⏲18:00至次日6:00)已经成为深夜放纵者的必来之地。店里的标语"让我们喝个烂醉"非常贴切地描述了狂欢场面。这里有烈酒、声浪巨大的铁克诺音乐、一两场火舞秀，店里非常混乱。另外，这里的厕所非常差劲，别说我们没警告过你。

Dolphin Shack 酒吧

(见277页地图；Ochheuteal Beach；⏲16:00至深夜)提供一系列很快把人灌醉的特制酒水，你会看见一帮漂亮的背包客豪饮酒水，然后纷纷倒下的壮烈景象。

购物

Tapang 手工艺品

(见277页地图；www.mloptapang.org；Serendipity Beach Rd；⏲10:00~20:00)这家店由当地一家保护弱势儿童的非政府组织经营，出售高品质包袋、围巾和T恤，这些商品是由街头流浪的儿童(及其家人)制作，所得收入用于资助这些孩子上学，使他们不必沿着海滩叫卖。在Sandan(见276页)餐馆还有一家分店。

Starfish 手工艺品

(见275页地图；紧邻7 Makara St；⏲7:00~18:00)位于同名面包房楼上，出售从事慈善事业的非政府组织Rajana制作的丝绸和其他礼品。

实用信息

在海滩上要小心防盗，特别是在奥克提尔海滩上，把贵重物品都放在房间里为好。偷东西的往往是孩子，有时是与成年人合谋。他们结队出动，由一两人分散你的注意力，另一人偷走你放在毛巾上的所有值钱物品。他们也可能在你下水时行窃。

与金边的情形相同，骑车抢劫时有发生，当你骑着摩托车时尤其危险，记得把背包紧紧背在胸前。到了晚上，更要加倍小心。

欧特斯与西哈努克市之间的道路在天黑后危机四伏，如果在这一区域住宿的话，一定要通过客栈安排突突车或摩的来接你，不要在城区里漫无目的地闲逛。

入夜后，旅行者(尤其是女性)应避免在黑暗、偏僻的海滩和路上行走。

澳盛皇家银行(ANZ Royal Bank；见275页地图；215 Ekareach St；⏲周一至周五 8:00~15:30，周六 8:00~11:30，自动柜员机24小时)

加华银行(见275页地图；197 Ekareach St；⏲周一至周五 8:00~15:30，周六 8:00~11:30，自动柜员机24小时)

CT Clinic(见275页地图；☎034-936666，081 886666；47 Boray Kamakor St；⏲紧急情况 24小时)这是市内最好的诊所，能够注射狂犬病疫苗和抗蛇毒血清。

邮局(见275页地图；19 7 Makara St；⏲7:00~17:00)

San Travel & Tours(见277页地图；☎081 555646；santravelandtours@ymail.com；Mithona St；⏲9:00~22:00)在友善和有效两方面都超过其他旅行社。San提供地区交通时刻表的权威信息，可以在此预订陆路、水路和飞机。此外也提供城里最好的网络和复印服务。

到达和离开

飞机

西哈努克市国际机场(Sihanoukville International Airport；☎012-333524；www.cambodia-airports.com）位于市区以东15公里处，紧邻NH4公路。**柬埔寨巴戎航空公司**（Cambodia Bayon Airlines；www.bayonairlines.com）、**柬埔寨吴哥航空公司**（Cambodia Angkor Airlines；☎金边023 6660330；www.cambodiaangkorair.com）、**Sky Angkor Airlines**（www.skyangkorair.com）和**百善航空公司**（Bassaka Air）每周都有几班航班飞往暹粒。飞往金边的航班时有时无，请务必事先了解在你旅行期间航班是否正常运营。

在国际航班方面，柬埔寨吴哥航空每天有航班飞往胡志明市（1小时，13:25），单程票价低至US$20。

船

运营西哈努克市、龙岛和龙桑洛恩岛之间的大型快速渡轮公司有两家，一家是**Island Speed Ferry Cambodia**（见277页地图；☎015 811711；www.islandspeedboatcambodia.com；Serendipity Pier；往返船票 US$20），即"蓝船"，在撒拉逊湾（Saracen Bay）和M' Pai Bay（两处海湾都在龙桑洛恩岛）停靠，之后前往龙岛上的Koh Tuch村并返回西哈努克市；另一家是**Speed Ferry Cambodia**（见277页地图；www.speedferrycambodia.com；Koh Rong Dive Centre，Serendipity Beach Rd；往返船票 US$20），即"黄船"，先前往龙奥，然后去M' pai Bay和撒拉逊湾，最后返回西哈努克市。

如今提供前往两座岛屿快船的还有两家新开张的公司：**Buva Sea**（见277页地图；☎098 888950；www.buvasea.com；Serendipity Pier）与**GTVC Speedboat**（见272页地图；☎016 944441；http://gtvcspeedboat.com；Old Port），它们的船较小，可以搭载25名至50名乘客。

除GTVC之外，其他三家公司的快船都是从Serendipity Pier（见277页）出发的，不过海面的波涛汹涌也常常迫使这些船只抵离西哈努克市港渡轮码头（Sihanoukville Port Ferry Dock；情缘海滩以北7公里）。

长途汽车

所有主要汽车公司每天从早上到14:00都有频繁来往金边的车次。

Kampot Tours & Travel经营开往贡布的小巴（US$6，1.5小时），之后会继续开往白马（US$10，2.5小时）以及越南的河仙（Ha Tien；US$16，5小时）。旅行社可以安排酒店接站。

Capitol Tour和Rith Mony的长途汽车票价最便宜。Giant Ibis的"豪华"小巴票价更高，车上有女招待和Wi-Fi，发车时间是7:30、9:30和13:30。

通过酒店和旅行社预订长途汽车票需要支付额外手续费。多数旅行社只与两三家长途汽车公司合作，如果发车时间不合适的话，记得再去别处问问。

长途汽车公司包括：

Ana Travel（见277页地图；☎034-933929；Serendipity Beach Rd；⏲8:00～22:00）

Capitol Tour（见275页地图；☎034-934042；169 Ekareach St）

Champa Mekong Tourist Bus（见277页地图；☎034-6938282；Mithona St）

Giant Ibis（见277页地图；☎089 999818；www.giantibis.com；Thnou St）

Kampot Tours & Travel（☎贡布092 125556）

Mekong Express（见275页地图；☎012 257599；Omui St）

Olympic Express（见275页地图；☎015 540240；St 109）

Phnom Penh Sorya（见275页地图；☎034-933888；236 Ekareach St）

Rith Mony（见275页地图；☎093 465858；Ekareach St）

Virak Buntham（见275页地图；☎016 754358；Ekareach St）

合乘出租车

开往金边的合乘出租车（每人US$6，每车US$45）或小巴（15,000r）从**长途汽车站**（见275页地图；St 109）出发，一路拥挤，末班车到20:00。如果你很在乎旅途的舒适度和人身安全，还是不要坐小巴。酒店可以安排出租车去金边，费用约为US$50～60（约4小时）。乘坐合乘出租车去贡布（US$5，1.5小时）只能在早上从Psar Leu对面的出租车停车场（见275页地图；7 Makara St）出发。这个停车场和长途汽车站都是搭乘合乘出租车去戈公或泰国边界的好地方。如果找不到人合乘出租车，去泰国边界自己得掏US$45～60。

ℹ 当地交通

现在到达西哈努克市后，大多数长途汽车都停在迁入市中心新址的长途汽车站，这些客车的发车地点是在Ekareach St上各公司的总站。多数长途汽车公司可以从情缘海滩或胜利山（Victory Hill）免费接乘客。在长途汽车站乘坐摩的/突突车到情缘海滩，价格分别是US$1.50/3。

往返城区与机场，乘坐出租车的费用约为US$20，乘坐摩的/突突车的单程费用为US$5/10。

乘突突车从火车站到市区的费用为US$5。自行车可以在许多客栈租到，租金为每天US$2。

很多客栈都出租摩托车，价格是每天US$5~7，带司机的话是US$20。有时候警察会对骑车的外国人进行“严打”。常见的违规事项有：无驾驶证、不戴头盔、没有后视镜和白天开灯驾驶。

西哈努克市周边（Around Sihanoukville）

利阿国家公园（Ream National Park）

在西哈努克市以东15公里处的利阿国家公园（ឧទ្យានជាតិរាម，Ream National Park）不仅可以乘船观赏红树林和绵延数公里的原始沙滩，还可以感受在原始森林中徒步旅行的乐趣，适合那些想躲避西哈努克市喧嚣的人。

公园里栖息着几种本地和世界级濒危猛禽，包括栗鸢、灰首鱼鹰和白腹海雕：在Prek Toeuk Sap Estuary上空可以看到它们的雄姿。以泥滩为家的濒危鸟类还有小秃鹳、白鹮鹳和彩鹳。公园虽然是保护区，但旅游业开发，特别是海岸线上的项目给这里带来了严重的威胁。通过这里的游览，你也可以看出这个保持原始状态的公园不但是人类的无价之宝，也是当地重要的经济来源。

位于西哈努克市机场入口对面的**利阿国家公园总部**（☎016 767686，012 875096；NH4；⏰7:00~17:00）可以安排园区的徒步和乘船行程。通过公园总部直接预订前，最好先打电话联系（但也不是必须的）。团队游收入用于保护公园。

想要在这里住宿的话，龙岛上的先驱之一——Monkey Republic集团率先开设了**Monkey Maya**（☎078 760853；www.monkeymayaream.com；铺/小屋 US$8/45；📶），这处与世隔绝的珍宝，就在利阿国家公园的边缘地带。可以选择有海景的敦实套房式独栋小楼，也可以住设在山坡吊脚木屋中的16人间。这里的酒吧也相当不错——也是Monkey Republic旗下成员之一。

想要去公园的话，从利阿海滩（Ream Beach；海军基地附近）沿土路向东走大约5公里。度假村的船会在12:30从欧特斯1区的SeaGarden发船（每人US$6），也可以在西哈努克市（US$20）或机场（US$7）乘坐突突车。

南部诸岛（Southern Islands）

对许多旅行者而言，柬埔寨的南部岛屿就是地处热带的香格里拉——与泰国南部不同，这里仍未被大型度假村染指。长袖善舞的外国投资者已经把许多岛屿列入重点开发目标，但大规模的建设还迟迟没有动静，当地自主开发的简陋度假村得以乘虚而入。

这倒不是说所有小规模的开发都不会给这里带来恶劣的影响。以龙岛为例，Koh Tuch区域过去两三年经历的无序开发，已给该岛带来了巨大变化。但多数岛屿仍是人们梦想中的天堂，有延绵不断、松软美丽的新月形沙滩、随风摆动的吊床、风景秀丽的渔村和色彩绚烂的日落，睡觉时还能听到雨滴拍打茅屋的声音。谁也说不准这种美好能否长存，所以趁现在尽情享受吧。

ℹ 到达和离开

游览主要的有人居住的岛屿，最好是从西哈努克市出发。

每天都有固定往返于西哈努克市和龙岛、龙桑洛恩岛、空达吉夫岛（Koh Ta Kiev）之间的船只。其他小岛坐私人船只也可以去，通常船只属于那些小岛上的度假村。

戈公是游览柬埔寨最大岛屿戈公岛的理想中转站。

龙岛（Koh Rong）

Koh Tuch村的街区从龙岛的码头延伸开去，在街道两旁，背包客栈与餐馆鳞次栉比，店面不大的酒吧里，竞相播放音量巨大的背景音乐。旅行者们对这里的感情可谓爱恨分明，但对于成群结队乘渡轮而来的年轻人而言，龙岛（尤其是Koh Tuch区域）是东南亚派对行程中不可或缺的一站。

好在也有办法可以躲避这些嘈杂。你离

村庄越远，就越能感受到宁静。深夜的蛙鸣盖过了锐舞派对的震耳贝斯声响，海面波光粼粼，秀丽海滩背倚茂密的丛林，岛上的自然魅力清晰可见。

岛屿后部（西部）有岛上最美的海滩，这里被称作**长滩**（Long Beach；也因北端的渔村得名Sok San海滩），长7公里，沙质细腻洁白，精美绝伦。从Koh Tuch码头驶来的长尾船将旅行者送到此地晒日光浴或下海游泳。你还可以沿Koh Tuch海滩向丛林深处延伸的一条崎岖小径徒步（约需1.5小时）。

无怪乎开发商们会盯上岛西这片迎接日落的美妙地带，在海滩南端，一座庞大的度假村已经破土动工了。

食宿

★Suns of Beaches 客栈 $

（☎010 550355；Vietnamese Beach；铺US$3.50）位于Long Set（4公里）海滩偏北的美丽的私人海滩，这家由苏格兰人和英格兰人经营的青年旅舍特别适合注重放松而又囊中羞涩的旅行者。巨大的多人间通风良好，附带风扇，装饰美观，酒吧供应的酒类种类丰富。吊床到处都有，海滩景色令人赞不绝口。这里的确是背包客的天赐之福。

餐厅也很出色，使用的食材部分来自客栈自家的花园。从Koh Tuch出发的话需要沿海滩走好长一段路（约5公里），也可以从Bong's Guesthouse乘坐每天3班的渡轮前往。

Dreamcatch Inn 客栈 $

（☎081 796002；kohrongdreamcatch@gmail.com；Koh Tuch；房带共用浴室US$15；📶）比起Koh Tuch村里多数经济型住宿，这里无疑是更加美妙的选择。全木结构的客房非常整洁，装饰五颜六色，有许多捕梦网。走廊通往一处挂着吊床的露台。共用浴室中有蹲式马桶。住客可享10%的Loops Bar餐饮折扣，雨季还赠送免费T恤。

Paradise Bungalows 小屋 $$

（☎092 548883；www.paradise-bungalows.com；Koh Tuch Beach；小屋US$35~100；📶）宜人的质朴小屋（形状不同，大小各异）分布在山坡上的茂密丛林之中。US$35的客房在山坡高处，而更贵的小屋则几乎就在涨潮的海水旁边。休闲餐厅有高耸的棕榈叶屋顶，还可以观赏到海景，是这里的真正的亮点。

Koh Lanta 各国风味 $

（Koh Tuch；主菜US$3~6；⏰7:00~22:00）得名自拍摄于该岛的法国著名真人秀节目《生存者》（*Survivor*），供应岛上最好吃的比萨。

Rising Sun 素食 $

（Koh Tuch Beach；主菜US$3~4；📶）占据Koh Tuch海滩的中心位置，供应中东风味的素食和严格素食，吸引着大批素食爱好者，库斯库斯沙拉和炸豆丸子卷饼都值得一试。餐馆有种美妙的泥土气息，另提供皮划艇和站立式桨板，每小时费用为US$5。

实用信息

应急服务中心（Emergency Services Center；Koh Tuch Beach；⏰门诊9:30~16:00，急诊24小时）龙岛上第一个医疗设施，有医生志愿者，可以处理割伤、划伤，以及蛇咬、过敏和药物过量等重大急症。如果这里没人的话，可以询问任何一家酒吧的老板，他们能通过应急无线电联系到医护人员。

到达和离开

Island Speed Ferry Cambodia（☎069 811711；www.islandspeedboatcambodia.com）的"蓝船"与**Speed Ferry Cambodia**（www.speedferrycambodia.com）的"黄船"前往西哈努克市（往返US$20，1小时，最后一班16:45）和龙桑洛恩岛的撒拉逊湾（US$5，15分钟），每天3~4班，如有需求可在M' Pai Bay停靠。如果有往返船票，可以在发船前一天到渡轮公司的码头订船座位，也要有临时变动和渡轮取消的心理准备。每天的慢速货船票价更低，是从Koh Tuch去西哈努克市的另一选择。

岛屿西侧和北侧的偏僻度假村有私人交通工具。

龙桑洛恩岛（Koh Rong Sanloem）

这座马蹄形、长10公里的小岛是许多人梦想中的岛屿天堂。岛上最热门的景点是东海岸的撒拉逊湾——白色的沙滩上有背倚茂

密丛林的小木屋度假村。岛的西端（可徒步或乘坐私人船只抵达）只有两三家幽静度假村。位于岛北端的M' Pai Bay村拥有黄色细沙（并非适合拍照的白色），但扎堆儿的经济型客栈足可令不畏环境简陋者体会到美妙的当地氛围。

食宿

The Drift 客栈 $

（☎015 865388；www.thedriftcambodia.com；M' Pai Bay；铺/房 US$8/15）M' Pai Bay新开张的客栈，有整洁的多人间，沙滩上的漂亮木房里还有两、三个私人客房。家常菜肴（US$3）常采用聚餐形式供应，社交氛围浓厚。

Lazy Beach 度假村 $$

（☎017 456536；www.lazybeachcambodia.com；小屋 US$60）孤零零地伫立在岛屿西南海岸，这座风景如画的度假村有16座小屋，门前的海滩令人赞不绝口。室外有阳台和吊床，室内则配备漂亮的石头地面浴室和超大的床。餐厅和公共区域有许多书籍和桌游，非常适合家庭旅行者。

度假村如今有卡车到撒拉逊湾的渡轮码头接入住客人。

Paradise Villas 小屋 $$

（☎096 954 8599；www.paradise-bungalows.com；Saracen Bay；小/大 小屋 US$45/80）是龙岛上长期受到旅行者青睐的Paradise Bungalows的姐妹度假村，与之有着相似的特点：不大的硬木小屋配备厚床垫、海景阳台和淋浴设施，还有个装饰漂亮的餐厅，供应创意亚洲菜和丰盛的欧洲风味菜肴（想吃土豆泥配肉汁吗？）。6:00~18:00供电。大些的房子更靠近海边。这里有个栈桥，方便乘坐“蓝船”——其驻西哈努克市的办事处在Mick & Craig' s客栈（见276页）。

饮品和夜生活

Good Vibz 酒吧

（⏲12月至次年4月）从撒拉逊湾至日落海滩（Sunset Beach）的小径下来，走436级台阶上山就到了这个僻静的丛林酒吧。这里每周举办锐舞派对，满月派对堪称传奇。每天的活动包括在丛林中的一块大屏幕上放电影。

对于流连忘返者而言，这里还有吊床（US$1）和帐篷（US$3起）可供住宿。

到达和离开

相互竞争的**Island Speed Ferry Cambodia**（见279页）的“蓝船”与**Speed Ferry Cambodia**（见279页）的“黄船”都在撒拉逊湾和西哈努克市之间往返，每天3班至4班，如有需求，可在M' Pai Bay停靠。前者常常经过龙岛，后者常常从龙岛驶来再前往西哈努克市。从西哈努克市出发的往返票价为US$20。在龙桑洛恩岛乘船去龙岛的话（15分钟），票价为US$5。

蓝船的码头在撒拉逊湾南端，而黄船则在北端停靠。撒拉逊湾的海岸漫长，所以要根据下榻地点做出选择，以免长途跋涉。回西哈努克市的最后一班船是16:00的黄船。在乘船前一天去渡船码头预订船上座位，此外，渡轮发船时间变动与取消也是常有的事。

也可以乘坐16:00的“慢船”去西哈努克市（US$10，2.5小时）。

空斯达群岛（Koh Sdach Archipelago）

这个不大的岛群由12座小岛组成，其中多数都无人居住。空斯达岛（又名国王岛）和空托唐岛（Koh Totang）这两个岛上有住宿地，你可以住在一个岛上，然后花一两天时间探索其他岛屿，有些岛屿上有人迹罕至的海滩与出色的浮潜地点。

实际上，很难想象还有比**Nomads Land**（☎011 916171；www.nomadslandcambodia.com；Koh Totang；小屋 标单/双 含餐 US$60/90起；⏲11月至次年5月）🍃更令人放松的地方。老板Karim将这里打造成群岛最具环保意识的度假村，这里有5个时尚的小屋，以太阳能面板供能并收集雨水做饮用水。度假村就在小小的空托唐岛的一片白沙海滩上，有船通往陆地上的Poi Yopon村，航程为15分钟。

在陆地上，中国人投资兴建了一座巨大的“度假城市”，但在调研时仍未开业。现有的度假村距陆地很远，这样一来倒落得个耳根清净。

空达吉夫岛（Koh Ta Kiev）

如果你认为理想的海滩度假就是远离

网络，懒洋洋地待着，那么紧邻利阿国家公园的这座小岛完全可以满足你的要求。现在去空达吉夫岛上领略价格低廉、条件简陋的休闲住宿正是时候，大规模的开发已为时不远。

多数海滩平房都在岛西端的白沙滩长滩（Long Beach）沿线。从这里开始有多条通往丛林深处的路线可供探索，其中一条延伸至南海岸更为隐秘的海滩。令人遗憾的是，常有垃圾被冲到该岛，不要指望能在这里享受原生沙滩了。

Ten103 Treehouse Bay 小屋 $

（☎097 9437587；www.ten103-cambodia.com；Koh；吊床/铺 US$5/7，小屋 不带浴室 US$20~25，带浴室 US$35）不通电，在这里可以放松减压，这个隐秘的海滨背包客住宿的条件一如从前一般简陋。吊脚树屋式的小屋可以看到海景，露天多人间和棕榈叶屋顶的吊床间则是更返璞归真的选择。

Last Point 小屋 $

（☎088 5026930；www.lastpointisland.com；吊床/铺 US$2/6，小屋 US$15~30）坐落在空达吉夫岛南岸与世隔绝的美丽海滩上；距岛上另一个住宿场所约40分钟步程。有各种棕榈树叶屋顶的小屋供你实现鲁滨孙的梦想，清新的露天多人间距海滩几步之遥。欧特斯1区的SeaGarden有船直达此地，每天1班，出发时间为11:30。

特梅岛（Koh Thmei）

巨大的特梅岛是利阿国家公园的一部分，这里已经开始大规模开发的规划，包括一条通往陆地的大桥，但进展缓慢，这座有很多鸟类生活的岛屿仍保持着令人赞叹的原始之美。

岛上唯一的度假村堪称瑰宝，提供极其简陋的小屋，使用太阳能和生物燃料供电。**Koh Thmei Resort**（☎097 7370400；www.koh-thmei-resort.com；小屋 US$45，家 US$70）位于一处景色优美的海滩，从这里可以轻松步行至其他几处海滩，还可以进行海上皮划艇或浮潜（水下能见度多变）等活动。度假村管理者们可以安排从西哈努克市到这里的交通。

贡布（Kampot）

旅行者们为贡布着迷的原因并不难理解。这座河畔小镇街道两旁有许多破败的店屋建筑，宛如走进了梦中场景。磅湾河（Kompong Bay River）风景秀美，同时也适合进行水上运动，引得度假村和背包客栈中的住客都被这里吸引，从城区沿着河岸向上游不断探索。

自1959年西哈努克市建市以来，贡布的港口地位逐渐衰落，但这里仍然是探索波哥国家公园、毗邻的海滨城市白马以及周边美妙的洞窟寺庙和青翠乡间的理想基地。

景点

贡布的实体景点不多，旅行者们来到这里主要是为了感受气氛，最宜人的活动便是通过漫步或骑行穿越老城，观赏街巷两旁摇摇欲坠的店屋，其中许多是在20世纪中期由当时城里活跃的中国商人建造的。最迷人的街道是市中心的榴莲环岛（Durian Roundabout）、邮局和老法国桥之间的三角地带，其中有些建筑近年来已被修复。

团队游

身在贡布，包括男女老幼的所有人都会向你推销团队游行程。最主要的一日游行程前往波哥山避暑山庄（Bokor Hill Station；US$13~15），还包括农诺山洞穴（Phnom Chhnork Cave）、附近的盐田、一座胡椒种植园，以及白马的乡间游（US$12~14），还可以选择参观空东萨岛（Koh Tonsay；US$18~20）。

你也可以雇突突车，自行游览洞穴、白马和周边乡野。半天/全天的行程费用约为US$15/25，具体取决于景点的位置。

日落游轮和晚间乘船观赏萤火虫的人气也都很高。观赏萤火虫最好是在新月时分，另外萤火虫的行踪难料，并不保证一定能看到它们。

Bart the Boatman 乘船游

（☎092 174280；2人 US$40）顾名思义，这是由一位名叫Bart的船夫经营的。Bart是比利时人，他走的是原始路线，沿着磅湾河

Kampot 贡布

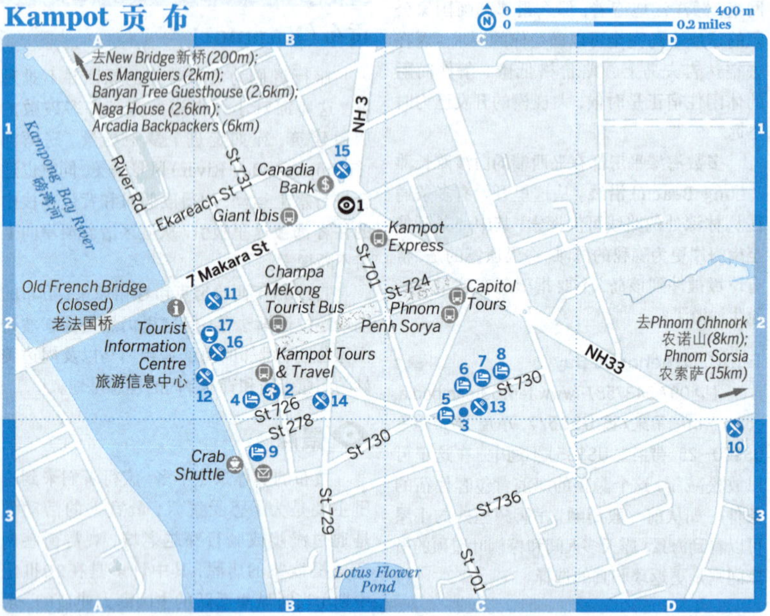

Kampot 贡布

景点

1 榴莲环岛 B1

活动、课程和团队游

2 Climbodia B2
3 Sok Lim Tours C2

住宿

4 Baraca B2
5 Blue Buddha Hotel C2
6 Magic Sponge C2
7 Monkey Republic Kampot C2
8 Pepper Guesthouse C2
9 Rikitikitavi B3

就餐

10 Cafe Espresso D3
11 Ciao B2
12 Fishmarket B2
13 Jack's Place C2
14 KAMA Cafe B2
15 Night Market B1
16 Rusty Keyhole B2

饮品和夜生活

17 Nelly's Bar B2

（Kampong Bay River）的小支流乘船游览。参加过的旅行者强烈推荐该行程。

Sok Lim Tours 团队游

（☎012 796919; St 730; ⏲8:00~19:00）贡布经营时间最久的旅行社，广受好评，可以组织所有的常规日间团队游行程与游船。对于私人的乡间游，他们有能讲流利英语的突突车司机兼导游，他们对贡布胡椒的历史与生产过程了若指掌。如果他们没在办事处的话，一定是在隔壁的Jack's Place餐馆。

住宿

说到住宿，贡布就是一部"双城记"。在城中心，多数酒店和客栈都在老城及附近，距所有咖啡馆和餐馆一步之遥。在城外，一系列住宿场所沿河岸分布，提供休闲或派对（取决于你的选择）氛围的住宿。

老城区

Pepper Guesthouse 客栈 $

（☎017 822626; guesthousepepper@yahoo.com; St 730; 铺 US$3，房间带风扇 US$10，小屋 US$25; ⊜❄📶）我们非常喜欢这家当地人经

营的温馨客栈，它位于一栋建于20世纪50年代的破旧建筑之中，风扇客房个性十足，有好看的木地板（101室最漂亮），而在前院花园里则有两座高端小屋，配备淋浴和有品位的装饰。

提供自行车（US$1）和摩托车（US$4）出租。

Baraca 客栈 $

（☎011 290434；www.baraca.org；St 726；双 US$12~16，家 US$20；📶）紧邻河畔，透着一股旧世界的魅力，4间客房通风良好，有高高的天花板和原来的地砖原始的木头楼梯。没有热水，但人气依然高居不下，因此需要提前预订。供应西班牙式小吃的餐厅也相当好。

Magic Sponge 客栈 $

（☎017 946428；www.magicspongekampot.com；St 730；铺 US$6，房 带风扇 US$15~23，带空调 US$23~28；🚭❄📶）这个客栈很受背包客的青睐，屋顶上有个多人间，非常凉爽，每个床位都有风扇和阅读灯。私人客房性价比很高，维护极为周到。楼下有个放映电影的休闲区和热闹的酒吧兼餐厅，欢乐时光从正午至20:00，这里的印度菜很受好评。

花园里还有迷你高尔夫球场。

★Rikitikitavi 精品酒店 $$

（☎012 235102；www.rikitikitavi-kampot.com；River Rd；房 含早餐 US$48~53，家 US$58；🚭❄📶）柬埔寨经营最完善的精品酒店之一，客房堪称精致奢华的典范，有混搭的亚洲风格装饰。天花板的装饰横梁令人赞叹，签上有棕榈树木板和漂亮的艺术品。此外还有现代的浴室和平板电视、DVD播放器、冰箱和水壶等现代设施。服务一流，高度推荐。

河边

Naga House 青年旅舍 $

（☎012 289916；nagahousekampot@gmail.com；Tuk Chhou Rd；铺 US$3，小屋 US$7~12；📶）这家经典的背包客旅舍有简陋的地面层房间和吊脚茅草屋顶小屋（都带共用浴室），周围树木茂盛，河畔的主建筑中还有一个令人垂涎的4床宿舍。迷人的酒吧兼餐厅适合社交活动，热闹的场面往往持续到深夜，周六有DJ时更是如此。

每天有日落游轮（US$5）。当场订房（即上述房费）比网络订房要划算得多。

Monkey Republic Kampot 青年旅舍 $

（☎012 848390；monkeyrepublickampot@gmail.com；St 730；铺 带空调 US$5~7，房 带风扇 US$8~10；❄📶）这处有着50个铺位的背包客圣地，位于一栋修复过的别墅中，拥有贡布最好的多人间。你可以选择住进主建筑中的宽敞宿舍，或者旁边建筑中全新的6人间。旅舍为住客配备了个人储物箱，保护隐私的床帘，还有充电插座。楼上的休闲区有吊床，楼下的酒吧非常热闹，法式瓷砖装饰和超大卡座更显个性。

Blue Buddha Hotel 酒店 $

（☎017 843550；www.bluebuddhahotel.com；1 St 730；双/标三/家 US$22/27/38；🚭❄📶）酒吧改建而成的经济型住宿，业主们极为热情，宽敞的极简风格客房有舒适的床铺、有线电视、迷你吧台和现代大浴室。住客们还可以在城里其他商号享受折扣，并且免费使用自行车。

Banyan Tree Guesthouse 青年旅舍 $

（☎078 665094；www.banyantreekampot.com；Tuk Chhou Rd；铺 US$3，房 US$6~12；📶）从前的Boddhi Villa如今成了Banyan Tree，仍是背包客的圣地。这里的经营模式行之有效效率较高，日间有划船活动，晚上可畅饮美酒，其余时间可以在绝佳的河畔休闲露台上打发时光。酒吧楼上有20个床位的多人间、简朴客房，后面还有藤条结构的小屋。

周五夜晚会举行盛大的派对，有贡布顶级乐队Kampot Playboys或金边来此地的优秀乐手演奏现场音乐。也欢迎非住客参加。这里不适合浅眠的旅行者。

Les Manguiers 度假村 $$

（☎092 330050；www.mangokampot.com；Kompong Bay River east bank；房间 带共用浴室 US$11~24，小屋 US$32~80；@📶）住进这个杂乱的花园建筑群有许多额外的好处，如免费使用独木舟和自行车、羽毛球、乒乓球，还有一个儿童游乐场。你可以从4座水上凉亭直接跳入水中。房间种类多样，有宽敞明亮的简朴客房，还有吊脚木屋，都带风扇和冷水淋浴。供应套餐饮食。

餐饮

当地街头食档会聚在河畔的St 722沿线，是品尝包括炒面、汤、椰浆糯米饭等高棉甜品在内的各种便宜食物的好去处。熙熙攘攘的夜市（NH3；⏲16:00至午夜）也有许多美食摊贩。

★ **Ciao** 意大利菜 $

（St 722；主菜 US$2.75~4；⏲18:00起）贡布唯一一个西餐排档由一个意大利人经营，他在贡布美食街一处破房子里用改装过的垃圾桶制作美味的比萨，每次一个，等候时间很长，但绝对值得。另外还供应自制的意大利团子和意面。

KAMA Cafe 咖啡馆 $

（St 726；主菜 US$3.50~4；⏲8:00~19:30；📶）同名的艺术空间里已经没有空间容纳这家咖啡馆，如今它坐落在一栋宜人的老城住宅中——很适合在美妙的气氛中享用早餐或欢乐时光的特价酒水。食物——尤其是早餐——非常可口，主打简餐、咖喱和令人激动的每日特价食物，这些美食都是由Soon制作，她与同伴Cambodian Space Project的Julien共同经营着这家店。

Cafe Espresso 咖啡馆 $

（NH33；主菜 US$4~6；⏲周二至周五8:30~16:00，周六和周日9:00~16:30；📶✍）这家迁入市郊新址的咖啡馆值得推荐。来自澳洲的老板是货真价实喜爱美食的人，提供各国风味，包括素食玉米卷饼、巴西式的猪肉三明治，以及令人食指大动的早餐菜肴。但真正吸引人的还是用新鲜烘焙的当地咖啡豆制作的各式咖啡。

当地知识

在贡布周边攀岩

柬埔寨的第一家户外攀岩旅行社**Climbodia**（☎095 581951；www.climbodia.com；St 710；半天 US $35~40，全天US$80）提供贡布以南5公里的石灰石山Phnom Kbal Romeas的半天和全天攀岩、绳降和洞穴探险行程，值得高度推荐。有些岩壁上有铁索攀岩路线，活动种类丰富，新手和老手的需求都能满足。

Jack's Place 柬埔寨菜 $

（St 730；主菜 US$2.50~6；⏲6:30~22:30；📶✍）当地家庭经营的露天餐馆，气氛随和友好，供应高棉火锅（yao hon）、花生炒蔬菜（char kroeung）和各类柬埔寨主食。这里的汤特别好喝，也供应三明治和汉堡。

店里的Kampot Dorm新开张，简陋多人间的铺位价格为US$2.50。

★ **Fishmarket** 创意菜 $$

（☎012 728884；River Rd；主菜 US$6~15；⏲7:30~22:30）贡布欣欣向荣的餐饮业终于有了自己的招牌，这家餐馆位于磅湾河畔一栋经过整修的艺术装饰的建筑杰作之中。可以坐在河风徐徐的露天就餐区域享用炸澳大利亚羊羔肉排、炸鱼薯条，或者胡椒籽螃蟹和鱼肉amok等当地经典菜肴。

Rusty Keyhole 各国风味、柬埔寨菜 $$

（River Rd；小份/大份/超大份排骨 US$5/7.50/10；⏲11月至次年5月 8:00~23:00，6月至10月 11:00~23:00；📶）一家很受欢迎的河边餐吧，供应各国治愈系美食和高棉家常菜肴。多数食客都会点这里的名菜——排骨。需要预订，分量超大。

Nelly's Bar 酒吧

（River Rd；⏲15:00至深夜）得名自酒吧里养的狗，这家酒吧位于街角一栋漂亮的殖民时期建筑中，外头有棵三角梅。这里是小酌几杯的好去处。背景音乐迷人，吸引了五花八门的旅行者和贡布外籍侨民。旺季时偶尔有街头音乐演奏。

实用信息

免费的《贡布生存指南》（*Kampot Survival Guide*；www.kampotsurvivalguide.com）风趣幽默，以半讽刺的口吻描述了移居当地的侨民生活。另有Coastal 出品的贡布和白马免费指南，以及大量当地的商家信息。

加华银行（Durian Roundabout；⏲周一至周五 8:00~

15:30，周六8:00~11:30，自动柜员机24小时）

Sonja Kill Memorial Hospital（☎急诊078 265782，门诊 077 666752；www.skmh.org；NH3）当地最好的医院，有先进的医疗设备和专业的当地及外籍医生。位于贡布以西7公里处。

旅游信息中心（Tourist Information Centre；☎033-6555541；lonelyguide@gmail.com；River Rd；⏲7:00~19:00）由知识渊博的Pov先生管理，提供免费的咨询，组织团队游，还可以安排到洞穴、瀑布和磅德拉（Kompong Trach）等景点的交通。

到达和离开

贡布在NH3路边，与东北方向的金边相距148公里，与西边的西哈努克市相距105公里，与东南方向的白马相距25公里。

想去金边的话，要留意两、三家长途汽车公司，其中包括**Phnom Penh Sorya**（NH33），这家公司的客车经过白马，车程至少增加1小时。最好乘坐**Capitol Tours**（☎092 665001；NH33）的直达客车（3.21小时），每天2班，票价US$4.50，或者考虑“豪华”长途汽车公司**Giant Ibis**（☎095 666809；www.giantibis.com；7 Makara St），票价US$9，8:30和14：45发车。去金边更快捷的选择则是**Kampot Express**（☎077 555123；www.kampotexpress.com；NH33）与**Kampot Tours & Travel**（☎092 125556；St 710）的直达面包车（US$8，2.75小时），每天几班。

如果去西哈努克市，Kampot Tours & Travel和**Champa Mekong Tourist Bus**（☎033-6300036；St 724）每天各有3班面包车（US$5，2小时）。两家公司也有客车去往越南的河仙（Ha Tien；US$8，1.5小时），每天2班。

有几家公司去河仙或金边的长途汽车经停白马（US$3，30分钟），也可以乘坐突突车（US$10，45分钟）或摩的（US$6）。想要欣赏更美好的景色，不妨乘坐**Crab Shuttle**（☎088 829 6644；crabshuttle@gmail.com；⏲6月至9月停运）的渡轮（单程/往返US$10/13.50，2.5小时），9:00开船，15:00返回，后者可以观赏日落美景。多花几美元，可以安排兔子岛（Rabbit Island）的接送服务，在白马的兔子岛码头换乘。

最后，重新开通的铁路是去往金边（US$6，5小时）和西哈努克市（US$5，4小时）的另一（慢速）选择。目前双向的发车时间都是在11:30前后，而且只在周末运营。

客栈和旅行社可以预订车票，安排接站服务，不过往往要收手续费。

当地交通

城里的摩的费用约2000r（突突车US$1），前往城区边缘的河畔客栈需US$2~4，具体取决于客栈位置。城里多家客栈出租自行车（每天US$2）和摩托车（每天约US$5）。

波哥山避暑山庄（Bokor Hill Station）

由法国人修建的波哥山避暑山庄（កស្ថានីយភ្នំបូកគោ）位于占地1581平方公里的波哥山国家公园，这里以凉爽宜人的气候和怪异的废弃建筑闻名。山庄在20世纪二三十年代盛极一时，后来又遭废弃。如今山庄因为山顶难看的现代赌场Thansur Bokor Highland Resort变得更加有名了，这也是导致波哥原生态氛围遭到破坏的开发项目之一，好在这里依旧有着令人惊叹的美景。

景点

波哥山国家公园 　国家公园

（ឧទ្យានជាតិបូកគោ，Preah Monivong National Park，Bokor National Park；门票 摩托车/小汽车2000/4000r）波哥的湿润常青森林——北部有龙脑香树林和落叶林——庇护着种类繁多的珍稀与濒危动物，包括印度象、花豹、亚洲黑熊、马来熊、戴帽长臂猿、豚尾猴、懒猴、赤麂、穿山甲、黄喉貂、亚洲小猫鼬和各种灵猫、豪猪、松鼠和蝙蝠等。

在公园内的徒步曾经非常受欢迎，但最近徒步小径已因园区开发而关闭。

Bokor Palace Hotel 　历史建筑

（ដំណាក់បូកគោ）免费 1925年开张的恢宏的酒店，曾是法国官员的主要聚会场所。不过如今酒店却变成了巨大的空壳，只有一小部分原来的地砖留了下来。在建筑内部闲逛时，可以充分发挥想象力，遥想当年华丽舞厅与客房中的奢华装饰。

天主教堂 　教堂

免费 罗马式天主教堂的低矮钟楼如今仍高高耸立，窗上玻璃已残破不堪，一个侧窗上只剩下生锈的十字架的轮廓。你可以想象出曾有一群衣冠楚楚的法国人来教堂做周日弥撒。教堂内的小块墙壁是红色高棉时期建的。山顶有个悬崖，在那里可以俯瞰原始雨林。

波波维瀑布

瀑布

（ទឹកធ្លាក់ពពកវិល，Popokvil Falls；门票2000r）从Thansur Bokor Highland Resort沿路向北走几公里，就到了这座两层的瀑布。该瀑布在7月至10月最是壮观，而到了旱季会干涸。

五舟寺

佛教寺庙

（វត្តសំពៅប្រាំ，Wat Samprov Pram）在长满青苔的五舟寺，可以看到丛林至海岸线下的大好风光，甚至可以远眺越南境内的富国岛。野猴也经常在这里出没。

到达和当地交通

你可以在贡布参加各种一日游游览山庄，也可以租摩托车自助游。上山的路刚刚由Thansur Bokor Highland Resort修建完成，路况相当好。

白马（Kep）

1908年，白马成为法国上流社会的海滨度假胜地，到了20世纪60年代，柬埔寨的社会精英也经常在此流连，如今，旅行者们依然频频光顾这座慵懒的城市（Krong Kep，又称Kaeb）。可口的海鲜、日落美景和在蝴蝶翩翩飞舞的白马国家公园中徒步，是这里招揽游客的主要法宝。西哈努克市及贡布的客栈派对气氛浓厚，背包客们趋之若鹜，而这里令人印象深刻的各种精品酒店，则吸引着大批更文雅的海滩爱好者。

有人觉得白马缺乏灵魂，因为这里没有市中心，也没有漫长的海滩。但也有人钟情于此地闲适的氛围，在最有名的螃蟹市场（Crab Market）吃螃蟹，在外表发了霉的现代主义风格的别墅里闲逛，感受这座城市弥漫着的末日之感。

景点和活动

★白马国家公园

国家公园

（ឧទ្យានជាតិកែប，Kep National Park；门票4000r）白马国家公园位于白马半岛内部，被一条8公里的环道围绕，可以徒步或骑山地自行车沿着这条蜿蜒的道路探索位于茂密丛林中的寺庙和观景点。古怪的黄色路牌标注着环道的走向与进入公园内部的徒步小路。"天国阶梯"（Stairway to Heaven）小径特别值得一走，可以沿着它上山到一座佛塔、一个尼姑庵和"日落石"（Sunset Rock）观景点。

公园主要入口在Veranda Natural Resort后面。

Led Zep Café（见291页）就在徒步路线旁，距公园入口300米处，可以在这里吃饱饭后游览公园，或者在行程结束后歇歇脚。老板Christian是建设、绘制、标注徒步小径的主力军，至今仍致力于保护公园的环境。

苏西胡椒农场

农场

（Sothy's Pepper Farm；☎088 9513505；www.mykampotpepper.asia；Phnom Vour, Kep district，紧邻NH33；⏲9:00~17:00）免费 对旅行者最友好的胡椒种植场，这里有家商店，提供短途团队游，介绍贡布胡椒种植的流程和发展史。农场位于白马市中心东北方向约17公里处。

白马海滩（Kep Beach）

海滩

这块手帕般小巧玲珑的沙滩是白马唯一像样的海滩。战争爆发前，人们曾用卡车从别处运来白色的沙子，2013年，这项传统再度复兴，以确保海滩比过去多年的状况更好。这里的卵石很多，不过在周末仍是人满为患。一条绿树成荫的步道沿着海滩延伸，步道的东端有座名为Sela Cham P'dey的雕塑，刻画的是一位期盼丈夫捕鱼归来的裸女。

空东萨岛（兔子岛）

岛屿

[កោះទន្សាយ，Koh Tonsay（Rabbit Island）]如果你喜欢原始质朴的海滩，空东萨岛250米的主海滩必定适合你，但一定要尽快去，因为该岛已被列入开放计划。这片海滩堪称白马周边最佳岛屿之一，但没有晶莹剔透的白色细沙。海滩上随处可见被冲上岸来的各种垃圾，以及悠闲漫步的小鸡和奶牛。在海滩旁还有几家棚屋餐馆和简陋的小屋（每晚US$7）。去兔子岛的船（30分钟）9:00和13:00从兔子岛码头出发。

返程的船在11:00和15:00启航。当日往返票价为US$7；如果在次日返回，需US$10。白马多家客栈可以预订船票，你也可以直接去码头的空东萨岛船票售票处购买。码头处也有去该岛的私人船只，往返US$25，最多6名乘客。因当地人觉得该岛形状像兔子，所以给它起名叫作兔子岛——当地酒水对人想象力的激发作用由此可见一斑。

白马周边的其他岛屿还包括**蛇岛**（Koh Pos，过了兔子岛再航行约30分钟），岛上有块人迹罕至的海滩，这里适合浮潜，但没有住宿场所。乘坐10人船只到这里一日游的费用约为US$50。还有一座小小的**芒果岛**（Koh Svay），没有海滩，但岛上的高处是相当好的观景点。

沃吉里塞拉　　佛教寺庙

（វត្តគិរីសិលា，Wat Kiri Sela；⏲7:00~18:00）这座佛寺位于磅德拉山（Phnom Kompong Trach）脚下，此处有着壮观的喀斯特地貌，洞穴和天然通道超过100处。寺庙处有条地下通道通往鱼缸模样的喀斯特地貌中心，周围是布满藤蔓的悬崖，头顶上就是天空。许多钟乳石洞穴里有卧佛和小型佛教神殿。

据此地最近的城市是磅德拉。从城中心出发，沿NH33路旁Acleda Bank对面的土路走2公里即可到达寺庙。磅德拉在NH33公路上，白马东北方向28公里处，从白马和贡布到这里一日游都很方便。在寺庙时留意当地手拿手电筒的小孩，他们态度非常友好，志愿充当导游以便练习学到的英语。如果需要他们引路的话，别忘了给小费。

Sailing Club　　水上运动

（☎078 333685；www.knaibangchatt.com/the-sailing-club；⏲8:00~17:00）Knai Bang Chat最新增设的帆船俱乐部和活动中心，面向所有人，出租海上皮划艇（每小时US$5）、小帆船（每小时US$15起）以及风帆冲浪板（每小时US$12）。另外也出租车况不错的山地自行车，费用为每天US$10。

住宿

白马拥有长达5公里的海岸线，在主干道旁每隔一段路就有一个度假村或客栈，在通往白马国家公园的土路上也有几家住宿场所。

★ Botanica Guesthouse　　小屋 $

（☎097 899 8614；www.kep-botanica.com；NH33A；房 带风扇/带空调 US$20/29；❄📶🏊）Botanica远离闹市区（如果说白马有闹市的话），提供性价比很高的漂亮小屋，配有现代浴室。树荫下有个泳池，客人可免费使用自行车充作在城里游览时的交通工具。最近的整修为这里锦上添花。

Bird of Paradise　　小屋 $

（☎090 880413；www.birdofparadisebungalows.com；小屋 带风扇/空调 含早餐 US$14/20起；❄📶）坐落在一个悠闲宁静的花园之中，就在从主干道上山的路旁，距螃蟹市场几步之遥，性价比极高。简朴的小屋非常美观，门廊有吊床，带空调的水泥小屋更加宽敞。供应早餐的餐厅不大，但很漂亮。

Kep Guest House　　青年旅舍 $

（☎097 374 8080；www.kepguesthouse.com；NH33A；铺 US$5 房 带风扇 US$9~13，带空调 US$17；❄📶）这家青年旅舍面积不大，是白马最佳背包客住宿，房间明亮整洁，通风良好，还有一间配有三张双人床的多人间。屋顶的餐厅是观赏海景的好去处。

Bacoma　　小屋 $

（☎088 411 2424；www.bacoma.weebly.com；NH33A；房 US$15~30；📶）圆形的小屋（rondavels）位于花园中，房间便宜舒适，有蚊帐和风扇，公共浴室一尘不染。也有宽敞的小屋和带私人浴室的传统高棉木屋。

★ Tara Lodge　　客栈 $$

（☎097 623 6167；www.taralodge-kep.com；双 含早餐 US$50~60，家 US$70；🚭❄📶🏊）我们非常喜欢这家占地面积广阔的客栈：错层式建筑中的房间拥有宽敞的阳台和现代设施的，掩映在花园的棕榈树和鲜花之下，院子当中有座波光粼粼的泳池。这里非常僻静，适合放松休闲。位于楼上平台的餐厅供应出色的高棉和法式风味，还可以看到波哥山的美景。按摩亭美妙绝伦。

Saravoan Hotel　　精品酒店 $$

（☎036-639 3909；www.saravoanhotel-kep.com；房 US$45~55；🚭❄📶🏊）以白马经

值得一游

农诺山

从Wat Ang Sdok出发走小路，穿过稻田很快就到了**农诺山**（ភ្នំឈ្ងោក，Phnom Chhnork；门票 US$1；⏰7:00~18:00），这里有位僧侣收取门票，一群嘻嘻哈哈的当地小孩可以当导游。沿山脚开始的203级台阶向山上攀登，然后下至一个犹如天主教堂一般优雅的大洞穴。无论是从山顶往下俯瞰，还是在寺庙与农诺山之间步行观望，景色都很美丽，尤其是在傍晚。

洞口有只钟乳石大象，面向右侧的平坦岩壁上还有一只。吱吱喳喳的蝙蝠栖息在两个直冲云天的天然"烟囱"附近，有植物包裹的"烟囱"看起来绿意盎然。

主洞内有一个建于7世纪（扶南时期）的砖结构寺庙，里面供奉着湿婆。由于位于洞穴内部，寺庙的建筑保存完好，仍然十分坚固。把头探进去，仔细观察那个被看作林伽的古钟乳石柱。一条湿滑的小路（雨季时被水淹没）能带你游遍整个山丘。

在贡布以东约5.5公里处左转离开NH33主路。留意寻找通往Climbodia的路标。沿着一条颠簸的道路走6公里可达洞穴。从贡布乘座摩的的话，往返费用约US$6（突突车US$10）。

典的现代极简风格为标志。宽敞的客房有锃亮的水泥地面，石头墙壁上有精美的装饰，从地面到天花板的玻璃门通往堪称最佳的海景阳台，可惜的是街上噪声不绝于耳。露台泳池是探索白马国家公园之后小憩的理想场所。

Le Flamboyant RESORT　度假村 $$

（☎017 491010；www.flamboyant-hotel.com；NH33A；双 含早餐 US$70起；⊜❄📶🏊）没有其名字那般艳丽，这个迷人的大型花园度假村（还有在草地上吃草的马）透着一种精品度假村范儿。木屋风格的小屋色调偏蓝，有精美的木头装饰，配上小巧的阳台。这里有两个泳池，一个不大的水疗小屋，还有一个出色的餐厅。

周末度假村附近很热闹，会有些吵。

Atmaland Resort　度假村 $$

（☎086 509021；www.atmaland.com；双/四 小屋 含早餐 US$40/55起；❄📶🏊）对家庭旅行者友好的小屋度假村，坐落在山坡上一个巨大的丰美花园之中，有泳池和素食餐馆。距离城中心有一段距离，可以体会离群索居的感觉，但不至于太远，步行去螃蟹市场仍很方便。宽敞的家庭套房和标准小屋舒适又一尘不染，不过装饰显得有些单调。

★ Veranda Natural Resort　度假村 $$$

（☎012 888619；www.veranda-resort.asia；Kep Hillside Rd；房间 含早餐 US$115起；❄📶🏊）这些别墅用木头、竹子和石头建在山腰上，由迷宫般的栈道相连，为这里营造出一派浪漫幽静的氛围，令人难忘。可以多看几间房间，因为房间大小与布局的差别很大。食物很好吃，从餐厅的凉亭可以欣赏到壮丽景色。不过价格上涨的势头好像停不下来似的。

餐饮

城里多数餐馆都供应螃蟹，区别只在螃蟹的大小和做法。一些酒店有高档餐饮场所。位于海滨的**Knai Bang Chatt**（☎078 888556；www.knaibangchatt.com；标单/双 含早餐 US$188/319起；⊜❄@📶🏊）和Veranda Natural Resort（见290页）都是顶级之选，而且有美景佐餐。

Sailing Club的欢乐时光最是热闹。入夜后可以前往螃蟹市场区域，看看那里的活动会是很有趣的体验，La Baraka往往不会令你失望。

螃蟹市场（Crab Market）　市场 $

在螃蟹市场就餐是必不可少的白马体验之一，这排木屋餐馆就在湿漉漉的鱼市旁边。用贡布胡椒炒制的新鲜螃蟹美味可口。捕捞自卵石海滩近岸的螃蟹都被捆住放在围栏中，你既可以选一家餐馆大快朵颐，也可以将螃蟹买回去，请客栈加工后慢慢享用。

螃蟹市场中有不少优秀的食肆，不妨留意看看哪家的当地食客最多。鱼市的螃蟹每公斤约35,000r。

★ Sailing Club
创意菜 $$

(主菜 US$7~12.50; ⌚10:00~22:00; 📶)附带一个很小的海滩，有个通风良好的木头吧台和俯瞰大海的木头吊脚楼，这是来柬埔寨看日落时喝一杯的最佳去处之一。这里的亚洲创意菜非常棒，你也可以在这里吃到螃蟹套餐。我们上次去的时候餐馆正在进行大规模装修，可能增设一个户外鸡尾酒休闲区和更多的海滨露台。

La Baraka
各国风味 $$

(螃蟹市场; 主菜 US$6~10; ⌚11:00~22:00; 📶)有别于螃蟹市场其他餐馆千篇一律的菜式，这里供应欧洲和亚洲风味，有大量海鲜菜肴，如生腌剑鱼等。不喜欢吃鱼的话，这里也有好吃的比萨和意面。水上露台适合边喝鸡尾酒边赏落日。

Democrat
创意菜 $$

(螃蟹市场; 主菜 US$5~10; ⌚11:00~22:30; 📶)螃蟹市场的餐饮日趋高档，这家馆的螃蟹蛋糕与螃蟹*amok*功不可没。供应出色的饮品(欢乐时光买一送一)，你会爱上美国总统主题的随意气氛(不过还没有特朗普的照片)。

Led Zep Cafe
咖啡馆

(白马国家公园; ⌚9:30~18:00)地处偏僻的漂亮咖啡馆，就在白马国家公园内的小径路旁。坐在宽阔的露台上边喝冰凉的青柠汁，边欣赏迷人的海岸景色，是徒步之后的完美休闲选择。打烊时间不定，淡季更是如此。

ℹ 实用信息

白马没有银行，但在白马海滩上有一个ABA银行的自动柜员机。

ℹ 到达和离开

白马距离贡布有25公里，距离柬越边境口岸Prek Chak/Xa Xia 41公里。

长途汽车停在白马海滩的一排旅行社和面包车公司办事处门前。可以从这里或多数客栈购买车票。

Phnom Penh Sorya(☎023-210359)的长途汽车7:45、9:30和13:30发往金边(US$5，4小时)，而**Vibol Transport**(Kep Beach Rd)去往首都的长途汽车在8:00和13:00发车，**Anny Tours**(☎036-652 3999; Kep Beach Rd; ⌚6:00~21:00)有去金边的面包车(US$8，3小时，8:00和15:00)。坐私人出租车去金边要US$40~45。

前往越南：白马至河仙

前往边境 人气日渐增加的**Prek Chak/Xa Xia边境口岸**一边是柬埔寨的贡布和白马，一边是越南的热门目的地富国岛和胡志明市。从Prek Chak边境口岸(⌚6:00~17:30)过境去越南河仙，最简单的方式是在西哈努克市(US$12，3.5小时)、贡布(US$8，1.5小时)或白马(US$7，45分钟)坐面包车。Kampot Tours & Travel(见287页)、Anny Tours(见291页)和Champa Mekong Tourist Bus(见292页)的面包车无须换乘。

从金边或贡布出发的另一更为灵活的选择是先坐车到磅德拉，然后坐摩的(约US$3)沿一条路况不错的道路走15公里到边境。

从白马出发，客栈可以安排直达的突突车(US$13，1小时)或出租车(US$20，30分钟)，需要的时间差不多是从贡布出发的2倍。私人车辆从一条新开通的南向道路前往磅德拉以西10公里的边境。

到达边境 建议持中国护照的旅行者提前办理好越南签证。

在Prek Chak乘坐摩的到柬埔寨界桩300米外的越南边境，之后一路前往河仙(15分钟，7公里)的费用为US$5。如果步行穿越无人区的话可以省点儿钱，到了越南境内再坐摩的只需US$2~3。

继续前行 要去富国岛的旅行者应在12:30之前赶到河仙，这样才能确保买到13:00的船票(230,000d或US$11左右，1.5小时)。动身特别早的旅行者有可能赶上8:00的渡轮。从柬埔寨去河仙的早班面包车在渡轮13:00开船前到达。

Anny Tours和**Champa Mekong Tourist Bus**（☎088 727 7277; Kep Beach Rd; ⏲6:30~20:00）都有面包车走陆路前往越南的河仙，每天2班（US$7, 45分钟）。Kampot Tours & Travel（见287页）去河仙的面包车在贡布发车，经停白马。从越南出发的话，这三家公司都有去西哈努克市的客车，每天2~3班，需要在贡布（US$7, 3.5小时）换乘面包车，也可以前往戈公换乘。

如果要去贡布，可以乘坐突突车（US$10, 45分钟）、黄昏时发船的Crab Shuttle（☎088 829 6644; crabshuttle@gmail.com; ⏲6月至9月停运）渡轮（US$10, 2小时, 16:00）或东行的长途汽车或面包车。

了解柬埔寨

今日柬埔寨

2013年大选后，柬埔寨的政治格局发生了巨大的变化，主要反对党赢得更多席位，柬埔寨救国党几乎击败执政党柬埔寨人民党（Cambodian People's Party，简称CPP）。在2018年大选前夕，柬埔寨救国党被解散，该党领导人金速卡（Kem Solha）被控谋求国际支持图谋推翻政府而入狱。作为回应，救国党成员发起"干净手指"行动，呼吁选民抵制这次选举。洪森政府对推动这项行动的人罗织定罪，同时警告选民若是放弃投票就要承担后果。

2018年7月28日，洪森领导的人民党以压倒性优势赢得大选。美国、欧盟、日本、加拿大和澳大利亚等西方国家和组织不承认大选结果，美国众议院决定对洪森政府实施制裁。

历史

翻开柬埔寨的历史，这片土地上既记录了辉煌强盛，也记录了衰落颓废，甚至还有血腥丑陋的一面。早期的柬埔寨繁荣、发达，吴哥王朝更是盛极一时，在其统治的4个世纪中，柬埔寨是整个地区当之无愧的霸主。然而，从13世纪开始，邻国逐渐兴起，开始蚕食柬埔寨的领土。到了20世纪，这个国家更是动荡多难，红色高棉时期（1975~1979年）残忍的统治和种族灭绝政策将内战推向高潮。时至今日，柬埔寨仍未完全从伤痛中恢复。

扶南和真腊时代

柬埔寨的印度化进程始于1世纪，当时往来于孟加拉湾至中国南部航线的商人将印度的思想与技术带到了如今的越南南部地区。这个时期，新兴的最大王国之一是中国人所称的扶南（Funan）王国，它接受了印度教对湿婆（Shiva）和毗湿奴（Vishnu）的崇拜，同时接受了佛教。扶南王国在将印度文化传播到柬埔寨内陆方面起到了至关重要的作用。

6~8世纪，柬埔寨似乎处于多个王国的统治之下，这些王国相互竞争。中国文献记录的"水真腊"（Water Chenla）是指现代的茶胶城市周边地区，而"陆真腊"（Land Chenla）则是更靠北的湄公河沿岸和三坡波雷古周边地区。

吴哥的兴衰

吴哥时代从802年延续至1432年，这期间经历过征战、混乱，也经历过倒退、复兴，虽一度衰落，但也曾繁荣昌盛过。802年，阇耶跋摩二世（Jayavarman Ⅱ, 802~850年在位）自封为神王（*devaraja*）。他发动了起义，抵抗爪哇人对柬埔寨南部的统治，并且通过结盟和攻城略地，将这个国家集中在自己的统治之下，成为统治我们今天所称的柬埔寨大部分地区的首位君王。

9世纪末，耶输跋摩一世（Yasovarman Ⅰ, 889~910年在位）迁都吴哥，建起了一个新的学术、艺术和宗教中心。经过一段时间的混乱与骚动，苏耶跋摩二世（Suryavarman Ⅱ, 1113~1150年在位）统一了吴哥，并开始了新一轮的领土扩张，但在和越南与占婆（Champa，印度教国家，位于现越南的南部和中部）的战争中元气大伤。对印度教神毗湿奴的虔敬之情赋予了他灵感，他遂而下令建造吴哥窟。然而占婆人很快占据了上风。1177年占婆人的水军远征湄公河，出其不意地攻入吴哥腹地，杀死了国王。次年，苏耶跋摩二世的堂兄弟集合高棉军队再次与占婆人进行水战，最终打败占婆人，不久后登基成为阇耶跋摩七世（1181~1219年在位）。作为大乘佛教的虔诚信徒，阇耶跋摩七世修建了吴哥王城。许多学者认为在兴建吴哥窟的时候，吴哥帝国已经显出衰落的趋势，其中部分是环境原因。由于大规模砍伐森林和侵蚀，1000平方公里的灌溉网已经被淤泥阻塞，与此同时，通过树木年轮显示的最后气候数据推算，吴哥的两次大旱也是导致其衰落的原因之一。从17世纪开始一直到1863年法国人入侵，柬埔寨内部纷争不断，王室的控制力减弱。其间，软弱无能的国王们迫于频繁的内讧和政变而向泰国和越南寻求帮助。当然，他们为保住王位也付出了巨大的代价。

法国殖民时期

长期以来，柬埔寨一直被泰国和越南轮流统治。直到1864年，在法国炮舰的威胁下，诺罗敦一世（Norodom Ⅰ，1860~1904年在位）被迫签署了《保护国条约》，这种动荡局面才宣告结束。在世界殖民历史上很独特的一点是，法国确实是柬埔寨的保护国，因为当时的柬埔寨处于被强大的邻国吞并的危险之中。

1907年，法国向泰国施压，迫使其将马德望、暹粒和诗梳风归还柬埔寨。这就意味着时隔100多年，柬埔寨首次收回了对吴哥的控制。

1953年11月9日，柬埔寨在国王西哈努克（于1941~1955年和1993~2004年在位）的统治下宣布独立。

独立战争和内战

1953年后的独立时期是柬埔寨一段和平繁荣的黄金年代，那时候的柬埔寨富有创造力和乐观精神。然而，越南战争变成了吞没周边邻国的黑洞。20世纪60年代末，北越和越共在柬埔寨境内打响了对抗南越和美军的战斗。美军进行了毁灭性的轰炸，并入侵柬埔寨东部领土。

1970年3月，时任柬埔寨总理的西哈努克被其内阁首相兼国防大臣朗诺将军（Lon Nol）发动的政变推翻，他随后定居北京，在北京成立了流亡政府，并与本国革命运动组织“红色高棉”结盟。这是柬埔寨历史上的关键时刻。与许多前红色高棉战士聊天，他们会告诉你，自己“上山”只是为自己的君王而战，而对马克思主义一无所知。

红色高棉统治时期

1975年4月17日，胡志明市沦陷前的两周，红色高棉占领金边，采用了前所未有的激进残忍方式来重建社会。红色高棉的目标是把柬埔寨（后改名为民主柬埔寨）改造成由农民主导的农业合作社。短短几天，金边和各个省会城市的所有人口，包括老弱病残，都被赶到了农村，而且像奴隶一样每天工作12~15小时。知识分子被有组织地清除掉，戴着眼镜或者会说外语，都是被杀死的理由。红色高棉把统治元年定为零年（Year Zero）。

红色高棉的领导者是沙洛特绍（Saloth Sar），他更广为人知的名字是波尔布特（Pol Pot）。在年轻的时候，他获得了去巴黎学习的奖学金，并开始成为激进的马克思主义者。在他的统治下，柬埔寨成为大型劳动营。在地里劳作一整天的男女老幼每天只能以两顿稀粥充饥。劳动营中疾病蔓延，疟疾和痢疾夺走了无数人的生命。

越南人结束了红色高棉的统治。1979年1月7日，越南军队解放金边，此时的金边已经变成一座空城。在红色高棉执政的3年8个月零20天的时间里，柬埔寨国内究竟死了多少人，至今仍无定论。公认的估算是至少有170万人死于波尔布特和他的追随者之手。柬埔寨档案中心（见197页）记录了这一段令人毛骨悚然的历史。

短暂的和平时期

越南人建立了以几个前红色高棉军官为代表的新政府，这些军官中包括现任首相洪森，他在1977年曾投靠越南。接下来是混乱不堪的全国解放，没有人种植水稻，粮食颗粒无收，导致了大范围的饥荒。整个20世纪80年代，红色高棉一直在靠近泰国边境的偏远山区发动内战。1989年9月，经济破产的越南政府为了结束在国际上的孤立地位，宣布从柬埔寨撤军。

1991年2月，包括红色高棉在内的所有柬埔寨政党签署了巴黎和平协议，规定联合国驻柬过渡时期权力机构（UN Transitional Authority in Cambodia，UNTAC）在未来两年间负责管理柬埔寨。尽管UNTAC仍然被宣传为联合国的成功案例之一（选举于1993年举行，90%的参与率），但对许多经历了20世纪70年代的柬埔寨人来说，他们很难想象红色高棉政权也是此次选举的一部分。投票开始前，红色高棉最终还是选择了退出，但你争我夺的选举让他们的游击队有机会在全国铺展开来。UNTAC的存在还导致了卖淫妇女和感染艾滋病人数的增加。

1998年春，安隆汶和柏威夏古塔寺被包围，包括塔莫（Ta Mok）在内的最后一任红色高棉领袖被捕，红色高棉政权彻底结束。波尔布特同年死在了安隆汶附近，在一堆旧轮胎中被火化。

民族和文化

人口

柬埔寨现有居住人口约1600万。据官方数据统计，90%以上的柬埔寨人是高棉族，这使得柬埔寨成为东南亚国家中民族分布最单一的国家。但是按照民间的说法，这一比例可能要低一些，因为在过去的百年间有许多华人和越南人涌入该国。其他少数民族包括占族、老挝族，以及生活在高原乡村中的原住民。柬埔寨多种多样的上高棉人（Khmer Leu）或少数民族（chunchiet）约有10万人，后者生活在柬埔寨山区。

官方语言是高棉语，有95%的柬埔寨人说高棉语。尽管汉语正在不断普及，但英语已经取代法语成为第二语言。人均寿命目前为62岁。

生活方式

对大多数上了年纪的柬埔寨人来说，生活的中心就是家庭、信仰和食物，这种观念已经在柬埔寨人民中存在了许多个世纪。在柬埔寨的大家庭中，家人互相帮助，共同解决难题，大家庭成员有福同享、有难同当，他们聚集在一起欢度节日，庆祝成功，悼念亡者，感受沮丧。在柬埔寨，不管你看到的房屋是大还是小，里面都一定住着一大家子人。

长期以来，柬埔寨的大部分人口都住在农村，千百年来的惯例是：祖孙几代人住在同一个屋檐下，吃一样的食物，拥有同样的信仰。但在20世纪七八十年代那段黑暗的日子里，战争和意识形态打破了惯例。农民们被迫去打一场血腥的内战，后来又沦为奴隶。红色高棉组织安卡（Angkar）成为道德和社会的主宰，致使家庭破裂，父母儿女、兄弟姐妹反目成仇，人和人之间失去了信任。直到今天，这种信任危机仍然没有完全消除。

而那些在战后相对自由的环境中长大的年轻人，受音乐电视和肥皂剧的影响，其生活方式和他们的长辈完全不同。柬埔寨正在经历一场就像西方20世纪60年代那样的解放运动。这也造成了城市里的许多问题，年轻人的穿着、举止、行为都按自己喜欢的方式来。最近，这种新旧时代的人之间的冲突更蔓延到了政治领域，在2013年的普选中，Facebook新一代（年轻人普遍使用Facebook）成功地让柬埔寨人民党的得票数比以前减少了一半。

在今后的二三十年间，柬埔寨人口将会发生重大的变化。目前，城市人口仅占20%，与较发达的邻国马来西亚和泰国相比，差距悬殊。越来越多的年轻人可能更愿意移居到城市寻找机会，柬埔寨社会将面临史无前例的变化。但至少目前柬埔寨社会与泰国和越南相比还很保守，这一点值得旅行者们注意。

宗教

大多数高棉人（95%）信奉小乘佛教。柬埔寨的佛教融合了许多印度教的文化传统，如对一个人的出生、婚姻和死亡的观点。Neak Ta就和前印度泛灵论有关。

在红色高棉政权的统治下，大多数柬埔寨信奉佛教的僧侣都被杀害，近乎所有的寺庙（3000余座）都受到破坏或被完全摧毁。直到20世纪80年代末，佛教又一次变成了官方宗教。

柬埔寨的其他宗教有伊斯兰教，信奉者多为占族人；山地部落信奉泛灵论；还有通过传教士和由基督徒组成的非政府组织传播的基督教。

艺术

红色高棉政权不仅杀害了文明的传承者，还毁坏了大量的文化艺术品、雕像、乐器、书籍和可以记录历史的一切事物。吴哥寺庙记录着柬埔寨的辉煌和荣誉，但是目前已经所剩无几。尽管如此，柬埔寨还是见证了传统艺术的复苏，而且社会对现代艺术和跨文化的融合也越来越感兴趣。

高棉人的宫廷舞与强大的吴哥王朝之间关系密切，比如独特的飞天舞。高棉人的音乐历史最早至少可以追溯到吴哥时期，想要感受一下阇耶跋摩七世时代的音乐，可以观察一下吴哥窟的浮雕。

20世纪中期，在朝气蓬勃的高棉社会已出现摇滚音乐，但是被红色高棉政权扼杀。战后，许多柬埔寨人定居美国，在那里，柬埔寨流行音乐逐渐发展起来。这些音乐受美国说唱音乐的影响，之后又回到柬埔寨。洛杉矶六人乐队Dengue Fever受19世纪60年代柬埔寨流行音乐和迷幻摇滚的启发，是一支非常出色的混合风格乐队。

早在扶南王国和真腊王国时期，柬埔寨的雕塑技艺就已经达到了相当高的水平，但是柬埔寨的雕塑作品已经远远不是对印度雕塑的简单模仿了，10世纪末的女王宫风格被认为是东南亚艺术发展的巅峰。

饮食

一些传统柬埔寨菜的口味与泰国菜、老挝菜相似（尽管没有那么辣），还有一些很像中国菜和越南菜，有的还有法国菜的特色。

由于洞里萨湖盛产鱼类，因此淡水鱼（经常做成烤鱼）在柬埔寨人的饮食中占很大的比例。国菜蕉叶包烤鱼（amok）是用椰子壳或柠檬草盛装的烤鱼。鱼酱（Prahoc，一种经发酵的鱼酱）是食物的调味料，用贝壳形状的椰子壳或柠檬草盛装。

在柬埔寨，几乎每顿饭都有汤（samlor），通常和其他菜肴同时出现在餐桌上。Kyteow是一种米线汤，吃一碗米线汤能够维持一天的体力。早餐、午餐和晚餐都离不开大米粥（Bobor），喝粥时佐以新鲜的鱼肉或少许姜，味道更佳。

啤酒在大城市中非常受欢迎，而农村人大都喜欢喝棕榈酒，它是用从点缀风景的糖棕榈树上采集的汁液制成的。水果奶昔（Tukaloks）是由牛奶、糖混合在一起制成的，有时还会加个生鸡蛋。

不要喝自来水，特别是在农村地区。瓶装水到处都有卖，但街头商贩贩卖的新鲜椰汁更为原生态，而且说不定比瓶装水还要干净。

环境

土地

湄公河和洞里萨湖是柬埔寨版图上两颗闪亮的明珠，其中洞里萨湖是东南亚最大的湖泊。每年雨季水位上涨，丰富的沉积物使得柬埔寨的中部平原异常富饶。大部分的柬埔寨人都住在这个低洼的中部平原上，在和谐的季节变换中辛勤耕作着。

柬埔寨西南地区大部分被豆蔻山脉覆盖，靠近贡布山区的是象山。沿着柬埔寨北部与泰国交界的区域，平原与砂岩构成的悬崖峭壁形成了强烈反差，这些悬崖绵延300多公里，最高可达550米。最能尽览此地风景的地方就是柏威夏古塔寺。

位于柬埔寨东北角的腊塔纳基里省和蒙多基里省，平原被东部高原所取代，这个偏远的高地到处都是茂密的森林。

野生动物

柬埔寨的生态系统在20世纪90年代之前都是保持得非常好的，即便是现在，与它的邻国相比，柬埔寨的野生动植物生存状态依然比较健康。在战争的摧残下，有些物种的生存受到了严重的威胁，但是其他生存在西北和东北偏僻丛林里的物种仍然继续茁壮成长。具有讽刺意味的是，和平带来了大批的伐木工以及对濒危物种的非法买卖。由于在过去的年代里，一些地区难以进入，科学家们直到最近才刚刚开始对柬埔寨的动植物进行研究和分类。

现在柬埔寨境内依然生活着超过200种野生动物，为东南亚地区的旅行者提供了观赏野生动物的最佳机会。最值得推荐的包括在腊塔纳基里和蒙多基里寻找长臂猿及黑臀叶猴，在桔井和上丁观赏全世界仅存的伊洛瓦底江豚。

有机会在柬埔寨看到的其他全球性濒危动物有亚洲象、白臀野牛、野牛、云豹、渔猫、石纹猫、太阳熊、暹罗鳄和穿山甲等。老虎以前在这里是很普通的,但现在已经几近灭绝了——最后一次被看到还是在2007年的时候。

柬埔寨同时还是观鸟爱好者的天堂,这里有许多独特的鸟类:大鹮、白肩鹮、孟加拉鸨、赤颈鹤和另外三种鹤。总部在暹粒的**Sam Veasna Center**(见224页)经营观鸟游活动。

环境问题

柬埔寨的原始生态环境对热爱冒险和自然的旅行者来说具有很大的吸引力,但是现在这一原始生态环境也开始受到威胁。原始森林被铲平,改建成种植园,河流被改造成大的水力发电厂,南部海岸被以石油公司为首的商业公司开发利用。到底是保护环境优先还是发展经济优先,这依然是悬而未决的问题,而像豆蔻山脉这样的地方就是这场争辩的主角。

最大的威胁是非法伐木,这些木材被卖作木炭和木料,开垦出来的土地被用来改造成种植经济作物的种植园。环境监察组织**Global Witness**(www.globalwitness.org)公布的调查报告揭露了行贿的商人与腐败的军队官员和政府工作人员之间的无耻勾当。

就眼前来说,森林砍伐使湄公河沿岸洪水泛滥更为严重,而乱砍乱伐的长期影响更是令人不敢想象。泥土淤积、过度捕捞和环境污染可能最终将对洞里萨湖造成毁灭性的破坏,对于子孙后代也是一场灾难。

污染也是整个柬埔寨面临的一大问题,各种废品特别是塑料袋和塑料瓶随处可见。

柬埔寨生态环境最近所面临的一个威胁是在湄公河上筑造的水坝,环境保护人士担心新筑造的水坝会影响河水的流动并进而影响到河水里鱼类的迁移(其中包括濒危的伊洛瓦底江豚)。柬埔寨和老挝交界处以北的四千岛(Siphandone)水坝工程已经开始,桔井北边35公里处的发电量达3300千瓦的三波大坝建造计划也在筹备中。

生存指南

出行指南

签证

- 柬埔寨驻华大使馆(☎010-65321889;东直门外大街9号;cambassy@public2.bta.net.cn)
- 柬埔寨驻上海总领事馆(☎021-51015850;上海市天目中路267号蓝宝石大厦12楼A座)领区:上海、浙江、江苏、安徽。
- 柬埔寨驻广州总领事馆(☎020-83338999-808;广州市环市东路368号花园酒店东楼809-811室)领区:广东、福建、海南。

落地签

中华人民共和国公民自第三国赴柬埔寨,可在柬埔寨国际口岸办理落地签证,包括金边和暹粒国际机场以及柬埔寨与泰国、越南和老挝的陆路口岸;如从国内出发,按照公安部出入境管理局规定,中国海关对于选择柬埔寨落地签的中国公民,应该是放行的。

办理有效期1个月的落地签证(签证费US$30)需要一张护照照片。商务签证费用为US$35,延期手续很简单。

东盟成员国公民无须签证即可进入柬埔寨。多数国家的公民可以办理落地签证,持非洲、南亚或中东护照者办理签证时可能有些例外要求。

办理签证时需要一张护照规格的照片,如果没有的话,则要缴纳US$2的"罚款"。也可以通过柬埔寨驻外大使馆办理签证,或者通过柬埔寨外交部网站(www.mfaic.gov.kh)办理电子签证(US$30,另有US$7手续费)。

在柬埔寨与泰国的陆地边境口岸办理签证的时候可能会被要求交纳更高的费用。办理签证的官员要求以泰铢支付,而且还会大幅抬高价格。多收费的情况在柬老边境也不足为奇,但柬越边境则比较少见。提前办理签证就能避免这一问题。

签证过期的罚款为每天US$5。

电子签证

- 1个月的旅游电子签证US$20,外加US$5的手续费。
- 电子签证在www.mfaic.gov.kh网站上就可以申请,3个工作日就可以办好。
- 电子签证可以在所有机场和Bavet、戈公、波贝边检站使用,但是在一些偏僻的边检站就用不了了。

只有金边和暹粒的机场(在西哈努克市就不行),以及Bavet-Moc Bai(越南)和波贝-亚兰(泰国)两处主要陆地口岸接受电子签证。

签证延期

➡ 旅游签证只能延期一次，期限为1个月。所以如果你准备长期在柬埔寨玩的话，最好办为期1个月的商务签证（US$35），拿着这张商务签证你在金边任何一家旅行社都能延期到最长1年。

➡ 如果你只是想延期1个月的话，去泰国转一圈再入境柬埔寨可能更便宜。

➡ 如果签证过期的话，出境的时候会收取每天US$5的滞纳金。

金边国际机场路对面的移民局可以办理签证延期。

签证延期手续简便，只需等候两三天即可。延期1个月（旅行签证和商务签证）的费用为US$45，3个月的费用为US$75，6个月US$155，12个月US$285（后三者只适用于商务签证）。金边的旅行社和一些摩托车出租公司可以代办，有些还能享受到费用折扣。

邻国签证

越南 继续前往越南的旅行者可以在金边办理有效期1个月的单次入境签证，费用为US$55，需要两天时间，通过西哈努克市的越南领事馆只需等候一天。

老挝 大部分旅行者都可以申请落地签（US$30~42）。

泰国 大部分旅行者都给予免签。

保险

医疗保险必不可少。确保你的医疗保险单包括紧急医疗运送服务：柬埔寨的医疗设施非常有限，如果你受重伤或突发急病，你就得被送到曼谷。

安联、中国平安、美亚等保险公司是中国旅行者通常购买保险的选择。一般中国大陆旅行者只是购买国外旅行意外保险。请注意，这一险种只有在投保人发生车祸之类的意外伤害时才有保障，正常生病并不在保障范围之内。

登录www.lonelyplanet.com，进入旅游服务栏目，可以查阅世界范围内的旅游保险信息。任何时候你都可以在线购买、补充购买或索赔，即使你已经出发上路。

货币

柬埔寨的货币是瑞尔，在本指南中通常被缩写为“r”，紧跟在钱数的后面。柬埔寨的第二货币（有人可能会认为是第一货币）是美元，全国流通，但找零可能是瑞尔（用来支付摩的费用或购买饮品很方便）。计算找零时，美元和瑞尔的汇率常以1:4000计算。在泰国边境通常以泰铢结算。破损的钞票往往会被拒收。

自动柜员机

➡ 柬埔寨境内加华银行的自动柜员机可使用银联卡提取美元现金，这些自动柜员机主要分布在金边和暹粒。受理银联卡的自动柜员机均有中文界面。按规定，单卡每日累计取款为不超过1万元人民币的等值外币，同时还要受发卡银行的取款额度限制。选择银联网络取款或消费，和其他银行卡网络相比，免收1%~2%的货币转换费，银联将提取或消费的当地货币金额转换成人民币金额，银行按此金额从持卡人的人民币账户中扣减。更多情况请参见中国银联官网（http://www.chinaunionpay.com/）。

多数的大城市都可以找到接受信用卡（维萨卡、万事达卡、JCB、Cirrus）的自动柜员机，从泰国或越南前往柬埔寨的话，占延、波贝和Bavet等边境口岸也设有自动柜员机。在自动柜员机上可以取美元或者瑞尔。只要账户余额够，最高可以提取US$500。深夜用自动柜员机取钱时务必要当心。

澳盛皇家银行的自动柜员机分布最广泛，加油站、人气酒店、餐馆和商店都设有该行的自动柜员机，其次是加华银行。Acleda Bank的支行数量最多，在所有省会城市均有营业点，但该行的自动柜员机不大可靠，通常只接受Visa卡。多数情况下，通过自动柜员机取现会收取US$5手续费，但ABA银行的自动柜员机可以免费取现。

议价

柬埔寨是可以讲价的，当地搭乘合乘出租车或摩的，或者有时入住便宜的房间时你都可以讨价还价，高棉人并不是铁石心肠，有说服力的微笑和友好的口才都足够让你用更低的价格买到商品。

信用卡

高档酒店、航空公司、高级精品店和餐厅通常都接受大部分信用卡（维萨卡、万事达卡、JCB，有时美国运通卡也可以），但一般情况下都是让顾客承担3%的手续费。2008年，中国银联在柬埔寨开通了银联卡业务。柬埔寨的银联特约商户主要分布在金边和暹粒。境外刷卡无须支付手续费。

一般都可以用信用卡预借现金。

小费

柬埔寨国内并没有给小费的传统，但是当地非常贫穷，所以给US$1（贵一点儿的消费也可以给消费金额的5%~10%）的小费对当地人来说可能是很大的帮助。

电源

柬埔寨电压一般是220伏、50赫兹，但是电涌和停电现象很普遍，尤其在一些大省份。电源插座一般是两孔，大多数是扁口，但有些地方是圆口。

使领馆

许多国家的大使馆都在金边，不过有些旅行者可能觉得本国驻曼谷的大使馆更近。

遇到真正的紧急情况时，大使馆或许可以帮助你，但前提是你已经没有其他的求助渠道了。如果你的钱和身份证件全部丢失，大使馆可以帮你办理新的护照，但绝不可能借给你旅游的钱。

中国驻金边大使馆（见198页地图；☎023-720920；256 Mao Tse Toung Blvd，Phnom Penh）

中国驻暹粒领事处（☎78946178，No. 899，Street 99，Group 6，Salakansieng Village，Svay Dankom Commune，Siem Reap）

澳大利亚大使馆（见208页地图；☎023-213470；16 National Assembly St，Phnom Penh）

法国大使馆（见198页地图；☎023-430020；1 Monivong Blvd，Phnom Penh）

德国大使馆（见208页地图；☎023-216381；76-78 St 214，Phnom Penh）

印度大使馆（见198页地图；☎023-210912；5 St 466，Phnom Penh）

印度尼西亚大使馆（见198页地图；☎023-217934；1 St 466，Phnom Penh）

日本大使馆（见198页地图；☎023-217161；194 Norodom Blvd，Phnom Penh）

老挝大使馆（见198页地图；☎023-997931；15-17 Mao Tse Toung Blvd，Phnom Penh）

马来西亚大使馆（见198页地图；☎023-216177；220 Norodom Blvd，Phnom Penh）

缅甸大使馆（见198页地图；☎023-223761；181 Norodom Blvd，Phnom Penh）

菲律宾大使馆（见198页地图；☎023-222303；128 Norodom Blvd，Phnom Penh）

新加坡大使馆（见208页地图；☎023-221875；92 Norodom Blvd，Phnom Penh）

泰国大使馆（见198页地图；☎023-726306；196 Norodom Blvd，Phnom Penh）

英国大使馆（见198页地图；☎023-427124；27-29 St 75，Phnom Penh）

美国大使馆（见200页地图；☎023-728000；1 St 96，Phnom Penh）

越南大使馆（见198页地图；☎023-726274；436 Monivong Blvd，Phnom Penh）

越南驻马德望领事馆（☎053-952894；St 3；⏲周一至周五 8:00~17:30）办理签证只需1天。

越南驻西哈努克市领事馆（见272页地图；☎034-934039；310 Ekareach St；⏲周一至周六 8:00至正午和14:00~16:00）快速办理签证。

海关条例

➡ “数量合理”的免税产品允许被携带进入柬埔寨。

➡ 在飞机场出售的香烟和酒水比金边街上的免税店价钱还低。

➡ 把古董带离柬埔寨是非法行为。

活动

柬埔寨正在逐步发展成为一个新兴的生态旅游目的地，有下列活动行程可以选择：

➡ 在腊塔纳基里、蒙多基里、南部海岸的豆蔻山脉雨林里徒步。

➡ 在蒙多基里和大象一起漫步。

➡ 在西哈努克市附近潜水或浮潜。

➡ 在金边附近和蒙多基里省骑单车，在桔井和上丁之间沿着湄公河发现之路骑行，参观吴哥窟。

➡ 在全国各地骑越野摩托车（需要有点儿经验）。

营业时间

柬埔寨新年（Chaul Chnam Khmer）、亡人节（P' chum Ben）和中国春节（Chaul Chnam Chen）等主要节日期间，全国商家都不营业。

银行 主要工作时间是周一到周五的8:00~15:30和周六上午。

酒吧 15:00至深夜。

政府部门 周一至周五的7:30~11:30和14:00~17:00。

博物馆 时间不定，通常一周七天都开放。

国际化餐馆 7:00~22:00或用餐时间。

本地小餐馆 6:30~21:00。

商店 每天8:00~18:00。

当地市场 每天6:30~17:30。

节假日

节假日期间，银行、政府部门和大使馆都不工作，因此如果你打算在节假日期间游览柬埔寨，要提前做好计划。如果节假日恰逢周末，柬埔寨人会在周末之余多放一两天假。再加上他们还不时地过外国节日，这显然让柬埔寨比世界上任何其他国家的节日都多。

新年（International New Year's Day）1月1日

胜利纪念日（Victory over the Genocide）1月7日

国际妇女节（International Women's Day）3月8日

国际劳动节（International Workers' Day）5月1日

国际儿童节（International Children's Day）6月1日

国王诞辰（King's Birthday）5月13日至15日

太后诞辰（King Mother's Birthday）6月18日

宪法日（Constitution Day）9月24日

国父纪念日（Commemoration Day）10月15日

独立日（Independence Day）11月9日

国际人权日（International Human Rights Day）12月10日

住宿

柬埔寨的住宿费用非常便宜。在热门的旅游地区，一个带冷水淋浴的卫生间的房间平均也只需要US$5~8，需要使用公用卫生间等设施的双人房只要US$3，而多人间铺位只需要US$2~3，带空调的房间起价是US$10。每晚花US$15或US$20你就能住得非常舒服了，如果你愿意花每晚US$30，那就可以住进那种带游泳池的豪华房间了。你甚至可以花几百美元住在暹粒或者金边达到国际标准的豪华寓所。从11月中旬到次年的3月是住宿最紧张的时候。淡季（3月至10月）的时候，金边、暹粒、西哈努克市的大部分酒店都会有折扣（不过也要US$5以上的房间才能打折）。

在一些比较偏僻的地方和湄公河岛屿上，家庭寄宿更流行。住在当地人家里，可以认识更多的当地人以及了解柬埔寨人的生活方式。**柬埔寨社区生态旅游网络**（Cambodia Community Based Ecotourism Network，CCBEN）有柬埔寨各种生态旅游的相关信息。

价格区间

下面的价格表示的是旺季双人房（带或不带卫生间）的价格。金边和暹粒的住宿费用往往更高。

$ 低于US$25

$$ US$25~80

$$$ 高于US$80

餐饮

以下价格表示的是一道标准主菜的平均含税价格，特别说明除外。

$ 低于US$5

$$ US$5~15

$$$ 高于US$15

地图

最好的综合地图是1:750,000的Gecko的*Cambodia Road Map*地图。

邮局

➡ 柬埔寨的邮政系统并不太可靠。贵重物品建议用快递服务或从其他国家邮寄。千万记得盯住邮局工作人员在明信片或者信件上盖好邮戳。发往亚洲以外地区的信件和包裹一般要2~3周才能到达目的地。

➡ 使用快递服务可保证物品及时邮寄到目的地，**EMS**（☎023-723511；www.ems.com.kh；Main Post Office，St 13，Phnom Penh）在各地邮政总局设有办事处。DHL与Fed Ex的业务如今也拓展到了金边、暹粒和西哈努克市等主要城市。

电话

用固定电话拨打柬埔寨国内长途，手机需要加拨0和区号（或者手机号段）。拨打当地电话号码无须加拨0和区号。从国外拨打柬埔寨手机号码无须拨号段中的0或区域（城市）代码。

登录www.yp.com.kh可查询商家和政府部门的电话号码。

国家代码	☎855
国际接入编码	☎001

以01、06、07、08、09开头的号码是手机号码，在柬埔寨国内，个人与商家都非常喜欢使用手机。

从柬埔寨打电话回中国（不含港澳台地区），

拨打"+86"+"区号"(去掉首位0)+"电话号码"或"+86"+"手机号码"。

如果使用手机的国际漫游服务，只需要在到达后选择当地网络即可，但回国后就得缴纳巨额电话费用。要知道，柬埔寨的漫游费用极高。

中国移动、中国联通和中国电信都开通了在柬埔寨的手机漫游服务，具体资费请咨询运营商。但强烈推荐到达柬埔寨的时候买一张当地的SIM卡，尤其是打算长期待在柬埔寨的旅行者。外国人购买当地SIM卡时需要出示有效护照，但在抵达金边和暹粒的国际机场时可以免费获取SIM卡。多数移动商提供费用低廉的网络电话，需要转接。不妨找找话费低廉的号段，每分钟最多只需10美分。

上网

在所有省会城市里上网非常方便，但如今网吧数量大不如前，Wi-Fi更为常见。收费是每小时1500r到US$2不等。

许多酒店、客栈、餐馆和咖啡馆都有免费无线网络，最偏僻的省会城市也不例外。

时间

同老挝、越南和泰国一样，柬埔寨采用中南半岛时间，即格林尼治标准时间加7小时，比北京时间晚1小时。金边的正午就是纽约前一天的午夜，伦敦的5:00，中国香港的1:00，悉尼的13:00。柬埔寨没有夏令时。

旅行安全

犯罪

考虑到柬埔寨国内的枪支数量，持枪的劫匪比不持枪的劫匪更多。在金边和西哈努克市是有可能遭受到抢劫或摩托飞车抢劫的。不过不需要太过担心，保持警惕就可以了。入夜后尽量避免独自在外行走或骑车，在偏僻的地方更是不要这样做。

过去几年飞车抢劫逐渐成为一个严重的问题，劫匪不但抢夺财物，有时甚至会开着摩托车把摩的乘客拖倒在地伤及生命。智能手机也是劫匪的目标，所以要避免在公众场合使用手机，在夜间尤其容易被劫匪盯上。

如果真的运气不好被抢劫了，那你还必须要知道，在柬埔寨找警察报警是要花钱的。看你报案的严重程度，一般都要花US$5~50。

专门针对外国人的暴力案件非常罕见，但在金边的拥挤酒吧或夜店里应该多加小心。如果你在这种场合跟高棉富二代起了冲突，务必放下自尊委曲求全。他们中的许多人都带着枪，还有保镖随从。

毒品

要小心Yaba，这是一种来自泰国的可怕毒品，柬埔寨语称之为yama(即印度教的"死神")，就是人们常说的冰毒。它可不是药剂师调配的老式减肥药，而是源自柬埔寨或东南亚其他国家实验室的一种自制的安非他明。这种药丸中通常加入了汞、锂或制造者能找到的其他有毒物质。Yama是一种肮脏的毒品，虽然吸食者不愿承认但它更容易致瘾，使人产生强烈的幻觉，能导致失眠和神经错乱。如果你不想使你的柬埔寨之行成为一次没有回程的旅行的话，务必远离毒品。

不要购买"可卡因"。大部分被当作可卡因在卖的白色粉末其实是海洛因，这种情况在金边尤为常见，这些毒品的药性非常强烈。

地雷、迫击炮弹和炸弹

绝对不要碰任何火箭弹、炮弹、迫击炮弹、地雷、炸弹或你可能看到的其他军火。柬泰边境沿线是地雷埋放最多的地区，但柬埔寨许多地区都有没清除干净的地雷。总而言之：在任何情况下都不要偏离现成的道路。如果你打算步行，即使是在偏远的东北部等相对安全的地区，也务必带上一个导游，因为那里可能还有20世纪70年代初美国轰炸时期遗留的未爆炸弹药(unexploded ordnance, UXO)。

欺诈

大部分欺诈都不算什么大事，一般就是出租车司机或者摩的司机收点儿手续费，在暹粒最严重。

在金边发生过一两起警察诈骗的事情，比方说指控你身上藏有毒品等。这种事发生的概率很低，但如果真的发生了，最好不要把事情闹大，马上用钱打发他们。因为如果事情闹到当地警局，到时候就需要花更多的钱买通更多的警察了。

这一地区市面上出售大量假药。你要保护自己，只从可靠的药房或诊所购买处方药。

要小心从菲律宾传入的二十一点扑克骗局：不要参与任何看似友好的菲律宾人设的赌局，不然就会损失大笔金钱。

在金边或暹粒有时候会见到一些怀抱婴儿的

乞丐乞讨奶粉钱。有些老外会忍不住想帮忙，通常乞丐会要求购买最贵的奶粉，然后再和店主分赃。

交通事故

柬埔寨的交通一片混乱，车辆在马路上横冲直撞，没有左右侧道路的概念。如果在偏远地区遭遇交通事故，你得到金边、暹粒或马德望接受治疗。人们按汽车喇叭是为了提醒其他司机给自己让路，不管你是在走路、骑自行车还是摩托车，听到身后传来喇叭声就马上让路。

法律事宜

包括大麻在内的所有毒品在柬埔寨都是非法的。但是在食材中加入大麻却是历史传统，所以你会发现一些加了大麻的比萨。

许多西方国家的法律规定，即使国外实施性侵犯的罪行，在国内也是要受到惩罚的。

残障旅行者

破损的人行道、坑洼不平的公路、吴哥景点如梯子般陡峭的台阶，这一切都给行动不便的人们游览柬埔寨带来了很多的麻烦。柬埔寨的大多数建筑在设计之初都没有考虑到残疾人。只有一些新建项目，如金边和暹粒的国际机场以及高档酒店才有轮椅专用坡道。各省内的交通工具通常人满为患，但出租车价格还算合理，应该是一个不错的选择。

积极的一面是柬埔寨人民非常乐于帮助外国人，此外，如果你需要有人全程陪伴的话，当地的劳动力也非常廉价。多数客栈和小酒店都有一层的房间，进出比较方便。

网络信息的不断增加，使你能够和曾经乘坐轮椅游览过柬埔寨的人们取得联系。可以尝试与以下机构取得联系：

Disability Rights UK（http://disabilityrightsuk.org）

Mobility International USA（www.miusa.org）

Society for Accessible Travel & Hospitality（SATH；www.sath.org）

也可以从http://lptravel.to/AccessibleTravel下载Lonely Planet的免费无障碍旅行指南。

LGBTIQ旅行者

尽管柬埔寨文化能够容忍同性恋，但这里的同性恋现象与泰国相比完全不一样。前国王诺罗敦·西哈努克曾经强烈支持同性恋伴侣拥有同等的权利。这似乎鼓励了柬埔寨年轻人在这一问题上持更加开放的态度。金边和暹粒都有几家对同性恋比较友好的酒吧，但与亚洲的一些国家相比，这里的氛围更加低调。

目前有大量同性恋伴侣入住柬埔寨全国各地的酒店，很少有人关注外国旅行者之间的关系。但是就和异性恋情侣一样，在公共场合还是不要随便表现出亲昵的举动。以下是一些方便查阅的网站：

Cambodia Gay（www.cambodia-gay.com）促进柬埔寨LGBT的社群展。

Siem Reap Gay Guide（www.thesiemreapgayguide.com）有免费书面指南。

Sticky Rice（www.stickyrice.ws）关于柬埔寨及亚洲的同性恋旅游指南。

Utopia（www.utopia-asia.com）同性恋旅行信息和联系方式，也介绍当地一些同性恋术语。

女性旅行者

外国女性在柬埔寨不会被当地男性骚扰，而且可能会觉得当地男性非常有礼貌。但与世界上其他地方一样，深夜独自行走或骑行都很危险，如果打算去人迹罕至的地方旅行，最好有人陪同。柬埔寨的女性穿得比较保守，最好按照她们的习惯穿衣，特别是在游览寺庙的时候。总的来说，长袖T恤和长裤（或长裙）的搭配最好。晚上乘坐摩的出行的话，穿长裤更合适，短裙非常不方便。

在大城市和首府都可以买到卫生棉和卫生巾，但去偏远地区待几天的话，就得自行携带。

志愿服务

柬埔寨有非常多的非政府组织，其中有些会需要志愿者帮忙。最好的办法是去金边的**Cooperation Committee for Cambodia**（CCC；见198页地图；☎023-214152；www.ccc-cambodia.org；9-11 St 476）看看。

暹粒有专业的组织帮助志愿者找到合适的组织：**ConCERT**（☎063-963511；www.concertcambodia.org；560 Phum Stoueng Thmey；⏲周一至周五 9:00~17:00）和**Globalteer**（☎063-761802；www.globalteer.org），后者按星期收费。

书籍

一个书架就能摆下所有讲述柬埔寨近代史的书，包括法国殖民地时期、越南战争的外流人口、红色高棉时期和野蛮的20世纪90年代。最合适的书籍包括：

《**洪森的柬埔寨**》(*Hun Sen's Cambodia*, Sebastian Strangio, 2014年)全面审视当代柬埔寨和首相洪森的统治。

《**门**》(*The Gate*, François Bizot, 2003年)比佐曾被红色高棉政权者绑架,后来又被他们困在法国大使馆。

《**来自S-21监狱的声音**》(*Voices from S-21*, David Chandler, 2000年)关于红色高棉时期审讯和酷刑的研究。

《**柬埔寨的诅咒**》(*Cambodia's Curse*, Joel Brinkley, 2011年)普利策新闻奖得主对柬埔寨政府及其金主的无情鞭挞。

到达和离开

进入柬埔寨

大部分旅行者会坐飞机或长途汽车进入柬埔寨,从越南过来的话可以坐船经湄公河进入。从柬埔寨的两个国际机场入境都非常简单快捷。关于陆路和水路边境口岸的资料请见穿越边境(见554页)一章。

飞机

金边国际机场(见214页)是柬埔寨首都的门户,而前往吴哥的旅行者则会选择**暹粒国际机场**(见231页)。这两座机场都有完善的服务设施,包括餐馆、酒吧、商店和自动柜员机。**西哈努克市国际机场**(见278页)目前只有柬埔寨国内最大的航空公司**柬埔寨吴哥航空**(www.cambodiaangkorair.com)运营前往胡志明市的国际航班,每天1班。要注意的是,西哈努克市的机场不接受电子签证。

飞往柬埔寨的航班不断增加,但多数只在金边与东南亚各国首都之间往返。多数每日起降的国际航班由**泰国航空**(Thai Airways; www.thaiair.com)和**曼谷航空**(Bangkok Airways; www.bangkokair.com)运营,都需要在曼谷转机。柬埔寨吴哥航空也有从金边和暹粒飞往曼谷、胡志明市和广州,以及从金边飞往万象与河内的航班。**越南航空**(Vietnam Airlines; www.vietnamair.com.vn)则有从金边和暹粒飞往河内与胡志明市,从金边飞往万象,从暹粒飞往琅勃拉邦、岘港和富国岛的航班。

近年来随着廉价航空公司的发展,机票价格正逐渐降低。可以选择的廉价航空公司包括:**亚洲航空**(Air Asia; www.airasia.com),运营金边和暹粒至吉隆坡和曼谷的航线,每天1班;**捷星航空**(Jetstar; www.jetstar.com),运营金边和暹粒至新加坡的航线,每天1班;**宿务太平洋航空**(Cebu Pacific; www.cebupacificair.com)运营暹粒至马尼拉的航线,每周3至4班。

其他运营直飞柬埔寨航班的亚洲枢纽包括巴色、首尔、台北、香港和上海。

北京、上海、广州、昆明、南宁和香港6个城市有到金边的直飞航线,北京、上海、广州、成都、昆明和福州有到暹粒的直飞航线。

东方航空每日有航班从上海往返金边和暹粒,还有定期航班从昆明往返金边和暹粒,从成都、福州往返暹粒,以及从南宁往返金边。

南方航空每日有航班从广州往返金边和暹粒,还有北京至金边的航班(经停广州)。

中国国际航空有直达航班往返北京和暹粒。

当地交通

飞机

柬埔寨国内航班是旅行者游览该国的便捷方式。问题在于航空公司往往昙花一现,不断有旧的倒闭,新的开张。目前,柬埔寨只有三家国内航空公司,运营着金边至暹粒,以及暹粒至西哈努克市的航班。每天往返金边与暹粒的航班约7班,即便是临时决定也不难购买机票,不过旺季时建议提前预订。旺季每天往返暹粒与西哈努克市的航班约3班。

百善航空(Bassaka Air; ☎023-217613; www.bassakaair.com)金边往返暹粒,暹粒往返西哈努克市的航班,每天至少1班。

柬埔寨吴哥航空(Cambodia Angkor Air; ☎023-212564; www.cambodiaangkorair.com)金边往返暹粒,每天4班;暹粒往返西哈努克市,每天2班。机票价格高于竞争对手。

柬埔寨巴戎航空(Cambodia Bayon Airlines; 023-☎231555; www.bayonairlines.com)金边往返暹粒,每天至少1班,暹粒往返西哈努克市,每天1~2班。

天空吴哥航空(Sky Angkor; www.skyangkorair.com)暹粒往返西哈努克市,每周数班。

自行车

柬埔寨是一个非常适合有经验的骑行者的国家。由于路况糟糕,建议租用山地自行车。多数道路旁都有平坦的小径可供骑行。柬埔寨大部分国土都是平坦或者相对平坦的,但是在新铺设的公路上骑行还是要注意安全，因为当地车辆的速度都很快。皮卡车的后车厢或小巴的车顶都可以搭载自行车。

柬埔寨的客栈和酒店可以出租自行车，每天租金为US$1~2，租捷安特或崔克等进口品牌的自行车每天租金可达US$7~15。

金边如今可以租到或买到顶级品质的自行车、安全装备和正品零件，价格很合理。

PEPY Tours（☎023-222804；www.pepytours.com）自行车和志愿者团队游公司，提供柬埔寨全国的探险行程。该公司推行“探险生活，回馈当地”的理念，收入用于支持当地社群教育及其他慈善事业。

船

对于普通旅行者来说，柬埔寨1900公里可通航的水路并不像以前那么重要了，因为公路状况有了很大的改善。在金边以北旅行时，乘船沿湄公河前往桔井非常方便，但如今这条航线已经不再有定期的客运服务了，因为长途汽车已经抢走了全部的生意。暹粒和马德望之间有观光船往来，洞里萨湖全年通航，但是3~7月只有小型船只可以航行。

传统上，外国旅行者乘坐最多的航线是金边至暹粒之间的水路。快艇只需5个小时。从金边出发沿洞里萨河航行的前两、三个小时中，沿途风景如画，但随着河流汇入一望无际的洞里萨湖，景色也变得单调起来。因此经平坦的陆路坐公共汽车更受旅行者欢迎（也更省钱）。

乘坐小船往返于暹粒和马德望之间将有更大的收获，因为河上风光的确令人难忘，但因为多有延误，所需时间可能长达一天。

长途汽车

许多汽车公司都运营往返于国内各个热门旅游地区的长途汽车，票价和舒适程度都各不相同，所以可以到处看看。在客栈和旅行社可以很方便地预订到长途汽车票，但是通常会有一笔手续费。另外，旅行社基本上都只固定和一两家汽车公司合作，因此你不一定能订到自己想要的那家汽车公司的票。

尽管没有包含所有长途汽车公司的信息，**bookmebus**（www.bookmebus.com）仍是预订长途汽车车票的可靠网站，甚至一些冷门的路线（有谁想从班隆去暹粒吗？）以及穿越边境的行程也包括在内。

小汽车和摩托车

理论上，你需要柬埔寨驾照才能在当地驾驶小汽车。当地旅行社和一些摩托车出租公司可以在一周之内代办，费用约为US$35。

租摩托车根本不用驾照。只要你能骑着摩托车从店里出来，你就可以骑着它到任何地方去，大概就是这种逻辑。

出租的汽车通常配一名司机，在游览金边和吴哥的时候非常有用。在城市之间往来也很方便。预算充足的旅行者还可以租用带司机的小汽车或四驱车在各省游览。租用一辆配司机的小汽车游览柬埔寨城镇及周边的费用大约为每天US$30~35；穿行各省，每天至少需要US$50，油钱另算，具体费用视距离而定。根据车型不同和距离远近，四驱车的租金每天大约为US$60~120。自己驾车也可以，但我们不建议你这样做，因为路况很差，一旦发生事故，赔偿金额很高。

骑摩托车探索柬埔寨是可行的。计划较长行程的旅行者应该先在城镇周边试骑一天，以确保车况良好。

在金边和其他省会城市都可以租到摩托车。严格来说，暹粒禁止摩托车出租，但最近当局执法并不严格，越来越多的商家开始向旅行者提供摩托车出租服务。100cc的摩托车租金通常为每天US$4~10，而250cc的越野摩托车租金则需US$15~25。

当地交通工具

三轮车

与越南和老挝的情况一样，三轮车在这里也是游览城区的廉价交通方式。金边的主干道路旁可以招手停车，在市场和大型酒店周边也能看到三轮车夫的身影。从豪华酒店、人气餐馆或酒吧出来乘坐三轮车的话，必须要先与车夫讲好价钱。车费为US$1~3。各省的三轮车非常少见，而在金边，三轮车也几乎被摩的取代。

摩的

摩的又叫motodups（“摩的司机”的意思），是一种比较小的出租摩托车，是很方便的市内交通工具。价格从2000r到US$1.50或更多，不同的距离和不同的城市价格不一样，夜间车费更高。过去几乎不用事先讨价还价，但随着游客数量不断增加，许多司机已经养成了宰客的习惯。所以最好还是预先把车费谈妥，游客聚集区、高档酒店外或夜间乘坐的时候尤其需要如此。

突突车

突突车（remork-moto）是摩托车后挂大拖车，基本上扮演着带“天然空调”的简易公共汽车的角色。在柬埔寨乡村地区常常可以见到用这种交通工具载客运货，或者从城郊载着农民返回乡下。

包括金边、暹粒和南部海岸在内的多数热门旅游目的地都有突突车，即用摩托车牵引着一个有篷的小拖车。两人乘坐比较舒适，晚上可以多挤几个人。在柬埔寨旅行的外国人往往称其为tuk-tuks，乘坐这种交通工具最合适不过，既能遮风挡雨，又凉风习习。

出租车

在城镇乘坐出租车越来越方便，但使用计价器的出租车不多，只有金边的几家公司这样做。客栈、酒店和旅行社可以为在城市及周边观光的旅行者安排出租车。

合乘出租车和皮卡

近年来随着路况的好转，合乘出租车正在被快速面包车所取代。搭乘合乘出租车的一个好处就是：你可以多买几个座位，这样乘坐起来舒服一些。买两张票包下前排座，买四张可以包下后座一整排。记住：价钱不是固定的，所以你得讲价。如果去热门目的地，你可以独自包一辆，也可以买一个座位，等待其他乘客上车。客栈也可以帮你安排合乘出租车，当然这是收费的。

老派的皮卡——与合乘出租车用途相同——曾经备受青睐，但随着路况的改善，它们的数量也大大减少，不过在各省的偏僻地区和崎岖的道路上依然可以见到。

团队游

柬埔寨开放旅游业的早期，旅行者几乎必须参加团队游。现在情况已经大为改善，独自旅行比过去容易得多。较低或者中等预算的旅行者尤其可以自助游，这样既方便又省钱。以去吴哥为例，轻而易举就可以自行寻找导游并安排交通工具。

预订团队游之前多打听几家。由于旅行社数量多、竞争大，有些还可以提供更有趣的路线并更好地回馈当地社区。团队游和航班都可以通过lonelyplanet.com/bookings在线预订。

以下是柬埔寨几家可靠的旅行社：

About Asia（☎063-760190；www.aboutasiatravel.com）暹粒的旅游公司，提供定制的旅行服务，收入用来修建学校。

Hanuman（☎023-218396；www.hanuman.travel）当地人经营的老牌旅行社，提供寺庙巡礼（Temple Safari）等创意行程。大力支持负责任的旅行项目。

Journeys Within（☎063-964748；www.journeys-within.com）总部设在暹粒的精品旅行社，提供各种跨境游，以及柬埔寨国内的诱人行程。致力于支持学校和社区的慈善项目。

Sam Veasna Center（见224页）真正的生态旅游运营商，提供一日或多日观鸟和观赏野生动物的行程，收入直接用于森林和动物保护。有几家办事处，其中之一在森莫诺隆（见261页）。

老挝

人口 690万/☎856

包括 ➡

最佳餐饮

- Coconut Garden（见340页）
- Four Thousand Sunsets（见403页）
- Le Silapa（见316页）
- Tamarind（见341页）
- Kung' s Cafe Lao（见315页）

最佳住宿

- Hotel Khamvongsa（见313页）
- Kingfisher Ecolodge（见397页）
- Mandala Ou Resort（见355页）
- Riverside Boutique Resort（见329页）
- Satri House（见339页）

为何去

来到老挝，当你在迷雾中看到身影若隐若现的苗族妇女，徒步走过金灿灿的稻田，或是听到濒危的长臂猿响亮的啼叫声，你就会感受到"万象之邦"的浑厚魅力。来到老挝，可以走马观花、信马由缰：蜿蜒的湄公河穿过老挝，河流沿岸是参差的峭壁、茂盛的丛林。不过，这里也是纵情享乐的地方，你可以像法国殖民者那样尽情享受水疗，或者在顶尖的法式餐馆的木叶吊扇下凉快一番。老挝到处都有"旧世界"的精彩，尤其是悠闲的万象和富有传奇色彩的琅勃拉邦。

老挝也在顺应绿色旅游的潮流，森林地区有精彩纷呈的徒步游路线和部落家庭寄宿。无论是沿着索道飞越山巅、漂流、探访地下河洞穴，还是骑越野摩托车穿越丛林地带，老挝之旅都将令你终生难忘。

何时去

万象

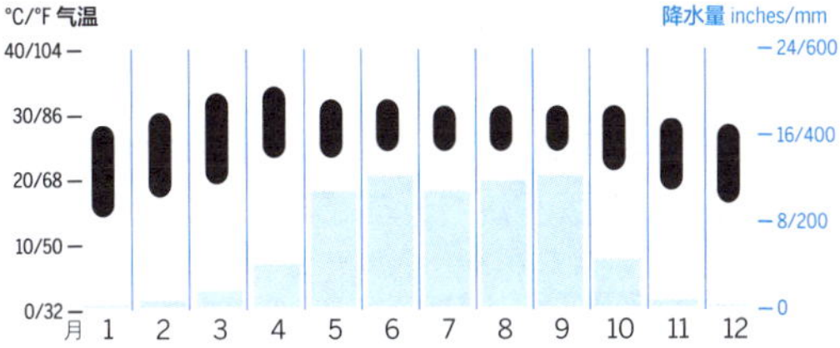

1月 天气凉爽，微风徐徐，就连通常暑气逼人的南方地区都舒爽怡人。

10月 天气舒适。龙舟节时，船上插着蜡烛，顺流而下。

11月至12月 天气凉爽，是来这里的最佳时节。请预订住宿。

老挝亮点

❶ 琅勃拉邦（见332页）探索这座传说中的城市，体验那里的法式美食、佛教寺庙、殖民地别墅、叹为观止的水上景色以及东南亚首屈一指的精品住宿。

❷ 坦贡洛溶洞（见376页）骑着越野摩托车完成为期三天的“环游”，乘船通过令人激动而又毛骨悚然的7.5公里洞穴隧道，那里钟乳石林立，还有拳头大小的蜘蛛。

❸ 万象（见308页）沿着湄公河两岸漫步，万象无疑是东南亚最慵懒的首都。宽敞的街道两边有罗望子树，窄巷里则藏着法式别墅、华人商铺和华丽的寺庙。

❹ 南哈河国家保护区（见360页）参加环保徒步之旅，穿越老挝境内最狂野、茂密的丛林。这些丛林既是老虎的栖息地，又是许多少数民族部落的家园。

❺ 四千美岛（见398页）前往旅游胜地四千美岛放松身心。此处的湄公河呈现出翡翠般的色彩，夜晚时分，萤火虫在四周翩翩起舞。

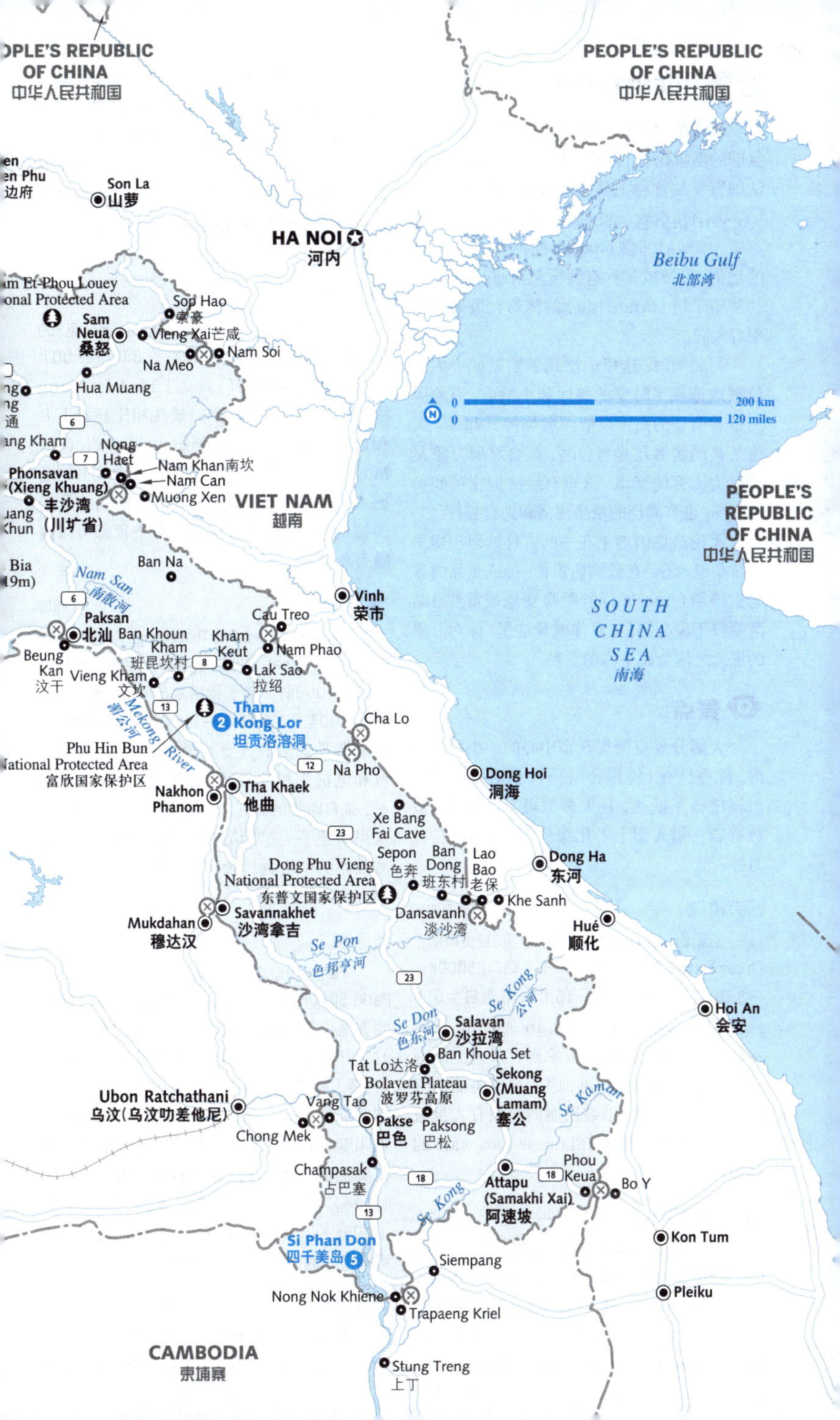

PEOPLE'S REPUBLIC OF CHINA
中华人民共和国
Son La
山萝
HA NOI
河内
Beibu Gulf
北部湾
Sop Hao
索豪
Sam Neua
桑怒
Vieng Xai芒咸
Nam Soi
Na Meo
Hua Muang
0 200 km
0 120 miles
Nong Haet
Nam Khan南坎
Nam Can
Phonsavan (Xieng Khuang)
丰沙湾（川圹省）
Muong Xen
VIET NAM
越南
PEOPLE'S REPUBLIC OF CHINA
中华人民共和国
Ban Na
Nam San
南散河
Vinh
荣市
Paksan
北汕
Ban Khoun Kham
班昆坎村
Cau Treo
Kham Keut
Nam Phao
Lak Sao
拉绍
Beung Kan
汶干
Vieng Kham
文坎
SOUTH CHINA SEA
南海
Mekong River
湄公河
Tham Kong Lor
坦贡洛溶洞
Cha Lo
Phu Hin Bun National Protected Area
富欣国家保护区
Na Pho
Dong Hoi
洞海
Nakhon Phanom
Tha Khaek
他曲
Xe Bang Fai Cave
Sepon
色奔
Ban Dong
班东村
Lao Bao
老保
Dong Ha
东河
Dong Phu Vieng National Protected Area
东普文国家保护区
Khe Sanh
Savannakhet
沙湾拿吉
Dansavanh
淡沙湾
Mukdahan
穆达汉
Hué
顺化
Se Pon
色邦亨河
Se Kong
公河
Hoi An
会安
Se Don
色东河
Salavan
沙拉湾
Ban Khoua Set
Tat Lo达洛
Bolaven Plateau
波罗芬高原
Sekong (Muang Lamam)
塞公
Ubon Ratchathani
乌汶（乌汶叻差他尼）
Vang Tao
Pakse
巴色
Paksong
巴松
Se Kaman
Chong Mek
Champasak
占巴塞
Attapu (Samakhi Xai)
阿速坡
Phou Keua
Bo Y
Se Kong
Kon Tum
Si Phan Don
四千美岛
Siempang
Pleiku
Nong Nok Khiene
Trapaeng Kriel
CAMBODIA
柬埔寨
Stung Treng
上丁

万象(VIENTIANE)

懒散的突突车(tuk-tuk)司机、充满社交氛围的咖啡馆、价格低廉的水疗,这座曾经的法国贸易站称得上是一座慵懒的城市。万象(ວຽງຈັນ)历史悠久的老城区适合步行,华丽的寺庙、凶猛的那伽(naga,蛇神)、闲庭信步的僧侣,以及成排种有缅栀花(frangipani)和罗望子树(tamarind)的林荫大道通通吸引着人们。

与此同时,这里的法式老别墅如今大多数被改造成了时髦的餐厅和小酒店,万象因为带着明显的高卢风情而愈加神气起来。无论是高端游客还是背包客,都会发现万象是座魅力无穷的城市。这里有经济型住宿和街边市场,也有高档的精品住宿和美食餐厅。

无论是悠闲地坐在一间古朴的面包房里阅读小说,还是在丝绸店购物,抑或是品尝着老挝啤酒(Beerlao)醉眼朦胧地观赏烈日渐渐隐没于湄公河,一旦你离开这里,你对万象的思念之情会超乎你的意料。

景点

大部分景点聚集在市中心的一小片区域内。除香昆寺(佛像公园)外,所有景点都可以轻松骑车抵达,且大多数可步行抵达。多数寺庙在僧人们上午化缘后至下午6点左右对外开放。

西萨格寺 佛教寺庙

(ວັດສີສະເກດ, Wat Si Saket; 见312页地图; Th Lan Xang和Th Setthathirath交叉路口; 5000K; ⏲8:00至正午和13:00~16:00,节假日关闭)西萨格寺由昭阿奴王(Chao Anou)建于1819~1824年,据说是万象现存最古老的寺庙——这一点显而易见,因为这座美丽的寺庙如今亟须修缮。沿着回廊的西侧有大批被毁于1828年暹老战争(Siamese-Lao war)的佛像。

★矫形假肢合作企业游客中心 文化中心

(ສູນຟື້ນຟູຄົນພິການແຫ່ງຊາດ, COPE Visitor Centre; 见309页地图; ☎021-218427; www.copelaos.org; Th Khu Vieng; 欢迎捐款; ⏲9:00~18:00) 免费 矫形假肢合作企业(Cooperative Orthotic & Prosthetic Enterprise,简称COPE)是老挝主要的义肢、助步器和轮椅提供商。其出色的游客中心属于该机构的国家康复中心(National Rehabilitation Centre)的一部分,通过众多有趣且信息丰富的多媒体展览,介绍了义肢与导致人们需要义肢的罪魁祸首——未爆弹药(unexploded ordnance, UXO)。

★凯旋门 纪念物

(ປະຕູໄຊ, Patuxai, Victory Monument; 见309页地图; Th Lan Xang; 3000K; ⏲8:00~17:00)万象的复制版凯旋门矗立于Th Lan Xang附近的商业区,和周围的景观相比显得不太和谐,官方名称为"胜利纪念碑"(Victory Monument),以纪念在革命战争中死去的老挝人。这座建筑修建于1969年,使用的是美国援助修建新机场的水泥。登上顶部可以俯瞰万象全景。

★塔銮 佛塔

(ພະທາດຫລວງ, Pha That Luang; Great Sacred Reliquary, Great Stupa; 见309页地图; Th That Luang; 5000K,入寺长裙租金5000K; ⏲周二至周日 8:00至正午和13:00~16:00)线条清晰的金色塔銮是老挝最重要的国家纪念碑,也是佛教和老挝主权的象征。传说早在公元前3世纪,来自印度的弘法者阿修肯(Ashokan)在这里修建了一座窣堵坡(tâht, stupa),以存放佛陀的一块胸骨舍利。塔銮位于市中心东北方向约4公里处。

香昆寺 博物馆

(ຊຽງຂວັນ, Xieng Khuan; Suan Phut, Buddha Park; 5000K,拍照 3000K; ⏲8:00~16:30)怪异的香昆寺又名佛像公园,位于万象中心东南方25公里处,拥有超凡脱俗的佛教和印度教雕塑,令人陶醉。1958年,瑜伽修行者、祭司兼萨满普宏(Luang Pu)设计修建了这座寺庙,他将印度教和佛教哲学、神话和图腾融合为神秘莫测的整体。14路公共汽车(8000K, 1小时, 24公里)全天每15分钟一班从早市客运站(Talat Sao Bus Station)发车开往香昆寺。也可以包一辆突突车(往返 200,000K)来此。

尖竹汶寺 佛教寺庙

(Wat Chanthabuli; 见312页地图; Th Fa Ngoum)这座美丽的河畔寺庙建于16世纪,在

Vientiane 万象

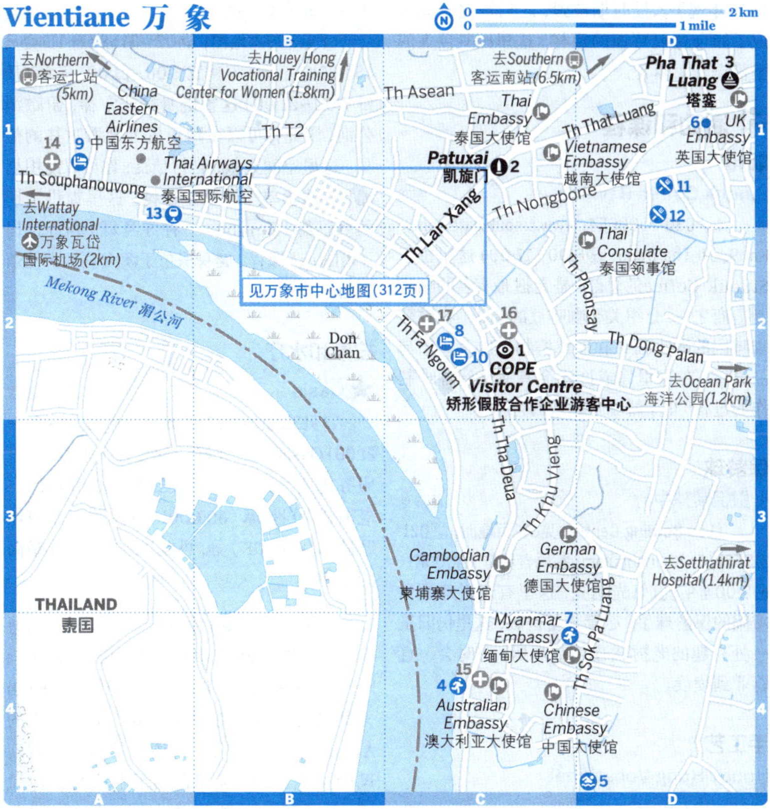

Vientiane 万象

重要景点

1 矫形假肢合作企业游客中心 C2
2 凯旋门 C1
3 塔銮 D1

活动、课程和团队游

4 Bee Bee Fitness C4
5 Le Patitoh D4
6 Tuk Tuk Safari D1
7 Wat Si Amphon C4

住宿

8 Mandala Boutique Hotel C2
9 S Park Design Hotel A1
10 Villa Manoly C2

就餐

11 Doi Ka Noi D1
Kung's Cafe Lao .... （见10）
12 Senglao Cafe D1

饮品和夜生活

13 Spirit House A1

实用信息

14 联盟国际医疗中心 A1
15 澳大利亚大使馆诊所 C4
16 法国大使馆医疗中心 C2
17 国际诊所 C2

1828年暹罗人侵时期被毁，之后被完全修复成了如今这般辉煌的模样。这里因其巨大的坐佛铜像而闻名。

活动和课程

咖啡

Sinouk Coffee Pavilion 咖啡

(☎030-2000654; www.sinouk-cafe.com; Km 9, Th Tha Deua; ⏲8:00~17:00)这里位于Sinouk Coffee的总部，是老挝最有名的咖啡制造商之一，介绍关于咖啡豆的知识。在致敬咖啡因的咖啡画廊和迷你博物馆以及烘焙与品尝室（在这里你或许还会有幸见到咖啡制作的过程）里了解咖啡制造的艺术。

保龄球

老挝保龄球中心 保龄球

(Lao Bowling Centre; 见312页地图; ☎021-218661; Th Khounboulom; 每局含租鞋16,000K; ⏲9:00至午夜)灯光明亮，这里有老挝啤酒和喧闹的保龄球手。尽管装备很破，这里仍旧是一处有趣的老挝式夜生活场所。有时会一直营业到凌晨。

手工艺

Houey Hong Vocational Training Center for Women 纺织

(☎021-560006; www.houeyhongcentre.com; Ban Houey Hong; ⏲周一至周六 8:30~16:30)在这家非政府机构的中心里，你可以学习如何使用自然染料染制纺织物，然后使用传统织布机织布。这里由一位老挝与日本混血的女性经营，位于万象北部，其建立是为了向底层农村妇女传授自然染布和传统丝织技术。

健身

Vientiane Hash House Harriers 跑步

(www.hashlaos.com)这家全球外国人跑步俱乐部被亲切地称作“嗜跑如命的饮酒者”。Vientiane Hash House Harriers欢迎跑步者来参加他们每周两次的Hash House Harriers活动。周六的跑步更具挑战性，在15:45从Nam Phu出发。跑步之后有美食和管够的老挝啤酒。周一的轻松跑活动17点开始。

Bee Bee Fitness 健身

(见309页地图; ☎021-315877; 1日会员45,000K; ⏲周一至周五 6:00~21:00，周六和周日 7:00~21:00)这家健身房非常棒，俯瞰湄公河，因此你可以在跑步机上观看过往的船只。这里空间宽敞，器材精良，你可以使用划船机、动感单车和举重器械。这里提供定期的尊巴舞(Zumba，一种健身舞)和普拉提(Pilates)课程。健身房位于澳大利亚大使馆对面。

按摩和水疗

★ Oasis 按摩

(见312页地图; Th François Ngin; ⏲9:00~21:00) Oasis凉爽、干净、专业，位于中心地带，服务优质，可以享受足底按摩(50,000K)、老挝式全身按摩(60,000K)或是薄荷油身体磨砂(200,000K)等，可能是万象性价比最高的水疗馆。

Tangerine Garden Spa 水疗

(见312页地图; ☎021-251452; 紧邻Th Fa Ngoum; ⏲9:00~21:00) Tangerine Garden无疑是万象最高级的水疗馆，位于漂亮的Ansara Hôtel对面，与酒店的殖民地时期风貌交相辉映。大堂融合了中式与老挝风情，为这里的放松之旅定下了基调，服务包括足底按摩(80,000K)、芳香疗法按摩(180,000K)和“办公室症候群”按摩(100,000K; 聚焦于颈部、肩部和背部)。

Wat Si Amphon 水疗

(见309页地图; Th Si Amphon; ⏲7:00~17:00) Wat Si Amphon有草药桑拿，并且是索巴琅寺(Wat Sok Pa Luang)在2013年毁于大火之后少数还提供这一体验的寺庙之一。

游泳

Settha Palace Hotel 游泳

(见312页地图; ☎021-217581; 6 Th Pangkham; 160,000K; ⏲7:00~19:00) Settha Palace可敬又古老，其弧形的泳池有大树遮阴，比起运动来，这里更多的是放松。买一杯鸡尾酒然后像丽兹·泰勒(Liz Taylor)一般享受生活吧。

海洋公园
水上乐园

（Ocean Park；☎030-2819014；ITECC Vientiane；成人/儿童 50,000/25,000K；⏰11:00~19:00）太吓人了！这座新开的水上乐园以海盗为主题，有各种滑梯、管道、水道漂流等。适合全家在炎热的天气里游玩。

Le Patitoh
游泳

（见309页地图；☎030-5082428；20 Th Sithoong；游泳 30,000K；⏰7:00~21:00）Le Patitoh位于市郊，是非常受国内外行家欢迎的游泳馆兼咖啡馆。咖啡馆的菜单上（单品价格15,000~40,000K）有卷饼、沙拉等，以及按勺售卖的冰激凌。

团队游

★ Tuk Tuk Safari
文化游

（见309页地图；☎020-54333089；www.tuktuksafari.com；成人/12岁以下儿童 US$70/40；⏰8:00~17:00）这家旅行社专注于社区游，带着游客们搭乘电动三轮车深入游览万象。导游埃雷（Ere）兴致勃勃地带你游览一座老挝市场、一家银器作坊，观看一家帮助街头儿童学习成为大厨的幕后场景的餐厅（然后品尝他们的美食），最后游览为未爆弹药受害者服务的鼓舞人心的矫形假肢合作企业游客中心。

Backstreet Academy
团队游

（☎020-58199216；www.backstreetacademy.com）想遇见正宗的本地人，就联系Backstreet Academy。这个点对点的旅游网站专门负责本地人接待旅行者进行文化体验的项目。可以选择老挝拳（muay Lao）课、传统舞蹈课、私人住宅里的老挝烹饪课、绘画课以及禅修等。

节日和活动

河节
体育节

（Bun Nam；Bun Suang Héua；⏰10月）每年10月份佛教雨安居（pansǎh）尾声时举行的大型活动，其间湄公河上有赛舟活动。来自全国各地及泰国、中国和缅甸的队伍进行比赛，河岸上的食品摊、临时迪斯科、游戏摊和啤酒花园会连着3天开放，日夜无休。

住宿

万象拥有大量种类丰富的住宿场所，从便宜的背包客住处到漂亮的精品酒店和大型集团酒店一应俱全。从预算方面来看，低预算的旅行者可以花上几美元蜗居在多人间宿舍里，而肯花上数百美元的人大可在高档酒店里过一夜，中档价位的选择包括干净温馨的客栈，价格为每晚US$20左右（一个双人间）。

万象市中心

★ Mixay Paradise Guesthouse
客栈 $

（见312页地图；☎021-254223；laomixayparadise@yahoo.com；Th François Ngin；标单/双 带电扇和公共卫生间 90,000/100,000K，房带空调和卫生间 130,000~150,000K；🚭❄📶）Mixay Paradise拥有50间墙壁色彩柔和的客房，有的带阳台、卫生间和空调；地面一尘不染；可爱的大堂咖啡馆有青柠色的墙壁；还有一部直梯。最棒的是，这里是城里最卫生的经济型住宿之一。保险箱收取押金，费用为50,000K。

Niny Backpacker
青年旅舍 $

（见312页地图；☎020-96663333；ninybackpack@hotmail.com；Th Nokèokoummane；铺 50,000~60,000K；📶）这家新开的青年旅舍有明快的橙色墙壁，清新的宿舍分为4人间和20人间两种。有交押金使用的保险柜、免费早餐（吐司和鸡蛋）和干净的设施。不能自己下厨。

Lucky Backpacker
青年旅舍 $

（见312页地图；☎021-255636；Th Manthatourath；铺/双 40,000/140,000K；❄📶）这家新开的连锁旅舍非常干净，有宽敞的宿舍、不错的淋浴和一个带空调但是没有窗户的私人双人房。床下有储物柜，但没有锁。管理者亲和友善。

Syri 1 GuestHouse
客栈 $

（见312页地图；☎021-212682；Th Saigon；房 50,000~150,000K；❄@📶）这家客栈坐落在一条安静的街道上，多年来深受游客青睐，原因如下：房间宽敞（有空调或电扇、独立卫浴或公共卫生间），提供放松的场所，设

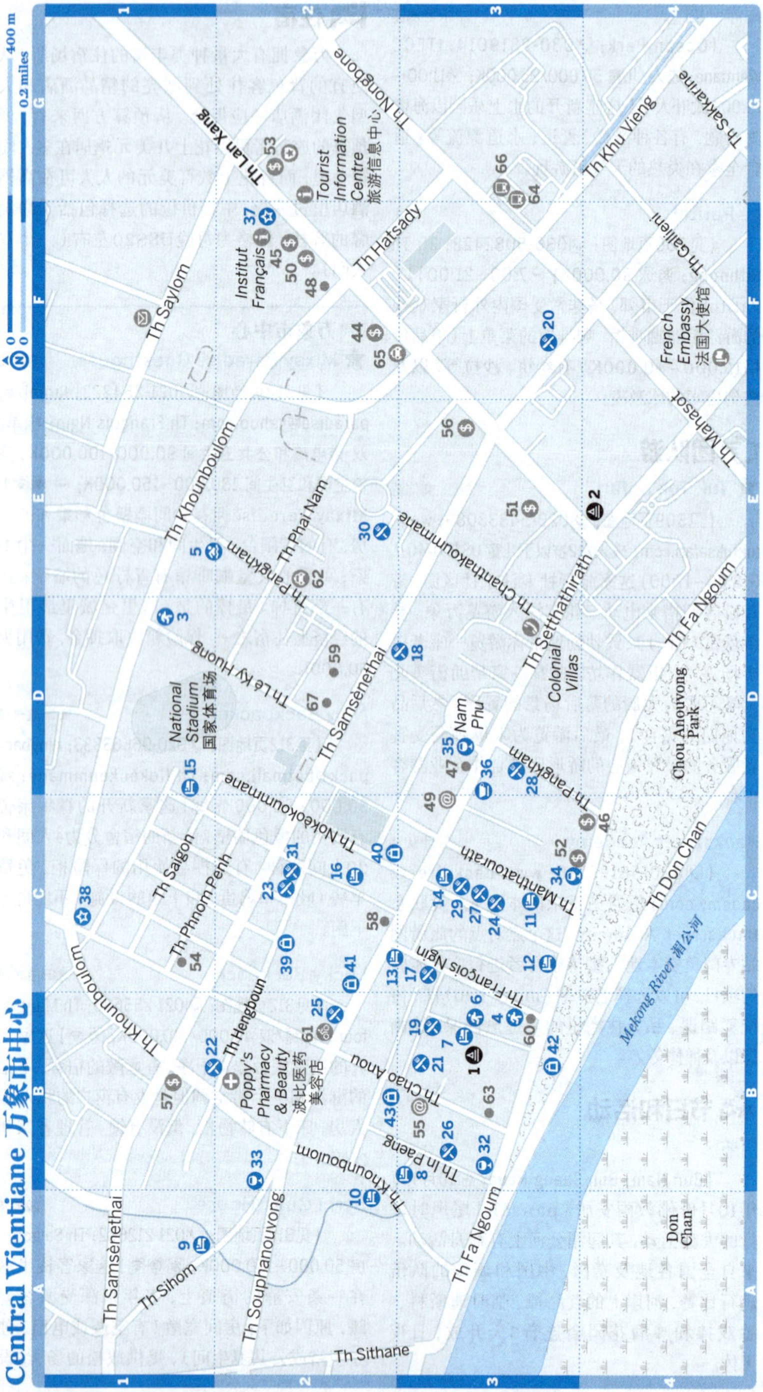
Central Vientiane 万象市中心
0.2 miles
400 m
Th Lan Xang
Th Nongbone
Tourist Information Centre 旅游信息中心
Institut Français
Th Saylom
Th Hatsady
Th Khu Vieng
Th Sakarine
Th Gallieni
French Embassy 法国大使馆
Th Mahasot
Th Khounboulom
Th Phai Nam
Th Pangkham
Th Chanthakoummane
Th Setthathirath
Th Fa Ngoum
National Stadium 国家体育场
Th Le Ky Huong
Th Samsenethai
Nam Phu
Colonial Villas
Chou Anouvong Park
Th Saigon
Th Phnom Penh
Th Nokeokoummane
Th Manthatourath
Th Don Chan
Mekong River 湄公河
Th François Ngin
Th Hengboun
Poppy's Pharmacy & Beauty 波比医药美容店
Th Chao Anou
Th In Paeng
Th Samsenethai
Th Sihom
Th Souphanouvong
Th Sithane
Th Fa Ngoum
Don Chan

Central Vientiane 万象市中心

有DVD播放室，对外出租自行车，可为游客量身定制环城自行车游，员工热情好客。

Dream Home Hostel 2 青年旅舍 $

（见312页地图；☎020-95591102；dreamhomehostel2@gmail.com；Th Sihom；铺 50,000K，房 US$25；❄📶）这是一家经典的背包客住所，是城里人气最高的青年旅舍之一。有派对氛围、喧闹的音乐和一张台球桌，墙壁上方有壁画装饰。客房性价比相当高，空间宽敞，还有平板电视等设施——几乎称得上是商务标准了。

★ Hotel Khamvongsa 酒店 $$

（见312页地图；☎021-218415；www.hotelkhamvongsa.com；ThKhounboulom；标单/双/标三

含早餐 US$40/60/80；⊜❄📶）原本这是一栋法国殖民地时期的漂亮建筑，如今被精心打造成了温馨的精品酒店；想一想充满"美好年代"（belleé poque，"一战"前的欧洲）的情调，比如玻璃珠帘灯罩、棋盘式瓷砖地板、光线温和的简朴房间，房内有两柱床、木地板和充满中南半岛别致风格的装修。3楼和4楼的房间风景美妙。酒店还有一个闲适宁静的庭院和餐厅。早餐令人享受。

★ LV City Riverine Hotel 酒店 $$

（见312页地图；☎021-214643；www.lvcitylaos.com；48 Th Fa Ngoum；房 含早餐 220,000～390,000K；⊜❄📶）别跟首都其他名字里有"city"的酒店弄混了，LV有靠近河畔的绝佳位置。客房宽敞且设施齐全，不过光是这里的四柱床和额外的空间就算得上是贵宾享受了。客房里有洗衣间，所以如果你从森林徒步回来的话会觉得更值。

Auberge Sala Inpeng 客栈 $$

（见312页地图；☎021-242021；www.salalao.com；Th In Paeng；房含早餐 US$25～50；⊜❄📶）这片春日绿洲不同于城里其他的一切，漂亮的小木屋群和一座美观的传统老挝房屋坐落在开满罗望子花和黄兰花的花园里。较大的房间流露着乡村气息，配备独立卫浴和空调。而较便宜的小屋，尽管面积不大，却别具氛围。工作人员热情好客，让旅行者宾至如归。

Vayakorn Inn 酒店 $$

（见312页地图；☎021-215348；www.vayakorn.biz；19 Th Hèngbounnoy；房 US$35；⊜❄@📶）这家雅致宁静的酒店性价比非常高，位于一条紧邻日益繁忙的Th Setthathirath的幽静街道。大厅装饰着枝形吊灯，悬挂手工艺品，铺设实木地板。房间极其宽敞，整洁如新，配备清新脱俗的亚麻床品、精致的手工艺品、平板电视、书桌和现代化的卫生间。入住楼上房间可将城市美景一览无余。

★ Ansara Hôtel 精品酒店 $$$

（见312页地图；☎021-213514；www.ansarahotel.com；紧邻Th Fa Ngoum；房 US$125～160，套 US$190～330，全部含早餐；⊜❄@📶）极度漂亮的Ansara位于两座具有殖民地特色的法式别墅内，别墅具有鲜明的中南半岛的旧时风情。两座别墅内有28间客房，其中包括4间套房，所有房间都很迷人，配有木地板、阳台、平板电视、浴缸和优雅的装饰。露天用餐平台与这里的法国菜一样优雅。

市中心以外

Villa Manoly 客栈 $$

（见309页地图；☎021-218907；www.villa-manoly.com；紧邻Th Fa Ngoum；房 含早餐 US$35～45；⊜❄📶🏊）这家客栈位于一座十分漂亮的老旧的房子里，处于花园之内，花园内植物繁茂，赤素馨花盛开。约翰·勒卡雷（John leCarré）或许就会藏在这里写小说，特别是这里还收藏有古董电话机和打字机。房屋陈设精美，铺设着木地板，配备空调、独立卫浴和床头灯，窗外是一座赏心悦目的游泳池。这里就像是一家精品民宿。

★ Mandala Boutique Hotel 精品酒店 $$$

（见309页地图；☎021-214493；www.mandalahotel.asia；紧邻Th Fa Ngoum；房含早餐 US$75～100；⊜❄@📶）这家超级时髦的精品酒店是城里最明亮最酷的住所。其所在的法式老别墅建于20世纪60年代，还有鲜艳的色彩和艳丽的装饰，比如亮漆大理石地板、平板电视和深色木质家具，与其艺术装饰线条十分般配。

论舒适度，这里的四柱床在老挝首屈一指。还有一家非常干净整洁的亚洲创意菜餐馆，名叫Blu。

★ S Park Design Hotel 精品酒店 $$$

（见309页地图；☎021-256339；www.sparkdesignhotel.com；40 Th Dongnasok；房 US$70～120；⊜❄@📶🏊）这里的室内装饰真的很有风格。前台会用经典款奔驰切割成的柜台和一辆古董韦士柏（Vespa）机车迷住你。这里现代化的外观出现在《时尚酒店》（*Hip Hotels*）里也不显突兀。这里有64间客房，全部配有独立厕所。

就餐

老派的餐厅从Th Setthathirath呈放射形排列在街边，在这片地区最优质的环境里供应精致的意大利和法国菜肴。老挝美食近

年来经历了现代化的改造，精心烹制的传统菜肴中带着现代的变化。法国殖民留下的面包坊出产酥脆的牛角面包和醇厚的咖啡。万象也很接地气，在老城区一带的路边摊可以买到便宜的烤鸡和湄公河鱼肉串。也别错过Th Hengboun的唐人街。

Th Samsènethai和周边

iPho
越南菜 $

（见312页地图；030-9581163；紧邻Th Setthathirath；主菜 20,000~40,000K；7:00~21:00；）这家晕暗的越南小馆主营其用来命名的越南河粉（pho），有各种肉类配菜。其他菜肴包括顺化牛肉粉（bun bo Hue；源自顺化城的辣牛肉粉）和碎米饭等越南地方特色菜。

Baguette & Pâté Vendor
街边食品 $

（见312页地图；Th Samsènethai；半根/整根法棍 11,000/22,000K；6:00~20:00）这里出售优质的特色法棍（夹肉、蔬菜和奶油干酪，涂抹甜味辣椒酱，老挝语名为khào jii pá-tê）。没有英文招牌，摊位就在Th Pangkham和Th Samsènethai的交会路口。

That Dam Noodle
老挝菜 $

（见312页地图；021-214441；主菜 15,000~30,000K；8:30~14:00）这家店藏在That Dam附近的一条小路上，老板是一名和蔼的老挝主厨，他显然十分以自己的汤粉作品为傲。鸭肉是这里的特色，但也供应鸡肉、猪肉和鱼肉配菜。找一找老板端着碗热腾腾的汤粉的人像招牌，比真人更大。

★ Lao Kitchen
老挝菜 $$

（见312页地图；021-254332；www.lao-kitchen.com；Th Hengboun；主菜 40,000~70,000K；11:00~22:00；）这家超级现代的老挝餐馆始终在传统老挝菜的基础上不断创新。这里的墙壁五彩缤纷，播放独特的音乐，服务一流。食品种类繁多，有炖菜、琅勃拉邦香肠、各种辣普（láhp）、炒空心菜、春卷、湄公河鱼汤以及美味的雪葩。菜单上有1~3个辣椒表示辣度。

Korean Restaurant
韩国菜 $$

（见312页地图；020-22087080；Th Hengboun；主菜 30,000~180,000K；9:00~23:00；）除了无趣的名字，这家韩国人开的餐厅非常适合品尝东南亚当下最流行的外国菜。大部分的本地人都是直接来这里吃韩式烧烤（80,000K）的，但我们喜欢泡菜锅（30,000K）。韩式服务，有许多小菜。

Xayoh
牛排 $$$

（见312页地图；021-261777；www.inthira.com；主菜 40,000~800,000K；7:00~22:00；）其超级美味的日本神户牛排令这里成为老挝最受欢迎的牛排餐馆之一，出售的日本神户牛排堪称一绝。牛排浸泡在啤酒中，经过30天揉搓，端到顾客面前时已经无比娇嫩。US$100的价格绝不算低，但来了也可以尝试一下，这可能是你吃过（或是分享过！）的最美味的牛排。

嗜肉游客可一饱口福，这里同时出售羊排骨、牛里脊肉、琅勃拉邦香肠、文火羊肉，还可以挑战一下有你脑袋那么大的汉堡。真的！室内外皆可用餐。

Bistrot 22
法国菜 $$$

（见312页地图；020-55527286；Th Samsènethai；主菜 65,000~250,000K；11:30~14:00和18:00~22:00；）Bistrot 22从市中心稍外一点的位置搬到了一个没那么有活力的地方，然而尽管如此，主厨菲利佩（Philippe）精致的料理仍旧享有很好的口碑，菜肴有梨子沙拉、酥炸苹果和卡芒贝尔奶酪（Camembert）沙拉、嫩牛排和花椰菜汤等。这家温馨的小餐厅是万象的美食亮点之一。

河畔、Th Setthathirath和周边

★ Kung's Cafe Lao
老挝菜 $

（见309页地图；021-219101；靠近Ministry of Health, Phiawat Village；主菜 12,000~20,000K；7:00~16:00）消息灵通的万象居民将Kung's Café推上了神坛，这里不好找，但是很值得你费一番功夫。好客的Kung用挂起的葫芦装饰这家本地小餐馆，菜品简单高效，物超所值。尝一尝糯米煎饼或老挝炒河粉（phat Lao），并搭配招牌咖啡和椰子佐餐。

Phimphone Market
市场 $

（见312页地图；94/6 Th Setthathirath；周

一至周六 7:00~21:00；❄📶）这片烹饪者天堂里的商品一应俱全，有新鲜的蔬菜、冰激凌、进口萨拉米香肠、面包、饼干和巧克力，还有西方洗漱用品和杂志。同时出售城市漫游地图。市场和Benoni Café在同一栋建筑里。

★ Le Banneton 面包房 $$

（见312页地图；Th Nokèokoummane；早餐45,000K；⏲7:00~21:00；❄📶）在老挝最赞的牛角面包卖光之前趁早过来。室内布置简单，非常适合一边读报纸一边吃水果馅饼、沙拉、帕尼尼或蛋饼，或者你也可以坐在露天的小平台上。有美味的早餐和自制橘子酱等果酱。

Acqua 意大利菜 $$

（见312页地图；☎021-255466；www.acqua.la；78 Th François Ngin；主菜 40,000~200,000K；⏲11:00~22:00；❄📶）这里被许多本地居民认为是城里最棒的意大利餐厅。98,000K的午市自助餐相当受欢迎，有许多前菜可供选择。美味的主菜有虹鳟意大利饺和丰盛的进口海陆肉类。老板还经营一流的葡萄酒进口公司Vinoteca，所以这里意大利葡萄酒也一级棒。

Ban Vilaylac Restaurant 老挝菜 $$

（见312页地图；☎021-222049；Ban Wat Chan；主菜 20,000~70,000K；⏲7:00~22:00；📶）这家经营了很久的老挝餐厅位于Ban Wat Chan，在近年来新开的众多餐饮店之间，它很容易被人忽略，但这里传统的老挝菜十分正宗，由友善的一家人烹制。

Osaka 日本菜 $$

（见312页地图；☎021-213352；Th Nokèokoummane；主菜 30,000~80,000K；⏲8:00~22:00；❄📶）这家简陋的小店十分热闹，种满了植物的外廊上放着板条椅，舒适的Osaka用明艳的红色卡座吸引着你进来。店内供应多种拉面、刺身、素菜、寿司和天妇罗。

★ Pimentón 西班牙菜 $$$

（见312页地图；☎021-215506；www.pimentonrestaurant-vte.com；Th Nokèokoummane；主菜 60,000~200,000K，午餐套餐 75,000K；⏲周一至周六 11:00~14:30和17:00~22:00；❄📶）Pimentón有高高的天花板和时髦的吧台，大家普遍认为这里是首都最棒的牛排餐厅。这里只采用优质牛里脊、厚切牛肉和肋眼肉，并用炽热的明火烤制。午餐时间有西班牙小吃（tapas）：想象一下进口的伊比利亚火腿（jamón ibérico；一种熏火腿）、鱿鱼（calamar）和腌肉类熟食。这里由一对可爱的夫妻经营。

★ Le Silapa 法国菜 $$$

（见312页地图；☎021-219689；88 Th Setthathirath；主菜 80,000~250,000K，午餐套餐 65,000~120,000K；⏲11:00~23:00；❄📶）最近才搬过家的Le Silapa十分漂亮，装饰是时髦的白色，搭配木地板、架椽屋顶和鸟笼式灯罩。这里是最棒的高卢餐厅之一，受欢迎的菜肴包括鹅肝酱、沙拉、牛排和煲小牛脑等。餐厅位于出色的iBeam酒吧楼上。这里棒极了，尤其是性价比超高的午餐套餐。

数不胜数的粉和面

各种米粉和面条在老挝十分受欢迎，而万象的种类居全国最多。其中最受欢迎的无疑是米粉（fěr），这是一种本地版本的越南河粉，搭配牛肉或猪肉，老挝风格，并且配有一大盘新鲜香草和蔬菜以及数量夸张的调料。米线（kòw þûn）也很受欢迎，这种细米线在泰国叫kànǒm jeen，老挝的版本配有辣味的咖喱式肉汤或猪肉清汤（kòw þûn nâm jąaou）。还有一种叫kòw þęeak sèn，是大米和木薯粉做成的粗面，面汤有点粘稠，配有酥脆的炸猪腩肉或鸡肉。

其他受欢迎的种类还有传统的中国鸡蛋面（mii），在Th Hengboun、Th Chao Anou、Th Khounboulom和Th Samsènethai西端围起来的非官方唐人街地区尤其流行；还有bǎn kǔan（bánh cuôn的老挝语拼法），这种新鲜蒸熟的米粉里装满了猪肉末、蘑菇和胡萝卜，是一种在老挝十分受欢迎的越南特色菜。早上在Th Chao Anou和Th Hengboun的交叉路口附近可以找一找这种米粉。

塔銮

★Doi Ka Noi 老挝菜 $

（见309页地图；☎020-55898959；242 Sapang Mor；主菜 25,000~50,000K；⏰周二至周四 10:00~14:30，周五至周日 10:00~21:00；📶）这家正宗的老挝餐厅靠近塔銮，可以为你的生活加点辣。菜单几乎每天都会变化，以家常菜谱和当季食材为主。试吃菜有鱼肉咖喱配大花田菁花和竹笋咖喱配蘑菇。合伙人是个摄影师，墙上挂着一些美食照作为装饰。

★Senglao Cafe 创意菜 $$

（见309页地图；☎030-5880588；主菜 30,000~300,000K；⏰周一至周六 11:00~22:00；❄📶）这家现代化的餐厅用市中心一家倒闭了的电影院命名，以电影为主题，使用旧影厅里修复过的皮椅作餐椅。创意菜单颇具匠心，但菜肴烹制得十分潇洒且包罗万千，有创意墨鱼汁意面配扇贝，也有石烤比萨。周末花园里会放映电影。

饮品和夜生活

万象不再是曾经的那个偷吃禁果的宫殿。如今，这里已经严格禁止开设妓院，而老挝啤酒也取代了鸦片作为夜间毒品的选择。大部分的酒吧、餐厅和夜店都在晚上11:30或午夜之前打烊，只有少数营业至深夜。

DJ打碟最近才在万象流行起来。卡拉OK和演唱各国歌曲或泰语金曲的现场音乐表演很受欢迎。

★Bor Pen Yang 酒吧

（见312页地图；☎020-27873965；Th Fa Ngoum；⏰10:00至午夜；📶）一群当地人、外国人、酒吧女郎和游客聚集在这个俯瞰母亲河湄公河的锡顶木椽酒吧，欣赏泰国附近的落日。这里播放着西方乐曲，还有台球桌和一个巨大的吧台供你畅饮，大平板电视上播放着国际足球赛和橄榄球赛。

★Spirit House 鸡尾酒吧

（见309页地图；☎021-262530；Th Fa Ngoum；鸡尾酒 40,000~60,000K；⏰7:00~23:00；📶）这座传统的老挝房屋面向湄公河，里面有一家储备丰富的酒吧，菜单上有众多鸡尾酒，会让老酒鬼也合不拢嘴。装饰时髦的内部回荡着宁静的旋律，搭配着深色木地板和舒适的沙发。可在17:00~19:00格外划算的欢乐时光过来。

Chokdee Cafe 酒吧

（见312页地图；☎021-263847；www.chokdeecafe.com；Th Fa Ngoum；⏰7:00~23:00；📶）Chokdee是一家位于河畔的比利时酒吧兼餐厅，提供亚洲最棒的精选比利时啤酒，有70多种可以品尝。这里有大量的青口和法式炸薯条可以用来下酒，有20种原创酱汁搭配小吃。

Khop Chai Deu 酒吧

（见312页地图；☎021-223022；www.inthira.com；Th Setthathirath；⏰7:00至午夜）KCD里面灯光昏暗，酒水单精美，活动丰富多彩，胜过其他酒吧，比如速配约会和女子掰手腕大赛。3楼有家超级时髦的酒吧，能欣赏到非常棒的风景。这里是个享用散装老挝啤酒的热门地，有许多美食下酒。

CCC Bar 酒吧

（见312页地图；☎020-55448686；Th Souphanouvong；⏰19:00至深夜）城里最热门的同性恋酒吧，欢乐的人们纷纷涌进这家小小的酒吧。周末更加火爆，作为首都仅有的一家深夜场所，在凌晨1点之后上演卡巴莱歌舞吸引着各种客人前来。

Le Trio 咖啡馆

（见312页地图；☎020-22553552；Th Setthathirath；⏰8:00~16:00；📶）Le Trio自己烘焙咖啡，并且是万象最棒的咖啡馆之一。除了原味咖啡以外，这里还供应香草茶、果汁和混豆咖啡，还有几种创意鸡尾酒和甜品。

娱乐

和其他地方一样，万象的娱乐业在金钱与政策允许的情况下正在重新抬头，不过种类仍旧相当有限。法律规定，娱乐场所在23:30以前必须停止营业，不过大部分都会推迟到午夜前后。

老挝国家歌剧院 剧院

（Lao National Opera Theatre；见312页地图；☎021-26000；Th Khounboulom；⏰周二、周四和周六19:00~20:30）这一政府出资的演出场

所里有各种各样的老挝娱乐活动，既有自封的“老挝怀旧老歌”，也有老挝拳和《罗什与罗摩》（Pha Lak Pha Lam；印度史诗《罗摩衍那》的老挝版）的传统表演。

法国文化合作中心 电影院

（Centre Cultureletde Coopération Linguistique, French Cultural Centre；见312页地图；☎021-215764；www.ambafrance-laos.org；Th Lan Xang；入场免费，电影 10,000K；⏲周一至周五 9:30~18:30，周六9:30至正午）这家忙碌的高卢文化活动中心有舞蹈、艺术展览、文学讨论和现场音乐。除了播放时尚的法国电影（周末下午儿童场在15:00，成人场在18:30），这个中心还教授法语和老挝语。

购物

老挝产的所有东西几乎都能在万象买到，其中包括大量手工艺品和山地部落的工艺品、饰品、传统布料和雕刻品。城里的主要购物区位于Th Setthathirath和以其为中心呈辐射状散开的街道沿街。

★T' ShopLaiGallery 彩妆、家居用品

（见312页地图；☎021-223178；www.laococo.com/tshoplai.htm；紧邻Th In Paeng；⏲周一至周六 8:00~20:00，周日 10:00~18:00）这里是万象最好的商店。想象一下一股扑鼻而来的混合馨香：护肤油、香皂、喷剂、香水和唇膏，外加手镯、版画、钢笔等。这些精美绝伦的产品采用当地产品作为原料，由身为老挝工匠（Les Artisans Lao）合作社成员的底层妇女制作。

楼上还有一个精美的画廊循环展出来自老挝海内外艺术家的作品。看看老式药柜中陈列着的被灯光照亮的古董瓶子。这里让人非常难忘。

Carol Cassidy Lao Textiles 工艺品

（见312页地图；☎021-212123；www.laotextiles.com；84-86 Th Nokèokoummane；⏲周一至周五 8:00至正午和14:00~17:00，周六 8:00至正午，或预约）Lao Textiles出售高端现代原创设计织品，灵感来自老挝代代相传的织纹、图样和技术。美国设计师卡罗尔·卡西迪（Carol Cassidy）雇用老挝纺织工人在迷人的法式老挝房屋的后间工作。这里世界闻名，价格也比较昂贵。

Indochina Handicrafts 工艺品

（见312页地图；☎021-223528；Th Setthathirath；⏲10:00~19:00）这个迷人的佛像舍展现了万象版本的《老古玩店》（*Old Curiosity Shop*），出售胡志明和毛泽东的古董半身像、俄罗斯腕表、共产主义纪念品、火柴盒（Matchbox）小汽车、奖章、鼻烟盒和复古托盘。不可错过。

夜市 市场

（Night Market；见312页地图；Th Fa Ngoum；⏲18:00~22:30）万象夜市成排的工艺品和T恤摊位的灯光照亮了河岸。这里的氛围和琅勃拉邦的不太一样，但仍旧不失为一个逛街和练习砍价技巧的好地方。

Book Café 书籍

（见312页地图；Th Hengboun；⏲周一至周五 8:00~20:00）万象备货最充足的二手书店，出售旅行指南、惊悚小说，以及关于老挝文化和历史的资讯图书。

实用信息

危险和麻烦

以国际标准来看，万象的犯罪率非常低，但还是有小概率被抢劫的风险。在河畔的老挝外贸银行（BCEL Bank）附近要格外小心，那里有著名的抢包贼袭击路人，通常为骑着摩托车的二人组，不过只要你小心些，普通的防贼常识应该足够应对了。针对游客的暴力犯罪极为罕见，但要小心午夜前后Th Setthathirath上真空着装的跨性别者们，就像当地人说的那样，他们非常擅长偷醉鬼的钱包。

在节日期间还要远离城市的马路，特别是4月的老挝新年期间，饮酒导致的意外激增，小偷也比平时多。

如果你需要跟说英语的警察交谈，给**旅游警察**（见312页地图；☎021-251128；Th Lan Xang）打电话。

紧急情况

救护车	☎1195
火警	☎1190
警察	☎1191
旅游警察	☎021-25112

上网

万象大部分的客栈、酒店、咖啡馆和餐厅都有Wi-Fi。

在Nam Phu（喷泉）和Th Manthatourath之间的Th Setthathirath北侧有一排**网吧**（见312页地图；6000K/小时；⏲9:00～23:00）。**Oriental Bookshop**（见312页地图；☎021-215352；121 Th Chao Anou；5000K/小时；⏲10:00～20:00）有几台联网的电脑。

媒体

老挝唯一的英文报纸是官办的《万象时报》（*Vientiane Times*），主要报道老挝与中国及其他国家的贸易关系，详细报道矿业与水力发电的发展。懂法语的人可以看《革新者报》（*Le Rénovateur*）。

医疗服务

万象的医疗机构有许多不足之处，所以建议情况严重者过境前往泰国更为先进的医院。泰国**艾乌隆国际医院**（Aek Udon International Hospital；☎42342555；Th Phosri）能够派出救护车接你到乌隆他尼（Udon Thani）。小病在万象看就行。

联盟国际医疗中心（Alliance International Medical Center；见309页地图；☎021-513095；www.aimclao.com；Th Luang Prabang）这家医院干净整洁，可以处理骨折等常见病症和配售抗生素。

法国大使馆医疗中心（Centre Médical de L' Ambassade de France；French Embassy Medical Center；见309页地图；☎021-214150；Th Khu Vieng和Th Simeuang交叉路口；⏲周一、周二、周四和周五8:30至正午和16:30～19:00，周三 13:30～17:00，周六 9:00至正午）对所有人开放，但在常规时间外仅限预约。

国际诊所（International Clinic；见309页地图；☎021-214021；Th Fa Ngoum；⏲24小时）这里属于Mahasot Hospital，大概是处理不太复杂的紧急情况最好的地点了。有的医生会说英语。带上身份证明和现金。

波比医药美容店（Poppy' s Pharmacy & Beauty；见312页地图；☎030～9810108；Th Hengboun；⏲8:00～22:00）这家药店明亮干净、陈设现代、存货充足，是购买洗漱用品、化妆品、防晒霜、疟疾药（非Larium类）和长途旅行所需安眠药的好地方。

塞塔提拉医院（Setthathirat Hospital；☎021351156）多亏了日本人最近对这里进行的大修，这家位于城东北的医院也是一个看小病的选择。

现金

首都有许多银行和有执照的货币兑换处。

这里列出的银行可以兑换现金和旅行支票，并提供Visa卡或万事达卡的现金预借服务（主要是基普，不过偶尔也可以提供美元和泰铢）。如今许多银行都有支持外国银行卡的自动柜员机，但事先取足现金通常更划算。

澳新银行（Australiaand New Zealand Banking Group，简称ANZ；见312页地图；☎021-222700；33 Th Lan Xang；⏲周一至周五 8:30～15:30）主要支行设有两台自动柜员机，提供Visa卡或万事达卡现金预借服务，手续费固定为45,000K。其他自动柜员机安放在Th Setthathirath街和Th Fa Ngoum街沿线。

泰国大城银行（Bank of Ayudhya；见312页地图；☎021-214575；79/6 Th Lan Xang；⏲周一至周五 8:30～15:30）提供Visa卡现金预借服务，收取1.5%手续费。

老挝外贸银行（Banquepourle Commerce Extérieur Lao，简称BCEL；见312页地图；Th Pangkham和Th Fa Ngoum交叉路口；⏲周一至周五 8:30～19:00，周六和周日 8:30至15:00）汇率最合算，营业时间最长。汇兑点位于Th Fa Ngoum街，主楼旁设有3台自动柜员机。

联合发展银行（Joint Development Bank；见312页地图；75/1-5 Th Lan Xang；⏲周一至周五 8:30～15:30）通常来说，预借现金收取的手续费最低，也有自动柜员机。

泰京银行（Krung Thai Bank；见312页地图；☎021-213480；Th Lan Xang；⏲周一至周五 8:30～15:30）在Th Fa Ngoum还有一个**兑换点**（见312页地图）。

老越银行（Lao-Viet Bank；见312页地图；☎021-214377；Th Lan Xang；⏲周一至周五 8:30～15:30）有个自动柜员机和货币兑换处。

泰国商业银行(Siam Commercial Bank；见312页地图；117 Th Lan Xang；⏲周一至周五 8:30～15:30)设有自动柜员机，提供Visa卡现金预借业务。

泰国军人银行（Thai Military Bank；见312页地图；☎021-216486；Th Samsènethai和Th Khounboulom交叉路口；⏲周一至周五 8:30～15:30）Visa卡只能预支200B的现金。

邮局

邮政总局(Main Post Office;见312页地图;☎020-22206362;Th Saylom;⏰周一至周五8:00~17:00,周六和周日至正午)这里有邮件代领、贩卖邮票、电汇和快递服务。

电话

老挝电信南圃中心(Lao Telecom Namphu Centre;Th Setthathirath;⏰9:00~19:00)国际传真和国内外电话。

旅游信息

Midnight Mapper(☎020-58656994;espritdemer@hotmail.com)尽管听起来像是滚石乐队的一首老歌,但Midnight Mapper实际指的是唐杜瓦尔(Don Duvall),他在过去的10年里一直制作并提供最深入、精确的老挝GPS地图。这对那些骑摩托车和自行车的人来说是个好事,不然他们去到人少一点的地方就要迷路了。可以每天花US$7租一个他的手持佳明(Garmin)GPS设备,或者花费US$50购买他的老挝GPS地图下载到你自己的设备上。

旅游信息中心(Tourist Information Centre,简称NTAL;见312页地图;☎021-212248;www.ecotourismlaos.com;Th Lan Xang;⏰8:30至正午和13:30~16:00)一个非常值得来的旅游信息中心,有方便使用的各省份介绍、英语很好又乐于助人的工作人员,以及旅游手册和区域地图。

旅行社

万象市中心有许多旅行社可以预订飞机票和火车票以及代办缅甸和越南签证。

Green Discovery(见312页地图;☎021-264528;www.greendiscoverylaos.com;Th Setthathirath;⏰9:00~21:00)

Lin Travel Service(见312页地图;☎021-218707;239 Th Hanoi/Phnom Penh;⏰8:30~21:00)

签证

移民局(Immigration Office;见312页地图;☎021-212250;Th Hatsady;⏰周一至周五 8:00~16:30)签证延期很好办。到位于早市(Talat Sao)对面的公共安全部(Ministry of Public Security)大楼内,填一张表,提供你的护照和一张照片,为你想要延长的期限支付每天US$2的费用就行了。整个过程可以在1个小时内搞定。

ℹ 到达和离开

飞机

从**瓦岱国际机场**(Wattay International Airport;☎021-512165;www.vientianeairport.com)起飞的航班非常简单明了。国内航站楼是旧的那座白楼,国际航站楼在它的东侧,外观更令人瞩目。到达大厅里有个(总是没人的)问讯处,国际航站楼的楼上有吃的。

亚洲航空(Air Asia;www.airasia.com;Wattay Airport International Terminal)每天有航班从万象飞往曼谷和吉隆坡。

曼谷航空(Bangkok Airways;见312页地图;www.bangkokair.com;Lao Plaza Hotel,63 Th Samsènethai;⏰周一至周五 8:00~17:00,周六 至正午)每天有航班往返曼谷和万象与琅勃拉邦两城,还有从清迈飞往琅勃拉邦的航班。

中国东方航空公司(China Eastern Airlines;见309页地图;www.ce-air.com;Th Luang Prabang;⏰周一至周五 8:00~17:00,周六 至正午)有航班飞往昆明和南宁。

中国四川航空公司(http://www.sichuanair.com)有航班飞往昆明。

中国南方航空公司(www.csair.com)有航班飞往广州。

大韩航空公司(Korean Air;www.koreanair.com)每天有航班往返万象和首尔。

老挝航空公司(Lao Airlines;☎021-212051;Wattay Airport International Terminal;⏰6:00~18:00)国内航班目的地有沙湾拿吉、巴色、琅勃拉邦、丰沙湾[川圹省(Xieng Khuang)]和琅南塔;国际航班目的地有暹粒、金边、首尔、新加坡、曼谷、清迈、河内、胡志明市、昆明、成都和广州。

Lao Skyway(☎021-513022;www.laoskyway.com;Domestic Terminal,Wattay International Airport;⏰8:00~20:00)有从万象飞往琅勃拉邦、琅南塔乌多姆赛(Udomxai)和会晒(Huay Xai)的本地航班。

泰国国际航空公司(Thai Airways International;见309页地图;www.thaiairways.com;Th Luang Prabang,Vientiane;⏰周一至周五 8:30~17:00,周六 至正午)每天有2趟航班从万象飞往曼谷。

越南航空(Vietnam Airlines;见312页地图;www.vietnamairlines.com;Lao Plaza Hotel,63 Th Samsènethai,Vientiane;⏰周一至周五

从万象发车的长途汽车

目的地	车站	票价(K)	距离(公里)	车程(小时)	车次
阿速坡(电扇)	南	140,000	812	22~24	9:30、17:00
阿速坡(VIP)	南	200,000	812	14~16	20:30
东孔岛(电扇)	南	150,000	788	16~19	10:30
会晒	北	230,000~250,000	869	24	10:00、17:30
坤敬(空调)	早市	50,000	197	4	8:15、14:45
拉绍(电扇)	南	85,000	334	6~8	5:00、6:00、7:00、20:30
琅南塔	北	200,000	676	24	8:30、17:00
琅勃拉邦	北	110,000	384	10~11	6:30、7:30、8:30、11:00、13:30、16:00、18:00、19:30(空调)
琅勃拉邦(VIP)	北	130,000~150,000	384	9~12	8:00、9:00、19:30、20:00
那空呐差是玛(空调)	早市	149,000	387	7	17:00
廊开(空调)	早市	17,000	25	1.5	7:30、9:30、12:40、14:30、15:30、18:00
Nong Khiang(电扇)	南	130,000	818	16~20	11:00
北汕	南	40,000~50,000	143	3~4	7:00~15:00(突突车);搭乘任意往南开的大巴
巴色(电扇)	南	140,000	677	16~18	7:00~20:00定时发车
巴色(VIP)	南	170,000	677	8~10	20:30
丰沙里	北	210,000~230,000	811	25~28	7:15(电扇)、18:00(卧铺)
丰沙湾	北	110,000	374	10~11	6:30、7:30、9:30、16:00、18:40
丰沙湾(卧铺)	北	150,000	374	10~11	20:00
沙耶武里	北	110,000~130,000	485	14~16	9:00、16:00、18:30
沙拉湾(空调)	南	160,000	774	16	19:30
沙拉湾(电扇)	南	130,000	774	15~20	16:30、19:30
沙拉湾(VIP)	南	190,000	774	13	20:30
桑怒	北	170,000~190,000	612	22~24	7:00、9:30、正午(电扇)、17:00
桑怒(卧铺)	北	210,000	612	22~24	14:00
沙湾拿吉	南	75,000	457	8~11	5:30~9:00每半小时1班,或者任意开往巴色的大巴
沙湾拿吉(VIP)	南	120,000	457	8~10	20:30
他曲	南	60,000	332	6	4:00、5:00、6:00、正午,或任意开往沙湾拿吉或巴色的大巴
他曲(VIP)	南	80,000	332	5	正午、13:00
乌多姆赛	北	150,000~170,000	578	16~19	6:45、13:45、17:00
乌多姆赛(VIP)	北	190,000	578	15~17	16:00
乌隆他尼(空调)	早市	22,000	82	2.5	8:00、10:30、11:30、14:00、16:00、18:00
万荣(电扇)	早市	30,000	157	3~4	7:00、9:30、13:00、15:00

9:00~17:00，周六 至正午）有航班从万象飞往河内、胡志明市、金边，同时有航班从琅勃拉邦飞往河内和暹粒。

船

万象和琅勃拉邦之间几乎没有客船往来，如今大多数人都选择坐大巴，后者更快也更便宜。

长途汽车

老挝路况很差，大巴也经常抛锚，因此时间会比预计更长。万象有3个客运站，每个车站都有几名工作人员会说英文，还有饮食摊位。

客运北站（Th Asiane）位于机场西北方大约2公里处，那里有开往万荣以北所有地点的长途汽车，包括中国。目的地和最新票价以英文列出。

客运南站（Rte 13 South）通常被叫作东坎客运站（Dong Dok Bus Station）或9公里客运站（khíwlotlákkáo），位于城外9公里，那里有开往南部各地的长途汽车。开往越南的班车在此发车。

最后一个发车地是**早市客运站**（见312页地图；021-216507；Th Khu Vieng），从这里发出的长途汽车奇慢无比，开往万象省内各个地点，包括万荣以及更远地区——不过要去远的地方最好还是在客运北站或客运南站坐车。**泰老国际客车**（Thai-Lao International Bus；见312页地图）也从这里开往坤敬（Khon Kaen）、那空叻差是玛（Nakhon Ratchasima）、廊开（Nong Khai）和乌隆他尼。

如需乘坐卧铺客车前往中国昆明（US$95，38小时，14点发车），联系客运北站的**Tong Li Bus-Company**（021-242657）。如需前往越南，客运南站每天19:00有车出发经由荣市（Vinh；180,000K，16小时）去河内（220,000K，24小时），也有车经由顺化（200,000K，19小时）去岘港（230,000K，22小时），周一、周四和周日的发车时间为18:00。如需前往胡志明市，可在岘港换乘；详询**SDT**（021-720175）。

当地交通

抵离机场

打车去市中心的费用为US$7，坐面包车为US$8。只有官方的出租车可以在机场接客。

如果你要省钱并且行李不太多，步行500米到机场大门然后到Th Souphanouvong对面拼一辆三轮摩托（20,000K/人）。如果要去的地方比市中心还远的话，拼车的费用会增加。

早市客运站发车的49路大巴（Nong Taeng）去机场的费用是6000K。

自行车

万象地势平坦，因此汽车是一种十分便宜、方便且我们很推荐的游览方式。有许多客栈和几家店铺出租自行车，租金为每天10,000~20,000K。山地自行车也有，但租金更贵，为30,000~40,000K，试试**Lao Bike**（见312页地图；020-55090471；Th Setthathirath；9:00~18:00）。

小汽车和摩托车

有几家国际租车公司在万象有代理，其中包括**Avis**（见312页地图；021-223867；www.avis.la；Th Setthathirath；周一至周五 8:30~18:30，周六和周日 至13:00）和**Sixt**（021-513228；www.sixtlao.com；Wattay International Airport；7:00~19:00）。

骑小摩托车游览万象十分受欢迎，在市中心各处都能租到车。推荐的租车地点包括以下这些：

First-One Motorbike Rental（见312页地图；020-55528299；Th François Ngin；小摩托车每天 70,000K；8:30~18:00）

Mixay Bike 2（见312页地图；020-77882510；Th Chau Anou；小摩托车 每24小时60,000~80,000K；8:00~20:00）

要租越野摩托车的话，可以试试以下这些：

Drivenbyadventure（020-58656994；www.hochiminhtrail.org；租金每天US$38~95，团队游每天 US$160~200）提供老挝保养最专业的越野摩托车，其中包括本田CRF250s（US$38/天）、本田XR400s（US$50）和KTM的XCW450s（US$95）。老板唐杜瓦尔是一个GPS地图专家，他探索过胡志明小道（Ho Chi Minh Trail）的每一寸土地，并且是这条传奇公路的出色的历史导游：你不会迷路的！

Fuark Motorcycle Hire（021-261970；fuarkmotorcross@yahoo.com）是一家由本地老板经营的一流摩托车租车公司，提供各种保养得当的越野摩托车（US$30/天起），在国内各主要城市都有还车点。送车上门。

出租车

Meter Taxi Service（见312页地图；021-454168）这家公司的司机通常在Th Pangkham上等

客，就在Day Inn Hotel对面。

早市出租车乘降站（Talat Sao Taxi Stand；见312页地图；Th Lan Xang和Th Khu Vieng交叉路口；⏲7:00~18:00）在早市对面的早市出租车乘降站，你会找到去泰国-老挝友谊大桥（Thai-Lao Friendship Bridge）的出租车（300B）。

Taxi Vientiane Capital Lao Group（☎021-454168；⏲24小时）这家出租车公司的总部位于万象。

Tourist Taxi（☎1420；至机场大约50,000K；⏲24小时）这家专为游客新开的带计价器的出租车让你有机会密切留意自己的车费。

突突车（TUK-TUK）

突突车的拉客距离最短不过500米，长可达20公里。如果你不想被宰客的话，了解突突车的各个种类十分重要（除了金钱之外也可以为你省去很多争吵）。观光突突车是最贵的，而合乘突突车则要便宜得多，通常每人不到5000K，它们专跑城内各常规路线（比如Th Luang Prabang至Th Setthathirath或Th Lan Xang至That Luang）。

万象周边

普考奎山国家保护区（Phu Khao Khuay National Protected Area, NPA）

位于万象以东的普考奎山国家保护区（ປ່າສະຫງວນແຫ່ງຊາດພູເຂົາຄວາຍ），拥有一片被低估的美景，也是老挝最容易到达的保护区，高山与河流覆盖了超过2000平方公里的面积。徒步路线从几小时至3天，由保护区与其边缘上的村庄Ban Na（ບ້ານນາ）和Ban Hat Khai（ບ້ານຫາດໄຂ່）共同开发。

"普考奎"（ພູເຂົາຄວາຍ；发音为"poo cow

前往泰国：万象至廊开

前往边境 廊开（Nong Khai；老挝）/塔纳伦（Tha Na Leng；泰国）边境口岸（⏲6:00~22:00）的泰国-老挝友谊大桥（Saphan Mittaphap Thai-Lao）横跨湄公河。老挝边境距离万象约20公里，最方便的过桥方式是乘坐舒适的泰国-老挝国际长途汽车。该车每天发往泰国城市坤敬、那空叻差是玛、廊开和乌隆他尼。其他往来万象和大桥的交通方式还有出租车（300B）、突突车（拼车/包车 5000K/250B）、合乘突突车（jumbo；250~300B）或从早市客运站发车的14路Tha Deua大巴（15,000K），后者发车时间为6:00~17:30。

要从泰国过桥的话，可以坐突突车从廊开火车站（20B）和客运站（55B）到桥上的泰国口岸。你还可以从廊开客运站（55B，1.5小时）或乌隆他尼客运站（80B，2小时）搭乘泰国-老挝国际长途汽车，两边出发的车终点均为万象的早市客运站。如果坐飞机去乌隆他尼的话，从机场坐突突车去城市客运站的费用约为120B。

也可以乘坐火车过境，铁路已经从廊开火车站延伸至老挝境内3.5公里，终点在Dongphasy站，距离万象市中心13公里左右。每天有2班火车从廊开出发（9:30和16:00，风扇/空调 20/50B，15分钟），过境手续分别在两边火车站办理。但其实，除非你是火车爱好者，否则选择国际长途汽车或其他公路交通方式要方便得多。

到达边境 来自大多数国家的游客去泰国都享有30天的免签入境，中国游客去泰国需办理签证，但可以办理落地签。老挝签证（30天）可以花费US$20~42办理，具体价格取决于你的国籍。如果你没有照片的话需要额外支付US$1，而且要注意在工作日的6:00~8:00和18:00~22:00，以及周末和节假日需要额外支付US$1的"加班费"。别受到诱惑让突突车司机帮你办理老挝签证，无论他们嘴里是怎么说的，都比你自己办理要慢得多，而且你还得向他们支付"服务"费。请坚持让他们直接载你去桥上。

继续前行 从廊开到曼谷的沃普货车在18:20和19:10发车，1/2等卧铺票的单价为1217/778B。早7点发车的日班列车票价为空调/电扇座498/388B。

kwai")意为"水牛角山",得名于本地传说,这里有三条主要的河流经过一片砂岩山区。在这里,濒危野生动物云集,其中包括野象、长臂猿、亚洲黑熊、云豹、戴氏鹇(Siamese fireback pheasant)和绿孔雀。根据海拔的不同,游客们可能会见到干龙脑香树(一种长有两翼翅果的东南亚树木)、混生落叶林、针叶林或草原高地。从万象出发可以去几个令人印象深刻的瀑布一日游。

景点

达勒瀑布(Tat Leuk) 瀑布

达勒瀑布是一个小瀑布,但是个非常漂亮的夜间露营地。如果水流不急的话,你可以在瀑布上边游泳。游客中心有一些关于这片地区的信息,其中包括一份关于1.5公里长的Huay Bon Nature Trail的详细指南。

游客中心的负责人可以安排价格为160,000K的本地徒步,并以30,000K的价格出租优质的四人帐篷,外加吊床、床垫蚊帐和睡袋,每件租金都是10,000K一个。这里还有一个非常简单的餐厅(最好从外边自带食品)、一间有野生动物书籍的小型图书馆和一个双筒望远镜。

从通往Ban Hat Khai村的路口左转再走6公里,直到左边能看到一段大约4公里的公路,那条公路就通往达勒瀑布。

帕巴丰桑寺 佛教寺庙

(Wat Pha Baht Phonsan; ⏲6:00~18:00)在前往Ban Na的途中,于帕巴丰桑寺稍作停留非常值得。寺庙坐落在Tha Pha Bat的一片岩石上,位于Ban Na以南约1.5公里处的Rte 13路边。寺庙因其巨大的佛脚印(pa bàht)殿、庙宇以及庞大的卧佛像而颇受尊崇。通过宏伟而装饰华丽的窣堵坡(建于1933年)就能认出寺庙。

达晒瀑布和帕晒瀑布 瀑布

(Tat Xai & Pha Xai; ຕາດໄຊ&ຜາໄຊ)达晒瀑布有7级,而帕晒瀑布则从40米高的水台向下奔流800米。这里有个很适合游泳的水池,不过在雨季很危险。两个瀑布都能从Ban Tha Bok前的Rte 13到达。从通往Ban Hat Khai的路口走9公里就能到达两座瀑布。

到达和离开

万象的**客运南站**(见322页)定期开出前往Ban Tha Bok和北汕(Paksan)的长途汽车。如果前往帕巴丰桑寺和Ban Na,就在Rte 13的81公里基石附近的Tha Pha Bat下车(25,000K);寺庙就在Rte 13上,Ban Na在路北约1.5公里处,路标清晰。

如果前往Ban Hat Khai,坐到92公里的左转弯处(向北)下车(往前不远便是Ban Tha Bok;30,000K)。如果你自己开车,沿着平缓的红土路再开8公里然后过了新建的桥,在三岔路口右转再走1公里就到了Ban Hat Khai。或者,如果你提前打电话的话,Ban Hat Khai的村民也可以安排摩托车出来接人,单程25,000K。

注意,如果你从万象过来的话,普考奎有三个带标记的入口——第二个通往Ban Na,第三个则通往Ban Hat Khai和瀑布。

南娥湖(Ang Nam Ngum)

南娥湖位于万象和万荣(Vang Vieng)之间,是一片大型的人工湖,于1971年南娥河(Nam Ngum, Ngum River)被大坝拦住时形成。被淹后,之前河谷的最高峰成了森林岛屿,在1975年巴特寮(Pathet Lao)征服万象之后,大约有3000名娼妓、轻型罪犯和瘾君子从首都被赶到了其中的两座岛上:男人女人各一座。如今,南娥河水电站供应了万象地区的大部分电力。湖区可以一去的有达库卡纳瀑布(Nam Tok Tat Khu Khana)、万桑佛像(Vang Sang Buddhas)和Nam Lik Eco-Village。

景点

万桑佛像(Vang Sang Buddhas) 佛教景点

免费 这里位于万桑,从万象沿Rte 13往北65公里处,有10尊位于悬崖上的隆雕佛像,这些佛像被认定可以追溯至16世纪。其中两座佛像有3米多高。"万桑"意为"象宫",指附近曾经发现的一片大象陵园。

达库卡纳瀑布(Nam Tok Tat Khu Khana) 瀑布

免费 达库卡纳瀑布(也叫Hin Khana)有点小,但却是从万象最容易到达的瀑布之一。从Ban Naxaithong村附近的Rte 13公路

17公里处下土路，再往西走10公里就是。

食宿

★ Sanctuary Resort 精品酒店 $$

（☎020-55320612；www.sanctuaryhotelsandresorts.com；Ban Tha Heua；房 US$38~50；❄📶🏊）Sanctuary Resort有位于南娥湖畔的新别墅，令人印象深刻。这些别墅精心配备了现代化的设施；这里还有更大的豪华别墅，别墅配有露天按摩浴缸，可以当作两室家庭别墅。湖上还有座漂浮游泳池，相当新奇。

这里还提供水上运动，其中包括水上摩托车、立式桨板和船。这里的菜单包含老挝与各国菜肴，能够一览整个度假村的开阔风景，是个自驾旅行者吃午餐的好地方。

Nam Lik Eco-Village 别墅 $$

（☎020-55508719；www.namlik.org；标单/双US$30/40）🍃Nam Lik Eco-Village是一座位于Nam Lik（Lik River）西岸的河畔度假村，非常适合作为兰花丛漫步、河上皮划艇或是固定路线的山地车骑行等户外活动的大本营。这里位于Ban Senhxoum以东7公里处，过了80公里的标记便是。

Nam Ngeum 老挝菜 $

（☎020-55513521；Ban Na Khuen；主菜20,000~60,000K；⊙9:00~21:00）Ban Na Khuen只有几家餐厅，Nam Ngeum是其中之一，其美味的酸辣鱼沙拉（gôy ḅah）、鱼汤（gạang ḅah）和蒸鱼配鲜香草（neung ḅah）口碑很好。

到达和当地交通

去南娥湖周边的大多数地方都是自驾更容易一些。Ban Tha Heua附近度假村的公共交通很方便，但对于其他目的地来说就没那么便利了。

去Ban Tha Heua很容易，因为它就在万象与万荣之间的主公路上。往北走的话，你很可能必须支付前往万荣的整段费用。从万荣往南走的话，你可能得支付一笔更便宜的小型敞篷客车（sŏrngtăaou）费，大约10,000K。

要去Ban Na Kheun的话，大巴在万象的早市客运站发车开往最近的城镇Thalat（15,000K，2.5小时，87公里），6:30~17:30每小时1班；之后你需要安排一辆前往Ban Na Kheun的小型敞篷客车（费用约为15,000K）。Salapa Fisherman's Haven可以去Thalat接住在那里的游客。

Nam Lik Eco-Village可以为提前预订的住客安排交通。或者，搭乘一辆万荣方向的大巴在Ban Senhxoum下车（25,000K，3小时），然后寻找当地交通走完剩下的7公里路。

万荣（Vang Vieng）

万荣（ວັງວຽງ）谦卑地蹲伏在南松（Nam Song，Song River）河畔，美丽的乡村风景如同古老的亚洲绢画中描绘的那样，背景是静谧苍翠的峭壁和织锦一般绿油油的稻田。由于2012年老挝政府开始关停河岸喧闹的酒吧，日益荼毒社会的歌舞场所变得边缘化，当地社区正在重新成为一个充满刺激的冒险型目的地，有几家令人印象深刻的住所。不过这座城市本身平平无奇，混凝土酒店为了争抢有限的风光越建越高，南松河对岸是乡村的田园风光。

在这里流连几日，租辆小型摩托车，骑摩托车游览，乘充气轮胎漂流或者徒步旅行——并欣赏老挝令人叹为观止的景色。但在探索和享受时，请保持小心和清醒，因为万荣周边的河流和高山已经夺去了太多游人的性命。

景点和活动

洞穴

在最容易抵达的洞穴（tàm）中，大部分都有英语和老挝语的指示牌，每个洞穴都单独收费。万荣周边的洞穴十分壮观，但洞穴无疑有危险：它们又暗又滑，且令人迷失方向。一名导游（通常是村里的小伙子）收一笔小钱就会带你穿过一个洞穴；带上水和手电筒，并确保电池的电量充足。事实上，请牢记“迷失在黑暗中”的传说，拥有一把备用手电筒至关重要。想进行一场时间更长的多洞穴游览的话，大部分的客栈都可以安排一位导游。包含河流轮胎漂流和洞穴游的旅行费用约为半天/全天US$15/25。

坦江溶洞 洞穴

（ຖ້ຳຈັງ，Tham Jang；门票含人行桥17,000K）

Vang Vieng 万荣

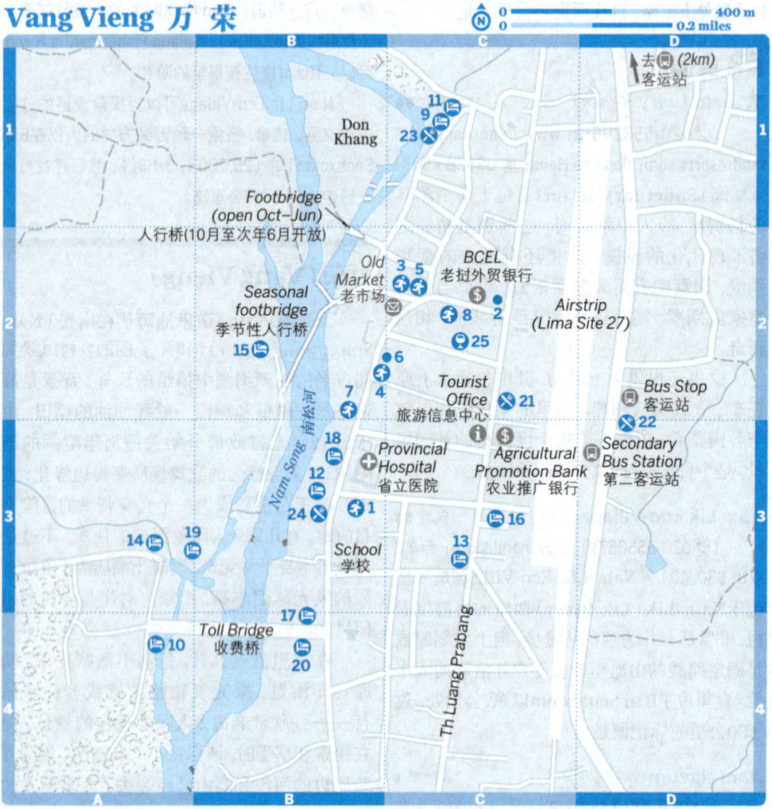

Vang Vieng 万荣

活动、课程和团队游

1 Adam's Rock Climbing School B3
2 Green Discovery C2
3 Nam Thip Tours C2
4 TCK B2
5 充气轮胎漂流组织方 C2
6 Vang Vieng Adventure Tours C2
Vang Vieng Challenge ....（见 2）
Vang Vieng Jeep Tour ....（见 10）
7 VLT B2
8 Wonderful Tours C2

住宿

9 Champa Lao C1
10 Chez Mango A4
11 Easy Go Hostel C1
12 Elephant Crossing B3
13 Laos Haven C3
14 Maylyn Guest House A3
15 Other Side B2
16 Pan's Place C3
17 Riverside Boutique Resort B4
18 Silver Naga B3
19 Vieng Tara Villa A3
20 Villa Vang Vieng Riverside B4

就餐

21 Breakfast Vendors C2
22 Il Tavolo D3
23 Living Room C1
Restaurant du Crabe d'Or ....（见 17）
24 Sababa Organic Restaurant B3

饮品和夜生活

Earth ....（见 11）
25 Gary's Irish Bar C2

坦江溶洞是万荣周边最著名的洞穴，在19世纪初曾经被用来当作掩体（名字里的“jąng”意为“坚固”），以抵御过来劫掠的中国云南人（jęen hór）。楼梯一直通向主洞口。

坦普坎溶洞 洞穴

（ຖ້ຳພູຄຳ, Tham Phu Kham; Blue Lagoon; 10,000K）巨大的坦普坎溶洞在老挝人心中十分神圣，其人气则主要来源于洞内的小湖泊。蓝绿色的湖水最适合在艰苦攀登之后游个泳。主洞室内有一尊泰国铜卧佛像，有走廊从这里往山的更深处散开。沿一段风景优美的土路走到Ban Na Thong村，按路标走到悬崖，然后攀登200米穿过灌木丛就到了。

坦桑溶洞 洞穴

（Tham Sang; Elephant Cave; 5000K）坦桑溶洞是一座小山洞，里边有几尊佛像和一个佛“脚印”，外加（隐约有）大象形状的钟乳石，洞穴便得名于此（“Tham Sang”意为“象洞”）。早晨阳光照入洞穴时是最佳游览时间。

坦卢溶洞 洞穴

（Tham Loup; 套票 10,000K）坦卢溶洞是一座大型洞穴，并且非常怡人地保持着原样，里边有一些令人印象深刻的钟乳石。套票覆盖了坦桑地区的所有洞穴。从坦桑溶洞沿一条有路标的小路，往西北方走1公里，穿过一片稻田就能抵达洞穴的入口。

坦会溶洞 洞穴

（Tham Hoi; 套票 10,000K）坦会溶洞的洞口有一尊巨大的佛像，据说洞穴内大约深入石灰岩3公里，通往一个地下湖。套票覆盖了坦桑地区的所有洞穴。

从坦桑溶洞沿一条有路标的小路往西北方走1公里，穿过一片稻田就能抵达洞穴的入口。

坦南溶洞 洞穴

（Tham Nam; 5000K）坦南溶洞是万荣附近洞穴群中的亮点。洞穴长约500米，南松河的一条支流从溶洞的低端入口奔涌而出。从坦会溶洞沿一条被很多人走过的小路往南走400米左右就到了。

在旱季你可以健步走进洞穴，但当水位更高时，你需要在洞口附近那位友善的女士那里拿一个充气轮胎；轮胎和头灯的费用包含在门票里。拉着固定的绳子拽着自己穿过通道的体验很好玩。

热气球

乘坐热气球是欣赏下方悬崖、织锦一般的稻田以及蜿蜒河流的迷人方式。飞行时间为每天6:30、16:00和16:30，时长40分钟。预订请联系**VLT**（☎023-511369; www.vangviengtour.com; 飞行 US$95）的冯先生（Mr Vone）。

充气轮胎漂流

几乎每个来到万荣的年轻游客都会乘着充气的拖拉机轮胎沿南松河而下。轮胎漂流的下水点位于城北3.5公里处，根据不同的水速和水位，漂流可能令人昏昏欲睡地缓慢穿过丛林藤蔓下方的岩溶，也可能快如疾风骤雨，顺流返回万荣。由于河边的酒吧在2012年被关停，你不太可能会醉醺醺地在危险的水流中失去平衡，但当水流湍急之时，切记穿上救生衣。关于在这条表面平静的河流中的众多旅行者溺亡的故事，读起来可不轻松。

无论是沿南松河乘轮胎漂流还是皮划艇，河流都很危险，在水位高的时候，南松河的水速十分吓人。漂流时最好问一下旅途要多长时间（不同时节的时长不同），以便你可以在天黑之前回到万荣，因为冬季大约18:00天就已经漆黑了。最后，请牢记，尽管喝醉了以后在南松河漂流更好玩，但也更危险。

漂流组织方（⏲8:30~19:00）已经组成了联盟，因此所有的漂流都是在旧市场对面的小楼里组织的。租用充气轮胎费用为55,000K，另需缴纳60,000K押金，归还充气轮胎时返还。提供救生衣，花费20,000K还可租用一个防水袋。费用包括去往漂流下水地点的交通费，不过要记住必须在18:00之前归还充气轮胎，否则要支付20,000K的滞纳金。如果丢失充气轮胎，60,000K的押金就不返还了。

另一件需要记得的事情是请带上衣物——比如一件纱笼——在你完成旅行并不得不步行穿过城区时穿上。当地人不喜欢看人穿着比基尼或游泳裤走来走去。

皮划艇

除了乘充气轮胎漂流以外，乘坐皮划艇游览同样受人欢迎。行程通常包含探索洞穴、游览乡村、攀爬山峰、骑车和横渡湍流等其他活动（横渡湍流的危险程度取决于水流速度）。皮划艇经营者数不胜数，价格约为每人每天US$15。可以参加业内口碑一流的Green Discovery组织的乘坐皮划艇游览项目，沿着Nam Lik河前往万象。**Green Discovery**（☎023-511230；www.greendiscoverylaos.com；Th Luang Prabang）可以带领游客乘坐皮划艇前往南松河探险，其间需要奋力划桨。这项活动季风过后才能开展，因为那时水位才能达标。

金字招牌VLT也是一家不错的皮划艇项目组织机构。

攀岩

短短数年，万荣周边的石灰岩壁就已名声大噪，堪称东南亚一流的攀岩地点。迄今为止，总共开拓出200多条攀岩线路，而且多数已经打上挂片。线路的难度等级分为4a至8b，其中大部分位于一座洞穴的内部或其附近。其中最受欢迎的攀岩地点位于睡洞（Tham Non）和附近的睡墙（Sleeping Wall），前者有20多条线路，后者中的几条线路有高难度的崖壁突出。

攀岩季通常为10月至次年5月，其他时间大多数的线路都太潮湿。不过，Phadeng Mountain有几个仰角的岩壁，最近被打上了挂片（23条线路），在雨季仍旧可以使用。

Adam's Rock Climbing School（☎020-56564499；www.laos-climbing.com；医院对面；半天/全天攀岩 180,000/260,000K，2天课程 US$100，私人攀岩导游 320,000K）为初学者到高级学员提供装备齐全的课程。亚当（Adam）本人是这片地区最专业的攀岩者之一，他的多语导游服务口碑很好，而且还提供装备出租（350,000K）。

Green Discovery（见328页）提供攀岩课程（半/全天约 US$27/36），有时还能提供这片地区便捷的攀岩指南。

从派对到乐园

在1999年，万荣还是一个鲜有人知的乡下地方。然后消息就传开了——万荣成了东南亚又一个享乐主义圣地。到了2009年的时候，临时搭建的锐舞平台取代了户外活动；间隔年的孩子们在这里抽大麻，吸冰毒，喝红牛和子弹杯烈酒及鸦片鸡尾酒。

到了2011年，至少有25名西方少年（主要为澳大利亚和英国人）死于心脏病、溺水和断颈等原因。在2012年，迫于澳大利亚政府的压力，老挝政府关停了锐舞酒吧，这座城市自此重新成为之前的那座乡村乐园。随着韩国游客和家庭游客的涌入，本地人十分乐意看到万荣如今不再受到轰鸣的音乐、流里流气的少年以及“万荣藏污纳垢”这样的流言所困扰。

高空滑索

万荣周边的丛林里刺激的高空滑索纵横交错，这是如今的热门活动。以下团队游将徒步、皮划艇、绳降或轮胎漂流与高空滑索结合起来：

Nam Thip Tours（☎020-23333616、023-511318；⊙9:00~19:00）、**TCK**（☎023-511691；tckamazingtour@gmail.com；⊙9:00~20:00）、**Vang Vieng Adventure Tours**（AK Home Ziplining；☎020-55033665；http://vangviengadventure.wixsite.com/home；Vansana Hotel对面；半天/全天 US$25/35）、**Vang Vieng Challenge**（☎023-511230；www.greendiscoverylaos.com；Th Luang Prabang）和**Wonderful Tours**（☎023-511566；www.wonderfultourslaos.la；Th Khann Muang）。

团队游

Uncle Tom's Trail Bike Tours 探险游

（☎020-29958903；uncletomslaos@gmail.com；Rte 13,Kasi；1/2人2堂课和过夜住宿US$120/208）老板是一名British Enduro金牌得主，长得像汤姆·琼斯（Tom Jones）。这家店十分受欢迎，注重安全且工作周到，有相当不错的125cc混合动力越野摩托车用来学习越野骑行，对于想要骑摩托探索老挝的人来说非常必要。费用包含了2堂半天课程和在Kasi一晚的住宿。这里口碑很好。

Vang Vieng Jeep Tour 驾车观光游

（☎020-54435747；noedouine@yahoo.fr；最少4人，每人180,000K）VV Jeep Tour总部位于Chez Mango客栈。游客乘坐诺埃（Noé）驾驶的吉普车，游览美如画卷的乡村风景；首先，前往附近山林，吉普车搭载游客迎着令人叹为观止的景色缓缓爬山，接着，下车漫步广袤的稻田，随后在坦普坎溶洞置身于蓝湖中畅游一番，之后进入溶洞探索。

住宿

由于24小时的狂欢已经在2012年被官方取缔，如今这100多家客栈对于人数骤降的狂欢人群来说已经过剩。而尽管许多中高端酒店在较富有的人群间生意还不错，背包客栈正日渐式微。由于万荣正在走上时尚之路，精品酒店也越来越多。

城内

★Champa Lao 客栈 $

（☎020-58234612；www.facebook.com/champalaobungalows；房不带卫生间70,000K，标三 带卫生间 150,000K，小屋 带/不带卫生间 120,000/60,000K；P ⊖ ❄ @ 📶）这座夸张的老挝房子换了泰国新房主，拥有配蚊帐的简单电扇房。花园里种满了植物，非常怡人，你可以把自己窝在露台上的吊床里，晃晃悠悠地欣赏日落和喀斯特地貌。河岸上还有平房。

对面漂亮的Champa Lao Villa可以住4~8人（US$70~100）。

★Pan's Place 客栈 $

（☎023-511484；Th Luang Prabang；铺30,000K，标单/双带卫生间 70,000/88,000K，不带卫生间 50,000/64,000K；⊖ @ 📶）这里散发着好客的氛围，是一家万荣本地的背包客栈，其电扇房简单舒适，铺有地砖，配有独立卫浴。在后边葱郁的花园里有小屋，以及一个公共休息区。楼上还有个小咖啡馆和电影放映室，有成百上千张DVD可以挑选。

Easy Go Hostel 青年旅舍 $

（☎020-55366679；www.easygohostel.com；铺 25,000K，房带/不带空调 90,000/60,000K，标三带空调 120,000K；⊖ ❄ 📶）Easy Go用竹子和藤蔓建成，经营团队充满活力，提供8人和4人宿舍，以及8间私人客房。慵懒的休息室是这里的王牌，配有舒适的靠垫、台球桌和平板电视，甚至能欣赏到更广阔的山崖风景。

Silver Naga 酒店 $$

（☎023-511822；www.silvernaga.com；房US$65~180；⊖ ❄ @ 📶 ≋）河东岸一家新开的大型酒店，与Elephant Crossing的老板相同。这里的新客房有现代的装饰以及许多很棒的细节，比如私人阳台、平板电视和雨淋花洒。2楼的游泳池能看到绝佳的喀斯特风光，对非住客收费50,000K。

Elephant Crossing 酒店 $$

（☎023-511232；www.theelephantcrossinghotel.com；房 US$40~60；⊖ ❄ @ 📶）这家酒店坐落于草木茂盛的花园（园内有秋千椅）内，游客可以置身美观而迷人的走廊，享用"河滨早餐"。36间客房格调高雅，安装着玻璃隔墙，独立卫浴洁净无瑕。配备苗族风格的床尾垫，带有木地板、空调、电视和冰箱。不过这里经常被Contiki Travel订完，所以订房不太方便。

Laos Haven 酒店 $$

（☎020-59043944；www.laoshaven.com；房 US$22~29；⊖ ❄ 📶）尽管"港湾"可能暗示了一个丛林中的河畔隐居之所，这里其实是一家位于主干道上的光鲜的现代化酒店。客房宽敞，配有空调和热水淋浴。

Villa Vang Vieng Riverside 精品酒店 $$

（☎023-511460；www.villavangvieng.com；房 US$60~76；⊖ ❄ 📶 ≋）这家光鲜的精品酒店是新开的，位于收费桥附近。客房较小但设施齐全、陈设雅致，配有现代化的卫生间。游泳池位于南松河岸上，对非住客的价格为每天30,000K。

★Riverside Boutique Resort 精品酒店 $$$

（☎021-511726；www.riversidevangvieng.com；房 US$123~150；⊖ ❄ @ 📶 ≋）这家精品酒店呈现鲜亮的白色，美观漂亮，超级时髦。

宽敞的客房围绕碧绿的泳池和青翠的花园分布。花园内，可以远眺喀斯特地貌。房间本身非同凡响，带有阳台，床单洁白如雪，装饰时尚如脱身于《墙纸》(*Wallpaper*)杂志一般。酒店位于收费桥旁。

河上和城外

★ Maylyn Guest House 客栈 $

(☎020-55604095; www.facebook.com/maylynguesthouse; 平房80,000K, 房100,000~120,000K;) 这家客栈位于桥对面，老板乔(Jo)喜欢交际，其温馨宽敞的客房小屋能够欣赏到最为壮丽的喀斯特景观。这里还有许多整洁无瑕的客房，其中有一座较新的翼楼里是配有独立卫浴的双人间，双人间内装饰雅致，带有可以俯瞰河流和山崖的私人阳台。葱郁的花园是孩子们的乐园，客栈还有两个家庭客房，费用为200,000K。

Chez Mango 客栈 $

(☎020-54435747; www.chezmango.com; 房带/不带卫生间 80,000/60,000K;) 这家客栈位于桥对面，热情好客、干净整洁，7间简单朴素而又五颜六色的客房小屋(有的带卫生间)置身于花团锦簇的园林中，配有私人阳台。这还有个用绿树遮挡的开放式遮阴处(sala)可以读书。店主诺埃(Noé)同时在这里经营优秀的Vang Vieng Jeep Tour(见329页)，是个慵懒又闲适的地方。

Other Side 平房 $

(☎020-55126288; 平房 70,000K;) 这些夸张的薄荷绿平房位于西岸，配有阳台、独立卫浴和电扇。这里或许简单得什么都没有，但能够尽情地一览山崖的风光。多亏了对狂野夜生活的改革，这里也更安宁了。躺在吊床里放松一下吧。

Vang Vieng Organic Farm 客栈 $

(☎023-511220; www.laofarm.org; 铺35,000~50,000K, 房 150,000~250,000K;) 这家有机农场位于南松河畔一处质朴安静的地方，距离城区几公里远。干净整洁的平房配备蚊帐、床头灯，有独立卫浴和走廊，朝向高耸的山崖。山上有3间8床位宿舍，带电扇。这里还有一家很棒的餐馆——建议尝尝桑葚煎饼或桑葚莫吉托酒！

如果时间充裕，可以咨询如何参加"可持续农业发展"志愿者服务或教小朋友们学英语，最短2周。这里也提供烹饪课程，费用为US$30。

Vieng Tara Villa 精品酒店 $$

(☎030-5023102; www.viengtara.com; 房US$50~90;) 这家新开的精品度假村真的把其河畔西岸的地理位置利用得很好，能够近距离欣赏到令人难以置信的喀斯特风光。挑选别墅里一间能看到稻田的客房，高耸的别墅坐落在葱郁的稻田间，可以通过一条木栈道抵达。这里的河景房相对便宜，因为朝向城区。用两个字总结：时尚。

就餐

万荣不能完全与琅勃拉邦相比，但是城里的确有几家雅致的餐馆。高档酒店的餐厅出类拔萃。

★ Living Room 亚洲菜 $

(☎020-54919169; 主菜 30,000~50,000K; ⏲15:00~23:00;) 这家优雅的芥末黄咖啡馆位于山顶，能够将山崖的风光尽收眼底，是个浪漫的用餐场所，室内灯光昏暗，以裸砖和竹子装饰。西班牙冷汤(gazpacho)、自制面包、新西兰羔羊肉、匈牙利红烩牛肉——这家老挝与澳大利亚混血咖啡馆从各个方面来说都十分融合。是城里最适合在日落时享用血腥玛丽的地方。

Sababa Organic Restaurant 犹太菜 $

(主菜 15,000~40,000K; ⏲7:00~22:00;) Sababa(在希伯来语中是"酷"的意思)的老板据说是老挝犹太人，这里有希伯来语的菜单。毋庸置疑，这里将是你在城里找到心目中最棒的炸豆丸子的地点，炸鸡排、豆腐、沙拉和牛排口碑也不错。

Breakfast Vendors 老挝菜 $

(Th Luang Prabang; 主菜 10,000~15,000K; ⏲6:00~9:00) 每天早上都有一排早餐摊贩出来摆摊，供应简单却美味的老挝菜。

★ Il Tavolo 意大利菜 $$

(☎023-511768; Rte 13; 主菜 38,000~

80,000K；⊙周四至周二 17:00~23:00；❄📶）城里最正宗的意大利餐厅。“桌子”（店名的含义）的老板是一对父子档。菜单里有19种烤箱烤制的那不勒斯比萨以及各式意面、意大利汤团和意大利烩饭类菜肴，外加几种丰盛的主菜。点一瓶普罗赛柯（Prosecco）佐餐。

★ **Restaurant du Crabe d' Or** 各国菜式 $$

（☎023-511726；www.riversidevangvieng.com；主菜 50,000~150,000K；⊙7:00~10:00和正午至22:00；❄📶✎）这家精致的餐厅位于Riverside Boutique Resort雅致的院子里，装饰高端，带有老挝风情，能够欣赏到迷人的山崖风景。菜单里有烤鲑鱼排、炸猪排配蜂蜜和青柠酱，以及丰富的传统亚洲菜，能够满足大部分人的口味，服务也是气派十足。

这里是城里一边饮着冰爽的泰廷爵香槟（Taittinger）一边欣赏日落的最佳地点。

饮品和夜生活

崭新而进步的万荣为了营造更轻松的氛围，丢弃掉了彻夜不休的狂欢。不过，在Sakura Bar等地还是有一些深夜的胡闹玩乐，以及两周一次的“丛林”派对。

★ **Gary' s Irish Bar** 爱尔兰酒吧

（☎020-58255774；www.irishbar.weebly.com；⊙9:00~23:30；📶）热情真实的氛围、独立音乐、免费台球桌以及自制馅饼、汉堡和老挝菜（主菜40,000~60,000K）等美食，这里仍旧是城里最棒的酒吧。当有橄榄球赛或足球赛直播的时候，你可以在这里的平板电视上观看。这里还是一个享用早餐（全套爱尔兰餐）的好地方。也留意一下这里的现场音乐演出。如果所有的酒吧都像这里一样就好了！

Heartbeat 夜店

（☎020-55113366；Nathom Village；⊙18:00至深夜；📶）要想体验一些完全不同却又带有更多老挝风情的东西，就来城北约2公里处这家大啤酒园兼夜店吧。这里是万象人周末玩乐的地方，并且经常举办首都乐队的现场演出。

Earth 酒吧

（⊙17:00~23:30；📶）这家时尚的山顶酒吧兼餐厅用浮木和黏土建成，优美的背景音乐与这里的环境十分相衬。从烛光花园里欣赏丰富的山崖景观，同时享用烤吐司三明治、华夫饼、三明治和咖喱（主菜 20,000~40,000K）。要找到这里，留意发光的绿色招牌。

实用信息

每年都有游客在涉水或探索洞穴时遭遇不测。盗窃案件也屡见不鲜，作案者经常就是身边游客。请保持适当的警惕，别将贵重物品留在洞穴外。

尽管经历了2012年的集中整治，仍旧有人贩卖致幻蘑菇供人享乐，涉毒事件也仍然猖獗——当地警方嗅觉尤其敏锐，严打毒品犯罪。游客一旦因为藏毒（例如大麻）被抓，代价会十分高昂。警方通常会没收护照并处以5,000,000K或US$600以上罚款。

农业推广银行（Agricultural Promotion Bank；Th Luang Prabang；⊙8:30~15:30）兑换现金，还有一台自动柜员机。

老挝外贸银行（⊙8:30~15:30）老挝外贸银行位于老市场旁边的支行，有一台自动柜员机。

邮局（☎023-511009；⊙周一至周六 8:00~17:00，周日 8:00至正午）位于老市场旁边。

省立医院（Provincial Hospital；☎023-511604）这家朴素的医院拥有X光设备，可以诊治骨折、割伤和疟疾。我们考察之时，遇到的医生的英文交流水平尚可。

旅游局（☎023-511707；Th Luang Prabang；⊙8:00至正午和14:00~16:00）这里工作人员的英文或许令人失望，但是个实用的地方，提供各种介绍周边地区旅游信息的宣传页。

到达和离开

大巴、小巴和小型敞篷客车在城北约2公里处的客运总站（Rte 13）发车，不过如果你从万象过来，最可能的下车地点是旧飞机跑道附近的大巴站（Rte 13）或周边，距离市中心只有一小段路程。离开万荣时，请注意，即便你在客运站买了票，较贵的小巴和空调大巴通常为迎合外国人，会环城行车，在他们所住的客栈接人，而且会把真正的发车时间拖晚1个小时之久。这些车在发车之前会停靠**次级客运站**（☎023-511657；Rte 13），等满客再走。

往北走的话，从万象开往琅勃拉邦的大巴

从万荣发车的长途汽车

目的地	票价(K)	距离(公里)	车程(小时)	车次
琅勃拉邦(小巴)	110,000	168	7~8	9:00、14:00、15:00
琅勃拉邦(VIP)	130,000	未知	6~7	10:00、11:00、正午、20:00、21:00
万象(电扇)	40,000	156	3~4	5:30、6:30、7:00、12:30、14:00
万象(小巴)	60,000	未知	未知	9:00、10:30、13:30
万象(VIP)	80,000	未知	未知	13:30、14:00、15:00

会在大巴站停靠5分钟左右，11:00~20:00每小时1班。这些车还会停靠Kasi和Phu Khoun(去丰沙湾)。不过，请注意在Kasi区穿过赛宋奔省(Saisomboun Province)边缘北上的夜间大巴偶有袭击事件。

往南走的话，去万象有几路大巴可选。或者，乘坐小型敞篷客车(30,000K，3~4小时)，每天5:30~16:30每20分钟左右发出一班，车上经常不乏空座，旅程因此舒适惬意。

当地交通

步行游览万荣十分轻松。租自行车(10,000K/天)或山地自行车(30,000K/天)也很受欢迎。几乎随处都可租到自行车，这些地方大多也出租摩托车，租金约为每天50,000K(自动挡80,000K)。如果想去城外洞穴，可以在老市场附近包租一辆小型敞篷客车，去往城北或城南20公里左右的地方，单程费用应为US$10左右。

琅勃拉邦(LUANG PRABANG)

琅勃拉邦(ຫລວງພະບາງ)结合了世界级的舒适设施和精神食粮，会令你心绪平和并唤醒你的想象力。坐落在在湄公河与南坎河(Nam Khan)神圣的交汇处，这个受联合国教科文组织保护的宝地十分浪漫，拥有33座镀金寺庙、身穿藏红色僧袍的僧侣、褪色的印度风格别墅和精致的法国菜，别处都比不上。

在过去的20年里，琅勃拉邦迎来了大量的投资，曾经疮痍遍布的法式别墅重生为绝妙(且实惠)的精品酒店，一些东南亚最优秀的大厨搬了进去。这里人口飞涨，半岛却仍旧如村庄一般慵懒而友善，就像时间在这里没有流逝过。除了这座古老法属城市清晰的历史与遗产，这里还有浅蓝色的瀑布、顶级的徒步体验、曲折的山地自行车道、皮划艇之旅、河上巡游以及出众的自然风光，这一切被环抱于朦胧的苍翠高山之间。

景点

★浦西山 山丘

(ພູສີ, Phu Si; 见336页地图; 门票20,000K; ⏲8:00~18:00)浦西山俯瞰着古老的市中心，受到夕阳爱好者的青睐，山的高度为100米(做好准备攀上陡峭的329级台阶)。山顶有一座名叫**宗西塔**(That Chomsi; 门票包含在浦西山门票内)的24米高的镀金佛塔。从远处看，尤其是在灯火通明的夜晚，这座建筑看起来就像枝形吊灯飘浮在朦胧的空气中一般。不过，从峰顶看，最迷人的是城市风光。

峰顶除了一根旗杆以外，还有一个战争年代遗留下来的小防空加农炮。

从浦西山北坡上山，在**帕华寺**(ວັດປ່າຮວກ, Wat Pa Huak; 门票捐赠)停步。镀金的雕刻前门通常锁着，但一位工作人员收取小费之后会为你开门。里边，19世纪的壁画原作描绘了湄公河岸的历史场景，其中包括中国的访问使臣和士兵从水路抵达以及马队的画面。

也可以从南坡或东坡前往宗西塔，两条小路都要经过巨大的**西普塔巴提帕拉寺**(ວັດສີພຸດທະບາດ, Wat Siphoutthabat Thippharam) 免费 ，到达一座不寻常的小小神龛，里面供奉着一枚**佛陀脚印**(Buddha Footprint; 见336页地图)。如果这真是他的脚印，那么佛陀一定有雷龙那么大。从此处走向西南方向，**坦莫塔亚兰寺**(Wat Thammothayalan; 见336页地图)附近的岩石缝隙和壁龛内有一些新的镀金佛像。游览这座寺庙是免费的，只要不去宗西塔。

★王宫 博物馆

（ພະຣາຊະວັງຫຼວງແກ້ວ, Royal Palace; Ho Kham; 见336页地图; ☎071-212470; Th Sisavangvong; 门票 30,000K; ⏰周三至周一 8:00~11:30和13:30~16:00，最晚进入 15:30）这座曾经的王宫修建于1904年，其传统的老挝风格和法国的布杂艺术风格富有年代感，这里曾是西萨旺·冯国王（King Sisavang Vong，1905~1959年在位）的居所，他的雕像就立在宫外。里边的生活区雅致且相当素净，部分房间还保持着国王在1975年被巴特寮俘获时的原样。独立的附属建筑里展示着禅修僧侣们的《佛在路上》摄影展（Floating Buddha photography exhibition; ⏰周三至周一 8:00~11:30和13:30~16:00，15:30后停止入场）和5件式王宫车展（Royal Palace Car Collection; ⏰周三至周一 8:00~23:30和13:30~16:00，15:30后停止入场）。

在老挝，没有哪件珍品能比得上83厘米高的金合金佛像勃拉邦金佛（ພະບາງ, Pha Bang; ⏰周三至周一 8:00~23:30和13:30~16:00，15:30后停止入场）在历史上的赫赫声名。要找到佛像，就沿着宫殿外部南边平台向东步行，在东端栏杆之间看看。在宫殿花园的东南角，霍勃拉邦寺（ວັດຫໍພະບາງ, Wat Ho Pha Bang; ⏰周三至周一 8:00~11:30和13:30~16:00，15:30后停止入场）是为了安置勃拉邦佛像（Pha Bang Buddha）而建的寺庙。

博物馆内不允许穿鞋，禁止拍照，而且必须将包寄存在主入口左手边的储物柜里。

迈佛寺 佛教寺庙

（ວັດໃຫມ່ສຸວັນນະພູມອາຮາມ, Wat Mai Suwannaphumaham; 见336页地图; Th Sisavangvong; 10,000K; ⏰8:00~17:00）迈佛寺是这座城市最华丽的庙宇之一，其木造戒堂（sǐm）上边有一个典型的琅勃拉邦风格的五层屋顶，而少有的带顶游廊有着精细的黄金浮雕，浮雕描绘了村庄的生活、《罗摩衍那》和佛陀的倒数第二次降生。这里在1887年的和人（Haw）入侵时幸免于难，据说是因为他们认为佛寺太美而不忍心将其毁坏。这里自1894年起变成了老挝佛教领袖桑卡拉（Sangharat）的居所。

传统艺术和民族学中心 博物馆

（Traditional Arts & Ethnology Centre，简称TAEC; 见336页地图; ☎071-253364; www.teaclaos.org; 紧邻Th Kitsarat; 25,000K; ⏰周二至周日 9:00~18:00）这座博物馆有三个专业的展厅。如需了解老挝北部山区形形色色的山地部落，特别是计划徒步游览的话，必须造访这座博物馆。这里信息量很丰富，但也不至于让初学者头大，其中包括各种民族服饰和一个出色的新展，《文化的种子：从活植物到手工艺》（*Seeds of Culture: From Living*

布施：僧侣化缘

每天黎明，身穿藏红色僧袍的僧人们光着脚穿过街道，虔诚的市民们把小糯米球放进他们的托钵内。这是一场安静的冥想仪式，僧人们借此表达自己对于贫穷和谦逊的誓言，而佛教信徒们则通过恭敬有礼的付出积累功德。

尽管这种队伍在老挝各地都有，琅勃拉邦老城的宁静氛围和高度密集的烟雾缭绕的寺庙，意味着早上沿着Th Sakkarin和Th Kamal进行的化缘和布施看起来尤其浪漫。遗憾的是，游客也因此越来越多，数量终于超过了这项活动的参与者。尽管一直有运动呼吁游客不要对着僧人的脸拍照，这些业余"狗仔队"似乎就是不能保持适当的距离。敏感的旁观者应该遵循以下准则：

- 站在队伍的马路对面，或者不声不响地通过酒店窗户观看更好（如果可以的话）。
- 避免拍照或者最多从远处用长焦镜头拍照。永远不要开闪光灯。
- 保持安静（骑自行车或步行过去；别聊天）。
- 别加入其中，除非这对你来说真的很有意义——在这种情况下，有意义意味着你不想为了拍照片而布施，而且知道如何避免冒犯他人。

Luang Prabang 琅勃拉邦

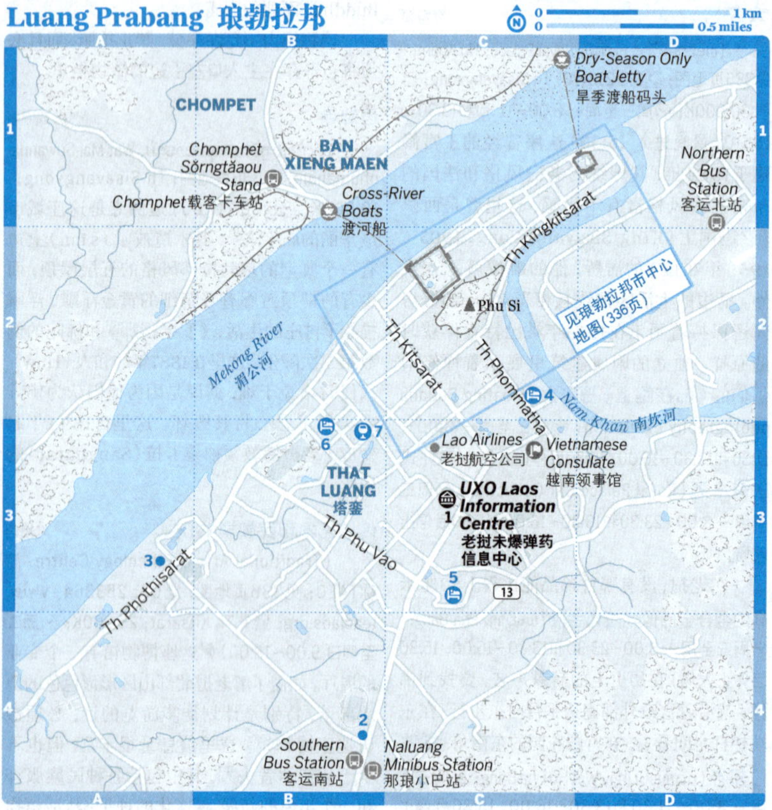

Luang Prabang 琅勃拉邦

重要景点

1 老挝未爆弹药信息中心……C3

活动、课程和团队游

2 E-Bus Tour……B4
3 Ock Pop Tok……A3

住宿

4 1989 Guesthouse……C2
5 La Résidence Phou Vao……C3
6 Satri House……B3

饮品和夜生活

7 Bar 525……B3

Plants to Handicrafts)。传统艺术和民族学中心坐落在一位已故法国法官的宅邸，是城里最豪华的20世纪20年代的建筑。这里有间咖啡馆和一家出售手工艺品与画刊的商店。

★香通寺

佛教寺庙

(วัดเชียงทอง, Wat Xieng Thong；见336页地图；紧邻Th Sakkarin；20,000K；⌚8:00~17:00)琅勃拉邦最著名的寺庙位于一座1560年的戒堂内。屋顶低掠至地面，西边的外墙上还有绝妙的《生命之树》马赛克组图。附近有几座窣堵坡和3座被称为hŏr的小小偏殿分布在大殿四周。**Hŏr Đại**形状类似一座高大的陵墓，如今保存着一尊立佛。**Hŏr Đại Pha Sai-nyàat**被法国人称作红色大殿(Chapelle Rouge，Red Chapel)，里面保存着一尊少见的卧佛。

香曼寺

佛教寺庙

(วัดเชียงม่วน, Wat Xieng Mouane；见336页地图；Th Xotikhoumman；⌚8:00~17:00) 免费 在旧区，香曼寺的天花板上画着金色的那伽(蛇神)，精美的烛架也有一段装饰着那伽。在联合国教科文组织和新西兰的支持下，僧侣区被修复成了训练年轻僧尼们维护与保养琅勃拉邦寺庙所需艺术技巧的教室。这些技巧包括了木雕、绘画和铸造佛像，这些技巧在1975年后就近乎失传了。

你可以在陈列室（⏲8:30~22:30和13:30~16:00）里参观他们的作品。

★老挝未爆弹药信息中心 博物馆

（UXO Laos Information Centre；见334页地图；☎071-252073、020-22575123；www.uxolao.gov.la；紧邻Th Naviengkham；门票捐赠；⏲周一至周五8:00~11:45和14:00~16:00）令人警醒的老挝未爆弹药信息中心帮助你了解老挝人在"越战"中所遭受的苦难，以及40年后未爆弹药给多个省份带来的死亡或伤害仍旧是人们日常所遇到的现实问题。如果你错过了这里，丰沙湾也有一个类似的中心。在2016年9月，当时的美国总统巴拉克·奥巴马（Barack Obama）宣布美国会额外资助US$90,000,000，在接下来的3年里处理老挝的未爆弹药问题。

丛林飞跃 公园

（Green Jungle Flight；☎071-253899、020-58677616；Ban Paklueang；公园门票US$3，高空滑索和绳索课程 US$28~45，徒步 US$35，往返琅勃拉邦船票 10,000K；👪）🍃这片自然天堂位于城南32公里处，由一片垃圾堆改造而来，以森林和一座迷人的瀑布为背景，花样翻新之后，提供了壮观的高空滑索（900米）、悬索桥和绳索课程。这里还有一家咖啡馆、一间餐厅和花园，还规划了一个有机农产品市场、一个游泳池、一片大象观赏区——你能看到这些过去从事伐木的大家伙在此沐浴、社交。

活动和课程

琅勃拉邦一些受人欢迎的活动围绕乡村周边展开，例如徒步跋涉、骑自行车、摩托车越野、皮划艇和独木舟游。新的森林景点丛林飞跃是个热门目的地，它在我们去那里的时候已经接近完工，拥有植物园、游泳池、咖啡馆和高空滑索。在琅勃拉邦，主要活动就是逛寺庙、烹饪课程和骑自行车。

★Tamarind 烹饪

（见336页地图；☎020-77770484；www.tamarindlaos.com；Ban Wat Nong；全天/傍晚课程285,000/215,000K）参加这家机构在湖畔廊亭举行的培训课程，为期一天，学习老挝美食艺术。早上在餐馆集合，然后去市场购买食材，用于烹制经典的菜肴，比如香蕉叶蒸鱼（mokphah）。傍晚课程不包括市场采购环节。

Lao Red Cross 按摩、水疗

（见336页地图；☎071-253448；Th Wisunarat；桑拿 15,000K，传统/芳疗按摩 每小时50,000/80,000K；⏲7:00~22:30）🍃这座传统的蓝色老挝房子最近经过翻新，在那些花哨的新店开业之前，这里是此地最早的桑拿和按摩场所。这里或许装饰简单，但工作人员训练有素，按摩手法一流，而且这里还有个加入草药的绝佳桑拿，会像含薄荷醇的管道疏通剂一样疏通你的呼吸道！现在这里已经装备了空调。捐赠全部用于改善老挝贫困村庄的生活状况。

Dhammada 按摩

（见336页地图；☎071-212642；www.dhammada.com；Namneua Lane；足部/芳疗按摩每小时100,000/160,000K；⏲11:00~23:00）这个店面美丽迷人，繁花似锦的园林内提供了各种放松身心和排毒养生的按摩套餐。这里雅致朴素，是城里最棒的按摩店，旁边是一座沉静的莲花池。就像一贯的按摩那样，体验取决于按摩师的活跃程度，因此这里的评价不一。我们很喜欢这里。由克兰奇特（Kranchit）经营，放松、干净而闲适。

Big Brother Mouse 志愿者服务

（BBM；见336页地图；☎071-254937；www.bigbrothermouse.com；Th Phayaluang meungchan；⏲9:00~11:00和17:00~19:00）🍃这里为本地发起，旨在提高老挝从城市到偏远乡村的儿童的文化程度。你可以走进BBM的办公室，为来这里的儿童读书或是与他们一同读书。如果你在老挝旅行，去偏远乡村之前也可以买一些书带上。这里是个鼓舞人心的地方。

儿童文化中心 志愿者服务

（Children's Cultural Centre；见336页地图；☎071-253732；www.cccluangprabang.weebly.com；Th Sisavangvong；⏲周二至周五

Central Luang Prabang 琅勃拉邦市中心

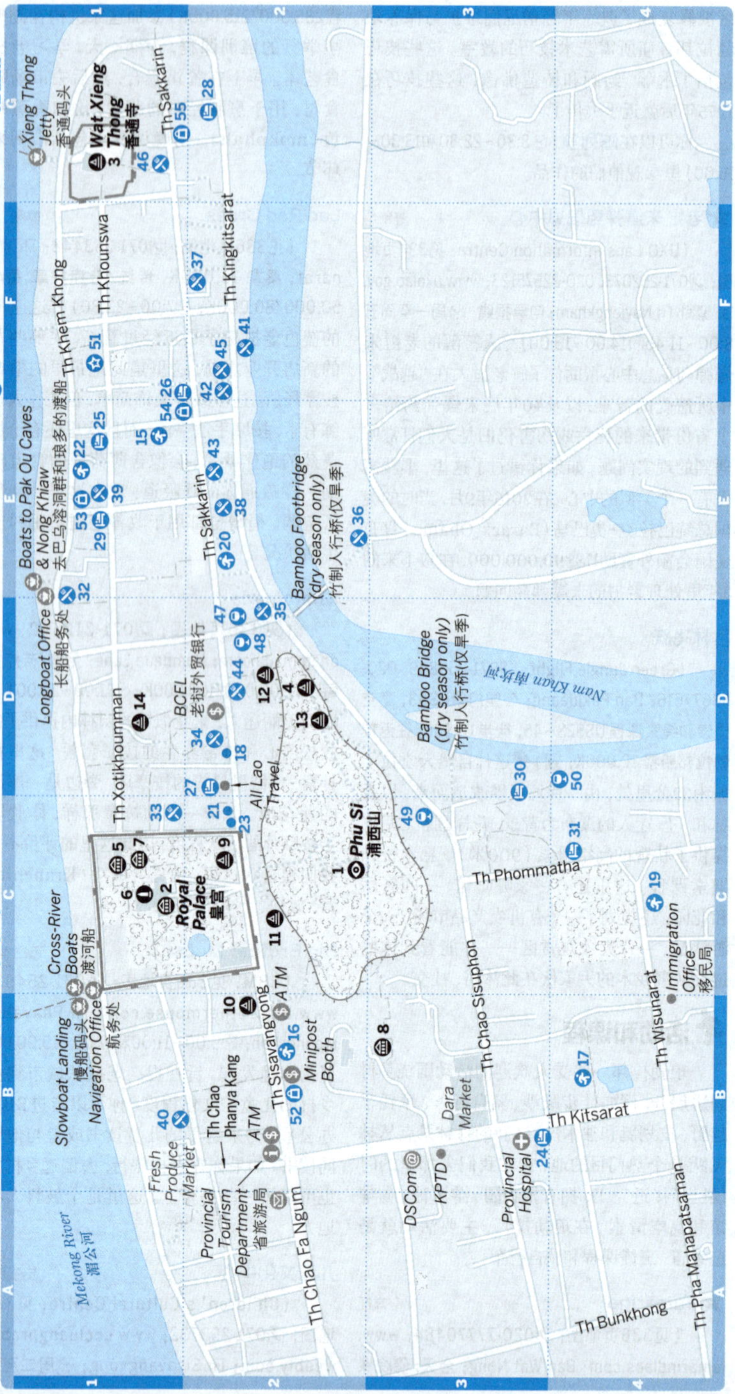

Central Luang Prabang 琅勃拉邦市中心

重要景点

1 浦西山 C2
2 皇宫 C1
3 香通寺 G1

景点

4 佛陀脚印 D2
5 《佛在路上》摄影展 C1
6 勃拉邦金佛 C1
7 王宫车展 C1
8 传统艺术和民族学中心 B3
宗西塔 ..... （见1）
9 霍勃拉邦寺 C2
10 迈佛寺 B2
11 帕华寺 C2
12 西普塔巴提帕拉寺 D2
13 坦莫塔亚兰寺 D2
14 香曼寺 D1

活动、课程和团队游

15 Big Brother Mouse E1
16 Children's Cultural Centre B2
17 Dhammada B4
18 Green Discovery D2
19 Lao Red Cross C4
Luang Prabang Yoga ..... （见50）
20 Luang Say Cruise E2
21 Motolao C2
22 Shompoo Cruise E1
Tamarind ..... （见42）
23 Tiger Trail C2

住宿

24 Amantaka B3
25 Ammata Guest House E1
26 Chang Inn F1
27 Khong Kham Villa D2
28 Oui Guesthouse G2
29 Pack Luck Villa E1
30 Phongphilack Guesthouse D3
31 Villa Sayada C4

就餐

32 Big Tree Cafe E1
33 Blue Lagoon C1
34 Coconut Garden D2
35 Couleur Cafe D2
36 Dyen Sabai E2
37 Le Banneton F2
38 Le Café Ban Vat Sene E2
39 L'Elephant Restaurant E1
40 Morning Market B1
41 Rosella Fusion F2
42 Tamarind F2
43 Tamnak Lao E2
44 Tangor D2
45 The Apsara F2
46 Xieng Thong Noodle-Shop G1

饮品和夜生活

47 Chez Matt D2
48 Icon Klub D2
49 Lao Lao Garden C3
50 Utopia D4

娱乐

51 Garavek Storytelling F1

购物

Big Tree Gallery ..... （见32）
52 手工艺品夜市 B2
53 Monument Books E1
54 Ock Pop Tok E1
55 Queen Design Lao G1
香曼寺陈列室 ..... （见14）

16:00~17:00，周六8:00~11:30和14:00~16:00）这里为老挝儿童提供课后和周末活动，让他们学习老挝文化和传统，并开发他们关于激励健康生活方式和文化保护的技巧。这里提供传统音乐、戏剧、讲故事、唱歌以及各种手工艺活动。来中心了解一下带课的相关事宜。

Luang Prabang Yoga 瑜伽

（见336页地图；www.luangprabangyoga.org；60/90分钟课程 40,000/60,000K；⏲课程通常在7:30和17:00开始）这里的瑜伽课程在几个宁静的地点举行，在这座城市闲适的氛围里慢下来，放松并调整你的精神，既有Utopia（见342页）葱郁的河畔花园平台，也有屋顶的日落风景。这座城市的瑜伽协会在网站上提供关于课程和地点的最新信息。根据我们的体验，这里经营良好，师资优秀，欢迎各种水平的学员。

Luang Prabang Yoga还在琅多（Nong Khiaw）美味的Mandala Ou Resort（见355页）组织放松的3日瑜伽静修。参见www.laosyogaretreats.com。

团队游

琅勃拉邦有大量的旅行社提供半日至多日团队游。去瀑布和巴乌溶洞群的团队游尤其受欢迎，价格竞争也普遍比较激烈，但还是请货比三家。巴乌溶洞群（ຖ້ຳປາກອູ，Pak Ou Caves; Tham Ting; 洞穴门票 80,000K，往返船票每人/船 65,000/300,000K; ⏲发船 8:30～11:00）和达光西瀑布（见345页）是一个奇怪的套餐，因为这两个地方在相反的方向，但优点是当你下船回到旅行社的时候，去达光西瀑布的车会在那里等你。需注意团队游的费用没有包含门票。

★ Living Land　文化游

（☎020-77778335、020-55199208; www.livinglandlao.com; Ban Phong Van; 团队游 每人344,000K; ⏲8:30至正午）🍃这家出色的稻农合作社距离琅勃拉邦约5公里，位于通往达光西瀑布的公路上，你可以在这里花上半天的时间学习如何种植老挝菜里常见的糯米。其中包括与性格合群的水牛鲁道夫（Rudolph）一起犁地——做好准备进到及膝深的光荣泥地里！你永远不会如这般品味稻米。孩子们很喜欢。

Living Land帮助本地社区贫困家庭中的儿童接受教育。

★ Motolao　探险游

（见336页地图; ☎020-54548449; www.motolao.com; Ban Phone Peang Rd; ⏲9:00～18:00）这个出色的团队是老挝最棒的越野摩托团队游组织方之一，拥有卓越的两轮之旅带你深入穷乡僻壤探索正宗的老挝生活，你平常可很难有这种机会。这里有一流的装备和保养良好的摩托车，经营方是可靠的Tiger Trail（见336页地图; ☎071-252655; www.laos-adventures.com; Th Sisavangvong; 团队游US$50起; ⏲8:30～21:00）🍃。这里还出租山地自行车（50,000K/天）和本田250cc的摩托车（US$50/天）。

Green Discovery　户外游

（见336页地图; ☎071-212093; www.greendiscoverylaos.com; 44/3 Th Sisavangvong; ⏲8:00～21:00）这里是老挝生态游的鼻祖，提供具有安全意识的北方皮划艇、徒步、山地自行车和多日游。工作人员英语说得很好，装备遵守安全规程，老板是一个将部分收入投入到环境保护中的老挝人。

节日和活动

老挝新年　文化节

（Pi Mai; ⏲4月）有许多游客来琅勃拉邦过泼水节。小心相机进水，并做好自己被淋成落汤鸡的准备！建议在此期间做好预订工作。

龙舟节　文化节

（Bun Awk Phansa; 雨安居结束; ⏲9月/10月）龙舟节期间，南坎河上会举行赛舟。佛教徒们会在夜晚把点着蜡烛的蕉叶小船放进水中，顺流而下，主要是为了送走上一年的坏运气，并感谢湄公河母亲与守卫其中的那伽（蛇神）。真的很神奇。

住宿

对于想要重温中南半岛往日舒适的享乐之人，这里的迷人精品酒店比你在《新潮酒店》里能找到的还多！对于谨慎花钱的人来说，这里干净简单的客栈里有划算的中档之选，而对于那些预算苛刻的人来说，这里有许多青年旅舍和简单的住所。在旺季，价格会飞涨，而在任何地方都一屋难求。老城半岛上的住宿很贵但更宁静。

琅勃拉邦周边葱郁的乡下有些令人印象深刻的生态旅馆和度假村。

1989 Guesthouse　客栈 $

（见334页地图; ☎020-91701061; joannethinking@yahoo.com; 紧邻Th Phommatha; 铺/房US$19/25; 📶）这家怡人的波希米亚客栈，老板是一位可爱的华人女士。这里有个中庭平台可以放松，前台上散落着西藏的照片和旅行纪念品。这里有2间标准双人间和1间双人间，还有3间宽敞的宿舍间。

Phongphilack Guesthouse　客栈 $

（见336页地图; ☎071-252189; phongphilack@hotmail.com; Ban Aphay; 房 100,000～120,000K; ❄📶）这家客栈隐藏在Utopia（见342页）酒吧附近的小巷子里，最近翻新过后相当不错。一尘不染的客房里有热水、空调和

老挝 琅勃拉邦

吊顶电扇。友善的房东一家会说英语，距离主要酒吧带只有一段步行距离。

Villa Sayada 酒店 $

（见336页地图；☎071-254872；www.villa-shayada-laos.com；Th Phommatha；房120,000~200,000K；❄📶）这家好客的迷你酒店有9间客房，位于Wat Visoun对面，老板是可爱的隆先生（Mr Takashi），这位日本绅士会用一杯朗姆酒欢迎你。白色的客房十分宽敞，有垂坠的布料、手工制作的台灯和相当不错的热水淋浴。这里有私人小阳台能欣赏美景。

★ Chang Inn 精品酒店 $$

（见336页地图；☎071-255031；www.burasariheritage.com；Th Sakkarin；房US$150起；❄📶）这家浪漫的酒店别致漂亮，中南半岛风格迷人而富有品位；想象一下墙上滴答的钟摆，墙上挂着老挝宝马老照片，还有镶嵌珍珠母的木板家具、黄檀木地板、芬芳的亚麻布和枝形吊灯。空调房被时光封存，保留着100年前的样子。后边有个枝叶繁茂的砖地花园。

Oui Guesthouse 客栈 $$

（见336页地图；☎020-54349589、071-252374；房带/不带阳台US$35/45；📶）这里位于半岛尽头朝向南坎河的地方，周围环境安宁，安静到你甚至听得见微风。楼下的简单客房有木顶和砖地，还有民族风的窗帘和华贵的卫生间。额外付US$10可以住到楼上带游廊的河景房。

Khong Kham Villa 酒店 $$

（见336页地图；☎071-212800；紧邻Th Sisavangvong；房US$45；❄📶）沿着紧邻Th Sisavangvong的一条偏巷走下去，进入一个长满棕榈树的庭院，这里的客房小而雅致，配有铺着棋盘方格砖的卫生间（淋浴的水很弱）、柔软的床铺、阅读灯、有线平板电视、押金保险箱和公共阳台。淡季讲价很容易。

Pack Luck Villa 客栈 $$

（见336页地图；☎071-253373；www.packluck.in；Th Thugnaithao；房US$55；❄📶）这家迷人的精品酒店不拘一格，有黑木、纸灯笼、铬合金电扇和波斯小地毯；夜晚，微弱的灯光在酒红色墙壁上的小金箔片上反射。客房有点小，但有3间带楼上的阳台，向下可以看到僧侣在早上闲谈。楼下是人气很高的葡萄酒酒吧Pack Luck Liquor。

Ammata Guest House 客栈 $$

（见336页地图；☎071-212175；pphilasouk@yahoo.com；Ban Wat Nong；房US$30~40；❄📶）一家友好的家庭旅舍，树木繁茂，十分吸睛。这里低调整洁，宽敞的房间配备抛光木材内饰和修葺一新的浴室。大部分的客房位于楼上，有个带顶的公共阳台。老板热情，位置完美，可以欣赏到早上布施的信众走过，而且没有那些照相机在咔嚓作响。

★ La Résidence Phou Vao 豪华酒店 $$$

（见334页地图；☎071-212530；www.belmond.com/la-residence-phou-vao-luang-prabang；房含早餐US$492起；❄@📶🏊）这里位于迷人的山顶，服务毫不懈怠，拥有雅致的木客房，是琅勃拉邦第一家豪华酒店，复兴中南半岛的时尚风格。无边际的游泳池上反射着远处浦西山的景象，旁边是家一流的法国-老挝餐厅。Mekong Spa十分精彩，赢得过多个全球奖项。没有其他的酒店能欣赏到这般壮观的城市和高山风景，幸福感十足！这里免费出借自行车，你还能免费乘坐豪华轿车去5分钟车程外的市区。

★ Amantaka 豪华酒店 $$$

（见336页地图；☎071-860333；www.amanresorts.com；Th Kitsarat；套US$1000起；❄📶🏊）你可以想象格雷厄姆·格林（Graham Greene）在这间餐厅里，在一把木扇下写作的场景。这间餐厅位于一栋装修精美的法国殖民时代建筑内。这里的一侧是修剪整齐的草坪，中心是碧绿的游泳池和梦幻的水疗馆与健身房。这里的套房十分宽敞，配有起居室和四柱床，并且大部分在后花园里配有私人游泳池。确实是琅勃拉邦最优质的酒店。

淡季折扣力度很大。

★ Satri House 历史酒店 $$$

（见334页地图；☎071-253491；www.satrihouse.com；紧邻Th Phothisarath；房US$192~384；❄📶🏊）这座漂亮的别墅曾经是老挝红色亲王（Red Prince）的居所，迷人的客房里配有大床和精美的家具，其装饰的巧思胜于城里其他精品酒店。想象一下葱郁花园中的小路用印度教神像照明，还有水仙观赏池、一个迷人的碧绿游泳池以及错综复杂的中南半岛风格的游廊。水疗馆非常棒。

就餐

在老挝较偏远地区感受过物资匮乏之后，这里提供的各式精美菜肴会让你食欲大开。除了几家非常精致的老挝餐厅之外，这里的餐饮界以法餐为主。琅勃拉邦的咖啡馆也非常棒，每个街角都有面包房。

典型菜肴包括随处可见的本地香肠以及名为orlam（âw lám）的汤（用肉、蘑菇和茄子加特制的苦辣味碎木片调味炖成，别把木头吃了）。湄公河草（kai þâan）是本地一种很棒的小吃。

食品市场里的新鲜水果非常不错，自己下厨的话应该试试早市（见336页地图；⏲周六至周一5:30~16:00）。

半岛内陆

★Le Banneton 面包房 $

（见336页地图；Th Sakkarin；餐20,000~40,000K；⏲6:30~18:00；❄📶）这里是我们在琅勃拉邦最爱的面包房，其入口即化的油酥糕点让我们一次次回来。这里供应巧克力牛角面包（painauchocolat）、比萨、肉冻、法式三明治、沙拉、法式薄饼等。天花板上是错综复杂的阿拉伯花饰，每个方向都有个冷风扇。来自对面寺院里的身着橙色僧袍的僧侣匆匆路过，与面包房的白墙相互映衬。

这里位于半岛安宁的尽头，你得在牛角面包卖完之前早早过来！

Le Café Ban Vat Sene 法国菜 $

（见336页地图；www.elephant-restau.com/cafebanvatsene；Th Sakkarin；主菜50,000~75,000K；⏲7:30~22:00；❄📶）这里是在琅勃拉邦享用下午茶和司康饼的最雅致之所。电扇在光线祥和的吧台上方嗡嗡作响，而甜品柜则懒懒地摄入大量的卡路里——想一想法式泡芙、柠檬挞和树莓慕斯。菜单上还有牛排、沙拉、比萨、烤鸡和烤鲈鱼。可以在室外或凉爽的室内用餐。

Xieng Thong Noodle-Shop 老挝菜 $

（见336页地图；Th Sakkarin；汤粉20,000K；⏲7:00~14:00）这家店面靠近半岛上部，朴实无华，出售的kòwþęeaksèn（圆米粉，汤里有几片鸡肉或酥炸五花肉）在城内首屈一指。通常14点以前便会售罄。

★Coconut Garden 老挝菜、各国风味 $$

（见336页地图；☎071-252482；www.elephant-restau.com/coconutgarden；Th Sisavangvong；餐35,000~150,000K，套餐100,000K；⏲8:00~23:00；📶🌿）这家餐厅的素食套餐水准一流，包括5道高品质老挝菜。因此，即使一人用餐，也能像与许多人一起参加宴会那样，品尝多道菜肴。Coconut Garden前后有庭院，是个非常棒的午餐和晚餐场所。提供各国风味的特色菜肴。

Blue Lagoon 各国风味 $$

（见336页地图；www.blue-lagoon-restaurant.com；Th Ounheun；主菜75,000~140,000K；⏲10:00~22:00；📶）这家餐馆深受外国人的青睐，墙面张灯结彩，露台绿树成荫，爵士乐曲萦绕四周。菜单主打琅勃拉邦香肠、意大利面、勃艮第红酒炖牛肉、沙拉和非常好吃的辣普（láhp）。

Tamnak Lao 老挝菜 $$

（见336页地图；☎071-252525；www.tamnaklao.net；Th Sakkarin；主菜40,000~75,000K；⏲9:00~16:00和18:00~22:00；🌿）这座典型的砖木房屋内供应许多老挝菜和琅勃拉邦菜，坚固的拱形阳台可俯瞰街道。这里服务热情，但店里总是被国外旅游团给坐满了。尝尝这里的淡水鱼。

Tangor 创意菜 $$

（见336页地图；☎071-260761；www.letangor.com；Th Sisavangvong；主菜40,000~80,000K；⏲11:00~22:00；📶）这家餐馆十分富有氛围，昏暗的室内以黑木装饰，橘红色的墙壁上点缀着旧旅游海报。这里的创意菜品制作精心、美观诱人，完美融合老挝的时鲜农产品与法国烹饪手法。菜品包括牛里脊、菲力猪排和西班牙小吃，还有精选的优质葡萄酒。饭后来一支古巴雪茄吧。

L' Elephant Restaurant 法国菜 $$$

（见336页地图；www.elephant-restau.

com; Ban Wat Nong; 主菜 80,000~250,000K; ⌚11:30~22:00; ❄)这家餐馆菜肴精致考究，无疑完胜城内其他餐馆。坐落于一座经过修缮的别墅内，有着木地板、灰泥柱子、赭红色镂花墙面和浓浓的情调。套餐（Menudu Chasseur, 240,000K）包括鹅肝酱、靓汤、鸭胸肉和其他法国特色菜。用水牛肉做的鞑靼牛排美妙无比。

半岛河滨

★Dyen Sabai
老挝菜、各国菜式 $

（见336页地图；☎020-55104817; www.dyensabairestaurant.wordpress.com; Ban Phan Luang; 主菜 20,000~35,000K; ⌚8:00~23:00; 📶)这里是享用老挝美食的一流之选。茄子酱和油炸湄公河草与其他地方出售的一样好吃。质朴的开放式凉亭里的躺椅坐垫是坐着最舒服的地方。在旱季步行一小段走过南坎河竹桥就可以过来，其他时候可以免费乘船过来。正午至19点鸡尾酒买一赠一。

Rosella Fusion
创意菜 $

（见336页地图；www.facebook.com/rosellafusion; Th Kingkitsarat; 主菜35,000K; ⌚9:00~22:30)这家河岸餐厅的开创者是一名Amantaka酒店的前酒保，供应一系列价格实惠的创意美食。老板以店内价廉物美的鸡尾酒为傲，因此不妨考虑在晚餐前过来喝上一杯。尝一尝牛排和胡椒汁。

★The Apsara
创意菜 $$

（见336页地图；☎071-254670; www.theapsara.com; Apsara Hotel, Th Kingkitsarat; 主菜 60,000~110,000K; ⌚7:00~22:00; 📶)这家时髦的餐厅朝向南坎河，供应融合了东西方菜系的创意菜。可以大家一起吃的菜有水牛排和鱼包，或者选择焖猪楠作为主菜。留一些肚子享用美味的甜点，比如青柠和姜糖浆炖沙梨配叶子冰激凌和一张老挝式印度脆饼（Lao poppadom）。

★Tamarind
老挝菜 $$

（见336页地图；☎071-213128; www.tamarindlaos.com; Th Kingkitsarat; 主菜 40,000K, 晚市套餐 100,000~150,000K; ⌚11:00~22:00; 📶)这家薄荷绿色的餐馆位于南坎河岸，清新别致，开创了"当代老挝菜品"系列。单独点菜的话，可以选择包含多样小点心的竹盘拼盘、填馅香茅草和meuang（自己动手将面条、香草、鱼、辣椒酱和蔬菜包在一起）。这里还有水牛辣普和琅勃拉邦香肠。人气当然很高。

Big Tree Cafe
韩国菜、各国风味 $$

（见336页地图；www.bigtreecafe.com; Th Khem Khong; 主菜35,000~50,000K; ⌚9:00~21:00; 📶✍)这家店位于一座迷人的木屋中，有城里最好的韩国菜，里边总是坐满了韩国人以及欣赏楼上画廊（见342页）里展出的摄影师安德利·伯格（Adri Berger）作品的审美家们。可以在室内或葱郁宁静的花园平台上用餐。同时提供西餐和日本菜。

Couleur Cafe
各国风味 $$

（见336页地图；☎071-254694; Th Kingkitsarat; 主菜 40,000~100,000K; ⌚11:00~22:00; ❄📶)这里一直深受常住居民们欢迎，已经搬到了半岛上的南坎河岸，但还在继续供应带有法国风味且呈现创意的老挝菜。亮点菜品有鸡肉煲配姜和香茅，以及鸭胸肉配蜂蜜和芒果酸辣酱。雅致而放松。

饮品和夜生活

宫殿东北方的主街Th Sisavangvong上有许多饮酒场所，其中还有几家迷人的葡萄酒吧。Chez Matt和吸引人的Icon Klub是城里最棒的两家酒吧，位于连接两条河河岸的一条无名公路上（但距离南坎河更近），彼此相距只有几米。酒徒们的大本营就在浦西山南边，位于Th Kingkitsarat上，在Lao Lao Garden（见336页地图；Th Kingkitsarat; 主菜 30,000K; ⌚17:00至深夜；📶)周围。法定打烊时间为23:30，这条法规通常被严格执行。

★Icon Klub
酒吧

（见336页地图；www.iconklub.com; Th Sisavang Vatthana; ⌚17:00至深夜；📶)想象一个地方，作者们死后在那里聚会谈天，就像被精妙调制的鸡尾酒那般自由流动。你坐在杰克·凯鲁亚克（Jack Kerouac）旁边，阿内丝·尼恩（Anaïs Nin）则坐在旁边舒适的椅子上阅读……Icon或许就是这个地方。墙上有一尊天使雕像伸出来，背景中则有朗读诗歌、即兴演奏以及超赞的音乐声。

在这里待一晚，你可能会被带到某个魔力之地，并且成为你游览这座城市中的亮点。这里的老板是一位富有魅力的匈牙利诗人，这家酒吧是老挝最富有氛围的酒吧，没有之一。

Utopia 酒吧

（见336页地图；www.utopialuangprabang.com；⏲8:00~23:00；📶）这家酒吧位于葱郁的河畔，能欣赏到南坎河的宁静风光；想象一下舒适的靠椅坐垫、矮矮的桌子，还有水烟。来一份水果奶昔、汉堡、早餐或鸡蛋饼（主菜30,000K）放松一下，玩盘桌游、打场排球，或者单纯放任自己沉醉在日落时分的烛晕之中。这里的设计采用了仿高棉废墟和葡萄藤，此处无疑是城里最热闹的露天酒吧。

Luang Prabang Yoga（见337页）定期在这里举办上午课程，详情见网站。

Bar 525 酒吧

（见334页地图；☎071-212424；⏲17:00~23:30；📶）这家时髦的都市酒吧位于一条安静的街道上，交际氛围浓厚。坐在外边的平台上看星星，坐在灯光昏暗的长吧台边，或是在舒适的休闲区放松。这里有大量的鸡尾酒和欢声笑语，墙上有迷人的照片，客人们都见多识广。这里还供应水牛肉汉堡和墨西哥芝士馅饼（quesadilla）等小吃。

Chez Matt 酒吧

（见336页地图；Th Sisavang Vatthana；⏲19:00至深夜；📶）这家酒吧以烛光照明，里边有牛血色墙壁、昏暗的光线和一个有着抛光水晶璀璨闪亮的漂亮吧台，这里处于中心地带，气氛祥和，为这座城市的夜景增添了一丝高雅之气。这里有鸡尾酒、法国和意大利葡萄酒酒窖和清凉的音乐，非常适合穿上最高档的衣服，在去某个豪华场所用晚餐之前可以过来坐坐。

☆ 娱乐

Garavek Storytelling 剧院

（见336页地图；☎020-96777300；www.garavek.com；Th Khounswa；门票 50,000K；⏲18:30）🍃"Garavek"意为"魔鸟"，这里迷人的演出时长1小时——其中有一位老人身穿部落服饰演奏令人难忘的竹笙（khene），与此同时一个动画（英语）说书人讲述本地的老挝民间故事与传说——带你的想象力飞上一段绚丽的旅途。剧场内只有30个紧凑的座位。请提前订票。

🔒 购物

★ **Queen Design Lao** 服装

（见336页地图；queendesignlao@gmail.com；Th Sakkarin, 1/17 Ban Khili；⏲周一至周六10:00~18:00；📶）这家时尚的精品店由一名澳大利亚人经营，有精选的手工亚麻、丝绸和棉布连衣裙、睡裙、短裙，以及沙滩巾，这些都由澳大利亚知名设计师克里斯·博伊尔（Chris Boyle）制作。其中大部分为孤品。除了羊毛披肩和围巾以外，这里还出售有机面部磨砂膏和设计师木框眼镜，这里也是Article 22 Bomb Jewellery的独家分销商。

★ **Big Tree Gallery** 艺术品

（见336页地图；☎071-212262；ThKhem-Khong；www.adriberger.com/general/luang-prabang；⏲9:00~21:00；📶）摄影师兼电影制作人安德利·伯格的老挝乡村作品非常精美，没有人能像他一样，捕捉到蜜色的午后阳光。他的美术馆兼餐厅有着赭色的墙壁，位于一座通风良好的木屋中，有个怡人的棕榈树荫平台可供阅读。你在楼上能找到他的许多作品。复制品可以放在防护容器里，安全送至买家家中，是非常精美的纪念品。

★ **手工艺品夜市** 市场

（Handicraft Night Market；见336页地图；Th Sisavangvong；⏲17:30~22:00）每天晚上，这个面对游客开放但极为吸引人的夜市沿着Th Sisavangvong一路排开，是琅勃拉邦最吸引游客的地点之一。夜市灯光暗淡，安谧悠闲，没有强行推销。众多摊主兜售着丝巾、壁挂、苗族拼花贴布毯、T恤、衣服、鞋子、纸张、银器、包袋、陶器、竹艺灯等。

Ock Pop Tok 服装、手工艺品

（见336页地图；☎071-254406；www.ockpoptok.com；Th Sakkarin；⏲8:00~21:00）🍃

这家店铺与多个不同的部落合作，以传承他们的手工艺品传统。精美的丝绸和棉布围巾、无袖女服、连衣裙、壁挂和垫套，都是很棒的礼物。还提供编织课程（见334页地图；☎071-212597；www.ockpoptok.com；半/全天主编课程 240,000/284,000K，苗族蜡染课程480,000/640,000K，3天自然染布和纺织课程1,584,000K；⏲周一至周六 8:45~16:00）。

Monument Books 书籍

（见336页地图；www.monument-books.com；Th Khem Khong，Ban Wat Nong；⏲周一至周五 9:00~21:00，周六和周日至18:00）这家店为地区性连锁店的一家，店内有旅行指南、地图、小说、杂志和关于老挝历史的书籍。

实用信息

老挝外贸银行（见336页地图；Th Sisavangvong；⏲周一至周六 8:30~15:30）提供各大主要币种现金和旅行支票的兑换服务，有一台24小时自动柜员机，提供Visa卡和万事达卡现金预借服务。

DSCom（见336页地图；☎071-253905；Th Kitsarat；⏲周一至周六 9:30至正午和13:00~18:00）我们很喜欢这些人在帮忙解决一场笔记本电脑危机时的诚实与从容。

移民局（见336页地图；☎071-212435；Th Wisunarat；⏲周一至周五 8:30~16:30）如果你在签证过期之前申请的话，通常可以最多把老挝签证额外延长30天（US$2/天）。

Minipost Booth（见336页地图；Th Sisavangvong；⏲7:45~20:30，预借现金 9:00~15:00）可兑换多数主要币种，汇率公道，每天都营业。18:00以后不太好找，会被市场摊档遮住。

邮局（见336页地图；Th Chao Fa Ngum；⏲周一至周五 8:30~15:30，周六 至正午）提供电话和西联汇款（Western Union）服务。

省立医院（Provincial Hospital；见336页地图；☎071-254023；Ban Naxang；医生诊费100,000K）治疗小毛病没有问题，但若是遇到任何严重的疾病，就应考虑飞到曼谷或是返回万象及泰国边境的邻近医院。要注意的是，琅勃拉邦的医院在周末或平日16:00以后收取双倍诊费。

省旅游局（Provincial Tourism Department；见336页地图；☎071-212173；www.tourismlaos.org；Th Sisavangvong；⏲周一至周五 8:00~16:00；📶）提供关于节庆和少数民族的基本信息，也提供地图、宣传页，以及长途汽车和乘船信息。非常棒的旅游局，工作人员很帮得上忙。

到达和离开

飞机

距离市中心约4公里远的**琅勃拉邦国际机场**（Luang Prabang International Airport；☎071-212173；📶）自2013年便有一了个光鲜的新楼，以及一条延长了的跑道。**东方航空**（China Eastern Airlines；www.ceair.com）开通了从昆明至琅勃拉邦之间的直飞航班。**海南航空**（Hainan Airlines；www.hnair.com）开通了海口至琅勃拉邦之间的直飞航班。**曼谷航空**（Bangkok Airways；www.bangkokair.com）和**老挝航空公司**（见334页地图；☎071-212172；www.laoairlines.com；Th Pha Mahapatsaman）每天各有两趟航班飞往曼谷。老挝航空公司每日还有几班飞机飞往万象，每日也有1班飞机飞往巴色、清迈、河内和暹粒的航线，以及景洪至琅勃拉邦之间的直飞航班。**越南航空**（☎071-213049；www.vietnamairlines.com）每日各有1趟航班飞往暹粒（与老挝航空公司共享代码）和河内。

轮船

要搭乘慢船前往巴本(Pak Beng；130,000K，9小时，8:00开船)，可在王宫后面的**航务处**(navigationoffice；见336页地图；⏲8:00~11:00和14:00~16:00)购票。到会晒的直达票(220,000K，2天)也有，但是你还是得在巴本住上一晚。如果你喜欢巴本的话，你还可以住久一点。**慢船主码头**（见336页地图）就在航务处的正后方，但登船地点随河水水位变化而有所不同。

更高级的**琅塞号游轮**（Luang Say Cruise，Mekong Cruises；见336页地图；☎071-254768；www.luangsay.com；50/4 Th Sakkarin；游船US$362~490；⏲9:30~21:30）从香通寺对面的香通码头出发开往会晒，行程两天。费用包括在巴本Luang Say Lodge的一晚住宿。**Shompoo Cruise**（见336页地图；☎071-213190；www.shompoocruise.com；Th Khem Khong；游船 含早餐和2顿午餐US$110）是一个更便宜的替代选择；不含巴本住宿。

另一种快速但既不安全也不舒适的方式是搭乘6人座的快船，沿湄公河飞速驶往巴本

（190,000K，3小时）和会晒（320,000K，7小时）。不过，不能确定漫川的固定发船时间和价钱，所以除非你通过旅行社安排，还是提前一天去快船站打听一下比较好。快船站在城北约5公里处：在Rte 13的390公里标记处西转，然后沿着一条未经铺砌的道路（过了途中唯一一个交叉路口之后会变成肮脏得难以置信的土路）前行300米。

长途汽车

如你所料，**客运北站**（Northern Bus Station；见334页地图；☎071-252729；Rte 13）和**客运南站**（Southern Bus Station；Bannaluang Bus Station；见334页地图；☎071-252066；Rte 13,Km 383）位于城市相反的两端。从**那琅小巴站**（Naluang Minibus Station；见334页地图；☎071-212979；souknasing@hotmail.com；Rte 13）发车的小巴/面包车复制了几条热门大巴路线，小巴站位于客运南站斜对面。其中的常规路线有7:30、8:30和17:00发车开往万象（170,000K，7小时）；8:00、9:00、10:00、14:00和15:00开往万荣（110,000K，5小时）；8:30分开往琅南塔（120,000K，8小时）；以及9:30开往琅多（70,000K，3小时）。

另一个选择是自己组团，租辆舒服的6座面包车，其费用不到长途汽车费用的两倍。车费包含中途停车拍照，并且可以更快抵达目的地。可直接通过小巴站预订，去往丰沙湾或万荣的价格大约是1,000,000K，去往琅多的价格约为500,000K，可以去客栈接人。

沙耶武里和洪沙

开往沙耶武里（Sainyabuli；60,000K，3小时）的长途汽车在9:00和14:00从客运南站发车。湄公河上的新桥Tha Deua如今已经开放，将私家车开往沙耶武里的时间缩减至2小时左右。还有一路新小巴开往沙耶武里的大象保护中心（Elephant Conservation Center），由**Sakura Tour**（☎074-212112）运营，上车地点为邮局外。要去洪沙（Hongsa）的话，由于新桥已开通，最容易的方式是取道沙耶武里。

万象和万荣

每天有多达10趟班车从客运南站出发，经万荣开往万象（150,000K，9小时），6:30~19:30发车。卧铺大巴（150,000K，9小时）在20:00和21:30发车。

琅多和桑怒

前往琅多（55,000K，4小时），可以搭乘9:00从那琅小巴站开出的班车。而前往桑怒（140,000K，17小时），则可以选择在客运北站搭乘分别于9:00、11:00和13：00开出的小型敞篷客车（车斗里摆着载客长椅的皮卡车；55,000K）或8：30开出的长途汽车，这些车途中都会经停温通（Vieng Thong；120,000K，10小时）。另一趟开往桑怒的长途汽车（由万象出发）在17:30左右抵达。

丰沙湾和越南

要去丰沙湾（10小时），有一班小巴（120,000K）在9:00从那琅小巴站发车，一班大巴（普通/特快 90,000/105,000K，10小时）在8：30从客运南站发车。你可以坐车去越南的奠边府（220,000K，10小时，6:30发车）与河内（380,000K，24小时，18:00发车）。

老挝西北和中国

去往中国昆明（450,000K，24小时）的卧铺长途汽车7：00从客运南站发车，有时还会更早。提前订票并确认发车地点比较明智。在客运北站，去往乌多姆赛（60,000K，5小时）的车在9:00、正午和16:00发车；去往琅南塔（105,000K，9小时）的车9:00出发，去往会晒[博胶（Borkeo）；130,000K，15小时]的车在17:30发车，还有一班19:00发车的VIP长途汽车（150,000K）。

ℹ 当地交通

有许多店铺和几家客栈出租自行车，租金为每天15,000~30,000K。琅勃拉邦没有摩的，只有突突车，还有从机场进城的造型奇特的大出租车，固定收费50,000K。如果乘客超过3人的话车费会提高。

Lao Green Travel的**E-Bus**（www.laogreengroup.com；行程 5000K起）是游览琅勃拉邦的新选择，这是一种零排放的电动三轮车（绿色和黄色），环绕老城区运行。你可以在商店和客栈里买票。这里还提供一款**E-Bus Tour**（见334页地图；☎071-253899；www.laogreengroup.com；团队游 US$40，10岁以下儿童免费；⏲团队游上午8:30~12:30，下午 13:00~17:30），为带乘客环城的导览游。

Chomphet Sŏrngtăaou Stand（见334页地图）位于湄公河对岸，开往琅勃拉邦，从河边大约上坡400米，Chomphet小型敞篷客车站只服务当地村民。

渡河船（Cross-River Boats；见336页地图；单程

10,000K）有两艘渡轮定时往来琅勃拉邦与湄公河对岸的Ban Xieng Maen之间。船程约5分钟。

KPTD（见336页地图；☎071-253447、020-97100771；Th Kitsarat；半自动挡 100,000K，自动挡 120,000K，250cc越野摩托车 每天US$70；⏲8:00~17:00）强烈推荐这里保养得当的本田CRF 250cc越野摩托车。你还可以在万象还车。

香通码头（Xieng Thong Jetty；见336页地图；TH Khem Khong）位于香通寺对面。琅塞号游轮和Shompoo Cruise都在这里发船。

琅勃拉邦周边（AROUND LUANG PRABANG）

巴乌溶洞群（Pak Ou Caves）

在南欧江（NamOu）与湄公河在Ban Pak Ou的交汇处，石灰岩山崖里有两个著名的洞穴，里边挤满了大量的佛像。在较低的洞穴里，有一组十分适合拍照的佛像，其剪影映衬着迷人的河景。爬5分钟台阶就能深入岩表50米，到达较高的洞穴（你需要一支手电筒）。在琅勃拉邦的**长船办公室**（见336页地图；Th Khem Khong；⏲周一至周六 9:00~17:00）买船票。

大部分去巴乌（Pak Ou）站的游客中途会停靠"老挝佬族村"，那里因为威士忌而闻名。非常吸引人（不过大部分都很新）的寺庙后边的小步道里也摆满了织布机、缤纷的布摊和几个出产所卖烈酒的蒸馏器。

或者也可以走陆路去Ban Pak Ou（30公里，突突车往返 约150,000K），然后搭乘机动独木舟过河（往返20,000K）。在405公里处拐出Rte 13，沿一段路况不错的土路走10公里就是Ban Pak Ou。

达光西瀑布（Tat Kuang Si）

达光西瀑布（ຕາດກວາງຊີ，Tat Kuang Si；门票 20,000K；⏲7:30~17:30）位于琅勃拉邦西南方30公里处，是一个多层瀑布，从石灰岩上奔腾而下，流到多个凉爽且可游泳的碧绿水池；"世外桃源"都不足以形容它。除了荡着绳子跳到水里，你还可以选择去公共公园，园内有遮篷和野餐桌，你可以在那里吃午餐。别错过公园大门附近的**达光西熊类保护中心**（Kuang Si Rescue Centre；www.freethebears.org.au；Kuang Si Waterfall；门票 含达光西瀑布；⏲8:30~16:30）免费，那里的亚洲黑熊（Asiatic Wild Moon bear）是从贩卖熊胆的偷猎者手里解救出来的，它们在这里获得了新生。

卡姆族（Khamu）村庄Ban Thapene顶端的入口停车场有许多便宜的餐馆。

如今租摩托车游览达光西瀑布体验非常好，这里的公路铺设得相当不错，沿途还可以停靠村庄。骑自行车的话，要准备好爬两段十分长的陡坡。从琅勃拉邦坐突突车过来每人需要250,000K，3人一组的话每人85,000K，所以最好组团前往。

达塞瀑布（Tat Sae）

这座薄荷色的**瀑布**（ຕາດແຊ；20,000K，8岁以下儿童免费；⏲8:00~17:30）位于琅勃拉邦东南方15公里处，宽阔的喷泉池分为几层，8月至11月期间的景点令人难忘。与达光西瀑布不同，这里没有长距下落的重头戏，而且到了2月的时候几乎会完全干涸。但这里全年有好几种花招吸引游客过来，特别是一圈14个**高空滑索**（☎020-54290848；www.flightofthenature.com；每人 300,000K），你可以凭借它在瀑布周围和上方"飞翔"。

在这里游览还有一个非常吸引人的就是一段怡人的7分钟乘船游（每人往返20,000K，最低满40,000K开船），船从Ban Aen出发，这座宁静的佬族村庄，就在Rte 13东边1公里处（在371.5公里处转东）。从琅勃拉邦搭乘突突车只需30分钟，往返费用最多150,000K，价格包括几个小时的等候。

老挝北部（NORTHERN LAOS）

无论是徒步、骑行、玩皮划艇、高空滑索还是寄宿在当地人家，来老挝北部会收获许多亮点。这里遍布不受拘束的茂密森林，林里生活着老虎、长臂猿等众多动物，成熟的生态旅游业基础设施会带你深入它们的腹地。

在北方，你还能见到各种服饰鲜艳的民

族部落，与老挝其他地方都不相同。

在这里，万象之国变成了百转千折的"弯"象之国，胆小的人们不适合来这里旅游，因为公路永远在高山与蜿蜒的河谷间扭转。相比之下，大部分北方城镇的状况都不错，为20世纪中南半岛战争中被经过大肆轰炸后重建。

但游客来老挝北方不是为了城市，而是来感受这里的乡村生活。美妙的河流之旅能让你以更慵懒的步伐探索田园风光。

川圹省和华潘省（Xieng Khuang & Hua Phan Provinces）

长而曲折的公路如无尽的丝带一般穿过这些人口稀少而绿意盎然的东北省份，通往石缸平原（Plain of Jars）和迷人的芒咸洞群（Vieng Xai Caves）。如果你往来越南经过这里的话，二者都非常好玩。有时间的人可以再去一下琅多和温通。后者是通往南埃河/普类山国家保护区（Nam Et/Phou Louey National Protected Area，NPA）及其"老虎路线"的门户。这些省份的其他地方都完全没有游客。

丰沙湾（Phonsavan）

丰沙湾（ໂພນສະຫວັນ）作为探索石缸平原的大本营十分受欢迎。这座城镇本身有一种未完工之感并且非常舒展，有两条平行的主干道东西向延伸大约3公里，幸运的是，在一片建筑平平无奇的中心地带非常便捷地聚集着酒店、餐厅和旅行社。Rte 7沿线还杂乱地分布着更多的商店、市场以及各种设施。但从周边的山丘才是欣赏城镇的最佳地点，其中有几座山上松木丛生，山顶有小型度假村。留意一下山路上的粉蓝色苗族木屋，路旁整齐地堆着木柴。

这片地区很久以来一直是普安族（Phuan）的语言和文化中心（从属于侗台语系）。越南语在这里的存在感也很强。

景点

未爆弹药信息中心 文化中心

（UXO Information Centre，MAG；☎061-211010；www.maginternational.org/laos；Phonsavan；鼓励捐款；⏲10:00~20:00）免费 美国在老挝的秘密战争（Secret War）结束几十年之后，未爆弹药和地雷在这片地区仍旧是一个毁灭性的问题。来参观引人深思的未爆弹药信息中心吧，这里由英国组织矿山咨询集团（Mines Advisory Group，MAG）运营，该组织自1994年起便一直在帮助老挝清理未爆弹药。中心内的信息展示揭露轰炸的恶行，还摆放有未爆弹药标本（引信已拆除）。欢迎捐款：US$12足够清除约10平方米内的未爆弹药，捐款者会获赠一件纪念T恤。

下午晚些时候会放映震撼的纪录片《收割炸弹》（*Bomb Harvest*；4:30；www.bombharvest.com）、《幸存的和平》（*Surviving the Peace*；17:50）和《炸弹》（*Bombies*；18:30；www.itvs.org/bombies/film.html）。它们沉重却重要，因为它们最大限度地还原了创伤，既有美国轰炸机轰炸的片段，也有因其可怖遗留物而导致的持续伤亡。

★川圹未爆弹药幸存者信息中心 文化中心

（Xieng Khouang UXO-Survivors' Information Centre；www.laos.worlded.org；鼓励捐款；⏲8:00~20:00）免费 川圹未爆弹药幸存者信息中心和其缤纷愉悦的店铺出售未爆炸弹药幸存者制作的丝绸电脑包、钱包和手工艺品。这里展示假肢、轮椅及炸弹残片，此外还有个阅读室，里边有关于秘密战争和至今仍旧威胁老挝的不同未爆炸弹药的丰富信息。可以要求观看录像《残存的集束弹药》（*Surviving Cluster Bombs*）。90%的捐款会直接用来资助未爆弹药幸存者的治疗。

桑树农场 农场

（ປໍສາ，Mulberries；☎061-561271；www.mulberries.org；⏲周一至周六 8:00~16:00）这家丝绸农场价格公道，可以免费参观，游客可以了解由蚕茧制成五颜六色围巾的整个过程。这里紧邻Rte 7，就在长途汽车总站西边。

团队游

Lao Falang Travel Service 探险游

（☎020-23305614、020-55406868；Rte

Phonsavan 丰沙湾

7; 1日游 US$108）这里的老板是一个可靠的意大利人，经营1日和多日摩托车游，其中有70%~85%是越野路线（具体难度取决于你的信心）。1日游通常包含了石缸遗址1（Jar Site 1）、俄罗斯坦克和孟昆（Muang Khoun），以及在出色的Lao Falang意大利餐厅享用一顿晚餐。可靠而老练的导游确保不会超过你的极限。

Sousath Travel 团队游

（☎020-23305614、020-55406868; rasapet_lao@yahoo.com; Rte 7; ⏰8:00~20:00）老板组织非常可靠的团队游，去往石缸平原和胡志明小道（Ho Chi Minh Trail），还会在苗族村庄家庭寄宿。对于战争迷们，他可以组织去Long Tien的旅程，那里是美国中央情报局（CIA）在秘密战争期间于Saisombun丛林中修建的秘密跑道。他还出租自行车（20,000K）和小型摩托车（手动挡/自动挡70,000/90,000K）。

住宿

Kong Keo Guesthouse 客栈 $

（☎061-211354、020-285858; www.kongkeojar.com; 铺 40,000K，外区房间80,000K，度假屋 120,000K; 📶）这里由Veomany经营；在本书写作之时，他正将粗糙的木屋替换成有6个阳台的砖砌度假屋。

Phonsavan 丰沙湾

重要景点
1 川圹未爆弹药幸存者信息中心 D2

景点
未爆弹药信息中心 .... （见1）

活动、课程和团队游
2 Lao Falang Travel Service D2
3 Sousath Travel D2

住宿
4 Anoulack Khen Lao Hotel D2
5 Hillside Residence B1
6 Kong Keo Guesthouse D2
7 Vansana Plain of Jars Hotel B1
8 White Orchid Guesthouse D2

就餐
9 Bamboozle Restaurant & Bar D2
10 Cranky-T Café & Bar D2
11 Fresh Food Market C2
Lao Falang Restaurant .... （见4）
12 Nisha Restaurant D2

尽管7床宿舍十分狭窄，但外区有大而干净的客房，房内有薄荷绿的墙壁和私人卫生间。用未爆弹药装饰的餐厅兼酒吧每晚有烧烤，Veomany还经营出色的石缸平原团队游。

White Orchid Guesthouse 客栈 $

（☎061-312403；房含早餐 带电扇/空调60,000/150,000K，标三180,000K；❄📶）这家客栈客房墙壁翠绿，拥有独立卫浴、双人床、有线电视机和赏心悦目的毛毯。房价包含从机场和客运站接机接站的服务，而且还有个小旅游办公室可以安排游览石缸平原的行程。简单而干净。

Anoulack Khen Lao Hotel 酒店 $$

（☎061-213599；www.anoulackkhenlaohotel.com；Main St；房含早餐200,000K；❄📶）这座玻璃乐高塔无疑拥有城里最好的客房，房内有木地板、厚床垫、白色亚麻布料、有线电视机、冰箱、烧水壶和豪华热水卫浴。5楼还有个很棒的餐厅，你可以在那里享用早餐和使用Wi-Fi。方便的是酒店还有个直梯。值得多花点钱来住。

Hillside Residence 酒店 $$

（☎061-213300；www.thehillsideresidence.com；Ban Tai；房含早餐US$30；📶）这座复制的砖木结构宅邸位于一座葱郁的小花园中，看起来就像属于一座殖民地时期的山城。客房虽小却迷人，而且五脏俱全，还有为清凉季节准备的毛毯。不过床铺相当硬。楼上有个公共平台可以坐，还有几间客房自带阳台。有免费的Wi-Fi，老板很可爱。

Vansana Plain of Jars Hotel 酒店 $$

（☎061-213170；www.vansanahotel-group.com；房400,000~500,000K）这家宏伟的酒店按照丰沙湾的标准来看非常富丽堂皇，建于2004年，自己占据了一个小山头。客房大而舒适，配有长绒地毯、老旧的电视机和迷你吧台，装饰雅致，卫生间内有大浴缸。每个房间都有能俯瞰城景的小阳台。不过这里有些陈旧，需要一点新鲜的刺激。

餐饮

野生松茸蘑菇（hétwâi）和腌制燕雀（nokaendawng）是当地特色；去**新鲜食品市场**（⏲6:00~17:00）尝尝。注意：有几家越南餐馆出售狗肉（thitchó），可以避开这些可能让你不愉快的体验。

Nisha Restaurant 印度菜 $

（Rte 7；餐20,000~30,000K；⏲7:00~22:00；📶✎）这家餐馆室内是奶油色调，整洁简单，但在其出色的菜品中才能找到它的真实色彩。菜品包括常见的香烧鸡柳（tikka-masala）和咖喱羊肉（roganjosh）、咖喱菜肴以及丰富的素食选择。不过，真正令你流连忘返的是这里完美运用的香料和新鲜食材。

★**Lao Falang Restaurant** 意大利菜 $$

（☎020-5546868；主菜50,000~70,000K；⏲7:00~16:00和17:00~22:30；❄📶✎）这家意大利餐馆宽敞、雅致而且无比干净，是Lao Falang Travel Service（见346页）的姐妹店。老板是个热情的热那亚人，会说4种语言。强烈推荐烹制美味的魔力西冷牛排、羊肉和大虾，以及自制意面（奶油培根意面和意大利肉酱面）、薄底比萨和自制冰激凌。这里的葡萄酒也非常棒。餐厅还制作可以带着去长途大巴游时吃的火腿、鸡肉或素三明治。

Bamboozle Restaurant & Bar 各国风味 $$

（☎030-9523913；Rte 7；餐25,000~52,000K；⏲7:00~10:30和15:30~22:30，厨房21:00关闭；📶）🍃这里名副其实，拥有竹墙，天花板上吊下漂亮的灯笼，供应薄底比萨、意面、沙拉、大号芝士汉堡和美味的老挝菜。此外还有冰爽的啤酒和摇滚背景音乐，简直无敌了！这家餐厅的部分收入用于支持城市青年发展的Lone Buffalo Foundation（www.facebook.com/lonebuffalo）。

Cranky-T Café & Bar 创意菜 $$$

（☎020-55504677、061-213263；www.facebook.com/CrankyTLaos；Main St；主菜35,000~130,000K；⏲7:00~23:00，食品供应17:00~21:00，欢乐时光16:00~19:00；❄📶）Cranky-T拥有雅致的红酒色裸砖内饰，与店铺同名的老板制作可口的沙拉、刺身、烟熏鲑鱼、法式薄饼和新西兰牛里脊肉配谷物糊等丰盛的菜肴，让你在游览过石缸遗址后可以填饱自己的肚子。此外还有肉桂麦芬、布朗尼芝士蛋糕以及精选的鸡尾酒（35,000K），你可以在这里待上一整天。

实用信息

老挝外贸银行（☎061-213291；Rte 7；⌚周一至周五 8:30~15:30）位于Xieng Khouang Hotel旁边。有一台24小时自动柜员机，并且可以兑换货币。

老挝发展银行（Lao Development Bank；☎061-312188；⌚周一至周五 8:30~15:30）兑换货币。

老挝-蒙古友好医院（Lao-Mongolian Friendship Hospital；☎061-312166）或许可以治疗小病。

邮局（⌚周一至周五 8:00~16:00，周六至正午）还提供拨打国内电话服务。

川圹旅游局（Xieng Khuang Tourist Office；☎020-22340201、061-312217；www.xiengkhouangtourism.com；Hwy 1E；⌚8:00~16:00）这里位置偏僻，交通不便（位于通往机场的路上），然而十分有用，有会说英语的工作人员，还有旅游手册和从战争垃圾中回收的纪念品。有丰沙湾和川圹地区的免费地图，外加《在丰沙湾城周边做什么》（*What Do I Do Around Phonesavanh Town*）的复印页，里边提供了石缸遗址以外的游览建议。

到达和离开

航班和大巴时刻表里通常把丰沙湾称作“川圹”（Xieng Khuang），尽管这本来是孟昆（Muang Khoun）的名字。

飞机

老挝航空公司（☎061-212027；www.laoairlines.com）每天都有抵离万象（US$61）的航班。旺季有时会每周运营一个航班抵离琅勃拉邦。

长途汽车

旅行社预售的长途汽车票一般约为40,000K，比标准费用高，不过包括了去往名字具有迷惑性的**客运北站**（Northern Bus Station；☎030-5170148）的车程。实际车站位于城区中心以西4公里处，有时也被称作省客运站（Provincial Bus Station）。去往越南的长途汽车周二、四、五、日的6:30出发去荣市（Vinh；150,000K，11小时），有的季节，周一也会发车并继续去往河内（320,000K）。

7:30、8:30、10:30、16:30、18:30有空调车去往万象（110,000K，11小时），还有一班出发的VIP长途汽车（130,000K）。所有车都经过万荣，那里还有另外一班7:30发车的长途汽车（95,000K）。

> **炸弹村**
>
> Ban Tha Jok/Na Kam Peng两个苗族村庄将旧战争垃圾回收变为实用物品，因此得到了“炸弹村”这个外号，他们用集束炸弹的壳子做米仓的腿、种植香草的盆、烤炉，还做成了一套设计复杂的围栏。主要聚集地位于Rte 7以南约700米处，在165公里处（丰沙湾以东27公里处）转弯。

这里的卧铺车（150,000K）在20:00发车。

客运南站[The Southern（Bounmixay）Bus Station；Hwy 1D]，位于城南4公里处，（每周4天）6:00有大巴开往沙湾拿吉（150,000K），之后继续开往巴色（180,000K）。开往北汕的大巴（100,000K，8小时）取道新完工的公路，在6：30和8:00发车。

Phoukham小巴和巴士站（Phoukham Minibus and Bus Station；☎020-99947072；Th Xaysana；⌚7:00~20:00）位于市中心东部，8:30有小巴开往琅勃拉邦（110,000K）和万荣（100,000K），6:30、8:00和17:00有小巴开往万象（110,000K）。这里在7:30还有一辆VIP大巴开往万荣（130,000K）。

当地交通

乘坐突突车（如果你能找到的话）费用为：短途最低15,000K，前往机场30,000K左右。**Lao Falang Restaurant**（见348页）出租自行车（每天40,000K）和排量100cc的摩托车（100,000K），堪称游览石缸平原遗址的最佳交通方式。如果你胆量够的话，这里还有几辆中国四轮摩托车（160,000K）。在城里的**加油站**加油。

通过大部分的客栈和酒店可以包到有司机的6座面包车或四轮驱动车；去桑怒（Sam Neua）的费用为US$150，去琅勃拉邦的费用为US$120。

石缸平原 (Plain of Jars)

神秘的巨大石缸为年代不详的古代遗迹，分散在丰沙湾周边地区地势起伏的几平方公里地区上，导致这片地区有一个误导性的名字——石缸平原（ທົ່ງໄຫຫີນ）。出人意料的是，没人知道是什么文明创造了它们，尽管考古学家们推测它们可以追溯至东南亚的石器时代（公元前500年至公元200年）。

Plain of Jars 石缸平原

收集者们一直在运走较小的石缸，但约2500个更大的石缸、石缸碎片和"盖子"留了下来。由于这片地区在中南半岛的战争中经历了地毯式轰炸，有这么多手工艺品幸存下来简直是个奇迹。在90个被记录在案的石缸遗址中，目前只有几处被清除了未爆弹药，并且这几处只在相对受限的区域中。这些景点以及通往它们的小路由红白相间的石头标记了出来，这些标记石很容易被忽略过去：请保持警惕。遗址1、2和3是大部分游览环线的大本营。

景点

石缸遗址1 考古遗址

（Jar Site 1; Thong Hai Hin; 15,000K）石缸平原的遗址1面积最大、最易到达，有300多个石缸相对紧凑地分布在两个有炮弹坑的山坡上。其中最大的Hai Jeuam重量约6吨，高度超过2.5米，据说是神话中朱安王（Khun Jeuam）的胜利之杯。这里贫瘠的丘陵风光十分迷人，尽管从这个方向看，丰沙湾机场的景色似乎不太协调。入口附近有个小咖啡馆、一家礼品店和卫生间。

石缸遗址2 考古遗址

（Jar Site 2; Hai Hin Phu Salato; 10,000K）石缸平原的遗址2是两个山丘，将山丘分隔开的浅沟构成了进出路径。这里比售票处高700米，在雨季湿滑难走。在左边稀疏的林地里找一下那个中间长起一棵树的裂缝石瓮。右边的另一组石缸遗址坐落在一个草地小丘上，能一览无遗地看到层叠的山丘、稻田和奶牛场。这里非常有气氛。

售票亭有简单的冷饮卖。

石缸遗址3 考古遗址

（Jar Site 3; Hai Hin Lat Khai; 10,000K）石缸平原的遗址3有150个石缸，位于Ban Lat Khai村附近漂亮林地里一处风景优美的山丘。通往Lat Khai的公路往东延伸，在到达Ban Xiang Di（Ban Siang Dii）之前旁边有个小的摩托车修理铺。售票亭旁边有个简单的本地餐厅，里边的米粉（fĕr）有点贵（30,000K）。过一小座木头人行桥然后在迷人的稻田间走10分钟就能抵达石缸所在地了。

到达和离开

租辆摩托车，从丰沙湾出发，5个小时左右就能逛完3处石缸遗址——遗址1距离最近，骑自行车即可前往。遗址1位于丰沙湾市中心西南8公里、孟昆（Muang Khoun）公路以西2.3公里，在Ban Hay Hin带有路标的岔路口转弯。如果前往遗址2和遗址3，经过孟昆公路Km 8，立刻向西行驶。接着，沿着未经修整的道路前行10/14公里，即可到达通往遗址2/3的转弯处。然后，踏上土路，前行1.5/1.8公里，到达遗址2/3。

或者，提前一天报名，参加带导游的小型长途汽车团队游。这种团队游大多中午在遗址3吃顿汤面，稍憩片刻，然后就去看位于Ban Nakho路边矮树丛里的那个生锈而笨重的武装机车——外号"俄罗斯坦克"，然则名不副实。

温通（Vieng Thong）

温通（ວຽງທອງ）原来叫Muang Hiam[在泰丹语（Tai Daeng）中意为"小心"]。在猛虎肆虐周边森林的时候，这个名字很有警示意义，但如今广阔的南埃河/普类山国家保护区里只有十几只老虎幸存，而温通就坐落在保护区宽敞的门户。尽管这座城镇很难让人记住，公园却令人难忘，应该从温通的游客中心通过**南埃河/普类山国家保护区办公室**（Nam Et/Phou Louey NPA office；☎064-810008；www.namet.org；⊙周一至周五 8:00至正午和13:00~16:30）去游览一番。

温通有许多客栈和食品摊，如果你往来于琅多和桑怒之间的话，在这里过一夜会令10小时的旅途更惬意一些。城周耀眼的绿色稻田非常适合拍照，而你步行或骑自行车走一小段路就可以前往漂亮的泰丹族、苗族和卡姆族村庄。

★ Nam Nern Night Safari　游猎

（www.namet.org/namnern；4人组夜间游猎每人1,200,000K）Nam Nern Night Safari是南埃河/普类山国家保护区内的24小时行船团队游。旅途的亮点包括一场夜间乘船之旅，"聚光"于老虎、印度野牛和白颊长臂猿。见到老虎的机会很渺茫，但你有希望见到水鹿（samberdeer）和麂（barking deer）。住处是一家俯瞰Nam Nern河的生态旅馆。费用包含了一顿炉边晚餐。通过温通的南埃河/普类山国家保护区办公室预订。

Dork Khoun Thong Guesthouse　客栈 $

（☎064-810017；房50,000~80,000K；❄）这家客栈是温通优先选择中最迷人的一个了，就位于小城的中心。客房面积适中，非常干净，有热水淋浴、纱窗和舒适的新床，床上有浪漫的床单和叠成泰迪熊的毛巾。1层有个宜人的休息区，从后边的平台能看到河边田野的迷人风光。

到达和离开

从桑怒往西行的大巴大约在正午抵达这里，午餐过后继续开往琅多（60,000K，5小时）、巴孟（Pak Mong）和琅勃拉邦（130,000K，9小时）。往东走，去桑怒的最好方式是乘坐7:00的小巴（40,000K，6小时），还有两个途经桑怒的大巴（从琅勃拉邦/万象出发），不过大巴大部分是在夜间行车。

从城东端的市场沿Rte 6走300米就是客运站。

桑怒（Sam Neua）

尽管桑怒（ຊຳເໜືອ，Xam Neua）带着苏联式怀旧感，拥有错落有致的现代化钢筋水泥、简朴的共产主义纪念碑，以及头戴莫斯科帽的老头，这里真正吸引人的是周围的迷人乡间。游览附近的芒咸或是搭乘每日1班的大巴去越南，这里是必经的中转站，且仍旧是老挝游客最少的首府之一。这里的海拔接近1200米，冬季（旱季）应该带一些保暖衣物，至少夜晚和清晨浓雾散开之前用得到。4月至10月这里草木茂盛，气候明显温暖潮湿许多。

这里的农产品市场令人大开眼界，拍起照来十分好看，其展示出的缤纷的民族多样性十分值得一看。

景点

欣唐考古公园　考古遗址

（Hintang Archaeological Park；ສວນຫີນ,Suan Hin）这里独特的巨石柱没有围栏，几乎与川圹更为出名的石缸一样神秘，被认为至少有1500年的历史。长而细的石柱最高3米，其间

当地知识

南埃河（普类山）国家保护区

南埃河（普类山）国家保护区（ປ່າສະຫງວນແຫ່ງຊາດນ້ຳແອດພູເລີຍ，Nam Et/Phou Louey National Protected Area）占地4200平方公里，保护区内生活着罕见的麝猫、亚洲金猫、河獭、白颊黑长臂猿和老挝独有物种——老挝瘰螈，相对原始的森林里还有十多只老虎。一半的面积为保护区中心区域，另外一半有98个少数民族村庄。观赏野生动物两日游率先在公园远端的NamNern野外观测站开展起来，那里曾经是个村庄，不通公路，露营地和周边的步行小径已经清除过未爆弹药。

游览由温通的南埃河（普类山）国家保护区办公室组织，但最好提前跟他们联系，因为每周只发两个团。4人组夜间游猎的费用为每人1,200,000K，包括导游、厨师、食物和露营装备。你交上去的费用有很大一部分归村庄发展基金。报价还包括90分钟的乘船（从温通以东约50公里的Ban Sonkhua出发，Rte 1公路路边）。

散落着之前覆盖在葬礼遗址上的石盘。这些石柱"家族"中有的成员直径超过1米，它们确实十分神奇，而这里如今已经被联合国教科文组织列为世界遗产。

从桑怒包突突车过来的往返费用约为500,000K。

Tat Saloei 瀑布

（Phonesai Waterfall）这一组引人注目的瀑布群总落差将近百米。在Rte 6上从西向东行驶时，经过Km 55（离桑怒大约36公里）标志后大约1公里左右就能看到这里，非常醒目；但从西向东行驶时就非常容易错过。这里的路边有几家本地小咖啡馆和餐厅，还有一个看起来像是售票亭的小亭子，不过在本书写作时，里边没有人卖票。

食宿

城里有很多客栈，许多经济型住所位于市场正对面的河边。

桑怒有许多餐厅可以吃饭——它们不高级但供应美味的本地吃食。街角在天黑后会架起烤架卖烧烤。白天的时候去逛逛食品市场。

Xayphasouk Hotel 酒店 $$

（☎064-312033；xayphasoukhotel@gmail.com；房 150,000~200,000K；❄📶）这是目前桑怒最时髦的酒店。大堂兼餐厅很宽敞，可惜没有被充分利用，但客房对于老挝如此偏僻的一个地区来说称得上是十分舒适。房间全部配备热乎乎的淋浴、平板电视、雅致家具和轻柔的亚麻床品。Wi-Fi免费，楼下还有个咖啡馆可以吃早餐。

Phonchalern Hotel 酒店 $

（☎064-312192；www.phonechalernhotel.com；房 80,000~110,000K；❄📶）这家酒店大如宫殿，拥有各种房型；有的阴暗毫无吸引力，而朝向河一边的则光线充足，并且前边还配有公共阳台。客房里配有冰箱、电视机和干净的独立卫浴。楼下的大堂有保龄球场那么大。在这住一夜要碰运气。

Sam Neua Hotel 酒店 $

（☎064-314777；snhotel_08@yahoo.com；房 100,000~200,000K；❄@📶）这家酒店维护得当，位于桥对面，与主市场在同一边，拥有17间客房，房内配有清新的亚麻织品、松木家具、卫星电视以及有热水的卫生间。

Bounhome Guest House 客栈 $

（☎064-312223、020-2348125；房带电扇/空调 80,000/100,000K；❄📶）这家客栈位于桥边，其紧凑的客房里有地砖、电扇和矮床，床上有清新的亚麻织品和毛毯。这里给力的热水淋浴让人用起来十分开心。

★ **Yuni Coffee** 咖啡馆 $

（☎020-52221515；www.yunicoffee.com；三明治 US$2；⏰7:30~19:30；❄）这里对于咖啡行家来说是个好地方：如果你正犯咖啡瘾想喝标准拿铁的话，可真有救了。这里有战舰一般灰色的墙壁，提供精选的冷藏三明治、新鲜出炉的法棍和布朗尼蛋糕，以及本地种植的味道超棒的咖啡，Yuni是你强力开启新一天的唯一方式。

实用信息

在主市场的布料摊换钱是最快的：他们兑换越南盾，周末营业。

农业推广银行（⏰周一至周五 8:00至正午和13:30~16:00）兑换泰铢和美元，汇率公道。

老挝外贸银行（⏰周一至周五 8:00~15:30）有几台可以提取基普的自动柜员机，此外还能兑换主要货币。

老挝发展银行（☎064-312171；⏰周一至周五 8:00~16:00）在主路边，位于左侧的客运站以北400米处，可兑换现金和旅行支票。

邮局（⏰周一至周五 8:00~16:00）位于客运站正对面一栋大楼里。后面的电话局提供国际通话服务。

省旅游局（☎064-312567；⏰周一至周五 8:00至正午和13:30~16:00）服务一流，员工会说英文，热情周到。

Tam.com Internet Service（每分钟 150K；⏰8:00~22:00）服务相对可靠的网吧。

到达和离开

桑怒的小机场Nathong Airport位于市中心以东3公里处，朝向芒咸。**Lao Skyway**（☎064-314268、020-99755556；www.laoskyway.com；⏰8:00~16:00）总部在这里，周一、三、四、五、六

有航班飞往万象（US$62，1.5小时）。航班经常在起飞前被取消。在本书写作时，这里还没有航班飞往丰沙湾。

客运总站位于市中心纪念碑以南1.2公里处的山顶，就在Vieng Thong路旁。大巴从这里经由丰沙湾（80,000K，10小时）去往万象（190,000K，22小时），发车时间是10:00、13:00、15:00和17:00。另外一班去往万象的大巴（100,000K）在8:30出发，途经温通（50,000K，6小时）、琅勃拉邦（130,000K，17小时）和万荣。每天7:00、7:30和15:30还有小巴开往琅勃拉邦（130,000K）。7:20有一班温通的大巴。

在芒咸路上过了机场1公里就是纳通客运站，位于城市最东端（打车过来的费用为30,000K）。去往芒咸的小型敞篷客车（20,000K）在8:00、10:00、11:00、14:30分和16:00发车。此外还有去往"Nameo"（实际上是Nam Soi边境哨所）的长途汽车8:00出发（30,000K，3小时），去往桑代（SamTai，Xamtay）的长途汽车9:30发车（50,000K，5小时）。

当地交通

这里有个**突突车站**（城区游览 15,000K），你可以从那里出发游览城区。不过，要四处游览并欣赏前往芒咸途中的迷人风景，最轻松的方式是租一辆便宜的小型摩托车自己骑。

市中心的**摩托车店**（手动/自动挡小型摩托车每天100,000/120,000K；⏲7:00~18:00）出租小型摩托车。

对于那些想要更舒适地在本地出行或前往芒咸的人来说，城里也有几辆**出租车**（☎020-5627510、020-95855513；包出租车前往芒咸洞群单程/往返150,000/300,000K）可以坐。

芒咸（Vieng Xai）

芒咸（ວຽງໄຊ）的防空洞引人深思，周围环绕着喀斯特地貌的夸张岩石，真实地启发人们了解老挝北部在20世纪的痛苦历史。想象一下万荣的样子，取代愉快的轮胎漂流的是扣人心弦的历史变故。或者把这里想象成胡志明市的古芝隧道，不过是用石头雕成的。洞群被隐秘地遮盖起来，直到2007年才对全世界开放。

景点

★芒咸洞群 洞穴

（ຖ້ຳວຽງໄຊ，Vieng Xai Caves；☎064-314321；门票含语音导览 60,000K，自行车租金 每次游览/每天 15,000/30,000K；⏲9:00至正午和13:00~16:00）参加非常有趣的团队游，游览芒咸7个最重要的战争避难所（18处景点），它们全部位于漂亮的花园内，背后就是美丽的喀斯特地貌。当地导游可为游客打开每个建筑的门锁，语音导览则提供丰富的第一手背景

前往越南：NAM SOI至NA MEO

前往边境 如果你要在Nam Soi（老挝）/Na Meo（越南）边境口岸（Km 175；⏲7:30~11:30和13:30~16:30）过境，最容易的交通工具是往来桑怒和清化的日间直达大巴（有时是小巴），车会经过芒咸附近，但不会进城。发车时间为每天早上8点（180,000K，11小时）。请在客运总站提前买票以免被乱开价。前往河内的"联运票"（through ticket）仍旧会在清化转车。

从桑怒搭乘早8点的Na Meo小型敞篷客车（车斗里安置有载客长椅的皮卡）到达边境也非常可行（3小时）。不过，从越南那边安排接下来的交通会比较复杂，因为贪得无厌的经营者们似乎热衷于胡乱要价。

到达边境 往西走的话，需要注意老挝的边境口岸（Nam Soi）不是城市。那里有几家简单的棚屋餐厅，但没有住宿，除了11:30开往桑怒的小型敞篷客车以外也没有等客的车辆。

这里可以办理老挝的落地签，但不能办理越南签证，所以如果往东走的话请提前规划好。

继续前行 一旦进了清化，那里有一班开往河内的夜火车23:30发车，到站时间非常早（约为早上4点）。从清化返程（早8点）的票价应该是US$14，但对外国人往往要价高很多。

资料和历史知识。凯山·丰威汉洞（Kaysone Phomvihane Cave）内紧急房间的抽气泵仍然可以工作，并且这里是洞群中最令人难忘的一个。

团队游从洞穴办公室出发。

诺安洞穴 洞穴

（Tham Nok Ann, ຖ້ຳນົກແອນ, Nok Ann Cave; 门票 10,000K，双人皮划艇 30,000K; ⊙8:00~17:00）诺安洞穴高耸亮堂，其令人惊叹的岩层下方有一条河穿过。这里潮湿、惊悚且非常有气氛。有个船夫可以带你往返穿行其中，费用为50,000K（最多3人）。

食宿

Thongnaxay Guesthouse 客栈 $

（☎030-99907206; 房60,000K; 📶）这家新客栈靠近洞群，拥有6间崭新的客房，房内有粉色墙壁、私人卫生间、电扇、干净的亚麻织品和双人床。哦，还能看到相当不错的喀斯特风光。

Sabaidee Odisha 印度菜 $

（主菜 35,000K; ⊙7:00~19:00; 📶）可别被它平平无奇的外部、水泥地面和裸墙给骗了，这家逼仄的小店有超级棒的美食。这里的食物新鲜且用心料理，服务员上菜的时候面带微笑，而且菜单上会标注出不同的辣度。这里位于Viengsai市场的最北角，朝向主路。

实用信息

芒威洞穴旅游局（Vieng Xai Cave Tourist Office; ☎064-314321; www.visit-viengxay.com; ⊙8:00~11:30和13:00~16:00）洞穴办公室在市场以南约1公里处，组织所有的洞穴游览活动，出租自行车，出售地图，提供二手书交换服务，还有一块实用信息告示栏。这里甚至还有一个展示柜，里边摆满了列宁半身像和各式的社会主义人士肖像。

到达和离开

去往桑怒（20,000K，50分钟）的小型敞篷客车在7:00、10:00和11:00前后从与市场平行的公路上发车（本书写作时客运站正在关闭重修）。桑怒和清化（Thanh Hoa）之间的大巴（每天每方向各1班大巴，25,000K）也在这里停车。去清化方向的在8:30发车，去桑怒方向的在17:00发车。

要从桑怒包出租车（含返程）前往芒威，每辆车的费用约为300,000K。

孟威地区（Muang Ngoi District）

琅多 (Nong Khiaw)

琅多（ໜອງຂຽວ）是真正意义上的行者港湾，提供丰盛的美食、得体的住所和各种各样的活动，有名声很好的探险游组织。这里位于南欧江（自从上游的大坝建成以来，这条江就没什么水流了）的西岸，被一座令人晕眩的桥梁贯穿，高耸的石灰岩峭壁则夹立两旁，这里无疑是老挝最上镜的地点之一。在风景优美的江东岸[官方名字为班索昏（Ban Sop Houn）]，集中分布着很多客栈和餐厅。

注意琅多又叫孟威（Muang Ngoi; 即周边地区的名字），非常容易与北边相距这里75分钟船程的孟威诺（Muang Ngoi Neua）搞混。

景点和活动

帕当峰观景点 观景点

（ຈຸດຊົມວິວຜາແດງ, Pha Daeng Peak Viewpoint; Pha Daeng Peak, Ban Sop Houn; 20,000K; ⊙6:00~16:00）要抵达这里有点艰难，但也可行，步行1.5小时（小径路况不错）爬上俯视城区的帕当山（Pha Daengmountain）就行了。在这处观景点能够看到令人难忘的全景风光。欣赏日落美景（但请为下坡准备足够亮的手电筒），或是在早上6点过来观看下方迷雾中的山谷，那时的山峰被染上了金色。

在山底的亭子那里买门票。亭子旁边有个招牌，路的左边有个旧炸弹壳。

坦帕托溶洞 洞穴

（ຖ້ຳຜາທອກ, Tham Pha Thok; 10,000K; ⊙7:30~18:30）坦帕托溶洞位于Rte 1C沿路往东约2公里处，为一处石灰岩壁中的一系列洞穴，村民和巴特寮的人们在“越战”期间于这里躲避轰炸。第一个洞穴大约有30米高，通过木台阶进入。接着去第二个，这座洞穴有些幽闭，要沿着一道穿过山崖的300米长的阴暗通道进入。

我们建议你自备手电筒，这里出租的手电光线很弱。

Green Discovery 徒步、骑自行车

（☎071-810081；www.greendiscoverylaos.com；⏱7:30~22:00）这家可靠的机构组织各种旅行，其中包括一座苗族村庄的2日游，里边有家庭寄宿，还有每天5个小时的徒步游览（4人一组，每人US$66）。这里还有56公里长的森林土路骑行1日游（4人组中每人US$39），十分具有挑战性。

Tiger Trail 徒步、骑自行车

（☎071-252655；www.laos-adventures.com；Delilah' sPlace；⏱7:30~23:00）这家机构具有生态意识，组织前往当地各处的徒步游，包括去往"百条瀑布"的1日游、1日徒步游和乘船游，以及新推出的在如今风平浪静的南欧江上玩立式桨板。这些旅程和他们大部分的活动一样，收费都为4人一组，每人US$31。这家出色的公司由和蔼的哈普（Harp）经营。

Sabai Sabai 按摩

（☎020-58686068；Ban Sop Houn；全身按摩 60,000K，精油按摩 70,000K，蒸气浴 25,000K；⏱9:00~20:00）这座木屋位于颇有禅意的安静花园里，是通过传统老挝按摩和草药蒸气浴等护理祛除疲劳、舒缓酸痛四肢的好地方。

住宿

淡季时房价肯定可以打折。琅多提供的住处以经济型为主，还有寥寥几家奢侈酒店。

★Delilah' s Place 青年旅舍 $

（☎020-54395686、030-9758048；www.delilahscafenongkhiaw.wordpress.com；Main St；铺/房35,000/55,000K；）Delilah' s Place拥有干净的客房（共用卫生间）和舒适的宿舍间（有蚊帐、超级厚的床垫和安全储物柜）。Tiger Trail也在这里。还有一个非常棒的咖啡馆，适合在出发参加活动之前补充能量，因此一站式的Delilah' s当然也就是城里主要的旅行者大本营。个性十足的老板哈普十分善良，这里也有很棒的旅行信息。

Sengdao Chittavong Guesthouse 客栈 $

（☎030-9237089；Rte 1C；房 50,000~90,000K；P）这里位于西岸（桥头旁边），由一家人经营，有位于樱花盛开的花园中的木头平房，可以直接看到江面。带有独立卫浴的客房配有藤条装饰的墙壁，室内装饰简单，配有蚊帐、干净的亚麻织品和阳台，不过会有壁虎和蟑螂造访。这里还有个能看到江水和花园的餐厅。Wi-Fi的网速不稳定。很受家庭住客的欢迎。

★Mandala Ou Resort 精品酒店 $$

（☎030-5377332；www.mandala-ou.com；房 US$65；P）这家迷人的精品酒店拥有香草色的度假屋（其中有4座朝向江面），设计富有想象力而另类，比如镶嵌在墙壁里的玻璃瓶（可以让更多的光线照射进来）、现代化的卫生间和能让人陷进去的床铺。老板十分热情，而且这里还有很棒的泰餐选择、城里唯一的游泳池和给Luang Prabang Yoga（见337页）使用的瑜伽平台，Luang Prabang Yoga每月组织一次来这里隐修。对面是客运站。

★Nong Kiau Riverside 客栈 $$

（☎020-55705000；www.nongkiau.com；Ban Sop Houn；房 含早餐 US$53；@）客栈的平房位于河滨，配备环境照明、木地板、纺织床单和蚊帐，环境浪漫怡人。每间房都配有迷人的卫生间和阳台，阳台上能够欣赏喀斯特地貌的壮丽河景。这里有个出色的餐厅供应老挝菜，自助早餐十分可口。这里还出租山地自行车。淡季房价有优惠。

餐饮

Deen 印度菜 $

（Ban Sop Houn；主菜35,000K；⏱8:30~22:00；）这家印度小馆超级热情，有木柴烤制的馕、新鲜出炉的馕坑烧烤、美味可口的咖喱，氛围温馨喜人，理所当然每晚都顾客盈门。

Delilah' s Place 各国风味、老挝菜 $

（Main St；主菜 15,000~35,000K；⏱7:00~22:00；）巴赫的音符在木地板上跳跃，壁画里一群非洲象无声地向你走来，在Delilah' s

你很容易就放松下来。自制墨西哥青柠派、柠檬蛋糕和冰激凌以及由鸡蛋、烟熏培根和煎饼组成的丰盛早餐很棒。每晚8点半会播放电影。

★ Coco Home Bar & Restaurant

老挝菜、各国风味 **$$**

(☎020-58491741; Main St; 主菜 40,000~55,000K; ⌚7:30~22:00; 📶)这家餐馆是令人印象深刻的江畔绿洲，换了新老板塞巴斯蒂安·祝(Sebastien Chok)，最近翻修过，菜单非常棒，里边有木瓜沙拉、芒果糯米饭、腰果鸡肉、蕉叶蒸鱼(mok phaa)和橙汁鸭肉等菜肴。这里无疑是城里满足味蕾的最佳地点。可以在葱郁的花园里或楼上就餐。

Q Bar

酒吧

(☎020-99918831; Rte 1C, Ban Sop Houn; ⌚7:00~23:30; 📶)令人放松的Q位于主路上，室内有牛血色的藤条装饰，还有个小型屋顶平台，背景音乐很棒，老板热情。在旺季每晚有烧烤。鸡尾酒售价为35,000K。

ℹ 实用信息

老挝外贸银行自动柜员机(24小时)班索昏村那边的桥头设有一台老挝外贸银行的自动柜员机。

邮局(⌚8:30~17:00)这个小邮局能兑换泰铢和美元，汇率略低。

旅游信息中心在船码头口上方，很少开门办公。

ℹ 到达和离开

船

江船是游览琅多的一大亮点；不过，由于南欧江上修起了大坝，如今已经不能坐船去琅勃拉邦了。**前往孟威诺的船**(25,000K，1.25小时)11:30和14:00出发(旺季可能会多发几班)，中途会经过老挝最夸张的喀斯特地貌乡间。11:00的船会一路开到孟夸(120,000K，7小时)，那里有交通前往丰沙里(Phongsali)和越南的奠边府(Dien Bien Phu)。

以上所有路线均最少满10人船夫才开船，不然你就得补足船费。

长途汽车和小型敞篷客车

理论上，前往琅勃拉邦花费3小时，实际上，最少需要4小时。面包车或小型敞篷客车(37,000K)8:30、10:00和11:00发车，空调小巴则在13:30左右发车。车票在客运站售票处购买，但实际上，11:00那班车从船务办公室发车，载满从孟威乘船过来的乘客。每当来自孟夸的船只抵岸，通常就会加开前往琅勃拉邦的面包车，发车地点是船务办公室，时间是15:00左右。

开往乌多姆赛的直达小巴(45,000K，3小时)在9:00和11:00发车。也可乘坐任何西向车辆，到巴孟(Pak Mong; 40,000K，50分钟)换乘。

开往桑怒(170,000K，12小时)的小巴，从琅勃拉邦出发，途经温通(100,000K，5小时)，11:30左右短停琅多，正午前后离开。另外一班开往桑怒的长途汽车(从万象开来)在19:00经过。二者都在琅多这边的桥头前一处没有标记的大巴站停车。试着赶一下中午饭点那班车，因为它通常比傍晚拥挤的小巴大。而且白天的风光你会很想看，这段山路是老挝最漂亮的路线之一。

ℹ 当地交通

探索本地村庄或前往洞穴可以租自行车。城市自行车收费为每天20,000K，山地自行车为每天30,000K。或者也可以从**Delilah's Place**(见355页)租一辆小型摩托车(手动/自动挡50,000/60,000K/辆)。前往附近客运站的小型敞篷客车收费5000K。

孟威诺(Muang Ngoi Neua)

孟威诺(ເມືອງງອຍເໜືອ)是个宜人的世外桃源，你可以在这里放松并修复自己的灵魂。南欧江静静地在锯齿状的喀斯特阴影下流过，奶牛漫步在村庄500米长的土路上，而公鸡则雄赳赳地在渔民们缝补的渔网旁走过。这里有许多便宜的客栈和餐馆，因而产生了足够的竞争使物价保持在很低的水平。尽管在阳台的吊床上摇荡仍旧很流行，但如果你精力足够的话，这里有更多的事情可做：随时去旁边的村庄进行自助短途徒步、探索洞穴、在如今十分宁静的南欧江上玩充气轮胎漂流(tubing)和皮划艇，或是钓鱼和骑山地自行车。

👁 景点和活动

确保日落时自己身处河边，来欣赏老挝最上镜的风景之一，此时的太阳在崎岖的悬崖那边像一颗熟透了的桃子一般落下。在黎

明过后不久，观看当地人在重建过后的寺庙Wat Okadsayaram为僧人布施也很有意思。

乘坐皮划艇是欣赏南欧江沿岸美景的好方式。Lao Youth Travel（☎030-5140046；www.laoyouthtravel.com；⌚7:30~10:30和13:30~18:00）位置很方便：就在通往船码头的小路上，经过两层楼的Rainbow Guest House时就到了。南欧江在建起大坝之后，如今水流非常缓和，对于年纪小的孩子来说更安全了。

Funny Guide（☎020-97029526；khaomanychan@yahoo.com；Main St；⌚6:00~20:00）等众多的自由导游组织各种徒步游，前往佬族、苗族、卡姆族村寨和该地区的瀑布。价格相当合理，有些旅程包括乘船，比如前往That Mok瀑布。其他的简单徒步你不带导游就可以玩得很好。把Lao Youth Travel外边的地图用手机拍下来，以对这片地区的方向有个大致的了解。

住宿

这里有许多经济型住所，而且英语十分通用，所以你去偏远的村庄也不会感到不便，这对于这样一个小地方来说很不常见。唯一的不足之处是这里的住处与下游的后起之秀琅多比起来有点旧。

Lattanavongsa Guesthouse　客栈 $

（☎020-23863640；touymoy.laos@gmail.com；房 100,000K起；📶）Lattanavongsa在两处地方建了小屋：船码头上方，以及主路上的一座漂亮花园里。粉蓝色的客房有精美的艺术品、蚊帐、新鲜的亚麻织品以及燃气淋浴，全部带有阳台。需要预订。还有一点非常棒，就是可以在诗情画意的咖啡馆（位于船码头旁边）享用早餐或晚餐，并能同时欣赏到完整的山崖风光。

Nicksa's Place　客栈 $

（☎020-3665957；房 60,000~100,000K）这7间陈设讲究的小屋俯瞰江面，位于一座漂亮的花园中，花园里有许多蝴蝶。小屋为木石结构，拥有清新的墙壁、独立卫浴和蚊帐。每间都有个阳台，阳台上都有吊床，可以欣赏令人印象深刻的风光。只有冷水淋浴。这里极有条理，体现了其暖心的经营。

Huay Sen Guesthouse　客栈 $

（房 10,000K）Huay Sen Guesthouse质朴的氛围十分浓郁。其木建筑由柱子高高架起，老式的客房十分简单。老板是个热情的老挝人，会说一些英语，供应食品，还有去周边苗族村庄的导览步行游。从孟威诺过来的话，这里就在往南的路上。

★Ning Ning Guest House　客栈 $$

（☎020-23880122、030-5140863；ningning_guesthouse@hotmail.com；房 200,000K；📶）这家客栈位于一个安静的花园内，有10座整洁无暇的木头平房，里边配有蚊帐、阳台、独立卫浴和纯白色的亚麻床品，墙上挂着民族风格的挂毯。附近还有一家新开的姐妹客栈，那边显然看起来更高档（房间250,000K）。雅致的餐厅朝向江面，能看到华丽的风景，如今已经完工。

网络信号还没从餐厅扩展到客房。

餐饮

★Gecko Bar & Shop　老挝菜 $

（☎020-58886295；muangngoihandmade@gmail.com；主菜 20,000K；⌚7:00~21:00；📶）这家小咖啡馆怡人而令人难忘，位于主路往南三分之二处的左手边，出售手工编织的礼品和茶叶。这里还有个很不错的平台可以闲坐和阅读，老板富有魅力，而食品则有米粉和汤、煎饼和咖喱等，是村里口碑最好的地方之一。

★Riverside Restaurant　老挝菜 $

（☎030-5329920；餐 40,000K；⌚7:00~23:00；📶）自从被一场暴雨毁坏以来，回归后的Riverside比以前更好了。在傍晚，这里的中国灯笼在铺面平台上随着微风摇摆，上边是一棵装饰着花灯的大芒果树的树枝。Riverside能够欣赏到漂亮的悬崖风光，菜单里有米粉、油炸类菜肴、辣普和印度菜。十分梦幻。

Phetdavanh Restaurant & Street Buffet　老挝菜 $

（☎020-22148777；素食自助餐 30,000K，主菜 30,000K；⌚自助餐18:30~21:00，餐厅7:00~23:00；📶🖉）这家餐厅外观简单，每晚

有"吃到饱"的素食自助餐（仅限旺季），还供应墨西哥玉米饼、竹笋鸭肉、煎饼、汤、三明治和茄汁水波蛋（shakshuka）。试试Lao Suzy（用土豆、胡萝卜、茄子和洋葱炖成）。这里的Wi-Fi也很快，所以你可以一边吃饭一边看电影。来自瑞典的厨子厨艺精湛。

这里位于主路的一个街角，船码头那边的楼梯上面。

Meem Restaurant　　老挝菜 $

（Main St；主菜 30,000K；⏲7:00~21:30；📶）Meem位于Main St的中间，待客热情，有木地板和许多的休闲靠垫，供应美味的老挝菜和印度菜，其中包括美味的鸡肉马萨拉（chicken masala）、番茄咖喱、春卷，以及烤鸡肉和鸭肉。到了晚上，这里比一群唱着歌的海妖还要诱人，有黏土蜡烛和纸灯笼。

Bee Tree　　老挝菜 $

（主菜 15,000~35,000K；⏲11:30~23:30）这家烧烤店兼餐厅兼啤酒花园位于主街的尽头，气氛十分悠闲。尝试一下老挝菜肴和一些休闲食品，或是在晚上17:00~20:00的鸡尾酒欢乐时光漫步来此。

ℹ 实用信息

孟威诺的廉价客栈时有偷盗事件发生：乐过头的客人没有锁好门、关紧窗，或是把贵重物品放在长臂钳伸手可及的地方——窗户大多没有玻璃。

这里没有银行或是自动柜员机，所以请从孟夸（Muang Khua；上游）或琅多（下游）多带点现金过来。紧急情况下，你可以在少数几家客栈兑换美元，汇率当然非常低。

ℹ 到达和离开

去往琅多的船（25,000K，1小时）大约在9:00发船，8:00在Ning Ning Guest House旁边的船务办公室售票。在琅多，突突车会在船码头上等着带你去客运站。

从孟夸过来的船在13:30左右来孟威诺接上前往琅多的客人。去孟夸的船（100,000K，5小时）在9:30出发，前提是前一天在船务办公室凑够登记的人数。船程的第一个小时会穿过特别壮观的喀斯特风光。

沿南欧江连接孟威诺和琅多的公路已经建成。不过，公路尚未开放，支流上的桥也还没有修成，所以对于旅行者来说意义不大，除非你遇到碰巧经过的船夫愿意载你一段。

老挝西北部（Northwestern Laos）

乌多姆赛（Udomxai）

繁荣的乌多姆赛[ອຸດົມໄຊ；也叫孟赛（Muang Xai）]是老挝-中国的贸易中心与枢纽，而这里每个街角的外来卡车司机与中文招牌无疑也给人这样的感觉。嘈杂而灰蒙蒙的主街以及缺少旅游气氛让很多短途游客望而却步，你或许会认为能偷偷把你带离这里的大巴才是这儿的亮点；不过，你毫不费力就能发现真实的老挝风貌。旅游局组织完善——是老挝最好的旅游局之一，有许多活动诱你久留，比如烹饪课程、徒步、越野摩托骑行和骑自行车等。

乌多姆赛25%的人口为华人，在一些店铺和酒店里，云南方言与老挝语一样常见。

👁 景点和活动

Nam Kat瀑布　　瀑布

Nam Kat瀑布是个距离乌多姆赛23公里的野餐地，最适合骑着不错的摩托车前往。在Ban Fan右转，继续走到停车区，最后步行30分钟穿过保护林（约2公里）。或者，徒步13.5公里越过"红崖"Phou Pha Daeng，这样你就需要一个导游。最后500米的爬坡是路线中唯一考验人的一段，到顶后能欣赏到非常棒的风景。瀑布本身有20米高，是一个令人放松的世外桃源。

Nam Kat Yorla Pa Adventure Park　　探险运动

（☎020-55564359、081-212195；www.namkatyorlapa.com；Faen Village，Xay District）🍃乌多姆塞省最新的森林度假区位于乌多姆赛以北17公里处，位于风景优美的Nam Kat河边，骑行、徒步、高空滑索、攀岩、绳降、游泳、按摩和射击全都提供。这里的住处十分迷人，客房现代时髦，房价US$104起。或者，参加"绳降、高空滑索和铁索攀岩"套餐，其中也包含了树屋住宿，收费US$75。别错过这里迷人的游泳池。

食宿

★ Charming Lao Hotel 精品酒店 $$

(☎020-23966333、081-212881; www.charminglaohotel.com; 房含早餐 US$50~150; P ❄ @ 📶)这家酒店是乌多姆赛出人意料的好住处，在市中心提供陈设雅致的客房。附加的细节还有有线平板电视、泡咖啡的器具、保险箱和现代化的卫生间。建筑里还有一个水疗馆和令人失望的一家巴色的**Cafe Sinouk**(www.sinoukcafe.com; 主菜 45,000~60,000K; ⏲7:00~21:00; ❄📶)的分店。工作人员热心但不会说几句英语。

Villa Keoseumsack 客栈 $$

(☎081-312170; Rte 1; 房 130,000~220,000K; P ❄ 📶)这是乌多姆赛最好的客栈，远离道路，位于一座漂亮的老挝房子中，客房宽敞诱人。房里有干净的亚麻织品、不错的设施、有弹性的床铺和刷有清漆的地面，还有苗族床巾、电视机、免费Wi-Fi和一个公共阅读阳台。这里甚至有免费的牙刷和牙膏。

★ Souphailin Restaurant 老挝菜 $

(主菜 20,000~40,000K; ⏲7:00~22:00)别被外边朴素的竹子给骗了，这家位于后巷的餐厅无疑有着城里最美味的老挝菜。热情的苏法伊琳(Souphailin)用蕉叶蒸鱼、辣普、完美的春卷、牛排、炒面，以及蕉叶蘑菇鸡肉创造烹饪的魔法。这里的一切食材都新鲜应季。看看后边漂亮的长嘴鸟(barbet)。

实用信息

老挝外贸银行(☎081-211260; Rte 1; ⏲周一至周五 8:30~16:30)有自动柜员机，可以兑换几种主要货币，接受一些旅行支票(手续费2%)。

乌多姆赛省旅游局(Provincial Tourism Department of Oudomxay; ☎081-211797; www.oudomxay.info; ⏲8:00~11:30和14:00~17:00)旅游局服务热情且运作良好，有大量关于旅行、住宿和本地景点的信息。这里有免费的城区地图并出售GT-Rider的地图。这里提供11种不同的团队游，其中包括一座令人印象深刻的本地洞穴2天1夜游，以及本地民族村庄的3天2夜徒步和家庭寄宿。

到达和离开

老挝航空公司(☎081-312047; www.laoairlines.com)每天有航班往来万象和乌多姆赛的机场之间(US$79)，而**Lao Skyway**(☎020-23122219; www.laoskyway.com; ⏲7:00~17:00)在周二、周四和周六有飞往万象(US$73)的航班。在**Lithavixay Guesthouse**(☎081-212175; Rte 1)也可以买票。

乌多姆赛有两个客运站：位于市中心的老站客运北站(Northern Bus Station)，以及较新的长途客运站(Long-Distance Bus Station)，也叫**客运南站**(Southern Bus Terminal; ☎081-212218)，后者位于市中心西南方5公里处。由于客运北站出发的面包车和客运南站出发的大巴有些开往相同的目的地，因此部分路线会有交叉。

开往孟拉(Muang La)的载客大巴(20,000K)满员后大约在8:30和11:30从Meuang Say Transportation Centre出发。

孟拉 (Muang La)

孟拉(ເມືອງຫລາ)风景优美，从乌多姆赛往丰沙里方向28公里就是，提供与“大城市”不同的迷人乡村。这座傣仂(Tai Lü)村庄位于Nam La(La River)和Nam Phak(Phak River)的交汇处，遍地都种植着棕榈。村中心有个风格古典的寺庙，里边供奉着老挝北部最受尊崇的佛像之一，新堪大佛(Pra Singkham Buddha)。

景点

新堪大佛 佛像

(ພະເຈົ້າສິງຄຳ, Pra Singkham Buddha; ⏲8:30~17:00) 免费 想变得富有？害怕不育？别担心，对新堪大佛许愿，你的梦想就能成真了。传说这尊佛像为佛陀去世几代之后于斯里兰卡铸成，在868年途经印度的阿约提亚(Ayodhya)运达老挝。它最初被保存于新堪洞内，到了1457年的时候已经被保存在了专门建造的寺庙内。

新堪洞 洞穴

(ຖ້ຳພະເຈົ້າສິງຄຳ, Singkham Cave) 免费 新堪洞位于Ban Samakisai以西3.7公里处，在乌多姆赛和孟拉之间，曾经保存着著名的新堪大佛。在桥南第二座小木屋，用村里话问一句："Khor kajeh tham noy?"（"请问我能拿一下洞穴钥匙吗？"）然后过桥在第二条崎岖的小路往西走——突突车或摩托车勉强过得去。路的尽头有一片小木屋，从那里再步行3分钟就到了洞穴。里边有个复制的佛像。

食宿

你可以在客运站旁边的市场吃点快餐小吃，或是去Muang La Resort（见360页）吃些更健康的食品。

Lhakham Hotel

酒店 $

（020-55555930；lhakhamhotel@gmail.com；房100,000K）Lhakham Hotel位于河岸，提供老挝北部性价比最高的客房。这里陈设雅致，卫生间里有个雨淋花洒，河景十分漂亮，总之非常划算。这里还有个餐厅。酒店距离客运站约1公里。

Muang La Resort

精品酒店 $$$

（020-22841264；www.muangla.com；3晚套餐 每人US$691起）令人难忘的Muang La Resort在刷白了的高墙背后隐藏着简洁质朴的优雅。这里不接待没预约的住客或访客，所以你需要预订至少两晚的套餐才能享受陈设雅致的砖木结构客房、桑拿，以及被极具创意地抬高了的露天热水浴缸，这些全都位于棕榈树和修剪整齐的草坪间。

到达和离开

开往丰沙里和孟夸的大巴在离开乌多姆赛大约1小时后经过孟拉。最后一班回乌多姆赛的大巴通常在下午5点左右经过这里。这里没有大巴站，对着大巴招手等司机停车就行。此外如果客人够的话，开往乌多姆赛的小型敞篷客车（20,000K）在7:00和11:00左右发车。

琅南塔（Luang Namtha）

琅南塔（ຫລວງນ້ຳທາ）以独特的风格欢迎着游客，与老挝北部其他地区大相径庭，这里有各种出色的环保旅行社提供丰富的绿色体验，比如去民族多样的村庄徒步，以及在迷人的南哈河国家保护区（Nam Ha NPA）内外骑自行车、玩皮划艇和漂流。

在你出发去乡下之前，本地也有许多事情可以做，比如探索具有异域风情的夜市，或是租一辆自行车在温和起伏的碗型谷地一带轻快地骑车去游览瀑布和寺庙。在金色的夕阳下，远处的山脊层层叠叠，尽管这里的建筑不算最漂亮，但琅南塔热情的氛围会感染你。

景点

南哈河国家保护区

国家公园

（ປ່າສະຫງວນແຫ່ງຊາດນ້ຳທາ，Nam Ha NPA；www.namha-npa.org）南哈河国家保护区占地2224平方公里，是老挝最方便到达的自然保护区之一，这里生活着云豹，可能还有几只没被偷猎的老虎。在公园山地内外，树林在与各个民族的村庄争抢着土地，其中包括蓝靛族、阿卡族和卡姆族。自从1999年以来，这里就确定了生态游的愿景，试图确保团队游组织者和村民们联手在为徒步者提供真实的体验的同时，保证对本地社区和环境留下最小的影响。

团队游被限制为小队形式，每个旅行社都有自己的路线，而原则上每个村子每周最多只能接待2拨游客。当局并不强行规定村民们能做什么不能做什么，但会对可持续林业和捕鱼提出建议，并希望森林保护会因此而成为社区自主优先考虑的事情。

金色佛塔

佛教寺庙

（Golden Stupa；5000K；8:00~17:00）位于城西北方向一座陡峭山上，这座巨大金色佛塔目前为止是南塔最醒目的地标。从远处看，佛塔金光闪闪。离近看，金色显得有点儿过于俗气，但在佛塔脚下能俯瞰整个城区，景色壮观。

班南迪

村庄

（Ban Nam Di；Nam Dy；停车费自行车/摩托车/小汽车 1000/2000/3000K）尽管距离琅南塔仅仅3公里，这座小村庄里却生活着蓝靛族（Lenten）。这里的妇女仍旧身穿传统的蓝靛色上衣，搭配紫色的腰带和白银项圈。他们专门用竹浆制造特色纸张，你会在风景优美的河岸沿途看到他们所使用的棉网。

在村子的东端，从一处小型停车场步行3分钟可以前往一座6米高的瀑布（2000K）。相对于观光，你会发现那里更适合野餐，但参观那里会帮助村庄赚一点钱。除非水位实在高，否则走山坡上的台阶不需要费多大劲，所以

Luang Namtha
琅南塔

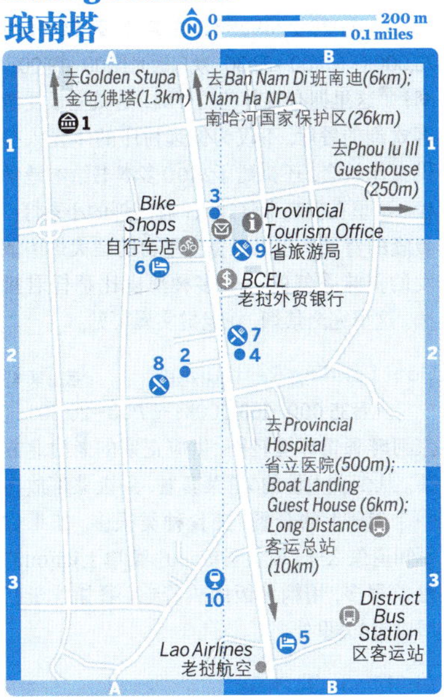

Luang Namtha 琅南塔

景点

1 琅南塔博物馆 A1

活动、课程和团队游

2 Forest Retreat Laos A2
3 Green Discovery A1
4 The Hiker B2

住宿

5 Amandra Villa B3
6 Zuela Guesthouse A2

就餐

7 Bamboo Lounge B2
8 Minority Restaurant A2
9 Night Market B2

饮品和夜生活

10 Chill Zone Beer Bar A3

忽略指示牌，沿着漂亮的溪流走就行。

琅南塔博物馆 博物馆

(ພິພິດທະພັນຫຼວງນ້ຳທາ, Luang Nam Tha Museum; 10,000K; ⌚周一至周四 8:30~11:30和13:30~15:30，周五 8:30~11:30）琅南塔博物馆收藏着各种当地的人类学器物，例如民族服饰、卡姆族铜鼓和陶瓷。此外还有许多佛像和常年开放的革命历史展。

团队游

★ Green Discovery 生态游

(☎086-211484; www.greendiscoverylaos.com; Main St; ⌚8:00~21:00）老挝生态游的鼻祖，提供乘船游、骑山地自行车、玩皮划艇、家庭寄宿和南哈河国家保护区1~3日徒步。这里有安全保障，而且工作人员乐于助人。在本书写作期间，他们正计划搬家，不过目前还在原址。

The Hiker 徒步

(☎020-5924245、086-212343; www.thehikerlaos.com; Main St）这家新店收到的反馈非常不错。这里提供自行车和皮划艇之旅，但主要聚焦于徒步，有1日至5日游可选，时间最长的也最硬核（每天徒步7小时），并且保证带你深入南哈河丛林未被触及的区域，而1日徒步就简单多了。

Forest Retreat Laos 生态游

(☎020-55680031、020-55560007; www.forestretreatlaos.com; Main St; ⌚7:00~23:30）这家生态游机构位于Minority Restaurant内，在1~6日的多种活动探险中安排了徒步、家庭寄宿和骑山地自行车，并尽量雇用有少数民族背景的员工和导游。这里还组织往返芒新（Muang Sing）的自行车1日游，并且提供烹饪课程。

住宿

人气高的地方很快会客满，特别是在11月至次年2月的旺季。最好提前订房。

琅南塔的住处大部分位于建筑平平无奇的城北部、为游客开的餐厅附近。

★ Zuela Guesthouse 客栈 $

(☎020-22391966; 房老区带电扇/空调80,000/100,000K，新区 带空调 带/不带阳台US$38/25; P❄📶）这家客栈位于一个绿树成荫的院子里，老区里的客房一尘不染（不过有点暗），有裸砖墙壁和独立卫浴。新区的客房更好，有抛光藤条装饰的天花板、柠檬色墙壁（有的带阳台）、写字台和鲜活的艺术品。客栈位于主街旁一条安静的巷子里，旁边是它非常出色的餐厅。这里还出租小型摩托车。

Amandra Villa 客栈 $

（☎030-9211319；Rte 3A,Ban Nong Bua Vieng；房100,000K起；❄）这家客栈位于一座引人注目的木建筑中，靠近区客运站，房内有光洁的墙壁，还有漂亮的灯笼、点灯、电扇或空调、卫星电视和热水。老板乐于助人，会给你他的名片，以便你遇到小问题的时候可以联系他。这里还出租自行车。

★**Phou Iu III Guesthouse** 客栈 $$

（☎030-5710422；www.luangnamtha-oasis-resort.com；房US$25起；❄📶）这家客栈与Phou Iu Ⅱ同属一家，客房性价比高，被开满鲜花的漂亮花园包围着。平房宽敞，配备木架床铺、砖地、壁炉和赏心悦目的露台。位于城区中心，招牌醒目。需要注意这里在12月有点冷。

Boat Landing Guest House 度假村 $$

（☎086-312398；www.theboatlanding.laopdr.com；Ban Kone；房含早餐US$47~60；📶）🍃这里是老挝最早的生态度假村之一，木平房采用太阳能淋浴，周围金合欢树林环绕，紧邻河塘。这里的餐厅有北方最好吃的老挝菜，舒适但有点令人厌倦的客房需要翻新一下了。位于新城以南6公里处，距离主干道约150米。

餐饮

Minority Restaurant 老挝菜 $

（主菜35,000K；⏲7:00~22:30；📶）🍃这家餐馆赏心悦目，采用木梁搭建，藏身在一条偏僻的小街。可以来此品尝卡姆族、黑傣族和阿卡族民族特色菜肴以及辣普、炒菜、鸡肉咖喱和煎鱼。

夜市 市场

（Night Market；Rte 3A；⏲19:00~23:30）这里拥挤地聚集着部落妇女和本地人，他们兜售新鲜制作的肉汤、米粉和鸡肉串，一切都笼罩在烟熏火燎之下，非常适合吃些便宜的快餐小吃。如果你觉得自己够胆，可以试试独角仙、毛蛋、烤肠子和胆汁汤！

★**Bamboo Lounge** 各国风味 $$

（☎020-22392931；主菜/比萨50,000/75,000K；⏲7:00~23:30，欢乐时光17:00~19:00；📶）🍃这里拥有青苔色的外墙，是城里最受游客欢迎的餐厅，不仅为偏远村庄的年轻人提供工作机会，还捐赠了2500多本书给本地学校。这里在夜晚十分迷人，有闪烁的小彩灯、轰隆的背景音乐以及露天平台的柴火炉中散发的美味香气的——多种薄皮比萨任君挑选。这里完全禁烟，在老挝实属罕见。

Boat Landing Restaurant 老挝菜 $$

（餐35,000~160,000K；⏲7:00~20:30）这家河畔餐馆环境轻松，供应正宗的老挝北方菜。从2至3人份的5道菜套餐，到饭菜都放在一个碟子上的套餐，美食种类很多。如果你不知道怎么选，就尝尝jaąou。菜单上jaąou的种类很多，用糯米饭团蘸着吃。餐馆位于新城以南6公里处。

Chill Zone Beer Bar 酒吧

（☎020-98088878；⏲7:00~23:00；📶）Chill Zone俯瞰着一汪池塘、稻田和遥远的群山，是家非常棒的新酒吧，供应啤酒、冰蓝色的鸡尾酒和小吃，还有很不错的背景音乐。入夜后更显迷人，缠绕成螺旋形的红灯绳发着光。

实用信息

老挝外贸银行（⏲周一至周五 8:30~15:30）兑换主要货币（免手续费）和旅行支票（2%手续费，最低US$3），有一台24小时自动柜员机。

省旅游局（☎086-211534；⏲8:00至正午和14:00~17:00）省旅游局运营积极，有许多让你在这里住得难忘的妙主意，提供关于茶马古道的详细徒步信息、南哈河国家保护区徒步、本地野生动物信息，以及手册和大巴时刻表。

省医院（Rte 3A；⏲24小时）这里有X光设施，可以处理手脚骨折，也能开抗生素。找会说英语的韦欧卡姆医生（Dr Veokham）。

到达和离开

飞机

老挝航空公司（☎086-312180；www.laoairlines.com；⏲9:00~17:00）每天都有飞往万象（US$75）

的航班，**Lao Skyway**（☎020-99990011；Luang Namtha Airport；⊙9:00~17:00）飞往万象的航班（US$61）则在周一、三、五、日起飞。

船

如今乘船最远只能去到Ban Phaeng，那里最近建了一座大坝。之前的2日体验如今变成只有1天，不过你仍旧有8个小时左右的时间顺流漫步。接客人的小汽车/面包车从**船务站**（☎086-312014）把人拉到纳莱（NaLae）。请联系Forest Retreat Laos（见361页），他们可以安排导游和车，并且能提前为你安排船只。包车费用为2人US$500（US$250/人）；去的人越多，人均费用越低。

长途汽车

有两个客运站。区客运站距离游客集中的繁华地段不远，步行即可前往。客运总站在城南10公里处。提前订票并不能保证你有座位——你必须得提前过去亲自占座，两个车站皆是如此。

要去琅多，可以先乘坐开往万象或琅勃拉邦的长途汽车，然后在巴蒙换车。

当地交通

从长途客运站或机场到城区中心，突突车每人15,000K，如果你独自坐车的话会更贵。大多数旅行社和客栈都出售长途汽车票，票价包含从客栈到汽车站的交通费用，比正常费用多大约20,000K。

骑自行车是游览琅南塔周边寺庙、瀑布、村庄以及景点的理想方式。Zuela Guesthouse门口有几家**自行车店**（每天 自行车 10,000~25,000K，摩托车 30,000~50,000K；⊙9:00~18:30）。你可以根据自己的精力选择自行车或摩托车。

文布卡 (Vieng Phukha)

慵懒的文布卡（ວຽງພູຄາ；“Phukha”还有一个拼法是“Phoukha”）也是游览南哈河国家保护区西部边缘的一个徒步大本营，特别是耗时3日的阿卡（Akha）路线徒步。这种路线的游人比琅南塔许多路线的要少，而部分被森林覆盖的景观十分瑰丽，不过文布卡临近地区的许多山丘已经完全被伐秃了。

Nam Ha Hilltribe Ecotrek（☎020-99440084；www.trekviengphoukha.com；⊙8:00至正午和13:00~18:00）由索姆海克（Somhack；经验丰富的卡姆族猎人，如今他放下猎枪利用自己的追踪技能担任导游）经营，是一个非常不错的团队，提供从文布卡出发探索南哈河国家保护区的多日徒步游（从中等难度到颇具挑战性的都有）。

在85公里处附近沿Rte 3往南漫步15分

从琅南塔发车的长途汽车

目的地	票价（K）	车程（公里）	车站	车次
磨丁	25,000	2	地区	8:00~14:00每天6班
奠边府（越南）	130,000	10	长途	7:30
会晒（博胶）	60,000	4	长途	9:00、12:30、16:00
景洪（中国）	90,000	6	长途	8:00
琅勃拉邦	100,000	8	长途	9:00大巴、8:00小巴
勐腊（中国）	50,000	3.5	长途	8:00
孟隆	60,000	4	地区	8:30
芒新	25,000	2	地区	8:00~15:30每天6班
纳莱	40,000	3	地区	9:30、正午
丰沙湾	180,000	12	长途	8:00
乌多姆赛	40,000	4	长途	9:00、正午、14:30
文布卡	30,000	1.5	长途	9:30、12:30
万象	180,000~200,000	21~24	长途	8:30、14:30

钟，1530年的寺庙Wat Mahapot的遗址完全隐藏在茂密的次级树林中，几乎看不见。在几个世纪中幸存下来的那点东西大多在1977年被掠去盖房子了，当时所有居民都在战后搬了回来，所以如今你只能看见散乱的砖头从长满树的泥坡上伸出来的怪异景像。过去要沿着一条角度很小的V形沟壑走，这条沟曾经保护着一座短暂存在的16世纪"城市"的城墙（Khúu Wíeng）。那里除了泥墙之外什么都看不到，但一个好导游（至关重要）会在一场40分钟的步行游览中为你粗略地补充历史细节，并介绍你所遇到的植物的药用功效。这里已经没有本地导游了，但芒新Tigerman Treks（见364页）的东马先生（Mr Tong Mua）可以带你去。

Thongmyxai Guesthouse（☎020-22390351；房 50,000K）基本就是文布卡最高档的住所了，迷人的花园中有几间平房。

前往琅南塔的小型敞篷客车（40,000K，1.5小时）在上午9点和下午1点前后从城中心发车。或者你也可以招停一辆经过这里的会晒-琅南塔的班车（每天3班）。

芒新（Muang Sing）

芒新（ເມືອງສິງ）与缅甸接壤，被翠绿群山包围，是个位于金三角腹地的乡下地方。

> **值得一游**
>
> ### 高饶洞群
>
> **高饶洞群**（ປ່ຖ້ຳເກົາເລົາ；10,000K）位于Rte 3旁，Nam Eng村东1.5公里处，指示清晰，是一个广阔而易于通行的洞穴系统，有一个700米的区域对游人开放。石灰岩主构造包含了外边包裹着结晶沉积层的古老钟乳石。如今地上形似树根的奇特褶皱曾经构成了土耳其棉花堡（Pamukkale）那种钙华池般的边沿。
>
> 本地导游陪着游客穿过洞穴，但不会说英语，而且他们手电筒的光线也很微弱。洞里已经大面积铺设了照明，但经常断电，因此自带手电筒会十分方便。为游览洞穴留出45分钟左右的时间。

这里曾是臭名昭著的鸦片走私通道，但如今只是个拥有傣仂族风格民居的安静小镇，徒步者远远多于毒品走私犯。老市场（在天亮时过去）的苗族、傣仂族、阿卡族和黑泰族居民还穿着传统服装，为这里带来边陲小镇的风情。

早在20世纪90年代末，这里曾是老挝的必去地之一，但随着快船服务的终止和对鸦片贸易的取缔，这里已经不再受旅行者们关注。最近，越来越多的华人定居在此，在国界的另一边用香蕉和橡胶这种消费作物取代了水稻。令人遗憾的是，西方游客提到自己有被华人老板经营的餐厅和客栈拒绝接待的体验。

景点和活动

芒新主街沿线分布着几座经典的老挝-法国混合风格宅邸。它们大多建于20世纪20年代，底层是砖墙和拉毛灰泥，上面楼层则是木结构并且有个全顶的阳台。旅游局和Thai Lü Guesthouse是其中的典型。

老市场（Main St）建于1954年，在本书写作期间因为屋顶坍塌而正在重建。熙熙攘攘的**新市场**（⏲7:00~22:00）位于客运站附近，一大早就非常热闹，不过你在这里更难找到身穿部落服饰的各民族妇女。

民族博物馆 博物馆

（Tribal Museum；5000K；⏲周一至周五8:30~16:30，周六 8:00~11:00）最富有特色的老挝法式老建筑，如今内部有两个房间的部落博物馆，楼下有服装展示，楼上是6箱文化手工艺品。观看40分钟的阿卡族录像额外收费5000K。

Tigerman Treks 徒步

（☎020-55467833、020-56783156、030-5264881；tigermantrek@gmail.com；Main St；⏲7:00~19:00）🍃会说英语的东马先生是一个性格非常不错的人，一直在芒新固定活动，而随着旅游局（就在对面）的衰落，对于南哈河国家保护区的常规信息、好的徒步路线和家庭住宿方面的推荐，他比旅游局可靠，这里还有突突车游和自行车/徒步结合游。他还出租自行车（50,000K）和摩托车（100,000K）。

Muang Sing 芒新

Muang Sing 芒新

景点

活动、课程和团队游

住宿

就餐

食宿

Adima Guesthouse 客栈 $

（☎020-22393398；房100,000K；📶）Adima地理位置便捷，位于一座阿卡族村庄的边缘；沿小路走700米就是Nam Dath。许多其他少数民族村庄也在步行距离范围内。Adima坚固的草顶砖平房配有热水淋浴和用水桶冲的厕所，不过近年来变旧了不少。其迷人的特色餐厅Veranda俯视着鱼塘，日落时十分宜人。

这里距离芒新8.5公里。从城区走Pang Hai路到Ban Udomsin的另一边（过7公里处500米）然后右转，再往南600米就是Adima。从城里坐突突车到这里的费用大约是30,000K。

★ **Phou lu II Guesthouse** 客栈 $$

（☎086-400012；www.muangsingtravel.com；平房小/中/大 100,000/200,000/400,000K）这家客栈位于一座开阔的花园周围，最大的客房带有有趣的露天石壁喷淋空间。这里所有房间都有舒适的床、蚊帐、电扇和小巧外廊（不过客房在凉季的晚上会很冷）。客栈里还有草药桑拿（10,000K）和按摩服务（每小时50,000K）。此外还有餐厅Veranda，大约是城里最好的餐厅。

Veranda Restaurant 亚洲菜 $

（主菜 30,000K；⏰6:30~21:00）这里有你在城里能吃到的最棒的老挝菜、泰国菜和中国菜。这里简单舒适，有丰盛的老挝菜（想一想汤类和粉类吧），气氛亲切。这里位于Phou Iu II Guesthouse的花园中。

实用信息

老挝发展银行（⏰周一至周五 8:00至正午和14:00~15:30）兑换美元、泰铢和人民币，但汇率不太划算。

旅游局（⏰周一至周五 8:00~16:00）滚动屏上展示的信息很有用，但工作人员不太可能会得到老挝国家旅游局的月度最佳员工奖。

到达和当地交通

9:00点和11:00，去往孟隆（Muang Long；300,000K，1.5小时）的小型敞篷客车从城区西北角的**客运站**发车。去往琅南塔（25,000K，2小时）的小巴在8:00、9:00和11:00发车。开往孟拉（40,000K）的大巴在7:30分和13:00发车。

Kalao Motorcycle（每天100,000K；⏰8:00~17:00）位于通向早市的路上，出租摩托车，但请带上一本好用的常用语手册，因为这里没人说英语。

主街上的几家旅行社和客栈出租自行车（每天 30,000K）。

前往中国：磨丁至磨憨

前往边境 磨丁（Boten，老挝）/磨憨（中国）边境口岸（⏲老挝时间7:30~16:30，中国时间8:30~17:30）的离境口岸位于磨丁市场北边，距离后者只有几分钟的脚程。有突突车载客穿过无人区到达磨憨的中国入境口岸，或者轻松地步行10分钟就到了。

你也可以搭乘便利的老挝至中国的过境长途汽车，比如乌多姆赛至勐腊、琅南塔至景洪和琅勃拉邦至昆明，这类线路越来越多。

到达边境 向北旅行，非中国公民需要提前办理中国签证。在老挝可以办理30天的落地签。

继续前行 从中国边境口岸沿着磨憨主街步行15分钟，到达车站，那里有去往勐腊（16元，1小时）的长途汽车，每隔20分钟左右发车，直至15:00左右。车辆经过整座城市抵达勐腊的2号长途车站，然后去往长途汽车北站，前往景洪（42元，2小时，车次频繁，至18:00）或昆明（仅上午）。老挝那边每天8:00~12:00有从琅南塔开往磨丁的小巴。

丰沙里省（Phongsali Province）

既不像老挝，也不似中国，丰沙里是视觉上的盛宴，并且生活着老挝最传统的山地部落。徒步者们可能会感觉自己走到了《国家地理》（*National Geographic*）的内页里。对于旅行者来说，该省游客最多的地方是孟夸，那里是个实用的中转站，与琅多之间有河流相连，而陆路与越南的奠边府相通。再往北去，丰沙里省便没有标准的旅游路线了，取而代之的是在无尽蜿蜒曲折的道路上的艰难跋涉。唯一的沥青路连接了孟夸与乌多姆赛、丰沙里，以及中国的勐腊。通往奠边府的公路在老挝这一边路况良好，但越南那一边就没这么好了。

孟夸（Muang Khua）

漂亮的小城孟夸（ເມືອງຂວາ）是往来老挝与越南奠边府之间或乘船经褐色的南欧江前往琅多时必经的中转站。尽管不及两个目的地那般拥有壮丽的风景或成熟的旅游业，拥有粉彩色房屋的孟夸仍旧拥有许多小城特有的魅力，坐落在南欧江与Nam Phak交汇处的棕榈树间，棕榈树的树冠火树银花般炫目。湿货和干货市场是这里的中心。

如果从奠边府过来，请放松——这里与邻居越南不同，讨价还价在这里既没必要也不合适。

景点

吊桥（Suspension Bridge） 桥梁

要想看高山与河流的风景，就来这座通往卡姆族聚居地的吊桥。在这座安全但是特别摇晃的桥上，你不能恐高，还要有很好的平衡感。

寺庙（Wat） 佛教寺庙

鉴于城里景点有限，这座宁静的寺庙值得一来。

食宿

Chaleunsuk Guesthouse 客栈 $

（☎088-210847；房老区70,000K，新区100,000~120,000K；❄@📶）Chaleunsuk十分受旅行者欢迎。陈设讲究且空间宽敞的客房配有舒适的大床和热水淋浴。宽敞的休息露台上有免费茶水。隔壁新区的客房更加明亮，有平板电视，不过有点俗气。

Sernalli Hotel 酒店 $$

（☎088-212445；房200,000K；❄📶）Sernalli是孟夸最好的住处，外立面无疑显示出新殖民主义的优雅。大堂很小，总是不开灯且没有人，摆满了雕花硬木家具。简朴的客房干净且足够舒适，配有木家具，水热得很慢。额外的细节还有空调和平板电视。但说真的，这里性价比不高。

Sayfon 老挝菜 $

（主菜30,000K；⏲7:00~21:00；📶）这家

简单的餐厅矗立于河流上方，能够看到棕榈树之间的风景，里边有电扇吹风，菜单上菜品丰富且写有英文，有蛋饼和煎饼等迎合西方口味的菜品。这里有美味的辣普、米粉和很多冰爽的老挝啤酒。这里在傍晚时是孟夸最热闹的地方。

实用信息

旅游局（☎020-22848020；⏲周一至周五 8:30~11:30和13:30~16:30）乐于助人，位于Sernalli Hotel对面，可以咨询问题并安排徒步。如果你想在工作时间之外预约徒步，给克奥先生（Mr Keo）打电话见一面，或试试联系独立导游卡曼先生（Mr Khamman；☎020-99320743）。或者登录www.muangkhua.com，网站上有些可以预约的徒步游以及城中每一家客栈的详情。

老挝外贸银行（⏲周一至周五 8:30~15:30）有一台自动柜员机，不过周末现金会被提光。

到达和离开

开往越南奠边府的大巴（60,000K）在上午6点和11点在老挝外贸银行外发车，全程约4小时，其中包括过境。不过，如果乘客不够的话，它并不能保证每天发车。

孟夸的**客运站**（Rte 2E，97公里处再过900米）位置不便，位于乌多姆赛方向沿河往西近2公里处。突突车（10,000K/人）非常少，人满后从老挝外贸银行外发车。开往乌多姆赛的大巴（50,000K，3小时）在8:30、11:00和15：00发车。要去丰沙里的话，就搭乘8：00开往Pak Nam Noi的小型敞篷客车（20,000K，1小时），然后在那里等从乌多姆赛开往丰沙里的大巴（100,000K）。这班车通常在10：00左右到。

由于南欧江建了大坝，你已经不能走水路去哈沙（Hat Sa）了。从这里开往下游孟威诺（100,000K，5小时，8:30或凑满10人时）和之后的琅多（120,000K，6小时）的船只会经过迷人的喀斯特风光。

丰沙里 (Phongsali)

当你沿着一条曲折的山路接近丰沙里（ຜົ້ງສາລີ）时，这座城市突然从一片山脊高原上跃出。这里独具风情的云南木骑楼以及其他饼干棕色和粉蓝色的建筑总是笼罩在迷雾中，被后边宏伟高耸的天山（Phu Fa）山峰所遮蔽。地理位置使这里可以欣赏到开阔的风景，也令这里气候凉爽，几个小时之内就能从怡人的温暖变成彻骨的寒冷——你在寒冷的季节能看到冰柱，以防万一，请带上外套和防水衣物，哪怕是在4月。

这里生活着贡族（Phu Noi）和Haw族人（中国云南人的后裔），既有常住居民也有新近的移民。也就是说，没有人来丰沙里是为了感受城市氛围，因为它并不友好也没有典型的老挝特色；人们费了好大劲来这里是为了周边山区的乡间徒步以及特色鲜明的多民族文化。

景点和活动

云南骑楼 知名建筑

免费 瞥一眼中国式的内饰，这些有气氛的平房木屋令你感觉自己已经不再身处老挝，而是已经置身于中国（而且是20世纪初的中国）。

前往越南：孟夸至奠边府

前往边境 丰沙里省（Phongsali Province）内的**Sop Hun/西庄（Tay Trang）边境口岸**如今已经开放，成为去往越南西庄的国际口岸。每周3趟长途汽车，从老挝村庄孟夸出发，去往奠边府方向（50,000K，6:30，5~6小时）。早点儿去，占个好座位。

到达边境 注意，无论老挝边境还是越南边境（开放时间8:00~17:00），都没有任何便民设施或等候车辆。在老挝这边，最近的自动柜员机位于乌多姆赛，因此请带足现金。如果前往越南，需要提前办理越南签证。如果前往老挝，无须提前办理，到达即可获得老挝签证，费用根据国别而定，最低US$30，最高US$42。携带印有本人照片的身份证件，以及额外现金（约US$5），因为周末和节假日会加收管理费。

继续前行 一旦踏入越南边境，就意味着你距离奠边府仅剩35公里。

另辟蹊径

无人涉足的森林

富登国家保护区(ป่าสะຫງວນແຫ່ງຊາດພູແດນດິນ, Phu Den Din NPA)是一大片区域,部分为无人涉足且相对原始的森林,森林在未开辟道路的高山上层层叠叠,接近2000米的最高处位于越南边境附近。目前要一睹其壮景的唯一合法途经是参加不定时举办的Ban Tha和哈沙之间南欧江段的乘船或皮划艇之旅。一个军队检查站目前禁止任何人进入保护区。如果偷偷溜进去的话你可能会被当作可疑的偷猎者射杀。

中国寺庙

寺庙

这座中国寺庙红色的屋顶上饰有绿色与蓝色的龙,能够看到附近簇拥着的云南老房子和池塘的美景。

天山

观景点

(ພູຟ້າ, Phu Fa, Sky Mountain)要欣赏到城镇另一边的美景,就爬上峰顶有窣堵坡的天山(1625米),400多级石阶的攀登过程令人筋疲力尽,幸好有绿树遮阴。最后一段要支付4000K的通行费。另一条下坡路通往城东2公里处茶厂附近的Hat Sa路。

Amazing Phongsali Travel

徒步

(Northern Travelling Center; ☎088-210594、020-55774354; www.explorephongsalylaos.com; ⏲8:00~17:00或更晚)省内有28个民族,要看到其中的几种,你需要深入丛林,为此你需要两个以上能够带你去沿途偏远村庄的导游。Amazing Phongsali Travel是丰沙里主要的独立徒步组织,有口碑很棒的精选徒步路线。

食宿

Phou Fa Hotel

酒店 $

(☎088-210031; 房 100,000~200,000K; ❄📶)西式厕所、房间取暖器和金色的被罩为丰沙里最好的住处增色,别太激动。更贵的客房接近套房,房内还有一张地毯。这个院子在1975年是中国领事馆的所在地。这里还有一家相当乏味的餐厅。

Sengsaly Guesthouse

客栈 $

(☎088-210165; 房 80,000~100,000K; 📶)Sengsaly是主街上3家便宜住所中最好的一家,80,000K的客房超级简单,有干净的床品、裸墙、地砖和私人卫生间。更好的客房是新建的,十分舒适,就是过于鲜艳了,配有热水淋浴和阳台。服务态度有待改善。

Laojerm Restaurant

老挝菜 $

(主菜 30,000K; ⏲7:00~22:30)这家面馆由家庭经营,供应精心烹制的大份美食,上菜的时候面带微笑。菜单上看似英文的菜名令人难以捉摸,比如"高手猪肝"(High-handed Pig' s liver)和"宫保肉丁"(Palace Protects the Meat Cubelets)。

面条摊

面条 $

(Noodle Stands; 面条 15,000K; ⏲6:00~17:00)在坐早上6点30分的小型敞篷客车去客运站或是出发去徒步之前,先来湿货市场后边的面条摊吃碗面。热腾腾的美味新鲜面条和云南与老挝的融合文化等待着早起的鸟儿。尝尝美味的金面(kòw sóy; 猪肉末番茄汤面)。

实用信息

老挝外贸银行(⏲周一至周五 8:30~15:30)路对面有个自动柜员机。

老挝发展银行(⏲周一至周五 8:30~15:30)可以把几种货币兑换成基普,并免手续费兑现美元旅行支票。有一台自动柜员机并代理西联汇款(Western Union)。

旅游局(☎088-210098; ⏲周一至周五 8:00~11:30和13:30~16:00)如果你在工作时间外需要紧急帮助或预订团队游,拨打☎020-22572373或前门上张贴的员工手机号码。网上还有实用的地图和手册(大多数客栈也免费提供)。

Wang Electronics Shop(⏲7:00~22:00)能上网且有常规电源。

到达和离开

丰沙里的机场其实位于本怒(Boun Neua),不过在本书写作时老挝的两家航空公司都不飞抵这里。

大巴(20,000K)每天在8:00和13:30从**哈沙客运站**出发,从城区往东步行10分钟就是车站。

丰沙里的客运总站位于Km3，在城西3公里处。6:30有一班小型敞篷客车从市场区开往那里（10,000K），但之后车次就非常少了，所以请预留出许多时间。Route 1A终于铺好了，这样往来丰沙里就更安全、更快捷也更容易了。每天开往万象的大巴（230,000K，20多小时）在8:30发车，VIP大巴（250,000K）则在14:00发车，途经琅勃拉邦（140,000K）。开往乌多姆赛的大巴（80,000K，7小时）在8:00和14:00发车。7:30有一班大巴开往琅南塔（60,000K），7:00有一班大巴开往越南的奠边府（130,000K，5小时）。中国人在边境办理相关手续后，可跨越Ban Pakha的中国边境。

7:30有一班大巴开往孟夸（80,000K，7小时），你从那里可以坐船去孟威诺和琅多（由于江上建了大坝，现在已经不能从哈沙坐船去上游了）。注意你不能在一天里去孟威诺或琅多，必须在孟夸过一夜。

Amazing Phongsali Travel（见368页）以100,000K/天的价格出租小摩托车。

本怒（Boun Neua）

本怒（ບຸນເໜືອ）是丰沙里以西41公里处的一个本地交通枢纽，杂乱散落的建筑以新建的水泥房子为主，这里已经初步被提议为新的首府，不过不大可能实现。如果要去Ou Tai或是正在进行丰沙里的“丛林徒步”（Jungle Trek）的话，在这里过夜十分方便。

除了客运站和市场以外，还有Sivienkham Guesthouse（房间50,000K），客栈有3层高，地理位置便捷，提供陈设讲究的宽敞客房，房内有舒适的床铺、热水淋浴和坐便。

过了本怒（41公里处）后，通往丰沙里的路攀上一段山脊上的公路，能够看到一长条被保护起来的山林。过31公里处500米后，有个被标记出来的观景点，接下来的15公里路中都能欣赏到山脊上的全景风光。沿途经过的第一座明显的贡族村庄是Baka Luang（过17公里处200米），那里的老太太们仍旧穿着独特的贡族绑腿。

湄公河中游（Middle Mekong）

对于许多游客来说，这片地区不过是往来泰国与琅勃拉邦时中途经过的地方——特别是从会晒取道巴本的2日慢船路线——但对于更具冒险精神的旅行者来说，这里有许多有意思的东西。“博胶”（Bokeo）意为“宝石矿”，得名于会晒地区储备的蓝宝石，而尽管省内人口稀少，却有34个民族。沙耶武里省（Sainyabuli Province）的名字就是工作象的意思，大象保护中心就在同名首府外。在会晒与巴本以外的地方，你需要随身携带一本好用的常用语手册。沙耶武里西部仍旧不受旅行者关注，夸张的Khop区等地是民族混居的“最后边界”，以大片原始森林而著称。

会晒（Huay Xai）

据说，“秘密战争”期间，会晒（ຫ້ວຍຊາຍ）曾是美国海洛因加工厂所在地，但如今在会晒进进出出的只有经此地前往琅勃拉邦的旅行者。会晒与泰国隔着母亲河——湄公河相望，对许多旅行者而言，会晒是他们从泰国进入老挝后见到的第一个城镇。别担心，这里比过去好多了。晚上，市中心的繁华地带灯火通明，灯下路边摊出售食物，城里还有面向旅行者的客栈和供应美食的咖啡馆。会晒是“长臂猿体验”活动的大本营，“长臂猿体验”当然是老挝首屈一指的丛林探险运动。

活动

长臂猿体验 探险运动

（Gibbon Experience；☎084-212021；www.gibbonexperience.org；2日速览游 US$190，3日经典游或瀑布游 US$310；⏲7:00~17:00）在这个运行了很久的生态游项目中，游客沿着一系列纵横交错的丛林索道，穿越博胶自然保护区（Bokeo Nature Reserve；这里生活着老虎、云豹、黑熊和黑冠长臂猿）的树冠，你可以从高处越过山谷，并在40米高的树屋中过夜。这里有3种团队游可选，每一种都包含了徒步。三餐由导游提供。

导游乐于提供帮助，但你必须亲自确认绳索的结是否牢固，检查你的穿岩钢环，并选好头盔。记得为下雨留出更多的时间减速。对于3种团队游，我们都只建议身体素质良好的人参加。

出发前一天跟位于Th Saykhong的会晒长臂猿体验办公室（Huay Xai Gibbon Experience Office）确认一下。办公室隔壁出售手套（必须戴手套）。最好带上手电筒、水杯和耳塞（抵御百万蛐蛐大合唱），并把大部分行李寄存在办公室的储藏间里。无论你带什么，沿陡坡徒步和玩丛林飞索时都得自己背着。别忘了事先把相机电池充满。

2017年3月这里的一场事故导致一名游客死亡，在本书调研期间这里已经暂停了团队游。长臂猿体验项目会继续运营，但会执行更严格的安全协议。在本书写作期间，警察报告还没出。最新进展请见网站。

住宿

城中心的主街上开满了客栈，在城边还分布着更多。

Daauw Homestay 家庭寄宿 $

（☎030-9041296; www.projectkajsiablaos.org; 房 100,000~140,000K）这里的老板是可爱的苗族人，而在城中心附近舒适的平房中过夜能让你为妇女和少数民族的权利运动做出贡献，因为这里是Project Kajsiab运营的一个草根方案。简单的客房能看到日落，有吊床、阳台和私人卫浴。这里有一家小手工艺品店，你可以在这里当志愿者。这里就在通往君考马尼拉寺（Wat Jom Khao Manilat）的台阶旁边，中途右手边。

BAP Guesthouse 客栈 $

（Th Saykhong; 房间 60,000~130,000K; ❄）可靠的BAP由会说英语的章本太太（Mrs Changpeng）经营，有16间客房，部分配有电扇或空调和私人卫生间。有4间较新的客房值得一住，有缤纷的床罩，木质的亮点装饰，还有电视机和湄公河上的日落风景，特别是108和109号房。餐厅（主菜 15,000~35,000K）的炒饭、意面和丰盛的早餐也十分受欢迎。

Riverside Houayxay Hotel 酒店 $$

（☎084-1211064; riverside_houayxay_laos@hotmail.com; 房 含早餐 US$25起; 📶）市中心最高级的酒店，紧邻繁华地段，俯瞰奔流的湄公河。房间宽敞，不过卫生间需要清理得更干净些。水龙头有热水，房间里还有卫星电视和迷你吧。

Phonevichith Guesthouse & Restaurant 客栈 $$

（☎084-211765; www.houayxairiverside.com; BanKhonekeo; 房US$45; ❄📶）五颜六色的纺织品、电扇和俗艳的台灯让配备热水淋浴和空调的精致房间富有生气。新盖的楼里有城里最可爱的床铺，简直称得上是精品酒店。湄公河观景廊和紧邻慢船码头的位置是该客栈的两大优势。在本书写作时，部分建筑正在施工中。

餐饮

在慢船码头附近的3家外国风格餐厅中，Phonevichith Guesthouse（见370页）的河景最棒。

Daauw 老挝菜 $

（www.projectkajsiablaos.org; 主菜30,000~50,000K; ⏲18:00~22:00; ✎）这家餐馆拥有全程最友善的氛围：休闲露台上能看到日落的风景，布置有低矮的靠垫和露天篝火。提供新鲜制作的有机苗族美食、柴火烤比萨、很多素食选择，以及产自湄公河的整条烤鱼，还有烤鸡。可以携友小酌laojitos（一种用米酒lòw-lów制成的莫吉托鸡尾酒）。

Tavendeng Restaurant 老挝菜 $$

（主菜 25,000~80,000K; ⏲7:00~23:00）这家木造大餐厅主要针对泰国游客，有现场音乐和田鸡与炸鳄鱼等异国美食。

Riverview Cafe 老挝菜、各国风味 $$

（Th Saykhong; 餐 40,000K; ⏲6:30~23:00; 📶）Riverview Café（又名Muang Ner）光洁的天花板似乎即将塌陷，墙壁干得脱了皮，但请注意这里总是挤满了人，站着闻一闻厨房里飘出来的香气，转眼你就吃上了柴烤比萨、汉堡、炒菜、汤粉和极有风味的辣普。

这里位于长臂猿体验办公室隔壁，买个三明治去丛林的时候带上。

Bar How 酒吧

（Th Saykhong; ⏲6:30~23:00; 📶）Bar How以老式毛瑟枪和斗笠装饰，气氛阴暗。到了晚上，这里有成排的自制米酒（lòw-lów），看起来十分罪恶，里边浸泡着蓝莓和荔枝等各种东西，照射着微光，就像是维多利亚时代的药店。这里还供应意面、牛排、辣普和春卷（主菜30,000~45,000K）。不过，这里的服

前往泰国：会晒至清孔

前往边境 自从会晒/清孔(Chiang Khong)边境口岸的泰国-老挝友谊大桥在2014年投入使用，之前的渡轮口岸就只对当地人开放了。

坐突突车去入境口岸的费用约为每人80B。

到达边境 有一路大巴(20B)过桥。进入泰国便可获得15天泰国签证。在清孔抵达的话，支付30B的港杂费然后花30B坐突突车去客运站。泰国一侧，最近的自动柜员机位于南边2公里处。

继续前行 许多游客乘坐长途汽车离开会晒，前往清莱(65B, 2.5小时)。每天早6:00~17:00每小时1班从清孔客运站出发。Greenbus(☎泰国 0066 5365 5732; www.greenbusthailand.com)每天6:00、9:00和11:40发出开往清迈的班车。几趟开往曼谷(500~750B, 10小时)的夜间班车在15:00和15:30分发车。

务非常懈怠——你可能得自己去找服务员。

ℹ 实用信息

老挝外贸银行(Th Saykhong; ⊙周一至周五 8:30~16:30)有个24小时自动柜员机，提供货币兑换服务，办理西联汇款。

老挝发展银行兑换处(Lao Development Bank Exchange Booth; ⊙8:00~17:00)便利的货币兑换处，就在移民局窗口旁边。可以将大部分主要货币兑换成基普。美元钞票的发行时间必须是2006年或更晚。

旅游信息中心(☎084-211162; Th Saykhong; ⊙周一至周五 8:00~16:30)有免费的城镇地图，还能为省内各处的短途旅行提供一些建议。

ℹ 到达和离开

几年来，前往琅勃拉邦的旅行者源源不断地涌入会晒并跳到船上在湄公河来一段难忘的顺流之旅。如今，日益变好的路况意味着越来越多的人选择过夜大巴，但尽管大巴比慢船略微便宜一些，大约15小时的旅途远没有那么适合社交，也不那么迷人，让大多数旅行者在到达时筋疲力尽。

飞机

会晒的机场古怪地坐落于客运站西北1.5公里的山坡上。Lao Skyway每周有6天(周四除外)都有往返万象的航班，价格为795,000K。

船

慢船目前在每天11:00从会晒出发。在**慢船售票亭**(☎084-211659)买票去巴本(110,000K, 1天)或琅勃拉邦(220,000K, 不含住宿, 2天)。出行当天8:00开始售票。别在旅行社买票——那里会多收你一笔过于昂贵的突突车费送你去码头，然后你得坐在那边等待开船。

快船码头(☎084-211457; Rte 3, 202公里处再过200米)就在城南3公里处的Wat Thadsuvanna Phakham正下方。可以容纳6名乘客的快船(héua wái)飞速前进，危险而令人心惊，还会让人身体不适，开往巴本(每人/船, 3小时190,000/1,140,000K)和琅勃拉邦(7小时 含中途停下吃午餐, 320,000/1,920,000K)，通常在8:00发船。

长途汽车

需要注意开往会晒方向的大巴通常标有"Borkeo"。客运站位于城东5公里处。去往琅勃拉邦(120,000K, 14~17小时)的大巴在上午10点和下午16点发车；开往琅南塔的大巴(60,000K)在9:00和12:30发车；开往乌多姆赛的车(90,000K, 9小时)有1班，在9:30发车；开往万象的车(230,000K, 25小时)在11:30发车；8:30还有1班大巴开往勐腊(120,000K)。

旅行社开往琅南塔的小巴9:00左右从会晒市中心发车(100,000K)，但十分不便地停靠在琅南塔城外的客运站。

开往Tonpheung的小型敞篷客车(40,000K)满员时从主市场旁边发车，极少数时候会继续开往Muang Mom。

ℹ 当地交通

Thaveesinh Hotel(☎084-211502; thaveesinh.info@gmail.com; Th Saykhong)出租自行车(30,000K/天)。

突突车在离**老挝移民局**(Lao Immigration; ⏲8:00~20:00)50米的主路上候客，前往快船或慢船码头的费用为30,000K/人，前往机场或客运站的费用为40,000K。公路为单行线，如果车开"反"了方向请别慌张。

巴本 (Pak Beng)

享受巴本(ປາກແບງ)的最好时光是傍晚时分，在令人晕眩的山坡上的餐厅阳台上，居高临下地欣赏湄公河慵懒地流过，进入姜黄色的激烈漩涡，巨石和棱角锋利的河畔丛林夸张地将其包围。

这座只有一条街道的城镇位于琅勃拉邦与会晒之间的水路中段(快速的长尾船在此停靠用午餐，慢船在此停靠过夜)，没有什么迷人的建筑，但有几处不错的住宿和用餐场所，其中包括面包房和适合西方人的咖啡馆。

食宿

★D.P Guesthouse 客栈 $$

(☎081-212624; operation@duangpasert.com; Main St; 标单/双 US$40/45; ❄📶)这家崭新的客栈由一个热情的老挝人经营，以薄荷绿和橙色的墙壁和中等偏上的客房胜出，房内有床巾、空调和很酷的地砖以及卫生间等宜人的细节，完全是中档预算者最需要的那种。还有个很棒的餐厅。

★Khopchaideu 印度菜 $

(☎020-55171068; 主菜 30,000K; ⏲7:00~22:00; ✎)这里位于Mekong Riverside Lodge(www.mekongriversidelodge.com; 房US$45起; 📶)，供应的印度菜大概是你能在老挝北部能找到的最好的。这里有常见的咖喱以及水牛马萨拉等菜肴，厨师富有天分，菜品足够辣。迷人的工作人员会说英语，风景超赞。这里还供应老挝菜和西方菜。

实用信息

老挝发展银行(⏲24小时)位于城里改造后的市场附近，有一台自动柜员机，但是繁忙时段总是会没有现金。

旅游局(www.oudomxay.info; ⏲7:00至正午和14:00~21:00)可以安排导游，有城区地图。

到达和离开

小巧的客运站位于城的最北端，9:00和12:30有车开往乌多姆赛(40,000K, 4小时)。一旦巴本北边的新桥完工，这里还会每天有车开往Muang Ngeun和泰国边境以及洪沙(Hongsa)。

开往琅勃拉邦的下游慢船在9:00和10:00出发(110,000K, 约8小时)，可能会在Pak Tha和Tha Suang(前往洪沙)被招停。开往会晒的慢船(110,000K, 约9小时)8:30出发。

开往琅勃拉邦或会晒的快船船程约3小时，费用为每人180,000K，前提是坐满6个人(危险且令人极为不适，但比花费1,300,000K包船划算)。乘快船抵达后，通常会有本地男孩(在讨价还价后)提出以5000K左右的费用帮你拿包。如果你的包很重，或者水位很低，你需要越过两块木板并爬上很陡的沙岸以走到路上进城的话，这钱花得还是很值的。

在船票办公室买票。

洪沙 (Hongsa)

洪沙(ຫົງສາ)以大象闻名，也是由泰国投资方新建的大型发电站的所在地。发电站妨碍了地平线的风光，但它还是为城里提供了很多工作机会，并且这里正经历着小规模的繁荣。洪沙是往来琅勃拉邦和难府(Nan，泰国，途经Muang Ngeun)的水路上理想的经停点。市中心充斥着方格状的新建筑，但有溪流缠绕的边缘(远离发电站)则有层叠的美丽稻田映衬。

洪沙几座寺庙中最有特点的是Wat Simungkhun(ວັດສີມຸງຄຸນ, Wat Nya; ⏲黎明至黄昏)。其悬吊的发愿亭(song pa)式样简朴，而古老的戒堂绘有壁画，位于一块被奇怪抬高的石台上，石台下方有个大洞，据说通往末日。寺庙位于市中心朝Muang Ngeun方向往西1公里，过了河上第一座桥之后再往北100米处。

China Si Chuan Restaurant(☎074-2666009; 主菜 30,000K; ⏲7:00~22:00)位于市场后边，是一家新开的干净的中餐馆，吸引许多人前来享用饭类菜肴、宫保鸡丁，以及有意思的怪味鸡丝和夫妻肺片等。

售票处(☎020-5558711)位于市场旁边，7:30左右开门，有车开往沙耶武里(70,000K,

3小时）和Muang Ngeun（25,000K，1.25小时），客满即发车（通常在早上9点前）。

沙耶武里（Sainyabuli）

沙耶武里（ໄຊຍະບູລີ；还有"Sayaboury""Sayabouri""Sayabouli""Xaignabouri"和"Xayaboury"几种拼法）是老挝的"象都"之一，是一座繁荣的城市，东边是一片被森林覆盖的迷人山脊。沙耶武里市中心的建设风格试图使这里看起来更具都市氛围，有过于宽敞的大道和花哨的新行政大楼，它们规模惊人，但不算迷人。从旅游局周围出发往南走，你能看到越来越多的迷人木建筑或木石结构建筑，慵懒地安坐在繁密的棕榈树间。这里总体来说亲切而且完全没有旅游业，但没有建设新马路的规划，因为大多数游客会直接前往大象保护中心。

景点和活动

南田 湖泊

（ນ້ຳຕຽນ，Nam Tien）要完全地欣赏沙耶武里环境的魅力，就往西南方开车9公里到蓄水湖南田，这里是大象保护中心的入口。这里的大坝上方有一家餐厅，能够越过碧绿的稻田和长满树木的山坡看到西边地平线的风景，Pak Kimin和Pak Xang的山脊在那边交叠。3公里长的柏油路通往南田，在客运南站前500米处从巴莱路往西岔开，路口就在一座桥前（距离沙耶武里市中心6.5公里）。

★大象保护中心 户外、志愿者服务

（Elephant Conservation Center，ECC；☎020-23025210；www.elephantconservationcenter.com；1日参观 US$60，3日体验 US$205，6日环保体验 US$495）大象保护中心位于南田湖畔，提供不可错过的启发性体验。来认识一下7只母象吧，它们的驯象师工资可观，以便让它们有3～4年的时间不工作，专心养育幼崽；这对于老挝工作过量地驯养大象来说是不可能发生的。你可以观看大象社交、洗澡、进食和治疗，并跟着出色的团队了解关于它们的一切。

住宿很简单（没有电扇），公共卫生间很干净，食物美味。

节日和活动

大象节 文化节

（Elephant Festival；http://festival.elefantasia.org；⊙2月中旬）大象节人气很高，是一场为期2天的大会，有音乐、戏剧，以及许多的啤酒帐篷，还有大象游行和技能展示。在过去的几年里，活动场所在巴莱（Pak Lai）和Ban Viengkeo（洪沙附近）之间每年轮换，但最终固定在了沙耶武里。

食宿

Santiphap Guesthouse 客栈 $

（13 Northern Rd；房带电扇/空调 60,000/100,000K）这里陈设讲究，位于主路上，清新的客房配有独立卫浴、大衣橱和写字台。老板特别热情而且英文说得很好。

夜市 市场 $

（Night Market；⊙18:00～22:00）这处夜市位于中心环岛附近，有食品摊出售汤粉、老挝烧烤、新鲜水果和传统甜品（khàn ǒm）。

Sainamhoung Restaurant 老挝菜 $$

（☎074-211171；主菜 25,000～70,000K；⊙7:00～22:00；📶）这处夜市位于中心环岛附近，有食品摊出售汤粉、老挝烧烤、新鲜水果和传统甜品（khàn ǒm）。在享用老挝美食的同时，想着两岸长满竹子的河流和朦胧的Pak Kimin群山。菜品包括美味的蒸鱼，烤肉，炸蛐蛐、黄蜂，以及竹虫等各种异国菜式。

饮品和夜生活

啤酒园 啤酒园

（Beer Gardens；⊙18:00～23:00）在沙耶武里，除了运转不良又阴暗的夜店之外，还是有一些充满生命力的选择的，那便是Nam Heung（Heung River）河畔的两座啤酒园。它们吸引着年轻人过来大喝老挝啤酒。

实用信息

老挝外贸银行（⊙周一至周五 8:30～15:30）兑换货币并且有一台自动柜员机。

旅游局（☎030-5180095；Sayaboury_ptd@tourismlaos.org；⊙周一至周五 8:30～11:00和14:00～16:00）有不错的城市地图和会说英语的工

作人员，并且出租自行车和摩托车。

到达和当地交通

机场位于主路Pak Lai旁，市中心以南约3公里处。Lao Skyway过去有航班往返万象，不过这些航班在本书写作之时已经不运营了。

从市中心以北2.5公里处的客运北站，有一班11:00的小型敞篷客车开往洪沙(60,000K,3小时)，之后再开几天到达Muang Ngeun(80,000K)。

去万象的车途经琅勃拉邦和巴莱，两路大巴的费用均为120,000K。途经琅勃拉邦的车在13:00和16:00发车。去巴莱的车（80,000K，4小时）只在旱季的9:30发车。鉴于公路尘土飞扬十分惊人，去巴莱坐这班大巴比小型敞篷客车更适合，后者在9:00和正午前后从客运南站发车，车站位于机场西南方4公里处，是个小车站。

湄公河上的新桥Tha Deua如今已经开放，将前往琅勃拉邦的时间缩短了很多，搭乘小巴或私家车只要2~3小时。较慢的大巴（60,000K，3小时）在9:00和14:00发车。

Sakura Tour（见344页）与大象保护中心合作运营一班每日往返沙耶武里和琅勃拉邦的摆渡大巴（100,000K，2.5小时），每个方向都在8:30发车。关于大巴的更多详情请联系Sakura或大象保护中心咨询。

开往客运站的突突车（总站/南站每人15,000/20,000K）从主市场发车。

巴莱 (Pak Lai)

湄公河繁忙的港口巴莱（ປາກລາຍ）是往返沙耶武里与泰国黎府（Loei）这条另类线路中几乎必经的一站。城区沿Rte 4蜿蜒5公里，有一条更短的河边公路隔着一条街区与Rte 4平行，公路两旁稀疏地点缀着老挝和法国殖民风格的历史建筑。从西萨旺寺（Wat Sisavang）出发从北往南探索。在接下来的500米中，你会经过主要的客栈与河港，之后越过一架小木桥进入村庄地带，那边有本地民宅和一个小市场。

如果你需要过夜的话，试试**Jenny Guesthouse**（☎020-22365971；房带电扇/空调 70,000/110,000K；❄）。那里干净而且能看到湄公河的美景，窗上有纱窗防止蚊虫进入，每个房间还建有卫浴区。这里有电视机、毛毯和舒适的床铺。可惜没有咖啡馆。

老挝中部和南部（CENTRAL & SOUTHERN LAOS）

波里坎塞省和甘蒙省（Bolikhamsai & Khammuan Provinces）

波里坎塞省和甘蒙省分立老挝狭窄的“腰部”两边。这片土地从湄公河谷往北边和东边攀上陡峭的坡地，最终到达越南边境的安南山脉（Annamite Chain），中间一片地区略高，有很多壮丽的高山。慵懒的他曲（Tha Khaek）是必去的大本营。

低地佬族是这里的主要民族，此外还有小群的部落泰族，这些就是你最可能遇到的民族。在更偏远的地区，孟高棉语系的马贡族[Makong，俗称布鲁族（Bru）]构成了甘蒙超过10%的人口。

这片地区的大部分区域人口相对稀少，有6片大森林被设为国家保护区（National Protected Area，NPA）。这片地区成了想要开发老挝水力发电和希望保护亚洲最纯净地区的两股力量的战场。眼下，开发者们占了上风。

北汕 (Paksan)

北汕（ປາກຊັນ；又被拼为“Pakxan”或“Pakxanh”）位于南散河（Nam San）与湄公河的交汇处，是波里坎塞省的首府。尽管这里不是老挝最激动人心的地方，几家客栈和餐厅也是你在骑车往返万象和他曲或贡洛（Kong Lor）时可以休憩的地方。从这里可以从湄公河跨境到泰国，但没什么人这样做。

食宿

鉴于这里距离首都万象很近，大多数的旅行者都不在这里过夜，而是继续前往坦贡洛溶洞或他曲。如果你被困在了这里，有几家不错的住处可选。

BK Guest House 客栈 $

（☎054-212638；房 70,000~80,000K；❄📶）这家陈设讲究的客栈位于一座缅栀花盛开的葱郁花园中，有8间客房，全都一尘不染，配有独立卫浴和清新的亚麻织品，热情的老板会说英语。如果你被迫在北汕过夜，这里是个很棒的选择。

Saynamsan Restaurant 老挝菜 $

（☎054-212608；主菜15,000~90,000K；⏰7:00~23:00）这家热情的河畔餐厅位于城区，在横跨南散河的小桥的桥头西北，在这里的平台上吹着微风非常不错。菜品有鱿鱼汤、咖喱和辣普（老挝式禽肉或鱼肉末辣沙拉）。

到达和离开

本地大巴在北汕Rte 13上的主市场（Talat Sao）外发车，在6:00~16:30之间开往万象（30,000K，3小时，143公里），大部分车都在上午出发。

从市场出发的载客大巴车次频繁，或者招停任何一辆往西开的车也行。

如果你要去越南，开往拉绍（Lak Sao）的小型敞篷客车（60,000K，5至6小时，189公里）在5:00、5:30和6:30或满员后发车。

所有从万象往南开的大巴都会在离开首都约2小时后经过北汕；在主市场外等车就行。

班昆坎村 (Ban Khoun Kham)

班昆坎村（也叫Ban Na Hin）曾经是游览卓绝的坦贡洛溶洞的大本营，如今已经快要被班贡洛村（Ban Kong Lor）所取代，后者最近开始迎合前往附近洞穴的游客，因此城里有点荒凉。不过，如果你决定在这里过夜的话，城区附近有个迷人的瀑布，崎岖的喀斯特地貌还有几个不错的观景点。

本地的主要景点是令人印象深刻的双子瀑布塔南萨南（ຕາດນ້ຳສະນາມ，Tat Namsanam），瀑布位于城北3公里处，不过在旱季，这里会非常干旱。瀑布位置引人注目，周围被喀斯特地貌环绕，上层非常高。不幸的是，通往瀑布的小路和指示牌不甚清晰，这里已经不止一名外国游客迷路。请小心行事，或者更妥当的做法是通过出色的**旅游信息中心**（Tourist Information Centre；☎020-55598412；Rte 8；⏰8:00~16:00）雇用一名导游，中心就在塔南萨南瀑布入口南边，这里经营前往富欣国家保护区（Phu Hin Bun NPA）的基于社区的徒步游。

Sainamhai Resort（☎020-22331683；www.sainamhairesort.com；房150,000~240,000K；）是目前为止城里最梦幻最舒适的住处，只是它并不在城区。幸亏Sainamhai位于村外的Nam Hai（Hai River）河畔，有一家漂亮的长屋餐馆、一个茂盛的花园和维护良好的藤壁小屋，屋内有独立阳台、独立卫浴和干净的亚麻床品。这里位于Rte 8公路以东3公里处，沿着通往坦贡洛溶洞的公路走几公里从一个岔道口出来就是。如果你提前打电话，工作人员可以免费在小型敞篷客车站接你。

到达和离开

上午有2班车从他曲开往班昆坎村（50,000K，3小时，143公里），发车时间为8:00和9:00。或者，从他曲或万象出发，随便上一辆往北或往南开的大巴，在文坎（Vieng Kham；也叫Thang Beng）下车，下车地点为Rte 13和Rte 8的交叉路口，然后继续搭乘小型敞篷客车（25,000K，1小时，7:00~19:00）前往班昆坎村。更简单的方法是搭乘一辆往来万象与拉绍的大巴然后要求在班昆坎村下车（75,000K）。

前往泰国：北汕至汶干

前往边境 人们很少通过湄公河在**北汕（老挝）/汶干（泰国）边境口岸**（⏰8:00至正午和13:30~16:30）过境。船只（60B，20分钟）凑满8个人时开船，你也可以包船（500B）。

到达边境 如果你去老挝的入境口岸，他们应该会平静地处理文件，不过请注意这边不能办理老挝落地签，牢记这一点非常重要。

继续前行 在泰国有大巴从汶干开往乌隆他尼（245B，4小时），到那里之后有廉价航班或长途大巴前往曼谷。

另辟蹊径

甘蒙的洞穴

甘蒙最令人印象深刻人迹却最少的洞穴是神奇的**洛塞邦费洞穴**(ຖ້ຳລອດເຊບັ້ງໄຟ, Tham Lot Se Bang Fai)。洞穴位于Hin Namno国家保护区,是塞邦费河(Se Bang Fai)暴跌6.5公里穿过一座石灰岩高山造成的,留下一条地下通道,里边有巨大的洞穴、令人印象深刻的岩石构造、急流和瀑布,而这些只有很少的游客见过。

在2006年之前,洞穴都没被专业地测绘过,而加拿大人和美国人组织的考察队得出了洛塞邦费洞穴是世界最大的河洞之一的结论。穿越整个洞穴包含了8段陆地行程,并且只在1月至3月的旱季进行。本地独木舟只能走到第一段陆地,即入洞约1公里处,因此只有橡皮筏或皮划艇是穿越整条洞穴的适用选择。

Ban Nong Ping是游览洞穴的大本营,这座老龙族和沙琅族(Salang)混居的村庄位于洞口下游约2公里处。参加生态游公司Green Discovery(见379页)组织的团队游可以在村子里的家庭寄宿。提前一周左右通知,你可以安排来这里的旅行,6人或6人以上的大团费用约为每人US$265起,两人一组可能高达每人US$550起。

稍晚些时候,你需要搭乘不太规律的小型敞篷客车去文坎(30,000K,7:00~17:00),或者如果你要去越南边境的话,去拉绍(25,000K,7:00~17:00),然后在那里换车。两个路线从班昆坎村出来都要1小时左右到达目的地。要去坦贡洛溶洞的话,小型敞篷客车在10:00、12:30和15:00出发(25,000K,1小时)。

坦贡洛溶洞 (Tham Kong Lor)

坦贡洛溶洞(ຖ້ຳລອດກອງລໍ)即便称不上是老挝最棒的景点,也完全能评上老挝中部最耀眼的地方了。进入这非比寻常的地下世界就像是进入了彼岸世界,一条7.5公里的河流穿过有大教堂那么高的石灰岩洞穴。班贡洛村(Kong Lor Village)是参观洞穴最方便的大本营,在过去短短几年中新开了许多客栈和小型度假村。

活动

★ 坦贡洛溶洞 洞穴游、划船

(Tham Kong Lor;洞穴门票 5000K,停车费 5000K,乘船游 1/2/3人 110,000/120,000/130,000K)乘船穿过非同寻常的坦贡洛溶洞的体验。这条7.5公里长的河洞位于富欣国家保护区占地1580平方公里的旷野中,位于一座石灰岩大山之下。随着船只带你深入漆黑之中,你的想象力会过载,而恐惧感会随之加剧,就像是你在进行某些自然的哥特鬼魂之旅。这体验令人难忘。

坦贡洛溶洞的一部分如今已经被富有气氛地照亮,因此你可以更清楚地看清这一壮丽的奇观:你的长尾船停靠在一处岩石小湾,你得以探索令人难忘的钟乳石柱之林,以及刚刚冒头的石笋,如置身于《星际迷航》(*Star Trek*)被废弃的拍摄地一般。

穿越坦贡洛溶洞的乘船游每个方向均需时最多1小时,在旱季水位低的时候,你得在船夫和负责人快速把木船拉上来的时候下船。在洞穴的另一端,有一段短暂的5分钟逆流把你带到一个小吃站。在那里休息下,然后回去感受更多的刺激吧。

这里提供救生衣。确保带上一把手电筒,因为这里出租的手电数量不够,也要穿上橡胶凉鞋;河床里的砂砾十分尖利,在好几个水浅的地点都必须下船涉水。

食宿

Kong Lor Eco Lodge 客栈 $

(☎030-9062772; Ban Kong Lor; 房 50,000K; 📶)Kong Lor Eco Lodge远离公路,有12间简朴但干净的客房。这里的小餐厅是城里人气最高的地方之一,每晚都吸引很多旅行者。

★ Spring River Resort 平房 $$

(☎020-59636111; www.springriverresort.com; BanTiou; 平房 US$15~50,标三 US$40~50; ❄📶)这里之前是Sala Kong Lor,这些吊脚平房紧邻漂亮的南欣本河,从简单到豪华

都有。带独立卫浴的标准三人间有蚊帐和能欣赏到葱郁河景的私人阳台，较贵的房间包含早餐。附近有一条清澈的小溪可以在里边清凉一下。

标准双人间和普通双人间需要共用卫生间，而且你得自己解决早餐，但因为周围令人印象深刻的环境，这两种也还是很划算的。这里附属的河畔餐厅（主菜 35,000~50,000K）环境令人难忘。

Mithuna Restaurant 老挝菜 $

（Ban Kong Lor；主菜 20,000~40,000K；⏲7:00~20:00）这家半露天的餐厅靠近坦贡洛溶洞的入口，内有电扇，供应米粉、炒饭和猪肉辣普以及西式早餐。在深入洞穴之前适合来这里补充能量。

到达和离开

从班昆坎村通往班贡洛村的公路长50公里，蜿蜒穿过一片由稻田组成的漂亮山谷，山谷两边是高耸的喀斯特山崖。骑摩托车或坐小型敞篷客车轻轻松松就能用1个小时走完。从班贡洛村出发前往班昆坎村的小型敞篷客车（25,000K）在6:30、8:00和11:00发车。如今还有一班万象和班贡洛村之间的每日直达大巴（80,000K，7小时），7:00在Kong Lor Eco Lodge或10:00在首都的客运南站发车。

拉绍 (Lak Sao)

拉绍（ຫລັກຊາວ）位于波里坎塞省东边，是一座伐木城，基本上只有两条尘土飞扬的街道，卡车轰隆隆地经过这里前往越南（距离这里只有36公里之遥）。这里周围被美丽的锯齿状山崖环绕，在黄昏时过来，风蚀的山崖染上了灼烧的炭红色，十分动人。

这里有许多缺乏创意的客栈、纵横交错的市场、24小时自动柜员机，以及几家就餐场所。由于空气里总是弥漫着尘土，这里算不上漂亮，但如果你正在进行环游（见381页）的话，这里非常适合歇脚储备一下现金，加油以及吃一顿可靠的老挝午餐。

食宿

Souriya Hotel 酒店 $

（☎054-341111；Rte 1E；房 50,000~80,000K；🚭❄📶）这里所有的客房都配有电扇或空调，尽管有些比较小，但都有牢固的床铺以及水非常热的独立卫浴。这里还有有线

前往越南：NAM PHAO至CAU TREO

前往边境 **Nam Phao（老挝）/Cau Treo（越南）边境口岸**（⏲7:00~16:30）位于Kaew Neua Pass，距离拉绍36公里。从拉绍市场出发的小型敞篷客车（20,000K，45分钟）约每小时1班把客人送到通常很随意的老挝口岸。老挝这边有个货币兑换亭，不过汇率不太划算。

从越南的荣市（Vinh）回来，开往Tay Song（前Trung Tam）的大巴全天定时发车（70,000d，3小时，70公里）。从Tay Song出发，再走25公里穿越森林丛生的乡下到达边境。打摩的或出租车的费用约为200,000d（US$10），但司机会要几倍的价钱。在这条路线上很有可能遭遇打劫。

到达边境 持普通因私护照的中国公民，去越南自由行需要提前办理签证。在万荣和琅勃拉邦也有很多旅行社提供办理越南签证的服务。关于更多越南签证问题，可参考182页。老挝在边境可以办理30天的老挝落地签。

继续前行 不方便的是，从老挝口岸沿路走1公里才到越南口岸，一旦过了口岸，你就会被拉客去荣市的司机们团团围住。别听他们的，去荣市的小巴不需要每人US$30；更合理的价格是每个座位US$5，不过砍价成功的可能性很高。出租车的费用为US$35~40，而摩托车的费用约为200,000d。尽可能多拉上几个同伴以提高砍价的成功率。

搭乘从拉绍开往荣市的直达大巴（120,000K，5小时）的话就有希望避免在边境讨价还价；在正午至14:00通常有4班大巴发车。一旦到了荣市，你就可以搭乘卧铺火车统一快运（Reunification Express；www.vr.com.vn）的大巴或卧铺车直达河内。

电视和摩托车停车场。

Only One Restaurant 老挝菜 $

（☎054-341034；Rte 1E；主菜 20,000~60,000K；⊙7:00~22:00）尽管这里已经不再是城里的"唯一"，但仍旧是最棒的餐厅之一。这家洞穴般的餐厅在后边有个很棒的平台，那里能看到喀斯特地貌的风光，也是享用辣普、烤猪肉、炒菜和炒空心菜的好地方。

实用信息

老挝发展银行（Rte 1E）这家银行位于市场附近，可以兑换泰铢、美元、英镑和越南盾。

到达和离开

前往万象（85,000K，7~8小时，334公里）的大巴在每天5:30、6:30、8:00和20:00从市场东边出发，中途停靠文坎（Thang Beng；35,000K，2小时，100公里），你可以在那里换乘班车往南走，或是在北汕（50,000K，5~6小时，189公里）下车。此外有大巴和小型敞篷客车沿Rte 8开往文坎（8:00~17:00），还有1班大巴在7:30开往他曲（60,000K，5~6小时，202公里）。

他曲 (Tha Khaek)

曾经的中南半岛交易站，破烂的法国别墅和扭曲的华人商铺店面混杂在一起，让人喜欢。尽管新桥建成，可以通向附近的泰国，却并没出现巨大变化的征兆，河畔十分迷人。在这里过上一天一夜是十分动人的体验，你在这里开始环游，还可以将他曲（ທ່າແຂກ）当作前往坦贡洛溶洞进行1日游的大本营。附近还有许多洞穴，部分有可以游泳的小湖泊，可以骑小型摩托车或搭乘突突车前往。

尽管你不能指望在他曲感受到琅勃拉邦那种水平的繁华，但你会找到一个历史悠久的迷人老城，并感受到一丝原汁原味的老挝日常。老城区的中心（如果可以这样叫的话）是低调的Fountain Sq，位于Th Kuvoravong的西端，靠近河流。

景点和活动

沿Rte 12从他曲向东行，前22公里是一片有许多洞穴的地区，那里还有一条废弃的铁轨和几个游泳的地方，可以通过1日游或是作为环游的一部分游览。这里属于广阔的甘蒙石灰岩（Khammuan Limestone）区，该区域大致位于Rte 12和Rte 8之间，并往东延伸至Rte 8B。这里有成千上万个洞穴、陡峭的山崖和崎岖的喀斯特山峰。这些地方全都可以通过突突车、自行车或摩托车抵达。

富欣国家保护区 国家公园

（ປ່າສະຫງວນແຫ່ງຊາດພູຫີນປູນ，Phu Hin Bun NPA）富欣国家保护区是一片广袤（1580平方公里）的旷野，这里有碧绿的溪流、季风雨林以及引人注目的喀斯特地貌，位于甘蒙中部。这里在1993年成为保护区，说这里是该地区最美的乡村也不算夸张。

步行或乘船穿过这里，很难不让人为几乎直入云霄的几百米高石灰岩山崖的规模而惊叹。尽管保护区内大部分地区都不通公路，本地人已经通过捕猎和伐木减少了很多依附森林生存的物种。即便如此，这里仍生存着濒危的白臀叶猴（douc langur）、黑叶猴（François' langur）和其他几种灵长类动物，以及大象、老虎和几种罕见的鹿类。

去坦贡洛溶洞游览可以感受一下保护区提供的项目，但这里还有两种更加深入这片地区的浸入式体验，这里有近乎神秘的哥特式山峰和蜿蜒的溪流。

甘蒙省经营5种基于社区的徒步，长度各异。从他曲出发前往福欣国家保护区的2日游（1,700,000K/人，2人 950,000K/人，5人或更多 650,000K/人）尤其不错，人气很高。途中能收获喀斯特风光，还有一段穿过Tham Pa Chan的步行游览和民族村庄的一夜住宿。可以通过位于他曲的**旅游信息中心**（☎020-55711797、030-5300503；www.khammouanetourism.com；Th Vientiane；⊙8:30~17:00）预订。

Green Discovery也提供类似的徒步，其中包括一个非常诱人的皮划艇和自行车2日游，前往壮观的陡峭山崖间，Nam Hin Bun（Hin Bun River）逆时针向湄公河转了一个大弯。

帕苏安洞 洞穴

（Tham Pa Seuam；ຖ້ຳປາເຊືອມ）帕苏安洞是最近才被发现的河洞，长3公里，是一个小版的坦贡洛溶洞，有令人印象深刻的钟乳石和石笋，距离他曲仅15公里，位置十分方便。旅

Tha Khaek 他 曲

游信息中心的多洞穴1日游包含了帕苏安洞，费用为每人350,000K起，其中包括划皮划艇400米进入主洞。

Green Climbers Home 攀岩

(☎020-56105622; www.greenclimbershome.com; Ban Kouanphavang; 课程 每人140,000~500,000K; ⏲10月至次年5月)这家培训学校运营高效，位于一座山谷内，周围是高耸的喀斯特乡间，距离他曲18公里，非常受欢迎。由于其舒适的小屋、美味的食物和出色的课程，这里常被订满。这里还有全世界最简单的俯角用来学习，而且有初级、中级和高级水平的攀岩，有4~8B等级的250多条路线。

白天搭乘突突车过来的费用是100,000K。对于认真的攀岩者来说，这里还提供住宿，其中包括宿舍间(60,000K)和平房(130,000K)，有热水淋浴。

Tha Khaek 他 曲

活动、课程和团队游

Green Discovery .... (见1)

住宿

1 Inthira Hotel B3
2 Le Bouton d'Or A3
3 Mekong Hotel A2
4 Sooksomboon Hotel A2

就餐

5 DD Bistro & Cafe B3
6 烤肉馆 B3
Khop Chai Deu .... (见1)
7 Sabaidee Restaurant B4

Green Discovery 探险游

(☎051-251390; www.greendiscoverylaos.com; Inthira Hotel, Th Chao Annou; ⏲8:00~

21:00）Green Discovery是老挝经验最丰富的生态游团队，在老挝中部经营许多有趣的旅程，有葱郁的福欣国家保护区的各种徒步游和皮划艇旅程，其中包括坦贡洛溶洞（从US$70的1日游到US$155的过夜游都有）。这里还安排骑自行车和攀岩。

住宿

★ Thakhek Travel Lodge 客栈 $

（☎051-212931；thahkhektravellodge@gmail.com；Rte 13；铺 30,000K，房60,000~130,000K；）这家客栈或许位置不太方便，从城里搭乘突突车要5分钟的路程，但由于每晚点燃的花园篝火，这里氛围非常棒，吸引着旅行者们聚集于此。这里有非常简单的电扇房，也有昂贵的空调平房，还有一家咖啡馆供应辣普、沙拉和果汁。在Log book上查阅环游的最新信息。

Mekong Hotel 酒店 $

（☎051-250777；mekonghotel@yahoo.com；Th Setthathirat；房 100,000~150,000K；）这家酒店是一栋蓝色的前苏联风格大楼，由于温柔而有爱的照料，这里有了些许改进。雅致的客房陈设讲究，配备有线电视、空调和整洁的独立卫浴。还有一家朝向湄公河的餐厅。

Sooksomboon Hotel 客栈 $

（☎051-212225；Th Setthathirat；房 100,000~150,000K；）这里位于湄公河上的一座殖民地时期的警察局中，客房干净，天花板很高，配有涡卷花样的红木床头、电视机和独立卫浴。要一间位于富有氛围的主楼里的客房，因为汽车旅馆式副楼里的客房是大写的无聊。

★ Inthira Hotel 精品酒店 $$

（☎051-251237；www.inthirahotel.com；Th Chao Anou；房 含早餐 US$29~49；）这家酒店位于一栋老式法国别墅中，在漂亮的外表之下，是全城最浪漫、最时髦的住所。它的餐厅就在老喷泉前面，而酒红色的房间则是疲惫游客的福音。房间里保留着裸露的砖墙，提供淋浴、有线电视、深色木家具、空调和保险箱，对于疲惫的旅行者来说十分舒心。最好的房间都面朝街道，有阳台。

Le Bouton d' Or 精品酒店 $$

（☎051-250678；boutondor-tk@hotmail.com；89 Th Setthathirat；房 含早餐 US$45~70；）这家复古—文艺复兴风格浓郁得有些夸张的新酒店位于河畔，拥有光鲜完美的客房。朝河的房间具有法式风情，带有阳台，值得一住。这里还有一家河畔餐厅，住客可以在那里享用早餐。

就餐

Fountain Sq每天晚上都会有一个超级小的夜市，旁边往南延伸的水边街道有几家专做鸭肉的露天烤肉馆（rilled meat restaurants；Th Setthathirat；主菜 10,000~20,000K；⏲11:00~23:00）。

Sabaidee Restaurant 老挝菜 $

（Th Setthathirat；主菜 20,000~40,000K；⏲8:00至午夜；）这家餐馆地处河滨，能够随时感受河滨的清风，提供米食、各种辣普、汤品，以及炸鱼和薯条等丰富的各国人气美食。是傍晚喝一杯的好地方，吸引着交流环游途中故事的旅行者们。

DD Bistro & Cafe 各国风味 $

（☎051-212355；Fountain Sq；主菜 20,000~80,000K；⏲7:00~22:00；）这家新开的咖啡馆正面是玻璃墙，俯瞰Fountain Sq，菜单融合了老挝菜、泰国菜和各国菜肴，氛围很酷，也很凉快（多亏了强有力的空调）。还提供提神醒脑的川宁茶叶、咖啡和鲜榨果汁。

★ Khop Chai Deu 创意菜 $$

（Inthira Hotel，Th Chao Anou；主菜 30,000~90,000K；⏲7:00~22:00；）这家精致的餐厅优雅昏暗，是昏昏欲睡的他曲最高雅的地方。餐厅位于一座漂亮的法国殖民地时期的建筑中，开放式的厨房位于透明的玻璃之后，制作可口的老挝沙拉、汉堡和大份的捶打牛排，时髦的玻璃吧台还有不错的鸡尾酒。如果外边凉快的话你可以在街上用餐。

实用信息

他曲有你需要的一切：几家银行，其中包括一家**老挝外贸银行**（Th Vientiane），兑换主要货币和旅行支票，提供借记卡或信用卡提现服务，以及

不要错过

环游

环游是一条环线，不落俗套地穿过甘蒙省和波里坎塞省一些较为偏僻的地区，过去的几年中在无畏的旅者之间成了传说。骑自行车可以完成环游，但最好骑摩托车。幸亏如今他曲（见378页）有好几家公司出租不错的越野摩托车和小型摩托车。请至少给自己留出3天的时间，把坦贡洛溶洞包括进去，如果你不太熟练的话，请拿出一天的时间练习骑车。在开始环游之前去他曲周边的洞穴进行休闲的一日游是不错的热身活动。沿途大部分村庄都能加油。

他曲的旅游信息中心（见378页）可以提供关于环线的建议。出发之前坐在Thakhek Travel Lodge（见380页）里一边喝着冰爽的老挝啤酒一边翻看越来越厚的路书也不错。

一家**老挝发展银行**（Th Vientiane）。

优秀的**旅游局**(见381页)提供令人振奋的福欣国家保护区1日和2日徒步游，其中包括在本地村庄家庭寄宿。还有去班昆坎村和坦贡洛溶洞旁边瀑布的徒步游(800,000K)。提供关于环游的建议。

到达和离开

他曲的客运站（Rte 13）距离城区中心大约3.5公里，除了定时前往北方和南方的服务外，那里还有一个相当大的市场和简单的客栈。去往万象的大巴（60,000K，6小时，332公里）在4:00、5:30、7:00、8:30和9:00发车，还有一班VIP车9:15发车（80,000K），一班卧铺VIP车凌晨1点发车（90,000K）。从9:00至午夜，从北汕和沙湾拿吉出发的大巴每小时左右有一班在此停靠。北上的每辆长途汽车都会在文坎（Thang Beng；30,000K，1.5小时，102公里）、巴嘎丁（Pak Kading；40,000K，3小时，149公里）或北汕（50,000K，4小时，193公里）停车。

往南走的话，开往沙湾拿吉的大巴(30,000K，2~3小时，125K）每半小时1班，还有一班开往北汕的空调车（70,000K，6~7小时，368公里）在9:00出发，定时本地大巴白天每小时1班（60,000K）。每天有2班大巴在15:30和23:00开往阿速坡（Attapeu；90,000K，约10小时）。从万象始发开往东孔岛（Don Khong；150,000K，约15小时，452公里）的大巴大约在17:30发车，开往位于柬埔寨边境的Non Nok Khiene（90,000K，约16小时，482公里）的大巴约在17:30发车。这些车在17:00~18:00于他曲停靠，但你需要匆忙赶车。

如果你要去越南，每周一、周二、周三、周六和周日20:00有一班大巴开往顺化（Hué；120,000K）。每周一和周五20:00还有车开往岘港（120,000K）；每周一、周三、周五和周六7:00有车开往洞海（Dong Hoi；90,000K，10~14小时）；每周二和周六20:00有车开往河内（160,000K）。

Mr Ku's Motorbike Rental（☎020-22205070；每天 60,000~100,000K；⌚7:30~16:30）出租摩托车，位于Thakhek Travel Lodge（见380页）。

巴嘎丁 (Pak Kading)

从万象沿Rte 13往东便到了慵懒却风景如画的村庄巴嘎丁，这里就在湄公河与南嘎丁河（Nam Kading）交汇处的上游，南嘎丁河是老挝最纯净的河流之一（至少目前如此）。这条宽阔碧绿的河流穿过一片被高山和外表凶险的石灰岩环绕的森林谷地，蜿蜒着流入**南嘎丁河国家保护区**（ປ່າສະຫງວນແຫ່ງຊາດນ້ຳກະດິງ，Nam Kading NPA）。

南嘎丁河无疑是进入南嘎丁河国家保护区旷野的最佳方式，保护区里有珍稀的大象、越南大麂（giant muntjac）、小懒猴（pygmy slow loris）、黑叶猴、白臀叶猴、长臂猿、豺、亚洲黑熊、老虎和许多鸟。就如往常在老挝一般，你其实不太可能会见到其中任何一种动物。注意在本书写作之时，保护区非常难进，因为地方政府正在限制船只从水路进去。

作为一座主要的高速公路城市，巴嘎丁有许多开往万象（3~4小时，187公里）、他曲（3小时）或东边目的地的大巴经过。

沙湾拿吉省 (Savannakhet Province)

沙湾拿吉是老挝人口密度最高的省份，

大约生活着15%的老挝公民，西边位于湄公河与泰国之间，东边则是安南山脉和越南，如今已经成为这两个更强大邻居重要的贸易通道。随着表面平整的Rte 9和泰国-老挝友谊大桥的完工，该省的交通愈加发达。

这里约1百万的人口包括低地佬族、黑泰族、几种较小的孟高棉语系民族和越南人与华人社区。

这里有3个国家保护区：Rte 9南边的东普文(DongPhuVieng)、北边偏远的Phu Xang Hae，以及横跨沙拉湾省(Salavan Province)边界两边的Se Ban Nuan。沙湾拿吉东部是个看胡志明小道遗址的好地方，这条路线是“越战”时期南越地区北越军(North Vietnamese Army)的主要补给路线。

沙湾拿吉 (Savannakhet)

时间凝滞、倦怠和幽灵般的宁静在闷热的空气中弥漫，让整个老城显得破旧懒散。沙湾拿吉(ສະຫວັນນະເຂດ)迷人地混合了老挝的过去和现在。令人吃惊的（这个形容词可能很恰当）历史街区是个亮点，在这里，满目皆是渐渐颓败的20世纪初的建筑。这些建于中南半岛全盛时期的豪华老别墅如今早已斑驳不堪，就好像年华老去的女子一样，期望着能够有机会焕然一新。在城里没有太多事情可做，要么在河边漫步，要么就是去越来越多的时尚餐厅或精致咖啡馆平静一下。

但是，城市周边旅游项目众多，沙湾拿吉有一个非常专业的**旅游信息中心**（☎041-212755; Th Si Muang; ⏰周一至周五 8:00至正午和13:00~16:00）和生态游组织机构（见385页），提供大量进入附近国家保护区的旅游线路。

沙湾拿吉采用南北向的简单方格规划，尽管城市不小，也可以轻松步行游览。

景点

单纯在城中心安静街道上的新老建筑间、欢笑的儿童和玩着法式滚球动作缓慢的老人间漫步便能让你感受沙湾拿吉大部分的魅力。旅游信息中心（见382页）制作的手册《沙湾拿吉市中心》(*Savannakhet Downtown*)里有一个能够看到城里大部分有趣建筑的自助游。中心还提供历史中心区的导览游。

恐龙博物馆 博物馆

（ຫໍພິພິດທະພັນໄດໂນເສົາ, Musée Des Dinosaures, Dinosaur Museum; ☎041-212597; Th Khanthabuli; 10,000K; ⏰8:00至正午和13:00~16:00）1930年，附近的村庄进行了一次重要发

前往越南：沙湾拿吉至东河

前往边境 在**淡沙湾（Dansavanh；老挝）/老保（Lao Bao；越南）边境口岸**（⏰7:00~19:30）过境相对愉快。大巴在7:00、8:30和11:00从沙湾拿吉的客运站开往淡沙湾（60,000K，5~6小时，236公里）。或者，可以考虑中途在色奔过一夜，以那里为据点去看一下胡志明小道。

淡沙湾的客运站距离边境大约1公里；越南的摩托车少年们非常乐意以10,000K左右的价钱载你走完剩下的路程。

到达边境 老挝边境口岸提供30天的落地旅游签，并且有个货币兑换亭。持普通因私护照的中国公民，去越南自由行需要提前办理签证。如有其他问题，可联系**越南驻沙湾拿吉领事馆**（☎041-212418; Th Sisavangvong, Savannakhet）。

继续前行 一旦过境，打一辆摩的（40,000d或US$2）去老保客运站转车走越南南北向的主干道和铁路到东河（Dong Ha；70,000d，2小时，80公里）。进入老挝之后，有大巴在7:30、9:30、10:00和正午开往沙湾拿吉（60,000K，5~6小时），也有小型敞篷客车在7:00~17:00定时开往色奔（30,000K，1小时）。边境两边都有简单的住宿。

如果你赶时间的话，也可以搭乘从沙湾拿吉直达越南东河、顺化和岘港的几种直达大巴。

掘，发现了拥有2亿年历史的恐龙化石。这座热情经营的恐龙博物馆是个有趣的地方，可以看到3种不同的恐龙。沙湾拿吉省是5个恐龙遗址的所在地。

东纳达 野生动物保护区

(ດົງນາທາດ, Dong Natad)东纳达是一片神圣的半常绿森林，位于省保护区内，距离沙湾拿吉15公里。这里有两座村庄，已经和森林共生了约400年，村民们采集蘑菇、水果、油、蜂蜜、树脂和昆虫等森林产品。可以从沙湾拿吉通过自行车、摩托车或突突车游览东纳达。不过，独自游览东纳达体验不到太多的森林，最好通过生态游组织机构(见385页)雇一个说英语的导游。

住宿

沙湾拿吉有不错的经济之选，但豪华酒店没有几家。大部分的客栈距离迷人的老城区都只有一段步行距离。

Fundee Guesthouse 客栈 $

(☎030-4841873; Th Santisouk; 房 120,000K;) 这家新客栈藏在Th Santisouk旁的一条偏巷(soi)内，光鲜的新客房一应俱全，物超所值。已经有10间客房开放，还有10间客房即将开张，来配合它越来越响的名气。

Souannavong Guest House 客栈 $

(☎041-212600; Th Saenna; 房 带/不带空调 120,000/70,000K;) 这家小客栈位于一条开满九重葛花的安静街道上，干净的客房配有独立卫浴，始终保持清新。多亏了会说英语的老板们，这里令人宾至如归。出租自行车和摩托车。

★ Vivanouk Homestay 家庭寄宿 $$

(☎020-91606030; www.vivanouk.com; Th Khantabouly; 房 不带卫生间 US$30~45;) 这家时髦独特的小地方类似精品家庭住宿，是一家非常棒的新店。3间客房共用2个卫生间(一个卫生间有露天淋浴)，怡人的装饰融合了现代与殖民地风格。楼下供应早餐的场所带有艺术气息，在晚上兼作酒吧。

Avalon Residence 酒店 $$

(☎041-252770; www.hotel.avalonbooking.com; Th Sisavangvong; 房US$20~32;) Avalon Residence提供光鲜的中等客房，价格合理，而且溜达着去客运站非常方便。客房宽敞且配有闪耀的卫生间、老挝丝绸和平板电视。楼下是一家小空调咖啡馆。

Daosavanh Resort & Spa Hotel 酒店 $$$

(☎041-252188; www.dansavanh.com; ThThaHe; 房 含早餐 US$41~107;) 这家浮夸的酒店俯瞰湄公河，提供国际化的舒适感，而它那肾形的游泳池在闷热的日子里(沙湾大多数时候都是)更是大受欢迎。客房空间宽敞、一尘不染。房费里包含了免费机场接送。

餐饮

这里有新开业的咖啡馆、中心广场上有美味的路边美食，还有零星的法式餐馆可以品尝，沙湾的美食界越来越多样。

★ Savannakhet Plaza Food Market 市场、老挝菜 $

(Savannakhet Plaza; 餐 10,000~30,000K; ⏲17:00~22:00) 这个出色的食品夜市是新加入沙湾美食界的，为老城中心的Savannakhet Plaza带来20个或更多个摊位。在这里浏览路边摊再好不过，这里有新鲜烤制的肉串、热气腾腾的汤粉，以及让人分不清是点心、寿司还是西班牙小吃(tapas)的小吃等。还有储备丰富的老挝啤酒。

★ Sala Vann 老挝菜 $

(☎020-55645111; Ban Phonsavan; 主菜 10,000~90,000K; ⏲10:00~22:00;) 这家迷人的老挝餐厅位于旧医院以南约500米处的湄公河上，环境绝妙，位于一座传统的木遮篷内。菜品价格诱人，吸引各种客人在日落及以后前来用餐，那时偶尔会有现场音乐演出。这里还有老挝和泰国名菜，甚至有牛排和意面。

Cafe Chai Dee 日本菜、各国风味 $

(☎030-5003336; www.cafechaidee.com; Th Ratsavongsouk; 主菜 20,000~50,000K; ⏲周一至周六 9:00~15:00和17:00~21:30;) 这家干净的咖啡馆有个日本老板，店内有藤垫子可以坐，还有个图书交换处，菜品丰富，

Savannakhet 沙湾拿吉

包括拉面和炸猪排(tonkatsu)等日本经典菜式，以及萨莫萨三角饺(samosas)、自制酸奶、泰国食物和健康奶昔，还有很棒的早餐。总而言之，这里有超级新鲜且品相漂亮的美食、快速的Wi-Fi和温暖的服务。

Lao Lao Der 老挝菜 $$

(☎041-212270；主菜 30,000~90,000K；⏲10:00~23:00)这家河畔餐厅位于旧体育场以北2公里处，是城里少数能欣赏到湄公河美景的地方之一。丰富的菜品包含了老挝菜、泰

Savannakhet 沙湾拿吉

国菜和中国菜，而Lao Lao Der还兼作酒吧。在我们上次到访时，这里正经历一场大型的翻修。

Dao Savanh 法国菜 $$$

（☎041-260888；Th Si Muang；主菜100,000~150,000K；3道菜的咖啡午餐65,000K；⊙7:00~22:00；❄📶）面对着广场，拥有优雅的殖民地建筑外观，尽管竞争者越来越多，这家炫酷的餐厅仍旧是城内最好的。电扇呼呼转动，玻璃酒杯叮当作响，而你则可以好好研究一下包括汤、烤牛肋排和普罗旺斯小羊排在内的典型法式菜单。楼上的姐妹餐厅比较高级（只在晚餐时间营业），而楼下的全天候咖啡馆供应沙拉、三明治和法式三明治（风味烤火腿和芝士三明治）。

★ Sook Savan 酒吧

（Th Si Muang；⊙16:00至凌晨；📶）富有氛围的Sook Savan占据着一个战略性的角落，俯瞰着Savannakhet Sq，在晚上19点左右开始吸引热闹的人群前来。啤酒是这里菜单上的主角，但这里也提供传统的老挝辣菜下酒。周末晚上有现场音乐，还有点派对气氛。

ℹ 实用信息

老挝外贸银行（BCEL；Th Ratsavongseuk；⊙8:30~16:00）提供货币兑换和信用卡取现服务，还有一台自动柜员机。

生态游组织机构（Eco Guide Unit；☎041-214203；Th Latsaphanith；⊙周一至周五 8:00至正午和13:00~16:30；📶）勤勉的生态游组织机构提供各种服务，从东纳达省保护区和东普文国家保护区的徒步游预订，到汽车时刻表、住宿信息，乃至于哪里的按摩不错、哪里能租摩托车（不是一边骑摩托一边按摩），应有尽有。

老挝发展银行（Th Udomsin；⊙8:30~11:30和13:30~15:30）可兑换货币和信用卡预借现金，还有一台自动柜员机。

省立医院（Provincial Hospital；☎041-212717；Th Khanthabuli）找会说英语的Outhon医生。

旅游警察局（☎041-260173）

ℹ 到达和离开

飞机

沙湾拿吉的**机场**（☎041-212140；Th Kaysone Phomvihane）只有老挝航空的航班，目的地有万象（490,000~895,000K，55分钟，每周4班）、巴色（320,000~520,000K，30分钟，每周4班）和曼谷（US$105~150，80分钟，每周4班）。机票可以在机场的**老挝航空公司营业厅**（☎041-212140；⊙8:30~16:30）或城里的旅行社购买。

想省些去曼谷的路费的人还可以过了友谊大桥后选择亚洲航空或皇雀航空（Nok Air）在那空拍侬机场（Nakhon Phanom Airport）提供的半自助（Fly-Drive）服务；最便宜的机票不到1000B。

机场位于城市东南端，去市区的突突车收费30,000K，不过他们对刚下飞机的人要价会高一些。

长途汽车

沙湾拿吉**客运总站**（☎041-212143）通常被称作"khíw lot"，位于城区北部边缘的Talat Savan Xai。大巴在6:00至11:30之间从这里开往万象（75,000K，8~11小时，457公里），大约每半小时一班。在13:30~22:00，你得坐上一辆从巴色出来经过这里并停靠他曲（30,000K，2小时30分至4小时，125公里）的大巴。在8:00~16:00每小时还有一班小型敞篷客车和面包车开往他曲（30,000K）。21:30有一班开往万象的VIP卧铺大巴（120,000K，6~8小时），或者你可以试试在巴色出来经过这里的VIP大巴上找个座位。

每天有一班开往巴色的大巴（45,000K，5~6小时，230公里）在沙湾拿吉始发；首班发车时间

为7:00，末班发车时间为22:00。或者，坐上一辆从万象出发经过这里的班车。每天晚7点还有一班大巴开往东孔岛（80,000K，6~8小时，367公里），每天9:00和19:00各有一班大巴开往阿速坡（80,000K，8~10小时，410公里）。

开往老越边境上的淡沙湾（Dansavanh）的大巴（60,000K，5~6小时，236公里）在7:00、8:30和11:00出发，经停色奔（Sepon；50,000K，4~5小时）。

要去越南的话，在偶数日的早8点有一班大巴开往东河（Dong Ha；80,000K，约7小时，350公里）。要去顺化，有一班本地大巴（90,000K，约13小时，409公里）在每天22：00发车，周一至周五的10:30还有一班VIP大巴（110,000K，约8小时）。在周二、周四和周六的22:00还有一班大巴开往岘港（110,000K，约10小时，508公里）；这班大巴会继续开往河内（200,000K，约24小时，650公里），但我们觉得只有受虐狂才会考虑走这条路。

当地交通

沙湾拿吉有点大，你或许偶尔会需要一辆突突车。在城里出门包车的费用约为15,000K，包车去客运站则要差不多20,000K。

在Souannavong Guest House（见383页）可以租摩托车，费用为每天70,000~80,000K。生态游组织机构提供出租摩托车地点的详细清单。还有几个地方出租自行车，其中大部分位于Th Ratsavongseuk沿街，收费约每天10,000K。

色奔和胡志明小道 (Sepon & the Ho Chi Minh Trail)

色奔曾经是胡志明小道上的重要枢纽，这片地区有好几个关键的战争相关遗址。沙湾拿吉的旅游信息中心（见382页）出版一本基于地图的该地区指南，对于探索这片地区来说非常实用。

景点

胡志明小道 古迹

（Ho Chi Minh Trail）免费 臭名昭著的胡志明小道其实是一组小土路和碎石路组成的复杂网络，这些路从北边的甘蒙省延伸至南边的柬埔寨，与老越边界平行。在色奔东边的班东村（Ban Dong）战争博物馆（见387页）附近，旁边有条土路，曾是胡志明小道的主要分支，如今与阿速坡省的Pa-am村同为最好走的入口。在别的地方你将需要一个导游。

Drivenbyadventure（☎020-58656994；www.hochiminhtrail.org；租金每天 US$38~95，团队游每天 US$160~200），由以万象为据点的GPS地图师唐杜瓦尔经营，组织小道上一价全包的各种历史性摩托车游。

老色奔 古迹

（ເຊໂປນເກົ່າ, Sepon Kao, Old Sepon）免费

前往泰国：沙湾拿吉至穆达汉

自从第二座泰国－老挝友谊大桥在2006年建成后，非泰国和老挝公民已经不允许乘船往来穆达汉和沙湾拿吉了。

前往边境 泰老国际客车可以从沙湾拿吉（老挝）/穆达汉（越南）边境口岸（⊙6:00~22:00）的两边过境。泰老国际客车在8:00~19:00大约每小时1班从沙湾拿吉客运站发车（15,000K，45分钟），在7:30~19:00约每小时1班从穆达汉的客运站发车（50B，45分钟），也在边境口岸停靠候客。

到达边境 小心别在边境上了Savan Vegas Casino的员工大巴，这趟车也停靠在国际客车站，但是开往城外同名的赌场度假村。

老挝边境提供30天的落地旅游签。如果你没有照片的话会被收取US$1的费用。在工作日6:00~8:00和18:00~22:00以及周末和节假日还会收取US$1的"加班费"。中国公民前往泰国需要提前办理好签证。

继续前行 从穆达汉继续前进，那边每天至少有5班大巴开往曼谷。或者为了节省时间，可以考虑亚洲航空或皇雀航空提供的半自助服务，其中包括前往那空拍侬机场的特快面包车，以及飞往曼谷的廉价航班。

游览老色奔令人警醒。老色奔位于色奔河（Se Pon）两岸，在战争期间几乎被轰炸回了石器时代。如果你步行或骑车，从色奔往东走，过了199公里处之后右转，路牌上写着“Ban Seponkao”。

战争博物馆 博物馆

（War Museum；☎020-99919709；Ban Dong；10,000K；⏲周一至周日 8:00~11:30和13:30~16:00）班东村位于色奔以东20公里处，曾经是胡志明小道的主要通道，如今是最容易看到战争的毁灭性有多大的地方。之前散落该片地区各处的东西大多已经被收集起来，放在了新开的战争博物馆大门前方的草坪上。

住宿

Vieng Xay Guesthouse 客栈 $

（☎041-214895；Rte 9；标单/双 70,000/80,000K起；❄）Vieng Xay无疑是城里最好的住处，30间客房大多宽敞，内有电视机、空调和热水。这里还有一家不错的咖啡馆供应老挝菜。炸弹壳旁的一段台阶通往后边的更多房间。

到达和离开

小型敞篷客车和偶尔发车的大巴在8:00~15:00从色奔的市场外出发开往沙湾拿吉（35,000K，4~5小时，196公里）；或者，以同样的价格招停任何一辆往西开的大巴。同时间段还有载客大巴开往班东村（10,000K）和边境上的淡沙湾（20,000K，1小时），发车相对频繁；或者随便坐上任何一辆往那个方向开的大巴。

占巴塞省（Champasak Province）

巴色（Pakse）

巴色（ປາກເຊ）是占巴塞省的首府和老挝南部的门户，位于湄公河与色东河（SeDon，Don River）的交汇处。大部分的旅行者都不会在这里逗留太久，因为这里没有什么事情可以做。和更北边的沙湾拿吉和他曲不同，这座城市没有那种湄公河沿岸城市典型的懒散，被保留下来的殖民地时期建筑也相对少些。

人们主要把巴色当作去波罗芬高原（见404页）和占巴塞瓦普庙（见396页）等周边景点冒险的出发地，而许多不错的餐厅、雅致的酒店和信息充足的旅行社使其舒适而方便。

景点和活动

銮寺 佛教寺庙

（ວັດຫຼວງ，Wat Luang；Th 11）巴色有大约20座寺庙，其中位于河畔的銮寺是最大的寺庙之一。这座古老的寺庙学校建于1935年，拥有威严的瓦顶和华丽的水泥柱，而两座较新的建筑里有现代的壁画，壁画讲述了佛陀的生平以及其他故事。

新市场 市场

（ຕະຫຼາດດາວເຮືອງ，Talat Dao Heuang，New Market；⏲5:00~18:00）这座大市场位于老挝—日本大桥（Lao-Japanese Bridge）附近，是老挝最大的市场之一。这里最喧闹的是食品区，但从草药到手机，人所需要的一切几乎都能在这里买到。这里非常值得一逛。

占巴塞历史博物馆 博物馆

（ພິພິດທະພັນມໍລະດົກປະຫວັດສາດຈຳປາສັກ，Champasak Historical Heritage Museum；Rte 13；10,000K；⏲周一至周五 8:30~11:30和14:00~16:00）虽然馆内的介绍有待改善，这座博物馆仍旧值得参观。亮点有古老的东山（Dong Son）铜鼓、Bachieng区波罗芬高原出土的罕见石雕、可以追溯至15~18世纪的老傣文（Tham）石碑、高棉石雕、乐器，以及一些美国的未爆弹药。其他有意思的还有来自那限族（Nyaheun）、素威族（Suay）和罗芬族（Laven）等少数民族的纺织品和珠宝藏品，其中有硕大的铁脚链和象牙耳塞。

色边河国家保护区 国家公园

（ປ່າສະຫງວນແຫ່ງຊາດເຊປຽນ，Se Pian NPA；www.xepian.org）色边河国家保护区是老挝最重要的保护区之一。公园占地2400平方公里，这里生活着少量的亚洲黑熊、红颊黑猿（yellow-cheeked crested gibbon）和暹罗鳄（Siamese crocodile），以及许多鸟类，其中包括珍稀的赤颈鹤（sarus crane）、秃鹫和犀

Pakse 巴色

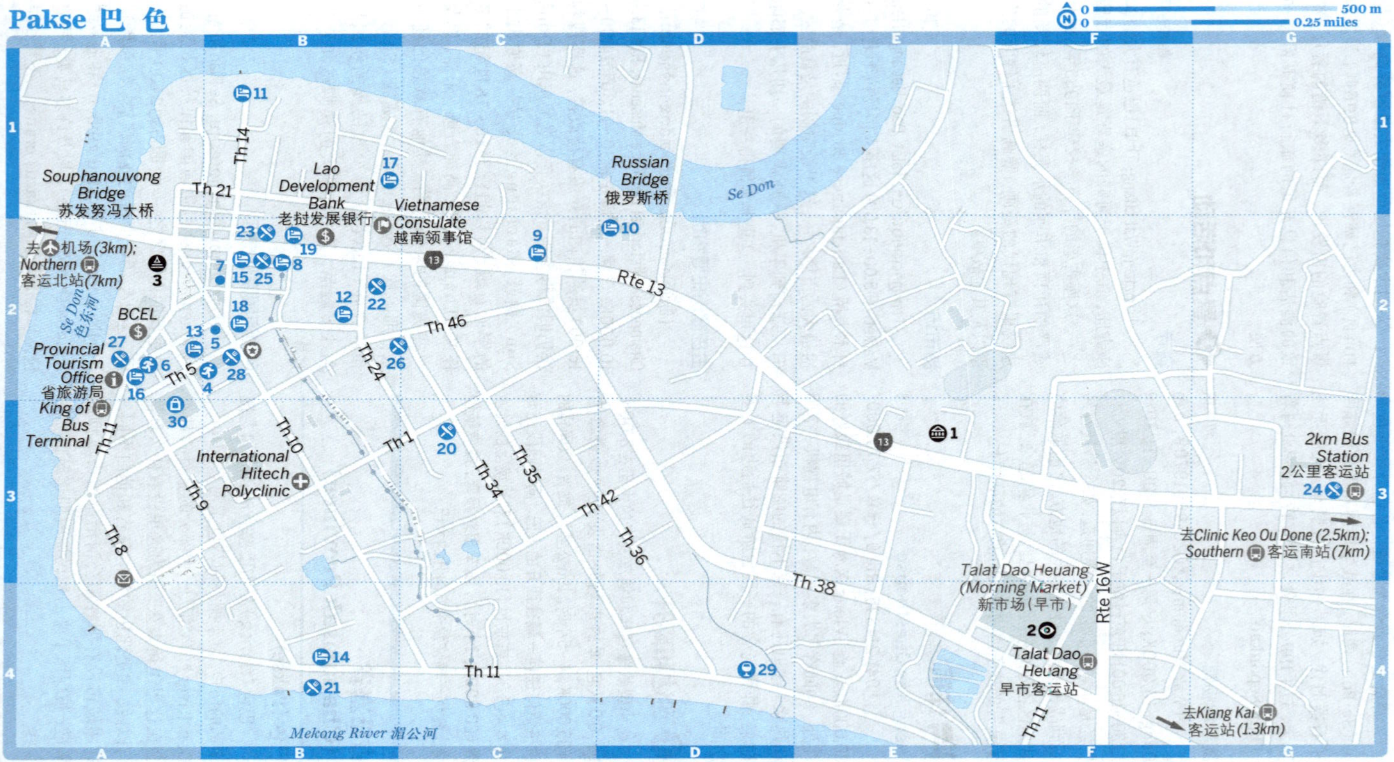
0 500 m
0 0.25 miles
Souphanouvong Bridge 苏发努冯大桥
去机场(3km); Northern 客运北站(7km)
Se Don 色东河
BCEL
Provincial Tourism Office 省旅游局
King of Bus Terminal
Th 21
Th 14
Th 5
Th 11
Th 9
Th 8
Th 10
Th 1
Th 24
Th 46
Th 34
Th 35
Th 42
Th 36
Th 38
Lao Development Bank 老挝发展银行
Vietnamese Consulate 越南领事馆
International Hitech Polyclinic
Russian Bridge 俄罗斯桥
Se Don
Rte 13
Rte 16W
Talat Dao Heuang (Morning Market) 新市场(早市)
Talat Dao Heuang 早市客运站
2km Bus Station 2公里客运站
去Clinic Keo Ou Done (2.5km); Southern 客运南站(7km)
去Kiang Kai 客运站(1.3km)
Mekong River 湄公河
1
2
3
4
5
6
7
8
9
10
11
12
13
14
15
16
17
18
19
20
21
22
23
24
25
26
27
28
29
30

Pakse 巴色

景点

1 占巴塞历史博物馆 E3
2 新市场 F4
3 銮寺 A2

活动、课程和团队游

4 Dok Champa Massage B2
5 Green Discovery B2
6 Vat Phou Cruises A2
7 Xplore-Asia B2

住宿

8 Alisa Guesthouse B2
9 Athena Hotel C2
10 Champasak Palace Hotel D2
11 Kaemse Guest House B1
12 Nang Noi Guesthouse B2
13 Pakse Hotel A2
14 Pakse Mekong Hotel B4
15 Phi Dao Hotel B2
16 Residence Sisouk A2
17 Sabaidy 2 Guesthouse B1
18 Salachampa Hotel B2
19 Sang Aroun Hotel B2

就餐

20 班东村夜市 C3
21 Banlao B4
22 Dok Mai Trattoria Italiana B2
23 Friendship Minimart B2
24 Friendship Super Mart G3
25 Lankham Noodle Shop B2
Noodle Shop Mengky （见23）
26 Pon Sai B2
27 Rahn Naem Khao Mae Fuean A2
Sinouk Coffee Shop （见16）
28 Xuan Mai Restaurant B2

饮品和夜生活

29 Champahom D4

购物

30 Champasak Shopping Centre A3

鸟（hornbill）。爪哇野牛（Banteng）、亚洲象、印度野牛和老虎曾经也生活在这里，但近年来基本没什么人见到过它们了。

保护区从西边的Rte 13延伸到东边的阿速坡省，南达柬埔寨边界，有3条主要河流穿过：色边河（Se Pian）、Se Khampho与公河（Se Kong）。

独自游览公园几乎不可能，但你可以通过杰昂（见397页）村或巴色的旅行社Green Discovery提供的艰苦的多日丛林徒步或短途自然步行游、自行车游和乘船游进入公园。尽管没有人这么做过，保护区还可以从阿速坡进入：通过**Dokchampa Hotel**（☎020-99955678；www.dokchampakham.weebly.com；Rte 18A）安排一个导游。如果你真的很兴奋且热爱冒险，你可以试试包一艘船从Sanamsay（从阿速坡沿Rte 18A往西约35公里处）沿公河游览公园。这场朝着柬埔寨边境行进的旅程会让你深入色边河国家保护区一片风景优美的区域。

Dok Champa Massage 按摩

（☎020-54188778；Th 5；按摩 50,000~100,000K；⌚9:00~22:00）Dok Champa一次又一次地当选为巴色最受欢迎的水疗馆，这都多亏了这里热情而专业的工作人员，他们会根据你疲劳肌肉的需求而施加恰到好处的力度。建议预约。

团队游

Green Discovery 探险游

（☎031-252908；www.greendiscoverylaos.com；Th 10；2日Tree Top Explorer 2/4人团队每人US$308/240；⌚8:00~20:00）Green Discovery是一家可靠的全面型旅行社，提供私人和小型团队游。他们办理其他公司都没有的目的地和活动。树冠探索游（Tree Top Explorer）是他们的招牌行程，位于波罗芬高原上，巴松（Paksong）附近的Dong Hua Sao NPA（ປ່າສະຫງວນແຫ່ງຊາດດົງຫົວສາວ），包含了在远离公路的瀑布附近2天或3天的高空滑索、树冠漫步和丛林徒步。住宿位于高于森林地面很多的环保木屋中。

Vat Phou Cruises 游轮

（☎031-251446；www.vatphou.com；紧邻Th 11；⌚办公室 周一至周六 8:00~17:00，6月没有游轮）Xplore-Asia专营多日探险游，包括去往湄公河的多种旅程，前往四千美岛直到进入柬埔寨，搭乘船只或乘坐皮划艇。说英语的向导每天收费US$35。经营巴色与四千美岛(Si Phan Don)之间的3日豪华湄公河游轮之旅，其中包括去占巴塞瓦普庙(见396页)和孔瀑布(Khon Phapheng; ຕາດຄອນພະເພັງ; 55,000K; 8:00~17:00)游览。

住宿

★ Alisa Guesthouse 酒店 $

(031-251555; www.alisa-guesthouse.com; Rte 13; 房 120,000~150,000K, 家 200,000K;)Alisa大概是巴色性价比最高的住处，拥有出色的客房、地砖、稳固的木床、大衣橱、可以看的卫星电视以及一个冰箱。服务也很好。唯一的明显不足是有的房间Wi-Fi信号很弱。这里经常客满——也在意料之中吧。

Nang Noi Guesthouse 客栈 $

(030-9562544; bounthong1978@hotmail.com; Th 5; 铺 40,000K, 房 60,000~110,000K, 家 200,000K;)这家客栈人气很高、经常客满，位于游客街的街角，客房安静漂亮，经营者们会说英语。注意晚上11点有宵禁。

Kaemse Guest House 客栈 $

(020-55769397; Th 14; 房带电扇 50,000~70,000K, 空调 100,000K;)这座热情的巷尾客栈位于河畔，在河边有个摇摇晃晃的日光平台，拥有一种破败的魅力。客房简单却干净，老板很友善。

Sabaidy 2 Guesthouse 客栈 $

(031-212992; www.sabaidy2tour.com; Th 24; 铺 35,000K, 双 带电扇/空调 100,000/125,000K, 标单/双 不带卫生间 50,000/70,000K;)尽管已经没有过去那么棒，Sabaidy 2仍旧拥有舒适放松的氛围，也是城里最具公社气质的地方。客房分布在老木楼和后边更好的新楼里，前者简单却干净，后者有木阳台(锦鲤在阳台下方游来游去)、质朴时尚的内饰、写字台和空调。

★ Athena Hotel 酒店 $$

(031-214888; www.athenahotelpakse.com; Rte 13; 房 含早餐 US$70~100;)这里无疑是巴色最现代和最漂亮的酒店，其柔和的风格采用了大量的木头装饰。房间的床如棉花糖般柔软舒适，镶嵌在天花板内的暗色灯光可以调节多种亮度。沁人心脾的游泳池则是在尘土飞扬的道路上行走了一整天之后最受欢迎的场所。酒店距离旅游中心仅10分钟步程。

★ Residence Sisouk 精品酒店 $$

(031-214716; www.residence-sisouk.com; Th 9和Th 11交叉路口; 房 含早餐 US$50~100;)这家精致的精品酒店位于一栋迷人的老房子里，有点令人想起旧日的法国。酒店客房拥有抛光的实木地板、平板电视、阳台、苗族床巾、迷人的照片以及随处可见的鲜花。早餐区位于顶楼的咖啡厅，能欣赏到美景。支付额外房费可获得前面更大、更明亮的阳台客房；标准间位于后面。

Phi Dao Hotel 酒店 $$

(031-215588; phidaohotel@gmail.com; Rte 13; 房 130,000~180,000K;)这里是市中心一个非常可靠的选择，客房在这个价位里属于质量、保养和整洁度最好的，但性价比不算最高。街边的客房很吵，所以请选择后边的客房——不过其中有几间没有窗户。这里有一家热闹的咖啡馆。

Pakse Hotel 酒店 $$

(031-212131; www.paksehotel.com; Th 5; 标单 200,000~500,000K, 双 250,000~550,000K, 套 700,000~950,000K, 全部含早餐;)这家传统豪华型的酒店矗立在巴色中心地区，拥有一个舒适的大堂，走廊上挂满了精美的雕塑和纺织品。经济房很暗(只有朝向内部走廊的窗户)而标准间则很局促，因此请考虑至少升级到一间高级客房(350,000K起)，高级客房可以观赏到湄公河景致。

Sang Aroun Hotel 酒店 $$

(031-252111; sengarounhotelpakse@gmail.com; Rte 13; 房 含早餐 175,000~275,000K;)这座闪耀的高塔位于游客街的中心，比最棒的经济酒店还要好一点(特别是客房更明亮通风)，但在特色和质量方面又逊于高级酒店。这里不会让你激动，但也不会让你失望。不过，别选奇怪且天花板低矮的小型("Junior")客房。

Salachampa Hotel
酒店 $$

（☎031-212273；salachampa@yahoo.com；Th 10；房 140,000~250,000K；❄@📶）如果有人努力整修一下的话，这个老地方真的能大获成功。客房阴暗，床垫也不是特别好，但藤条家具、缤纷的地砖以及放松的平台令这里颇具特色，你在别的地方以这个价钱可享受不到。只要你期待不高，这里就还算是个不错的选择。

Pakse Mekong Hotel
酒店 $$

（☎031-218445；Th 11；房 带河景 207,000~333,000K，不带河景 167,000~185,000K；❄@📶）客房乏善可陈但很大，而且整洁无瑕，配有平板电视、漂亮的白床罩以及很大的瓷洗手池。河边的地理位置是这里的主要卖点，但代价是远离便利的市中心。阳台和屋顶平台毫无特色，有些浪费，没有装饰，但风景还不错。

Mekong Paradise Resort
酒店 $$

（☎031-212120；房 含早餐 US$38~85；⊖❄📶）这里位于巴色中心东南方3公里处的河边，是个躲避城市喧嚣的美好之地。大部分的客房都能欣赏到无敌的湄公河日落风景。高级客房（US$55）有私人阳台，几近浪漫，但其实US$45的湄公河乐园（Mekong Paradise）房其实风景更好。花园风景（Garden View）房（US$38）令人没有什么理由不住在这里。

这里有时有点冷清。在Rte 38按照路标从通往Pakse Golf的出口下来再走800米。

Champasak Palace Hotel
酒店 $$

（☎031-212263；www.champasakpalacehotel.com；Rte 13；标单 200,000~350,000K，双 250,000~400,000K，套 550,000~2,000,000K，全部含早餐；❄📶）这座婚礼蛋糕似的宏大建筑最初是建给文翁亲王（Chao Boun Oum；最后一位占巴塞亲王，并在1960~1962年担任老挝首相）的宫殿，不容错过。标准间有点做作，但照料妥当，有舒适的床铺，而优雅的餐厅和公共休息区则有木头柱子、百叶窗以及屋顶休息室的天花板这种随意的装饰。VIP大套房（550,000K）值得一住，不仅有镶木地板，还能欣赏到全景风光。最便宜的客房位于后边更新的Sedone楼里，远没有这么令人兴奋。

就餐

有两个很适合在早上吃美味米粉的地方，即**Noodle Shop Mengky**（Rte 13；米粉 15,000K；⏲6:00~13:00）和马路对面更适合游客的**Lankham Noodle Shop**（Rte 13；米粉 15,000~25,000K；⏲6:00~14:00；📶）。后者还做法棍三明治。自己下厨的人可以去城中心的**Friendship Minimart**（Rte 13；⏲8:00~20:00），或者Friendship Mall里更大但更远的**Friendship Super Mart**（Rte 13；⏲9:00~21:00）。**Champasak Shopping Centre**（Champasak Plaza；⏲8:00~19:00）旁边有好几家水果摊从清晨营业到深夜。

★ Pon Sai
老挝菜 $

要想感受美妙的本地早餐体验，就去位于Th 34和Th 46交叉路口的Pon Sai，那里开满了贩卖米粉、法棍三明治、烤糯米粽（kòw nĕeo bîng），以及许多团子类美食的小店和路边摊。尽管这里最适合早上来，不过有些店铺也会从白天一直营业到晚上。

★ Rahn Naem Khao Mae Fuean
老挝菜、泰国菜 $

（Th 11；主菜 25,000~40,000K；⏲9:00~22:30；📶）这家本地餐厅提供罕见的菜品组合：货真价实的老挝菜和英语菜单。好吧，反正是接近英语的东西……"炒鸡力"（fried chicken power）其实是圣罗勒鸡肉。这里以一种自制鱼肉三明治（pan mîiang baa）闻名，并供应辣普（老挝式家禽或鱼肉末辣味沙拉）和湄公河藻汤。色东河上的平台是个大大的加分项。

班东村夜市
市场 $

（Ban Tong Night Market；Th 1；⏲16:30~21:30）尽管很小，而且所有东西都以外带的形式出售，这里仍是巴色最接近泰式夜市的地方。这里是品尝老挝食品的好地方，因为你用手向店家指出你想要什么就可以了。

Sinouk Coffee Shop
咖啡馆 $

（Th 9和Th 11交叉路口；主菜30,000~45,000K；⏲6:30~21:00；❄📶）雅致的Sinouk

有玻璃面的餐桌，餐桌上镶嵌着咖啡豆，这里到处都是咖啡豆——波罗芬高原上种植的美味的阿拉比卡咖啡豆。如果你想要更多，这里还有帕尼尼三明治、沙拉、意面和常见的泰老混合菜肴。这里是城里最贵的地方之一，但质量很高。

Xuan Mai Restaurant 越南菜、老挝菜 $

（Th 5；主菜20,000~35,000K；⏲7:00~22:30；📶✍）由越南人经营的这家餐厅供应超级新鲜的米粉、猪肉丸（nǎemnéuang）、白面粉面条拌甜辣酱（kòwɓûn），以及满载诚意的自制辣普。如果你们是一群人就餐的话，这里的套餐性价比很高。

Dok Mai Trattoria Italiana 意大利菜 $$

（Th 24；主菜 25,000~60,000K；⏲周三至周一 11:00~23:00；📶）这家珍贵的小店原汁原味（比如这里就没有蒜香面包），由意大利老板经营，有完美烹制的意面和帕尔玛干酪烤茄子，以及种类丰富的精选沙拉，并佐以美妙的摇滚乐和后边的花园餐位。

Banlao 泰国菜、老挝菜 $$

（Th 11；主菜 20,000~80,000K；⏲10:00~22:00）巴色有几家漂浮餐厅，Banlao是其中之一，这里有可靠的名菜，也有许多你可能之前没见过的菜肴，比如应季的酸辣蚂蚁卵沙拉（gôy kài mót sòm——gôy类似辣普，但加了血）和一整页菜单的糯米蘸水（jaew；其中包括茄子和蟋蟀）。对于没那么有冒险精神的人，这里还有温和的泰国中部番木瓜沙拉与烤鱼配野菜。

> ## 少数民族村庄
>
> 巴色和达洛大部分的旅行社都在波罗芬高原一带的标准行程中包含了少数民族村庄游览。当然，这些主要都是粗浅地游览一下，虽然你能够见识到一些当地的文化，但是他们的主要目的是卖纪念品。
>
> 总体来说如果你在参加达洛周边的导览徒步游时游览村庄，或是去当地人开的Mr Vieng Coffee & Homestay（见405页）和Captain Hook Coffee Break（见405页），体验会让人满意得多。最好在家庭寄宿过一夜，上述两家都为临时过来的游客提供短程的村庄-咖啡种植园游。
>
> 如果你自己游览乡村地区，比如投姆兰（见405页）一带，请礼貌一些……谨慎着装，少拍或不拍照。

🍷 饮品和夜生活

如果你想体验巴色温和的夜生活，就沿Th 38往城东走，那边有几家店一直开业到凌晨1点。

Champahom 酒吧

（Th 11）这家酒吧由泰国老板经营，是个饮酒和享用小吃的轻松场所，在每天19:30~21:00前后有现场音乐演出[通常为卡拉宝乐队（Carabao）那种风格的泰国乡村音乐]。

ℹ 实用信息

地理位置便捷的**老挝外贸银行**（Th 11；⏲周一至周五 8:30~15:30）和**老挝发展银行**（Rte 13；⏲周一至周五 8:00~16:00；周六和周日 至15:00）等银行的汇率最佳，不过**Lankham Hotel**（⏲7:00~19:00）的货币兑换处也很好。这三个地方都能用信用卡取现（3%的手续费）。老挝发展银行还有西联汇款业务，并能兑换美元旅行支票（1%的手续费）。市中心有许多自动柜员机。

International Hitech Polyclinic（VIPClinic；☎031-214712；ihpc_lao@yahoo.com；Th1和Th 10交叉路口；⏲24小时）与公立医院相邻，有讲英语的工作人员和非常高水准的护理、服务和设施，还有一家药店。

邮政总局（Th 8；⏲周一至周五 8:00至正午和13:00~17:00）

Miss Noy（☎020-22272278；noy7days@hotmail.com；Rte 13；上网 每小时 8000K；⏲8:00~20:00）风趣的诺依小姐（Miss Noy）和她会说法语的老公出租可靠且保养得当的小型摩托车和自行车。他们还经营大巴车票团队游，而且这里还能上网。

省旅游局（☎031-212021；Th 11；⏲周一至周五 8:00~16:00）旅游局主要分发地图和手册，但有的工作人员可以解答疑问或是帮你预订杰昂、东克岛（Don Kho）和东登岛（Don Daeng）的家庭寄宿和活动。

到达和离开

飞机

巴色国际机场(Pakse International Airport; Rte 13)位于苏发努冯大桥(Souphanouvong Bridge)西北方2.5公里处。搭乘突突车抵离机场的费用约为40,000K。

老挝航空公司(☎031-212252; www.laoairlines.com; Pakse Airport; ⌚周一至周五 8:30~17:00, 周六 8:00~17:00, 周日 8:00~19:00)有飞往以下亚洲城市的直达航班:

阿速坡 520,000K, 每周3班

曼谷 US$125, 每周4班

胡志明市 US$110, 每周2班

琅勃拉邦 890,000K, 每周3班

沙湾拿吉 320,000K, 每周4班

暹粒 US$105, 每周4班

万象 750,000K, 每天2班

飞往曼谷更加便宜的方式是通过陆路前往乌汶(Ubon Ratchathani), 然后从那里搭乘廉价航班。

船

一艘观光船在8:30从巴色开往占巴塞(单程每人 70,000K), 前提是客人数量足够——在淡季客人通常不够。从占巴塞返程的时间是13:30。前往占巴塞是2小时的顺流水路, 返程时间要长一些。通过随便一家旅行社订票或给**卡姆老先生**(Mr Khamlao; ☎020-22705955; 每船 US$80, 10人组每人 US$8)打电话。

长途汽车

巴色有许多大巴和小型敞篷客车站, 这一点令人沮丧。大部分游客只是通过所住的客栈或某家旅行社预订车票, 因为他们要么会有专门的观光大巴在市中心接你, 要么会有免费的车辆送你去相应的发车地点, 价格通常不贵。

注意对于长途路线(柬埔寨、越南和万象), 你会想要谨慎选择运营的公司: 选错了的话你就要在路途中多花好几个小时并且十分痛苦。在了解路线详情的旅行社买票, 而不是在不了解详情的客栈买票。

有6个主要的车站:

客运南站(Southern Bus Terminal; Rte 13)巴色的客运总站, 有车前往大多数地方, 因为位于沿Rte 13出城8公里处, 也叫 "8公里客运站" (khíw lot lák pąet)。

客运北站(Northern Bus Terminal; Rte 13)这里通常被称为 "7公里客运站" (khíw lot lák jét); 位于城北——你猜猜——7公里处。这里的车只往北开。发车地点的英文指示牌错误很多。

早市(Talat Dao Heuang, Morning Market)有面包车和小型敞篷客车开往附近的目的地, 比如泰国边境, 发车地点为市场的东南角一处喧闹的地方和市场前边的Th 38上。

2公里客运站(2Km Bus Station; Sengchalern Bus Station; ☎031-212428; Rte 13)这里也跟着其所属的公司被称为Sengchalern站; 办公室位于Friendship Mall前边SL Hotel的大堂内。

客运站之王(King of Bus Terminal; ☎020-5501 2299; Th 11)只有开往万象和沿途城市的夜班大巴。

Kiang Kai Bus Station(紧邻Th 38)这个小车站十分难找, 位于Th 38后边一座红黄建筑中, 在过了日本桥1.5公里的位置。这里有往返泰国的大巴, 不过这些大巴也停靠客运南站。

波罗芬高原和东边

往波罗芬高原和东边开的车包括从客运南站发车的空调大巴和从2公里客运站发车的普通电扇大巴。开往所有城市的末班车发车时间均为16:00, 只有从南站开往塞公(Sekong)的末班车在14:30出发。开往沙拉湾(Salavan)的大巴(电扇/空调 30,000/40,000K, 3小时)可以让你在达洛(Tat Lo)下车。开往阿速坡的大巴(电扇/空调 45,000/50,000K, 3.5~5小时)途经巴松(电扇/空调15,000/20,000K, 90分钟), 其中一半会绕路经停塞公(电扇/空调 35,000/40,000K, 3.5小时)。

占巴塞和四千美岛

小型敞篷客车大约在正午之前定时从早市(见393页)出发开往占巴塞(20,000K, 1小时), 有时甚至会运营到14:00。大部分旅行社还提供一种观光大巴-船只的组合前往占巴塞(55,000K, 1.5小时)。请确保你买的票包含了从Ban Muang出发的船票。船票的正常价格为每人10,000K, 如果你独自乘船的话是30,000K。

要去四千美岛的话, 观光大巴和面包车最为舒适方便, 行程包括城中接上客人以及坐船去东孔岛(70,000K, 2.5小时)、东德岛(Don Det; 70,000K, 3小时)和东昆岛(Don Khon; 75,000K, 3.25小时)。通过任何一家客栈或旅行社都能买

票。全部都在8:00前后发车。需注意这些路线的费用不同时间浮动非常大，而由于价格垄断，甚至有时往南北方向走的票价浮动也很大。

如果你想在晚些时间出门，就从客运南站（见393页）搭乘一辆开往班纳卡桑（Ban Nakasang；去东德岛和东昆岛）的小型敞篷客车（40,000K，3.5小时）。这些车在17:00之前每小时1班，途经哈夏昆（Hat Xai Khun；去东孔岛）。

11:00有一班小型敞篷客车开往杰昂（30,000K，2小时）。

万象和北边

大部分去万象的旅客更喜欢舒适的"VIP"夜班卧铺大巴（170,000K，10小时）。你可以通过你的客栈买票或者去客运站之王，那里每晚有好几辆车在8:30出发；2公里客运站在晚8点也有一辆车出发。坐这些车还能去他曲（130,000K，4.5小时）和塞诺（Seno；前往沙湾拿吉；120,000K，3小时）。

如果你更喜欢在白天出行，客运南站（见393页）全天都有行驶缓慢的普通空调大巴（110,000K，12至14小时）发车，中途会在2公里客运站和北站（见393页）接上更多的乘客。这些大巴还开往他曲（40,000K，5小时）和塞诺（60,000K，7小时）。

当地交通

巴色的本地交通按照区域性标准来看偏贵。如果你只身一人，短途（其中包括往返早市和市中心）乘坐三轮车（sǎhm-lór）的费用大约要10,000K——如果你是结伴出行或搭乘突突车的话则要更贵。与人拼突突车去客运北站的费用为每人15,000K，一整辆突突车的费用为50,000K。

占巴塞（Champasak）

很难想象占巴塞（ຈຳປາສັກ）曾是皇权所在地，但在1713年至1946年确实如此。如今这座城市是个昏昏欲睡的地方，位于主街中间的（已经没有喷泉了的）喷泉区暗示着很久以前便随着前王室消逝的辉煌过往。四散的法

前往泰国：VANG TAO至CHONG MEK

前往边境 除了入境口岸正确的柜台不太好找之外，在Vang Tao（老挝）/Chong Mek（泰国）边境口岸（⏲工作时间6:00~20:00）过境还是很简单的。

往来巴色客运南站（见393页）和乌汶客运站之间的泰老国际客车（50,000K，2.5~3小时，8:30~15:00）是最容易的过境方式。大巴中途在小小的Kiang Kai Bus Station（见393页）会接上更多的客人。如果你要去巴色（乌汶的发车时间为9:30和15:00），需要注意大巴停留的时间不够用来申请老挝签证。

从巴色早市（见393页）前边街道还有发车频繁的面包车开往Vang Tao（25,000K，45分钟），市场里在16:00之前还有小型敞篷客车发车。客运南站还有小巴，每小时1班开往Vang Tao。下车地点为距离老挝入境口岸约500米处的土/泥地停车区。

如果你要去曼谷（225,000K，14小时），客运南站每天16:00有一班直达服务（有时要在乌汶换乘大巴）。巴色的旅行社还提供前往泰国首都的大巴/卧铺火车联票，2等电扇车厢的价格为290,000K起，服务越好价格越高。

到达边境 老挝可以办理落地签（约US$35，具体取决于你的护照签发国），而泰国那一边免费为大部分国家的公民办理15天的签证；G7国家的居民为30天。两国之间有一段干净的地下通道。

尽管看起来像是骗钱，老挝这边在工作日16:00之后，以及周末和节假日全天都有法定的加班费。工作人员索要100B才是真正在骗钱，真实的价格为10,000K。对他们说你要收据，然后就只用按照正确的价格支付了。

继续前行 面包车从Chong Mek的客运站开往乌汶（100B，1.25小时，每30分钟1班），即沿主路行驶600米（摩的费用为20B）。或者，非正规的出租车司机会在入境关口附近徘徊，以1000B的价格前往乌汶市内任意地点。

国殖民地时期建筑与传统的老挝吊脚木屋并存，而稀疏的车辆小心翼翼地在狭窄的主街上行驶，鸡和牛则在马路上与它们同行。

周边地区有好得惊人的住宿和几处景点——其中最有名的是吴哥时期的占巴塞瓦普庙（见396页）遗址——许多游客为何更喜欢住在占巴塞而不是热闹的巴色的理由显而易见。

占巴塞的一切几乎都沿河畔公路分布，位于喷泉区的两边。

景点和活动

★皮影戏和嘟嘟剧院 剧院

（Shadow Puppet Theatre & Cinéma Tuktuk；www.cinema-tuktuk.org；50,000K；⏲10月至次年4月 20:30~22:00，皮影戏 周二和周五，电影 周三和周六）这家位于旅游局隔壁的神奇剧院由法国人伊夫·贝尔纳（Yves Bernard）经营，用古老的皮影戏讲述史诗《罗摩衍那》的故事。周三和周六晚上这里会放映获得奥斯卡提名的迷人默片《象》（*Chang*；1927年），这部电影由好莱坞老版电影《金刚》（*King Kong*）的编剧和导演创作，于泰国东北部的丛林中拍摄超过18个月完成。非常棒的一点是这里有音乐家现场配乐。

Wat Muang Kang 佛教寺庙

（ວັດເມືອງກາງ，Wat Phuthawanaram）这座寺庙是占巴塞活跃寺庙中最古老的一座，也可以说是老挝南部最有意思的一座，位于沿湄公河往城南约5公里处。你会最先看到高耸的泰式戒堂（ubosot），那里拥有红瓦屋顶和一圈柱子，但更高处的是三藏经楼（hǒw tại），那里结合了老挝、中国、越南和法国殖民地的建筑元素。

Champasak Spa 水疗

（☎020-56499739；www.champasak-spa.com；按摩 90,000~160,000K；⏲10:00至正午和13:00~19:00，4月至10月 周一和整个6月歇业）🍃这片芬芳的绿洲由娜塔莉（Nathalie）经营，有免费茶水和精心的护理，使用本地种植并采集的有机绿色产品，并为本地妇女提供了工作机会。水疗馆还提供瑜伽和免费的晨间冥想（必须预订）。全天水疗套餐（要求预约）包含了面部、身体磨砂、头发护理、按摩和午餐，收费550,000K。

食宿

Dokchampa Guesthouse 客栈 $

（☎020-55350910；房带电扇/空调 50,000/200,000K；❄📶）所有客房前边都有门廊，还有位置很棒的河边餐厅，乐于助人的老板会说英语，欢快的氛围十分不错，因此这里是占巴塞最好的住处之一。电扇房很平常，不过我们不懂他们在给最近翻修过的空调房里装上玻璃墙卫生间时是怎么想的。淡季折扣力度很大。

★Inthira Champasak Hotel 精品酒店 $$

（☎031-511011；www.inthira.com；房含早餐 US$44~71；🚭❄📶）Inthira是河边的美丽酒店，其14间客房是古老与现代的结合，但全部都散发着魅力并让人放松。所有房间都有奢华的小细节——木地板、环境照明、平板电视、保险箱和雨淋花洒——令其在城中脱颖而出。

★River Resort 度假村 $$$

（☎020-56850198；www.theriverresortlaos.com；花园别墅 US$120~130，河景别墅 US$160~170；🚭❄📶🏊）15座双层别墅（12座位于河边，3座位于后边的池塘和稻田边）配有超大的床铺、本地的墙帷、室内—露天淋浴，以及风景绝佳的大阳台。这里有两座游泳池、泰式和老式按摩、一家漂亮的餐厅，并经营乘船远足（日落之旅非常棒）等。

这里位于城北3公里处，但给人前不着村后不着店的感觉。

Champasakwith Love 泰国菜、老挝菜 $

（☎030-9786757；主菜 20,000~40,000K；⏲9:00~22:00；📶✍）这里美妙的河畔露台有一棵老榕树遮阴，单是为了它就值得来一趟这里，但这里的食物和服务也很棒。这里有城里最多的菜品，以泰国菜为主，但也有老挝常见菜和不错的布朗尼、水果沙拉、三明治和早餐。破旧的老房子里有简单但价格高昂的客房（带电扇/空调 60,000/100,000K），客房共用卫生间。

Frice & Lujane Restaurant 意大利菜 $$

（主菜30,000~85,000K；⏲17:00~21:00）

在这家豪华的餐厅享用灵感来自意大利弗留利阿尔卑斯地区的美食，这里之前由意大利人经营，位于湄公河畔。菜品很少，其中有意大利土豆饺子（Gnocchi）、卤猪排骨、千层面和自制香肠为其增色。

实用信息

占巴塞地区游客信息中心（Champasak District Visitor Information Centre；☎020-97404986；⏲周一至周五 8:00至正午和14:00~16:30，9月至次年4月周末也开放）这里的工作人员十分热情，且相当了解这片地区。他们可以帮你解决所有的交通需求，其中包括大巴和船只，还能为你预订东登岛上的客房。本地导游（部分会说英语）可以带你游览瓦普庙（Wat Phu）和周边众多的小景点。

到达和离开

从巴色顺着一条几乎空无一人的漂亮柏油路，沿湄公河的西岸走30公里就到了占巴塞。开往巴色的小型敞篷客车（20,000K，1小时）只在早上发车，一直到8点前后。还有直达的观光大巴和船只往返巴色，不过因为客人太少所以频次不高。

早上从巴色开往占巴塞的观光班车(55,000K，1.5小时）其实是开往四千美岛的大巴，会让你在湄公河东岸的Ban Muang下车，那里有一艘小渡轮（每人10,000K，摩托车20,000K）开往占巴塞北边的村庄Ban Phaphin。请确认你的车票有没有包含渡轮（渡轮工人不会坑你，但巴色的一些票务代理宰客是出了名的）。这些车票船票都没有包含进入占巴塞的最后2公里，所以你可能得步行了。

要去四千美岛，你还可以走Ban Muang渡轮线，如果乘客人数够的话，搭乘一辆早间直达小巴（70,000K，3小时），或者坐船（包船US$200；占巴塞地区游客信息中心会知道有没有人有兴趣分担费用）过去。

瓦普庙世界遗产区 (Wat Phu World Heritage Area)

参观古代吴哥宗教建筑群瓦普庙(ວັດພູຈຳປາສັກ)在任何游览老挝的行程中都是亮点。瓦普庙在普帕萨山[Phu Pasak；其更为口语化的称呼是“阴茎山”（Phu Khuai）]的山坡上绵延1400米，与柬埔寨暹粒附近大规模的吴哥古迹相比很小。不过，你知道老话里说的位置、位置、位置！舒缓阴凉的步道上，在大部分区域都能见到摇摇欲坠的亭子、华丽的湿婆林伽像、神秘的鳄鱼石和高高的树木，令瓦普庙具有一种几近神秘的氛围。这些加上高棉建筑独有的布局，令联合国教科文组织在2001年将瓦普庙建筑群列为世界遗产。

有一辆电瓶车载着客人从售票处经过仪式池（baray，老挝语为“nǎwng sa̋”）。之后你就必须步行了。

在瓦普庙入口外的客栈里可以过夜，但在占巴塞城里的湄公河旁边过夜要爽得多。

景点

★占巴塞瓦普庙 遗迹

（ວັດພູຈຳປາສັກ，Wat Phu Champasak；50,000K；⏲遗址 8:00~18:00，博物馆 至16:30）田园牧歌式的瓦普庙正在优雅地老去，尽管它不像柬埔寨吴哥古迹那样大得惹人注目，但由于稀少的游客和更为夸张的自然环境，这些小型的高棉遗迹却更加动人。尽管有些建筑已经有着1000多年的历史，大部分的建筑都可以追溯至11~13世纪。遗址分为三层六阶，一条两旁种有缅栀花的台阶从山上遗址通道顶部的正殿。

一大早过来会更加凉快，并且遗址的光线最好。

低层

电瓶车会把你送到瓦普庙古老入口处巨大的砂岩地基处。有一条堤道式的祭典步道从这里开始，步道边有石雕莲苞，两侧是更小的仪式池，在雨季，池里仍旧有水、莲花和另类的水牛。

中层

瓦普庙的终端区域有两座雕刻精美的方亭，亭子用砂岩和红土建成，被认为可以追溯至10世纪中期或11世纪早期，风格类似柬埔寨的贡开金字塔（Koh Ker）。建筑包含了4条走廊和一个开放的中央庭院。瓦普庙在之后的几个世纪中被改为佛教场所，但许多最初的印度教雕刻还保留在门楣上，包括毗湿奴和湿婆神的各种化身。

北亭的东侧山墙是个很好的例子，那里的浮雕刻的是湿婆神和雪山神女坐在湿婆神的坐骑公牛南迪（Nandi）身上。

在南亭隔壁有个小得多的南迪殿(Nandi Hall)。这里开始曾有一条200公里的皇家道路通往柬埔寨的吴哥窟(Angkor Wat)。前边有一个比第一条堤道更小的堤道,堤道两侧是塌掉的走廊,通往两条很陡的阶梯。

在第二段楼梯的底部有个令人印象深刻的守门天(dvarapala),如今非常神圣,他身形挺直,手握宝剑,形态戒备。大部分的泰国和老挝游客在登山之前会对他献上祭品。如果你从步道下来,走到这里北边的草地上,你会见到一个优尼(yoni;与湿婆派相关的女性生殖器的象征)基座的遗迹,以及半埋在草地里的两座大得罕见的无头无臂守门天像。它们是在前吴哥王国范围内找到的最大的守门天。

过了守门天之后,一段高低不平的砂岩小路向上很快通往另一端陡峭的阶梯,阶梯顶端有个小平台,上面有6个砖殿的遗址——其中只有一座还保有一些最初的形状。从这里开始是两段最后的台阶,第二段有蹲伏的守卫防守,这些守卫同样没有头部和胳膊,台阶通往在山底也清晰可见的大平台。

中层路线沿途有很多缅栀花(dàwk jạmpạa;老挝的国树)遮阴。

高层

瓦普庙的最高层便是圣殿。那里有许多雕刻,特别是两尊守卫和两个飞天女神(apsara),这里曾经围着一尊沐于水中的湿婆林伽,水来自如今仍旧在建筑群后边流淌的圣泉,通过砂石管道系统注入。圣殿里的祭坛如今有一组非常古老而独特的佛像。后边的部分用砖砌成,可能建造于9世纪,是曾经安置圣林伽的隔室。

印度教三神湿婆神、毗湿奴和梵天雕刻在圣殿后边的一块巨石上,是高棉风格的三相神(Trimurti),三相神南边是一片阶梯状的平台,再过去是圣泉流入圣殿的洞穴。沿着一条高低不平的小道走到三相神的北边,石壁上雕刻有一个佛脚印和一头大象。

在湿婆林伽圣殿北边,一片杂乱的岩石和碎石之间,找一找两个独特的石雕,它们被称作大象石和鳄鱼石。在高棉文化中,鳄鱼是半神的形象,但尽管有猜测石头是用来进行人祭的,它的用途(如果真的有用途的话)仍然不明。鳄鱼石被认为可以追溯至吴哥时期,而大象石被认为源自16世纪。再找找一条长长的楼梯,它的旁边雕有两条蛇,另有几座小洞穴,可能是古代用来冥想的。

等你看完这里所有的东西,就坐下来沉浸在仪式池、平原和湄公河的广角风景里,单是这样就已经很美妙了。有一家小店出售小吃和冷饮。

到达和离开

占巴塞瓦普庙距离巴色43公里,距离占巴塞10公里。从占巴塞到这里地势平坦,可以轻松地骑自行车抵达,不过树荫不多。从占巴塞坐突突车往返的费用约为100,000K。

巴色地区(Pakse Region)

杰昂(Kiet Ngong)

杰昂(ບ້ານກຽດໂງ້ງ)靠近色边河国家保护区,这里的老龙族(Lao Loum)村民所经营的基于社区的生态游项目是老挝南部最成功的。21世纪伊始,在亚洲开发银行(Asian Development Bank)的帮助下启动,杰昂如今已经可以自行运作了。

社区运营的**游客信息中心**(Visitor Information Centre;☎030-9552120;toui_ps@hotmail.com;⏰8:00~16:00)位于杰昂的中心,安排活动、住宿以及从Rte 13出发的交通。墙上的告示牌有关于这片地区各种选择以及生态、历史和文化的实用信息。有几个导游可以说一点英语。

杰昂位于一片生活着很多鸟类的湿地边缘,湿地距离Rte 13约9公里。工作象和罕见的大群水牛令湿地有一种游猎风情。最好至少在这里住一夜,但从巴色或占巴塞过来一日游也可以。

想在这里住宿或参加任何活动,可以试试出色的**Kingfisher Ecolodge**(Visitor Information Centre;☎020-55726315;www.kingfisherecolodge.com;环保/舒适房旺季250,000/750,000K,淡季210,000/650,000K;⏰5月和6月歇业;❄@📶)🍃,这里位于距离杰昂村700米左右的湿地边缘,占地7公顷,由一个老挝人和意大利人组成的家庭经营,十分漂亮。在黎明时坐在你的阳台上看鸟儿飞越湿地是令人难忘的体验，而两层高的餐厅兼酒吧让你感觉置身于东非的游猎度假屋。

前往杰昂的游客必须支付25,000K的色边河国家保护区门票，买票地点位于你中途经过的Rte 13往东2公里处的白楼里。

到达和离开

杰昂距离巴色中心56公里。大部分来这里的游客都参加了旅行团，但独自过来游览其实相当容易。在8:00前后有一班大巴或小型敞篷客车（30,000K，2~2.5小时）离开杰昂开往巴色的Lak 8客运站，返程发车时间为11:00。杰昂经常被读错，所以问路的时候可以说"Phu Asa"。又或者，随便上一辆沿Rte 13往南开的车，在Ban Thang Beng下车然后给游客信息中心打电话，让他们派摩托车接你走完去村庄的最后9公里（25,000K/人）。

东克岛和班萨法伊村 (Don Kho & Ban Saphai)

班萨法伊村（ບ້ານສະພາຍ, Saphai Village）紧靠湄公河，而与之相邻的东克岛（ດອນໂຄ）就在巴色北边，以纺织闻名。女人们在屋檐下巨大的织布机上纺制丝绸（既有真丝也有人造丝）和棉布连衣裙以及其他制品，并且很乐于向你展示过程。尽管这里是个知名目的地，但并没有被过度开发。

班萨法伊村手工艺品中心（Ban Saphai Handicraft Centre；⊙6:00~19:00）位于码头旁边，有好几个纺织者在这里织布，还有本地纺织的制品以及其他手工艺品出售。这里有些人会说一点英语。他们可以打电话帮你安排在东克岛的家庭寄宿和活动。

班东克村（ບ້ານດອນເຂາະ, Ban Don Khoh, Don Khoh Village）游客很少，距离这里不远，那里出产石雕。这3个目的地的组合非常适合从巴色出来进行半日游，而文化探索者们可以通过东克岛的村庄**家庭寄宿**（每人30,000K，每餐20,000K）住一夜，以更深入地挖掘这里的文化。到了岛上直接说"homestay"，村民就会帮你搞定。三餐与寄宿家庭一起吃，而根据我们的经验，那里的饭菜很好吃。位于巴色的省旅游局（见392页）也可以提前安排。

到达和离开

班萨法伊村位于巴色苏发努冯大桥以北16公里处，岔道口指示清晰。从巴色开往班萨法伊村的小型敞篷客车（20,000K，45分钟）发车相当规律，发车地点为早市前边的街道（见393页）。

从班萨法伊村前往东克岛，长尾船的往返费用为40,000K，最多可以容纳5人。跟船夫订好来接你的时间，或者记下船夫的电话，在你想回去的时候打电话给他。

班东克村位于巴色和班萨法伊村之间，距离苏发努冯大桥9公里。转弯的路口没有标识，在大巴站前边向西拐，就可以走上这条铺设良好的公路。

四千美岛（Si Phan Don /Four Thousand Islands）

四千美岛（ສີ່ພັນດອນ）是老挝的一片醉生梦死之地，时间在这片群岛上流逝得很慢，而宛如明信片一般的风景在这里绝非罕见。有许多旅客顺道前来，发现抵挡不住这里的魅力，又延长了自己的停留时间。

湄公河的宽度在这里达到了14公里（是这条河从青藏高原流到中国南海的4350公里全程最宽的部分），如果你细数这里每个小岛和旱季露出的沙洲，"四千美岛"其实并不算太夸张的名字。

东孔岛（Don Khong）

东孔岛（ດອນໂຂງ）的生活节奏很慢，就像是一艘在湄公河逆流行进的划桨船。在这里过一两天，漫步经过阳光下晾晒的渔网、在夕阳西下时乘船、在河边骑自行车或是单纯放松地阅读，都令人十分开心。

东孔岛长18公里，最宽处有8公里，大约有60,000名岛民，其中大部分生活在岛屿外缘，岛上只有两座像样的城镇：东岸上慵懒的孟孔（Muang Khong）和西岸上无趣的集镇孟塞（Muang Saen），二者之间有一条8公里的公路相连。

1998年至2006年担任老挝主席的前邮递员坎代·西潘敦（Khamtay Siphandone）就在1924年出生于东孔岛北端的班华孔村（Ban Hua Khong）。

Si Phan Don 四千美岛

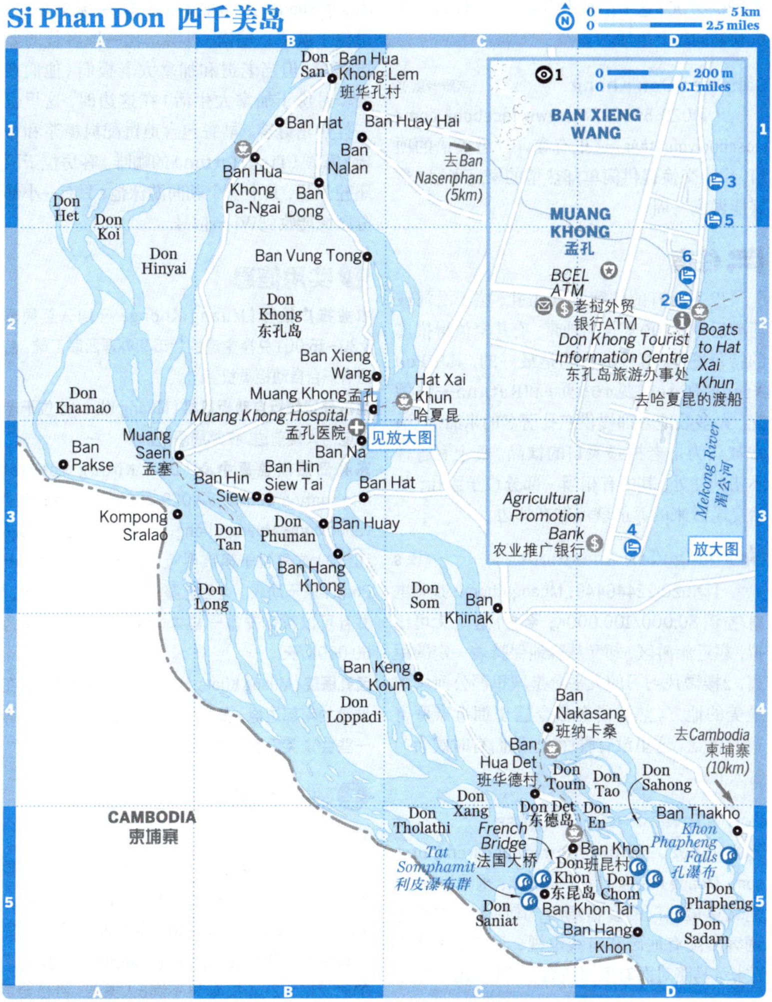

景点和活动

Ban Hin Siew Tai Palm Sugar Trees 农场

糖棕榈在岛上到处可见，而Ban Hin Siew Tai则是老挝南部的制糖之都。这里的许多农民每天爬两次树采集汁液，然后将其熬制成糖，如果你看见他们工作，他们会很欢迎你过去参观。产糖季为11月至次年2月，清晨是拜访这里的最佳时间。

孟孔市场 市场

(ຕະຫຼາດເມືອງໂຂງ, Muang Khong Market;

Si Phan Don 四千美岛

景点

1 孟孔市场..C1

住宿

2 Done Khong Guesthouse....................D2
3 Khong View Guesthouse......................D1
4 Mekong Inn..D3
5 Pon Arena Hotel...................................D1
6 Pon's Riverside Guesthouse................D2

⏲5:30~8:00）这个小早市有素有荤，体现了生机勃勃的岛上生活。

Sabaidee Don Khong 志愿者服务

（☎020-59692777；www.facebook.com/laoschoolvolunteer）这里有在课外教英语的项目，作为交换提供简单却热情的家庭寄宿。最好能做满一周。

住宿

以下所有的住宿都在孟孔，位于沿河或河畔后一片700米长的地带。有几家值得推广的特色餐厅。客栈的食物是最好的，其中Pon Arena Hotel（见400页）和Ratana一路领先。大多数地方都提供东孔著名的米酒，它通常被认为是老挝最爽口的饮品。岛上有各种不错的住处，其中有相当一部分位于孟孔，从哈夏昆过来的渡船就停靠在那边。

★**Khong View Guesthouse** 客栈 $

（☎020-22446449；Muang Khong；房带电扇/空调 80,000/100,000K；❄📶）这里无可比拟，靠近旅游区，却又从容地保持着一定的距离，2楼微风习习的大平台是城里湄公河风景最美的地方。热情的老板令这里拥有家庭寄宿的感觉。这里没有餐厅，但他们有时候会为客人下厨。

Pon's Riverside Guesthouse 客栈 $

（☎020-55406798；www.ponarenahotel.com；Muang Khong；房 100,000K；❄📶）Pon's是城里最热门的食宿场所，其怡人的柠檬色调客房配有地砖和有线电视，而且氛围让人放松。马路对面有家河边餐厅。性价比很高。

★**Pon Arena Hotel** 精品酒店 $$

（☎020-22270037，031-515018；www.ponarenahotel.com；Muang Khong；房 含早餐 US$50~85；❄📶🏊）这家高档酒店的建筑枕在河上，有通风的客房、漂亮的木质装饰和平板电视，还有一个小游泳池，游泳池离河非常近，其实已经延伸到了河中。马路对面的老楼里有相对便宜的客房，但仍旧很雅致，并且床铺同样柔软。

Mekong Inn 酒店 $$

（☎031-213668；www.gomekonginn.com；Muang Khong；房 含早餐 US$30；🚭❄📶🏊）这里位于城中心偏南，其客房比一般客栈的要更高端，但当老挝和加拿大老板们（他们在淡季月份于加拿大生活）在这边时，这里也一样热情好客。早餐包含煎饼配枫糖浆和蒂姆·霍顿（Tim Horton）的咖啡。客房位于两座建筑里，其中一个朝向游泳池，只有一小部分区域能收到Wi-Fi信号。

实用信息

农业推广银行（Muang Khong；⏲周一至周五8:30~16:00）兑换主流的货币和办理西联汇款，前边有一台自动柜员机。

老挝外贸银行自动柜员机（Muang Khong）位于老挝电信大楼前边，在邮局隔壁。

东孔岛旅游信息中心（Don Khong Tourist Information Centre；☎029-250303；panhjuki@yahoo.com；Muang Khong；⏲周一至周五 8:30~16:30）这里位于码头附近，负责人潘先生（Mr Phan）乐于助人。这里有整个四千美岛的信息，并且可以帮你安排一位本地导游，导游费用为60,000K/天。

孟孔医院（Muang Khong Hospital；⏲24小时）就在城镇的南部边缘。如果你有小病小痛的话这里有一些会说英语的工作人员可以帮忙。

到达和离开

船

东孔岛船夫协会运营的一艘船在大多数的日子里开往东德岛和东昆岛（单程/往返每人40,000/60,000K），发船时间为8:30，离开东德岛的时间为15:00。往下游开的时间为1.5小时，回来的时间则为2小时。如果不满6人乘船，价格会更高，不过一切都好商量，你也可能以200,000K的价钱雇一艘船。可以通过任何一家客栈预订。

长途汽车

有相当大一部分旅客搭乘观光大巴，旅途通常包含在Rte 13下车，然后再接驳前往岛上。有时你会在通往桥边的公路下车，然后坐突突车前往孟孔。其余时间你会在大陆的哈夏昆下车（距离高速公路1公里），然后挤上一艘小渡船。如果你需要自己坐船或突突车，价格为15,000K/人，最低消费30,000K。

要离开岛上，往南开往东德岛（60,000K）

和东昆岛（含换船70,000K，2小时）的观光大巴在10:00前后经过，而往北开往巴色的大巴（60,000K，2小时）则在11:30前后经过。

9:00还有一班无空调大巴从孟孔开往巴色的客运南站（见393页；60,000K，3小时）。在其余时间，你可以去Rte 13等从巴色开往Nakasang的小型敞篷客车，每小时经过一班。

当地交通

如果你想冒点儿险，可以步行、骑自行车或摩托车走15公里穿过Don Som前往东德岛，两端各要坐一段**渡轮**（10,000K/人）。在雨季，由于道路泥泞，这段旅程要么十分难走，要么根本不能走。孟孔的人对于任何时间的路况都只有一个大致的了解，但船夫掌握的信息就很准确。

东德岛和东昆岛 (Don Det & Don Khon)

绝大多数前往四千美岛的游客最终会前往这两个岛屿。东德岛（ດອນເດດ）因嬉皮式的狂欢而闻名，但其实相当温和，最强劲的也不过是一些酒吧出售的含有大麻的“欢乐”小吃。

当然，这两座岛上还有更丰富的事物。从班华德村（Ban Hua Det，Hua Det Village）向南，客栈变得逐渐稀少，而岛屿乡间生活的标志却越来越明显——渔民、稻农、织工、水牛、糖棕树都在你眼前展开。躺在一张吊床上小憩一番、漫无目的地在岛上漫步，又或是在绿水悠悠的湄公河的怀抱下慵懒地顺流而下。

法国桥对面的东昆岛（ດອນຄອນ）也同样宁静，但这边还有几处漂亮的瀑布可以游览，有沙滩可以休憩，能看到江豚，甚至还有一小片荒野可以探索。

景点

这两座岛屿以感受低调的村庄生活闻名，而非作为参观景点，但东昆岛的江豚和瀑布真的很美妙。

当你跨过法国桥到东昆岛时，需要在蓝色的小棚屋处支付35,000K的旅游税。费用全天有效，包含了利皮瀑布群（Tat Somphamit）的门票。如果你在东昆岛过夜并且想北上东德岛，就不需要支付这笔费用。在前往东德岛之前登个记，但愿在你回来的时候他们还记得你。

★孔帕索瀑布 瀑布

（ຕາດຄອນປາສ້ອຍ，Khon Pa Soi Falls；Don Khon）免费 孔帕索瀑布尽管不是岛上最大的瀑布，却仍旧令人印象深刻，而且由于位置偏僻，从来不会有太多人。从小餐厅（有时只供应冷饮）走过又大又好玩（或者对于有的人来说很吓人）的木吊桥到Don Po Soi岛，然后跟着轰隆的响声走200米到达主瀑布。

★达宋帕米瀑布 瀑布

（ຕາດສົມພາມິດ，Tat Somphamit；Li Phi Falls；Don Khon；35,000K；⏲售票处 8:00~17:00）大规模的达宋帕米瀑布位于东昆岛上，从法国大桥往下游约1.5公里处，是一组汹涌急奔的瀑布。它的另一个名字“利皮”（Li Phi）的意思是“灵魂陷阱”，当地人相信这组瀑布有种奇特的能力，可以为在河里清洗的邪恶灵魂设置陷阱。本地的渔民顶着瀑布的激流慢慢移动到岩石上清理陷阱。你可不要亲自尝试这种蠢事——有游客从壁垒另一边的岩石上掉下来摔死了。

Ban Hang Khon Viewpoint 观景点

（Ban Hang Khon，Don Khon）靠近Ban Hang Khon村的法国旧港，有150级台阶带你前往一个非常适合欣赏湄公河的观景点。

住宿

通常认为想要狂欢的话就住在东德岛，想要远离一切就住在东昆岛。但事实不是这样的。狂欢只在东德岛的北端，从班纳卡桑过来的渡轮靠岸的繁忙村庄那边。其实，四千美岛上最安静、最与世隔绝的客栈位于东德岛南部。

许多地方在淡季会打折扣；有时是自动的，有时你得主动问。

东德岛

东德岛最棒（也最贵）的住处位于日出的那一边，不过这边也有许多不错的经济住所。日落那一边主要是脆弱的竹屋。这边的不足之处是，在午后的阳光下，客房会热得像熔炉一般。但是这边也有更少的船只往来（即噪声更少）。

在岛屿的两边，走得足够远（在日出那边意味着走过东德村里的法国旧港）的话，班华德村节制的狂欢就似乎远在几光年之外。而在日落这边走出1公里之后就完全是乡下了。

★ Crazy Gecko 客栈 $

（☎020-97193565; www.crazygecko.ch; sunrise side; 房 80,000~100,000K; 📶）Crazy Gecko在一座牢固的吊脚木建筑中拥有4间整洁的客房，客房环绕着一个时髦又实用的阳台。这里布置有吊床和随意的装饰，是个超级适合放松的地方。楼下有台球桌和桌游，马路对面有一家小餐厅位于水面上方的平台上。

★ Mekong Dream Guesthouse 客栈 $

（☎020-55275728; 房 50,000K; 📶）Mekong Dream位于东德岛的南边，朝向东昆岛上的街道，是这两座岛上最温馨、性价比最高的客栈之一。12间客房全部配有私人卫浴和舒适的大床，与随处可见的幽闭客房全然不同（除了楼下3间比较差的水泥房之外），并且共用一个宽敞的阳台/吊床休息区。

Seng Thavan 1 Guesthouse 客栈 $

（☎020-56132696; sunset side; 房 100,000K; 📶）在所有经济型住处中，这里的夕阳景色可能是最好的。4间独立卫浴客房有点旧，但极其干净。客房不在河边，但你能从摆满了靠垫的低调咖啡馆里欣赏到美丽的风景。

Last Resort 客栈 $

（mrwatkinsonlives@googlemail.com; sunset side; 房 60,000K）这家圆锥帐篷“度假村”位于一片田地中，拥抱自然生活，外国老板种植蔬菜并烤制面包，从班华德村往南步行约20分钟就能到达。这里的圆锥帐篷用竹子和茅草建成，有成熟的大树遮阴，共用一个卫生间。傍晚经常有聚餐并放映露天电影。

Baba Guesthouse 客栈 $$

（☎020-98893943; www.dondet.net; sunrise side, Ban Hua Det; 房 350,000K; ❄📶）这家漂亮的客栈一边能看到湄公河，另一边能看到碧绿的稻田。价格在这片地区属于中等偏上，但真的物超所值。客房是时髦的白色，几近豪华，配有私人阳台、雅致的装饰、私人保险柜以及一尘不染的卫生间。

河上的平台餐厅与客栈一样优雅，是个很棒的早餐地点。老板巴兹尔（Basil）与夫人堪称完美的房东。

Little Eden 酒店 $$

（☎020-77739045; www.littleedendondet.com; sunset side, Ban Hua Det; 房 含早餐 US$41~50; ⊖❄📶≋）东德岛最豪华的建筑群位于北端的一大块土地上。芬芳的客房十分迷人，配有现代的黑木家具和抛光木地板，还有大量的现代化生活设施。而且，酒店还有个漂亮的18米长的免费游泳池、一家酒吧以及最适合欣赏日落的餐厅。你会感觉自己已经逃离了班华德村。

东昆岛

这里有很多不错的经济住处和更好的住所。除了在Ban Hang Khon村内家庭寄宿之外，东昆岛的所有住处都位于朝向东德岛的班昆村（Ban Khon）。这里是一座相当宁静的城镇（没有狂欢），但已经不再散发典型的小岛氛围了。

Pa Kha Guesthouse 客栈 $

（☎055-847522; 房 带电扇/空调 80,000/120,000K; ❄📶）这里物超所值，有舒适干净的客房，服务很好，位置安静。最便宜的客房位于河上；更新一些的空调房和餐厅都位于路对面。

Xaymountry Guesthouse 客栈 $

（☎020-96516513; 房 带/不带卫生间 80,000/50,000K; 📶）东昆岛上没有地方比这座巨大的吊脚木屋更有特色。这里是岛上的第一家住所，而宏大的前廊是个放松的好地方，不过看不到河景。这家人的孩子会一直逗你开心。

Ban Hang Khon Homestay 家庭寄宿 $

（☎020-98893204; 每人 36,000K，每餐 20,000K）小村庄Ban Hang Khon位于东昆岛南端——观看江豚之旅的起点——提供纯粹的本地体验。这里基本不说英语，但接受寄宿的七家人都是完美的房东。最好提前打电话。

★ **Sala Done Khone** 精品酒店 $$

（☎031-260940；www.salalaoboutique.com；房US$60~80；）Sala Done Khone是五家合为一家的酒店，既有四千美岛最优雅的客房，也有四千美岛最老的客房。这里的招牌房区French Residence原本是1921年的木材贸易总部，翻新后配有地砖和百叶窗，而建在河上的Sala Phae有漂浮在水上的村舍，配有生态环保卫生间和私人平台。

就餐

最佳就餐场所一般位于东昆岛上和东德岛的东南岸。

Garden 老挝菜、泰国菜 $

（Don Khon；主菜 20,000~65,000K；⌚7:00~22:00；）这家餐厅拥有草顶和开放式厨房，非常注重新鲜，是个门外汉品尝老挝美食的好地方，比如番木瓜辣味沙拉和烤湄公河鱼等。这里还供应所有常见的旅行休闲食品，以及厨师自己改良过的柠檬香茅鸡。

Pizza Don Khon 老挝菜、各国风味 $

（Don Khon；小比萨 40,000K；⌚7:30~22:00）这里强调优质新鲜的食材，因此能制作出顶级的比萨。完整菜单里包含了英式早餐和清蒸香蕉叶包鱼和鸡蛋（mók）等每日特餐。

★ **King Kong Resort** 各国风味 $$

（Don Det；主菜 25,000~120,000K；⌚6:00~23:00；）这家由英国老板经营的餐厅位于东德岛南边湄公河畔一处宁静的地点，比其他地方都略胜一筹，有各式意面、比萨、汉堡、炸鱼和薯条、泰式咖喱、周日烧烤（60,000K）和（我们听说）岛上最美味、最令人快乐的奶昔。周围四散的吉他和棋盘符合这里的氛围。马路对面新添了几座平房（40,000K）。

★ **Four Thousand Sunsets** 创意菜 $$

（Don Khon；主菜 25,000~80,000K；⌚7:00~23:00；）这家高级漂浮餐厅的名字非常恰当，其富有节奏的浮动会让你的脉搏慢下来。这里的菜品不太常见，许多菜肴你在群岛都吃不到，比如泰北黄咖喱猪肉（hinlay curry）和鸡肉辣普汉堡。这里还有清蒸和烤制的新鲜河鱼、老挝"烟熏"野菜香肠以及许多炒菜。

就着琥珀色的夕阳来一杯伏特加马提尼吧。

Little Eden Restaurant 老挝菜、各国风味 $$

（sunset side，Ban Hua Det；主菜 30,000~140,000K；）在岛上的一端吹吹微风，Little Eden位置完美的新餐厅是享用高档老挝和西式美食的最佳场所之一。这里有鲜嫩的香橙鸭（duck à l' orange）、意大利肉酱面和采用湄公河鲶鱼制作的鱼肉辣普。

实用信息

这两座岛上没有银行。大多数客栈可以兑换货币，但汇率一般很低，包括东德岛的Baba在内的部分客栈办理信用卡提现会收取6%的手续费。班纳卡桑主街上有一家农业推广银行和一家老挝外贸银行，银行配有自动柜员机。皮划艇之旅在结束的时候有足够的时间让人去自动柜员机那里跑一趟。

东昆岛卫生所（Don Khon Health Clinic；Don Khon）东德岛和东昆岛上唯一的卫生所。这里非常小而且设施简单。如果这里没有人，就去卫生所隔壁的医生家找她。

药房（Pharmacy；sunset side，Ban Hua Det）这里十分小，是东德岛上唯一的药房。

到达和离开

往来班纳卡桑与岛屿之间的船价由本地的船业协会规定，每天出发的班次基本非常少。去东德岛的费用大约为每人15,000K（如果你独自出行的话为30,000K），去东昆岛为20,000K（独自出行60,000K）。

要去巴色，大部分的旅客都在岛上订票，其中包括本地船只和11:00的大巴或小巴（60,000K，3小时）。如果你想在别的时间离开，班纳卡桑每小时有1班小型敞篷客车开往巴色的客运南站（见393页；40,000K，3.5小时）。在这班8:00的小型敞篷客车发车之前，始终有一艘公共船离岛。这些车都会在哈夏昆（前往东孔岛）停靠。

即便是在最好的情况下，从岛上出发搭乘公共交通前往柬埔寨都很困难。参加Xplore-Asia（见404页）经营的从东德岛到上丁的皮划艇之旅也是

前往柬埔寨：NONG NOK KHIANG至TRAPAENG KRIEL

前往边境 Nong Nok Khiene（老挝）/Trapaeng Kriel（柬埔寨）边境口岸（⏲工作时间 6:00~18:00）对于在中南半岛进行陆上环游的背包客们来说是个热门路线，不过真的很麻烦。

柬埔寨公司Sorya Transport曾经十分可靠地运营巴色-金边线，但由于需求太低已经停止了这项服务，不过如果线路重开的话，这会是最好的选择。Sengchalern巴士公司提供每天从巴色开往金边的服务（230,000K，12~14小时），中途经过上丁（95,000K，4.5小时）和桔井（120,000K，8小时），但交通方式各异。有时公司会派出大巴直接走完全程，有时会用小巴送你到边境，你在那里换车，而且你有可能在上丁第三次换车。换车通常会导致严重晚点。无论坐哪种车，发车时间都为7:00，地点为2公里客运站（见393页），中途会在客运南站（见393页）接上更多的客人。从四千美岛上买这个路线的车票会包含从岛上出发的渡轮，如果需要的话，还有一辆面包车载你去接驳地点。

Sengchalern还出售前往暹粒的车票（300,000K），但不建议你走这条超级长的路线。选择可靠的Asia Van Transfer（AVT；www.asiavantransfer.com）更好，车在11:30从边境出发，选择新的北方路线前往暹粒（US$20），抵达时间为19:00前后。车票包含了用一辆突突车送你去酒店。该车接受海外订票，但这就意味着你得自己去边境。在东德岛，Green Paradise（greendiscoverytours99@gmail.com; sunrise side, Ban Hua Det; ⏲7:00~21:00）以及几家客栈出售AVT的套票（200,000K），其中包含了前往Nakasang的船和去边境的面包车。巴色旅行社出售的一种类似的车票费用为260,000K。

要想试试完全不同的体验，Xplore-Asia（☎031-251983; www.xplore-laos.com; Th 14; ⏲7:30~18:30）有1日和2日皮划艇和船组合游（1/2日4人组US$110/180），从东德岛前往上丁，中途经过一片戏剧性的洪溢林，林里有很多鸟类。2日游从东德岛出发，而1日游的水上部分都在过了入境口岸之后。

到达边境 老挝和柬埔寨都提供落地签，贿赂、欺诈和粗鲁则是其中常见的过程。在老挝，无论入境还是出境你都需要支付US$2（或等值的基普或泰铢）的"加班费"或"手续费"，具体取决于你的过境时间。在柬埔寨，他们会把实价位US$30的签证费抬高到US$35。此外，柬埔寨人会在你入境时收取US$1对你进行粗略的体检，出境时有US$2的手续费。如果你愿意等的话，这些费用全都可以避免，但时间可能太长，以致你的大巴会先开走。巴士公司也想分一杯羹，所以会额外收取US$5或更多钱来替你把文件交给边境守卫，即便你已经有签证也是如此。严格来说这不算欺诈，因为你在花钱买服务，但他们不会告诉你该项服务不是强制性的。要避免这笔费用，坚持自己交文件并步行过关就可以了，这并不难。

继续前行 除了上文提到的大巴，这里基本就没什么车了。如果你在边境下了车，就花US$45左右打一辆私人出租车往南去上丁，或150,000/60,000K坐一辆出租车/三轮车（săhm-lór）往北去Ban Nakasang。

一个很棒的选择。

走水路前往东孔岛（200,000K）和占巴塞（US$200）只能包船，但通常都会有人愿意拼船分担费用。要去东孔岛的话，你还可以给岛上的**Done Khong Guesthouse**（☎020-98789994; kham_bkk1987@yahoo.com; Muang Khong）或Pon's Riverside Guesthouse（见400页）打电话看看上午有没有船从那边出发。如果有的话，你或许可以买个返程的座位（40,000K）。

波罗芬高原地区（Bolaven Plateau Region）

丰沃的波罗芬高原（ພູພຽງບໍລະເວນ; 在

老挝被称为Phu Phieng Bolaven）在南方四省都有一部分，因凉爽的气候、夸张的瀑布和高级的咖啡而闻名。

在20世纪初，法国人开始种植咖啡、橡胶和香蕉，但在20世纪50年代老挝独立之后，很多法国人都离开了，而在20世纪60年代末美国开始轰炸时，剩下的那些人也离开了。对于美国人和北越人来说，对波罗芬高原的控制权有着至关重要的战略性意义，这里四处分布的数目惊人的未爆弹药证明了这一点。但在那些已经清除了弹药的地方，本地农民和大公司都在忙着种植咖啡。其他的本地产品还包括水果、小豆蔻和藤制品。

高原上数量最多的民族是罗芬族（Laven，"波罗芬"的意思就是"罗芬族的土地"）。高原及其悬崖上还生活着几个其他的孟高棉民族，其中包括阿拉克族（Alak）、卡都族（Katu）、达威族（Tahoy）和素威族（Suay）。

投姆兰 (Toumlan)

投姆兰（ບ້ານຕຸ້ມລານ）位于沙拉湾以北50公里处，是一座拼凑起来的新兴城市，有几家小型商店和餐厅，以及几座格格不入的超大型政府建筑。周边的卡坦族（Katang）村落组成了老挝最重要的纺织区之一。这里的妇女纺织各种丝绸和棉布式样，其中包括几种扎染（mat-mee）式样，使用大型的木头地面织布机，而不是波罗芬地区常见的那种水平式背带腰织机。

达洛 (Tat Lo)

达洛（ຕາດເລາະ；发音为"đàat láw"）由于迷人的环境、便宜的住宿以及几座漂亮的瀑布而在背包旅行线路中占有一席之地。这里没有东德岛和万荣那种狂欢氛围，本地人也偏好保持这种状态。谢天谢地，几个定居在这里的西方店主们也完全同意。因此这份宁静让许多游客住得比最初计划的还要久。

这里有一日徒步游，英语使用广泛，因此达洛到目前为止都是了解波罗芬高原的最佳大本营，即便这里其实位于高原的下边而非上边。达洛村真正的名字其实是Ban Saen Vang，但如今人人都叫它达洛。

这片地区最壮观的瀑布是松瀑布（ຕາດສູງ，Tat Soung；停车 5000K），位于达洛城区以南8公里处，几乎全程都是上坡路。它在波罗芬高原的边缘下落50米，尽管大坝对这些瀑布的影响是最大的——全年大多数时间它们都被减缓成了微弱的细流——但好处是你可以在瀑布上边的岩石那儿溜达，那里能看到很美的风景。在雨很大的8月至10月水流最宽，瀑布本身也相当壮观。

食宿

★ Captain Hook Coffee Break 家庭寄宿 $

（☎020-98930406；www.facebook.com/hook.laos；家庭寄宿含早餐和晚餐每人50,000K）胡克先生（Mr Hook；这就是为什么外国人叫他Captain Hook）经营的这家有机咖啡农庄兼家庭寄宿距离达洛15公里。他有许多故事，而你在这里感受到的卡都族村庄生活真实且富有启发性，通常令人震惊。他的村庄Ban Khokphung Tai位于Ban Beng和Tha Taeng的中间。

★ Mr Vieng Coffee & Homestay 家庭寄宿 $

（☎020-99837206；每人 20,000K，每餐15,000K）这家有趣而热情的家庭寄宿位于Ban Houay Houn（ບ້ານຫ້ວຍຫູນ）的一片咖啡种植园上，就在Rte 20沿途，达洛西南方19公里处。客房简单，但以这个价位来说算是相当不错的，而经营这里的卡都族两口子会组织种植园游（15,000K/人），并且制作和出售纺织品。

Tadlo Lodge 度假村 $$

（☎031-218889；souriyavincent@yahoo.com；房/套含早餐US$50/100起；❄📶）这里位于杭瀑布（Tat Hang）上方，距离达洛村约1公里，是周围仅有的半高级住处。主楼颇具一些经典的老挝风格，装饰有镶木地板和佛像，而前边有平台的客房雅致舒适。只有套房带空调。喜欢动物的人要注意，在大部分时间里酒店都把用于徒步的大象给拴起来了。

Saise Resort 老挝菜、泰国菜 $

（主菜 20,000~60,000K；⏰7:00~20:00；📶）Saise Resort的食物不错（以泰国菜为主），用餐地点为一个很棒的平台，从那里能看到瀑布的美景。住在这边时很值得过来一趟。

实用信息

达洛旅游信息中心（Tat Lo Tourism Information Centre；☎020-54455907；kouka222@hotmail.com；⏲周一至周五，11月至次年2月每天 8:00~11:30和13:30~16:30）这里十分有帮助，是达洛导游协会（Tat Lo Guides Association）的运营方。如果你需要导游或关于本地远足的信息，又或者计划深入沙拉湾省冒险，你应该先来这里。这里提供本地区的地图和手册。寇卡（Kouka）以及其他几名导游会说英语。

到达和当地交通

在巴色的客运南站（见393页）说"Tat Lo"，就会有人把你指向每日9班开往沙拉湾的大巴之一，这些大巴在Rte 20上的Ban Khoua Set（30,000K，2小时）停靠，从那里步行或搭乘摩的（10,000K）1.5公里到达达洛。

要去塞公（20,000K，1小时）或阿速坡（40,000K，3小时），最好搭乘经过Ban Beng的早班大巴，从达洛打摩的到那里的费用为15,000K。在Ban Beng你还可以坐开往塞公的小巴和小型敞篷客车，以及途经那里开往巴松的大巴（20,000K，1小时）。达洛旅游信息中心也可以打电话叫开往越南的大巴在Ban Khoua Set停车接上你。

Sabai Sabai（☎020-98556831）位于达洛旅游信息中心和桥之间，有几辆摩托车出租，租金为每天80,000K。

巴松地区（Paksong Area）

巴松是老挝的咖啡之都，这里没有太多东西可看，大部分都在"越战"时期的狂轰滥炸中被毁掉了。除了参加咖啡游或购买新鲜的咖啡之外，你可能并不想在这里逗留。但是，城区附近的许多瀑布无疑应该被你规划在波罗芬路线中。

景点和团队游

★达伊瑟阿　　瀑布

（ຕາດຕາຢິກເສືອ，Tayicseua；门票5000K，停车 5000K）这片偏僻但很容易进出的私人保护区有7座重要的瀑布（没有一座叫"达伊瑟阿"）和好几座较小的瀑布。其中有些就在餐厅兼停车区附近，而其他的则位于森林中，有不错的小径可以前往，你不带导游就可以走过去，比如风景如明信片一般的Tat Halang（又名Tat Alang）。这里正开始往真正的度假村发展，但目前为止人还不多。

由于这片地区的规模以及宁静的环境，游览这里的最佳方式是在这里过夜。

达伊瑟阿位于距离巴松43公里的主柏油路旁。从东边过来的话，从柏油路到有招牌的入口有4公里远。这条土路大体不错，但有些地方陡而不平，骑摩托的时候需要小心，特别是在雨季。从西边过来的那条较长的土路就平坦多了。

Jhai Coffee Farmers Co-operative Tours　　团队游

（☎020-97672424；www.jhaicoffeehouse.com；Rte 16；团队游 每人 150,000K）这一半日游由慈善的Jhai Coffee House（咖啡 10,000K起；⏲8:30~17:30；📶）组织，时间为早9点至正午，会去一位本地农民的家中和种植园上一堂"从咖啡豆到咖啡"的课，来了解咖啡行业。游览只在10月至次年1月（采摘季）提供，但咖啡店的一场45分钟的"小型"团队游（50,000K/人）在任何时节都能提供。

住宿

★Tayicseua Guesthouse　　客栈 $

（☎020-29878926；www.tayicseua.com；铺60,000K；📶）这家热情的客栈被7座大瀑布环绕，名副其实。你会在质朴的竹屋里，于蚊帐下（或者是你自己的帐篷里）听着瀑布的水声入睡，伴着鸟儿的啼鸣醒来，并且使用这里的公共热水淋浴。这一公共住所俯瞰远处深谷下Tat Jariem的水雾。简餐收费20,000K。

这里的一切都非常简单，但十分周到，适合那些不太讲究的人。在2017年新增了木平房。

Sinouk Coffee Resort　　精品酒店 $$

（☎030-9558960；www.sinoukcoffeeresort.com；房 US$40~90；🚭❄@📶）这里位于一片咖啡种植园上一条潺潺的溪流边，位于巴松东北方32公里处，在通往Tha Taeng的路上，有一种山区避暑小镇的感觉。这里就像姐妹度假屋巴色的Residence Sisouk（见390页）一样，有许多本地纺织品、具有年代感的家具以及装在相框里的旧大陆照片。如果你刚好经过，进来在修剪整齐的花园间吃顿饭（主

前往越南：拉雷至拉莱

前往边境 大部分从巴色前往顺化和岘港的旅客选择乘坐卧铺大巴，大巴穿过沙湾拿吉东边的老保边境口岸过境。小巴更快，从另一方面来讲也更危险，取道沙拉湾并在拉雷（La Lay；老挝）/拉莱（Lalay；越南）过境，缓慢且非常不舒服的客货两用大巴也这么走，后者只有几个座位留给乘客。如果你在沙拉湾，不需要回巴色，从巴色发车经过这里的大巴通常有空座。这条路线上车不多，所以不建议你把旅途分段进行，但如果你决心这么做，可以先从7:30开往非常靠近边境的Samouy的小巴（35,000K，3.5小时）开始。

到达边境 边境在6:00~19:00开放，尽管这里不过是座简陋的棚屋，你大概也不会遇到什么麻烦（老挝惯常的"加班费"除外），前提是你已经有了越南的签证，或者你可以享受免签政策。反过来走的话，你可以在边境得到老挝签证。

继续前行 对于那些分段前行的人来说，这里大部分的车是卡车，所以你应该可以买到接下来的车票，不过你要弄清楚司机在路口是要右转去顺化还是左转去东河。

菜25,000~75,000K）也是值得的。

沙拉湾（Salavan）

游客免进的沙拉湾（ສາລະວັນ；也被拼为"Saravan"和"Saravane"）距离热门的达洛只有30公里，访客们能做的最赞的事情就是出去探索乡下的民族多样性。

尽管沙拉湾省过半的人口均为佬族[老龙族和老松族（LaoSoung）]，但很少是这里的土生民族。剩下的350,000名居民来自各个孟高棉民族，比如擅长纺织的卡坦族。

Phonexay Hotel（☎034-211093；Rte 15；房带电扇70,000~80,000K，空调120,000~200,000K；❄📶）大体很干净，位于市场以西1.5公里处，由于主楼相当新且客房里有Wi-Fi，是城里最好的住处。但本来它的竞争者也不多。城里有英文菜单的餐厅很少，**Sabaidee Salavan**（主菜15,000~50,000K；⏰7:00~21:00）是其中之一，里边有所有的老挝和泰国常见菜，但也提供寿喜烧（sukiyaki）。

ℹ 实用信息

未爆弹药在乡下地区仍旧是个严重的问题，所以如果你要在省内探索主路以外的区域请小心：一定走在规划好的小径和路线上。

沙拉湾旅游中心（Salavan Tourism Centre；☎034-211528；⏰周一至周五 8:00~16:00）这里的工作人员非常乐于助人，且有些十分了解这片地区的旅游业。这里位于市场南边，旁边是前边有玻璃墙的丰沙湾银行（Phongsavanh Bank）大楼。

ℹ 到达和离开

沙拉湾的客运站位于城中心以西2公里处，Rte 20和Rte 15在那里交会。那里每天有9班大巴开往巴色（电扇/空调30,000/40,000K，3小时），其中3班（8:30、16:00、16:30）会继续开往万象（普通/卧铺130,000/190,000K，12~14小时），1班开往阿速坡（50,000K，4.5小时）。开往越南的大巴没有在这里始发的，但你可以看看从巴色出发的车在经过这里时还有没有空座。

塞公（Sekong）

这座慵懒的城市位于同名河流之上，于1984年塞公省（Sekong Province）成立时建造而成。这里不是无畏的旅者们随随便便去拜访的那种目的地。

这一点可能在今后的几年里会得到改变，届时一座新的桥梁会缩短从泰国乌汶到越南港口岘港的距离，促进得征高原（Dak Cheung Plateau）上黄金以及其他矿产的开采。对外国人开放边境的政策应该也被包含在内。

从人口上来看，塞公（ເຊກອງ）是老挝最小的省份，但也是民族最多样的省份：90,000的总人口分为14个不同的孟高棉民族，其中人口最多的民族是阿拉克族、卡都族、达良族（Talieng）、夷族（Yai）和也族（Nge）。这些形形色色的民族不信奉佛教，所以你看不见寺庙。他们的信仰体系反而混合了泛灵论和祖先崇拜。塞公也是老挝最贫穷的省份之一。

景点

在塞公南边，Rte 16并入了Rte 11，沿途的瀑布比城里好看得多。

要想来点轻松的探险，就通过新建的高速公路放松地前往得征（Dak Cheung）。那片地区漂亮且仍旧相对偏僻，特别是你到达山地之后。在新桥完工之前，你得从市场西南边搭乘晃晃悠悠的渡轮（5000K），然后沿着土路走2.5公里到达石板路。

达菲瀑布

瀑布

（ຕາດແຟກ，Tat Faek；门票 5000K）这座宽阔美丽的瀑布高5米，位于塞公以南16公里处，紧邻Rte 11，指示清晰，你可以在瀑布上方的池水里游泳。留意低处水池周围的红白警示牌"Watch Out For Biting Fish"（小心有鱼咬人），因为有一种被称为"巴宝鱼"的凶猛单孔鲀在那边出没。关于它们喜欢攻击阴茎的故事只是（本地妇女们幸灾乐祸地讲述的）传说而已，但它们真的会用锋利的牙齿从倒霉的游泳者身上咬下一大块肉。

每天17:00之前有饮食供应。瀑布周围的茅顶用餐屋在周末和节假日里挤满了当地人。

食宿

P&S Garden

度假村 $

（020-98836555；1/2人帐篷 40,000/50,000K；）这家度假村迷人且井井有条，位于Tat Hua Kon（ຕາດຫົວຄົນ；5000K）附近，是个惊喜。这里最初只有帐篷，这些帐篷固定在一个吊脚茅顶平台上，客房还没完工。餐厅供应咖啡和果汁，菜品很少（主菜15,000~80,000K），均为老挝菜，其中包括"虫子"（烤蛐蛐）和番木瓜辣味沙拉。

Thida Hotel Restaurant

老挝菜、泰国菜 $

（主菜 20,000~50,000K；6:00~22:00；）这里高踞在河上，能欣赏到美丽的风景，光凭这一点就足以让人过来用餐了，但厨房里烹制的泰国菜也十分不错，其中包括不可或缺的冬阴功汤和炒圣罗勒。

实用信息

老挝发展银行（Salavan Tourism Centre；周一至周五 8:00~15:30）这里位于市场西南方200米处，在中心公路上，兑换泰铢、欧元和美元等，还办理西联汇款。

了解老挝

今日老挝

根据外国游客的数据，对老挝来说，从2008年开始，一切进展极为顺利，游客开始关注老挝，老挝也开始大力提倡生态旅游，新修建的水力发电站、铜矿和金矿的开采，以外国人为主的投资者对老挝自然资源的兴趣十分

属灵崇拜

无论你在老挝的何处，属灵（pěe）崇拜（有时又叫泛灵论）都离你不远。属灵崇拜要早于佛教，而尽管被官方所禁止，它仍旧是佛教以外的主要信仰体系。但对于大部分老挝人来说，佛教信仰与万物有灵的敬畏可以和谐共存。

神屋通常为装饰精美的微型庙宇，是为本地属灵建造的家宅。居民们必须与神灵分享空间，并竭尽全力令对方一直高兴，为其供奉足够的香火和食物以便不被其找麻烦。

在万象，佛教与属灵崇拜在西蒙寺（Wat Si Muang）共同繁荣。寺里的中心形象不是佛像，而是高棉帝国时期的城柱（lák méuang），人们认为它里边附着城市的守护神。许多当地人每天在城柱前供奉，同时对着佛像祈祷。Bąasĭi仪式是旅行者可以参加的一种属灵崇拜形式。

苗瑶民族也奉行万物有灵，外加祖先崇拜。有些苗族群体认为有一种高于一切大地之灵的神灵；另一些则不这么认为。阿卡族、傈僳族（Lisu）和其他的藏缅民族则将泛灵论与祖先崇拜融合到了一起。

浓厚。老挝原本计划在2020年以前摆脱最贫困的20个国家之一的地位，但是随后，金融危机降临美国，次贷危机开始影响老挝计划的各个方面。突然之间，外国投资者因为自身的流动性缺失而撤出资金，铜价大降导致矿山开采瘫痪。同时，旅行者也来得更少了。虽然自身毫无过错，老挝似乎却要倒退回萧条的黑暗年代。

虽然时事艰辛，但老挝人的情况可能也没那么糟糕：2011年，尽管全球经济低迷，报告却称老挝的经济增长达到8%，成为亚洲增长速度最快的国家之一。如今，随着中国的繁荣，老挝也从两国的亲密关系中获益。中国投资建设改善老挝的基础设施，未来10年，预计旅行者将能够以高达400公里/小时的速度旅行，穿越这个美丽的绿色国度。每个人都在猜测那将对这个寂静的天堂产生何种影响，不过对你来说，当下就值得来探访老挝。随着与美国的关系改善及同性恋首次在万象表达其诉求，老挝一只手还紧紧抓住保守势力的支配地位，另一只手拥抱21世纪。主席本扬·沃拉吉（Bounnhang Vorachith）和总理通伦·西苏里（Thongloun Sisoulith）在2016年上台，人民党的初期规划包括全面禁止老挝境内的伐木。但具体是否有实际执行的政治意愿还有待观察。

历史

漫长的历史中，如今居住在老挝的人民一直受到周边国家强有力的影响，它们都比老挝国力强盛，包括柬埔寨、越南、泰国和中国。民族独立能够成功，也是借助高棉军事力量和澜沧王国的崛起。

澜沧王国

在法国人、英国人、中国人和暹罗人在这里划定势力范围之前，老挝只是一众大大小小的诸侯国，不断在战争、侵略、繁荣、衰败的进程中循环往复。老挝最早接近国家形态是在14世纪，老挝军阀法昂（Fa Ngum）在高棉人的支持下，攻占Wieng Chan（万象）。正是法昂为自己的王国取名为澜沧，或称万象（之邦），这个名字如今依然受到浪漫的旅行者和商人们的喜爱。他将小乘佛教定为国教，以勃拉邦金佛（Pha Bang Buddha）作为老挝主权的象征，并沿用至今，琅勃拉邦亦由此得名。17世纪，澜沧王国进入鼎盛时期，成为东南亚的主导力量。

法国人

法国人占领安南（Annam）和东京（Tonkin，现在的越南）之后，即与暹罗（Siam）谈判，说服他们放弃湄公河东部的领土。于是，老挝诞生，并且被纳入法属中南半岛版图。

老挝民族众多、独立不久，因此民族主义尚未浓厚。“二战”末期，入侵的日本人离开之后，第一次民族主义运动“自由老挝”（Lao Issara，Free Lao）开始兴起，以期阻止国家重回法国统治。1953年，法国承认老挝主权独立。随后，巴特寮军队与越盟（Vietnamese Viet Minh，这个组织在自己国家内反抗法国统治）结盟。雄心勃勃的共产主义和担忧东南亚出现“多米诺效应”的美国之间发生冲突，老挝则成为这场角力的竞技场。

秘密战争

1954年，老挝在日内瓦会议（Geneva Conference）上宣布成为中立国，按照这一身份，越南和美国军队都不得进入老挝边境。于是，一场猫鼠游戏开始了，大批中央情报局特工秘密进入老挝，在丛林中训练反对共产主义的苗族战士。1964~1973年，越盟从胡志明小道运送了大量军火，美国则以不间断地地毯式轰炸（据报道，每8分钟就有一架满载弹药的飞机起飞）作为回应，摧毁了老挝的东部和东北部。如火如荼的轰炸刺激了巴特寮与亲美老挝王室军队之间的战争，甚至可能促进了国内人民对共产主义的支持。

1973年，美国撤军后，老挝分成巴特寮和非巴特寮。不到两年之内，共产党就完全接管了老挝，创建了以凯山·丰威汉为领导的老挝人民民主共和国（Lao People's Democratic Republic，PDR）。大约10%的老挝人逃离家园，多数去了泰国。剩下的反政府势力——特别是苗族还为中央情报局工作并受其资助——或者无限期被送至再教育营，或者被打压。据说，偏远的北方仍有两处这样的营地，但是老挝矢口否认。

全新的开始

1997年，越南加入东盟（ASEAN）两年后，老挝也加入了这个东南亚国家的政治联盟。2004年，美国恢复了与老挝的正常贸易关系，结束了自1975年共产党执政后开始的贸易禁运。政治上，共产党依然牢牢掌控政权。由于比邻一党执政的国家，比如越南，老挝似乎没什么动力追求任何其他形式的政治制度。尽管在很大程度上还得依靠外国援助，不过近年来，老挝已经致力于提高收入，促进繁荣。生态旅游业蒸蒸日上，来这个国家的西方游客逐年增多。最近，中国正在推行贯穿东南亚的大型高速铁路网络投资政策，老挝已经参与其中，并从中国获得了72亿美元的贷款作为修建成本。这就像一场豪赌，人们寄希望于经过琅勃拉邦和万象等地区的铁路可以促进贸易发展。

2012年，获奖的社会活动家和土地权益活动家宋巴·宋喷（SombathSomphone）失踪，国际媒体质疑不断，矛头直指老挝政府。2013年，奥巴马政府派遣当时的国务卿希拉里·克林顿出访老挝，缓解与老挝之间紧张的关系。

民族和文化

民族和人口

老挝国民由132个民族组成，其中，60%属于老龙族（Lao Loum，低地老挝族群），风俗习惯和泰国民众相似，其文化信仰和生活方式在很大程度上被公认为“老挝文化”。根据居住地的海拔不同，剩下的群体被称作：老泰族（Lao Thai，居住在海拔高达400米的高地山谷，包括黑泰族和白泰族）、老听族（Lao Thoeng，居住在半山地丘陵地带的族群，包括卡姆族、拉蔑族、阿拉克族）和老松族（居住在海拔1000米及以上的族群，包括苗族、瑶族和阿卡族）。

试图概括老挝的国民及其心理非常困难，因为这个国家实际上混合了多种不同信仰，从泛灵论到盛行的小乘佛教，而且经常是二者相结合。不过可以肯定，老挝人有一个共性，那便是悠闲的态度。这种态度从某种程度上说可以归功于佛教，佛教重视以“清心”（jaiyen）的方式克制极端情绪，积德行善以求福报。你几乎不会听到激烈的争吵，可以期待友善的态度。在邻国，这种情形绝对难以得见。

老挝人懂得珍惜“当下”，他们心无杂念（borþennyǎng），追求幸福（móoan）。如果一份工作无趣，就会立刻放弃，寻找另外一份，即使收入降低也毫不在意。

政府教育投资占公共支出总额的11.7%。最近几年，教育水平大幅度提升，儿童入学率达到85%，尽管许多儿童上完小学就辍学了。人们（尤其高原地带）认为，种植和收获庄稼要比上学重要，因为庄稼关乎全家人的生存。

宗教

大多数低地老挝人信奉小乘佛教，很多男性会选择暂时受戒成为僧侣，一般会在寺庙里度过1个月至3年的时间。的确，年轻男性在未完成其精神修行之前，不会被视作“成年”。1975年起，佛教被镇压，但是很快大家意识到，佛教的影响力非同小可。1992年，政府态度软化。但是，僧侣依然不得在老挝传道，和民间巫术（sǎiyasàht）一样被官方禁止。

艺术和建筑

真正的老挝艺术体现在宗教雕塑、寺庙和手工艺品之中。老挝的“祈雨佛”（Calling for Rain Buddha）独具特色，这尊立佛双手紧握，垂于身体两侧。同样广为流传的还有“菩提树下沉思的佛”（Contemplating the Bodhi Tree Buddha），双手在身前交叉。

琅勃拉邦的寺庙特色是低矮陡峭的大殿的屋顶。典型的老挝佛塔建筑有4个侧面，还有曲线和尖顶。现代建筑中也融入了古典建筑特色，比如万象的瓦岱国际机场。

新政权喜欢不怎么美观的苏联式设计，拆毁了很多中南半岛时期的漂亮别墅，不过还是有很多别墅幸存下来，这些别墅都有独特的百叶窗，并采用了法国古典乡村风格。

相比东南亚邻国，老挝传统艺术略显匮乏。原因有二：一是老挝独立不久、历史短暂；二是邻国偷窃或者焚毁老挝古代艺术。高地手工艺品有苗族和瑶族部落的金银器和泰族的纺织物（尤其是黑泰族和傣仂族）。古典

老挝精神

“老挝性”在很大程度上由佛教定义，具体来说就是上座部佛教，主张清心寡欲。因此老挝社会中避讳强烈的情感。他们认为，业力（Kamma）决定了人的命运，要比奉献、祈祷和苦修更加重要，因此老挝人往往不会为了未来而努力。这一特质常常被外人认为缺乏野心。

老挝人常表达出“过度工作对你的大脑不好”这种观念，并且常常说自己同情“想太多”的人。人们普遍不太重视教育，不过这一态度正随着现代化和出国便捷化而改变。不过，避免过度精神紧张仍旧是这里的一项文化规范。按照典型的老挝观点，一项活动（无论是工作还是玩）如果不包含有趣（móoan）的元素，那么或许就会导致压力。

老挝人和越南人的反差显示了安南山脉除了分隔地域之外，也把亚洲的印度文化圈和汉文化圈分隔开。法国人就将其总结为：“越南人种水稻，柬埔寨人养水稻，而老挝人倾听水稻成长。”尽管这句话的本意并非赞美，却有很多法国殖民者发现老挝的处事方式诱人到难以拒绝，并留了下来。

老挝人对外界的援助和国外投资一直相当受用，因为它无须相应的产能增加便促进了一定程度的经济发展。老挝政府想要避免放弃老挝传统（其中包括móoan的哲学）便获得所有的现代技术（社会主义宣传展板上的摩天大楼）。老挝人面临的挑战便是在文化保护和新态度的发展之间找到一个平衡，令国家保证一定程度的自给自足。

音乐和舞蹈基本已经不复存在，部分原因是乏味的泰国流行音乐不断渗透和老挝年轻劳动力的强流动性。

饮食

食物

老挝菜肴没有泰国食品那样种类繁多，可以品尝一下特色鲜明的菜肴。标准的老挝早餐是汤粉，通常有汤，可以选择搭配蔬菜和肉。窍门在于佐料，老挝人会将鱼露、酸橙汁、干辣椒、薄荷叶、罗勒或者面馆制作的美味特色辣酱加入其中，并且拌匀，旅途中可以尝尝。

辣普是最独特的老挝菜肴，这种美味的香辣沙拉中有牛肉末、猪肉末、鸭肉末、鱼或鸡肉末，搭配鱼露、小葱、薄荷叶、酸橙汁、烤米粉，还有好多好多辣椒。其他著名的老挝特色菜有青木瓜沙拉（ḍammàhkhung，泰国叫作somtam），切碎的青木瓜里加入大蒜、酸橙汁、鱼露，有时还有番茄、棕榈糖、地蟹或虾干，当然还有大把的辣椒。

在老挝低地地区，几乎每道菜都要搭配装在小桶里的糯米饭（kòwněeo）。拿起一小撮米饭，用手捏成核桃大小的饭团，然后蘸着菜吃。

主要中心地区，可口的法国长棍面包作为早餐深受青睐。有时搭配炼乳食用，或者连同鸡蛋（kai）再加老挝风味肉酱（pâté）和蔬菜做成三明治。

按照国际标准来看，几乎所有的老挝餐厅都不贵。以下指一道主菜的价位。

$ 低于US$5（40,000K）

$$ US$5~15（40,000~120,000K）

$$$ 高于US$15（120,0000K）

饮品

酒精饮品

老挝啤酒依旧是90%老挝人的最爱。而被官方认定为非法的米酒（老挝烈酒或者米酒威士忌）是低地老挝人喜欢的饮品。米酒通常直接饮用，用来欢迎客人的到来。

非酒精饮品

用于饮用的净化水叫作“饮用水”（nâa-mdeum），不管是经过煮沸还是过滤。餐馆和酒店里提供给客人的水应该都经过净化，而且随处可以买到净化水。话虽如此，喝水时还是应该小心，2008年就曾爆发大肠杆菌疫情，所以要确定饮品中的冰块来自瓶装水。

万象和琅勃拉邦周边果汁吧遍地开花，西式咖啡馆通常出售冰沙。老挝咖啡通常浓郁香甜，拿铁和卡布奇诺如雨后春笋般涌现，搭配泰国灭菌鲜牛奶。

中式绿茶通常是nâmsáh或sáhlôw的主要材料，按照传统，餐馆会免费提供这种清淡提神的茶。如需立顿风格的茶水，可以点红茶（sáahâwn）。

环境

砍伐森林

老挝的新任主席在2016年禁止木材出口和伐木，令长久以来的非法走私业陷入了恐慌。自从禁令下达以来，全国各地的森林隐蔽处和锯木厂被没收了大量的硬木。在2015年，自由亚洲电台（Radio Free Asia）曝光一名老挝政治局成员的儿子是个走私阔叶树的头目，而且人们广泛认为非法砍伐为老挝军队暗中操控，比如在甘蒙省和老挝最南边的偏远地区。

国营的电力公司每当把一个老挝城镇或乡村纳入国家电力网络便也从木材销售中获利，因为它会沿着老挝的高速公路清场伐木。大规模的种植园和开矿，以及刀耕火耨的种植方式，也导致了栖息地的流失。这在乡下社群会引起连锁反应：在部分乡下地区，有70%的非稻米类食品来自森林。

现任主席已经承诺如果在2020年不能将森林面积恢复到70%便辞职。政府是否能成功兑现这项承诺还有待观察。

野生动物

老挝的高山、森林与河流网络里生活着老挝特有的以及与东南亚邻居们共有的各种动物。泰国本地近一半的物种老挝也有，由于老挝的森林覆盖率更高且猎人更少，老挝所拥有的物种数量往往更高。不过，几乎所有的野生动物都受到捕猎与栖息地流失范围扩大的威胁。

尽管如此，老挝近年来已经发现了几种新的物种，比如瓦氏弯脚壁虎（bent-toed gecko）和长齿伏翼蝙蝠（long-toothed pipistrelle bat），但在偏远的森林中也有其他物种被认为已经灭绝。由于数量稀少，这些新发现的物种已经被列入了濒危名单。

就像在柬埔寨、越南、缅甸和泰国的很多地方一样，老挝的大部分动物群属于中南半岛生物地理分布区（与泰国南部克拉地峡以南发现的巽他古陆区域或中国北方的古北界截然不同）。

比较出名的老挝特有哺乳动物有小熊猫、貉、老挝绒鼠、长颌带狸以及小懒猴。这片地区其他重要的外来物种包括马来和中华穿山甲、10种麝香猫、纹猫、红颊獴和食蟹獴、鬣羚（有时也叫亚洲山羊）和斑羚（另一种山羚羊），以及豹猫和亚洲金猫等猫科动物。

灵长类动物是老挝野生动物中最重要的一种。其中比较有名的有几种较小的种类，其中包括菲氏叶猴、黑叶猴、白臀叶猴和几种猕猴。老挝还有两种特有的灵长类动物黑冠长臂猿和仰鼻叶猴。最引人注意的是5种长臂猿。可惜，黑冠长臂猿已经濒危，人们捕猎它们，既为了吃它们的肉，也为了把它们卖到泰国当宠物。有几个教育本地社区为长臂猿划分安全区的项目正在进行。

印度支那虎

过去，数以万计的老虎栖息在亚洲。然而今天，全世界存活总数不到3000只，而且活动范围只有原先的7%。老挝幸存的老虎们一直面临着各种威胁：偷猎、流离失所、人虎冲突。老挝东北的国家保护区森林密布，树木丛生，据说，那里印度支那虎密度最高。徒步游览期间，注意寻觅老虎吼声和树干上深深的老虎爪痕。老虎叫声极易辨别，声音高亢，久久回荡，胜过教堂的钟声。

湄公河鲶鱼

这种鲶鱼为湄公河独有，身长可达3米，重量可达300公斤，是世界上最大的淡水鱼。过去10年左右，湄公河鲶鱼数量剧减九成，令人震惊。原因或许缘于过度捕捞，然而更加不容忽视的原因是修建水电站堤坝，因为堤坝阻塞了鲶鱼的迁徙通道。如今，鲶鱼总数或许只有几百条。

伊洛瓦底江豚

这种鹰钩鼻江豚要比宽吻海豚内向。它们属于哺乳动物，性情羞怯，濒临灭绝，生长于柬埔寨和老挝之间190公里宽广的湄公河水域。根据最新估算，伊洛瓦底江豚仅剩64~76只。老挝观赏伊洛瓦底江豚的最佳地点位于东昆岛南端。那里，一小群伊洛瓦底江豚生活在一个深水池塘里。刺网捕捞和水域污染致使伊洛瓦底江豚数量大为减少。20世纪70年代，红色高棉统治时期，曾经肆无忌惮地利用炸药捕捞伊洛瓦底江豚。

黑冠长臂猿

黑冠长臂猿堪称丛林中的尤塞恩·博尔特（Usain Bolt）。这些家伙遭受严重偷猎的威胁。它们感情丰富，通常黎明开唱，歌声优美，绕梁三日。它们气势汹汹地穿梭于树梢，速度快于任何其他猿类。雄性呈黑色，雌性呈金色。在老挝，只有长臂猿体验中心的所在地博胶省才有黑冠长臂猿。黑冠长臂猿属于世界最为稀有、濒临灭绝的长臂猿物种之一。

生存指南

出行指南

签证

老挝政府在所有的国际机场以及大部分的边界过境点发放30天的旅行签证。

中国公民可以申请老挝的落地旅游签证，需要30美元左右的现金、1张护照规格的照片，以及住宿宾馆的预订证明。没有照片或在周末、节假日或下班时间过来的人需要额外支付一两美元。

签证延期

30天的旅行签证可以额外延长90天，费用为每天US$2，但只适用于万象、琅勃拉邦、巴色和沙湾拿吉等主要城市。

货币

老挝的官方货币是老挝基普（Lao kip；K）。尽管基普是日常交易中唯一的合法流通货币，但其实有3种货币可以用来交易：基普（K）、泰铢（B）和美元（US$）。

自动柜员机

自动柜员机如今遍布老挝，但先别太激动，自动柜员机每笔交易的最高取款额为700,000~2,000,000K（约为US$85~250），具体取决于银行，而且还有变化无常的手续费。如果你的开户行每笔海外取款还要收取高昂的手续费，那就像滚雪球一样了。

讨价还价

在老挝大部分地方砍价远没有东南亚其他地方那么难。老挝式的讨价还价大体很友善，两人试图定出一个对双方都公平的价格。好的讨价还价（需要练习）是一种节省开支的方式。

现金

老挝国内的现金经济非常依赖泰铢和美元。事实上，万象流通的现金大约有三分之一都带着泰国国王的肖像，还有三分之一上面是美国总统。小额交易通常偏好基普，而更昂贵的物品和服务可能用基普、泰铢或美元报价。任何大于或等于US$100的东西都更有可能用美元报价。

不过，大部分的交易都是用基普进行的，所以兜里揣上几捆总不会错。基普纸币分为以下几种面额：500K、1000K、2000K、5000K、10,000K、20,000K、50,000K和100,000K。小商贩，尤其是在乡下地区，不太愿意为人破开100,000K的纸币。

信用卡

万象和琅勃拉邦越来越多的酒店、高档餐馆以及礼品店接受Visa卡和万事达卡，少数地方也能接受运通卡（Amex）和吉士美卡（JCB）。在这些主要城市之外的地方，信用卡基本上就没用了。

老挝外贸银行设在大多数主要城市的分行可以针对万事达和Visa信用卡/借记卡提供现金预借/取现业务，收取3%的交易费用。其他银行的收费可能略有不同，所以在万象一带货比三家可能会比较值。

货币兑换处

在经过多年的波动之后，基普最近的汇率稳定保持在US$1等于8000K，人民币¥1等于1200K左右。不过，别指望它会保持不变。

无论你是在银行还是货币兑换处，汇率通常都一样。两者也很有可能对较大金额（US$50和US$100）提供比较小金额（US$20和更少）更好的汇率。万象和琅勃拉邦的银行通常可以兑换英镑、欧元、加拿大元、美元、澳大利亚元、泰铢和日元。在其他地方，大部分的省级银行通常只能兑换美元或泰铢。

有执照的货币兑换处位于万象一带(其中包括早市)和部分跨境处。其汇率和银行类似,但营业时间更长。

老挝没有真正的黑市,除非是出现了不太可能逆转的经济崩溃。

旅行支票

旅行支票在老挝大部分银行都能提现,不过通常只能换成基普。美元支票的接受度最广。接受旅行支票的商户非常少。

使领馆

万象约有25个使领馆。许多国家由位于曼谷、河内或北京的使领馆行使职责。

中国大使馆(见309页地图; ☎021-315105; http://la.china-embassy.org/eng; Th Wat Nak Nyai, Ban Wat Nak, Vientiane; ⏲周一和周五 8:00~11:30)4个工作日内签发签证。

澳大利亚大使馆(见309页地图; ☎021-353800; www.laos.embassy.gov.au; Th Tha Deua, Ban Wat Nak, Vientiane; ⏲周一至周五 8:30~17:00)也代表加拿大和新西兰的公民。

柬埔寨大使馆(见309页地图; ☎021-314952; Th Tha Deua, Km3, Ban That Khao, Vientiane; ⏲周一至周五 8:30~15:30)签发签证,费用为US$30。

法国大使馆(见312页地图; ☎021-215258; www.ambafrance-laos.org; Th Setthathirath, Ban Si Saket, Vientiane; ⏲周一至周五 9:00~12:30和14:00~17:30)

德国大使馆(见309页地图; ☎021-312110; www.vientiane.diplo.de; Th Sok Pa Luang, Vientiane; ⏲周一至周五 9:00至正午)

缅甸大使馆(见309页地图; ☎021-314910; Th Sok Pa Luang, Vientiane; ⏲周一至周五 8:30~15:30)3天内签发旅游签证,费用为US$20。

泰国大使馆(见309页地图; ☎021-214581; www.thaiembassy.org/vientiane; Th Kaysone Phomvihane, Vientiane; ⏲周一至周五 8:30至正午和13:00~15:30)要办理签证续签和延期业务,请前往**万象**(见309页地图; ☎021-214581; 15 Th Bourichane, Vientiane; ⏲8:00至正午和13:00~16:30)或**沙湾拿吉**(☎041 212373; Th Tha He和Th Chaimeuang交叉路口, Savannakhet)的领事馆,领事馆签发同日旅游签证和非移民签证(1000B)。

英国大使馆(见309页地图; ☎030-7700000; www.gov.uk; Th J Nehru, Ban Saysettha, Vientiane; ⏲周一至周五 8:30~11:30)

美国大使馆(☎021-487000; http://laos.usembassy.gov; Th Tha Deua, Ban Somvang Thai, Km 9, Hatsayfong District, Vientiane; ⏲周一至周五 8:30~17:00)位于城南一座新楼里。

越南大使馆(见309页地图; ☎021-413400; www.mofa.gov.vn/vnemb.la; Th That Luang, Vientiane; ⏲周一至周五 8:30~17:30)3个工作日内签发旅游签证的费用为US$45,当天签发的费用为US$60。**琅勃拉邦的越南领事馆**(见334页地图; www.vietnamconsulate-luangprabang.org; Th Naviengkham, Luang Prabang; ⏲周一至周五 8:00~11:30和13:30~17:30)也如此。在**巴色**(☎031-214199; www.vietnamconsulate-pakse.org; Th 21; ⏲周一至周五 7:30~11:30和14:00~16:30)和**沙湾拿吉**(见382页)的越南领事馆,签证费用为US$60。

海关条例

只要你不带太多件行李,入境的海关检查就会马马虎虎。按照规定你不能携带超过500支香烟或1升以上的蒸馏酒入境。对毒品、武器和色情物品的常见禁令在这里也适用。

旅游信息

老挝国家旅游局(Lao National Tourism Administration, LNTA)在老挝全国各地都有分局,万象和琅勃拉邦的旅游局尤其有帮助。

许多旅游局都有储备充足的手册和地图,还有关于本省景点的易于理解的展示,以及会说英语的工作人员可以答疑。位于他曲、沙湾拿吉、巴色、琅勃拉邦、沙耶武里、丰沙里和桑怒的旅游局相当不错,工作人员训练有素,会推荐省内的徒步和其他活动,并且可以提供手册和第一手信息。他们还可以帮助解决本地交通的挑选和预订。或者,你也通常可以从热门客栈获得最新信息。

老挝国家旅游局还有3个不错的网站提供有用的行前信息:

老挝中部徒步游(Central Laos Trekking; www.trekkingcentrallaos.com)

老挝生态旅游(Ecotourism Laos; www.ecotourismlaos.com)

老挝国家旅游局(Laos National Tourism Administration; www.tourismlaos.org)

活动

乘船游、皮划艇和充气轮胎漂流

湄公河从老挝中心奔流而过的一长条土地，因此乘船游在这里成为主要的旅游卖点也不出奇了。除此之外，你还可以探索通往偏远少数民族村落的丛林小支流。

在过去几年里，皮划艇的人气大涨，特别是在琅勃拉邦、琅多和万荣一带，这些全都是划桨的热门目的地。皮划艇之旅的费用约为每人US$25起，通常与骑自行车相结合。

沿河流玩充气轮胎漂流一直以来都是万荣的一项热门活动，如今随着河边酒吧、秋千绳和高空滑索的取缔，充气轮胎漂流已经平和得多了。充气轮胎漂流非常好玩，但为了安全还是要保持清醒地玩（不要酒后漂流）。

骑自行车

老挝正慢慢稳步地将自己打造为骑行目的地。对于硬派骑行者们来说，老挝北部的高山是终极的目的地。对于喜欢更温和的锻炼方式的人来说，沿湄公河村庄蜿蜒骑行令人难忘，特别是在四千美岛一带的老挝南部。

在游客数量可观的大多数地方，可以用约每天20,000的价钱租到简单的单速自行车。更好的山地自行车收费每天40,000~80,000K或US$5~10。讲究的骑手应该带上自己的自行车。与隔壁的泰国或柬埔寨相比，老挝的选择相当有限。

有些旅行社和客栈提供山地自行车游，时长从几小时到几周不等。

骑摩托车

对于那些渴望探险的人来说，骑摩托车去老挝的偏远地区令人难忘。两个轮子的移动性无与伦比。摩托车可以穿过就连最强悍的四驱车都走不了的路。与靠小汽车或大巴出行相比，它会让你更接近乡下（那里的味道、人和风景）。不过在风景太美的时候也要小心看路。摩托车仍旧是许多老挝人的出行工具，所以修理铺随处可见。如果你没有自信骑摩托车，雇一个人骑车载你相对也很便宜。对于那些寻求真正冒险的人，这是再好不过的方式。

攀岩和探洞

说到有组织的攀岩，万荣和他曲有东南亚最好的攀岩场所以及出色的教练和安全的装备。4人组的攀岩费用约为每人US$25起，越专业价格越高，需要教练指导的话价格也会更高。

除非参加专业的考察队，否则没有专家级的探洞项目可供选择。不过，有许多广阔的洞穴系统对游人开放。

徒步

在老挝徒步就是探索国家保护区和拜访缤纷的少数民族村庄，其中有许多村庄接待徒步团体过夜。从半日徒步到包含骑自行车和玩皮划艇的一周远足，一切皆有可能。大部分的徒步都同时关注文化和环境，徒步者们在村子里的家庭寄宿，而付的钱则直接交给该国最贫穷的社区。如今有十多个区域可以选择。轻松一些的步行包括去清新瀑布的丛林徒步和偏远地区的村庄步行游览。风景通常激动人心，有高地深谷、层叠的稻田以及高耸的石灰岩高山。

徒步主要由本地小旅行社经营，且有会说英语的导游。较大团体包含了全部视频、导游、交通、住宿和停车费的价格约为每人每天US$25起。偏远地区更专业的长距离徒步，价格可能会高达几百美元。一般最小的徒步团体为2人，人数越多价格越低。

工作时间

酒吧和夜店 17:00~23:30（万象更晚）

政府部门 周一至周五 8:00至正午和13:00~17:00

面馆 7:00~13:00

餐馆 10:00~22:00

店铺 9:00~18:00

节假日

以下节假日，学校和政府部门放假。节假日期间，政府机构办事效率极其低下。

新年 1月1日

建军节 1月20日

国际妇女节 3月8日

老挝新年 4月14~16日

国际劳动节 5月1日

国际儿童节 6月1日

老挝国庆节 12月2日

住宿

20世纪90年代，老挝开始对外开放，从那以后，客栈数量稳步增长。但凡值得游览的村庄都有住宿地点。城市地区，例如万象和琅勃拉邦，住宿价格差异巨大，一些尽善尽美的精品酒店甚至能够打动《纽约时报》(*New York Times*)或者《时尚酒店》(*Hip Hotels*)那些早已产生审美疲劳的编辑。低端住宿地点通常提供电扇房间，有的带有独立卫浴，这种情况正在逐年改善。即使客栈的价格上涨，尤其是在城市里，与西方相比，还是具有无与伦比的性价比。一晚上不到US$10(80,000K)，谁还会有异议呢？最便宜的住宿地点位于偏远的北部和南部。

老挝淡旺季住宿价格差异显著。12月至次年2月(凉爽月份)属于旺季，价格高昂。本书罗列的都是旺季价格，如果旅游适逢其他时段，记得与商家砍价。

家庭寄宿

在农村人家寄宿越来越受欢迎。家庭住宿全都位于乡下地区，费用很低(一张床约US$5，全膳约US$10)并为旅行者提供了体验老挝式生活的机会。

村庄很小，根据季节可能灰很大或泥很多，而且全是孩子。你会被分配到一户人家，通常每个家庭最多只能接待2名游客。厕所是位于街角的阴暗小屋里的蹲厕，用水舀冲水。洗澡时间为晚餐前，在附近的溪流或河里，或者是在寄宿人家院子里从井里、44加仑的大水缸里或是水泥蓄水池里用水舀往自己身上浇水。洗澡通常是公共活动，所以别忘了系一条纱笼。别指望有镜子。

食物很简单，通常有两道菜和糯米。在我们的经历中，饭菜几乎总是很好吃，但要做好吃很多糯米的准备。即便饭菜不怎么吸引人，你也应该吃一些，不然你的房东会丢脸。晚餐通常是在地垫上吃，所以要盘腿或跪坐。别坐在枕头上，这样很失礼，而且进屋之前一定要脱鞋。

吃完饭极有可能进入共同饮酒时间。如果你运气好的话会有冰爽的老挝瓶装啤酒，但更有可能的是被传来传去，用公共杯子装着的自酿米酒。这种酒会很辣嗓子，但如果你喝得下去的话，气氛会很棒，我们在老挝最棒的几晚就是这样度过的。

你很有可能会睡在地上铺着的床垫上，外面架着蚊帐，外面公鸡一开始打鸣你大概就"醒了"。

家庭寄宿可能不豪华，但确实非常"老挝"，十分值得尝试且令人享受。只是要记得对于大多数的村民来说，与外国游客打交道是相当新奇的事情，而且他们对你的反应非常敏感。只要他们的房客与他们互动且不戴有色眼镜地接受他们和他们的生活方式，他们就会保持热情。要想充分地体验，就带上常用语手册和你家人的照片，以及最重要的：手电筒、人字拖、纱笼和卫生纸。

价格区间

以下为旺季价格。如非特别说明，均为带卫生间的双人房。

$ 低于US$25(20,000K)

$$ US$25~75(200,000~600,000K)

$$$ 高于US$75(600,000K)

老挝的生态旅游业

老挝大约有一半的国土被森林覆盖，还有20个国家保护区、49个民族、650多种鸟类以及成百上千种哺乳动物，这里有着东南亚最健康的生态系统。

随着琅南塔省南哈河生态游项目(Nam Ha Ecotourism Project；始于1999年)获得成功，生态游产业逐渐采用可持续的国际先进蓝图，保护并保留各民族、野生动物与森林的利益。

自从生态游开始以来，老挝许多旅行社都坚持了下来，因为他们信守自己对于当地部落和保护的承诺。在参加徒步游之前先问以下几个问题：

- 你们是不会打扰村民生活的小型团吗？
- 是当地导游带队吗？
- 你们的项目会让所经森林/村庄里的当地人直接获益吗？
- 旅行社会将部分收入捐给保护类或当地教育类慈善项目，还是直接隶属世界自然基金会(WWF)和国际野生动物保护学会(WCS)这种组织？

更多关于老挝环境可持续的旅游业信息请见www.ecotourismlaos.com。

地图

一般能买到的最好的多用途国家地图是GT-Rider.com的《老挝》(*Laos*)，比例为1:1,650,000。地图可以在泰国的书店和老挝的许多客栈买到，www.gt-rider.com网站上也有。

总部位于清迈的Hobo Maps出版一系列不错的万象、琅勃拉邦和万荣地图。老挝国家旅游局近年来也做了一些城市地图，可以在万象的旅游信息中心(见320页)拿一份。

邮局

从老挝寄东西不算太贵而且相当可靠，但人们仍旧倾向于到了泰国之后再把包裹发出去。如果要去柬埔寨的话，可能从老挝寄包裹更明智。

寄任何东西的时候都要把包裹打开给邮务员检查。收到的包裹可能也需要开包检查，这一强制性"服务"可能会收取一小笔费用。

万象的邮政总局(见320页)有存局候领服务。

电话

有本地SIM卡和3G或无线信号的话，最便宜的电话选择是在手机上使用网络通信软件。

在大部分首府城市都可以通过老挝电信的办公室或当地邮局拨打越洋电话，费用以分钟计算，最低按3分钟计费。拨往大部分国家的花费约为每分钟2000~4000K。办公时间通常约为7:30~21:30。

手机

老挝可以漫游但费用一般很贵。本地SIM卡和无锁手机十分容易购买。

上网

免费的Wi-Fi如今相当普遍，老挝主要的旅游目的地有许多客栈、酒店和咖啡馆都提供。网吧仍旧存在，不过越来越少。在大部分首府城市都能上网，热门中心的价位为每小时5000K起，而在省内落后地区则高达每小时10,000K或更多。

大部分网吧里的电脑都安装有即时通信软件和Skype，不过并不总是有耳机。

法律事宜

尽管老挝保证某些权力，现实却是你可能会因为任何理由被罚款、拘留或驱逐出境，一直以来都有外国人经历这些事情。

如果你远离认知中一切非法的东西，就应该会没事。如果你没有做到的话，事情可能就会又棘手又费钱。游客被逮捕的最常见罪名是持有毒品和嫖妓，通常毒贩或卖淫者就是报案的人。外国人和老挝公民之间的未婚性行为是非法的，对此的惩罚为US$500~5000的罚款，还可能会面临监禁或驱逐出境。

如果你被拘留了，请要求给你本国驻老挝的使领馆打电话(如果有的话)。老挝官员与使领馆人员的会面或电话交流可能会加速判决和释放的执行。

警察有时候会因为交通违规和其他的小错索贿。

旅行安全

在过去的二十年里，老挝已经被游客认为是相当安全的旅游地点，报案率很低，而且没有太多越南、泰国和柬埔寨这种更热门的旅游地常见的骗局。但尽管大部分的老挝人依旧诚实好客，这里也不像过去那般田园牧歌了。主要的变化就是小型犯罪的增多，比如偷窃和低级诈骗，倒是更恼人而非危险。

老挝东部和南部的大片地区都受未爆炸弹药污染。根据老挝国家未爆弹药项目(Lao National UXO Programme, UXO Lao)和其他非政府未爆弹药清除组织的勘测，沙拉湾、沙湾拿吉和川圹省是受影响最大的省份，其后是占巴塞、华潘、甘蒙、琅勃拉邦、阿速坡和塞公。

从统计学上来讲，未爆炸弹药对于一般外国旅行者来说威胁很小，但旅行者如果想在上述省份的路外进行荒野旅行请一定谨慎。请严格跟着标记路线走，并且永远不要触碰可能是未爆炸弹药的东西，无论它看起来有多旧多废。

LGBTIQ旅行者

老挝文化基本上对同性恋十分包容，不过女同性恋经常不是被完全否定就是被误解。这里的同性恋活动远不及隔壁泰国的那般惹眼，但如果运气好的话你也能在万象找到一些。

严格来讲，同性恋在这边是非法的，但我们也没听说警察在最近几年抓过谁。总之无论是异性恋还是同性恋，当众表现亲密都会惹旁人皱眉。

Sticky Rice(www.stickyrice.ws)覆盖老挝和亚洲的同性恋旅行指南。

Utopia(www.utopia-asia.com)同性恋旅行信息和通信录，其中包括一些当地的同性恋俗语。

女性旅行者

老挝对于女性旅行者来说是一个舒适的国家，不过在这里要比在隔壁泰国的许多地区多抱有一些文化意识或文化敏感。老挝非常安全，针对女性旅行者的暴力极为罕见。日常性骚扰可能比几年前更多，但相比其他的亚洲国家还是少多了。

老挝的性交易跟泰国的相比要少多了，这对女性旅行者来说是件好事。尽管想要保持"良家"形象的泰国妇女会因为害怕被当成妓女而远离外国人，在老挝却没有这种问题。因此一个在咖啡馆或餐厅里喝东西的外国女性通常也不会像在泰国那样被认为"可勾搭的"。这反过来也意味着通常不请自来上前询价的男性会少很多。

对于大部分的老挝女性来说，身穿无袖上衣、超短裙或短裤极为罕见。所以当旅行者这么穿的时候，人们往往会盯着看。如果你计划在村子里或河里洗澡，必须得有一条纱笼。

从传统上来讲，女性不会坐在河船的顶上，因为人们认为这会带来霉运。如今的船长大多不太在意，但如果你被赶下了船顶而男人们却没事，这就是原因。

志愿服务

志愿者们已经在老挝工作了好多年，通常是签订一两年的合同，包含了最低的月度津贴。志愿者们通常被安置在政府机构里进行"能力建设"。通过这种工作最终可以进入非政府组织社群进行非志愿性工作。

另一种志愿工作的形式其实是在几周或几个月的时间里扮演"志愿者"的角色，这种在老挝目前还不多。琅勃拉邦的几个团体偶尔会需要志愿者，会晒、孟夸和沙耶武里这些不同的地方也有本地项目。

Stay Another Day（www.stayanotherday.org）有关于免费志愿机会的不错的信息。

海外志愿服务社（Voluntary Service Overseas, VSO; www.vsointernational.org）为合格且有经历的志愿者安排最久长达2年的工作。

工作

这里有数目众多的援助组织和高速发展的国际贸易社区，特别是在能源和矿业方面，为外国人提供的工作机会越来越多，但仍然相对较少。大部分的职位都在万象。

工作机会包括在万象的几家语言中心担任英文私教。教英文不强制要求有证书或学位，但如果有的话会对找工作有帮助。

如果你有技术专长或国际志愿工作经历，你或许可以找一个跟联合国有关的项目或者是为老挝提供外国援助或技术支持的非政府组织有关的工作。这些工作不好找；你最容易成功的方式是前往各个组织在万象的办公室打听他们的人事需求和人员空缺，然后想办法结交这些潜在雇主，并给他们买很多的老挝啤酒。在老挝运作的非政府组织清单请见出色的网站www.directoryofngos.org。

书籍

《出云之龙》（*A Dragon Apparent*, 1951年）描述殖民地丧失之时，诺曼·刘易斯（Norman Lewis）在法属中南半岛的暮光中旅行。主题生动，感情浓郁。

《老挝》[*The Lao*, 2008年，罗伯特·库珀（Robert Cooper）著]在当地出版的书籍（越南也可以买到）。内容简洁，但是深入洞察了老挝的文化及国民心理，同时讲述自己作为一个外国人是如何融入老挝的。

《乌鸦：老挝秘密战争时的飞行员》[*The Ravens: Pilots of the Secret War of Laos*, 1987年，克里斯托夫·罗宾斯（Christopher Robbins）著]引人入胜地重现了"秘密战争"、美国飞行员和苗族居民，具有极强的可读性。

《射击月亮：美国在老挝发动的秘密战争》（*Shootingat the Moon: The Story of America's Clandestine War in Laos*, 1998年）这是罗杰·华纳（Roger Warner）的一本著作，揭露针对胡志明小道的秘密战争，中情局和苗族卷入其中。

到达和离开

有许多游客通过老挝众多的陆地与河流口岸入境。坐飞机来老挝相对简单，因为这里的航空公司很少，价格相差不多。可以通过www.lonelyplanet.com/bookings在线预订航班和团队游。

进入老挝

在国际机场和大部分的陆地口岸可以很容易获得30天的落地旅行签证。

飞机

与老挝有航线连接的区域性国家有泰国、越

南、柬埔寨、马来西亚、新加坡、中国和韩国。进入老挝最方便的国际门户是曼谷，飞往泰国曼谷的航班有很多。如果来老挝度短假，搭乘在曼谷转机的航班会更便宜。从曼谷去老挝有飞机、火车和大巴可选。

陆路

老挝的陆上和/或河上邻国有泰国、缅甸、柬埔寨、中国和越南。过境详情定期更改，所以在出发之前请到处打听并在荆棘树论坛（Thorn Tree; lonelyplanet.com/thorntree）查询一下。如果有合法文件的话，可以从柬埔寨和泰国带一辆轿车或摩托车进入老挝，老挝海关也不会拒绝游客带自行车入境，但目前从越南、中国或缅甸入境不可以这样做。

当地交通

飞机

除了老挝航空公司在主要城市的办公室可以接受信用卡购买国内外航班的机票之外，很有必要准备好美元现金买票。

老挝航空公司（www.laoairlines.com）经营老挝国内航班的主要航空公司，其中包括往来万象和琅勃拉邦、琅南塔、巴色、丰沙湾、沙湾拿吉和乌多姆赛的航班。

Lao Skyway（☎021-513022; www.laoskyway.com; Domestic Terminal,Wattay International Airport; ⊙8:00~20:00）一家比较新的国内航空公司，有从万象飞往乌多姆赛、琅勃拉邦、会晒和琅南塔的航班。

自行车

在大多数城镇和大多数公路上美得惊人的沿路风景，和轻便又相对缓慢的交通方式，令老挝无疑成为东南亚最适合骑自行车的国度。

在大部分游客数量可观的地方都能租到简单的单速自行车，通常收费约每天20,000K。更好的山地自行车收费为每天40,000~80,000K。

船

4600多公里的通航河流是传统老挝人的交通要道和支线，其中的要道为湄公河、南欧江、南坎河、南塔河（Nam Tha）、南娥河与公河。最长最重要的线路是湄公河，在北边的琅勃拉邦与南边的沙湾拿吉之间全年通航。较小的河流可以容纳较小的船只，从独木舟到用战争垃圾制作的“炸弹

摩托车小贴士

很少有比租上一辆摩托车然后上路更加自由的旅行体验了，你可以随时随地停下来。往来车辆少和公路美丽迷人使得老挝成为这片区域最适合骑行的地方之一。不过，有几点在你抵押护照租摩托车之前值得了解一下。

摩托车 中国产的110cc摩托车价格更低而且很容易租到，不过不是按照越野摩托来设计的。同样排量的日本摩托车的性能更好，值得每天多花几美元的租金。

里程表 鉴于许多公路没有里程碑，而路口常常没有标注，租一辆里程表好用的摩托车比较好。大部分的摩托车店都能以几美元的价格，在10分钟左右的时间里修好一个里程表。这笔钱花得很值，只要你记得出发时的里数就好。

装备 出门一定要带上防晒霜、遮阳帽、塑料雨衣或雨披、方巾和太阳镜。在老挝即便是柏油路土也很大，所以后两样至关重要。头盔必不可少（如果他们不主动提供的话就问他们要），裤子和鞋也是，免得一不小心把腿晒伤。

问题 除非你运气非常好，不然肯定会出一些错。预留一些解决问题的时间。

责任 基本上，在老挝骑摩托车无须驾照、头盔或任何安全装备，但拥有这些自由的同时你也必须承担全部的责任。如果你出了车祸，不会有救护车来接你，等你到了医院，设施也会很简陋。带上一个基本的医药箱并存好泰国医院和你所购买的旅行保险的公司的电话，会比较稳妥。同样的问题也适用于摩托车。如果摩托车在你的手上报废了，你不能指望给租车公司打个电话然后换一辆。你需要把它放下一班皮卡或小型敞篷客车上，然后把它带到修车的地方。别把它扔在路边，不然你就得再花一辆车的钱。

船”都有。无论是从会晒开往琅勃拉邦的观光船还是一艘本地船只，你都能坐着它们轻松抵达该国的偏僻角落，在老挝至少体验一次河上出行还是值得的。

长途汽车和小型敞篷客车

在老挝，长途汽车和小型敞篷客车（sǒrng-tǎaou的字面意义是“两排”）肩负长途公路客运职责。小型敞篷客车是由皮卡或卡车两边放置长凳改造而成的。私有运营方在一些比较繁忙的线路上开设了VIP大巴，提供更快更豪华的空调车，票价也比普通的大巴高一点。许多客栈可以收取一小笔手续费帮你订票。

小型敞篷客车通常提供省内短途客运服务。稍大的村庄基本都已开通至少一班小型敞篷客车，在大部分日子里往返首府。

小汽车和摩托车

在大部分的大型中心城市和部分较小城镇可以用大约每天40,000~100,000K的价格租到中国和日本产的100cc与110cc低跨式摩托车，不过车的状况区别很大。这里不要求驾照。如果要出城的话，最好租一辆日本摩托车。在万象、琅勃拉邦、万荣、他曲和巴色，250cc的越野摩托车可以用约每天US$25~50的价格租到。

你可以租一辆车自驾，但当你想一想雇一个司机通常也不用多花钱，他还能承担车辆损坏的责任并且认得路，似乎自驾就比较冒险了。费用为每天US$40~100起，具体取决于路线。

Avis（见322页）总部位于万象，是一个可靠的租车选择。如果是租摩托车的话，试试万象的Drivenbyadventure（见322页）或Fuark Motorcycle Hire（见322页）。

泰国北部

人口 1.865亿（泰国全境）/☎66

包括 ➡

最佳餐饮

- Krua Apsorn（见437页）
- Kao Soi Fueng Fah（见491页）
- nahm（见440页）
- Larp Khom Huay Poo（见500页）
- Khao Soi Pa Orn（见513页）

最佳住宿

- Ariyasom Villa（见437页）
- Tamarind Village（见489页）
- Chiang Dao Nest（见496页）
- Koh Chang Sea Hut（见461页）

为何去

泰国可以说是初去东南亚旅行"最安全"的目的地，但这并不意味着这个国家为了安全放弃了什么。实际上，我们认为泰国——特别是泰国北部——高人气的原因在于那里什么都有。

曼谷是东南亚最具活力的城市之一。即使你对当代泰国人的生活不感兴趣，也可以去素可泰或帕侬龙的历史公园探究这个国家的历史。同样，在难府漂流、观赏乌汶帕田国家公园的峭壁风光等内陆探险会让喜欢呼吸新鲜空气的旅行者心满意足。痴迷于文化的人则可以通过泰国东北部的民宿或北部的徒步如愿以偿。

差点儿忘了，泰国还有很多便捷的口岸通往柬埔寨和老挝，所以谁会不喜欢泰国呢？

何时去

清迈

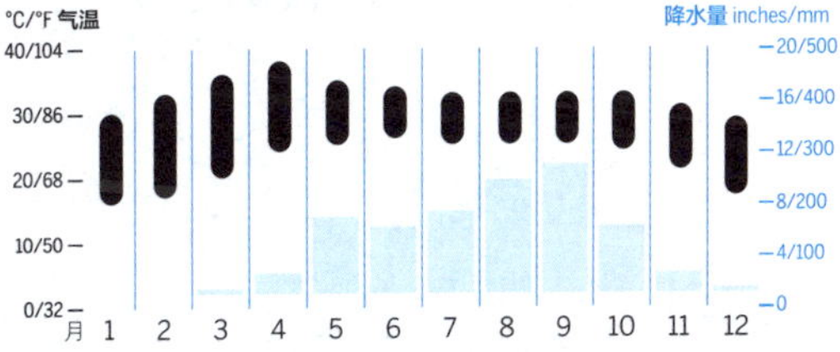

11月至次年2月 泰国的"冬季"最适合游览。

3月至6月 炎热的季节，最不适宜的游览时间。

6月下旬至10月 有季风，暴风雨通常只是1小时的倾盆大雨。

泰国北部亮点

❶ **清迈的市场**（见493页）去清迈夜市、周六夜市和周日夜市淘宝。

❷ **帕田国家公园**（见482页）欣赏让人惊艳的自然风景。

❸ **素可泰**（见501页）骑行游览泰国“黄金时代”的古迹。

❹ **素林项目**（见470页）前往泰国东北部的素林项目中心，与象夫一同工作生活。

❺ **拜县**（见498页）泰北乡野中藏着一个时尚又惬意的小城。

❻ **阁昌岛**（见458页）体验海滩的休闲和丛林徒步。

❼ **曼谷**（见424页）前往泰国现代、时尚、纸醉金迷的首都，告慰泰北旅行的辛苦。

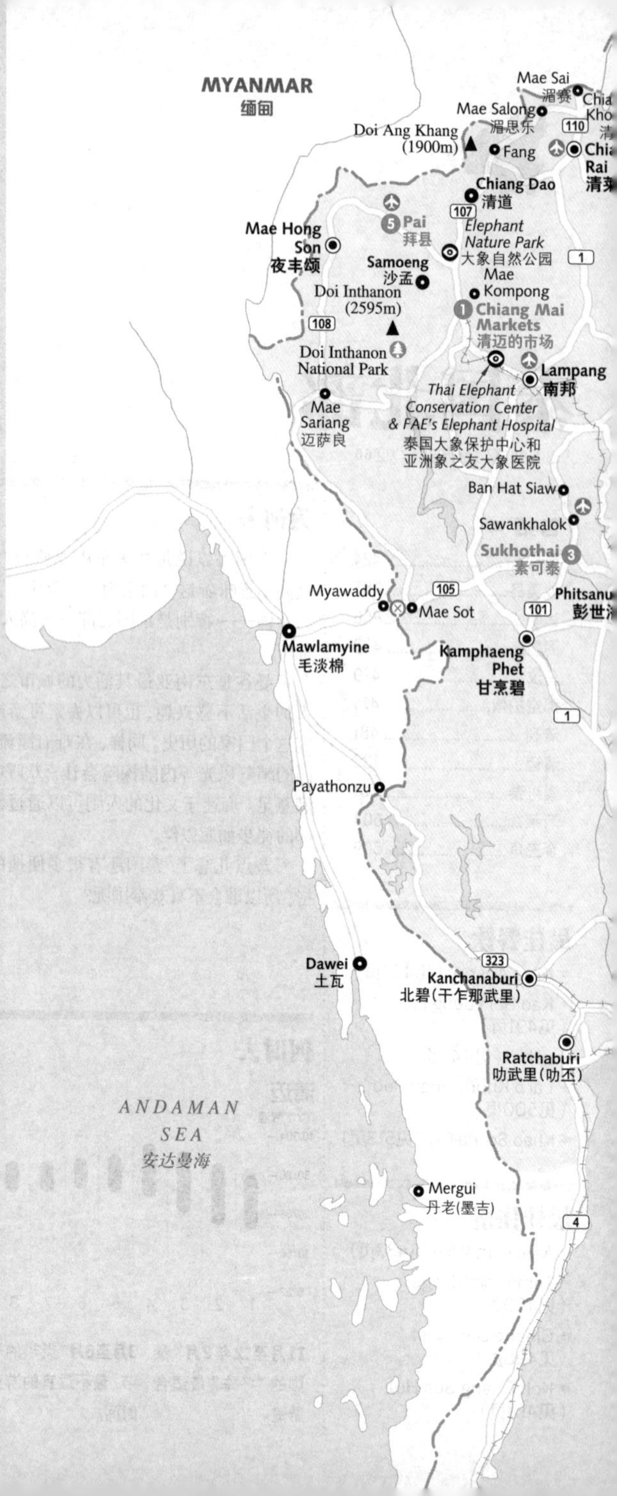

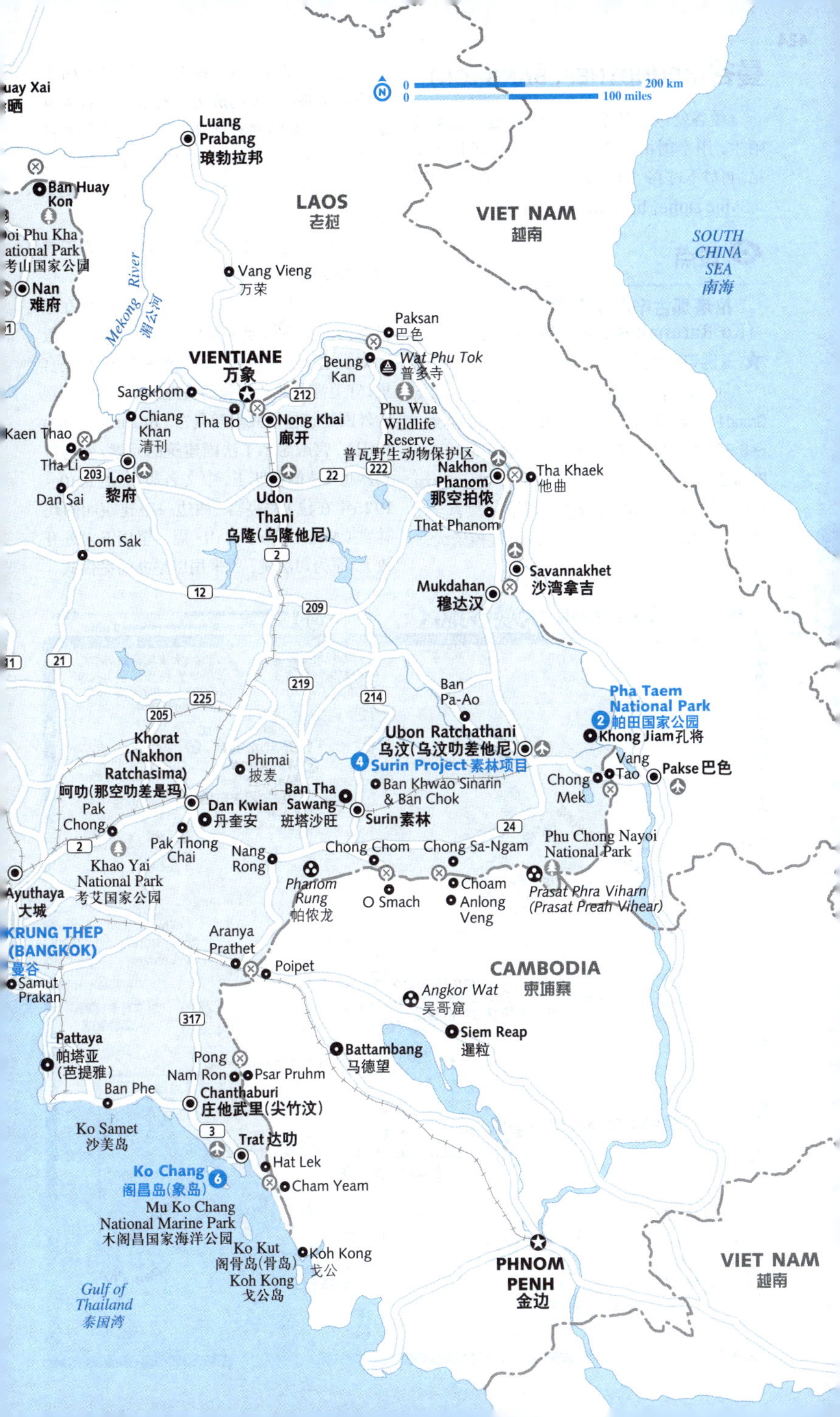

0 200 km
0 100 miles
Huay Xai
Luang Prabang
琅勃拉邦
Ban Huay Kon
Doi Phu Kha National Park
考山国家公园
Nan
难府
Mekong River
湄公河
LAOS
老挝
VIET NAM
越南
SOUTH CHINA SEA
南海
Vang Vieng
万荣
Paksan
巴色
Beung Kan
Wat Phu Tok
普多寺
VIENTIANE
万象
Sangkhom
Chiang Khan
清刊
Tha Bo
Nong Khai
廊开
Phu Wua Wildlife Reserve
普瓦野生动物保护区
Kaen Thao
Tha Li
Loei
黎府
Dan Sai
Udon Thani
乌隆(乌隆他尼)
Nakhon Phanom
那空拍侬
Tha Khaek
他曲
That Phanom
Lom Sak
Savannakhet
沙湾拿吉
Mukdahan
穆达汉
212
203
22
222
2
12
209
21
219
214
225
205
24
Ban Pa-Ao
Pha Taem National Park
2 帕田国家公园
Khong Jiam孔将
Khorat (Nakhon Ratchasima)
呵叻(那空叻差是玛)
Phimai
披麦
Ubon Ratchathani
乌汶(乌汶叻差他尼)
4 Surin Project素林项目
Ban Khwao Sinarin & Ban Chok
Vang Tao
Pakse 巴色
Chong Mek
Pak Chong
Dan Kwian
丹奎安
Ban Tha Sawang
班塔沙旺
Surin素林
Pak Thong Chai
Khao Yai National Park
考艾国家公园
Nang Rong
Chong Chom
Chong Sa-Ngam
Phu Chong Nayoi National Park
Ayuthaya
大城
Phanom Rung
帕侬龙
O Smach
Choam
Anlong Veng
Prasat Phra Viharn (Prasat Preah Vihear)
KRUNG THEP (BANGKOK)
曼谷
Samut Prakan
Aranya Prathet
Poipet
CAMBODIA
柬埔寨
Angkor Wat
吴哥窟
Siem Reap
暹粒
317
Pattaya
帕塔亚
(芭提雅)
Pong
Nam Ron
Psar Pruhm
Battambang
马德望
Ban Phe
Chanthaburi
庄他武里(尖竹汶)
Ko Samet
沙美岛
3
Trat 达叻
Hat Lek
Ko Chang 6
阁昌岛(象岛)
Cham Yeam
Mu Ko Chang National Marine Park
木阁昌国家海洋公园
Ko Kut
阁骨岛(骨岛)
Koh Kong
戈公
Koh Kong
戈公岛
PHNOM PENH
金边
VIET NAM
越南
Gulf of Thailand
泰国湾

曼谷(KRUNGTHEP, BANGKOK)

曼谷就像一盘泰式炒面，味道既熟悉又陌生，用泰国街头T恤上常印着的那句话总结，再妙不过了：“还是老样子，老是不一样。”（Same same, but different。）

景点

拉塔那古辛岛和吞武里 (Ko Ratanakosin & Thonburi)

★ 玉佛寺和大皇宫 佛教寺庙

（วัดพระแก้ว, พระบรมมหาราชวัง, Wat Phra Kaew & Grand Palace; 见432页地图; Th Na PhraLan; 500B; 8:30~15:30; Chang Pier, Maharaj Pier, Phra Chan Tai Pier）泰国人口中的“Wat Phra Kaew”，既指玉佛寺，又指泰国的“故宫”大皇宫，两者不分彼此，整片建筑群规模宏大，很有童话气质。

这里从曼谷成为首都的第一年（1782年）开始供奉神明，现已成为曼谷最大的观光胜地，也是虔诚的佛教徒和民族主义者的朝拜圣地。这片94.5公顷的土地包含了在建筑史上首开先河的百余座建筑，代表了200年的皇家历史。

玉佛是寺庙最大的魅力所在，供奉玉佛的大殿受戒堂的装饰华丽张扬。

大皇宫里的建筑，除了几间前厅，现在只供泰国国王举行加冕等特别仪式所用，一般不对游客开放。曾经，泰王的后宫也在皇宫里，守卫都是武艺高强的女性。游客可以参观的外围建筑包括武隆碧曼宫（Borombhiman Hall），宫殿融入了法国建筑的元素，曾为拉玛六世（哇栖拉兀王，中文名郑宝，约1910~1925年在位）的寝宫。西边一座建筑叫阿玛林宫（Amarindra Hall；周一至周五对外开放），原为司法院，后来用以举办加冕仪式，

Greater Bangkok 大曼谷地区

是大皇宫里唯一允许游客入内参观的皇家建筑。规模最大的建筑是基节宫（Chakri Mahaprasat），意为“帝王宫”。另有一座都实宫（Dusit Hall），建筑带有典型的拉塔那古辛王朝的时代风格（Ratanakosin-style，也称“曼谷风格”，泰国古代艺术流派），最初为觐见国王所用，后来成了皇家葬礼堂。

在售票厅就能雇到导游，不要理会外面和你搭讪，想提供导游服务的人。花上200B就能租用语音导览机2小时。

持门票可参观都实宫公园（见427页），公园内有Vimanmaek Teak Mansion（一座柚木打造的大宅）和Abhisek Dusit Throne Hall（内有国王御座）。

★ 卧佛寺 佛教寺庙

（วัดโพธิ์/วัดพระเชตุพน，Wat Pho，Wat Phra Chetuphon；见432页地图；Th Sanam Chai；100B；⏲8:30~18:30；⛴Tien Pier）这座寺庙的游客比玉佛寺略少一些，但在曼谷的几大寺庙中，我们最喜欢这里。事实上，这处寺庙群有众多“之最”：城市中最大的卧佛像、泰国佛像最多的场所，以及泰国最早的公共教育中心。

卧佛寺的亮点自然是那尊卧佛。佛像规模十分惊人，感觉佛殿都快装不下了。

佛寺占地8公顷，景点主要集中在北边，南边则为寺中僧侣所用。当年，拉玛三世看到泰国传统医学濒临失传，于是下旨加以保护，而卧佛寺就是传承传统泰医（包括泰式按摩）的中心机构。寺中的按摩学校非常有名，设有两座按摩亭（见432页地图；Wat Pho，Th Sanam Chai；泰式按摩每小时 420B；⏲9:00~18:00；⛴Tien Pier），寺外还有一家按摩培训所（见432页地图；☎02 622 3551；www.watpomassage.com；392/32-33 Soi Phen Phat；按摩课 2500B起，泰式按摩服务 每小时 420B；⏲课程 9:00~16:00，按摩服务 9:00~20:00；⛴Tien Pier），

Greater Bankok 大曼谷地区

重要景点

1 加都加周末市场 C1
2 都实宫公园 B2
3 蓝毗尼公园 C3
4 苏安帕凯德宫殿博物馆 C3
5 金佛寺 B3

景点

金佛历史展 （见5）
6 胜利纪念碑 C2
唐人街遗产中心 （见5）

活动、课程和团队游

7 Amita Thai Cooking Class A4

住宿

8 Loftel 22 B3
9 Loy La Long B3
10 Phra-Nakorn Norn-Len B2
11 S1 Hostel C4

就餐

Foontalop （见1）
12 Kai Thort Jay Kee C3
13 Krua Apsorn B2
Samsara （见9）

饮品和夜生活

14 Fake Club The Next Gen D2

娱乐

15 Calypso Bangkok B4
16 Playhouse Magical Cabaret D1
17 Raintree C3
Saxophone Pub & Restaurant （见6）
18 Tawandang German Brewery C4

购物

19 Asiatique B4

实用信息

20 柬埔寨大使馆 D2
21 中国大使馆 D2
22 丹麦大使馆 C4
23 法国大使馆 B4
德国大使馆 （见22）
24 日本大使馆 C4
25 老挝大使馆 D2
26 尼泊尔大使馆 D4

交通

27 曼谷航空 C1
发往尖竹汶、北碧、Phetchaburi
和素万那普国际机场的小巴 （见6）
发往白昌（考艾国家公园）
和长途汽车南站的小巴 （见6）
28 北部和东北部长途汽车总站 C1

游客在那里既可以学按摩，也可以享受按摩。

★郑王寺 佛教寺庙

（วัดอรุณฯ, Wat Arun；见432页地图；www.watarun.net；紧邻Th Arun Amarin；50B；⏲8:00~18:00；⛴从Tien Pier乘坐跨河渡轮）大城失守后，大城王朝的郑王（King Taksin）在今天的曼谷另造了一座王宫，并对当地一座小庙进行改造，用以安置玉佛，希望借此站稳脚跟。他以印度教黎明之神Aruna为寺庙命名（所以郑王寺也称黎明寺），用以象征再获重生的大城王朝。

寺庙的宝塔经过长达3年的翻修，已于2017年底重新面向游客开放。

国家博物馆 博物馆

（พิพิธภัณฑสถานแห่งชาติ, National Museum；见432页地图；4 Th Na Phra That；200B；⏲周三至周日 9:00~16:00；⛴Chang Pier, Maharaj Pier, Phra Chan Tai Pier）泰国国家博物馆常被宣传为"东南亚最大的博物馆"，尽管某些展品满是灰尘，但总的来说的确很震撼，想尽观其妙，不要错过一周两次的导览游（持博物馆门票免费；⏲周三和周四 9:30；⛴Chang Pier, Maharaj Pier）。

博物馆多数建筑建于1782年，曾是拉玛一世治下藩王Wang Na的宫殿。1874年，拉玛五世将其改造成博物馆。今天，这里共有3个永久展，分布于多座建筑之中。本书调研期间，几个展厅因正在进行翻修。

暹罗博物馆 博物馆

（สถาบันพิพิธภัณฑ์การเรียนรู้แห่งชาติ, Museum of Siam；见432页地图；www.museumsiam.org；Th Maha Rat；300B；⏲周二至周日 10:00~18:00；👪；⛴Tien Pier）这座有趣的博物馆运用多媒体形式带你探索泰国人民及其文化的起源。所在建筑为19世纪的欧式风格，原为泰国商业部大楼。馆内展览方式生动有趣，讲究互动，很有现代感，在泰国的博物馆中相当难得。每个展厅的主题各有侧重，引人入胜，回答了一系列关于国家与民族源流的问题。博物馆经过翻修，已重新开放。

护身符市场 市场

（ตลาดพระเครื่องวัดมหาธาตุ, Amulet Market；见432页地图；Th Maha Rat；⏲7:00~17:00；⛴Chang Pier, Maharaj Pier, Phra Chan Tai Pier）支着棚的摊位密密麻麻，从Phra Chan Pier一直向南延伸开去，Th Maha Rat和Th Phra Chan两条街的人行道上也有摊位。那个写着"Trok Maha That"的入口最容易找。这个市场主要售卖收藏家、僧侣、出租车司机和从事危险行当的人所珍视的小护身符。

唐人街（Chinatown）

★金佛寺 佛教寺庙

（วัดไตรมิตร, Wat Traimit, Temple of the Golden Buddha；见424页地图；Th Mittaphap Thai-China；40B；⏲8:00~17:00；⛴Ratchawong Pier, Ⓜ Hua Lamphong 1号出口）金佛寺最吸引人的地方无疑就是那3米高、5.5吨重的纯金佛像了——既然是金佛，自然金光闪闪。雕塑形态优雅，为素可泰王朝时代风格。大约40年前，佛像在庙内搬运过程中从吊车上掉了下来，磕掉了外层，金佛就这样在无意中被"发现"了。

有人猜测外面的涂层是在素可泰王朝末期或大城王朝末期添加上去的，当时的曼谷正遭到缅甸人的围攻，这样做可以保护金佛不被盗走。寺庙本身据说建于13世纪初。

由于捐赠和来自游客的不菲收入，金佛现在被供在一栋4层高的气派建筑里。其中的2层举办有金佛历史展（Phra Buddha Maha Suwanna Patimakorn Exhibition；见424页地图；100B；⏲周二至周日 8:00~16:00；⛴Ratchawong Pier, Ⓜ Hua Lamphong 1号出口），介绍了佛像的制造、发现和搬运过程。3层为唐人街遗产中心（Yaowarat Chinatown Heritage Center；见424页地图；100B；⏲周二至周日 8:00~16:00；⛴Ratchawong Pier, Ⓜ Hua Lamphong 1号出口），这座规模虽小但颇为有趣的博物馆通过多媒体展览介绍了曼谷唐人街和曼谷华人的历史。

塔拉迈市场 市场

（ตลาดใหม่, Talat Mai；Soi Yaowarat 6/Charoen Krung 16；⏲6:00~18:00；⛴Ratchawong Pier, Ⓜ Hua Lamphong 1号出口换乘出租车）拥有接近两百年商贸历史的拉迈市场，其泰语含义"新市场"已经不是很准确了。这里可以说是全曼谷，乃至全泰国，最有中国风情的市场，那些干货、调料、香料、酱料等，去过中国的人都不会陌生。即使你对美食不感兴趣，这里的热闹气氛、异国情调和空气中弥漫的气味也会给你一种超离奇的感官体验（摩托车会在人群中挤来挤去，注意安全）。

曼空卡马拉瓦寺 佛教寺庙

（วัดมังกรกมลาวาส, Wat Mangkon Kamalawat; 见432页地图; Th Charoen Krung和Th Mangkon交叉路口; ⌚6:00~18:00; ⛴Ratchawong Pier, Ⓜ HuaLamphong1号出口换乘出租车）免费 这座大乘佛寺香火鼎盛，如云的烟雾与阵阵诵经声营造出中式风格的背景音。寺庙周围有摊贩卖祭品——比如橘子和莲花造型的蒸饺——可以供到寺里祈求神灵保佑。寺庙建于1871年，是该地区最大也是最重要的宗教建筑，在一年一度的素食节（见430页）期间，这里的宗教和美食活动尤其热闹。

暹罗广场、水门、奔集和叻差南蒂 (Siam Square, Pratunam, Ploenchit & Ratchathewi)

★吉姆·汤普森故居 历史建筑

（Jim Thompson House; 见428页地图; www.jimthompsonhouse.com; 6 Soi Kasem San 2; 成人/学生 150/100B; ⌚9:00~18:00，必须随团参观，每20分钟发团一次; ⛴运河出租船至Sapan Hua Chang Pier, Ⓢ National Stadium 1号出口）这片让人眼花缭乱的建筑是美国著名丝绸企业家、艺术收藏家吉姆·汤普森的故居。汤普森1906年生于特拉华州，"二战"期间曾在泰国为美国战略服务部（也就是中情局的前身）工作过不长的时间，战后定居曼谷。邻居手工制作的丝绸制品吸引了他的注意力，也激发了他的商业嗅觉。他把样品寄给了米兰、伦敦和巴黎的时装设计师，渐渐建立了一个遍布全球的客户网。

★苏安帕凯德宫殿博物馆 博物馆

（วังสวนผักกาด, Suan Pakkad Palace Museum; 见424页地图; Th Si Ayuthaya; 100B; ⌚9:00~16:00; Ⓢ Phaya Thai 4号出口）苏安帕凯德是一处拥有8座传统泰式木房子的建筑群，这里曾是那空沙旺（Nakhon Sawan）的Chumbon公主的府邸。更早以前，这里是一片生菜地，因此得名苏安帕凯德（Suan Phakkad在泰语中的意思是生菜）。这座宫殿是一个被忽视的宝藏，这些吊脚建筑内展示着艺术品、古玩和家具。这个美丽的地方就像一片绿洲，有鸭子、天鹅，还有一个半封闭式的花园。

河畔区、是隆和蓝毗尼 (Riverside, Silom & Lumphini)

★蓝毗尼公园 公园

（สวนลุมพินี, Lumphini Park; 见424页地图; 以Th Sarasin、Th Phra Ram IV、Th Witthayu/Wireless Rd和Th Ratchadamri为界; ⌚4:30~21:00; 👪; Ⓜ Lumphini 3号出口, Si Lom 1号出口, Ⓢ Sala Daeng 3号出口, Ratchadamri 2号出口）公园以佛陀在尼泊尔的诞生地命名，蓝毗尼公园是曼谷市内最好的体验异域风情的地方。条条阴凉小道、一大片人工湖和干净的草坪，让人暂时忘却了吵闹的交通和水泥高楼。

素坤逸路 (Thanon Sukhumvit)

★暹罗协会和班堪田博物馆 博物馆

（สยามสมาคม & บ้านคำเที่ยง, Siam Society & Ban Kamthieng; 见442页地图; www.siam-society.org; 131 Soi 21/Asoke, Th Sukhumvit; 成人/儿童 100B/免费; ⌚周二至周六 9:00~17:00; Ⓜ Sukhumvit 1号出口, Ⓢ Asok 3号或6号出口）走进博物馆，仿佛瞬间步入了一个泰北的村庄，传统木房子里的展示翔实地介绍了当地人的习俗、信仰乃至家务琐事。博物馆由暹罗协会管理，该协会也在馆内办公。暹罗协会致力于保护传统泰国文化，出版有著名刊物《暹罗协会学报》（*Journal of the Siam Society*）。

特威和都实 (Thewet & Dusit)

★都实宫公园 博物馆、历史建筑

（วังสวนดุสิต, Dusit Palace Park; 见424页地图; 以Th Ratchawithi、Th U Thong Nai和Th Nakhon Ratchasima为界; 成人/儿童 100/20B，持大皇宫门票免费; ⌚周二至周日 9:30~16:00; ⛴Thewet Pier, Ⓢ PhayaThai 2号出口换乘出租车）拉玛五世（朱拉隆功，约1868~1910年在位）于1897年首次游历欧洲，回国后对欧洲的城堡念念不忘，想要把欧洲与泰国建筑风格结合，形成一种独一无二的建筑风格，都实宫公园应运而生。这位国王现在另有一座王宫（位于华欣），都实宫则成了一个博物馆，并展示其他文化藏品。本书调研期间，都实宫公园因翻修关闭。

★加都加周末市场 市场

[ตลาดนัดจตุจักร, Chatuchak Weekend Market, Talat Nat Jatujak; 见424页地图; www.chatu

Siam Square 暹罗广场

chakmarket.org; 587/10 Kamphaeng Phet 2 Rd; ⏲周三和周四 7:00~18:00（只卖绿植），周五 18:00至午夜（仅限批发），周六和周日 9:00~18:00; Ⓜ Chatuchak Park 1号出口，Kamphaeng Phet 1号和2号出口，Ⓢ Mo Chit 1号出口]这是世界上最大的市场之一，从二手复古运动鞋到小松鼠，只要是能买到的东西似乎都有，值得留出一整天的时间在这里边逛边买。为了避免拥挤和炎热，最好10:00左右就过来。

活动

烹饪课

Bangkok Bold Cooking Studio 烹饪

（见432页地图; ☎098 829 4310; www.facebook.com/Bangkok Bold Cooking Studio; 503 Th Phra Sumen; 课程 1500~3500B; ⏲课程 11:00~14:00和14:00~17:00; ⛴运河出租船至Phanfa Leelard Pier）这个团队原先在考山路上办过一个人气很高的烹饪学校，最近又开了这个新学校，在时尚雅致的店铺里开展培训，一天就能学完。学习内容多样，从水果雕刻刀工到3道泰国菜的烹制，一应俱全。

★ Amita Thai Cooking Class 烹饪

（见424页地图; ☎02 466 8966; www.amitathaicooking.com; 162/17 Soi 14, Th Wutthakat, Thonburi; 3000B; ⏲周二至周四 9:30~13:00; ⛴从Maharaj Pier乘坐运河出租船）曼谷最迷人的烹饪学校之一，开在吞武里运河边的一栋房子里。老师Piyawadi Jantrupon（昵称“Tam”）热情满满，很讨人喜欢。每次上课，学员先要到菜园里采摘，随后在老师的指导下制作4道菜。到达这里，需要从Maharaj Pier坐船，学费含交通费。

Cooking with Poo & Friends 烹饪

（☎080 434 8686; www.cookingwithpoo.

com；课程 1500B；⌚课程 8:30~13:00）这个颇受欢迎的烹饪班由空托伊（Khlong Toey）贫民区的一名居民开办，上课地点就在她居住的街区。来这里上课必须预订，课程费用包含3道菜、逛空托伊市场和往返Emporium Shopping Centre购物中心的交通费。

武术

Muay Thai Lab 武术

（见432页地图；☎02 024 1326；www.muaythailab.net；2nd fl，Maharaj Pier，Th Maha Rat；课程 990B起；⌚11:00~20:00；⛴Maharaj Pier，Chang Pier，Phra Chan Tai Pier）这家新店是一个非常震撼的"一站式"泰拳馆。一进大厅，就有关于泰拳历史和文化的免费展览。大厅里还有一个小商店，既卖泰拳装备，也卖纪念品。楼顶的拳馆是露天的，俯瞰昭披耶河（Mae Nam Chao Phraya）。

Siam Square 暹罗广场

重要景点

1 吉姆・汤普森故居 A1

住宿

2 AriyasomVilla F2
3 Chao Hostel A2
4 Lub*d A2
Siam@Siam .... （见 3）

就餐

5 MBK Food Island B3

饮品和夜生活

6 Co-Co Walk B1

购物

7 MBK Center B2
8 Siam Discovery B2
9 Siam Square B2

拳馆也有面向非会员的培训课，每天有3个时段可选（11:00~15:00），培训费含拳服、装备、储物柜、淋浴以及毛巾。

按摩

Asia Herb Association 按摩

（见442页地图；☎02 261 2201；www.asiaherbassociation.com；20/1 Soi 31，Th Sukhumvit；泰式按摩 每小时 500B，1.5小时泰式草药按摩1100B；⌚9:00至午夜；Ⓢ Phrom Phong 5号出口）一家日本人开的连锁店，在Th Sukhumvit 沿线有多家分店，特色是在按摩中会使用泰国传统的草药包（当地叫"þrà·kóp"，内含18味草药）。

Health Land 按摩

（见438页地图；☎02 637 8883；www.healthlandspa.com；120 Th Sathon Neua/North；2小时按摩 550B；⌚9:00~23:00；Ⓢ Surasak 3号出口）这家连锁泰式按摩会所经营历史悠久，分店不少，这家规模最大，按摩及水疗服务性价比高，正规专业，环境整洁。

禅修

Center Meditation Wat Mahadhatu 禅修

（见432页地图；☎02 222 6011，02 223 3813；Section 5，Wat Mahathat，Th MahaRat；接受

捐赠；⏲课程7:00、13:00和18:00；⛴Chang Pier, Maharaj Pier, Phra Chan Tai Pier）这个小型禅修中心位于玛哈泰寺（Wat Mahathat）内，每天都有禅修课，氛围并不拘束，由Phra Suputh Chainikom（Kosalo）用英语教授，每次3小时。也可以组织时间更久的禅修，含食宿，但要求非常严格。

节日和活动

中国春节 文化节

（⏲1月或2月）泰国华人通过整整一周的庆祝活动迎接农历新年的到来，如大扫除、舞狮表演和放烟火等。许多节庆活动都集中在唐人街举行。日期每年都不同。

泼水节 文化节

（Songkran；⏲4月中旬）所谓泼水节，实际上是在庆祝泰国新年，人们会用水气球和高压水枪互相招呼，不管你有防备还是没防备。整个泼水节期间，考山路（Th Khao San）上的水战最为激烈。

素食节 美食节

（Vegetarian Festival；⏲9月或10月）在为期10天的中国佛教节日期间，拉着黄色条幅的街边小摊提供素食餐。唐人街里的素食摊位最集中。具体日期不定。

水灯节 文化节

（Loi Krathong；⏲11月上旬）这是一个充满诗情画意的节日，在满月之夜，香蕉叶制成的莲花状小船载着点燃的蜡烛，在昭披耶河的水面上随波逐流。

住宿

曼谷拥有各种现代化的青旅、客栈和酒店，电影《宿醉2》（*The Hangover 2*）中的那家曼谷酒店并不具有代表性。更令人惊喜的是，曼谷很多住处的性价比都非常高，因为竞争激烈，折扣几乎随时都有。

预算紧张也没关系，宿舍床位最低只要300B，便宜的独立间最低不过600B。中档酒店选择很多，高端酒店更是多得惊人。

旅游旺季（大约从11月到次年2月）房源紧张，小型精品酒店尤其抢手，一定要记得提前预订。

邦兰普

★Chern 青年旅舍 $

（见432页地图；☎02 621 1133；www.chernbangkok.com；17 Soi Ratchasak；铺 400B，房1400~1900B；❄@📶；⛴运河出租船至Phanfa Leelard Pier）这家青旅宽敞通透，满眼都是"曝光过度"的白色，让人仿佛置身天堂。8床位宿舍间标准较高，但我们尤其喜欢这里的独立间：室内采用迷人的极简主义装潢，有一张很大的写字台，配电视、保险箱和冰箱，空间超大，性价比很高。

Fortville Guesthouse 酒店 $

（见432页地图；☎02282 3932；www.fortvilleguesthouse.com；9 ThPhraSumen；房820~1190B；❄@📶；⛴Phra Athit/Banglamphu Pier）外表既像现代教堂，又像一座城堡，内部装潢大量使用镜面，彰显工业主题，整体设计理念难以捉摸。客房本身走的是时尚的极简主义，价格高一些的房间配有冰箱和阳台。

★Lamphu Treehouse 酒店 $$

（见432页地图；☎02282 0991；www.lamphutreehotel.com；155 Wanchat Bridge，紧邻Th Prachathipatai；含早餐 房 1650~2500B，套 3500~4500B；❄@📶🏊；⛴运河出租船到Phanfa Leelard Pier）名字中包含的"树屋"虽然奇怪，不过放心，你会脚踏实地的。并且，这家美观的中等价位酒店物超所值。装饰了木镶板的房间美观又温馨。屋顶酒吧、游泳池、网吧、餐馆以及坐落于运河岸边的幽静位置，让你来了就不想离开。房间很抢手，好在两个街区外还有一个配楼可选。

Old Capital Bike Inn 酒店 $$$

（见432页地图；☎02 629 1787；www.oldcapitalbkk.com；609 Th Phra Sumen；房 含早餐 3690~7790B；❄@📶；⛴运河出租船到Phanfa Leelard Pier）这里由一座古老的商铺改造而成，简直就是教科书式的"蜜月酒店"，10间客房色彩浓重，配有结实的实木家具，堪称奢华。酒店最近更换了管理层并进行了装修，新加入了自行车主题，住客可免费借用自行车。

在曼谷无须独卫

住在曼谷，预算不多也不怕，因为你在崭新的青旅里能找到那种高科技的胶囊床位，在唐人街由老商铺改造的客栈里也能找到温馨的上下铺。对隐私要求较高的话也不怕，因为曼谷几乎所有青旅也都有独立间。最妙的是，在下文推荐的这些住处，共用卫生间都是又干净又方便，没有独卫，胜似独卫：

Lub*d（见428页地图；☎02 612 4999；www.siamsquare.lubd.com；Th Phra Ram I；铺 550B，房1900~2500B；❄@📶；Ⓢ National Stadium 1号出口）旅舍的名字改编自泰语làpdee，意思是“睡得香”。不过，这个饶有趣味的现代风格旅舍可能会让你整宿不想睡。公共活动区里面有各种游戏道具和一间酒吧，体贴的设施还包括洗衣机和电影放映室。如果这家酒店满员的话，紧邻Th Silom（是隆路）还有一家**分店**（见438页地图；☎02634 7999；www.silom.lubd.com；4 Th Decho；铺 450B，房1000~1500B；❄@📶；Ⓢ Chong Nonsi 2号出口）。

Saphaipae（见438页地图；☎02238 2322；www.saphaipae.com；35 Th Surasak；铺 含早餐400~470B，房1200~2200B；❄@📶；Ⓢ Surasak 1号出口）大堂内鲜艳的色彩、笨重的内饰和大胆的壁画，给这家新开张的青年旅舍营造出了旅行者日托中心的氛围，这种感觉一直延伸至有趣的公用空间和客房。宿舍间和独立间设计贴心，配套齐备，店家提供大量旅游资源和设施。

Silom Art Hostel（见438页地图；☎02635 8070；www.silomarthostel.com；198/19-22 Soi 14，Th Silom；铺 300~400B，房 990~1300B；❄@📶；Ⓢ Chong Nonsi 3号出口）古怪、充满艺术气息、明亮又好玩的Silom Art Hostel采用回收材料、另类的家装和缤纷的画作装饰，成为城中难得一见的青年旅舍。但这里也不是只会玩风格，宿舍间和独立间都是既实用又舒服，公共活动区又多又有趣。

Loftel 22（见424页地图；www.loftel22bangkok.com；952 Soi 22，Th Charoen Krung；铺 280B，房850~1300B；❄@📶；⛴ Marine Department Pier，Ⓜ Hua Lamphong 1号出口）由两座相邻的老商铺改造而成，设计独具匠心，宿舍间和独立间都没有独卫，但都是又时尚又迷人。更胜在服务友善，并且占据了唐人街最有氛围的地段。

Nap Park Hostel（见432页地图；☎02282 2324；www.nappark.com；5 Th Tani；铺440~650B；❄@📶；⛴ Phra Athit/Banglamphu Pier）这间人气青旅有大小不同的宿舍房间，最小、最贵的那间宿舍有6个胶囊床，配有电源、迷你电视、阅读灯和Wi-Fi。公共活动区很有趣，还能组织文化活动，所以你可能没什么机会使用屋里的那些电器。

Chao Hostel（见428页地图；☎02 217 3083；www.chaohostel.com；8层，865 Th Phra Ram I；铺含早餐 600，房1600~1800；❄@📶；Ⓢ National Stadium 1号出口）一家新开的青旅，格调之高在曼谷罕见，现代极简主义风格中混入了泰式设计元素，有很多公共活动区。

Pause Hostel（见442页地图；☎02 108 8855；www.onedaybkk.com；Oneday，51 Soi 26，Th Sukhumvit；铺 含早餐 450~600B，房1300~1500B；❄@📶；Ⓢ Phrom Phong 4号出口）青旅风格现代，自在开放，自带一家办公咖啡馆。宿舍间有4床位至8床位不等，也有独立间（其中几间带有独立卫生间），全部采用漂亮的工业风格，公共活动区光线充足，十分诱人。

S1 Hostel（见424页地图；☎02679 7777；www.facebook.com/S1hostelBangkok；35/1-4 Soi Ngam Du Phli；铺 330~380B，房700~1300B；❄@📶；Ⓜ Lumphini 1号出口）一家新开的青旅，规模很大，宿舍间采用原色设计，简单迷人，配套设施（包括洗衣房、厨房和天台花园）一应俱全，步行即可到达MRT车站，性价比很高。

Ko Ratanakosin, Banglamphu & Thonburi
拉塔那古辛岛、邦兰普和吞武里

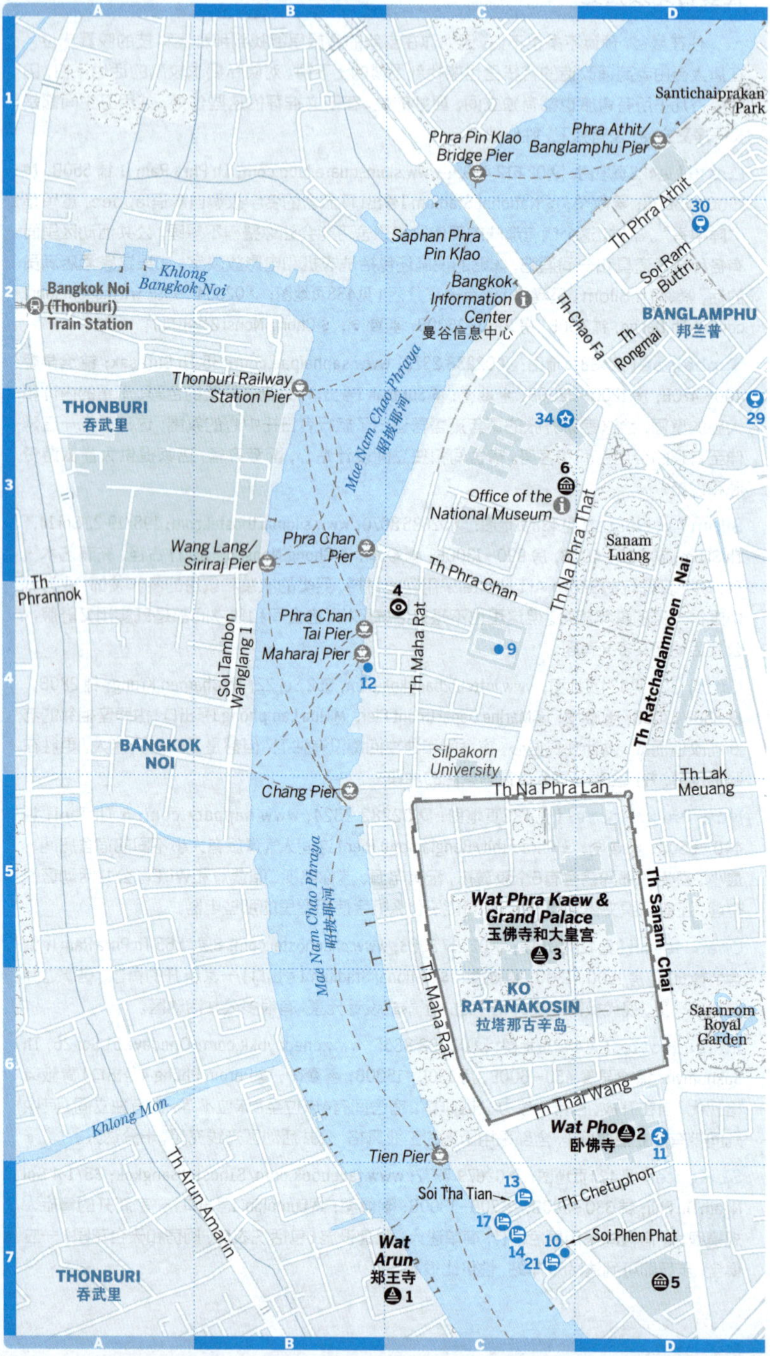

0 500 m
0 0.25 miles
E F G H
Soi 3
Soi 1
Th Samsen
Soi 6
Soi 4
Soi 2
Khlong Phadung Kasem
Th Prachathipatai
Th Wisut Kasat
Banglamphu Market
邦兰普市场
Th Chakraphatdi Phong
Th Kraisi
Th Tani
Th Rambuttri
Th Khao San
考山路
Soi Damnoen Klang Neua
Saphan Wanchat
Th Phra Sumen
Th Ratchadamnoen Nok
Th Nakhon Sawan
Th Lan Luang
Airport Bus Stop
机场大巴站
Democracy Monument
民主纪念碑
Th Ratchadamnoen Klang
PHRA NAKHON
Soi Damnoen Klang Tai
Phanfa Leelard Pier
Th Damrong Rak
Khlong Saen Saeb
Th Tanao
Th Din So
Th Mahachai
Th Boriphat
Th Mahanop
Soi Nava
Th Phraeng Nara
Th Bamrung Meuang
Th Bamrung Meuang
Khlong Ong Ang
Soi Ban Bat
Th Wora Chak
Rommaninat Park
Khlong Lod
Th Charoen Krung
去Let The Boy Die (150m)
PHAHURAT
帕乎叻
Th Phahurat
Th Triphet
Th Burapha
CHINATOWN
唐人街
去Thanon Phadungdao Seafood Stalls (550m); Shanghai Mansion (600m)
去Talat Mai 塔拉迈市场 (200m)
22 16 19 27 32 33 31 18 8 20 24 35 25 28 23 15 36 26 7
1 2 3 4 5 6 7

Ko Ratanakosin, Banglamphu & Thonburi
拉塔那古辛岛、邦普兰和吞武里

拉塔那古辛岛和吞武里

Arom D Hostel 青年旅舍 $

（见432页地图；☎02 622 1055；www.aromdhostel.com；336 Th Maha Rat；铺 含早餐 400B，房1200~1500B；❄@📶；⛴Tien Pier）不管是宿舍间，还是独立间，设计主题都很可爱。公共活动区包括屋顶木板露台、客用电脑、咖啡馆和电视厅。独立间空间不大，但很有格调。

Royal Tha Tien Village 酒店 $$

（见432页地图；☎095 151 5545；www.facebook.com/theroyalthatienvillage；392/29 Soi Phen Phat；房 1200B；❄@📶；⛴Tien Pier）由两座老商铺改造而成，共12间客房，看上去相对低调。但房间内电视、冰箱、空调一应俱全，空间宽敞，木地板很亮，再加上整个酒店有一种民宿的温馨感，所以很值得推荐。这里人气很高，一定要提早订房。

★ **Arun Residence** 酒店 $$$

（见432页地图；☎02221 9158；www.arunresidence.com；36-38 Soi Pratu Nokyung；含早餐 房3500~4200B，套/别墅 5800/12,000B；❄@📶；⛴Tien Pier）一栋木楼，与郑王寺隔河相望，地段、景色绝佳，但魅力绝非仅此而已。这里的7间房间让客人感觉既温馨又时尚（顶层带阳台的套房最棒）。酒店里有迷人的公共区域，包括图书室、屋顶酒吧和餐馆。一定要提前订房。

Inn A Day 酒店 $$$

（见432页地图；☎02 221 0577；www.innaday.com；57-61 Th Maha Rat；房 含早餐 3500~4200B，套 7500~9000B；❄@📶；⛴Tien Pier）酒店开在过去的一个制糖厂里，俯瞰河水与河畔的郑王寺，设计上融复古风与工业风于一体，酷到没朋友。11间客房面积不算很大，但细节独特，比如配有霓虹灯的淋浴间。顶层套房为复式结构，内设巨大的兽脚浴缸。

唐人街

★Loy La Long 酒店 $$

(见424页地图; 02639 1390; www.loylalong.com; 1620/2 Th Songwat; 房 含早餐 2400~4400B; ; Ratchawong Pier, M Hua Lamphong 1号出口换乘出租车)一座有百年历史的木房子,共6个房间,田园风,复古风,风情万种,个性值非比寻常。酒店立于昭披耶河之上,地段绝伦,隐秘私密,似乎故意不想让人知道。唯一的缺点在于不太好找,要先到Th Songwat,然后穿过帕图阿孔卡寺径直走到河边。

Shanghai Mansion 酒店 $$$

(02 221 2121; www.shanghaimansion.com; 479-481 Th Yaowarat; 房 含早餐 2500~4500B,套 4500B; ; Ratchawong Pier, M Hua Lamphong 1号出口换乘出租车)一家获过大奖的精品酒店,论起玩格调,在全唐人街乃至全曼谷,都是当之无愧的第一名。彩色玻璃、铺天盖地的灯、大胆的用色再加上那些唐人街特有的民俗装饰,共同营造出了一种浓浓的老上海的味道。肯多花钱的话,不妨选择面积较大的临街客房,内有高大的玻璃窗,采光更好。

暹罗广场、水门、奔集和叻差南蒂

Siam@Siam 酒店 $$$

(见428页地图; 02217 3000; www.siamatsiam.com; 865 Th Phra Ram I; 房 含早餐 4500~7800B; ; S National Stadium 1号出口)酒店的大堂设计混合了各种颜色和工业与再循环材料,并将之随意组合,形成一种"时髦废物堆积场"的美学,而且还相当美观。酒店的房间也延续了这种风格,房间位于14~24层,可以将整个都市的风景尽收眼底,美不胜收。自带一家天台餐厅,11层有泳池。最近经过翻修,比从前还要漂亮。

河畔区、是隆和蓝毗尼

★Smile Society 酒店 $$

(见438页地图; 081 442 5800, 081 444 1596; www.smilesocietyhostel.com; 30/3-4 Soi 6, Th Silom; 铺 含早餐 400B,房 900~1880B; ; M Si Lom 1号出口, S Sala Daeng 1号出口)看似精品酒店,又像青年旅舍,这栋4层楼高的酒店房间虽小却很舒适,设备齐全,宿舍床位所共享的卫生间也很干净。这里位于中心区域,口碑好得一边倒,服务人员都会讲英语且热心助人。随着人气越来越高,酒店还在主楼旁边新增了一个配楼,几乎和主楼一模一样。

★Siam Heritage 酒店 $$$

(见438页地图; 02353 6101; www.thesiamheritage.com; 115/1 Th Surawong; 房 含早餐 3500~3800B,套 5000~6500B; ; M Si Lom 2号出口, S Sala Daeng 1号出口)酒店藏在热闹的Th Surawong旁边的一条小街里,也许是因为老板也在这里居住,整体上有一种浓浓的家的味道。73个房间都用丝绸和黑木装饰,设计显档次,设施花心思。酒店有露天花园、游泳池以及水疗设备,经营团队专业热情。强烈推荐。

★Metropolitan by COMO 酒店 $$$

(02625 3333; www.comohotels.com/metropolitanbangkok; 27 Th Sathon Tai/South; 房 含早餐 4500~6500B,套 7500~40,000B; ; M Lumphini 2号出口)这家酒店的前身是基督教青年会(Young Men's Christian Association, YMCA),现在它的外部虽然改变甚少,但一窥其内,就会发现这是曼谷最简约、诱人的酒店之一。171个房间采用了醒目的黑色、白色和黄色,其中的"城市间"(City)感觉有点局促,相比之下,顶层复式套房可就大多了。

素坤逸路

Suk 11 青年旅舍 $

(见442页地图; 02253 5927; www.suk11.com; 1/33 Soi 11, Th Sukhumvit; 房 含早餐 535~1605B; ; S Nana 3号出口)一家田园风情的客栈,有木头,有绿植,在素坤逸路这片都市丛林里是一个另类的存在。客房简朴、干净、舒适,只是有点暗,而且稍欠打理。最便宜的房间需要共用卫浴。尽管这里有将近70个房间,你仍需至少提前两周预订。

Retr Oasis 酒店 $$

(见442页地图; 02 665 2922; www.retroasishotel.com; 503 Th Sukhumvit; 房 含早餐

曼谷住宿指南

地区	优点	缺点
邦兰普	靠近各主要景点；是曼谷最经典的地区；拥有许多性价比很高的经济型住处；好玩；身边的人五湖四海，天南海北；餐饮场所无数；夜生活曼谷一流。	往来不便；考山路吵闹粗俗；经济型住处很寒酸；招徕生意的人非常难缠。
拉塔那古辛岛和吞武里	曼谷最有名的景点近在咫尺；少数地方可以看到河景；空气相对比较清新；散发着曼谷昔日的风情。	交通不便；经济型住处稀缺；缺少餐饮场所；招徕生意者惹人烦。
唐人街	拥有一些有意思的中低端住处；游客较少；周边有一些值得参观的景点，美食冠绝曼谷；靠近曼谷最大的火车站。	吵闹；污染比较严重；招徕生意者惹人烦；混乱；除了吃，夜生活基本没有别的选择；前往曼谷其他地区不是很方便。
暹罗广场、水门、奔集和叻差南蒂	各种档次的住宿都有；购物超级方便，如果怕热，随时都能找到地方吹空调；距离BTS一步之遥。	招徕生意者惹人烦；环境卫生不是很好；周边的餐饮娱乐场所相对不多；缺乏个性。
河畔区、是隆和蓝毗尼	拥有曼谷几家最高端的住处；方便在河里坐船，能赏河景；BTS和MRT的交通都非常方便；酒吧和夜生活场所特别多；同性恋接受度高。	吵闹，污染比较严重；某些经济型住处条件极差；除了河畔一带，其他地区过度都市化，缺少本土特色。
素坤逸路	曼谷最有格调的几家酒店都在这里；中档住处特别多；BTS和MRT交通方便；各国美食都能吃到；曼谷最好的一些酒吧近在咫尺；拥有几家著名的正规水疗馆和按摩房。	街头摊贩很恼人；许多旅居者来此买春；吵闹；游客味特别重。
特威和都实	经济型住处很多；有河畔村庄的感觉；空气清新；附近有几个值得游览的景点。	中高端住处很少；前往曼谷其他地方不是很方便；餐饮场所很少；晚上非常冷清。
大曼谷地区	环境较为安静；性价比高；某些地点往来机场比较便利。	交通不便；酒吧和娱乐场所较少。

1190~2110B；❄📶≋；ⓂSukhumvit 2号出口，ⓈAsok 6号出口）酒店的历史可以追溯到20世纪60年代，原先是一家幽会酒店，现在被改造成了一家有趣的中档酒店。亮色的漆面再加上那片迷人的中央泳池，给了这里一种年轻、活泼的氛围，而老式的家具和建筑则揭示了酒店真正的“年龄”。

S-Box
酒店 $$

（见442页地图；☎02 262 0991；www.sboxhotel.com；4 Soi 31, Th Sukhumvit；房含早餐1100~2200B；❄@📶；ⓈPhrom Phong 5号出口）名字里带个“Box”，客房也的确小得像盒子，好在家具很有品位，设施不缺，属于那种迷人而又现代的“盒子”。最便宜的客房简直就像胶囊，缺少自然光，较贵的客房倒是配有落地窗。

Fusion Suites
酒店 $$

（见442页地图；☎02 665 2778；www.fusionbangkok.com；143/61-62 Soi 21/Asoke, Th Sukhumvit；房含早餐1700~2400B；❄@📶；ⓂSukhumvit 1号出口，ⓈAsok 1号出口）价位不算高，搞怪和时尚指数却不低。客房里的家具非常另类，很有格调，只不过最便宜的客房有点暗。

Napa Place
酒店 $$

（见442页地图；☎02 661 5525；www.napaplace.com；11/3 Soi Napha Sap 2；房含早餐

2200~2600B，套 3400~4100B；❄@📶；ⓈThong Lo 2号出口）这里可能是曼谷最接地气儿的住处了，位置不太好找，周边环境具有曼谷典型的都市氛围。12间客房很宽敞，里面的红木装饰都是老板一家当初做木材生意时剩下的，使用的浅褐色布料则是由当地从事手工纺织的匠人编织的。温馨的公共空间让你感觉像是自己从小成长的郊区客厅。

★ **Ariyasom Villa** 酒店 $$$

（见428页地图；☎02254 8880；www.ariyasom.com；65 Soi 1，Th Sukhumvit；房 含早餐 6900~10，500B；❄@📶🏊；ⓈPhloen Chit 3号出口）酒店位于Soi 1街尾，藏在热带绿植背后，所在建筑是一栋来自20世纪40年代的别墅，修复得十分美丽，是曼谷一个人尽皆知的秘密。共24间客房，面积宽敞，装饰尽善尽美，有体贴的泰式设计细节，还有漂亮、奢华的古董家具。酒店有Spa水疗设施和诱人的热带游泳池。建议预订。

早餐是全素的，用餐地点在别墅惊艳的玻璃餐厅里。

S31 酒店 $$$

（见442页地图；☎02260 1111；www.s31hotel.com；545 Soi 31，Th Sukhumvit；房 含早餐 3700B，套 4200~25,000B；❄📶🏊；ⓈPhrom Phong 5号出口）醒目的花纹和张扬的装修风格使得S31里外都充斥着青春时尚的气息。酒店的贴心之举包括小厨房、大冰箱、舒适的大床和课程（泰拳和瑜伽）。这些细节使这家酒店不仅外表靓丽，也很有内涵。网上能找到大幅优惠，Soi 15和Soi 33上也增开了分店。

特威和都实

★ **Sam Sen Sam Place** 客栈 $$

（见432页地图；☎02 628 7067；https://samsensam.com；48 Soi 3，Th Samsen；房 含早餐 590~2400B；❄@📶；⛴Thewet Pier）周边乃至全曼谷最温馨的住处之一，所在建筑是一栋色彩缤纷、经过重装的老别墅。这里服务友好，地段安静，口碑非常好。共18间客房，全都非常整洁，最便宜的客房没有空调，只有风扇，而且只配一个共用卫生间。

★ **Phra-Nakorn Norn-Len** 酒店 $$$

（见424页地图；☎02 628 8188；www.phranakorn-nornlen.com；46 Soi Thewet 1；房 含早餐 2200~4200B；❄@📶；⛴Thewet Pier）酒店亮丽欢快，开在一片外有围墙的花园里，环境让人想到了昔日的曼谷。除去不算便宜的价格，这里是住宿的绝佳选择。31间客房内有古玩绘画，装潢迷人，但要注意，房内没有电视和Wi-Fi。好在你可以参加酒店每天组织的活动，享受按摩，还有无数方法可以安享清闲。

就餐

泰国人对于饮食一道的热爱，在曼谷体现得最明显。在外人看来，曼谷人的一天似乎就是一顿接一顿的正餐小吃，吃饭是正事，工作反倒成了副业。你要是能够调整心态，入乡随俗，这次旅行肯定会"滋味无穷"。

邦兰普

Thip Samai 泰国菜 $

（见432页地图；313 Th Mahachai；主菜 50~250B；⏰17:00至次日2:00；⛴运河出租船到Phanfa Leelard Pier）先提醒你一下，考山路上那些推车摊卖的所谓"泰式炒面"（pàt tai），并不是正宗的泰式炒面。好在想吃一口地道并不麻烦，只需坐上不到5分钟的突突车，找到这家就行。这里的炒面就像传说中一样美味。

注意，餐厅隔周周三歇业。

★ **Krua Apsorn** 泰国菜 $$

（见432页地图；www.kruaapsorn.com；Th Din So；主菜 80~400B；⏰周一至周六 10:30~20:00；❄；⛴乘运河出租船至Phanfa Leelard Pier）这一朴实的餐厅深受泰国王室成员和美食评论家的喜爱。泰中和泰南菜肴几乎道道好吃，但老主顾来了肯定会点黄辣椒爆炒螃蟹和长得类似西班牙玉米薄饼的蟹肉蛋卷。

餐厅在Th Samsen上还有一家分店（见424页地图；www.kruaapsorn.com；503-505 Th Samsen；主菜 80~400B；⏰周一至周五 10:30~19:30，周六 至18:00；❄；⛴Thewet Pier）。

Shoshana 以色列菜 $$

（见432页地图；88 Th Chakraphatdi Phong；

Silom 是隆

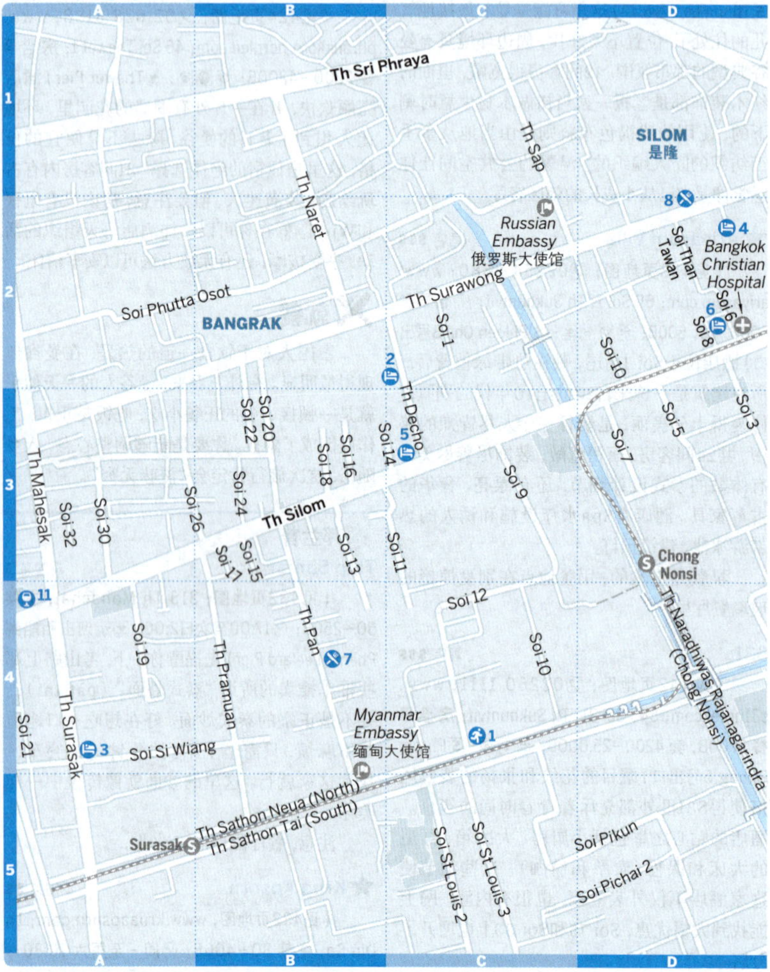

主菜 80~320B；⏲10:00至午夜；❄ ✎；⛴Phra Athit/Banglamphu Pier）考山路上资历最老的以色列餐厅，店中的一切，包括墙上俗气的艺术品和那些塑料餐垫，都让你想到了爷爷奶奶家的客厅。你可以放心地点任何油炸食物，他们很擅长做这个。另外，别忘了尝尝蒜味香浓的茄子泥蘸酱。

★Jay Fai　　泰国菜 $$$

（见432页地图；327 Th Mahachai；主菜 180~1000B；⏲周一至周六 15:00至次日2:00；⛴乘运河出租船至Phanfa Leelard Pier）如果你只看Jay Fai极其简陋的外表，可能不会认为这是一家有名的餐厅，但它的确因能做出曼谷最贵的pàtkêemow（醉汉面，宽米粉配海鲜和泰国香草）而声名远扬。

Jay Fai位于Th Mahachai一家没有招牌的店屋内，对面是一家7-ELEVEN。

店家炒面的手艺也很独特，原料采用大量新鲜的海鲜，里面几乎不加油，所以价格虽高，却也高得有道理。

Silom 是隆

活动、课程和团队游

1 Health Land C4

住宿

2 Lub*d C2
3 Saphaipae A4
4 Siam Heritage D2
5 Silom Art Hostel C3
6 Smile Society D2

就餐

7 Chennai Kitchen B4
8 Smokin' Pug D2

饮品和夜生活

9 Balcony E2
10 DJ Station F2
11 Maggie Choo's A4
12 Stranger E2
Telephone Pub .... （见 12）
13 Vesper E2

娱乐

14 Patpong E2

唐人街

Thanon Phadungdao Seafood Stalls 泰国菜 $$

（Th Phadungdao和Th Yaowarat交叉路口；主菜 100~600B；周二至周日 16:00至午夜；Ratchawong Pier，Hua Lamphong 1号出口换乘出租车）太阳下山后，这里的两家互相打擂台的露天餐馆——各自坚称自己才是正牌的——就把整条街变成了乱哄哄的露天烤肉区。这里有大声叫喊的员工和一盘盘冷冻海鲜，人行道边杂乱地摆着座椅。没错，绝大部分食客都是外国游客，但欢乐的气氛，有趣的体验，再加上低廉的价格，你还有什么不满意的？

Royal India 印度菜 $$

（见432页地图；392/1 Th Chakkraphet；主菜 70~350B；10:00~22:00；Saphan Phut/Memorial Bridge Pier，Pak Klong Taladd Pier）自打本书第一版开始，这家苍蝇馆子就版版不落，因为过了这么多年，我们仍然认为这是曼谷“小印度”最靠谱的地方。不管是美味的馕饼，还是香浓的咖喱，哪款都值得一试，餐后别忘了点一份店家自制的旁遮普邦甜品。

Samsara 日本菜、泰国菜 $$

（见424页地图；Soi Khang Wat Pathum Khongkha；主菜 110~320B；周二至周四 16:00至午夜，周五至周日 至1:00；Ratchawong Pier，Hua Lamphong 1号出口换乘出租车）这里有日本料理，有泰国美食，有比利时啤酒，还有一种邋遢的文艺范儿，可以说是唐人街最不拘一格的餐馆。食物本身很好吃，又因为位于河边，微风扑面，景色怡人，所以更妙。

餐厅位于小街Soi Khang Wat Pathum Khongkha街尾，紧挨着寺庙Wat Pathum Khongkha西侧。

暹罗广场、水门、奔集和叻差南蒂

★MBK Food Island　泰国菜 $

（见428页地图；MBK Center 6层，Th Phra Raml和Th Phayathai交叉路口；主菜 35~150B；⊙10:00~21:00；❄✍；Ⓢ National Stadium 4号出口）曼谷元老级的美食广场，最近经过翻修，仍然稳居第一。摊位数以十记，泰国美食、国际美食和素食都有，味道很好，价格超低。

河畔区、是隆和蓝毗尼

Chennai Kitchen　印度菜 $

（见438页地图；107/4 Th Pan；主菜 70~150B；⊙10:00~15:00和18:00~21:30；❄✍；Ⓢ Surasak 3号出口）餐馆只有巴掌大，老板是一对夫妇，做的印度南部素食冠绝全城。南印煎饼（dosa）直径足有一米，绝对值得一试，如果还是犹豫不决（或者肚子超饿），那就来一份蕉叶塔里套餐（thali），餐厅里有的东西几乎全能吃到。

Smokin' Pug　烧烤 $$

（见438页地图；☎083 029 7598；www.smokinpugbbq.com；88 Th Surawong；主菜 375~825B；⊙周二至周六 17:00~23:00，周日 至22:00；Ⓢ Chong Nonsi）随便找个住在曼谷的美国人，问他最喜欢城里哪家非泰国餐厅，答案十有八九是这家。不妨先点半份乳猪背排，叉子一挑，登时骨肉分离，再来一份手撕猪肉三明治，里面有浓浓酸酸的烧烤酱。

所有的肉都是每天现场熏制的。吧台后面是老板丹尼（Danny）和达娜（Dana）两口子，能调带劲儿的鸡尾酒，能现打美国精酿啤酒，而且为人和蔼亲切，能叫出老主顾的名字。餐厅不大，桌子不到15张，晚上总是人满为患，就餐最好提前几天通过邮件预约，否则就只能到“先来先吃”的酒吧区碰运气了。

Kai Thort Jay Kee　泰国菜 $$

（Polo Fried Chicken；见424页地图；137/1-3 Soi Sanam Khli/Polo；主菜 50~350B；⊙11:00~21:00；❄；Ⓜ Lumphini 3号出口）从前只是路边摊，现在成了餐馆。尽管sôm·dam（辣辣的青木瓜沙拉）、糯米饭和lâhp（辣味碎肉“沙拉”）会给人一种泰国东北部餐馆的印象，但是以这家餐馆的名字命名的炸鸡肉其实更多源自泰国南部。无论如何，这盘掩埋在一堆厚厚的酥炸大蒜下的美味，才是真正的曼谷式体验。

★nahm　泰国菜 $$$

（☎02625 3388；www.comohotels.com/metropolitanbangkok/dining/nahm；Metropolitan Hotel底层，27 Th Sathon Tai/South；午餐套餐 600~1600B，晚餐套餐 2500B，菜肴 300~800B；⊙周一至周五 正午至14:00，每天 19:00~22:30；❄；Ⓜ Lumphini 2号出口）澳大利亚籍作家兼厨师大卫·汤普森（David Thompson）正是这家堪称曼谷最顶级的泰国餐厅的主人——在某些美食评论家看来，这里的泰国菜甚至是世界第一。大卫做菜的灵感取自非常古老的食谱，让曾经已经绝迹的菜肴起死回生，光看介绍就觉得新奇，比如“熏鱼咖喱配虾、鸡肝、蛤蜊、辣椒和黑胡椒”。

晚餐最好选择多道菜套餐，午餐一定要吃kà·nŏm jeen（咖喱米线）。

如果你想吃那种根据外国人口味进行过改良、味道平淡的泰国菜，来这里肯定要失望。建议预订。

素坤逸路

Charcoal Tandoor Grill & Mixology　印度菜 $$

（见442页地图；☎089 307 1111；www.charcoalbkk.com；5层，Fraser Suites Sukhumvit, Soi 11, Th Sukhumvit；主菜 290~1050B；⊙18:00至午夜；Ⓢ Nana）印度菜在曼谷越来越火，这家烤肉和泥炉菜的餐馆可谓恰逢其时。几乎每种食物都是在泥炉里慢火烤出来的，亮点包括黄油一般的炭烤豆泥（charcoal dahl）、加了姜、青椒、香菜和黑孜然的羊肉串，以及奶油鸡肉串（murgh malai kebab）。

餐厅的酒水单强调了印度主题，由曼谷最著名的调酒师Joseph Boroski设计打造，其中一款名叫“新德里免税酒”（New Delhi Duty Free）的是一种加了香料的朗姆饮料，封在一个免税店的袋子里端上桌，里面还有一本护照。

Peppina
比萨 $$

（见442页地图；☎02 119 7677；http://peppinabkk.com；27/1 Soi 33, Th Sukhumvit；比萨 160~415B；⏲周一至周四 11:30~15:00和18:00至午夜，周五至周日 11:30~14:30和18:00至午夜；ⓈPhrom Phong）在城里找到一家比这里好的比萨店可不是一件容易的事。面团里先要加海盐，发酵24小时，然后手工甩成饼胚，经木火烤制，最终成了让人口水直流的那不勒斯风味比萨。像"Napoletana"这种比较简单的比萨，上面放的是甜甜的圣玛扎诺番茄酱（San Marzano tomato sauce），味道超级好。

想吃得再丰盛点，可以选择"Friarelli E Salsicce"，上面有西洋菜心、意大利香肠和熏过的马苏里拉奶酪。菜单上也有烤牛排和鱼，但与比萨一比可就相形见绌了。

Commons
市场 $$

（见442页地图；www.thecommonsbkk.com；335 Soi Thong Lor 17；菜肴 500~2000B；⏲8:00至午夜；ⓈThong Lo）这片市场让本就很时尚的Soi Thong Lor变得更酷。市场里有各种快闪店，像是Soul Food 555、Peppina和Meat & Bones等，此外还有一家咖啡烘焙坊、一家啤酒吧和一个卖葡萄酒的摊位。晚上有草根歌手的不插电音乐演出，很适合消磨时光。

★Jidori-Ya Kenzou
日本菜 $$$

（见442页地图；☎02 661 3457；紧邻 Soi 26, Th Sukhumvit；菜肴 60~350B；⏲周一至周六 17:00至午夜；❄；ⓈPhrom Phong 4号出口）一家温馨惬意的日本餐馆，豆腐一流，沙拉美味，甜品更棒，基本上每样都不错，但带有熏香、腌制入味的鸡肉串才是亮点。建议预订。

Bo.lan
泰国菜 $$$

（见442页地图；☎02260 2962；www.bolan.co.th；24Soi 53, Th Sukhumvit；套餐 980~2680B；⏲周六和周日 正午至14:30，周二至周日 18:00~22:30；❄✍；ⓈThong Lo 1号出口）高端泰国餐厅一般重品相，不重味道，但这家却是例外。餐馆的名字结合了厨师Bo和Dylan的名字（同时Bo.lan在泰语中也有"古代"的意思），象征着餐馆犹如古代书生般在学习泰国菜肴，这种学习态度成就了丰盛的套餐和一道道味道丰富的泰式佳肴（肉菜不可单点，素菜可以单点）。建议预订。

特威和都实

★Likhit Kai Yang
泰国菜 $$

（见432页地图；紧邻Th Ratchadamnoen Nok，无英文招牌；主菜 50~280B；⏲9:00~21:00；❄；⛴Thewet Pier，ⓈPhaya Thai 3号出口换乘出租车）餐馆就在拉查达蒙体育馆（Ratchadamnoen Stadium）背后（紧挨着体育场的那家分店特别差，不要去），经营了几十年，当地人很喜欢在观看泰拳比赛前，到这里先来上一顿泰国东北部风味大餐。老板为人友善，能说英语，可以帮你点菜。招牌菜就是店名"碳烤鸡"，里面加了草本香料，味道很好，不可不试。

店门前有面很大的黄色招牌，很容易找到。

大曼谷地区

Foontalop
泰国菜 $

（见424页地图；Section 26, Stall 319, Chatuchak Weekend Market, Th Phahonyothin，无英文招牌；主菜 20~70B；⏲周六和周日 10:00~18:00；ⓂChatuchak Park 1号出口，Kamphaeng Phet 1和2号出口，ⓈMo Chit 1号出口）餐馆开在曼谷加都加周末市场里，主打伊森风味（即泰国东北部风味），人气出奇地高。

饮品和夜生活

提到曼谷的夜生活，如果你只能想到性感撩人的热舞，那真是太没见识了。就和任何一个国际大都市一样，曼谷的酒吧夜店，从低俗到高雅，风格、品位极其多元，几乎无所不包。

邦兰普

Madame Musur
酒吧

（见432页地图；www.facebook.com/madamemusur；41 Soi Ram Buttri；⏲8:00至午夜；⛴Phra Athit/Banglamphu Pier）如果你来过这家酒吧，就不必北上去拜县（Pai）了。Madame Musur给人一种将泰国北部、海滩和考山路融为一体的奇妙感觉。在这里聊天、喝酒，或是发呆都很有趣，吃东西也不赖，主打泰北美食，菜式不多，每道100B到200B。

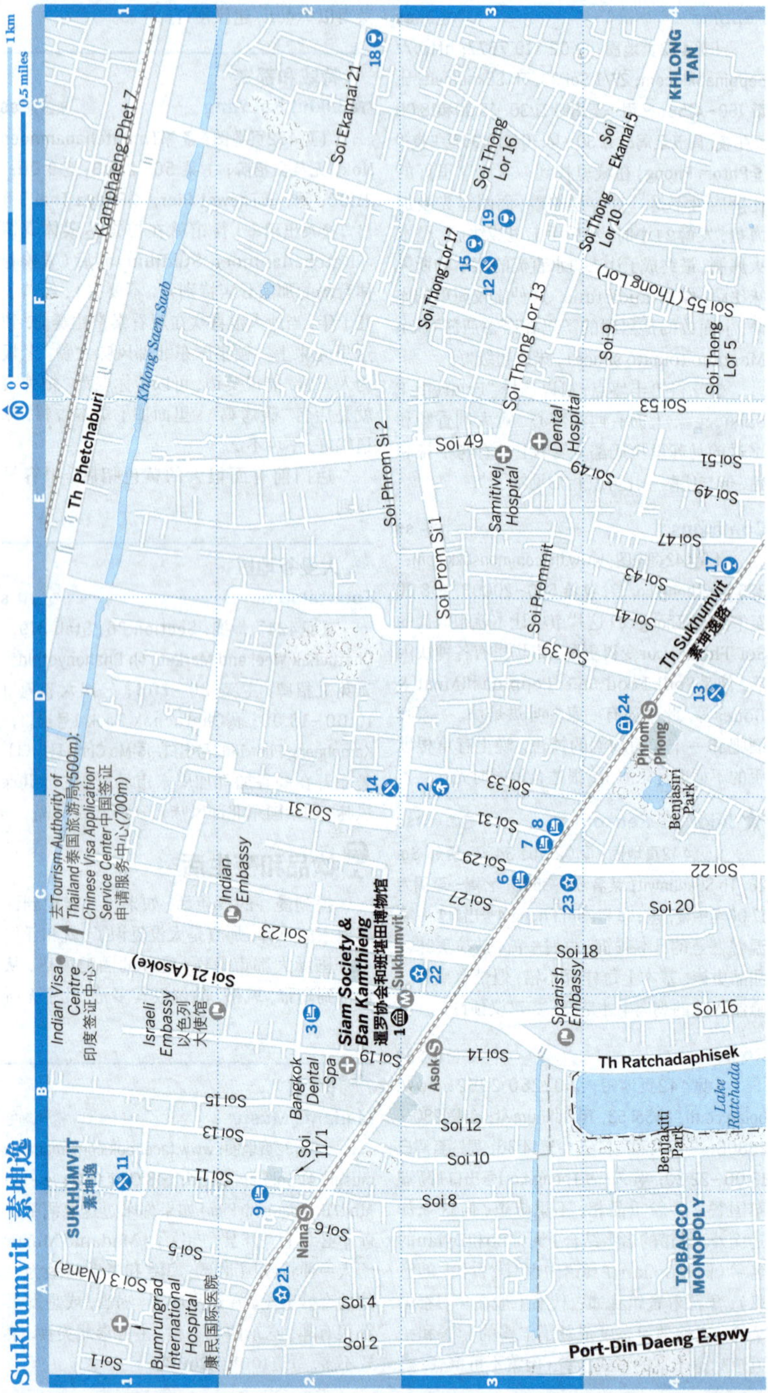
Sukhumvit 素坤逸
SUKHUMVIT 素坤逸
KHLONG TAN
TOBACCO MONOPOLY
Th Phetchaburi
Kamphaeng Phet 7
Khlong Saen Saeb
Th Sukhumvit 素坤逸路
Th Ratchadaphisek
Port-Din Daeng Expwy
Soi 21 (Asoke)
Soi 3 (Nana)
Soi 55 (Thong Lor)
Soi 1
Soi 2
Soi 4
Soi 5
Soi 6
Soi 8
Soi 9
Soi 10
Soi 11
Soi 11/1
Soi 12
Soi 13
Soi 14
Soi 15
Soi 16
Soi 18
Soi 19
Soi 20
Soi 22
Soi 23
Soi 27
Soi 29
Soi 31
Soi 33
Soi 39
Soi 41
Soi 43
Soi 47
Soi 49
Soi 51
Soi 53
Soi Ekamai 21
Soi Ekamai 5
Soi Thong Lor 16
Soi Thong Lor 17
Soi Thong Lor 13
Soi Thong Lor 10
Soi Thong Lor 5
Soi Phrom Si 2
Soi Prom Si 1
Soi Prommit
Samitivej Hospital
Dental Hospital
Indian Embassy
Indian Visa Centre 印度签证中心
Israeli Embassy 以色列大使馆
Spanish Embassy
Bumrungrad International Hospital 康民国际医院
Bangkok Dental Spa
Siam Society & Ban Kamthieng 暹罗协会和班堪田博物馆
去Tourism Authority of Thailand泰国旅游局(500m); Chinese Visa Application Service Center中国签证申请服务中心(700m)
Benjasiri Park
Benjakiti Park
Lake Ratchada
Nana
Asok
Sukhumvit
Phrom Phong
1 km
0.5 miles
0
A
B
C
D
E
F
G
1
2
3
4

Sukhumvit 素坤逸

The Club 夜店

（见432页地图；www.facebook.com/theclubkhaosanbkk; 123 Th Khao San; 周五和周六 入场费120B; ⏲21:00至次日2:00; ⛴Phra Athit/Banglamphu Pier）坐落在考山路正中央的这个空旷巨大的舞厅聚集了一大群当地人和背包客。可关注其Facebook页面了解近期活动和驻场DJ。

Hippie de Bar 酒吧

（见432页地图；www.facebook.com/hippie.debar; 46 Th Khao San; ⏲15:00至次日2:00; ⛴Phra Athit/Banglamphu Pier）在我们看来是邦

兰普的最佳酒吧，拥有一种搞怪的怀旧氛围，室内外都有座位，播放的独立乐或者流行乐在曼谷其他地方可不太容易听到。尽管开在考山路上，但店里的外国人却出奇地少，大可以过来交上几个泰国朋友。

Phra Nakorn Bar & Gallery 酒吧

（见432页地图；www.facebook.com/Phranakornbarandgallery；58/2 Soi Damnoen Klang Tai；⏰18:00至次日1:00；乘运河出租船至Phanfa Leelard Pier）这里距离人气火爆的考山路只有一步之遥，装潢不拘一格，艺术展花样翻新，泰国学生族和艺术圈的人都喜欢泡在里面。建议直接去微风拂面的天台就餐区，品尝酒吧便宜又好吃的泰国菜。

暹罗广场、水门、奔集和叻差南蒂

Il Fumo Bar & Restaurant 酒吧

（www.ilfumo.co；1098 Th Rama IV；⏰周一至周六 18:00至次日1:00，周日 至午夜；Ⓜ Khlong Toei）所在建筑是一栋20世纪的别墅，原为泰国国王所有，现在被人气火爆的餐饮连锁企业**Vesper**（见438页地图；www.vesperbar.co；10/15 Th Convent；⏰周一至周五 正午至14:30和18:00至次日1:00，周六 18:00至午夜，周日 正午至14:30；Ⓜ Si Lom 2号出口，Ⓢ Sala Daeng 2号出口）收入麾下。正餐区为现代主义风格，满眼都是白色，酒吧区配有木壁板和扶手皮椅，两者风格迥异。坐镇吧台的是2016年亚洲最佳酒保Palin Sajjanit（绰号“牛奶姐”，即Milk），她能调一种叫“Smoking Bulleit”的鸡尾酒，里面用到了布莱特黑麦威士忌（Bulleit Rye）和Los Danzantes Joven Mezcal龙舌兰酒，喝上一口，神魂颠倒。

Co-Co Walk 酒吧

（见428页地图；87/70 Th Phayathai；⏰17:00至午夜；Ⓢ Ratchathewi 2号出口）这个混合了酒馆、酒吧以及音乐演出的场地一到夜晚就变得拥挤喧闹，是泰国大学生的最爱。具体的酒吧就不在此列举了，因为当你读到这本书时，可能他们已经换了招牌。

河畔区、是隆和蓝毗尼

DJ Station 夜店

（见438页地图；www.dj-station.com；8/6-8 Soi 2, Th Silom；入场费 150B起；⏰22:00至次日2:00；Ⓜ Si Lom 2号出口，Ⓢ Sala Daeng 1号出口）曼谷乃至全亚洲最传奇的同性恋夜店之一，主顾里除了一些西方人，也有泰国的白领同性恋。Soi 2上也有几家类似的夜店。

Stranger 酒吧

（见438页地图；www.facebook.com/TheStrangerBar；Soi 4, Th Silom；⏰17:45至次日2:00）算得上是Soi 4上最低调、最有格调的酒吧了。当然，周一、周五和周六晚上举行变装秀期间除外。

Maggie Choo's 酒吧

（见438页地图；www.facebook.com/maggiechoos；Novotel Bangkok Fenix Silom地下室，320 Th Silom；⏰周日至周四 19:30至次日2:00，周五和周六 至次日3:00；Ⓢ Surasak 1号出口）酒吧的前身是一个银行金库，里面的氛围就像是唐人街的鸦片馆。秘密通道、穿着丝绸裙子懒洋洋地靠在一旁的女子，看到这种景象会让人忘了这里其实是一个酒吧，幸好有口味偏甜的创意鸡尾酒、玩自拍的当地人和好奇的游客从旁提醒。

Balcony 酒吧

（见438页地图；www.balconypub.com；86-88 Soi 4, Th Silom；⏰17:30至次日2:00；📶；Ⓜ Si Lom 2号出口，Ⓢ Sala Daeng 1号出口）Soi 4上的老牌同性恋酒吧，偶尔会举办变装秀。

素坤逸路

★ WTF 酒吧

（见442页地图；www.wtfbangkok.com；7 Soi 51, Th Sukhumvit；⏰周二至周日 18:00至次日1:00；📶；Ⓢ Thong Lo 3号出口）WTF指的是“Wonderful Thai Friendship”，意思是“奇妙的泰国友谊”（你以为呢？）。这家酒吧风格搞怪，氛围友好，内有一个艺廊。有经典鸡尾酒、现场音乐演出、DJ表演、诗歌朗诵、艺术展和美味的酒吧小吃，主顾既有当地文青，也有外国旅居者。店家自封是曼谷最佳酒吧，我们对此深表赞同。

★ Tuba 酒吧

（见442页地图；www.facebook.com/tubabkk；34 Room 11-12 A, Soi Thong Lor 20/Soi Ekamai

21；⏲11:00至次日2:00；Ⓢ Ekkamai 1号出口换乘出租车）这个古怪的酒吧既是名贵的古典家具储藏室，又是餐馆，还是接地气的小酒馆，不缺花样，不缺乐趣。你大可以买下一整瓶酒（喝不完也没关系，店家可以存酒）也不要错过让人食指大动的鸡翅或是可口的碎肉沙拉（lâhp）。

Sing Sing Theater 酒吧

（见442页地图；www.singsingbangkok.com；Soi 45, Th Sukhumvit；⏲周二至周日 21:00至次日2:00；Ⓢ Phrom Phong）这家新开的酒吧由设计师Ashley Sutton和创意导演Sanya Phouma共同打造——两人之前把一个卡巴莱舞厅打造成了夜店Maggie Choo's，在当地一夜成名。酒吧每晚主题不同，舞者或者穿着旗袍，或者霓虹太空服，飘飘然穿过一间间密室，跃过高耸的平台，落到舞池上进行表演。吧台后面摆着由Sutton生产的Iron Balls Gin杜松子酒，劲头特别大，喝过之后，你更会觉得自己莫名其妙地走进了一家鸦片馆。

Bottles of Beer 精酿啤酒

（见442页地图；http://bottlesofbeer.co；2/7 Soi 34, Th Sukhumvit；⏲17:00至次日0:30；Ⓢ Thong Lo）2016年，精酿啤酒在曼谷大行其道，目前人气最高的啤酒馆就是这家。店面虽然超小，酒种却很丰富，正中间一张大餐桌，冰箱里和架子上摆着全球各地的啤酒，从印度淡色艾尔（IPA），到罕有人知的英国苹果酒，应有尽有。

U.N.C.L.E 酒吧

（见442页地图；www.avunculus.com；72 Soi 55/Thong Lor, Th Sukhumvit, 72 Courtyard；⏲18:00至次日1:00）氛围雅致，鸡尾酒独特味美，价格还不甚高，在灯红酒绿的Th Thong Lor上很是出众。

Badmotel 酒吧

（见442页地图；www.facebook.com/badmotel；331/4-5 Soi 55/Thong Lor, Th Sukhumvit；⏲17:00至次日1:00；Ⓢ Thong Lo 3号出口换乘出租车）这家酒吧善于混搭，时尚的、俗气的、泰国的、世界的统统有之，令曼谷的潮人爱到不行。酒水方面，这里竟把西方的朗姆酒与泰国人小时候常喝的神童牌红糖水（Hale's Blue Boy）混到了一起，小吃方面会用泰北蘸酱（naam prik ong）搭配印度薄脆（pappadam），誓要将混搭进行到底。

大曼谷地区

Wishbeer Home Bar 酒吧

（www.wishbeerhomebar.com；1491 Th

曼谷的LGBT群体

曼谷的同性恋圈非常有名。不管是那些一夜之间在街角冒出来的男性情趣内衣店，还是仅限女同性恋入场的夜店，不管是就餐、购物还是玩乐，相关场所不胜枚举，同性恋旅行者在曼谷住多少天都不会觉得尴尬。与东南亚其他地区不同，同性恋在泰国并没有被污点化，普通民众对此的态度非常开放。

最佳同性恋酒吧

Telephone Pub（见438页地图；www.telephonepub.com；114/11-13 Soi 4, Th Silom；⏲18:00至次日1:00；📶；Ⓜ Si Lom 2号出口，Ⓢ Sala Daeng 1号出口）老牌人气同性恋酒吧，开在曼谷最“粉”的地区。

Stranger（见444页）堪称Soi 4里最低调、最有格调的同性恋酒吧。

Balcony（见444页）当地和外地的同性恋都喜欢来这家街边酒吧喝酒。

Maggie Choo's（见444页）平时就是普通的酒吧，周日则是专门的“同性恋日”。

最佳卡巴莱歌舞和变装秀

Playhouse Magical Cabaret（见447页）这里的变装秀，俗得大大方方。

Calypso Bangkok（见447页）位于Asiatique市场，有卡巴莱表演。

Sukhumvit, at Soi 67; ⏲7:30至午夜; Ⓢ Phra Kanong)位于Phra Kanong,开在原电梯工厂的破旧仓库里,汇集了全球超过500款精酿啤酒,种类之丰富,在曼谷是当之无愧的第一名。论瓶销售的啤酒一辈子也喝不完,每天现打的啤酒就有18种之多,这还不够吸引人吗?更何况畅饮时段,一品脱啤酒只要200B,性价比实在高得离谱。

Fake Club The Next Gen 夜店

(见424页地图; www.facebook.com/fakeclubthenextgen; 222/32 Th Ratchadaphisek; ⏲21:00至次日3:00; Ⓜ Sutthisan 3号出口)一家高人气老牌同性恋酒吧,现在迁到了新地方,有现场音乐演出、热辣的舞蹈和铺天盖地的镭射灯。

☆ 娱乐

表面上,曼谷似乎很善于满足我们每个人心中"俗"的一面,实际上,这里同样拥有精彩多样的艺术圈,只是比较低调。除了那些人尽皆知的色情夜店,曼谷也有舞蹈表演、音乐演出以及性价比全球最高的电影院,整个城市的娱乐业,从低俗(当地叫"lo-so")到高雅(当地叫"hi-so"),可谓无所不包。

☆ 邦兰普

★ Brick Bar 现场音乐

(见432页地图; www.brickbarkhaosan.com; Buddy Lodge地下室, 265 Th Khao San; 周六和周日 入场费 150B; ⏲19:00至次日1:30; ⛴ Phra Athit/Banglamphu Pier)这个位于地下室的酒馆是我们最喜爱的曼谷现场音乐的表演场所,每晚都会有一批表演者轮换着为几乎清一色的泰国顾客演奏,观众们许多都会伴着音乐在桌上跳舞。这里的拥挤可是出了名的,所以一定及早过来。

☆ 拉塔那古辛岛和吞武里

National Theatre 剧院

(见432页地图; ☎02 224 1342; 2 Th Ratchini; 演出票 60~100B; ⛴ Chang Pier, Maharaj Pier, Phra Chan Tai Pier)1月至9月每月第一和第二个周日的14:00,国家剧院会上演泰国传统面具舞(泰语称"kohn",故事取材于《拉玛坚》),10月至12月每月第一和第二个周日的14:00上演泰国传统舞剧(泰语称"lá·kon")。演出前1小时开始售票。

☆ 唐人街

Sala Chalermkrung 剧院

(见432页地图; ☎02 224 4499; www.salachalermkrung.com; 66 Th Charoen Krung; 演出票 800~1200B; ⏲演出周四和周五 19:30; ⛴ Saphan Phut/Memorial Bridge Pier, Ⓜ Hua Lamphong 1号出口换乘出租车)所在建筑为装饰艺术风格,是曼谷地标,原来是家影院,其历史可以追溯到1933年,目前是城中所剩无几的、还能欣赏到传统面具舞的地方。为了增强效果,剧院为演出配备了镭射图案、高科技音响和英文字幕。也会举行音乐会等其他活动,详情参见官网。

☆ 暹罗广场、水门、奔集和叻差南蒂

Saxophone Pub & Restaurant 现场音乐

(见424页地图; www.saxophonepub.com; 3/8 Th Phayathai; ⏲19:30至次日1:30; Ⓢ Victory Monument 2号出口)这家开了30年,至今仍是曼谷最佳现场演出场馆,室内光线昏暗,氛围私密,有些座位距离乐队不过几米远,脸上的汗珠都看得清。如果你希望保持一份神秘感,那就坐在阳台上远距离欣赏。蓝调、爵士、雷鬼和摇滚都有。

Raintree 现场音乐

(见424页地图; Soi Ruam Chit; ⏲周一至周六 18:00至次日1:00; Ⓢ Victory Monument 2号出口)20世纪六七十年代的政治运动在泰国孕育出了一种独特的民谣,统称"生命之歌",现在曼谷能听到这种歌曲的地方已经很少了,这个乡村风格的酒馆就是其中之一。这里的小吃也很好吃,过来边吃边听,再合适不过了。

☆ 河畔区、是隆和蓝毗尼

Bangkok Screening Room 电影院

(https://bkksr.com; 8-9 Soi Sala Deang 1; Ⓜ Lumpini)好天气,精彩的酒吧,无与伦比的美食,低廉的价格——曼谷吸引游客的地方很多,但似乎没人会想到艺术。这家主打独立电影的影院正在一步一个脚印地努力改变这一现状。电影定期轮换,官网上可以查看排片

情况，但主推的都是泰国新晋电影人的作品，让他们可以借此平台表现实力。

影院只有一个放映厅，共50个座位，一定要提前一天订票，别忘了买瓶精酿啤酒带进来。

Calypso Bangkok 卡巴莱歌舞

(见424页地图；☎02 688 1415；www.calypsocabaret.com；Asiatique, Soi 72-76, Th Charoen Krung；成人/儿童 1200/600B；⊙演出 20:15和21:45；⛴Sathon/Central Pier换乘摆渡船)开在Asiatique市场里，能欣赏到人妖(泰语称"gà·teu·i"或"kàthoey")表演的卡巴莱。

Patpong 红灯区

(见438页地图；Th Phat Phong & Soi Phat Phong 2；⊙16:00至次日2:00；ⓂSi Lom 2号出口，ⓈSala Daeng 1号出口)Patpong红灯区在全世界大名鼎鼎，可惜现代旅游业的发展已让这里曾经的"魅力"统统都不见了。如果你就是想去沿街那些店里面看看色情秀，一定要在进店前谈好入场费和饮料价格，否则就可能收到天价账单。

近来的Patpong，山寨劳力士和埃德·哈迪T恤，要比白花花的大腿和胸脯更常见。

☆ 素坤逸路

Titanium 现场音乐

(见442页地图；www.titaniumbangkok.com；2/30 Soi 22, Th Sukhumvit；⊙20:00至次日1:00；ⓈPhrom Phong 6号出口)许多人来这个档次不高的"冰吧"是为了体验轻松的气氛和不同口味的伏特加，但是我们来这里是为了支持驻场乐队——全女子摇滚乐队"独角兽"。周一至周六，每天都能欣赏到她们的表演，现场火爆异常。

Soi Cowboy 红灯区

[见442页地图；Soi 21(Asoke)和Soi 23之间，Th Sukhumvit；⊙16:00至次日2:00；ⓂSukhumvit 2号出口，ⓈAsok 3号出口]这条街不宽，只有一条车道，两旁都是霓虹闪烁的妓院。这一带形成于越南战争之后，本是为了满足那些修整疗养的军人。

Nana Entertainment Plaza 红灯区

(见442页地图；Soi 4, Th Sukhumvit；⊙16:00至次日2:00；ⓈNana 2号出口)一栋3层高的娱乐城，真枪实弹的性交易与艳舞表演都有各自的区域，也有几家人妖酒吧。

☆ 特威和都实

Ratchadamnoen Stadium 观赏运动

(สนามมวยราชดำเนิน；见432页地图；紧邻Th Ratchadamnoen Nok；比赛票 3等/2等/前排 1000/1500/2000B；⛴Thewet Pier, ⓈPhaya Thai 3号出口换乘出租车)拉查达蒙体育馆是曼谷最古老、最有声望的泰拳馆，周一、周三和周四的比赛在18:30开始，大约23:00结束，周日的比赛在15:00和18:30开始。门口聚集着一些黄牛党，一定要去正规售票处购票。

☆ 大曼谷地区

Lumpinee Boxing Stadium 观赏运动

(☎02 282 3141；www.muaythailumpinee.net/en；6 Th Ramintra；比赛票 3等/2等/前排 1000/1500/2000B；ⓂChatuchak Park 2号出口换乘出租车，ⓈMo Chit 3号出口换乘出租车)曼谷另一家著名泰拳馆，现在搬进了城北的新场馆。周二和周五的比赛时间为18:30~23:00，周六的比赛为14:00~20:30。这里距离曼谷市中心北很远，最好打车过来。

Tawandang German Brewery 现场音乐

(见424页地图；www.tawandang.co.th；Th Phra Ram III和Th Narathiwat Ratchanakharin/Th Chong Nonsi交叉路口；⊙17:00至次日1:00；ⓈChongNonsi 2号出口换乘出租车)在这家坐落于城市南边的飞机库大小的音乐酒吧内，顾客每天都可以感受到慕尼黑啤酒节的气氛。泰式德国食物很可口，酒吧自酿的啤酒很爽口，夜晚的舞台表演充满乐趣，人人放声欢唱。音乐演出20:30开始。

Playhouse Magical Cabaret 卡巴莱歌舞

(见424页地图；☎02 024 5522；www.playhousethailand.com；5 Ratchadapisek Rd, Chompol Sub-District, Chatuchak；成人/儿童 1200/600B；⊙演出 19:00和20:30；ⓈLat Phrao 1号出口)观看人妖(泰语称"gà·teu·i"或"kàthoey")表演音乐剧里的经典唱段，现在顺理成章地成了曼谷旅游的必玩项目，这家舞厅看准时机，安排人妖演员上台，跳那种

百老汇风格的大腿舞，并且和着流行音乐对口型。

购物

赶紧准备好信用卡和泰铢，因为购物可是曼谷旅行的一件大事。几乎每个街角都能看到小贩、游商或是临时摊位，规模世界称最的露天市场和东南亚最大的几座商场也在城中，购物选择不要太多。

河畔区、是隆和蓝毗尼

河畔夜市 市场

(Asiatique; 见424页地图; www.thaiasiatique.com; Soi 72-76, Th Charoen Krung; ⊙16:00~23:00; ⛴Sathon/Central Pier乘穿梭渡轮）这是曼谷比较有人气的夜市之一，一排排店面在昭披耶河沿岸一字排开，除了服装、手工艺品和纪念品商店，也有一些餐厅和酒吧。

16:00~23:30，Sathon/Cetral Pier那里有免费船只接驳市场，发船频繁。

暹罗广场、水门、奔集和叻差南蒂

★MBK Center 购物中心

（见428页地图; www.mbk-center.com; Th Phra Ram I和Th Phayathai交叉路口; ⊙10:00~22:00; Ⓢ National Stadium 4号出口）我们上次来曼谷的时候，这家商场正在翻修，誓要把曼谷顶级景点的位置坐稳。商场足足有8层，摊位店面无穷无尽，随便哪个周末，曼谷一半的居民（以及大多数游客）都会聚集到这里。

这里的手机以及饰品（4层）价格全曼谷最低，摄影器材（底层和5层）比较齐全，面积巨大的美食广场（6层）在全城也数一数二。

★Siam Square 购物中心

（见428页地图; Th Phra Ram I; ⊙11:00~21:00; Ⓢ Siam 2、4和6号出口）暹罗广场这片露天购物区是曼谷青少年文化的发源地，到处都有小音箱大声播放流行音乐，成群结队的潮男潮女衣着各异，在快餐店和袖珍精品店间穿梭来往。你在这里很容易找到别处没有的品牌和设计，只不过大多数服装店衣号超小，A4腰才能穿得进。

Siam Discovery 购物中心

（见428页地图; www.siamdiscovery.co.th; Th Phra Ram I和Th Phayathai交叉路口; ⊙10:00~22:00; Ⓢ Siam 1号出口）逛这里感觉像是逛市场，从家居用品到服装（包括大批泰国本土设计品牌），新奇的东西让人眼花缭乱。近期翻修之后，理所当然地成了曼谷最具设计感的商场。

素坤逸路

Emquartier 购物中心

（见442页地图; www.theemdistrict.com; Th Sukhumvit; ⊙10:00~22:00; Ⓢ Phrom Phong 1号出口）曼谷最新、也可以说是最酷炫的商场之一，来这儿能买到别处买不到的品牌，商场的美食区Helix，结构犹如螺旋体，餐厅不下50家，仿佛一座饕餮迷宫。

实用信息

危险和麻烦

曼谷治安状况很好，针对游客的暴力事件十分罕见，只是手法高明的骗子不少，但无须过分紧张，只要记住下列提示，基本上就不会落入圈套：

宝石骗局 如果你不是做珠宝买卖的，一定不要在泰国买未被加工成饰品的宝石，算我们求你了。

今天不营业 如果有“友善”的当地人告诉你，你要去的地方因为佛教节庆或打扫关门了，那是他们给你设的去买伪劣宝石的圈套。

20B就可以坐突突车 这种伎俩无处不在，你若是陷入骗局，一天的行程就告吹了。这些所谓的“旅行车”会绕过所有景点，把你带到雇用他们的那些不可信赖、随时都会跑掉的珠宝店和裁缝店那里。

一口价出租车 若遇到开出租车一口价的司机（市内目的地，对方一般会要100~200B），你要一口回绝，因为通常这会比正常打表贵3倍。想找一个老实的的哥，最好先步行走出游客聚集区。如果司机有意无意地“忘记”打表，你就直接告诉他：“Meter, kha/khap”（“请打表”）。

友好的陌生人 要提防那些穿着得体、走近你问你来历和去向的人。摸清你的底细之后，对方一般就开始玩套路了，说：“是吗？我儿子/女儿正在你家乡那里读大学呢。”——这帮人似乎对全球知名大学了若指掌。正如泰国官方旅游机构所指出的那样，以泰国人的性格，一般都不太会这样做，所以一旦遇见这种情况，绝对要持怀疑态度。

医疗服务

以下医院都有能讲英语的医生。

曼谷基督医院（Bangkok Christian Hospital；见438页地图；☎02 625 9000；www.bch.in.th/en；124 Th Silom；Ⓜ Si Lom 2号出口，Ⓢ Sala Daeng 1号出口）曼谷市中心的一所现代化医院。

曼谷疗养院（BNH；见438页地图；☎02686 2700；www.bnhhospital.com；9 Th Convent；Ⓜ SiLom 2号出口，Ⓢ Sala Daeng 2号出口）市中心的一所现代化医院。

康民国际医院（Bumrungrad International Hospital；见442页地图；☎02667 1000；www.bumrungrad.com/thailandhospital；33 Soi 3，ThSukhumvit；⏰24小时；Ⓢ Phloen Chit 3号出口）一所国际标准医院。

三美泰医医院（Samitivej Hospital；见442页地图；☎02 022 2222；www.samitivejhospitals.com；133 Soi 49，Th Sukhumvit；Ⓢ Phrom Phong 3号出口换乘出租车）曼谷一所现代化医院。

曼谷牙医的生意很好，部分原因是许多西方游客（当地称"fa·ràng"）喜欢趁着度假来这儿补补牙，或是来一次牙齿美白（这种服务在曼谷名目很多，有的地方叫"personal outlook"，即"个人形象提升"，说的都是一件事）。和西方国家相比，价格的确划算，而且水平普遍很高。

Bangkok Dental Spa（见442页地图；☎02 651 0807；www.bangkokdentalspa.com；2层，Methawattana Bldg，27 Soi 19，Th Sukhumvit；⏰必须预约；Ⓜ Sukhumvit 3号出口，Ⓢ Asok 1号出口）一家牙科中心，环境像是水疗馆。

DC-One the Dental Clinic（见424页地图；☎02 240 2800；www.dc-one.com；31 Th Yen Akat；⏰必须预约；Ⓜ Lumphini 2号出口换乘出租车）这家牙科诊所水平一流，价位较高，很有名气，颇受联合国雇员和外交人员的青睐。

Dental Hospital（见442页地图；☎02 260 5000；www.dentalhospitalbangkok.com；88/88 Soi 49，Th Sukhumvit；⏰周一至周六 9:00~20:00，周日至16:30；Ⓢ Phrom Phong 3号出口换乘出租车）一家私人牙科诊所，医师英语流利。

Siam Family Dental Clinic（见428页地图；☎081 987 7700；www.siamfamilydental.com；209 Th Phayathai；⏰周一至周五 11:00~20:00，周六和周日 10:00~19:00；Ⓢ Siam 2号出口）曼谷市中心的一家私人牙科诊所。

旅游信息

在泰国，报警电话事实上已经成了一切紧急情况的求助电话，急救、火警都可以。

在大多数需要警察出面的情况下（比如被宰、被偷），最好的办法就是联系专门的"旅游警察"，他们在与外国人打交道方面很有经验，在游客遭到逮捕的情况下能给予游客很大的帮助。旅游警察能讲英语，负责调查涉及游客的犯罪行为，并能协助游客与普通警察进行沟通。旅游警察一般无权干涉普通警察执法，但他们可以帮你做翻译，联系使馆，或者协助办理保险公司需要的警方报告。

报警	☎191
旅游警察	☎1155

曼谷移民局办事处（Bangkok Immigration Office；☎02 141 9889；www.bangkok.immigration.go.th/intro1.html；Bldg B，Government Centre，Soi 7，Th Chaeng Watthana；⏰周一至周五 8:30至正午和13:00~16:30；Ⓜ Chatuchak Park 2号出口换乘出租车，Ⓢ Mo Chit 3号出口换乘出租车）你可以在曼谷通过这一机构递交办理签证延期的相关材料。

曼谷信息中心（Bangkok Information Center；见432页地图；☎02225 7612-4；www.bangkoktourist.com；17/1 Th Phra Athit；⏰周一至周五 9:00~19:00，周六和周日 至17:00；⛴Phra Athit/Banglamphu Pier）隶属曼谷市旅游局，提供地图、宣传册以及方向指引，城里可以找到信息亭（只是少有工作人员值守），有象夫骑在大象上的白底绿色标志的即是。

泰国旅游局（Tourism Authority of Thailand，TAT；☎02 250 5500，全国1672；www.tourismthailand.org；1600 Th Phetchaburi Tat Mai；⏰8:30~16:30；Ⓜ Phetchaburi 2号出口）泰国旅游局的总部，能提供泰国各地的宣传手册和地图。

ℹ 到达和离开

飞机

曼谷有两座机场。**素万那普国际机场**（☎02132 1888；www.suvarnabhumiairport.com）位于曼谷以东30公里，从2006年开始运营国际和国内商务航班。机场的名字读作sù·wan·ná·poom，它也继承了廊曼（Don Mueang）老机场的机场代号（BKK）。机场的官方网站上有飞机到达和起飞的实时数据。

前往柬埔寨：亚兰至波贝

前往边境 从曼谷经陆路到暹粒最快捷的方式，就是在北部和东北部长途汽车总站（即Mo Chit长途汽车站）乘坐直达长途汽车。考山路和曼谷其他地点提供的直达长途汽车行程看似既便宜又方便，但是这些被戏称为"宰客巴士"的长途汽车可不是浪得虚名。如果你乘坐这样的汽车，就会有陷入麻烦和挨宰的可能，而且对方的态度往往都是恶狠狠的。

如果你选择换乘的方式（比Mo Chit的直达长途汽车便宜得多）前往边境小城亚兰（Aranya Prathet），可以在曼谷的北部和东北部长途汽车总站乘坐长途大巴，在东部长途汽车总站（Ekamai车站）乘坐长途大巴或小巴，在素万那普国际机场的汽车站乘坐长途大巴，在胜利纪念碑乘坐小巴，或者在华南蓬火车站乘坐三等火车（只有5:55那一班才能保证在当天，即11:35，到达暹粒）。包括呵叻、素林和尖竹汶在内的周边其他城市也有长途大巴前往亚兰，每1~2小时1班。所有小巴以及一些大巴都会把你送到紧邻边境的Rong Kluea市场，所以没有必要在亚兰城里逗留。如果长途汽车不到边境，你需要乘双排车（15B）、摩的（60B）或者突突车（80B）走完到边境的最后7公里。

到达边境 边境口岸每天7:00~20:00开放。在泰国边境这边有许多骗子锲而不舍地劝说你通过他们购买柬埔寨签证，在但无论他们如何巧舌如簧，也实在找不出什么理由在除边境之外的其他地方办理签证。到达泰国边境站之前，一定不要向任何人出示护照，也不要换钱。

泰国边境的办理手续非常简便直接，办理完成之后，跟着人群前往柬埔寨入境处，如果还没有签证的话，找一找"Visaon Arrival"的标志。工作日上午，可能10~20分钟就可以通关，但下午可能要等上一小时甚至更久。周末和节假日期间，许多泰国人会来柬埔寨赌博，很多外籍工作人员会来这里快速出入境延签，所以等待时间也很久。排队时很可能有人会过来，让你交200B的"VIP费"跳过排队。过关时，对方几乎一定会向你索要一小笔费用，有时叫"盖章费"，有时叫"超时费"，你应该表示拒绝，尽管这么做对方可能会让你多等几分钟。

继续前行 波贝主要的长途汽车站距离主市场大约1公里（打摩的2000r），距离NH5号公路上的加华银行（Canadia Bank）往北一个街区，车站有大巴和合乘出租车频繁发往暹粒，沿路为铺装路，路况好。波贝还有一个所谓的"国际"长途汽车站，距离城东9公里，那里的汽车票价翻番，一定不要去。去那里坐车的外国人要么没做好功课，要么被人蒙骗，被所谓的车站免费摆渡车带了过去。经此口岸过境，详情参见Lonely Planet《柬埔寨》指南。

另一座机场**廊曼国际机场**（Don Mueang International Airport; ☎02 535 2111; www.donmueangairportthai.com）在曼谷市中心以北25公里处，2006年停用，后来作为廉价航空的航站枢纽再次启用。1号航站楼负责国际航班，2号航站楼负责国内航班。

长途汽车

与从考山路或其他游客聚集区发车的长途汽车相比，使用政府车站的长途汽车可靠得多，而且遇到小偷的可能性更小。

长途汽车东站（Eastern Bus Terminal; 见442页地图; ☎02 391 2504; Soi 40, Th Sukhumvit; Ⓢ Ekkamai 2号出口）大巴发往曼谷以东目的地，包括芭提雅、罗勇、尖竹汶，但经亚兰口岸过境的国际巴士不在这里发车。车站靠近BTS线Ekamai站，大多数人把这个车站叫作"sà·tăh·nee èk·gà·mai"（即"伊卡迈车站"，Ekamai Station）。

北部和东北部长途汽车总站（Northern & Northeastern Bus Terminal; Mo Chit; 见424页地图; ☎东北部路线 02936 2852，分机 602/605，北部路线 02936 2841，分机 325/614; Th Kamphaeng Phet）车站忙碌混乱，紧邻加都加公园（Chatuchak Park）北侧，一般称为konsòngmorchít（蒙奇车站），不要把它与蒙奇轻轨站（Mo Chit BTS station）弄混了。大巴发往曼谷以东及东北方向目的地，也包括巴色（老挝）、金边（柬埔寨）、暹粒

(柬埔寨)和万象(老挝)等国际目的地。前往车站,先乘坐BTS线到Mo Chit站下车,或MRT线到Kamphaeng Phet站下车,然后换乘城市公交3路、77路或509路,或者打出租车/摩的前往。

长途汽车南站(Southern Bus Terminal, Sai Tai Mai; ☎02 422 4444, 呼叫中心1490; Th Boromarat chachonanee)南站一般被称作"sǎi đâi mài",距离曼谷市中心以西很远,所有南向的大巴都从这里发车,但前往北碧以及泰国西部的巴士也从这里发车。前往车站,最简单的方式就是打的,也可从Th Ratchadamnoen Klang 乘坐79路、159路、201路或516路,或者从**胜利纪念碑**(อนุสาวรีย์ชัย, Victory Monument; 见424页地图; Th Ratchawithi和Th Phayathai交叉路口; ⏲24小时; ⓈVictory Monument 2号出口)乘坐小巴或公交40路。

小巴

➡ 私人经营的小巴也叫rótđôo,是往来于曼谷和邻近各府最快捷、最舒适的交通工具。

➡ 胜利纪念碑周边有几个小巴发车点,但在本书调研期间,有传言这些小巴以后会从各大长途汽车站发车。

火车

曼谷莲区火车站(Bangkok Noi; ☎02 418 4310, 呼叫中心1690; www.railway.co.th; 紧邻Th Itsaraphap; ⛴Thonburi Railway Station, Wang Lang/Siriraj Pier, ⓈWongwian Yai 4号出口换乘出租车)也叫吞武里火车站,规模很小,有车发往北碧,但定价过高。

华南蓬火车站(Hualamphong; ☎02 220 4334, 呼叫中心1690; www.railway.co.th; 紧邻Th Phra Ram IV; ⓂHua Lamphong 2号出口)曼谷最主要的火车站,买票最好不要通过车站那里的票贩子或是通过旅行社代购。想了解时刻表以及票价,可以致电**泰国国家铁路局**(StateRailwayofThailand)或查询其官方网站。

王威安亚火车站(Wong Wian Yai; ☎02 465 2017, 呼叫中心1690; www.railway.co.th; 紧邻Th Phra Jao Taksin; ⓈWongwian Yai 4号出口换乘出租车)车站很小,位置隐秘,有开往龙仔厝(Samut Sakhon或Mahachai)的通勤列车。

ℹ 当地交通

在曼谷短期旅行不建议自驾,开车停车都太麻烦了。想包车的话,可以让酒店安排车辆和司机,或是找一位诚实可靠的出租车司机。

抵离机场

素万那普国际机场

几乎所有人都是坐飞机从素万那普国际机场(见449页)抵达曼谷的。机场的非官方网站(https://airportthai.co.th/)上有航班到达和出发的实时信息。机场2层设有行李寄存处,旁边就是对旅行很有帮助的**泰国旅游局办公室**(Tourism Authority of Thailand, 简称TAT; ☎02 134 0040, 全国1672; www.tourismthailand.org; 2层,2号和5号登机口之间, Suvarnabhumi International Airport; ⏲24小时)。

大巴和小巴

机场3公里外有一个公交枢纽站,那里有几班发往相邻府的长途大巴,以及发往市中心的大巴及小巴。机场各航站楼与该枢纽站之间有免费摆渡车连接。从枢纽站前往市区,游客可以先乘551路到BTS线Victory Monument站,或552路到BTS线On Nut站(25B, 5:00~22:00班次频繁),然后乘坐公交或打车去酒店。

出租车

机场1层的便道旁就可以打到计程车,不要理睬那些打着"机场官方出租车"旗号、到航站楼里面揽客的人。

国际大巴

曼谷的北部和东北部长途汽车总站有几班国际大巴可选。

目的地	票价(B)	车程(小时)	发车时间
巴色(老挝)	900	12	20:30
金边(柬埔寨)	750	11	1:30
暹粒(柬埔寨)	750	7	9:00
万象(老挝)	900	10	20:00

从机场打车到Th Sukhumvit，大概200～250B，到考山路大概250～300B，到Mo Chit约400B。过路费（由乘客支付）价格不等，一般为25～70B。还需注意的是，如果是从机场出发的话，乘客还需要支付50B的额外费用，直接支付给司机。

轨道列车

素万那普国际机场有**机场专列**（Airport Rail Link；☎呼叫中心 1690；www.srtet.co.th）连接BTS线上的Phaya Thai站（45B，30分钟，6:00至午夜）和MRT线上的Phetchaburi站（45B，25分钟，6:00至午夜）。

廊曼国际机场

大巴

廊曼国际机场抵达大厅外面有两条机场巴士路线，A1路接驳BTS线Mo Chit站（30B，7:30～23:30班次频繁），班次较少的A2路接驳BTS线Mo Chit站和Victory Monument站（30B，7:30～23:30每30分钟1班）。

公交巴士在机场前的公路上有站，其中的29路，经停BTS线Victory Monument站，终点是华南蓬火车站（24小时）；59路在考山路附近有车站（24小时）；538路经停BTS线Victory Monument站（4:00～22:00）。票价大约23B。

出租车

情况类似于素万那普国际机场，公共出租车会在抵达大厅外等客，打表价之外会增加50B的机场收费。

火车

横跨机场航站楼和Amari Airport Hotel之间的步行通道也通往廊曼火车站（Don Muang Train Station），这里有前往华南蓬火车站的火车，4:00～11:30每1～1.5小时1班，14:00～21:30约每小时1班（5～10B）。

船

昭披耶河以及各条运河里有许多客船服务曼谷的上班族。

运河出租船

运河出租船沿着Khlong Saen Saeb行驶（从邦兰普东部到兰坎亨路），你可以利用这种船从邦兰普往返吉姆·汤普森故居、Siam Square购物中心（两地都在Sapan Hua Chang Pier码头下船），或Th Sukhumvit沿线更东边的目的地——在Pratunam Pier码头必须换船。

➡ 乘坐这种船的多是通勤族，在码头处停靠时间只有几秒钟，停靠时必须立即跳上船去，否则就来不及了。

➡ 船票9～19B，周一至周五 5:30～19:15，周六6:00～18:30，周日6:00～18:00。

昭披耶河渡船

昭披耶快船（Chao Phraya Express Boat；☎02623 6001；www.chaophrayaexpressboat.com）是昭披耶河上最大的客船公司。中心码头也被称作Tha Sathon、Saphan Taksin或者Sathon/Central Pier，有船连接BTS线Saphan Taksin站。

➡ 客船运营时间为6:00～20:00。可在码头或船上购票（10～40B），票一定要收好，偶尔会有人查票。

➡ 挂着橙色旗帜的船最常见，这种船（15B，6:00～19:00班次频繁）连接曼谷南部的Wat Rajsingkorn与北部的Nonthaburi，经停沿线各大码头。

➡ 挂着蓝色旗帜的是游客船（40B，9:30～17:00每30分钟一班），连接中心码头与Phra Athit/Banglamphu Pier，经停沿途8个主要观光码头，船上会播放英语解说，但基本听不懂。中心码头那里有人售卖150B的一日游船通票，但除非你需要频繁坐船，否则不太划算。

➡ 河上还有数十艘横渡河水的摆渡船，收费3B，几分钟就有一班，直到深夜才停运。

➡ Phra Athit/Banglamphu Pier、Chang Pier、Tien Pier和Oriental Pier等码头处有私人长尾船，可以包船观光。

BTS线和MRT线

高架轻轨（Skytrain，简称BTS线；☎02617 7300，游客信息 02617 7341；www.bts.co.th）又称天空列车（rót fai fáa），可以带你快速穿越“新”曼谷（是隆、素坤逸和暹罗广场）。Siam站是两条线路的换乘车站，列车在5:15至次日0:51运行，班次频繁。票价15～52B，一日通票140B。多数售票机只接受硬币，可以先到咨询亭兑换。

曼谷的地铁（简称MRT线；☎02 354 2000；www.bangkokmetro.co.th）也叫“Metro”，是居住在素坤逸或是隆地区的人们前往华南蓬火车站最为方便的交通方式。票价16～42B，一日通票120B。列车在6:00至午夜运行，班次频繁。

公共汽车

曼谷的城市公共汽车由**曼谷大众交通管理局**（Bangkok Mass Transit Authority; ☎02 246 0973，呼叫中心1348; www.bmta.co.th）运营。

➡ 因为公交线路有些不够明确，再加上打车在曼谷非常划算，所以真的没有必要为了省那几个小钱坐公交。

➡ 空调公交巴士，票价10~23B，只有风扇的公交巴士6.50B起。

➡ 大多数公交线路首班5:00，末班22:00或23:00，夜车（"all-night"）首班3:00或4:00，末班在早晨。

➡ 公交出行，最好弄一本Thinknet的*Bangkok Bus Guide*（《曼谷公交巴士指南》）。

出租车

➡ 尽管许多第一次来这里的乘客对乘坐出租车都心存疑虑，但总体来说，曼谷的出租车很新也很舒适，司机热情而礼貌，所以出租车是当地出色的交通工具。所有出租车都被要求使用计价器，起步价35B，到曼谷市中心大多数地方的费用都为60~90B。过路费必须由乘客支付，价格25B到70B不等，视具体高速入口而定。

➡ **Taxi Radio**（☎1681; www.taxiradio.co.th）等24小时叫车服务，在打表的价格之上加收20B。如果物品遗落在出租车上，最好的办法就是拨打☎1644，但追回的概率仍然很小。

机动三轮车（Túk-Túk，突突车）

➡ 突突车（读作"đúk đúk"）是曼谷的一个标志，对于泰国人来说，要是去的地方很近，对不起打车的起步价，他们就会选择这种机动三轮车。而对于外国人来说，突突车则是曼谷旅行体验的一部分。尽管坐这种车熏得厉害，过分宰客，而且因为车棚很低，看不到什么景观，但几乎每个游客至少都会尝试一次。

➡ 突突车的套路是喜欢中途绕路，把乘客往跟他们有利益关系的珠宝店、丝绸店和按摩房引，好从中获取提成。有的时候，他们会主动介绍你去某座"特别的"寺庙，那里有他们的"热心的"同伙守候，让你一步步走进圈套，狠宰一把。要是有突突车司机只管你要20B的车钱，一定不要坐。

➡ 绝大多数司机给游客的报价都高得离谱（常住当地的旅居者，也就是泰国人口中的"fa·ràng"，从来不坐），最短的距离也敢要100B。一定试着砍砍价，短途争取砍到60B，而且最好夜间乘坐，因为那时候的尾气污染不那么严重（但也不一定）。体验过一次你就明白了，还是出租车更便宜、更干净、更凉快、更安静。

> **网约车**
>
> 曼谷除了传统的出租车，现在也有了下列网约车服务：
>
> **All Thai Taxi**（www.allthaitaxi.com）
>
> **Easy Taxi**（www.easytaxi.com/th）
>
> **Grab Taxi**（www.grabtaxi.com/bangkok-thailand）
>
> **Uber**（www.uber.com/cities/bangkok）

泰国东部海岸（THAILAND'S EASTERN SEABOARD）

沙美岛（Ko Samet）

沙美岛是泰国元老级背包客的旅行目的地，现在，这里的魅力吸引来了形形色色的旅行者。每个周末，一船一船的曼谷人都会来到这里，在沙滩、美湾、碧海间开派对，岛上许多度假村都被旅行团抢占一空。岛屿北边，在晚上有耍火炬表演和海滩烧烤，相比之下，南边的海滩要安闲静谧许多。

尽管沙美岛是距离曼谷最近的大岛，这里的旅游开发却出奇地少，低矮的酒店都聚集在岛屿外围，中间仍然是茂密的丛林。

景点和活动

别的岛主打海滩，在沙美岛，你却该一个接一个地玩海湾。海岸沿线设有一条步行小道，串联起岩石嶙峋的海岬、蟋蟀鸣唱的森林和无数景色震撼的海湾，越往南走，氛围越美妙。

住宿

尽管度假村正在取代平房，不过沙美岛还是以简单老式的住宿为主。目前，岛上仍然有几间房费不到700B的风扇间。淡季和工作

Ko Samet 沙美岛

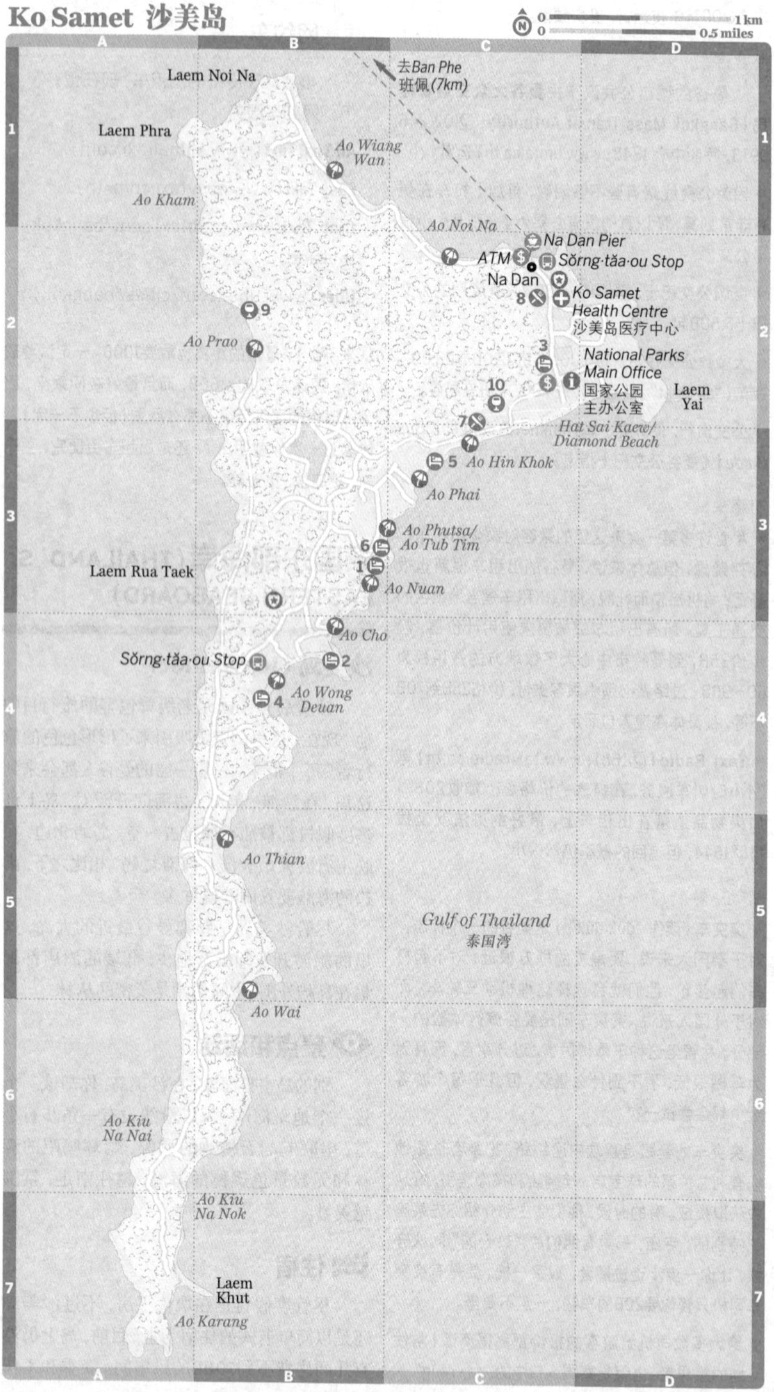

0 1 km
0 0.5 miles
A
B
C
D
1
2
3
4
5
6
7
去Ban Phe
班佩(7km)
Laem Noi Na
Laem Phra
Ao Wiang Wan
Ao Kham
Ao Noi Na
Na Dan Pier
ATM
Sŏrng·tăa·ou Stop
Na Dan
8
Ko Samet Health Centre
沙美岛医疗中心
9
Ao Prao
3
National Parks Main Office
国家公园主办公室
10
Laem Yai
7
Hat Sai Kaew/ Diamond Beach
5
Ao Hin Khok
Ao Phai
Ao Phutsa/ Ao Tub Tim
6
1
Ao Nuan
Laem Rua Taek
Ao Cho
Sŏrng·tăa·ou Stop
2
4
Ao Wong Deuan
Ao Thian
Gulf of Thailand
泰国湾
Ao Wai
Ao Kiu Na Nai
Ao Kiu Na Nok
Laem Khut
Ao Karang

Ko Samet 沙美岛

住宿

1 Ao Nuan Bungalows B3
2 Blue Sky B4
3 Mossman House C2
4 Nice & Easy B4
5 Samed Pavilion Resort C3
6 Tubtim Resort B3

就餐

7 Jep's Restaurant C2
8 Red Ginger C2

饮品和夜生活

9 Ao Prao Resort B2
Baywatch Bar .... （见 4）
10 Naga Bar C2

日可能会打折。

给需要早起的人提个醒：Hat Sai Kaew、Ao Hin Khok、Ao Phai和Ao Wong Deuan这4个海滩人气最高，晚上会开派对，音响声音很大。

Mossman House 客栈 $

（☎038 644017；Hat Sai Kaew；房 800~1300B；❄📶）客栈不错，开在主街上，就在国家公园售票处前面，客房又大又舒服，环境绿意茵茵。背街的客房稍微安静一些。

Blue Sky 平房 $

（☎089 936 0842；Ao Wong Deuan；房 600~1200B；❄）望瑞湾（Ao Wong Deuan）上少有的经济型住处，开在岩石海岬之上，平房比较破旧。

Tubtim Resort 酒店 $$

（☎038644025；www.tubtimresort.com；Ao Phutsa/Ao Tub Tim；房 含早餐 600~3500B；❄@📶）这家管理良好的酒店每晚会提供诱人的烧烤，还有结实宽敞、品质各异、靠近海滩的平房。

Nice & Easy 酒店 $$

（☎038 644370；www.niceandeasysamed.com；Ao Wong Deuan；房 1200~2000B；❄📶）名叫"舒服自在"，地方也的确舒服自在。位于海滩背后，中间一个花园，舒适现代的平房四周排列，在这个海滩上性价比很高。

Ao Nuan Bungalows 别墅 $$

（☎081 781 4875；平房别墅 带风扇 800~1200B，带空调 1500~3000B；❄）沙美岛上那种"波希米亚范儿"的海滩越来越少，Ao Nuan是其中之一，这里的这些木质平房别墅，不能上网，进出海滩只有一条土路，住客要么在屋外的吊床上逍遥，要么在旁边的那家餐厅里休息。也可以提供帐篷（450B）。

★ Samed Pavilion Resort 精品酒店 $$$

（☎038 644420；www.samedpavilionresort.com；Ao Phai；房 含早餐 3500~5500B；❄@📶🏊）一家华美的精品酒店，85间客房围绕着泳池分布，典雅又宽敞。

餐饮

大多数酒店和客栈均配有餐馆。日落后，这些餐馆会变身为酒吧。餐馆的菜品和服务不会让人感到惊喜，但除此之外你也没有多少选择。每天晚上的海滩烧烤最受欢迎，能吃到各种各样的海鲜。Na Dan那里有一些便宜的泰国餐馆。

到了周末，沙美岛就成了活力四射的夜猫子聚集地，旅行团的游客霸占着卡拉OK机不停地唱，年轻人一边听电子音乐，一边豪饮啤酒和烈酒。钻石海滩（Hat Sai Kaew）、欣可湾（Ao Hin Khok）、派湾（Ao Phai）和望瑞湾通常都会有大批人群。

Jep' s Restaurant 各国风味 $

（Ao Hin Khok；主菜 60~150B；🕗7:00~

当地知识

海滩门票

沙美岛属于沙美岛国家公园（Mu Ko Samet National Park），游客在登岛后需要购买门票（成人/儿童 200/100B）。如果你能证明自己在泰国生活和工作，门票价格就和泰国本国人一样，只要40B。门票费用由**国家公园总办公室**（National Parks Main Office；位于Na Dan和Hat Sai Kaew之间；🕗8:30~16:30）收取，从码头发车的双条车会把你放在公园大门处让你购票。一定要收好门票，之后会有人查票。在Na Dan码头上下船需另交20B。

玩火自娱

你肯定看过那些耍火棍的表演，想不想学学呢？想的话就去Naga Bar（Ao Hin Khok；啤酒 70B起；⏲日落至深夜）酒吧找K.Law或者他的朋友，他们可以免费教顾客。掌握耍火棍的基本动作要一个小时，想耍得人目瞪口呆要学3个月。

23:00；✎）这家漂亮的餐馆就位于海滩，顶棚是拱顶状的树冠和各种灯饰，菜肴包括各种国际美食和一些泰国风味。肚子里一定要为甜点留点地方。

Red Ginger 各国风味、泰国菜 $$

（Na Dan；菜肴 120~320B；⏲11:00~23:00；✎）餐馆位于码头和钻石海滩之间，氛围很好，菜式不多，但都是法裔加拿大籍大厨从自己喜爱的菜肴里精选出来的。沙拉不错，炉烤肋排很好，也有几道泰国菜。

Baywatch Bar 酒吧

（Ao Wong Deuan；啤酒 80B起；⏲日落至深夜）入夜之后，这里是欣赏海滩的好去处，还有有趣的人群和强劲的鸡尾酒。

Ao Prao Resort 酒吧

（Ao Prao；饮料 90B起；⏲日落至午夜；📶）一家可爱的海景餐厅，位于岛屿西边，最适合日落小酌。过来只能打车。

ℹ 实用信息

沙美岛上有几个自动柜员机，包括Na Dan码头附近、望瑞湾、Ao Thian和Ao Phutsa那里。

沙美岛医疗中心（Ko Samet Health Centre；☎038 644123；⏲24小时）位于Na Dan和钻石海滩之间的主路上。

警察局（☎24小时电话 1155）位于Na Dan和钻石海滩之间的主路上，在望瑞湾还有一个分局。

ℹ 到达和离开

班佩（Ban Phe）的许多码头都有船发往沙美岛，不同客船公司所用码头不同，但船费相同（单程/往返 70/100B，40分钟，8:00~17:00每小时1班），停靠码头都是沙美岛的主要码头Na Dan，最后一班返回主岛的船在18:00离开码头。如果打算住在望瑞湾或者更靠南的位置，班佩有渡船直接开往望瑞湾（单程/往返 90/140B，1小时，每天3班）。

快船船费单程200~500B，可以把你放在你想去的海滩，不过都是客满才出发，除非花1500B左右包船。

达叻（Trat）

达叻是连接阁昌岛和柬埔寨海岸的交通枢纽，洋溢着一种迷人的昔日风情，可惜人们未识其妙。一座座木制商铺被改造成了客栈，接连成片，氛围浓郁，小巷蜿蜒交织，骑车的小孩、买东西的主妇、卖小玩意和日用品的小商家随处可见，体现了泰国典型的市井气象。

达叻的特产是一种草药精油（当地叫nám·man lĕu·ang），当地药房里都有，从风湿到虫咬，号称能包治百病。这种东西都是由一位名叫Mae Ang-Ki（Somthawin Pasananon）的当地华裔女性制作的，配方家传数代，秘不外传。

👁 景点

达叻的燕窝产业十分兴旺。沿着Th Lak Meuang走下去，你会看到许多商铺的顶层都经过了改造，吸引金丝燕来此筑巢。燕窝在中国被视为珍馐，从前只能从陡峭的海崖洞穴中采集，采集者必须受过训练，胆量过人，所以产量很低，价格很贵。20世纪90年代，有人想出了办法，在多层商铺中成功模拟出了洞穴环境，燕窝生产现在已经成了达叻一个关键的产业。

室内市场 市场

（Indoor Market；Soi Sukhumvit；⏲6:00~17:00）室内市场从Th Sukhumvit向东延伸至Th Tat Mai，占地面积广阔，所售商品应有尽有，特别是你忘记带出来的东西。在不知不觉间，你就会来到贩卖新鲜水果、蔬菜和外卖食品的日间市场（Th Tat Mai；⏲6:00~11:00）。

🛏 住宿

达叻的Th Thana Charoen及周边的传统木制住宅中有许多经济型酒店。

Trat 达 叻

★ BanJai Dee Guest House 客栈 $

（☎083 589 0839, 039 520 678; banjaidee house@yahoo.com; 6 Th Chaimongkol; 房 200B; 📶）这栋气氛悠闲的传统木楼房，房间简单，配有公用卫生间（能洗热淋浴）。老板很文艺，所以公共区域里装饰着绘画和艺术品。一定要提前预订。需要旅行建议的话，就去问店主Serge。

Artist' s Place 客栈 $$

（☎082 469 1900; pier.112@hotmail.com; 132/1 Th Thana Charoen; 房 含早餐 800~1100B; ❄📶）客房装饰间间不同，旁边的花园里点缀着由老板Mr Phukhao创作的艺术品。

Mairood Resort 酒店 $$

（☎089 841 4858; 28 Mu 6; 别墅 含早餐 1650~4500B; ❄@📶🏊）挨着大海，周围是一片红树林，有平房别墅、小木屋和一个独栋别墅，过夜体验很美妙。

Trat 达 叻

景点

1 日间市场 B2
2 室内市场 B2

住宿

3 Artist's Place B4
4 Ban Jai Dee Guest House C3

就餐

5 夜市 B2
6 No Name Steak & Pasta C3

就餐

在达叻吃饭，一定要去市场。Th Tat Mai上的日间市场（见456页）能喝到古法咖啡

(gah·faa bohrahn)，夜市(17:00~21:00，与日间市场位置相同)也有美食，午餐可以去室内市场吃米粉。晚上，Th Sukhumvit沿线也有美食摊。

No Name Steak & Pasta 各国风味、泰国菜 $

(61-65 Th Chaimongkol；主菜 50~120B；⏲周日至周五 8:00~21:00)餐厅红、白、蓝三色相间，十分亮丽，供应泰国以及西方经典菜，也有三明治。到这儿喝杯咖啡或者思慕雪也不错。

夜市 市场 $

(Night Market；紧邻Th Sukhumvit；主菜30B起；⏲18:00~22:00)夜市很热闹，是吃便宜东西的好去处。

实用信息

Th Sukhumvit贯穿全城，也经常被叫作Th Ratanuson，沿街有许多银行和自动柜员机。

曼谷医院达叻分院(Bangkok Hospital Trat；☎039 532735；www.bangkokhospital.com；376 Mu 2，Th Sukhumvit；⏲24小时)医院距离城镇中心北400米，医疗服务水平当地最高。

Trat Province
达叻府

0 20 km
0 10 miles

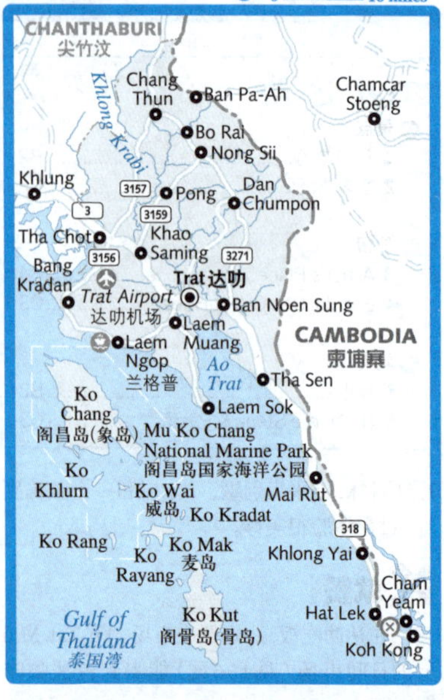

泰京银行(Krung Thai Bank；Th Sukhumvit；⏲8:30~15:30)有自动柜员机和货币兑换服务。

警察局(☎24小时电话 1155；Th Santisuk和Th Wiwatthana交叉路口)从达叻市中心步行一小段路即到。

邮局(Th Tha Reua Jang；⏲周一至周五 8:30~16:30，周六至次日0:30)位于达叻商业区以东。

到达和离开

飞机

曼谷航空(Bangkok Airways；☎039 551655，039 551654，全国 02 265 5555；www.bangkokair.com；Trat Airport；⏲9:00~19:00)每天有3班飞机往返曼谷素万那普国际机场(2550B起，1小时)。

船

兰格普(Laem Ngop)距离达叻西南约30公里，那里有3个码头连接阁昌岛，一家船运公司对应一个码头，其中Koh Chang Ferry公司(Tha Thammachat码头)和Centrepoint Ferry公司(Tha Centrepoint码头)的船最便利。

达叻Th Sukhumvit街上有双条车(Sǒrng·tǎa·ou)发往兰格普及其码头(每人60B，可乘6人；包车300B；单程40分钟)，发车地点紧邻市场。如果从达叻的长途汽车站坐双条车直接去码头，包车价也应该是300B。

从曼谷出发的话，可以从长途汽车东站(即Ekamai Station)搭乘Th Sukhumvit沿线的一趟长途巴士，一直坐到兰格普的Tha Centrepoint码头(250B，5小时，每天上午3班)，中途会经停素万那普国际机场公交枢纽站以及达叻长途汽车站。这趟车每天下午有2班从兰格普返回曼谷。

你也可以跳过阁昌岛，直接去游览威岛、麦岛和阁骨岛等周边岛屿。

小巴

Th Sukhumvit上有小巴发往尖竹汶。

Family Tour(☎081 940 7380；Th Sukhumvit和Th Lak Meuang交叉路口)公司的小巴连接达叻与曼谷的胜利纪念碑。

阁昌岛(Ko Chang)

阁昌岛(意为"象岛")山峰陡峭，丛林覆盖，景色如画，尽管正在试图把自己打造成一个团队游旅行目的地，但安静、原始的气质

从达叻发出的长途大巴和小巴

达叻长途汽车站距离城镇2公里，目的地包括：

目的地	票价（B）	车程（小时）	班次
曼谷长途汽车东站（Ekamai）	254	4.5	6:00~23:30每小时1班
曼谷北部和东北部长途汽车总站（Mo Chit）	261	5.5	每天4班
曼谷素万那普机场公交枢纽站	261	4~4.5	每天5班
尖竹汶	70	1	8:15~18:00每2小时1班

车站也有小巴发往下列目的地（尖竹汶方向的小巴从城内发车）：

目的地	票价（B）	车程（小时）	班次
曼谷长途汽车东站（Ekamai）	270	4	8:30~16:30每2小时1班
曼谷北部和东北部长途汽车总站（Mo Chit）	270	4	8:30~16:30每2小时1班
尖竹汶	70	50分钟	6:00~18:00班次频繁
Hat Lek（前往柬埔寨边境）	120	1.5	5:00~18:00每小时1班
芭提雅	300	3.5	8:00~18:00每2小时1班
罗勇/班佩（前往沙美岛）	200	3.5	8:00~18:00每2小时1班

仍在。岛屿西岸点缀着一片片辽阔的海湾，大多是绵软的沙滩，有些则是卵石海滩。荒凉的风貌搭热闹的派对，这样奇特的组合弥补了沙滩不多的遗憾。

因为阁昌岛位置相对偏僻，直到大约20年前才被游客关注，也才实现了24小时供电。今天来阁昌岛，旅程仍然比较辛苦，但岛上度假村的生意却非常好，里面有来自中国的旅行团，有要去柬埔寨的背包客，还有陶醉于海滩的情侣，他们中的一些人之后还会去游览阁昌岛国家海洋公园（Mu Ko Chang National Marine Park）里那些更加偏远的岛屿。西海岸游人很多，一座座袖珍城镇接连成线，基础设施虽然比较落后，生活标准却很高。想体验阁昌岛昔日的风貌，一定要去参观一下岛屿东南部的那些村庄，看一看Ban Salak Phet和Ban Salak Kok那里的红树林。

景点和活动

阁昌岛是泰国第二大岛，一直都在加速迈向现代化，发展所带来的一些问题自然难以避免，但这里仍然有热带色彩的海洋、野生动物遍地的丛林，以及令众多海滩运动迷疯狂的水上运动。

阁昌岛多山的内陆地区大多作为国家公园受到保护。郁郁葱葱的森林中常有野生动物出没，而且有银色的瀑布点缀其间。

西海岸的海滩和海湾很多，所以是阁昌岛开发程度最高的地方，乘坐公共双条车（sŏrng·tăa·ou）辗转于各海滩之间，方便又便宜。因为一些海滩岩石嶙峋，所以最好为孩子们准备一双游泳鞋。大多数情况下，海滩海水不深，海浪温柔，但在暴雨期间以及雨季（5月至10月）要当心离岸流。

潜水

阁昌岛附近的潜水点有各种珊瑚、鱼类和适合初学者的浅水域。

最原生态的潜水区域位于朗岛（Ko Rang）周边，这座无人居住的小岛因属海洋公园而免受捕鱼业的侵扰。

Ko Yak、Ko Tong Lang和Ko Laun这三座岛屿的附近水域，深度很浅，满是珊瑚礁，海鱼成群，除了鳐鱼，偶尔还能邂逅海龟，非常适合潜水新手。潜水一日游2900B起。PADI开放水域潜水证书培训，费用为每人14,500B。许多潜水学校在雨季仍然营业，不过那时候水下能见度普遍较低。

BB Divers 潜水

（☎039 558040；www.bbdivers.com；

Ko Chang 阁昌岛

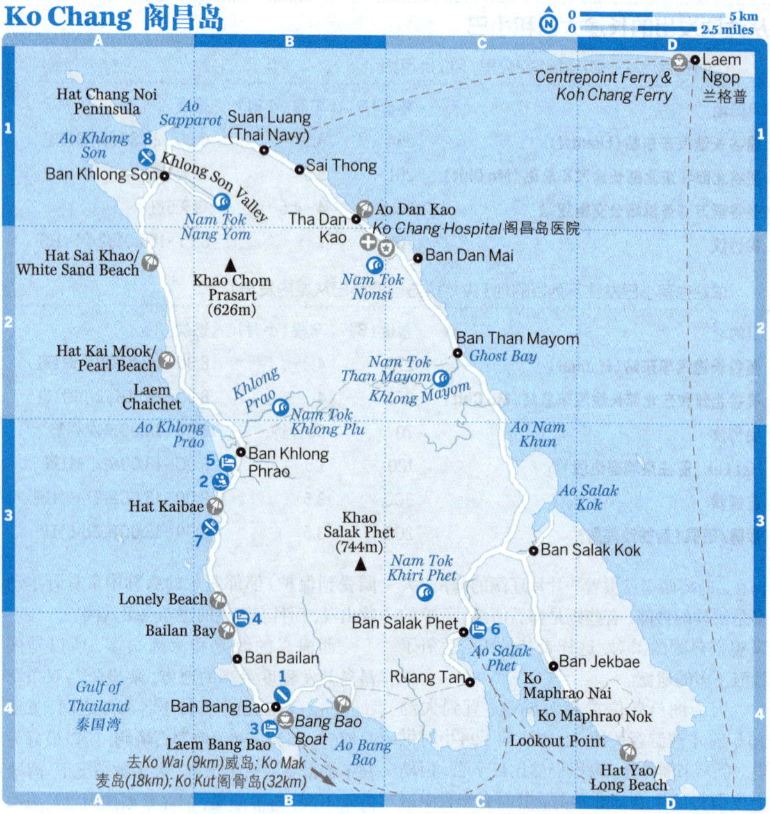

Ko Chang 阁昌岛

活动、课程和团队游

1 BB Divers....................................B4
2 KayakChang..................................B3
Koh Chang Thai Cookery School..........（见5）
Lonely Beach Divers.......................（见4）

住宿

3 Bang Bao Cliff Cottage....................B4
4 BB World of Tapas..........................B4
5 Blue Lagoon Bungalows....................B3
Koh Chang Sea Hut........................（见3）
6 Mangrove Hideaway..........................C4

就餐

7 Barrio Bonito..................................B3
8 Shambhala.......................................A1

Bang Bao）总部在Bang Bao镇，但在Lonely Beach、Khlong Prao和Hat Sai Khao等海滩处都有分店，在骨岛和威岛上也有网点（但仅限旺季）。

Lonely Beach Divers 潜水

（☎080 619 0704；www.lonelybeachdivers.com；Lonely Beach）位于Lonely Beach，有多语教练。

皮划艇

划着皮划艇，从海上观望阁昌岛，阁昌岛更显得壮观英气。这里海浪普遍较为温柔，适宜玩皮划艇，近海岛屿则可以当成目的地。大多数酒店都能出租那种适合近海活动、无须专业培训的顶部密封的皮划艇（每天300B起），有些酒店甚至可以让住客免费使用。

Kayak Chang 皮划艇

（☎097 182 8319，093 532 7241；www.kayakchang.com；Emerald Cove Resort，Khlong Prao；皮划艇 每天 1000B起）Kayak Chang出租高端遮篷皮划艇，适合有皮划艇经验的人，这种皮划艇的操控性能较好，而且在水中走得更快。他们也能组织多日皮划艇游（16,000B起），带你前往群岛中的其他岛屿。

徒步

阁昌岛可不是只有海滩。这里的徒步活动开发相当成熟，岛内小道能带你前往一片片葱郁的森林，鸟类、猴子和各种植物都很容易看到。岛上有几名能说英语的导游，都是在丛林边长大的，很愿意与游客分享丛林的秘密。

Evolution Tour（☎039 557078，089 645 2019；www.evolutiontour.com）旅行社的Tan先生能组织亲子徒步游，以及更具挑战的8小时高山徒步。**Mr Raht**（☎086 155 5693；kohchang_trekking@yahoo.com）能组织一日丛林徒步游探索岛屿南部和东部。也有露营过夜游。徒步游价格为600~1800B。

课程

Koh Chang Thai Cookery School 烹饪

（☎039 557243；Blue Lagoon Bungalows，Khlong Prao；课程 1500B）来阁昌岛也别光顾着犯懒，不妨用这里的课程给头脑或身体充充电。这所学校位于河口旁边，烹饪课程一般会持续5小时，含市场观光，建议提前报名。你可以在一个阴凉的露天厨房内准备和烹饪食物。

食宿

与西岸相比，阁昌岛北部和东部开发较少，更为闭塞，住在那里需要自己解决交通问题，而且要是同伴不多的话，很可能会感到孤独，却能收获一种更为安静平和的体验。

在西岸，Lonely Beach海滩最适合经济型旅行者，Hat Kai Bae性价比最高，Hat Sai Khao性价比最低。

★ **BB World of Tapas** 青年旅舍 $

（☎089 504 0543；www.bbworldoftapas.com；Lonely Beach；铺 200B，风扇间 500~600B；）这里很像是一顿西班牙小吃，什么花样都有一点：自带一家潜水学校和一个健身房，能提供五花八门的西班牙小吃，还有一个公共休闲区，绝对是结识驴友的好地方。是距离Lonely Beach最近的青旅之一。

Bang Bao Cliff Cottage 客栈 $

（☎080 823 5495；www.cliff-cottage.com；Ban Bang Bao；平房 650~900B；）位于码头西边一条葱郁的山坡上，位置较为隐蔽，一共十几座茅草顶平房小屋，俯瞰一片岩石海岸。大多数房间可赏海景，其中两间景色尤其壮美。Scubadawgs潜水学校在这里设有网点。旺季可以提供帐篷过夜。

★ **Koh Chang Sea Hut** 酒店 $$

（☎098 345 5953；www.kohchang-seahut.com；Ban Bang Bao；房 含早餐 2800B；）位于Bang Bao码头最远端，拥有豪华平房和客房，海湾几乎尽收眼底。每间平房都设有独立木板露台，吃早餐就在上面。皮划艇免费使用。

当地知识

不要喂动物

在许多环岛乘船游的过程中，旅行社为了给游客制造惊喜，会把船停在某个岩石峭壁前，让游客给那里的野猴喂东西吃。看起来这没什么不妥，感觉还挺有意思，但实际上会造成非常不好的后果。野生动物会因此不去森林里觅食，开始依赖投食，结果当淡季游船减少的时候，一些年幼体弱的动物会因此面临饿死的危险。

潜水或是乘船游期间，也不应该用剩下的午餐或者专门从码头那里买来的面包去喂鱼。一群五颜六色的鱼一下子聚集过来，看起来也许很美妙，但它们也会因此贪图方便，不再去珊瑚礁中觅食，一旦珊瑚礁失去了这些鱼类每日的“清理”，藻类很快就会泛滥，最终导致珊瑚死亡。

阁昌岛周边

阁昌岛是泰国第二大岛，名气很大，但它只是同名岛群中51座岛屿中的一座。有几座岛屿上也提供住宿，不过大多数平房都会在风大浪急、洪水肆虐的旅游淡季关闭（5月至9月）。

达叻是距离阁昌岛最近的长途汽车中转站，达叻东南22公里有一个Laem Sok码头，那里有船连接下文介绍的各岛屿。邦宝船运（见464页）则运营岛屿之间的渡轮，每天从阁昌岛到阁骨岛开一个来回。阁昌岛的发船时间为9:30和正午，依次经停威岛（单程400B，30分钟）、麦岛（单程600B，1小时）和阁骨岛（900B，2小时）。

阁骨岛

阁骨岛常被誉为泰国最完美的岛屿，如此褒奖，实难反驳。阁骨岛的沙子非常柔软，简直就像滑石粉，轻抚海滩的海水十分清澈，天然椰树多过人造建筑。

因为这里实在太有童话气质了，岛上的一些度假村有感而发，给自己取了"叮当小仙女"（Tinkerbell）和"彼得潘"这样的名字。与旁边面积更大的阁昌岛不同，阁骨岛没有什么夜生活、机动车或噪音，来这里就是为了无所事事。成天赖在吊床上的你要是想动动，只能玩玩皮划艇和浮潜（朗岛附近水域尤其适合观察鱼类）。

阁骨岛（也叫Koh Kood）是泰国第四大岛屿，面积是阁昌岛的一半，长久以来，岛上大多都是那种全包式的度假村，游客多是渴望幽静的精英人士。但现在，阁骨岛正在变得越来越"大众化"，很多自助游旅行者——尤其是亲子游客和夫妻情侣——也盯上了这里。

Koh Kood Ngamkho Resort（☎081 825 7076；www.kohkood-ngamkho.com；Ao Ngam Kho；风扇间 含早餐 1000B，空调间 1500~2000B；❄📶）全岛最佳海滨经济型住处之一。林木茂盛的山坡上建着一座座淳朴怡人的小木屋，山下的海滩不错。度假村出租皮划艇（每天250B），自带的餐厅也不错。

Bann Makok（☎081 643 9488；www.bannmakok.com；Khlong Yai Ki；房 含早餐 3200~3800B；❄@📶）一家精品酒店，藏在红树林之中，建材选用回收木料，漆色复古，好似码头边一座传统渔村，8间客房仿佛一片迷宫。开辟了公共木板露台和阅读角，让住客可以在安静的环境下听听鸟鸣，读读闲书。

麦岛

小小的麦岛不过17平方公里，没有飞快的机动车、过度的旅游开发、吵闹的啤酒吧或者拥

★Mangrove Hideaway 客栈 $$

（☎080 133 6600；www.themangrovehideaway.com；Ban Salak Phet；房 1926~3638B；❄📶）🍃一家注重环保的客栈，正对一片红树林，老板原先是法国的一位银行家，谈吐很有魅力。共8间客房，又大又通透，配备了一个露天按摩浴缸，楼上设有按摩区。建筑都是用当地木材建造的，雇员都是当地村民。可在这里报名参加徒步游等团队游。

★Blue Lagoon Bungalows 客栈 $$

（☎039 557243；www.kohchang-bungalows-bluelagoon.com；Ban Khlong Phrao；别墅 700~2000B；❄）位于一个景色优美的河口附近，有各种平房别墅和普通客房可选，也出租过夜帐篷（250B）。一条木板步道直通海滩。家庭间面积较大，值得一提的是建材中使用了大象粪便。工作人员服务出色，能组织许多活动，包括瑜伽课和烹饪课。

★Barrio Bonito 墨西哥菜 $$

（Hat Kaibae；主菜 160~250B；⏰17:00~22:30）这家路边餐厅位于Hat Kaibae海滩中段，老板是一对法国－墨西哥跨国夫妻，很有魅力，菲希塔（fajita）超好吃，鸡尾酒超带劲儿，菜肴地道，装潢时尚。

★Shambhala 欧洲菜 $$

（Siam Royal View，Ao Khlong Son；主菜

挤的海滩。这里有的是棕榈树林立的海湾、轻轻拍打岸边的海水和令人放松的气氛。可惜麦岛注定成不了岛屿中的超级明星，因为内部都是椰树和橡胶种植园，风景不是很美，外国某些海滩上的白蛉也非常恼人。

岛上最好的海滩是西部的Ao Pra，不过完全处于未开发的状态，而且难以到达。如今，岛上最适宜游泳和沙滩漫步的场所是西北部海湾Ao SuanYai，这里沙滩宽阔，海水如镜。住在其他地方，骑自行车或摩托车过来也非常方便。

大多数经济型客栈都位于岛上西南端的Ao Khao，这里的沙滩也很不错，度假村则集中在岛屿西北边的Ao Suan Yai海湾，那里景色更美。

淡季期间（5月至9月），许多主打平房的住处歇业。

Koh Mak Cottage（☎081 910 2723；www.kohmakcottage.com；Ao Khao；房 500B；@📶）共有19间乡村风情的平房，没什么特色亮点，但好在出门就是海滩。只有前台附近才有Wi-Fi信号。

Monkey Island（☎085 389 0949；www.monkeyislandkohmak.com；Ao Khao；平房 600~4000B；❄@📶🏊）岛上客栈界的“领头羊”，推出了许多土坯或木制平房，户型共分3类，分别叫“狒狒”（Baboon）、“黑猩猩”（Chimpanzee）和“大猩猩”（Gorilla），名字很有创意，配套各有不同。哪种平房都有好玩儿的设计细节，客栈自带一家时尚的餐厅，泰国菜做得不赖，只是上菜速度一般。自带一个小型儿童泳池。1500B以上的平房带空调，含早餐。

威岛

美得醉人的威岛面积很小，岛上一派原始风光，碧绿的海水清澈见底，还有适合浮潜的珊瑚礁和海对面阁昌岛的美景。你要有心理准备，因为下午的大部分时间你会与成群的一日游游客相伴，而其他时间则是一片安宁。

Ko Wai Paradise（☎081 762 2548；房 300~500B）开在美如画卷的海滩上，拥有简朴的木制平房，可以浮潜并欣赏海滩外的珊瑚礁，只不过身边会有许多一日游游客。

Ko Wai Pakarang（☎084 778 2234；kohwaipakarang@hotmail.com；风扇间 800~1200B，空调间 1700~2700B；❄@📶）拥有木制或混凝土平房，自带餐厅还算可以，工作人员能说英语，很热心。只有最贵的房间才带空调。

120~390B；⏲周四至周二 13:00~21:00）餐厅挨着泳池，俯瞰全岛，鸡尾酒价格周边最低，能吃到一流的泰国菜和各种国际美食，意式烩饭就很好。日落后小酌的完美去处。

ℹ 实用信息

西海岸所有沙滩上都能找到自动柜员机和货币兑换点。

从暹粒开往阁昌岛的小巴车，有些车票很便宜，一般都是司机为了抽提成设下的圈套，最后既费时间又费钱，一定要小心。

阁昌岛的疟疾风险很低，来这里只要注意多喷驱蚊剂，应该不会有什么问题。

阁昌岛医院（Ko Chang Hospital；☎039 586096；Ban Dan Mai）信誉良好的公立医院，收费不贵，位于渡轮码头南边。

警察局（☎039 586191；Ban Dan Mai；⏲24小时）阁昌岛最大的警察局。

ℹ 到达和离开

不管是从曼谷还是从柬埔寨出发，到达阁昌岛都需要至少一天时间。

从大陆地区（即兰格普）开来的渡轮有两处发船地点：**Koh Chang Ferry**（☎039 555188；Tha Thammachat，Laem Ngop）的渡轮在Tha Thammachat，**Centrepoint Ferry**（☎039 538196；Tha Centrepoint，Laem Ngop）的渡轮在Tha Centrepoint。从Tha Thammachat出发的渡轮抵达

阁昌岛交通一览

出发	到达	快艇	大巴
曼谷长途汽车东站（Ekamai）	Tha Thammachat码头（兰格普）	无	263B，6小时，每天2班
Tha Centrepoint码头（兰格普）	阁昌岛	80B，40分钟，6:00~19:30 每小时1班	无
Tha Thammachat码头（兰格普）	阁昌岛	80B，30分钟，6:30~19:00 每45分钟1班	无
阁昌岛	阁骨岛	900B，5小时，每天2班	无
阁昌岛	麦岛	600B，2小时，每天1班	无
阁昌岛	威岛	400B，15分钟，每天2班	无
阁昌岛	曼谷素万那普国际机场	无	263B，5小时，14:00

Tha Sapparot，从Centrepoint出发的渡轮抵达沿路的另一个码头。

邦宝船运（Bang Bao Boat；☎084 567 8765；www.kohchangbangbaoboat.com；Ban Bang Bao）旺季时运营渡船连接周边岛屿，从阁昌岛往返麦岛、骨岛和威岛。阁昌岛上的发船地点在西南部的Bang Bao码头。

旺季时，各岛屿间也有快船连接。

阁昌岛与曼谷长途汽车东站（即Ekamai Station）和曼谷素万那普国际机场之间也有直达车往返，经停尖竹汶和达叻。

距离阁昌岛最近的机场在达叻。**Ko Chang Minibus**（☎087 785 7695，08 932 0893；www.kohchangminibus.com）能提供机场往返阁昌岛海滩的客运服务，有多种交通工具组合可选。

泰国东北部（NORTHEASTERN THAILAND）

泰国东北部常常也被称为“伊森地区”（Isan），从狂野不羁的湄公河（泰语称Mae Nam Khong）一直延伸至呵叻高原，泰国最好的国家公园和最古老的寺庙遗址都在这里。泰国东北部宗教历史深厚，受到邻国柬埔寨和老挝的影响，因而文化与饮食自成一派。

呵叻（那空叻差是玛）[Khorat (Nakhon Ratchasima)]

呵叻是一座繁忙的大城市，被许多旅行者当作伊森地区的门户。城中那些较为安静的角落（比如古护城河东侧），当地人仍然保留着比较传统的生活方式，是呵叻最有魅力的地方。

景点

陶顺娜丽巾帼英雄纪念碑 纪念碑

（อนุสาวรีย์ท้าวสุรนารี，Thao Suranari Monument；Th Rajadamnern；⏲白天）**免费** 陶顺娜丽是拉玛三世（Rama Ⅲ，1824~1851年在位）时期呵叻副总督的妻子，可以说是当地版本的“神奇女侠”，被亲切地唤作“Ya Mo”（“莫大奶奶”）。在1826年万象的Chao Anou背叛暹罗、征服呵叻后，她成功组织了一次监狱暴动，从而成为一个英雄人物。有一种传说是这样的：她说服妇女去勾引老挝士兵，借此机会帮助泰国军队发动奇袭，从而挽救了这座城市。

陶顺娜丽馆 博物馆

（อาคารแสดงแสงเสียงวีรกรรมท้าวสุรนารี，Suranari Hall；Th Chumphon；⏲周二至周日 9:00~18:00）**免费** 这座小小的白色建筑可以说是当地女英雄陶顺娜丽的博物馆，里面除了很漂亮的立体模型，还有更漂亮的壁画，描绘了陶顺娜丽拯救呵叻的那场传奇之战。

萨拉雷寺 佛教寺庙

（วัดศาลาลอย，Wat Salaloi；Soi 1，Th Thaosura；⏲白天）这是全城最有意思的寺庙，据说就是当地女英雄陶顺娜丽和她的丈夫在1827年建

前往柬埔寨

达叻至戈公岛

前往边境 距达叻最近的泰国柬埔寨口岸是Hat Lek/Cham Yeam边境口岸，过境后可以前往戈公岛（Ko Kong）。达叻长途汽车站发往Hat Lek的小巴（120B，1.5小时）每小时1班，首班5:00，末班18:00。

到达边境 这是过境成本最高的泰柬口岸。签证费足足要1500B（其他口岸只需US$20），而且只收泰铢。此外也需要一张护照照片。不要理会想要给你签发"健康证明"或其他文件的人。口岸20:00关闸。

继续前行 你可以先乘坐出租车（US$10）或摩的（US$3）前往戈公岛，在那里换乘前往西哈努克市（4小时，每天1到2班）或金边（5小时，每天2到3班，末班11:30）。

口岸可以续签泰国签证，但要注意在这里办理的签证最多只有15天有效期。

尖竹汶至拜林

前往边境 尖竹汶有小巴（☎092 037 6266）发往边境小城Ban Pong Nam Ron（150B，1.5小时，10:00、11:00和18:30），发车地点在River Guest House客栈的河对岸。

到达边境 这个口岸与北边的波贝相比，人要少很多，体验要舒服很多。需要一张护照照片以及US$20的签证费。

继续前行 过关后，先从口岸乘摩的到柬埔寨拜林（Pailin），那里有合乘出租车频繁发往景色优美的马德望（Battambang；每人US$5，1.5小时）。马德望有船发往暹粒，有大巴连接金边。

造的。她死后的骨灰被一分为二，其中一半就安放在萨拉雷寺中一座小佛塔里（另一半在陶顺娜丽巾帼英雄纪念碑里；见464页），所以寺庙常会请人在此唱经，告慰她的亡灵。寺庙的受戒堂（bòht）曾获过嘉奖，面前的池塘里有这位女英雄的一尊小像，正坐在那里祷告。这里一般都挤满了上香设供的信徒。

食宿

Sansabai House 酒店 $

（☎044 255144；www.sansabai-korat.com；Th Suranaree；房 300~500B；P ❄ 📶）这里藏在Tokyo酒店背后，在自我宣传方面明显不如"邻居"，但这种低调的作风与低调的氛围正相符合。大堂有宾至如归的感觉，客房总是在重装改造。除了空调间，也有风扇间。

Thai Inter Hotel 酒店 $$

（☎044 247700；www.thaiinterhotel.com；Th Yommarat；房 含早餐 750~650B；P ❄ @ 📶）这家小酒店将各种风格怪异地糅合在一起。大堂朴实温馨，房间舒适自在，只是面积偏小，家具偏旧。客栈的位置极佳（虽然不十分安静），附近有很多好餐馆和酒吧。住客到旁边一家酒吧消费可享折扣。

Wat Boon Night Bazaar 泰国菜 $

（Th Chompon；主菜 30B起；⏲17:00~21:30）与呵叻夜市（Night Bazaar Korat；Th Manat；⏲17:00~22:00）相比，这个夜市人气不算高，但在美食方面更胜一筹。既有泰国菜，也有伊森风味。

Rabieng Kaew 泰国菜 $$

（Th Yommarat；主菜 80~300B；⏲11:00~23:00；P）这家可爱的餐馆用餐区域摆满了古董，后院是一个草木繁盛的花园。家具走乡村风格，只是显得有些破旧，不过这里的重点不只是氛围与装潢，还有菜肴：每道菜分量都很大，需要大家共享，味道也很好。

实用信息

Th Mittaphap有许多营业时间较长的银行和一台永旺银行（AEON）的自动柜员机。

曼谷医院（Bangkok Hospital；☎044 429999；

Khorat (Nakhon Ratchasima)
呵叻(那空叻差是玛)

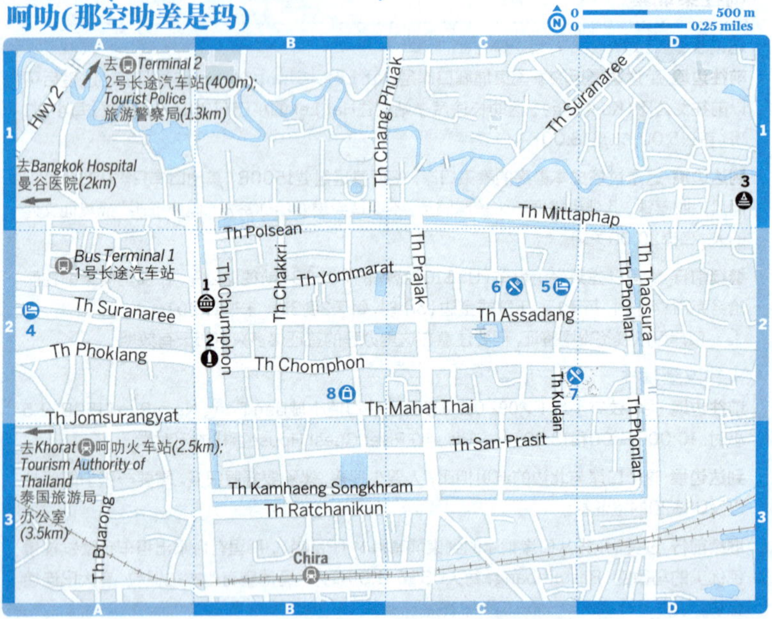

Khorat (Nakhon Ratchasima)
呵叻（那空叻差是玛）

景点
1 陶顺娜丽馆 B2
2 陶顺娜丽巾帼英雄纪念碑 B2
3 萨拉雷寺 D1

住宿
4 Sansabai House A2
5 Thai Inter Hotel C2

就餐
6 Rabieng Kaew C2
7 Wat Boon Night Bazaar C2

购物
8 呵叻夜市 B2

www.bangkokhospital.com; Th Mittaphap）

泰国旅游局（TAT; ☎044 213666; tatsima@tat.or.th; 2102-2104 Th Mittaphap; ⏲8:30~16:30）泰国旅游局设在呵叻的分支，位于市中心之外，地段不便利。

到达和离开

呵叻有两个长途汽车总站。市中心的**1号长途汽车总站**（☎044 242899; Th Burin）有长途汽车发往曼谷（191B, 3.5小时，班次频繁）和呵叻府内多数城镇，包括白昌（75B, 1.5小时，5:30~18:30班次频繁）和巴通猜（21B, 1小时）。发往白昌的小巴（60B, 1小时，6:35~20:00班次频繁）也从这里发车。前往其他目的地以及曼谷的更多长途大巴和小巴在市中心北边的**2号长途汽车总站**（borkŏrsŏrsŏrng; ☎044 295271; Hwy 2）发车。

经停**呵叻火车站**（☎044 242044, nationwide 1690; www.railway.co.th）的列车很多，不过还是乘坐长途汽车更快捷。曼谷每天有10班列车连接呵叻（50~425B, 5~7小时），途经大城。呵叻还有9班列车连接乌汶（58~453B, 5~6小时），4班列车连接孔敬（Khon Kaen; 38~170B, 3.5小时）。

呵叻还有一座规模较小的火车站叫**Chira Train Station**（☎044 242363, 全国 1690; www.railway.co.th），距离老城区更近，在那里下车可能更方便。

呵叻周边（Around Khorat）

披迈（Phimai）

小城披迈本来平平无奇，好在城镇中心保留有泰国现存最精美的高棉寺庙遗迹之一。如果你是从曼谷方向过来的话，披迈的寺庙将是你遇到的第一个大型高棉遗迹，也可以说是最美的一个。从呵叻来披迈游览，当天往返很轻松，但如果你想体验宁静的生活，倒不如住在披迈，把呵叻当成一日游目的地。

景点

★披迈历史公园 古迹

（อุทยานประวัติศาสตร์พิมาย，Phimai Historical Park；☎044 471568；Th Ananthajinda；门票100B；⏲7:30~18:00）根据这座历史公园游客中心（⏲8:30~16:30）免费的介绍，披迈寺（Prasat Phimai）由高棉国王阇耶跋摩（King Jayaviravarman；约1002~1006年）创立，但也有资料显示寺庙的历史最远只能追溯到12世纪。不管孰是孰非，披迈寺仍然是泰国最壮观的高棉文明遗址之一。尽管最初是一座大乘佛教寺庙，庙中却雕刻了许多印度教神祇，设计元素上也体现了吴哥窟的影响。

披迈国家博物馆 博物馆

（พิพิธภัณฑสถานแห่งชาติพิมาย，Phimai National Museum；Th Tha Songkhran；门票100B；⏲周三至周日 9:00~16:00）经过翻修后，这里成了伊森地区最好的博物馆之一，非常值得参观。博物馆位于Sa Kwan湖岸（12世纪由高棉人兴修的一个水库），由两栋建筑构成，空间宽阔，内有来自披迈的高棉雕塑藏品——包括许多精美的雕拱——以及伊森南部地区的文物，也能看到披迈独特的黑色陶器（公元前500至公元500年）和来自各个历史时期的佛像。

到达和离开

呵叻的2号长途汽车总站有大巴小巴发往披迈（50B，2.5小时），白天大约每30分钟1班。

从呵叻发出的长途汽车

下列长途汽车都从呵叻2号长途汽车总站发车：

目的地	票价（B）	车程（小时）	班次
亚兰（泰柬边境口岸）	202	4	5:30~17:30每天5班
大城（小巴）	132	4	5:00~18:00班次频繁
曼谷	191~320	3.5	班次频繁
武里南（小巴）	87	2~3	6:00~20:00每小时1班
清迈	581	12~13	6:30~20:30每小时1班
孔敬	126~160	3~4	6:00~21:00班次频繁
孔敬（小巴）	126	2.5	5:30~18:00班次频繁
甲米	1257	15	16:50
黎府	275	7	5:00至午夜每天11班
华富里	127	3.5	4:50~18:00每30分钟1班
南隆	90	2	6:00~20:00每小时1班
南隆（小巴）	90	1.5	5:00~20:00每30分钟1班
廊开	282~435	6	10:30至次日3:00每小时1班
披迈	50	2.5	5:30~22:00每30分钟1班
素林	167	4	5:00~20:00每30分钟1班
达叻	324	8	10:30至次日3:00共4班
乌汶	324~445	5~6	10:30至次日2:00每小时1班
乌隆	245	5	10:30至次日3:00班次频繁

考艾国家公园（Khao Yai National Park）

考艾国家公园（อุทยานแห่งชาติเขาใหญ่, Khao Yai National Park; ☎086 092 6529; 成人/儿童 400/200B, 小汽车 50B; ⏲6:00~18:00）占地2168平方公里，是联合国教科文组织世界遗产的一部分，园内凉爽葱郁，远离尘嚣，满眼都是原始丛林，从雨林到季风林，横跨5种森林类型。公园的核心景观是那条25米高的华水瀑布（น้ำตกเหวสุวัต, Nam Tok Haew Suwat），雨季水声如雷。另一条华拿瀑布（น้ำตกเหวนรก, Nam Tok Haew Narok）更为磅礴，3个水潭层层落落，总落差足有150米。

公园里生活着许多野生动物，老虎和大象踪迹难寻，但你能看到吵闹的长臂猿和五颜六色的热带鸟类，更有无数“只闻其声”的昆虫。考艾也是一个重要的观鸟目的地，除了成群的犀鸟，还有几种候鸟在此落脚，其中包括从欧洲飞来的仙鹟（flycatcher）。公园里的洞穴是皱唇蝙蝠的家。草原上可以看到当地一种特殊的蝴蝶，一身花格纹，用手术刀一样锋利的口器摧残鲜花。

公园里有几条徒步路线可供旅行者自行探索，但进行观鸟或野生动物追踪活动，最好聘请一位丛林向导，这样可以增进你对当地环境的理解，看到更多种类的动物——否则，你很可能只会见到在树上打秋千的长臂猿，以及吸血蚂蟥（这东西在雨季更是泛滥成灾）。整片公园里的登山小道一共12条，彼此交错，不太适合从头走到尾。自行前往公园也很不方便，自驾而来的泰国游客一般很愿意让你搭车，但最好还是报名参加相关旅行团。

公园里有一个侬帕奇瞭望塔（Nong Pak Chee Observation Tower），从游客中心走过去要2小时，清晨在那里可以看到鸟儿捕虫，偶尔还能邂逅来此解渴的大象和水鹿。前往瞭望塔，须在游客中心预约。提醒一下，在公园里看到潜行遁迹的老虎或大象，属于可遇不可求的惊喜，其实大多数游客，只要看到大山（Big Mountains）群峰间水花飞溅的瀑布，就已经非常开心了。

住宿

★ Khaoyai Garden Lodge 酒店 $

（☎094 191 9176, 044 365178; www.khaoyaigardenlodge.com/khaoyai-national-park-2; Th Thanarat, Km 7; 风扇间 350B, 空调间 2000~3200B, 家 2800B; P ❄ @ 📶 ≋）一家由家族经营的酒店，待客友善，房型多样（最便宜的房间也很大，共用卫生间里有热水和风扇，性价比高于这一带同价位的客房），围着一片迷人的花园分布。酒店性价比高，正面的餐厅兼休闲吧是结识驴友的好地方。

Park Lodging 平房 $

（☎02 562 0760; www.dnp.go.th/parkreserve; 房间和平房 800~9000B）公园里的住宿很简朴，没空调，没冰箱，没电视，但比较舒适。注意，入住必须通过国家公园的官网订房。周一至周四打七折。

Campsites 营地

（自带帐篷 每人 30B, 出租 3人帐篷 225B）公园多处都设有大量规划良好的露营设施。

到达和离开

白昌（Pak Chong）是前往考艾的门户，从白昌沿Th Thanarat行驶30公里即是公园北门，可以乘坐每30分钟一班的双条车前往（40B, 45分钟），首班6:00，末班17:00（从公园北门返回白昌的末班车大约15:00发车）。发车地点在白昌一家7-ELEVEN门前，旁边有一个鹿的艺术雕像（看起来更像长颈鹿）。

白昌长途汽车站位于Th Thesabarn 8红绿灯西南角，那里只有发往曼谷的二等座长途巴士（128B, 3小时）。发往呵叻的二等座大巴和小巴（60~75B, 1.5小时, 5:30~20:00班次频繁），从白昌主市场（dà·làht kàak）附近、鹿雕像东北500米的地方发车。发往曼谷胜利纪念碑的小巴（180B, 2.5小时，每小时1班）在鹿雕像附近候客。

鹿雕像主路对面有一等座大巴发往曼谷（150B, 2.5小时）和呵叻（80B, 1小时）。

曼谷和呵叻也有火车发往白昌，但速度要比大巴和小巴慢很多。

帕侬龙及周边（Phanom Rung & Around）

帕侬龙周边保留着众多名气不大的高棉文明遗迹，体现了这里在高棉帝国时代的重要地位，如果你就是看不够高棉遗迹，那就过来继续过瘾。

景点

★帕侬龙历史公园 遗迹

（อุทยานประวัติศาสตร์เขาพนมรุ้ง，Phanom Rung Historical Park；044 666251；100B，与玛穴寺联票 150B；6:00~18:00）这里绝对是那种让人目瞪口呆的地方。整座神殿位于一座死火山的山顶，与山下稻田的垂直落差约有70层楼高。东南方向可以清晰地望见柬埔寨的扁担山脉（Dongrek Mountains），昔日吴哥帝国的首都也在那个方位。论规模和修复水平，帕侬龙寺庙建筑群在泰国高棉文明遗迹中俱为最佳。修复工程足足进行了17年。

玛穴寺 遗迹

（ปราสาทเมืองต่ำ，Prasat Muang Tam；100B；6:00~18:00）位于Khok Meuang小村，这座经过修复的高棉寺庙在帕侬龙西北方向8公里处，是游览后者的一个理想的附加景点。寺庙的历史可以追溯到11世纪末或11世纪初，由国王阇耶跋摩五世出资修建，无论是规模、氛围还是修复质量，在伊森地区都可以排第三。

整个建筑群（曾经供奉湿婆）周围有红砖墙，墙内有四座开满莲花的水池，每座水池周围都有奇形怪状的五首那伽蛇妖（naga）。

食宿

P California Inter Hostel 客栈 $

（081-808 3347；www.pcaliforniananrong.webs.com；Th Sangkakrit；房 300~800B；P❄📶）位于城市东部，是个相当好的住宿地点，房间明亮，装饰美观，各个价位的房间性价比都很高。最便宜的房间只有风扇和冷水淋浴，较贵的房间有起居空间，配沙发。经营者Khun Wicha会讲英语，对该地情况了如指掌，并提供导游服务。住客可免费使用自行车，工作人员能讲好几门语言。

前往柬埔寨：CHONG SA-NGAM至安隆汶

这个边境口岸在四色菊（Sri Saket）府，通往暹粒的路况非常好，但因为缺少公共交通服务，所以很少有人从这里出入境。可办理落地签证。

Tanyaporn Homestay 客栈 $

（087 431 3741；房 含早餐 500~800B；P⊖❄📶）一家现代化客栈，距离玛穴寺不远，位于一条弯路旁，房子是橙色的，上面写着英文“Homestay”。

Phob Suk 泰国菜 $$

（Rte 24；主菜 60~360B；9:00~22:00；P📶）一家著名餐厅（没有英文招牌，位置靠近长途汽车站），菜单配有图片，菜式和别处差不多，泰国菜、伊森风味和中餐都有。推荐帕侬龙著名的烤猪臀肉（kǎh mǒo）。

实用信息

玛穴湖（Barai Muang Tam，高棉时代的一片水库，长1090米，宽510米）旁边有一个不大的**信息中心**（8:00~16:30），里面关于玛穴寺的介绍很好，参观前一定要过来看看。

到达和离开

乘坐公共交通来帕侬龙历史公园非常麻烦，最好还是从南隆（Nang Rong）的P California Inter Hostel那里打摩的前往。

南隆镇东端的老市场前面，有双条车发往帕侬龙（25B，30分钟，9:00前每30分钟1班）。也可在镇西边的长途汽车站乘坐尖竹汶方向的长途大巴，然后在Ban Ta Pek下车，从那里打摩的去帕侬龙（200B，司机可以等在那里接你回去）。

南隆东约14公里，有一个叫Ban Tako的路口，标志很清晰，连接乌汶、素林、呵叻、白昌或曼谷等地的车辆都可以把你放在那里，从那里可以打摩的直接到帕侬龙（往返至少600B），但摩的要价过高。

不要错过

素林项目

素林项目(Surin Project; ☎084 482 1210; www.surinproject.org; Ban Ta Klang)位于素林的**大象研究中心**(Elephant Study Centre; ☎044 145050; 门票 100B; ⏲8:30~16:00),隶属于清迈的Elephant Nature Park(见487页),其目标之一是改善大象的生存条件,使其可以在大面积保护区内自由活动,不受沉重铁链的束缚。

素林长途汽车站有双条车发往Ban Ta Kang(50B,2小时,6:00~17:00每小时1班),返程末班车16:00发车。自驾的话,先沿214号公路北行40公里,根据大象标志指示驶入3027号公路,再行22公里即是。

如果你想好好陪陪大象,可以报名参加这里的志愿活动,与象夫一起照顾大象,切食物,搭建东西等。志愿活动分一日(2000B,含三餐)和一周(13,000B,含食宿)两种,最好提前报名。素林项目在保护区内设有信息中心,也推出了**家庭寄宿**(☎087 650 6659; Ban Ta Klang; 每人200B,餐 50~100B)。

在大象节(Visakha Bucha; 一般在7月或8月)期间,周边Suai族村庄都会举行庆祝活动,把大象涂得五颜六色,驮上即将出家的男子,在村中游行。

乌汶(Ubon Ratchathani)

乌汶背靠泰国第二大河,市中心历史悠久,节奏缓慢,拥有许多有趣的寺庙,哪怕是看腻了寺庙的游客也不会觉得乏味。

乌汶市是当地经济、教育和农产品贸易的中心,并不是热门的旅游目的地,但可以把这里当作前去探索乌汶府内众多景点的中转站。

景点

西乌文拉塔那寺 佛教寺庙

(วัดศรีอุบลรัตนาราม, Wat Si Ubon Rattanaram; Th Uparat; ⏲白天)这是一座很重要的寺庙,其受戒堂与曼谷云石寺(Wat Benchamabophit)很像,但大多数来此参观的泰国游客,都是冲着寺内那尊7厘米高的托帕石佛像来的。这尊佛像人称"Phra Kaew Butsarakham",据说是在乌汶建城之时从万象请过来的,是乌汶的至宝之一。

乌汶国家博物馆 博物馆

(พิพิธภัณฑสถานแห่งชาติอุบลราชธานี, Ubon Ratchathani National Museum; Th Kheuan Thani; 100B; ⏲周三至周日 9:00~16:00)位于原来的市政厅,信息丰富,展品全面,包括陀罗钵地时代受戒石、在东山文明出土的距今2500年的青铜鼓以及乌汶的纺织品。博物馆的镇馆之宝是9世纪的一尊半女自在天(Ardhanarisvara)神像,这种神像一半是湿婆,一半是其配偶乌玛,全泰国至今只发现过两尊。

乌汶文化展 博物馆

(หอวัฒนธรรมอุบลนิทัศน์, Ubonnithat Culture Display; Th Jaeng Sanit; ⏲周一至周六 8:30~16:00) 免费 乌汶皇家大学(Rajabhat University)内有一座乌汶艺术和文化中心(Ubon Ratchathani Art & Culture Centre),建筑设计非常独特,中心一层的博物馆会举办展览,内容比国家博物馆更偏重于文化,近来还新增了一些展示,其中一个展室专门介绍了乌汶著名的"森林僧",里面有他们的英文教诲辞,也涉及草药、音乐、服装等,还能看到许多雕花蜡烛。

节日和活动

烛光游行 文化节

(Kabuan Hae Tian, Candle Parade; ⏲通常为7月)乌汶著名的烛光游行,源自泰国国王拉玛五世治下,当时的府尹认为燃放火箭爆竹太过危险,故而下令用蜡烛取而代之。最初游行时用的蜡烛都很简单,后来有人开始在蜡烛里安设支架,逐渐发展成了今天那种雕工精细的巨型蜡烛。烛光游行是守夏节(Khao Phansa,标志佛教斋期的开始)庆祝活动的一部分。

食宿

★Outside Inn 客栈 $$

(☎088 581 2069; www.theoutsideinnubon.com; 11 Th Suriyat 房 含早餐 650~799B; 房 500~600B; P❄📶)带有小花园的休闲区为

Ubon Ratchathani 乌汶

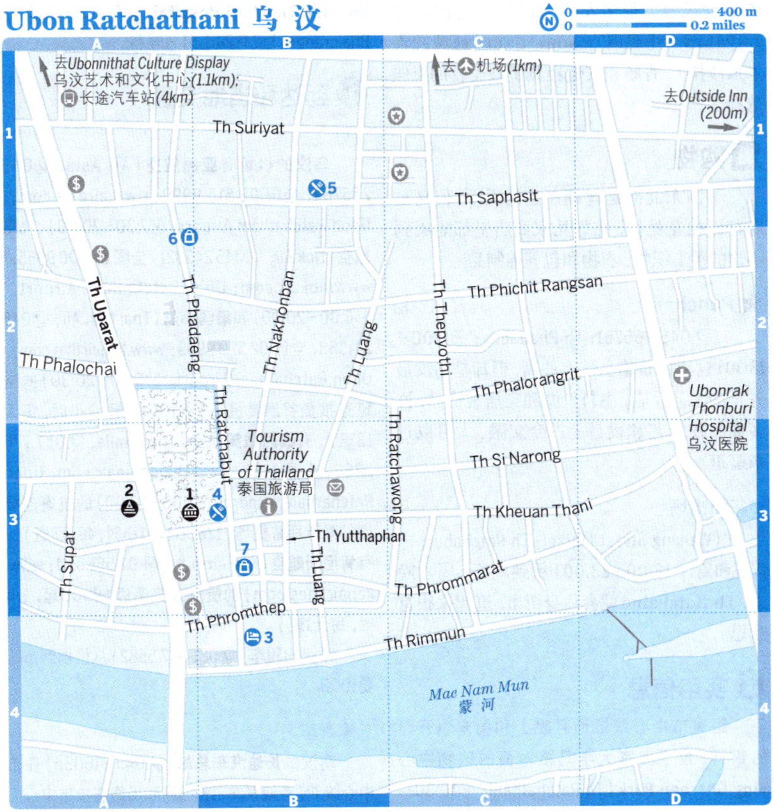

这里带来了放松休闲的氛围。宽敞的房间都很舒适，充满设计感的木质家具别具格调。好客的美籍泰国店主能做一手好菜，泰式和墨西哥菜肴都很拿手。

Sri Isan Hotel

酒店 $$

（☎045 261011; www.sriisanhotel.com; 62 Th Ratchabut; 房 500~600B, 套 700~1200B; ❄@📶）酒店的中庭大堂阳光如洒，明亮欢快，客房最近经过翻修，五颜六色，非常亮堂。位置相当好，适合在城中游玩，总体来说性价比很高。自行车出租每12小时60B。

Night Market

泰国菜、越南菜 $

（Th Kheuan Thani; 主菜 30B起; ⏲16:00~23:00）乌汶的夜市位于市中心，尽管规模比预期的要小，但逛完步行街市场（Walking Street Market; 见472页）去饱餐一顿也未尝不可。泰国、伊森和越南风味的摊位都有。

Ubon Ratchathani 乌汶

景点

1 乌汶国家博物馆 A3

2 西乌文拉塔那寺 A3

住宿

3 Sri Isan Hotel B4

就餐

4 Night Market B3

5 Porntip Gai Yang Wat Jaeng B1

购物

6 Punchard A2

7 步行街市场 B3

Porntip Gai Yang Wat Jaeng

泰国菜 $

（Th Saphasit; 主菜 40~130B; ⏲7:30~19:00）一家很简陋的餐馆，屋里乱得就像刚刚经历了龙卷风，大厨的手艺也能带给你一

场美食风暴。很多人认为这里是乌汶品尝gàiyâhng（烤鸡肉）、sôm·đam（辣辣的青木瓜沙拉）、香肠和其他经典伊森美食的上佳选择。

购物

泰国东北部是丝绸制品的天下，但乌汶府却以棉花见长，在好几家商店里都能买到不错的手工织物、衣物和包等棉制品。

★ Punchard 工艺品

（☎045 265751；Th Phadaeng；⏰9:00~18:30）这里的价格虽然有些高，但却是乌汶最齐全的工艺品店，主打丝绸和家居装饰品，许多商品在工艺和设计上古今交融，大可以过来逛逛。

步行街市场 市场

（Walking Street Market；Th Ratchabut；⏰周五和周六 18:00~23:00）每到周五、周六晚上，Th Ratchabut就会化身街市，逛起来很有意思。

实用信息

距离市中心最近而且晚上和周末也开门的银行，位于皇家大学马路对面的购物中心**Ying Charoen Park**（Th Ratchathani；⏰10:30~19:00）里。

泰国旅游局（TAT；☎045 243770；tatubon@tat.or.th；264/1 Th Kheuan Thani；⏰8:30~16:30）有乐于助人的员工。

Ubonrak Thonburi Hospital（☎045 260285；Th Phalorangrit）设有24小时急救科。

到达和当地交通

飞机

乌汶的机场有**亚洲航空**（Air Asia；☎045 255762，全国 02 515 9999；www.airasia.com；Ubon Ratchathani Airport；⏰7:30~20:00）、**飞鸟航空**（Nok Air；☎045 245821，全国 02 900 9955；www.nokair.com；Ubon Ratchathani Airport；⏰6:00~20:00）和**泰国狮航**（Thai Lion Air；☎045 241568，全国 02 529 9999；www.lionairthai.com；Ubon Ratchathani Airport；⏰5:30~20:30）的航班连接曼谷廊曼机场（约1000B起，1小时，每天12班），有**泰国微笑航空**（Thai Smile；☎087 776 2266，全国 1181；www.thaismileair.com；Ubon Ratchathani Airport；⏰7:00~19:00）的航班连接曼谷素万那普机场（1280B起，1小时，每天3班），有**肯尼斯航空**（Kan Air；☎全国 02 551 6111；www.kanairlines.com）的航班连接清迈（990B起，1小时，每天1班）。

乘坐**出租车**（☎081 967 5582）从机场到市区要100B。

长途汽车

乌汶的**长途汽车总站**（☎045 316085）在市中心以北，有双条车2路、3路和10路连接市中心。除了长途大巴，车站也有长途小巴发往Chong Mek（泰老边境口岸；100B，1.5小时，4:00~18:00每30分钟1班）、孔敬（188B，4.5小时，6:00~17:00班次频繁）和孔詹（Khong Jiam；80B，1.5小时，

从乌汶发出的长途汽车

目的地	票价（B）	车程（小时）	班次
曼谷	423~694	10	8:00~23:30班次频繁
清迈	790	12	19:45至次日18:30
孔敬	188~244	4.5	5:30~17:30每30分钟1班
穆达汉	100~140	3.5	5:45~17:30每30分钟1班
呵叻（那空叻差是玛）	193~248	5~6	5:30~20:15每天14班
南隆	144	4.5	5:30~15:00共6班
巴色（老挝）	200	3	9:30和15:30
罗勇	515~801	13	6:45~20:15每天5班
素林	120~140	3	5:30~20:15每30分钟1班
乌隆	220~284	6	5:30~15:00班次频繁

前往柬埔寨：CHONG CHOM至O SMACH

前往边境 因为柬埔寨的赌场吸引游客，素林的长途汽车总站有许多小巴发往泰柬边境小城Chong Chom（45B，1.5小时，6:10~17:50班次频繁）。

到达边境 边境口岸每天6:00~18:00开放，可现场办理柬埔寨签证。

继续前行 入境柬埔寨后，交通很不方便。前往暹粒只能选择所谓的"出租车"，每座500B，车程4小时，而且9:00之后几乎找不到任何拼车的人，所以只能花2500B包车。

6:30~18:00每小时1班）。

火车

乌汶**火车站**（☎045 321004，全国 1690；www.railway.co.th；Th Sathani）位于Warin Chamrap，有双条车2路连接市区。车站18:30有过夜快车发往曼谷（二等座/一等座 221/460B，二等卧 上铺/下铺 691/781B，一等卧 上铺/下铺 1080/1280B；11.5小时）。另有其他5趟列车连接曼谷（95~581B），车程8.5~12小时。所有列车都经停西萨格（Si Saket）、素林和呵叻。

穆达汉（Mukdahan）

穆达汉位于湄公河岸，与老挝的沙湾拿吉隔河相望，氛围友好，不乏魅力，大可以优哉游哉地待上一两天。

景点

塔拉印多金市场 市场

（ตลาดอินโดจีน，Talat Indojin；Th Samran Chaikhongtai；⏲8:00~18:00）市场位于河畔，热闹又精彩，滨河路沿线以及下方都有摊位，食品、衣服、来自中国和越南的各式小玩意儿，以及伊森制作的丝绸和棉织物都有。

Hor Kaew Mukdahan 博物馆

（หอแก้วมุกดาหาร；Th Samut Sakdarak；50B；⏲8:00~18:00）一座引人注目的塔楼，高65米，原为纪念拉玛九世登基50周年所建，其九边形塔基是一家不错的博物馆，展示配有英文标注，介绍了穆达汉府的8个少数民族。距地面50米的房间是"湄公河岸穆达汉欢乐360°"（The 360° of Pleasure in Mukdahan by the Mekong），从那里可以看到很棒的风景，也有一些古物的展览。顶部球体内有一尊佛像，据说为纯银打造，在当地备受敬仰。

食宿

Ban Rim Suan 酒店 $

（☎042 632980；www.banrimsuan.weebly.com；Th Samut Sakdarak；标单/双 350/450B；P 🚭 ❄ 📶）一家不错的经济型酒店，客房宽敞通透，家装很好，距离市中心南部有点远，但沿河不缺餐饮场所，所以也很方便。

Riverfront Hotel 酒店 $$

（☎042 633348；Th Samran Chaikhongtai；房 含早餐 850~1650B；P ❄ 📶）一家新建的酒店，装饰很有品位，满是实木家装，下铺凉爽的地砖，自带一家咖啡馆，河景房景色非凡。

★ Kufad 越南菜 $

（Th Samut Sakdarak；主菜 40~130B；⏲8:00~17:00；📶）由家族经营，主打越南菜，味道和你在胡志明市吃到的一样好。菜单配有图片，点菜不用靠蒙，但没有标注价格。餐厅无英文招牌。沿路再走不远，还有一家分店**Kufad 2**（Th Samut Sakdarak；主菜 40~130B；⏲8:00~17:00）。

夜市 泰国菜、越南菜 $

（Th Song Nang Sathit；主菜 20B起；⏲16:00~21:00）穆达汉的夜市有所有泰国和伊森的经典食品，不过越南美食才是其特色。好些摊位上都能吃到"băhn dah"（摊主会称其为"越南比萨"），一张脆脆的面饼上会放上米粉、猪肉和洋葱，也可以外加一个鸡蛋。

到达和当地交通

距离穆达汉最近的机场在那空拍侬，那里有亚洲航空运营的机场大巴连接穆达汉。

穆达汉的**长途汽车总站**（☎042 630486）在城西Rte 212路旁，从城镇中心前往汽车站，可以在Th Phithak Phanomkhet沿线拦一辆西行的黄色双

前往老挝：穆达汉至沙湾拿吉

前往边境 穆达汉紧守泰国和老挝界河湄公河，两国公民可以乘船往来，其他人必须通过界桥出入境。过境最轻松的方式就是从穆达汉长途汽车站乘坐发往老挝沙湾拿吉的大巴（45~50B，7:30~19:00每小时1班）。

到达边境 边境口岸6:00~22:00开放，通关可能要1~2小时，具体取决于排队人数。

继续前行 沙湾拿吉有大巴连接老挝国内多个目的地，也有车发往越南。

条车（10B，6:00~17:00）。坐突突车去汽车站要50B。

车站有小巴发往孔敬、那空拍侬、塔帕农（That Phanom）、乌汶和乌隆（Udon Thani）。大巴发往孔敬、呵叻、益梭通（Yasothon）、那空拍侬、乌汶和乌隆。

车站发往曼谷的长途大巴（461~717B，10小时），白天发车的只有几班，多数在17:00~20:00之间发车。

那空拍侬（Nakhon Phanom）

那空拍侬在梵语-高棉语中的意思是“群山之城”，但那些子弹头一样的山峰事实上都在河对岸的老挝，所以只可欣赏，无法攀爬，好在山景奇美，日出朦胧之时尤为惊艳。

景点

那空拍侬的寺庙建筑风格独特。这里一度是澜沧帝国的重要城镇，后来，泰国国王派出最优秀的匠人在这里建造了许多新建筑，再后来，灵动的法国建筑元素也横渡湄公河而来，让这里的风貌更为多元。

胡志明博物馆 博物馆

（หมู่บ้านมิตรภาพไทย-เวียดนาม，Ho Chi Minh Museum；Ban Na Chok；⏲8:00~16:00）免费 实际上是一个胡志明主题公园，俗气却还算有趣，到处都在播放着越南音乐，有一座寺庙和一座仿造的胡志明故居，假山前可以看到许多玩自拍的越南游客。

博物馆位于Ban Na Chok村，距离那空拍侬西约3.5公里，步行不远即是**胡志明故居**（บ้านโฮจิมินห์，Ho Chi Minh's House；☎042 522430；门票乐捐；⏲白天）。突突车往返，司机的报价是200B，而坐出租车100B就可能搞定。

前总督府博物馆 博物馆

[จวนผู้ว่าราชการจังหวัดนครพนม (หลังเก่า)，Former Governor's Residence Museum；Th Sunthon Wijit；成人/儿童 50/20B；⏲周三至周日 9:00~17:00]这座博物馆是1925年时的官邸，修复得很漂亮。里边有那空拍侬的旧时照片，很多贴有英文标签，后面是灯船游行庆典（Lai Reua Fai）的展示。

节日和活动

灯船游行庆典 文化节

（Lai Reua Fai，Illuminated Boat Procession；⏲10月下旬/11月上旬）那空拍侬的灯船游行很有名。古时候，人们会把食物、鲜花和蜡烛放在筏子上，让其顺湄公河而下，以此向那伽蛇妖献祭。这一传统流传至今，有所变化，所用竹筏灯船非常大，最多可以承载2万只手工灯笼，某些船还被设计出了动画效果。

食宿

那空拍侬的住处大多为中档标准，性价比很高，只是周末会有人来这儿赌博，空房可能很不好找。

★777 Hometel 酒店 $$

（☎042 514777；Th Tamrongprasit；房 含早餐 590~790B；P❄@📶）外表四四方方，愣头愣脑，但里面却有那空拍侬最时尚的装潢。而且人家也不只靠颜值，客房本身很不错，经过精心打理，友好热情的服务更是全城第一。酒店名的泰语读作“đorng jet”。

TC Apartment 酒店 $$

（☎042 512212；Th Sunthon Wijit；房 690B；P❄📶）酒店地处镇中心，正面客房的阳台上能看到壮观的河景。所有客房都不赖，Wi-Fi

信号很好。最大的缺点：Th Sunthon Wijit太热闹，晚上的噪音很烦人。

Night Market 泰国菜 $

（Th Fuang Nakhon；主菜 30B起；⏲16:00~21:00）那空拍侬的夜市规模大，花样多，就是能坐下吃饭的地方非常少。

Phornthep Naem Nueang 越南菜 $

（Th Sri Thep；主菜 40~200B；⏲6:00~16:00）感觉很破败，但越南菜样样都有，不妨在早上来这儿尝尝"khài kràtá"（小锅煎蛋，上面有越南香肠）。没有英文招牌，但位置正对着一家老电影院，不难找。

实用信息

泰国旅游局（TAT；☎042 513490；tatphnom@tat.or.th；Th Sunthon Wijit；⏲8:30~16:30）提供那空拍侬、Sakon Nakhon和穆达汉各府的信息。距离城北约2公里，地段不便利。

到达和当地交通

那空拍侬的机场距离城西20公里，有**飞鸟航空**（Nok Air；☎098 681 0181，全国 02 900 9955；www.nokair.com；Nakhon Phanom Airport；⏲8:00~20:00）和**亚洲航空**（Air Asia；☎042 531571，全国 02 515 9999；www.airasia.com；Nakhon Phanom Airport；⏲8:00~17:00）的航班连接曼谷廊曼国际机场（单程1100B起）。

从机场打的进城要100B。

那空拍侬的**长途汽车总站**（☎042 513444；ThFuangNakhon）位于城中心以西。车站有长途大巴发往廊开（200B，6.5小时，7:30~11:30每天3班）、乌隆（147~189B，4.5小时，4:30~15:40每小时1班）和乌汶（155~200B，4.5小时，7:00~14:00每天3班）。前往乌汶的旅客，多数会选择小巴（182B，4小时，5:45~16:00班次频繁），途中经停穆达汉（69B，2.5小时）和塔帕农（40B，1小时）。车站有班次频繁的大巴发往曼谷（386~862B，11~12小时），首班16:30，末班19:30。

城中那家Kasikornbank银行附近有双条车停靠，发往塔帕农（40B，1.5小时，17:00之前班次频繁）。

廊开（Nong Khai）

廊开位于湄公河畔，与老挝万象隔河相望，多年来一直很受游客喜爱。高人气不仅仅来自邻近万象的地理位置以及城中吃不尽的香蕉煎饼，粉红色的梦幻夕阳美景和悠闲惬意的生活节奏让许多本想只住一晚的旅行者久久不忍离去。

景点

★沙拉缴库 雕塑

（ศาลาแก้วกู่，SalaKaewKu；Wat Khaek；20B；⏲6:00~18:00）这里的那些雕塑，造型虽然毫无新意，规模却足以令人瞠目。公园由玄学高僧苏利拉（Luang Pu Boun Leua Sourirat；1996年去世）创立，建设时间超过20年，诡异奇幻的雕塑皆来自印度教及佛教典故。所有从廊开向东行驶的长途汽车都途经通往沙拉缴库（10B）的路口。从路口步行到达公园大约5分钟。从廊开包突突车往返公园，加上1小时的等待时间，总共150B。

波差寺 佛教寺庙

（วัดโพธิ์ชัย，Wat Pho Chai；Th Phochai；门票乐捐；⏲白天）一尊镀金、包铜、镶嵌宝石的澜沧时代佛像Luang Po Phra Sai，坐落在廊开

前往老挝：那空拍侬至他曲

前往边境 那空拍侬有摆渡船连接湄公河对岸的老挝城镇他曲（Tha Kheak），但只有泰国和老挝两国公民才能乘坐。其他人必须经过城北的泰老三号友谊桥（The Third Thai-Lao Friendship Bridge）出入境。通关最方便的方式就是从那空拍侬长途汽车站乘坐直达他曲的大巴（工作日/周末 70/75B，8:30~14:30共4班）。

到达边境 边境口岸6:00~22:00开放。一切通关手续都在界桥处办理，老挝可办理落地签证。有时候，越南籍工人会大批涌进，现场相当混乱。

继续前行 大巴为了多装乘客喜欢等上很长时间才开车，经常要两个多小时才能到达他曲。

Central Nong Khai 廊开市中心

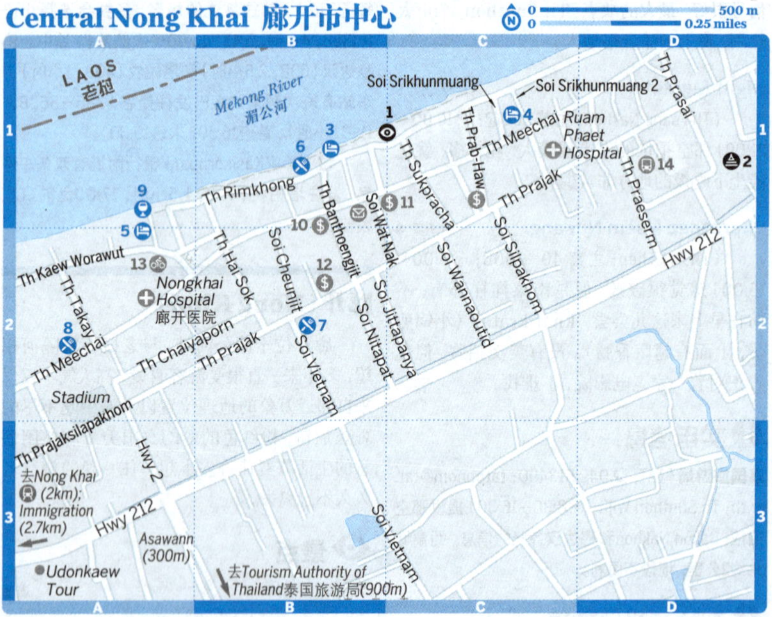

Central Nong Khai 廊开市中心

景点

1 塔沙代市场 C1
2 波差寺 D1

住宿

3 Baan Mae Rim Nam B1
4 Ban Sai Thong C1
5 Mut Mee Garden Guest House A2

就餐

6 Daeng Namnuang B1
7 Dee Dee Pohchanah B2
8 Saap Lah A2

饮品和夜生活

9 Gaia A1

实用信息

10 泰京银行 B1
11 KTB Bank C1
12 Thanachart Bank B2

交通

13 Khun Noui A2
14 廊开长途汽车站 D1

最神圣的寺庙的中心。佛像纯金为头，青铜为身，火焰头饰（ùt·sà·nít）上嵌有红宝石。这座敕建寺庙据说极其灵验，大多数来廊开的泰国游客都不肯错过。

廊开水族馆 水族馆

（พิพิธภัณฑ์สัตว์น้ำจังหวัดหนองคาย, Nong Khai Aquarium; 紧邻Rte 2; 100B; ⏲周二至周日 9:00~17:00）这家水族馆给人的第一印象不太好，刚进去看到的一些展示显得有些破败，但越往里逛越有意思，尤其是巨大的湄公河展窗。"鱼吃人"的表演是一大亮点，每天14:00一场，周六、周日及节假日11:00加演一场。地点位于孔敬大学（Khon Kaen University）校园内，紧邻2号公路，远离城区，而且没有公交可达。

塔沙代市场 市场

（ตลาดท่าเสด็จ, Tha Sadet Market; Th Rimkhong; ⏲8:30~18:00）这个市场大棚是城中最热门的旅行目的地，几乎每个人都会来逛逛。常见的商品自然不缺，比如衣服、电子设备、食物以及各种小玩意，多数都是从老挝和中国进口的，但也有几个商店出售古怪的高质量物品。

节日和活动

泼水节
文化节

(Songkran; ⏰4月中旬)泼水节期间，人们会从波差寺请出那尊无比珍贵的佛像，在城中游行。

住宿

因为背包客源源不断地涌入，廊开的经济型住宿在泰国东北部排名第一。

★Mut Mee Garden Guest House
客栈 $$

(☎042 460717; www.mutmee.com; 1111/4 Th Kaew Worawut; 房 200~1400B; ❄📶)位于湄公河上安静的河段。廊开这家经济型老客栈的花园惬意醉人，晚上大多数时候都会挤满旅行者。住宿档次极其丰富（最便宜的房间共用浴室，最贵的有一个漂亮的阳台），正中央是一家茅屋餐馆，可以欣赏到湄公河壮阔的景色。

老板朱利安(Julian)熟知周边景点和当地奇闻逸事，很愿意与住客分享。

Ban Sai Thong
客栈 $$

(☎081 975 6451; Soi 2, Th Meechai; 房 含早餐 600B)一家新开的客栈，建筑为传统的泰式风格，中央一片庭院，9间客房围绕分布。房子本身设计美妙，客房面积大，配有乡村风情的外廊，可以坐在廊上，欣赏面前的庭院。住客可免费使用自行车，并在早上免费享用一杯咖啡和一份五谷糯米饭(tanyápêut)。在这一带由泰式民居改造而成的客栈中，这家最好。

Baan Mae Rim Nam
酒店 $$

(☎081 873 0636, 042 420256; www.baan

另辟蹊径

汶干

泰老边境小城汶干，没有什么吸引人的地方，但泰老市场(Thai-Lao Market)却是一个例外。里面老挝商贩卖的某些东西，比如香草和菌类，都是从森林里采集来的鲜货，也能找到很多伊森传统特产（比如青蛙和蟋蟀笼子）。

景点

普同山寺(วัดภูทอก, Wat Phu Thok; ⏰6:00~17:00, 4月10日至16日关闭)寺庙令人称奇，佛堂与禅房(gù·đì)散布于山间，隐藏于洞穴，高立于崖壁，彼此之间有6层台阶路连接。通往山顶的山路非常难走，需要攀根踩石，但山顶森林异常宁静，可以欣赏四周的乡野奇景。

普瓦野生动物保护区(เขตรักษาพันธุ์สัตว์ป่าภูวัว, Phu Wua Wildlife Sanctuary; ☎081 260 1845; 成人/儿童 100/50B)这是泰国最重要的野生动物保护区之一，占地186平方公里，沿湄公河延伸，山峦起伏，树木成林，林中瀑布众多（仅雨季可观），区内除了豹、熊、雉、猴，还生活着30多只大象，徒步游览时偶尔可见。

泰老市场(ตลาดนัดบึงกาฬ, Thai-Lao Market; Soi Buengkan; ⏰周二和周五上午)市场开在湖畔那条街道上，摊贩众多，既有泰国人，又有老挝人，相当热闹，里面有许多森林里的特产，包括草药和食物。除了衣服、咖啡和小吃，你也能买到装着蛐蛐等虫子的笼子。

住宿

Maenam Hotel(☎042 491051; Th Chansin; 房 400~450B; P⊖❄@📶)酒店紧靠滨河路，正对湄公河，地段全城第一，本书调研期间，滨河路正在进行大规模升级改造，竣工后这家的地段一定还会升值。

到达和离开

汶干是府内的交通枢纽，大巴、小巴、双条车四通八达，但在本书调研期间，汶干长途汽车站正在进行搬迁，线路非常混乱，到达之后一定要向当地人询问最新信息。

mae\rimnam.com; Soi Kheuan 3, Mekong Promenade; 双 500~800B，标三 800~1100B; ❄📶）这家客栈藏在塔沙代市场的一条小巷里，恰好位于河畔，鲜亮的黄色建筑里有很棒的房间，带阳台，可观河景。后面的标准间很便宜，不过不是很诱人。

餐饮

塔沙代市场里和滨河路一带有许多餐厅能够饱览河景。

Daeng Namnuang 越南菜 $

（Th Rimkhong; 主菜 50~250B; ⏲8:00~20:00; 🅿📶）这家很大的河畔餐馆俨然已经成为伊森餐馆中的名流，外地人会成群结队地来这里，买上一大堆猪肉春卷（nǎamneu·ang），塞进汽车后备箱或行李包里带回家。乌隆机场那里也有一家分店。

Saap Lai 泰国菜 $

（Th Meechai; 主菜 25~150B; ⏲7:00~20:00）想品尝可口的gàiyâhng（烤鸡肉）、sôm·đam（辣辣的青木瓜沙拉）和其他伊森美食，跟着嗅觉来这家朴实无华的餐馆就对了。

Dee Dee Pohchanah 泰国菜 $$

（Th Prajak; 菜肴 60~425B; ⏲10:30至次日2:00）这家简朴的餐馆有多出色？看看晚餐时间的人群就知道了。尽管每晚都是满座，这里的上菜速度却很快，你不会等太久。

Gaia 酒吧

（Th Rimkhong; ⏲19:00至深夜）湄公河上的一家水上酒吧，Mut Mee Garden Guest House的住客以及当地许多老外都爱来这里。有丰富的饮品、安静的氛围，有时还有现场音乐演出，经常为当地公益计划举办筹款活动。

实用信息

Asawann（Hwy 2; ⏲10:00~21:00）购物中心那里有延时营业的银行和永旺银行的自动柜员机。

入境管理处（☎042 990935; ⏲周一至周五 8:30至正午和13:00~16:30）位于友谊大桥南端，紧邻2号公路，可以办理泰国签证延期。

廊开医院（Nongkhai Hospital; ☎042 413461; ThMeechai; ⏲24小时）提供24小时急诊服务。

泰国旅游局（TAT; ☎042 421326; tat_nongkhai@yahoo.com; Hwy 2; ⏲8:30~16:30）位于城外，交通不便。

前往老挝：廊开至万象

这是泰国最繁忙的边境口岸之一。

前往边境 如果你已经办理了老挝签证，最方便的通关方式就是从廊开长途汽车站乘坐直达万象的大巴（55B，1小时，7:30~18:00每天6班）。车站还有一班大巴发往老挝万荣（270B，4小时，9:40）。根据官方规定，周末、节假日，以及工作日7:30和18:00发往老挝的大巴，票价会上涨5B。

如果你计划在边境口岸（6:00~22:00开放）办理签证，可从廊开乘突突车前往。从长途汽车站上车要100B，从城镇中心上车只要50B。除非多人结伴旅行，不然没有必要通过代理公司办理签证，所以别让司机把你带到代理公司去。

你也可以乘火车前往老挝（在两边的火车站都有入境管理处），不过火车不到万象，所以我们建议你不要采用这种交通方式。乘坐火车（20~30B，9:00和14:45发车）15分钟到达桥另一边的塔呐冷（Thanaleng，即Dongphasay）车站，之后乘坐突突车，费用就看司机会要多高的价了。

到达边境 在泰国办理出境手续之后，你可以乘坐大巴前往桥对面的老挝入境检查站（工作日/周末 20/30B）。老挝这边的工作人员不会为难人，但有时候入境的人很多，可现场办理有效期为30天的老挝签证。

继续前行 口岸距万象约20公里，有许多大巴、突突车和出租车在此候客，而且很容易找到同行者拼车省钱。

到达和离开

飞机

最近的机场在南55公里外的乌隆。**Udon-kaew Tour**（☎042 411530；Th Pranang Cholpratan；⏰8:30～17:30）旅行社运营有机场小巴往返廊开（每人150B至200B）。从机场进城，小巴会把你放在你的酒店或者大桥那里，前往机场的小巴在旅行社门店那里发车。最好提前购买小巴票。

汽车

廊开的长途汽车总站（☎042 412679）紧邻Th Prajak，距河畔客栈聚集区约1.5公里。发往乌隆的车（40B，1小时，5:30～20:00每30分钟1班）最多。想沿湄公河向西去的旅行者，可以乘坐这里的大巴前往讪空（Sangkhom；60B，3小时，7:30、11:00和15:00），其中7:30发车的大巴可以一路开到黎府（Loei；130B，6.5小时）。车站也有大巴发往孔敬（120～137B，3.5小时，7:00～18:00每小时1班）、那空拍侬（200B，6.5小时，8:30和11:00）和北碧（Kanchanaburi；495B到770B，10小时，8:00和18:30），有小巴发往乌隆（50B，45分钟，6:00～18:00每小时1班）和汶干（Bueng Kan；150B，2.5小时，5:30～20:00班次频繁）。

火车

发往曼谷的大巴（329～658B，11小时）白天班次较少，傍晚前后班次较多。还有一班巴士直达曼谷素万那普机场交通枢纽站（495B，9小时，20:00）。每天另有两班大巴发往清迈（820B，12小时，19:00）。

廊开火车站（☎042 411637，nationwide 1690；www.railway.co.th）在城中心以西2公里处，白天有3班快车连接曼谷（坐票103～498B，一等卧上铺/下铺 1117/1317B，11.5小时），上午一班，下午两班。晚上也有一班，票价较低。

当地交通

廊开城内车辆不多，而且邻近乡村，很适合骑行。许多客栈都有自行车供住客免费使用。想租车的话可以联系Mut Mee客栈门口马路对面的**Khun Noui**（☎081 975 4863；Th Kaew Worawut；⏰8:00～16:00），那里的自行车（每天50B）和摩托车（200B）质量可靠。

廊开至黎府

景点

从廊开到黎府，中途刚好可以到宁静的小城讪空（Sangkhom）看看。这里最迷人的是瀑布，雨季之后最适宜观赏。

欣玛炳寺

佛教寺庙

（วัดหินหมากเป้ง，Wat Hin Mak Peng；紧邻Rte 211；门票乐捐；⏰白天）寺庙地界偌大，置身森林，俯瞰湄公河，脚下悬崖直插河面，景色美妙。寺内氛围宁静，建寺的住持Ajahn Thet是高僧阿姜曼（Ajahn Mun Bhuridatto）的徒弟，在泰国人心中地位很高。寺中那尊真人大小的蜡像以及零零星星、闪闪烁烁的宝塔（chedi），都是用来纪念他的。游客必须衣着得体，短裤必须过膝，上衣不能无袖。

寺庙位于清迈（Si Chiangmai，也叫清迈县）到讪空的半路上。可以从廊开乘坐讪空方向的长途大巴，到寺庙入口下车（50B，2.25小时），从那里走到寺庙建筑群还有比较长的一段距离。

帕塔素阿寺

佛教寺庙

（วัดผาตากเสื้อ，Wat Pha Tak Sua；紧邻Rte 211；⏰白天）这座森林中的寺庙俯瞰讪空，与小城的直线距离不过2公里，开车却要19公里。上面可以看到湄公河的惊艳美景，凉爽的季节，眼前的山谷在清晨时云雾缭绕。从讪空往东，刚过了81公里的里程碑，就能看到一条供寺中僧人往来的徒步小道。沿着Soi 5走过最后一座房子，然后在芒果树和木瓜树那里右转即是。

Nam Tok Than Thip

瀑布

（น้ำตกธารทิพย์；⏰白天）免费 瀑布距离讪空西13公里（下211公路后再行2公里即是），共有三层，是周边最大的瀑布。下层落差30米，中层落差100米，沿台阶爬到中层很轻松。上层落差70米，只能透过茂密的森林隐约望见。

住宿

Sangkhom River View

酒店 $$

（☎042 441088，063 361 4562；Rte 211；房间和别墅 含早餐 1500B；P ⊜ ❄ @ 📶）酒店设

有木制步道和石艺装饰，环境迷人，舒适性相当高。许多客房都有河景，自带餐厅也不错。距离城镇中心东1.5公里。

到达和当地交通

廊开每天有3班长途大巴发往汕空（60B，3小时），车辆很破，只有风扇，其中最早的一班会继续前往黎府（70B，3.5小时）。汕空没有正规站点，大巴经过时朝司机招手示意即可。

黎府（Loei）

相对而言，黎府是一个不大的府都，在城中辗转很是轻松。城内有一些不错的住处，驻扎在这里探索府内的国家公园非常方便。城外的森林公园里可以望见城镇以及周边丘陵，景色震撼。

黎府的那些小博物馆不是很精彩，但泰国旅游局办公室楼上有一家**黎府博物馆**（พิพิธภัณฑ์เมืองเลย, Loei Museum; Th Charoenrat; ⌚8:30~16:30; P）免费，城北5公里的皇家大学校园内，还有一家**黎府文化中心**（ศูนย์วัฒนธรรมจังหวัดเลย, Loei Cultural Centre; ☎042 835223; Rte 201; ⌚8:30~16:30）免费。两个地方都展示有泰国鬼节（Phi Ta Khon）的面具和照片，如果不打算亲自到丹赛（Dan Sai）参加鬼节，不妨来这里看看。博物馆里还有陶器、织物和其他文物，馆中关于Thai Phuan和Thai Dam两个少数民族的介绍也很有用。

泰国旅游局（TAT; ☎042 812812; tatloei@tat.or.th; Th Charoenrat; ⌚8:30~16:30）办公室可以提供很好的黎府地图，工作人员很热心。

住宿

★ **Loei Village** 精品酒店 $$

（☎042 833599; www.loeivillages.com; Soi 3, Th Nok Kaew; 房含早餐 1300B; P ❄ 📶）这家时尚的酒店主打服务牌，一进门，迎宾饮料清凉入口，好客之情暖在心头。免费迷你吧小吃以及绝妙的自助早餐这些细节，再加上漂亮的装潢，使得这里成了黎府住宿的首选之一。住客可以使用自行车。工作人员尤其热心。

到达和当地交通

黎府机场有**飞鸟航空**（Nok Air; ☎黎府机场 088 874 0883，全国 02 900 9955; www.nokair.com; Loei Airport; ⌚6:00~16:00）和**亚洲航空**（Air Asia; ☎黎府机场 042 844629，全国 02 515 9999; www.airasia.com; Loei Airport; ⌚9:00~17:00）的航班连接曼谷的廊曼国际机场，每天各有3班，机票约990B起。亚航有机场小巴班车连接清刊。

从机场打的进城要150B。

黎府的**长途汽车总站**（☎042 833586; Th Maliwan）有车发往乌隆（91B，3小时，4:00~17:20每30分钟1班）、孔敬（125B，3.5小时，3:45~18:10每30分钟1班）、呵叻（252B，6小时，5:30~16:30班次频繁）、彭世洛（Phitsanulok; 207~266B，4小时，10:00和正午）和清迈（409~570B，10小时，每天3班）。这里只有一班大巴发往廊开（150B，6.5小时），6:00发车，一路沿湄公河行驶，景色优美，值得体验，但如果想快些到达廊开，那就到乌隆换乘。

黎府夜间有班次频繁的大巴发往曼谷

前往老挝：汶干至北汕

汶干与老挝北汕（Paksan）之间隔着一道湄公河，很少有人选择从这里出入境，通关必须提前办好老挝签证。

前往边境 泰方检查站（8:00~18:00开闸）距离汶干西北2.5公里（坐突突车大约60B），自2017年已搬迁至距离湄公河不远的新地址：Wisit, Mueang Bueng Kan District, Bueng Kan 38000。

到达边境 过境需乘坐摆渡船，运营时间为8:30至正午以及13:00~16:30，每船大约凑够20名乘客才开船。午休期间以及16:30以后，通关人数很少，很可能需要包船（1000B）。

继续前行 突突车在老挝境内的河岸处等待，不过步行不远就是公路和一些酒店。

前往老挝：THAI LI至KAEN THAO

这一口岸位于泰国Thai Li，距离黎府西北60公里，有一座友谊大桥（Thai-Lao Nam Heuang Friendship Bridge）连接老挝，外国人可以现场办理老挝签证，很少有人选择从这里通关。

前往边境 最简单的方式就是从黎府长途汽车站乘坐VIP大巴（Borisat Khon Song；☎042 811706；Loei bus terminal）直达老挝琅勃拉邦（700B，10小时）。黎府的发车时间是8:00，经停老挝沙耶武里（500B，7小时）。

到达边境 口岸的开闸时间为6:00~18:00。

（389~605B，11小时），相关客运公司包括**Air Muang Loei**（☎042 832042；Loei bus terminal）、**999 VIP**（☎042 811706；Loei bus terminal）和黎府交通运输公司（Transport Company）。

长途汽车站那里也有小巴发往丹赛（70B，1.5小时，4:30~16:30每天4班）和孔敬（160B，3小时，9:00和16:00），有双条车发往清刊（35B，1.5小时，5:00~19:15每30分钟一班）。

清刊（Chiang Khan）

清刊紧守湄公河岸，凭借有利的位置把旅游业做得有声有色。城中可以望到河对岸老挝美丽的高山，最吸引人的是那条美妙的滨河路，以及步行街（名为步行街，实际上也有少量汽车通行）上那些古色古香的木制商铺。泰国人很喜欢来这儿度假，你也大可以过来放松几天。

滨河路的扩建工程已经完成，一直通到4公里外的库窟石滩（Kaeng Khut Khu），你可以舒舒服服地走到石滩了。

许多客栈都能组织乘船游，带你前往库窟石滩甚至是更远的地方，沿途山景迷人，所以强烈推荐。乘船游价格会受到油价的影响，一般1.5小时的乘船游总价大约1000B，最多可乘10人。

住宿

Chiangkhan Riverview Guesthouse 客栈 $$

（☎080 741 8055；277 Th Chai Khong；房500~1000B；❄📶）一家河畔客栈，品位不凡，建筑新旧都有，风扇间、空调间、独卫间、非独卫间都有。客房全为红木装潢，格调时尚，有些带河景，露台非常迷人，老板待客友善。

Norn-Nab-Dao 酒店 $$

（☎086 792 0215；Th Chai Khong；房含早餐1000~2500B；P❄📶）清刊许多新开的住处都是一水儿的实木装潢，这家倒是例外，但同样迷人。客房色彩可爱，围着一个中央庭院分布。

ℹ 到达和离开

清刊有双条车发往黎府（35B，1.25小时），发车地点在Th Srichiang Khan和Soi 26交叉路口的专设站点，早上大约每15分钟一班，其他时间客满发车。双条车也会在清刊市场以及201号公路沿线搭载乘客。201号公路上有**Nakhonchai Transport**（☎042 821905）的专用汽车站，那里有大巴频繁发往黎府（38B，45分钟），进而经猜也贲（Chaiyaphum；205B）最终抵达呵叻（283B，7小时）。

清晨及上午，清刊有4家客运公司的长途车发往曼谷（10小时），分别为**Air Muang Loei**（☎082 642 1629；Th Srichiang Khan Soi 23）、**999 VIP**（☎089 893 2898；Soi 9）、**Phu Kradung Tours**（☎089 842 1524；加油站，Rte 201；）和**Sun Bus**（☎全国 02 936 3993；Rte 201），发车地点在各公司办事处，票价419~652B。

注意，清刊并没有到廊开的直达车。

如果打算包车往西去，可以考虑选择Mae Nam Heuang河沿线的那些罕有人知的小路，最终总可以到达丹塞。

泰国北部（NORTHERN THAILAND）

泰国北部层峦叠嶂，是户外运动者的

另辟蹊径

帕田国家公园

帕田国家公园（อุทยานแห่งชาติผาแต้ม，Pha Taem National Park；☎045 252581；成人/儿童 400/200B），景色震撼却少有人知，因那道长长的峭壁（即"帕田"）得名。站在峭壁顶上，可以远眺湄公河对岸的老挝。峭壁下有一条徒步小道，沿途可见史前岩画，历史至少可以追溯到公元前1000年。岩画上描绘有巨大的湄公河鲶鱼（plah bèuk）、大象、手印和几何图案，其中还能看到原始的大型捕鱼装置，与今天当地人所使用的渔具十分相似。最震撼的一组岩画面前设有观景平台。

岩画前本有树木遮挡，可惜公园成立之后因开辟徒步小道而被清除，多年风吹日晒使得某些画面模糊不清，但总的来说仍然大有可观。游客中心（⊙5:00~18:00）举办有展览，介绍岩画以及当地的生态情况。

峭壁北边有一条Nam Tok Soi Sawan瀑布，高25米，和公园中其他瀑布一样，6月至12月期间水势最盛。前往瀑布，可从游客中心驱车19公里，随后步行500米，也可以提前预约一位护林员，沿峭壁顶部徒步约15公里。瀑布附近有一片花田（花期为11月至2月），规模号称泰国第一。

公园北半区的瀑布、岩画和奇景更多。公园中有一道Pha Cha Na Dai峭壁，是全泰国最先看到日出的地方（帕田峭壁的日出时间要晚大约一分钟，但是全泰国最先看到落日的地方）。Nam Tok Saeng Chan瀑布上横着一块岩石，中间有一个天然形成的孔洞，瀑布之水从当中穿过，景象惊奇。公园占地340平方公里，散布着许多经侵蚀风化形成的奇石怪岩，其中有四处"蘑菇岩"（Sao Chaliang），形状与穆达汉普帕特国家公园（อุทยานแห่งชาติภูผาเทิบ，Phu Pha Thoep National Park；☎089 619 7741；门票 200B）中的类似。

Pha Taem & Kaeng Phisamai Riverside（☎087 249 3173；www.phataemriverside.com；房间和平房 含早餐 1000~2500B；P❄📶）帕田国家公园入口附近聚集着一些所谓的"度假村"，其中这家可以算是首选，位置俯瞰湄公河，可以望到老挝境内的峭壁，风光壮观。度假村自带一家餐厅，养着一些小马驹，还有一座小桥连接湄公河的岩石河床（旱季才能前往）。

帕田与Khong Jiam之间由2112号公路连接，路程18公里，不通公交，最好从Khong Jiam包一辆卡车或突突车去（往返600B）。乌汶有小巴发往Khong Jiam（80B，1.5小时，6:30~18:00每小时1班）。

乐园。

但喜欢人文的旅行者也不会失望，泰国文化中许多代表性元素都诞生于此，具有丰富的文化景观与体验活动。

到达和离开

飞机

亚洲航空（Air Asia；☎全国 02 515 9999；www.airasia.com）泰北的清迈、清莱、难府和彭世洛都有亚航的航班连接曼谷廊曼国际机场。

曼谷航空（Bangkok Airways；☎全国1771；www.bangkokair.com）泰北的清迈、清莱、南邦（Lampang）、夜丰颂（Mae Hong Son）和素可泰都有曼谷航空的航班。

肯尼斯航空（Kan Air；☎全国 02 551 6111；www.kanairlines.com）在泰北的清迈、夜丰颂、拜县和彭世洛都有航班。

泰国微笑航空（Thai Smile；☎全国 02 118 8888；www.thaismileair.com）在泰北的清迈和清莱有航班。

小汽车

在泰国北部设有网点的租车公司包括**Avis**（☎全国 02 251 1131；www.avisthailand.com）、**North Wheels**（☎053 874478；www.northwheels.com）和**Thai Rent A Car**（☎全国 1647；www.thairentacar.com）。

清迈（Chiang Mai）

清迈曾是泰国北部兰纳王国的首都，因其丰富的历史和相对凉爽的气候深受泰国人和游客们的青睐。这里有众多寺庙，是一座文化名城，同时也是旅行者继续前往北部山地的门户。

景点

寺庙、市场和博物馆在清迈遍地都是，但也不要只关注古城以内，环城干线公路内外都有景点。

★瓦洛洛市场 市场

（ตลาดวโรรส，Talat Warorot；Th Chang Moi和Th Praisani交叉路口；⏲6:00~17:00）瓦洛洛市场（也拼作“Waroros”）是清迈历史最悠久的市场，是体验清迈风情的好去处。里面的摊位不计其数，除了纪念品，也能找到泰国百姓的日常所需，炒锅、玩具、渔网、茶叶、假发、用来蒸糯米饭的蒸锅、泰式香肠、炸猪皮（kâab mŏo）、活鲶鱼和供在家里的小神像全部都能找到。在市场大棚里的过道中逛来逛去，看当地人选东西，和摊主讨价还价，买些真能用得上的东西带回家，如此一来，半天时间很快就过去了。

★兰纳民俗博物馆 博物馆

（พิพิธภัณฑ์พื้นถิ่นล้านนา，Lanna Folklife Museum；Th Phra Pokklao；成人/儿童 90/40B；⏲周二至周日 8:30~17:00）博物馆所在建筑建于1935年，为泰国殖民时代的风格，原为本府法院。馆中展览很有想象力，用一系列实物大小的模型布景再现了兰纳王国时代的乡村生活，从兰纳传统陶器描画技艺（lai·krahm），到神秘的兰纳舞蹈（fon lep，舞者需佩戴长长的金属手指套），再到兰纳寺庙里各建筑元素背后复杂的象征意义，一切都有介绍。

在拜访古城里众多寺庙之前，最好先来这里学习一下。

清迈国家博物馆 博物馆

（พิพิธภัณฑสถานแห่งชาติเชียงใหม่，Chiang Mai National Museum；☎053221308；Rte 11/Th Superhighway；⏲周三至周日 9:00~16:00）免费 由艺术部管理，展示了兰纳时期的文物和泰国北部的历史变迁。展厅于2018年整修一新后已重新对游客开放，门票为30B/人。展品包括佛像、象轿（howdahs）和还原历史片段的模型布景。

城里的寺庙

★帕辛寺 佛教寺庙

（วัดพระสิงห์，Wat Phra Singh；Th Singharat；门票乐捐；⏲5:00~20:30）帕辛寺是清迈最受敬仰的寺庙，正殿（wí·hăhn）规模宏大，贴满镶嵌画，四周庙宇装饰奢华，绿地精细齐整，其间点缀着咖啡摊和按摩亭，足见香火之旺。**“帕辛”**意为“狮佛”，寺内有一尊著名的狮佛佛像，引得众多信徒来此礼拜，供奉狮佛的配殿叫“Wihan Lai Kham”，位于寺庙后部，紧邻佛塔南侧。

★大佛塔寺 佛教寺庙

（วัดเจดีย์หลวง，Wat Chedi Luang；Th Phra Pokklao；成人/儿童 40/20B；⏲7:00~22:00）免费 这座寺庙不如帕辛寺那么气派，但里面那座佛塔（建于1441年）却要比帕辛寺的佛塔高很多。佛塔为兰纳时代风格，十分沧桑，周围地界偌大，氛围浓郁。曼谷玉佛寺里那尊大名鼎鼎的玉佛（Phra Kaew），原本就供奉在这座寺庙东边的佛堂里，后于1475年被请走。1995年，泰国国王为了庆祝这座佛塔建成600周年，将一尊复制的玉佛赐给大佛塔寺作礼物，如今仍然可以见到。

★盼道寺 佛教寺庙

（วัดพันเตา，Wat Phan Tao；Th Phra Pokklao；门票乐捐；⏲白天）寺庙紧挨着大佛塔寺，遍体柚木，建筑称奇，绝对是清迈古城中最有氛围的寺庙。寺内到处都能看到橙色的旗帜在风中舞动，大殿内有28根粗壮的柚木立柱，四周墙壁配有深色柚木壁板，当中供着一尊黄金佛像，造型尤其优雅。晚课期间，僧人橙色的僧袍与殿内深色的柚木并陈眼前，对比鲜明，更显庄严震撼。

清曼寺 佛教寺庙

（วัดเชียงมั่น，Wat Chiang Man；Th Ratchaphakhinai；门票乐捐；⏲白天）这是清迈最古老的寺庙，由清迈城的创立者明莱王（Phaya Mengrai）修建，历史可以追溯到1296年前后。受

Central Chiang Mai 清迈市中心

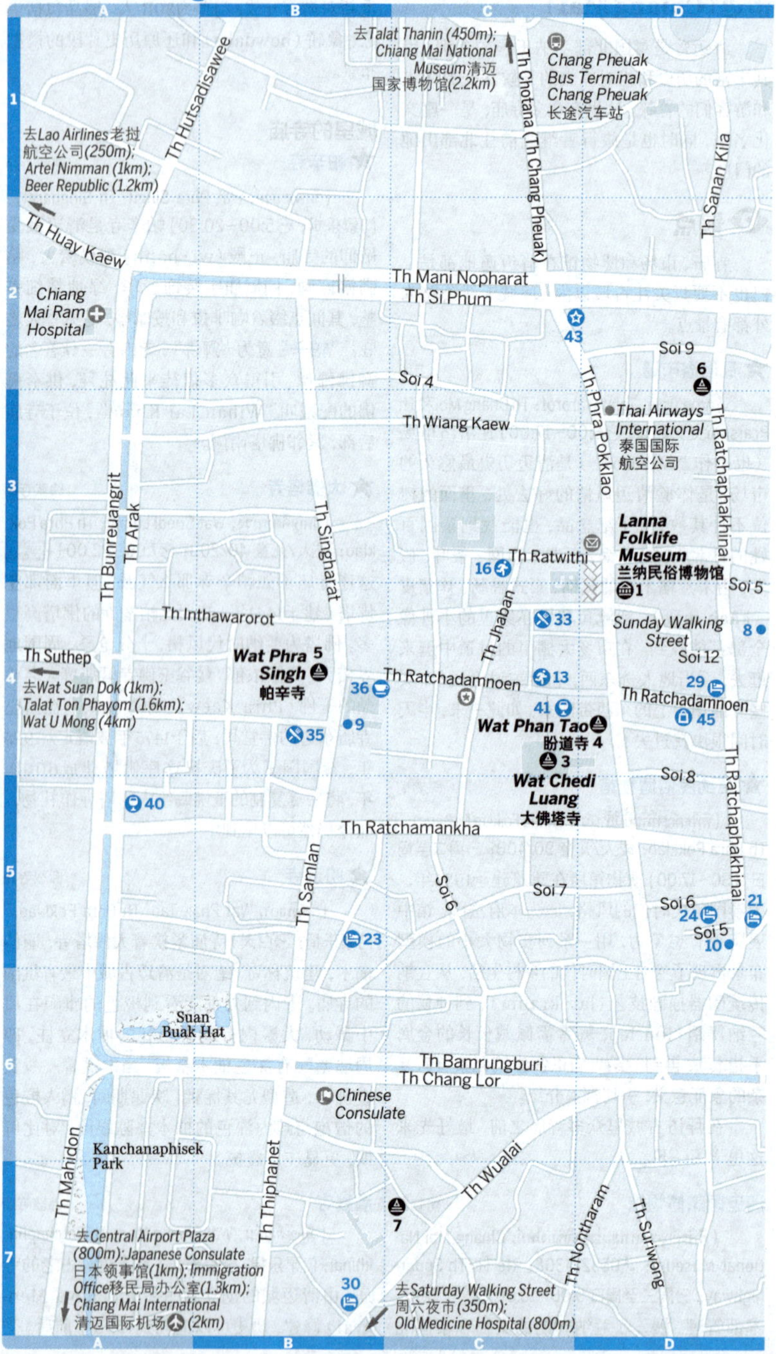

泰国北部 清迈

0
400 m
0
0.2 miles
Th Ratanakosin
Saphan Ratanakosin
Th Chaiyaphum
Th Muang Samut
Th Charoenrat (Th Faham)
Th Chetuphon
去McCormick Hospital麦考密克医院(500m); Arcade 拱廊长途汽车站(1.5km); Nok Air (1.5km)
Th Wichayanon
US Consulate
美国领事馆
Th Kaew Nawarat
Th Wat Ket
Soi 3
Soi 1
Soi 9
Soi 8
Soi 7
Soi 6
Soi 2
Th Moon Muang
Th Chaiyaphum
Soi 1
Soi 2
Th Chang Moi Kao
Th Taiwang
Th Ratchawong
Th Praisani
Th Chang Moi
Th Chang Moi
Soi 2
2
Talat Warorot
瓦洛洛市场
Mae Ping 宾河
Soi 5
Soi 1
Air Asia
Th Tha Phae
Main Square
Thai Smile
Th Tha Phae
去Chiang Mai 清迈火车站(1.4km); Indian Consulate 印度领事馆(2km)
Soi 4
Soi 5
Soi 4
Soi 6
Soi 3
Soi 2
Soi 1
Th Chang Khlan
Soi 1
Chiang Mai Night Bazaar
Soi 6
Th Loi Kroh
Soi 1
Soi 2
Soi 1
Th Moon Muang
Th Kotchasan
Tourism Authority of Thailand
泰国旅游局办公室
Soi Anusan
Th Charoen Prathet
Soi 1
Th Rat Chiang Saen
Th Si Donchai
French Consulate
法国领事馆
Th Kamphaeng Din
Th Pracha Samphan
Th Chang Khlan
42
14
31
28
19
39
15
38
18
37
34
22
26
20
12
32
17
44
25
11
27

Central Chiang Mai 清迈市中心

重要景点

1 兰纳民俗博物馆 D4
2 瓦洛洛市场 G3
3 大佛塔寺 C4
4 盼道寺 D4
5 帕辛寺 B4

景点

6 清曼寺 D2
7 素攀寺 C7

活动、课程和团队游

8 Asia Scenic Thai Cooking D4
9 Chiang Mai Mountain Biking & Kayaking B4
10 Chiang Mai Rock Climbing Adventures D5
11 Elephant Nature Park E5
12 Flight of the Gibbon E4
13 Lila Thai Massage C4
14 Scorpion Tailed River Cruise G2
15 Siam River Adventures E3
16 Vocational Training Centre of the Chiang Mai Women's Correctional Institution C3
17 Wat Pha Khao E5

住宿

18 Awana House E4
19 Baan Orapin H3
20 Banthai Village F4
21 Diva Guesthouse D5
22 Gap's House E4
23 Good Morning Chiang Mai Tropical Inn B5
24 Julie Guesthouse D5
25 Julie Guesthouse Part II E5
26 Mo Rooms E4
27 Riverside House H5
28 Sri Pat Guest House E3
29 Tamarind Village D4
30 Tri Yaan Na Ros B7

就餐

31 Blue Diamond E2
32 Kao Soi Fueng Fah G5
33 Kiat Ocha C4
34 Riverside Bar & Restaurant H4
Ruen Tamarind .... （见29）
35 SP Chicken B4

饮品和夜生活

36 Akha Ama Cafe B4
37 Good View H4
38 Kafe E4
39 Khun Kae's Juice Bar E3
40 Mixology A5
41 Writer's Club & Wine Bar C4

娱乐

42 Nabé E2
43 North Gate Jazz Co-Op C2

购物

44 Chiang Mai Night Bazaar G5
45 Sunday Walking Street D4

戒堂(ubosot)面前有一块石碑，碑文刻写于1581年，是已知最早的关于清迈创城的介绍。正殿(wí·hăhn)里的佛像铸造于1465年兰纳王国时代，也是清迈已知最古老的佛像。

城外的寺庙

★素贴寺 佛教寺庙

(วัดพระธาตุดอยสุเทพ, Wat Phra That Doi Suthep; Th Huay Kaew, Doi Suthep; 30B; ⏲6:00~18:00) 素贴寺立于山顶，俯瞰清迈，是泰北最神圣的寺庙之一，清迈每个小学生都知道这座寺庙创立的传奇故事，寺中的金色宝塔奇美，内藏佛宝，引得泰国信徒争相来此礼拜。建筑本身十分漂亮，体现了典型的泰北风格，是兰纳艺术与建筑的荟萃，前面的台阶共306级，爬起来相当辛苦，两旁饰有镶嵌画，描绘的是那伽蛇妖，游览起来很有趣，晴天时还能欣赏到美妙的城景。建造台阶的本意是让信徒在一步步攀爬的过程中获得领悟，要是你心有余而力不足，也可以花上20B，乘坐缆车式电梯登顶。

悟孟寺 佛教寺庙

(วัดอุโมงค์, Wat U Mong; Soi Wat U Mong, Th Khlong Chonprathan; 门票乐捐; ⏲白天) 古城里也有一座同名寺院，规模较小，不要弄混了。这座寺庙历史悠久，森林环绕，内有一座著名的古塔，塔基为砖石结构，通道错综复杂，历史可以追溯到1380年前后，乃是为疯僧Thera Jan所建。走进拱顶通道，两侧可见当年壁画的遗迹，还有几尊备受尊崇的佛像。古塔周围的灌木森林中，也散布着众多残破的佛像，历史跨度足有数百年。

活动

水上活动

Scorpion Tailed River Cruise 乘船游

（☎081 960 9398；www.scorpiontailedrivercruise.com；Th Charoenrat；乘船游 500B）安排乘坐传统蝎尾船的游览活动，主题是湄平河（Mae Ping）的历史。令人增长见闻的游览（每天5次）持续1~1.5小时。发船地点在Rim Ping Condo附近的Srikhong码头，中途会在旅行社兄弟企业Scorpion Tailed Boat Village那里停船吃小吃。

Chiang Mai Mountain Biking & Kayaking 山地自行车

（☎053 814207；www.mountainbikingchiangmai.com；1 Th Samlan；团队游 1250~2700B；⏲8:00~20:00）这家旅行社非常专业，口碑很好，除了湄平河皮划艇游，也能组织全日导览山地骑行游，使用进口山地车，前往素贴山国家公园（Doi Suthep-Pui National Park）乃至更远的地方，其中包含登山前往素贴寺这一热门项目。

Siam River Adventures 漂流

（☎089 515 1917；www.siamrivers.com；17 Th Ratwithi；漂流 每天1800B起；⏲8:00~20:00）该旅行社已经积累了超过15年的经验，能组织白水漂流和皮划艇活动，在安全和专业方面口碑很好。导游接受过专业的救援培训，危险河段有专人值守，备有救援套索。此外还可以加入接触大象和村庄民居过夜的环节。

按摩

Vocational Training Centre of the Chiang Mai Women' s Correctional Institution 按摩

（☎053 122340；100 Th Ratwithi；足疗/传统按摩 200/200B起；⏲周一至周五 8:00~16:30，周六和周日 9:00~16:30）清迈女子劳改所设有职业培训中心，帮助劳改人员重新融入社会，里面可以提供按摩服务，水平非常高。隔壁设有咖啡馆，按摩过后不妨去喝一杯。

Lila Thai Massage 按摩

（☎053 327243；www.chiangmaimassage.com；Th Ratchadamnoen；标准按摩/草药按摩 200/350B起；⏲10:00~22:00）一家高人气连锁按摩会馆，由清迈女子劳改所前主管创立，雇员都是参加过劳改所按摩培训的刑满释放人员，目前在古城内有5家分店。

其他活动

Flight of the Gibbon 高空滑索

（☎053 010660；www.treetopasia.com；29/4-5 Th Kotchasan；一日游 3999B；⏲9:30~18:30）这家探险机构率先在当地掀起了高空滑索的热潮，一直被模仿，从未被超越。活动地点在Ban Mae Kampong附近，距离清迈东有1小时车程，滑索总长接近5公里，将一个个树顶平台连在一起，交织如网。除了滑索一日游，旅行社也组织包含多种活动的多日游，夜间在村庄民居中过夜。

★ **Elephant Nature Park** 大象互动

（☎053 818754，053 272850；www.elephantnaturepark.org；1 Th Ratchamankha；1/2日游 2500/5800B）清迈第一批受助大象保护区之一，由Sangduen Chailert（昵称Lek）创立并负责管理，率先倡导大象旅游活动的新风尚：禁止骑象及大象表演，把大象的利益放在第一位。你在这里可以与大象和象夫一起散步，帮忙喂食、洗澡，重点在于互动。该自然公园隶属于素林项目（见470页）。

Wat Pha Khao 佛教寺

（วัดผ้าขาว；Th Ratchmankha；门票乐捐；⏲白天）免费 周末17:00~21:00，这座小寺院里会举行讲经活动（见490页）。

课程

攀岩

Chiang Mai Rock Climbing Adventures 探险

（CMRCA；☎053 207102；www.thailandclimbing.com；55/3 Th Ratchaphakhinai；攀岩课程 3894B起）清迈城外有一块石灰岩峭壁名叫疯马壁（Crazy Horse Buttress），该攀岩学校在那里开辟了很多攀岩线路，设有固定点的专业攀岩线路，难度等级为6a至7a+（法

徒步清迈

每年有数以千计的旅行者会深入泰北山区徒步，希望能够欣赏到奇幻山景，与传统部落的族人互动，邂逅大象。这一需求催生出了一个庞大的旅游产业，实际旅行体验非常商业化，未必能满足每个人对于探险的渴望。

标准的徒步游，先要坐1小时小巴到Mae Taeng或Mae Wang，然后徒步前往不远处的一个大象营，骑大象，竹筏漂流。多日徒步游还会在山地部落村庄中或者附近过夜。许多经济型客栈都会向住客施压，让他们报团，自己好能抽成，住客如果拒绝，可能会被要求离店。

这种套餐徒步游人气无疑很高，但参观的那些大象营可能会有虐待大象的嫌疑，那些所谓的山区部落村庄也很让人失望，因为许多村子里都生活着不少中国和缅甸的移民，传统的生活方式多已消失。漂流不过是在一条小河上平平淡淡地漂一段，并没有那种水花四溅的惊险刺激。

如果渴望真正的探险，那就得自行安排，实际上也没有麻烦许多。你可以租一辆摩托车，深入丛林，自行探索清迈南北的那些国家公园——清道就是一个非常理想的大本营。想观察自然条件下生活状况良好的大象，可以去Elephant Nature Park（见487页）参观一天。想玩真正的白水漂流，可以参加Siam River Adventures（见487页）组织的团体活动。想体验传统的山地部落文化，那就去更为偏远的地区，而不是那种从清迈出发、当天即可往返的村庄，比如到他通报名参加多日徒步游就是最好的选择。

国标准）。该校还能对各个水平的攀岩爱好者提供攀岩及探洞培训，前往疯马壁的大巴班车8:00发车（往返300B，一定要提前一天预约）。

这里也出租攀岩装备，可以零租，也可以整租双人全套装备（1875B）。

烹饪

Small House Chiang Mai Thai Cooking School 烹饪

（☎095 674 4550；www.chiangmaithaicooking.com；烹饪课 1500B起；⊙课程 9:30～15:00）这家烹饪学校就开在清迈城外的一栋“小房子”里，你可以和老师Arm学做泰国菜。学费含往来交通和参观当地市场，内容也涵盖泰北料理。

Asia Scenic Thai Cooking 烹饪

（☎053 418657；www.asiascenic.com；31 Soi 5, Th Ratchadamnoen；半天课程 800/1000B起，全天课程 1000～1200B，900～1000B；⊙半天课程 9:00～13:00和17:00～21:00，全天课程 9:00～15:00）由Khun Gayray主讲，授课地点可选城区，也可选择城外一座宁静的农场，内容涵盖汤食、咖喱、炒菜、沙拉和甜点，让你经过一天的学习，就能做出全套大餐。

健康养生

Thai Massage School of Chiang Mai 健康养生

（TMC；☎053 854330；www.tmcschool.com；203/6 Th ChiangMai-MaeJo；基础课程 8500B起）这家有名的学校位于城市东北，开设政府授权的按摩课程，设有三种基础课和比较深入的教师培训项目。

Doi Suthep Vipassana Meditation Center 健康养生

（☎053 295012；www.fivethousandyears.org；Th Huay Kaew, Wat Phra That Doi Suthep）这家养生中心位于素贴寺寺内，能组织各种水平的禅修，短则4天，长则21天。

Old Medicine Hospital 健康养生

（OMH；☎053 201663；www.thaimassageschool.ac.th；78/1 Soi Siwaka Komarat, Th Wualai；课程 2000～12,000B）开设政府认证的传统按摩课程，10日按摩课程每月开两个班，也能进行时间较短的足疗和推油按摩课程（足疗/传统按摩 200/200B）。

节日和活动

花卉节 文化节

（Flower Festival；2月上旬）2月上旬举行，为期3天，鲜花如海。活动包括花展、文化表演和选美大赛，Saphan Nawarat到Suan Buak Hat还会进行一场鲜花游行。

泼水节 新年

（Songkran；4月中旬）泰国传统新年（4月13至15日）在清迈的庆祝方式热闹无比。护城河两岸挤满了数以千计的狂欢者，可劲儿往行人和彼此身上泼水。帕辛寺也会举行仪式庆祝泼水节，只不过没有那么狂野。

水灯节 宗教

（Loi Krathong；10月/11月）水灯节也叫"Yi Peng"，日期根据阴历计算，人们会往湄平河里放莲花船供奉河灵，夜空中也会升起数千盏孔明灯。

住宿

现在，来清迈体验都市休闲游的中国旅行者越来越多，传统旅游淡旺季的界限越来越模糊，中国春节、泼水节以及其他节假日期间来清迈，尤其应该尽早订房。

清迈的住宿价格仍不算高，宿舍床位最低只要200B左右，简陋的风扇间最低400B，不错的空调间最低600B。某些经济型客栈房费不高，但会通过鼓动住客报名参加徒步游等团队游来赚提成，有人曾向我们举报，因为拒绝通过客栈报名参团而被店家赶了出去。入住是否必须报名参团，客栈服务员一般都会提前告知。

城里

★Diva Guesthouse 客栈 $

（053 273851；www.divaguesthouse.com；84/13 Th Ratchaphakhinai；铺120~180B，房300~800B；）位于热闹的Th Ratchaphakhinai，有活力，有色彩，背包客所需应有尽有，比如普通宿舍床位、廉价格子间、探险游、互联网和韵律十足的音乐。楼下咖啡馆里还能吃到炒饭和沙爹肉串（sà·dé）。房型从宿舍间到家庭间都有，或带风扇，或配空调。

Julie Guesthouse 青年旅舍 $

（053 274355；www.julieguesthouse.com；7 Soi 5，Th Phra Pokklao；铺100~150B，房带/不带独卫260/150B起；）这家之所以人气常年不减，除了设施方面不错，便宜也是很重要的原因：一个简陋的宿舍床位，竟比一杯水果冰沙贵不了多少，再多花一点点钱就能住进小小的格子间。青旅的天台配有顶棚，晚上驴友云集。

另一家分店（094 628 1991；www.julieguesthouse.com；11 Th Ratchamankha；铺120~180B）只有宿舍间。

Gap's House 客栈 $

（053 278140；www.gaps-house.com；3 Soi 4，Th Ratchadamnoen；房含早餐370~800B；）客栈经营多年，很受背包客的喜爱，花园杂草丛生，仿佛丛林一般，这反倒充分保证了公共休闲区的私密性。房间价格便宜，装潢简单，设在一栋栋老式木房子里，老板能组织烹饪课，周一到周六每天都能为住客准备一顿美味的素食自助餐。不接受预订。

Awana House 酒店 $$

（053 419005；www.awanahouse.com；7 Soi 1，Th Ratchadamnoen；风扇间495B，空调间690~995B；）清迈古城的城门Pratu Tha Phae（即塔佩门）建于中世纪，周边客栈众多，这家堪称首选。每个价位的客房这里都有，全都打理得一尘不染，一层露台上还有一个清凉的带棚迷你泳池。价格越高，客房越舒适，天台休闲区可以俯瞰清迈古城。

服务员人超好，对孩子更是照顾有加，所以带孩子来旅行的人非常喜欢这里。一定要提前订房。

★Tamarind Village 酒店 $$$

（053 418896-9；www.tamarindvillage.com；50/1 Th Ratchadamnoen；房含早餐5179B起，套8239~10,701B；）酒店紧邻Th Ratchadamnoen，地段绝佳，过去是一片酸角树果园，走兰纳时代的风格，雅致却不做作，氛围浓郁。内部有一大片水池和多个花园，高高的树上挂着果子，阴凉怡人，一座座凉亭由步道连接，曲径通幽。客房的装潢足以登上设计杂志，全是漂亮的部落织物和工艺品。对1岁以上儿童提供看护服务。

自带餐厅The Ruen Tamarind（见491页）主打泰国菜，品相精美，自带水疗馆的养生服务无所不包，极尽奢享。

★ Sri Pat Guest House 酒店 $$$

（☎053 218716；www.sri-patguesthouse.com；16 Soi 7, Th Moon Muang；房1500~2000B；❄📶🏊）一家非常不错的背包客客栈，该有的东西一个不缺。有Wi-Fi，有泳池，有公共木板露台，雕刻佛像随处可见，客房装潢时尚，铺地砖，配平板电视，还点缀着泰式装饰细节，个性满满，物超所值。服务员面带笑容，态度友善。

★ Good Morning Chiang Mai Tropical Inn 酒店 $$$

（☎086 922 3606；www.goodmorningchiangmai.com；29/5 Soi 6, Th Ratchamankha；房含早餐 1800~2300B；❄📶🏊）客栈开在一栋别墅里，建筑略带西班牙风情，位于帕辛寺南边，地段安静，住起来很舒适，自带一个咸水泳池，早餐超级好。客房里全是天然实木装潢，床上用品洁白如新，卫生间又宽敞又有品位。

城中心以外

★ Riverside House 客栈 $$

（☎053 241860；www.riversidehouse-chiangmai.com；101 Th Chiang Mai-Lamphun；房含早餐 800~1500B；❄@📶🏊）位于Saphan Lek（铁桥）附近，性价比很高。共3栋楼，中间那栋挨着泳池，远离交通噪声，所以里面的客房最贵也最值得推荐，但其他客房也很划算。很适合带小孩的旅行者。

★ Mo Rooms 酒店 $$$

（☎053 280789；www.morooms.com；263/1-2 Th Tha Phae；房含早餐 2800~3900B；❄@📶🏊）这家酒店是一位大隐于市的“设计师”，水泥墙面、雕塑一般的实木与天然建材水乳交融。12间客房分别以十二生肖为主题元素，分别由12位泰国艺术家操刀装饰，每间都有独一无二之处。“猴”间配有编织胶囊床，“马”间配有超现实的树床，这两间我们最喜欢。

后面有一片水池，池边铺了一圈鹅卵石，前面的餐厅主打亚洲融合菜。

★ Banthai Village 酒店 $$$

（☎053 252789；www.banthaivillage.com；19 Soi 3, Th Tha Phae；房含早餐 3600~4800B，套 5800~7800B；❄@📶🏊）名字里带个“村庄”，感觉也的确像是现代都市里突然出现的一座村庄。酒店地界偌大，一座座木建筑配备了宽阔的阳台，中间是一片宁静的水池和花园，鹤望兰争奇斗艳。客房主打复古牌，却无做作之嫌，配有低矮的木床和红木家具，到处摆放着靠垫和传统的泰国三角枕。

僧俗交流

对佛教感兴趣的人请注意，清迈许多寺院都会举办“僧俗交流”活动（“Monk Chat”），很受欢迎，让刚出家的僧人与游客交流，前者可以借此练习英语，后者可以了解寺院生活的点滴。大多数泰国男性，一生中总要出家一段时间，通过僧俗交流这种有趣的活动，你可以进一步了解相关仪式和习俗。参加活动的人应该衣着得体，遮住肩膀和膝盖，以示尊敬。女性应该尊重传统禁忌，不可触碰僧人身体或物品，也不能直接递给僧人任何东西。

松德寺（วัดสวนดอก, Wat Suan Dok；Th Suthep；门票乐捐；⏰白天）专门为僧俗交流活动安排了一个房间，活动时间为周一、周三和周五17:00~19:00。

素攀寺（วัดศรีสุพรรณ, Wat Srisuphan；Soi 2, Th Wualai；门票乐捐；⏰6:00~18:00）活动时间为17:30~19:00，紧接着还有禅修课程。

大佛塔寺（见483页）特意在树下摆了一张桌子供僧俗交流，环境阴凉，每天9:00~18:00都有。

Wat Pha Khao（见487页）活动时间为周六日17:00~21:00，知道的人不多。

★ **Baan Orapin** 客栈 $$$

(☎053 243677; www.baanorapin.com; 150 Th Charoenrat/Faham; 房 含早餐 2400~3500B; ❄📶🏊)客栈由家族经营，那栋柚木房子很是气派，周围是私家花园，氛围宁静。老板一家自1914年起便住在这里，客房设在四周那些典雅的别墅里，房内全是雅致的家具和织物。客栈面前的Th Charoenrat上有很多高端精品店，没事可以去买些时尚的家居用品带回去。

★ **Artel Nimman** 精品酒店 $$$

(☎053 213143; www.facebook.com/The Artel Nimman; Soi 13, Th Nimmanhaemin; 房 含早餐 1700~2200B; ❄📶)我们对带滑梯的酒店根本没有抵抗力，所以才被这家酒店迷得神魂颠倒。建筑彰显现代主义风格，到处都是圆窗、抛光水泥建面、几何造型和不同建材的混搭，客房时尚，氛围安宁，创意十足。

★ **Tri Yaan Na Ros** 精品酒店 $$$

(☎053 273174; www.triyaannaros.com; 156 Th Wualai; 房间含早餐 2300~2500B; ❄📶🏊)这家迷人的精品酒店位于游客成群的Th Wualai以南，藏在一家餐厅背后，主打典雅的传统装潢，可以说是清迈最逼真的泰式民居。客房配四柱大床，挂帘如水，红木建材与古老的佛像满眼都是。宁静的庭院里设有水池。

酒店位于黄金地段，周六夜市（见493页）出门即是。

✖ 就餐

清迈的餐饮业十分兴旺，但可想而知，大多都是背包客咖啡馆和以游客为目标的餐馆。古城各大城门附近以及其他一些地方都会举办精彩的夜市（见493页），那里可是吃东西的绝妙去处。

★ **Kao Soi Fueng Fah** 泰国北部菜 $

(Soi 1, Th Charoen Phrathet; 主菜 40~60B; ⏲7:00~21:00)Halal St沿线有很多穆斯林经营的摊位售卖“kôw soy”（咖喱汤面，面条是用小麦和上鸡蛋做成的），这家最好，有牛肉和鸡肉浇头可选。

★ **SP Chicken** 泰国菜 $

(9/1 Soi 1, Th Samlan; 主菜 40~150B; ⏲11:00~21:00)这家超小的咖啡馆在帕辛寺附近，烤鸡每天现烤，肉质鲜嫩，味道全清迈第一。虽然这里也有沙拉和汤食，但多数人来这儿都只买烤鸡，或者半只（80B），或者整只（150B），店家会附送又辣又酸的蘸酱。

★ **Kiat Ocha** 中国菜、泰国菜 $

(Th Inthawarorot; 主菜 50~90B; ⏲6:00~15:00)一家简陋的中餐馆，做的海南鸡油饭（kôw man gài）当地人就是吃不腻，每天都要过来抢。鸡油饭附送汤、辣椒酱和鸡血。餐馆也有炒鸡、猪肉菜、沙爹猪肉串及鸡肉串（sà·dé）。

★ **Talat Thanin** 市场 $

(Siri Wattana; 主菜 30B起; ⏲5:00~19:00)市场位于古城以北，紧邻Th Chotana（Th Chang Pheuak），餐饮方面主打盖饭（gàp kôw; 菜肴都是提前做好的）。市场后面有一整片区域全是卖吃的的摊位，大锅大罐大盘子里，鱼汤、咖喱、炒菜和调味品什么都有。买几份咖喱加一包糯米饭，一共也不用100B。市场也有生鲜区和干货区。

★ **Riverside Bar & Restaurant** 各国风味、泰国菜 $$

(Th Charoenrat; 主菜 100~370B; ⏲10:00至次日1:00)来清迈的人，几乎都会到这家酒吧餐厅体验一下。所在建筑是一栋柚木打造的老房子，感觉就像人气摇滚主题连锁餐厅Hard Rock Cafe 的一个“乡村版”，每晚都有乐队助兴，一直唱到很晚。建议在河畔露天就餐区或是楼上的阳台上抢一个地方，这样就能享受到湄平河吹过来的夜风。

Blue Diamond 素食 $

(35/1 Soi 9, Th Moon Muang; 主菜 65~220B; ⏲周一至周六 7:00~21:00; 🖉)餐厅的菜式新颖大胆，除了三明治、沙拉、咖喱和炒菜，还能吃到冬阴功通心粉（đôm yam macaroni）这种好玩儿的融合菜。餐厅里摆满了新鲜的农产品、包装好的佐料以及新鲜烤制的点心，所以感觉也有点像是一家批发商店。

Ruen Tamarind 泰国北部菜 $$$

(Tamarind Village, 50/1 Th Ratchadamnoen；主菜220~440B；⊙11:00~22:30；☑）餐厅位于Tamarind Village酒店，正对酒店泳池，环境雅致，做泰北菜是一把好手，能带给你更有情调的晚餐体验。像辣味酸角鸡肉沙拉（yum tawai gài）这种菜肴，简直就是精美的艺术品，就餐时还有乐手助兴。

饮品和夜生活

清迈的酒吧主要集中在3个区域：古城内，湄平河河畔和宁曼路（Th Nimmanhaemin）。

★Akha Ama Cafe 咖啡馆

（www.akhaama.com；175/1 Th Ratchadamnoen；⊙8:00~18:00；☎）这里使用的咖啡豆，都是在清迈北边的丛林中，经可持续农业生产，由当地人采集，以直接贸易的方式采购而来的——大多数人不必在意这些细节，总之咖啡的味道特别好。想吃美味的烘焙点心、蹭Wi-Fi的人也可以过来。

★Good View 酒吧

（www.goodview.co.th；13 Th Charoenrat/Faham；⊙10:00至次日2:00）酒吧菜式丰富（主菜100~250B），除了常见的泰国美食，也有寿司，每晚都有乐队表演，而且乐手还喜欢轮换角色——鼓手突然玩起了吉他，贝斯手突然弹起了钢琴。很受当地人的青睐。

Kafe 酒吧

（127/3 Th Moon Muang）1985年便已开业，魅力至今仍在，你可以过来品品狮牌啤酒（Singha），尝尝油炸腌猪肋这种经典的泰国下酒菜（主菜60~150B）。

> **注意安全**
>
> 突突车司机很少会为难人，宰客的情况也非常少见。3月和4月，农民焚烧秸秆产生的空气污染倒是一个问题。得疟疾的风险不存在，但季风时节常会暴发登革热，一定要采取相应措施预防蚊虫叮咬——哪怕是白天。
>
> Hang Dong附近有一个矿坑，里面积满水，人称“大峡谷”（Grand Canyon），很多背包客喜欢从旁边的峭壁上往里跳，曾有一些人触水时受到撞击，失去知觉，溺水而亡，一定要注意。

Mixology 酒吧

（www.facebook.com/Mixology Chiangmai Burger/；61/6 Th Arak；⊙周二至周五 15:00至午夜，周六和周日 11:00至午夜）酒吧店面小，花样多，精酿啤酒五花八门，厚厚的一本菜单，特色果饮、汉堡和泰北美食都能找到，店中还总能看到一只狗趴在那里犯懒。酒吧有一款加了辣椒的酒叫“Prick Me Up”，喝多少第二天也不会头疼。

Beer Republic 酒吧

（www.beerrepublicchiangmai.com；Soi 11, Th Nimmanhaemin；⊙16:00至午夜）一家欧洲风情的啤酒吧，在时尚的宁曼路上占据了最时髦的一个地段，共有15款扎啤可选，酒友一定不会失望。

Khun Kae’s Juice Bar 果汁吧

（Soi 7, Th Moon Muang；⊙10:30~19:30）我们认为这家是全清迈最好的果汁吧。鲜果成吨，各种美味的搭配无数，每杯份量超大，价格却非常低（饮料40B起）。

Writer’s Club & Wine Bar 酒吧

（141/3 Th Ratchadamnoen；⊙周日至周五 10:00至午夜；☎）由一名前外国记者经营，是家酒吧兼餐厅，主顾中除了住在清迈的外国人，也有只想安安静静喝点东西的旅行者。葡萄酒论杯销售（130B起）。

☆娱乐

Nabé 现场音乐

（Th Wichayanon；⊙18:00至次日1:00）热闹的酒吧里多是清迈20多岁的年轻人，凉的有啤酒，热的有小吃，演唱泰语歌曲的乐队很会挑气氛，而且是实打实的现场演奏，不像某些酒吧乐队那样，只是拿着乐器摆样子。

North Gate Jazz Co-Op 现场音乐

（www.facebook.com/northgate.jazzcoop；95/1-2 Th Si Phum；⊙19:00~23:00）这家爵士乐吧面积不大，乐手常常比顾客还多，曲风按照爵士乐的标准来说非常时尚。

购物

★ Sunday Walking Street 市场

（ถนนเดินวันอาทิตย์, 即周日夜市；Th Ratchadamnoen；⏲周日 16:00至午夜）每周日下午开始，Th Ratchadamnoen上就会举办周日夜市，除了常见的那些销售手工艺品和泰北主题纪念品的路边摊位，沿路各寺庙的院子里也会开设食品市场，所以比Th Wualai的Saturday Walking Street（ถนนเดินวันเสาร์, 即周六夜市；Th Wualai；⏲周六 16:00至午夜）还要喧嚣热闹。

Talat Ton Phayom 市场

（Th Suthep；⏲8:00~18:00）这个市场里除了来此采购的当地人，也有来此购买纪念品的泰国外地游客。一定要去市场的包装食品区（30B起）看一看，买几包炸猪皮（kâap mŏo）或是泰北香肠（sâi òo·a）什么的带回去送人，让这次清迈之旅不留遗憾。

逛市场的人里，很多都是清迈大学的学生，所以价格普遍不高。

Chiang Mai Night Bazaar 市场

（Th Chang Khlan；⏲19:00至午夜）清迈夜市是当地夜晚最吸引人的地方之一，携家带口的人尤其喜欢来这儿。古时候，在中国思茅（今属普洱市）和缅甸毛淡棉（位于马达班湾）两地间做生意的云南马帮，中途常会在清迈落脚，这个夜市便是从那时候逐渐发展形成的。你今天在这里能找到的旅游纪念品，和曼谷那些街市上卖的都差不多。

实用信息

紧急情况

旅游警察（☎053 247318，24小时紧急电话 1155；608 Rimping Plaza，Th Charoenraj；⏲6:00至午夜）旅游警察由志愿者担任，能说多种语言。

上网

清迈几乎所有酒店、客栈、餐馆和咖啡馆都有免费Wi-Fi。市内手机信号很好，但国际漫游费按照泰国的标准来说高得离谱。

媒体

报纸 英文周报*Chiangmai Mail*可以提供很有用的当地新闻。

杂志 *City life*、*Chang Puak*和*Chiang Mai Mag*都是免费的旅游杂志，上面除了地图和各类广告，也有很有意思的文章，值得留意。

医疗服务

Th Ratchamankha和Th Moon Muang沿线都能找到说英语的药店。

清迈兰医院（Chiang Mai Ram Hospital；☎053 920300；www.chiangmairam.com；8 Th Bunreuangrit）城里最现代化的医院。

麦考密克医院（Mc Cormick Hospital；☎053 921777；www.mccormick.in.th/mc/eng/；133 Th Kaew Nawarat）前身是教会医院，有些小病痛可以来这里诊疗。

旅游信息

游客服务中心（Tourist Assistance Centre；☎053 281438；⏲7:00~23:00）位于清迈国际机场，可以提供旅游信息。

泰国旅游局（TAT；☎053 248604；www.tourismthailand.org；Th ChiangMai-Lamphun；⏲8:30~16:30）员工会讲英语，提供地图以及泰国全国的旅行建议。

到达和离开

飞机

清迈国际机场（Chiang Mai International Airport；☎05 327 0222；www.chiangmaiairportthai.com）距离古城西南3公里，国内外航线都有，班次会根据季节及游客需求进行调整。国内航线的运营方主要包括**亚洲航空**（Air Asia；☎053 234645，全国 02 515 9999；www.airasia.com；416 Th Tha Phae；⏲10:00~20:30）、**曼谷航空**（Bangkok Airways；☎053289338，全国 1771；www.bangkokair.com；RoomA和B，Kantary Terrace，44/1 Soi 12，Th Nimmanhaemin；⏲周一至周六 8:30至正午和13:00~18:00）、**肯尼斯航空**（Kan Air；☎053 283311，全国 02 551 6111；www.kanairlines.com；2层，Chiang Mai International Airport；⏲8:00~17:30）、**飞鸟航空**（Nok Air；☎053 922183，全国 02 900 9955；www.nokair.com；底层，Central Airport Plaza；⏲8:00~17:00）和**泰国微笑航空**（Thai Smile；☎全国 02 118 8888；www.thaismileair.com；35-41 Th Ratchadamnoen；⏲9:00~21:00）。清迈至曼谷的机票最低约1200B。前往清迈以南目的地，普吉岛大约2400B起，素叻他尼（Surat Thani）

1650B起。

清迈与泰国各邻国之间的国际直航数量正在快速增长，与马来西亚吉隆坡、老挝琅勃拉邦、老挝万象和缅甸仰光之间都有班机连接。想前往柬埔寨或越南，目前需要经曼谷转机。

机场设有行李寄存处(7:00~21:00，每天200B)、一个邮局网点(8:30~20:00)、多家银行、纪念品商店和一家游客服务中心。如果时间宽裕，可以从机场沿着主路往古城方向走，去逛一逛大型商场**Central Airport Plaza**（www.centralplaza.co.th; Rte 1141/Th Mahidol; ⌚周一至周五 11:00~21:00，周六和周日 10:00~21:00）。

老挝航空公司(☎053223401; www.laoairlines.com; Nakornping Condominium底层，2/107 Th Huay Kaew; ⌚周一至周五 8:30~17:00，周六 至正午)有直航航班连接琅勃拉邦和万象。

泰国国际航空公司(☎053 211044，023 561111; www.thaiair.com; 240 Th Phra Pokklao; ⌚周一至周五 8:30~16:30)有航班飞往曼谷素万那普国际机场。

长途汽车

清迈有两个长途汽车站。城中设有多个双条车固定站点，有车发往清迈附近的城镇。

两个长途汽车站与城区之间有两条巴士线

从清迈拱廊长途汽车站发出的大巴

目的地	票价(B)	车程(小时)	班次
曼谷	379~759	9~10	班次频繁
清刊	290~451	6.5	每天3班
清莱	144~288	3~4	每小时1班
清盛	165~220	3.5~4	每天2班
孔敬	524	12	每天10班
呵叻(那空叻差是玛)	560~660	12	每天11班
南邦	66~143	2	每小时1班
南邦(小巴)	73	1	每小时1班
南奔	25	1	每小时1班
琅勃拉邦(老挝)	1200	20	9:00(周一、周三、周五、周六和周日)
夜丰颂	192~346	8	每天3班
夜丰颂(小巴)	250	5	每小时1班
湄赛	182~234	5	每天7班
迈萨良	104~187	4~5	每天6班
湄索	290	6	每天3班
难府	197~254	6	每天6班
廊开	820	12	每天2班
拜县	80	4	每小时1班
拜县(小巴)	150	3	每小时1班
帕夭	111~249	3	每小时1班
彭世洛	210~320	5~6	班次频繁
帕府	133~266	4	每天4班
普吉	1650	22	每天1班
素可泰	200	5~6	每小时1班
乌汶	872	12	每天1班
乌隆	767	12	每天3班

路连接：B1路经停清迈火车站和Tha Phae Gate（塔佩门；15B，6:00~18:00，每40分钟1班）；B2路经停Tha Phae Gate和清迈国际机场（15B，6:00~18:00，每40分钟1班）。

拱廊长途汽车站

拱廊长途汽车站（Arcade Bus Terminal；Th Kaew Nawarat）是清迈的主要长途汽车站，距离市中心东北约3公里，靠近Th Kaew Nawarat和11号公路交叉路口，除了前往清迈府北部的大巴，所有车辆都从这里发车，曼谷以及泰国各大城市都可到达。从市中心包车（rót daang）前往车站大约60B，坐突突车80~100B。

车站共两栋楼，数十家私营、国营客运公司都在这里设有售票处。严格地说，去清迈以北的城镇该从2号楼坐车，清迈以南城镇从3号楼坐车，但事实上，大多数情况下从哪个楼坐车都可以。2号楼背后还有一个发车站，那里只有私营客运公司**Nakornchai Air**（☎053 262799；www.nca.co.th；Arcade Bus Terminal，Th Kaew Nawarat）的豪华大巴，包括曼谷在内的几乎所有地方都可以到达。

车站设有**行李寄存处**（⊙3:00~21:00，每件20B）。

车站有清迈-琅勃拉邦国际班车大巴，经停博胶（Bokeo）、琅南塔（Luang Namtha）和勐赛（Udom Xai）。出境游客也可以先乘坐大巴到达廊开，再从那里前往万象。

Chang Pheuak长途汽车站

Chang Pheuak长途汽车站（Chang PheuakBus Terminal；Th Chang Pheuak）紧邻古城北侧，位于Th Chotana上，车辆主要发往清迈府北部。由国营客运公司的大巴班车连接的目的地包括：

清道（Chiang Dao）40B，1.5小时，每30分钟1班

浩特（Hot）50B，2小时，每20分钟1班

沙孟（Samoeng）90B，2小时，每天6班

他通（Tha Ton）90B，4小时，每天7班

车站还有蓝色双条车发往南奔（Lamphun；25B，1小时，每20分钟1班）。车站后面的Soi Sanam Gila小街上有空调小巴发往清道（Chiang Dao）（150B，2小时，每小时1班）。

火车

清迈火车站（Chiang Mai Railway Station；☎053 245363，全国1690；Th Charoen Muang）隶属泰国铁路局，距离古城东约2.5公里，每天有5班列车沿曼谷-清迈干线铁路运行。

火车站设有一台自动柜员机、一个**行李寄存处**（⊙5:00~20:45，每件20B）和一个订票柜台（订票需要护照）。

从清迈去曼谷（华南蓬火车站），17:00和18:00发车的过夜快速专列最舒服，抵达曼谷的时间是6:15和6:50，从曼谷华南蓬返回清迈的发车时间是18:10和19:35。最新信息可留意泰国铁路局官网（www.railway.co.th）。

清迈周边（Around Chiang Mai）

泰国北部与缅甸东南部接壤，从清迈往北去，湄平河两岸突现高山密林。你可以包一辆车，或者租一辆摩托（马力一定要够用），挺进山区，游览国家公园，到观景点那里接受震撼，参观皇家计划基金会（Royal Project）帮扶的农场，拜访山地部落村庄。

湄萨谷和沙孟（Mae Sa Valley & Samoeng)

想投入丛林的怀抱，不用离开清迈市区太远。你可以先沿着107号公路到达Mae Rim，随后向西驶入1096号公路。这条公路弯弯绕绕，开始时，路边可以看到一连串俗套的旅游项目——都是鳄鱼秀、耍猴、兰花花田、靶场这一类——随后海拔持续攀升，挺进树木茂密的湄萨谷。之后，蜿蜒的公路会绕上一个大圈，经过一条条水势迅猛的瀑布和一座座“皇家计划农场”（该计划旨在鼓励当地高山部落村民放弃鸦片种植，为其提供其他的收入来源），最终到达静谧的村庄沙孟。从清迈到沙孟，往返100公里，一路十分享受。

⊙景点

湄萨瀑布 瀑布

（น้ำตกแม่สา，Nam Tok Mae Sa；成人/儿童100/50B，小汽车 30B；⊙8:00~16:30）瀑布紧邻1096号公路，距离Mae Rim路口不过6公里，属于素贴山国家公园（Doi Suthep-Pui National Park）的一部分。你可以守着这条图画般的瀑布野餐，或者到周边树林里逛逛。清迈当地人很喜欢来这里度周末。

诗丽吉王后植物园 花园

（สวนพฤกษศาสตร์สมเด็จพระนางเจ้าสิริกิติ์, Queen Sirikit Botanic Gardens; www.qsbg.org; Rte 1096; 成人/儿童 100/50B，小汽车/摩托车 100/30B; ⏲8:30~16:30）植物园占地227公顷，里面除了种植园区和自然小道，还有一个个巨大的温室，本土和异域的花卉都能看到。公园办公楼附近会举办兰花展，种类不下400种，是泰国规模最大的公共花展。那座“雨林房子”（Rainforest House）再现了泰国南部的森林，内有蕨类、棕榈、姜科等热带植物。山峰附近的那片玻璃房子是植物园的亮点。

食宿

Samoeng Resort 酒店 $

（☎053 487074; Rte 6033; 平房 500~800B; ❄）如果想在沙孟过夜，这家是唯一的选择。酒店共有15间平房，建在花园之中，位于村外大约2.5公里。

★ Proud Phu Fah 精品酒店 $$$

（☎053879389; www.proudphufah.com; Rte 1096, Km17; 房含早餐 4500~14,000B; ❄@📶🏊）一家时尚的精品酒店，位于湄萨谷西缘，一座座别墅沿一条小溪而建，里面非常舒适，设计上独具匠心，让住客有在美丽的大自然中露天过夜的感觉。露天餐馆供应健康的泰国菜肴（菜肴150~200B），草坪与高山构成的景色十分美妙。

Mon Cham 泰国菜 $

（Nong Hoi Mai; 主菜 60~150B; ⏲7:00~19:00; 🖉）这家泰式餐厅位于山岭之上，对这一非凡的地理位置大加利用，建造了一座座竹亭，周边山谷奇景历历在目。主打泰国菜，食材产自皇家计划农场，经现场烹饪，味道很好，也有当地生产的水果利口酒。餐厅靠近小村Ban Pong Yaeng，骑摩托上来，马力必须要够用。

到达和当地交通

想充分领略这里的魅力，你最好租一辆摩托车或是小汽车。

清迈的Chang Pheuak长途汽车站有双条车发往沙孟（90B，2小时，每天6班）。返回清迈的双条车会在沙孟市场附近、沙孟医院对面候客。

清道（Chiang Dao）

清道丛林葱郁，背靠石灰岩雄山，旅居者和清迈逐渐壮大的中产阶级现在都喜欢来这里躲避平原地区的酷暑。离开这座村镇，朝清道山（2175米）攀爬，空气会愈加凉爽。周边的森林是观鸟和徒步的热门地点，山脚下还有一座备受尊崇的寺庙，把守着泰国最深的石灰岩洞穴的入口。

景点和活动

清道洞穴 洞穴

（ถ้ำเชียงดาว, Wat Tham Chiang Dao, Chiang Dao Cave; 40B，导游费 100B; ⏲7:00~17:00）这座森林寺庙环境优美，眼前蝴蝶翩翩，把守着清道洞穴的入口。洞穴内部很冷，通道错综复杂，拧绕纠结，到处都是造型诡异奇幻的石笋和钟乳石，在清道山石灰岩山峰下方绵延十几公里。当地佛教徒很喜欢到洞中修行。

清道山野生动物保护区 自然保护区

（ดอยเชียงดาว, Doi Chiang Dao Wildlife Sanctuary, Doi Luang; ☎053 456623; 200B，机动车 30B）清道山在周边平原的衬托下显得尤为高耸，身披茂密的热带森林。丛林仙境中居住着超过300种鸟类，是泰国顶级观鸟目的地之一，也是世界上最适宜观察巨鵰（音同“师”）和黑颈长尾雉的地方之一。登顶小路很陡，需要一整天时间，顶峰一览众山小，景色壮观。一日游每人1000B，每人的过夜费用500B。

食宿

从森林边缘的清道洞穴寺寺庙往北的公路边散布着一些客栈。所有客栈都能组织团队游，出租自行车和摩托车。

Chiang Dao Hut 客栈 $

（☎053 456625; www.chiangdaohut.com; 房间和平房 400~2500B; 📶）这里靠近清道洞穴，建在林间空地上，普通客房和平房都很可爱，沿山坡往下走是一条小河，所以晚餐还能吃到河鲜。比较便宜的房间配有共用卫生间，能洗热水。氛围既惬意又悠闲，正与环境相宜。

★ Chiang Dao Nest 客栈 $$$

（☎053 456242; www.chiangdaonest.com;

别墅 945~3245B；@🛜🏊）这里是清道人气的擎天柱，仿佛世外桃源，中间是一片华美的热带花园，里面散布着一座座平房别墅，由竹子编制而成，配套舒适。花园里还建有许多阴凉的小亭子，你可以捧本书去里面好好放松一下。自带一个可爱的泳池，两旁是森林，眼前是山景。那些走来走去的山羊和那座玩具亭子，孩子们肯定会喜欢。

Chiang Dao Nest 各国风味 $$$

（主菜 315~695B；⏱8:00~15:00和18:00~21:00；✍）餐厅位于Chiang Dao Nest客栈，是当地毋庸置疑的餐饮亮点，值得从清迈专程拜访。餐厅有进口艾尔啤酒、优质葡萄酒和精致的新派欧洲菜，有些菜肴是你根本想不到会在丛林里吃到的，比如"salmon fillet wrapped in filo pastry with green tapenade"（油酥面皮裹三文鱼片配青橄榄酱）。

购物

Morning Market 市场

（⏱每月第一个和第三个周日 7:00至正午）早市每月两次，有售卖山地部落手工艺品的摊位。

到达和当地交通

从清迈沿107号公路北行72公里就是清道。从村中的汽车站到洞穴附近的客栈，打摩的100B，坐双条车150B。清道有大巴连接：

清迈（40B，1.5小时，每30分钟1班）

他通（63B，2.5小时，每天7班）

清道也有空调小巴发往清迈（150B）。

大多数住处都出租山地自行车（100B起）和摩托车（300B起）。你也可以包一辆双条车游览周边，每天大约1000B。

他通（Tha Ton）

他通是清迈府最北边的城镇，感觉与府都清迈迥然有别。小城设施现代，但冷清闭塞，只有一小部分前往下游清莱方向的游客才会经过这里。

城镇周边有一些比较有意思的旅游项目：你可以参加乘船游前往缅甸边境，也可以来一场一日游沿公路前往湄思乐（Mae Salong）或是Doi Pha Hompok 那里的温泉。城中生活着数量相当多的云南侨民，码头南侧的那个小型中式清真寺就是他们礼拜的场所。

景点和活动

他通的度假村可以组织徒步游和漂流，带你游览周边一系列山地部落村庄。这些村庄中的村民包括德昂族（Palaung）、黑拉祜族（Black Lahu）、阿卡族（Ahka）、克伦族（Karen）和云南人。在传统风貌方面，这些村庄不如缅甸那边的村庄，但要好于清迈附近的村庄。一日徒步游每人大约1000B，两日漂流游2500B起（只有10月至次年2月才能漂流）。

他通寺 佛教寺庙

（วัดท่าตอน，Wat Tha Ton；☎053 459309；www.wat-thaton.org）一片迷人的寺院，地界从大桥南侧一直向西延伸，占据了好几片山林。寺庙建筑共分9层，每层都有巨型雕塑，每层都有惊艳美景，向北可以望见缅甸，向东可以望见他通平原。

Chiang Rai Boat Trip 乘船游

（☎053 053727；每人 400B；⏱12:30出发）在雨季以及水位足够高的时候（7月至12月），清莱和他通之间每天都有长尾船往来。沿途景色优美，你可以看到片片原始森林、座座河畔寺院、由茅草顶小木屋组成的村庄以及在浅水处撒网捕鱼的渔民。

住宿

他通的客栈靠近大桥，河水两岸都有分布，大多数都可以组织徒步游和乘船游，都能出租摩托车和自行车。注意，淡季（1月至6月）水位太浅，无法通船，在此期间某些度假村会停业。

Apple Resort 度假村 $$

（☎053 373144；applethaton@yahoo.com；紧邻 Rte 107；房间和平房 500~1200B；❄🛜）度假村位于河水北岸，正对码头，充分利用地段优势：花园里的平房风扇间价格很低，河畔平房更为温馨，外廊正对河水。自带一家河畔餐厅，服务友好，能让你品尝到"他通一绝"：月下河景。较贵的房间房费含早餐。

★ **Old Tree's House** 度假村 $$$

（☎085 722 9002；www.oldtreeshouse.net；

Rte 107；别墅 含早餐 1200~2800B；❄📶🏊）度假村由法国人和泰国人联合经营，建在山坡上，门口那些水泥建筑的确让人不敢恭维，可等你走进了那片葱郁的热带花园，一定会忍不住大呼小叫起来。新开的餐厅俯瞰河谷，竹子编织的平房别墅一尘不染，美丽的泳池棕榈环绕，浑身上下挑不出一点儿毛病。沿公路经过他通再行400米，即是通往度假村的路口。

Laap Lung Pan 泰国北部菜 $

（Rte 107；主菜 30~60B；⏲7:00~20:00）在他通品尝泰北料理的首选。餐厅没有英文菜单，锅里和烤架上的东西，哪个看着香就指哪个。也没有英文招牌，具体位置大致就在他通寺寺门马路对面，上面有可口可乐的广告标志。

Sunshine Cafe 咖啡馆 $

（主菜 60~110B；⏲8:00~15:00）早晨，你可以在这里喝到新鲜调制的咖啡。咖啡馆精心制作种类繁多的西式早餐，包括牛奶什锦、新鲜水果和酸奶。该咖啡馆位于主路上，就在桥的前面。

到达和当地交通

他通主要的长途汽车站点，需要从城镇沿着主路向南走很远，但长途车也会在城镇大桥北侧的停车场那里停靠。车辆发往：

曼谷 601~701B，14小时，每天3班

清道 63B，2.5小时，每天7班

清迈 90B，4小时，每天7班

想坐车前往清莱，可以乘坐双条车先到湄思乐（60B，1.5小时，每天3班）。

如果自己有小汽车或者摩托车，可以先沿107号公路开到湄思乐，再驶入1089号公路就能到达清莱。1089号公路这一段，沿途会经过一些傈僳族和阿卡族村庄，全程都是铺装路，但因为是山路，某些路段比较危险。

当地客栈出租摩托车，日租金350B。

拜县（Pai）

常有人把山谷中的小城拜县与曼谷的考山路相提并论，认为两地都受人气所累，可事实上，大量涌入的游客目前尚未对拜县画卷般美妙的风光造成负面影响。喧闹的主街之外，仍然有无数安静的住处可选，游客可以游山玩水，或者尽情逍遥，绝不会感到无聊，当地的艺术圈与音乐圈也十分兴旺。在寺庙、小巷以及有趣的午后市场里，你仍然能够感受到拜县传统的掸族文化。

景点和活动

拜县大多数景点都在城镇之外，所以一定要租一辆摩托车。

南湖山地村 村庄

（บ้านสันติชล, Ban Santichon）这里可是一个如假包换的华人村落，但那些俗套的拍照地点、播放音乐的云南菜馆、品茶活动、骑马观光、那条山寨长城以及山顶的那个**观景点**（ทิวทัศน์บ้านสันติชล；20B；⏲4:30~18:00），都让你感觉这里更像是那种刻意打造的“中华风情园”。村庄距离拜县西约4公里。

塔拜温泉 温泉

（บ่อน้ำร้อนท่าปาย, Tha Pai Hot Springs；成人/儿童300/150B；⏲7:00~18:00）这处温泉在拜河（Mae Nam Pai）对岸、城东南方向7公里处，通过一条柏油路可以来到这里。一条美丽的小溪蜿蜒流过公园，公园有些地方有温泉，是一处美妙的沐浴地点。附近两家水疗馆里的温泉水也是从这里引过去的。

Nam Tok Mo Paeng 游泳

（น้ำตกหมอแปง）这条瀑布有两个水潭很适合游泳。从拜县出发，沿主路行进约8公里即是，再往前行还会经过**南湖寺**（วัดน้ำฮู, Wat Nam Hoo；Ban Nam Hoo；⏲清晨至黄昏）免费。步行前往的话路程有些长，最好骑自行车或摩托车。

Pai Adventure 漂流

（☎053 699385；www.thailandpai.net；28 Th Chaisongkhram；⏲8:00~22:00）这一令人满意的机构提供1~2日的激流漂流行程，可以结合徒步和其他活动。也能组织丛林求生培训，需要预约。

课程

从打鼓到马戏，你在拜县可以学到很多东西，关于培训课程的最新消息，可以参考*Pai Events Planner*（PEP）或*Pai Explorer*（www.paiexplorer.com）等刊物。

Pai 拜县

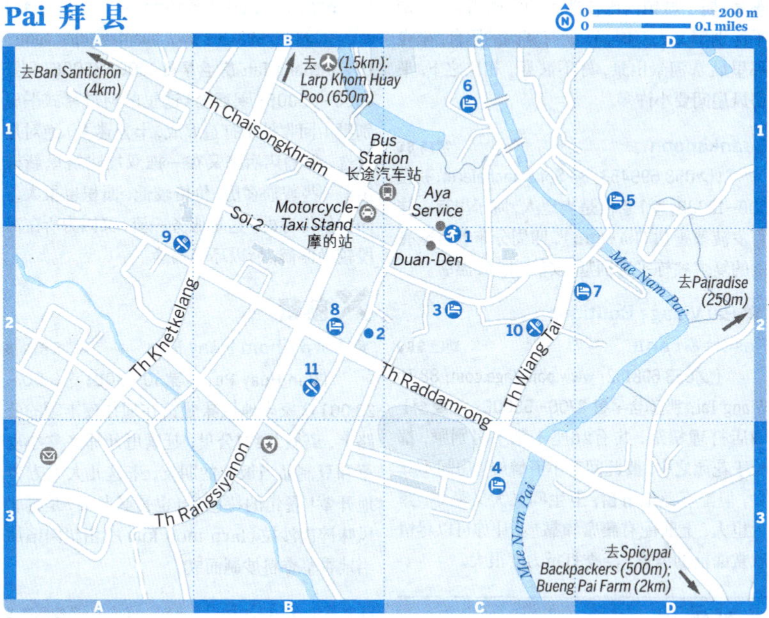

Pai Cookery School

烹饪

（081706 3799; Th Wanchalerm; 课程600~750B; 课程11:00~13:30和14:00~18:30）这一机构有十年的授课经验，提供学习烹饪三至五道菜肴的各种一日课程。下午的课程包括去市场买食材。需要提前一天联系。

住宿

拜县的住宿业几年来一直在发展，但增长速度已经放缓，酒店、客栈和度假村加到一起，数量据说不下500家。城镇中心区的新店，增长量相对很小，但方圆3公里内的度假村数量却在持续增加。

城里

TTK

客栈 $

（053 698093; 8/10 Th Raddamrong; 房350~450B; ）客栈开在一家同名的以色列餐厅背后，客房缺少自然光和设计感，但非常干净，而且地段便利。

Pai Country Hut

酒店 $

（087 779 6541; www.paicountryhut.com; Ban Mae Hi; 平房 含早餐 400~650B; ）这里

Pai 拜县

活动、课程和团队游

1 Pai Adventure Rafting C2
2 Pai Cookery School B2

住宿

3 Baankanoon C2
4 Baantawan Guest House C3
5 Pai Country Hut D1
6 Pai River Villa C1
7 Pai Village Boutique Resort & Farm ... D2
8 TTK B2

就餐

9 Evening Market A2
10 Maya Burger Queen C2
11 Om Garden Cafe B2

的竹屋外表简陋，但是非常整洁，并且大部分都有浴室和诱人的吊床。距离河水有一定的距离，但属于河畔一带同类低端酒店中最有魅力的一家。

Pai River Villa

酒店 $$

（053 699796; pairivervillaresort@gmail.com; 7 Th Wiang Tai; 别墅 含早餐 900~1500B;

)属于城镇内比较迷人的中档酒店，空调平房别墅又大又时尚，配有宽阔的阳台，坐在那里欣赏河景山景，好不惬意。相比之下，平房风扇间要小许多。

Baankanoon 客栈 $$

(053 699453; 33 Soi Wanchalerm; 别墅500~1200B;)老板是当地人，院子里有一株百岁菠萝蜜树(kà·nun)，四周分布着14座亮丽的复式独栋平房别墅，安静，干净，温馨。

★Pai Village Boutique Resort & Farm 酒店 $$$

(053 698152; www.paivillage.com; 88 Th Wiang Tai; 别墅 含早餐 2700~5800B; @)酒店打理精细，共有26座木制平房别墅，都位于花园之中，彼此间有小道蜿蜒。房间不算大，但配有落地滑窗，卫生间又大又豪华，露台也大，上面配有藤席和靠垫，让你可以尽情欣赏面前的绿意。淡季打折力度很大。

城外

Spicypai Backpackers 酒店 $

(088 294 2004; www.spicyhostels.com; Mae Yen; 铺 108B;)这里的竹屋宿舍看起来像是真人秀《幸存者》里的背景。公共区域有厨房和篝火盆，使这里更添一分质朴的气息。酒店位于拜河以东约750米处，紧挨着通往塔拜温泉的那条路。

★Bueng Pai Farm 客栈 $$

(089265 4768; www.paifarm.com; Ban Mae Hi; 平房 1000~1550B;)这里位于拜县以东约2.5公里，一派乡野风光，共12个宽敞的平房风扇间，选址非常巧妙，围绕一个养着淡水鱼的大池塘分布。冬季会生营火，泳池、公共厨房和捕鱼装备全年都可使用。紧邻通往塔拜温泉的道路。留意酒店招牌。

★Pairadise 酒店 $$

(053698065; www.pairadise.com; Ban Mae Hi; 平房 900~1300B;)整洁的度假酒店位于城外一处山脊的顶端，可以俯瞰拜河河谷。平房宽敞时尚，内有金叶莲花的壁画、乡村风情的浴室和带吊床的露台。酒店正中央是一个温泉水灌注的水池，很适合游泳。位于拜河以东约750米处，过桥后留意酒店招牌。

Baantawan Guest House 酒店 $$$

(053 698116; www.baantawanpai.com; 117 Th Wiang Tai; 房 含早餐 1600~3500B, 别墅 2500~3500B; @)这里的河畔复式平房别墅由回收柚木打造而成，十分迷人，绝对是首选，但酒店后来又在一栋双层建筑里新推出了一些普通客房，价格较低，面积也很大，同样值得考虑。这里服务一流，又因为所在河段较为偏僻，所以环境幽静。

就餐

★Larp Khom Huay Poo 泰国北部菜 $

(Ban Huay Pu; 主菜50~80B; 9:00~20:00)这家当地风味餐馆在通往夜丰颂的公路上，离城北约1公里，赶紧甩开那些拿小麦草和豆制品当饭吃的朋友，来这儿大大方方地开荤！餐馆的特色菜(也是必点菜)是泰北风味碎肉沙拉(larp moo kua)，由猪肉馅加当地香草香料炒制而成。

Om Garden Cafe 各国风味 $

(主菜 60~120B; 周二至周日 8:30~17:00;)店名既然叫"禅意花园"，那鲜榨果汁、国际风味素食和那些光着脚、吹笛子的主顾，自然在意料之中，但素食味道竟有这么好，这才是意料之外。从中东风味拼盘，到早餐墨西哥卷，菜肴花样百出，沙拉和点心也不少。紧邻Th Raddamrong。

Maya Burger Queen 美国菜 $

(www.facebook.com/Maya Burger Queen; Th Wiang Tai; 主菜 90~145B; 14:00~22:00;)汉堡在拜县很火，哪家的汉堡最好吃呢？经过我们周密的调研，答案毫无疑问，只能是这家。从微甜的圆面包到配蒜香蛋黄酱的薯条，每样东西都是自制的。

Evening Market 泰国北部菜 $

(Th Raddamrong; 主菜 30~60B; 15:00~19:00)市场大约每天15点开集，日落时分收摊，从里面能买到很多当地美味带回家。

到达和离开

飞机

拜县的机场位于城北1.5公里的Rte 1095路旁，每天有一班**肯尼斯航空**(Kan Air; 053

699955，全国 02551 6111；www.kanairlines.com；Pai Airport；⌚8:30～17:30）的航班连接清迈（1990B起，25分钟）。

长途汽车

拜县的长途汽车站（Th Chaisongkhram）很小，有带风扇的慢车：

清迈 80B，3～4小时，正午

夜丰颂 80B，3～4小时，11:00

Soppong（Pangmapha）45B，1.5小时，11:00

车站也有发往清迈及夜丰颂府内目的地的小巴，速度更快，具体包括：

清迈 150B，3小时，7:00～17:00每小时1班

夜丰颂 150B，2.5小时，8:30

Soppong（Pangmapha）100B，1小时，8:30

Aya Service（☎053 699888；www.ayaservice.com；22/1 Th Chaisongkhram；⌚7:00～22:00）和**Duan-Den**（☎053 699966；20/1 Th Chaisongkhram；每24小时 100～250B；⌚7:00～21:00）两家客运公司也有发往清迈的小巴（150～200B，3小时，7:00～17:30每小时1班）。

到达和离开

在拜县城镇内辗转，基本上步行就可以。

前往周边景点，可以在城中租一辆自行车或摩托车（每24小时 100～1800B）。

长途汽车站对面的**出租车站**（Th Chaisongkhram）可以打到摩的，到南湖山水村大概50B，到Nam Tok Mo Paeng瀑布100B。

素可泰（Sukhothai）

素可泰王国（意为“幸福升起的地方”）兴盛于13世纪中期至14世纪末，这一时期常被视为泰国文明的黄金时代，其宗教艺术与建筑最具代表性。曾经的王国，如今只有素可泰古城（meuang gòw）尚存，古城占地45平方公里，古迹大多经过修补，是泰国游览人数最多的古迹之一。

景点

素可泰历史公园　　历史建筑

（อุทยานประวัติศาสตร์สุโขทัย，Sukhothai Historical Park；☎055 697527）素可泰历史公园是泰国最壮观的联合国教科文组织世界遗产之一。古城墙内拥有21处古迹和4片大水池，方圆5公里内还有70处古迹。整片遗址建筑群被分为东西南北中5个区域，参观中区、北区和西区都要单独购买100B的门票。

兰甘亨国家博物馆　　博物馆

（พิพิธภัณฑสถานแห่งชาติรามคำแหง，Ramkhamhaeng National Museum；150B；⌚9:00～16:00）博物馆靠近中区入口，开始探索历史公园之前应该进来参观一下。馆中收藏的素可泰王国文物十分精彩，其中就包括著名的兰甘亨碑文复制品——据说那就是今天泰国文字的雏形。博物馆单独收取门票，不包含在中区门票之内。

素可泰历史公园中区　　古迹

（อุทยานประวัติศาสตร์สุโขทัยโซนกลาง，Sukhothai Historical Park Central Zone；100B，外加每辆自行车/摩托车/小汽车 10/20/50B；⌚周日至周五 6:30～18:00，周六 至21:00）中区是历史公园的核心区域，公园里不少蔚为壮观的遗迹都在这里。周六晚间，中区大部分区域灯火通明，并会一直开放到21:00。

素可泰历史公园北区　　古迹

（อุทยานประวัติศาสตร์สุโขทัยโซนเหนือ，Sukhothai Historical Park Northern Zone；100B，外加每辆自行车/摩托车/小汽车 10/20/50B；⌚7:30～17:30）北区位于古城城墙北500米，骑自行车前往很方便。

素可泰历史公园西区　　古迹

（อุทยานประวัติศาสตร์สุโขทัยโซนตะวันตก，Sukhothai Historical Park Western Zone；100B，外加每辆自行车/摩托车/小汽车 10/20/50B；⌚8:00～16:30）西区从古城城墙向西延伸2公里，面积为五区之首，里面除了一座寺庙Wat Saphan Hin，还有其他几处遗迹，但大多乏善可陈。探索西区必须要骑自行车或摩托车。

团队游

Cycling Sukhothai　　骑车

（☎085 083 1864，055 612519；www.cycling-sukhothai.com；半日游/全日游 800/990B，日落游 450B）老板是会骑行的比利时人Ronny Hanquart，在素可泰生活了近20年，能组

织各种骑行主题游，其中的"历史公园游"（Historical Park Tour）也能带你前往比较小众的寺庙和村庄参观。办公地点距离Mae Nam Yom 西约1.2公里，紧邻素可泰新城里的Th Jarodvithithong。可安排车辆免费接送。

住宿

素可泰新城的住宿性价比，在泰北数一数二。安静且令人愉悦的酒店客栈比比皆是，许多地方都有迷人的平房，都能到长途汽车站免费接站，都有免费自行车供客人使用。历史公园附近的住处也越来越多，许多都走高端路线。11月水灯节期间，房费普遍上涨。

素可泰新城

Ban Thai 客栈 $

（☎055 610163；banthai_guesthouse@yahoo.com；38 Th Prawet Nakhon；房间和平房250~800B；❄📶）客房从简朴到时尚，档次不一，氛围友好，花园般的环境十分迷人，价格也低，堪称首选。

TR Room & Bungalow 客栈 $$

（☎055 611663；www.sukhothaibudgetguesthouse.com；27/5 Th Prawet Nakhon；房间/平房600/850B；❄@📶）房间在2016年经过翻新，现在家具是新的，内饰不拘一格，从低档一下子跳到了中档。想要宽敞点的房间的话，可以选择后面的5座平房木屋。

Sabaidee House 酒店 $$

（☎055616303；www.sabaideehouse.com；81/7 Th Jarodvithithong；房 300~1000B；❄📶🏊）这家半田园风格的客栈气氛很活跃，有7间平房，主楼里另外还有4个房间，新近还增设了一个泳池。客栈紧邻Th Jarodvithithong，在Th Jarodvithithong和Rte 101交叉路口前面200米处。记得留意招牌。

At Home Sukhothai 客栈 $$

（☎055610172；www.athomesukhothai.com；184/1 Th Vichien Chamnong；房 含早餐450~850B，平房 900~1100B；❄@📶）客栈是店主童年时代住的房子，已有50年历史。不管是原有房子里的风扇房，还是新修的空调房，所有房间都简单舒适，如家一般温馨。新近推出了4座平房别墅，俯瞰一个池塘。唯一的缺点就是距离素可泰中心区有点远。

Lotus Village 酒店 $$

（☎055621484；www.lotus-village.com；170 Th Ratchathani；房 含早餐 950~1500B，平房1300~2600B；❄@📶）这是个由莲花池上的吊脚木屋组成的宁静而优雅的庭院，名字恰如其分。漂亮的木质建筑里是面积较小、定价略高的风扇间，到处都是缅甸或印度风格的主题设计。早餐和服务口碑很好，自带水疗馆有各种养生项目。

素可泰历史公园

★**Orchid Hibiscus Guest House** 酒店 $$

（☎055 633284；www.orchidhibiscus-guesthouse.com；407/2 Rte 1272；房间/平房 900/1400B；❄📶🏊）客房和平房位于一个气氛闲适并精心装饰的院子里，中心有一处游泳池。酒店自营的"惊喜早餐"（100B）是个亮点。房间一尘不染，装饰细节色彩丰富，在设计上很有趣。酒店位于距Rte 12有500米远的Rte 1272上——岔路口在Km48与Km49标志之间。

★**Ruean Thai Hotel** 酒店 $$$

（☎055 612444；www.rueanthaihotel.com；181/20 Soi Pracha Ruammit；房 含早餐 1480~4200B；❄📶🏊）酒店造型非常抢眼，第一眼看过去还以为是一座佛寺或者泰国传统民居。上层客房设计彰显了泰国元素，泳池旁边的客房则多了一丝现代感。后面的一栋水泥楼里还有简朴的空调间。服务友善却不随意，整个地方感觉很像是度假村。提前电话联系，酒店可免费到长途汽车站接站。

就餐

通往历史公园的那条公路，路边有一排美食摊以及那种面向游客的简单餐馆。

★**Jayhae** 泰国菜 $

（Th Jarodvithithong；菜肴 30~50B；⌚8:00~16:00）没到这家吃过面，就不算到过素可泰。餐厅人气超高，有素可泰风味面食、泰式炒面和好喝的咖啡饮料。

Night Market 市场 $

（Th Ramkhamhaeng；主菜 30～60B；⏲18:00～23:00）素可泰新城的夜市很小，想吃些便宜的东西，来这儿很明智。大多数摊主对于招待外国人都已驾轻就熟，甚至还准备了双语菜单。

Chopper Bar 酒吧

（Th Prawet Nakhon；⏲10:00至次日0:30；📶）从上午到深夜，旅行者和当地人都爱光顾这家餐吧。晚上可以来这里就餐（主菜 30～150B）、喝酒、听现场音乐。素可泰的晚上很凉爽，去酒吧的屋顶露台上好好享受吧。

实用信息

素可泰医院（Sukhothai Hospital；☎055610280；Th Jarodvithithong）紧邻素可泰新城西侧。

泰国旅游局（TAT；☎055616228，全国 1672；Th Jarodvithithong；⏲8:30～16:30）2016年搬到了新的办公地点，距离素可泰新城大桥西约500米，有相当好的地图和宣传材料。

旅游警察局（☎24小时 1155；Rte 12；⏲24小时）

到达和离开

素可泰的机场距离城北足足有27公里，紧邻1195号公路。机场只有**曼谷航空公司**（☎055647224，全国 1771；www.bangkokair.com；Sukhothai Airport；⏲7:30～11:30和12:30～17:30）的航班，每天两班连接曼谷素万那普国际机场（1495B起，1小时15分钟）。机场和素可泰新城之间有小巴摆渡车（☎055647220；Sukhothai Airport；单程 180B）。彭世洛机场那里有**亚洲航空**（Air Asia；☎彭世洛 094 7193645，全国 02 515 9999；www.airasia.com；Phitsanulok Airport；⏲6:00～18:30）和**飞鸟航空**（Nok Air；☎彭世洛 055 301051，全国 1318；www.nokair.co.th；Phitsanulok Airport；⏲6:00～21:00）运营的小巴班车连接素可泰古城以及新城，车程不到1小时。

素可泰**长途汽车总站**（☎055614529；Rte 101）距离素可泰新城西北近1公里，大巴小巴都有。从车站打摩的前往新城中心区，大约50B。城内任意一辆发往素可泰历史公园的双条车也都会经停车站（20B，10分钟，6:00～17:30班次频繁）。

如果住的地方靠近历史公园，可以在**Win Tour**（☎099 135 5645；Rte 12；⏲6:00～21:40）旅行社那里乘坐大巴前往曼谷（310B，6小时，8:00、正午和21:50）或清迈（210B，5小时，6:00～14:00共6班）。

当地交通

在新城内辗转，坐三轮车（sǎhm·lór）最多不过40B。

新城与历史公园之间有班次比较频繁的**双条车**（Th Jarodvithithong；30B；⏲6:00～17:30）连

从素可泰发出的长途汽车

目的地	票价（B）	车程（小时）	班次
曼谷	241～310	6～7	7:50～22:40每半小时1班
清迈	195～374	5～6	6:20～2:00班次频繁
清莱	231	9	6:40～11:40共4班
甘烹碧	53～68	1.5	7:50～22:40每半小时1班
孔敬	221～334	7	10:30至次日0:40班次频繁
南邦	155～205	3	6:20至次日2:00班次频繁
湄索	130～176	3	9:15至次日2:30共3班
穆达汉	476	10	19:50和21:40
难府	176	4	15:00
彭世洛	39～50	1	7:50～22:40每半小时1班
宋加洛	27	1	6:40～17:00每小时1班
西萨查那莱	45	1.5	6:40～17:00每小时1班

接，新城的站点位于Th Jarodvithithong上。从新城或者长途汽车站到历史公园，打摩的都是120B。

在历史公园内辗转的最佳方式就是骑自行车。公园入口外就有租车店，每天30B（6:00~18:00）。

新城几乎每家客栈都出租摩托（每24小时250B起）。

素可泰周边（Around Sukhothai）

西萨查那莱-查令历史公园（SiSatchanalai-Chaliang Historical Park）

西萨查那莱和查令两座古城的遗址距离素可泰北50公里，群山环绕，历史可以追溯到13~15世纪。

景点

250B的门票含西萨查那莱、Wat Chao Chan（查令的一座寺庙）以及西萨查那莱素窑研究保护中心。

西萨查那莱历史公园 古迹

（Si Satchanalai Historical Park；门票 100B；⏲8:30~16:30）西萨查那莱与查令两处遗址，与素可泰历史公园的建筑风格一样，但环境更具乡野风情，而且较为安静一些。公园占地大约720公顷，外面围着一道12米宽的护城河。查令距离公园东南1公里，历史更为悠久（11世纪），但里面两座寺庙则是14世纪修建的。

西雷达玛哈泰寺 古迹

（วัดพระศรีรัตนมหาธาตุ, Wat Phra Si Ratana Mahathat；门票 20B；⏲8:00~16:30）寺庙遗迹中间有一座大型红土佛塔（历史可追溯到1448~1488年），佛塔两边各有一座大殿（wí·hăhn）。其中一座大殿内供奉着一尊大型素可泰时代的佛祖坐像，另有一尊较小的佛祖立像，浮雕也很有名，描绘的是行走中的佛祖，线条如行云流水，柔若无骨，体现了典型的素可泰时代风格。另一座大殿里的佛像名气较小。

素窑 博物馆

（ศูนย์ศึกษาและอนุรักษ์เตาสังคโลก, Sangkalok Kilns；100B；⏲8:00~16:30）西萨查那莱遗址西北5公里，有一个素窑（素可泰王国盛产瓷器，统称素瓷——Sangkalok——烧制这种瓷器的瓷窑即为素窑）研究保护中心，那里展示有大型出土瓷窑遗迹以及许多完好的陶瓷器皿。尽管缺少英文注释，参观起来仍然很有意思。

到达和离开

素可泰新城有大巴发往西萨查那莱（45B，1.5小时，6:40~17:00每小时1班）。你也可以从新城乘坐发往清莱方向的大巴（46B，6:40~11:30共4班），让司机把你放在"meuang gòw"（即"古城"）。

曼谷每天有一班快速专列发往宋加洛（Sawankhalok；482B，7小时，10:50）。返回曼谷的列车19:40发车，次日3:30到达。

清莱（Chiang Rai）

清莱是一座怡人的小城，氛围悠闲，住宿性价比高，当地的东西也好吃，很值得前来一探究竟。如果打算探索府内那些更偏僻的地方，清莱也是理所当然的"大本营"。

景点

山地部落博物馆和教育中心 博物馆

（พิพิธภัณฑ์และศูนย์การศึกษาชาวเขา, Hilltribe Museum & Education Center；www.pdacr.org；3层，620/25 Th Thanalai；50B；⏲周一至周五 8:30~18:00，周六和周日 10:00~18:00）去山地部落徒步之前，你最好先去参观这家博物馆和文化中心。这里由非营利组织人口与社区发展协会（Population & Community Development Association，PDA）经营，馆内展览在视觉效果方面不是很出色，但海量信息可以让你了解泰国各个部落民族和他们面临的问题。

★**皇太后艺术和文化园** 博物馆

（ไร่แม่ฟ้าหลวง, Mae Fah Luang Art & Culture Park；www.maefahluang.org/rmfl；313 Mu 7, Ban Pa Ngiw；成人/儿童 200B/免费；⏲周二至周日 8:30~16:30）整片园区地界广大，景观精美，内有一家博物馆，拥有全泰国最多的兰纳时代文物收藏。园中还能欣赏到古今艺术品及佛教寺庙等建筑。距离清莱市中心西约4公里，坐突突车或出租车前往大约100B。

欧堪博物馆 博物馆

（พิพิธภัณฑ์อูบคำ, Oub Kham Museum; www.oubkham museum.com; Th Nakhai; 成人/儿童300/200B; ⏲8:00~17:00）这个稍显古怪的博物馆收藏了各种令人印象深刻的随身物品，几乎搜集自兰纳王国的每一个角落。这些物品中有些的确独一无二，从兰纳王室品尝食物时使用的猴骨制品，到来自缅甸景栋的雕刻王座，应有尽有。

博物馆在城中心以西2公里处，找起来有些麻烦。乘坐突突车的费用约为60B。

参观必须参加导览游（有英语团），其中一个环节，导游会带你进入一个镀金人造洞穴，里面不但有几尊佛像，更安设了舞厅球灯和假火炬！博物馆的室内设计同样俗丽，除了瀑布和喷泉，还能看到一个巨大的金色那伽蛇妖。整场参观下来，既感怪诞，又让人大开眼界。

团队游

清莱几乎每家客栈和酒店都能组织徒步游前去拜访山地部落。主题包括民风民情、可持续发展举措以及公益活动，侧重点各有不同。

总的来说，徒步游价格与具体的活动类型、天数和团员人数有关。双人两晚徒步旅行的价格是每人2300~6000B。报价一般包括了住宿、交通、饮食等所有费用。

Rai Pian Karuna 徒步

（☎062 246 1897; www.facebook.com/raipiankaruna）这家基于社区的社会企业刚成立不久，提供阿卡族、拉祜族和洛族村庄的一日或多日徒步游以及家庭寄宿，目的地是清莱以北的湄占（Mae Chan）。也能组织其他活动，包括烹饪课以及为期一周的志愿服务。

值得一游

天堂和地狱

清莱城外不远有两座寺庙，一个叫黑庙，一个叫白庙，是本府炒得最火、长得最怪但同时也是最值得游览的两个景点。

泰国佛教寺庙大多都有数百年的历史，但白庙（วัดร่องขุ่น, Wat Rong Khun; 紧邻Rte 1/AH2; ⏲周一至周五 8:00~17:00，周六和周日 至17:30）免费 却是1997年兴建的"晚辈"，设计者是由画家改行的泰国建筑师Chalermchai Kositpipat。远远望去，白庙仿佛完全是由闪烁的陶瓷打造的，走近观看，才发现那只是墙粉与镜子碎片联合制造的效果。

进庙必须过一道桥，桥下水潭里伸出了一条条胳膊——那是欲望的象征。庙内并没有传统的那类展现佛祖生平的绘画，而是一幅幅建筑师本人创作的现代风格壁画，以轮回为主题。上面可以看到飞机冲撞世贸大厦、《黑客帝国》（*The Matrix*）中由基努·里维斯扮演的尼奥、猫王、Hello Kitty、超人等让人费解的画面与形象。创作工作仍在进行，目前已有一整面墙壁完成了绘制。白庙在2014年的地震中轻微受损。

白庙距离清莱南部约13公里，清莱发往渊八宝（Wiang Pa Pao）的班车大巴都经停白庙（20B，6:15~18:10每小时1班）。

黑庙（บ้านดำ, Baan Dum; 紧邻 Rte 1/AH2; ⏲9:00至正午和13:00~17:00）免费 由泰国国民艺术家Thawan Duchanee操刀设计，风格诡异，与白庙大相径庭，大多数建筑物都被漆成了黑色，上面用动物皮毛和骨骼做装饰，显得冷气森森。

核心建筑是一栋类似寺庙的黑色房子，里面仿佛巨大的洞穴，摆着一张长条木制餐桌，两旁放着用鹿角制作的椅子，简直就是魔鬼餐厅。其他建筑物包括乳房造型的白色卧室、用男性生殖器形状做装饰的黑暗卫生间和一座布满骨头与皮草的"礼拜堂"。尽管黑庙在建筑上明显受到了泰北风格的影响，但阴暗的色调、张扬的细节以及那些动物尸骨合在一处，让人感觉脱离了现实，走进了幻境。

黑庙位于Nang Lae，距离清莱北13公里，清莱任意一班发往湄赛的大巴都经停黑庙，票价大约为20B。

Chiang Rai 清莱

Mirror Foundation 徒步

（053 737616；www.thailandecotour.org）尽管收费较高，但参加这个非政府组织（NGO）发起的徒步活动有助于支持对当地向导的培训。徒步游时长1~3天，带你拜访清莱北边Mae Yao地区的阿卡族、克伦族和拉祜族村庄。

PDA Tours & Travel 徒步

（053 740088；www.pda.or.th/chiangrai/package_tour.htm；Hilltribe Museum & Education Center 3层，620/25 Th Thanalai；周一至周五8:30~18:00，周六和周日 10:00~18:00）这个非政府组织提供1~3天的徒步活动。收益用于支持社区公益计划，包括艾滋病教育、移动卫生所、奖学金和村有银行的建设。

住宿

城里

Baan Warabordee 酒店 $

（053 754488；baanwarabordee@hotmail.com；59/1 Th Sanpanard；房 500~600B；）由一座三层泰式别墅改建而成，外观亮丽，性价比高。房间装饰着暗色的木饰和淡色织物，有空调、冰箱和热水。

Moon & SunHotel 酒店 $

（053 719279；632 Th Singhaclai；房 399~499B，套 699B；）这家小酒店明亮又整洁，为客人提供了现代化的大房间，性价比超高。有些房间有四柱大床，所有房间都有桌子、有线电视和冰箱。套房的独立客厅面积很大。

Baan Rub Aroon 客栈 $$

（053 711827；www.baanrubaroon.net；

Chiang Rai 清莱

893 Th Ngummuang；房 含早餐 650~2000B；❄@📶）位于市中心的西边，是一栋漂亮的别墅，但是它的房间没有外表好看，且大部分只有公用浴室。但如果你想要的是一个安静的住处，来这里就对了。

Wiang Inn 酒店 $$$

（☎053 711533；www.wianginn.com；893 Th Phahonyothin；房 含早餐 2400~3200B，套 6000~10,000B；❄@📶🏊）市中心一家商务级标准酒店，外观是典型的20世纪70年代的风格，准确暴露了酒店的年龄，好在最近经过翻新，客房不错，还有一些泰式装饰细节。

城中心以外

★Bamboo Nestde Chiang Rai 客栈 $$

（☎095 686 4755，089 953 2330；www.bamboonest-chiangrai.com；平房 含早餐 800~1600B）拉祜族村庄里一个独一无二的存在，离清莱23公里，感觉却隔了十万八千里。客栈的竹屋建在山上，简单却宽敞，可以远眺梯田。这里只能通过太阳能发电，所以把你的电脑留在城市里，投入到观鸟和徒步的活动中来吧。客栈距离Lamnamkok National Park总部约2公里，住两晚或以上的客人可享受免费接送服务。

Ben Guesthouse 客栈 $$

（☎053 716775；www.benguesthousechiangrai.com；351/10 Soi 4，Th Sankhongnoi；房 500~700B，套 1000~1500B；❄@📶🏊）泰北最佳中低档客栈之一，一尘不染，各种设施一应俱全，从挂着风扇的便宜房间到大型套房，更不用提游泳池了。酒店距市中心1.2公里，在Th Sankhongnoi（街名叫作Th Sathanpayabarn，和Th Phahonyothin交叉）的Soi 4的尽头，坐突突车到这里每人需要20B。

Legend of Chiang Rai 酒店 $$$

（☎053 910400；www.thelegend-chiangrai.com；124/15 Th Kohloy；房 含早餐 3000~10,000B，别墅 7000~12,000B；❄@📶🏊）清莱为数不多的享有河滨位置优势的酒店，这一高端度假酒店给人一种传统兰纳村落的感觉。房间让人感受到浪漫的气息，奢华中透着低调，家具是安静的牛奶色，由藤条编织而成。河畔的无边泳池以及水疗馆可谓锦上添花。酒店在Th Singhaclai以北约500米处。

✕ 餐饮

★Lung Eed 泰国北部菜 $

（Th Watpranorn；主菜 40~100B；⏲周一至周六 11:30~21:00）一家由商铺改造而成的餐馆，装潢简朴，却有清莱最好吃的一道美味。墙上挂有英语菜单，但是千万别错过了最好的lâhpgài。这是一种加入了香草的炸碎鸡肉，盖着酥脆的鸡皮、小葱和大蒜。餐馆距离Rte 1/AH2以东约150米。

Khao Soi Phor Jai 泰国北部菜 $

（Th Jetyod；主菜 35~60B；⏲7:30~17:00）Phor Jai供应同名的咖喱面，这种面条味道虽淡，但十分美味。此外还有其他泰国北部主食。无英文招牌，那座蓝色内饰的开放式商铺即是。

Namnigew Pa Nuan 越南菜、泰国菜 $

（Th Sanpanard；主菜 10~120B；⏲9:00~17:00）这家餐馆很难找（无英文招牌），但它供应独特的越南风味和泰国北部风味菜肴。东西好吃，服务友好，又因为餐厅内部像是一个大谷仓，所以体验很有趣——要是能供应晚餐那该多好啊！

Baan Chivit Mai Bakery 咖啡馆

（www.bcmthai.com/home; Th Prasopsook; ⏰周一至周六 8:00~19:00，周六和周日 至18:00; 📶）除了品尝一杯采用当地咖啡豆煮的咖啡，你还可以在这家广受欢迎的面包房吃到特别正宗的瑞典甜品以及西餐和三明治。收益用以支持Baan Chivit Mai——该公益组织负责为弱势、孤儿或感染艾滋病的儿童开办福利院并开展教育计划。

Doi Chaang 咖啡馆

（542/2 Th Ratanaket; ⏰7:00~22:00; 📶）Doi Chaang是清莱咖啡产业的领军品牌，咖啡豆目前远销加拿大和欧洲。这是该品牌的旗舰咖啡馆，进来品品咖啡很舒服，也能吃到几款小吃和简餐。

实用信息

欧弗布鲁克医院（Overbrook Hospital; ☎0537 11366; www.overbrook-hospital.com; Th Singhaclai）一家现代化医院，员工讲英语。

泰国旅游局（TAT; ☎053744674，全国 1672;

清莱交通一览

大巴

目的地	票价（B）	车程（小时）	班次
曼谷	423~958	11~12	7:00~19:00班次频繁（新长途汽车站）
博胶（老挝）	240	3	16:00（新长途汽车站）
清孔	65	2	6:30~16:30班次频繁（府际长途汽车站）
清迈	129~258	3~7	6:00~19:00班次频繁（府际长途汽车站）
清盛	37	1.5	5:30~19:00班次频繁（府际长途汽车站）
南邦	98~137	4~5	12:45~16:30共5班（新长途汽车站）
南邦	137	5	7:00~15:15每小时1班（府际长途汽车站）
琅勃拉邦（老挝）	950	16	13:00（新长途汽车站）
湄占（前往湄思乐）	25	45分钟	5:00~19:30班次频繁（府际长途汽车站）
湄赛	39	1.5	6:00~18:30班次频繁（府际长途汽车站）
湄索	416	12	8:15和8:45（新长途汽车站）
呵叻（那空叻差是玛）	569~664	12~13	6:30~19:20共6班（新长途汽车站）
帕夭	43	1.5~2	10:00~15:30每小时1班（新长途汽车站）
帕夭	66	2	7:30~15:30班次频繁（府际长途汽车站）
彭世洛	260~335	6~7	6:15~19:20每小时1班（新长途汽车站）
帕府	144	4	6:00~18:00每半小时1班（新长途汽车站）
素可泰	231	8	7:30至正午每小时1班（新长途汽车站）
乌汶	884	12	16:00（新长途汽车站）

小巴

目的地	票价（B）	车程（小时）	班次
清盛	45	1.5	6:20~16:20每小时1班（府际长途汽车站）
湄赛	46	1.5	6:30~18:00班次频繁（府际长途汽车站）
帕夭	63	1	5:00~18:00每半小时1班（府际长途汽车站）
帕府	165	3.5	5:00~18:00每半小时1班（新长途汽车站）
索拉（金三角）	50	2	6:20~16:20每小时1班（府际长途汽车站）

tatchrai@tat.or.th; Th Singhaclai; ⏲8:30~16:30)这里的工作人员英文水平很有限，但职员还是会尽最大努力给你提供建议、一些地图和手册。

旅游警察局(☎053740249，全国 1155; Th Uttarakit; ⏲24小时)警察会说英语，且24小时值班。

到达和离开

飞机

清莱国际机场(Chiang Rai International Airport，又称Mae Fah Luang International Airport; ☎053798000; www.chiangraiairportonline.com)距离城北约8公里。机场设有各航空公司的办事处、多家餐厅、一个货币兑换处、一家邮局和几个租车网点。从机场乘出租车到城里的费用是200B。从城里前往机场，乘坐**Chiang Rai Taxi**(☎053 773477)的计价出租车费用约为120B。

机场每天有11班飞机飞往曼谷廊曼国际机场(1399B起，1小时20分钟)，5班飞机飞往曼谷素万那普国际机场(1280B起，1小时20分钟)，也有飞机连接清迈和合艾(Hat Yai)。目前机场有飞往中国昆明、香港和澳门的国际航班。

船

客船沿河流Mae Nam Kok在清莱和清迈府的他通间往来，经停Ban Ruam Mit。清莱的发船地点在距离城西北2公里的**CR码头**(☎053750009; ⏲7:00~16:00)，从城区坐突突车前往码头，大约80B。

长途汽车和小巴

位于城中心的**府际长途汽车站**(Interprovincal Bus Station; ☎053 715952; Th Prasopsook)有开往清莱府各地的长途汽车，也有开往泰国北部其他目的地的几班小客车和带风扇的慢车。如果你前往清莱以外的地方(或是赶时间)，那就要去距离城南5公里的**新长途汽车站**(new bus station; ☎053773989; Rte 1/AH2)。6:00~17:30府际长途汽车站和新长途汽车站之间有双条车频繁往返(15B，15分钟)。

国际目的地方面，清莱有一班大巴直达老挝琅勃拉邦。每天还有一班直达大巴发往老挝博胶，那里有国际大巴发往老挝琅南塔、中国昆明和老挝万荣。

当地交通

在清莱中心区辗转，步行即可轻松搞定，坐突突车的话，城内目的地每人大约20B。

在城内及周边都能找到**Chiang Rai Taxi**(见509页)公司的计程车，价格不贵。

金三角(Golden Triangle)

泰国、缅甸、老挝三国交界处被称作金三角。

索拉(Sop Ruak)

这座小城位于拉河(Nam Ruak)与湄公河的交汇处，是金三角地区的中心，内有两座鸦片主题博物馆值得一游，坐船沿河游览一小时也很美妙，但没有必要在此过夜——除非你选的是当地那几家非常好的豪华酒店。

景点

帕清盛西潘丁　佛教寺庙

(พระเชียงแสนสี่แผ่นดิน, Phra Chiang Saen Si Phaendin; Rte 1290; 门票乐捐; ⏲7:00~21:00)到了索拉，第一眼肯定会看到这尊巨型佛像。佛像由一个泰国-中国基金会出资修建，跨立于一座船型平台上，佛像背后立有高台，游客可以从那里把硬币滚下去，以此作为香火钱。

鸦片纪念馆　博物馆

(บ้านฝิ่น, House of Opium; Rte 1290; 50B; ⏲7:00~19:00)规模不大，展览聚焦鸦片(即罂粟果乳汁提取物)的历史与文化，值得一看。展品包括鸦片种植、采摘、吸食和交易中所用到的各种工具，包括烟枪、秤砣、天平等，也有英文注释的招牌和地图。博物馆位于城镇东南端，几乎就在帕清盛西潘丁大佛的对面。

Wat Prathat Pukhao　佛教寺庙

(วัดพระธาตุภูเข้า; Rte 1290; ⏲黎明至黄昏) 免费 一条湄公河，在索拉分出了老、缅、泰三个国家，想欣赏这种景象，这座寺庙可谓是最佳观景点。从鸦片纪念馆旁边沿台阶上山即是寺庙。

鸦片博物馆　博物馆

(หอฝิ่น, Hall of Opium; Rte 1290; 成人/儿童200B/免费; ⏲周二至周日 8:30~16:00)鸦片博物馆距离索拉北1公里，正对Anantara Golden

另辟蹊径

班波朗

班波朗（Ban Bo Luang，也称Ban Bo Kleua或盐井村）是一个风景如画的廷族村庄，位于普考山国家公园（见515页）的东南方。这里的盐井可以提炼出盐，长久以来便有人以此为业。由村民集体开采的大型盐井差不多都在村庄正中心，很容易找到。如果你是租车或者自驾，那么不妨以这里为大本营，前去探索附近的国家公园。

坤南国家公园（อุทยานแห่งชาติขุนน่าน，Khun Nan National Park；☎054778140；成人/儿童100/50B；⊙8:00~16:30）距离村北几公里，公园的游客中心那里有一条2公里长的小道，终点是一处观景台，可以俯瞰周边村庄，眺望老挝。

村中最好的住处无疑是**Boklua View**（☎081809 6392；www.bokluaview.com；房间和平房含早餐 1850B；❄📶）。这家管理完善的度假村位于山坡上，风景迷人，可以俯瞰村庄和穿行其间的Nam Mang河。度假村自带花园，供应食物，味道不错（一定要试试大厨Toun的泰北五香炸鸡）。

Triangle Resort & Spa度假村，占地面积40公顷，建筑面积5600平方米，由皇太后基金会（Mae Fah Luang Foundation）创立。里面举办有多媒体展览，生动地介绍了鸦片的历史，部分展示并聚焦吸食鸦片对个人以及社会产生的影响，内容精彩丰富，视角多元，值得参观。

住宿

Four Seasons Tented Camp 酒店 $$$

（☎053910200；www.fourseasons.com；两晚 全包式套餐 104,000~116,000B；❄@📶🏊）如果你能拿出足够的时间（和钞票），一定不要错过这个游猎风格的度假村，住宿体验在全泰国可以说是独一无二。所谓的"帐篷"（tent）体现了这个价位应有的奢华，各种装饰都体现了殖民地时期的狩猎风格。要求最低入住两晚，从长尾船观光，到水疗养生，每天都为游客推出了多种活动。

Pak-Ping-Rim-Khong 客栈 $$

（☎053 650151；www.facebook.com/PakPingRimKhong；484 Th Rimkhong；房 含早餐 1200~1800B；❄📶）紧邻城北的一片别墅，又新又齐整，客房很大，配有空调、电视和冰箱。

到达和离开

索拉有双条车频繁发往清盛（20B，15分钟，7:00至正午）和湄赛（Mae Sai；45B，30分钟，8:00~13:00每40分钟1班），只需在主街上挥手拦车即可。前往清莱（50B，1小时，5:50~16:00每小时1班）的小客车停在帕清盛西潘丁西边的停车场。清盛到索拉只有9公里，骑自行车很轻松。

湄思乐（Mae Salong/Santikhiri）

山顶小城湄思乐散发着浓浓的中华风情，山区部落众多，茶园成片，尽管现在已经成了旅游热门，但仍是泰国一个独一无二的存在。你完全可以在这里放松个一两天，并且自行探索周边地区。

城中居民最初都是1949年来到这里的国民党士兵，独特的文化经数代繁衍传承至今：云南方言仍是这里的通用语，中国菜比泰国菜更为常见。

景点和活动

Little Home Guesthouse（见511页）能提供免费地图，上面大致标出了前往周边阿卡族和傈僳族村庄的徒步路线，路程不用半天。

湄思乐以北、Ban Thoet Thai村与缅甸边境之间的徒步体验最佳，但往这个方向徒步，出发前一定要询问当地的政治局势。你还可以参加骑马活动，游览附近4个村庄，价格为500B，时间大约为3~4小时。

早市 市场

（ตลาดเช้าดอยแม่สลอง，Morning Market；⊙6:00~8:00）每天在Shin Sane Guest House附近的丁字路口有个有趣的小早市，城中居民和周边部落族人都会过来。

日间市场 市场

（ตลาดริมถนนดอยแม่สลอง, All-Day Market）小镇南端还有一个市场，持续一整天，聚集了大量出售山地部落手工艺品的摊主、出售茶叶的商店和几家简单的餐馆。

住宿

遇到满房不用担心，因为湄思乐的中低端住处不计其数，总有空房等着你。因为竞争激烈，店家常常接受砍价，但旺季（11月至1月）除外。因为气候凉爽，所以很少有地方配备空调。所有的住处都在镇上的主干道上，或者离主干道不远。

★ Little Home Guesthouse 客栈 $$

（☎053765389; www.maesalonglittlehome.com; 房间和平房 500~800B; @☎）客栈位于市场交叉口附近，建筑为黄色，规模很大，刚刚经过翻修，背后的几个平房很迷人，性价比高。客房整洁明亮，老板极其友善。

Baan Hom Muen Li 酒店 $$$

（Osmanthus; ☎053 765271; osmanhouse@hotmail.com; 房 含早餐 1200~2000B; ☎）这座时尚的酒店位于城中心，正对着Sweet Maesalong，有22间按照现代及传统中国主题装修的房间，设计很有艺术感。新楼楼上的客房配有巨大的阳台，能俯瞰周边茶园，值得推荐。酒店无英文招牌。

当 地 知 识

湄思乐地方美食

到早市上尝尝纯正的中式早餐豆浆油条（当地叫“pah·tôrng·gǒh”），这是湄思乐一天正确的打开方式。事实上，许多泰国游客来湄思乐就是为了能吃到云南菜，比如红烧肉、泡菜配“màn·tǒh”（也就是“馒头”），还有草药乌鸡汤。用小麦鸡蛋和面制成的面条也是湄思乐的一个特色，一般用猪肉吊汤做成汤面，里面加上辣椒酱，在城中好几个地方都能吃到。

就餐

饮食方面，来到湄思乐就好像来到了中国云南省的某个村子，很多面食和菜肴都是在泰国其他地方吃不到的。

Salema Restaurant 中国菜 $

（Rte 1130; 主菜 30~250B; ⏰7:00~20:00）城

异乡安家

1949年新中国成立后，国民党第九十三师逃往缅甸。1961年，当时的缅甸政府剥夺了国民党军合法居留缅北的权利，强行将其赶出国境。其中一部分残军赶着马车，携家带口来到了泰北，在湄思乐定居下来，建立了一座座山村，重新过起了老家云南的那种日子。

20世纪60年代，泰国政府开始帮助他们及其家人融入泰国社会，但直到80年代末才有所成效。他们中有许多人依旧与大毒枭坤沙和掸邦联合军合作，三股势力联手在金三角（见509页）从事鸦片交易。因为湄思乐山高地险，缺少铺装路，与外界几乎隔绝，所以泰国政府对鸦片活动的镇压和怀柔政策屡屡失效。

湄思乐附近的满星叠（Ban Hin Taek，今称Ban Thoet Thai）当时是坤沙的老巢，20世纪80年代初，泰国军队将坤沙势力击溃，坤沙撤到了缅甸。这一事件似乎是湄思乐的一个转折点，当地人的态度发生了变化，泰国政府的怀柔政策终于开始显现其成效。为了铲除鸦片活动以及后来出现的冰毒（当地称“yah bâh”）交易，泰国政府推行了一系列计划，鼓励山地部落放弃生产毒品，改种茶叶、咖啡、玉米和果树来弥补收入。

为了进一步消除湄思乐作为“鸦片毒巢”的负面形象，泰国政府正式将这个村庄更名为“Santikhiri”（意为“和平山”）。20世纪80年代以前，往这里运送物资只能靠马驮，可如今，Ban Pasang与湄思乐之间修了一条36公里长的铺装路，一路车来车往。尽管在基础设施方面有所改善，但是这里仍保留有浓浓的中华风情，气质不同于泰国的任何一个地方。

中服务最友好的餐厅之一，碰巧还是味道最好的一家。主打好吃的中国清真菜，推荐香浓的云南风味牛肉以及酸爽的辣味金枪鱼茶叶沙拉。面食同样不凡，比如咖喱牛肉面（kôw soy；面条由小麦粉和鸡蛋制成）。位于城镇东端。

Sweet Maesalong 咖啡馆 $

（Rte 1130；主菜 45~155B；⏲8:30~17:00；📶）如果你觉得茶叶不能满足你对咖啡因的渴求，那就顺路来这家舒适的现代咖啡馆，这里的咖啡饮品都是使用当地咖啡豆制成的。这里也提供复杂的烘焙面点和简餐。咖啡馆位于城中心附近。

Sue Hai 中国菜 $$

（Rte 1130；主菜 80~300B；⏲7:00~21:00；✍）紧邻城镇中心东侧，一家茶馆兼中餐馆，由家族经营，装潢简朴，配英文菜单，主打当地特色菜，比如炒菌菇（用的是当地菌菇，里面加酱油）和好吃的鲜辣椒炒风干猪肉。

实用信息

城南端Khumnaiphol Resort对面的泰国军人银行（Thai Military Bank）有自动柜员机。

到达和离开

从清莱来湄思乐，最简单的方式就是先坐大巴到湄占，那里有绿色双条车频繁发往湄思乐（60B，1小时，每天4班），包双条车大约400B。你也可以先从清莱乘坐湄赛方向的大巴，在Ban Pasang下车，那里有蓝色双条车发往山上的湄思乐（60B，1小时，6:00~17:00客满发车）——包车大约400B。返回清莱的话，可以在湄思乐那家7-ELEVEN那里挥手拦截双条车。

清迈府的他通也有车连接湄思乐。返回他通的黄色双条车，会在Little Home Guesthouse附近候客，每天4班（60B，1小时）。

当地交通

在湄思乐，多数地方都可以步行前往。如果想

前往老挝：清孔至会晒

自从2013年末横跨湄公河的泰老第四友谊大桥建成通车之后，外国人就不再能乘船经会晒入境老挝了，对于大多数游客来说，这个口岸的便利性和经济性都因此下降。

前往边境 友谊桥距离清孔南约10公里，从清孔包三轮车（sahm·lór）过去要120B，清孔城镇中心以及市场/巴士站那里也有白色的客运卡车前往友谊桥，车费为60B。

到达边境 先在友谊桥桥头那里的泰国边检站（☎053 792824；⏲6:00~20:30）办理离境手续，随后乘坐摆渡巴士（20B起，8:00~18:00）到达桥尾的老挝边检站（桥长630米），持中国护照可在此办理有效期为30天的老挝落地签证，签证费用为US$20。

继续前行 通关后从友谊桥坐三轮车前往会晒的码头或是新长途汽车站，每人要交100B/25,000K，实在离谱。会晒有长途汽车连接琅南塔（60,000~85,000K，4.5小时，8:30和10:00）、琅勃拉邦（145,000~170,000K，12小时，8:30、10:00和18:00）、勐赛（90,000~100,000K，9小时，9:30）、万荣（215,000K，24小时，10:00）和万象（250,000K，24小时，10:00）等目的地。

如果时间允许，会晒每天有慢船（1350B或220,000K，约10:30）前往琅勃拉邦，行程两天，夜间需在巴本（Pak Beng）村过夜。实际上，两地间也有快船（360,000K，6~7小时，9:00~11:00班次频繁）连接，但曾经多次发生过严重事故，而且非常吵闹，不推荐。船票也可以通过清孔的旅行社代订——如Easy Trip（☎053655174，089 635 5999；www.discoverylaos.com；183 Th Sai Klang；⏲9:00~19:00）——价格稍贵，但省去了麻烦，不用操心接驳交通，还能在船上享用免费盒饭。

你也可以从清孔直接前往中国：先在会晒落地办理30天老挝签证，然后立即动身，乘坐长途汽车前往中国云南的勐腊（120,000K，8小时，8:30）或昆明（430,000K，18小时，10:30）。

从清孔发出的长途汽车

目的地	票价(B)	车程(小时)	班次
曼谷	592~921	13	7:00, 7:25, 此外15:00~16:00期间频繁发车
清迈	254~395	6~7	7:15、9:45和10:30
清莱	65~126	2.5	5:00~16:00每小时1班
琅南塔(老挝)	280	4	14:30(周一、周三、周五和周六)
琅勃拉邦(老挝)	730	13	14:30(周一、周三、周五和周六)
帕天	151	3	10:30
勐赛(老挝)	460	10	14:30(周一、周三、周五和周六)

去更远的地方(或者嫌走山路累),镇东的Mini和镇中大多数客栈都出租摩托车,24小时大约200B。

清孔(Chiang Khong)

清孔自古以来就是一个市集,对于当地山地部落以及与老挝北部进行贸易往来的商贩来说非常重要。今天,这座河畔小城市是许多游客入境老挝的门户。2013年,湄公河上建起了一座大桥,清孔与中国之间的交通也因此更为便利。湄公河对岸是老挝的会晒,从那里坐两天慢船可以到达琅勃拉邦。如果还想去更遥远的地方看看,可以从会晒乘坐8小时大巴到磨丁(Boten),从那里进入中国。

食宿

★Namkhong Resort 酒店 $

(☎053 791055; www.namkhongriverside.com/boutique-resort; 94/2 Th Sai Klang; 房200~800B; ❄📶🏊)酒店紧邻主街,半藏半露,热带植物间建有一座座英气的木建筑。即便是价格低廉、没有独卫的风扇间也很迷人。自带泳池也是加分项。

River House 酒店 $$

(☎053 792022; theriverhouse_chiangkhong@hotmail.com; 419 Th Sai Klang; 铺150B, 房300~1000B; ❄@📶)一栋正对湄公河的白房子,温馨的感觉像是到家了一样,值得推荐。比较便宜的客房面积小,只有风扇,需共用卫浴,价格更高的客房面积大,带空调、冰箱、电视和阳台。

★Khao Soi Pa Orn 泰国菜 $

(Soi 6, Th Sai Klang; 主菜30~40B; ⊙8:00~16:00)泰北著名的咖喱汤面(kôw soy),你可能已经觉得不新鲜了,但清孔版的"kôw soy"可不寻常,用的是清汤,上面还会加上浓厚香辣的猪肉碎。除了面食,这里也有其他一些菜肴。紧挨着一块巨大的公路里程牌,没有英文招牌。

到达和离开

清孔全新打造的**长途汽车站**(☎053 792000; Rte 1020)距离城南3公里,前往老挝的话必须去车站乘车,前往其他地方的大巴则会在城镇中心南部市场附近的几个地点让乘客上下车。前往清盛,需要先在Th Sai Klang上的一个站点坐双条车到合艾(50B, 1小时, 约8:00),然后换乘清盛方向的双条车。

难府(Nan)

由于地理位置偏僻,难府并不是多数旅行者会涉足的目的地。不过如果你花些时间到这,还是能体会到这里丰富的文化和厚重的历史。

难府许多居民都是傣仂族,祖先来自中国西南地区的西双版纳。城中的艺术与建筑,尤其是那些精美的寺庙,都体现了这一独特的文化传承。而古城墙遗址以及几座年代更久远的佛寺,则展现了兰纳时代对这里的影响。

景点

★普敏寺 佛教寺庙

(วัดภูมินทร์, Wat Phumin; Th Suriyaphong和Th Pha Kong交叉路口; 门票乐捐; ⊙白天)难府最有

名的佛教寺庙，因精致的壁画而闻名，这些壁画于19世纪末期由一位叫Thit Buaphan的傣仂族艺术家创作完成。寺庙建于1596年，后于国王Chao Anantavorapitthidet（1867~1874）治下修复，大殿呈十字形，中间的佛坛装饰华丽，四面各有一尊素可泰时代风格的佛像。

★ **难府国家博物馆** 博物馆

（พิพิธภัณฑสถานแห่งชาติน่าน, Nan National Museum; Th Pha Kong; 100B; ⌚周三至周日 9:00~16:00）前身是难府最后两位封建领主的宫殿，建于1903年，在1973年作为博物馆首次开放。就收藏和内容而言，它是泰国国内比较好的府级博物馆之一，大多数展品都有英语标签。目前博物馆经过整修已重新开放。

活动

说到规范的徒步活动，难府根本无法与清莱或清迈相比。

Nan Touring 漂流

（☎081961 7711; www.nantouring.com; 11/12 Th Suriyaphong; 3天2夜 每人 5900B; ⌚9:00~17:00）提供各种漂流活动，至少5人方可成行。

Fhu Travel 徒步

（☎054 710636, 081 287 7209; www.fhutravel.com; 453/4 Th Sumon Thevarat; 徒步每人 1700B; ⌚9:00~18:00）一家老牌旅行社，目前能组织难府周边一日游。

食宿

Fah Place 酒店 $

（☎054710222; 237/8 Th Sumon Thevarat; 房 350~500B; ❄📶）这里的房间宽敞，有迷人的柚木家具，床铺松软舒适，通常在价格高出好几倍的酒店里才能享受。性价比超高。

★ **Pukha Nanfa Hotel** 酒店 $$$

（☎054771111; www.pukhananfahotel.co.th; 369 Th Sumon Thevarat; 房 含早餐 2600~4700B; ❄@📶）原来叫Nan Fah Hotel，毫无特色可言，后来经过精心改造，成了如今这家迷人的精品酒店。14间客房既舒适又美观，装饰着历史的木材，并有诸如当地布料、手工艺品及艺术品营造出的氛围。年代久远的广告和图片更增添了一分旧日的味道。更好的是，酒店所在的位置交通便利，员工非常能干。

Hot Bread 各国风味、泰国菜 $

（38/1-2 Th Suriyaphong; 主菜 25~140B; ⌚7:00~16:00; 🖉）这是一家复古风格的餐馆兼咖啡馆，很是迷人，供应各式各样的西式早餐——包括与店名同名的美味自制面包和其他西餐以及泰国菜。早上可以过来吃一碗"kôw soy"（汤面）。

Pu Som Restaurant 泰国北部菜 $

（203/1 Th Khamyot; 主菜 35~90B; ⌚10:00~22:00）这里的菜肴以肉食为主，按当地样式做成了lâhp（碎肉沙拉）或néu·anêung（药草蒸牛肉，配上美味的沙姜汁）。餐馆外没有英文招牌，留心找找"estcola"的灯箱广告。

前往老挝：BAN HUAY KON至MUANG NGEUN

Ban Huay Kon是泰老边境附近一座冷清的山村，距离难府北140公里。村中周六上午会举行边贸市场，但大多数人来这儿不是为了买东西，而是为了入境老挝。

前往边境 每天5:00至正午，难府有5班从帕府始发的过路小巴前往Ban Huay Kon（95B，3小时）。Ban Huay Kong每天9:15、10:00、11:00、正午和15:00有小巴发往难府（95B，3小时）、帕府（172B，5小时）和Den Chai（设有火车站；200B）。

到达边境 通过泰国边检站之后，外国人可落地办理有效期30天的老挝签证，签证费US$30至US$42，视具体国籍而定。16:00以后以及周末入境，加收US$1或50B。

继续前行 走出边检站，再行2.5公里即是老挝村庄Muang Ngeun，不想赶路可以在Phouxay Guesthouse过夜，想赶路就去市场旁边那个超小的客车站（Passenger Car Station），那里有双条车发往Hongsa（40,000K，1.5小时），首班14:00，末班16:00。

从难府发出的长途汽车

除了下列长途大巴，难府还有小巴发往泰国老挝边境口岸Ban Huay Kon（95B，3小时，5:00至正午共5班）和帕府（83B，2小时，5:30~18:00每半小时1班）。

目的地	票价(B)	车程（小时）	班次
曼谷	396~725	10~11	8:00~10:00以及18:15~19:45班次频繁
清迈	213~395	6	7:30~17:00班次频繁，22:30另有1班
清莱	181	6	9:00
南邦	146~291	4	7:30~22:30班次频繁
帕夭	197	4	13:30
彭世洛	178	4	7:45~17:15共5班
帕府	78	2.5	7:30~22:30班次频繁
普阿（前往普考山国家公园）	50	2	7:00~17:00每小时1班

购物

难府是泰北购买纪念品的最佳地点之一。当地纺织品非常不错，尤其是傣仂族编织品，白色棉布打底，红线与黑线勾勒出花纹、几何图案和动物的形象，很有代表性。当地苗族的贴花和瑶族（Mien）的刺绣，品质非凡。听族（Htin）用草和竹子编成的篮子和席子也值得一看。

夜市 市场

（Th Pha Kong；周六 17:00~22:00）每周六下午开始，难府国家博物馆面前的Th Pha Kong就会封街开集，会有售卖食物、纺织品、服装和当地手工艺品的摊位。

实用信息

游客中心（054751169；Th Pha Kong；8:30至正午和13:00~16:30）相当好的信息中心，位于普敏寺对面，藏在商贩和咖啡馆后面。

到达和当地交通

难府的难那空机场（Nan Nakhon Airport）距离城北约3公里，最近经过翻修。机场有**亚洲航空**（Air Asia；054 772635，全国 02 515 9999；www.airasia.com；Nan Nakhon Airport；7:00~16:30）和**飞鸟航空**（Nok Air；091 119 9834，全国 1318；www.nokair.com；Nan Nakhon Airport；8:00~19:00）的飞机连接曼谷廊曼国际机场（935B起，1.5小时，每天5~6班），有**肯尼斯航空**（Kan Air；090 907 1811，全国 02 551 6111；www.kanairlines.com；Nan Nakhon Airport；8:30~17:00）的飞机连接清迈（1890B，45分钟，每周两班）。**Klay Airport Taxi**（086 188 0079；Nan Nakhon Airport）的出租车负责机场与城区之间的摆渡，每人大约100B。

难府长途汽车站（054 711662；Th Jao Fa）紧邻城镇西南侧，所有大巴、小巴和双条车都从那里发车。车站和城中心之间搭乘摩的费用为30B。

如果想去帕府（Phrae）的Den Chai火车站，任何发往清迈或曼谷的大巴都可以把你放在那里。

难府周边（Around Nan）

普考山国家公园

普考山国家公园（อุทยานแห่งชาติดอยภูคา，Doi Phu Kha National Park；082 194 1349，住宿 02 562 0760；www.dnp.go.th；200B）以难府最高峰、海拔2000米的普考山（Doi Phu Kha）为中心，一部分属于Amphoe Pua（难府的一个地区），一部分属于Amphoe Bo Kleua，距离难府东北约75公里。公园及周边有几处听族、瑶族、苗族和傣仂族的村落，也有几处洞穴和瀑布以及无尽的森林徒步道路。气候方面，经常是凉季（泰国全年分热、雨、凉三季）特别凉，雨季雨特多。

公园总部能够提供很粗略的地图，工作人员可以安排当地导游带你到周边地区进行短途、长途徒步，包括到Nam Wa河上漂流。

公园提供各种平房（2~7人 300~2000B），附近还有一家餐馆和一家简易商店。

要想乘坐公共交通工具到达国家公园，你必须首先乘坐长途汽车或双条车到Pua（50B，2小时，7:00~17:00每小时1班），在7-ELEVEN下车，然后在公路对面坐日间营运的双条车（50B，30分钟），发车时间分别是7:30、9:30和11:30。

了解泰国

今日泰国

无处不在的智能手机、取代摩托车的小汽车、对于劳工移民的需求，这一切毫无疑问说明泰国正在逐渐富裕起来。2011年，世界银行根据人均国民总收入指标，将泰国从中等偏下收入国家升级为中等偏上收入国家。2012年，泰国的人均国民总收入达到5210美元，比10年前翻了一倍有余。

不过，周期性的政治动荡仍在徘徊，并威胁着泰国在经济方面的成就。2006年的政变（70年中的第18次）后，时任总理的他信·西那瓦（ThaksinShinawatra）被迫流亡，随后几任总理轮番登场，泰国社会分化正日趋明显。

这一切很大程度上归因于时常显出暴力倾向的抗议活动，发起者是受过良好教育的精英阶层，联合保皇派和军队构成的黄衫军，以及大多来自农村、支持流亡在外的他信的红衫军。2008年，身着黄衫的抗议者关闭泰国主要的国际机场长达两周之久。2010年，与之对立的红衫军占据了曼谷的中心购物区长达两个月之久，最后以与军方流血冲突而告终。2013年底至2014年初，局势再度紧张，黄衫军涌到曼谷的街头，占领城市的核心区域，阻止国会大选，并以此迫使与他信有联系的政府下台。

政治纷争破坏了统一的“大泰族”这一根深蒂固的观念，也动摇了泰国文化对暴戾之气的嫌恶之情，身处政治旋涡中的泰国民众对此已感厌倦。

积极的方面是从前泰国边境令人头疼的动荡热点区域正越发稳定。到2015年底，东盟经济共同体（Asean Economic Community，简称AEC）的10个东南亚成员国建成了统一的市场体系，商品、服务、资金、劳动力能够自由流动，几乎不再有国家边界的障碍。AEC已经为泰国带来了与邻国之间的边境开放和基础设施的改善。尽管泰国与缅甸之间漫长的国境线上仍生活着约13万名难民，不过缅甸最近趋向民主的举动，加上派系武装冲突的缓和，部分难民有望重返家园。

2016年，泰国政府基于迫切的现实需要宣布启动一项基础设施投资计划，借以振兴经济。旅游业仍然是泰国经济的重要部分。

新宪颁布

2016年8月7日，泰国经过公投正式敲定了第20部宪法草案。新宪法事实上造成了泰国民主发展的倒退，正式赋予了泰国军方以统治权。新宪规定，泰国国会上议院的250名议员，将通过任命而不是直接选举的方式产生，而且一定的议员席位是给军方预留的。根据其中一个条案，一个不经选举产生的委员会有权力接管经选举产生的政府，上议院有权任命总理。这份由军方起草的宪法被当权者比作能够指引泰国走上民主之路，拥有一个稳定廉洁的政府的蓝图。

举国哀悼

2016年10月13日，备受敬爱的泰国国王普密蓬·阿杜德（即拉玛九世）在多年病痛折磨后离世，享年88岁。普密蓬在位70年，是世界上执政时间最长的君主，也是唯一一个被大多数泰国人所铭记的国王。宅心仁厚的他被视为国父，生前曾推行过许多计划缓解贫困。

国王去世后，政府下令全国服丧，民众也自发地举行悼念活动。政府要求全国在一个月的时间里不准进行“喜庆活动”（包括音乐会、派对、节庆、足球赛等）。泰国的性旅游行业也随势而动，缩短了营业时间，撤去了那些衣不遮体、招徕生意的小姐。公务员必须着黑服一年。许多人聚集在公共场所，参加游行，表达哀伤。因为黑色的丧服供不应求，曼谷一时出现了许多咕嘟冒泡的大染缸。政府还拿出800万件黑T恤免费发放给低收入群体。

历史

泰王国的兴起

据信，最初的泰国人从如今中国的云南省和广西壮族自治区迁徙到泰国，在河边定居下来，并逐渐形成小规模的农耕社区。

到了13世纪和14世纪，第一个泰王国素可泰王朝开始蚕食风雨飘摇的吴哥帝国。素可泰王朝第三任国王兰甘亨（Ramkhamhaeng）开创了泰语的书写体系，并在吴哥风格的启发下主持建造了被视为早期泰国艺术范本的寺庙。

大城王国于1350年在如今泰国中部的平原上建国，它的出现很快使素可泰王朝黯然失色。欧洲国家前来这一地区进行贸易，并寻求新的殖民地，大城居民顽强抵抗，抵御了外来势力的入侵，也由此发展为亚洲贸易线路上的大都市口岸。大城王国在如今泰国境内的大部分土地上统治了400年，直到1767年缅甸人将其国都摧毁。

泰国人最终定都如今的曼谷，建立了查克里王朝，并将王朝的统治延续至今。西方帝国主义在这一地区横行时，国王蒙固（King Mongkut，即拉玛四世，1851~1868年在位）与继任者、其子国王朱拉隆功（King Chulalongkorn，即拉玛五世，1868~1910年在位）成功地使泰国进入现代国家的行列，而免于沦为殖民地。

坎坷的民主之路

1932年，一场和平政变使泰国采用了君主立宪制。这种政体大体上仿照英国的模式。随后近半个世纪，泰国的政局一直乱象纷呈。在20世纪中叶，反共军事独裁者为权力展开了一系列争夺，民主代表制和民权受到压制。20世纪70年代，学生举行抗议活动，要求修宪并结束军事统治。1976年10月，在曼谷国立政法大学举行的示威活动遭到军方镇压，导致了伤亡事件。许多活动家转入地下，加入在泰国东北部活动的共产党武装反抗力量。

20世纪八九十年代，泰国开始了向民主迈进的缓慢步伐，甚至出现了一个文官政府。在政治动荡时期，拉玛九世以君主身份展现着新的政治形象，在所有争权逐利者之间扮演着长辈一般的制衡角色。

当地礼仪

泰国人普遍都很善解人意，热情好客，但有些重要的禁忌和习俗还是需要游客注意。

王室 谈及泰国王室时一定不能出言不恭。对待有国王形象的物品（比如泰铢），一定要尊敬。播放《泰王国歌》和《颂圣歌》时一定要起立。随着老国王的离世，新国王登基，泰国政府和民众此时对于亵渎君主制和国丧的行为言论都比较敏感。

寺庙 进入寺庙，袖子需要过肘，裤子需要过膝，不能穿鞋，坐下时应采取跪姿，脚底不可指向佛像。女性不可触碰僧人和僧人的东西，在小道上遇到僧人时需要主动让路，在公共交通工具内，不能坐在僧人身旁。

着装 在海滩上不能全裸，晒太阳时不能裸露上身，来去海滩的路上需在泳衣外再套一件。

面子 永远不要和泰国人吵架，遇到矛盾也要时刻微笑。

新王登基

2016年12月1日，玛哈·哇集拉隆功王储结束了短暂的服丧期，正式继位，成为泰王拉玛十世。新国王登基后立即大赦天下，以示仁慈，10万名囚犯的罪刑得以减免。泰国为君主立宪制国家，国王作为王室财产局（Crown Property Bureau）的监管人拥有大约500亿美元的财产，并由一支王家卫队保护。泰国王室与军方关系亲密，目前的政府就由军方控制。

新国王治国是否有道，声名是否及得上备受尊崇的上一任国王，目前无法判断。他此前离过三次婚，在登基时已经64岁，而且丑闻缠身，作风奢靡，因而并不被看好。空闲时，他基本上都与女友在德国生活——这种国王，泰国百姓还真是不习惯。但因为泰国在亵渎君主方面的法律非常严格，公众出于维护稳定和礼法方面的考虑并不愿意公开表达不满情绪。

跌宕起伏的经济和政治

20世纪90年代，泰国经济跻身于亚洲"四小虎"之一，1997年经济崩溃后，引发了持续3年的经济衰退。此后泰国经济的恢复态势明显，并在2003年年中还清了全部国际货币基金组织的贷款。

2001年，野心勃勃、富有感召力的亿万富翁他信·西那瓦以平民化的施政纲领赢得选举，成为总理。他兑现了医疗保障和乡村发展资金的诺言，赢得了来自劳动阶层，特别是贫穷的泰国东北部民众的坚定支持。

他信及其政党在2005年大选中以极大的优势获胜，但人气却因大量的腐败指控一落千丈。有传闻称他信的野心有增无减，欲干涉泰国王位的世袭，甚至取而代之。这引发了他信政敌和忠于王室者组织的大规模抗议活动。他信试图根除军方在政府中的影响、用亲信担任重要职位的做法也在暗地里为自己树立了强大的政敌。

2006年9月19日，陆军司令颂提·汶雅叻格林（Sonthi Boonyaratglin）发动了一场不流血的政变，迫使他信流亡。接下来的5年，泰国的政治和社会持续动荡，以他信的妹妹英拉·西那瓦（Yingluck Shinawatra）领导的泰党（Pheu Thai Party）取得2011年大选的胜利而达到高潮。2013年，英拉政府试图推动对他信的赦免并使其回国。这一举动引起轩然大波，反对者们占领街道，曼谷市中心被封锁长达数月之久，2014年初举行的有暴力倾向的临时选举也未能使抗议活动平息。

经典泰国电影

- 《69》(*6ixtynin9*, 1997年)
- 《嗨！也梭吞》(*Yam Yasothon*, 2005年)
- 《宇宙最后的生命》(*Ruang Rak Noi Nid Mahasan*, 2003年)
- 《黑老虎的眼泪》(*Fah Talai Jone*, 2000年)
- 《湄公满月派对》(*Mekhong Sipha Kham Deuan Sip-et*, 2002年)
- 《能召回前世的布米叔叔》(*Uncle Boonmee Who Can Recall His Past Lives*, 2010年)

民族和文化

民族

泰国人特别喜欢聊天，会问你各种各样的问题：你从哪里来，是否结婚了，有没有小孩等。有时在好奇心的驱使下，他们也会打探你的体重或收入状况。对泰国人来说，这些问题都是可以公开的，并不会被认为是不礼貌。

泰国人随和、脾气好，把开玩笑（sà·nùk）奉为生活的哲学，每件事都会用是否有趣的标准来衡量。泰国人非常重视"留面子"的观念，即避免面对面的冲突，尽量不使自己或他人感到尴尬。所有的关系都遵循由年龄、财富、身份和政治地位决定的社会等级。

75%的泰国国民是泰族，可以通过地理区域（北部、中部、南部和东南部）再进行细分。每个区域都有自己的方言，某种程度上也有着自己的习俗。主导政治和经济的是泰国中部的国民。

华裔大多已在泰国生活数代，他们占泰国总人口的14%。其他人口较多的少数民族包括东部的越南族、东北部分地区的高棉族、遍布北部和东北部的老挝族，以及在南方边陲信仰伊斯兰教的马来族。北部山区中生活着人口较少的非泰语族群，其中包括许多山地部落。

宗教

泰国盛行小乘佛教（与东亚和喜马拉雅地区的大乘佛教不同），家庭和日常生活都与小乘佛教密切相关。每一名泰国男子在他的一生中，都要做一段时间的和尚，因为在一个家庭中儿子出家的话，会给家庭修积极大的功德。

比佛教哲学更为明显的是与日常生活结合的泛灵论仪式：人们会向僧侣们求教婚礼的吉日或是生意能否红火；住宅之外建有灵屋，以供守护神居住并带来好运；人们将食物、饮品和摆设敬献给这些神灵以求顺利。

约95%的泰国人信奉佛教，不过也有规模可观的穆斯林社区，尤其是在泰国南部。

艺术

泰国中部的传统音乐以和谐、细腻、动人的节拍和平和的旋律为特征。常见的乐器中有一种叫作ɓèe的单簧木管乐器，主要用于泰拳比赛的伴奏。叫作sor的弓弦乐器与中国和日本的弓弦乐器相似。竹键打击乐器rá·nâhtèhk很像西方乐器中的木琴，klòo·i则是木质的长笛。这些乐器组成的管弦乐队最初为传统舞剧和皮影戏提供伴奏，不过如今在庙会和音乐会上也能听到。

泰国北部和东北部有几种流行的多簧管乐器，与口琴相似。其中最重要的是起源于老挝的kaan，在技艺娴熟的乐手的演奏下，这种乐器的音色仿佛节奏分明、动人心魄的汽笛风琴。

泰国现代音乐的最好代表是摇滚乐队水牛（Carabao），这支乐队30多年来一直长盛不衰。另一支影响力巨大的乐队是20世纪70年代的大篷车（Caravan），它以政治和环境为主题，创造了泰国现代民谣的"生命之歌"（plengpêu·achee·wít）风格。在20世纪90年代，产生了现代狗（Modern Dog）和Loso等备受推崇的另类摇滚乐队。

在国际上，泰国的传统宗教雕塑可能比该国任何其他艺术形式都更加突出。泰国最著名的雕塑作品当属青铜佛像，以其独特的构思和优雅的姿态备受瞩目。

寺庙建筑是宗教元素的象征。铺有绿色、金色和红色瓦的斜顶结构代表佛祖（布道者）、佛法（梵文为Dharma，教义）和僧众（教义的追随者）。

传统的泰国戏剧中有舞者或木偶表现情节的舞剧。舞者戴面具的正式舞剧Kŏhn表演的是*Ramakian*（泰国版的印度史诗《罗摩衍那》），从前只有王室成员可以欣赏；lá·kon一词指数种形式的舞剧（通常在非王室场合表演）和西方的戏剧；lí·gair有即兴发挥的成分，通常是集舞蹈、喜剧、情景剧和音乐于一体的俗气的民间剧种；lá·konlék则是木偶剧。

书籍

- 《泰国纪事》（*Chronicle of Thailand*，2010年）威廉·沃伦（William Warren）和尼古拉斯·格罗斯曼（Nicholas Grossman）著。
- 《泰国的宗教文身》（*Sacred Tattoos of Thailand*，2011年）乔·康明斯（Joe Cummings）著。
- 《非常泰国》（*Very Thai*，2013年）菲利普·康威尔-史密斯（Philip Cornwell-Smith）著。
- 《泰国艺术》（*The Arts of Thailand*，1998年）史蒂夫·范比克（Steve Van Beek）著。
- 《泰国民间智慧：传统箴言的现代反思》（*Thai Folk Wisdom: Contemporary Takeson Traditional Proverbs*，2010年）图拉雅·波恩皮利亚库猜（Tulaya Pornpiriyakulchai）和珍·维乍集瓦（Jane Vejjajiva）著。

饮食

欢迎来到外出就餐比亲手烹饪更经济、更美味的国度。市场、推着小车的商贩、临时搭建的摊位、露天餐馆，到处都有实惠的价格和凭一道菜成名的厨师。

在日间市场里逛一逛，会看到如美术用品一般、堆积如山的黏土色酱料。这些是泰式咖喱（gaang）的基础，由精心研磨的草药和调味品制成。酱料买回家后，加椰奶稀释，配上蔬菜和肉类就可以当菜了。尽管与汤的浓度差不多，泰式咖喱浇在米饭上，而不是直接从碗里食用。

就早餐和小吃来说，泰国人喜欢吃goo·ayđee·o，一种配鸡肉或猪肉和蔬菜的汤米粉。有两种米粉可供选择，一种sên lék（细），一种sên yài（宽且扁）。在吃之前，要加几匙现成的调料：干红辣椒、糖、鱼露和醋。现在摆在你面前的就是真正的泰国的味道了。

在人气高的餐馆点菜拿不定主意？以下大家最爱的菜品总是靠得住的：yam ɓlahmèuk（配薄荷叶、芫荽和香芹的辣味鱿鱼沙拉）、冬阴功汤（đôm yam gung，虾肉带有药草气味的辛辣汤品）或者与其相似的

đômkàhgài（鸡肉和良姜椰奶汤）。

泰国人喜欢聚在一起吃饭，很少出现独自就餐的情况，而且菜肴就是要分享的。通常餐桌上摆着许多小盘子，每个人面前有单独的一份米饭。就餐的规矩是：一次舀一勺食物在自己的米饭上。勺子的用法与西餐中的叉子相似，叉子的用法与西餐中的餐刀类似，用叉子把食物拨到勺子里再往嘴里送。

环境

与所有人口密度高的国家一样，泰国的生态系统也承受着巨大的压力：50年以前，泰国国土面积约70%被森林覆盖，现在仅余28%。为了应对环境恶化，泰国政府自20世纪70年代以来设立了许多保护区。水土流失令洪灾雪上加霜。1989年，泰国政府下令禁止一切砍伐行为。

尽管泰国在保护濒危物种方面比大多数邻国更为出色，但是仍受到腐败的影响。该国也是非法野生动植物交易的一大重要渠道。

生存指南

ⓘ出行指南

签证

中国护照持有者坐飞机进入泰国可以办落地签证，逗留时间不超过15天。从2014年1月起，只要持有往返机票（须打印），中国边检即予以放行。注意，从陆路进入泰国无法获得落地签证，即便从第三国入境，当地的泰国领事馆通常也不受理中国护照的签证申请。

如果希望在出发前就办好旅行签证，费用为¥230，有效期3个月，允许逗留60天。如果所在城市没有泰国领事馆或者不希望提供照片以外的资料，可以通过旅行社代办，一般代办费为¥30~100，只需提供照片以及护照。淘宝网上也有不少代办泰国签证的卖家，收费更具竞争力。

移民与签证问题由**泰国外交部**（☎02 203 5000；www.mfa.go.th）监管。签证方面的规定经常调整，关于申请流程以及相关费用，可浏览外交部官网或到最近的泰国大使馆咨询。Thaivisa（www.thaivisa.com）上的相关信息最新最准确。

泰国与大多数国家都签署了免签或落地签协议（包括欧洲、澳洲、新西兰和美国）。这些国家的公民入境泰国无须提前准备相关材料，无须缴费。免签停留期为14天至90天，视国籍而定。注意，对于某些国家公民来说，乘飞机入境的免签停留期为30天，但经陆路口岸入境则是15天。详情参见泰国外交部官网。

理论上，通关时如果不能出示离境机票，或者无法证明自己在计划停留期内拥有足够的资金，可能会被拒绝入境。但事实上，很少有人遭到查验。

如果计划在泰国停留30天以上，应该在出发前向泰国领事馆或大使馆申请办理有效期60天的旅游签证。旅游签证的政策近期发生了变化，目前允许外国人在6个月的期限内多次入境。申请程序以及相关费用可咨询最近的泰国大使馆或领事馆。

签证延期和更新

如果想延长在泰国的停留时间，可以到泰国任意一个移民办公室办理签证延期。签证延期的费用一般是1900B。如原签证有效期为15天或30天，并在签证过期前办理延签，延长天数为30天。如原签证为有效期60天的旅游签证，泰方移民官将自行斟酌延长天数，最多可达30天。

你也可以通过陆路口岸出入境的方式更新签证，重新入境泰国后又能获得15天或30天的免签期。注意，泰方对于反复出入境的行为较为警惕，移民官有权拒绝你入境。2014年政变之后，泰国军方政府在一段时间内取消了陆路口岸的免签政策。选择这种方式之前，一定要了解最新情况。

一旦发生滞留，一般会遭到每天500B的罚款，20,000B封顶。罚款可在机场现场缴纳，或通过移民办公室提前缴纳。滞留仅一天无须缴纳罚款。15岁以下、由一名父母陪同的儿童无须缴纳罚款。

长期居住在泰国的外国人应该到距离常住地最近的移民办公室办理签证延期。

保险

购买涵盖盗窃、损失和医疗在内的旅行保险是明智之举。医疗保险各有不同。可选的保险种类很多，所以要查看附属细则，确保其中包括救护车和紧急归国航班。

有些保险会特别将“危险活动”排除在外，比如水肺潜水、骑摩托车甚至徒步。在一些条款中，在当地获得的摩托车驾照是无效的。建议选择可以直接赔付的医疗险，这样不用自己先和医生或医院结账，然后再申请理赔。如果只能后期理赔，一定要妥善保管相关票据。

网站www.lonelyplanet.com/travel-insurance提供世界范围的旅行保险，随时可以进行在线购买、续期和理赔，即便你已经上路了。

美亚保险推出的“万国游踪”和“乐悠游”险种包含24小时全球紧急医疗救援，也承保潜水等户外运动项目。

货币

自动柜员机和信用卡

持本国银行发行的借记卡或信用卡，可通过泰国各地的自动柜员机直接从本国账户中提取现金（仅限泰铢）。自动柜员机分布广泛，旅行中所需现金基本上不用提取准备。

缺点是使用泰国的自动柜员机提现，除了需向本国银行缴纳货币兑换费、跨网费等手续费，还要向泰方缴纳200B的外汇交易费。一些商店、酒店和餐馆都允许你使用信用卡或借记卡刷卡消费。接受度最广的是维萨卡（Visa）和万事达卡（MasterCard），一般只有高端酒店和餐厅才接受美国运通卡（American Express）。

货币兑换处

银行和私营货币兑换机构的汇率最划算。在兑换泰铢时，美元是接受最广泛的货币，英镑和欧元次之。多数银行在兑换旅行支票时会收取佣金和税金。货币兑换柜台会明示当前汇率。

使领馆

各国大使馆设在曼谷，有些国家在清迈、芭提雅、普吉或宋卡设有领事馆。

中国驻泰国大使馆（☎0 2245 7044；www.chinaembassy.or.th, th.china-embassy.org；57 Rachadapisake Road, Huay Kwang, Bankok）

中国驻宋卡总领事馆（☎0 7432 2034；songkhla.chineseconsulate.org；No.9, Sadao Road, Ampur Muang, Songkhla）

中国驻清迈总领事馆（☎0 5327 6125；chiangmai.chineseconsulate.org；No. 111, Changlo Road, Chiangmai）

柬埔寨大使馆（见424页地图；☎02957 5851；518/4 Soi Ramkhamhaeng 39, Th Pracha Uthit, Bangkok；⏲周一至周五 8:30至正午和14:00~17:00；Ⓜ Phra Ram 9 3号出口换乘出租车）柬埔寨领事馆在沙缴（Sa Kaew）。

老挝大使馆（见424页地图；☎02 539 6667；502/1-3 Soi Sahakarnpramoon, Th Pracha Uthit/Soi Ramkhamhaeng 39, Bangkok；⏲周一至周五8:00至正午和13:00~16:00；Ⓜ Phra Ram 9 3号出口换乘出租车）

越南大使馆（见428页地图；☎02 251 3552；www.vietnamembassy-thailand.org；83/1 Th Witthayu/Wireless Rd, Bangkok；⏲周一至周五 9:00~11:30和14:00~16:30）

泰国驻华使领馆信息：

泰国驻华大使馆（☎010 6532 1749；www.thaiembbeij.org；北京市朝阳区光华路40号，邮编100600；⏲周一至周五 8:30~12:00，14:00~17:30）签证处（☎010 6566 1149；北京市朝阳区建国门外大街双子座大厦西座15层）

泰国驻上海总领事馆（☎021 6288 3030，6323 4095；www.thaishanghai.com；上海市静安区威海路567号晶采世纪大厦15楼）

泰国驻广州总领事馆（☎020 8385 8988，8380 04277，8384 9927；www.thaiembassy.org/guangzhou/；广东省广州市环市东路368号花园酒店M07房）

泰国驻昆明总领事馆（☎0871 6316 8916，6314 9296；www.thaiembassy.org/kunming；云南省昆明市五华区东风西路11号顺城购物中心东塔18楼；⏲周一至周五 9:00~11:30）

泰国驻成都总领事馆（☎028 6689 7861，6689 7862；www.thaichengdu.com；四川省成都市武侯区航空路6号丰德国际广场3号楼第12层）

泰国驻南宁总领事馆（☎0771 552 6945-47；www.thaiembassy.org/nanning；广西壮族自治区南宁市金湖路52-1号东方曼哈顿大厦1楼）

泰国驻西安总领事馆（☎029 8743 3393，8743 3320；www.thaixian.com；陕西省西安市解放路77号裕朗国际大厦4层）

泰国驻厦门总领事馆（☎0592 202 7980-101，202 7982-102；www.thaiembassy.org/xiamen；福建省厦门市虎园路16号厦门宾馆3号楼别墅）

泰国驻香港总领事馆（☎852 2521 6481-5；www.thai-consulate.org.hk；香港中环红棉路8号东昌大厦8楼）

海关条例

泰国海关总署（☎全国 02 667 6000；www.

泰国移民局

下面是两处可以提出签证延期申请和办理其他手续的移民局办事处。记住，在泰国与官方机构打交道时要穿上最正式的衣服，并且亲自办完所有的签证手续（不要雇用第三方）。所有的签证延期都需要携带两张护照尺寸大小的照片、护照身份页和签证页的复印件各一份。

曼谷办事处（☎02141 9889；www.bangkok.immigration.go.th/intro1.html；Bldg B, Government Centre, Soi 7, Th Chaeng Watthana；⊙周一至周五 8:30至正午和13:00~16:30；Ⓜ Chatuchak Park 2号出口换乘出租车，Ⓢ Mo Chit 3号出口换乘出租车）可来此办理签证延期。

清迈办事处（☎053 201 755；71 moo 3, Sanambin Road, Suthep, Muang Chiang Mai, Chiang Mai 50200；⊙周一至周五 8:30~16:30）清迈移民局9已于2018年9月迁回位于机场附近的地址。

customs.go.th）网站为旅行者提供海关条例方面的实用信息。在泰国，以下物品可以免税入境：

- 适量的私人物品（衣物及化妆品）
- 专业仪器
- 200支香烟
- 1升葡萄酒或烈酒

泰国禁止进口以下物品：

- 枪支及弹药（预先在警方注册的除外）
- 违禁药物
- 色情音像制品

如果携带古玩复制品或新制的佛像离开泰国，必须持有出境许可。提交两张该件（批）物品的正面照和你的护照复印件，以及购买收据和物品实物到泰国**国家博物馆办公室**（Office of the National Museum；见432页地图；☎02 224 7493, 02 224 1370；National Museum, 4 Th Na Phra That；⊙周二至周五 9:00~16:00；⛴Chang Pier, Maharaj Pier, Phra Chan Tai Pier）申请。从申请到通过审查通常需要4天。

旅游信息

泰国旅游局（TAT；☎全国呼叫中心 1672；www.tourismthailand.org）成立于1960年，为国营旅游咨询及推广机构，推出的观光宣传手册非常好。总部位于曼谷，在全国设立了35个地方办事处，联系信息参见官网。

泰国旅游局（TAT）在海外设立的咨询办事处信息：

北京（☎0086 10 8518 3526；www.tatbjs.org.cn；北京市东城区东长安街1号东方广场E1办公楼9层2室）

上海（☎0086 21 3366 3409；www.tatshanghai.cn；上海市黄浦区南京西路288号创兴金融中心2703室）

台湾（☎886 2 2502 1600；www.tattpe.org.tw；台北市104松江路111号东家大楼13楼）

香港（☎852 2868 0732；tourismthailand.org/hk；香港中环皇后大道中39号丰盛创建大厦21楼2101室）

马来西亚（☎603 216 23480；www.thaitourism.com.my；Suite 22.01, Level 22, MenaraLion, 165 Jalan Ampang, Kuala Lumpur）

节假日

政府部门和银行在以下节假日不办公。关于农历节日的具体日期，可浏览泰国旅游局官网上关于活动和节日的页面（www.tourismthailand.org/Events-and-Festivals）：

1月1日 新年

2月（具体日期不定）万佛节，佛教节日

4月6日 查克里王朝开国纪念日，纪念查克里王朝的创建者拉玛一世

4月13日至15日 泰国传统新年和泼水节

5月1日 劳动节

5月5日 加冕日

7月/8月（日期不定）三宝节（Asanha Bucha），佛教节日

7月/8月（日期不定）守夏节（Khao Phansa），标志着佛教斋期的开始

8月12日 王后诞辰

10月23日 五世皇（朱拉隆功）纪念日

12月5日 国王日/泰国父亲节，纪念已故国王普密蓬

12月10日 行宪纪念日

12月31日 新年前夕

住宿

泰国提供各种高性价比的住宿。经济型住宿

约200B起，有简单的房间（卫生间公用，配有风扇）。花400B你就可以住空调房，享受私人卫生间。如今在曼谷和清迈，中档住宿收费约1000B起，客房也逐渐变得时尚有趣起来。在泰国的其他地区，中档住宿约为600B，不过酒店可能很旧，维护不善。小城镇的高档住宿费用约1500B起，在曼谷则需要花费3000B以上。本章列出的价格均是旺季价格。

曼谷和清迈

$ 低于1000B
$$ 1000~3000B
$$$ 高于3000B

其他地区

$ 低于600B
$$ 600~1500B
$$$ 高于1500B

餐饮

此处所列标准针对泰国餐厅一道主菜的参考价格：

$ 低于150B
$$ 150~350B
$$$ 高于350B

地图

谷歌地图上关于泰国各城市的地点和街道数据的信息越来越完善。**Think Net**（www.thinknet.co.th）提供高质量的双语城市地图和国家地图，包括交互式地图的CD。

邮局

泰国的邮政服务十分高效，当地邮寄价格不高。府郡邮局的工作时间一般是周一至周五8:30~16:30，周六是9:00至正午。各首府的邮政总局在周日上午也可能办公。

电话

泰国的国家代码是☎66，从国外给泰国打电话时，需先拨此代码。所有的泰国电话号码前需加拨0（在海外拨打电话时，不用拨“0”）。拨完“0”之后，后三位数字代表府郡区号，现在这三位已包含在电话号码里。如果拨“0”之后的下一位数字是“8”或“9”，那么说明你拨打的是手机号码。

标准国际直拨前缀是☎001。拨打☎007、☎008和☎009的费用低廉，以上号码均使用网络电话（VoIP），声音质量不同，但足以顺畅地通话。

拨打☎100，通过接线员转接国际长途或接听人付费（或对方付费）电话。此外，可免费拨打你的长途电信运营商咨询海外代码，或在CAT电话上拨打☎001 9991 2001，或在TOT电话上拨打☎1 800 000 120。

在泰国，购买当地通用的SIM卡使用手机打电话最方便。泰国使用GSM网络，移动手机供应商包括AIS公司（1 2 Call）、DTAC公司和True Move公司。购买手机有两种选择：可以从城市的购物中心或各首府市场旁边的电话商店购买，也可以使用没有锁定SIM卡的进口手机（要支持GSM网络）。使用时，先购买运营商的SIM卡，会附赠一个绑定的手机号。如果你的手机激活了SIM卡，你可以用预付费的电话卡购买通话分钟数。SIM卡和充值卡（面值通常为300~500B）可以从全国各地的7-ELEVEN便利店购买。泰国终于有了3G网络，现在True Move公司在曼谷还提供4G LTE网络覆盖。

中国手机可以在泰国漫游使用，具体资费请咨询相关运营商。

上网

Wi-Fi现在几乎是泰国客栈和咖啡馆的标配。

多层建筑里，楼层越高信号越差，一定要求店家给你安排一个靠近路由器的房间。蜂窝数据信号范围越来越广，实用性越来越高。

时间

泰国时间比北京时间晚1小时。

厕所

亚洲式的蹲便器正在泰国逐渐消失，偶见于乡村地区。西方式的坐便器越发普遍，设于外国游客经常出现的地方。

但是，即使安装了坐便器，整个系统也很有可能无法处理厕纸。这时，旁边通常会有一个废纸篓，你可以将用过的厕纸或女性卫生用品扔到里面。一些现代化的厕所也安装了小型的喷水装置——泰式的坐浴盆。

旅行安全

泰国并非一个危险的国度，不过还是要提防一些常见的欺诈行为。

不要与泰国人争吵，特别是在饮酒之后。外国人可能视口头争论为家常便饭，但泰国人会将其看作是丢面子并以暴力回应，后果难料。尤其危险的是下班后的警察，他们可能一副平民装束但仍配枪。已经发生过数起外国人与下班的警察在酒吧发生口角，最终导致命案的事件。

女性在独自旅行或前往酒吧时要照顾好自己。搭讪通常会被泰国人误解，并可能招致非礼或难以预料的报复。

法律事宜

总的来说，泰国警察不会为难外国人，尤其是外国游客。因为不愿意和外国人用英语交流，只要问题不大，尤其是不严重的交通违法行为，他们一般都会睁一只眼闭一只眼。但也要注意，某些地方的警察，特别是岛屿上的警察，可能会把外国游客的违法行为当成敛财的手段。

毒品绝对是严重的问题，大多数泰国警察都将其视为社会毒瘤，执法非常严格，有些警察还会借机敲竹杠，赚外快，让你花钱平事。

如果你因为任何违法行为遭到逮捕，泰国警方会允许你给本国大使馆、领事馆或亲友打电话求助。在提出指控或者接受审判之前到底要拘留多久，拘留期间会受到何种待遇，泰国法律对于这些问题有非常复杂的规定，不过这在实际操作中，很大程度上可由警方自行斟酌。如果拘留的是外国人，警方一般会比较宽松。但要记住，不尊敬警察肯定是在自找麻烦，在世界上哪个地方都是这个道理。

泰国法律不会假设未判决的被拘留者是“有罪”或“无罪”，而是将其归为“犯罪嫌疑人”。犯罪嫌疑人是否有罪，有待法庭的审理判决。审判速度通常很快。

旅游警察（☎24小时 1155）在游客受到逮捕的情况下能提供很大的帮助。旅游警察一般无权左右普通警察执法，但可以帮忙翻译，或者联系使馆。想要投诉或者在个人安全受到威胁时，也可以拨打旅游警察24小时热线。

同性恋旅行者

泰国文化对男女同性恋者相对比较包容。曼谷的同性恋社群相当高调。泰国社会对于同性恋群体包容度普遍很高，在着装和举止方面无须过分谨慎。然而，在公共场合亲热（无论是同性恋还是异性恋）都会引起旁人侧目。

有一点值得注意：也许是因为泰国仍然是一个相对保守的国家，国内的女同性恋角色划分一般都非常明显。偏男性化角色的（泰国称“tom”）多是留短发，着男装，偏女性化角色的（泰国称“dêe”）则很女性化。外国的女同性恋者如果不习惯这种角色划分，那就不太容易融入当地女同性恋社群。

Utopia（www.utopia-asia.com）经常为来泰国旅行的同性恋旅行者发布大量信息，并出版和泰国旅行相关的指南。

女性旅行者

袭击和强奸在泰国并不常见，但也偶有发生，醉酒或独身的女性尤其容易受到侵害。如果你独自从酒吧回去，请务必保持清醒，避免晚上搭乘陌生人的车或独自一人前往人烟稀少的地方。这些本来是基本常识，但身处异乡，遇到热情好客的当地人，你或许会放松警惕。

摄影

存储卡在多数商场的数码专区均可买到。

对当地人拍照时要注意礼貌。要学习如何礼貌地用泰语提出拍照请求，并等待对方略带腼腆地点头。在一些常规的山地部落旅游区，被拍摄的当地人会向你索取费用。其他一些山地部落不允许将相机对准他们。

志愿服务

泰国有很多优秀的志愿者组织并提供有意义的工作和文化交流。泰国志愿者（Volunteer Work Thailand；www.volunteerworkthailand.org）网站列有大量的工作机会。

到达和离开

登录www.lonelyplanet.com/bookings，可在线预订航班和团队游。

无论是坐飞机还是通过陆路进入泰国，手续都很简单，只需出示护照及填好的出入境卡即可。

飞机

曼谷是东南亚大陆地区的航空枢纽，机票价格极具竞争力。以下航空公司运营飞往本书涉及的其他国际目的地的航班：

柬埔寨吴哥航空（Cambodia Angkor Air；☎全国 02655 4747；www.cambodiaangkorair.com）有航班从曼谷往返金边和暹粒。

老挝航空公司（Lao Airlines；☎曼谷 02236 9822；www.laoairlines.com）有航班从清迈往返琅勃拉邦。

卡塔尔航空（Qatar Airways；☎全国 02259 2701；www.qatarairways.com）有航班从曼谷往返河内。

土耳其航空（Turkish Airlines；☎曼谷 02231 0300；www.turkishairlines.com）有航班从曼谷往返胡志明市。

陆路

边境口岸

泰国与老挝、马来西亚、柬埔寨和缅甸接壤，与每个邻国间都开通有正规的陆路口岸。随着公路的改善和桥梁的建设，从泰国经老挝入境中国现在也很方便。

柬埔寨 口岸办理柬埔寨旅游签证的费用为US$30。携带一张护照用的照片即可，不要理会那些要帮你有偿代办健康证明或其他文件的家伙。

老挝 从泰国北部和东北部的边境口岸前往老挝非常方便。老挝旅游签证（US$30~42）可落地办理，办理时需要一张护照照片。泰国和老挝的大型城镇之间开通有国际直达大巴，无须自行前往边境小城入境。

当地交通

飞机

乘坐飞机在泰国国内旅行仍然很实惠。大多数国内航班都从曼谷起降（包括廊曼和素万那普两个国际机场），但清迈、合艾、苏梅岛、普吉和乌隆也有航班连接其他泰国城镇。

亚洲航空（Air Asia；☎全国 02 515 9999；www.airasia.com）曼谷廊曼国际机场有亚洲航空的航班连接清迈、清莱、难府和彭世洛等泰国北部目的地。

曼谷航空（Bangkok Airways；☎全国1771；www.bangkokair.com）有航班连接清迈、清莱、南邦、夜丰颂和素可泰等泰国北部目的地。

自行车

客栈里一般都出租自行车，日租金最低只要50B，但质量参差不齐。一般不需要押金。

船

最有泰国范儿的水上交通工具是长尾船（reu·ahahngyow），这种船因其螺旋桨安装在发动机延伸出来的长驱动轴末端而得名。在曼谷以及邻近几个府里，长尾船是河流和运河上以及岛屿间交通往来的主要方式。

大陆与那些旅游开发较少的小岛之间，最常见的交通工具是木船。这种船长7~10米，内置发动机，船上除了驾驶舱，还为乘客和货物搭了一个简单的棚子。对于人气更高的目的地来说，速度更快的喷射水翼船和快艇最常见。

大巴和小巴

泰国的长途大巴网络十分发达可靠。泰国政府补贴的运输公司（bò·rí·sàtkonsòng）通常写为Baw Khaw Saw（BKS）。泰国每个通长途汽车的城镇都有BKS车站，有的车站甚至就是路边的一块泥土地。

那些在BKS车站运营的客运公司，要么是国有企业，要么是半国有企业，服务要比泰国其他客运公司可靠许多。

我们不推荐你乘坐在曼谷考山路这种游客集散地运营的长途大巴，因为车上经常发生盗窃行为，而且还会为了收取回扣随意停车。相关欺诈行为比较常见，一定要注意。

对于某些目的地来说，小巴正在取代大巴。这些小巴由私人公司运营，因为车型较小，所以可以从市中心的市场那里发车（而不是距城中心较远的长途汽车站），有时还可以将乘客直接送往酒店。但一定别坐前排，否则免不了要“欣赏”司机惊心动魄的车技！

小汽车和摩托车

多数大城市可以租到小汽车、四驱车或面包车。签订租车合同前一定要确认（要求查看有明确日期的保险单据）车辆已经购买了第三方责任险。在泰国驾驶机动车需要国际驾照，不过在租摩托车时这项规定就形同虚设。

泰国人沿道路左侧开车（大部分时候），要注意的主要规则是给大车让路。

摩托车是在泰国旅行时常见的交通工具，客栈周边会有数十处地点出租摩托车，费用每天仅需150B。租摩托车时往往需要你留下护照作抵押，许多府都有佩戴头盔的规定。

摩的

泰国许多城市里都有摩的（mor·đeu·sai ráp jâhng），如果你身上没行李或者只有一个小包，临时短途出行最适合打摩的。

在大多数城市，摩的司机都在十字路口附近揽活，他们一般都身穿印有数字的球服。一定要提前谈好价格。

人力三轮车和突突车

人力三轮车（Sahm·lór）多见于那种车辆不多的传统小城里。而突突车（Túk-Túk；即机动三轮车）

则是升级版的三轮车。这种车体积不大，行动灵活，发动机吵得要命（一般是烧气的），装饰很酷炫。

不管选择哪种三轮车，一定要在出发前谈好价格。在游客聚集区，突突车司机给外国人的报价通常高得离谱，所以你应该提前对价格标准有所了解，酒店工作人员就可以帮你做参谋。

双条车

双条车（sorngtaaou）是一种有两排座椅的小型皮卡车。在多数城镇，双条车像公共汽车一样，沿固定线路运营。

团队游

较为正规的团队游提供商会自行安排泰国旅行线路，选择的当地供应商都能最大限度满足旅行线路的安排。许多公司现在提供“志愿者旅行”的项目，这意味着你在观光之余，需要给孤儿院买午饭、参观医院或者教授英语等。如果你想要另类的旅行体验，不妨试试这种志愿活动（见566页）。

火车

泰国国家铁路局（State Railway of Thailand；☑1690；www.railway.co.th）的铁路网络以曼谷为中心，有4条主要的铁路线路（北线、南线、东北线和东线）。火车很舒适，不过与长途汽车相比，速度更慢，班次也没有那么频繁。

火车经常被预订一空，所以要提前很久预订，曼谷至清迈的夜班车更是如此。任何火车站都可以订票（员工往往会说英语），多花一点儿钱的话，还可以通过曼谷的一些旅行社订票。

多数火车上有一等、二等、三等座位，不过相同等级之间可能也有极大的差距，主要还是取决于火车的类型（快速、特快或普通）。一等座是私人包间；二等座有单人的可调座椅，有些火车上还有空调；三等座没有空调，是简陋的座席。

夜班火车的一等和二等车设有卧铺。没有单人的一等包间，所以如果你是独自旅行的话，可能一路上会有另外一名乘客为伴。

了解湄公河地区

今日湄公河地区

柬埔寨、老挝和越南曾被视为"流氓国家"，经历了几十年的战争创伤，并被西方世界的大部分国家抵制。尽管这一地区有共产主义的过去，但如今几国的领导人都已经证明自己对西方经济模式的开放态度，平衡了东方共产主义和西方资本主义。如今，那些伤痕累累的过去已经成为历史的脚注。如同流经这一区域的这条大河——湄公河一样，这片地区平静安详，前途无量。

最佳电影

《现代启示录》（*Apocalypse Now*，1979年），弗朗西斯·福特·科波拉的杰作，仍旧是电影史上最直白的战争起诉书之一。

《杀戮战场》（*The Killing Fields*，1984年）关于红色高棉时期的电影，聚焦于摄影师潘迪与记者西尼·山伯格的关系。

《能召回前世的布米叔叔》（*Uncle Boonmee Who Can Recall His Past Lives*，2010年）阿彼察邦·韦拉斯哈古的金棕榈奖获奖影片，讲述身患绝症的泰国人与鬼魂回忆过去的故事。

最佳书籍

《沉静的美国人》（*The Quiet American*，格雷厄姆·格林，1955年）描写20世纪50年代法兰西殖民帝国崩溃的开创性反战小说。

《情人》（*The Lover*，玛格丽特·杜拉斯，1984年）这部半自传体的小说讲述了一个年轻女孩在法国殖民地时期的越南爱上了当地贵族后裔的故事。

《谭派克：低成本中暑》（*Phaic Tăn: Sunstroke on a Shoestring*，汤姆·格莱斯纳、桑托·西劳罗和罗布·西奇，2004年）这本终极伪指南打趣了当地人、旅行者甚至指南作者。

团结起来

由于东南亚国家联盟（Association of Southeast Asian Nations，简称东盟）的建立，湄公河地区国家的联系比历史上任何时候都要紧密。新的东盟经济共同体（Asean Economic Community，AEC）自由贸易区通过简化关税和削弱对商品、服务和技术工人流动的限制，将联盟中的10个东南亚国家联合为一个自由的市场。湄公河地区正在迅速发展：重要的跨境公路正在兴建，铁轨开始铺设或重新修复；新的边防站正在建立，旧的边防站也在升级；航空公司在扩张本区域的内部线路。甚至已经提出这一地区将对外国游客实行统一签证的想法。

老大哥

即便东盟拉近了湄公河地区国家间的距离，中国仍然是这个房间里的大象。中国政府对老挝和柬埔寨的基础设施建设投资巨大，因此必将不断扩大其对两国的政治和经济影响力。而老挝和柬埔寨也往往支持中国的地缘政治目标。

若干由中国主导的基础设施建设已在进行，其中包括中国企业承建的柬埔寨高速公路"金港高速"（金边—西哈努克省），以及预计于2021年开通的中老铁路（连接中国昆明和老挝万象）。

湄公河筑坝

老挝政府与马来西亚、泰国和中国的企业合作，推动建造了十多座大坝，其中包括2005年以来已经建造的6座。对此虽然存在一些争议，而且部分大坝引发了人们对于环境问题深深的忧虑，但是水力发电已经成为老挝经济发展的主要来源。

老挝美丽的四千美岛地区正在建造的东沙洪(Don Sahong)水电站便是其中突出的一个，除了碍眼以外，根据世界自然基金会和其他环保组织的说法，它会对下游的鱼类资源产生负面的影响。这座大坝下游的一群伊洛瓦底江豚(Irrawaddy dolphin)濒临灭绝，而科学家们预言，大坝还很可能会对该地区两处最丰富的食物来源：柬埔寨的洞里萨湖(Tonl洞里萨湖)和越南的湄公河三角洲(Mekong Delta)造成毁灭性的打击。根据世界自然基金会的说法，生活在湄公河流域的近6000万人口的食品安全正面临威胁。活动家呼吁，在疑虑完全打消之前中止建设，但目前尚未成功。

改变之季

在泰国，随着备受爱戴的国王普密蓬·阿杜德(Bhumibol Adulyadej)在2016年10月13日去世，政治动荡达到了顶峰。作为世界上在位时间第二长的君主，普密蓬国王深受国民爱戴，并被认为是令泰国政局稳定的重要人物。百万富翁他信·西那瓦(Thaksin Shinawatra)作为总理在2006年9月的军事政变中被赶下台之后，泰国便一直经历着政府的更迭。2014年5月，开始掌权的军方政府由于施加的高压手段而饱受批评，但在王位过渡期间被视作潜在的稳定力量，一直到玛哈·哇集拉隆功王子(Prince Maha Vajiralongkorn)在2017年末登基。军政府似乎短时间内不愿放权，泰国直到2019年才举行大选。

2018年，该地区另一个举行了关键性选举的国家是柬埔寨。柬埔寨是民主国家，而自1979年起，一直由首相洪森所在的柬埔寨人民党(CPP)统治。自从争议性的2013年大选举行之后，柬埔寨人民党便采取了有组织的社交媒体运动来美化自己的形象，并通过监禁大约20名反对党柬埔寨救国党(Cambodia National Rescue Party, CNRP)的官员和活动家[数字来自人权非政府组织柬埔寨促进及保护人权联盟(Licadho)]来冲淡其日益攀升的人气。观察家们担心，柬埔寨救国党哪怕展示出一丝一毫在大选中胜利的可能性，都会导致柬埔寨人民党在大选前精心策划更大规模的镇压举措。他们的担心不无道理，柬埔寨救国党如今已经被解散，而人民党在2018年大选中获得了压倒性的胜利，洪森蝉联首相。

人口：1.865亿

面积：12万平方公里

最高点：越南的番西邦峰(Mt Fan Si Pan，3144米)

最大的城市：曼谷(930万人)，胡志明市(740万人)

如果湄公河地区有100人

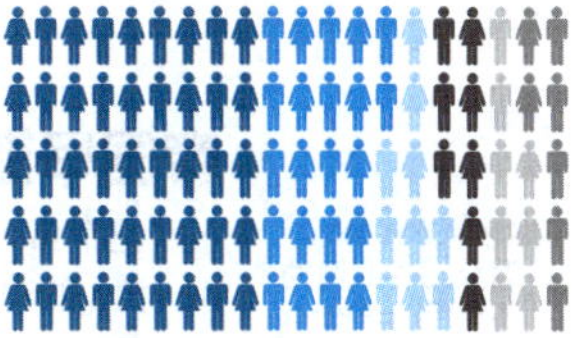

45人是京族人(越南人) 8人是老挝人
22人是泰国人 8人是华人
10人是高棉人(柬埔寨人) 7人是其他少数民族

信仰体系
(占总人口百分比)

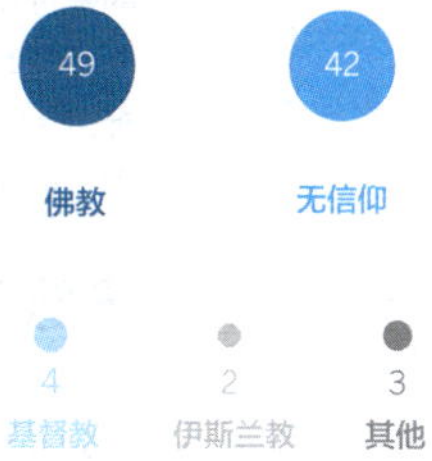

每平方公里人口数

历史

湄公河流经的这个地区充满活力，却有漫长而跌宕的历史。湄公河的土地上，发生过20世纪最残酷的战争和最血腥的革命。然而，正如我们面前平静的河水，这一地区现在也恢复了和平，数十年来首次迎来了稳定的局面。

帝国早期

湄公河谷和呵叻高原1万年前便有人类居住，早在公元前4000年，泰国东北部已经开始种植水稻，而中国那时还在种植粟米。

这个伟大地区的历史也是两大文明碰撞的历史。作为21世纪的新兴大国，中国和印度可能占据了今天媒体的头条，但事实上这不是什么新闻。这两个拥有悠久历史的超级大国从历史上就一直在影响着湄公河地区的艺术、建筑、语言和宗教。

印度文化大多是通过当时出海前往今天的泰国、柬埔寨和越南沿岸贸易区做生意的印度商人传播的。这些贸易区仍然由当时一些初步建立的王国统治，其中最大的一个王国被中国人称为扶南国（Funan），即今天的柬埔寨东南部地区。

扶南人修建了精密、复杂的运河系统，既可以用来运输，也可以用作灌溉水渠。扶南的主要港口城市是湄公河三角洲上的奥克艾奥（Oc-eo），这里的考古挖掘揭示了扶南早已与印度尼西亚、波斯甚至是地中海国家有接触。

扶南以高雅艺术和建筑而出名，国王拜祭印度教的湿婆神和毗湿奴神，同时也笃信佛教。林伽（linga，阳具图腾）是仪式的重点，象征着至高无上的王权，后来演变成了吴哥时代的神王崇拜。

占领下的越南

中国统治了越南1000年，将儒家学说、道教、大乘佛教和书面文字系统引入了越南。同时，印度人带来了小乘佛教。僧侣给这里带来了从这两个

大事年表

公元前4200年

拉昂斯平（Laang Spean）一带的穴居人能够在洞穴中制造陶罐。考古证据表明，这些人类制作的器皿与柬埔寨今天所使用的器具类似。

约公元前2000年

青铜时代东山文化出现在河内附近的红河三角洲。东山文化以水稻种植和青铜器制造而著名，包括鼓和锣。

约公元100年

印度化在湄公河地区开始，印度的宗教、语言、雕塑和文化通过海路传播，在柬埔寨生根发芽。

伟大文明诞生的科学和医学知识，很快越南就有了自己的医生、植物学家和学者。

10世纪初，中国唐朝灭亡。越南掌握了主动权，并展开了反抗中国统治的活动。938年，深得民心的爱国者吴权（Ngo Quyen）在白藤江（Bach Dang River）一战中击败了中国军队，结束了中国长达千年的统治。然而，这并不是越南最后一次与他们强大的北方邻国角力。

11~13世纪，在李朝多位开明皇帝的统治下，越南的独立得到了进一步巩固。李朝有许多敌人，包括中国、高棉帝国和占族[来自位于今日越南东南部的占婆（Champa）王国]，他们都曾对越南发动过攻击，但都被击退。

真腊的崛起

自6世纪起，扶南国不再是重要的停靠港，柬埔寨人开始沿着湄公河和洞里萨河定居，至今柬埔寨的大部分人口仍聚居在这一带。

中国的文献在提及真腊王朝的崛起时，将其分为水真腊（water Chenla，下真腊）和陆真腊（land Chenla，上真腊）。水真腊位于吴哥保苓（Angkor Borei）和达山（Phnom Da）上的寺庙附近，陆真腊则指湄公河上游和洞里萨湖东部，在三波坡雷古（Sambor Prei Kuk）周边。三波坡雷古是湄公河地区的第一座寺庙城。

可以肯定的是，中国人非常熟悉居住在湄公河下游的人们，而且这个地区的凝聚力也在不断增强。分崩离析的真腊国不久就会成为东南亚最强大的帝国。

高棉帝国

今天，高棉人朝圣的好去处是吴哥东北部的圣山荔枝山（Phnom Kulen）。在这里有一处碑刻，上面写着802年阇耶跋摩二世（Jayavarman Ⅱ）宣布自己为“宇宙君主”或神王（devaraja）。阇耶跋摩通过结盟和征服将这一地区控制在自己手中。他是第一位统一了今日柬埔寨这片土地的君王，也是这个长期统治东南亚的王朝的第一位君主，更为我们留下了举世震惊的吴哥王国传奇。

关于吴哥的现存史料很少，但中国使者周达观1296年在这里住过，他通过观察所写的《真腊风土记》可以帮助你深入了解那个时代。

亚洲的罗马人

高棉人修建了大规模灌溉系统和连接国家各个哨卡的复杂公路网，这与罗马人非常相似。公路以吴哥为中心呈发散状，连接首都和卫星城市，

600 年

古代高棉时期的柬埔寨出现了第一部镌刻在石头上的碑文，为历史学家提供了第一个并非来自中国的前吴哥时代的史料。

802 年

阇耶跋摩二世宣布从爪哇独立，标志着吴哥高棉帝国的建立，高棉帝国于10世纪至13世纪控制了湄公河的大部分地区。

938 年

在1000年的占领后，中国人被驱逐出越南。吴权带领他的人民取得了白藤江战役的胜利，将中国船只诱向了危险的境地。

1049 年

苏利耶跋摩一世将堕罗钵底王国的华富里列为自己的附属国，并扩大他对柬埔寨的控制，以最大限度地扩大他的帝国。

如泰国的大城（Ayuthaya）和披迈（Phimai），甚至可以延伸到老挝南部的瓦普寺（Wat Phu）。

从1113年起，苏利耶跋摩二世开始了另一阶段的扩张，对占婆王国和越南发动战争。他信奉印度教的毗湿奴神，在柬埔寨被视为不朽的国王，并为世界留下了雄伟的吴哥窟。

不朽的男人

历史上的东南亚诸国和现代所指的"国家"意义不同，虽然边界固定，但"国家"的紧密程度各有不同。偏远的"meuang"（公国或城邦）可能会在中央政权较弱的时候转而效忠他人。这就是为什么学者们倾向于使用"mandala"这个词，意思是"权力圈"。

苏利耶跋摩二世强迫占婆服从他的统治，并将占婆王国列为其附属国。1177年，占族人通过水路对统治者展开了反击，沿着湄公河进入洞里萨湖。他们意外地占领了吴哥，并杀死了陀罗尼因陀罗跋摩二世（Dharanindravarman Ⅱ）。一年之后，苏利耶跋摩二世的表兄召集军队，在另一次海战中击败了占族人。新的领导人阇耶跋摩七世（Jayavarman Ⅶ）在1181年继位。

阇耶跋摩七世是虔诚的大乘佛教信徒，在位期间修建了现在的吴哥城和其他大规模古迹，如今吸引了众多游客参观游览。现在，阇耶跋摩七世的不朽形象被制成砂岩塑像或印在T恤衫上，并以这种方式永远活在柬埔寨人民的心中，他们将阇耶跋摩七世神化为柬埔寨最伟大的领导者、一个提倡平等社会的平民主义者、一位具有强烈社会意识并为人民修建学校和医院的领导者。

衰败

有些学者认为，在修建吴哥窟时，尽管吴哥帝国当时还保持着较高的生产力水平，但已经显示出衰败的迹象。种种迹象表明，灌溉网被过度使用，并慢慢出现淤积，这是由于在吴哥北部和东部的人口密集地区出现了大规模的森林砍伐现象。

阇耶跋摩七世统治时，暂停了寺院建筑的建造活动，主要原因是公共工程开采光了本地的砂岩，人民苦不堪言。国教在接下来的一个多世纪里向印度教回归，圣像破坏运动使很多佛像被破坏或改变。

泰国逐渐发展壮大，并先后多次入侵吴哥，终于在1431年攻陷了这里。在此期间，可能是由于与中国建立了海上贸易的联系，又或者是对好战的泰国人感到恐惧，高棉的精英开始迁移到金边地区。而吴哥则被留给了朝圣者、教徒和信众。

1113年

苏利耶跋摩二世开始在柬埔寨兴建吴哥窟——众寺之王、世界上最大的宗教建筑。寺庙拜祭毗湿奴，同时也是苏利耶跋摩二世的陵寝。

1353年

老挝王子法昂得到岳父的资助，踏上了征服泰国新王朝的征程，他自称澜沧洪考（意为百万大象和白色宝伞的土地）的领袖。

1431年

持续扩张的泰国最终洗劫了吴哥，将大部分王室成员和贵族、牧师、舞者、工匠挟持到了大城。这对柬埔寨是个无法弥补的精神文化损失。

1516年

葡萄牙商人登陆岘港，引发了欧洲对越南的兴趣。他们在当时的会辅（即今会安）设立了一个贸易站，并将天主教带到了越南。

暹罗的黄金时代

13～14世纪，湄公河流域的几个泰国公国统一，建立了素可泰（Sukhothai，意为幸福升起的地方）。随着强大的吴哥帝国逐渐衰败，泰国王子从高棉人手中夺回了领土控制权。泰国人认为素可泰是泰国历史上第一个真正的泰王国。1376年，素可泰臣属于大城，彼时其民族身份已经形成。

大城的泰国国王在14～15世纪迅速扩张了王权，并接管了现今泰国中部的原高棉要塞。尽管高棉人在战斗中是他们的敌人，但泰国国王吸收了高棉文化的诸多方面，包括宫廷习俗和礼仪、语言和文化。1431年对吴哥的文化洗劫，使这两个邻国之间的关系日益紧张。一些泰国人声称吴哥窟是自己的，而高棉人哀叹他们失传的高棉跆拳道、古典高棉舞蹈和高棉丝绸都成了泰国的招牌。

吴哥的损失使大城获益，它后来成为亚洲最大的城市之一。相比而言，伦敦在当时还是一个村庄。大城王朝开始了持续不断的34任君主继承的王朝，从乌通王（King U Thong，1350～1369年在位）到厄伽陀王（King Ekathat，1758～1767年在位）。

澜沧，老挝的诞生

随着素可泰力量的不断壮大，柬埔寨四处寻找盟友，最终找到了法昂（Fa Ngum）——在吴哥接受过教育的老挝流亡王子。

国王阇耶跋摩八世（King Jayavarman Ⅷ）将高棉公主嫁给了法昂，并给了他一支1万多名士兵的军队。他向北推进，从素可泰及其盟国兰纳王国（Lanna Kingdom）的手中夺取了湄公河中游地区。到了1353年，他宣布自己为澜沧洪考（Lan Xang Hom Khao）的国王，意为“百万大象和白色宝伞的土地”。这是衰败中的高棉帝国最后的欢呼，但只起到了削弱吴哥、对抗泰国的作用。

诞生后的20年里，澜沧王国曾向东扩张，接手了部分瓦解的占婆王国和越南的安南山脉（Annamite Mountains）地区。由于对战争的专注，法昂获得了“征服者”的绰号。到了Visounarat国王掌权时，由于国王接受了高棉赞助者赠予的勃拉邦金佛（Pha Bang），小乘佛教成了澜沧王国的国教。

“在所有亚洲国家中，暹罗王国是最伟大的。大城王宫的辉煌无与伦比。”——德国探险家恩格尔伯特·肯普费（Engelbert Kaempfer），1690年。

1560 年

塞塔提拉国王将澜沧王国（现老挝）的首都由琅勃拉邦迁至Viang Chan，也就是今天的万象。

1767 年

经过数百年的军事角逐，缅甸人攻陷了泰国首都大城，迫使其迁至吞武里，之后搬到现今曼谷的位置。

1772 年

柬埔寨被夹在强大的越南和暹罗之间，后者将金边烧成了平地。这段剑拔弩张的历史直至今日仍在持续影响着这一地区。

1802 年

嘉隆皇帝登基，数十年来第一次统一了越南，阮朝正式建立，其统治延续到了1945年。

蒙古人在湄公河

蒙古人的劫掠给湄公河人民留下了不可磨灭的印记，令该地区的权力平衡发生了重大转变。

1253年，成吉思汗之孙忽必烈袭击了南诏国，即今天云南南部的西双版纳。几个世纪以来，泰国人一直在向南迁移，定居在如今老挝和泰国北部的部分地区。然而，首都的资产被洗劫一空，造成了大规模的人口迁移，并导致了泰国与日益衰落的高棉帝国之间的冲突。蒙古帝国已经在历史的长河中灰飞烟灭，但其对泰国的洗劫造成了无法挽回的结果：泰国人与高棉人长达几世纪并延续至今的冲突。

1288年，忽必烈计划袭击占婆王国，并要求穿越越南领土，但遭到了拒绝。蒙古游牧部落50万大军选择继续推进，看似无可阻挡。然而，蒙古人遇到了与他们旗鼓相当的对手——传奇将军陈兴道（Tran Hung Dao）。他在白藤江一战中击败了蒙古人，这是越南人诸多战役中最值得庆贺的一场。

越南的扩张

通过将自己的王国命名为澜沧洪考，法昂做出了宣言。大象是东南亚战争中的主战“坦克”，因此改成意为“万象之国”的国号主要是对周围王国的警示：“不要招惹老挝！”

15世纪初，中国人再次控制了越南，将重要的国家级文献和学者带到了中国。越南文学家阮廌（Nguyen Trai，1380~1442年）曾写道：“决东海之水，不足以濯其污；罄南山之竹，不足以书其恶。”

1418年，富有的慈善家黎利（Le Loi）团结人民对抗中国。1428年胜利后，黎利自称黎太祖（Emperor Le Thai To），成为黎朝的第一位皇帝。直到现在，黎利仍被尊为越南的民族英雄。黎利和他的继任者开始向南攻打占族，消灭了占婆王国，老挝东部的部分地区被迫服从于越南。

黑暗年代

高棉帝国的辉煌岁月和大城的黄金时代无法保证未来的成功，18世纪是动荡的时期，黑暗时代来临——此时在湄公河的国家深陷于外部威胁和内部斗争中。

持续衰败的柬埔寨

1600年至法国人到来的1863年，柬埔寨一众国王懦弱无能，只能寻求泰国或越南的保护，但这一切都是有代价的。17世纪，来自越南南部的阮氏向柬埔寨提供援助，条件是允许他们在如今的越南湄公河三角地区定居，

1834年	1864年	1883年	1893年
明命帝执政期间，越南控制了柬埔寨的大部分地区，并缓慢地推行革命，“向野蛮人教授习俗”。	法国军队迫使柬埔寨签署了《保护国条约》，具有讽刺意味的是，这确实避免了这个小王国被强大的邻国泰国和越南从地图上抹去的命运。	法国将《保护国条约》强加于越南，在北部建立了东京、中部建立了安南、南部建立了交趾支那，这标志着长达70年的殖民统治开始。	法国获得了湄公河以东所有老挝领土的主权，巩固了其在湄公河区域的统治，这里也是其印度支那殖民地的一部分。

这一地区当时属于柬埔寨，现在仍被高棉人称为柬埔寨南疆（Kampuchea Krom）或下柬埔寨（Lower Cambodia）。

在西部，泰国人从1794年就控制了马德望（Battambang）和暹粒（Siem Reap）几省。18世纪后期，他们已经完全控制了柬埔寨王室。

缅甸的威胁

与此同时，大城的黄金时代开始失去光泽。1765年，在缅甸军队长达两年的围攻后，首都沦陷。所有被泰国人视为神圣的寺庙、手稿和宗教雕塑皆被摧毁。泰国人将不满发泄到了自己的邻居老挝身上。17世纪是澜沧王国的黄金时代，但到了这一世纪末，老挝第一个统一的王国开始瓦解。国家分裂成了琅勃拉邦（Luang Prabang）、万象（Viang Chan，今写作Vientiane）及占巴塞（Champasak）三个王国。

越南内战

17世纪至18世纪仿佛在为20世纪的动荡彩排，因为此时的越南已分裂成两个王国。直到1802年，新世纪的曙光才正式到来。阮福映（Nguyen Anh）于这一年自称嘉隆帝（Emperor Gia Long），并由此开始了阮氏王朝。两个世纪以来，越南首次实现统一，定都顺化。

法国的保护国

马可·波罗是第一个越过湄公河向东前进的欧洲人。在接下来的几个世纪里，越来越多的欧洲人紧随其后，来到大城和会辅（Faifo，今会安）等贸易港口。然而最终是法国宣称自己拥有这里的大部分地区。

“保护国”的概念经常被欧洲殖民者当作烟雾弹使用，以掩盖其掠夺的计划。对软弱分裂的柬埔寨和老挝王国来说，法国的干预来得非常及时。彼时扩张的泰国和越南瓜分了他们的土地，如果不是法国人，他们很有可能已经和占婆王国一样消失在历史中，成为没有家园的人民。

印度支那的诞生

法国在越南的军事活动始于1847年，为了回击绍治帝（Emperor Thieu Tri）对天主教传教士的打压，法国军队攻击了岘港。1859年年初，西贡沦陷。1862年，嗣德帝（Emperor Tu Duc）签署条约，将西贡以东三个省

1907年

法国当局与暹罗协商，将暹粒、马德望和柏威夏归还给柬埔寨，这些地区自1794年起便处于暹罗的控制之下。在此交易中，老挝失去了其境内湄公河以西的领土。

1930年

胡志明建立了印度支那共产党。三个国家内有三支共产主义力量：越南的越南独立同盟、柬埔寨的红色高棉以及老挝的巴特寮。

1939年

在亲法西斯的军事力量领导的民族主义政变后，暹罗更名为泰国，意在努力巩固对湄公河地区泰国人民的统治。在“二战”中，泰国选择成为日本的附庸。

1941年

日本在“二战”期间席卷东南亚大陆，占领法属印度支那，与亲维希的法国殖民当局合作，并以归还土地为承诺赢得了泰国的支持。

1944~1945年，越盟从美国战略情报局（OSS，即今天的CIA）获得了资金和武器。胡志明于1945年宣布独立时，就获得了OSS提供的帮助，并在宣言中大量借用了《美国独立宣言》。

如果想了解更多关于战争期间的北越，可以阅读鲍宁（Bao Ninh）撰写的《战争的悲哀》（*The Sorrow of War*，1990年），这个凄美的关于爱情与失去的故事告诉读者，北越战士拥有和大多数美国大兵一样的恐惧和愿望。

份划给法国。

1864年，柬埔寨向法国军队投降，当时法国炮舰威逼国王诺罗敦一世（Norodom Ⅰ，1860~1904年在位）与其签署《保护国条约》。在老挝，法国人故技重施并又一次取得成功。1893年，法国军舰强行进入昭披耶河（Chao Phraya），一路到达曼谷，枪炮直指宫殿。威胁之下，暹罗同意将湄公河以东的领土转移到法国手中，老挝也成了印度支那的一部分。

1883年，法国攻击顺化，并强迫越南朝廷签署《保护国条约》。1887年，法国宣布成立印度支那联邦（Indochinese Union），结束了越南作为独立国家存在的历史，但在法国统治期间，各地的反抗仍持续不断。

泰国人的坚持

泰国人为其独立的历史感到自豪，他们从未经历过殖民统治。历任泰国国王在拉拢欧洲的同时保持着自己的中立性。蒙克库特国王（King Mongkut）的话最贴切地描述了这种暧昧的关系："不管他们已经发明了什么或做了什么，我们都应该去了解并实践，我们可以模仿，并从他们身上学习，但是不能全心全意地相信他们。"

法国人对暹罗人比较有影响力，说服暹罗在1907年将马德望、暹粒和诗梳风（Sisophon）的西北几省归还给柬埔寨，以换取对老挝领土的让步。这次归还使得吴哥在一个多世纪中首次重回柬埔寨的控制。

但最终对国家独立的维护并非由泰国人实现，而是驻缅甸的英国人和印度支那的法国人意识到应该在这一地区建立一个缓冲地带，防止爆发公开的战争。

共产主义和第二次世界大战

印度支那的第一个马克思主义团体是越南革命青年同志会，由胡志明于1925年在中国广州成立。1930年，越南共产党成立，成为印度支那共产党（ICP）的一部分。

独立的愿望在越南开始萌发，共产党人利用人民的期望，将他们的需求引向了对更公平的土地分配制度的诉求。

战术致胜

"二战"期间，日本军队占领了亚洲大部分地区，印度支那也不例外。正如很多法国当地人与德国占领者合作一样，印度支那的法国人最终站在

1945年	1953年	1954年	1955年
9月2日，胡志明在河内的巴亭广场上宣布越南独立，但法国另有主张，因而点燃了越南长达30年的战火——先是对法国，然后是对美国。	柬埔寨和老挝从法国的殖民统治中独立。由于殖民力量试图加强对越南的控制，因此这两国为了独立几乎没有付出太大的牺牲。	5月7日，法国军队在奠边府集体向越盟战士投降，这标志着法国在印度支那殖民统治的结束。	柬埔寨国王诺罗敦·西哈努克让出王位，开始其政治生涯。他创立了人民社会主义共同体，并轻而易举地赢得了选举。

暹罗重生，泰国建立

在1932年一次不流血政变中，暹罗从绝对君主制转变为君主立宪制国家。在民族主义军事家披汶·颂堪（Phibul Songkhram）的带领下，国家转向了法西斯方向，并于1939年更名为泰国。为了夺回1907年归还给法属印度支那的柬埔寨和老挝的领土，泰国在“二战”中和日本站在了一起。

将国名从暹罗改为泰国是一条政治妙计，此举消除了暹罗人的排他性，所有人都可以成为新的泰国大家庭中的一员，包括少数民族和因殖民阴谋而被迫离开家园的老挝人。

了日本一方。

1941年，胡志明成立了越南独立同盟，也就是为人所知的越盟。越盟受到了美国政府的援助，抗击日法联盟，并在战争期间展开了广泛的政治活动。胡志明是务实的爱国者和平民主义者，他意识到了国家统一的需要。

虚幻的曙光

随着欧洲战事的发展，法国和日本开始翻脸，越盟看准机会发动了攻击。到了1945年春天，越盟已经控制了越南的绝大部分地区，特别是北方。1945年9月2日，胡志明宣布独立。在此期间，胡志明给总统哈里·杜鲁门（Harry Truman）和美国国务院写了至少8封信，请求美国提供援助，但没有收到任何答复。

在欧洲取得胜利之后，法国人迅速回到了印度支那，把越南变成了“法兰西联邦中的自治国”，实际上仍然保留了对越南的控制。法国将军雅克·菲利普·勒克莱尔（Jacques Philippe Leclerc）傲慢地宣称：“我们是回来收回遗产的。”

在北方，中国国民党军队在与共产党军队的战争中溃败，一路南下来到河内。胡志明试图与他们和解，但由于中国军队在占领数月后一直在拖延，他得出“熟悉的魔鬼要比陌生的魔鬼好”的结论，决定暂时投向法国。

和迈克尔·赫尔（Michael Herr）一起旅行，阅读他的开创性作品《快件》（*Dispatches*，1977年）。赫尔曾是《滚石》（*Rolling Stone*）杂志的记者，听他向你讲述发生在他身边的越南战争，以及包括围攻卡森战斗营在内的最黑暗的战场。

对抗法国的战争

面对坚定的越南民族主义者，法国已经无法强加控制，尽管有美国的强大援助和本土反共势力的支持，这仍然是一场无法取胜的战争。胡志明当时对法国人说：“我每杀你1个人，你可以杀死我10个人，即使以这样的概

1956 年

越南仍然以北纬17°为界分裂为两部分：胡志明领导下的共产主义北越和总统吴庭艳统治的“自由”南越。

1959 年

在与法国战争期间开通的胡志明小道因商贸往来重新开始使用，并在今后的16年间成为通往南部的主要补给线。

1962 年

柬埔寨和泰国在位于扁担山的柏威夏古塔寺主权问题上存在长期争议，国际法庭判决支持柬埔寨，至今两个邻国仍有摩擦。

1964 年

为了破坏北越在越南南部开展游击战的补给线，美国开始对老挝进行秘密轰炸。电影*Air America*就是以此为背景的故事。

率计算，你还是会失败，而我将赢得胜利。”

1949年，中国共产党在中国取得胜利，整个法越战争的局势发生了变化。随着中国武器向越盟流入，法国军队被迫转入防御。经过8年奋战，越盟控制了越南和邻国老挝的大部分地区。1954年5月7日，在经历了57天的围困后，1万多饥饿的法国士兵在奠边府（Dien Bien Phu）向越盟投降。

这场灾难性的溃败结束了法国在印度支那的殖民征途。第二天举行了日内瓦会议，商讨如何结束冲突，此时的法国突然无牌可出了。在会议结束时，法国在印度支那的统治将结束，而越南、柬埔寨和老挝在国际上将会被认作独立的国家。

想要了解柬埔寨从史前时期平凡的起点到辉煌的吴哥帝国时代，再到现代的全部历史，可以买一本大卫·钱德勒（David Chandler）撰写的《柬埔寨历史》（*The History of Cambodia*；1983年）。

越南、柬埔寨和老挝的独立

《日内瓦协议》导致越南一分为二。胡志明领导属于共产主义的北部地区，凶狠的反共天主教徒吴庭艳统治南方。因为美国人和南越准确地判断胡志明会轻松取胜，所以原定于1956年的全国大选并未举行。

同时，在老挝东北的两个省份华潘和丰沙里被留作巴特寮（意为“老挝人的土地”或共产主义力量）军队的整编区。但具有悲剧色彩的是，两个世纪后，当老挝独立自主得以重生时，却以“二战”时的民族主义为立国之本，以经历第一次印度支那战争的苦难为代价，以冷战为建国背景。因此，从一开始，这个国家就被意识形态的分歧所撕裂，尽管老挝竭力克服，但因受到外部干扰而无济于事。

老挝的秘密战争

在1963年遇刺前，约翰·肯尼迪总统曾下令招募王宝（Vang Pao）麾下的11,000名苗族人。在中情局的监督下，这些人接受了几百名美国和泰国特种部队顾问的训练，美国空军为他们提供了供给。秘密战争开始了。

在之后的12年里，苗族的“秘密军”（secret army）对占领石缸平原的全副武装的北越常规军发起了游击战。他们自始至终由美国支持。

1964年，美国开始了对老挝的空中战争，扫射和轰炸石缸平原上的共产党阵地。随着越南人沿着胡志明小道渗透，轰炸范围被扩大到了老挝全境。据官方数据显示，美国派出580,944架次飞机，投下超过209.31万吨炸弹。这场战争的总成本约为72亿美元，也就是说，连续9年每天花费200万美元。没有人知道到底死了多少人，但210万人口中的三分之一沦为了境内难民。

1965年

美国第一海军陆战队在岘港涉水上岸，“越战”进入白热化，美国人使用地面部队，以避免共产主义游击队可能获得的胜利。

1968年

越共展开春季攻势，这场覆盖了整个南方的同步攻击将美国人打得措手不及。这一战役的标志性画面通过电视传输给了美国的千家万户。

1969年

美国总统尼克松授权对柬埔寨进行秘密轰炸，并以此作为越南战场的延伸。轰炸一直持续到1973年，25万柬埔寨人因此而失去生命。

1970年

柬埔寨领导人诺罗敦·西哈努克在一场由朗诺将军和其表兄施里玛达亲王发起的政变中被推翻，柬埔寨由此陷入了血腥的内战和种族屠杀。

柬埔寨的突然独立对于年轻的诺罗敦·西哈努克王子（Prince Norodom Sihanouk）来说是个巨大的胜利，他在1941年被法国海军上将让·德古（Jean Decoux）推上了柬埔寨王位，法国人以为他天真且容易屈服。随着国王的成长，让·德古发现这是个重大的错误。1953年，西哈努克国王踏上他的"王室改革"征程：他在旅行中四处活动，为国家独立赢取国际上的支持。1953年11月9日，柬埔寨宣布独立，并很快得到日内瓦会议的认可。1955年，由于担心在盛大的皇家庆典中被边缘化，西哈努克决定退位。"王室改革者"成了"公民西哈努克"，他发誓永远不会重返王位。

越南战争

在最初几年的统治中，吴庭艳有效地巩固了他的权力。其间，他于1957年正式访问美国，艾森豪威尔（Eisenhower）总统称他为亚洲的"奇人"。但随着时间的推移，吴庭艳对待异议越来越专横。

20世纪60年代初，大学生和佛教僧侣掀起了反吴庭艳运动，引发南越动乱。美国认为吴庭艳已经成为累赘，并暗中为军事政变提供了支持。1963年11月，一群年轻的将领实施政变。吴庭艳打算流亡，但将领们过度亢奋，杀死了吴庭艳和他的兄弟。吴庭艳之后的继任军事统治者们皆延续了他不稳定的政策，将国家进一步拖入战争。

战争爆发

20世纪50年代末，随着被美国人称为"越共"（Viet Cong, VC）的民族解放阵线（National Liberation Front）的成立，北越开始了对南方的解放运动。到了1965年年初，河内政府开始沿着胡志明小道定期派遣北越军队，此时的西贡政府苟延残喘，濒临垮台。对美国来说，越南正是下一块多米诺骨牌，不能被推倒。正如林登·约翰逊（Lyndon Johnson）政府的一位官员所说，此时对于美国而言正是"收拾残局"的好时机。

冲突的第一年，美国军队大张旗鼓地宣扬他们接连不断的胜利，歼敌人数也不断上升。然而，1968年的春节攻势（Tet Offensive）让千家万户的普通美国民众看到了截然不同的现实。1月31日的晚上，在越南人民庆祝农历新年之时，越共在包括西贡在内的100多个城市和乡镇发起了一系列进攻。电视摄像机拍到了这样的画面：一支越共突击队占领了位于西贡市中心的美国大使馆。春节攻势造成约1000名美军士兵和2000名南越士兵死亡，但越共的实际伤亡损失高出10倍以上，死亡人数约有32,000人。对越

"二战"接近尾声时，日本在越南征购了大米，此时加上洪水来袭，堤坝决口，造成了可怕的大饥荒。越南北部的1000万人中有200万人不幸饿死。

1973年

1973年1月27日，越南冲突各方签署了《巴黎和平协定》，以此结束了越南战争，它实际上是美国为了保全脸面的"荣誉撤兵"协议。

1975年

4月17日，红色高棉进入金边，开始了历史上最血腥的革命。4月30日，北越部队占领西贡，将其改名为胡志明市，越南正式统一。

1978年

为了回应边境攻击，越南在圣诞节当天入侵柬埔寨，红色高棉数周后被推翻，双方长达10年的战争开始了。

1986年

"革新开放"（即经济改革）是越南对"经济改革"给出的答案。随着改革的快速启动，越南迈出了重新融入西方的第一步。

共来说，春节攻势是成功的，它让美国人感到战争成本已经难以忍受。

与此同时，对手无寸铁的越南平民施暴和屠杀的故事开始从越南传出，包括臭名昭著的美莱村大屠杀（My Lai Massacre）。这对整场战役起到了至关重要的影响，美国大学校园和街头爆发了反战游行。

狡猾的尼克松的退路

1968年，理查德·尼克松（Richard Nixon）当选总统，原因是他承诺有一个能够结束战争的"秘密计划"。尼克松的计划叫作"战争越南化"，将战争转移给南越，美军不再参与。

1972年年底，海防（Haiphong）和河内的"圣诞节轰炸"意在争取北越在谈判桌上的让步。最终，美国、北越、南越和越共于1973年1月27日签署了《巴黎和平协约》，规定各方停火、美军作战部队全部撤出并释放590名美军战俘。

结局将至

1975年1月，北越使用坦克和重型火炮在北纬17°附近发动大规模地面进攻，越南共和国（南越）军队溃不成军，向南逃窜，混入成千上万的平民中，堵塞了公路Hwy 1。北越军队一路推进到西贡，1975年4月30日早上，坦克从西贡的独立宫[Independence Palace，现在被称为统一宫（Reunification Palace）]大门碾过。漫长的战争结束了，越南再度统一，西贡改名为胡志明市。

再度统一

越南虽然已经统一，但战争的创伤还需要很长的时间来医治。

战争的危害从无标记的地雷区到聚焦于战争而功能失调的经济，从化学污染的乡村到身心受伤的人民，无处不在。

政党决定将越南南部迅速过渡到社会主义，但事实证明这给经济带来了灾难性的打击。伴随统一而来的还有大面积的政治镇压。即便一再承诺不会受到惩罚，成千上万和前政权有联系的人仍被没收了财产，未经审判便被关进了劳改营——委婉地说是再教育营。

在1964年至1973年，美国对印度支那地区进行轰炸，投下了约1300万吨炸弹，其能量是广岛原子弹的450倍。这相当于越南、柬埔寨和老挝的每个男人、女人和儿童分别承受了265公斤炸药。

插曲：柬埔寨内战

20世纪50年代是柬埔寨的黄金时代，彼时西哈努克成功地将柬埔寨

1989年

由于逐渐失去苏联领导人、充满改革思想的总统戈尔巴乔夫的支持，越南军队撤出柬埔寨。几十年来，越南首次处于和平时期。

1991年

和平协议在巴黎签署，柬埔寨全部各方（包括最有争议的红色高棉）皆同意参加1993年在联合国监督下举行的自由公正的选举。

1997年

亚洲金融危机影响了湄公河地区，柬埔寨发生政变，老挝和缅甸加入东盟（东南亚国家联盟）。

1998年

政府大力打击了红色高棉在安隆汶的最后一个据点，波尔布特于1998年4月15日去世；关于他的死亡，在金边流言四起。

的中立态度维持到20世纪60年代。然而，随着越南战争的战火烧过了国境，柬埔寨被慢慢卷入旋涡。

到了1969年，因为越南人开始向柬埔寨寻求更多的庇护，柬埔寨军队和左翼叛乱者之间的矛盾变得更加严重。1970年3月，在前往法国的旅行中，西哈努克被他的军队指挥官——朗诺（Lon Nol）将军发动政变推翻。西哈努克来到北京居住，并和号称红色高棉的柬埔寨共产党结成同盟，红色高棉想利用这个伙伴关系招募新人。

1970年4月30日，为了赶走越共和北越军队，美国和南越军队共同入侵柬埔寨。越南共产党人进一步向柬埔寨大后方撤退。

澳大利亚作家和纪录片制作人约翰·皮尔格（John Pilger）是最早具有煽动性的左翼记者兼纪录片制作人之一。访问www.johnpilger.com了解他对越南战争的强硬观点。

秘密轰炸

1969年，美国开启了一项秘密计划，轰炸柬埔寨有嫌疑的共产主义营地。在接下来的4年里，美国派出B-52轰炸机对柬埔寨东部进行大面积的地毯式轰炸，数万平民死亡，数十万百姓沦为难民。直至1973年8月，美国国会才叫停了轰炸。

尽管得到了美国大量的军事和经济援助，但朗诺从来没有成功地获得对抗红色高棉的主动权。红色高棉控制了农村的大部分地区，很多省会城市也切断了和金边的联系。1975年4月17日，金边向红色高棉投降。

百万尘微之地

报道印度支那冲突的战地记者很快就将澜沧王国（即老挝）改称为“百万尘微之地”。然而，持续的冲突都与冷战息息相关，世界上两大力量也都在这个最不起眼的舞台上玩起了权力斗争。历届政府来了又走，更迭之快以至于需要在国民议会安装旋转门。

在内陆，大部分地区处在共产主义势力的控制之下。为了防止共产党的军队越过湄公河，美国派兵驻守泰国，有一段时间美军在东南亚的重点似乎变成了老挝，而不是越南。北越和美军都希望能够占据战略优势，双方都不打算让老挝走上中立之路。

1972年年中，当重大的和平行动进行时，五分之四的老挝都在共产党的控制之下。与柬埔寨和越南不同的是，老挝共产党最终不战而胜，获得了政权。巴特寮（共产主义力量）占领了一座又一座城市，1975年8月，他们没有受到任何阻碍地开进万象。

1999年

在推迟两年后，柬埔寨终于加入东盟；东南亚大家庭欢迎柬埔寨再次回到世界舞台上。

2001年

电信大亨他信·西那瓦当选泰国总理，为国家未来的争执和分歧埋下了伏笔。

2004年

西哈努克国王在柬埔寨第二次退位，结束了63年的君主、政客、政治家生涯，他的儿子西哈莫尼继任国王。

2004年

越南战争结束后的第一班美国商务航班在胡志明市降落，美国与越南间的商业和旅游合作迅速展开。

红色高棉的元年

控制金边时，红色高棉推行了一项任何社会都没有尝试过的最激进、残忍的重组计划，它的目标是在柬埔寨实施以农民为主导的土地合作社制度。在红色高棉夺权仅仅几天之内，首都的所有人，包括老年人和体弱多病者，全部被迫列队下乡。任何形式的不服从都会被当即处决。红色高棉将自己的统治元年称为"零年"（Year Zero）。货币被废除，邮政服务被叫停，整个国家与外界隔绝。

计算种族灭绝的成本

波尔布特（Pol Pot）掌权后，将最初愤怒直接针对之前的政权。所有与朗诺（Lon Nol）有联系的政府和军队高级官员都在他掌权后很快被处决。之后中央将注意力转移到外缘，导致成千上万的人丧生。

我们仍然不知道有多少柬埔寨人死在了红色高棉统治的那3年8个月零20天中。越南人宣称有300万人死亡，而外国专家一直认为数字更接近100万。一直在参与调查的耶鲁大学研究员们估计数字接近200万。

成千上万的人被红色高棉领导人处决，更多的人死于饥荒和疾病。男人、女人和孩子们一天只吃两顿稀粥，但却要下地辛苦劳作。劳改营疾病肆虐，疟疾和痢疾击倒了很多家庭；死亡对于许多人来说是一种解脱。有些地区的情况略好一些，有些领导人更公平，但对大部分人来说，生活是在"没有围墙的监狱"里无休止地承受痛苦和折磨。

由于清除了越来越多的温和派，"组织"（Angkar）成为人们唯一需要的大家庭，而那些反对的人被揪出来施以镇压。红色高棉剥夺了柬埔寨人民最珍视的东西：他们的家庭、食物、田地和信仰。即便是当初支持革命的农民都无法再盲目追随这种癫狂。到了1978年，红色高棉已尽失人心，但是没有人有力量采取任何行动……除了越南人。

越南介入

在1976年至1978年，红色高棉对越南边境村庄反复发动袭击，并宣称对曾经属于高棉帝国的湄公河三角洲拥有主权。在1978年12月25日，越南发起对柬埔寨的全面入侵，两周后推翻波尔布特政府，并组建了由一些红色高棉前官员领导的政府，其中包括1977年投靠越南的现任首相洪森。

越南人之后在柬埔寨举行了一场走过场式的审讯，波尔布特和英沙里（Ieng Sary）因其种族屠杀的行为被判处死刑。

要想了解柬埔寨陷入地狱的完整故事，可以阅读威廉·肖克劳斯（William Shawcross）撰写的《花絮：基辛格、尼克松及柬埔寨的毁灭》（*Sideshow: Kissinger, Nixon and the Destruction of Cambodia*，1979年）。

弗朗索瓦·比佐（François Bizot）曾被红色高棉绑架，并被杜赫审问。他被认为是唯一一个被释放的外国人。后来他躲藏在法国大使馆里，直至1975年4月。《大门》（*The Gate*，2003年）讲述了他悲惨的故事。

2004年

12月26日的印度洋海啸在泰国造成5000多人遇难，严重地损害了旅游业和渔业。

2006年

泰国广受尊敬的普密蓬国王庆祝登基60周年。他信政府被政变推翻，泰国总理被迫流亡。

2010年

杜赫（Duch），即康克由（Kaing Guek Eav），金边臭名昭著的第21号安全监狱（S-21）的前负责人，成为第一个被宣判犯有反人类罪行的红色高棉领导人。

2010年

支持他信的红衫军积极分子占据了曼谷市中心长达两个月，军事镇压导致91人死亡。

1984年，越南侵占了柬埔寨境内所有主要的反抗营地，迫使红色高棉及其盟友撤退至泰国。红色高棉及盟友自这时起发起了打击对方士气的游击战。其所使用的策略包括炮击政府控制的驻军镇、在乡下埋藏成千上万的地雷、袭击道路交通、炸掉桥梁、绑架村长并袭击平民。红色高棉还强制生活在其控制下的难民营中的男人、女人和儿童担当搬运工，越过地雷密布的边境地区往柬埔寨境内运送弹药和其他补给。

至于越南人方面，他们布下了世界最长的布雷区（名为K-5，范围为泰国湾至老挝边境），试图将游击队封锁在外。他们还让柬埔寨人去偏远路段砍树，以预防埋伏。有成千上万的人死于疾病和地雷导致的伤害。虽然红色高棉政权已经结束，但对于许多人来说，20世纪80年代几乎和70年代一样艰难——人们一直在为生存而挣扎。

现在的一些柬埔寨领导人曾是红色高棉的成员，包括首相洪森及国民议会（National Assembly）主席韩桑林（Heng Samrin），但没有证据表明他们曾经参与过大屠杀。

命运的逆转

在印度支那建立社会主义合作社的运动以悲惨的失败告终。务实的老挝率先开始进行自由化，以此应对经济停滞，早在1979年，老挝就开始允许建立私营农场和企业。然而，对王室来说，这样的变革来得太迟：20世纪70年代末，老挝最后一位国王和王后在战俘营中死于营养不良和疾病。

越南的发展比较缓慢，但戈尔巴乔夫在苏联的上任带来了开放和改革，激进的革命者退出了舞台。经济改革开始在柬埔寨境内进行尝试，并被引入越南。苏联减少了对社会主义世界的帮助，越南这个遥远的前哨首先感到了财政拮据。由于越南无法再担负对柬埔寨的占领，1989年越南单方面撤出该国。越南政党已无靠山，需要改革才能生存。柬埔寨和老挝紧随其后。

崭新的开始

你可能在想，此时泰国发生了什么？与印度支那这些惊天动地的事件相比，泰国较为平淡沉闷。在邻国遭受苦难的同时，泰国获得了利益。越南战争期间，它为美国提供空军基地和后勤支持。当战争和革命耗尽了柬埔寨、老挝和越南一整代人时，泰国的经济正在繁荣发展，民主日渐生根，即便这期间确有政变发生，而且直至今日仍屡见不鲜。引发政变的主要原因是针对亿万富翁他信·西那瓦的分歧。他信在2001年至2006年担任总理，后被军事政变赶下台，被迫流亡。他信的支持者红衫军和反对者黄衫军之间的权力斗争在十多年里占据了泰国大部分的新闻头条。与此同时，泰国

2011年

柬埔寨和泰国因扁担山上的古老寺庙柏威夏古塔寺发生边境争端，东盟试图出面协调，给出一个长久的解决方案。

2011年

英拉·西那瓦成为泰国首位女总理，红衫军重新获得权力。

2012年

柬埔寨民族英雄、前国王诺罗敦·西哈努克去世。

2013年

"越战"英雄、被视为国家腐败解药的当代领导人武元甲将军去世，数百万民众向其致敬。

乔恩·斯温（Jon Swain）的《时间之河》（*River of Time*，1995年）将带领读者回到古老的印度支那，诉说疯狂战争中的迷失，也包括了在红色高棉掌权的第一天法国大使馆与其作为旁观者的第一手资料。

南部的伊斯兰叛乱已经夺去了数百人的生命。

1991年，随着《巴黎和平协议》的签订，柬埔寨重回世界舞台。协议中列出了联合国制定的自由公平的选举路线图。一路走来几经周折，历经了政变和对免罪文化的争论，但与红色高棉统治下黑暗的日子相比，柬埔寨已经取得了长足的进步。民主确实难以发展（腐败也肯定存在），但对大多数人来说，生活已经比过去好了太多。对幸存的红色高棉领导人的审判仍在磕磕绊绊中进行。

越南一直遵循着中国的致富之路，在放宽经济管制的同时牢牢把握着政治方向。9000万越南人中，只有200万共产党员，在这条道路上他们必须谨慎前行。自从2006年加入世界贸易组织以来，国内经济持续蓬勃发展，工业和制造业成为主导产业，旅游业也不落其后——该国在2016年破天荒地迎来850万的游客，在经历两年的萎靡之后回血。

在老挝，水力发电是很大的产业，并将有助于未来的经济发展。但另一方面，非法伐木仍然是严重的问题（柬埔寨也是如此）。周边国家对木材的需求进一步恶化了环境破坏的现象。旅游业具有良好的发展前景，老挝也正将自己打造为东南亚的生态旅游目的地。

正如那条将它们联系在一起的河流，湄公河区域各国都有动荡的过去和不确定的未来。

2013年

柬埔寨反对党出其不意地赢得了柬埔寨选举45%的选票，但反对者和示威者走上街头，声称普选有违规行为。

2014年

巴育·占奥差上将（General Prayuth Chan-ocha）领导的泰国军队推翻了英拉·西那瓦（Yingluck Shinawatra）的为泰党（Puea Thai Party）政府。

2016年

东盟开始实施共同市场，令湄公河的国家联系更紧密。

2016年

受人爱戴的普密蓬·阿杜德国王（拉玛九世）去世，终年88岁，泰国进入为期一年的国丧。

民族和文化

湄公河地区被称为印度支那有充分的理由，地理上它处在中国和印度之间。中国一直影响着越南的命运，也将继续影响着整个湄公河地区。印度向柬埔寨、老挝和泰国输出了伟大的宗教、语言、文化和雕塑。被两个世界上最伟大的文明影响了几千年，难怪今天的湄公河地区充满了各种文化交融的活力。

生活方式

湄公河地区的传统生活一直围绕着家庭、农田和信仰，农村的生活节奏在这里保持了几个世纪。对大多数仍生活在农村的人口来说，生活没有发生什么变化：几代人在同一个屋檐下生活，吃同样的大米，信奉同一种宗教。

外国的民族志研究者在老挝开展实地调研，已经确认了存在于不同地区的49至134个不同的族群。

但近几十年来，生活的节奏已经被战争和意识形态破坏，农民或是被迫抛开他们所珍视的一切，投入内战，或是被赶进合作社，因为当时的统治者试图为道德和社会指引方向。但对湄公河地区的老居民来说，佛教再度盛行，寺庙或佛塔仍然是他们生活中重要的精神支柱。

湄公河地区典型的一天总是早早开始。乡下人天不亮就起床，他们被公鸡的叫声唤醒，希望能充分利用温度升高之前的时间。这样的习惯在乡镇和城市得以延续，许多市民在黎明到来时起床，开始晨跑、打羽毛球或者打太极拳。

在这里，食物几乎和家人一样重要，这能说明很多问题。早餐有很多种，但是中式米粥以及汤面最受欢迎。长时间的午休很常见（也是常识，因为人们要避开一天中最热的时间）。工作日一般在17:00左右结束，一家人会尽量聚在一起享用晚餐，并且分享一天的故事。

尽管这片地区的人们过去一直生活在乡下的农业社会中，人们开始向城市转移。泰国最先体验到了成长的烦恼，如今柬埔寨、老挝和越南也正在经历人口平衡的巨大转变，越来越多的年轻人抛弃田地来到城市，寻找神话中遍地黄金的街道，然而迎接他们的街道往往挤满了各种摩托车。

民族

帝国起起落落，人们来了又走，在湄公河地区，很多国家的民族同源性之强，远远超过了政府希望人们相信的那样。在这一地区对民族造成影响的不仅仅是本土国家的扩张，还有殖民干预。殖民地的建立迫使许多人越过国境，远离故土。泰国有老挝人和高棉人，越南有高棉人，中国和越南各地都有泰族（傣族）人。此外，在湄公河地区，没有唐人街的城市称不上大城市。

面子

面子，或者更重要地说，不让当地人丢面子的艺术，是你亟须了解的亚洲概念。面子在亚洲十分重要，在湄公河地区更是重于一切。“有面子”是一个人声望高的同义词。所有家庭，甚至是穷人，都希望能举行一场盛大的婚礼，为了面子挥金如土。这样的花费通常高到离谱，但下血本也远比“丢面子”要好得多。

出于这种原因，外国人不该和当地人发脾气——“丢面子”会让对方感到无法接受，你自己也失去了合理解决争端的希望。如果事情没有按照你的计划进行，请深呼吸，保持冷静并努力解决问题。

越南有53个少数民族（约1400万人），其中大部分生活在越南北部。

湄公河地区的山区是众多少数民族的家园，这些少数民族被统称为山地部落。很多部落从中国迁徙而来，由于低地不适合畜牧业的发展而选择在此处定居。色彩缤纷的民族服饰和独特的传统习俗吸引了越来越多的游客前来参观他们坐落在山上的家园。最受欢迎的、能够拜访的山地部落地区，有柬埔寨的蒙多基里省（Mondulkiri）和腊塔纳基里省（Ratanakiri）；老挝北部的琅南塔（Luang Namtha）与芒新（Muang Sing）；泰国北部的清迈（Chiang Mai）和清莱（Chiang Rai）；以及越南北部的沙巴（Sapa）和北河（Bac Ha）。

整个湄公河地区的人口增长情况各不相同。发达的泰国几十年前就开始了计划生育。越南采取了与中国相似的模式，在低地地区实行两个孩子的政策。柬埔寨和老挝的出生率最高，大家庭仍然是传统，不仅在农村，城市也是如此。

华人

湄公河地区的很多大城市都有规模不小的华人社区，像曼谷和金边这样的首都城市，华人至少占了当地人口的一半。比起印度尼西亚，湄公河地区的华人更能融入当地的生活，并且还能通过投资和创业等手段促进当地的经济增长。

仅仅就历史的角度来说，越南人比这里其他国家的人更警惕中国人，尽管在文化方面，越南人与中国人非常相似。中国占领了越南1000多年，其间带来了宗教、哲学和文化。中国的儒家文化和道教、佛教至今仍是越南宗教的支柱。

高棉人（柬埔寨人）

柬埔寨和老挝民族关系紧密，因为老挝历史上第一个王朝澜沧王国（百万大象之国）的开国国王法昂建国时就是被他的高棉岳父资助的。

自2世纪有史料记载以来，高棉人就已经在柬埔寨居住了，远远早于泰国人和越南人到达湄公河南部的时间。在之后的几个世纪里，柬埔寨文化受到了印度文明和爪哇文明的影响。

柬埔寨是湄公河地区印度化的文化中转站，印度商人在2世纪时带来了印度教和佛教，随之而来的还有梵语和巴利语这样的宗教语言。梵语是现代高棉语、老挝语和泰语的根基。与此同时，印度人还将艺术与建筑带入高棉，古代高棉人将两者重新定义，并传入了老挝和泰国。

在吴哥繁荣辉煌的时期，印度教是当时的主要宗教，但是从15世纪起，柬埔寨人转信了小乘佛教。时至今日，许多高棉人仍是虔诚的佛教徒，在红色高棉统治结束之后，宗教信仰成为人们重建生活的精神支柱。人们认为红色高棉时期有多达三分之一的柬埔寨人因此丧生。

京族人（越南人）

有说法认为越南人是从中国人手中“脱逃的人”，但在首批中国人来到这里的2000年前，越南人就已经居住在红河三角洲了。越南大约86%的人口都是京族人。几个世纪以前，越南人向南迁移寻找耕地，在到达湄公河三角洲之前吞并了占婆王国，并占据了腐朽的高棉帝国的部分领土。居住在低地的京族人不仅逐渐占据了越南的沿海区域，还继续向高山进军，占据有利地形，以便于进行农业耕种、工业和旅游业开发。

老挝人

老挝通常被描述成多种部落和语言混合的聚集地，而非一个民族国家。按照居住纬度和文化习俗，老挝人通常将自己粗略的分为四个族系：老龙族系（Lao Loum）、老泰族系（Lao Thai）、老听族系（LaoThoeng）和老松族系（Lao Soung）。老挝政府现在将老泰族并入老龙族，变为三个族系，每张1000基普的钞票背面都印有三位身着民族服饰的民族代表，从左至右分别是老松族、老龙族和老听族。

泰国人

泰国75%的人口为泰族人，这一群体通常被分为四个亚群：居住在湄南河三角洲的中部泰族人、泰国东北部的泰裔老挝人、泰国南方的南部泰族人，以及北部泰族人。每个群体都有自己的方言，并在一定程度上遵循各自所在区域的风俗。在政治和经济上，中部泰族人是主要的群体，尽管他们的人数不如泰裔老挝人。

少数民族

这一地区还有许多重要的少数民族群体，有些因为过去的冲突居无定所，有些近期才移民到这里，其中包括许多山地部落。

占族（Cham）

占族人曾经统治着越南中南部的占婆王国，他们所修建的美丽砖塔点缀着从岘港（Danang）到藩朗（Phan Rang）一路的风景。占族人是历史上受到柬埔寨和越南相互挤压的受害者，他们的领土最终被扩张的越南所吞并。他们的族人原本信奉印度教，16世纪和17世纪皈依了伊斯兰教并且迁徙到了柬埔寨。今天，越南有少数占族人，而柬埔寨的占族人口有将近50万，而且全部是信奉较为灵活教义的伊斯兰教信徒。几个世纪以来，占族人一直在和迁徙来的马来海员通婚，在本族血统中融入了新的民族基因。

苗族（Hmong）

苗族是湄公河区域最大的山地部落之一，分布在老挝北部的大部分区域、越南北部和泰国。最后一批苗族人于19世纪到达这里，留给他们的只有海拔最高、最为粗糙的土地，他们只能在这样的条件下艰难生活。很快苗族人就做出了糟糕的决定——种植鸦片，这导致他们在20世纪与几届主流政府发生了冲突。

少数民族生活

参观湄公河地区的亮点之一就是偶遇众多居住在山区的少数民族。他们中的很多人身着奇异的民族服装，这些精心制作的服饰让人深信这里的女孩在学会走路之前就已经学会了刺绣。

虽然有些少数民族的人口多达几万人，但另一些群体只有不到100人，状况令人担忧。每个民族居住的区域一般是按海拔划分，最晚到来的民族生活在海拔较高的地带。每一个山地部落都有自己的语言、习俗、着装风格和精神信仰。有些部落的生活介于中世纪和现代社会之间，而另一些部落则已经融入了当代文明。

大多数民族都以一系列的传统仪式为中心，过着以农为本的生活。大多数山区部落是半游牧社区，使用刀耕火种的方法种植水稻等作物，这种耕种方式严重地破坏了环境。山区部落的居民过着最低水平的生活，他们难以获得教育、医疗保健，甚至很难找到最低收入的工作。虽然官方体制中不存在歧视，但山区部落人民所遭遇的文化偏见将他们禁锢在社会的最底层。简单地说，对于大多数少数民族，生活本身就是斗争。

旅游业可以为山地部落带来诸多好处，如加深跨文化了解、改善基础设施、带来廉价的商品，并提供就业机会，旅游收入也可以用来支持手工业。不过，旅游业也会带来负面影响，如垃圾和污染物的增加、对旅游收入的依赖，以及对当地人价值观和行为的侵蚀。为了能在拜访少数民族部落时带来积极的影响，这里列出了一些贴士：

- 如果可以的话，雇用原住民导游，他们了解那些低地导游不知道的禁忌和传统。
- 在为当地人拍照前一定要取得同意。
- 不要期待你刚到这里不久对方就会让你拍照——先花一些时间来了解村民。
- 请勿触摸挂在树上的图腾或圣物。
- 不要助长乞讨，尤其是对儿童乞讨者。
- 避免在公共场合裸体，不要在开着的窗户边脱衣服。
- 不要挑逗当地的异性。
- 如果有人向你敬上传统的葡萄酒，一定要品尝，尤其是在仪式上。
- 衣着端庄。
- 不要购买部落珍宝，比如祭坛碎片或图腾。

苗族部落间通常按照他们多彩的服装互相区分，包括黑苗族、白苗族、红苗族等。最耀眼的族群是越南西北部的花苗族，他们居住在北河附近的村庄。湄公河地区居住着上百万的苗族人，其中一半生活在越南的山区。

瑶族（Dzao）

> 大乘佛教信奉菩萨，认为菩萨达到了涅槃却推迟了超脱，留在凡间解救生灵。

瑶族是越南最大和最丰富多彩的民族之一，也分布在老挝、泰国和中国云南。瑶族人会拜祭祖先神灵，当地语言称为“班和”（banho），还会在重要的仪式上杀猪宰鸡作为贡品。瑶族人以其精致的装扮闻名遐迩，妇女的服饰通常以编织繁复的织物和银色珠子、硬币为特点，传说女人的财富全部承载在她所佩戴的硬币的重量之中。瑶族人留着飘逸的长发，额头上面剃光，头发由一块大红头巾或刺绣头巾绑好。

克伦族（Karen）

克伦族是泰国最大的山地部落，人数超过30万，共有4个支系：白克伦人（Skaw Karen, White Karen）、坡屋克伦人（Pwo Karen）、黑克伦人（Pa-O Karen, Black Karen）和红克伦人（Kayah Karen, Red Karen）。未婚克伦族女性穿白色服饰并保持母系的氏族传统。大部分克伦族人居住在低地山谷中，采用轮作方式耕种。

经济

对居住在湄公河地区的人民来说，在一代人的时间里，生活已经发生了巨大的改变，即便政治并不总是来凑热闹。老挝和越南是一党制国家，不接纳反对党。但是作为一代人信仰的社会主义，已经在资本主义面前退居二线，并迅速拥抱市场经济。这带来的是一个经济极端自由而政治极端保守的矛盾混合体，连本国居民也会困惑，不知自己到底居住在哪种国家中。他们可以自由地赚钱，但没有表达政治观点的基本自由。越来越多的普通人开始通过商业、旅游业和互联网接触外界，但越是如此，这种矛盾就越是难以消除。

腐败仍然是整个湄公河流域的毒瘤。尽管少数人有最美好的意愿，但政治家的邪恶意图仍然给湄公河国家带来了数亿美元的损失。越南已着手处理腐败问题，对腐败分子进行高调处决或判服刑。党内高级官员甚至受到处分，但任人唯亲和裙带关系仍然存在。老挝深受腐败之苦，但它的经济规模较小，目前为止，敛财规模还比较小。

在柬埔寨，腐败已经升级为一种艺术形式。人们让前世界银行行长詹姆斯·沃尔芬森（James Wolfensohn）用3个词总结该国的问题时，他的回答是："腐败、腐败、腐败。"2015年，全球反腐败监督机构透明国际（Transparency International, TI）将柬埔寨排在了168个国家中的第150位（排在第1位的为最廉洁的国家），排在刚果和塔吉克斯坦这种以腐败闻名的国家后面。老挝排第139位，越南是第112位。

这片地区唯一进步了的国家是泰国，成绩涨了3分（近8%），在透明国际2013年至2015年的列表中从第102位升到了第76位。这一成果或许可以归功于军政府的强硬政策，他们承诺在2014年掌权的时候会处理腐败问题。大多数观察家认为，在当时的总理他信·西那瓦领导期间，之前10年中泰国的腐败达到了顶峰。他信创建了一个商业和政治的混合体，将国家变为了"西那瓦有限公司"。

改革之后，湄公河地区的经济展现出了全球最快的增长幅度。在这片靠出口驱动的地区，新的东盟经济共同体联结了10个东南亚国家，构建了一个自由市场，以提高本地区竞争力，这或许会进一步提高未来的经济增长。东盟经济共同体在2015年至2020年分阶段实施，目前在该片地区已经降低了进口关税。

不过，其他的国际力量会减缓湄公河地区的经济涨势，其中以美国的改朝换代尤甚。新当选的美国总统唐纳德·特朗普（Donald Trump）已经宣示要加强贸易保护，对中国提高利率并施加惩罚性的进口关税——这对整个湄公河地区的经济来说是三重打击，可能会产生深远的负面影响，因为这里与中国的经济紧密相关，并对美国出口大量的商品。柬埔寨尤其容

高台教

将东方与西方融合在一起的高台教(Cao Daism, Dai Dao Tam Ky Pho Do)是20世纪创建于越南的一种融合宗教，包含了佛教、儒教、道教、越南本土唯灵论、基督教和伊斯兰教的元素，还带有一些入世的启蒙思想的味道。“高台”(Cao Dai，意为高的塔或宫殿)是对上帝的委婉称呼。越南估计有200万至500万的高台教教徒。

高台教由神秘主义者吴明钊(Ngo Minh Chieu，又名吴文钊，1878~1932年)创立。他受到各种启示，并依照启示定下了高台教的宗旨。

在所有的高台教寺庙中都可以看到四个日常仪式，分别在早6点、正午、晚6点和午夜进行。高台教官方网站(www.caodai.org)上提供了更多的信息。最宏伟的高台寺位于胡志明市附近的西宁(Tay Ninh)。

易受到影响，这里有20%多的出口商品是卖往美国的[数字来自经济复杂性观察(Observatory of Economic Complexity)]，之后是越南(约14%)和泰国(约11%)。

泰国是这一区域的强国，强大的经济以制造业、手工业、旅游业和农业为基础。越南正在迅速赶上，和泰国一样，成为主要的汽车装配和高科技工具制造中心。农业仍是主要产业，泰国和越南分别是全球排名第二和第三(第一为印度)的大米出口国。

相比之下，柬埔寨和老挝的经济规模要小得多。柬埔寨在很大程度上依赖纺织业和旅游业来推动经济发展，但橡胶和棕榈油等农用工业正在快速增长，传统农业和渔业对普通人来说依然十分重要。在老挝，水电出口是很大的产业，尽管似乎看起来有点矛盾，生态旅游将会成为发展最快的行业之一。

宗教

东南亚地区的主要宗教吸收了各种传统精神信仰，如泛神论、祖先崇拜以及可以带来好运的星相学。与西方基督教针对异教的态度相比，湄公河地区依然尊敬巫术和神迹，甚至在学术界也是如此。本地人将宗教建筑修建在自家门口，华人每天敬奉祖先，几乎每个人都会拜访占卜师。

尽管大多数人对佛教教义只有一个模糊的概念，他们仍然邀请僧侣主持仪式，如葬礼和婚礼。许多人认为佛塔是一个远离无常世界的物质精神避难所。

祖先崇拜

祖先崇拜的历史可以追溯到儒家思想或者佛教传入这里之前。祖先崇拜基于人死后灵魂不朽并且成为其子孙后代的保护神这个理念。人们相信祖先的灵魂会对其子孙的生活产生重大影响。如果触怒祖先灵魂，让他们无法安息，这不仅是耻辱，而且极其危险。

泛灵论

在湄公河地区印度化之前，印度教与佛教就已经与泛灵论融合，并在这片土地上广泛存在。本地的信仰并没有简单地消失，而是融入了新的宗教。最纯粹的泛神论者多为少数民族或者山地部落。

佛教

佛像温和稳重的笑容装饰着这里的景色和寺庙，并形成了东南亚宗教的精髓。在佛教国家，宗教信仰高度个人化、无所不在且不具有侵略性，很多日常仪式都根植于本土的泛神论和祖先崇拜。

佛教在传入湄公河地区时有两个分支。大乘佛教（北传佛教）继续向北传入尼泊尔、中国、韩国、蒙古、越南和日本，而上座部佛教（南传佛教）向南流传，进入斯里兰卡、缅甸、泰国、柬埔寨和老挝。

每一位男性佛教徒在人生的某个短暂时期都应成为僧侣，最好是在毕业和开始工作或步入婚姻之间的这段时间里。未满20岁的男人或男孩可

农历

占星术在中国和越南（外加柬埔寨、老挝和泰国的华人社区）历史悠久，并且与宗教信仰有着错综复杂的联系。农历中还有十二生肖，分别代表12年中循环的一年。如果你想知道自己的属相，就在下边的列表里找一下自己的出生年份——中国/越南的新年在公历的1月末或2月初，如果你出生在1月的前半段，你的属相就是出生年份的前一年。要查询自己的农历生日，找一份农历万年历就行了。

- **鼠**（慷慨、爱社交、缺乏安全感、懒散）：1924年、1936年、1948年、1960年、1972年、1984年、1996年、2008年
- **牛**（固执、保守、有耐心）：1925年、1937年、1949年、1961年、1973年、1985年、1997年、2009年
- **虎**（有创造力、勇敢、霸道）：1926年、1938年、1950年、1962年、1974年、1986年、1998年、2010年
- **兔**（胆怯、热情、友善）：1927年、1939年、1951年、1963年、1975年、1987年、1999年、2011年
- **龙**（自负、坚强、聪慧）：1928年、1940年、1952年、1964年、1976年、1988年、2000年、2012年
- **蛇**（奢靡、有城府、亲切）：1929年、1941年、1953年、1965年、1977年、1989年、2001年、2013年
- **马**（情绪化、聪明、思维快）：1930年、1942年、1954年、1966年、1978年、1990年、2002年、2014年
- **羊**（迷人、善于理财、优柔寡断）：1931年、1943年、1955年、1967年、1979年、1991年、2003年、2015年
- **猴**（自信、幽默、善变）：1932年、1944年、1956年、1968年、1980年、1992年、2004年、2016年
- **鸡**（勤奋、想象力丰富、需要被人注意）：1933年、1945年、1957年、1969年、1981年、1993年、2005年、2017年
- **狗**（谦虚、负责任、有耐心）：1934年、1946年、1958年、1970年、1982年、1994年、2006年、2018年
- **猪**（贪图享乐、忠诚、诚实）：1935年、1947年、1959年、1971年、1983年、1995年、2007年、2019年

如果想来一次泰国佛教建筑的虚拟旅游，可以访问www.orientalarchitecture.com。

以开始僧伽（Sangha，指以僧侣身份或进入僧侣团体）修行。如今男性出家的时间可能不会超过一个月，他们成为僧侣只为积累功德。

基督教

16世纪，传教士将天主教带到这个地区。除菲律宾之外，在整个东南亚，天主教徒占人口比例最高的国家是越南（大约占人口总数的8%~10%）。

印度教

1500多年前，印度教已经成了湄公河地区居民的主要精神信仰，信奉印度教的强大的吴哥帝国为他们供奉的诸神修建了宏伟壮丽的纪念丰碑。无所不在的神有几个最常见的化身——创造者梵天（Brahma）、维护者毗湿奴（Vishnu）和既是破坏者也是再生者的湿婆（Shiva）。

已经被遗忘的占婆王国深受印度教的影响，很多占族的塔都被建成了印度教圣殿的样子，塔内有林伽（Lingas，即代表湿婆的男性生殖器象征）。很多越南人和华人现在仍然崇拜林伽。

伊斯兰教

为了加入香料商人的兄弟会，逃避早期印度帝国僵化的等级制度，很多东南亚人皈依了伊斯兰教。占族人虽然也是穆斯林，但实际上他们遵循的是本地化的伊斯兰神学和律法。穆斯林通常每天祷告5次，占族人则只在周五祷告，斋月（从黎明到黄昏期间空腹，持续一整月）也只持续3天。

道教

道教起源于中国，基于生活在公元前6世纪的哲学家老子的思想。人们对老子知之甚少，并还在争论老子其人是否真正存在。道家哲学强调沉思与朴素，理想境界归于“道”（道指世间万物的本原），并强调阴阳（在中国哲学中保持宇宙平衡的对立与互换的两个要素）的重要性。

三教

千百年来，儒教、道教和佛教融合了中国盛行的各种信仰和越南泛神论，形成了三教（Tam Giao，Triple Religion）。在说到宗教时，大多数越南人可能都会说自己是佛教徒，但是当涉及家庭或公民义务时，他们很可能会遵循儒家的道德和社会规范，并使用道教的理念来理解宇宙万物的本质。

生存指南

穿越边境

在冷战的岁月里，湄公河地区向外国人开放的陆路边境口岸没有几个。如今时代已经改变，现在这里能够通往邻国的边境口岸有几十处。在长途旅行之前，一定要了解口岸关闭时间、签证的有关规定和可能出现的交通诈骗。边境口岸信息经常变化，可以多做询问或到Lonely Planet荆棘树论坛（lonelyplanet.com/thorntree）上进行查阅。

落地签证

某些边境口岸可以办理签证，而某些边境口岸不可以。根据经验，一般情况下柬埔寨、老挝和泰国的入境口岸都可以办理落地签证，但越南入境口岸就不行（除非你是某些特定国家的公民）。

但上述情况在某些老挝/越南边境口岸（Na Phao/Cha Lo和Na Meo/Nam Soi），以及一处老挝/泰国边境口岸（北汕/汶干）也有例外。从这3个口岸入境老挝无法办理落地签证。

开放时间

大部分边境口岸的开放时间都是早上7点至晚上6点。但是一些繁忙的口岸会延长工作时间，开放到晚上，而有些偏远的口岸可能会午休或者下午5点就关闭了。

一定要注意那些午夜到达边境的夜班大巴，这些车辆只能原地等待，直到边境开放，这会增加在路上花费的时间。

诈骗及费用

陆路边境口岸的某些移民官员有敲诈勒索的恶名。尤其是在偏远的柬埔寨和老挝边境站，游客偶尔会被要求给“移民费”，或超时费用，这些费用有时候被称为“茶钱”。

为了避免上当受骗，你要了解应付的费用和穿越边境时可能会遇到的招数。波贝（柬）/亚兰（泰）边境和占廷（柬）/合叻（泰）边境尤其需要注意，这里骗局成风。

通常来说，从陆路出境一般比入境容易，被收取额外费用也通常发生在入境的时候。

货币兑换

在较偏远的边境口岸，合法的货币兑换机构不多，所以手边一定要留一些小面额美元。

私家车

一般情况下你可以驾驶私家车进入柬埔寨、老挝和泰国，但驶入或驶离越南就不可能了。不过一些越南开办摩托车旅行的公司允许摩托车穿越老挝和越南之间的/边境。

在穿越柬埔寨、老挝和泰国边境时，要确保所有的车辆证件齐全。在出发前请询问目的地国家的大使馆，查看是否需要额外的授权和文件。

边境的新发展

湄公河上已经在2014年开放了第4座泰国-老挝友谊大桥（位于清孔/会晒），为连接泰国北部与琅勃拉邦的边境陆路口岸（之前是船只口岸）增加了人气。这个口岸也是将中泰公路（China-Thailand highway；AH3）转变为主要跨国贸易路线的关键。之前的鸦片走私路线A3如今是一条连接曼谷与中国云南省昆明市长1800公里的柏油路，途经老挝北部。从清迈开往清莱的直达大巴就从这个口岸通过。

Border Crossings 穿越边境

0 100 km
0 60 miles

跨境去其他国家

泰国/马来西亚

你可以从以下几个陆路边境口岸进入马来西亚：

- Kanger（泰）/Padang Besar（马）
- Sadao（泰）/Bukit Kayu Hitam（马）
- Betong（泰）/Keroh（马）
- Sungai Kolok（泰）/Rantau Panjang（马）
- TakBai（泰）/Pengkalan Kubor（马）

乘坐火车进入马来西亚可以走HatYai/AlorSetar/Butterworth线路，这条线路穿过Kanger（泰）/Padang Besar（马）边境。如在西部海岸线，可以通过水路往来Satun（泰）和Pulau Langkawi（马）。

泰国/缅甸

泰国和缅甸之间有3个合法口岸：湄赛（Mae Sai；泰）/Tachileik（缅）、Ranong（泰）/Kawthoung（缅），以及湄索（Mae Sot；泰）/Myawaddy（缅）。

你需要提前申请缅甸签证。过境时缅甸官员会向你收取你意想不到的费用，做好准备。

湄公河地区边境口岸

国家	口岸	连接城镇	落地签证（是或否）
柬埔寨/老挝	Trapeang Kriel（柬）/Nong Nok Khiene（老）	上丁/四千美岛	柬埔寨（是）/老挝（是）
柬埔寨/泰国	占廷（柬）/合叻（泰）	戈公/达叻	柬埔寨（是）/泰国（是）
柬埔寨/泰国	Choam（柬）/Chong Sa-Ngam（泰）	Anlong Veng/ Chong Sa-Ngam	柬埔寨（是）/泰国（是）
柬埔寨/泰国	O Smach（柬）/Chong Chom（泰）	三隆/素林	柬埔寨（是）/泰国（是）
柬埔寨/泰国	波贝（柬）/亚兰（泰）	暹粒/曼谷	柬埔寨（是）/泰国（是）
柬埔寨/泰国	Psar Pruhm（柬）/Pong Nam Ron（泰）	拜林/尖竹汶	柬埔寨（是）/泰国（是）
柬埔寨/越南	Bavet（柬）/Moc Bai（越）	金边/胡志明市	柬埔寨（是）/越南（否）
柬埔寨/越南	Kaam Samnor（柬）/Vinh Xuong（越）	金边/朱笃	柬埔寨（是）/越南（否）
柬埔寨/越南	O Yadaw（柬）/Le Thanh（越）	班隆/波来古	柬埔寨（是）/越南（否）
柬埔寨/越南	Prek Chak（柬）/Xa Xia（越）	白马/河仙	柬埔寨（是）/越南（否）
柬埔寨/越南	Phnom Den（柬）/Tinh Bien（越）	茶胶/朱笃	柬埔寨（是）/越南（否）
柬埔寨/越南	Trapeang Sre（柬）/Loc Ninh（越）	斯努/宾龙	柬埔寨（是）/越南（否）
老挝/泰国	会晒（老）/清孔（泰）	会晒/清莱	老挝（是）/泰国（是）
老挝/泰国	Kaen Thao（老）/Tha Li（泰）	巴莱/黎府	老挝（是）/泰国（是）
老挝/泰国	Muang Ngeun（老）/Ban Huay Kon（泰）	巴本/难府	老挝（是）/泰国（是）
老挝/泰国	北汕（老）/汶干（泰）	北汕/汶干	老挝（否）/泰国（是）
老挝/泰国	沙湾拿吉（老）/穆达汉（泰）	沙湾拿吉/穆达汉	老挝（是）/泰国（是）
老挝/泰国	他曲（老）/那空拍侬（泰）	他曲/那空拍侬	老挝（是）/泰国（是）
老挝/泰国	Vang Tao（老）/Chong Mek（泰）	巴色/乌汶	老挝（是）/泰国（是）
老挝/泰国	万象（老）/廊开（泰）	万象/廊开	老挝（是）/泰国（是）
老挝/越南	淡沙湾（老）/老保（越）	沙湾拿吉/东河	老挝（是）/越南（否）
老挝/越南	Na Meo（老）/Nam Soi（越）	桑怒/Thanh Hoa	老挝（否）/越南（否）
老挝/越南	Na Phao（老）/Cha Lo（越）	他曲/洞海	老挝（否）/越南（否）
老挝/越南	Nam Phao（老）/Cau Treo（越）	他曲/荣市	老挝（是）/越南（否）
老挝/越南	Nong Haet（老）/Nam Can（越）	丰沙湾/荣市	老挝（是）/越南（否）
老挝/越南	Phou Keua（老）/Bo Y（越）	阿速坡/波来古	老挝（是）/越南（否）
老挝/越南	Sop Hun（老）/西庄（越）	孟夸/奠边府	老挝（是）/越南（否）

出行指南

签证

越南

持普通护照的中国公民，无论是从国内还是第三国出发前往越南，都须事先办好签证。很多旅行者都选择在网上（如淘宝网）办理，比较方便，签证有效期3个月，可停留30～90天。如从陆路出境到越南，一定要办理健康证与防疫证，在就近的涉外卫生检疫局办理即可。

旅行者也可以在广西的北海、防城港、百色及崇左的合法组团旅行社办理出入境通行证，从陆路出境到越南进行边境旅游。选择邮轮边境旅游的旅行者则可以在海南的三亚、海口办理出入境通行证（可异地办理）。

越南驻华大使馆（☎010-6532 1155/7038；38；www.mofa.gov.vn/vnemb.china/zh；北京市；北京市建国门外光华路32号）

越南驻上海总领事馆（☎021-6855 5871；上海市浦东大道900号华辰金融大厦304）领区包括上海、浙江和江苏。

越南驻广州总领事馆（☎020-8330 5910/5911；广东省广州市侨光路8号华厦大酒店B座2楼北部）领区为广东。

越南驻南宁领事馆（☎0771-551 0560/0562；广西南宁市金湖路55号亚航财富中心27楼）领区为广西。

柬埔寨

中国公民自第三国赴柬埔寨，可在柬埔寨国际口岸办理落地签证；如果是从国内出发，则须事先办好签证。电子签证是最方便的，当然，你也可以通过大使馆、领事馆和旅行社办理签证。

柬埔寨驻华大使馆（☎010-65321889；东直门外大街9号；cambassy@public2.bta.net.cn）

柬埔寨驻上海总领事馆（☎021-51015850；上海市天目中路267号蓝宝石大厦12楼A座）领区：上海、浙江、江苏、安徽。

柬埔寨驻广州总领事馆（☎020-83338999-808；广州市环市东路368号花园酒店东楼809-811室）领区：广东、福建、海南。

老挝

中国公民持因私普通护照前往老挝，需提前办理签证（¥200），可在老挝停留30天。你也可在万象、琅勃拉邦和巴色国际机场交US$20和两张照片，取得为期15天的落地签证。如果你从老挝的其他邻国口岸入境（具体见“在路上”各章节），也可以获得落地签证，可能获得15天至30天的签证有效期，部分程度取决于工作人员的心情。周末或午休时间可能加收US$2。

老挝驻华大使馆（☎010-6532 1224；北京市三里屯东4街11号，邮编：100600）

老挝驻上海总领事馆（☎021-62886314；上海市武定路355号静安紫苑9楼）

老挝驻景洪领事办公室（☎0691-8988090；云南省西双版纳傣族自治州景洪市景德路6号景兰大酒店）

泰国

中国护照持有者从空路进入泰国可以获得落地签证，逗留时间不超过15天。从2014年1月起，只要持有来回程机票（须打印），中国边检即予以放行。注意，陆路进入泰国无法获得落地签证，即便从第三国入境，当地的泰国领事馆通常也不受理中国护照的签证申请。

如果希望在出发前就办好旅行签证，费用为¥230，有效期3个月，允许逗留60天。如果所在城市没有泰国领事馆或者不希望提供照片以外的资料，可以通过旅行社代办，一般代办费为¥30~100，只需提供照片及护照。淘宝网上也有不少代办泰国签证的卖家，收费更具竞争力。

泰国旅游局（TAT）在中国设立的咨询办事处信息：

北京（☎0086 10 8518 3526；www.tatbjs.org.cn；北京市东城区东长安街1号东方广场E1办公楼九层2室）

上海（☎0086 21 3366 3409；www.tatshanghai.cn；上海市黄浦区南京西路288号创兴金融中心2703室）

签证延期手续在不同的国家有不同的规定。有些时候延期手续非常复杂，但在另外一些地方只是形式问题。要记住最重要的规则：将拜访大使馆、领事馆或边境处视为正式的场合，尽量打扮得精神一点儿。

保险

强烈推荐购买可以承保物品被窃、遗失和医疗问题的旅行保险。保单政策多样，所以请查看附加条款。关于旅行保险的具体细节，请联系保险经纪人或保险公司。

购买保险时应该记住：

- 有些保单明确地排除了“危险活动”，这些活动包括水肺潜水、骑摩托车甚至徒步。
- 某些保单不承认在当地获得的摩托车驾驶执照。
- 一定要检查保单中是否包括乘坐急救车和紧急回程航班。

全球旅行保险可以在慧择网（https://www.huize.com/）找到。你也可以直接联系各大保险公司直接购买保险。

货币

自动柜员机和电子支付

- 自动柜员机在泰国、越南、柬埔寨大部分地区和老挝各省首府分布广泛。
- 多数大城市里的自动柜员机非常普遍，大多也接受银联卡，但是大部分柜员机会收取至少3美元的费用，每笔交易有250美元的取款限额。
- 使用本国银行卡通常对外国的自动柜员机上取款或信用卡购物也会收取2%至3%的费用，所以不妨看一看哪一家的VIP账户可以省去这笔费用。

砍价

市场和不明码标价的特定店铺接受砍价。在包车的时候也建议砍价，因为游客通常会被当地出租车和机动三轮车司机占便宜。

信用卡和借记卡

这一地区广泛接受信用卡，尤其是在泰国，你可以用卡支付一切。但是出了主要的旅游中心和大城市就没有那么方便了。所以不要完全依赖信用卡。

在柬埔寨、老挝和越南，商户经常会让顾客承担信用卡佣金（一般是3%），所以在支付之前一定要询问是否有额外收费。另外，每月检查你的信用卡账单，以防骗子在你支付时复制你的信用卡。

各地大多数的中端和高端酒店都接受信用卡。

货币

美元是湄公河地区的首选货币，实际上也是柬埔寨的第二货币（有些人甚至觉得是第一货币）。

银行和换汇处广泛接受欧元等其他主要的西方货币。老挝全国和柬埔寨西部的部分地区接受泰铢。

大多数有经验的旅行者既会携带美元，也会带好信用卡或者银行卡。你总是会遇到其中某个不能使用的情况，所以最好两种都带上。

小费

湄公河地区并没有小费文化，但给小费也算是一种对服务满意的表达方式。高档酒店和餐厅通常收取10%的服务费。

- **酒吧** 不需付小费。
- **酒店** 不需付小费。
- **导游** 1日游给几美元的小费就足够了，更长的旅途如果服务很好的话就再多给些。
- **餐厅** 结账时留一些零钱，不收服务费的高级餐厅就给5%。
- **出租车** 不必要，但也欢迎额外给一点。

旅行支票

在湄公河地区兑换旅行支票是一个比较痛苦的经历。如果你一定要兑换，就用支票兑换成大面额的美元，比如US$100或者US$50，以避免每张支票繁重的手续费。

折扣卡

国际学生证（International StudentIdentity Card,

吸烟

柬埔寨 吸烟很普遍，但旅游中心比较好的酒店有无烟区或禁烟。餐厅有禁烟的也有不禁烟的。

老挝 吸烟的人很常见，但对于推行无烟区越来越普遍。大部分酒店都有无烟房，而万象和琅勃拉邦的餐厅禁烟。

泰国 全国对餐厅和酒吧的禁烟已经延伸到了曼谷的公共场合，而且一般是强制性的。

越南 除了开空调的交通工具和部分高档餐厅之外，吸烟非常普遍，而且官方的禁令大多被无视。

ISIC）是官方承认的学生证，但在湄公河地区使用有限。一些国内和国际航空公司为ISIC持卡人提供折扣，但由于假证太多，该卡的作用非常小。

电源

大多数国家都是用220~240V电压、50Hz，240V的电器也可以220V电压运行。你可以在主要城镇和城市中的市场或者电器商店里买到电源转换器。

使领馆

在这片地区的首都和首府城市里能找到大部分国家的使领馆。

中国驻泰国大使馆（☎0066-2-2450088；https://www.fmprc.gov.cn/ce/ceth/chn；57 Ratchadaphisek Road，Bangkok 10400，Thailand）

中国驻越南大使馆（☎00844-38453736；http://vn.china-embassy.org/chn/；46 Hoang Dieu Road,Hanoi,Vietnam）

中国驻柬埔寨大使馆（☎00855-0-12901923；http://kh.china-embassy.org/chn/；No.156,Blvd Mao Tsetung，Phnom Penh，Cambodia）

中国驻老挝大使馆（☎00856-21-315100；http://la.china-embassy.org/chn；Wat Nak Road，Sisattanak，Vientiane，Lao P.D.R.）

海关条例

这一区域内各国海关规定区别不大。毒品和枪支严格禁止，如有违反，一般会被判处较长的监狱服刑。

旅游信息

湄公河地区所有国家都设有政府资助的旅游办事处，但其有效性不尽相同。泰国提供了目前最高效的旅游信息服务，其次是老挝。在柬埔寨和越南，与政府旅游办事处相比，专门的互联网网站、客栈、旅客咖啡馆，甚至是其他游客都能提供更加实用的信息。

柬埔寨旅游部（www.tourismcambodia.org）

老挝国家旅游局（www.tourismlaos.org）

泰国国家旅游局（www.tourismthailand.org）

越南国家旅游局（www.vietnamtourism.com）

语言

在湄公河地区主要的旅游城镇外说英语的人很少。学习数字的说法（至少从1到100）以及几个“多少钱？”和“谢谢你”这种精选的短语非常实用，特别是在市场里砍价的时候。还好老挝语和泰语非常像，所以老挝语里的数字和

官方旅行建议

- **中国外交部**（https://www.fmprc.gov.cn/web/）
- **澳大利亚外交部**（Australian Department of Foreign Affairs；www.smartraveller.gov.au）
- **加拿大政府旅游网**（Canadian Government Travel & Tourism Site；www.travel.gc.ca）
- **德国外交部**（German Foreign Office；www.auswaertiges-amt.de）
- **新西兰外交部**（New Zealand Ministry of Foreign Affairs；www.safetravel.govt.nz）
- **英国外交部**（UK Foreign Office；www.gov.uk/foreign-travel-advice）
- **美国国务院**（US State Department；www.travel.state.gov）

快乐是一种心态

"别担心，快乐点儿"可谓是湄公河地区的经典座右铭，但在一些背包客心中，"快乐"则有着截然不同的含义。如果你看到前面带着"快乐"两个字的"奶昔""比萨饼"或者其他任何东西，并不意味着顾客将得到免费添加的菠萝。真正添加进去的是大麻，奶昔搅拌机能放多少就添多少。对很多旅行者来说，"快乐"已经成了某个众所周知的别名。但仍会有些不知情的人，天真地喝完了快乐奶昔，吃完了快乐比萨后，在接下来的24小时里漂浮在只有自己的世界里。

短语说法在泰国也能用。

时间

柬埔寨、老挝、泰国和越南比北京时间晚1小时，比格林尼治标准时间或协调世界时（GMT/UTC）早7小时。这边没有夏令时。

节假日

- 春节（或越南新年）是这里所有国家的共同节日。此时商店关门、交通满员，会给旅行计划带来很大影响。
- 4月中旬，柬埔寨、老挝和泰国会在同一个时间庆祝自己的新年。所有国家都会闭市至少一周，泰国和老挝人民会打起疯狂的水仗。

住宿

从廉价到高级，每个人都能在湄公河地区找到他需要的东西，而且与西方国家的目的地相比，这里的住宿通常物超所值。住宿一般不需要提前预订，但如果你想在旺季住热门酒店的话，请考虑提前几个月预订。

- **精品酒店**湄公河地区堪称精品酒店聚集地，其中的领头羊是琅勃拉邦和暹粒。
- **青年旅舍和客栈**为数众多。一个宿舍床铺的价钱可以与经济客栈里的私人客房一样贵。
- **酒店**有各种房型——你会被丰富的选择惯坏的。

露营

除了泰国的国家公园，柬埔寨、老挝和越南也有一些高端体验，但总的来说这片地区露营的选择有限。

家庭寄宿

参加家庭寄宿是体验乡村文化的最佳方式之一，而且还能确保你的钱能直接令当地人受益。在泰国和越南的部分地区，家庭寄宿非常完善，很多穿过北部少数民族居住区的徒步游会安排在当地家庭中寄宿一晚，使旅行者有机会了解当地人的生活方式。

在柬埔寨和老挝，家庭寄宿作为一种融入当地社区的旅游项目，也日益流行起来。在柬埔寨的桔井与老挝边境之间的湄公河流域以及几个偏远寺庙的所在地，家庭寄宿十分受欢迎。在相对更成熟的项目中，家庭寄宿往往更类似客栈，独立的客房与主建筑分离。三餐由房东烹制，但你不一定有机会与房东一家一同用餐。

在老挝，家庭寄宿在北方最受欢迎，特别是徒步路线沿途和国家保护区内外。老挝的家庭寄宿原汁原味；你在房东家打地铺，上边搭有蚊帐，洗澡时用水舀或去附近的河流或溪流里。对于老挝人来说，一同用餐后往往会开始喝酒，米酒是首选。

要想有最棒的家庭住宿体验，请带上当地常用语手册、你家人的照片、手电筒、人字拖、纱笼和卫生纸。

在线预订住宿

可访问http://lonelyplanet.com/hotels/了解更多Lonely Planet作者的点评。这里有独立点评和最佳留宿推荐，更重要的是你可以在线预订。

饮食

说到品尝当地美食，这里应该是世界上最棒的地方。泰国和越南美食不必多说，老挝和柬埔寨的食物也会让你不虚此行。

并非每家都需要预订，但高级用餐场所最好还是预订一下。周末的热门场所建议预约。

地图

好的中南半岛地图囊括

住宿价位

住宿价位信息见各国家独立章节。

了曼谷和泰国东北部，比如Nelles出版的《越南、老挝和柬埔寨》(*Vietnam, Laos & Cambodia*)地图，比例尺为1:1,500,000。

邮局

一般来说，邮政服务在整个地区都很可靠。当然，重要的邮件和包裹最好从曼谷或河内这样的大型邮政中心寄出比较稳妥。

通过海运寄送包裹回家会有风险，但它们最终总会达到目的地。如果是贵重物品，可以考虑FedEx、DHL和UPS等私营快递公司。

邮件留局待取服务在这一区域也被广泛使用，这是最好的收件方式。如有人写信给你，告诉他们信件会到的比较迟，并请他们一定写清楚你的名字。

电话

各个国家都有自己的国际区号和规则，但下列情况适用于本地区所有国家：

- 使用Skype或者其他网络语音协议(VOIP)拨打电话是未来的发展趋势，并有大量的基础设施建设支持其发展，如4G和Wi-Fi。
- 不要轻易漫游——不要成为那个四处漫游回家后发现巨额话费账单的傻子。你可以买一张本地SIM卡，设置好4G网络，通过VOIP打电话回家只需要几毛钱。
- 有些手机在购买时被你本国的电话公司“锁定”了，但湄公河地区的大部分手机供应商都可以在几秒钟内帮你“解锁”，收费也不高。
- 除了一些偏远地区，移动信号基本可以覆盖湄公河大部分区域。

上网

上网和免费无线网络不是问题，至少城市和旅游区都有网络，4G网络便宜好用。不过仍需注意几点：

在某些社会动荡时期，越南偶尔会拦截对社交网络的访问，其中包括Facebook。

在偏远地区，Wi-Fi覆盖范围非常少(手机信号也相当差)。其中包括大部分的国家公园，特别在老挝，还有大部分的柬埔寨岛屿，不过在比较热门的沙滩上，信号稍微改善了一点点。

连接速度不是非常快，但是在这一带还能上网已经很不错了，是吧？

厕所

公共厕所 相当少见且大部分一般。加油站和购物中心通常有厕所。你可能要花点钱上厕所。

坐厕 这片地区大部分像样的青年旅舍和所有中端及以上的酒店都配有西式的“王座”。

冲水管 “屁股枪”在这片地区的私人住宅以及部分餐厅和酒店中十分常见。由于它们有时替代了卫生纸的存在，掌握它们的使用方法十分有用。

蹲厕 在公共场所和乡下十分常见。

卫生纸 通常被扔在垃圾桶里而不是冲进下水道，因为它对于当地下水系统来说负担过重。公厕几乎不提供卫生纸，所以请随身携带。

旅行安全

毒品

使用和分发娱乐性毒品的风险之高，以致所有的游客都必须小心行事，尤其是在以自由开放使用毒品而闻名的地区。在当地监狱里待上一阵

就餐价位

湄公河地区的美食种类无限，均物超所值。

- **咖啡馆** 这片地区有不错的咖啡文化。在露天咖啡馆拿把椅子，点一份冰咖啡或是茶，或者在大城市里的连锁咖啡店享用咖啡。
- **餐厅** 当地餐馆的一餐起价只有1.50美元，甚至在体面的餐厅里就餐，价格也只是10~20美元。你还会发现游客多的地方有很多西餐厅。
- **路边摊** 在湄公河地区真正享受当地食物的最佳方式就是与当地人一起在街边用餐。价格为0.50美元起。

国菜

如果只能品尝一个菜，一定要选择以下佳肴。这些美食将本国的美食精髓浓缩在一道菜中。尽情享受吧！

柬埔寨 蕉叶包烤鱼（Amok，烤好的鱼肉包裹在椰子叶里）

老挝 辣普（Làap，肉类或鱼制作的香辣沙拉）

泰国 冬阴功汤（Đômyamgûng，酸辣虾汤）

越南 牛肉米粉（Phobo，牛肉汤米粉）

子是真正的折磨。但更糟糕的莫过于你会成为又一名丧命于不良批次可卡因或雅巴（混合了咖啡因的自制冰毒）之下的游客。

污染和噪声

污染是这一区域主要城市日益严重的问题。曼谷的空气一直以其更适合“咀嚼”而不适合呼吸而闻名。胡志明市和金边也有各自的问题。幸运的老挝目前大部分地区还没有污染。

还记得电影《摇滚万万岁》（*This is Spinal Tap*）吗？电影里对这些城市的原声配乐永远开着最大音量——你听到的不是一种噪声，而是各种各样的噪声，似乎永远停不下来。入夜后，你还可以听到竞相入耳的摩托车、迪斯科、咖啡馆、录像厅、卡拉OK包房和餐馆的声音，嘈杂声在大部分地区消退得相对早一些（晚上11点前后），而在有些地方可能会持续得更晚。不幸的是，从早上5点开始，新一轮的声音又冒出来了，包括但不限于和尚念经、婚礼音乐、葬礼哀乐、公鸡打鸣、狗叫，以及街头摊贩兜售毛鸭蛋和炸蛐蛐等各式物品的叫卖声。

最后，不要忘了戴耳塞。

排队

排队？湄公河地区大多数当地人都不排队，他们以橄榄球争球之势，全部扑在柜台上。入乡随俗吧……这里是先到先得，所以深呼吸，用力挤出一条路，挤到柜台前时尽可能地挥动你的护照或文件。

诈骗

Lonely Planet每年都会收到来自倒霉游客关于自身在湄公河地区被骗的反馈。多数情况下，诈骗其实就是被宰，比如天真的旅客坐车去客运站、去换钱、买纪念品等的时候被要了太多的钱。抢钱行为在边境口岸、热门旅游景点、大巴和火车站和其他任何可能迷惑旅客的地方最普遍。

其他常见的骗局还包括复制钥匙“偷”走你租来的自行车或者摩托车、警察钓鱼执法的毒品交易等方式。对于避免被骗的一些建议：

- 警惕过于热情的当地人。
- 避免超级便宜的全包型交通套餐，这种通常会包含额外的回扣。
- 别接受与友好的陌生人打牌或购物的邀请；这是一场精心安排且昂贵的骗局的前奏。
- 如果有人告诉你，他们靠倒卖宝石赚出了环球旅行的旅费，请不要相信；事实上，他们依靠欺骗没有戒心的外国人养活了自己。
- 要知道第三方会收取回扣；如果有掮客对你说某一家酒店或客栈关门了，别相信——可能是那家客栈没有给他们回扣。

盗窃

在这里，盗窃通常是暗扒而非武力明抢，但暴力抢劫也不是没有发生过，特别是在深夜或受害者抵抗时。夜间独自行走时一定要注意安全，记得不要在出租车上入睡。

飞车贼通常是骑着摩托的二人组，是这片地区的特

珍爱生命，远离雅巴

小心雅巴（Yaba），这种来自泰国的“疯狂”药物在柬埔寨被称为yama，这正是印度教中死神的名字。它就是我们熟知的冰毒。它不是药剂师开出的减肥药，而是缅甸、柬埔寨、老挝、泰国和其他地方的实验室自制的安非他明。这些药片通常掺入了其他有毒物质，比如汞、锂或其他任何制毒人可以找到的元素。雅巴是一种肮脏的毒品，非常容易上瘾，并会引发强烈的幻觉，剥夺睡眠，诱发精神病。一定要远离！

产，特别是在城市里。曾经有过案例，飞车贼把乘客拽下了摩托车，危及受害者的生命。单肩包和智能手机是主要的目标，所以请把包保护好，并把智能手机放在口袋里，尤其是在骑摩托、坐摩的或是单纯忘乎所以地沿着步道漫步的时候。系在衣服里面的腰包能把被人抢完就跑的风险降到最低。

对于小型盗窃无须恐慌，但这种事情太常见了，所以请保持警惕。对于避免被偷有几个基本的建议：

- 别把贵重物品放在大巴的行李舱里。
- 太露富就表明你是个容易被盯上的目标，所以请格外注意。
- 永远对过于友好的当地人留有戒心；盗贼会给游客下药以便下手行窃。
- 深夜结伴出行，尤其是在晚上痛饮狂欢之后，请加倍注意安全。
- 如果你在主要城市里独自走夜路，请保持相对的清醒（如果你醉得东倒西歪了，请打一辆突突车）。
- 永远记得锁上你的自行车或摩托车，并且尽可能把车停在付费停车场。
- 最后，不要让多疑毁了你的行程。只要采取明智的预防措施，大部分旅行者都会一路平安地在这片地区完成旅程。

法律事宜

为避免不知情犯罪，请务必了解所在国家的法律。如果你是犯罪行为的受害者，如有旅游警察，请与他们联系，这些警察通常受过良好的培训，与普通警察相比，更善于应对外国人和外语。

即便是在国外，旅行者也会被按照自己本国的法律根据年龄起诉。

毒品

在所有湄公河地区的国家，使用或贩卖毒品都会被强制处以严厉的处罚，外国人也不例外。

尽管大麻在整个地区唾手可得（它被委婉地与“快乐”这个词联系起来），请牢记大麻在这里是非法的，你如果被抓到持有大麻或非法购买大麻的话会坐牢（或者被强制索取一大笔贿赂）。街上有特别热心的毒贩或司机向你兜售大麻时请格外小心。

持有鸦片、海洛因、安非他命、摇头丸和致幻蘑菇这些更为硬性的毒品，受到的惩罚也更严厉，而私带毒品过境最高可判死刑。

残障旅行者

患有严重残疾的旅行者很有可能会发现在这里旅行颇具挑战。以下几点皆为不便之处：

- 混乱的交通。
- 小酒店里没有直梯。
- 路肩较高，人行道不平整，且经常被停放的摩托车以及餐饮摊位阻碍。
- 几乎没有照顾残障人士的公共设施，即使在大城市和主要旅游中心也是如此。

好的一面是，在这里几乎所有人都非常愿意帮助外国人，如果你需要有人经常陪在身边，当地的劳动力价格较低。大部分客栈和小旅馆都有一层客房，比较方便进出。

乘坐大巴和火车旅行比较困难，但是可以租一辆带司机的私家车，几乎可以访问任何地方。

很多国际组织可以为行

虐待儿童

在湄公河地区的部分区域，外国恋童癖者对儿童的性虐待已经成了严峻的社会问题。很多儿童被亲戚贩卖后成为雏妓，这些性奴隶有的被贩卖到海外，有的被迫迎合国内或当地性旅游运营商的需求。据联合国儿童基金会估计，亚洲有近100万雏妓，是全世界数量最多的地区之一。

旅行者也可以通过留意外国人的可疑行为，为打击这一行为做出一点贡献。不要无视。试着把当事人的名字等有价值的信息传递给其祖国的大使馆或当地警察。

Childsafe International（www.childsafe-international.org）最初成立于柬埔寨，现已覆盖老挝和泰国，其目标是教育企业和个人关注那些处于弱势地位的孩子。

End Child Prostitution & Trafficking（www.ecpat.net）一个旨在阻止儿童卖淫、儿童色情及以性为目的贩卖儿童的全球网络，在大多数西方国家设立了分支机构。

动不便者提供旅游信息:

AccessibleJourneys(www.disabilitytravel.com)

Disability Rights UK(www.disabilityrightsuk.org)位于英国的伞式志愿者组织,为残疾人士提供帮助。

MobilityInternational USA(www.miusa.org)为残障旅行者提供关于行动问题的建议,并经营有一个教育交换项目。

Society for Accessible Travel & Hospitality(www.sath.org)

从http://lptravel.to/AccessibleTravel免费下载Lonely Planet的*AccessibleTravel*指南。Lonely Planet的荆棘树论坛(www.lonelyplanet.com/thorntree)残障旅行者(Travellers With Disabilities)版块也有不错的信息。

同性恋旅行者

泰国、柬埔寨和老挝对同性恋的态度最为开放。虽然同性友人互相表达好感在这一地区不算罕见,但你还是应该尽量小心谨慎,尊重当地文化。由于游客中经常有同性旅伴一同入住房间,整个地区在这方面都不会有什么问题。

网络资源

访问**UtopiaAsianGay & LesbianResources**(www.utopia-asia.com)了解更多同性恋旅行者在亚洲旅游的相关信息。其他对同性恋旅行者有所帮助的网站还有www.gayguide.net和www.asiaout.com。

女性旅行者

总的来说,女性旅行者在湄公河地区比较安全,但也需要牢记一些事情。

毫无疑问,单独行动的女性很容易成为扒手的偷窃目标。在金边或者治安更糟糕的地区,无数女性旅行者都是抢包类案件的受害者。女性在深夜回到酒店或者晚上到达新的目的地时应该提高警惕。

尽管身体伤害十分罕见,但是当地男性通常认为对外国女性的行为不受自身社会对待异性行为准则的限制。特别是一个人独行或是深夜冒险进入危险区域时需要提高警惕。如果你发现自己身处险境,尽快离开,如迅速乘坐出租车,或者最佳方案就是进入商业区请求附近的人帮忙叫出租车。

礼仪

各国都有自己的规则和禁忌,而以下建议基本适用于整个湄公河地区:

- **争吵** 不要发脾气,这会很丢脸。相反,请在产生矛盾时保持微笑。
- **筷子** 不要把筷子竖着插在饭碗里——这样它们会看起来像给死人烧的香。
- **脚** 避免用脚指着人或神圣的物品(比如佛像);如果你控制不住自己的脚,就像美人鱼一样把脚别到身子后边去。
- **食物** 不要拒绝主人给你盛到碗里的食物。
- **头部** 头部被认为很神圣:不要触碰任何人的头部。
- **和尚** 他们不能触碰女人也不能被女人触碰。
- **裸体日光浴** 被认为是非常不妥当的行为。
- **鞋** 进入寺庙或别人家里之前先脱鞋。
- **寺庙** 不要露出太多皮肤;进去之前先摘掉帽子或头饰。

负责任的旅行

湄公河地区的许多地方极为贫困,所以请考虑一下你如何能给所去的国家一些回馈。待久一点,走得远一点,并且自主旅行,或者选择该地区有扶贫导向且环保的当地旅行社。在当地餐厅用餐;尝试基于社区的旅游活动或家庭寄宿(见560页);雇用当地导游。逗留时间较短的话,考虑一下把钱花在市场、餐厅与店铺等能够帮助当地弱势群体的地方。

邂逅大象

大象在湄公河地区扮演的角色非常重要,其中包括建造吴哥窟和在泰国古代上场参战。最近则是被用来采伐柚木或是在山地运货,但由于森林已经被砍伐干净,公路也已建成,驯化的大象和驯象人已经没有这种工作机会了。

不可避免地,这些大象被旅游产业重新利用起来,它们在其中的工作各异，有马戏团式的表演也有让游客骑大象的大象营，还有“驯象师培训”学校。不过，动物保护专家说骑象和表演会伤害这些性情温和的大家伙，它们常常超负荷工作或受到虐待以强制表演，沉重的座椅和乘客也会伤害它们的背部。近年来对骑象的抵制越来越强烈，也出现了几家庇护所，推广更为合理的互动，比如和退休及被解救的大象一起散步，或者为它们洗澡。

然而，即便是这些庇护所也并非无可指摘，泰国就有庇护所不慎（或者可能知情）用伪造的注册文件购买野生大象的先例。有良心的大象营很清楚这种行为并且会用各种方法避免欺诈，但保险起见，你或许应该考虑一家不参与大象贸易的庇护所。与此同时，随着对骑象的抵制更加强烈，越来越多的大象退休去了庇护所，驯象师也担心失去收入。

这片地区有更积极的方式与大象互动，其中不包括骑象：比如老挝令人印象深刻的大象保护中心（Elephant Conservation Center, ECC; ☎020-23025210; www.elephantconservationcenter.com; 1日拜访 60美元，3日体验 205美元，6日环保体验 495美元），以及柬埔寨的象谷项目(Elephant Valley Project, EVP; ☎099 696041; www.elephantvalleyproject.org; ⊙周一至周五)。

更多信息登录www.earsasia.org。

环境问题

有许多环境问题是一般游客控制不了的，但来湄公河地区的旅行者可以通过以下几点减少个人对自然环境和当地基础设施的影响：

- 像当地人一样生活：选择电扇房而不是空调房；用冷水淋浴而不是热水。
- 使用可降解的肥皂以减少水污染。
- 吃取材于当地的食物而不是进口产品。
- 选择不用电的出行方式（步行游览优于面包车游览，自行车优于摩托车，皮划艇优于水上摩托）。
- 即便当地人乱扔垃圾和烟头，你也不要这样做。
- 不要吃喝用濒危动植物制作的食品。
- 避免使用塑料瓶：选择可以重复使用的水瓶和经过处理的水。
- 用你的光顾来推动可持续旅游、负责任的旅游和生态旅游。

孤儿院旅游业

近年来，访问孤儿院这一活动十分流行，但从长远来看，这对于儿童和所在国是好的吗？孤儿院旅游业的发展令人不安，会为儿童福利领域带来一些不道德的元素。有些孤儿院是基于商业模式建立起来的，还有一些地方，那里的“孤儿”压根儿就不是孤儿，他们拥有家长，或是从当地学校“租”来的。

这片地区有许多孤儿院在艰难的处境里做得很好。其中有些是世界级的，背后有富有的赞助人资助和支持，并不需要访客；另一些则绝望地需要一切可能获得的帮助。不过，如果一个地方在推广访问孤儿院，那么请一定谨慎对待，因为成年人可能并不永远在意孩子最切身的利益。

国际友好组织（Friends International）和联合国儿童基金会（UNICEF）联手发起了“访问前请三思”（Think Before Visiting）活动；在犯下无心之过前请登录网站www.thinkchildsafe.org/thinkbeforevisiting了解更多信息。对于那些考虑在这片地区的孤儿院做志愿者的人，这里有一些小建议：

- 儿童福利专家建议涉及儿童的志愿工作最短也要满3个月——陌生人短期地进进出出对儿童的情绪健康和发展有害。值得注意的是有些组织，比如国际友好组织和联合国儿童基金会，建议旅行者永远不要在孤儿院做志愿者。
- 如果你要做志愿者的话，请认真考虑你有什么能够真正对儿童产生重大影响的技能——比如，和当地员工一起教授他们英语就很可能会产生更持久的影响。
- 无论在任何情况下，都不要把访问孤儿院作为简短游览的一部分活动进行，也不要去任何积极招徕游客的地方。
- 如果没有查清钱会流向哪里，不要捐赠大笔的安置费。
- 不要去任何一家你没有全面调查过的孤儿院做志愿者——那里规范吗？他们要求对志愿者进行背景调查吗？

参考网站

想要既负责任又令人难忘的旅行，可以试试从以下网

你想按摩吗？

卡拉OK俱乐部和按摩院在整个湄公河地区都很常见。说到这两个地方，人们就会想起能够放松僵硬身体的健康按摩。但是很多时候，这两种说法都是卖淫的委婉用语。确实可能也会唱唱歌、捏捏肩膀，但其实只是抛砖引玉地带出其他活动。大城市中有合法的卡拉OK俱乐部及按摩服务，但根据经验，如果这个地方看起来肮脏庸俗，那它十有八九就是肮脏庸俗之地。

站寻找建议：

Ecotourism Laos（www.ecotourismlaos.com）有关老挝保护区、原住民群体以及濒危物种的详尽信息，还有一个对于在湄公河地区旅行非常实用的守则（Dos and Don' ts）版块。

国际友好组织（www.friends-international.org）支持东南亚的边缘儿童及其家庭，并且运营全球性的儿童安全网络（ChildSafe Network；www.childsafe-international.org），鼓励旅行者对儿童负责任地行事。

Mekong Responsible Tourism（www.mekongresponsibletourism.org）在湄公河地区经营多个负责任的旅行社和团队游，并且提供具有文化敏感且惠及当地社群与环境的建议。

志愿者服务

"义工旅行"在湄公河地区是个繁荣发展的产业，旅游公司从新的营销角度借用了这一理念。为了避免你大笔的安置费流进第三方中介的口袋，提前调查如今提供志愿者工作的成百上千家组织并找到一家支持你技能的合适机构。

Lonely Planet不认可任何一家与我们没有直接合作关系的组织，所以在同意为任何组织提供志愿工作/捐款之前自己做好全面的调查十分重要。www.volunteerabroad.com这种志工信息整合平台就是一个不错的开始，但你还是要对在类似网站上找来的组织做好功课。仔细调查任何跟儿童（尤其是孤儿；见565页）有关的组织，因为儿童保护是一个严肃的问题；对于不对志愿者进行背景调查的组织应该极为谨慎。

一种提供志愿者服务的途经是通过自己国家的专业组织申请被派遣到这片地区1年或2年，比如英国的Voluntary Service Overseas、美国的US Peace Corps、加拿大的VSO Canada、澳大利亚的Australian Volunteers International，以及新西兰的Volunteer Service Abroad。联合国也运营有自己的志愿者项目。详情见www.unv.org。

工作

主要的工作机会是教英语、从事旅游业以及做小生意，比如开餐厅和酒吧。

旅游业 这类岗位大部分都很自然地选择当地人，但也有一些机会，比如客栈或酒店经理、调酒师或厨师等。在一个截然不同的文化中以这样的方式度过几个月将是非常难忘的体验。

小企业创业 这里有很多成功的故事，有人本来是来这里度假，最后却建起了整个商业帝国。但尽管如此，如果选择走这条路，一定要谨慎：许多外国人在这里都失败而归。有的是因为不道德的合作伙伴，有的是因为当地女朋友或者男朋友改变心意独自离开。有时是业主自己丧失了兴趣，沉迷于酒精或者毒品。做好对当地法律法规的调研，并在出现争端时诉诸法律。

Transitions Abroad（www.transitionsabroad.com）网站和其同名杂志囊括了海外生活的方方面面，包括如何在不同领域找到工作。该网站还提供了其他与海外生活相关的网站链接和出版物名称。

交通指南

到达和离开

进入湄公河地区

大部分的游客都坐飞机过来，但也有从中国、缅甸，以及马来西亚进来的陆地路线。没有海上公共路线能进入湄公河地区。

航班、汽车和团队游都可以从lonelyplanet.com/bookings预订。

飞机

- 主要的航空入境地点是曼谷、金边、暹粒、万象、河内及胡志明市。
- 进出湄公河地区的廉价航班的主要门户是曼谷、吉隆坡和新加坡。
- 进入湄公河地区其他广受欢迎的出发点还有广州、香港、马尼拉、首尔、台北和东京。
- 曼谷是购买湄公河区域机票的首选。
- 需要注意的是，旅游网站和航班网站上没有囊括某些比较受欢迎的廉价航班，所以可以单独去航空公司网站上查询。

机场和航空公司

国际机场

素万那普机场（www.suvarnabhumiairport.com），曼谷

内排国际机场（www.hanoiairportonline.com），河内

新山一国际机场（www.hochiminhcityairport.com），胡志明市

金边国际机场（www.cambodia-airports.aero），金边

暹粒国际机场（www.rep.aero），暹粒

瓦岱国际机场（www.vientianeairport.com），万象

国家航空公司

柬埔寨吴哥航空（www.cambodiaangkorair.com）

老挝航空公司（www.laoairlines.com）

泰国国际航空（www.thaiairways.com）

越南航空（www.vietnamairlines.com.vn）

海路

从海上进入泰国、越南或柬埔寨的话，可以搭乘来往世界各地的货轮。贵得离谱又浪漫得令人绝望，一场货轮之旅是你动笔书写那永远不会自己

气候变化与环保旅行

石油燃料燃烧产生二氧化碳，不仅是大多数交通方式所依赖的动力来源，同样也是导致气候变化的主要人为因素。现代旅行方式中，乘坐飞机最为快捷，其产生的每公里人均燃料消耗量却小于大多数汽车。飞机排放废气（包含二氧化碳）及颗粒对气候的影响同样取决于其飞行的高度。许多网站上提供了“碳排放计算器”，用户可以通过它计算旅程中所产生的碳排放量。如果你有意愿采取行动，通过亲身参与环保项目弥补由自己对气候带来的不利影响，这些网站上同样提供了遍布全球各地的许多机会。Lonely Planet已经参与其中，以抵消由员工及作者在全球旅行所带来的碳排放。

写出来的小说的完美机会。有的货轮有空间容纳几名船员以外的人，客人住在自己的房间，但与船员一同用餐。不同出发地的价格各异，但费用约为每天150美元起，外加附加费用。

当地交通

飞机

湄公河地区航空公司

湄公河地区的航空业发展程度参差不齐。一些泰国本地、从泰国出发或者前往泰国的航线非常便宜，只提供基本服务的区域航空公司如亚洲航空和飞鸟航空机票折扣力度很大。但是其他许多航线因为只有一家航空公司执飞，票价则较高。

网上订购航班非常容易，尤其是廉价航班，也可以通过众多旅行社中的一家预订。

航空套票

东南亚各国国航经常推出国际城市及区域内航班促销活动。

曼谷航空公司与老挝航空公司共同推出了探索套票（DiscoveryPass），其中还包括88美元的泰国和老挝境内航空优惠券，以及每段飞行120美元起（长途飞行200美元）的国际航班优惠券。

自行车

骑自行车游览东南亚变得越来越受欢迎。

柬埔寨和老挝 路况给两轮车带来不少挑战，但这里车流量不大，尤其是在老挝。在这里骑自行车比在其他地方更加惬意。

泰国 很多长途自行车骑行的大本营，从这里深入中南半岛开始颇具挑战的冒险。

越南 远离国道Hwy 1A公路后，车流量逐渐减小，长途车可以装载自行车，整条沿海线路都可以骑行，旅行者还可以选择性地尝试山地骑行。

零部件和服务 曼谷和金边可以买到符合国际标准的自行车和零部件，不过大部分骑行爱好者都会自备。

自行车运输 自行车可以空运，请询问额外费用和装运规则。

船

随着这一地区路况的改善，船只已经没有从前那么重要了。但是船只仍然非常受欢迎，在一些特别偏远的地区也仍然是必备的交通工具。

柬埔寨 从暹粒到马德望的游船一路风景如画，从暹粒乘船也可以到达金边。搭乘班次频繁的公共快船前往主要的南方岛屿龙岛和龙桑洛恩岛如今只要不到1个小时。

自柬埔寨至越南 各式各样的快船、慢船及豪华游轮往来于金边、暹粒及越南朱笃之间的湄公河上。不返回胡志明市也可以探索湄公河三角洲。

泰国 长尾船（reu·a hǎhng yow）在曼谷、周边省份和岛屿之间是主要的河流与运河交通工具。游客更多的岛屿使用的是更大更快的渡轮。

老挝 悠闲的Luang Say号游船连接了会晒（Huay Xai）和琅勃拉邦（Luang Prabang），并会在北宾（Pak Beng）停留一晚。对预算有限的旅行者来说，这里有很多这样的公共船只，而且河流公共交通在老挝各地都相当常见。

游轮

湄公河上的豪华游轮在老挝以及柬埔寨和越南之间非常受欢迎。另一处乘坐游轮的好地方是下龙湾。下列公司专门从事高端游船业务：

Compagnie FluvialeduMekong（www.cfmekong.com）

Heritage Line（www.heritage-line.com）

Indochina Sails（☎04-3984 2362；www.indochinasails.com；过夜游双人隔间478美元起）

Pandaw Cruises（www.pandaw.com）

街头求生

无论漫步在湄公河地区的哪个地方，你终究逃不过要横穿那些繁忙的街道。如果你不想和挡风玻璃上的虫子落得一个下场，那就仔细了解几条行人生存法则吧。

外国人经常错误地认为，在湄公河地区穿过繁忙的马路一定要快跑。但如果你这样做，一定是一路尖叫。大部分本地人都会慢慢地过马路，非常之缓慢，以便摩托车司机有时间判断行人的位置，然后选择从他们的身前或者身后穿过。但司机们不会停下也不会减速，他们只是尽量避免撞到你。不要突然停下就好。

长途汽车

随着整个地区道路情况的改善，乘坐长途汽车成了绝佳的旅行方式。大部分陆路边境口岸都可以乘坐长途汽车通关，有时在两国边境只需停靠完成边检手续，有时需要在边境附近的小镇换乘其他车辆。

- 目前泰国的长途车最舒适。
- 柬埔寨和越南的长途汽车交通网络比较完善，连接着主要城市，只有少数偏远地区没有覆盖到。
- 在老挝，繁忙地区的线路车况较好，但是其他地区就很差了。
- 一些长途汽车上确实发生过盗窃，贵重物品请随身携带，不要放在行李包中。

小汽车和摩托车

在泰国、老挝和柬埔寨的部分地区都可以租车进行自驾游。

老挝和柬埔寨为有经验的车手提供最棒的摩托车驾驶体验，而越南北部有最壮观的山路。摩托车仍旧是许多湄公河地区居民的出行工具，所以到处都能找到修理店，而且整片地区到处都可以租到摩托车。

各地区路况不尽相同：

- 泰国有最完善的道路网络，道路平整，路标明确。
- 越南的公路也算像样，但租车自驾完全不可能（可以租到摩托车）。
- 老挝和柬埔寨路况参差不齐，封路也是常态。

摩托车乘客贴士

这个地区大多数人都非常擅长开车和骑摩托车，水平之高以至于他们可以用前保险杠架起全部家当，又或者像乘客一样打个小盹。不习惯骑摩托车的外国人就没有那么轻松了。

- 如果你坐在摩托车后座上，一定要放松。保持平衡，握住身后的把手，不要抱着司机的腰部。
- 大多数时候司机都比乘客矮，所以高个子一定要把腿收回去。
- 穿短裙（或纱笼）的乘客应该侧骑，并收起过长的裙摆，避免其被卷入车轮或传送带中。

驾驶执照

如果你打算驾车，请在出行前到当地汽车协会申请国际驾驶证（International Driving Permit，IDP），IDP价格不高，有效期为1年。

在老挝、柬埔寨或越南租摩托车几乎不需要出示驾照（不过从技术上来讲骑摩托车其实需要有驾照）。租用250cc排量的大型摩托车可能需要驾照，尤其是在泰国。

不过，在这4个国家里租摩托车几乎永远要求留下护照。如果你在老挝或柬埔寨的偏远地区遭遇车祸并需要转移出国（通常是到泰国或越南）接受恰当治疗的话，这会导致一些问题。替代护照的方法是缴纳几百美元或与摩托车等值的押金。

租车

- 租车自驾在泰国很常见，柬埔寨和老挝的一些地方也可以租车。
- 湄公河地区所有国家都可以在租车的同时雇到司机，价格也较为合理。
- 从客栈租摩托车价格更优惠，一般是每天4美元至10美元。
- 越野摩托车（250cc）在这里也比较普遍，如果你知道如何驾驶，骑行更有乐趣。租金大约为每天15美元至50美元。

摩托车安全

租到摩托车上路之前，请先进行以下安全检查：

- 查看轮胎是否有裂痕。
- 检查是否漏油。
- 测试刹车。
- 保证大灯和尾灯正常使用，检查你是否能够打开它们。

强烈建议你选择一个合适的头盔。到达这里后很难买到合适头盔，所以如果你安排了很多两轮车的骑行活动，最好考虑带上你自己的头盔。

还有一些与骑行相关的建议可以帮助你在漫漫长路上保证安全与舒适兼得：

- 如果你的头盔没有遮阳板，可以戴上护目镜、眼镜或太阳镜，以避免虫子和灰尘等杂物飞入眼睛。
- 建议穿戴长裤、长袖衬衫、

合理的价格?

使用当地交通工具时提出的“我的车费合理吗?他们是不是痛宰了我?”是一个非常难以回答的问题。虽然没有简单的答案,但有些简单的指南帮助你拨开迷雾。

船 轮渡或者水翼船一般都是固定票价,但本地小船或旅游船就不是了。

大巴和双条车 一般都是固定票价,不过对游客收费过高的情况也时有发生。从旅行社或者客栈购票一般都有佣金——5%到100%都有可能,所以请警惕黑心旅行社。

人力三轮车、摩托车的士和突突车 大部分收费都不固定。在这里,凡是本土交通工具,基本上价格就是一个参考,行程的实际价格取决于司机的意愿和你讨价还价的技巧。最好在出发之前和司机商量好价格。

手套和鞋子,既可以防止晒伤,也能够在摔倒时保护皮肤。

- 准备好雨天装备,特别是在雨季。

保险

强烈建议在租用摩托车时购买保险。有信誉的摩托车租车店都会提供保险。

如果没有保险,你需要对摩托车发生的一切情况负责。要对自己的责任有绝对清楚的认识,要求对方对同类车辆的更换成本提供书面评估。

为租用车辆购买保险也很有必要。一定要向汽车租赁代理询问责任和损害保险范围。

道路规定

基本上这里没有太多道路规定,有人会说这里完全不存在交规。泰国是右舵驾驶(和英国一样),而其他3个国家是左舵驾驶。一定要小心驾驶,在这一区域,每年丧命在道路上的人口数字高到令人难以置信,重要节日到来时更是如此。如果你多加注意一下规定,便不会步他们的后尘:

- 大小有别,在任何情况下,大车都占尽优势,也占尽了道路。
- 道路中间按惯例可被当作第三条车道,即便对面有迎面驶来的车辆。
- 喇叭的作用是通知其他车辆你要超车了。
- 要特别小心路上的孩子,他们经常在流量最大的高速路两侧玩耍。
- 如果发现道路附近有牲畜一定要减速,驾驶摩托车撞上一头牛只会两败俱伤。

搭便车

搭便车在任何一个国家都不完全安全,我们不建议这种行为。搭便车的旅行者应该知道,这种行为会带来潜在的严重风险,尽管可能性很小。

如果要搭便车,结伴而行并告知他人自己的行踪,会更加安全。

当地人也会向私家车或者公共车辆招手搭车,但通常要支付部分费用。

当地交通工具

在湄公河地区,凡是带发动机的都可以予以改装用来载客。

突突车(Tuk-tuk)在泰国和柬埔寨,突突车是最受游客青睐的交通方式,老挝也流行了起来。突突车(泰语是đúkđúk)是一种高效能的三轮车。柬埔寨的机动三轮车会在摩托车后面挂上一个舒适的小拖车,它们被称作remork-moto(或remork)。

摩托车的士 在柬埔寨、泰国和越南无处不在,在老挝却比较罕见。在老挝,日益受到人们推崇的交通工具是机动săhm lór,有时它们是三个轮子的机动车,有时是带有挎斗的摩托车。

双条车 这种载客卡车在老挝和泰国的某些省份,是公共交通的主要形式,这些车辆是安装了座椅的平板卡车或者皮卡。它们一般都有固定往返路线,但可供私人租用。

出租车 打表出租车在泰国和越南的城市中十分常见,招手拦车也很方便。出租车计费非常便宜(短途车程约US$2),但在越南要小心那些修改里程表的出租车。老挝和柬埔寨的出租车一般都不打表,而且必须打电话叫车或通过酒店订车。

三轮车 老式的人力三轮车在柬埔寨和越南仍然存在,在这里被称为“cyclo”。老挝的三轮车叫作“săhm lór”,基本都是三轮摩托。

公共汽车 曼谷、河内与胡志明市有高效的公交网络,金边有一套新的公交系统但游客很少使用。

地铁 泰国拥有世界最先进的轻轨和地铁系统，乘坐地铁穿越城市，仿佛是一场时间旅行。

动物 在极其偏远的地区，牲畜负重仍然在当地交通中占有很大比重。雨季时，可以坐着牛车穿过柬埔寨和老挝偏僻的地区。

火车

柬埔寨 铁路系统正在重建中，金边经贡布至西哈努克市路段不提供客运服务。

老挝 除了走友谊大桥到泰国廊开的一小段以外就完全没有铁路了。不过，有计划主张把这条铁路线延长到万象中心并最终与中国资助的途经琅勃拉邦连接昆明与万象的铁路线（这条线目前正在建设中）连接。

泰国和越南 两国都拥有高效的铁路网络，还提供舒适的空调卧铺。

跨境列车 湄公河各国之间是没有跨境列车的。泰国铁路服务一直延伸到其边境小镇廊开（过境可至老挝）、亚兰（过境可至柬埔寨），以及乌汶（过境可至老挝）。

健康指南

旅行者经常会担心在热带地区患上传染性疾病，但感染很少导致游客重病或死亡。已有疾病，如心脏疾病和意外伤害（尤其是交通事故），才是导致大多数威胁生命的情况的原因。生病确实是比较常见的情况。这里给出的建议只是普遍性指南，不能代替专业旅行医师的意见。

出发前

- 使用原包装药品，保证标注明确清晰。
- 最好携带一封你的医生写的说明信件，描述你的医疗情况和包括药物名称在内的用药情况。
- 如果携带注射器和针头，确保带上医生说明信，说明其医疗需求。
- 定期服用药品应携带双份（分开装），以防被窃或丢失。
- 在湄公河地区的大多数国家，你可以买到很多非处方药，但有些较新的药物很难找到。

保险

即便你身体强壮健康，也不要在没有医疗保险的情况下出游。这边的医院通常条件简单，特别是在偏远地区。严重受伤或生病的人可能需要紧急转移到曼谷或香港。如果有保险公司的话，每天的费用应该不超过几瓶啤酒的价钱，转移是免费的——没有保险的话，会花费你10,000美元或更多。

在选择保险公司时，要记住：

- 确认保险覆盖了救护车和搭乘紧急航班回家的费用。
- 事先声明任何已有的医疗情况。保险公司会做调查，如果有些问题是已有疾病，但你没有声明，保险公司不予赔付。
- 攀岩等“危险活动”需要额外保险。
- 如果你的医疗保险中不包括国外的医疗费用，考虑购买额外保险。
- 提前了解保险方案，是直接支付医疗费用还是回国后再进行海外医疗费用报销。
- 即使你有直接支付的保险计划，湄公河地区的部分医院还是需要直接付现金；例外的地方包括曼谷一些大医院，以及金边、胡志明市和其他大城市的国际SOS诊所。

疫苗接种

如果出发前打算接种疫苗，请考虑如下因素：

- 专业的旅行医学诊所是最好的信息来源，他们储存了所有可以接种的疫苗，并可以为不同的区域做不同的推荐。
- 医生需要了解一些信息，包括疫苗接种历史、旅行时间、活动以及已有医疗情况。
- 大部分疫苗在注射两周后才会产生抗体。
- 索要国际接种预防证书（即小黄本），里面会列出所有接种过的疫苗。

推荐接种的疫苗

世界卫生组织（World Health Organization, WHO）向前往湄公河地区的旅行者推荐下列疫苗：

成人白喉和破伤风 如果你10年前没有注射过，建议你打一针。

甲型肝炎 提供长达一年几乎100%的保护，12个月后再打一针，提供至少20年的保护。

乙型肝炎 目前建议所有的旅行者接种乙型肝炎疫苗，6个月注射3次。也有可以快速完成的接种计划。95%的注射者能获得甲型及乙型肝炎的终身免疫保护。

麻疹、腮腺炎和风疹（MMR）除非你曾患过上述疾病，MMR至少需要两剂。很多年轻人都需要注射该疫苗。

脊髓灰质炎 成人只需要注射一次就可以提供终身保护。

伤寒 除非你的行程不到一周且只在发达城市停留，否则我们建议你接种伤寒疫苗。一针疫苗提供2~3年70%的保护。

要求接种的疫苗

国际法规唯一要求接种的疫苗是黄热病。只有在进入湄公河地区前的6天内曾访问过黄热病区的旅行者，才会要求出示疫苗接种证明；如果你从非洲或南美洲出发前往湄公河地区，请确认是否需要提供疫苗接种证明。只有从黄热病地区直飞主要区域门户，如曼谷时，才会面临这样的问题。

常备药品清单

建议在个人药品包中携带：

- 抗菌药膏，如莫匹罗星（Muciprocin）。
- 应对腹泻的抗生素，如诺氟沙星或环丙沙星；针对细菌性腹泻的阿奇霉素；针对贾第虫病或阿米巴痢疾的替硝唑。
- 抗真菌药膏，如克霉唑。
- 抗组胺剂——有很多选择，比如白天可以使用西替利嗪，夜间可以用异丙嗪。
- 抗炎药，如布洛芬。
- 防腐剂，如聚维酮碘。
- 治疗胃痉挛的解痉药，如丁溴东莨菪碱。
- 避孕药。
- 缓解充血药，如盐酸伪麻黄碱。
- 避蚊胺（DEET）为主要成分的驱蚊剂。
- 治疗腹泻——口服补液盐（如Gastrolyte）、止泻药（如洛哌丁胺）和止吐药（如丙氯拉嗪）。
- 急救物品，如剪刀、胶布、绷带、纱布、体温计（非水银）、无菌针头和注射器、安全别针和镊子。
- 治疗消化不良的药物，如Quickeze或胃能达。
- 扑热息痛。
- 氯菊酯，用来浸渍衣服和蚊帐。
- 类固醇药膏，用来应对过敏或发痒的皮疹，如1%~2%的氢化可的松。
- 防晒霜和帽子。
- 润喉糖。
- 治疗鹅口疮（阴道酵母菌感染）的药物，如克霉唑栓或氟康唑片剂。
- 如果你容易发生泌尿系感染，携带Ural或类似药物。

网站

- **美国疾病控制和预防中心**（www.cdc.gov）一般性信息的可靠来源。
- **Lonely Planet**（www.lonelyplanet.com）提供高质量的信息。
- **MD Travel Health**（www.mdtravelhealth.com）为每一个国家都提供了完整的旅游健康建议，每日更新。
- **世界卫生组织**（www.who.int/ith）出版了一本极其有用的书籍，名为《国际旅行健康》（*International Travel & Health*），该书每年修订，可以在网上免费阅读。

延伸阅读

Lonely Planet出版的《健康旅行——亚洲及印度》（*Healthy Travel–Asia & India*）是一本充满有用信息的袖珍书籍，其中包括了行前计划、急救常识、免疫接种、疾病信息，以及如果你在路上生病应该怎么做。其他推荐阅读还包括理查德·达乌德博士（Richard Dawood）所著的《旅行者健康》（*Traveller's Health*）及德博拉·米尔斯博士（Deborah Mills）撰写的《健康出行》（*Travelling Well*；请点击www.travelling well.com.au查看）。

在越南、柬埔寨、老挝和泰国北部

医疗服务及费用

如果你认为自己身患重病，尤其是疟疾，不要浪费时间，赶快去最近的好医院接受治疗。曼谷是广受欢迎的医疗旅游目的地，几家世界级的医院提供无微不至的关怀。在湄公河地区的其他首都，最好选择那些专为旅行者和外籍人士开设的诊所。这些诊所比本地医院收费要高，但有很多优势：

- （通常情况下）提供高标准的护理。
- 如果你需要医疗转移，他们

会联系保险公司。

➡ 熟悉本地体系，知道最安全的本地医院和最好的专家医生。

传染性疾病

皮肤幼虫移行症

风险 所有国家，但泰国的海滩最常见。

病因 犬钩虫。

症状 强烈的皮肤瘙痒，开始是一个小疙瘩，然后慢慢以线性方向扩散。

治疗 药物治疗，不应被切除或冷冻治疗。

登革热

风险 所有国家，城市中最常见。

病因 蚊子传播（昼夜）。

症状 高烧、剧烈头痛和全身酸痛（登革热曾经被称作断骨热），有时会出现皮疹和腹泻。

治疗 无特效治疗方法，只能休息并使用扑热息痛；不要服用阿司匹林，因为它会增加出血的可能性。谨遵医生诊断和监控。

预防 采取防虫措施（白天及夜晚）。

甲型肝炎

风险 所有国家都很常见。

病因 食物传播和水传播病毒。

症状 感染肝脏，引起黄疸（皮肤和眼睛发黄）、恶心及嗜睡。

治疗 无特效治疗方法，肝脏炎症治愈需要时间。

预防 所有前往湄公河地区的游客都应接种甲肝疫苗。

乙型肝炎

风险 所有国家都有风险。在湄公河地区的某些地方，20%的人口携带乙肝病毒，大多数人没有意识到这一点。

病因 体液传播，包括性接触。

长期后果 可能导致肝癌和肝硬化等疾病。

预防 疫苗（也是唯一可以通过疫苗接种来预防的性传播疾病）。

戊型肝炎

风险 所有国家，但远远没有甲型肝炎常见。

病因 被污染的食物和水。

症状 和甲型肝炎症状相似。

后果 孕妇后果严重，可能导致母婴死亡。

预防 目前尚无疫苗，遵循安全饮食指南。

人类免疫缺陷病毒（HIV）

风险 在所有国家中，越南是这个区域问题最严重、HIV患病人口增长最迅速的国家。

病因 异性性行为是这个地区HIV传播的主要方式。

后果 已经成为泰国50岁以下人口的最主要死亡原因之一。

疟疾

风险 所有国家，主要是在农村地区。

病因 蚊子传播的寄生虫。

症状 发烧、头痛、腹泻、咳嗽及经常畏寒，只有采集血样才能最终诊断。

治疗 各种口服药品或静脉注射剂。

预防 采取双管齐下的预防策略：防止蚊虫叮咬及抗疟疾药物。

狂犬病

风险 大多数地区都比较常见。

病因 被受感染的动物咬或舔，大多数情况下是狗或猴子。

治疗 如果你被动物咬伤，先轻轻地用肥皂和水清洗伤口，使用碘基防腐剂后应立即就医，并开始接触后的治疗。如果之前没有接种过疫苗，尽快接种狂犬病免疫球蛋白。

预防 旅行前接种疫苗会简化接触后治疗。

血吸虫病

风险 所有国家。

病因 在游泳或者接触水后，微小的寄生虫进入皮肤。

症状 通常游客只会有轻微感染甚至没有症状。如果担心，可以在接触后的3个月进行测试。在极少数情况下，游客可能会有"片山热"。这种情况出现在接触几周后，此时寄生虫穿过肺部并引起过敏反应，症状是咳嗽和发烧。

治疗 药物治疗。

性传播疾病

性传播疾病（Sexually Transmitted Diseases，STD）在湄公河地区最常见的是疱疹、尖锐湿疣、梅毒、淋病和衣原体。携带这些疾病的人群通常不具感染的迹象。避孕套可以预防淋病和衣原体，但不能预防湿疣和疱疹。如果在性接触之后你发现了皮疹、肿块、分泌物，或是小便疼痛，请立即就医。如果你在旅途中有频繁性行为，回家后请做性病检查。

类圆线虫病

风险 柬埔寨、老挝和泰国比较常见。

病因 皮肤接触有寄生虫的土壤。

评估疟疾的风险

疟疾是一种高危致命性疾病，很多关于疟疾的信息都是不实的。游客一定要在旅行之前询问专家本次行程的目的地是否安全。湄公河流域的许多地区，特别是城市和度假区，感染疟疾的风险较小。而预防疟疾药品的副作用带来的风险可能超过实际患上疟疾的风险。然而，在大部分农村地区，感染疟疾的风险远远大于预防性药物带来的副作用。谨记，疟疾会致命。因此，在旅行前，向专业的医疗人员咨询个人应服的药物及其剂量。

有两种策略可以预防疟疾：避免蚊虫叮咬，并使用抗疟疾药物。

防蚊

游客应采取以下步骤：

- 在暴露在外的皮肤上涂抹避蚊胺（DEET）为主要成分的驱蚊剂。如果你夜晚睡在蚊帐里的话，可以把皮肤上的防蚊剂洗掉。香茅等天然驱虫剂也很有效，但涂抹的次数需比DEET性的驱蚊剂更加频繁。
- 睡在用苄氯菊酯浸渍过的帐篷中。
- 如果没有空调，选择有纱窗和风扇的住处。
- 在高危地区穿着经过苄氯菊酯浸渍过的服装。
- 穿长袖衣服和浅色长裤。
- 使用蚊香。
- 在傍晚就餐前，离开房间时需要喷洒驱蚊剂。

抗疟疾药

大多数感染疟疾的人未能服用足够的或完全不服用抗疟疾药物，事实上，有多种抗疟疾药供旅游时选择。

青蒿琥酯衍生物（Derivatives of Artesunate） 不适合作为预防性用药，需遵医嘱服用此药物。

氯喹（Chloroquine）和白乐君（Paludrine）的搭配 在湄公河大部分地区药效一般，常见的副作用包括恶心（40%的概率）和口腔溃疡，一般不推荐使用。

盐酸强力霉素（Doxycycline，又名多西环素） 广谱抗生素，可以每天摄入，有助于预防多种热带疾病，包括钩端螺旋体病、蜱虫传染病、伤寒，以及类鼻疽。副作用包括光敏感（类似于晒伤）、消化不良、胃灼热和恶心，女性会得鹅口疮，以及干扰避孕药药效。更为严重的副作用有食道溃疡。在服药时吃点儿食物以及喝一杯水可以有效防止以上副作用，服药后1小时内不要上床休息。在离开易感染地区之后的4周内仍需要连续服用该药物。

甲氟喹（Lariam，又名美尔奎宁） 每周服用，适用于多种人群。对该药物有一些负面评价，其中一些已经得到了证实，其他还有待考证。严重的副作用包括抑郁和焦虑，不建议患有其他精神障碍或者癫痫的人群服用此药。一般认为在怀孕的第2以及第3妊娠阶段可以服用此药。在离开易感染地区之后的4周内仍需要连续服用该药物。

马拉隆（Malarone） 与阿托伐醌（Atovaquone）和白乐君搭配 其副作用较为罕见，反应较温和，一般来说伴有恶心和头痛。推荐潜水员和到高危地区的游客服用的最佳药物。在离开易感染地区之后的一周内仍需要连续服用该药物。

最后一个选择是不服用任何预防性抗疟疾药，但是随身携带足够数量的紧急治疗药物，以防旅游感染疟疾。该方案并不理想，游客应该在发烧症状发生的24小时内被送到医疗设施良好的医院。紧急治疗最有效和最安全的药物是马拉隆（一次4片，每天1次，连续3天）。

水

- 千万不要直接饮用该地区的自来水。
- 瓶装水一般都比较安全，但购买前要检查密封是否完好。
- 将水煮沸是最有效的净水方式。
- 最好的化学净化剂是碘，但孕妇和甲状腺疾病患者应避免使用碘。
- 滤水器也可以滤掉病毒。确保过滤器有化学屏障，如碘，或者滤层小孔直径小于4微米。

症状 一种被称为肛周匍行疹（larvacurrens）的不寻常的皮肤、躯干上出现的线形皮疹，但很快就消失。大多数人都没有症状，直到免疫系统受到严重侵害，此时寄生虫会引起严重的感染。

治疗 药物治疗。

伤寒

风险 所有国家。

病因 食物和水传播。

症状 严重的细菌感染导致高烧和缓慢的发热、头痛，伴有干咳和胃痛。诊断需要验血。

治疗 一个疗程的抗生素。

预防 建议所有在湄公河地区旅行一个星期以上或不在大城市旅行的游客接种疫苗，请注意，这种疫苗不是100%有效，所以你仍然要注意小心饮食。

旅途腹泻

旅行者腹泻是目前影响游客的最常见问题——行程开始两周之内，有30%~50%的游客受到影响。在超过80%的情况下，旅途腹泻是由细菌引起的（也有许多其他潜在原因），因此应及时采取抗生素治疗。治疗将取决于你的自身情况、病况如何、需要多久可以好起来、身处何处等。

旅途腹泻的定义是病人在24小时内排泄水样大便超过3次，并伴有下列症状中的至少一样：发热、痉挛、恶心、呕吐或全身感觉不适。

治疗方式包括充分补水，补液方法中Gastrolyte腹泻粉的效果最佳。抗生素类药品如诺氟沙星、环丙沙星或阿奇霉素都会迅速杀死细菌。

洛哌丁胺只是“止泻药”，并不能解决问题的核心。但它也是有益的，例如在长途大巴车上。如果没有发烧或便血就不要服用洛哌丁胺。如果你对抗生素药品没有反应，请尽快就医。如果在腹泻的同时便血，一定要寻求可靠的医疗服务。

阿米巴痢疾

阿米巴痢疾在游客中非常罕见，但这里条件简陋的实验室经常会误诊。

症状 类似细菌性腹泻，比如发烧、便血、全身感觉不适。

后果 如果不及时治疗，可能会引发并发症，如肝脏或肠道的脓肿。

治疗 替硝唑或甲硝唑可以杀死肠道里的寄生虫，之后再次使用药物来杀死囊肿。

贾第虫病

贾第鞭毛虫是游客中比较常见的寄生虫。

症状 恶心、腹胀、胀气、乏力及间歇性腹泻。

治疗 替硝唑是治疗首选，甲硝唑是第二选择。即便不治疗，这种寄生虫最终也会消失，但是这可能需要几个月的时间。

语言

本章提供了一些基本词汇，帮助你应对在本书中所介绍的国家旅行时可能遇到的语言问题。以英语的读音阅读我们的彩色发音指南，可以方便你的理解。有一些短语既有礼貌形式，也有非正式形式，我们使用“pol”和“inf”分别标注出来。缩写“m”和“f”分别表示阳性和阴性。

高棉语

在发音指南中，元音和其他元音的组合如果之后有“h”，发音比较硬且需要发音送气（发音时轻轻吹气）。

这些符号的读法如下：aa读作“father”中的“a”；a和ah比aa的发音更硬更短促；i的发音同“kit”；uh和“but”中的“u”相同；ii读作“feet”中的“ee”；eu和“oo”相同（嘴唇拉平）；euh同eu（短促有力）；oh读作“hose”中的“o”（短促有力）；ow同“glow”；u读作“flut”中的“u”（短促有力）；uu读成“zoo”中的“oo”；ua读作“tour”中的“ou”；uah同ua（短促有力）；œ同“her”中的“er”（张得更开）；ia读作“beer”中的“ee”（但没有“r”的音）；e同“they”中的发音；ai同“aisle”中的发音；ae同“cat”中的“a”；ay同ai（稍微带些鼻音）；ey同“prey”中的发音；o读作“cow”中的“ow”；av是鼻音的ao（“v”不发音）；euv是鼻音发的eu（“v”不发音）；ohm读作“home”中的“ome”；am读作“glum”中的“um”；ih读作“teeth”中的“ee”（短促有力）；eh读作“date”中的“a”（短促有力）；awh读作“jaw”中的“aw”（短促有力）；aw读作“jaw”中的“aw”。

发音指南中，为了发音方便，我们在一些辅音组合之间用一个撇号来划分不同的辅音。例如“j'rook”应读作“j-r”和“ch'ngain”应该读成“ch-ng”。要注意“go”中的“g”读作k；kh读作“kind”中的“k”；p的发音同“puppy”中最后一个“p”；ph读作“pond”中的“p”；r同“rum”中的读音，但是更长，卷舌音更重；t同“stand”中的“t”；th同“two”中的“t”。

想知道更多？

想要深入了解语言信息以及方便的短语，见Lonely Planet的《东南亚常用语手册》（*Southeast Asia Phrasebook*）。你可以在**shop.lonelyplanet.com**找到，或者在苹果应用商店购买Lonely Planet的常用语手册。

基本会话

你好。	ជម្រាបសួរ	john riab sua
再见。	លាសិនហើយ	lia suhn hao-y
打扰一下。/对不起。	សូមទោស	sohm toh
请。	សូម	sohm
谢谢。	អរគុណ	aw kohn
是。	បាទ/ចាស	baat/jaa (m/f)
不是。	ទេ	te

你叫什么名字？
អ្នកឈ្មោះអី? niak ch'muah ei

数字——高棉语

1	មួយ	muy
2	ពីរ	pii
3	បី	bei
4	បួន	buan
5	ប្រាំ	bram
6	ប្រាំមួយ	brammuy
7	ប្រាំពីរ	brampii
8	ប្រាំបី	brambei
9	ប្រាំបួន	brambuan
10	ដប់	dawp

我叫……
ខ្ញុំឈ្មោះ... kh'nyohm ch'muah...

住宿

我想要 ខ្ញុំសុំបន្ទប់... kh'nyohm sohm
一间 bantohp...
单 សម្រាប់ samruhp
人 មួយនាក់ muy niak
双 សម្រាប់ samruhp
人 ពីរនាក់ pii niak

一天多少钱?
តម្លៃមួយថ្ងៃ damlay muy th'ngay
ប៉ុន្មាន? pohnmaan

餐饮

你们有英文菜单吗?
មានម៉ឺនុយជា mien menui jea
ភាសាអង់គ្លេសទេ? Piasaa awnglay te
我是素食者。
ខ្ញុំតមសាច់ kh'nyohm tawm sait
请结账
សូមគិតលុយ sohm kuht lui

啤酒	ប៊ីយ៉ែរ	bii-yœ
咖啡	កាហ្វេ	kaa fey
茶	តែ	tai
水	ទឹក	teuk

紧急情况

救命!
ជួយខ្ញុំផង! juay kh'nyohm phawng
叫警察!
ជួយហៅប៉ូលិសមក! juay hav polih mao
叫医生!
ជួយហៅគ្រូពេទ្យមក! juay hav kruu paet mao
厕所在哪儿?
បង្គន់នៅឯណា? bawngkohn neuv ai naa

购物和服务

多少钱?
នេះថ្លៃប៉ុន្មាន? nih th'lay pohnmaan
太贵了。
ថ្លៃពេក th'lay pek

我在找……	ខ្ញុំរក...	kh'nyohm rohk...
银行	ធនាគារ	th'niakia
市场	ផ្សារ	p'saa
邮局	«ប្រៃសណីយ៍	praisuhnii
公共	ទូរស័ព្ទ	turasahp
电话	សាធារណៈ	saathiaranah

交通和方位

……在哪里?
... នៅឯណា? ... neuv ai naa
汽车站
ចំណតឡានឈ្នួល jamnawt laan ch'nual
火车站
ស្ថានីយរថភ្លើង s'thaanii roht plœng

……什么时候	... ចេញម៉ោង	... jein maong
出发?	b˝unɲan?	pohnmaan
船	ទូក	duk
汽车	ឡានឈ្នួល	laan ch'nual
火车	រថភ្លើង	roht plœng
飞机	យន្តហោះ	yohn hawh

老挝语

老挝语是声调语言，也就是说，很多相同的发音只能根据说话者的音调变化来区别其意义。音调变化在说话人的自然音域范围之内，所以某一个人的低音调可能和其他人的低音调完全不同。老挝语有6个音调。在发音指南中标注如下：低调（如dẹe）、高调（如héu·a）、升调（如săhm）、高降调（如sôw）、低降调（如kòw）。注意，如果没有标音调符号则为中调（如het）。

元音发音如下：i的发音同"it"中的发音；ee同"feet"中的发音；ai同"aisle"中的发音；ah读作"father"中的"a"；a读作"about"中的短"a"；aa同"bad"中的发音；air同"air"的读音；er同"fur"中的发音；eu同"sir"中的发音；u同"put"中的发音；oo同"food"中的发音；ow同"now"中的发音；or同"jaw"中的发音；o同"phone"中的发音；oh同"toe"中的发音；ee·a同"Ian"中的发音；oo·a同"tour"中的发音；ew同"yew"中的发音；oy同"boy"中的发音。

大部分辅音和英语中的辅音发音相同，例外的是đ（有力的"t"音，有点类似"dt"）和ɓ（有力的"p"音，类似"bp"）。

在发音指南中，连字符用来划分音节，如：àng-gít（英语）。一些音节还会用点做出进一步划分，以帮助你发好元音，如kĕe·an（写）。

基本会话

你好。	ສະບາຍດີ	sábąi-dĕe
再见。	ສະບາຍດີ	sábąi-dĕe
打扰一下。/对不起。	ຂໍໂທດ	kŏrtôht
请。	ກະລຸນາ	ga-lú-náh
谢谢。	ຂອບໃຈ	kòrp jąi
是/不是。	ແມນ/ບໍ່	maan/bor

你叫什么名字？
ເຈົ້າຊື່ຫຍັງ　jôw seu nyăng
我叫……
ຂອຍຊື່ ...　kòy seu...

住宿

酒店	ໂຮງແຮມ	hóhng háam
客栈	ຫໍຮັບແຂກ	hŏr hap káak

还有房间吗？
ມີຫ້ອງບໍ່　mée hòrng bor
单人间
ຫ້ອງນອນຕຽງດຽວ　hòrng nórn đĕe-ang dee-o
双人间
ຫອ້ງນອນຕຽງຄູ່　hòrng nórn đĕe-ang koo

……多少钱？	... ເທົ່າໃດ	... tow dąi
一晚	ຄືນລະ	kéun-la
一周	ອາທິດລະ	ąh-tit-la

餐饮

这里的特色菜是什么？
ມີຫຍັງພິເສດບໍ່　mée nyăng pi-sèt bor
我想试一下那个。
ຂ້ອຍຢາກລອງກິນເບິ່ງ　kòy yàhk lórng gịn berng
我是素食者。
ຂ້ອຍກິນແຕ່ຜັກ　kòy gịn đaa pák
请结账。
ຂໍແຊັກແດ້　kŏr saak daa

啤酒	ເບຍ	bẹe·a
咖啡	ກາແຟ	gạh-fáir
茶	ຊາ	sáh
水	ນໍ້າດື່ມ	nâm deum

紧急情况

救命！	ຊວຍແດ່	soo·ay daa
走开！	ໄປເດີ້	ɓại dêr

叫警察！
ຊ່ວຍເອີ້ນຕຳລວດແດ່　soo·ayêrn đam-lòo·at daa
叫医生！
ຊ່ວຍຕາມຫາໝໍໃຫ້ແດ່　soo·ay đạhm hăh mŏr hài daa
我迷路了。
ຂ້ອຍຫລົງທາງ　kòy lŏng táhng
厕所在哪儿？
ຫ້ອງນ້ຳຢູ່ໃສ　hòrng nâm yoo să

购物和服务

我想看……
ຂ້ອຍຊອກຫາ ...　kòy sòrk hăh...

数字——老挝语

1	ໜຶ່ງ	neung
2	ສອງ	sŏrng
3	ສາມ	săhm
4	ສີ່	see
5	ຫ້າ	hàh
6	ຫກ	hók
7	ເຈັດ	jét
8	ແປດ	ɓàat
9	ເກົ້າ	gôw
10	ສິບ	síp

……**多少钱**?
...ເທົ່າໃດ ... tow dại
价格太高了。
ລາຄາແພງຫລາຍ láh-káh páang lăi
我想换钱。
ຂ້ອຍຢາກປ່ຽນເງິນ kòy yàhk ɓee-an ngérn

银行	ທະນາຄານ	ta-náh-káhn
药店	ຮ້ານຂາຍຢາ	hâhn kăi yạh
邮局	ໄປສະນີ	ɓại-sá-née
	ໂຮງສາຍ	hóhng săi

交通和方位

……**在哪里**
... ຢູ່ໃສ ... yòo săi
有多远?
ໄກເທົ່າໃດ kại tow dại
我想买票。
ຂ້ອຍຢາກໄດ້ປີ້ kòy yàhk dâi ɓêe
……**什么时候离开**?
... ຈະອອກຈັກໂມງ ... já òrk ják móhng

船	ເຮືອ	héu-a
汽车	ລົດເມ	lot máir
小巴	ລົດຕູ້	lot đôo
飞机	ເຮືອບິນ	héu·a bĭn

泰语

在泰语中，每个音节的含义根据音调的变化而不同。标准泰语有5个声调：低调（如bàht）、中调（如dee）、降调（如mâi）、高调（如máh）和升调（如săhm）。声调的变化局限于每个讲话者的发音音域，所以泰语中没有一个固定的“调”。

在语音指南中，连字符用来划分词汇中的音节，为了方便发音，某些词汇中的多元音组合用圆点隔开，如mêu·a-rai（何时）。

元音a的发音和“about”中的相同，aa读作“bad”中的“a”，ah同“father”中的发音，ai同“aisle”中的发音，air同“flair”中的发音（“r”不发音），eu同“her”中的“er”（“r”不发音），ew同“new”中的发音（嘴唇收圆），oh读作“toe”中的“o”，or同“torn”中的发音（“r”不发音），ow同“now”中的发音。

注意下列辅音的发音：ɓ（有力的“p”音，近似“b”的发音，如“hip-bag”的发音）；đ（有力的“t”音，近似更尖锐的“d”音，如在“mid-tone”中的发音）；以及r（类似在“run”中的发音，但是更平滑，经常读作“l”）。

基本会话

你好。	สวัสดี	sà-wàt-dee
再见。	ลาก่อน	lah gòrn
打扰一下。	ขออภัย	kŏr à-pai
对不起。	ขอโทษ	kŏr tôht
请。	ขอ	kŏr
谢谢。	ขอบคุณ	kòrp kun
是。	ใช่	châi
不是	ไม่	mâi

你叫什么名字?
คุณชื่ออะไร kun chêu à-rai
我叫……
ผม/ดิฉัน pŏm/dì-chăn
ชื่อ... chêu ... (m/f)

住宿

……**在哪里**?	... อยู่ที่ไหน	... yòo têe năi
露营地	ค่ายพักแรม	kâi pák raam
客栈	บ้านพัก	bâhn pák
酒店	โรงแรม	rohng raam

青年旅舍	บ้าน เยาวชน	bâhn yow-wá-chon

有	มีห้อง ...	mee hôrng ...
房间吗?	ไหม	măi
单人	เดี่ยว	dèe·o
双人	เตียงคู่	đee-ang kôo

餐饮

你有什么推荐?

คุณแนะนำอะไรบ้าง kun náa-nam à-rai bâhng

请给我(菜单)。

ขอ (รายการ อาหาร) หน่อย kŏr (raigahn ah-hăhn) nòy

我不吃(红肉)。

ผม/ดิฉันไม่กิน (เนื้อแดง) pŏm/dì-chăn mâi gin (néua daang) (m/f)

干杯!

ไชโย chai-yoh

请结账。

ขอบิลหน่อย kŏr bin nòy

啤酒	เบียร์	bee·a
咖啡	กาแฟ	gah-faa
茶	ชา	chah
水	น้ำดื่ม	nám dèum

紧急情况

救命!	ช่วยด้วย	chôo·ay dôo·ay
走开!	ไปให้พ้น	bai hâi pón

我迷路了。

ผม/ดิฉัน หลงทาง pŏm/dì-chăn lŏng tahng (m/f)

叫警察!

เรียกตำรวจหน่อย rêe·ak đam·ròo at nòy

叫医生!

เรียกหมอหน่อย rêe-ak mŏr nòy

我病了。

ผม/ดิฉันป่วย pŏm/dì-chăn bòo-ay (m/f)

厕所在哪儿?

ห้องน้ำอยู่ที่ไหน hôrng nám yòo têe năi

购物和服务

我想买……

อยากจะซื้อ ... yàhk jà séu ...

这个多少钱?

เท่าไร tôw-rai

太贵了。

แพงไป paang bai

交通和方位

……在哪里?

... อยู่ที่ไหน ... yòo têe năi

地址是?

ที่อยู่คืออะไร têe yòo keu à-rai

可以(在地图上)指给我吗?

ให้ดู (ในแผนที่) ได้ไหม hâi doo (nai păan têe) dâi măi

请给我一张	ขอตั๋ว ...	kŏr đŏo·a ...
……票		
单程	เที่ยวเดียว	têe·o dee·o
往返	ไปกลับ	bai glàp

船	เรือ	reu·a
汽车	รถเมล์	rót mair
飞机	เครื่องบิน	krêu-ang bin
火车	รถไฟ	rót fai

数字——泰语

1	หนึ่ง	nèung
2	สอง	sŏrng
3	สาม	săhm
4	สี่	sèe
5	ห้า	hâh
6	หก	hòk
7	เจ็ด	jèt
8	แปด	bàat
9	เก้า	gôw
10	สิบ	sìp

越南语

越南语写成以拉丁语基础的音标字符，这是1910年宣布的正式书写形式。

在我们的发音指南中，a发音同"at"中的发音，aa同"father"中的发音，aw同"law"中的发音，er同"her"中的发音，oh同"doh!"中的发音，ow同"cow"中的发音，u同"book"中的发音，uh同"but"中的发音，uhr同"fur"的发音（"r"不发音）。我们用圆点（如dee·úhng）来分隔元音组合的发音。另外要注意的是，d同"stop"中t的发音，đ同"dog"的发音，而ğ同"skill"中g的发音。

越南语中使用音调系统来区分字与字之间的差别，所以有些元音既有高声调也有低声调。越南语一共6个声调，在书面文字（以及发音指南）中使用重音符号标在元音上：中调（ma）、低降调（mà）、低升调（mả）、高破调（mã）、高升调（má）和低破调（mạ）。中调是平调。

越南北方和南方之间在词汇上的变化分别由（N）和（S）表示。

基本会话

你好。	Xin chào.	Sin jòw
再见。	Tạm biệt.	daạm bee·ụht
不好意思。/对不起。	Xin lỗi.	sin lõy
请。	Làm ơn.	laàm ern
谢谢。	Cảm ơn.	ğaảm ern
是。	Vâng./Dạ. (N/S)	vuhng/ yạ
不是。	Không.	kawm

你叫什么名字？
Tên là gì? — den laà zeè

我叫……
Tên tôi là ... — den doy laà...

住宿

……在哪里	Đâu có ... ?	đoh gó...
露营地	nơi cắm trại	ner·ee ğúhm chại
酒店	khách sạn	kaák saạn
客栈	nhà khách	nyaà kaák

我想要一个……

	Tôi muốn ...	doy moo·úhn...
单人间	phòng đơn	fòm dern
双人间	phòng giường đôi	fòm đôizuhr·èrng doy

多少钱每……?	Giá bao nhiêu một...?	zaá bow nyee·oo mawt ...
晚上	đêm	đem
人	người	nguhr·eè

餐饮

我想看一下菜单。
Tôi muốn thực đơn. — doy moo·úhn tụhrk đern

这里的特色菜是什么？
Ở đây có món gì đặc biệt? — ẻr đay kó món zeè dụhk bee·ụht

我是素食者。
Tô iăn chay. — doy uhn jay

我想要……
Xin cho tôi ... — sin jo doy...

干杯！
Chúc sức khoẻ! — júp súhrk kwả

请结账。
Xin tín htiền. — sin díng dee·ùhn

啤酒	bia	bi·a
咖啡	cà phê	ğaà fe
茶	chè/trà (N/S)	jà/chaà
水	nước	nuhr·érk
葡萄酒	rượu nho	zee·ọọ nyo

紧急情况

救命！
Cứu tôi! — ğuhr·o doy

你离我远点儿！
Thôi! — toy

我迷路了。
Tôi bị lạc đường. — doi beẹ laạk đuhr·èrng

请叫警察。
Làm ơn gọi công an — laàm ern gọy ğawm aan

请叫医生。
Làm ơn gọi bác sĩ. — laàm ern gọy baák seẽ

我病了。

Tôi bị đau.	doy beẹ đoh

厕所在哪里?

Nhà vệ sinh ở đâu?	nyaà vẹ sing ẻr đoh

购物和服务

我想买……

Tôi muốn mua ...	doy moo·úhn moo·uh...

这个多少钱?

Cái này giá bao nhiêu?	ğaí này zaá bow nyee·oo

太贵了。

Cái này quá mắc.	ğaí này gwaá múhk

银行	*ngân hàng*	nguhn haàng
市场	*chợ*	jẹr
邮局	*bưu điện*	buhr·oo đee·ụhn
游客	*văn phòng*	vuhn fòm
办公室	*hướng*	huh·rérng
	dẫn du lịch	zũhn zoo lịk

交通和方位

……在哪里?

... ở đâu?	... ẻr đoh

地址是什么?

Điạ chỉ là gì?	đee·ụh cheẻ laà zeè

可以(在地图上)指给我吗?

Xin chỉ giùm	sin jeẻ zùm
(trên bản dồ này).	(chen baản dàw này)

数字——越南语

1	*một*	mạwt
2	*hai*	hai
3	*ba*	baa
4	*bốn*	báwn
5	*năm*	nuhm
6	*sáu*	sóh
7	*bảy*	bảy
8	*tám*	dúhm
9	*chín*	jín
10	*mười*	muhr·eè

我想要一张……

	Tôi muốn	doy moo·úhn
票	*vé ...*	vá...
单程	*đi mộtchiều*	đee mạt jee·oò
往返	*khứ hồi*	kúhr haw·eè

船	*thuyền*	twee·ùhn
汽车	*xe buýt*	sa beét
飞机	*máy bay*	máy bay
火车	*xe lửa*	sa lủhr·uh

术语表

术语表中列出了一些你可能会在湄公河地区遇到的柬埔寨语(柬)、老挝语(老)、泰语(泰)和越南语(越)词汇。

aodai(越)——奥黛,越南传统束腰外衣和裤子

APEC——亚洲太平洋经济合作组织

apsara(柬)——飞天,天上的仙女或天使般的舞者

Asean——东南亚国家联盟

bạasĭi(老)——有时写作basi或baci,一种仪式,将32个khwǎn象征性地绑在仪式的参与者身上,祈求健康平安

baht(泰)——泰铢,泰国货币单位

baray(柬)——古代修建的水库

BE(老、泰)——佛教时代

boeng(柬)——湖

BTS(泰)——曼谷交通中转系统(轻轨)

bun(老)——节日

buudien(越)——邮局

Cao Daism(越)——高台教,越南宗教

Cham(柬,越)——占婆王国的少数民族后裔,占婆王国是建于公元前2世纪的印度教王国

chedi(泰)——见stupa

Chenla(柬、老、越)——真腊王国,前吴哥的高棉王国,领土覆盖现在的柬埔寨、老挝及越南

Chunchiet(柬)——有自己民族语言的少数民族

cyclo(柬、越)——人力三轮车

devaraja(柬)——神王

DMZ(越)——名不副实的非军事化区域,曾经用来分隔北越和南越的狭长地带

dong(越)——盾,越南货币单位

duong(越)——公路、街道,简写为“Đ”

faràng(泰)——西方的、西方人;外国人

Funan(柬、越)——扶南国,第一个高棉王国,位于湄公河三角洲地区

HCMC(越)——胡志明市

Hoa(越)——华人,越南最大的单一少数民族团体

Indochina——印度支那,即现在的越南、柬埔寨和老挝,前法国殖民地时期的中南半岛(不包括泰国、缅甸),名称受到了印度和中国的影响

Isan(泰)——伊善地区,泛指泰国东北部

jataka(柬、老、泰)——佛本生经,有关释迦牟尼佛前世的故事,通常以舞剧表现

jumbo(老)——机动三轮出租车,有时也叫“突突车”

karst——喀斯特地形,洞穴、地下溪流和坑洼的石灰岩山峰

khao(泰)——山,山岳

khlong(泰)——运河

Khmer(柬)——高棉,柬埔寨族;柬埔寨语

khwǎn(老)——身体的守护神

Kinh(越)——越南语

kip(老)——基普,老挝货币单位

ko(泰)——岛

koh(柬)——岛

krama(柬)——方格围巾

lákhon(柬、泰)——古典舞剧

linga(柬、老、泰、越)——林伽,阳具象征符号

maenam(老、泰)——河

Mahayana——字面意思为“大乘”,拓展了早期教义的佛教流派,见Theravada

meuang(老、泰)——城市

MIA(柬、老、越)——行动中失踪人员,通常指美方人员

Montagnards(越)——高地人,山民;特指少数民族居住的越南偏远地区

moto(柬)——摩托出租车,摩的

Mt Meru——梅鲁山,印度教神话中诸神的居所,喜马拉雅山是其象征

múan(老)——乐趣,老挝相信乐趣应该存在于所有活动之中

muaythai(泰)——泰拳

nâam(老、泰)——水,河

naga(柬、老、泰)——那伽,神话中的巨蛇

NTAL(老)——老挝国家旅游局

NVA(越)——北越军队

Pali——巴利语,古印度语,和梵文一样,都是高棉语、老

挝语和泰语的根基

Pathet Lao（老）——巴特寮，字面意思为“老挝的国土”，既是国家的通称，又可以用来指内战期间老挝共产党的军队

phansǎa（泰）——守夏节，佛教斋节

phnom（柬）——山

phu（老）——山或山岳

POW——战俘

prasat（柬、泰）——塔，寺

psar（柬）——市场

quan（越）——市区

quocngu（越）——越南字母表

Ramakian（泰）——《罗摩衍那》的泰文版

Ramayana——《罗摩衍那》，罗摩大战恶魔的印度史诗故事

Reamker（柬）——高棉语版的《罗摩衍那》

remorque（柬）——（或remork）机动三轮车

riel（柬）——瑞尔，柬埔寨货币单位

roinuoc（越）——水上木偶戏

rótfaifáa（泰）——轻轨，BTS

sǎhmlór（泰）——三轮车

Sanskrit——梵文，古印度语，和巴利语一样都是高棉语、老挝语和泰语的根基

sànùk（泰）——乐趣

soi（老、泰）——小巷子，小街

song（老、越）——河

Songkran（泰）——泼水节，泰国新年，每年4月中旬举行

sǒrngtǎaou（老、泰）——双条车，后面带两排座位的皮卡车

SRV（V）——越南社会主义共和国（越南的正式名称）

stung（柬）——小河

stupa——舍利塔，宗教古迹，常收藏着佛舍利

talat（老）——市场

Tam Giao（越）——字面意思为“三教”，是儒教、道教、佛教、流传广泛的中国信仰和越南古代泛神论的多种融合

Tao（越南）——道，方法，世间万物运转的精髓

TAT（泰）——泰国旅游局

tat（老）——瀑布

Tet（越）——农历新年

thâat（老）——佛塔，圣物箱，也写作“that”

thànǒn（老、泰）——公路、街道、大街，简写“Th”

Theravada——小乘佛教，始于柬埔寨、老挝和泰国的佛教流派。和大乘佛教不同，这一流派奉行早期佛教教义

tonlé（柬）——主要河流

tripitaka（泰）——佛经

túk-túk（老、泰）——突突车，机动三轮车

UNDP——联合国开发计划署

UXO（柬、老、越）——未爆炸弹药

vihara（柬）——寺庙圣殿

wâi（老、泰）——双手合十问候

wat（柬、老、泰）——佛教寺院

wíhǎhn（泰）——圣殿、大厅、住所

xe om（越）——摩托出租车（也叫本田om）

xich lo（越）——人力三轮车，见cyclo

幕后

说出你的想法

我们很重视旅行者的反馈——你的评价将鼓励我们前行，把书做得更好。我们同样热爱旅行的团队会认真阅读你的来信，无论是表扬还是批评都非常欢迎。虽然很难一一回复，但我们保证将你的反馈信息及时交到相关作者手中，使下一版更完美。我们也会在下一版特别鸣谢来信读者。

请把你的想法发送到**china@lonelyplanet.com.au**，谢谢！

请注意：我们可能会将你的意见编辑、复制并整合到Lonely Planet的系列产品中，例如旅行指南、网站和数字产品。如果不希望书中出现自己的意见或不希望提及你的名字，请提前告知。请访问lonelyplanet.com/privacy了解我们的隐私政策。

声明

气候图表数据引用自Peel MC, Finlayson BL & McMahon TA（2007）'Updated World Map of the Köppen-Geiger Climate Classification', *Hydrology and Earth System Sciences*, 11, 1633-44。

48~55页插图由Michael Weldon绘制。

封面图片：老挝香通寺壁画的细节；Hemis/AWL ©。

本书部分地图由中国地图出版社提供，其他为原书地图，审图号GS（2019）1841号。

关于本书

这是Lonely Planet《越南、柬埔寨、老挝和泰国北部》的第5版。本书的作者为菲利普·唐、蒂姆·彼沃、格雷格·布鲁姆、奥斯汀·布什、尼克·雷、理查德·沃特斯和希纳·威廉姆斯。第4版的作者为格雷格、奥斯汀、理查德和希纳，第3版的作者为布莱特·艾特肯森、大卫·埃蒙、达米安·哈珀和伊恩·斯图尔特。

本书为中文第二版，由以下人员制作完成：

项目负责 关媛媛
项目执行 丁立松
翻译统筹 肖斌斌
翻　　译 李冠廷　姜　珊　齐浩然
内容策划 王木子　谢　滢　熊　毅　涂　识
视觉设计 庹桢珍
协调调度 沈竹颖
责任编辑 李偲涵
编　　辑 戴　舒　周　琳
地图编辑 刘红艳
地图制作 张晓棠
流　　程 孙经纬
终　　审 杨　帆
排　　版 北京梧桐影电脑科技有限公司

感谢李昱臻、佟斯元、朱嘉熙、黄静仪对本书的帮助。

索引

C－Cambodia 柬埔寨
L－Laos 老挝
T－Thailand 泰国
V－Vietnam 越南

000 地图页码
000 图片页码

G

H

I

J

K

L

M

N

P

000 地图页码
000 图片页码

Q

R

S

T

U

V

W

X

地图图例

景点

- 海滩
- 鸟类保护区
- 佛教场所
- 城堡
- 基督教场所
- 孔庙
- 印度教场所
- 伊斯兰教场所
- 耆那教场所
- 犹太教场所
- 温泉
- 神道教场所
- 锡克教场所
- 道教场所
- 纪念碑
- 博物馆/美术馆/历史建筑
- 历史遗址
- 酒庄/葡萄园
- 动物园
- 其他景点

活动、课程和团队游

- 人体冲浪
- 潜水/浮潜
- 潜水
- 皮划艇
- 滑雪
- 冲浪
- 游泳/游泳池
- 徒步
- 帆板
- 其他活动

住宿

- 住宿场所
- 露营地

就餐

- 餐馆

饮品

- 酒吧
- 咖啡馆

娱乐

- 娱乐场所

购物

- 购物场所

实用信息

- 银行
- 使领馆
- 医院/医疗机构
- 网吧
- 警察局
- 邮局
- 电话
- 公厕
- 旅游信息
- 其他信息

地理

- 棚屋/栖身所
- 灯塔
- 瞭望台
- 山峰/火山
- 绿洲
- 公园
- 关隘
- 野餐区
- 瀑布

人口

- 首都、首府
- 一级行政中心
- 城市/大型城镇
- 镇/村

交通

- 机场
- 过境处
- 公共汽车
- 缆车/索道
- 自行车路线
- 轮渡
- 地铁
- 单轨铁路
- 停车场
- 加油站
- 出租车
- 铁路/火车站
- 有轨电车
- 其他交通方式

路线

- 收费公路
- 高速公路
- 一级公路
- 二级公路
- 三级公路
- 小路
- 未封闭道路
- 广场
- 台阶
- 隧道
- 步行天桥
- 步行游览路
- 步行游览支路
- 小路

境界

- 国界
- 一级政区界
- 未定国界
- 地区界
- 军事分界线
- 海洋公园
- 悬崖
- 墙

水文

- 河流、小溪
- 间歇河
- 沼泽/红树林
- 暗礁
- 运河
- 水域
- 干/盐/间歇湖
- 冰川
- 珊瑚礁

地区特征

- 海滩/沙漠
- 基督教墓地
- 其他墓地
- 公园/森林
- 运动场
- 一般景点(建筑物)
- 重要景点(建筑物)

注：并非所有图例都在此显示。

我们的故事

一辆破旧的老汽车，一点点钱，一份冒险的感觉——1972年，当托尼（Tony Wheeler）和莫琳（Maureen Wheeler）夫妇踏上那趟决定他们人生的旅程时，这就是全部的行头。他们穿越欧亚大陆，历时数月到达澳大利亚。旅途结束时，风尘仆仆的两人灵机一闪，在厨房的餐桌上制作完成了他们的第一本旅行指南——《便宜走亚洲》(*Across Asia on the Cheap*)。仅仅一周时间，销量就达到了1500本。Lonely Planet 从此诞生。

现在，Lonely Planet在都柏林、富兰克林、伦敦、墨尔本、奥克兰、北京和德里都设有公司，有超过600名员工和作者。在中国，Lonely Planet被称为“孤独星球”。我们恪守托尼的信条：“一本好的旅行指南应该做好三件事：有用、有意义和有趣。”

我们的作者

菲利普·唐（Phillip Tang）

越南 菲利普是吃着典型的澳大利亚式越南河粉与炸鱼和薯条长大的。拿到了中国和拉丁美洲文化学位的他踏上旅途并为Lonely Planet撰写了《加拿大》《中国》《日本》《韩国》《墨西哥》《秘鲁》和《越南》的指南。在Instagram和推特上关注菲利普，他在两个平台的用户名分别为：@mrtangtangtang和@philliptang。

蒂姆·彼沃（Tim Bewer）

老挝 在短暂地作为法律助理，并当了一段时间办公族之后，蒂姆断定自己没有在政治世界获得成功所需的那种自负（或者说是缺乏肚量与那些足够自负的人共事）。他辞掉自己在国会大厦的职务去了西非背包旅行，他在这段时间里深思熟虑自己接下来的路该怎么走。他得到的结论就是为漂亮的威斯康星州那些公园、森林和野生动物保护区写一本旅行指南。自此他成为了一名自由旅行作者和摄影师。

格雷格·布鲁姆（Greg Bloom）

柬埔寨 格雷格是一名自由作者、团队游组织者以及旅行规划师，活跃于柬埔寨暹粒和菲律宾马尼拉。格雷格在90年代末作为记者开始了写作生涯，之后成为了《基辅邮报》（乌克兰的一份英文周报）的主编。作为一名自由作者，他已经为Lonely Planet的35个作品做出了贡献，其中大部分为东欧和亚洲的目的地。他还通过自己的旅行社Bearcat Travel组织在柬埔寨和巴拉望（菲律宾）的探险之旅。

奥斯汀·布什（Austin Bush）

泰国 奥斯汀第一次来泰国是1999年参加清迈大学举办的一个语言学习项目。城市生活、工作机会和辛辣食物的诱惑，使奥斯汀最终来到了曼谷。也是同样的原因让他从此留在那里，作为作者和摄影师工作。他已经为20多本Lonely Planet的作品贡献了文字和照片，其中包括《曼谷》《美食爱好者的世界指南》以及《世界最佳街头美食》。

尼克·雷（Nick Ray）

柬埔寨、老挝 尼克勉强算是伦敦人，出身于沃特福德（就是那种会令你想旅行的小城）。他在华威大学学习历史和政治，之后开始上路旅行并以此为生，他在1998年首次为Lonely Planet工作，自此已经为Lonely Planet贡献了大约50部作品。他与妻子库丽卡尔（Kulikar）和两个孩子朱利安（Julian）与贝尔（Belle）生活在金边，负责东南亚国家的目的地，其中包括缅甸和越南，偶尔也去非洲。

理查德·沃特斯（Richard Waters）

老挝 理查德是一位获过奖的记者，供职于《独立报》《星期日时报》和《邮报》等。老挝是他最喜欢的国度之一，他在1999年第一次去老挝旅行，之后作为记者去赛松本禁区调查秘密战争期间苗族游击队的幸存者。本书是他为Lonely Planet撰写的第12本关于老挝的书籍。登录www.richardwaters.co.uk.可以了解他旅行和从事新闻业的更多信息。

希纳·威廉姆斯（China Williams）

泰国 希纳已经为Lonely Planet写了十多年的泰国。她成长于南卡罗莱纳州，在泰国乡村教过英语，作为编辑学习过标点符号的标准用法，并漂洋过海去东南亚工作。她现在在美国马里兰州埃利科特市养育两个孩子，并管理郊区一片生活着野生动物的树林。

越南、柬埔寨、老挝和泰国北部

中文第二版

书名原文：*Vietnam, Cambodia, Laos & Northern Thailand*
（5th edition，Aug 2017）

本中文版由中国地图出版社出版

图书在版编目 (CIP) 数据

越南、柬埔寨、老挝和泰国北部 / 澳大利亚 Lonely Planet 公司编 ; 李冠廷 , 姜珊 , 齐浩然译 . -- 2 版 . -- 北京 : 中国地图出版社 , 2019.5

书名原文 : Vietnam; Cambodia; Laos & Northern Thailand

ISBN 978-7-5204-1115-8

Ⅰ . ①越… Ⅱ . ①澳… ②李… ③姜… ④齐… Ⅲ . ①旅游指南－越南②旅游指南－柬埔寨③旅游指南－老挝④旅游指南－泰国 Ⅳ . ① K933.09

中国版本图书馆 CIP 数据核字 (2019) 第 087315 号

出版发行	中国地图出版社
社　址	北京市白纸坊西街 3 号
邮政编码	100054
网　址	www.sinomaps.com
印　刷	北京华联印刷有限公司
经　销	新华书店
成品规格	197mm×128mm
印　张	18.75
字　数	1020 千字
版　次	2019 年 5 月第 2 版
印　次	2019 年 5 月北京第 4 次印刷
定　价	108.00 元
书　号	ISBN 978-7-5204-1115-8
审 图 号	GS（2019）1841 号
图　字	01-2015-0945

如有印装质量问题，请与我社发行部（010-83543956）联系